本书获国家社会科学基金教育学重点项目
“青少年网络生活状况的调查研究”资助（项目编号：ACA100004）

中国青少年网络生活状况调查研究

全国报告卷

金盛华　周宗奎　雷　雳　方晓义　等著

北京师范大学出版集团
BEIJING NORMAL UNIVERSITY PUBLISHING GROUP
北京师范大学出版社

序　言

在互联网迅速发展的早期，虽然很多人想到了它会对世界产生影响，但很少有人能预料到它对世界的改变来得如此迅速而深远。今天，互联网已经和交流电、无线电一样变成现代社会生活最不可或缺的科技元素。

互联网的无边界和无尽的信息量深刻地改变了人们的学习和生活方式，其作用也已经渗透到社会的每一个角落。我国的互联网普及在全世界上升速度最快、网络使用群体也最庞大，并且网民初次使用网络的年龄也越来越低。

虽然互联网给人类带来了异常的便捷，但也给人们生活带来了许多潜在危险。姑且不论广泛流传的网络病毒、频发的网络诈骗、网络个人信息大规模泄露等社会危害巨大的网络隐患，仅仅是人们（尤其是青少年）自身不健康地使用网络的行为就值得引起教育部门和社会的高度重视。青少年正处于身心发展的重要时期，在此期间形成的行为习惯将会对其一生都产生重要影响。因此，对青少年的网络行为进行有效地指导和干预具有非常重要的社会现实意义，而有效指导和干预的前提，则是全面把握我国青少年当前的网络生活和行为的整体概况。

自2010年起，本课题组承接国家社科教育学规划重点课题《青少年网络生活状况的调查研究》（编号：ACA100004），经过近五年的调研与攻关，取得了一系列的研究成果，这些成果对以后的相关科学研究和教育实践都具有一定的理论意义和重要的现实应用价值。本书的目的就是将对逾万名青少年网络生活现状及其相关影响因素的调查研究成果进行总结，与其他研究者和公众分享这些研究成果。

本书分为全国报告卷、实证研究卷两册。全国报告卷为学术专著，主要内容是全国性样本的调查结果,旨在从整体上描述我国青少年网络生活的现状。考虑到青少年的行为极易受到家庭和学校的影响,课题也一并调查了家长和教师的网络态度和行为。全国报告卷共分为七章,各章具体内容如下:

第一章为前言,主要介绍了本次课题的理论起源和研究方法(包括国内外相关前沿理论和实践背景、调研工具的选择和预测试、研究取样的设计等一些基础性内容)以及本次调查研究的主要结果在整体上的简要总结,以方便读者快速了解和把握本次调研的内容和发现。

第二章以详细的数据分析和结果呈现青少年网络态度与行为的整体状况,并重点考察不同人口学背景的青少年在网络行为上的差异。

第三章以详细的数据分析和结果呈现青少年的家长对网络的态度与网络行为及其对青少年网络使用的指导。

第四章详细分析了教师对网络的态度与网络行为。

第五章则以专题研究的形式探讨了青少年自身因素对青少年网络生活的影响及其影响的心理机制。

第六章主要探讨了家庭因素对青少年网络生活的影响及其影响的心理机制。

第七章主要探讨了学校因素对青少年网络生活的影响及其影响的心理机制。

实证研究卷是由学术研究论文集成,共分五个部分,整合了课题组几个子课题的综合研究成果和关联研究发现。

其中,第一部分主要对国内外关于青少年网络一般行为的理论和研究成果进行了梳理,共包括 6 篇论文。

第二部分汇集了国内外关于青少年网络成瘾行为的理论和研究成果,也包括 6 篇论文。

第三部分对课题组所开发或修订的有关青少年网络行为的调查工具进行了总结,同样包括 6 篇论文部分

第四部分则包括7篇实证研究报告，主要探讨了影响青少年网络一般行为的重要因素。

第五部分重点探讨了影响青少年网络成瘾行为的各类社会及个人因素，共包括11篇实证研究。

需要特别说明的是，本书全国报告卷和实证研究卷的各个章节都凝结了课题组所有成员的共同努力，及课题组另外三位专家周宗奎教授、雷雳教授和方晓义教授及他们所领导的青少年网络问题研究课题组合作研究者的大力支持。全国报告卷各章的具体执笔者是：第一章（金盛华、吴嵩）；第二章（金盛华、陈容）；第三章（金盛华、董梦晨）；第四章（金盛华、彭芸爽）；第五章（金盛华、于全磊、张林、吴恭安、朱一杰）；第六章（金盛华、于全磊、张林、郭亚飞、吴恭安）；第七章（金盛华、于全磊、张林、吴恭安、朱一杰）。实证研究卷在最终选定的35篇学术论文中，包括金盛华教授子课题组11篇，周宗奎教授子课题组12篇，雷雳教授子课题组9篇，方晓义教授子课题组3篇，具体每篇论文的作者请参照正文中的标注。他们的支持不仅直接丰富了课题的成果，更拓展了课题的视野，提升了课题的水平。

我的已经毕业的三位博士同学，吴嵩、李红霞、张雁军在课题组织和实施过程中付出了大量努力；在读博士生于全磊和张林在数据的深化分析，全书的整合过程中发挥了十分重要的作用；硕士生同学万薇洁、吴恭安、陈蓉、朱一杰、赵霞、张武悦、包慧、田力等在课题资料整理和书稿校对上也提供了大量的帮助；北京师范大学出版社已故总编辑叶子给予了本书出版的特别关怀和大力支持，学术编辑关雪菁在成书过程中提出了很多宝贵的建设性建议，并在出版过程中给予了本书大力帮助和支持；我的西北师范大学访问学者李玲在数据搜集和分析过程中提供了大量支持，在此对上述各位的倾心帮助与支持一并表示最衷心的谢忱。

虽然本课题组全体成员在全国性数据调查、资料搜集和数据分析过程中竭尽全力试图描绘出当今中国青少年网络生活形态的全貌，并努力使调查结果和分析能够系统反映到现在的课题著作之中，但由于本人作为课题组首席专家水平有限,研究和成果呈现难免存在各种不足,在此恳请读者和同行专家不吝赐教。

金盛华

2015 年 10 月 16 日于北师大后主楼

目　录

第一部分　项目总览

第二部分　调查结果

第一部分
项目总览

1 前 言

1.1 项目背景

1.1.1 现实背景

网络已经成为中国青少年最重要的开放性、无边界的生活环境，其带给青少年的影响广泛而深远。根据中国互联网络信息中心(CNNIC)2015年1月发布的《第35次中国互联网络发展状况统计报告》，截至2014年12月，我国互联网普及率达到47.9%，网民总数达6.49亿，年增长率为2.1%，中国手机网民规模达5.57亿，较2013年年底增加5672万人，网民中使用手机上网的人群占比提升至85.8%。2014年我国互联网发展地域性差异仍然存在，北京、上海、广东等省市的互联网普及率相对较高，超过65%，而江西、云南、贵州等省份的互联网普及率则相对较低，均没有达到40%。我国网民中农村人口占比27.5%，规模达1.78亿，相比2013年增长188万人。

相关数据表明，在网民构成中，青少年已经成为主体。其中10～19岁网民占2014年总数的22.8%，20～29岁青年网民占2014年总数的31.5%。在2014年，这两个青少年群体总和已经占到网民总人数的54.3%，超过了中国网民人数的一半。而学生依然是中国网民中最大的群体，互联网普及在该群体中已经处于常态。中国真正开始了青少年网民数以亿计，学生网民数以亿计的网络生活时代，网络已经成为青少年生活结构中具有重要意义的部分。

任何生活环境都有其两面性。开放性、无边界的网络生活在带来丰富生活、多彩知识和信息便利的同时，开始对部分网民的现实生活产生深刻影响，而这种影响从规模到程度都不能不引起广大教育工作者和全社会的关注。青少年实际生活和社会适应受到互联网影响的严重程度也足以引起全社会的忧虑。据中国青少年网络协会第三次网瘾调查研究报告显示，我国城市青少年网民中网瘾青少年约占 14.1%，人数约为 2404.2 万，另外约有 12.7%的青少年有网瘾倾向，人数约为 1858.5 万。数以千万计的青少年罹患网瘾或已经有网络成瘾倾向，使人们对网络究竟在青少年心理发展过程中发挥怎样的作用充满疑虑。网络所带来的新的社会生活形态对青少年心理发展和心理功能到底具有怎样的独特影响，网瘾到底是病理性，还是只是现实生活缺失的替代？这些都是迫切需要解决的问题。目前的网络研究还较多地聚焦于网瘾、网络人际互动、网络依赖等问题上，对青少年网络生活缺乏整体的描述，尤其是缺乏系统理论引导，以致人们难于获得网络生活对青少年心理影响的全貌概念，对互联网进入青少年生活的作用和方式也缺乏清晰和科学的了解。

另一方面，网络已经成为一个社会运作的基础机制之一。网络运行水平和稳定，也直接影响到了国家实力和安全。根据美国前情报总监麦康奈尔对全球网络实力的评价，他认为中国属于实力最强的美国、俄国、英国、以色列和法国之外的下一个梯队。这个评价意味着，从国家战略和安全的高度看，中国网络运行状况在整体上还低于第一梯队的发展水平，领域内也高度缺乏优秀人才。由于网络领域的新兴特性，优秀的人才通常从青少年就开始出类拔萃，如果没有广泛的网络普及和实际使用，则很难造就国家急需的大批优秀网络人才。无论从国家层面还是网民个人层面，网络都从正反两个方面带来一种前所未有的挑战。一方面我们需要大力发展网络，鼓励人们特别是青少年的网络生活，将提升网络生活的水平上升到提升国力战略的高度来重视。另一方面，我们又需要防止网络生活带来的负面影响，特别是对青少年的日常生活的负面影响。

在这一背景下，本课题用超越以往心理学有关网络问题研究中的个别化聚焦的思维方法，采用系统的观点，整体性描述青少年网络生活的真实面貌及其对青少年心理发展各个层面的影响。既呈现网络生活在整体上给青少年群体带来的促进和不可替代的作用，又揭示网络生活可能给部分青少年带来的负面影响以及陷于网瘾的青少年所面对的适应困扰。此外，课题从学校、家庭、自身三个方面出发，全面了解青少年整体的网络生活状况，力图构建全方位、立体的调查框架，从而更清晰、更系统地反映青少年的网络生活事实和网络行为特点，揭示网络生活和由此带来的网络行为对青少年心理的影响。

本课题将系统揭示青少年在网络使用频率、网络使用类型、网络态度、网络评价、网络体验、学校社会心理处境分化、自我控制和积极心理状态等诸方面的状况，对青少年网络生活形成系统而清晰的概念，并基于全国性大规模调查，形成对青少年网络生活意义和作用的客观评价，为国家和教育部门制定有关青少年网络使用的政策提供全方位、系统而科学的依据。与此同时，课题还将考察不同地区、不同性别、不同家庭结构、不同学业阶段的青少年在网络使用和体验上的特点，以便清晰地认识究竟哪些因素影响着青少年的网络使用，并对青少年正常社会生活和发展产生深刻影响的网络成瘾的干预提供科学基础。课题问题的解决，不仅可以在理论上全面了解青少年网络生活的总体状况，弥补以往调查过于集中于技术、忽略心理影响的弊端，而且在实践上还可以对全社会科学地理解和安排青少年的网络生活发挥系统的指导作用。

1.1.2 理论背景

根据社会心理学的符号互动论(symbolic interactionism)原理，人的心理建构本质上是一个符号互动过程。与人们产生直接或间接关联的生活，会通过个人所接触的符号及其伴生的意义的互动过程对心理产生影响。由于网络的开放性和无边界性，这种个人与网络符号的互动过程也会超越一切现实的社会生活，带来广泛和深刻的影响。这种影响在青少年群体身上会更加明显。

互联网具有三个基本特性：易进入性(access)、易支付性(afford ability)和匿名性(anonymity)。这三个特性使它对人们的日常生活充满吸引力且具有无边界开放性(Byrebecca，2000)，“触网”的人几乎没有人可以逃脱网络的影响。毫无疑问，任何生活环境，只要进入人们现实生活系统，都将不可避免地对人们的日常生活产生实质性影响。同样道理，网络将网络生活不加筛选地带给人们，同时也带给人们正负两个方面的影响。对于心理尚未成熟、价值观体系尚处于形成阶段的青少年群体，无论是积极的还是消极的影响，必然会变得更加凸显和深远。

1.1.2.1　网络生活对青少年的积极影响

对青少年学习的影响。互联网具有三大服务功能：信息服务、社交服务和娱乐服务。其中首要的就是信息服务。Kaynar(2008)的认知需要理论(Need for Cognition)认为认知需要高的人更经常使用网络上的信息服务。因此网络提供的便利会与个体的认知需要结合，为学习提供便利。有研究总结了计算机和互联网对于学习不良学生的干预(雷雳，杨洋，柳铭心，2005)，包括利用互联网激发学习不良学生的学习动机(Johnson & Hegarty，2003)、提高他们的阅读和写作能力(Castellani，2000)、加强教学管理(Johnson & Hegarty，2003；Castellani，2000)以及帮助他们明确职业方向。说明网络有可能对青少年的学习产生促进作用。

以网络为工具对青少年问题行为的矫正。美国自 2000 年 10 月起就已经开始利用网络、视频等方式对青少年自杀进行干预。同时，青少年及其家人可以通过电子邮件向工作人员求助(Omar & Hatim，2005)。通过网络开展心理咨询，也具有独特的优势(崔丽霞，雷雳，蔺雯雯，郑日昌，2007)。还有研究发现，利用网络可以很好地帮助青少年戒烟(Susan，Terry，Christine，Sean，& Jim，2007)，利用网络也能对女性饮食障碍进行有效的干预(Heinicke，Paxton，McLean，& Wertheim，2007)。此外，有研究证实中国通过网络进行性教育的方式更加灵活和有效(Lou，Zhao，Gao，& Shah，2006)，因为它直接弥补了通过面对面的方式进行性教育的限制。

网络使用对青少年社会化的影响。研究表明，青少年的网络使用对促进他们的社会化有重要作用，如可以增强社会参与意识、拓展人际交往的范围(Maczewski，2002；Peris et al.，2002)，有助于青少年更好建立自我同一性(Valentine & Holloway，2002)。有研究者采用参与观察、半结构访谈、分析在线信息、在线和纸质调查等方法进行研究，发现很多青少年认为计算机和网络可以作为赋予他们权利的工具。青少年通过在虚拟社区的活动来获得更多的话语权。但也有研究发现，网络对自尊和自我和谐并没有显著的负面影响(苏娟娟，连榕，2004)。很多研究提示了网络使用可能对青少年发展产生负面影响，但这些研究证明，网络对个体社会性发展所起作用的性质，显然还需要做更详细的深入研究。

1.1.2.2 网络生活给青少年发展带来冲击

适当的互联网使用可以对人的心理行为发展产生积极的影响，相反，过多地卷入互联网或者病理性地使用互联网可能引起用户的时间管理或身心健康问题，并且，可能导致与他人或其他日常生活责任发生冲突(Chien & Chun，2000)，特别是对于身心还远未成熟的青少年来说更是如此。大量研究和个案事实都证明，网络的传播对青少年的负面影响日益明显。

青少年网络生活的消极影响具体表现为可能获取到不健康的信息，如色情、暴力，并且由此产生的一些偏离行为，其深层次影响在于对青少年道德价值观的影响，这些对青少年发展的危害极大。

Mesch(2009)的研究表明缺少与主流社会团体连接的青少年会经常使用网络来获取色情信息。Braun－Courville 和 Rojas(2009)发现那些接触过含有色情信息网站的青少年更愿意在未来拥有多个性伙伴，也更可能三个月内与一个以上的异性发生性行为，并且对性持有更加开放的态度。网络不良信息已经引起社会的担忧，一项对 1501 名使用网络的青少年(年龄在 10～17 岁之间)及其抚养人的调查表明：33％的家长正在使用过滤或拦截软件(Mitchell，Finkelhor，& Wolak，2005)。这一现象也已经引起了各国政府的关注，我国就推出了绿坝花季护航软件来净化青少年的网络环境。

青少年的网络使用不当还与网络攻击行为有关系。对年龄在10～17岁之间的青少年和监护人的调查研究中发现，在使用网络的青少年中，有19%的个体会出现网络攻击行为。攻击特点与传统的欺凌弱小者类似(Michele & Kimberly，2004)。青少年也可能因痴迷网络而导致产生违法犯罪行为(焦君华，2008)。

网络生活对于青少年的深层次影响在于对其道德价值观的形成产生了负面作用。已有大多研究指出了网络普及对青少年道德价值观发展产生的负面影响，如网络使得青少年价值观多元化、价值目标模糊化，在道德层面表现为漠视权威、忽视规则(辛蓓，2002)。也有研究发现，网络带来的对青少年道德价值观的影响可能是双向的，网络一方面可以提高青年人积极的道德参照标准，另一方面却降低了他们的道德期待(华伟，2003)。不过，这些研究大多数还只是理论上的探讨，研究方式也多为案例总结，大样本的实证性研究还很少，因此结论的外部效度不强。

1.1.2.3　网络对青少年发展影响的双重性

正如前文提及的，有研究者设想，网络一方面可以带给青少年积极影响，另一方面也存在负面的影响。因此，网络生活对青少年身心发展的影响是双向的。研究证明，这种双向影响是广泛存在的，在青少年的身心发展的多个侧面均体现出这种特点。

在人际交往方面，网络使用有助于拓展青少年的朋友圈，增进友谊和建立亲密关系(雷雳，陈猛，2005)，网络交往由于及时和随时传达的形式，形成的友谊可能会更深入、更稳定、更持久(McKenna & Bargh，2000)。但网络社交使用与青少年网络成瘾有明显的直接联系(Caplan，2005)，网络可能使人们用低质量的社会关系(弱联带)取代高质量的社会关系(强联带)(Krackhardt，1994)。荷兰研究者利用网络留言板的数据研究了该国322名小学和中学生的信息索取和分享及其同自我伤害行为的关系，发现网络交往一方面为孤独青少年提供了基本社交支持，但是另一方面也会直接诱发这些青少年的自我伤害行为，甚至是致命的自我伤害(Janis，Whitlock，Jane，Powers，& Eckenrode，2006)。

在自我认同方面，网络为青少年寻求和尝试不同的自我认同提供了一种虚拟的实验室环境(Bargh 等人，2002)。网络独特的匿名性，给予了青少年更大的空间，使他们可以自由体验，展现自我的各个方面，并进行自我认同的建构(McKenna & Bargh，2000)，而不必害怕遭到他们在现实生活中社会圈子的反对和制裁(Bargh et al.，2002)。雷雳等人对初中生的研究表明，自我认同能够减缓即时通讯与病理性互联网使用之间的正向关系，对个体起到保护作用(雷雳，马利艳，2008)。但是，也有一部分研究者认为，计算机游戏和网络正将儿童青少年推进一个真实与虚拟之间界限不明的世界(Subrahmanyam et al.，2000)。

在情绪情感方面，过多使用网络更会导致孤独和抑郁的增加，即使是为了人际交流而过多上网，也会导致社会卷入的减少与心理幸福感的降低(Kraut，1998)。但是它也可能给网络使用者带来积极的心理体验。有研究发现使用网络频率越高，网络使用者感知到的愉悦感也就越多(Thompson，Vivien，& Raye，1999)。

1.1.2.4 影响青少年网络生活的有关理论及相关要素

关于网络使用背后的心理机制，心理学所提出的代表性模型有，“富者更富”模型和“社会补偿”模型(Kraut，2002)。这是两种相对应的理论模型，两者均是指个体通过网络扩大现有社会网络规模和加强现有人际关系，从而获得更高的社会卷入和积极心理状态水平。但两者针对的对象不同，前者是针对性格外向和社会支持较多的个体，而后者是针对性格内向和社会支持有限的个体。“社会一认知”理论模型则认为网络使用是一种社会认知过程，积极的结果预期会带来积极网络自我效能和合理的网络使用，反之则不然(LaRose & Eastin，2004)。由 Young 等人(2000)提出的 ACE 模型则认为，网络的 Anonymity(匿名性)、Convenience(便利性)和 Escape(逃避现实)满足了个体的心理需求。这些理论从认知、社会适应、个体本身的特质和心理需要等角度对个体的网络行为做出了解释。

具体来看，有研究发现网络使用与青少年的情绪状况存在紧密联系。Selfhout等人(2009)在对15岁左右的307位荷兰青少年完成的追踪问卷研究发现，当青少年感知到的友谊质量较低时，使用网络社交服务的时间能够负向预测青少年的抑郁和社会焦虑的程度，而当青少年感知到的友谊质量中等或较高时，网络社交对抑郁和社会焦虑的预测作用就不显著了。Bessiere等人(2008)发现为了和朋友、家人交流而使用网络的人在六个月后其抑郁水平呈现降低态势，个体原有的社会支持状态则在其中起调节作用。

另一方面，研究表明，互联网用户的人格特征，如神经质、性格外向可能会影响到互联网的使用(Martin & Schumacher，2000)。有研究者发现患有分裂样人格障碍的人会有较少的现实环境中的社会交往，但会进行更多的网上社会活动，更多的网络交往，更多地使用网络聊天室、更多参与需要合作的网络游戏并且发更多的电子邮件(Mittal，Tessner，& Walker，2007)。另有研究发现抑郁、孤独感、社交焦虑可能使用户容易沉溺于网络(Caplan，2002；Morahan－Martin，2005)。柳铭心和雷雳(2005)将社会支持分为：主观社会支持、客观社会支持和对社会支持的主动利用三个维度，并对339名中学生进行了问卷调查。结果发现，客观社会支持和主观社会支持都能够正向预测互联网娱乐服务的使用；而对社会支持的主动利用则是负向预测互联网娱乐服务的使用；而宜人性、外向性均可以通过正向预测主客观的社会支持和对社会支持的主动利用，间接地预测互联网娱乐服务的使用情况。

此外，一些社会化因素，如学业成绩、人际关系质量和父母关系等，与青少年的网络生活也存在着紧密的关联。Willoughby(2008)对青少年(803男，788女)使用网络和电脑游戏的流行程度、频率、社会心理指标进行了持续21个月的追踪测量。结果发现，较差的父母关系可以预测更高频率的网络使用，而适度地使用网络与高学业成绩存在相关，并且要高于不使用和过度使用网络的青少年。因此可以说影响青少年的网络使用并不是一个单维的要素，其关系也并不是线性的，而是要从整体的观点，综合考察在不同情境下各种内外因素对个体网络使用的影响。

1.1.2.5 网络成瘾

网络对青少年负面影响的一个突出表现是青少年的网络成瘾问题。目前对网络成瘾的研究，主要涉及网络成瘾的诊断、形成因素、产生的影响以及如何对网络成瘾进行预防和干预。

关于网络成瘾概念的界定，心理学界还没有统一的定论，其争论的焦点在于网络成瘾是一种类似于药物依赖的成瘾行为(Kandell，1998)，还是一种类似于不良应对方式的行为(雷雳，杨洋，2003)。但是这两种含义，都包含了互联网使用的耐受性高、社会退缩、内疚、上网难以控制等共同要素。从这几个网络依赖的行为特征来理解网络成瘾是一种有效且容易操作的方法。

总体来说，青少年网络成瘾数量有不断增长的趋势，但是不同的测量工具所得结果并不相同。目前对网络成瘾的测量主要采用量表法(Young，1999；Nichols & Nicki，2004；Meerkerk，2009；雷雳，杨阳，2007)，这也是目前有关青少年网络研究的通用研究手段。但是由于对网络成瘾的诊断标准不一致，导致经过不同量表测查所得出的网络成瘾人数也不尽相同。

网络成瘾的危害是全社会普遍关注的问题。网络成瘾的危害广泛而深刻，它不仅能够带来生理上的不适应，同时会对青少年的人格发展(Young & Rodger，1998)、学习生活(Young，1996)、人际关系(Kraut，1998)等诸方面带来巨大的负面影响。Ko 等人(2009)在研究网络成瘾与攻击性行为之间的关系时，发现网络成瘾的青少年更容易表现出攻击性行为，初中生比高中生表现得明显。研究表明，网上聊天、浏览色情网站、网络游戏、网上赌博等都与攻击性行为有关。网络成瘾者可能具有下列人格特质：喜欢独处、敏感、倾向于抽象思维、警觉、不服从社会规范等(李毕琴，徐展，许海燕，2008)，自我价值感也比较低(危珊珊，2008)，有抑郁和交往焦虑倾向(林伟，黄子杰，林大熙，2004)。

对网络成瘾的原因，研究者从互联网自身的特点(Young，1998；王立皓，2004)、环境因素(林以正，王成华，2001)和个体因素(Young，1998；林绚晖，2001)等方面进行了研究。如 Van den Eijnden 等人(2008)采用追踪实验设计对 663 名 12～15 岁的荷兰学生在线使用聊天工具与网络成瘾行为、抑郁和孤独的关系进行研究时，发现即时网络聊天工具的使用与六个月后青少年的网络成瘾行为和抑郁水平都呈正相关，而与孤独呈负相关。不过目前的研究大多从一个侧面对网络成瘾的形成原因进行探讨，缺乏从内外部环境整体的角度进行研究，因此现在研究结论并不统一，缺乏对网络成瘾形成机制准确、系统和整体的认识。

1.2 项目目标

结合以往国内外研究成果，应对现实需要和有关理论，特别是反复研究课题立项的学科与社会背景，经过课题组系统梳理前人研究的经验、不足，反复探索针对中国青少年网络使用迅速普及的特点，并咨询国内外网络问题研究专家，本项目确定了以下研究目标。

(1)全面、系统地描述我国青少年的网络生活现状

本项目的主要目标之一，即在已有的国内外理论和实践研究的基础上，密切结合我国社会发展阶段和青少年网络使用迅速发展的实际情况，全面、系统地描述我国 12～29 岁青少年的网络生活状况。在整个调查内容中，既包括以往研究着重考察的网络使用的时间、类型等方面，也包括以往研究所忽视的青少年使用网络的心理感受，以及网络对青少年心理的影响等更为深入的问题。

(2)构建自身、家庭、学校立体的青少年网络生活结构

在青少年接触和使用网络的过程中，除了其自身的人格、经验等，家庭和学校也是非常重要的影响因素。家长、教师对网络的态度，他们自己使用网络的特点以及他们与青少年的互动，都会直接或间接地影响青少年

对网络的使用。因此，本研究的第二个目标即通过对青少年家长、教师的调查，构建自身、家庭、学校立体的青少年网络生活结构。

(3)探索青少年网络行为和网络成瘾的影响因素

青少年网络行为和网络成瘾的心理机制和发展过程一直受到大众和研究者的关注，探索行为背后的原因不仅可以促进有关理论的发展，还可以为网络成瘾的干预和预防提供坚实的科学基础和切实可行的实施方案。因此，本项目的第三个目标，就是探索影响青少年网络行为和网络成瘾的因素，既包括自身内部的因素，也包括外界环境的因素。并且通过对影响因素的探索，建立和验证对于青少年网络行为的假设和理论。

1.3 取样设计

1.3.1 取样方案

本项目调查对象的理论总体应该是全国31个省、自治区、直辖市(港澳台地区不在本次调查范围之内)的12～29岁的青少年群体，以及青少年对应的家长和教师群体。考虑到我国实行九年义务教育以及较高的高等教育入学率，并综合考量取样的方便性和代表性，由本项目专家组讨论后，将调查的实际总体定位为全国31个省、自治区、直辖市的小学(五、六年级)至大学(包括研究生)的在校青少年群体。

由于青少年对网络的可接触性和网络使用的模式，不仅受到不同地区经济发展水平的影响，还受到教育、文化、开放程度等变量的影响，因此本项目并没有采取唯一的经济指标或地理指标来划分地区类别，而是依据由中国人民大学公布的“2012年中国发展指数”：首先根据社会发展水平高低，将全国31个省、市、自治区划分为4大类别。第一类地区包括北京、上海；第二类地区包括天津、江苏、浙江、山东、辽宁、广东；第三类地区包括吉林、福建、内蒙古、黑龙江、河北、山西、湖北、湖南、海南、重庆、陕西、河南、宁夏、广西、新疆、江西、安徽、四川；第四类地区包括青海、云南、甘肃、贵州、西藏5个省区。由于第一类地区相对较少，并且其与第二类地区相差不大，因此本项目中，将第一类地区和第二类地区合并，形成了全国3级分类结构：发达地区、中等发达地区、欠发达地区(如表1.1所示)。

在确定具体样本的过程中，首先根据各地区类别所占比重，由专家组综合考量取样便利性和代表性后，本项目从一类地区(发达地区)中抽取4个省份，从二类地区(中等发达地区)中抽取7个省份，从三类地区(欠发达地区)中抽取3个省份，共计14个省、市、自治区作为本次调查的样本来源(如表1.4所示)。其次，从每个地区类别中，按照选取的省份分别抽取小学、中学、大学的学生作为具体的施测对象(由于课题后期的分析都以地区类别为单位，因此并不保证每个省份都抽取同等的人数，只确保各个地区所抽取的人数符合相应的总人口的大致比例)。最后，根据选取的学生样本，确定与之相适应的教师和家长样本。具体取样结果和人口学信息分析将请见后文，此处就不加赘述(请详见第2章、第3章、第4章各自的样本分析)。

表1.1　本项目调查研究取样设计表

地区分类	涵盖的省、市、自治区	取样的省、市、自治区
发达地区	北京、上海、天津、江苏、浙江、山东、辽宁、广东	江苏、山东、广东、辽宁
中等发达地区	吉林、福建、内蒙古、黑龙江、河北、山西、湖北、湖南、海南、重庆、陕西、河南、宁夏、广西、新疆、江西、安徽、四川	内蒙古、河北、山西、重庆、河南、广西、新疆
欠发达地区	青海、云南、甘肃、贵州、西藏	甘肃、贵州、西藏

1.3.2　样本的合理性

在本课题研究中，样本群体涉及三个类型：青少年、家长和教师。其中青少年与家长是一一对应的配对样本，这样的操作有利于探讨家长行为和家庭教育对青少年网络行为的影响；而教师则取自青少年样本所在学校，这样也便于考察不同学校之间学生网络行为和教师网络教育的差异。对一项调查研究来说，样本是否具有代表性直接决定着调查结果的可靠性，也就直接决定调查结果对未来科学研究和政策制定的支撑力度。

首先，在地域范围方面，为了使本调查研究能够较为准确全面地反映出我国青少年网络生活的整体状况，在制定样本时，我们充分考虑了目前我国区域社会经济发展不平衡的现状，并且按照地区发展水平的不同，分层次地抽取样本。具体来说，按照中国人民大学公布的“2012 年中国发展指数”标准把全国分为发达、中等发达和欠发达地区，而其中发达地区从江苏、山东、广东、辽宁抽取样本，中等发达地区从内蒙古、河北、山西、重庆、河南、广西、新疆抽取样本，而欠发达地区则从甘肃、贵州、西藏抽取样本。这样的取样方法基本使本调查研究的样本覆盖了全国大部分的范围，能够较好反映我国青少年大体的状况。

其次，在样本年龄或者学业阶段方面，青少年的平均年龄为 18.02(标准差为 3.36)，其中小学生(5、6 年级)约占所有样本人数的 15.7％，初中学生约占 21.8％，高中和高职学生约占 36.1％，大学和大专生约占 26.3％。家长的平均年龄为 41 岁(标准差为 4.86)，其中母亲人数占总数的 60.4％，父亲人数约占总数的 35.1％。教师的平均年龄为 35.08(标准差 7.93)。可见本调查各类型样本的年龄跨度均较为合理，各学业阶段所占的人数也基本符合各自总体的人数比例关系，表明本调查研究的结果能够较为全面地反映各年龄阶段青少年的特征。

再次，计划生育是我国的基本国策，而由于地域、民族、离婚再婚等各种因素，许多家庭又具备生育多胎的条件，因此造成我国独生子女和非独生子女的不同状况。以往许多研究都发现了独生子女和非独生子女在心理和行为发展方面存在一定的差异。想要反映我国青少年网络生活的整体状况，就必须兼顾独生子女和非独生子女的取样比例。而在本调查研究中，独生子女所占比重约为 45.53％，非独生子女所占比例为 54.47％，两者的比例大体相当。

最后，除了上述较为重要的样本指标外，本调查研究还考察了性别、学校类型(重点、非重点)、家庭年收入、家庭结构(单亲、非单亲)等潜在的影响样本代表性的客观因素。本次调查的样本在这些变量上的分布都较为均衡或者与总体比例较为一致，所有具体的样本分析请详见后续章节。综上所述，可以认为本次调查的样本具有很好的代表性，而本次调查的结果也能较好地反映我国当前青少年网络生活状况的整体情况。

1.3.3 数据收集与整理

为了保证施测过程的标准化，课题组编制了完整、清晰、明确的施测手册，涵盖了施测过程中的所有程序及要点。主试在施测前需要阅读并完全理解施测手册的内容，随后课题组成员会与主试逐步核对程序，以确保每次施测都能够按照标准的程序进行。

青少年问卷施测时，以班级为单位进行集体施测，由主试宣读指导语，完成施测后以学校为单位进行回收。家长问卷首先由主试与家长取得联系，获得同意后，问卷由学生带回家，家长自行选择充足的时间，一次性答完所有题目，完成施测后，由学生将问卷带回学校。家长问卷的对象为学生的主要抚养人，主要抚养人有多人时，由其中一人作答即可。家长问卷与各自的学生问卷进行统一装订，确保家长和子女的配对关系。由于大学生群体已经成年，且较为自主，因此家长问卷只针对中小学生的家长。教师问卷以班主任为对象，实行单独施测，将问卷发放给指定老师后，由老师自行安排充足的时间，一次性答完所有题目，然后统一回收。

问卷录入由专业的数据录入公司完成。所有问卷录入前，都用印章盖上唯一编码，该编码也会同时录入到数据库中，保证数据和问卷源的一一对应，并且方便检验数据录入的准确性。数据录入由经过考核的人员完成，采用两人分别录入并相互检核的方式来录入数据。当第二个人发现所录入数据与第一个人不同时，修正后再录入，两人数据的一致性由电脑进行自动检测。数据由公司录入完成后，课题组成员也会随机抽取5%的题本进行抽查，如果错误率超过1%，则该次所有数据都需要重新录入。本项目通过这种多次录入核对的方式，保证了问卷录入的正确率。

1.4 项目总体简要报告

如今，网络开始逐步浸入到人类生活的每一个角落，与人类生活产生了密不可分的联系。人们可能很难想象在完全剥离网络后，世界将如何维持正常的运行。而具体到个人，完全与网络隔离，也会对其生活和工作造成非常巨大的影响。在这样的网络世界之下，人们的心理与行为已经发生了巨大的改变。不仅人们非常想要了解网络对自身的影响，科学研究和国家政策制定也急需对我国人民的网络心理和行为形成整体的把握。纵观各个发展阶段的人群，青少年是我国未来的主人翁，处于形成价值观、世界观的关键时期，因此了解青少年的网络心理与行为就成了所有网络心理研究中的重中之重。

本项目研究从青少年、家庭、学校三个方面入手，全面系统地调查了我国青少年自身以及家长和教师在当今网络生活中的心理与行为的特点和状况，不仅调查的人数众多，而且涉及的心理和行为变量也非常繁杂。考虑到大多数的普通大众对理论性分析和专业的数据统计不太了解，为了使课题成果具有更大的影响力，本部分内容将从总体上简要报告本课题的重要发现和成果。这样既方便大众清晰明白地了解本研究的成果，也为科研工作者从整体上把握课题思路和结果提供了便捷。

1.4.1 积极心理状态

积极心理状态能够反映一个人在某一段时间内，其总体上的积极心理感受水平，能够概括地反映一个人在当前生活中的一般精神面貌和心理状态，主要包括主观幸福感、自我满意度、自信和人际关系状况等变量。积极心理状态对于个体的日常生活和行为具有非常重要的影响，能够有效支持个体面对威胁和挑战，也能帮助个体养成良好的行为习惯和积极的心态，促进个体行为的良性循环。因此，将积极心理状态作为一个重要部分纳入到本次全国性的调查研究中。

从整体上看，无论青少年还是家长、教师，其积极心理状态都处于中等偏上的水平，具有较高的生活幸福感、自我满意度和自信水平等，表明我国人口总体上具有较为良好的心理状况，这是我国国力良好发展的表现，也对整个社会进一步发展具有非常积极的促进作用。

虽然样本从总体上表现出较好的积极心理状态，但也存在一定的变量差异。例如，随着社会经济发展水平的提高，个体的积极心理状态也随之提高，发达地区的青少年及其家长的积极心理状态高于欠发达地区的青少年及其家长。这说明经济社会的发展程度对于人们的积极心理状态具有较为重要的作用，而大力弥补地域间的经济不平衡对于提高我国国民整体积极心理状态来说，具有重要的意义。然而，对于教师群体而言，却并未发现这种地区差异，这可能是由于教师这一职业的特殊性导致的。

除了地区性整体差异外，青少年群体在积极心理状态上也表现出一些独特的差异，其中有两个方面的差异值得特别的注意。首先，独生子女比非独生子女表现出较高的积极心理状态。独生子女与非独生子女在心理和行为上的差异一直是研究者和普通大众共同关心的问题，然而在本次调查中，独生子女的确表现出了较高的积极心理状态。这可能是由于独生子女是家庭中唯一的孩子，受到长辈更多的支持和关心，长期的社会支持形成了较好的积极心理。当然，这并不能说明独生子女在各方面都优于非独生子女，这只是表明独生子女在生活中具有更好的心理感受。其次，非单亲家庭比单亲家庭的青少年具有较好的积极心理状态。这一结果也同样表明，青少年所能感受到的家庭的关心和支持的程度能够在很大程度上正向影响青少年的积极心理状态。这些结果提醒我们的家长，在尽力给孩子提供优厚物质条件的同时，心理上的关心和支持也不容忽视。

1.4.2 网络使用状况

由于网络的迅速普及，生活中大多数人都或多或少接触过网络。在本调查中的所有青少年、家长和教师，都通过一定的途径至少使用过一次网络，并且大多数人初次接触网络的时间都比较久远。在调查的所有人群中，大约84%的青少年、55%的家长和93%的教师的网龄至少大于1年，这表明大部分人群都已经充分接触了网络，并且基本形成了自身较为稳定的网络使用的行为模式，这为全面了解我国青少年网络生活状况提供了良好的基础。

在网络使用频率方面，约52%的青少年、50%的家长和82%的教师都报告平均每天使用网络的时间至少有1小时，这说明三种类型的群体对于网络的使用都较为熟悉和普遍。当让被调查者评价自己对网络的依赖程度时，青少年、家长和教师普遍都认为自己处于中等依赖的程度。三类群体对于网络使用的差异主要表现在时间点上，大约57%的青少年主要在周末和节假日才使用网络，约56.4%的家长和约42%的教师只要有需要时就会使用网络，相反其在周末和节假日使用网络的人数比例相对较少(约11%的家长和约14%的教师)。这一上网时间点模式与各人群所处的社会角色是相符合的，青少年相对处于接受教育的阶段，缺乏完全的自主性，在使用网络时需要得到家长或教师的同意，而家长倾向于让青少年在完成日常学业后，适当使用网络，因此青少年较多在周末和节假日接触网络。相反，家长和教师由于具有完全的自主性，因此更可能在有需要时就及时使用网络来解决所面对的问题。

在使用网络的地点方面，大约69%的青少年、64%的家长以及46%的教师都报告自己主要在家里上网。这表明随着网络的普及和经济的发展，越来越多的家庭拥有自己的电脑和网络端口，青少年能够非常便捷地接触到网络。这也为家长对青少年网络行为的监管和指导提供了可能性，既能满足青少年对网络世界的好奇心，又能避免青少年在缺乏成年人监管的环境下养成不良的网络使用习惯。实际上，本调查研究发现，约74%的青少年报告自己家里有电脑，并且对于家中有电脑的青少年，约32%在自己的卧室中摆放了电脑，这些结果表明我国青少年已经越来越容易自由地接触到网络。

对于所使用的上网工具，39%的青少年最常使用手机上网，而37%的青少年最常使用台式电脑上网，这两个工具成为青少年最常使用的上网途径。当询问家长自己的孩子最常使用什么工具上网时，51.8%的家长都认为自己孩子最常使用电脑上网，这与青少年自身所报告的结果具有一定的差异。这可能是由于手机上网的便捷性使青少年更可能脱离家长视线，尤其是在学校上网，家长很难准确了解孩子的上网行为与模式，这些结果表明青少年的手机上网需要引起家长更多的重视。

虽然网络非常普及，青少年使用网络也非常便捷，但对于人际沟通而言，青少年更倾向于采用一些比较传统的方法，约76%的青少年更倾向于采用面对面的方式与父母沟通，约60%的青少年更倾向于采用面对面的方式与教师沟通，哪怕就与同伴的交流方式来说，也有约58%的青少年更喜欢采用面对面的沟通方式。而只有不足7%的青少年选择最喜欢用网络与家长和教师沟通，但有17%的青少年最喜欢通过网络途径与同伴进行沟通。

在网络信任方面，青少年对网络信息的平均信任处于中等水平，而对网络人际的平均信任则处于较低水平，这表明青少年对于网络所提供的信息和关系都保持一种相对谨慎的态度。不同性别的青少年也表现出不同的网络信任，女性青少年对网络信息比男性有更高的信任，而对网络人际则比男性有更低的信任。因此，在对青少年网络行为进行指导时尤其需要注意这种性别差异。另一个比较重要的发现是单亲家庭的青少年比非单亲青少年对网络人际有较高的信任程度。这可能是由于单亲家庭青少年在现实中接受较少的家庭关怀和支持，更容易在网络上寻求社会支持，更容易建立也更容易信任网络上的人际关系。需要注意的是，虽然存在这样的差异，但是总体上不论是单亲还是非单亲青少年，其对于网络人际的信任都是偏低的。虽然青少年对于网络信息的信任处于中等水平，但在实际行为上，约42%的青少年最常通过电视来获取新闻信息，而大约39%的青少年则最常通过网络来获取新闻信息。当然，大多数青少年(约占总数59%)还是最信任从电视上获取的新闻信息，只有大约14%的青少年更信任从网络上获取的新闻信息。这些结果表明，虽然青少年对于网络信息处于一般信任状态，但网络已经不可避免地成为青少年获取信息的重要途径。

本次调查还使用问卷测量了青少年在使用网络时的具体行为偏好。从总体上看，青少年最多使用网络的娱乐功能，其次是社交和信息功能，极少使用网络的交易功能。当然，这一结果只是整体上的描述，不同年龄阶段、不同类型的青少年在各种网络功能的使用上也存在差异。随着年龄的增长、学业阶段的提高，青少年对各种网络功能的使用都有所上升。对于小学生来说，其最常使用娱乐和信息功能，极少使用交易功能；而对于大学以上的青少年来说，对于各种功能的使用都较为均衡，不存在太大的差异。单亲家庭的青少年在各项功能的使用上都多于非单亲的青少年，这实际上表明，单亲家庭的青少年会更多地使用网络。当让家长从旁观者角度评价青少年最常使用的网络功能时，家长认为学习是青少年最常使用的功能，接下来才是信息、社交和娱乐功能。这一结果也同样表明大部分家长对青少年网络使用状况并不是十分了解，存在一些错误认识，而这些错误认识并不利于家长培养青少年良好的上网模式，需要广大家长引起重视。

在青少年网络使用体验方面，总体上青少年在使用网络时都有较为良好的体验，积极体验的程度远远大于消极体验的程度，而男性青少年比女性青少年有更好的网络体验。随着年级的提高，青少年网络体验表现出一种倒U型曲线，初中具有最高的网络体验得分，随后随着学业阶段的提升，网络体验的得分也随之下降。这可能是由于随着青少年使用网络的时间和次数的增加，网络所带来的消极影响逐渐增多，并且青少年也开始越来越理性地看待网络的两面性。此外，独生子女青少年比非独生子女青少年具有更高的积极体验得分和更低的消极体验得分，从而也就具有更良好的网络体验。有意思的是，虽然非独生子女上网的时间频率更高，但其网络体检却并不如独生子女。可见，有时候网络体验本身并非青少年上网的唯一原因，青少年过度上网甚至沉迷于网络，部分也是由于其现实背景原因而导致的，当对青少年进行网络行为的指导和干预时，也要尤其注意其现实背景，为青少年建立良好的成长环境。

1.4.3 家长、教师的网络态度

家长、教师对于网络的态度，直接决定他们采取怎么样的方法来指导和监管青少年的网络行为，因此了解他们的网络态度，有助于全面了解青少年网络生活的生态环境。总体上说，家长对青少年使用网络的赞成程度处于中等偏下的水平，发达地区的家长比欠发达地区的家长更加支持青少年使用网络，受教育程度越高的家长越倾向于支持青少年使用网络。而教师对青少年使用网络的支持程度则处于中等偏上的水平，同样，发达地区的教师比欠发达地区的教师更倾向于支持青少年使用网络，越年轻的教师也越倾向于支持青少年使用网络。

为了更加具体地了解家长和教师对网络的态度，本次调查让家长和教师分别对上网的4个好处(放松心情、获取知识、方便交流、获得成就感)和上网的4种坏处(空虚苦恼、荒废学业、人际受损、浪费金钱)进行评价。

在网络的益处方面，相对来说，家长普遍认为获取知识和方便交流是网络能给青少年带来的最重要的好处，而不太认为放松心情和获得成就感是网络的好处之一；教师群体普遍认为获取知识是最重要的好处，但放松心情、方便交流、获得成就感处于中等程度，这可能是由于教师职业的特殊性所决定的，其更看重学习与教育。

在网络的弊端方面，家长和教师普遍认为荒废学业是最大的弊端，而浪费金钱和空虚苦恼则是不那么重要的弊端，这可能是由于青少年的金钱大部分来自于家庭，家长能够很好地管控青少年在网络上的金钱花费，从而家长倾向于认为浪费金钱并不是一个非常重要的弊端，而学习作为青少年最主要的活动，网络对其的影响也更容易吸引家长和教师的注意。

另一方面，网络的益处和网络的弊端也存在相辅相成的作用，即当人们认为网络有较多的益处的同时也倾向于认为网络有较多的弊端，例如，

发达地区的家长和教师在大多数网络益处和网络弊端上的评分都高于欠发达地区的家长和教师，而父亲在大多数网络益处和网络弊端上的评分都高于母亲。这一结果表明网络本身就具有两面性，当人们对网络的了解更加深入时，对其益处和弊端的认识也就更加清晰，从而对益处和弊端的评价都会呈现出上升的趋势，也就是说发达地区的家长和教师比欠发达地区的家长和教师更加了解网络，而父亲比母亲更加了解网络，这才是造成他们之间差异的根本原因。

1.4.4 家长、教师对青少年网络行为的指导和管理

由于青少年处于价值观和行为模式形成的关键时期，此时家长和教师对青少年的网络行为的指导和管理则显得尤为重要。本次调查研究从“上网时间”“上网地点”“上网内容”三个方面来考察家长对青少年网络使用的管理。从总体上来说，家长最常用的管理方法是限制青少年的上网时间，其次是限制青少年上网的地点，最不经常采用的方法则是管理青少年上网的内容。由此可以看出，家长在对青少年的网络行为进行管理时更多的是一种形式上的管理——限定时长和地点，但对于青少年在网络上所查阅的具体信息和表现出的具体行为则较少关注，这可能是由于家长缺乏相关的网络知识或者有效的管理方法。然而，上网内容才是影响青少年网络不良行为的最重要的部分，因此这需要引起家长更多的重视。另一方面，更需要注意的是，家长还普遍认为自己对青少年网络行为的管理是比较有效的，这可能进一步导致家长放松对青少年上网内容的管理，从而导致青少年更可能出现一些不良的网络使用行为。由于家长只是对青少年上网的时间和地点进行限制，所以有时候网络也成了家长管理孩子的一种方式，例如，本次调查发现当家长没有时间照顾孩子时，其在中等程度上愿意孩子在特定的地点上网，并且越是年轻的家长用网络来避免孩子打扰自己的意愿也就更加强烈。当询问家长网络对自己孩子造成了哪些消极影响时，约10%的家长认为网络导致了自己孩子学习成绩下降，但却有约65%的家长认为网络并未对自己的孩子在有关学习方面的行为造成比较消极的结果。

而在教师这方面，由于教师的职责是教育，因此本次调查更为看重的是教师对学生网络使用的指导。本次调查发现，从总体上看，教师对学生网络使用的指导处于中等水平，但也存在一定的差异性，例如发达地区的教师比欠发达地区的教师有更多的指导行为，越年轻的老师越容易产生更多的指导行为，而初中老师的指导行为最多。在指导的方式上面，38.5％的教师选择在“课后”进行指导，而34.2％的教师会通过“网络教学”的方式进行指导。在指导的有效性上，总体上处于中等有效的程度，而与指导程度类似，发达地区教师的指导有效性得分高于欠发达地区，而越是年轻的老师其评价的指导有效性也越高。除了对青少年网络使用的指导，约80％的教师在教学过程中都曾经使用过网络，而大部分老师使用网络辅助教学的程度在中等偏上的水平，与前面的分析相似，发达地区的教师比欠发达地区的教师更多地使用网络教学，而越年轻的老师越经常使用网络辅助教学。不仅如此，总体上看，老师们普遍认为网络在教学中起到的作用是重要的，而发达地区的教师和年轻教师也比欠发达地区的教师和年老教师认为网络在教学中更加重要。

1.4.5 青少年的网络成瘾

根据本次调查的数据，可以发现我国青少年网络成瘾的比例较低，在所有调查的人群中，只有6.4％青少年通过量表测量被初步诊断为网络成瘾患者，而从总体上看，我国青少年网络成瘾程度的得分也较低。当然量表测量的结果存在一定的系统偏差，不如面对面的诊断准确，因此我们所调查的数据比例与真实存在的数据比例之间可能存在一定的出入。

与以往的一些研究类似，本次调查也发现男性青少年的网络成瘾程度高于女性青少年，这可能与男性更多地使用网络有关。随着年级的提升，青少年的网络成瘾程度也随之提高。但让人意外的是，调查发现欠发达地区的青少年具有最高的网络成瘾程度，发达地区的青少年次之，而中等发达地区的青少年具有最低的网络成瘾程度。可见网络成瘾并非是由社会经济发展这一个因素单独决定的，即并不是单纯地由于经济越好、上网越便捷，就更可能出现网络成瘾行为，也并非是经济越差、环境中的信息刺激越少，就越会导致青少年在网络上寻求信息刺激。在网络成瘾的形成过程中，肯定存在一些其他的除了经济物质发展水平以外，更为重要的影响因素。

更加重要的是，本次调查发现单亲家庭青少年比非单亲家庭青少年具有更高的网络成瘾程度，而非独生子女青少年也比独生子女青少年具有更高的网络成瘾程度。虽然单亲家庭青少年和非独生子女青少年看上去是两个完全不同的群体，但其在某些方面存在一定的相似性，其中最重要的是两者相对来说都会较少感受到来自家长的关心和支持。对于单亲家庭的青少年来说，不论是跟父亲还是跟母亲长期居住，总是会或多或少地缺乏来自另一方的关爱和支持。而对于非独生子女来说，无论其有多少个兄弟姐妹，也不论其父母教育方式有多平衡，由于父母的时间和支持都是有限的，因此他们会和其他兄弟姐妹一起分享来自父母的支持和关爱，相对于独生子女“众星捧月”的情况，非独生子女感受到来自父母的关爱相对来说也会较少。

这种感受到的较少的关爱和支持又是如何导致单亲家庭青少年和非独生子女青少年具有较高的网络成瘾程度？本次调查对此进行了较为详细的分析。首先，我们发现单亲或者独生与否能够显著预测青少年的主观幸福感和自我满意度，当青少年感受到来自父母更多的关爱和社会支持时，就会具有较高的主观幸福感和自我满意度，也就是一种积极的心态。其次，青少年的主观幸福感和自我满意度，能够显著地负向预测青少年上网的频率和青少年对网络的依赖，也就是说当青少年在现实生活中感受到较少的幸福感和较低的自我满意度时，会转而寻求较为便捷的网络帮助——在网络上寻求支持和关注。再次，进一步的分析还发现，青少年的主观幸福感和自我满意度能够显著地负向预测青少年在网络上的自我表露和网络人际信任，也就是说当青少年在现实生活感受到较少幸福感和自我满意度时，会在网络上更多地袒露自己的心扉，更多地向别人诉说自己的状况，并且会更愿意相信网络上的人际关系，概括来说，也就是在网络上会表现出更多的人际交往行为。这一分析与前面的分析颇为一致，它清晰地表明，在现实生活得到较少支持和关爱的青少年确实会进一步在网络上发展人际关系，从而获得心理上的满足。最终，数据分析发现，积极心态、网络人际寻求、上网频率和网络依赖等一系列变量，最终都会影响到网络成瘾程度，青少年越是在现实生活得不到足够的社会支持，就越容易在网络上寻求人际支持，从而增加上网的频率和对网络的依赖，最终导致网络成瘾程度的加深。由此可见，网络对于青少年而言，有时其实是一种补偿机制，通过网络来补偿自己在现实生活中无法满足的需求，虽然这种方法能暂时缓解青少年的心理压力，但从长期来看，这样的行为可能使青少年更容易脱离现实社会，并且越加沉迷于网络，不利于青少年身心的健康成长。这一结果也提醒人们，在对青少年的网络成瘾行为进行干预时，除了网络成瘾行为本身，大家更需要关注青少年的家庭社会背景，给青少年的健康成长提供良好的现实环境。

第二部分

调查结果

2　青少年网络生活状况

2.1　基本信息

2.1.1　样本来源

本研究共有 12051 名学生参与填写调查问卷，对全部问卷进行回收与初步筛查，剔除作答率过低的问卷 729 份，共有 11322 份有效问卷纳入数据分析，有效率为 94.0％。

在所有有效的 11322 份问卷中，小学生有 1783 人，约占总数的 15.7％；初中生(包括中专生)有 2468 人，约占总数的 21.8％；高中生(包括高职生)有 4090 人，约占总数的 36.2％，大学本科(包括大专生)及以上的人数有 2981 人，约占总数的 26.3％(如图 2.1 所示)。

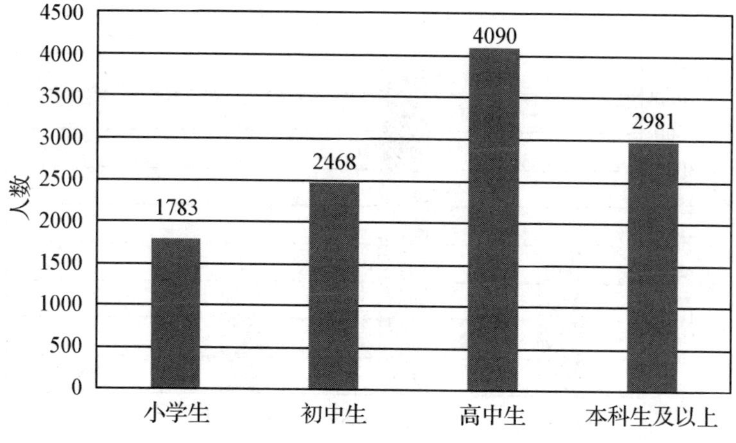

图 2.1　青少年学业阶段统计分布图

由于抽样地区较多，为了对青少年所在地区进行更好的归纳整合，我们按照地区分类模式将参与调查的青少年所在地分为三类：发达地区(包括北京、上海、天津、江苏、浙江、山东、广东、辽宁)，中等发达地区(包括吉林、福建、湖北、湖南、海南、陕西、宁夏、江西、安徽、四川、内蒙古、广西、河南、山西、重庆、河北)及欠发达地区(包括青海、云南、西藏、甘肃、贵州)。参与调查研究的 11322 名青少年中除 214 人(1.9%)未填写信息外，剩余青少年来自发达地区的有 2833 人(占填写人数的 25.5 %)；来自中等发达地区的有 6481 人(占填写人数的 58.3%)，超过总人数的一半；来自欠发达地区的有 1794 人(占填写人数的 16.2%)。
由此可以看出，本次调查取样范围基本上囊括了中国绝大部分省、市、自治区的处于不同经济水平发展阶段的地区，样本量大，样本代表性强。其中，由于处于本科生、研究生阶段的青少年来自五湖四海，生活地区发生较大变化，所以在将生活地区作为变量进行分析时，不考虑学业阶段处于大学及研究生阶段的青少年。在排除大学生与研究生的数据后，剩余 7878 份问卷，其中有效问卷 7790 份。来自发达地区的青少年有 2059 名(占填写人数的 26.4%)，来自中等地区的青少年有 4319 名(占填写人数的 55.4%)，来自欠发达地区的青少年有 1412 名(占填写人数的 18.1%)，如图 2.2 所示。

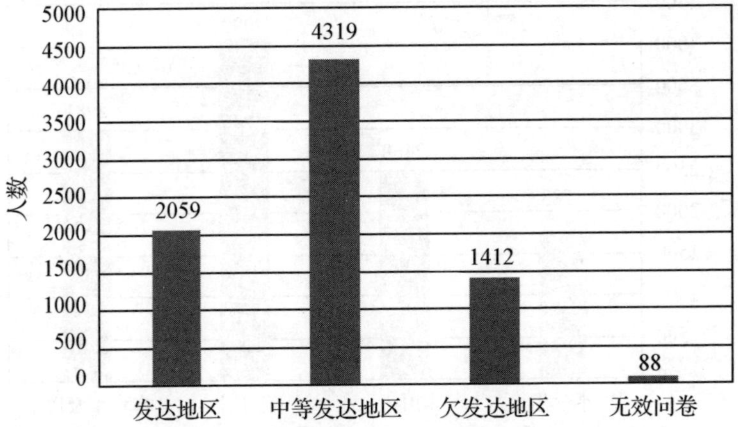

图 2.2　不同地区经济发展水平的人数分布

2.1.2 基本人口学信息

年龄。受访青少年的平均年龄为 18.02 岁（SD = 3.36），其中未填写年龄数据的有 384 人，占总样本 3.4 %，其他年龄阶段中，1～10 年龄段有 4 人（占填写人数的 0.04%），该部分应该是被试错误填写，但错误率在可控的范围内，11～20 年龄段有 8261 人（占填写人数的 73.0%），21～30 年龄段有 2673（占填写人数的 23.6%）人，具体分布如图 2.3 所示。

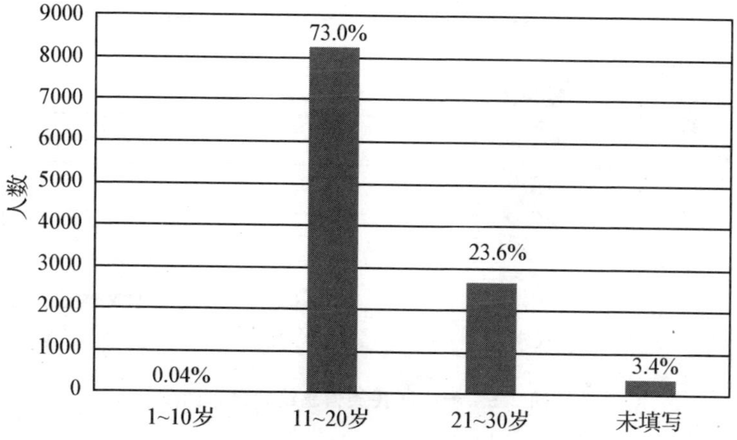

图 2.3 青少年年龄信息统计分布图

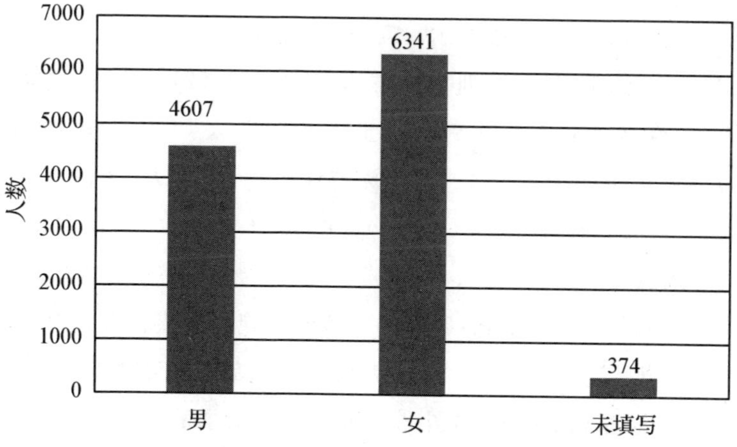

图 2.4 青少年性别信息统计分布图

性别。在性别分布上，男性青少年共计 4607 人，占总人数的 40.7%，女性青少年共计 6341 人，占总人数的 56.0%，此外还有 374 人并未填写性别，占总人数的 3.3%，如图 2.4 所示。

民族。在青少年的民族分布中，汉族青少年有 9794 人，占总人数的 86.5%；少数民族青少年有 954 人，占总人数的 8.4%；未填写民族信息的青少年有 574 名，占总人数的 5.1%，如图 2.5 所示。

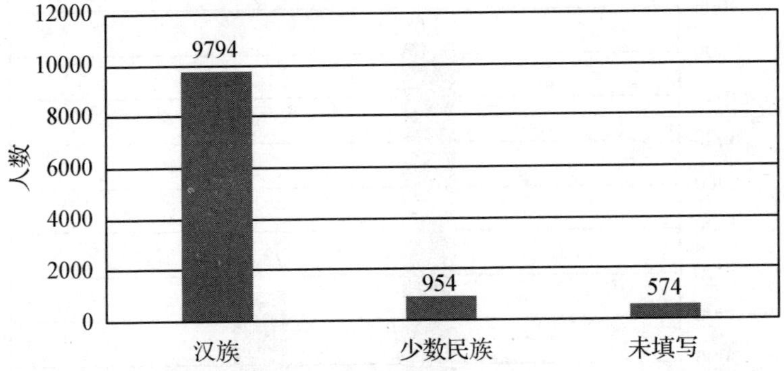

图 2.5　青少年民族信息统计分布图

这 954 名少数民族青少年分别来自白、布依、藏、朝鲜、穿青、达斡尔、傣、德昂、东乡、侗、鄂温克、回、拉祜、黎、满、毛南、蒙古、苗、羌、畲、水、土家、维吾尔、瑶、彝、仡佬、芷、壮 28 个民族。按照分布人数由高到低依次排列为：蒙古族 202 人(21.3%)；藏族 195 人(20.5%)；苗族 95 人(10.0%)；土家族 87 人(9.1%)；回族 68 人(7.1%)；满族 58 人(6.1%)；布依族与壮族均为 57 人(各占 6.0%)；侗族 33 人(3.5%)、彝族 19 人(2.0%)、白族 16 人(1.7%)、仡佬族 14 人(1.5%)、瑶族 13 人(1.4%)、穿青族 9 人(0.9%)、芷族 8 人(0.8%)、朝鲜族 6 人(0.6%)、黎族 3 人(0.3%)；达斡尔族、傣族、水族均有 2 人(各占 0.2%)；德昂族、东乡族、鄂温克族、拉祜族、毛南族、羌族、畲族、分别有 1 人(各占 0.1%)，如图 2.6 所示。说明虽然较汉族青少年而言，样本中的少数民族同学较少，但是民族类别较广，样本的代表性较强。

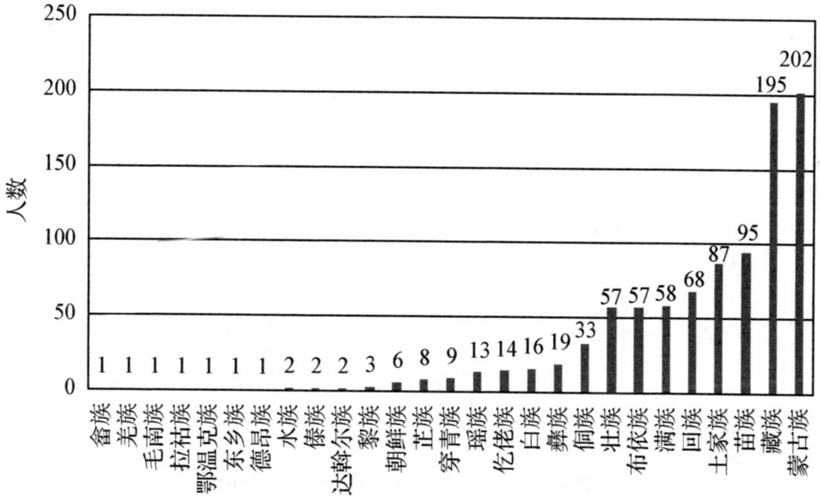

图 2.6 少数民族青少年人数统计分布图

2.1.3 学业背景信息

对于青少年而言，学校是他们进行课业学习与生活实践的场所。多元化的民族在这里融合，长相迥异、来自不同成长环境、具有独特性格的青少年在学校里互相沟通，博采众长。因此，学校教育对青少年的毕生发展至关重要。

学校类型。在本次调查所针对的青少年就读学校的基本信息中，534名(4.7%)青少年没有填写相关题项之外，共有10788名青少年填写了就读学校的基本信息。其中在重点学校就读的青少年有4478人，占总人数的39.6%；在实验学校就读的青少年有758人，占总人数的6.7%；在普通学校就读的青少年有5552人，占总人数的49.0%，如图2.7所示。这说明在本地调查中，有将近一半的被访青少年就读于普通学校，近五分之二的被试就读于师资条件更好的重点学校。之所以对学校类型进行区分，主要是考虑到不同类型的学校在办学条件、师资水平与教学信息化程度上存在一定的差异，这种差异会在不同程度上影响青少年的网络使用状况。

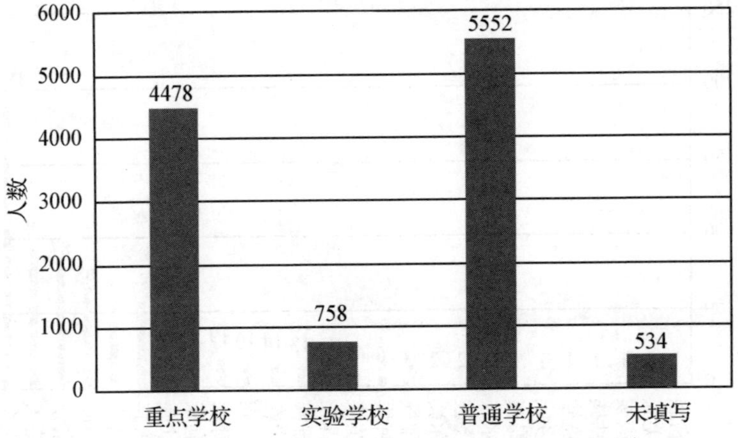

图 2.7　青少年就读学校类型统计分布图

学科分类。我国义务教育阶段，中小学没有对学科进行分类，处于这个阶段的青少年均需要接受当地教育部门规定的的通识教育，所以本调查只对高中及以上年级的青少年就读学科的类别进行了统计，共有 5717 名青少年填写了该题项，占总人数的 50.5%。其中文科有 2403 名(42.0%)，理科有 2485 名(43.5%)，工科有 472 名(8.3%)，艺体类有 357 名(6.2%)，如图 2.8 所示。

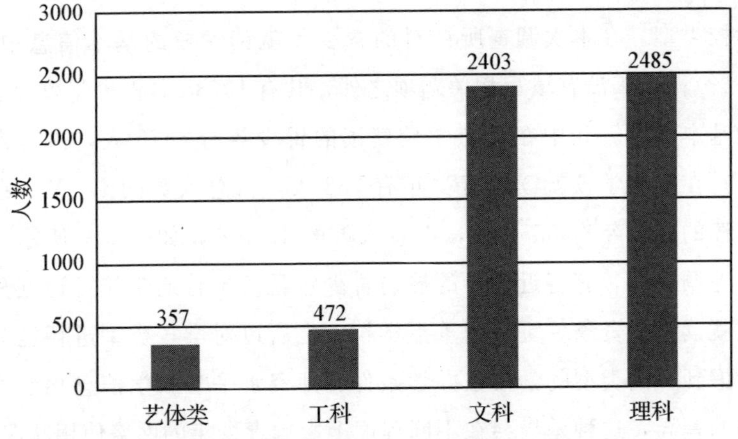

图 2.8　青少年就读学科类别统计分布图

学业成绩。本调查统计了所有参评青少年的在校学业成绩，其中有372名青少年未填写该选项，占总人数的3.3%。成绩排名在班级前20%的青少年有3683名(32.5%)，成绩排名在21%～40%的有3113名(27.5%)，在41%～60%的有2197名(19.4%)，在61%～80%的有1179(10.4%)名，在81%～100%的有778名(6.9%)，如图2.9所示。说明在本次调查中，青少年的学业成绩分布范围较广，但是整体上学业成就较高的青少年占了大多数。这可能由于青少年的积极自我评价倾向导致，与此同时，为了在与同龄人进行比较时维护自己的自尊心，保护其不受伤害，所以在对自己的学业成绩进行主观评定时一定程度上夸大了自己实际的学业表现。

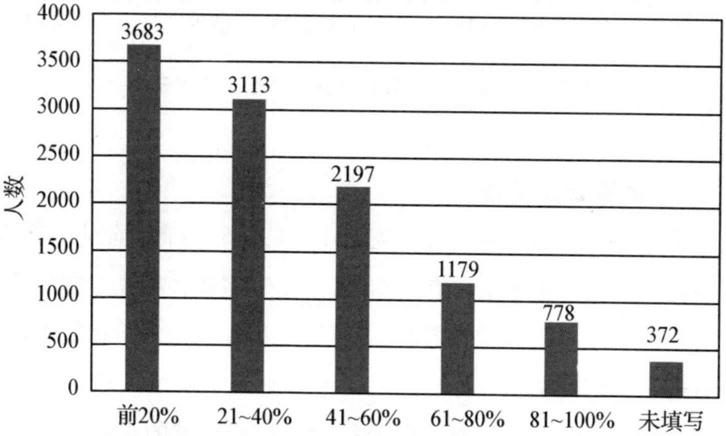

图2.9 青少年学业成绩排名统计分布图

课余活动。除去250名(2.2%)青少年没有填写信息之外，剩余11072名青少年中，有999名(8.8%)总是参与课余活动，有2787名(24.6%)经常参加课余活动，有4266名(37.7%)有时参与课余活动，2687名(23.7%)偶尔参加课余活动，还有333名(2.9%)青少年承认从未参加过课余活动，如图2.10所示。从总体上讲，青少年参加的课余活动量较少，这一点多少与学校的应试教育有关，虽然教育主管部门强调学校应该重视学生德智体美劳全面发展，学校也在这方面有所改进，但从调查的结果来看成效甚微。这一点值得相关部门予以关注。

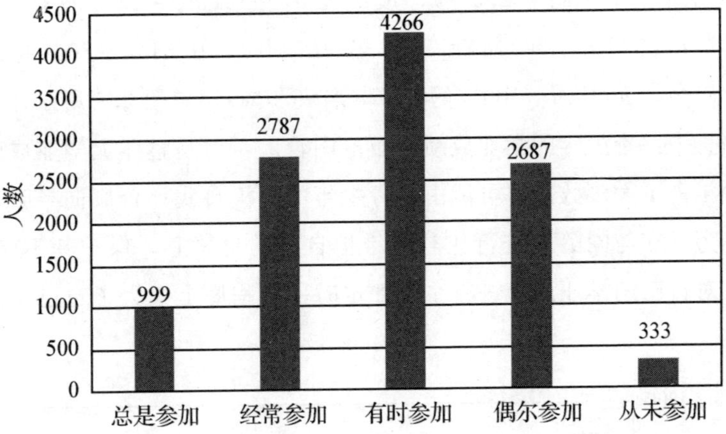

图 2.10　青少年课余活动参加频率统计分布图

2.1.4　家庭背景信息

独生子女。在对该题项作答的 11244 名(99.3%)青少年中，有 5119 名(45.5%)青少年是独生子女，有 6125 名(54.5%)青少年是非独生子女，家中还有其他同胞兄弟姐妹，如图 2.11 所示。尽管我国实行计划生育基本国策，但是通过我们的调查统计却发现样本中独生子女的人数少于非独生子女。造成这一现象的原因可能是由于我们存在着严重的重男轻女思想。在中国传统文化中，人们认为男孩子可以传宗接代、可以为年迈的父母养老送终，而女孩子则没有这个能力也没有这种责任。所以，在很多地区，父母以生男孩子为目标，即使违背计划生育政策。除此之外，中国传统文化还强调“多子多福”“儿孙满堂”。国家政府在政策制定时一定程度上也考虑到了民众对传统文化的诉求，在某些地区允许头胎为女孩的父母生育二胎，因而调查结果表明独生子女的比例少于非独生子女的比例是可以理解的。

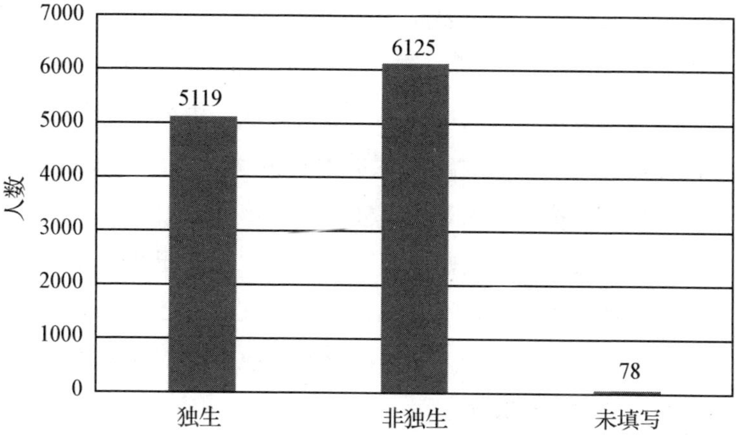

图 2.11 独生子女与非独生子女统计分布图

家庭结构。共有 11171 名(98.7%)青少年对该题做出回答，其中有 724 名(6.5%)青少年生活在单亲家庭中，有 10447 名(92.5%)青少年生活在非单亲家庭中。如图 2.12 所示。

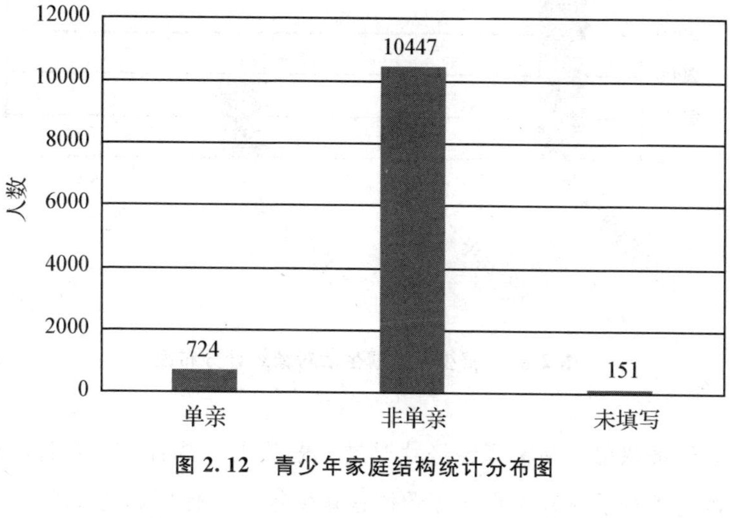

图 2.12 青少年家庭结构统计分布图

共同生活人员。当问到“最近半年内，你和谁一起居住”时，除 33 名青少年没有作答外，有 8301 名(73.3%)青少年选择的是和双亲共同生活，有 1176 名(10.4%)青少年和父母中的一方生活，有 1812 名(16.0%)青少年并没有和父母一起生活，而主要同爷爷奶奶外公外婆或其他亲戚朋友一同生活，如图 2.13 所示。从结果来看，有相当一部分的青少年长期与父母分离，这与当前的经济发展模式可能有一定的关联。中西部的经济发展远远落后东部沿海地区，经济欠发达地区的大量劳动力向经济发达地区输送，因而在中西部地区遗留下了大量的留守儿童，该部分留守儿童的心理健康和网络生活状况令人堪忧，贵州毕节四位留守少年儿童集体服毒自杀、五名留守儿童在垃圾箱生火取暖窒息死亡的伦理灾难，已经向全社会提出了强烈的警示。因而无论是孩子家长、社会乃至政府都应该密切关注长期与父母分离青少年的成长和发展。

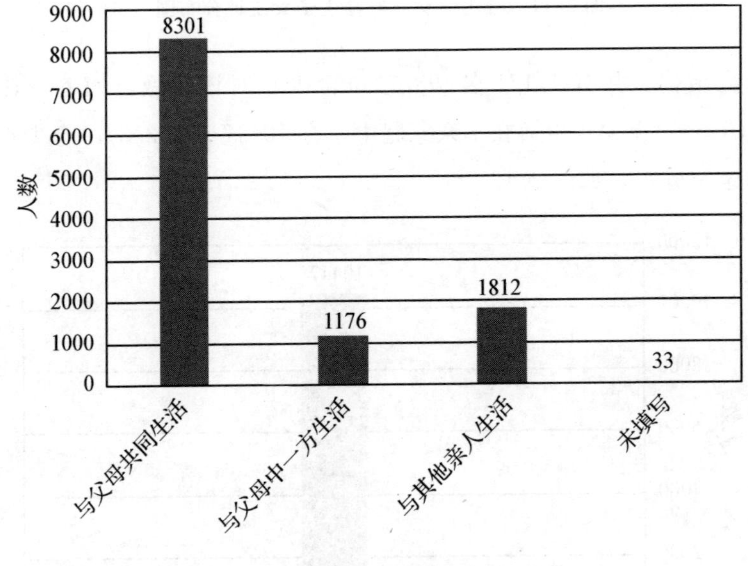

图 2.13　青少年近期生活对象统计分布图

家庭经济状况。在家庭经济状况这一题项上，共有 11154 名(98.5%)同学对该题进行了作答。在全部的作答青少年中，有 2221 名(19.9%)同学认为自己家的生活条件较差，有 6374 名(57.15%)同学认为自己生活在中等经济水平的家庭中，有 2559 名(22.9%)同学认为父母给予了自己优越的生活条件，如图 2.14 所示。

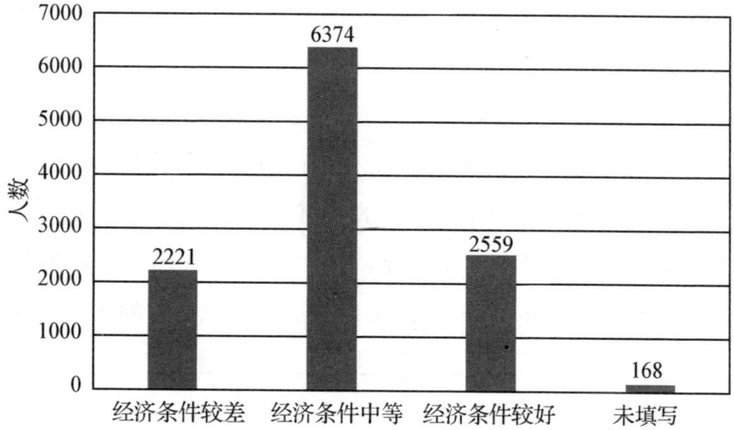

图 2.14 青少年家庭经济条件统计分布图

我们将家庭经济条件进一步分类发现，有 199 名(1.8%)同学认为自己家经济状况非常差，有 740 名(6.6%)同学认为家里经济状况比较差，有 1282 名(11.5%)同学认为家庭经济状况有点差，有 6374 名(57.2%)同学认为自己生活的家庭经济状况中等，有 905 名(8.1%)同学认为家庭经济状况有点好，有 1453 名(13.0%)同学认为家里经济状况比较好，而有 201 名(1.8%)同学认为自己家经济状况非常好，如图 2.15 所示。

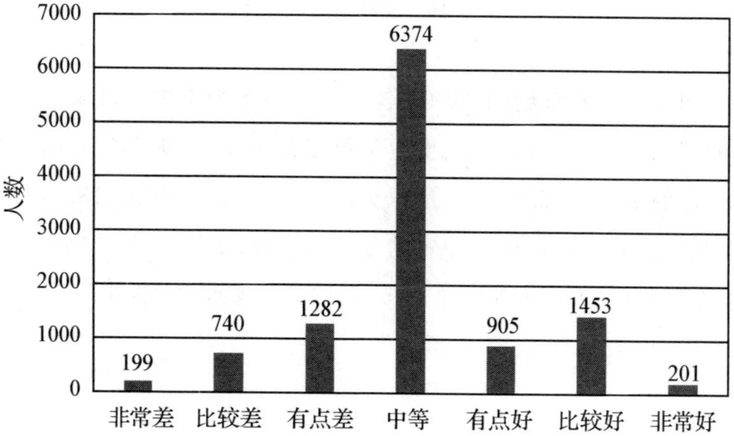

图 2.15 青少年家庭经济条件统计分布图

父亲职业。在回答该题的10999名(97.2%)学生中，有655名青少年(6.0%)的父亲是党政工作人员，有1564名青少年(14.2%)的父亲在事业单位工作，有431名青少年(3.9%)的父亲是企业管理人员，有1976名青少年(18.0%)的父亲是职员或是工人，有青少年527名(4.8%)的父亲外出务工，有1676名青少年(15.2%)的父亲是农民，有3185名青少年(29.0%)的父亲从事个体等自由职业，有256名青少年(2.3%)的父亲已经下岗，还有729名青少年(6.6%)的父亲从事其他职业，如图2.16所示。

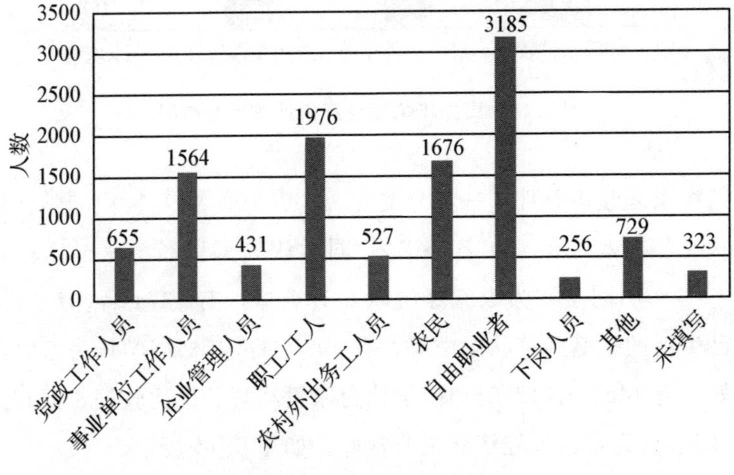

图2.16 父亲职业统计图

母亲职业。回答该题的11067名(97.7%)青少年中，母亲职业是党政工作者的有328人(3.0%)，在事业单位工作的1779人(16.1%)，从事企业管理工作的276人(2.5%)，是职员或者工人的1513人(13.7%)，外出务工的339人(3.1%)，在家务农的2014人(18.2%)，个体户等自由职业者3274人(29.6%)，下岗待业的500人(4.5%)，从事其他社会工作的1044人(9.4%)，如图2.17所示。

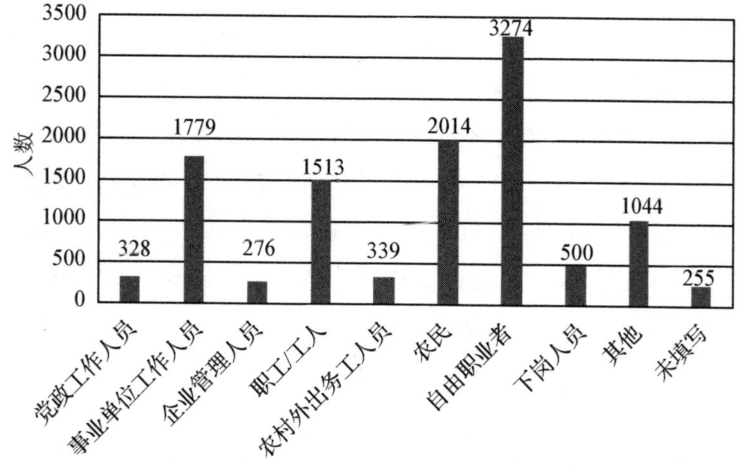

图 2.17 母亲职业统计分布图

2.1.5 积极心理状态

生活满意度。在对“目前生活状况满意度”的 10 点量表评分当中，用 1～10 分表示生活满意度从“非常不满意”到“非常满意”的递增。所有参与评定此项目的 11255 位(占所有人数的 99.4%)青少年对生活满意度的评定均分为 7.34(SD=2.01)，说明多数受访青少年的生活满意度水平较高。

性别与生活满意度。采用独立样本 t 检验的方法来探究不同性别的青少年生活满意度的差异，结果如表 2.1 所示。数据表明男生和女生在生活满意度上没有显著差异，$t_{(10887)} = -0.17$，$p = 0.87$，说明无论是男生还是女生，对当前生活的满意程度都较高。这可能是由于随着计划生育政策的推行，很多家庭中只有一个孩子，无论是男孩还是女孩都得到很好的照顾和关怀，因而他们对自己生活质量均做出了积极的评价。

表 2.1 性别与生活满意度的 t 检验表

	N	M	SD	t	p
男生	4572	7.34	2.11	−0.17	0.87
女生	6317	7.34	1.95		

学业阶段与生活满意度。采用方差分析的方法来探究青少年所处学业阶段与生活满意度之间的关系，结果如表 2.2 所示。根据表中数据可知，不同学业阶段的青少年对现有生活状况的满意程度间存在显著差异，$F_{(4, 10702)} = 213.93$，$p < 0.001$。事后多重比较的结果显示，处于小学阶段的青少年其生活满意度($M = 8.44$)显著高于初中($M = 7.64$)、高中($M = 7.10$)、大学($M = 6.83$)及研究生($M = 6.98$)阶段的青少年，$p_1 < 0.001$，$p_2 < 0.001$，$p_3 < 0.001$，$p_4 < 0.001$；初中阶段的青少年比高中、大学、研究生阶段的青少年更满意当前的生活，$p_1 < 0.001$，$p_2 < 0.001$，$p_3 = 0.02$；当青少年进入高中阶段时，他们对生活的满意度显著高于大学生，而与研究生没有显著差异，$p_1 < 0.001$，$p_2 = 0.68$；当青少年一旦经过高考步入大学阶段后，他们对生活的满意度与研究生之间没有显著差异，$p = 0.61$。如图 2.18 所示，随着学段的增加，青少年的生活满意度在逐渐降低，而在研究生阶段又有所回升。这可能与青少年的心理和生理机能逐渐成熟和学业压力逐渐增加有一定的关联。处于中小学阶段的青少年，可谓“无忧无虑”，既无生活压力也无人际困扰，因而小学生的生活满意度较高是理所当然的，而随着年级的提升，青少年逐渐面临着升学压力，而且竞争越来越激烈(中考面对的是一个县市层面的竞争，高考则面临着全省层面的竞争，而考研面临的是全国层面的竞争)，青少年的生活满意度逐渐下降也在所难免；其次，大学阶段的青少年不仅面临着学业压力，而且还面临着就业压力，因而大学生的生活满意度进一步降低；研究生阶段青少年的生活满意度有所回升，可能是由于研究生群体面临的就业压力比大学生要小所致。但不管怎样，青少年对自己的生活质量随着学历的提高而呈现逆增长的趋势，尤其是高中生和大学生群体，该结果值得相关部门予以关注。

表 2.2 学业阶段与生活满意度的方差分析表

	SS	*df*	*MS*	*F*	*p*
学业阶段	3196.83	4	799.21	213.93	<0.001
误差	39980.42	10702	3.74		

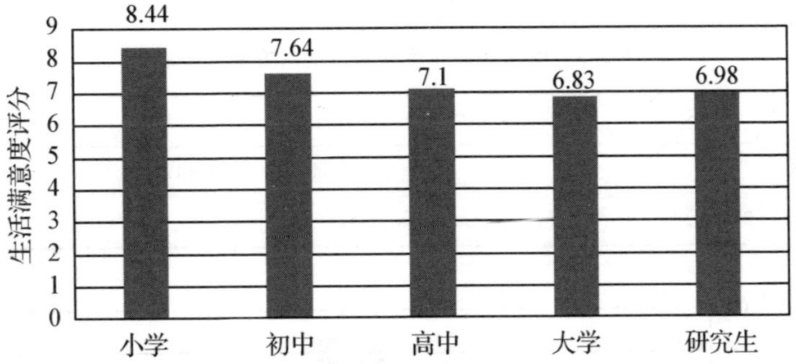

图 2.18 不同学业阶段青少年的生活满意度

生活地区与生活满意度。采用方差分析的方法探究不同生活地区青少年生活满意度的关系。方差分析的结果如表 2.3 所示，不同生活地区对青少年的生活满意程度影响显著，$F_{(2,7747)}=11.79$，$p<0.001$。事后多重比较后发现，生活在发达地区的青少年的生活满意度($M=7.55$)显著高于欠发达地区的青少年($M=7.32$)，$p=0.001$；生活在中等发达地区的青少年的生活满意度($M=7.62$)显著高于生活在欠发达地区的青少年，$p<0.001$，而生活在发达地区的青少年的生活满意度与生活在中等发达地区的青少年无显著性差异，$p=0.23$。具体结果如表 2.3 和图 2.19 所示。说明生活地域的经济发展水平会影响青少年的生活满意度评分。“经济基础决定上层建筑”在本研究的结果中有所体现，发达地区和中等发达地区青少年的生活满意度均高于欠发达地区。然而本研究的结果并没有完全支持“经济基础决定上层建筑”，中等发达地区青少年的生活满意度略高于发达地区的青少年，也就是说，生活满意度不仅仅受经济发展的影响，同时还可能受到其他因素的影响，如物价水平、人际关怀、生活节奏、自然环境等因素的影响。很显然，发达地区除了经济、医疗、教育等方面具有一定的优势外，有些方面是落后于中等发达地区的，而且这些方面可能比经济、医疗、教育对青少年的生活满意度产生更大的影响。比如，发达地区的竞争和社会比较可能更为激烈，带给青少年更大的压力，而相对来说中

等发达地区的青少年则更可能偏于“小富即安”。

表 2.3　生活地区与生活满意度的方差分析表

	SS	*df*	*MS*	*F*	*p*
生活地区	97.08	2	48.54	11.79	<0.001
误差	31890.43	7747	4.12		

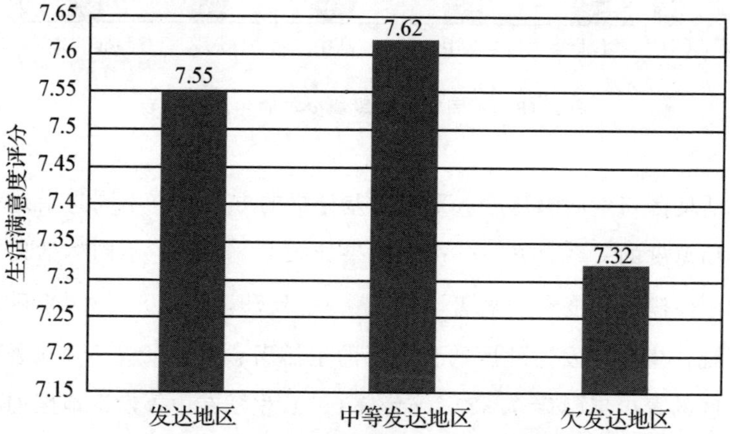

图 2.19　不同生活地区青少年的生活满意度

独生子女与生活满意度。使用独立样本 t 检验的方法进行数据分析后的结果如表 2.4 所示，数据显示无论是独生子女还是非独生子女均对目前生活状态给予了较为积极的主观评价，独生子女的生活满意度显著高于非独生子女的生活满意度，$t_{(11184)} = 13.56$，$p < 0.001$，如图 2.20 所示。这一结果可能是由多方面原因导致的。首先，独生子女无疑拥有丰富的经济资源和情感资源。在一个特定的家庭中，家庭资源是有限的，当家庭中只有一个孩子时，父母能为其提供相对充足的教育资源和情感支持，而当家中出现多子女时，每个孩子能分配到的教育资源和情感支持必定会相应地减少，从而改变青少年的社会发展处境，进而影响到非独生子女的生活满意度；其次，在独生子女的发展早期，可能会因家庭中缺少同龄玩伴而感到孤独，而这种状态却可能成为推动独生子女更加重视社会交往的动力，

产生阿德勒所说的“自卑与超越效应”，使他们在社交以及心理健康方面能够与非独生子女发展的一样好，甚至是更好。最后，多子女家庭往往受“多子多福”传统文化影响，这样的家庭很可能潜藏着一种传统文化惯性更强的倾向，父母与孩子的互动关系容易倾向于走向权威主义，使孩子天性受到压抑。而在独生子女的家庭背景下，父母倾向于放弃家长控制式的教养方式，让孩子有更多话语权与发展空间，使独生子女比非独生子女对生活质量做出更为积极的评价。

表 2.4　独生子女与非独生子女的生活满意度 t 检验表

	N	M	SD	t	p
独生子女	5095	7.62	2.02	13.56	< 0.001
非独生子女	6091	7.11	1.97		

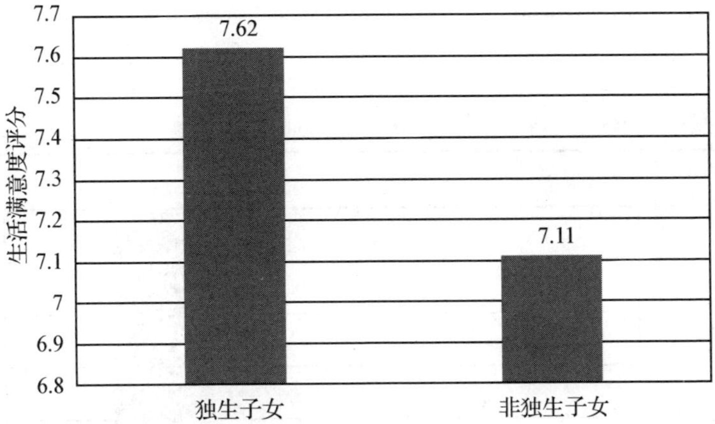

图 2.20　独生子女与非独生子女的生活满意度

家庭结构与生活满意度。运用独立样本 t 检验对数据进行分析后在表 2.5 中呈现结果，数据表明单亲家庭与非单亲家庭的青少年均很满意当前的生活状态，单亲家庭的青少年生活满意度显著低于生活在非单亲家庭中的青少年，$t_{(805.64)} = -4.61$，$p < 0.001$，如图 2.21 所示。尽管在本次调查中来自单亲家庭的青少年人数显著少于来自非单亲家庭的青少年，但这

一结果却有力地说明了家庭结构对青少年成长发育的重要性。在个体成长过程中，缺少父母任何一方的关爱都会对孩子产生重要的影响。完整的家庭结构，除了能给青少年提供充足的物质保障之外，原生家庭中父母对青少年的关爱与呵护使得他们更自信、更勇敢，这种家庭生活中和谐的亲子关系会成为青少年发展其他人际关系的原型和基础。无论是小学生还是步入社会的青年，他们都需要来自父母双方的关爱，在取得进步时，需要父母及时给予肯定与认可，在遇到挫折或失败时，父母的怀抱就是他们恢复勇气与信心的港湾。与此同时，那些生活在单亲家庭的青少年也会受到社会比较的影响，当看到自己周围的同伴能够在父母陪伴的环境中快乐成长时，这样的比较会造成一定的心理落差，进而产生自卑心理，影响其积极心理状态发展，使其对生活满意度的评价较低。

表 2.5　家庭结构与生活满意度的 *t* 检验表

	N	*M*	*SD*	*t*	*p*
单亲家庭	722	6.98	2.20	−4.61	<0.001
非单亲家庭	10392	7.36	2.00		

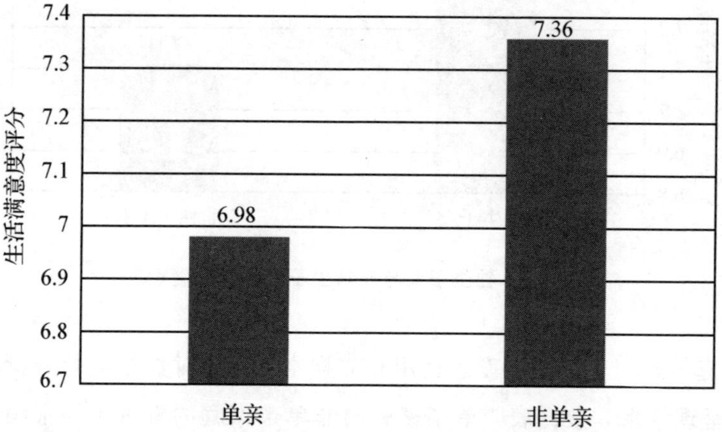

图 2.21　不同家庭结构青少年的生活满意度

主观幸福感。主观幸福感是一种积极的心理品质，是对生活质量的整体感知与判断，是个体根据一定的主观标准对目前的生活质量进行整体的、全面的判断。

本调查使用1～10的10点量表来评定主观幸福感，其中1表示“非常不满意”，10表示“非常满意”。共有11258名（占总人数的99.4%）青少年参与该项目的评定，样本的生活满意度均分为7.77（$SD=1.95$），说明参评的多数青少年幸福感较高。

性别与主观幸福感。使用独立样本t检验的方法来探究性别与主观幸福感的关系，结果如表2.6所示。根据表中数据可知，女性的幸福感均分显著高于男性的幸福感均分，$t_{(9263.80)}=-5.18$，$p<0.001$，如图2.22所示。之所以女性比男性感到更幸福可能有以下几方面的原因：首先，从人格的角度来看，女性比男性的宜人性更强，更容易与他人建立起良好的人际关系，而和谐的人际关系是幸福感的重要影响因素；其次，从动机的角度来看，相对于女性而言，男性的成就动机更强，他们设定更高的目标，当达到同样的成就时，女性的主观幸福感要高于男性；再次，从社会期望的角度来看，社会给予了男性更高的期望，他们需要承担起家庭的经济开销、他们需要在自己从事的领域里有所作为，相反，社会对女性的要求相对较低，因而女性承担的社会压力要远远低于男性。最后，在情绪表达方面，男性更多采用压抑的方式，如“男儿有泪不轻弹”，而女性更多采用发泄的方式，如向好友、家人倾诉，这种处理压力或负性事件的方式可能也是影响幸福感性别差异的一个原因。

表2.6 性别与主观幸福感的t检验表

	N	M	SD	t	p
男性	4573	7.66	2.06	−5.18	<0.001
女性	6318	7.86	1.87		

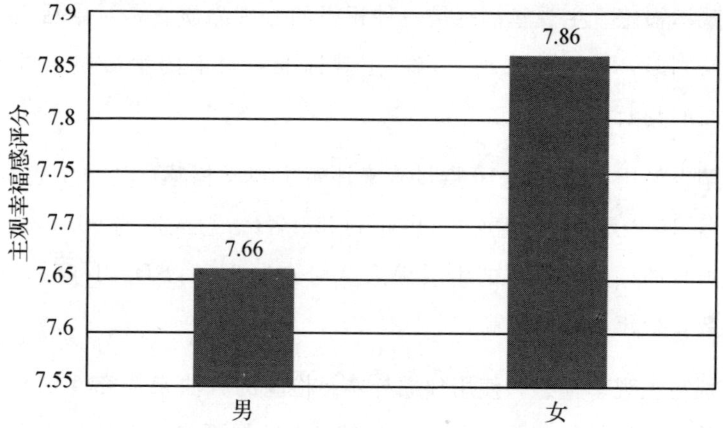

图 2.22 不同性别青少年的主观幸福感

学业阶段与主观幸福感。使用方差分析对处于不同学业阶段的青少年进行分析后结果如表 2.7 所示，根据表中数据可知，不同学业阶段的青少年其主观感知到的幸福指数差异显著，$F_{(4,\ 10705)} = 164.57$，$p<0.001$。事后多重比较分析的结果表明，小学生的主观幸福感得分($M=8.71$)显著高于初中生($M=8.05$)，$p<0.001$；小学生的主观幸福感得分显著高于高中生($M=7.56$)，$p<0.001$；小学生的主观幸福感得分显著高于大学生($M=7.35$)，$p<0.001$；小学生的主观幸福感得分($M=8.71$)显著高于研究生($M=7.50$)，$p<0.001$；初中生的主观幸福感得分显著高于高中生，$p<0.001$；初中生的主观幸福感得分显著高于大学生，$p<0.001$；初中生的主观幸福感得分显著高于研究生，$p=0.05$；高中生的幸福感显著高于大学生，$p=0.046$，而高中生与研究生之间无显著差异，$p=0.842$；大学生与研究生的幸福感也无显著差异，$p=0.583$。具体结果如表 2.7 和图 2.23 所示。

表 2.7 学业阶段与主观幸福感的方差分析表

	SS	*df*	*MS*	*F*	*p*
学业阶段	2351.04	4	587.76	164.57	<0.001
误差	38233.50	10705	3.57		

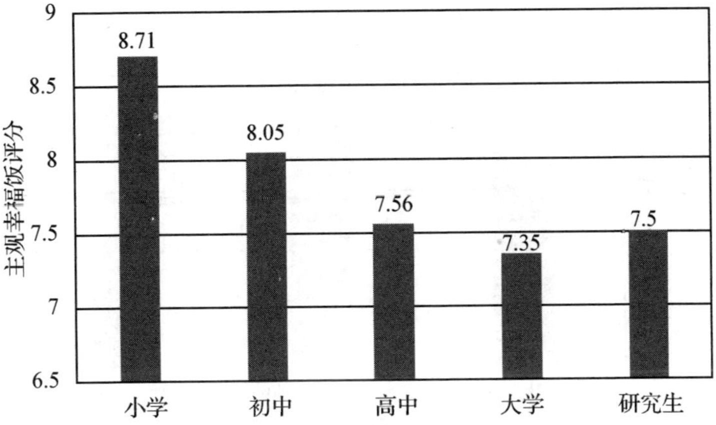

图 2.23 不同学业阶段青少年的主观幸福感

生活地区与主观幸福感。使用方差分析的方法来探究生活地区与主观幸福感之间关系，结果如表 2.8 所示。根据表中数据可知，青少年生活地区的经济发展程度与其感受到的幸福感之间存在显著差异，$F_{(2, 7747)} = 16.40$，$p < 0.001$。事后多重比较发现，发达地区($M=7.88$)的青少年所感受到的幸福感显著低于中等发达地区($M=8.05$)，而显著高于欠发达地区($M=7.72$)，$p_1 = 0.001$，$p_2 = 0.018$；居住在经济水平中等地区的青少年其主观感知到的幸福显著高于欠发达地区生活的青少年，$p < 0.001$。具体结果如图 2.24 所示。

表 2.8 生活地区与主观幸福感的方差分析表

	SS	*df*	*MS*	*F*	*p*
生活地区	128.85	2	64.43	16.40	< 0.001
误差	30429.19	7747	3.93		

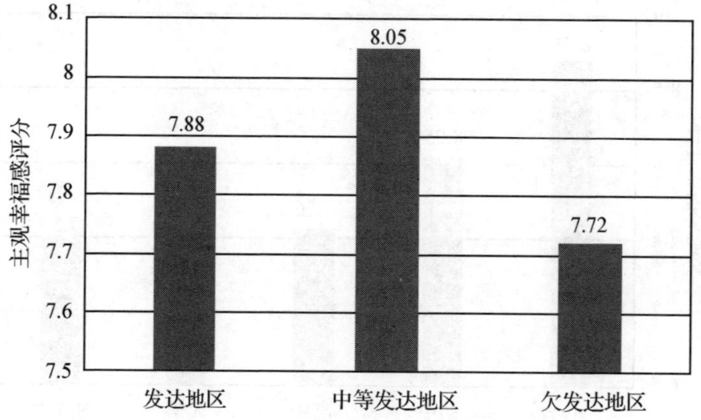

图 2.24　不同地区青少年的主观幸福感

独生子女与主观幸福感。使用独立样本 t 检验的方法来探究独生子女与非独生子女主观幸福感的得分情况，结果如表 2.9 所示。根据表中数据可知，独生子女的主观幸福感得分(M=7.97)显著高于非独生子女(M=7.61)，$t_{(11186)}=9.75$，$p<0.001$，具体结果如图 2.25 所示。

表 2.9　独生子女与非独生子女的主观幸福感 t 检验表

	N	M	SD	t	p
独生子女	5093	7.97	1.97	9.75	<0.001
非独生子女	6095	7.61	1.93		

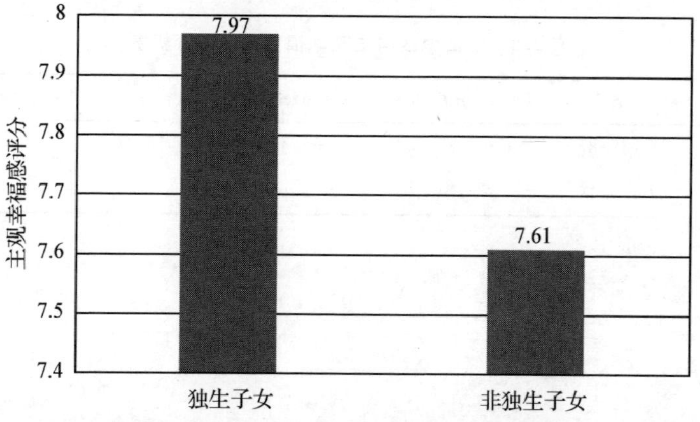

图 2.25　独生子女与非独生子女的主观幸福感

家庭结构与主观幸福感。对样本中生活在单亲家庭的青少年与非单亲家庭的青少年进行独立样本 t 检验分析后结果如表 2.10 所示，数据说明与非单亲家庭(M=7.81)相比，生活在单亲家庭(M=7.19)的青少年觉得更不幸福，$t_{(803.83)}=-7.60$，$p<0.001$，具体结果如图 2.26 所示。

表 2.10　家庭结构与主观幸福感的 t 检验表

	N	M	SD	t	p
单亲家庭	723	7.19	2.17	−7.60	<0.001
非单亲家庭	10393	7.81	1.93		

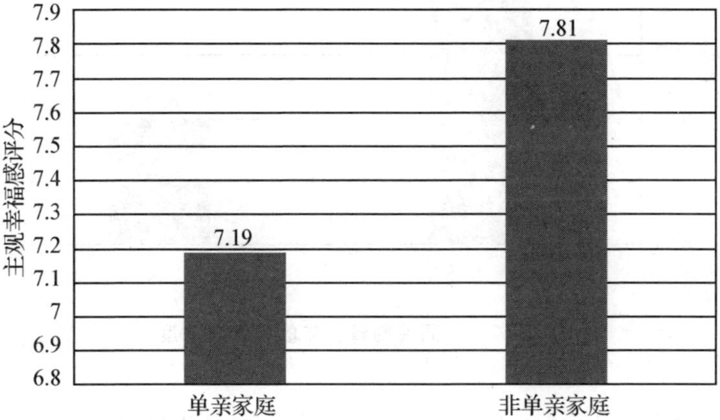

图 2.26　不同家庭结构青少年的主观幸福感

自我满意度。在本调查中青少年通过使用 1～10 的 10 点量表来对自我满意度进行评价，其中"1"表示"我对自己非常不满意"，"10"表示"我对自己非常满意"。共有 11242 名(占总人数的 99.3%)青少年对自己进行了评定，评定的均分为 6.71(SD=2.06)，说明多数参评青少年对自我的评价较为积极。

性别与自我满意度。使用独立样本 t 检验对数据进行分析后的结果如表 2.11 所示，根据表中数据可知，不同性别的青少年在对自己评价时，结果有很大差异。与女性(M=6.65) 相比，男性的自我满意度得分(M=

6.81)更高，$t_{(9100.55)} = 4.03$，$p < 0.001$。如图 2.27 所示。

表 2.11　性别与自我满意度的 t 检验表

	N	*M*	*SD*	*t*	*p*
男生	4572	6.81	2.20	4.03	< 0.001
女生	6303	6.65	1.95		

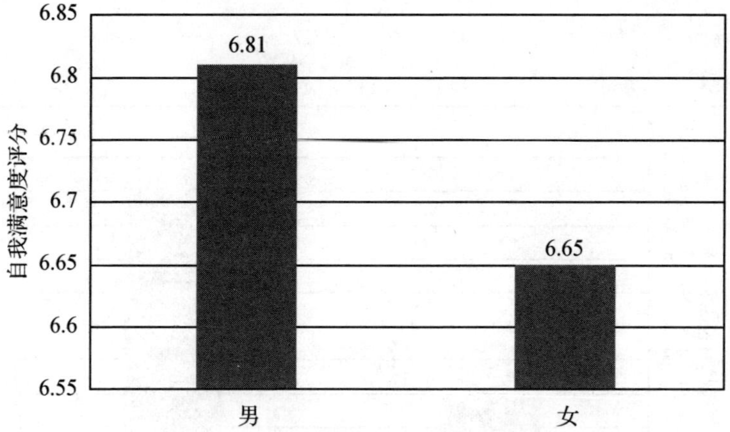

图 2.27　不同性别青少年的自我满意度

学业阶段与自我满意度。运用方差分析的统计方法来探究学业阶段与青少年自我满意度之间的关系，结果如表 2.12 所示。根据表中数据可知，不同学业阶段的青少年在评定自我时差异显著，$F_{(4, 10694)} = 174.90$，$p < 0.001$。对数据进行事后多重比较后发现，年龄越小，越容易对自己进行积极的评价。具体来说就是，小学生的自我满意度($M=7.73$)显著高于初中生($M=6.99$)、高中生($M=6.34$)、大学生($M=6.38$)及研究生($M=6.61$)，$p_1 < 0.001$，$p_2 < 0.001$，$p_3 < 0.001$，$p_4 < 0.001$；初中生的自我满意度得分显著高于高中生和大学生，$p_1 < 0.001$，$p_2 < 0.001$，但初中生的自我满意度与研究生没有显著差异，$p_3 = 0.20$；高中生的自我满意度得分与大学和研究生之间的差异也不显著，$p_1 = 0.44$，$p_2 = 0.36$；大学生的自我满意度与研究生的差异也不显著，$p = 0.43$，如图 2.28 所示。

表 2.12 学业阶段与自我满意度的方差分析表

	SS	*df*	*MS*	*F*	*p*
学业阶段	2774.86	4	693.71	174.90	<0.001
误差	42416.04	10694	3.97		

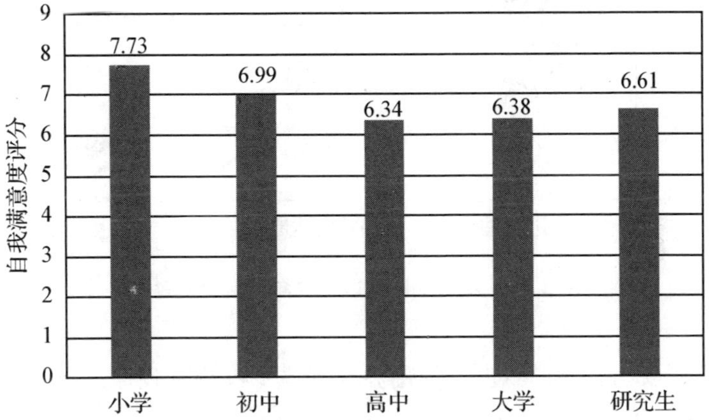

图 2.28 不同学业阶段青少年的自我满意度

生活地区与自我满意度。通过使用方差分析方法来探究生活地区与自我满意度之间的关系，结果如表 2.13 所示。根据表中数据我们可知，在本次调查所获得的全国样本中，不同经济地区的青少年的自我满意度得分具有显著性差异，$F_{(2,7744)}=31.83$，$p<0.001$。进行事后多重比较后发现，发达地区($M=6.98$)青少年的自我满意度显著高于欠发达地区($M=6.43$)，而与中等发达地区($M=6.88$)无显著性差异，$p_1<0.001$，$p_2=0.07$；中等发达地区青少年的自我满意度显著高于欠发达地区，$p<0.001$，具体结果如图 2.29 所示。结果说明除学业阶段外，生活地区的经济发展水平也会影响到青少年的自我满意度。

表 2.13 生活地区与自我评价的方差分析表

	SS	*df*	*MS*	*F*	*p*
生活地区	282.40	2	141.20	31.83	<0.001
误差	34350.84	7744	4.44		

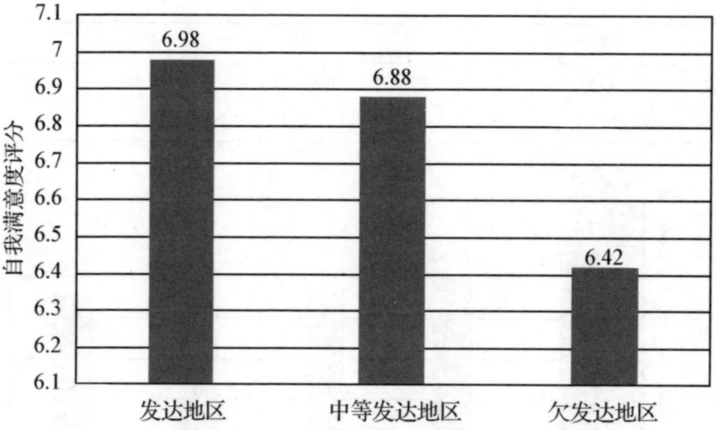

图 2.29　不同生活地区青少年的自我满意度

独生子女与自我满意度。使用独立样本 t 检验对数据进行分析后的结果在表 2.14 中呈现，在表中可以看出，独生子女(M=6.90)比非独生子女(M=6.55)得分更高，$t_{(10608.99)} = 49.16$，$p < 0.001$，如图 3.30 所示。无论是在家庭内部受到的关注度与所享受的资源，独生子女都高于非独生子女，这种“小皇帝”与“小公主”的成长模式虽然存在诸多弊端，但是无疑，作为家庭的核心人物，独生子女的存在感更强，对自己的评价更高。

表 2.14　独生子女与非独生子女的自我满意度 t 检验表

	N	M	SD	t	p
独生子女	5091	6.90	2.11	9.16	<0.001
非独生子女	6083	6.55	2.00		

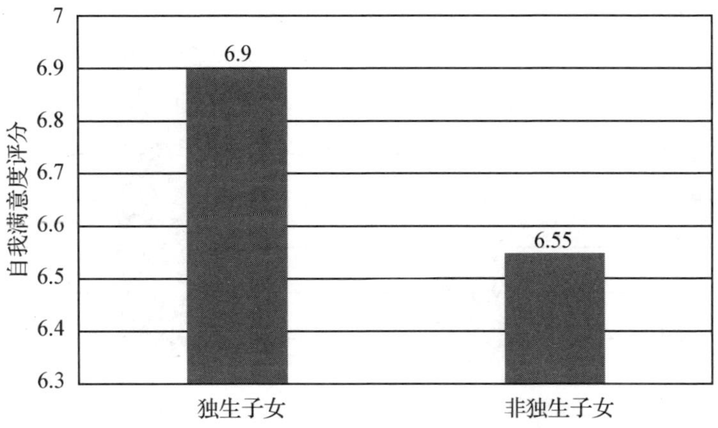

图 2.30　独生子女与非独生子女的自我满意度

家庭结构与自我满意度。使用独立样本 t 检验对单亲家庭与青少年自我评价之间的关系进行探究，结果如表 2.15 所示。根据表中数据可知，生活在非单亲家庭的青少年(M=6.74)比单亲家庭的青少年(M=6.28)更易于对自己做出肯定的、积极的评价，$t_{(803.17)} = -5.43$，$p < 0.001$，这进一步说明青少年进行自我评价时在一定程度上会受到家庭成长环境的影响，如图 2.31 所示。

表 2.15　家庭结构与自我满意度的 t 检验表

	N	M	SD	t	p
单亲家庭	719	6.28	2.23	−5.43	<0.001
非单亲家庭	10382	6.74	2.04		

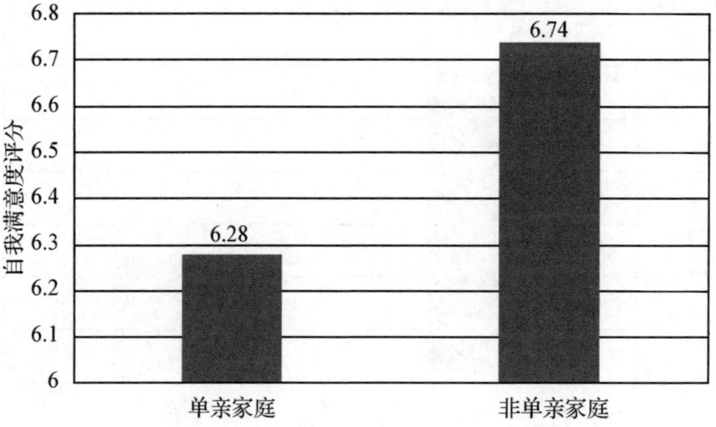

图 2.31　不同家庭结构青少年的自我满意度

亲子关系。本调查使用1～10的10点量表来让青少年对自己与父母间的关系进行评价，其中1表示“我认为我和父母的关系很差”，10表示“我认为我和父母的关系非常好”。共有11244名(占总人数的99.3%)青少年对亲子关系进行了评定，评定的均分为8.36(SD=1.82)，说明多数青少年对自己与父母的关系较为满意。

性别与亲子关系。使用独立样本t检验的统计方法来探究性别对亲子关系的影响，结果如表2.16所示。通过数据可以看出，青少年对自己与父母之间的亲子关系进行了非常积极的评价，很满意两代人之间的关系状态。其中女性青少年(M=8.41)对关系的评价显著高于男性青少年(M=8.30)，$t_{(9558.48)}=-3.14$，$p=0.002$，这一结果说明性别在青少年与其父母的亲子关系中扮演着重要的角色，如图2.32所示。已有很多研究发现，相比男性，女性更注重人际关系的维系与修复，造成这种现象的原因可能要追溯至原始人类时期。在那个时候，女性多承担养育子女、采摘果实等活动，而男人多承担狩猎、保卫等工作，因为劳动分工的不同，女性的性格中体贴、照顾、馈赠等行为更多，而这些行为恰好能促进双方关系的亲密度与稳定性。在现代社会中，父亲多在职场中闯荡，是家庭经济收入的主要来源，而母亲的主要工作为照顾子女，关心一家人的饮食起居，这些都免不了需要较高的社交能力。在这种社会背景下，男生与女生从小受到的性别角色期待也不同，因此男生女生对于人际关系的重视程度也就不一样。

表 2.16 性别与亲子关系的 t 检验表

	N	M	SD	t	p
男生	4572	8.30	1.87	−3.14	0.002
女生	6304	8.41	1.78		

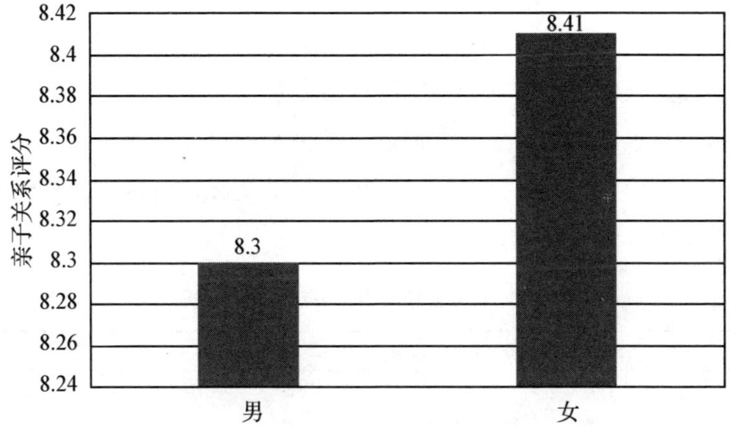

图 2.32 不同性别青少年的亲子关系

学业阶段与亲子关系。运用方差分析的方法来探究学业阶段对亲子关系的影响作用，如表 2.17 所示，结果说明青少年在处于不同学业阶段时，其对亲子关系的评价具有显著差异，$F_{(4, 10695)} = 92.63$，$p < 0.001$。进行事后多重比较后发现，小学阶段的青少年(M=9.07)对亲子关系的评价显著高于初中(M=8.35)、高中(M=8.08)、大学(M=8.43)及研究生(M=7.91)阶段的青少年，$p_1 < 0.001$，$p_2 < 0.001$，$p_3 < 0.001$，$p_4 < 0.001$，他们最满意当前的亲子关系质量；初中阶段的青少年的评价显著优于高中阶段的青少年，而与大学、研究生阶段的青少年的评价无显著差异，$p_1 < 0.001$，$p_2 = 0.092$，$p_3 = 0.112$；或许是学业压力等因素影响，高中生在评价亲子关系时，得分显著低于大学阶段青少年，与研究生阶段无显著性

差异，$p_1 < 0.001$，$p_2 = 0.528$；在经过高考后，多数青少年面临着离开父母去异地求学的境况，所以该阶段的青少年对亲子关系评价更好，边缘显著高于研究生阶段的青少年，$p = 0.056$，如图 2.33 所示。这说明当青少年处于不同学业阶段时，他们会对亲子关系进行动态的评价，特别是对处于青春期阶段的青少年来说，原生家庭中的亲子关系是其进行外部探索的能量源泉，但是同伴关系、师生关系等其他人际关系也逐渐在生活中扮演着重要的角色。随着其自我意识的第二次觉醒，青少年在与父母相处的过程中会产生较多的矛盾与冲突，特别是在高中阶段，在高考这个外部压力环境下，青少年与父母的亲子关系达到最低点。但这种短暂的亲子冲突并不会持续太长时间，当青少年经历过高考进入大学校园后，他们与父母的关系因为地理距离的增加而拉近，亲子关系的得分显著增加。此后，因为学业压力、毕业实习等原因，青少年与父母交流时间减少，研究生阶段的亲子关系得分大幅降低。

表 2.17　学业阶段与亲子关系的方差分析表

	SS	*df*	*MS*	*F*	*p*
学业阶段	1171.27	4	292.82	92.63	<0.001
误差	33809.24	10695	3.16		

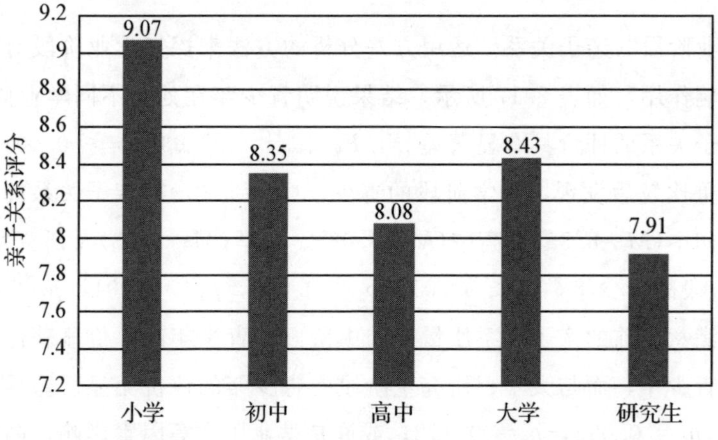

图 2.33　不同学业阶段青少年的亲子关系

生活地区与亲子关系。运用方差分析的方法来探究生活地区对亲子关系的影响作用，结果如表 2.18 所示。不同生活地区的青少年在对亲子关系进行评价时差异显著，$F_{(2,7746)}=34.07$，$p<0.001$。通过事后多重比较我们可以得知，中等发达地区的青少年($M=8.49$)对亲子关系评价最高，对关系质量最为满意，显著高于发达地区青少年($M=8.34$)与欠发达地区青少年($M=8.02$)，$p_1=0.003$，$p_2<0.001$；发达地区青少年对亲子关系的满意度显著高于欠发达地区的青少年，$p<0.001$，如图 2.34 所示。这说明生活环境的经济发展水平会影响青少年对亲子关系满意度的评价，当生活地区的经济发展处于中等水平时，青少年对亲子关系的状态最为满意。

表 2.18 生活地区与亲子关系的方差分析表

	SS	*df*	*MS*	*F*	*p*
生活地区	236.54	2	118.27	34.07	<0.001
误差	26893.00	7746	3.47		

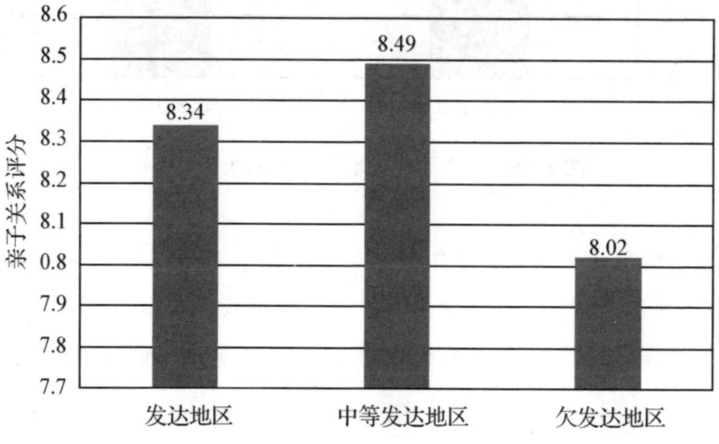

图 2.34 不同生活地区青少年的亲子关系

独生子女与亲子关系。用独立样本 t 检验的方法来探究青少年是否为独生子女这一变量对亲子关系的作用，结果在表 2.19 中呈现。研究发现，青少年对他们和父母间关系的满意度很高，相比非独生子女($M=8.30$)，独生子女($M=8.44$)与父母间的联系更紧密，亲子间交流更多，亲子关系更好，$t_{(11171)}=4.03$，$p<0.001$，如图2.35所示。这一结果在一定程度上说明了当家庭中子女个数大于1个时，亲子间关系的亲密度可能会降低。

表2.19 独生子女与非独生子女的亲子关系 t 检验表

	N	M	SD	t	p
独生子女	5085	8.44	1.81	4.03	<0.001
非独生子女	6088	8.30	1.82		

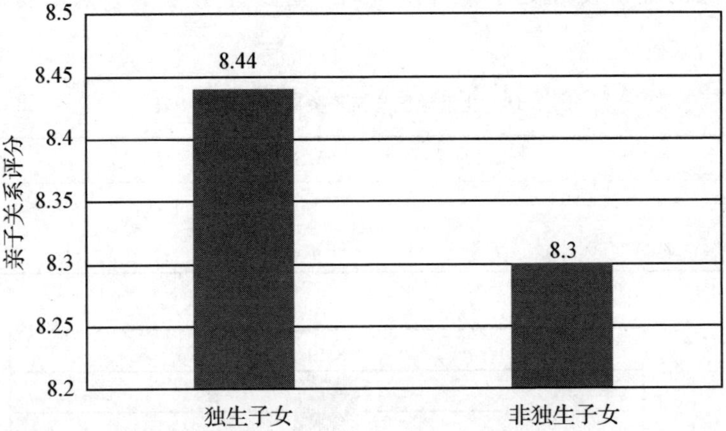

图2.35 独生子女与非独生子女的亲子关系

家庭结构与亲子关系。运用独立样本 t 检验来探究家庭结构对亲子关系的影响，结果如表2.20所示。通过表中数据我们可以发现，非单亲家庭的青少年($M=8.42$)对亲子关系质量满意度显著高于单亲家庭的青少年($M=7.56$)，$t_{(776.97)}=-9.64$，$p<0.001$，如图2.36所示。

表2.20 家庭结构与亲子关系的 t 检验表

	N	M	SD	t	p
单亲家庭	721	7.56	2.35	−9.64	<0.001
非单亲家庭	10380	8.42	1.76		

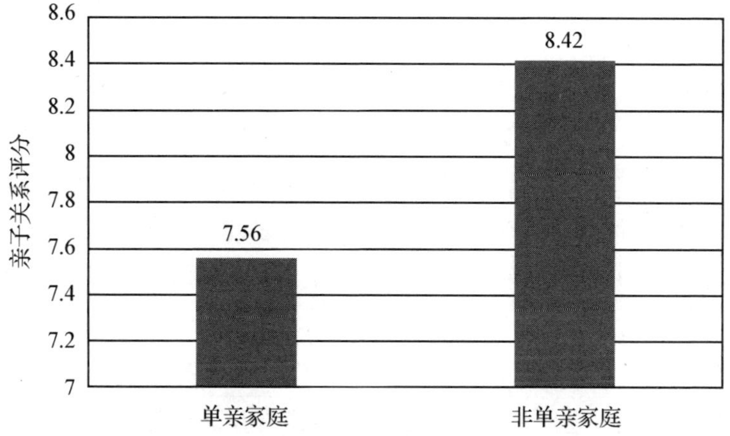

图 2.36　不同家庭结构青少年的亲子关系

师生关系。本调查使用1～10的10点量表来让青少年对自己与教师间的关系进行评价，其中1表示“我认为我和老师的关系很差”，10表示“我认为我和老师的关系非常好”。共有11242名(占总人数的99.3%)青少年对师生关系进行了评定，评定的均分为7.40($SD=1.93$)，说明多数青少年对自己与老师关系的满意度较高。

性别与师生关系。使用独立样本t检验来探究性别对师生关系的作用，结果如表3.21所示。无论男性还是女性，所有受测群体中的青少年均对其当前的师生关系较为满意，性别在师生关系上并未表现出显著差异，$t_{(9315.92)}=1.87$，$p=0.061$。说明无论是男性还是女性，他们对自己与任课教师的关系都较为满意。

表 2.21　性别与师生关系的 *t* 检验表

	N	*M*	*SD*	*t*	*p*
男生	4573	7.44	2.03	1.87	0.061
女生	6302	7.37	1.85		

学业阶段与师生关系。运用方差分析的方法来探究学业阶段对师生关系的影响作用，结果如表2.22所示。根据表中数据我们可以得知，青少年

在经历不同学业阶段时，对师生关系的评价具有显著差异，$F_{(4, 10691)} = 233.68$，$p < 0.001$。事后多重比较分析发现，小学生($M=8.55$)对师生关系评价最高，最满意当前的关系状态，且满意度显著高于初中生($M=7.60$)、高中生($M=7.17$)、大学生($M=6.93$)和研究生($M=7.09$)，$p_1 < 0.001$，$p_2 < 0.001$，$p_3 < 0.001$，$p_4 < 0.001$；初中生对师生关系的满意度显著高于高中生和大学生，但与研究生之间不存在显著差异，$p_1 < 0.001$，$p_2 < 0.001$，$p_3 = 0.073$；高中生对关系的满意度显著高于大学生，而与研究生之间无显著差异，$p_1 < 0.001$，$p_2 = 0.768$；当进入大学阶段的学习后，师生关系远没有之前学业阶段中维系的那么紧密，因此大学生与研究生对师生评价大致相当，二者没有显著差异，$p = 0.573$，如图 2.37 所示。这进一步说明，不同学业阶段的青少年对师生关系的评价不一，师生关系得分最高的阶段在小学。这可能是因为对此时的青少年来说，教师是知识的传授者，教师在授课过程中所展现出来的学识渊博、无所不知的形象是权威性的存在。青少年会主动地将老师的一言一行作为自己的行为榜样进行学习，因此在这个阶段的师生关系中，教师多占据主导地位。伴随着青少年第二次自我意识的觉醒过程，青春期阶段的青少年更加关注自我，他们在建立与维系师生关系时，并不会盲目地服从老师，而会进行更多的自我反省与反思。与此同时，伴随着学识、阅历的增加，在这段关系中他们的主导地位开始逐渐凸显出来。以前那种对“偶像”的崇拜之情也开始逐渐降温，反而辩证地去看待自己与老师的关系。甚至因为学业压力等因素，他们与老师的关系会出现下滑的情况。特别是青少年在高中之后的学习工作生活中，教师的重要程度降低，但依旧对个人的发展产生着重要的影响。

表 2.22　学业阶段与师生关系的方差分析表

	SS	*df*	*MS*	*F*	*p*
学业阶段	3133.24	4	783.31	233.68	<0.001
误差	35836.38	10691	3.35		

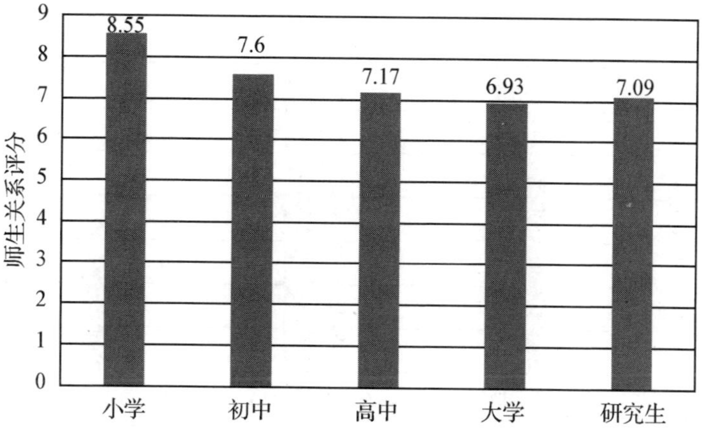

图 2.37　不同学业阶段青少年的师生关系

生活地区与师生关系。运用方差分析的方法探究不同生活地区的青少年在进行师生关系评价时是否存在显著差异，结果如表 2.23 所示。根据表中数据我们可知，生活在不同地区的青少年进行师生关系评价时存在显著性差异，$F_{(2,7742)}=24.92$，$p<0.001$。进行事后多重计较后可知，地理环境不同，特别是生活环境的经济发展水平不同，青少年对当前师生关系的评价具有显著性差异。通过事后多重比较可知，经济发展水平较低的欠发达地区的青少年对师生关系的满意度($M=7.17$)显著低于居住在发达地区($M=7.66$)和中等发达地区($M=7.67$)的青少年，$p_1<0.001$，$p_2<0.001$；中等发达地区的青少年其师生关系评价与发达地区的青少年无显著性差异，$p=0.877$，如图 2.38 所示。这说明不同地区的经济发展水平因素在青少年评定师生关系的满意度时起着重要作用。

表 2.23　生活地区与师生关系的方差分析表

	SS	df	MS	F	p
生活地区	187.56	2	93.78	24.92	<0.001
误差	29133.88	7742	3.76		

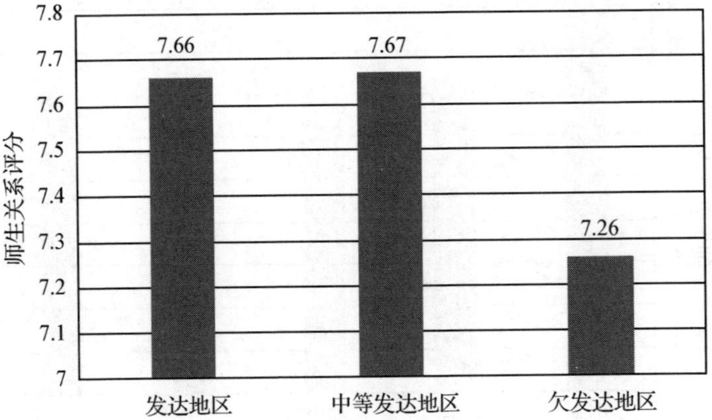

图 2.38　不同生活地区青少年的师生关系

独生子女与师生关系。通过使用独立样本 t 检验来测查独生子女对师生关系的作用，结果如表 2.24 所示。其中通过该表可以看出，无论是独生子女还是非独生子女都对当前的师生关系较为满意，但是独生子女与教师之间的关系满意度($M=7.63$)显著高于非独生子女的师生关系满意度($M=7.19$)，$t_{(11169)}=12.07$，$p<0.001$，如图 2.39 所示。

表 2.24　独生子女与非独生子女的师生关系 t 检验表

	N	M	SD	t	p
独生子女	5086	7.63	1.91	12.07	<0.001
非独生子女	6085	7.19	1.92		

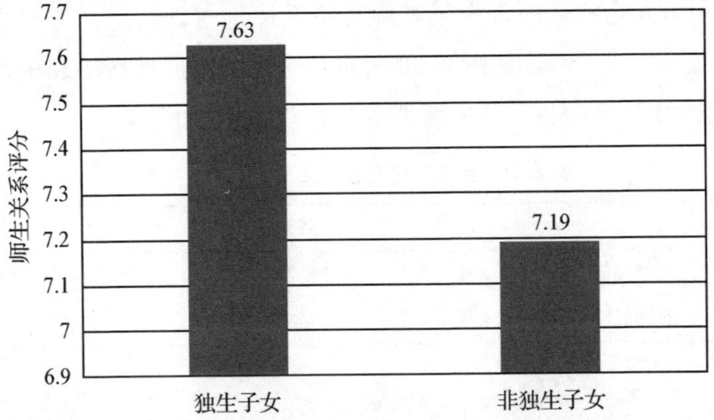

图 2.39　独生子女与非独生子女的师生关系

家庭结构与师生关系。使用独立样本 t 检验来探究单亲家庭环境是否对师生关系产生影响，结果如表 2.25 所示。根据表中数据我们可知，生活在单亲家庭的青少年其对师生关系的满意程度($M=7.13$)显著低于生活在非单亲家庭中的青少年($M=7.41$)，$t_{(11096)}=-3.77$，$p<0.001$，如图 2.40 所示，即家庭成长环境会显著影响青少年在学校环境中与任课教师的人际关系情况。

表 2.25 家庭结构与师生关系的 t 检验表

	N	*M*	*SD*	*t*	*p*
单亲家庭	723	7.13	1.96	−3.77	<0.001
非单亲家庭	10375	7.41	1.93		

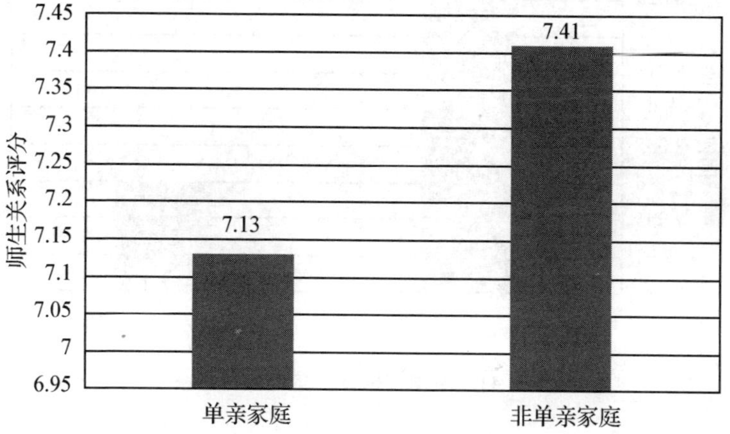

图 2.40 不同家庭结构青少年的师生关系

同伴关系。本调查使用 1～10 的 10 点量表来让青少年对自己与同伴的关系进行评价，其中 1 表示“我认为我和同龄人的关系很差”，10 表示“我认为我和同龄人的关系非常好”。共有 11247 名(占总人数的 99.3%)青少年对同伴关系进行了评定，评定的均分为 8.00($SD=1.71$)，说明多数青少年对自己与同伴关系的满意度较高。

性别与同伴关系。使用独立样本 t 检验来测查不同性别的青少年其同伴关系是否有显著差异，结果如表 2.26 所示，不管男生还是女生，都非常满意其当前所拥有的同伴关系，二者之间不存在显著差异，$t_{(9146.69)} = 0.91$，$p = 0.364$，如图 2.41 所示。

表 2.26　性别与同伴关系的 t 检验表

	N	M	SD	t	p
男生	4575	8.03	1.82	0.91	0.364
女生	6305	8.00	1.62		

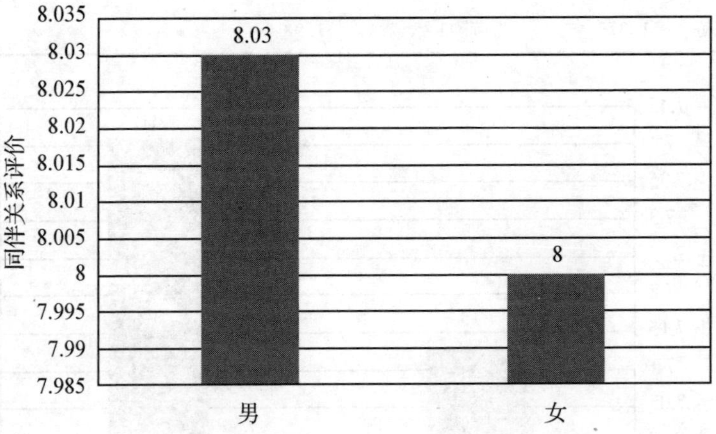

图 2.41　不同性别青少年的同伴关系

学业阶段与同伴关系。运用方差分析探究不同学业阶段的青少年对同伴关系的评价是否存在显著差异，结果如表 2.27 所示。通过表中数据我们可以得知，伴随着年龄的增长，学业阶段的不同区分对同伴间关系的维系具有显著差异，$F_{(4, 10698)} = 128.99$，$p < 0.001$。通过事后多重比较可知，小学阶段的青少年对同伴友谊的评价最高($M=8.66$)，最满意当前正在维系的这段同伴情谊，且显著高于初中($M=8.34$)、高中($M=7.84$)、大学($M=7.65$)和研究生($M=7.64$)阶段的青少年，$p_1 < 0.001$，$p_2 < 0.001$，$p_3 < 0.001$，$p_4 < 0.001$；初中阶段的青少年不再单纯寻求同伴的数量，

而注重维护同伴关系的质量，所以他们对关系的满意度显著高于高中、大学和研究生阶段的青少年，$p_1 < 0.001$，$p_2 < 0.001$，$p_3 = 0.006$；进入高中阶段的学习后，青少年对友谊关系的评价显著高于大学生，而与研究生之间无显著差异，$p_1 < 0.001$，$p_2 = 0.427$；此后一旦迈进大学校门，青少年对同伴关系的评价就比较稳定，无论是大学本科阶段还是研究生阶段，二者都无显著差异，$p = 0.981$，如图 2.42 所示。

表 2.27 学业阶段与同伴关系的方差分析表

	SS	*df*	*MS*	*F*	*p*
学业阶段	1412.83	4	353.21	128.99	<0.001
误差	29294.84	10698	2.74		

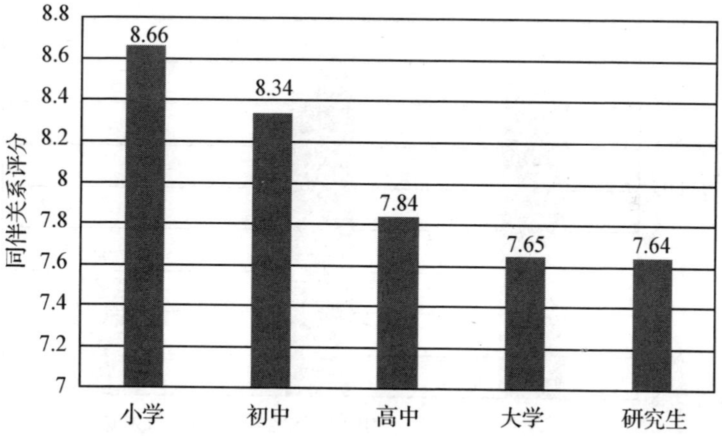

图 2.42 不同学业阶段青少年的同伴关系

生活地区与同伴关系。运用方差分析的方法探究生活地区对同伴关系的影响作用，结果如表 2.28 所示。根据表中数据我们可知生活在不同地理环境、不同社会文化与不同经济发展水平地区的青少年对同伴关系的定义不同，进而评价标准也有显著差异，$F_{(2,7740)} = 14.20$，$p < 0.001$。通过事后多重比较发现，欠发达地区的青少年（$M = 7.94$）对友谊关系的评价显著低于发达地区（$M = 8.18$）与中等发达地区（$M = 8.22$），$p_1 < 0.001$，$p_2 <$

0.001；发达地区青少年对同伴关系的评价与中等发达地区的青少年无显著性差异，$p = 0.394$，如图 2.43 所示，这说明不同的生活环境会影响青少年进行不同的友谊关系评价。与此同时该结果也说明了青少年生活地区的经济发展水平会影响青少年人际关系的建立与发展，当青少年处于物质生活水平较低的情境中时，其社会化发展的诸多方面都会因为经济发展水平不够而受到影响。

表 2.28　生活地区与同伴关系的方差分析表

	SS	*df*	*MS*	*F*	*p*
生活地区	85.43	2	42.71	14.20	<0.001
误差	23280.11	7740	3.01		

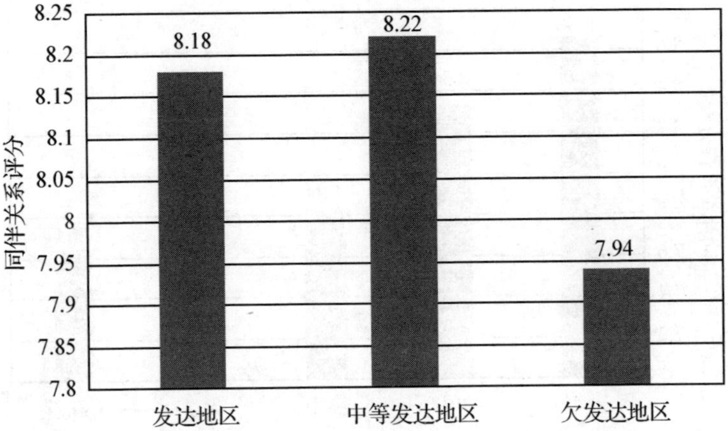

图 2.43　不同生活地区青少年的同伴关系

独生子女与同伴关系。运用独立样本 t 检验对独生子女与同伴友谊之间的关系进行探究，结果如表 2.29 所示。根据表中数据我们可以得知，同伴关系对青少年来说至关重要，因此无论是独生子女还是非独生子女对其当前拥有的同伴关系评价都很积极，特别是独生子女(M=8.19)，他们对同伴关系的满意度显著高于非独生子女(M=7.85)的满意度，$t_{(10692.05)} = 10.33$，$p < 0.001$，如图 2.44 所示。这可能是由于独生子女在家庭环境

中缺少同龄玩伴，在幼年产生了孤独感，然而根据阿德勒的自卑与超越理论，缺陷可能成为提升自我的动力，当独生子在幼年产生孤独感时，他们会更加珍惜与同龄同伴的友谊，他们更加努力地去发展社交技能，更加真心地去结交生活中的朋友，因而他们在一定程度上获得对方的信任和认可，反过来，独生子女对同伴关系较高的评价也是可以理解的。而对于非独生子女而言，生活中并不缺乏玩伴，而且由于血缘关系的影响，他们更倾向于与自己的兄弟姐妹建立起稳定的关系，而与同伴建立的友谊质量可能相对差一些。以往的研究认为独生子女的心理健康、特别是人际交往存在缺陷，然而本项目在全国范围内的取样发现独生子女的发展要优于非独生子女，这一点值得研究者、社会乃至相关政府部门重新思考独生子女的发展问题。

表 2.29 独生子女与非独生子女同伴关系 t 检验表

	N	M	SD	t	p
独生子女	5096	8.19	1.73	10.33	<0.001
非独生子女	6081	7.85	1.67		

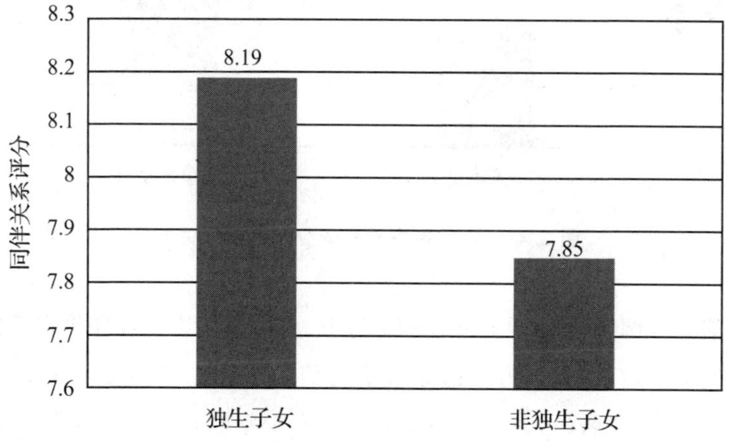

图 2.44 独生子女与非独生子女的同伴关系

家庭结构与同伴关系。通过独立样本 t 检验来探究家庭环境中父母亲双方的陪伴对青少年同伴友谊质量的影响作用，结果如表 2.30 所示。我们发现不管家庭成长环境如何，青少年都非常看重他们与同龄人之间的关系质量。与此同时，非单亲家庭中的青少年($M=8.03$)对当前同伴关系的评价显著优于生活在单亲家庭的青少年($M=7.69$)的评价，$t_{(801.44)}=-4.64$，$p<0.001$，如图 2.45 所示。

表 2.30 家庭结构与同伴关系的 t 检验表

	N	*M*	*SD*	*t*	*p*
单亲家庭	723	7.69	1.92	−4.64	<0.001
非单亲家庭	10381	8.03	1.69		

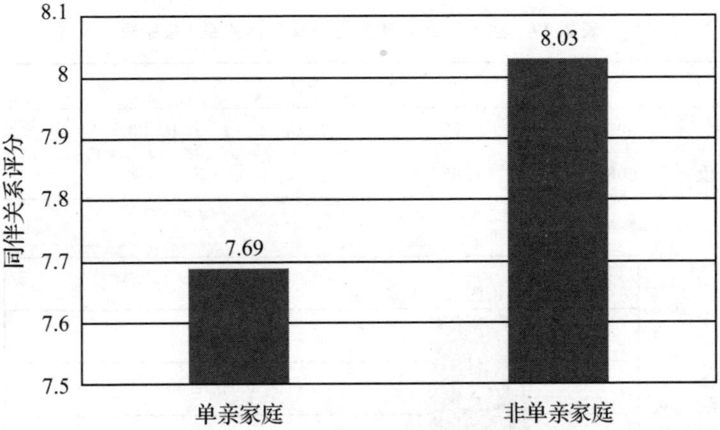

图 2.45 不同家庭结构青少年的同伴关系

自信。本调查青少年使用 1～10 的 10 点量表来让主观评价自己的自信程度，其中 1 表示“我认为自己非常不自信”，10 表示“我认为自己非常自信”。共有 11193 名(占总人数的 98.9%)青少年对自信进行了评定，评定的均分为 7.28($SD=1.92$)，说明大部分青少年认为自己自信水平较高。

性别与自信。使用独立样本 t 检验来探究性别对自信的作用，结果如

表 2.31 所示。由表所知，男女性青少年都有着较高的自信，男性青少年(M=7.53)的自信水平显著高于女性(M=7.10)，$t_{(9533.05)}=11.62$，$p<0.001$，也就是说男性青少年对自己更有信心，如图 2.46 所示。

表 2.31 性别与自信水平的 t 检验表

	N	M	SD	t	p
男生	4543	7.53	1.95	11.62	<0.001
女生	6282	7.10	1.87		

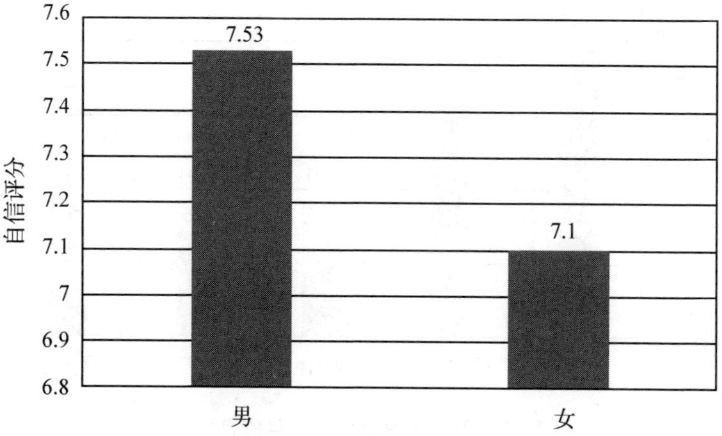

图 2.46 不同性别青少年的自信水平

学业阶段与自信。运用方差分析的方法来探究青少年处于不同学业阶段时其自信水平是否有差异，结果如表 2.32 所示。通过表中数据我们可以知道，青少年在不同学业阶段时，其自信水平具有显著差异，$F_{(4, 10648)}=208.26$，$p<0.001$。事后多重比较分析结果表明，自信水平最高的学业阶段是小学阶段(M=8.28)，显著高于初中(M=7.61)、高中(M=6.91)、大学(M=6.91)及研究生(M=6.96)阶段的青少年，$p_1<0.001$，$p_2<0.001$，$p_3<0.001$，$p_4<0.001$；初中阶段的青少年在评价自信水平时显著高于高中生、大学生及研究生，$p_1<0.001$，$p_2<0.001$，$p_3=0.019$；随着学业压力的增加，高中生自信水平降低，但与大学生、研究生之间无

显著差异，$p_1 = 0.992$，$p_2 = 0.873$；大学生与研究生之间的自信水平差异也不显著，$p = 0.868$，如图 2.47 所示。

表 2.32　学业阶段与自信水平的方差分析表

	SS	*df*	*MS*	*F*	*p*
学业阶段	2831.99	4	708.00	208.26	<0.001
误差	36199.55	10648	3.40		

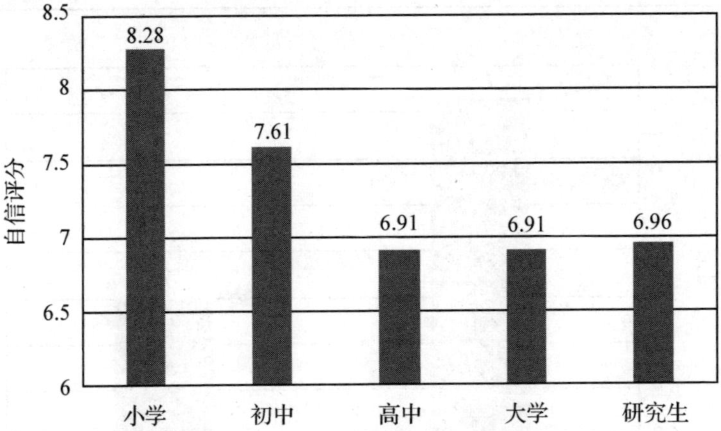

图 2.47　不同学业阶段青少年的自信水平

生活地区与自信。运用方差分析的方法探究生活地区与青少年自信之间的关系，结果如表 2.33 所示。根据表中数据我们可知，不同生活地区的青少年自信水平具有显著差异 $F_{(2,7799)} = 327.85$，$p < 0.001$。通过事后多重比较我们发现，欠发达地区的青少年($M=6.93$)自信水平显著低于发达地区($M=7.51$)与中等发达地区($M=7.50$)，$p_1 < 0.001$，$p_2 < 0.001$；发达地区青少年自信程度与中等发达地区的青少年无显著性差异，$p = 0.894$，如图 2.48 所示。

表 2.33　生活地区与自信水平的方差分析表

	SS	*df*	*MS*	*F*	*p*
生活地区	377.62	2	188.81	49.54	<0.001
误差	29392.58	7712	3.81		

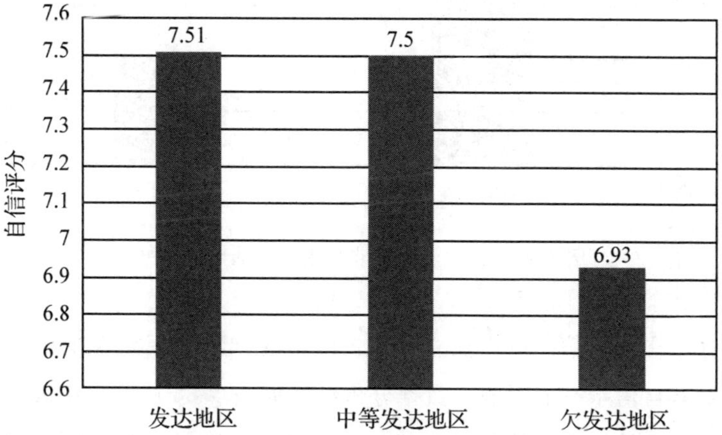

图 2.48　不同生活地区青少年的自信水平

独生子女与自信。运用独立样本 t 检验的方法来探究独生子女与非独生子女其自信水平是否存在显著差异，结果如表 2.34 所示。通过表中数据我们可知，无论青少年是否有亲兄弟姐妹，都不影响他们有一个较高的自信水平。但是若将二者进行比较的话，独生子女(M=7.49)比非独生子女(M=7.10)更自信，$t_{(10579.59)}=10.51$，$p<0.001$，如图 2.49 所示。

表 2.34　独生子女与非独生子女自信水平 *t* 检验表

	N	*M*	*SD*	*t*	*p*
独生子女	5059	7.49	1.95	10.51	<0.001
非独生子女	6065	7.10	1.86		

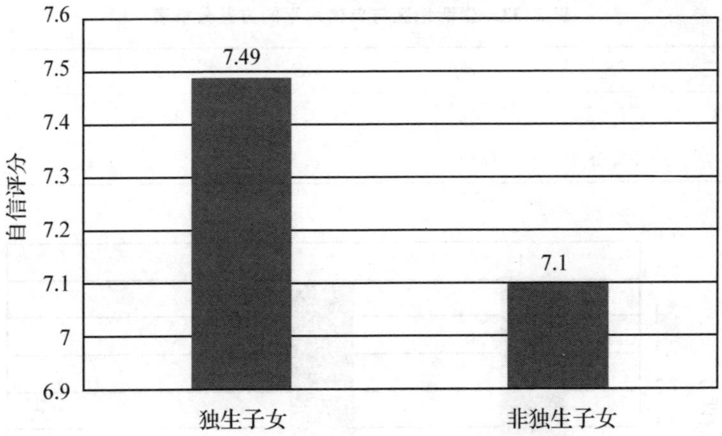

图 2.49 独生子女与非独生子女的自信水平

家庭结构与自信。运用独立样本 t 检验的方法来探究青少年所处的家庭环境对其自信水平的影响，数据分析结果如表 2.35 所示。由表中数据我们可知，家庭结构不完整的青少年(M=6.92)在进行自信心评定时，所得分数显著低于家庭结构完整的青少年(M=7.30)，$t_{(796.18)}=-4.64$，$p<0.001$，如图 2.50 所示，也就是说在一定程度上，青少年所处的家庭生长环境对其自信心具有很大影响。完整的家庭结构能给予青少年更多的安全感和能量，这种原生家庭所带来的动力会让青少年在成长过程中表现出更多的自信，更敢于发表自己的观点，更容易肯定自己的能力与价值。长此以往，当形成固定的行为模式后，这种习惯性的思维或行为表现会影响他们在未来生活中的方方面面。

表 2.35 家庭结构与自信水平的 t 检验表

	N	*M*	*SD*	*t*	*p*
单亲家庭	717	6.92	2.14	−4.64	<0.001
非单亲家庭	10335	7.30	1.90		

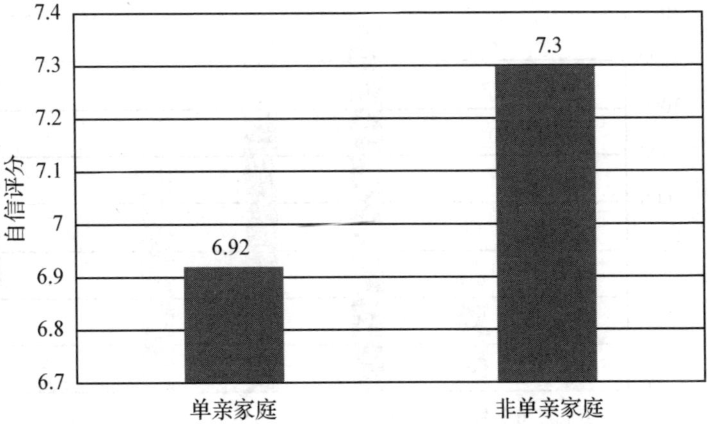

图 2.50 不同家庭结构青少年的自信水平

2.2 网络使用状况

2.2.1 基本使用状况

网龄。本调查对青少年网龄时间进行了测查，共有 11189 名同学对该项目进行了填写，占总人数的 98.8%。其中网龄少于 6 个月的青少年有 826 名，占所有填写人数的 7.4%；网龄在 6 个月到 1 年的青少年有 920 名，占填写人数的 8.2%；有 3670 名同学的网龄在 1～3 年之间，占填写人数的 32.8%；有 3594 名青少年的网龄在 4～6 年，占填写人数的 32.1%；还有 2179 名同学的网龄在 6 年以上，占填写人数的 19.5%。如图 2.51 所示。

日均用网时间。进一步测查青少年每天平均使用时间后发现，除 101 名(占总人数的 0.9%)同学未填写之外，近一半(占填写人数的 44.6%)青少年每天平均使用网络时间在 1 小时以下，有 3330 名(占填写人数的 29.7%)同学日均使用网络时间在 1～2 小时之间，有 1943 名(占填写人数的 17.3%)青少年日均使用网络时间在 2～4 小时之间，654 名(占填写人数

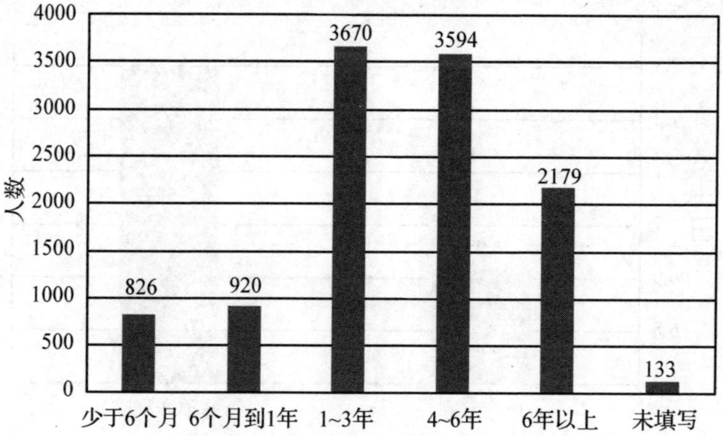

图 2.51　青少年网龄统计分布图

的 5.8%)同学每天平均使用网络时间在 4～6 小时，还有 290 名(占填写人数的 2.6%)青少年平均每天使用网络 6 小时以上。如图 2.52 所示。

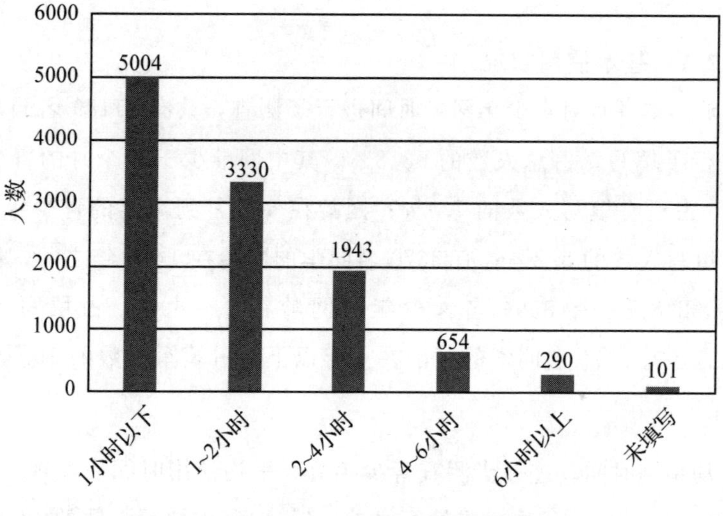

图 2.52　青少年日均使用网络时间统计分布图

周用网频率。除日均使用网络时间外，本研究还调查了青少年每周使用网络的频率。共有 11104 名青少年参与了本项调查，占所有青少年总体的 98.1%。在所有对该题进行作答的青少年中，共有 3429 名(占填写人数的 30.9%)青少年很少使用网络，3348 名(占填写人数的 30.2%)青少年每周会有 1～2 天的时间在使用网络，1503 名(占填写人数的 13.5%)青少年每周会有 3～4 天上网，有 861 名(占填写人数的 7.8%)青少年每周会有 5～6 天使用网络，而还有 1963 名(占填写人数的 17.7%)同学每天都会上网。如图 2.53 所示。

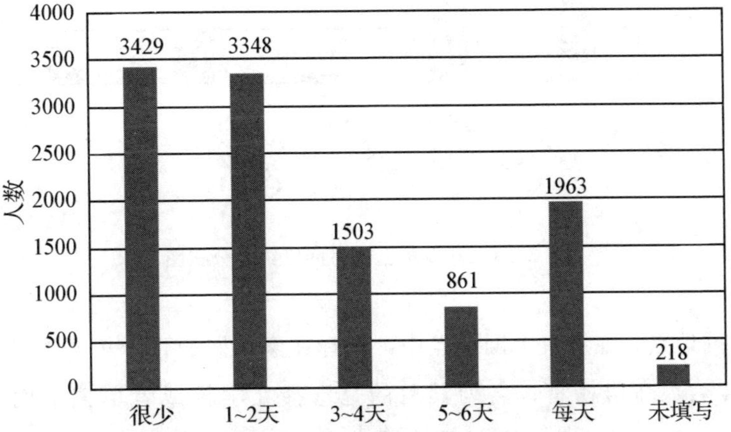

图 2.53 青少年每周使用网络频率统计分布图

上网时间段。有 10903 名同学填写了自己在使用网络时的时间段分布情况，超过一半(6271 名)的青少年选择在周末或者节假日上网，占所有填写人数的 57.5%；在需要时(3461 名)才上网的青少年人数比例位居其后，占填写人数的 31.7%；排名第三的是在下班或者放学回家(995 名)后上网的青少年，占填写人数的 9.1%；最后还有 176 名青少年在上班或者上学时间上网，占填写人数的 1.6%。如图 2.54 所示。

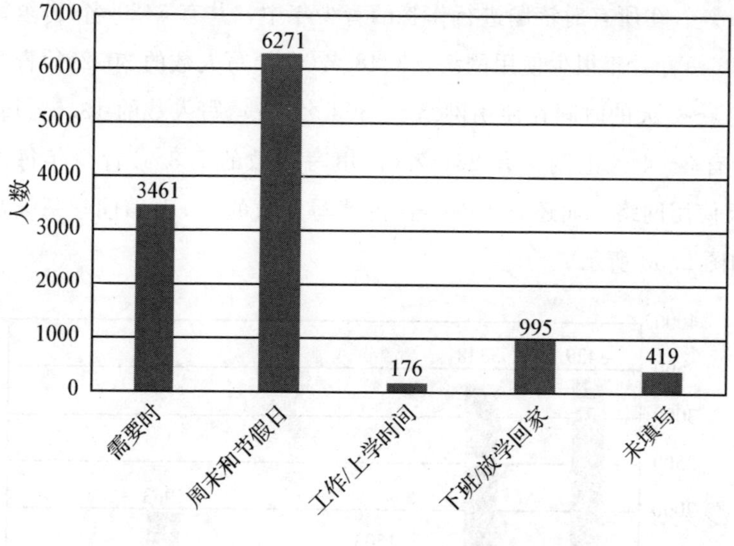

图 2.54　青少年上网时间段统计分布图

上网地点。在所有上网地点中，选择在家上网的青少年人数最多，达到 8874 名，高居榜首；名列其后的是选择在学校或者单位上网，共有 4397 名；有 2597 名青少年选择在同学或者朋友家里上网，位居第三；而有 1776 名青少年选择在网吧上网，紧随其后；最后还有 688 名青少年选择在其他地方上网。如图 2.55 所示。

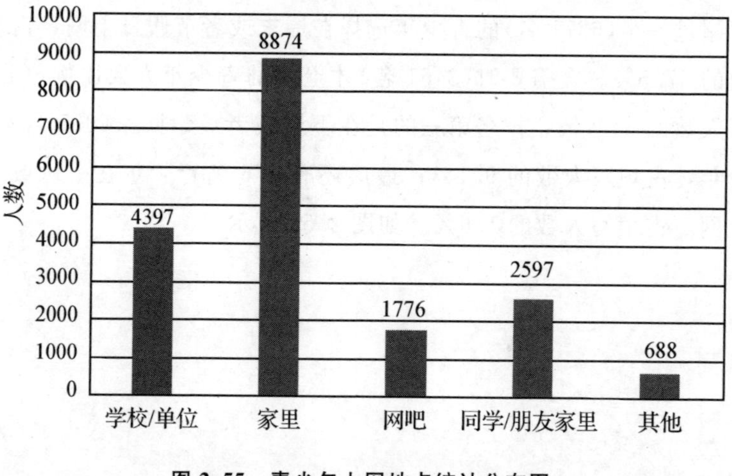

图 2.55　青少年上网地点统计分布图

最常上网地点。共有10376名(占总人数的91.6%)青少年对该题进行了作答，有7115名(占填写人数的68.6%)青少年选择最经常在家里上网，有1980名(占填写人数的19.1%)青少年选择最经常在学校或者单位上网，有542名(占填写人数的5.2%)青少年最经常在网吧上网，还有419名(占填写人数的4.0%)青少年常在同学或者朋友家里上网，最后有320名(占填写人数的3.1%)青少年经常在其他地方上网。结果如图2.56所示。

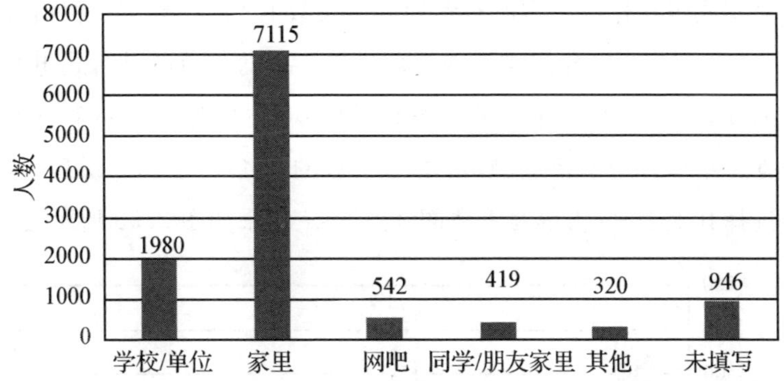

图2.56　青少年最常上网地点统计分布图

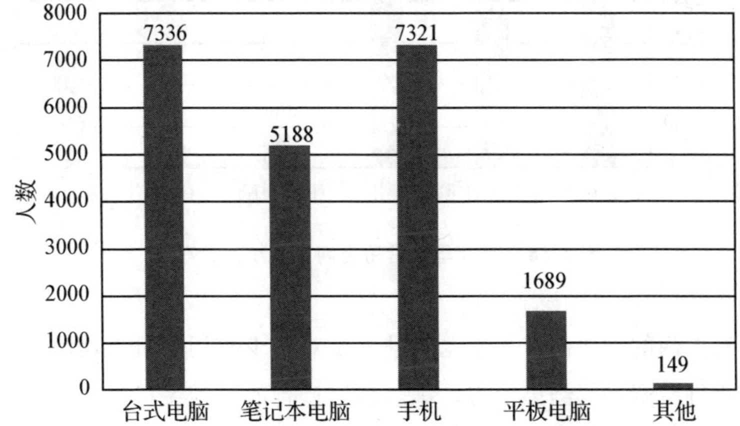

图2.57　青少年使用上网工具统计分布图

上网工具。对上网工具进行统计后，发现有7336名青少年选择使用台式电脑上网，位居第一；有7321名青少年选择使用手机上网，紧随其后；使用笔记本电脑上网的青少年共有5188名，位列第三；还有1689名青少年选择使用平板电脑上网，排名第四；最后有149名青少年选择使用其他工具上网。结果如图2.57所示。

最常用上网工具。除1293名青少年并未填写该题之外，共有10029名青少年对本题进行作答，占所有参加调研人数的88.58%。手机(占填写人数的39.2%)成为青少年最常用的上网工具，紧随其后的是台式电脑(占填写人数的37.2%)，排名第三的是笔记本电脑(占填写人数的19.0%)，有少部分青少年最常用平板电脑(占填写人数的4.1%)上网，最后还有一些青少年选择其他工具(占填写人数的0.6%)。结果如图2.58所示。

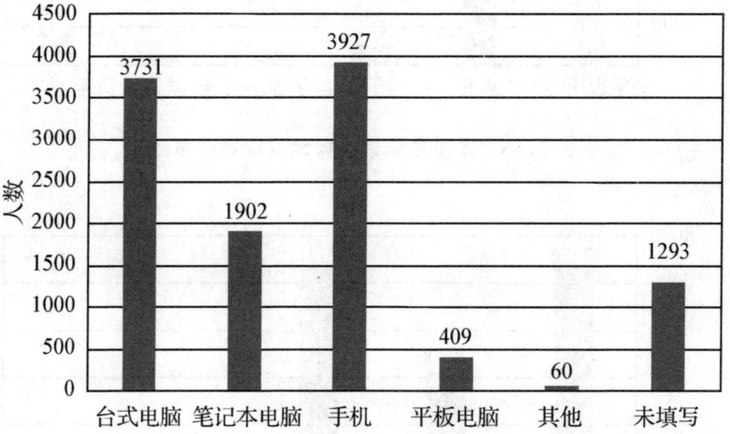

图2.58　青少年最常用上网工具统计分布图

手机上网的主要内容。本调查进一步对青少年用手机上网时所进行的主要内容进行测查。结果发现，排名高居榜首的是用手机进行网络在线聊天，选择这一选项的青少年人数达7162名；排名第二的是使用手机进行信息搜索，有5028名青少年选择这一个选项；位列第三的是用手机在线收听或者下载音乐，有3964名青少年选择这个选项；随后依次是用手机进行在线阅读新闻、浏览或下载小说、看视频、浏览手机论坛或社交网站、用手机玩网络游戏、查阅手机邮件、进行手机导航、进行网络其他活动。结果如图 2.59 所示。

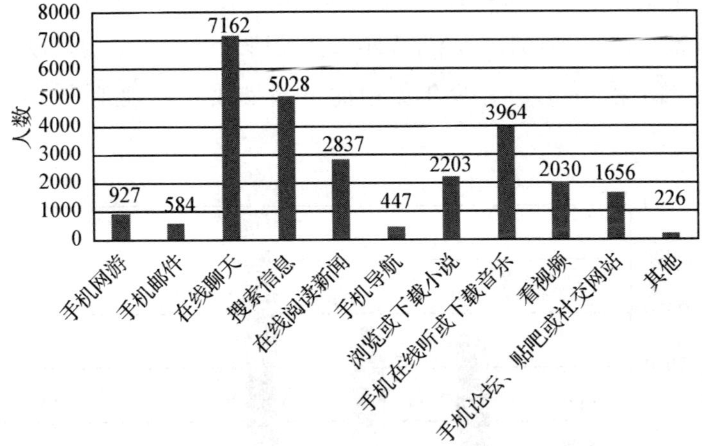

图 2.59　青少年手机上网的主要内容统计分布图

家里是否有可以上网的电脑。除了 204 名青少年并未填写该题项之外，共有 11118 名青少年对本题项进行了作答，占所有参加调研人数的 98.2%。在所有作答人数中，有 8231 名(74.0%)青少年家中有可以上网的电脑，有 2887 名(26.0%)青少年家中没有可以上网的电脑。结果如图 2.60 所示。

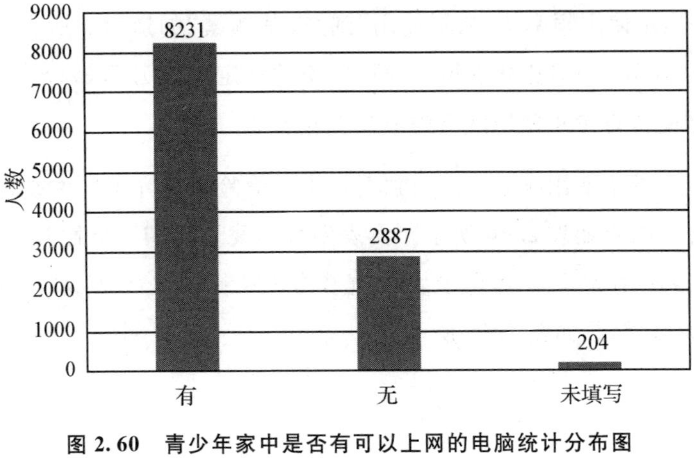

图 2.60　青少年家中是否有可以上网的电脑统计分布图

电脑摆放位置。除 1533 名青少年并未填写之外，共有 9789 名(86.46%)青少年对该题项进行了作答。在所有作答人数中，有 1379 名(14.1%)青少年家里的电脑摆放在客厅位置，有 2310 名(23.6%)青少年选择家里的电脑摆放在书房，有 2391 名(24.4%)青少年选择家中的电脑摆放在父母卧室，3096 名(31.6%)青少年选择其用来上网的电脑摆放在自己卧室，还有 613 名(6.3%)青少年家中的电脑摆放在其他地方。结果如图 2.61 所示。

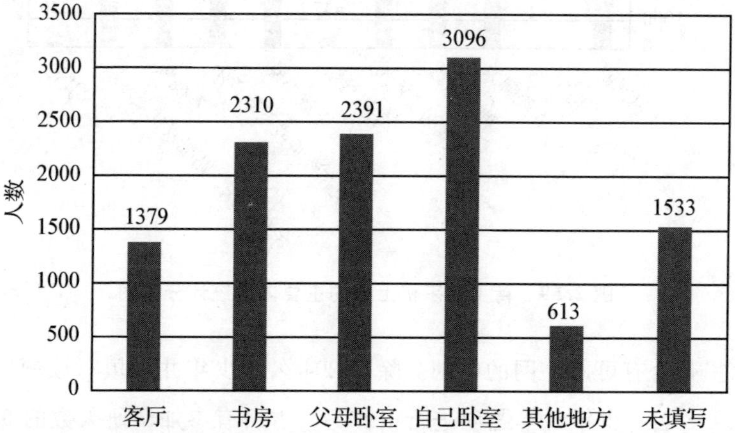

图 2.61　青少年家中电脑摆放位置统计分布图

网络使用频率。在对"网络使用频率"的 10 点自评量表评分当中，用 1～10 分表示使用频率从"从不使用"到"极其频繁"的递增。所有参与评定此项目的 10877 位青少年对网络使用频率的评定均分为 5.37($SD=2.60$)，说明多数受访青少年使用网络频率在中等水平。

性别与网络使用频率。使用独立样本 t 检验来探究不同性别网络使用频率情况，结果如表 2.36 所示。由表中数据我们可知，男性青少年($M=5.44$)网络使用频率显著高于女性青少年($M=5.32$)，$t_{(10217.68)}=2.38$，$p<0.001$，结果如图 2.62 所示。

表 2.36 性别与网络使用频率 *t* 检验表

	N	*M*	*SD*	*t*	*p*
男生	4574	5.44	2.35	2.38	< 0.001
女生	6303	5.32	2.52		

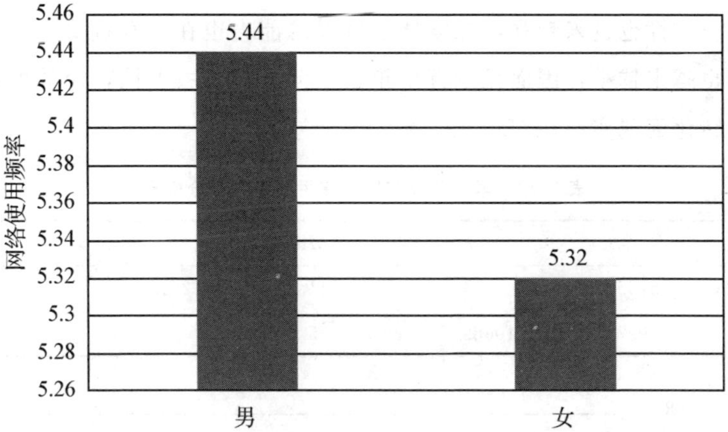

图 2.62 不同性别青少年的网络使用频率情况

学业阶段与网络使用频率。运用方差分析的方法来探究学业阶段对网络使用频率的影响作用，结果如表 2.37 所示。根据表中数据我们可以得知，青少年在经历不同学业阶段时，其网络使用的频率具有显著差异，$F_{(10,\ 10683)} = 121.23$，$p < 0.001$。事后多重比较分析发现，小学生($M=4.43$)的网络使用频率最低，显著低于初中生($M=4.81$)、高中生($M=5.31$)、大学生($M=6.46$)和研究生($M=7.49$)，$p_1 < 0.001$，$p_2 < 0.001$，$p_3 < 0.001$，$p_4 < 0.001$；青少年进入初中学习阶段后其网络使用频率就显著增加，但仍然显著低于高中生、大学生及研究生，$p_1 < 0.001$，$p_2 < 0.001$，$p_3 < 0.001$；高中生的网络使用频率显著低于大学生与研究生，$p_1 < 0.001$，$p_2 < 0.001$；大学生的网络使用频率显著低于研究生，$p < 0.001$，研究生使用网络的频率最高。结果如图 2.63 所示。从总体上看，随着学业阶段的提升，网络使用频率逐渐提高。着可能是由于以下几个方

面的原因导致的，首先，随着学段的提升，课程涉及的计算机内容越来越多，其掌握的网络技术也越来越精湛，大大增加了接触网络的机会；其次，随着个体学业阶段的提升，其学业压力越来越大，而网络的一些特性能使青少年缓解或释放压力，如音乐、影视等，因而在青少年群体中表现出随着年级的提高，网络使用频率越来越高；最后，随着青少年年级的提高，其自主性也越来越强，探索外部世界的能力也在逐渐提高，受到外界的约束也越来越小，因而无论青少年处于何种目的去上网，个体的倾向性更容易转化为现实性。

表 2.37　学业阶段与网络使用频率方差分析表

	SS	*df*	*MS*	*F*	*p*
学业阶段	5765.75	4	1441.44	265.59	<0.001
误差	33997.71	10689	5.43		

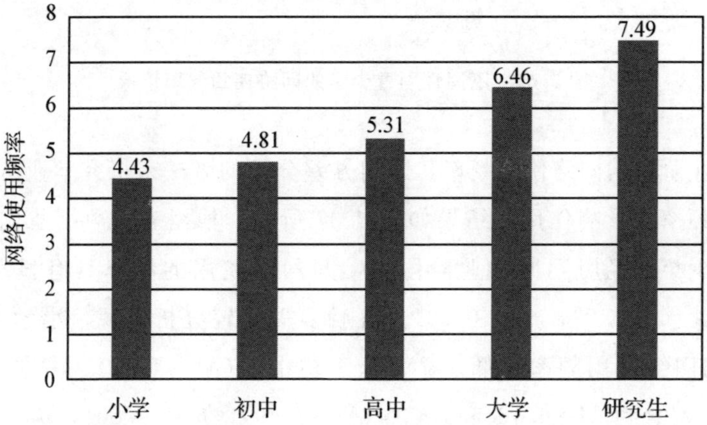

图 2.63　不同学业阶段青少年的网络使用频率情况

生活地区与网络使用频率。运用方差分析的方法来探究不同生活地区的青少年使用网络频率的差异。结果如表 2.38 所示。根据表中数据我们可知青少年的生活地区不同，其使用网络的频率也存在显著差异，$F_{(2, 7733)} = 71.90$，$p < 0.001$。事后多重比较发现，发达地区的青少年($M=5.28$)其

网络使用频率显著高于中等发达地区(M=4.68)，而与欠发达地区(M=5.44)无显著性差异，$p_1 < 0.001$，$p_2 = 0.06$；中等发达地区的青少年其网络使用频率显著低于欠发达地区，$p < 0.001$。结果如图 2.64 所示。不同于以往预期的是，欠发达地区的网络利用频率竟与发达地区的网络利用率相差无几，而中等发达地区的网络利用率最低，其中的原因有待后续研究深入探讨。

表 2.38 生活地区与网络使用频率方差分析表

	SS	*df*	*MS*	*F*	*p*
生活地区	860.89	2	430.45	71.90	<0.001
误差	46292.67	7733	5.99		

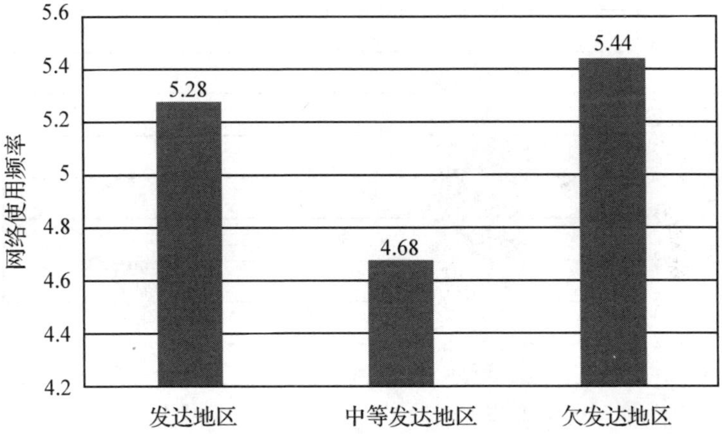

图 2.64 不同生活地区青少年的网络使用频率情况

独生子女与网络使用频率。使用独立样本 t 检验来探究独生子女的网络使用频率状况。结果如表 2.39 所示。由表中数据我们可知，独生子女(M=5.39)的网络使用频率显著高于非独生子女(M=5.34)，$t_{(10623.53)} = 1.13$，$p < 0.001$，结果如图 2.65 所示。之所以独生子女的网络使用频率高于非独生子女，其主要原因可能是由于家庭结构所致。与人交往是人类的一种基本需求，非独生子女除了在学校与同学建立了亲密关系外，他们

家中还有“骨肉相连”的兄弟姐妹，他们在家中活动时，可能不需要通过社交媒介(网络、电话等)与学校中建立的情感联系的伙伴进行联系，因为家中的兄弟姐妹也能满足其交往需求，因而其使用网络的频率较低；相反，独生子女缺少同龄玩伴，当他们回到家中时，青少年只有通过社交媒介才能与同伴进行联系，而网络是使用最为便捷的社交媒介，所以，独生子女的网络使用频率高于非独生子女也在情理之中。

表 2.39 独生子女网络使用频率 t 检验表

	N	M	SD	t	p
独生子女	5086	5.39	2.33	1.13	<0.001
非独生子女	6084	5.34	2.22		

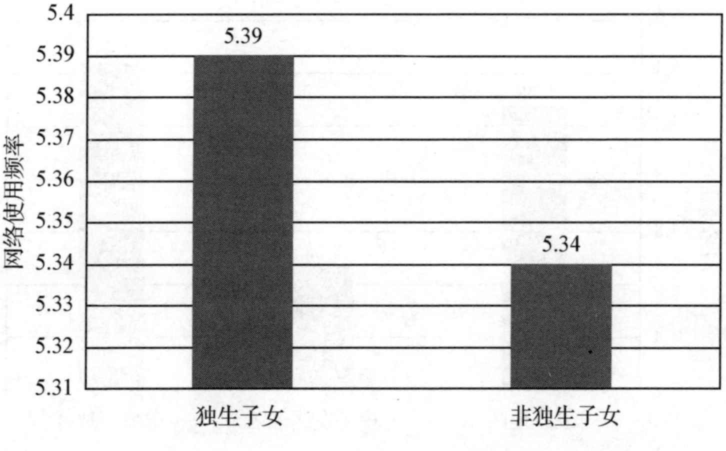

图 2.65 独生子女与非独生子女的网络使用频率情况

家庭结构与网络使用频率。使用独立样本 t 检验来探究不同家庭结构的青少年其网络使用频率状况。结果如表 2.40 所示。由表中数据我们可知，单亲家庭的青少年的网络使用频率(M=5.39)显著高于非单亲家庭的青少年(M=5.34)，$t_{(11096)}=3.30$，$p=0.001<0.01$，结果如图 2.66 所示。产生这一结果的原因可能是成长于单亲家庭的青少年会将网络作为其获得心理安全感与社会陪伴的重要场所。由于家庭结构的不完整，单亲家

庭的青少年绝大多数和父母其中一方甚至只和爷爷奶奶生活，而为了保证生活质量，父亲或者母亲常常忙于工作，无法满足青少年的情感需求。而网络的存在，则为他们提供了一个场所来主动寻求情感支持，虚拟的网络伙伴能肯定与支持他们，使他们在网络中能产生归属感与被尊重感，因而相比非单亲家庭的青少年而言，单亲家庭的青少年的网络使用频率更高。

表 2.40 家庭结构与网络使用频率 t 检验表

	N	M	SD	t	p
单亲	718	5.63	2.34	3.30	0.001
非单亲	10380	5.34	2.27		

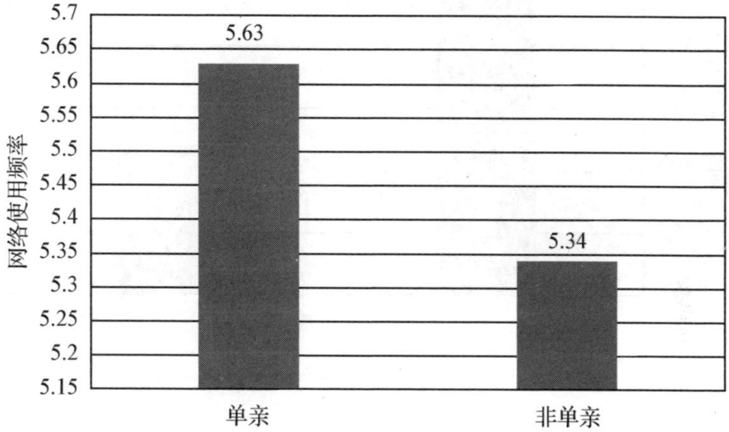

图 2.66 不同家庭结构青少年的网络使用频率情况

网络重要性。在对"网络对你而言的重要性"的 10 点自评量表评分当中，用 1～10 分表示网络重要性从"一点都不重要"到"极其重要"的递增。所有参与评定此项目的 11246 位(占总人数的 99.3%)青少年对网络重要性的评定均分为 5.84(SD=2.58)。说明对多数受访青少年而言，网络在生活中所占的重要性居中。

性别与网络重要性。使用独立样本 t 检验来探究网络对不同性别的青少年的重要性情况。结果如表 2.41 所示。根据表中结果我们可知，网络对于男性青少年（$M=5.92$）的重要性显著高于女性青少年（$M=5.77$），$t_{(10222.97)}=3.14$，$p=0.002$，如图 2.67 所示。

表 2.41　性别与网络重要性 t 检验表

	N	*M*	*SD*	*t*	*p*
男生	4577	5.92	2.34	3.14	0.002
女生	6301	5.77	2.50		

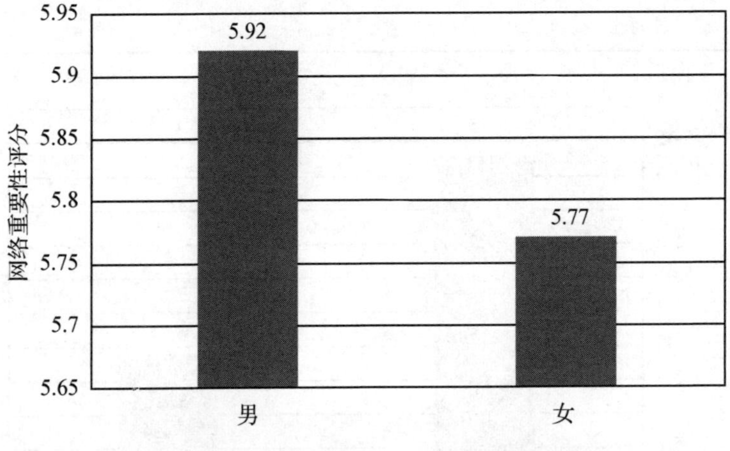

图 2.67　不同性别青少年对网络重要性的评定

学业阶段与网络重要性。使用方差分析探究学业阶段与网络重要性的关系，结果如表 2.42 所示。根据表中数据我们可知，处于不同学业阶段的青少年，网络对其重要性具有显著差异，$F_{(4,\ 10692)}=246.08$，$p<0.001$。事后多重比较发现，网络对小学生的重要性($M=4.68$)显著低于对初中($M=5.30$)、高中($M=5.98$)、大学($M=6.73$)与研究生阶段($M=7.36$)的青少年，$p_1<0.001$，$p_2<0.001$，$p_3<0.001$，$p_4<0.001$；对初中生的重要性显著低于对高中生、大学生与研究生，$p_1<0.001$，$p_2<0.001$，$p_3<0.001$；对高中生的重要性显著低于对大学生与对研究生，$p_1<0.001$，$p_2<0.001$；而大学生与研究生在评价网络对其重要性时无显著差

异，$p= 0.073$，结果如图 2.68 所示。这说明随着青少年年龄的增长、学业阶段的增加，他们主观上认为网络越来越重要，网络对其生活的影响程度越来越大。

表 2.42　学业阶段与网络重要性的方差分析表

	SS	*df*	*MS*	*F*	*p*
学业阶段	5293.20	4	1323.30	246.08	<0.001
误差	57496.59	10692	5.38		

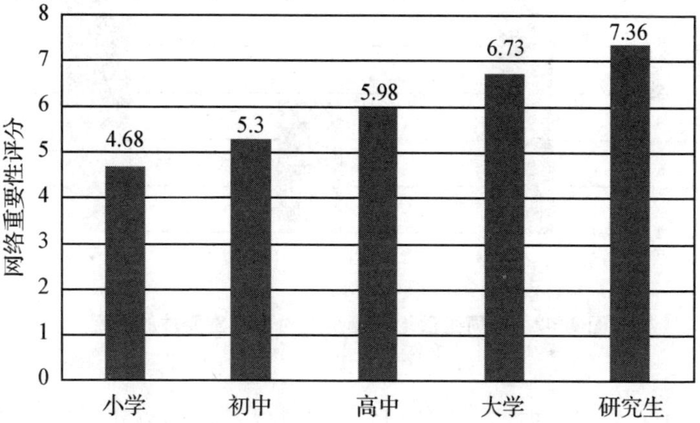

图 2.68　不同学业阶段青少年对网络重要性的评定

生活地区与网络重要性。使用方差分析的统计方法来探究网络对不同生活地区的青少年重要性程度，结果如表 2.43 所示。根据表中数据我们可知，不同生活地区的青少年其对网络的看重程度具有显著性差异，$F_{(2, 7737)}=90.08$，$p < 0.001$。事后多重比较发现，发达地区($M=5.84$)的青少年网络对其重要性显著高于中等发达地区($M=5.17$)，而低于欠发达地区($M=6.05$)，$p_1 < 0.001$，$p_2 = 0.014$；欠发达地区青少年对网络的看重程度显著高于中等发达地区的青少年，$p < 0.001$，结果如图 2.69 所示。这说明生活在经济发展水平较低的地区的青少年，他们普遍认为互联网的重要性较大。

表 2.43　生活地区与网络重要性的方差分析表

	SS	*df*	*MS*	*F*	*p*
生活地区	1129.17	2	564.59	90.08	<0.001
误差	48491.08	7737	6.27		

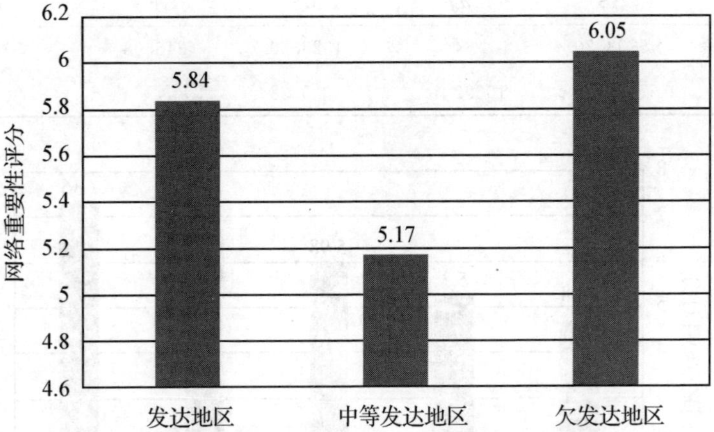

图 2.69　不同生活地区青少年对网络重要性的评定

独生子女与网络重要性。使用独立样本 t 检验的方法来探究网络对独生子女与非独生子女的重要性情况，结果如表 2.44 所示。根据表中数据我们可知网络对独生子女和非独生子女的重要性程度无显著差异，$t_{(10455.02)}=1.57$，$p=0.12$。这可能是因为虽然独生子女与非独生子女在上网频率上存在显著差异，但是青少年衡量网络重要性的标准都差不多。

表 2.44　独生子女与非独生子女的网络重要性 t 检验表

	N	*M*	*SD*	*t*	*p*
独生子女	5087	5.86	2.36	1.57	0.12
非独生子女	6085	5.79	2.17		

家庭结构与网络重要性。使用独立样本 t 检验的方法来探究网络对生活在不同家庭结构中的青少年的重要性情况，结果如表 2.45 所示。根据表

中数据我们可知网络对生活在单亲家庭中的青少年的重要性显著高于非单亲家庭中的青少年，$t_{(11098)}=3.25$，$p<0.001$，具体结果如图2.70所示。这一点与来自单亲家庭的青少年使用网络的频率显著高于非单亲家庭的青少年相吻合。

表2.45　家庭结构与网络重要性 t 检验表

	N	*M*	*SD*	*t*	*p*
单亲	719	6.09	2.29	3.25	0.001
非单亲	10381	5.81	2.26		

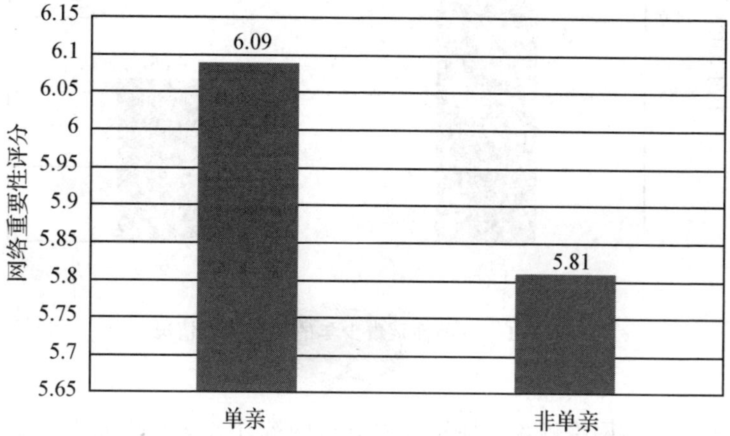

图2.70　不同家庭结构青少年对网络重要性评定

网络依赖。在对“你对网络的依赖程度”的10点自评量表评分当中，用1～10分表示网络依赖从“一点都不依赖”到“极其依赖”的递增。所有参与评定此项目的11251位(占总人数的99.4%)青少年对网络依赖度的评定均分为4.91($SD=2.61$)。说明多数受访青少年对网络的依赖程度较低。

性别与网络依赖。使用独立样本 t 检验的方法来探究不同性别的青少年对网络依赖的程度，结果如表2.46所示。根据表中数据我们可知男性青少年对网络的依赖程度显著大于女性青少年，$t_{(10882)}=2.69$，$p=0.007$，具体结果如图 2.71 所示。

表 2.46 性别与网络依赖度的 t 检验表

	N	M	SD	t	p
男生	4578	4.99	2.31	2.69	0.007
女生	6306	4.86	2.55		

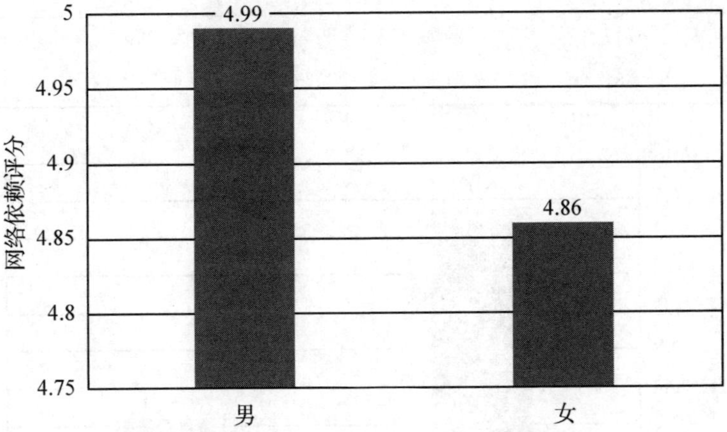

图 2.71 不同性别青少年的网络依赖情况

学业阶段与网络依赖。使用方差分析的统计方法来探究不同学业阶段的青少年对网络的依赖程度情况，结果如表 2.47 所示。根据表中数据我们可知，不同学业阶段的青少年对网络的看重程度具有显著性差异，$F_{(2,\ 11034)} = 48.46$，$p < 0.001$。事后多重比较发现，小学生($M=3.73$)的网络依赖程度显著低于初中生($M=4.29$)、高中生($M=5.01$)、大学生($M=5.93$)与研究生($M=6.58$)，$p_1 < 0.001$，$p_2 < 0.001$，$p_3 < 0.001$，$p_4 < 0.001$；初中生的网络依赖程度显著低于高中生、大学生与研究生，$p_1 < 0.001$，$p_2 < 0.001$，$p_3 < 0.001$；高中生依赖网络的程度显著高于大学生与研究生，$p_1 < 0.001$，$p_2 < 0.001$；而大学生与研究生的网络依赖程度无显著差异，$p = 0.063$，如图 2.72 所示。

表 2.47　学业阶段与网络依赖的方差分析表

	SS	df	MS	F	p
学业阶段	6239.13	4	1559.78	287.50	<0.001
误差	58040.06	10698	5.43		

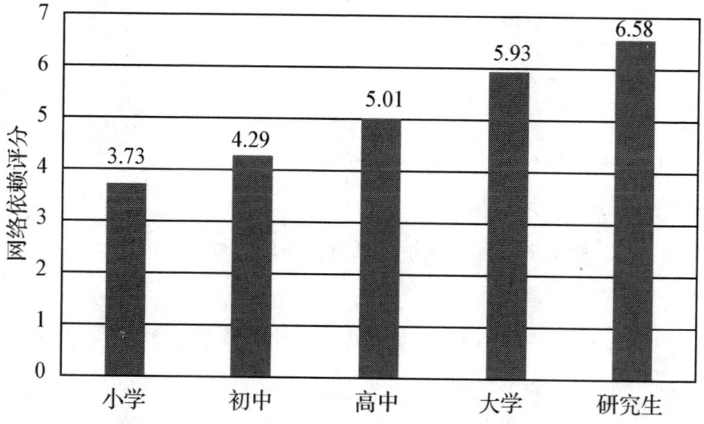

图 2.72　不同学业阶段青少年的网络依赖情况

生活地区与网络依赖。使用方差分析的统计方法来探究不同生活地区的青少年对网络的依赖程度情况，结果如表 2.48 所示。根据表中数据我们可知，不同生活地区的青少年其对网络的看重程度具有显著性差异，$F_{(2,7740)}=95.93$，$p<0.001$。事后多重比较发现，中等发达地区($M=4.18$)的青少年对网络的依赖程度显著低于发达地区($M=4.94$)与欠发达地区($M=5.02$)，$p_1<0.001$，$p_2<0.001$；发达地区与欠发达地区青少年对网络的依赖程度无显著性差异，$p=0.36$，如图 2.73 所示。

表 2.48　生活地区与网络依赖的方差分析表

	SS	df	MS	F	p
生活地区	1181.61	2	590.81	95.93	<0.001
误差	47667.31	7740	6.16		

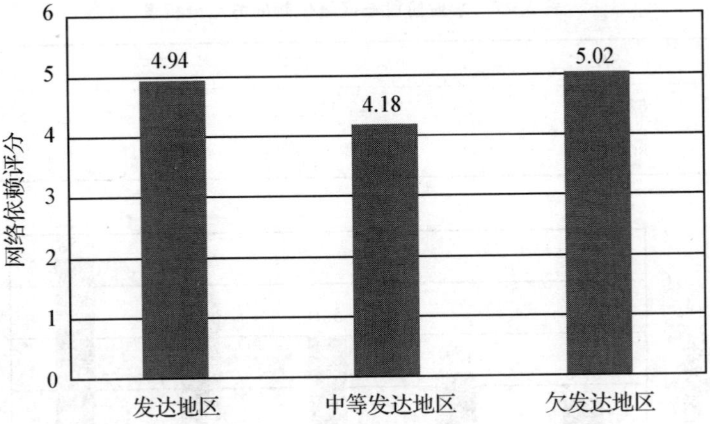

图 2.73　不同生活地区青少年的网络依赖情况

独生子女与网络依赖。使用独立样本 t 检验的方法来探究独生子女与非独生子女对网络依赖的程度，结果如表 2.49 所示。根据表中数据我们可知独生子女与非独生子女其网络依赖程度无显著性差异，$t_{(10589.91)}=-1.23$，$p=0.07$。

表 2.49　独生子女与非独生子女的网络依赖度 t 检验表

	N	*M*	*SD*	*t*	*p*
独生子女	5090	4.86	2.35	−1.83	0.07
非独生子女	6087	4.94	2.22		

家庭结构与网络依赖。使用独立样本 t 检验的方法来探究不同家庭结构中青少年对网络依赖的程度，结果如表 2.50 和图 2.74 所示。根据表中数据我们可知生活在单亲家庭中的青少年其网络依赖程度显著大于非单亲家庭中的青少年，$t_{(11101)}=2.46$，$p<0.05$。

表 2.50　家庭结构与网络依赖度的 t 检验表

	N	*M*	*SD*	*t*	*p*
单亲	719	5.11	2.32	2.46	<0.05
非单亲	10384	4.89	2.28		

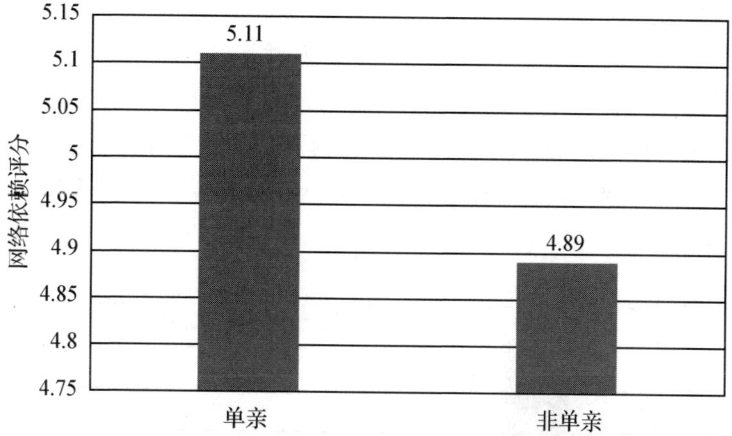

图 2.74 不同家庭结构青少年的网络依赖情况

网络写作。我们调查了青少年对于通过书写网络日志、博客或微博、书写电子邮件等网络行为能否提高写作水平的态度。除 237 名(占总人数的 2.1%)青少年未填写该题外，剩余青少年中认为虚拟网络中的书写行为能提高实际写作水平的人数有 5010 名(占填写人数的 45.2%)，有 616 名(占填写人数的 5.6%)同学认为这些行为降低了自己的写作能力，还有 5459 名(占填写人数的 49.3%)同学认为这些行为与自己的实际写作水平没有任何影响，如图 2.75 所示。

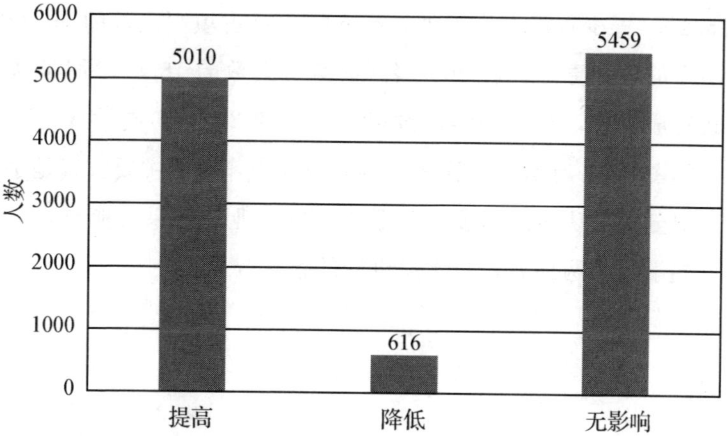

图 2.75 网络行为对写作水平的影响

我们进一步询问青少年在完成作业或者写文章时经常手写还是使用电脑，除373名(占总人数的3.3%)青少年放弃作答该题外，有8289名(占填写人数的75.5%)青少年选择经常用手写的方式来完成作业或文章，有1072名(占填写人数的9.8%)青少年选择更多用电脑来写作业或写文章，另有1618名(占填写人数的14.7%)青少年两种方式都经常使用，如图2.76所示。

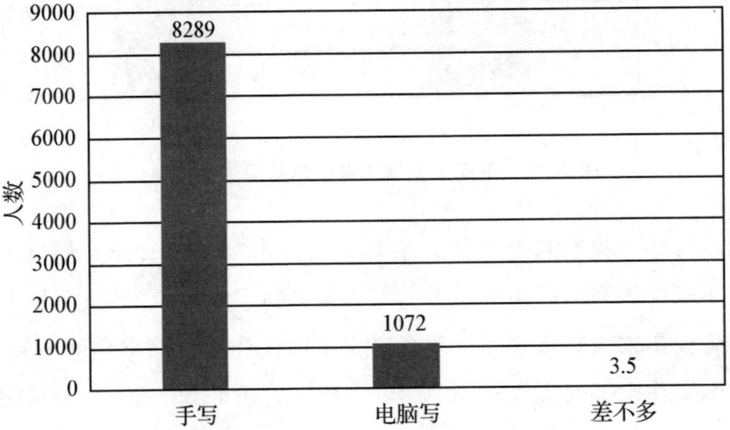

图2.76　青少年完成作业方式统计分布图

当问到“你认为手写和用电脑写两种方式哪种更好时”，除575名(占总人数的5.1%)青少年没有作答外，有6091名(占填写人数的56.7%)同学认为用手写的方式更好，有2030名(占填写人数的18.9%)同学认为用电脑的方式完成更好，有2626名(占填写人数的24.4%)同学认为两种方式差不多，如图2.77所示。尽管青少年完成课内作业的主要方式是手写，但是依旧有部分同学认为使用多媒体形式完成作业的效果可能更好。当然也有一部分同学认为两种方式会实现更好的教学效果。

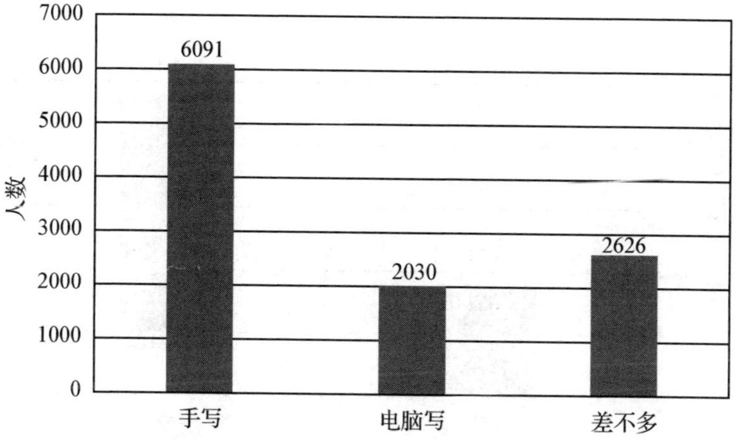

图 2.77　完成作业的更佳方式统计分布图

2.2.2　网络整体感知

网络信息信任度。我们调查了青少年对网络信息的信任程度，从 1～7 分表示信任程度从“非常不信任”到“非常信任”的递增。所有参与评定此项目的 11196 位(占总人数的 98.9%)青少年对网络信息信任度的评定均分为 4.13($SD=1.35$)，说明多数受访青少年认为网络信息可信任度处于中间水平。

性别与网络信息信任度。使用独立样本 t 检验来测查性别与网络信息信任的关系，结果如表 2.51 所示。根据表中数据我们可知女性青少年比男性青少年更易于相信网络信息，$t_{(9275.70)}=-5.50$，$p<0.001$，如图 2.78 所示。

表 2.51　性别与网络信息信任度的 t 检验表

	N	*M*	*SD*	*t*	*p*
男生	4541	4.04	1.41	−5.50	<0.001
女生	6290	4.19	1.29		

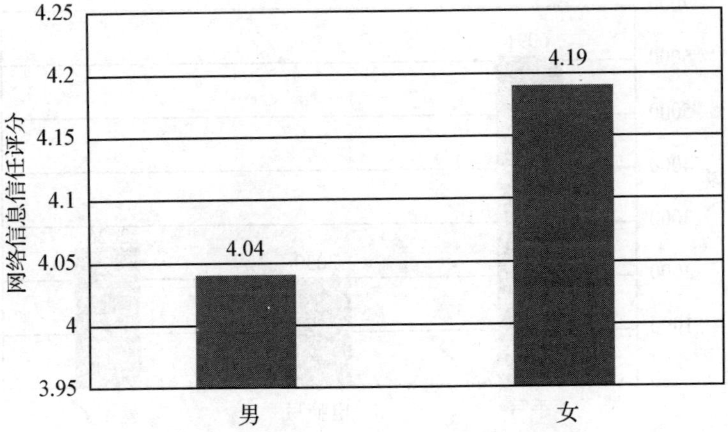

图 2.78　不同性别青少年的网络信息信任度

学业阶段与网络信息信任度。使用方差分析探究学业阶段与网络信息信任的关系，结果如表 2.52 所示。根据表中数据我们可知，处于不同学业阶段的青少年其对网络信息的信任程度不同，$F_{(4,\ 10648)}=8.58$，$p<0.001$。事后多重比较发现，小学阶段($M=1.50$)青少年网络信息信任程度显著高于高中($M=1.25$)、大学阶段($M=1.31$)的青少年，而边缘显著高于初中($M=1.41$)、研究生阶段($M=1.47$)的青少年，$p_1<0.001$，$p_2<0.001$，$p_3=0.06$，$p_4=0.06$；初中阶段的青少年其网络信息信任度显著高于高中、大学阶段的青少年，而与研究生阶段的青少年无显著差异，$p_1=0.001$，$p_2=0.03$，$p_3=0.14$；高中阶段的青少年其对网络信息的信任度已经与大学、研究生阶段的青少年无显著差异，$p_1=0.21$，$p_2=0.38$；大学生与研究生的网络信息信任度无显著性差异，$p=0.28$，结果如图 2.79 所示。

表 2.52　学业阶段与网络信息信任度的方差分析表

	SS	*df*	*MS*	*F*	*p*
学业阶段	61.74	4	15.44	8.58	<0.001
误差	19165.23	10648	1.80		

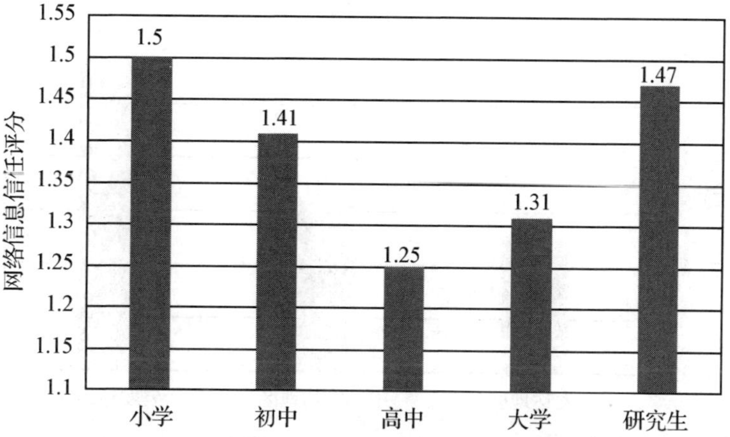

图 2.79　不同学业阶段青少年的网络信息信任度

生活地区与网络信息信任度。使用方差分析的统计方式来探究生活地区与网络信息信任的关系，结果如表 2.53 所示。根据表中数据我们可知，不同生活地区的青少年其网络信息信任程度存在显著性差异，$F_{(2, 7695)} = 7.75$，$p < 0.001$。事后多重比较发现，发达地区的青少年($M=4.08$)其对网络的信任程度显著低于欠发达地区($M=4.25$)的青少年，而与中等发达地区($M=4.11$)无显著性差异，$p_1 < 0.001$，$p_2 = 0.38$；中等发达地区青少年对网络信息的信任程度显著低于欠发达地区，$p < 0.001$，说明青少年生活地的经济水平越高，对网络信息的信任度越低，如图 2.80 所示。

表 2.53　生活地区与网络信息信任度的方差分析表

	SS	*df*	*MS*	*F*	*p*
生活地区	29.81	2	14.90	8.14	<0.001
误差	14085.22	7695	1.83		

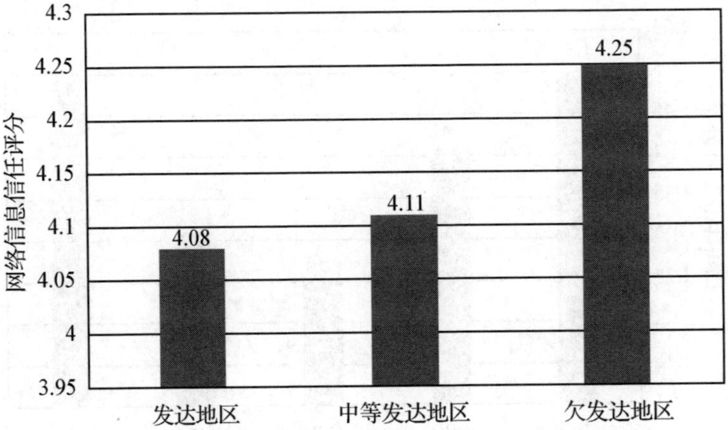

图 2.80　生活在不同地区青少年的网络信息信任度

独生子女与网络信息信任度。使用独立样本 t 检验的方法探究独生、非独生子女与网络信息信任的关系，结果如表 2.54 所示。根据表中数据可知，独生子女对网络信息的信任程度同非独生子女之间无显著性差异，$t_{(10551.05)}=-1.01$，$p=0.32$，说明无论是独生子女还是非独生子女对网络信息的可信度保持一般水平。

表 2.54　独生子女与非独生子女其网络信息信任度的 t 检验表

	N	M	SD	t	p
独生子女	5070	4.11	1.38	−1.01	0.32
非独生子女	6053	4.14	1.31		

家庭结构与网络信息信任度。使用独立样本 t 检验的方法探究不同家庭结构出身的青少年其网络信息信任状况，结果如表 2.55 所示。根据表中数据我们可知，单亲家庭的青少年与非单亲家庭的青少年对网络信息的信任程度无显著性差异，$t_{(805.10)}=-0.43$，$p=0.671$。

表 2.55 家庭结构与网络信息信任度的 t 检验表

	N	*M*	*SD*	*t*	*p*
单亲	715	4.11	1.41	−0.43	0.67
非单亲	10337	4.13	1.34		

网络人际信任。当进一步询问青少年“你在多大程度上信任通过上网认识的人”时(7 点评分)，所有参与评定项目的 11145 名(占总人数的 98.4%)青少年对网络人际的信任度的评定均分为 2.88($SD=1.40$)，说明多数受访青少年对网络人际的信任度较低(总分为 7 分)。

性别与网络人际信任。使用独立样本 t 检验来测查性别与网络人际信任的关系，结果如表 2.56 所示。根据表中数据我们可知，男性青少年比女性青少年更易于相信网络中的人际关系，$t_{(9326.42)}=12.12$，$p<0.001$，如图 2.81 所示。说明虽然男生对网络信息的信任度较低，但是对虚拟的网络人际信任程度却较高。

表 2.56 性别与网络人际信任的 t 检验表

	N	*M*	*SD*	*t*	*p*
男生	4515	3.08	1.45	12.12	<0.001
女生	6268	2.75	1.35		

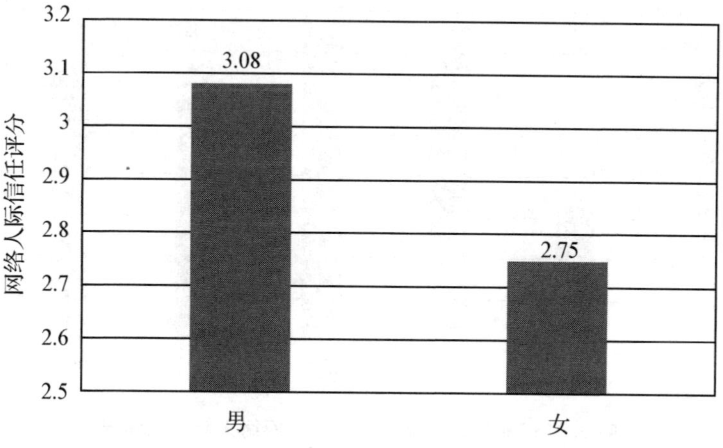

图 2.81 不同性别青少年的网络人际信任情况

学业阶段与网络人际信任。使用方差分析探究学业阶段与网络人际信任的关系，结果如表2.57所示。根据表中数据我们可知，处于不同学业阶段的青少年其对网络人际关系的信任程度不同，$F_{(4, 10616)}=37.91$，$p<0.001$。事后多重比较发现，小学阶段($M=1.47$)的青少年网络人际信任程度显著低于初中($M=1.42$)、高中($M=1.39$)、大学($M=1.31$)的青少年，而与研究生阶段($M=1.48$)的青少年无显著差异，$p_1<0.001$，$p_2<0.001$，$p_3<0.001$，$p_4=0.078$；初中阶段的青少年其网络人际信任度显著低于高中阶段的青少年，而与大学、研究生阶段的青少年无显著差异，$p_1=0.004$，$p_2=0.130$，$p_3=0.900$；高中阶段的青少年其对网络人际关系的信任显著高于大学阶段的青少年，而与研究生阶段的青少年无显著差异，$p_1<0.001$，$p_2=0.521$；大学生与研究生的网络人际信任度无显著性差异，$p=0.868$，结果如图2.82所示。

表2.57　学业阶段与网络人际信任的方差分析表

	SS	*df*	*MS*	*F*	*p*
学业阶段	292.07	4	73.02	37.91	<0.001
误差	20444.83	10616	1.93		

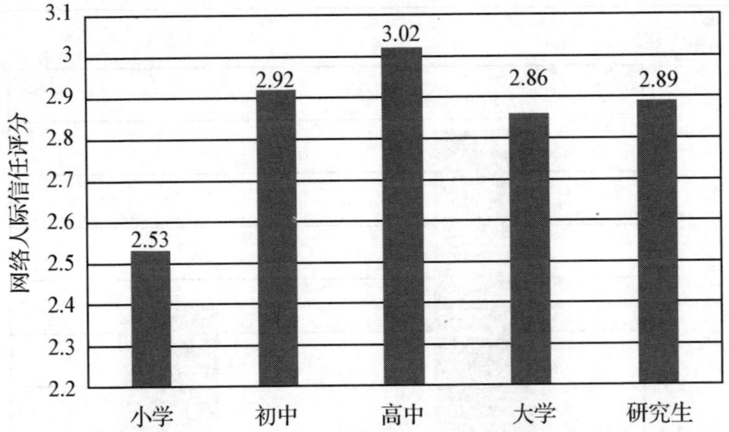

图2.82　不同学业阶段青少年的网络人际信任情况

生活地区与网络人际信任。使用方差分析的统计方式来探究生活地区与网络人际信任的关系，结果如表 2.58 所示。根据表中数据我们可知，不同生活地区的青少年其网络人际关系信任程度存在显著性差异，$F_{(2, 10947)}=13.89$，$p<0.001$。事后多重比较发现，发达地区的青少年($M=2.98$)其对网络的人际程度显著高于中等发达地区($M=2.81$)，而与欠发达地区($M=2.98$)无显著性差异，$p_1<0.001$，$p_2=0.999$；中等发达地区青少年对网络人际关系的信任程度显著低于欠发达地区，$p=<0.001$，说明青少年生活地区的经济水平会影响其对网络中人际关系的信任程度，如图 2.83 所示。

表 2.58 生活地区与网络人际信任的方差分析表

	SS	df	MS	F	p
生活地区	54.28	2	27.14	13.36	<0.001
误差	15566.17	7665	2.03		

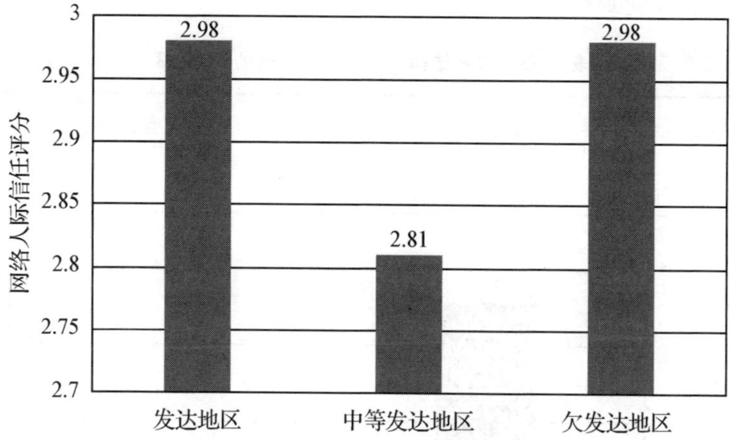

图 2.83 不同生活地区青少年的网络人际信任情况

独生子女与网络人际信任。使用独立样本 t 检验的方法探究独生、非独生子女与网络人际关系信任度的关系，结果如表 2.59 所示。根据表中数据可知，独生子女对网络信息的信任程度同非独生子女之间无显著性差异，$t_{(10464.71)}=1.11$，$p=0.27$，说明无论是独生子女还是非独生子女其对网络人际关系的信任度都保持在较低水平上。

表 2.59　独生子女与非独生子女其网络人际信任的 t 检验表

	N	M	SD	t	p
独生子女	5024	2.90	1.44	1.11	0.27
非独生子女	6052	2.87	1.37		

家庭结构与网络人际信任。使用独立样本 t 检验的方法探究不同家庭结构出身的青少年其网络人际关系信任状况，结果如表 2.60 和图 2.84 所示。根据表中数据我们可知，单亲家庭的青少年比非单亲家庭的青少年更容易对网络人际关系产生信任感，$t_{(794.836)}=2.60$，$p = 0.009$。结果说明家庭结构会影响青少年上网时对网络人际关系的信任程度。来自单亲家庭的青少年会因为家庭内部人际沟通需要的缺少而信任虚拟网络中的人际关系，而作为学校与家长，应该重视对这一部分青少年进行一定的网络安全教育以防止其受到伤害。

表 2.55　家庭结构与网络人际信任的 t 检验表

	N	M	SD	t	p
单亲	709	3.03	1.50	2.60	0.009
非单亲	10294	2.88	1.39		

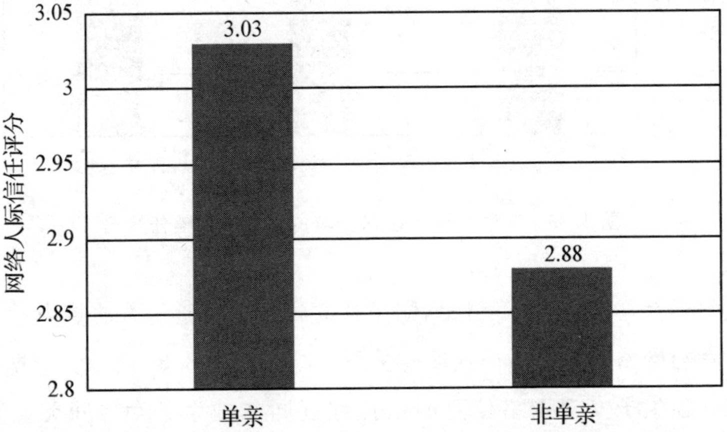

图 2.84　不同家庭结构青少年的网络人际信任情况

亲子沟通。我们调查了青少年在现实生活中与父母交流时最喜欢用什么沟通方式，在所有对该题进行评定的 10983 名(占总人数的 97.0%)青少年中，有 315 名(占填写人数的 2.9%)青少年最喜欢利用 QQ、网站等方式与父母进行沟通，有 2035 名(占填写人数的 18.5%)青少年最喜欢通过电话或者短信与父母交流，有 8362 名(占填写人数的 76.1%)青少年最喜欢直接地用面对面的方式与父母进行亲子沟通，有 198 名(占填写人数的 1.8%)青少年选用书写信件或便条的方式与父母交流，另有 73 名(占填写人数的 0.7%)青少年最喜欢用其他方式进行亲子沟通，如图 2.85 所示。

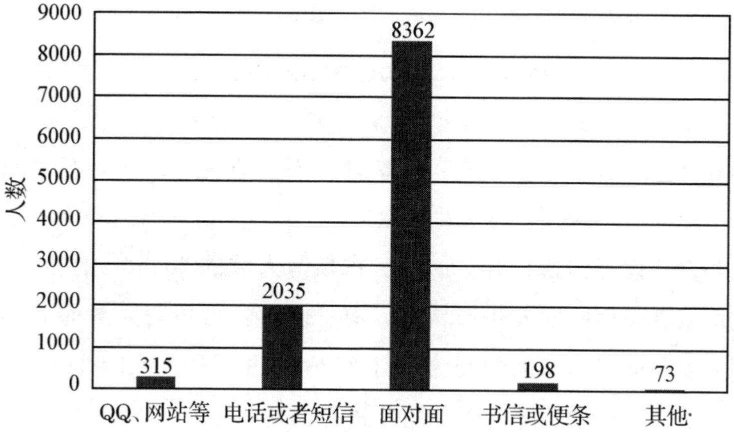

图 2.85 亲子沟通方式统计分布图

师生沟通。在参与该题调查的 10906 名(占总人数的 96.33)青少年中，有 739 名(占填写人数的 6.8%)青少年最喜欢用 QQ、网站等方式同老师沟通，有 2574 名(占填写人数的 23.6%)青少年最喜欢借助电话或短信来与老师沟通，有 6563 名(占填写人数的 60.18%)青少年最喜欢与老师面对面的交流，有 860 名(占填写人数的 7.9%)青少年最喜欢凭借书信或便条来与老师相互沟通，还有 170 名(占填写人数的 1.6%)青少年更喜欢借助其他方式与老师交流，如图 2.86 所示。

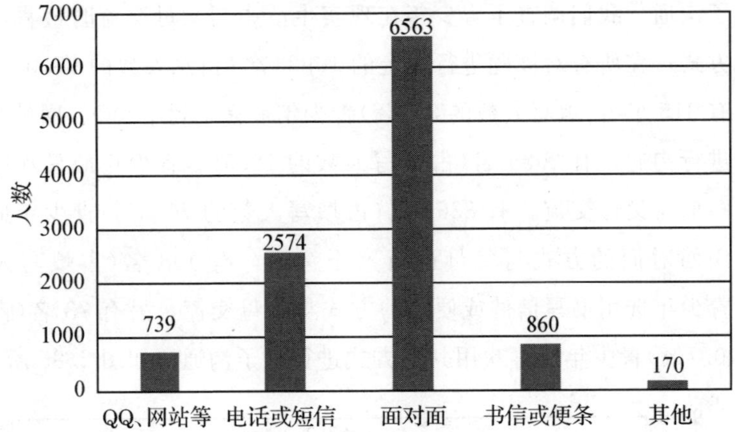

图 2.86　师生沟通方式统计分布图

同伴沟通。除 661 名(占总人数的 5.8%)青少年未填写该题目之外，剩余青少年中有 1788 名(占填写人数的 16.8%)更喜欢通过 QQ、网站等网络媒介和友伴进行沟通，有 2197 名(占填写人数的 20.6%)青少年更喜欢通过电话或者短信同朋友进行沟通，有 6260 名(占填写人数的 58.7%)青少年更喜欢与同伴面对面的交流，有 372 名(占填写人数的 3.5%)青少年更喜欢通过书信或便条等纸媒与同伴进行沟通，还有 44 名(占填写人数的 0.4%)青少年更喜欢用其他方式与朋友进行沟通，如图 2.87 所示。这正好说明无论是与父母沟通，与教师沟通还是与同龄伙伴沟通，青少年都更倾向于采用面对面的方式。因为当面沟通能够在交流中捕捉到许多细枝末节，诸如各类非言语信息等，这些都能提升沟通的质量。与此同时，面对面的沟通更加高效快速，减少了采用其他方式时无法避免的反应时间过长等弊端。

网络人际沟通。参与本题调查的 10667 名(占总人数的 94.2%)青少年中，有 9576 名(占填写人数的 89.8%)最喜欢通过 QQ、网站等方式与网络朋友进行交流，有 336 名(占填写人数的 3.2%)青少年最喜欢使用电话或者短信与网络朋友联络，有 223 名(占填写人数的 2.1%)青少年最喜欢面

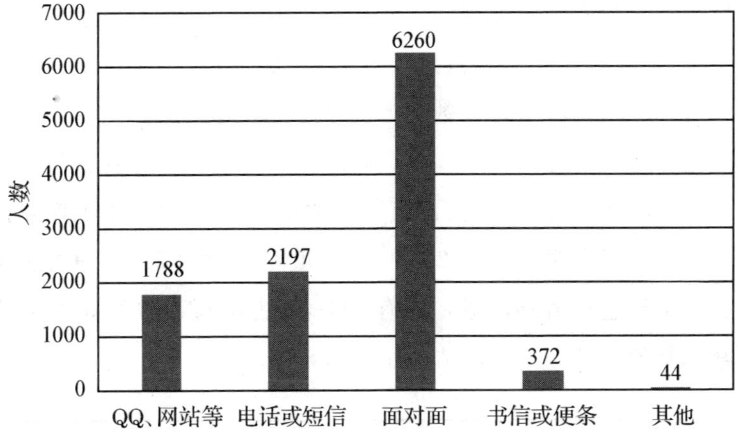

图 2.87 同伴沟通方式统计分布图

对面地与网友交流，还有 169 名(占填写人数的 1.6%)青少年选择使用书信或便条等方式与网友沟通，还有 363 名(占填写人数的 3.4%)青少年选择使用其他方式进行交流，如图 2.88 所示。与现实生活中的沟通方式不同，与网络中的人物进行沟通时，青少年更倾向于利用各类聊天工具或平台来进行人际交流。这种沟通方式能保持一定的人际距离，这种人际距离能为青少年带来一定的安全感。

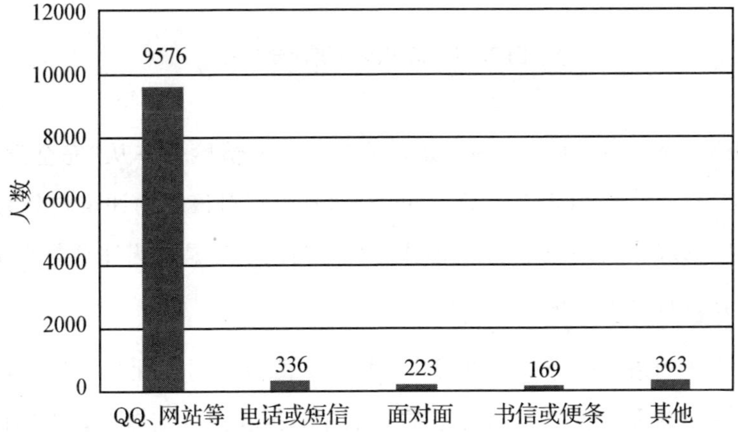

图 2.88 网络人际沟通统计分布图

情感表达。我们进一步询问了青少年"最喜欢向何人表达自己真实的情感和想法"，共有 9507 名(占总人数的 84.0.%)青少年对本题进行了作答，其中有 6015 名(占填写人数的 63.3%)同学最愿意同生活中的同学或者友伴表达自己的情感，有 523 名(占填写人数的 5.5%)青少年最愿意同网络朋友交流心声，有 235 名(占填写人数的 2.5%)青少年更愿意向网络上的陌生人表达真实想法，有 2223 名(占填写人数的 23.4%)青少年最愿意同自己的父母进行情感沟通，还有 511 名(占填写人数的 5.4%)青少年选择愿意同其他人倾吐心声，结果如图 2.89 所示。

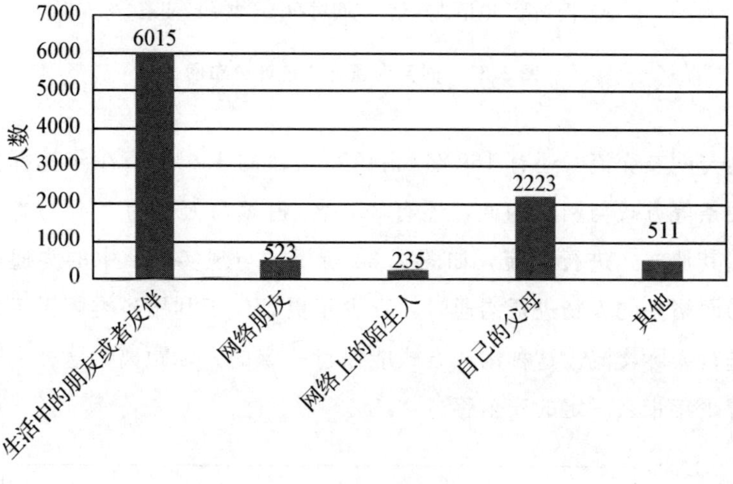

图 2.89 情感表达统计分布图

网络情感分享。使用 1～7 分表示与网友的情感分享从"完全没有"到"非常多"，11230 名(占总人数的 99.2%)青少年对该题的评定均分为 1.98 ($SD=1.22$)，说明参评的绝大多数青少年与网友还是较为注重与现实生活中的友伴进行情感分享。

性别与网络情感分享。使用独立样本 t 检验来测查性别与网络情感分享的关系，结果如表 2.56 所示。根据表中数据我们可知男性青少年比女性青少年更易于向网友而非现实生活中的同伴分享情感，$t_{(9393.50)}=4.86$，

$p < 0.001$，如图 2.90 所示。

表 2.56 性别与网络情感分享的 t 检验表

	N	M	SD	t	p
男生	4560	2.04	1.27	4.86	<0.001
女生	6305	1.92	1.18		

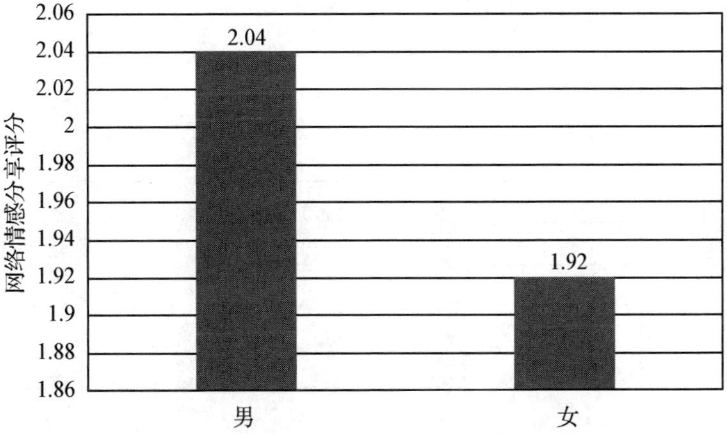

图 2.90 不同性别青少年的网络情感分享情况

学业阶段与网络情感分享。使用方差分析的方法探究学业阶段与网络情感分享间的关系，结果如表 2.57 所示。根据表中数据我们可知，处于不同学业阶段的青少年其与网友分享情感的程度不同，$F_{(4, 10682)} = 16.14$，$p < 0.001$。事后多重比较发现，小学阶段($M=1.84$)青少年与网友分享情感的程度显著低于初中($M=1.93$)、高中($M=1.92$)、大学阶段($M=2.11$)的青少年，而与研究生阶段($M=2.07$)的青少年无显著差异，$p_1=0.027$，$p_2=0.023$，$p_3<0.001$，$p_4=0.219$；初中阶段的青少年与网友的情感分享程度显著高于大学阶段的青少年，而与高中、大学阶段的青少年无显著差异，$p_1<0.001$，$p_2=0.835$，$p_3=0.451$；高中阶段的青少年同网友的情感分享程度显著高于大学阶段的青少年，与研究生无显著差异，$p_1<0.001$，$p_2=0.427$；大学生与研究生的网络情感分享程度无显

著性差异，$p=0.813$，结果如图 2.91 所示。

表 2.57　学业阶段与网络情感分享的方差分析表

	SS	*df*	*MS*	*F*	*p*
学业阶段	93.23	4	23.31	16.14	<0.001
误差	15424.72	10682	1.44		

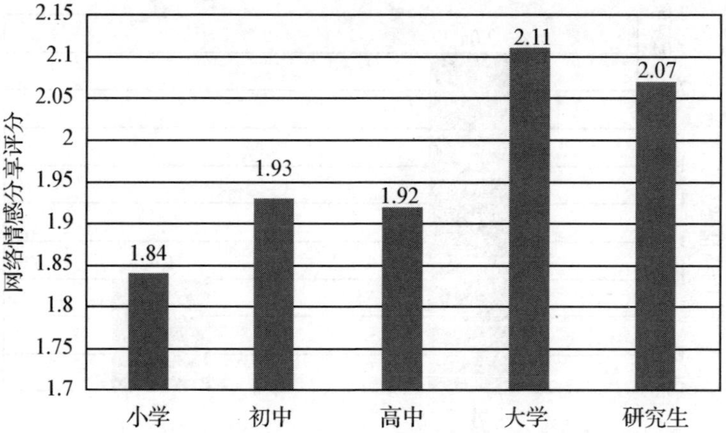

图 2.91　不同学业阶段青少年的网络情感分享情况

生活地区与网络情感分享。使用方差分析的统计方式来探究生活地区与网络情感分享的关系，结果如表 2.58 所示。根据表中数据我们可知，不同生活地区的青少年其网络情感分享程度没有显著差异，$F_{(2,7719)}=2.68$，$p=0.069$。

表 2.58　生活地区与网络情感分享的方差分析表

	SS	*df*	*MS*	*F*	*p*
生活地区	7.82	2	3.91	2.68	0.07
误差	11260.53	7719	1.46		

独生子女与网络情感分享。使用独立样本 t 检验的方法探究独生、非独生子女与网络情感分享程度的关系，结果如表 2.59 所示。根据表中数据

可知，非独生子女与网友进行情感分享的程度显著高于独生子女，$t(11155) = -6.33$，$p < 0.001$，结果如图 2.92 所示。

表 2.59 独生子女与非独生子女其网络情感分享的 *t* 检验表

	N	*M*	*SD*	*t*	*p*
独生子女	5072	1.89	1.21	−6.33	<0.001
非独生子女	6085	2.04	1.23		

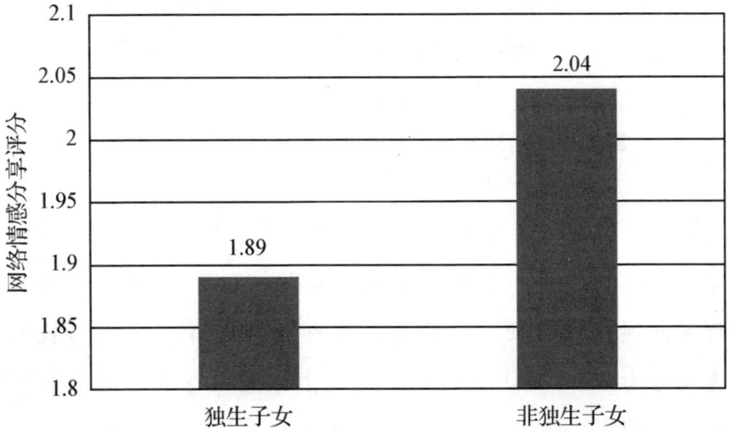

图 2.92 独生子女与非独生子女的网络情感分享情况

家庭结构与网络情感分享。使用独立样本 *t* 检验的方法探究不同家庭结构出身的青少年其网络情感分享状况，结果如表 2.60 所示。根据表中数据我们可知，单亲家庭的青少年比非单亲家庭的青少年与网友分享情感的程度更大，$t_{(801.70)} = 3.51$，$p < 0.001$，如图 2.93 所示。

表 2.60 家庭结构与网络情感分享的 *t* 检验表

	N	*M*	*SD*	*t*	*p*
单亲	719	2.14	1.34	3.51	<0.001
非单亲	10368	1.96	1.21		

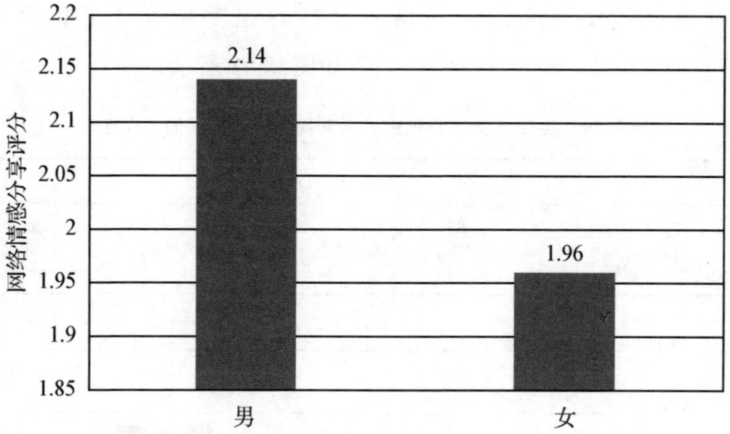

图 2.93　不同家庭结构青少年的网络情感分享情况

自我形象一致性。使用1～4分量表来调查青少年对自己的网络形象与现实形象一致性的评价，评分从“完全一致”到“非常不一致”逐渐递增。所有参与评定此项目的11185位(占总人数的98.8%)青少年对自我形象一致性的评定均分为1.95(*SD*=0.80)，说明多数受访青少年认为虚拟网络中的自我形象与现实生活中的网络形象一致性较高。

在上一题基础上我们进一步使用1～4分量表调查了青少年“如果你的家人和生活中的朋友看到了你在网上的表现，你觉得他们会吃惊吗?”评分从“完全不吃惊”到“非常吃惊”逐渐递增。所有参与评定该项目的11181名(占总人数的98.8%)青少年对本题的评定均分为1.59(*SD*=0.78)，说明多数受访青少年认为他们自己在网络上的表现与现实生活中的表现没有太大的冲突，不会让家人朋友感到太大的吃惊。

网络影响。通过使用7点量表来测查青少年眼中互联网对社会的整体影响，评分从“影响非常小”到“影响非常大”逐渐递增。所有参与评定该项目的11221名(占总人数的99.0%)青少年对本题的评定均分为5.35(*SD*=1.55)，说明多数受访青少年对于网络对社会的影响持较为肯定的看法，认为网络在一般程度上影响了整个社会环境。

网络评价。同上题一样，使用7点量表来调查青少年对互联网的整体评价，评分从“非常不好”到“非常好”逐渐递增。共有11225名(占总人数的99.14%)青少年对互联网进行了评价，其中评定的均分为4.88($SD=1.25$)，表明参与调查的青少年中大多数给予了网络一个中等评价。

新闻获得渠道。我们调查了青少年最常通过何种渠道来获得新闻，共有10519名(占总人数的92.9%)青少年参与了本题作答，其中有4426名(占填写人数的42.1%)青少年选择最常通过电视来获取新闻信息，有4054名(占填写人数的38.5%)青少年选择最常通过互联网了解新闻，有1165名(占填写人数的11.1%)青少年最常通过报纸来获取新闻信息，有345名(占填写人数的3.3%)青少年通过杂志来了解新闻内容，还有529名(占填写人数的5.0%)青少年最常通过他人讲述的方式来获知新闻内容，如图2.9所示。

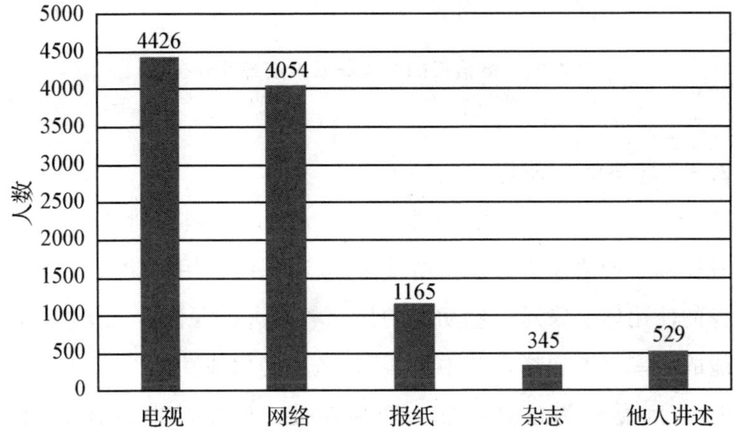

图2.94　新闻获取渠道统计分布图

在上一题基础上，我们进一步询问青少年最信任哪一种新闻获取渠道，共有10870名(占总人数的96.0%)青少年参与本题的调查，其中有6423名(占填写人数的59.1%)青少年选择最信任通过电视媒体传播的新闻信息，有1472名(占填写人数的13.5%)青少年选择最信任通过互联网来获知新闻信息，有 2497 名(占填写人数的 23.0%)青少年最信任通过报纸的方式来了解新闻内容，有 272 名(占填写人数的 2.5%)青少年最信任通过杂志来获取新闻信息，还有 206 名(占填写人数的 1.9%)青少年更信任由他人来转述新闻内容，如图 2.95 所示。

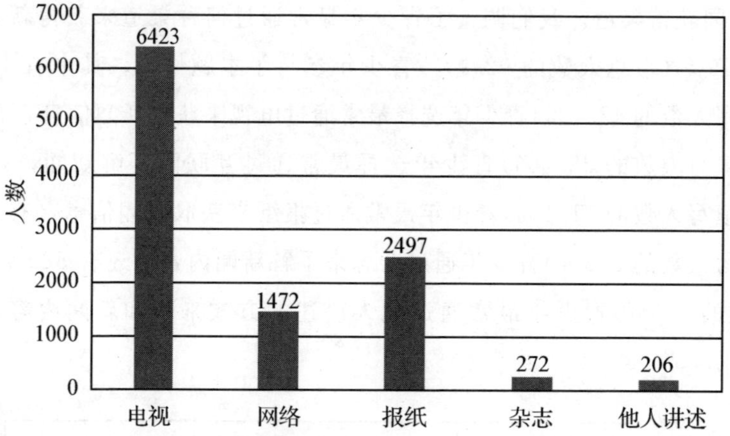

图 2.95　最信任的新闻获取渠道统计分布图

2.2.3　网络使用偏好

为了获知青少年网络功能的具体使用情况，本调查列举了诸如查看新闻、观看视频、网络聊天、网络游戏等 20 项网络常用功能，而后请青少年根据自身的使用体会来对这些功能的使用频率进行评价，从 0～5 分表示使用该功能的频率逐渐递增，其中 0 表示“从不使用该功能”，5 表示“经常使用该功能”。问卷分为信息功能、交易功能、娱乐功能及社交功能四个维度

信息功能。该维度调查了青少年在使用网络时是否偏好网络的信息传递功能，是否通过网络来获取更多的信息。我们将此维度所包括的所有题目得分加和后求得的平均分作为本维度得分。共计 11073 名(占总人数的 97.8%)青少年参与该题的作答，并在本维度上的均分为 2.07(*SD*＝0.82)，说明参评的绝大多数青少年很少通过互联网来进行浏览新闻、搜

索信息、查看论坛或贴吧、获取学习资料、进行网络招聘或网络求职等行为。

性别与网络的信息功能。使用独立样本 t 检验的统计方法来探究不同性别青少年其通过网络来获取信息的基本情况，结果如表 2.61 和图 2.96 所示。根据表中数据我们可以知道，相比男生而言，女生在使用网络时更倾向于通过网络来搜集或浏览各种信息，更关注各种论坛或贴吧上的信息，更倾向于利用网络来进行学习或检索学习资料，$t_{(10705)} = -2.63$，$p = 0.009$。

表 2.61 性别与网络信息功能的 t 检验表

	N	*M*	*SD*	*t*	*p*
男生	4489	2.05	0.84	−2.63	0.009
女生	6218	2.09	0.81		

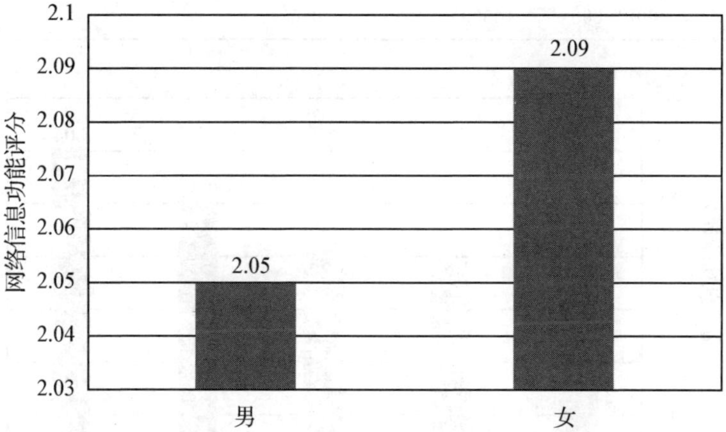

图 2.96 不同性别青少年的网络信息功能使用情况

学业阶段与网络的信息功能。使用方差分析的方法来探究处于不同学业阶段的青少年其对网络的信息功能的使用情况，结果如表 2.62 所示。根据表中数据我们能够得知，不同学业阶段的青少年其利用网络信息功能的程度存在显著差异，$F_{(4, 10529)}=473.53$，$p<0.001$。经过事后多重比较发现，小学生通过网络来获知信息的程度($M=1.60$)显著低于处于初中生($M=1.83$)、高中生($M=2.08$)、大学生($M=2.52$)以及研究生($M=3.04$)，$p_1<0.001$，$p_2<0.001$，$p_3<0.001$，$p_4<0.001$；初中生利用网络获取学习资料或进行网络学习的程度有所提高，但是依旧显著低于高中生、大学生以及研究生，$p_1<0.001$，$p_2<0.001$，$p_3<0.001$；随着高中学业压力的增加，此时青少年对于网络信息功能的使用频率进一步增加，可依旧显著低于大学生及研究生，$p_1<0.001$，$p_2<0.001$；而处于大学生通过网络来检索信息的频率仍然显著低于研究生，$p_1<0.001$，具体结果如图 2.97 所示。

表 2.62　学业阶段与网络信息功能的方差分析表

	SS	*df*	*MS*	*F*	*p*
学业阶段	1083.30	4	270.83	473.53	<0.001
误差	6021.86	10529	0.57		

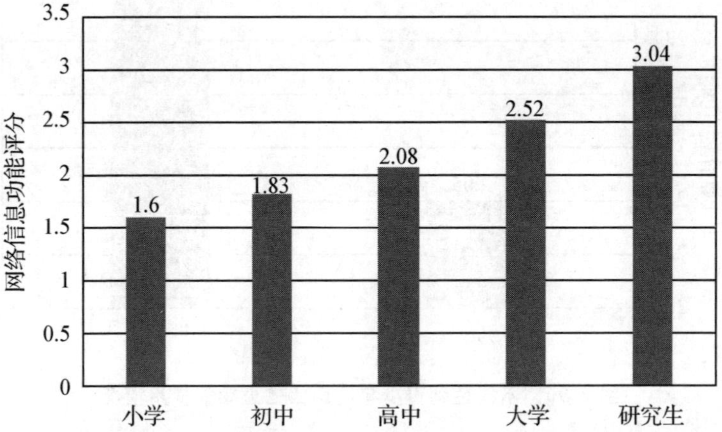

图 2.97　不同学业阶段青少年的网络信息功能使用情况

生活地区与网络的信息功能。使用方差分析的统计方法来探究生活在不同地域的青少年其网络信息功能的使用情况，结果如表 2.63 所示。根据表中数据我们可以得知，生活在不同地理位置的青少年其利用网络信息功能的程度存在显著差异，$F_{(2,7592)}=112.05$，$p<0.001$。经过事后多重比较发现，生活在经济发达地区的青少年($M=2.02$)，其通过网络来获知信息的程度显著高于生活在中等发达地区，而显著低于生活在欠发达地区的青少年($M=2.10$)，$p_1<0.001$，$p_2=0.004$；生活在中等发达地区的青少年在使用网络进行信息检索或浏览时，其使用频率显著低于欠发达地区的青少年，$p_1<0.001$，具体结果如图 2.98 所示。

表 2.63　生活地区与网络信息功能的方差分析表

	SS	df	MS	F	p
生活地区	131.82	2	65.91	112.05	<0.001
误差	4465.82	7592	0.59		

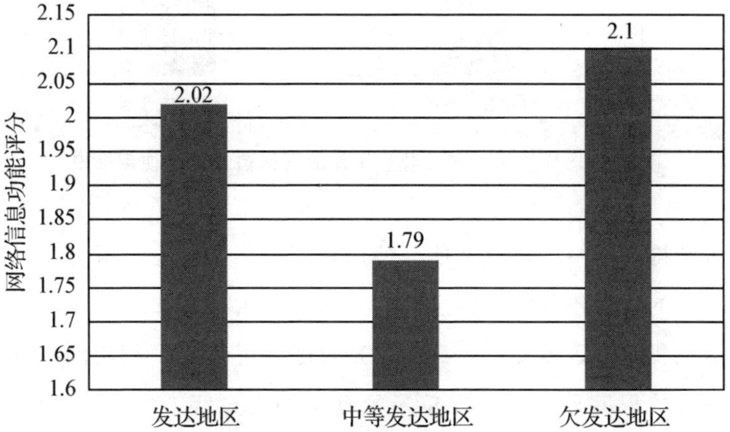

图 2.98　不同生活地区青少年的网络信息功能使用情况

独生子女与网络的信息功能。使用独立样本 t 检验的方法来探究独生子女与非独生子女其网络信息功能的使用情况，结果如表 3.64 所示。根据表中数据可知，非独生子女使用网络信息功能的频率显著低于独生子女，$t_{(10995)}=3.15$，$p=0.002$，即在上网时，独生子女更会注重网络的信息功能，更容易去论坛、贴吧等区域浏览或搜集信息，也更容易通过网络来进行网络招聘与求职行为，结果如图 2.99 所示。

表 2.64　独生子女与非独生子女其网络信息功能的 t 检验表

	N	*M*	*SD*	*t*	*p*
独生子女	5009	2.10	0.82	3.15	0.002
非独生子女	5988	2.05	0.82		

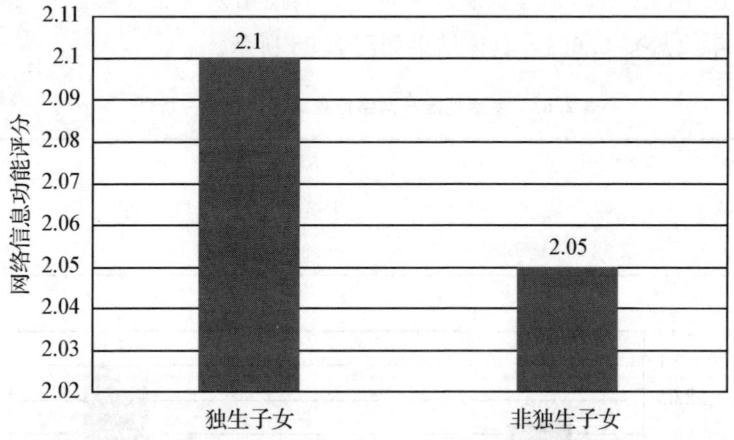

图 2.99　独生子女与非独生子女的网络信息功能使用情况

家庭结构与网络的信息功能。使用独立样本 t 检验来探究生长在不同家庭结构中的青少年其网络信息功能的使用情况，结果如表 2.65 所示。根据表中数据我们可以得知，生活在单亲家庭的青少年其利用网络进行信息浏览与搜集的程度显著高于非单亲家庭中的青少年，$t_{(10926)}=2.48$，$p=0.013$，即单亲家庭中的青少年更倾向于利用网络关注论坛贴吧、时事新闻等相关信息，也更容易利用网络下载学习资料，或是利用网络来求进行职招聘等行为，如图 2.100 所示。

表 2.65　家庭结构与网络信息功能的 t 检验表

	N	*M*	*SD*	*t*	*p*
单亲家庭	708	2.15	0.84	2.48	0.013
非单亲家庭	10220	2.07	0.82		

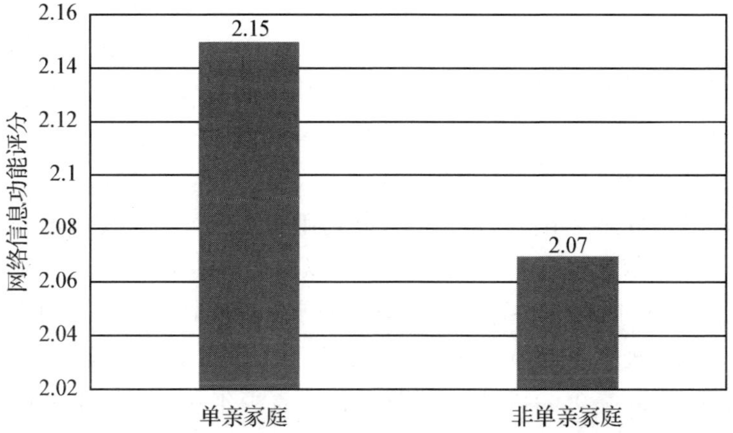

图 2.100 来自不同家庭结构青少年的网络信息功能使用情况

交易功能。该维度调查了青少年在使用网络时是否偏好网络的交易功能，是否通过网络来预订门票、机票、酒店，进行网络销售、网上炒股等经济交易行为。我们将此维度所包括的所有题目得分加和后求得的平均分作为本维度得分。共计 11284 名(占总人数的 99.7%)青少年参与该题的作答，并在本维度上的均分为 0.87(SD=0.97)，说明参评的绝大多数青少年极少通过互联网来进行网络订票、网络销售或是网络炒股等行为。

性别与网络交易功能。使用独立样本 t 检验的统计方法来探究不同性别青少年在使用网络交易功能时的情况，结果如表 2.66 所示。根据表中数据我们可知，无论是男性青少年还是女性青少年，其上网时在关注网络交易功能方面并无显著差异，$t_{(9276.83)}=0.26$，$p = 0.79$。

表 2.66 性别与网络交易功能的 t 检验表

	N	M	SD	t	p
男生	4588	0.87	1.02	0.26	0.79
女生	6323	0.87	0.92		

学业阶段与网络交易功能。使用方差分析统计方法来探究处于不同学业阶段的青少年其网络交易功能使用情况，结果如表 2.67 所示。根据表中

数据我们可以得知，不同学业阶段的青少年其利用网络交易功能的程度存在显著差异，$F_{(4, 10725)}=592.75$，$p<0.001$。经过事后多重比较发现，当青少年处于小学阶段($M=0.38$)时，其通过网络来进行交易的程度显著低于处于初中阶段($M=0.53$)、高中阶段($M=0.81$)、大学阶段($M=1.48$)、研究生阶段($M=2.30$)的青少年，$p_1<0.001$，$p_2<0.001$，$p_3<0.001$，$p_4<0.001$；当青少年步入初中后，其利用网络进行经济交易的程度进一步提高，但是依旧显著低于高中、大学以及研究生阶段的青少年，$p_1<0.001$，$p_2<0.001$，$p_3<0.001$；处于高中阶段的青少年对于网络交易功能的使用频率进一步增加，可依旧显著低于大学及研究生阶段的青少年，$p_1<0.001$，$p_2<0.001$；处于大学阶段的青少年其通过网络来进行经济交易的频率仍然显著低于研究生阶段的青少年，$p<0.001$，具体结果如图2.101所示。

表 2.67　学业阶段与网络交易功能的方差分析表

	SS	*df*	*MS*	*F*	*p*
学业阶段	1807.11	4	451.77	592.75	<0.001
误差	8174.30	10725	0.76		

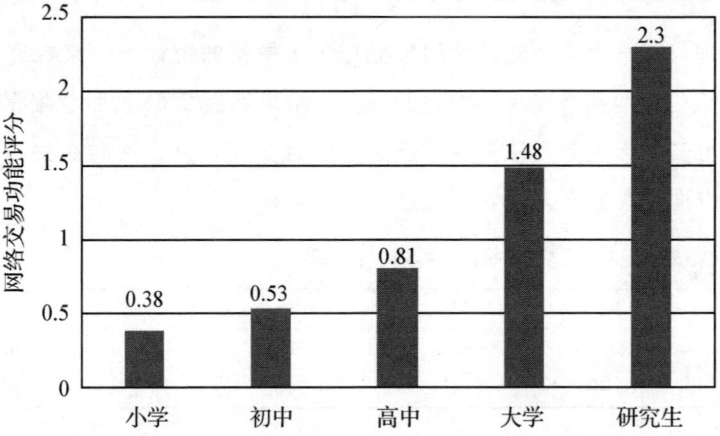

图 2.101　不同学业阶段青少年的网络交易功能使用情况

生活地区与网络交易功能。使用方差分析来探究生活在不同地域的青少年其网络交易功能的使用情况，结果如表 2.68 所示。根据表中数据我们可以得知，生活在不同地理位置的青少年其利用网络交易功能的程度存在显著差异，$F_{(2, 7757)} = 206.56$，$p < 0.001$。经过事后多重比较发现，生活在经济发达地区的青少年通过网络来进行经济交易的程度($M = 0.84$)显著高于生活在中等发达地区的青少年($M = 0.47$)，而与欠发达地区的青少年($M = 0.88$)无显著性差异，$p_1 < 0.001$，$p_2 = 0.165$；生活在中等发达地区的青少年在使用网络进行网络交易时，其使用频率显著低于欠发达地区的青少年，$p < 0.001$，具体结果如图 2.102 所示。造成这一结果的原因可能是因为在欠发达地区由于交通不便，实体店的商品价格偏高，而随着电子商务的发展与成熟，以及快递等物流行业的迅猛发展，生活在欠发达地区的青少年可以利用各种交易网站或客户端进行网上购物，从大大削弱了地域的限制。而生活在中等发达地区的青少年的网上交易偏好相对保守，这可能与当地的实体店的便捷性有一定的关联，毕竟实体店的商品具有更强的感官触动。

表 2.68　生活地区与网络交易功能的方差分析表

	SS	*df*	*MS*	*F*	*p*
生活地区	287.40	2	143.70	206.56	<0.001
误差	5396.42	7757	0.70		

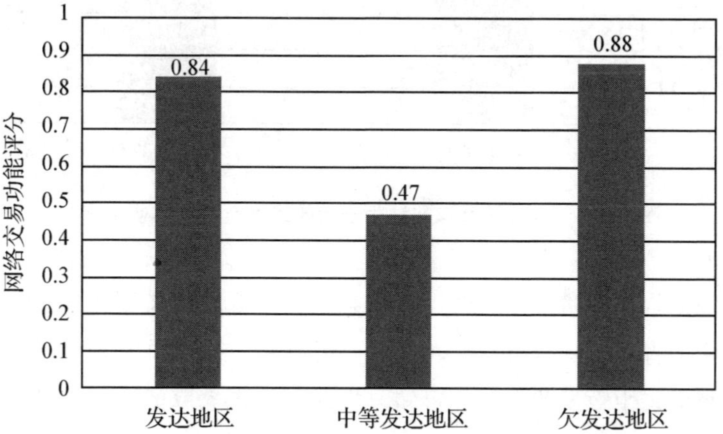

图 2.102　不同生活地区青少年的网络交易功能使用情况

独生子女与网络交易功能。使用独立样本 t 检验探究独生子女与非独生子女其网络交易功能的使用情况，结果如表 2.69 和图 2.103 所示。根据表中数据可知，非独生子女使用网络交易功能的频率显著低于独生子女，$t_{(10544.21)}=5.99$，$p<0.001$，即在上网时，独生子女更会注重网络的交易功能，更容易进行网络销售、网络招聘或网上预订酒店机票等行为。这可能是因为相比独生子女，非独生子女的零用钱较少，因而在上网时，相对应地使用网络交易功能的频率就会偏低。但是总体而言，青少年并不经常利用网络来进行各种经济交易行为。

表 2.69　独生子女与非独生子女其网络交易功能 t 检验表

	N	*M*	*SD*	*t*	*p*
独生子女	5100	0.93	1.00	5.99	<0.001
非独生子女	6106	0.82	0.93		

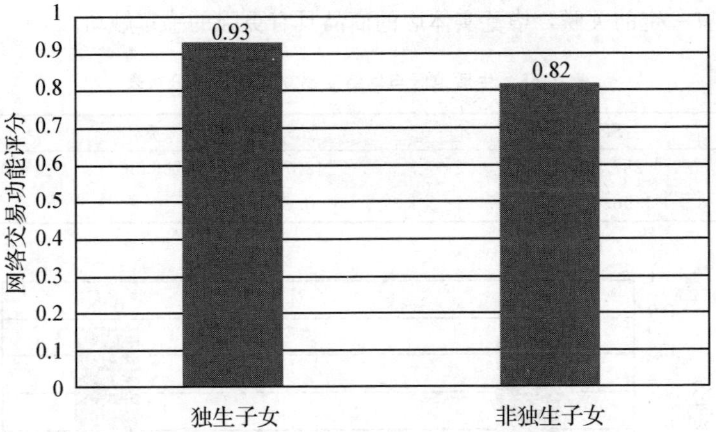

图 2.103　独生子女与非独生子女的网络交易功能使用情况

家庭结构与网络交易功能。使用独立样本 t 检验来探究生长在不同家庭结构中的青少年其网络交易功能的使用情况，结果如表 2.70 和图 2.104 所示。根据表中数据我们可以得知，生活在单亲家庭的青少年其利用网络进行经济交易的程度显著高于非单亲家庭中的青少年，$t_{(805.03)}=4.52$，

$p<0.001$，即单亲家庭中的青少年更倾向于利用网络进行销售、促销、招聘等相关行为，也更倾向于利用网络进行炒股、购物等行为。

表 2.70 家庭结构与网络交易功能的 t 检验表

	N	*M*	*SD*	*t*	*p*
单亲家庭	721	1.04	1.05	4.52	<0.001
非单亲家庭	10413	0.86	0.96		

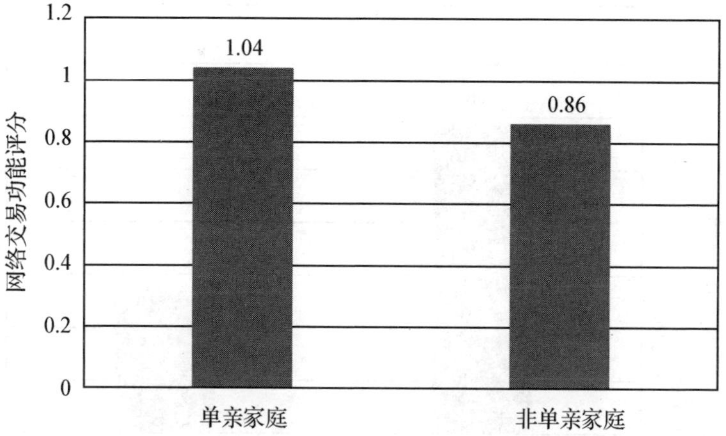

图 2.104 不同家庭结构青少年的网络交易功能使用情况

娱乐功能。该维度调查了青少年在使用网络时是否偏好网络的娱乐功能，是否通过网络来观看视频、下载电影、玩网络游戏、浏览或下载电子小说、网上听音乐等娱乐行为。我们将此维度所包括的所有题目得分加和后求得的平均分作为本维度得分。共计 11252 名(占总人数的 99.4%)青少年参与该题的作答，并在本维度上的均分为 2.69($SD=1.12$)，说明参评的绝大多数青少年较少通过互联网来进行娱乐活动。

性别与网络娱乐功能。使用独立样本 t 检验的统计方法来探究不同性别青少年在使用网络娱乐功能时的情况，结果如表 2.71 所示。根据表中数据我们可知，男性青少年在网络娱乐功能的使用频率上显著高于女性青少年，$t_{(9538.03)}=14.66$，$p<0.001$，说明相比女生，男生更喜欢在上网时玩网游、观看在线视频或浏览电子小说，他们在使用网络时，更加注重网络的娱乐功能。如图 2.105 所示。

表 2.71 性别与网络娱乐功能的 t 检验表

	N	M	SD	t	p
男生	4565	2.89	1.14	14.66	<0.001
女生	6316	2.56	1.08		

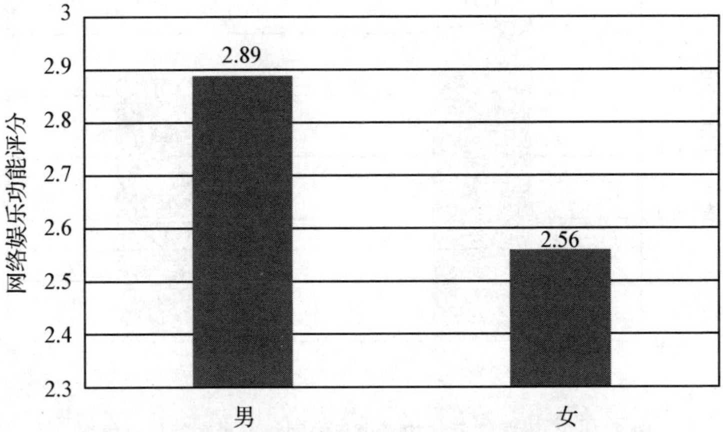

图 2.105 不同性别青少年的网络娱乐功能使用情况

学业阶段与网络娱乐功能。使用方差分析探究处于不同学业阶段的青少年其网络娱乐功能使用情况，结果如表 2.72 所示。根据表中数据我们可以得知，不同学业阶段的青少年其利用网络娱乐功能的程度存在显著差异，$F_{(4, 10694)}=176.55$，$p<0.001$。经过事后多重比较发现，当青少年处于小学阶段($M=2.11$)时，其利用网络娱乐功能的程度显著低于处于初中阶段($M=2.60$)、高中阶段($M=2.86$)、大学阶段($M=2.89$)、研究生阶段($M=2.97$)的青少年，$p_1<0.001$，$p_2<0.001$，$p_3<0.001$，$p_4<0.001$；当青少年步入中学后，随着其户外课外活动时间的减少，他们利用虚拟网络进行娱乐活动的程度进一步提高，但是依旧显著低于高中、大

学以及研究生阶段的青少年，$p_1 < 0.001$，$p_2 < 0.001$，$p_3 = 0.019$；处于高中阶段的青少年对于网络娱乐功能的使用频率进一步增加，此阶段青少年利用网络进行网络游戏、在线或下载音乐及电子小说、观看或下载视频的显著已经与大学及研究生阶段的青少年无显著差异，$p_1 = 0.236$，$p_2 = 0.486$；当青少年通过高考进入到大学进行进一步学习或深造后，其通过网络来进行休闲娱乐的频率与研究生阶段的青少年无显著差异，$p = 0.617$，说明青少年进入高中后就已经开始利用网络进行相关休闲娱乐活动，并且在大学和研究生阶段，其娱乐形式基本不会发生改变了，具体结果如图 2.106 所示。

表 2.72　学业阶段与网络娱乐功能的方差分析表

	SS	*df*	*MS*	*F*	*p*
学业阶段	817.41	4	204.35	176.55	<0.001
误差	12378.22	10694	1.16		

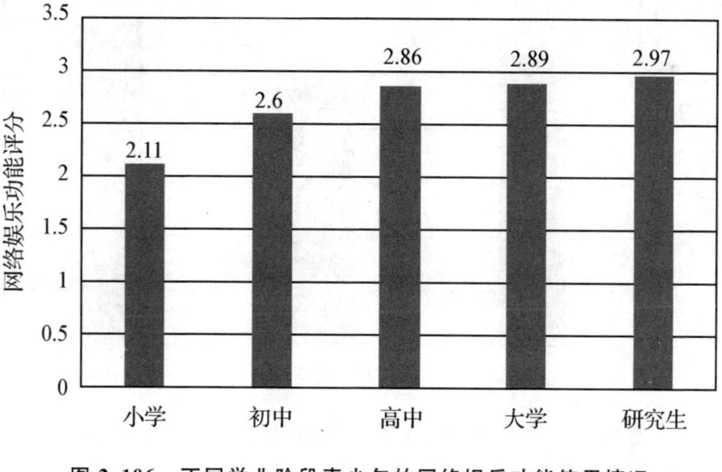

图 2.106　不同学业阶段青少年的网络娱乐功能使用情况

生活地区与网络娱乐功能。使用方差分析探究生活在不同地域的青少年其网络娱乐功能的使用情况，结果如表 2.73 所示。根据表中数据我们可以得知，生活在不同地理位置的青少年其利用网络娱乐功能的程度存在显著差异，$F_{(2,7732)}=140.64$，$p<0.001$。经过事后多重比较发现，生活在经济发达地区的青少年($M=2.70$)，其通过网络来进行休闲娱乐的程度显著高于生活在中等发达地区的青少年($M=2.46$)，而显著低于欠发达地区的青少年($M=3.03$)，$p_1<0.001$，$p_2<0.001$；生活在中等发达地区的青少年在使用网络娱乐功能时，其使用频率显著低于欠发达地区的青少年，$p<0.001$，说明青少年生活地区的经济发展水平可能会影响其关注网络娱乐功能的程度，处于经济发展水平较低地区的青少年会更加关注网络的休闲娱乐功能，具体结果如图 2.107 所示。

表 2.73　生活地区与网络娱乐功能的方差分析表

	SS	df	MS	F	p
生活地区	362.35	2	181.18	140.64	<0.001
误差	9960.37	7732	1.29		

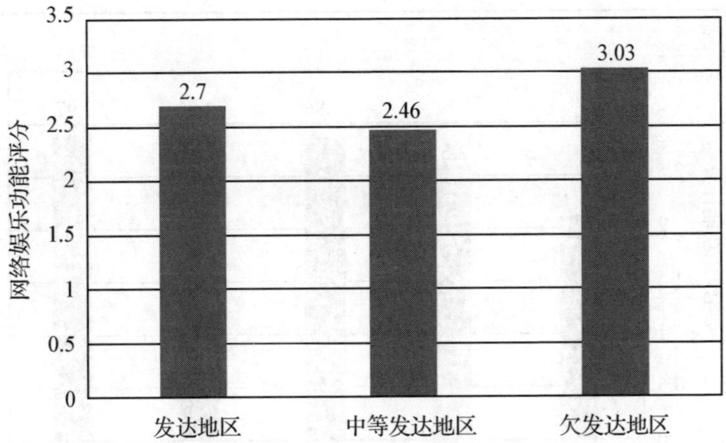

图 2.107　不同生活地区青少年的网络娱乐功能使用情况

独生子女与网络娱乐功能。使用独立样本 t 检验的方法来探究独生子女与非独生子女其网络娱乐功能的使用情况，结果如表 2.74 所示。根据表中数据可知，非独生子女使用网络休闲娱乐功能的频率显著低于独生子女，$t_{(10652.69)}=5.05$，$p<0.001$，即在上网时，独生子女更会注重网络的娱乐功能，更容易进行在线听音乐、看小说、观看视频等行为，结果如图 2.108 所示。

表 2.74 独生子女与非独生子女其网络娱乐功能的 t 检验表

	N	*M*	*SD*	*t*	*p*
独生子女	5084	2.75	1.14	5.05	<0.001
非独生子女	6091	2.65	1.09		

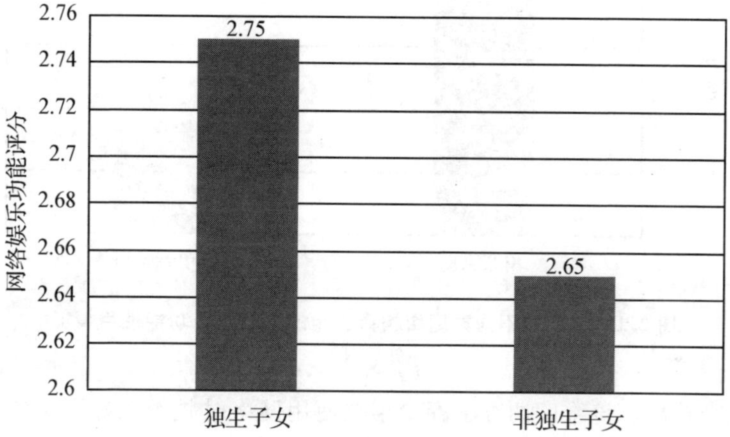

图 2.108 独生子女与非独生子女的网络娱乐功能使用情况

家庭结构与网络娱乐功能。使用独立样本 t 检验来探究生长在不同家庭结构中的青少年其网络娱乐功能的使用情况，结果如表 2.75 和图 2.109 所示。根据表中数据我们可以得知，生活在单亲家庭的青少年其利用网络进行休闲娱乐的程度显著高于非单亲家庭中的青少年，$t_{(11101)}=4.30$，$p<0.001$，即单亲家庭中的青少年更倾向于利用网络进行网游、听音乐、看小说等其他娱乐行为。

表 2.75　家庭结构与网络娱乐功能的 t 检验表

	N	M	SD	t	p
单亲家庭	717	2.87	1.13	4.30	< 0.001
非单亲家庭	10386	2.69	1.11		

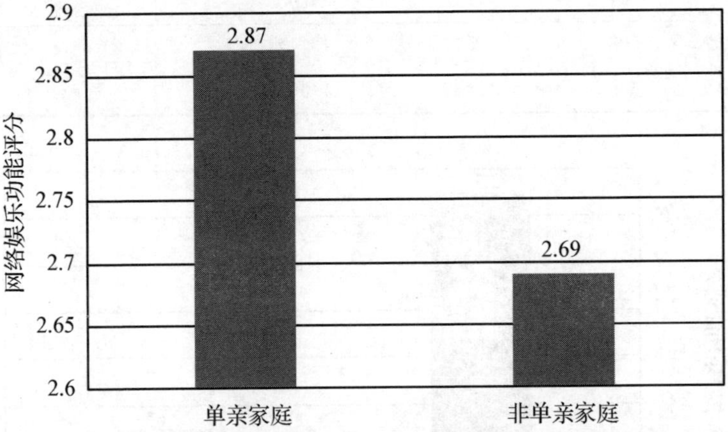

图 2.109　来自不同家庭结构青少年的网络娱乐功能使用情况

社交功能。该维度调查了青少年在使用网络时是否偏好网络的社交功能，是否通过网络进行在线聊天、使用社交网站、浏览博客或微博、查看电子邮件、网络交友的等行为。我们将此维度所包括的所有题目得分加和后求得的平均分作为本维度得分。共计 11186 名(占总人数的 98.8%)青少年参与该题的作答，并在本维度上的均分为 2.15(SD=1.12)，说明参评的绝大多数青少年经常通过互联网来使用社交网站、书写博客或微博、网络相亲等交友行为。

性别与网络社交功能。使用独立样本 t 检验的统计方法来探究不同性别青少年在使用网络社交功能时的情况，结果如表 2.76 和图 2.110 所示。根据表中数据我们可知，女性青少年在利用网络社交功能时的频率显著高于男性青少年，$t_{(10915)} = -2.83$，$p = 0.005$。结果说明女生在上网时更关注网络所提供的人际交流功能，但是在这种虚拟的人际交往过程中，女生也会保持一定的社交距离，其对网络中人际信任的程度较低。

表 2.76　性别与网络社交功能的 t 检验表

	N	M	SD	t	p
男生	4528	2.12	1.13	−2.83	0.005
女生	6289	2.18	1.11		

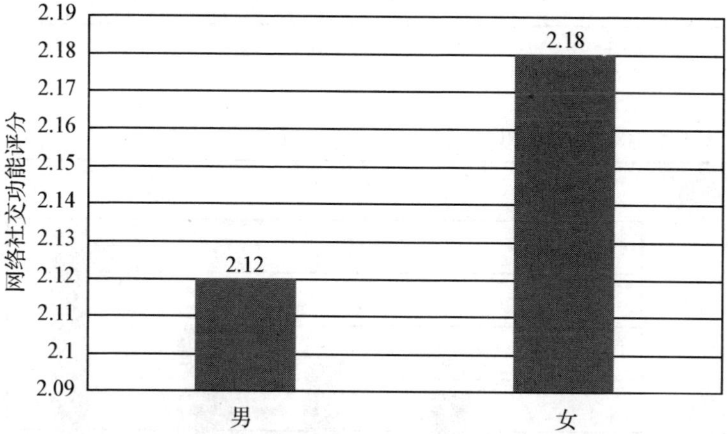

图 2.110　不同性别青少年的网络社交功能使用情况

学业阶段与网络社交功能。使用方差分析探究处于不同学业阶段的青少年其网络社交功能使用情况，结果如表 2.77 所示。根据表中数据我们可以得知，不同学业阶段的青少年其利用网络社交功能的程度存在显著差异，$F_{(4, 10635)}=462.29$，$p<0.001$。经过事后多重比较发现，当青少年处于小学阶段($M=1.39$)时，其通过虚拟网络来进行人际社交的程度显著低于处于初中阶段($M=1.90$)、高中阶段($M=2.22$)、大学阶段($M=2.69$)、研究生阶段($M=3.19$)的青少年，$p_1<0.001$，$p_2<0.001$，$p_3<0.001$，$p_4<0.001$；当青少年步入初中后，其使用网络社交网站、阅读或书写博客等社交功能的程度进一步提高，但是依旧显著低于高中、大学以及研究生阶段的青少年，$p_1<0.001$，$p_2<0.001$，$p_3<0.001$；处于高中阶段的青少年对于浏览或书写微博、网络交友网络等社交功能的使用频率进一步

增加，可依旧显著低于大学及研究生阶段的青少年，$p_1 < 0.001$，$p_2 < 0.001$；处于大学阶段的青少年其通过网络来进行人际交流的频率仍然显著低于研究生阶段的青少年，$p = 0.001$，说明当青少年进入研究生阶段的学习后，上网的同时会利用网络来浏览社交网站、进行网络交友等行为，结果如图 2.111 所示。

表 2.77　学业阶段与网络社交功能的方差分析表

	SS	*df*	*MS*	*F*	*p*
学业阶段	1972.40	4	493.10	462.29	<0.001
误差	11343.85	10635	1.07		

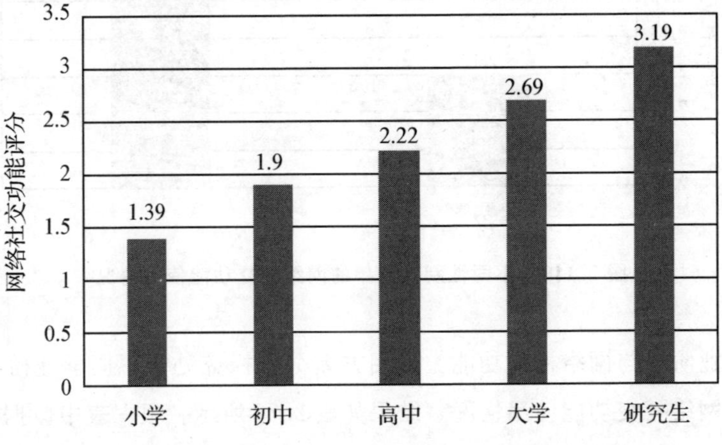

图 2.111　不同学业阶段青少年的网络社交功能使用情况

生活地区与网络社交功能。使用方差分析的统计方法来探究生活在不同地域的青少年其网络社交功能的使用情况，结果如表 2.78 和图 2.112 所示。根据表中数据我们可以得知，生活在不同地理位置的青少年其利用网络进行人际交流功能的程度存在显著差异，$F_{(2, 7679)} = 91.29$，$p < 0.001$。经过事后多重比较发现，生活在经济发达地区的青少年($M = 2.10$)，其通过网络来进行人际社交的程度显著高于生活在中等发达地区($M = 1.80$)的青少年，而显著低于生活在欠发达地区的青少年($M = 2.19$)，$p_1 < 0.001$，

$p_2 = 0.020$；生活在中等发达地区的青少年在使用网络进行人际交流时，其使用频率显著低于欠发达地区的青少年，$p < 0.001$。

表 2.78　生活地区与网络社交功能的方差分析表

	SS	*df*	*MS*	*F*	*p*
生活地区	221.38	2	110.69	91.29	<0.001
误差	9310.90	7679	1.21		

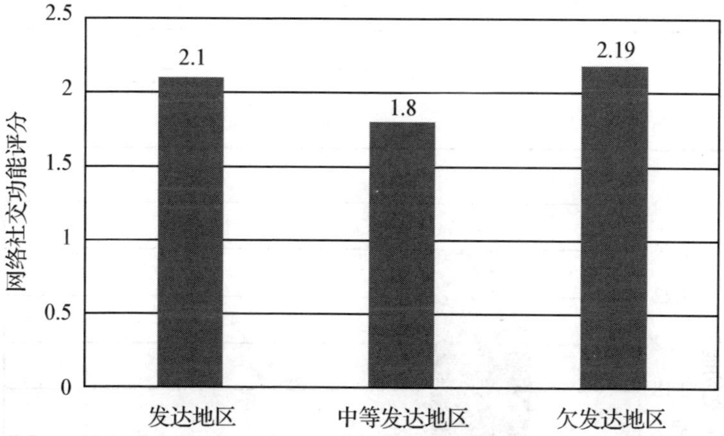

图 2.112　不同生活地区青少年的网络社交功能使用情况

独生子女与网络社交功能。使用独立样本 t 检验来探究独生子女与非独生子女其网络社交功能的使用情况，结果如表 2.79 所示。根据表中数据可知，非独生子女使用网络社交功能的频率与独生子女无显著差异，$t_{(10585.58)} = -1.15$，$p = 0.25$，即在上网时，独生子女与非独生子女都会注重网络的人际交往功能。

表 2.79　独生子女与非独生子女其网络社交功能的 t 检验表

	N	*M*	*SD*	*t*	*p*
独生子女	5057	2.14	1.14	−1.15	0.25
非独生子女	6052	2.17	1.10		

家庭结构与网络社交功能。使用独立样本 t 检验来探究生长在不同家庭结构中的青少年其网络社交功能的使用情况，结果如表 2.80 和图 2.113 所示。根据表中数据我们可以得知，生活在单亲家庭的青少年其利用网络进行人际交流的程度显著高于非单亲家庭中的青少年，$t_{(11037)}=2.11$，$p=0.04$，即单亲家庭中的青少年更倾向于利用网络浏览社交网站、书写微博或博客、进行网络交友等行为。

表 2.80　家庭结构与网络社交功能的 t 检验表

	N	M	SD	t	p
单亲家庭	719	2.24	1.13	2.11	0.04
非单亲家庭	10320	2.15	1.12		

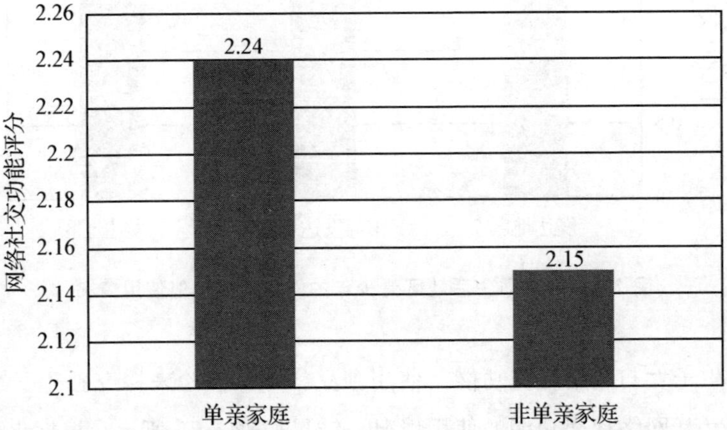

图 2.113　不同家庭结构青少年的网络社交功能使用情况

2.3　网络对青少年的影响

2.3.1　网络积极消极体验

问卷是关于网络使用情况的一些陈述，共计 32 道题项，要求青少年根据自己的真实情感体验对每一项陈述与自己的符合程度进行评分。从数字 1～5 表示该陈述与自己的符合程度逐渐递增。其中“1”表示该陈述与自己的实际情况完全不符合，“2”表示该陈述与自己的实际情况基本符合，“3”表示该陈述与自己的实际情况符合程度一般，“4”表示该陈述与自己的实际情况基本符合，“5”表示该陈述与自己的基本情况完全符合。

问卷分为积极网络体验与消极网络体验两个维度，其中积极网络体验又包括积极认知体验、积极情绪体验与积极社交体验 3 个子维度，消极网络体验包括消极认知体验、消极情绪体验与消极社交体验 3 个子维度。在进行统计分析时，将积极体验的 3 个维度得分求和后作为网络积极体验的得分，将消极体验的 3 个维度求和后作为网络消极体验的得分，用积极体验得分减去消极体验得分后所得的分数作为青少年网络体验的得分。

性别与网络体验。使用独立样本 t 检验的统计方法来探究不同性别青少年的网络体验情况，结果如表 2.81 所示。根据表中数据我们可知，男性青少年网络体验得分显著高于女性青少年，$t_{(9169.03)}=2.03$，$p=0.042$，说明无论是男性青少年还是女性青少年在使用网络时，积极体验较多，特别是男性青少年积极的网络体验更符合自己的实际情况，如图 2.114 所示。

表 2.81 性别与网络体验的 t 检验表

	N	*M*	*SD*	*t*	*p*
男生	4464	10.44	14.65	2.03	0.005
女生	6231	9.87	13.59		

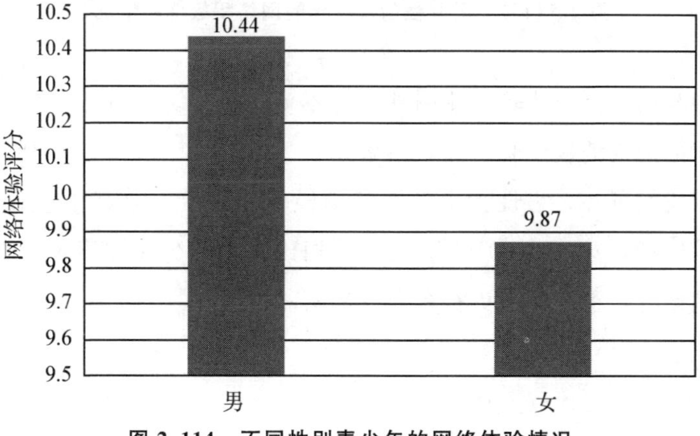

图 2.114 不同性别青少年的网络体验情况

性别与网络积极体验。使用独立样本 t 检验的统计方法来探究不同性别青少年的网络积极体验情况，结果如表 2.81.1 和图 2.114.1 所示。根据表中数据我们可知，男性青少年网络积极体验得分显著高于女性青少年，$t_{(9548.99)}=9.33$，$p<0.001$，说明相比女性青少年，男性青少年在使用网络时，积极的体验更符合自己的实际情况。

表 2.81.1　性别与网络积极体验的 t 检验表

	N	*M*	*SD*	*t*	*p*
男生	4521	46.95	11.85	9.33	<0.001
女生	6264	44.82	11.47		

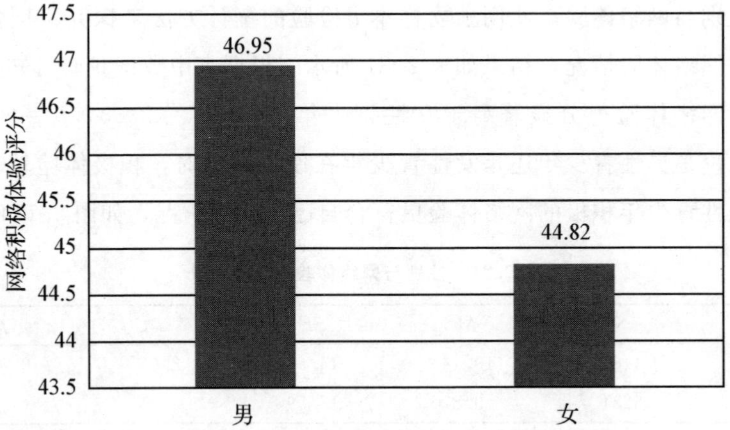

图 2.114.1　不同性别青少年的网络积极体验情况

性别与网络消极体验。使用独立样本 t 检验的统计方法来探究不同性别青少年的网络消极体验情况，结果如表 2.81.2 和图 2.114.2 所示。根据表中数据我们可知，男性青少年网络消极体验得分显著高于女性青少年，$t_{(9316.99)}=6.13$，$p<0.001$。结果说明相比女性青少年而言，男性青少年在使用网络时，消极体验更符合自己的实际情况。

表 2.81.2　性别与网络消极体验的 t 检验表

	N	M	SD	t	p
男生	4507	36.57	13.78	6.13	<0.001
女生	6272	34.97	12.91		

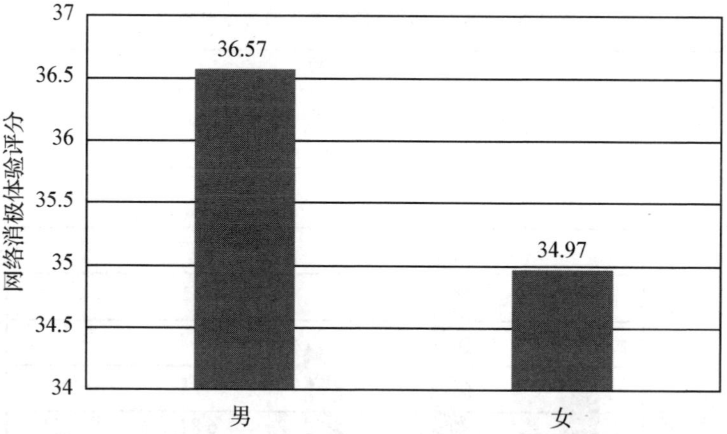

图 2.114.2　不同性别青少年网络消极体验情况

学业阶段与网络体验。使用方差分析统计方法来探究处于不同学业阶段的青少年网络体验情况，结果如表 2.82 所示。根据表中数据我们可以得知，不同学业阶段的青少年其网络体验程度存在显著差异，$F_{(4, 10514)}=75.91$，$p<0.001$。经过事后多重比较发现，当青少年处于小学阶段(M=9.86)时，其网络体验得分显著低于处于初中阶段(M=13.49)、高中阶段(M=10.89)青少年，显著高于大学阶段(M=6.82)青少年，而与研究生阶段(M=6.17)的青少年无显著差异，$p_1<0.001$，$p_2=0.012$，$p_3<0.001$，$p_4=0.075$；当青少年步入初中后，随着其使用网络频率的增加，随之而产生的网络体验程度显著高于高中、大学及研究生阶段的青少年 $p_1<0.001$，$p_2<0.001$，$p_3<0.001$；处于高中阶段的青少年其网络体验得分虽然相比初中青少年有所下降，但依旧显著高于大学、研究生阶段的青少年，$p_1<0.001$，$p_2=0.022$；当青少年进入大学后，其网络使用频率

增加，但是网络体验得分却显著下降，但与研究生阶段已无显著性差异，$p=0.754$，说明青少年网络体验得分先显著上升，在初中阶段达到最高点之后，显著下降，当进入大学阶段后，青少年的网络体验基本保持在一个恒定状态，结果如图 2.115 所示。

表 2.82　学业阶段与网络体验的方差分析表

	SS	df	MS	F	p
学业阶段	58002.69	4	14500.67	75.91	<0.001
误差	2008343.89	10514	191.02		

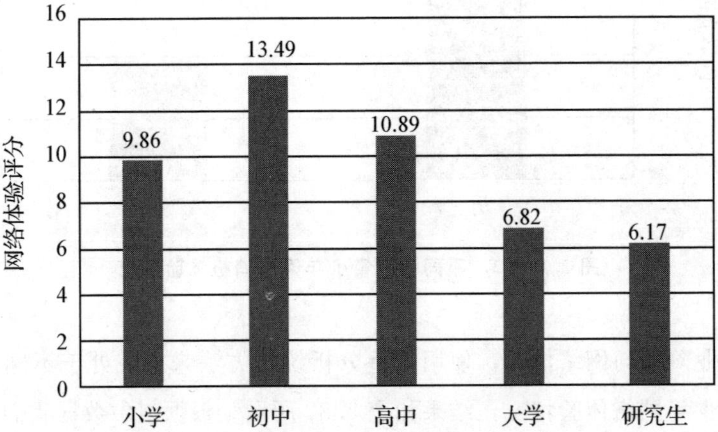

图 2.115　不同学业阶段青少年的网络体验情况

学业阶段与网络积极体验。使用方差分析统计方法来探究处于不同学业阶段的青少年网络积极体验情况，结果如表 2.82.1 所示。根据表中数据我们可以得知，不同学业阶段的青少年其网络积极体验程度存在显著差异，$F_{(4,10601)}=66.65$，$p<0.001$。经过事后多重比较发现，当青少年处于小学阶段($M=41.90$)时，其网络积极体验得分显著低于处于初中阶段($M=45.78$)、高中阶段($M=45.80$)、大学阶段($M=47.65$)及研究生阶段($M=50.65$)的青少年，$p_1<0.001$，$p_2<0.001$，$p_3<0.001$，$p_4<0.001$；当青少年步入初中后，其网络积极体验得分已经与高中阶段的青

少年无显著差异，但显著低于大学、研究生阶段的青少年，$p_1 = 0.943$，$p_2 < 0.001$，$p_3 < 0.001$；处于高中阶段的青少年其网络积极体验得分显著低于大学、研究生阶段的青少年，$p_1 < 0.001$，$p_2 = 0.005$；当青少年进入大学后，其网络积极体验得分与研究生阶段已无显著性差异，$p = 0.080$，说明青少年进入大学阶段后，其网络积极体验基本保持在一个稳定状态，结果如图 2.115.1 所示。

表 2.82.1 学业阶段与网络积极体验的方差分析表

	SS	*df*	*MS*	*F*	*p*
学业阶段	35482.29	4	8870.57	66.65	<0.001
误差	1410935.06	10601	133.09		

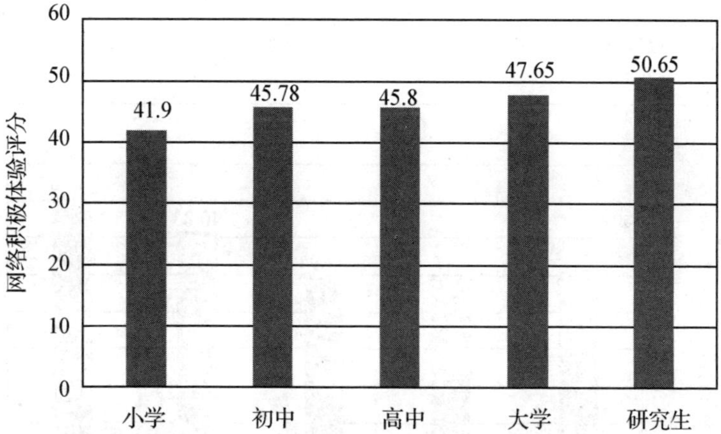

图 2.115.1 不同学业阶段青少年的网络积极体验情况

学业阶段与网络消极体验。使用方差分析统计方法来探究处于不同学业阶段的青少年网络消极体验情况，结果如表 2.82.2 所示。根据表中数据我们可以得知，不同学业阶段的青少年其网络消极体验程度存在显著差异，$F_{(4, 10596)} = 191.50$，$p < 0.001$。经过事后多重比较发现，当青少年处于小学阶段($M = 32.12$)时，其网络体验得分与初中阶段($M = 32.33$)的青少年无显著差异，而显著低于高中阶段($M = 34.94$)、大学阶段($M =$

40.83)及研究生阶段($M=44.48$)的青少年，$p_1=0.617$，$p_2<0.001$，$p_3<0.001$，$p_4<0.001$；当青少年步入中学后，其网络消极体验程度显著低于高中、大学及研究生阶段的青少年 $p_1<0.001$，$p_2<0.001$，$p_3<0.001$；处于高中阶段的青少年网络消极体验得分依旧显著低于大学、研究生阶段的青少年，$p_1<0.001$，$p_2=0.022$；当青少年进入大学后，其网络消极体验得分与研究生阶段青少年的得分边缘显著，$p=0.055$，这可能是由于样本中研究生的数量较少的原因，如果增加研究生的样本量，结果可能会更显著，说明青少年网络消极体验得分随着学业阶段的递增而逐渐增加，结果如图 2.115.2 所示。

表 2.82.2 学业阶段与网络消极体验的方差分析表

	SS	*df*	*MS*	*F*	*p*
学业阶段	125163.72	4	31290.93	191.50	<0.001
误差	1731346.37	10596	163.40		

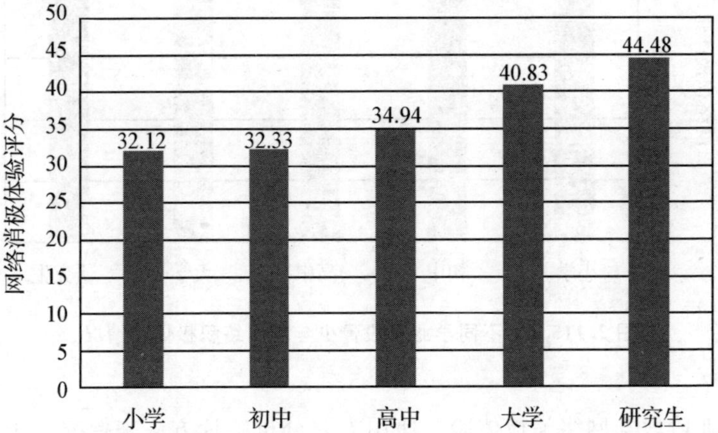

图 2.115.2 不同学业阶段青少年的网络消极体验情况

生活地区与网络体验。使用方差分析的统计方法来探究生活在不同地域的青少年网络体验情况，结果如表 2.83 所示。根据表中数据我们可以得知，生活在不同地理位置的青少年网络体验得分存在显著差异，$F_{(2,7579)}=$

13.60，$p < 0.001$。经过事后多重比较发现，生活在欠发达地区的青少年(M=13.15)，其网络体验得分显著高于经济发达地区(M=11.55)与中等发达地区(M=10.82)与，$p_1 = 0.002$，$p_2 < 0.001$；生活在中等发达地区的青少年网络体验得分与发达地区的青少年间无显著性差异，$p = 0.064$，说明不同地域青少年对网络的体验都较为积极，青少年生活地区的经济发展水平可能会影响其网络体验程度，处于发展水平较低地区的青少年网络体验更积极，结果如图 2.116 所示。

表 2.83　生活地区与网络体验的方差分析表

	SS	*df*	*MS*	*F*	*p*
生活地区	5665.25	2	2832.63	13.60	<0.001
误差	1578622.06	7579	208.29		

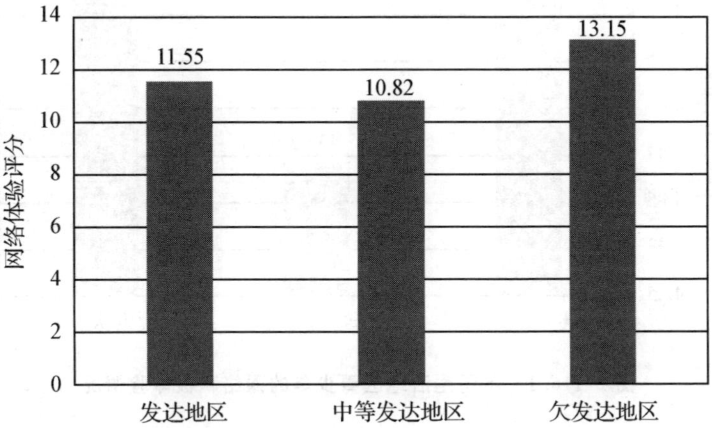

图 2.116　不同生活地区青少年的网络体验情况

生活地区与网络积极体验。使用方差分析的统计方法来探究生活在不同地域的青少年其网络积极体验情况，结果如表 2.83.1 所示。根据表中数据我们可以得知，生活在不同地理位置的青少年其积极的网络体验得分存在显著差异，$F_{(2, 7654)} = 34.47$，$p < 0.001$。经过事后多重比较发现，生活在经济发达地区的青少年(M=46.25)，其网络积极体验得分显著高于中等

发达地区(M=43.92)，而与欠发达地区的青少年(M=46.21)无显著性差异，$p_1 < 0.001$，$p_2 = 0.917$；生活在中等发达地区的青少年网络体验得分显著低于欠发达地区的青少年，$p < 0.001$，说明青少年生活地区的经济发展水平会影响其网络积极体验程度，处于发展水平较高或较低地区的青少年网络体验更积极，结果如图2.116.1所示。

表2.83.1　生活地区与网络积极体验的方差分析表

	SS	df	MS	F	p
生活地区	10175.09	2	5087.54	34.47	<0.001
误差	1129803.8	7654	147.61		

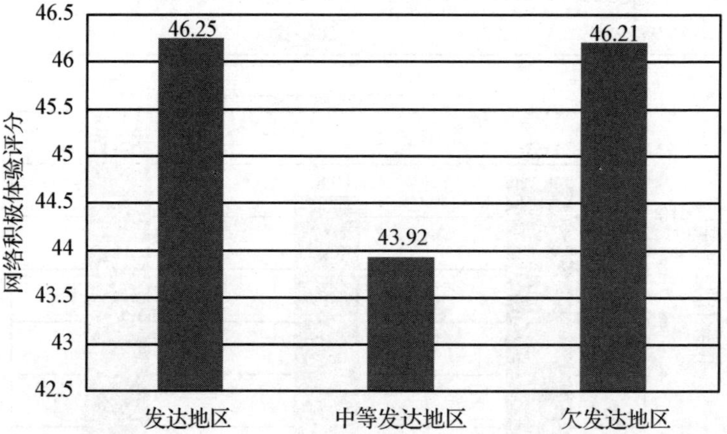

图2.116.1　不同生活地区青少年的网络积极体验情况

生活地区与网络消极体验。使用方差分析的统计方法来探究生活在不同地域的青少年网络消极体验情况，结果如表2.83.2所示。根据表中数据我们可以得知，生活在不同地理位置的青少年其网络消极体验得分存在显著差异，$F_{(2, 7649)} = 15.19$，$p < 0.001$。经过事后多重比较发现，生活在经济发达地区的青少年(M=34.77)，其网络消极体验得分显著高于中等发达地区(M=33.16)与欠发达地区的青少年(M=33.02)，$p_1 = 0.001$，$p_2 < 0.001$；生活在中等发达地区的青少年网络消极体验得分与欠发达地区的

青少年无显著性差异，$p=0.744$，说明青少年生活地区的经济发展水平会影响其网络消极体验程度，处于发展水平较高地区的青少年其网络消极体验更多，结果如图 2.116.2 所示。

表 2.83.2　生活地区与网络消极体验的方差分析表

	SS	*df*	*MS*	*F*	*p*
生活地区	4026.89	2	2013.44	11.63	<0.001
误差	1324181.04	7649	173.12		

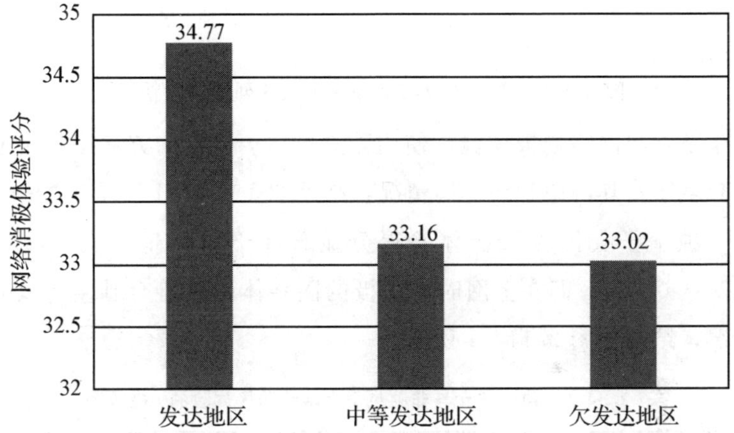

图 2.116.2　不同生活地区青少年的网络消极体验情况

独生子女与网络体验。使用独立样本 t 检验的方法来探究独生子女与非独生子女其网络体验情况，结果如表 2.84 所示。根据表中数据可知，独生子女网络体验得分显著高于非独生子女，$t_{(10299.74)}=14.27$，$p<0.001$，即在上网时，独生子女的网络体验更为积极，结果如图 2.117 所示。

表 2.84　独生子女与非独生子女网络体验的 t 检验表

	N	*M*	*SD*	*t*	*p*
独生子女	4993	12.18	14.49	14.27	<0.001
非独生子女	5996	8.35	13.43		

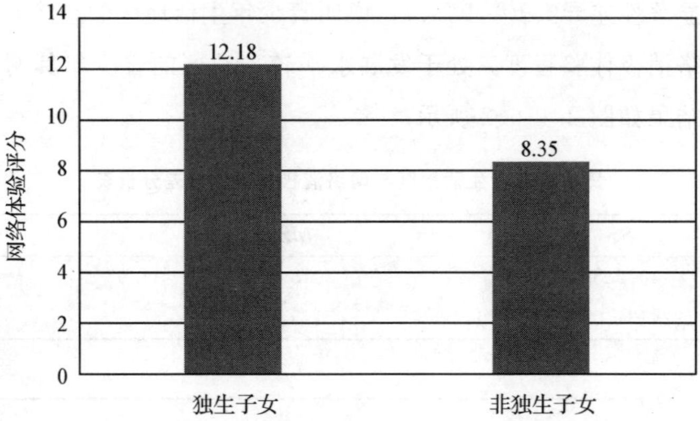

图 2.117　独生子女与非独生子女的网络体验情况

独生子女与网络积极体验。使用独立样本 t 检验的方法来探究独生子女与非独生子女其网络积极体验情况，结果如表 2.84.1 所示。根据表中数据可知，独生子女网络积极体验得分显著高于非独生子女，$t_{(10334.69)}=4.95$，$p<0.001$，即在上网时，积极的网络体验更符合独生子女自己的实际情况，结果如图 2.117.1 所示。

表 2.84.1　独生子女与非独生子女网络积极体验的 t 检验表

	N	*M*	*SD*	*t*	*p*
独生子女	5044	46.35	12.32	4.95	<0.001
非独生子女	6035	45.23	11.27		

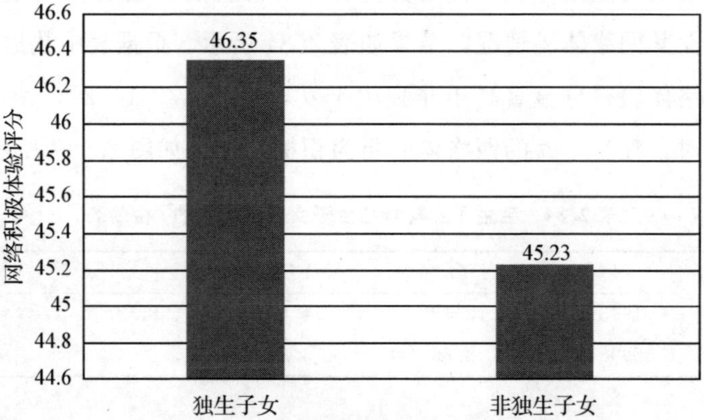

图 2.117.1　独生子女与非独生子女的网络积极体验情况

独生子女与网络消极体验。使用独立样本 t 检验的方法来探究独生子女与非独生子女其网络消极体验情况，结果如表 2.84.2 和图 2.117.2 所示。根据表中数据可知，非独生子女网络消极体验得分显著高于独生子女，$t_{(10496.56)}=-10.64$，$p<0.001$，即在上网时，消极的网络体验更符合非独生子女自己的实际情况。

表 2.84.2 独生子女与非独生子女其网络消极体验的 t 检验表

	N	*M*	*SD*	*t*	*p*
独生子女	5030	34.19	13.69	−10.64	<0.001
非独生子女	6041	36.91	13.02		

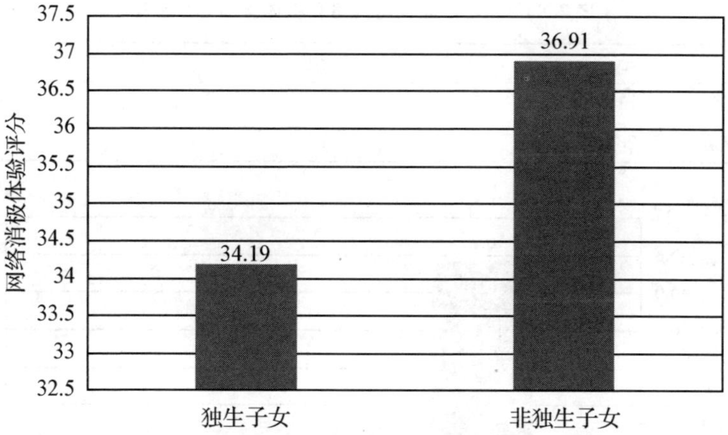

图 2.117.2 独生子女与非独生子女的网络消极体验情况

家庭结构与网络体验。使用独立样本 t 检验来探究生长在不同家庭结构中的青少年网络体验情况，结果如表 2.85 所示。根据表中数据我们可以得知，生活在单亲家庭的青少年与非单亲家庭中的青少年其网络体验得分无显著性差异，$t_{(10915)}=0.37$，$p=0.71$，说明家庭结构并不会影响青少年进行网络体验评价。

表 2.85　家庭结构与网络体验的 t 检验表

	N	*M*	*SD*	*t*	*p*
单亲家庭	712	10.29	14.26	0.37	0.71
非单亲家庭	10205	10.09	14.00		

家庭结构与网络积极体验。使用独立样本 t 检验来探究生长在不同家庭结构中的青少年其网络积极体验情况，结果如表 2.85.1 和图 2.118 所示。根据表中数据我们可以得知，生活在单亲家庭的青少年其网络积极体验得分显著性差异高于生活在非单亲家庭的青少年，$t_{(11005)}=2.46$，$p<0.05$，说明生活在单亲家庭中的青少年更倾向于在网络中产生积极体验。

表 2.85.1　家庭结构与网络积极体验的 t 检验表

	N	*M*	*SD*	*t*	*p*
单亲家庭	718	46.77	11.92	2.46	<0.05
非单亲家庭	10289	45.65	11.76		

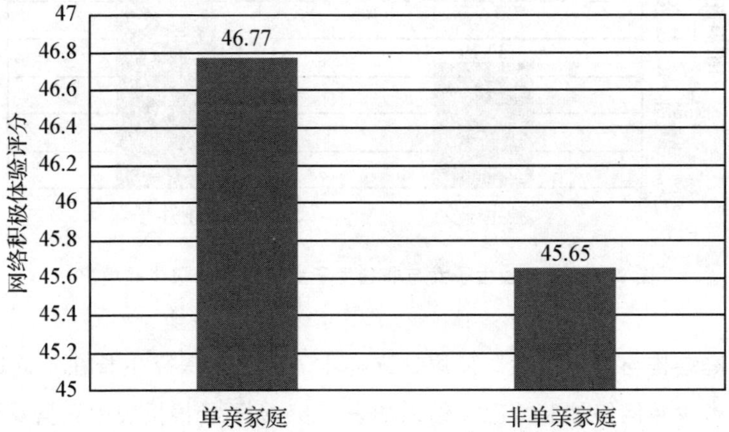

图 2.118　不同家庭结构青少年的网络积极体验情况

家庭结构与网络消极体验。使用独立样本 t 检验来探究生长在不同家庭结构中的青少年网络消极体验情况，结果如表 2.85.2 所示。根据表中数据我们可以得知，生活在单亲家庭的青少年与生活在非单亲家庭的青少年相比，其网络消极体验得分无显著性差异，$t_{(10996)}=1.78$，$p=0.08$，说明家庭结构并不会影响青少年进行网络消极体验评价。

表 2.85.2 家庭结构与网络消极体验的 t 检验表

	N	*M*	*SD*	*t*	*p*
单亲家庭	715	36.51	13.74	1.78	0.08
非单亲家庭	10283	35.59	13.35		

2.3.2 网络与青少年社会处境分化

该问卷针对低学业阶段与高学业阶段的青少年分别进行调查。低学业阶段的青少年包括小学生与初中生两个阶段，高学业阶段的青少年包括高中生、大学生与研究生三个阶段。

2.3.2.1 低学业阶段青少年的社会处境分化情况

该部分问卷描述了人们对青少年的 25 条态度与看法，分别代表了学生自我概念、同伴信任与支持、教师信任与支持及父母信任与支持 4 个维度。问卷采用 4 点计分方式，其中“1”表示很不符合，“4”表示很符合，要求作答者根据语句描述的情况与自己实际情况的符合程度做出判断，而后将青少年在每一维度上的相应条目得分加和后求平均，用所求得的平均分作为相应维度上的得分。

学生自我概念。问卷中自我概念包括第 4、10、16、19、21、23 及 25 题，主要描述青少年是如何看待自己本身，共有 4165 名青少年参与作答本项目，所有参评青少年的自我概念得分为 3.05($SD=0.67$)。

性别与学生自我概念。使用独立样本 t 检验的统计方法来探究不同性别青少年的自我概念得分情况，结果如表 2.86 所示。根据表中数据我们可知，女性青少年与男性青少年其自我概念得分无显著性差异，$t_{(4021)}=-0.09$，$p=0.93$，说明性别并不会影响青少年的自我概念。

表 2.86　性别与学生自我概念的 t 检验表

	N	M	SD	t	p
男生	1896	3.05	0.68	−0.09	0.93
女生	2127	3.05	0.66		

生活地区与学生自我概念。使用方差分析的统计方法来探究生活在不同地域的青少年其自我概念得分情况，结果如表 2.87 和图 2.119 所示。根据表中数据我们可以得知，生活在不同地理位置的青少年其自我认识程度存在显著差异，$F_{(2, 3772)}=31.36$，$p<0.001$。经过事后多重比较发现，生活在经济发达地区的青少年($M=3.27$)，其自我概念得分显著高于生活在中等发达地区($M=3.12$)及欠发达地区的青少年($M=2.97$)，$p_1<0.001$，$p_2<0.001$；生活在中等发达地区的青少年其自我概念得分显著高于欠发达地区的青少年($M=3.03$)，$p=0.03$。

表 2.87　生活地区与学生自我概念的方差分析表

	SS	df	MS	F	p
生活地区	17.97	2	8.98	16.77	<0.001
误差	2020.84	3772	0.54		

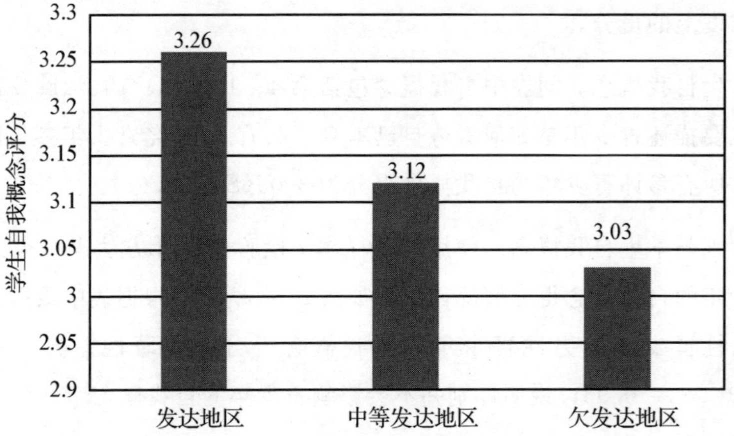

图 2.119　不同生活地区青少年的学生自我概念

独生子女与学生自我概念。使用独立样本 t 检验的方法来探究独生子女与非独生子女其自我概念得分情况，结果如表 2.88 所示。根据表中数据可知，独生子女其自我概念得分显著高于非独生子女，$t_{(4123)}=6.77$，$p<0.001$，说明相比非独生子女，独生子女对自身的认识更积极，结果如图 2.120 所示。

表 2.88 独生子女与非独生子女学生自我概念的 t 检验表

	N	*M*	*SD*	*t*	*p*
独生子女	2305	3.11	0.68	6.77	<0.001
非独生子女	1802	2.97	0.65		

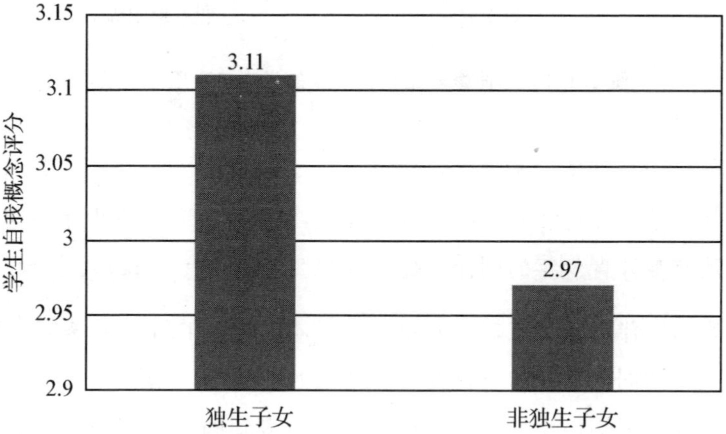

图 2.120 独生子女与非独生子女的学生自我概念

家庭结构与学生自我概念。使用独立样本 t 检验来探究生长在不同家庭结构中的青少年自我概念得分情况，结果如表 2.89 所示。根据表中数据我们可以得知，生活在单亲家庭的青少年其自我概念得分显著低于非单亲家庭中的青少年，$t_{(4081)}=-3.54$，$p<0.001$，具体结果如图 2.121 所示。

表 2.89 家庭结构与学生自我概念的 t 检验表

	N	*M*	*SD*	*t*	*p*
单亲家庭	217	2.89	0.72	−3.54	<0.001
非单亲家庭	3866	3.06	0.67		

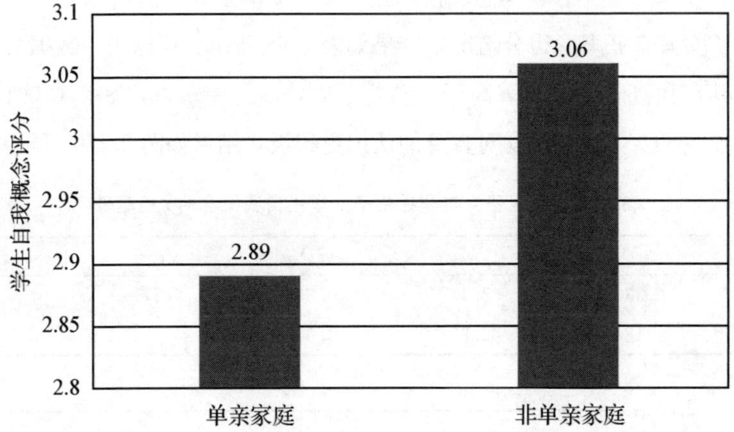

图 2.121　不同家庭结构青少年的学生自我概念情况

同伴信任与支持。该维度包括第 2、6、8、12、14、17 及 22 题，主要描述同伴给予的支持和同伴间的信任程度，共有 4158 名青少年参与作答本项目，所有参评青少年的同伴支持得分为 2.83(SD=0.69)。

性别与同伴信任及支持。使用独立样本 t 检验的统计方法来探究不同性别青少年的同伴信任与支持情况，结果如表 2.90 和图 2.122 所示。根据表中数据我们可知，女性青少年从同伴身上得到的支持与信任显著多于男性青少年，$t_{(3814.05)}=-5.73$，$p<0.001$。结果说明女性青少年更容易在主观上认为其同伴会给予她们更多的积极支持。

表 2.90　性别与同伴信任及支持的 t 检验表

	N	M	SD	t	p
男生	1887	2.77	0.72	−5.76	<0.001
女生	2129	2.90	0.65		

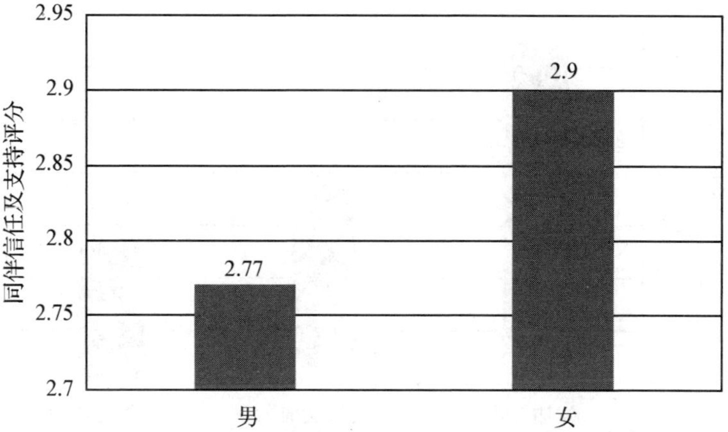

图 2.122 不同性别青少年的同伴信任及支持情况

生活地区与同伴信任及支持。使用方差分析的统计方法来探究生活在不同地域的青少年其同伴信任及支持得分情况，结果如表 2.91 所示。根据表中数据我们可以得知，生活在不同地理位置的青少年，同伴对其支持与信任的程度存在显著差异，$F_{(2,\ 3766)}=44.38$，$p<0.001$。经过事后多重比较发现，生活在经济发达地区的青少年($M=3.15$)，同伴对其支持与信任的程度显著高于生活在中等发达地区($M=2.90$)及欠发达地区的青少年($M=2.76$)，$p_1<0.001$，$p_2<0.001$；生活在中等发达地区的青少年其同伴支持得分显著高于欠发达地区的青少年，$p=0.001$，具体结果如图 2.123 所示。

表 2.91 生活地区与同伴信任及支持的方差分析表

	SS	*df*	*MS*	*F*	*p*
生活地区	48.92	2	24.46	44.38	<0.001
误差	2075.80	3766	0.55		

独生子女与同伴信任及支持。使用独立样本 t 检验的方法来探究独生子女与非独生子女其同伴支持得分情况，结果如表 2.92 和图 2.124 所示。根据表中数据可知，独生子女从朋友身上获得的支持程度显著高于非独生子女，$t_{(4116)}=6.15$，$p<0.001$，说明相比非独生子女，独生子女更倾向

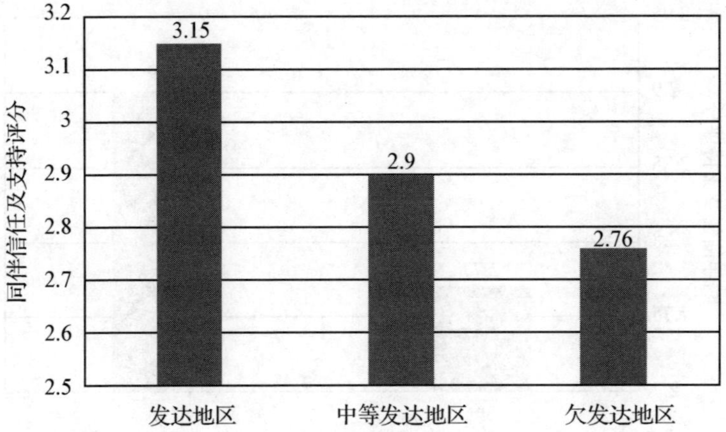

图 2.123　不同生活地区青少年的同伴信任及支持情况

于从同伴身上获得更积极的支持与更多的信任。

表 2.92　独生子女与非独生子女同伴信任及支持的 t 检验表

	N	M	SD	t	p
独生子女	2307	2.89	0.70	6.15	<0.001
非独生子女	1811	2.76	0.66		

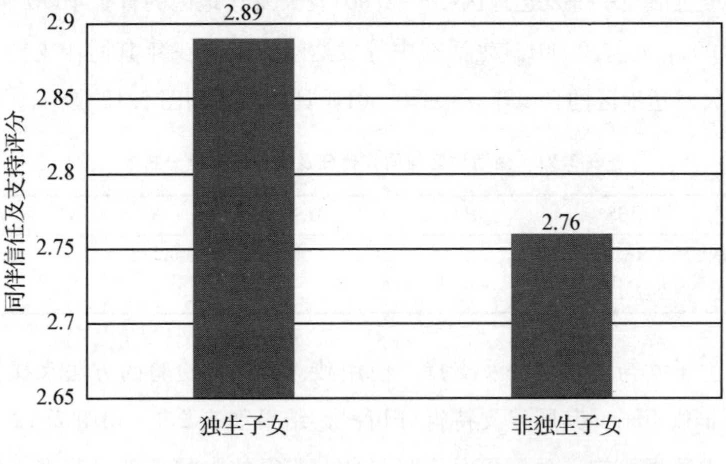

图 2.124　独生子女与非独生子女的同伴信任及支持情况

家庭结构与同伴信任及支持。使用独立样本 t 检验来探究生长在不同家庭结构中的青少年其同伴支持得分情况，结果如表 2.93 和图 2.125 所示。根据表中数据我们可以得知，生活在单亲家庭的青少年从同伴处得到的支持显著少于非单亲家庭中的青少年，$t_{(4072)}=-3.75$，$p<0.001$，即青少年成长的家庭环境会影响青少年的同伴支持情况，非单亲家庭的青少年获得的支持更积极，同伴信任更强烈。

表 2.93　家庭结构与同伴信任及支持的 t 检验表

	N	*M*	*SD*	*t*	*p*
单亲家庭	215	2.67	0.72	−3.75	<0.001
非单亲家庭	3859	2.85	0.68		

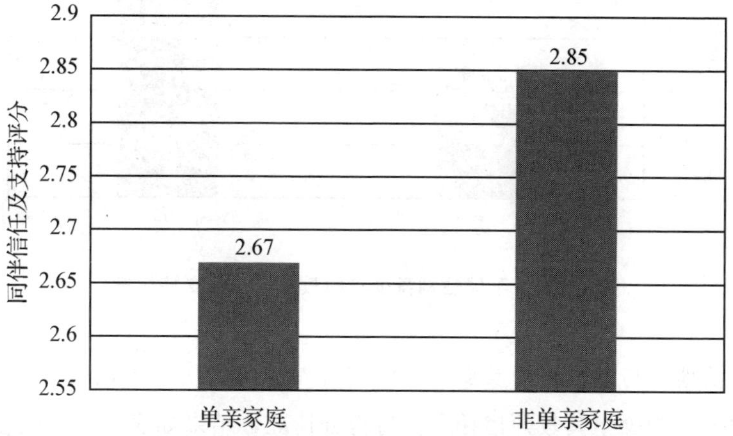

图 2.125　不同家庭结构青少年的同伴信任及支持情况

教师信任与支持。该维度主要描述学校生活中任课教师给予青少年的支持和师生间的信任程度，共有 4171 名青少年参与作答本项目，所有参评青少年的教师信任及支持得分为 2.89($SD=0.74$)。

性别与教师信任及支持。使用独立样本 t 检验的统计方法来探究不同性别青少年的教师信任与支持情况，结果如表 2.94 所示。根据表中数据我们可知，女性青少年从任课教师身上得到的支持与信任显著多于男性青少年，$t_{(3920.50)}=-3.62$，$p<0.001$，说明处于低学业阶段的女性青少年，教师会给予她们更多的积极支持，师生间更信任，如图 2.126 所示。

表 2.94　性别与教师信任及支持的 t 检验表

	N	M	SD	t	p
男生	1898	2.85	0.75	−3.62	<0.001
女生	2131	2.93	0.72		

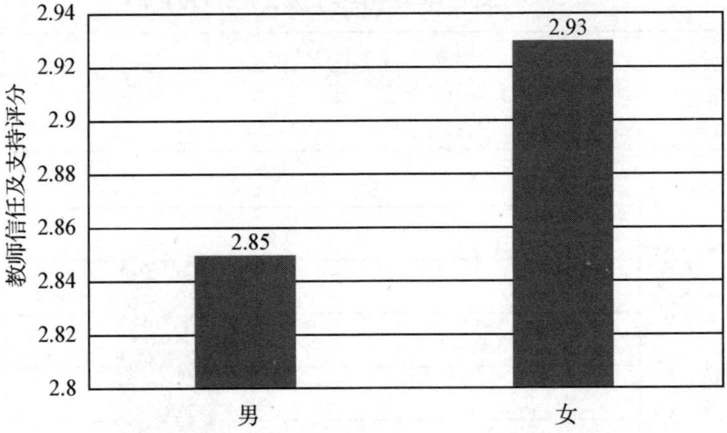

图 2.126　不同性别青少年的教师信任及支持情况

生活地区与教师信任及支持。使用方差分析的统计方法来探究生活在不同地域的青少年其教师信任及支持得分情况，结果如表 2.95 所示。根据表中数据我们可以得知，生活在不同地理位置的青少年，教师对其支持与信任的程度存在显著差异，$F_{(2,3776)}=34.29$，$p<0.001$。经过事后多重比较发现，生活在经济发达地区的青少年($M=3.17$)，教师所给予的支持与信任的程度显著高于生活在中等发达地区($M=2.97$)及欠发达地区的青少年($M=2.78$)，$p_1<0.001$，$p_2<0.001$；生活在中等发达地区的青少年其教师支持得分显著高于欠发达地区的青少年，$p<0.001$，具体结果如图 2.127 所示。

表 2.95 生活地区与教师信任及支持的方差分析表

	SS	*df*	*MS*	*F*	*p*
生活地区	42.26	2	21.13	34.29	<0.001
误差	2326.90	3776	0.62		

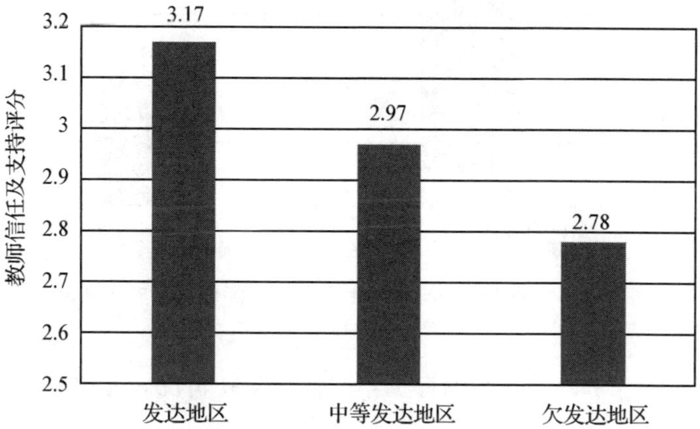

图 2.127 不同生活地区青少年的教师信任及支持情况

独生子女与教师信任及支持。使用独立样本 t 检验的方法来探究独生子女与非独生子女其教师支持得分情况，结果如表 2.96 和图 2.128 所示。根据表中数据可知，独生子女从教师身上获得的支持程度显著高于非独生子女，$t_{(4129)}=6.15$，$p<0.001$，说明相比非独生子女，独生子女更倾向于从教师身上获得更积极的支持与更多的信任。

表 2.96 独生子女与教师信任及支持的 t 检验表

	N	*M*	*SD*	*t*	*p*
独生子女	2314	2.95	0.74	6.15	<0.001
非独生子女	1817	2.81	0.73		

家庭结构与教师信任及支持。使用独立样本 t 检验来探究生长在不同家庭结构中的青少年其教师支持得分情况，结果如表 2.97 和图 2.129 所示。根据表中数据我们可以得知，生活在单亲家庭的青少年从教师处得到的支持显著少于非单亲家庭中的青少年，$t_{(4086)}=-4.26$，$p<0.001$，即

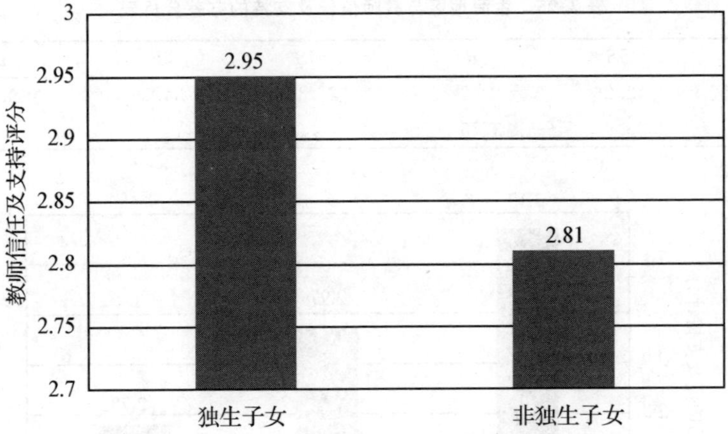

图 2.128　独生子女与非独生子女的教师信任及支持情况

青少年成长的家庭环境会影响青少年的教师支持情况，非单亲家庭的青少年获得的支持更积极，师生信任更强烈。

表 2.97　家庭结构与教师信任及支持的 *t* 检验表

	N	*M*	*SD*	*t*	*p*
单亲家庭	218	2.68	0.77	−4.26	<0.001
非单亲家庭	3870	2.90	0.74		

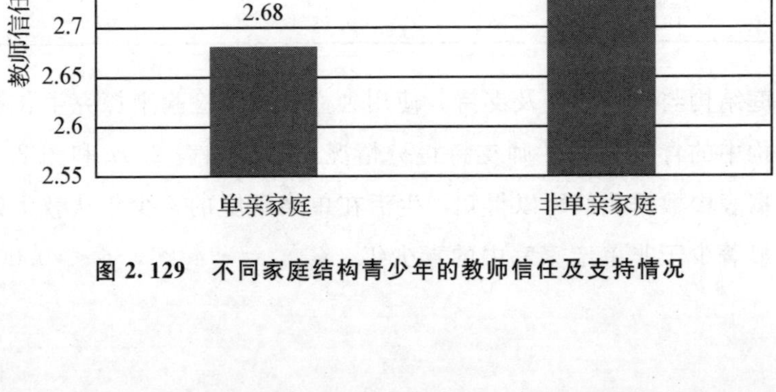

图 2.129　不同家庭结构青少年的教师信任及支持情况

父母信任与支持。该维度主要描述家庭生活中父母给予青少年的支持和亲子间的信任程度，共有4165名青少年参与作答本项目，所有参评青少年的父母信任及支持得分为3.35(SD=0.64)。

性别与父母信任及支持。使用独立样本t检验的统计方法来探究不同性别青少年的父母信任与支持情况，结果如表2.98和图2.130所示。根据表中数据我们可知，女性青少年从父母身上得到的支持与信任显著多于男性青少年，$t_{(4021)}=-3.74$，$p<0.001$。

表2.98 性别与父母信任及支持的t检验表

	N	M	SD	t	p
男生	1894	3.31	0.65	−3.74	<0.001
女生	2129	3.39	0.62		

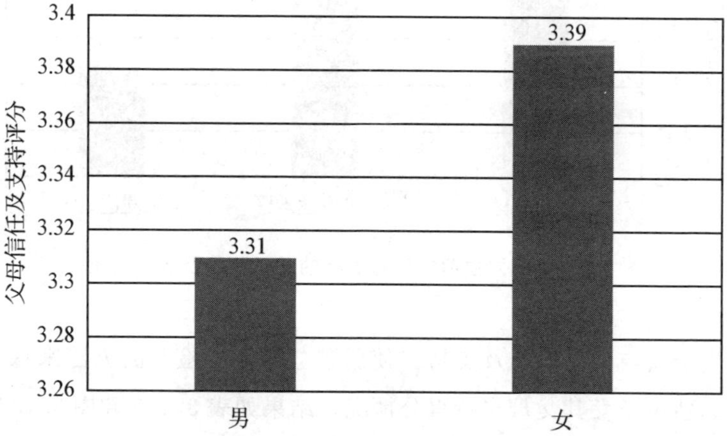

图2.130 不同性别青少年的父母信任及支持情况

生活地区与父母信任及支持。使用方差分析的统计方法来探究生活在不同地域的青少年其父母信任及支持得分情况，结果如表2.99所示。根据表中数据我们可以得知，生活在不同地理位置的青少年，父母对其支持与信任的程度存在显著差异，$F_{(2, 3771)}=13.79$，$p<0.001$。经过事后多重比较发现，生活在经济发达地区的青少年(M=3.54)，父母所给予的支持与信任的

程度显著高于生活在中等发达地区(M=3.44)及欠发达地区的青少年(M=3.32)，$p_1 < 0.001$，$p_2 < 0.001$；生活在中等发达地区的青少年其父母支持得分显著高于欠发达地区的青少年，p= 0.003，具体结果如图 2.131 所示。

表 2.99　生活地区与父母信任及支持的方差分析表

	SS	*df*	*MS*	*F*	*p*
生活地区	12.45	2	6.23	13.79	<0.001
误差	1702.05	3771	0.45		

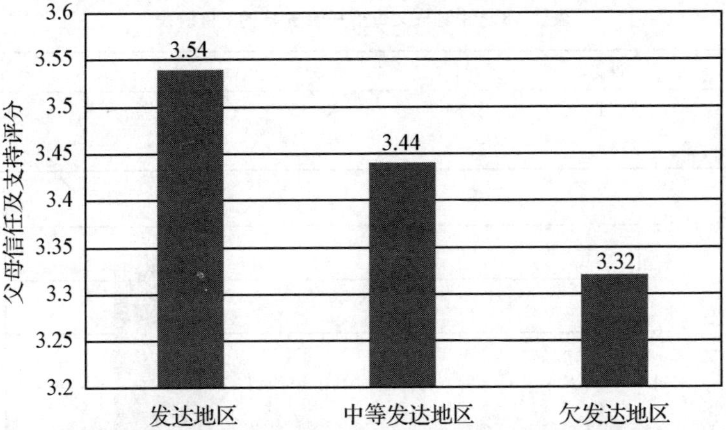

图 2.131　不同生活地区青少年的父母信任及支持情况

独生子女与父母信任及支持。使用独立样本 t 检验的方法来探究独生子女与非独生子女其父母支持得分情况，结果如表 3.100 和图 3.132 所示。根据表中数据可知，独生子女从父母身上获得的支持程度显著高于非独生子女，$t_{(4123)}=6.86$，$p < 0.001$，说明相比非独生子女，独生子女更倾向于从父母身上获得更积极的支持与更多的信任。

表 3.100　独生子女与父母信任及支持的 t 检验表

	N	*M*	*SD*	*t*	*p*
独生子女	2308	3.41	0.63	6.86	<0.001
非独生子女	1817	3.27	0.64		

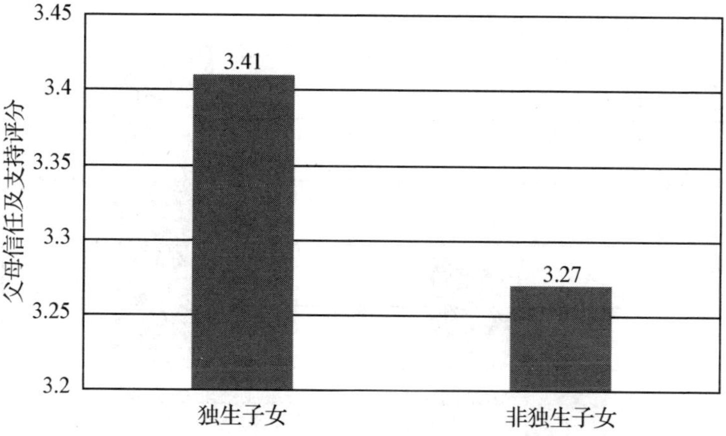

图 2.132 独生子女与非独生子女的父母信任及支持情况

家庭结构与父母信任及支持。使用独立样本 t 检验来探究生长在不同家庭结构中的青少年其父母支持得分情况，结果如表 2.101 和图 2.133 所示。根据表中数据我们可以得知，生活在单亲家庭的青少年从父母处得到的支持显著少于非单亲家庭中的青少年，$t_{(231.30)}=-3.30$，$p=0.001$，即青少年成长的家庭环境会影响青少年的父母支持情况，非单亲家庭的青少年获得的支持更积极，亲子信任更强烈。

表 2.101 家庭结构与父母信任及支持的 t 检验表

	N	M	SD	t	p
单亲家庭	215	3.19	0.75	−3.30	0.001
非单亲家庭	3866	3.36	0.63		

2.3.2.2 高学业阶段青少年的社会处境分化情况

该部分问卷描述了人们对处于高学业阶段青少年的态度与看法，共有 4 个条目，分别代表了得到的总体社会关爱和支持、同伴给予的关爱和支持、教师给予的关爱与支持及父母给予的关爱与支持 4 个方面。要求作答者根据自己的真实体验，评价他人对自己的关爱与支持程度，数字越大表示感受到的关爱与支持越多，问卷采用 5 点计分方式，其中“1”表示得到的

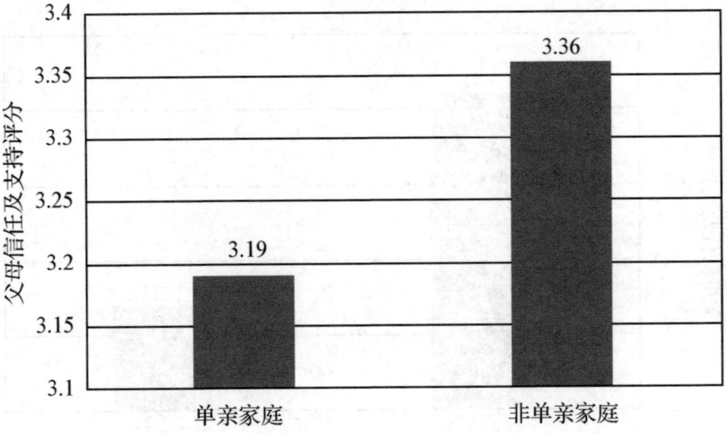

图 2.133　不同家庭结构青少年的父母信任及支持情况

关爱与支持很少，“5”表示得到的关爱与支持很多。

总体社会支持。总体社会支持是指处于高学业阶段的青少年所感知到的来自社会、学校、家庭等所有方面的关爱与支持。共有 7058 名青少年作答本题，主观感受到的总体社会支持均分为 3.66($SD=0.96$)，说明高学业阶段的青少年主观感受到较多的总体社会支持。

性别与总体社会支持。使用独立样本 t 检验的统计方法来探究不同性别青少年的总体社会支持情况，结果如表 2.102 和图 2.134 所示。根据表中数据我们可知，女性青少年主观感受到的总体社会支持显著多于男性青少年，$t_{(5019.16)}=-11.35$，$p<0.001$。

表 2.102　性别与总体社会支持的 t 检验表

	N	M	SD	t	p
男生	2666	3.49	1.04	−11.35	<0.001
女生	4165	3.77	0.88		

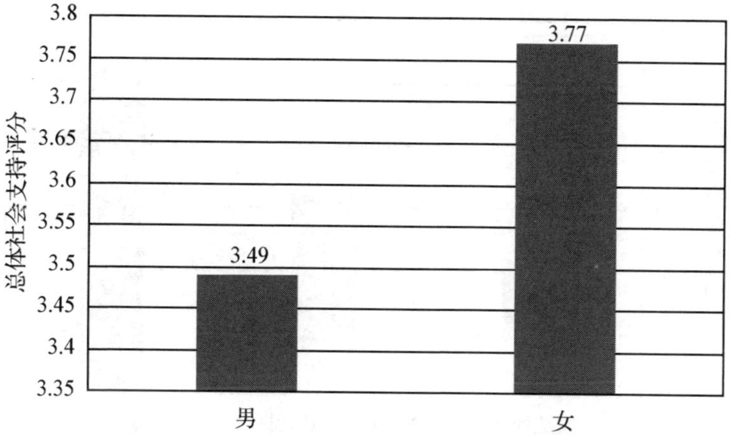

图 2.134 不同性别青少年的总体社会支持情况

生活地区与总体社会支持。使用方差分析的统计方法来探究生活在不同地域的青少年其总体社会支持得分情况，结果如表 2.103 所示。根据表中数据我们可以得知，生活在不同地理位置的青少年，其主观感受到的总体社会支持程度存在显著差异，$F_{(2,3914)}=6.94$，$p=0.001$。通过事后多重比较可知，生活在经济欠发达地区的青少年($M=3.71$)其感受到的支持与信任的程度显著高于发达地区($M=3.56$)与中等发达地区($M=3.61$)的青少年，$p_1<0.001$，$p_2<0.05$；生活在中等发达地区的青少年其社会总体支持得分与发达地区的青少年无显著性差异，$p=0.16$，说明青少年生活地区的经济发展水平可能会影响父母对其支持与信任程度，生活在发展水平较低地区的青少年，其感受到更多的社会支持，如图 2.135 所示。

表 2.103 生活地区与总体社会支持的方差分析表

	SS	*df*	*MS*	*F*	*p*
生活地区	13.40	2	6.70	6.94	0.001
误差	3779.01	3914	0.97		

独生子女与总体社会支持。使用独立样本 t 检验的方法来探究独生子女与非独生子女其主观感受到的总体社会支持得分情况，结果如表 2.104 和图 2.136 所示。根据表中数据可知，独生子女获得的支持程度显著高于

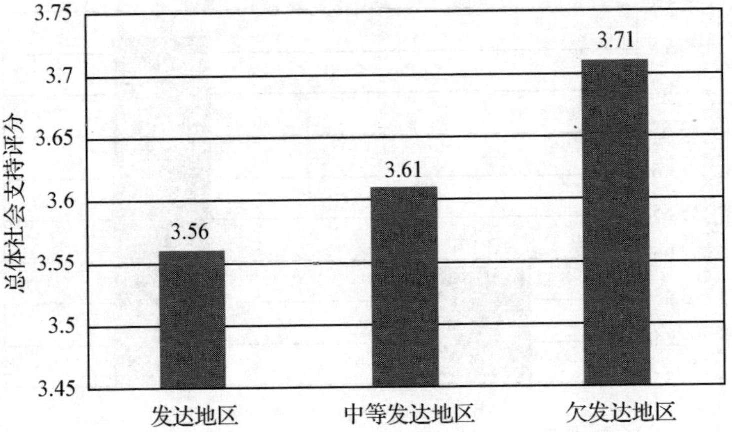

图 2.135　不同生活地区青少年的总体社会支持情况

非独生子女，$t_{(7020)}=5.87$，$p<0.001$，说明相比非独生子女，独生子女感受到更多的社会支持。

表 2.104　独生子女与非独生子女总体社会支持的 *t* 检验表

	N	*M*	*SD*	*t*	*p*
独生子女	2757	3.74	0.97	5.87	<0.001
非独生子女	4265	3.61	0.94		

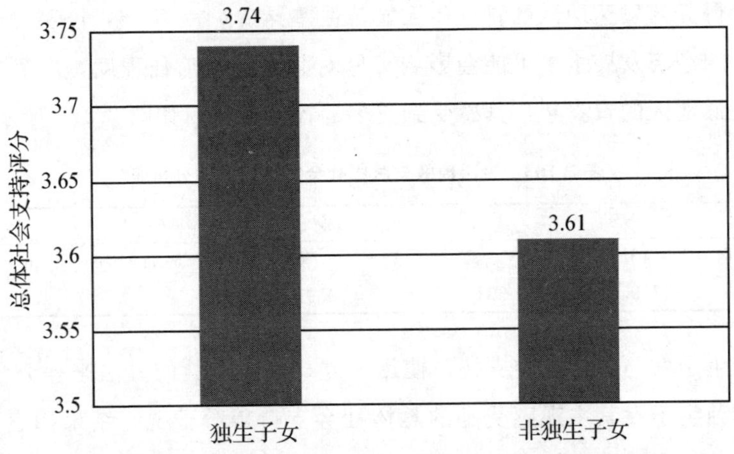

图 2.136　独生子女与非独生子女的总体社会支持情况

家庭结构与总体社会支持。使用独立样本 t 检验来探究生长在不同家庭结构中的青少年其总体社会支持得分情况，结果如表 2.105 和图 2.137 所示。根据表中数据我们可以得知，生活在单亲家庭的青少年主观感受到的社会总体支持显著少于非单亲家庭中的青少年，$t_{(563.61)}=-2.23$，$p=0.026$，即青少年成长的家庭环境会影响青少年感受到的社会支持情况，非单亲家庭的青少年能感受到更多的社会支持。因此，对于青少年而言，温暖安全的家庭成长环境能帮助其形成较高的安全感，这种安全感会帮助其在对外部世界探索时，充满动力与能量。

表 2.105　家庭结构与总体社会支持的 t 检验表

	N	*M*	*SD*	*t*	*p*
单亲家庭	499	3.56	1.04	−2.23	0.026
非单亲家庭	6496	3.67	0.95		

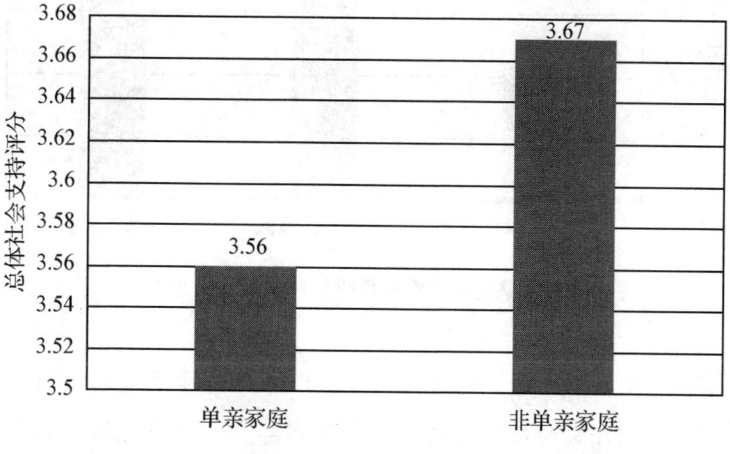

图 2.137　不同家庭结构青少年的总体社会支持情况

同伴支持。同伴支持是指处于高学业阶段的青少年主观感受到的来自周围朋友、同学或同事所给予的关爱与支持，共有 7056 名青少年参与作答本题，其感受到的来自同伴的支持均分为 3.59（$SD=0.94$），说明高学业阶段的青少年感受到较多的来自同伴的支持。

性别与同伴支持。使用独立样本 t 检验的统计方法来探究不同性别青少年的同伴支持情况，结果如表 2.106 和图 2.13 所示。根据表中数据我们可知，女性青少年主观感受到的同伴支持显著多于男性青少年，$t_{(5154.02)} = -8.94$，$p < 0.001$。

表 2.106　性别与同伴支持的 t 检验表

	N	M	SD	t	p
男生	2665	3.47	1.00	−8.94	<0.001
女生	4164	3.67	0.88		

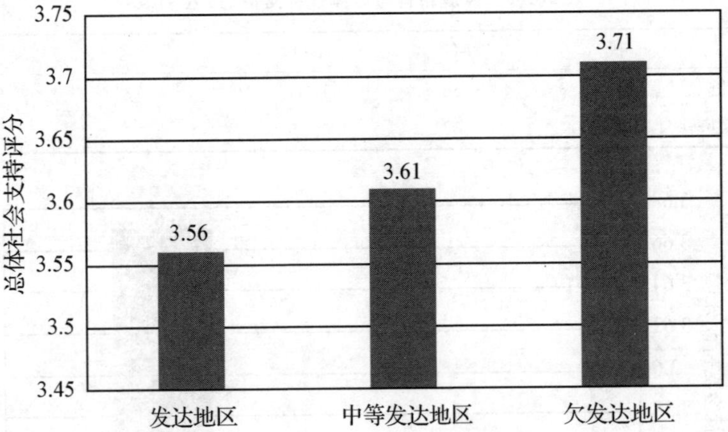

图 2.138　不同性别青少年的同伴支持情况

生活地区与同伴支持。使用方差分析的统计方法来探究生活在不同地域的青少年其同伴支持得分情况，结果如表 2.107 所示。根据表中数据我们可以得知，生活在不同地理位置的青少年，其主观感受到的同伴支持程度存在显著差异，$F_{(2, 3912)} = 4.28$，$p < 0.05$。通过事后多重比较可知，生活在经济欠发达地区的青少年($M = 3.64$)其感受到的同伴支持与信任的程度显著高于发达地区($M = 3.53$)与中等发达地区($M = 3.54$)的青少年，$p_1 = 0.010$，$p_2 = 0.009$；生活在中等发达地区的青少年其同伴支持得分与发达地区的青少年无显著性差异，$p = 0.889$，具体结果如图 2.139 所示。

表 2.107　生活地区与同伴支持的方差分析表

	SS	df	MS	F	p
生活地区	8.19	2	4.10	4.28	< 0.05
误差	3741.16	3912	0.96		

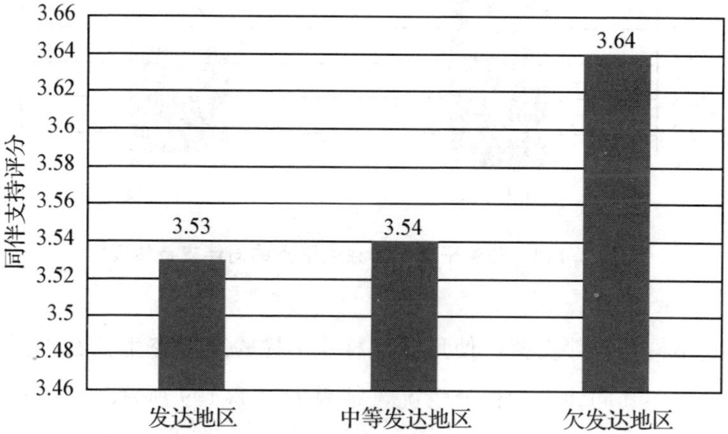

图 2.139　不同生活地区青少年的同伴支持情况

独生子女与同伴支持。使用独立样本 t 检验的方法来探究独生子女与非独生子女其主观感受到的同伴支持得分情况，结果如表 2.108 所示。根据表中数据可知，独生子女获得的支持程度显著高于非独生子女，$t_{(7018)} = 5.07$，$p < 0.001$，说明相比非独生子女，独生子女感受到更多的同伴支持，如图 2.140 所示。这可能是因为由于没有兄弟姐妹，同伴关系的质量对于独生子女来说就成为一个非常重要的人际关系。

表 2.108　独生子女与非独生子女同伴支持的 t 检验表

	N	M	SD	t	p
独生子女	2757	3.66	0.96	5.07	<0.001
非独生子女	4263	3.55	0.92		

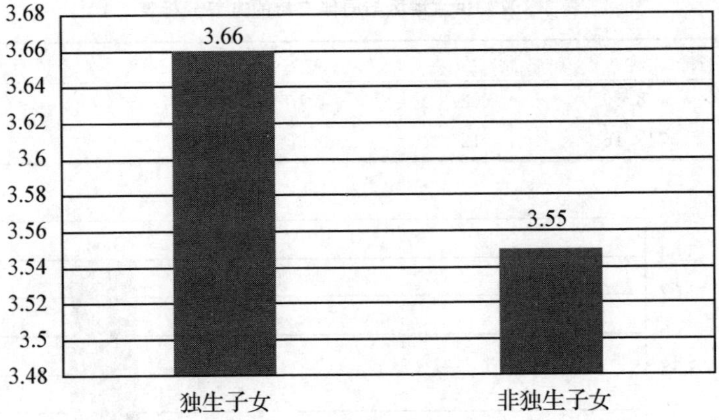

图 2.140 独生子女与非独生子女的同伴支持情况

家庭结构与同伴支持。使用独立样本 t 检验来探究生长在不同家庭结构中的青少年其同伴支持得分情况，结果如表 2.109 所示。根据表中数据我们可以得知，生活在单亲家庭的青少年主观感受到的同伴支持与非单亲家庭中的青少年无显著差异，$t_{(564.29)}=-0.97$，$p=0.33$，即青少年成长的家庭环境不会影响青少年感受到的同伴支持程度。

表 2.109 家庭结构与同伴支持的 t 检验表

	N	*M*	*SD*	*t*	*p*
单亲家庭	498	3.55	1.01	−0.97	0.33
非单亲家庭	6495	3.60	0.93		

教师支持。教师支持是指高学业阶段青少年获得来自教师或老板的支持与关爱程度，共有 7056 名青少年参与作答该题目，其来自教师支持或老板的均分为 3.27($SD=1.05$)，说明青少年获得了较多的教师支持。

性别与教师支持。使用独立样本 t 检验的统计方法来探究不同性别青少年的获得的教师支持情况，结果如表 2.110 所示。根据表中数据我们可知，女性青少年主观感受到的教师支持与男性青少年无显著性差异，$t_{(5362.41)}=-0.64$，$p=0.52$。

表 2.110 性别与教师支持的 t 检验表

	N	*M*	*SD*	*t*	*p*
男生	2665	3.26	1.10	−0.64	0.52
女生	4164	3.28	1.01		

生活地区与教师支持。使用方差分析的统计方法来探究生活在不同地域的青少年其获得教师支持的情况，结果如表 2.111 所示。根据表中数据我们可以得知，生活在不同地理位置的青少年，其主观感受到的教师给予的支持程度存在显著差异，$F_{(2, 3913)}=12.79$，$p<0.001$。事后多重比较发现，生活在欠发达地区的青少年($M=3.26$)其获得教师的支持程度显著高于中等发达地区($M=3.26$)与发达地区的青少年($M=3.46$)，$p_1<0.001$，$p_2<0.001$；中等发达地区的青少年获得的教师支持程度与发达地区的青少年无显著性差异，$p=0.921$。具体结果如图 2.141 所示。

表 2.111 生活地区与教师支持的方差分析表

	SS	*df*	*MS*	*F*	*p*
生活地区	29.02	2	14.55	12.79	<0.001
误差	4449.68	3913	1.14		

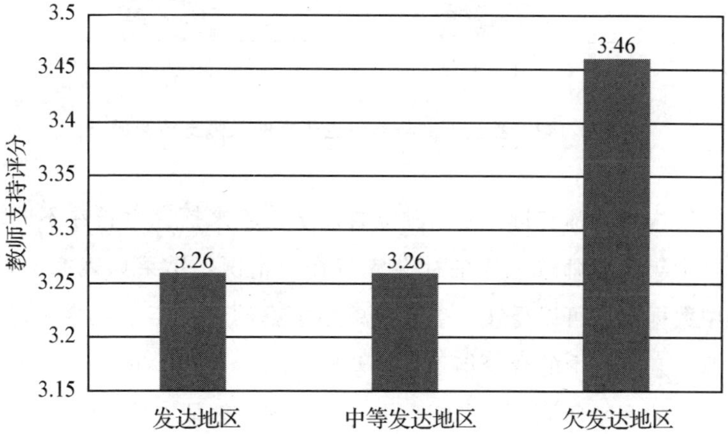

图 2.141 不同生活地区青少年的教师支持情况

独生子女与教师支持。使用独立样本 t 检验的方法来探究独生子女与非独生子女其主观感受到的教师给予的社会支持情况，结果如表 2.112 和图 2.142 所示。根据表中数据可知，独生子女获得的支持程度显著高于非独生子女，$t_{(5778.81)}=5.07$，$p<0.001$，说明相比非独生子女，独生子女感受到更多的教师支持。

表 2.112　独生子女与非独生子女教师支持的 t 检验表

	N	M	SD	t	p
独生子女	2755	3.38	1.06	7.04	<0.001
非独生子女	4265	3.20	1.03		

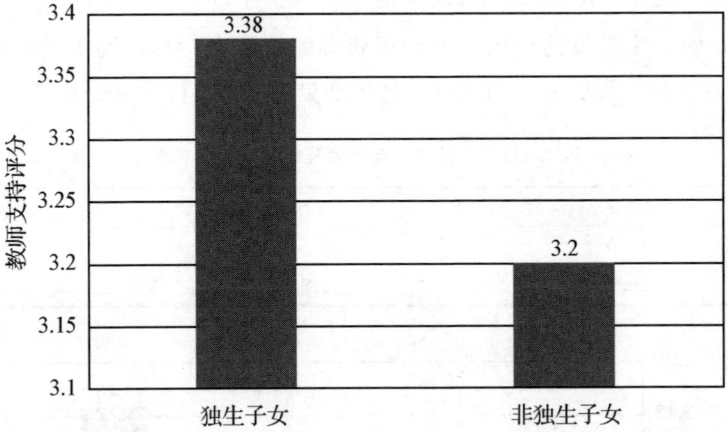

图 2.142　独生子女与非独生子女的教师支持情况

家庭结构与教师支持。使用独立样本 t 检验来探究生长在不同家庭结构中的青少年其教师或上级的社会支持得分情况，结果如表 2.113 所示。根据表中数据我们可以得知，生活在单亲家庭的青少年主观感受到的教师支持与非单亲家庭中的青少年无显著差异，$t_{(6991)}=-0.90$，$p=0.93$，即青少年成长的家庭环境不会影响青少年感受到的教师支持程度。

表 2.113 家庭结构与总体社会支持的 t 检验表

	N	M	SD	t	p
单亲家庭	498	3.27	1.09	−0.90	0.93
非单亲家庭	6495	3.27	1.04		

父母支持。父母支持是指高学业阶段的青少年所主观感受到的来自父母双方或其中一方的关爱与支持程度，共有7055名青少年参与本题作答，其父母支持均分为4.33(SD=1.00)，说明在青少年感受到了很多的父母支持与关爱，同时在所有感受到的社会支持中，父母所给予的社会支持程度最大。

性别与父母支持。使用独立样本 t 检验的统计方法来探究不同性别青少年的获得的来自父母双方或其中一方的社会支持情况，结果如表2.114和图2.143所示。根据表中数据我们可知，女性青少年主观感受到的父母支持显著高于男性青少年，$t_{(5046.53)}=-8.09$，$p<0.001$，说明父母可能存在着性别期待，对不同性别的孩子所给予的支持不同，也可能是女性比男性更注重内心体验，所以能够感受到更多的父母支持。

表 2.114 性别与父母支持的 t 检验表

	N	M	SD	t	p
男生	2666	4.21	1.09	−8.09	<0.001
女生	4162	4.41	0.93		

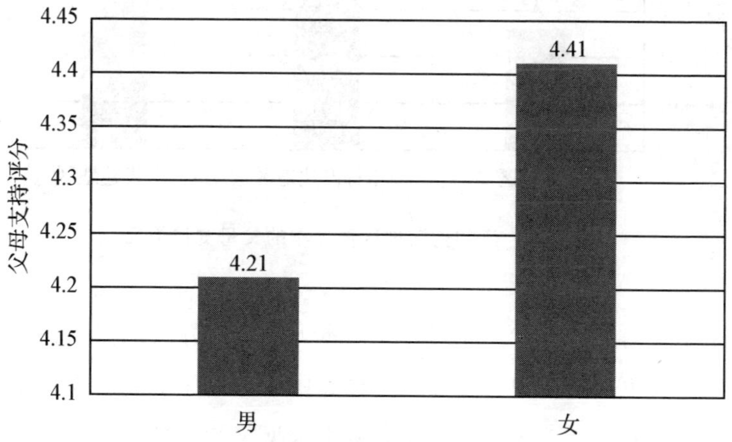

图 2.143 不同性别青少年的父母支持情况

生活地区与父母支持。使用方差分析的统计方法来探究生活在不同地域的青少年其获得父母支持的情况，结果如表 2.115 所示。根据表中数据我们可以得知，生活在不同地理位置的青少年，其主观感受到的父母给予的支持程度存在显著差异，$F_{(2, 3911)}=18.04$，$p<0.001$。事后多重比较发现，生活在欠发达地区的青少年($M=4.37$)其获得父母支持程度显著高于发达地区的青少年($M=4.13$)，而与中等发达地区的青少年($M=4.32$)无显著差异，$p_1<0.001$，$p_2=0.27$；中等发达地区的青少年获得的父母支持程度显著高于发达地区的青少年，$p<0.001$。具体结果如图 2.144 所示。

表 2.115　生活地区与父母支持的方差分析表

	SS	df	MS	F	p
生活地区	39.65	2	19.83	18.04	<0.001
误差	4298.65	3911	1.10		

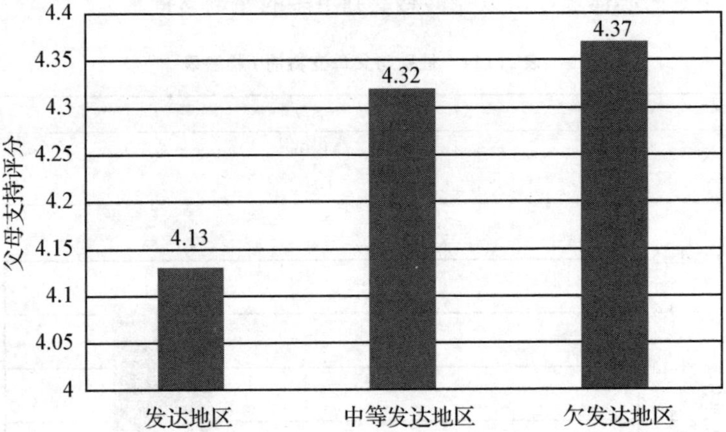

图 2.144　不同生活地区青少年的父母支持情况

独生子女与父母支持。使用独立样本 t 检验的方法来探究独生子女与非独生子女其主观感受到的父母双方或其中一方给予的社会支持情况，结果如表 2.116 和图 2.145 所示。根据表中数据可知，独生子女获得的支持程度显著高于非独生子女，$t_{(7017)}=2.19$，$p=0.03$。结果说明相比非独生子女，独生子女感受到更多的父母支持，这可能因为对于非独生子女而言，父母还会额外关注其他兄弟姐妹，使得这一部分青少年感受到的关爱不如独生子女那么多。

表 2.116 独生子女与非独生子女父母支持的 t 检验表

	N	M	SD	t	p
独生子女	2754	4.36	0.98	2.19	0.03
非独生子女	4265	4.31	1.01		

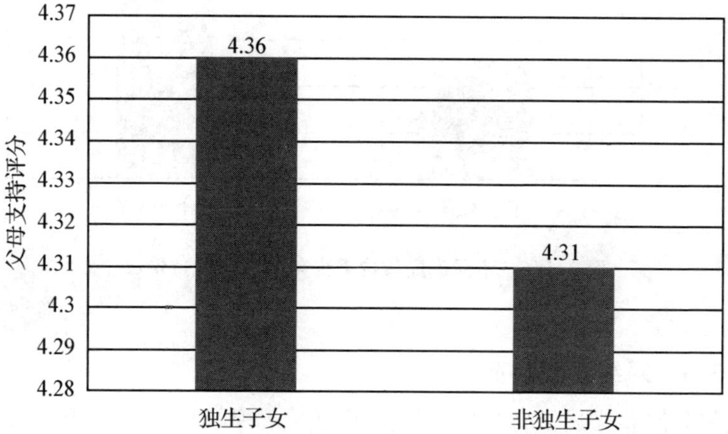

图 2.145 独生子女与非独生子女的父母支持情况

家庭结构与父母支持。使用独立样本 t 检验来探究生长在不同家庭结构中的青少年其感受到的父母给予的社会支持情况，结果如表 2.117 和图 2.146 所示。根据表中数据我们可以得知，生活在单亲家庭的青少年主观感受到的父母支持显著低于非单亲家庭中的青少年，$t_{(555.62)}=-4.06$，$p<0.001$，即青少年成长的家庭环境会影响青少年感受到的父母支持程度，单亲家庭的青少年感受到的父母支持程度远没有非单亲家庭中的青少年那么多。

表 2.117　家庭结构与父母支持的 t 检验表

	N	M	SD	t	p
单亲家庭	497	4.13	1.13	−4.06	<0.001
非单亲家庭	6495	4.35	0.99		

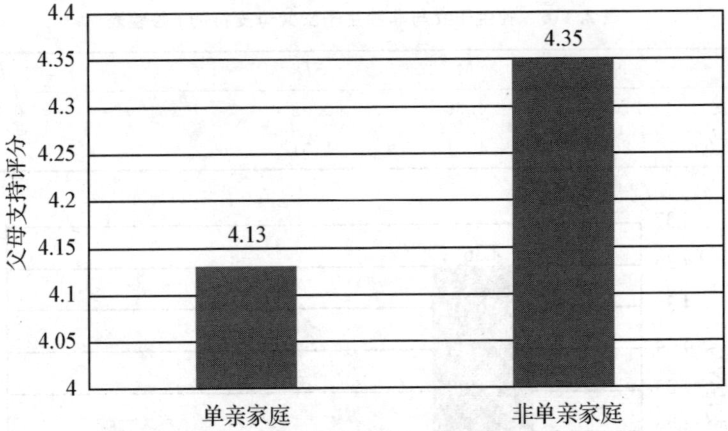

图 2.146　不同家庭结构青少年的父母支持情况

2.3.3　网络成瘾状况

该部分问卷描述了青少年网络使用的 8 条现状描述，问卷采用 2 点计分方式，其中“1”表示题干中描述的内容与自己的实际情况相符，“0”表示描述情况与自己的实际情况不符合，要求作答者根据语句描述的情况与自己实际情况的符合程度做出判断，而后将青少年在每一维度上的相应条目得分加和后得到的数字为青少年的网瘾程度。共有 11154 名(占填写人数的 98.5%)青少年参与作答，其中平均网瘾程度为 1.47(SD=1.67)，说明多数受访青少年并未沉迷于网络。当青少年在 5 条或 5 条以上的项目中都回答“是”，那么可以初步诊断为网络成瘾，在本次调查中共有 731 人被诊断为网络成瘾，占总人数比例的 6.4%。由于网络成瘾的人数较少，在后续的分析中我们将以网络成瘾程度，即具体的得分来进行差异分析。

性别与网络成瘾。使用独立样本 t 检验的统计方法来探究不同性别青少年的网络成瘾情况，结果如表 2.118 所示。根据表中数据我们可知，男性青少年在网络上花费的精力显著高于女性青少年，$t_{(8597.51)}=9.29$，$p<0.001$，说明女生更注重现实生活当中的情感体验，如图 2.147 所示。

表 2.118　性别与网络成瘾的 t 检验表

	N	M	SD	t	p
男生	4528	1.64	1.84	9.29	<0.001
女生	6259	1.33	1.52		

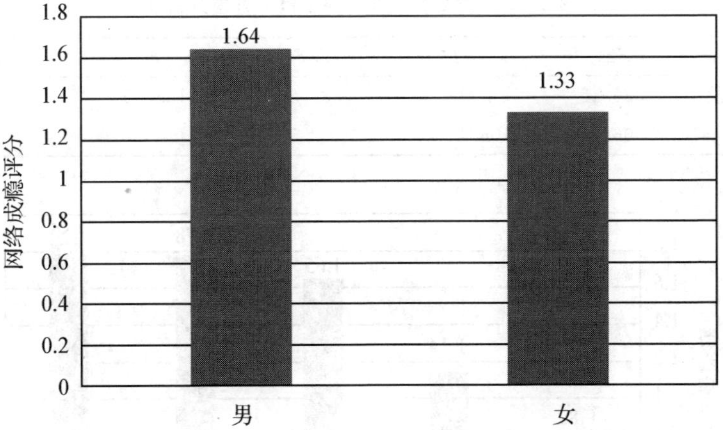

图 2.147　不同性别青少年的网络成瘾情况

学业阶段与网络成瘾。使用方差分析统计方法来探究处于不同学业阶段的青少年其网络成瘾的情况，结果如表 2.119 所示。根据表中数据我们可以得知，不同学业阶段的青少年利用网络成瘾的程度存在显著差异，$F_{(4,\ 10604)}=128.75$，$p<0.001$。经过事后多重比较发现，当青少年处于小学阶段($M=0.82$)时，其耗费在网络上的精力显著低于处于初中阶段($M=1.14$)、高中阶段($M=1.65$)、大学阶段($M=1.78$)、研究生阶段($M=1.85$)的青少年，$p_1<0.001$，$p_2<0.001$，$p_3<0.001$，$p_4<0.001$；当青少年步入初中后，使用网络的程度进一步提高，但是依旧显著低于高中、大学以及研究生阶段的青少年，$p_1<0.001$，$p_2<0.001$，$p_3=$

0.003；处于高中阶段的青少年对于网络的使用频率进一步增加，可依旧显著低于大学阶段的青少年，但已经与研究生阶段的青少年无显著性差异，$p_1=0.001$，$p_2=0.396$(注：相比大学生而言，研究生群体与高中生群体的差值上要更大，但由于样本中研究生人数较少，而且方差较大，故而没有发现研究生与高中生在网络成瘾倾向上的差异)；处于大学阶段的青少年花费在网络上的精力与研究生阶段的青少年无显著性差异，$p=0.778$，结果如图 2.148 所示。

表 2.119　学业阶段与网络成瘾的方差分析表

	SS	*df*	*MS*	*F*	*p*
学业阶段	1326.16	4	331.54	128.75	<0.001
误差	27306.94	10604	2.58		

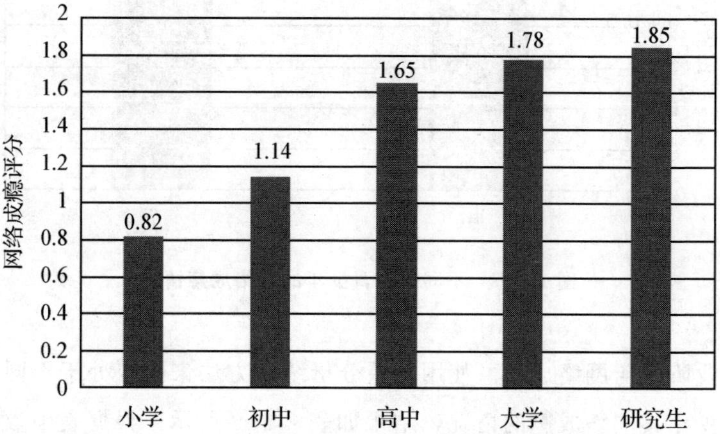

图 2.148　不同学业阶段青少年的网络成瘾情况

生活地区与网络成瘾。使用方差分析的统计方法来探究生活在不同地域的青少年其网络成瘾的情况，结果如表 2.120 所示。根据表中数据我们可以得知，生活在不同地理位置的青少年耗费在网络上的精力存在显著性差异，$F_{(2,7647)}=46.08$，$p<0.001$。经过事后多重比较发现，生活在经济发达地区的青少年($M=1.44$)，耗费在网络上的精力显著高于生活在中等

发达地区($M=1.18$)的青少年，显著低于生活在欠发达地区的青少年($M=1.62$)，$p_1 < 0.001$，$p_2 = 0.001$；生活在中等发达地区的青少年在使用网络时，耗费的精力显著低于欠发达地区的青少年，$p < 0.001$，说明青少年生活地区的经济发展水平可能会影响其网络使用程度，处于发展水平低或发展水平高地区的青少年都会更大程度上地利用网络，结果如图 2.149 所示。

表 2.120　生活地区与网络成瘾的方差分析表

	SS	*df*	*MS*	*F*	*p*
生活地区	231.75	2	115.88	46.08	<0.001
误差	19229.52	7647	2.52		

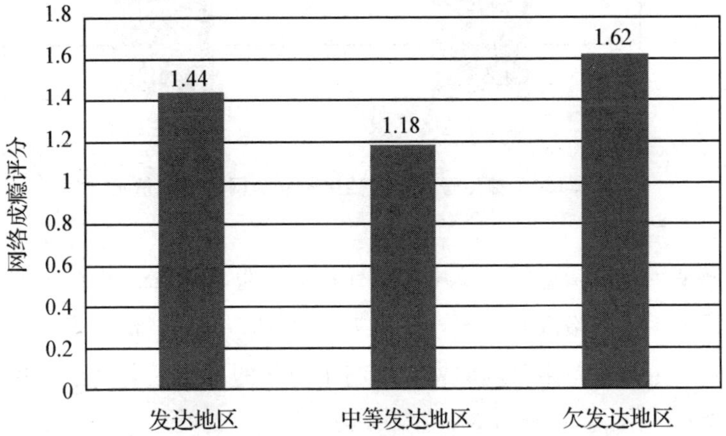

图 2.149　不同生活地区青少年的网络成瘾情况

独生子女与网络成瘾。使用独立样本 t 检验的方法来探究独生子女与非独生子女其网络成瘾情况，结果如表 2.121 和图 2.150 所示。根据表中数据可知，非独生子女使用网络的程度显著高于独生子女，$t_{(10748.10)} = -5.63$，$p < 0.001$。

表 2.121 独生子女与非独生子女网络成瘾的 t 检验表

	N	*M*	*SD*	*t*	*p*
独生子女	5030	1.37	1.66	−5.63	<0.001
非独生子女	6048	1.55	1.67		

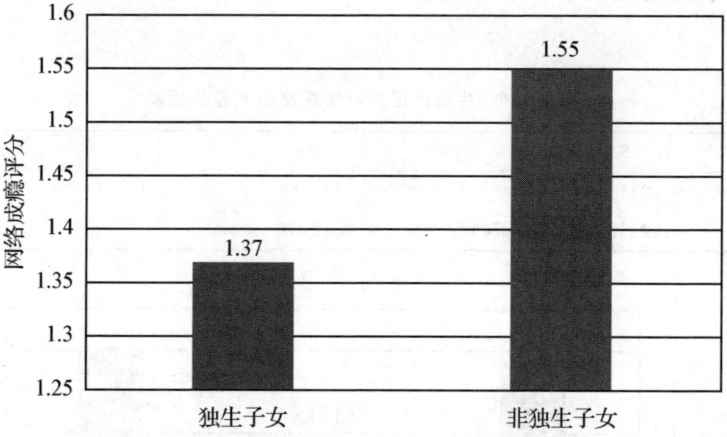

图 2.150 独生子女与非独生子女的网络成瘾情况

家庭结构与网络成瘾。使用独立样本 t 检验来探究生长在不同家庭结构中的青少年其网络成瘾情况，结果如表 2.122 所示。根据表中数据我们可以得知，生活在单亲家庭的青少年利用网络的程度显著高于非单亲家庭中的青少年，$t_{(794.05)}=4.16$，$p<0.001$。

表 2.122 家庭结构与网络成瘾的 t 检验表

	N	*M*	*SD*	*t*	*p*
单亲家庭	708	1.73	1.78	4.16	<0.001
非单亲家庭	10299	1.45	1.66		

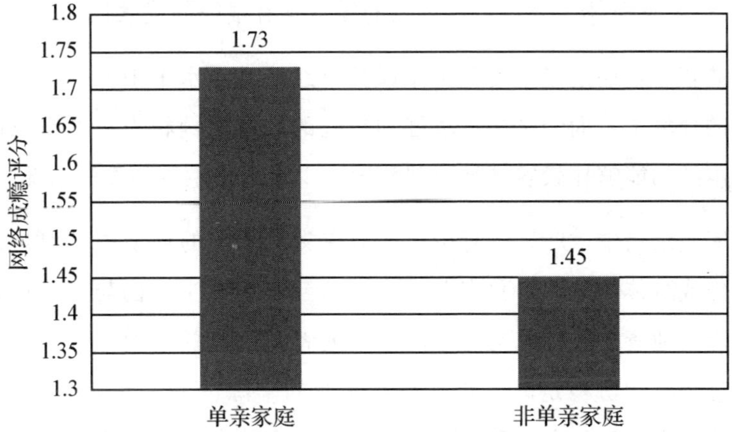

图 2.151 不同家庭结构青少年的网络成瘾情况

2.4 青少年网络生活整体状况

人类社会进入信息时代后，作为一个巨大的信息载体——互联网因其便利快捷的特点，已经渗透到日常生活的方方面面，给社会和个人都带来了猛烈的冲击。根据中国互联网络信息中心(CNNIC)2015 年 1 月发布的《第 35 次中国互联网络发展状况统计报告》，我国低龄网民所占比例增加，青少年所占比例上升到 54.3%。同时，各类研究与调查数据显示，年轻化是网民群体的一大特点，尽管我国青少年接触和使用互联网的时间不长，但由于其内容丰富、使用手段便捷等特点，互联网在青少年群体中迅速普及和发展起来，已经成为青少年不可缺少的生活方式之一。

2.4.1 青少年基本信息概况

本次调查的青少年群体来自全国 14 个省市，基本涵盖了全国经济社会发展不同程度的所有区域。在所有调查人群中，11～20 岁的青少年占了总人数的 73.0%，独生子女与非独生子女的数量相当，男女性别比例相当，绝大多数为汉族青少年，也包括一部分少数民族青少年(包括 28 个少数民族)。可见，从总体上来说，本调查的样本具有很好的代表性。

本调查中，超过半数的青少年成长于经济发展水平中等、物质条件比较适中的环境中，而经济条件较好和较差的人数比例相当，本研究认为这样的样本结构能够比较客观地反映我国青少年网络生活的整体状况。

在家庭结构中，90%的青少年生活在父母陪伴的环境中，但是，由于父母工作或身体等原因，只有70%的青少年在最近半年内与父母双方共同生活，而其他青少年则与父母中的一方或者其他亲戚一同生活。多数青少年的父母均有一份稳定的工作，并且职业的来源也基本涵盖所有的大类，由于父母对青少年的心理和行为有着非常巨大的影响，因此分布如此广泛的父母样本也能更好地反映我国的整体情况。

2.4.2 青少年积极心理状态

青少年的各种不良行为之间具有很高的相关性，因此了解青少年总体上的积极心理状态程度对于预测青少年的网络行为具有非常重要的意义。本研究主要从生活满意度、主观幸福感和自信程度三个指标上评价青少年的积极心理状态程度。

本研究发现，青少年整体上具有较高的生活满意度、主观幸福感、自信程度，得分在7分以上(总分10分)，但是这三者在学业阶段上也表现出非常一致的下降规律性，也就是说随着学业阶段的提高，青少年的积极心理状态水平也会随之下降，这可能是由于越高的学业阶段，面临更多的来自学业和生活等多方面的压力，并且随着年龄的增长还需要逐步学会独自来面对并处理这些压力，从而满意度、幸福感和自信偏低。

此外，青少年的积极心理状态水平还表现出“受经济影响较小，受家庭关系影响较大”的规律。本研究发现，在所有地区中，中等发达地区的青少年表现出最高的满意度和幸福感，并且独生子女比非独生子女有较高的满意度和幸福感、非单亲青少年比单亲青少年有更高的满意度和幸福感。虽然外在的生活环境会对青少年的积极心理状态产生重要影响，成长于经济发展水平欠发达地区的青少年，由于物质资源相对匮乏，生活条件相对落后，他们更可能主观上认为自己更不幸福，对生活的满意度更低，不能积极地肯定自我，自信心偏低。然而，其实只要适当地提升经济条件就能够让青少年具有较高的积极心理状态水平，过度的富裕不仅不能一直提高青少年积极心理状态，反而可能起到消极作用，因此过分强调家庭经济的影响并不利于青少年的成长。

相反，本研究发现，家庭关系或者说父母对孩子共同的关心和照顾，才是影响青少年积极心理状态水平的更重要的因素。不论是独生子女还是非单亲青少年，其实质上都是更多地得到了父母的爱和支持。实际上，本调查前述结果已经揭示，独生子女和非单亲青少年的确比非独生子女和单亲青少年感受到更好的亲子关系。不仅如此，独生子女和非单亲青少年还感受到更积极的同伴关系和师生关系，这可能是由于这些青少年在家庭交往中就已经建立了更好的交往模式，更容易受到同伴和教师的欢迎。总之，在积极心理状态水平上，家庭关系和社会支持对青少年的促进作用远大于经济条件。因此，在以后的教育实践中，父母不能一味为了提高家庭经济收入而忽略和孩子的交流和沟通，必须要给予孩子足够的支持和关心。

2.4.3　青少年网络使用状况

本次调查发现，网络在青少年中的普及率非常高，只有7%的青少年网龄小于6个月，而超过50%的青少年的网龄在4年以上，考虑到本调查样本的基本年龄分布，可以认为网络低龄化的趋势非常明显，青少年接触网络的时间也越来越早。不仅如此，调查还发现超过一半的人每天上网时长超过1小时，并且上网时段主要集中在节假日与周末，而上网的地点也从家庭扩展到学校，上网的途径也从电脑逐渐过渡到手机，有接近40%的青少年最常使用手机进行上网，而手机的便携性也让青少年更有可能在课间休息、甚至课堂时间来进行“网上冲浪”，这不仅不利于青少年养成良好的网络使用习惯，也会影响青少年正常的学习和生活。虽然网络普及率和上网频率如此之高，但是青少年使用互联网的主要目的还是在于休闲娱乐，例如在线聊天、听音乐、看视频等。这些结果都表明，我国青少年使用网络的服务非常单一，并没有很好地合理利用网络，这需要引起教育部门的重视。实际上，网络的用途非常广泛，父母和教师需要给予青少年足够的指导，帮助其正确认识网络、使用网络，使网络能够真正有利于青少年的健康发展。

不同性别的青少年其网络使用状况并不相同。与前人研究一致，男生更经常上网，认为网络非常重要，因此也更容易对网络产生情感依赖。尽管他们使用网络频率很高，但就互联网上的各类信息而言，与对网络信任感很高的女生不同，男生却懂得虚拟网络与真实世界的差别，不会轻易受网络信息影响。同时，男生会更多地利用网络分享情绪感受，会通过网络的娱乐功能来维系虚拟的人际关系。而女生会更注重维系实际生活中的人际关系，她们常利用网络来检索各类信息，倾向于在虚拟的人际交往中不过分地暴露自己的个人真实信息，从而适度地保护自己。同时，由于性别角色等各种原因，女生从小就被教授更多的自我保护意识，所以在与陌生人相处时，她们会更小心谨慎。

本研究还发现来自于经济发展水平较不发达地区的青少年上网频率更高，网络在他们生活中所占的比重也更大，他们对网络的依赖更深。这可能是因为这些青少年的物质生活水平较低，环境相对封闭、信息资源和路径相对较少，但是他们对于外部世界又充满了憧憬，为了减少这种差距，他们更希望通过网络来增加自己的见识，拓宽自己的眼界，结交更多的朋友。实际上，本调查研究已经发现，从整体上看，欠发达地区的青少年更加信任网络中的各种信息，信任聊天室里的陌生人，积极努力地维系在网络上与陌生人建立的情感联结。除此之外，由于地区经济发展的限制，他们常常使用网络来进行交易行为，支付和购买各种物品和相关服务。但是，他们不会对这些信息进行选择，只是单纯的吸收和消化，没有意识到在网络也有其消极负性的一面。这一结果需要引起有关部门高度重视。

不同学业阶段的青少年其网络使用状况也存在着很大的差异。随着年龄的增加和学业阶段的增长，青少年会获得越来越多的自主性，并且随着升入大学或研究院，各项课程学习和研究工作也越来越依赖于网络，因此，青少年使用网络的程度趋向于越来越高。研究生在网络使用和网络依赖上都明显高于其他学业阶段的青少年，他们更认为网络的作用无法替代。同时由于他们也有一定的资产可以进行自由支配，所以他们也常通过网络进行购物交易活动。此外，他们也更经常在网络中交流心得，分享情感。但是网络毕竟是一个虚拟的世界，一味地寄希望通过网络来进行人际沟通，满足自己人际交流需要的大学生、研究生们，如果不能正确处理好自己在真实世界的人际关系，那么他们就会越发眷恋虚拟人际的各种温情，从而使日常生活中的人际关系受到消极影响，因为毕竟网络上虚拟人际关系是无法替代真实人际交往的。

尽管网络的覆盖率很高，但是当谈及最喜欢的沟通方式时，大部分的青少年都选择了面对面的直接沟通。这与人们通常理解的青少年网络交往并不一致。事实上，调查结果也证明，对于青少年群体，网络人际交往并不能代替现实生活中的人际关系。许多青少年沉迷于网络交往，实际上很大程度上是由于他们的交往需求在现实生活无法得到满足，缺乏足够的社会支持转而寻求网络补偿导致的。

从沟通心理学的角度说，面对面的交流能够最直接地捕捉到谈话对方的面部表情、说话语气、肢体语言等，当双方能够面对面地直接谈话时，彼此之间会更坦诚，会更注意聆听对方言语中所想要表达的意愿。因此，在对青少年的不良网络行为进行干预时，父母、教师和同伴对青少年的支持就显得尤为重要，与青少年交流会使其感受到更多的关心与呵护，当他们的人际需求和社会支持从现实生活得到充分的满足时，网络在他们生活中的作用就会转化，从而使他们不那么容易迷失在网络世界中。

诚然，网络也不是万能的。参与调查的青少年表示，尽管网络中的资源非常丰富，网络的便捷也让生活品质有了提升，但是，生活在真实世界的许多快乐是网络所不能替代的。比如，青少年在完成作业和文章时，更偏爱使用手写的方式完成。这或许是因为许多学校还是要求同学通过手动完成作业的形式来了解其对学业知识掌握的情况，互联网的普及率在中国的学校远没有国外那么高，教师常将多媒体设备作为其授课的手段之一，但这只是鉴于讲授的内容用多媒体的方式传达时会有助于学生的理解与掌握这种情况，况且每个家庭的经济收入水平不一，无法确保每个家庭都能拥有互联网资源，为保证教育的公平性，教师已经习惯性地通过纸笔测验来检验学生的学业成绩。

2.4.4 青少年网络成瘾状况

本次调查发现，虽然我国青少年网络成瘾程度从总体上来说并不像某些报道指出的那样严重，但不同性别、地区和家庭结构的青少年在网络成瘾的程度上存在较大的差异。意味着青少年网瘾受性别、经济发展水平和家庭结构等特征的影响。通过了解青少年在这些特征上的差异，可以帮助我们很好解释网络成瘾背后的影响因素，从而为网络成瘾的干预提供一定的理论基础。

与以往研究发现和普通大众认知相一致，本次调查发现，使用网络的频率和时间与网络成瘾之间存在较强的正相关。例如，男性、单亲家庭青少年、欠发达地区青少年、研究生等使用网络时间较多、对网络依赖更强的群体，在网络成瘾的得分上也显著偏高。可见，过度使用网络可能是网络成瘾的一个重要的直接原因，为了避免让青少年形成不良的网络行为，家长和教师应该对青少年的网络使用行为给予更多的指导和管控，特别是在使用时长上，需要有严格的管理。

本调查对导致青少年过度使用网络的原因进行了一系列的模型分析，其结果基本支持了使用—满足理论，也就是说由于青少年的人际需求和社会支持在现实生活中无法得到很好的满足，因此转而寻求网络上的人际建构，为了维持网络上的关系，青少年不得不持续使用网络，并逐步形成依赖而最终导致出现网络成瘾。

在本研究的模型分析中，清楚地发现是否单亲、是否与父母共同生活可以显著地预测青少年的生活满意度、自我满意度和生活幸福感。具体来说，与非单亲的青少年相比，单亲的青少年生活满意度、自我满意度、和生活幸福感明显偏低，而未与父母一起生活的青少年比与与父母共同生活的青少年在生活满意度、自我满意度和生活幸福感等方面也明显偏低。这些结果清楚地表明，父母对青少年积极的心理状态有着重要影响，父母和青少年生活在一起，意味着会有更多的关心和支持，而这种社会支持和亲子关系对于青少年的成长来说是不可或缺的。当青少年在现实生活中缺少了这些支持和关心时，就会出现明显的低生活满意度和幸福感，这种缺失会促使青少年转向其他途径去寻求满足，而网络正好是一个很好的可以自我选择的满足路径。实际上，本研究的模型分析发现，满意度和幸福感都能够显著地负向预测网络的使用，当青少年的满意度和幸福感较低时，会花更多的时间上网，并且更加依赖于网络。在使用网络的过程中，低满意度和幸福感的青少年会有更多自我表露和网友信任，并且更想在网络上表现出不一样的自己，而所有这些都是为了建立良好的网络人际关系服务的。调查结果表明，青少年在现实生活中的心理缺失会转向在网络使用过程中寻求满足，网络成了他们寻求人际交往和社会支持的替代路径。本研究的模型分析结果发现，青少年较低的满意度和幸福感，明显增加了青少年的网络使用、网络自我表露，以及网络信任等因素，也直接与青少年有更高的网络成瘾程度紧密关联。

随着经济的飞速发展，家长越来越关注是否能给青少年提高物质条件和良好的教育资源，然而却越来越忽略了青少年成长必须的心理需求的正常满足，特别是对青少年的关心和支持。当今网络和媒体的普及和开放性的就业形态直接减少了父母和孩子沟通和交流，根据全国妇联2013年5月发布《中国农村留守儿童、城乡流动儿童状况研究报告》，中国农村留守儿童数量超过6000万。说明了中国青少年成长过程中关爱与支持缺失的普遍性。本研究发现，实际上，经济条件对青少年的成长影响有限，当经济条件达到一定程度后，经济条件的提升就不再有显著的促进青少年的健康成长的效应了。相反，父母的支持和关心重要而不可或缺，如果青少年在现实生活能够感受到足够的爱和关怀，那么不仅有更高的积极心理状态水平，而且可以很好地预测，他们将有更加良好的网络使用行为。因此，我国的教育应该逐渐加大重视家长和教师对青少年的支持和关心，在干预青少年的网络成瘾行为时，也需要将家长纳入干预体系之中，毕竟他们对孩子的爱和关怀，才是青少年健康发展的最重要的因素之一。

3　家长行为与态度调查

3.1　基本信息

3.1.1　样本来源

本研究共有1366名家长参与填写调查问卷，对其问卷进行回收与初步筛查，剔除作答率过低的问卷40份，共有1326份有效问卷纳入数据分析，整体的问卷有效率为97.1%，整体作答率较高，说明问卷的整体施测结果较为可靠，绝大多数家长对问卷的完成情况较为理想。在参与调查的学生家长中，共有412名小学生家长，468名初中生家长，425名高中生家长，及21名大学生家长。本调查充分覆盖了不同年龄和学业阶段的学生家长群体，对于小学、初中及高中学业阶段均有数量均衡的青少年学生家长参与调查。但鉴于大学生群体具有特殊的形态特征，他们与教师及家长的关联性相对较弱，其网络使用态度和行为的成熟度和稳定性较高，受到教师和家长行为态度的影响相对较小；与此同时，大学生的生活形态具有不同于其他学业阶段青少年的特征，大学生所在城市的流动性和不稳定性相对较高，由于工作和学习的需要，网络使用的方式和形态可能与较低学业阶段的学生存在较大差异。基于以上几方面的思考，对于大学生群体学生家长的调查研究并非本研究考察的重点。

对于学生家长的调查取样覆盖了全国范围内不同地理位置及经济发展水平的8个省份，分别为：河北、辽宁、内蒙古自治区、甘肃、广东、江苏、山东及河南。为了对学生及家长的所在地信息进行更好的归纳整合，并帮助我们挖掘地区差异与网络使用状况的深层联系，我们首先按照学生问卷的地区分类模式将填写问卷的家长所在地分为三类：发达地区(江苏、山东、广东、辽宁)，中等发达地区(内蒙古自治区、河北、河南)和欠发达地区(甘肃)。但由于三种分类中各地区的取样数量差异较大，此分类方式会对后续的数据处理及结果解释的准确性产生影响。因此在家长问卷的数据分析中，我们将所在地信息的中等发达地区与欠发达地区划归为一类，即将所在地信息划分为发达地区(江苏、山东、广东、辽宁)和欠发达地区(内蒙古自治区、河北、河南、甘肃)。受调查的家长中有379人来自发达地区，945人来自欠发达地区，另有2名家长并未填写家庭所在地信息，家长的家庭所在地与学生学习阶段具体的抽样分布情况如表3.1所示。

表3.1 家庭所在地区及学生学习阶段的抽样分布

	小学生家长	初中生家长	高中生家长	大学生家长	百分比
河北	149	85	113	21	27.8%
辽宁		65	79		10.9%
内蒙古自治区	132	92	83		23.2%
甘肃		66	54		9.0%
广东			15		1.1%
江苏	42	39	23		7.8%
山东	45	71			8.7%
河南	44	50	56		1.1%
未填写			2		0.2%
百分比	31.1%	35.3%	31.9%	1.6%	

本次调查研究对于家长的取样覆盖到了全国经济发展建设水平不同的8个省份，在不同的城市对网络相关的家长行为和态度进行了调查。调查家长的地区取样同时考虑到了各个城市的总体社会经济发展水平、所在地理位置等多方面信息，方便对不同地域、经济发展水平的城市与网络相关的心理行为关系进行进一步分析与探讨。

3.1.2 基本人口学信息

受访家长的平均年龄为41岁($SD = 4.86$)，具体的家长年龄分布情况如图 3.1 所示。

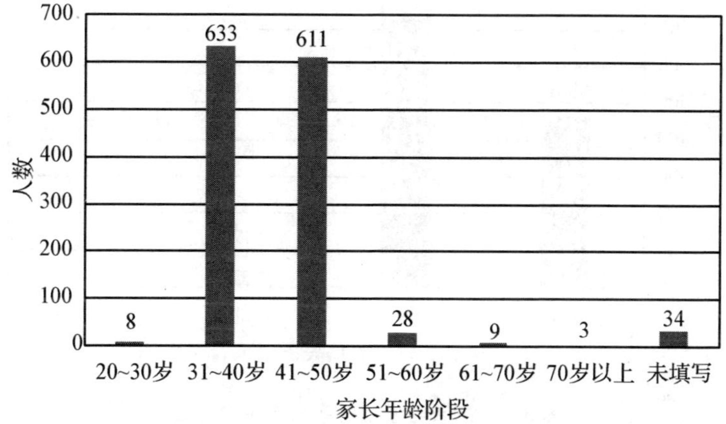

图 3.1　学生家长的年龄分布图

如图 3.1 所示，绝大多数青少年的家长年龄集中在 31～40 岁和 41～50 岁两个年龄阶段，这一结果反映了青少年家长年龄的总体性面貌和特征。青少年家长的年龄阶段也会具有一定的群体性特征。这些处于 31～50 岁的中年人群，其特定的工作和生活形态都可能会影响他们自身的网络行为态度和他们对孩子的网络使用管理。

为方便对学生家长的年龄相关信息进行更好的整合，并深入挖掘家长年龄阶段与其他测量项目的内在关联，研究在统计家长实际年龄的基础上于后续的分析中将家长的年龄划分为 20～40 岁(641 人)、41～50 岁(611 人)及 51 岁及以上(74 人)三个水平进行分析。

其中 466 人(35.1%)为学生父亲，801 人(60.4%)为学生母亲，其他亲属关系者 47 人(3.5%)，另有 12 名(0.9%)家长未填写亲属关系。为了解家长性别与其他积极心理状态变量或网络使用状况测验项目的关系，后续分析主要针对学生父亲(男，499 人)和学生母亲(女，801 人)两类亲属进行分析。家长与学生的亲属关系分布情况如图 3.2 所示。

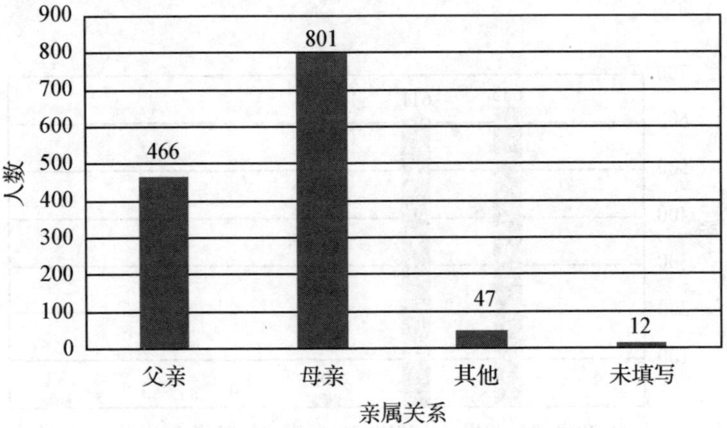

图 3.2　家长与学生的亲属关系分布图

在本次调查的家长性别分布中，我们可以看出，学生母亲的参与人数是学生父亲的近一倍左右。在报告家长取样方法的部分，我们说明过家长问卷的发放是通过学生向自己的父母或亲属进行派发的。因此，这一结果在某种程度上可能反映出不同性别的父母与学生在学校生活的管理与日常接触交流方面的性别差异，学生可能更多地将学生生活方面的信息和内容与母亲而非父亲分享，换言之，与父亲相比，母亲可能会更多地参与到学生的日常学习生活当中。

在填写了自身文化程度的 1281 人当中，有 61 名家长为小学及以下教育水平，315 名家长为初中教育水平，529 人为高中/中专/技校教育水平，59 人为大专教育水平，另有 317 名受访家长接受了大学本科以上的教育(其中研究生及以上文化程度的家长人数为 66 人)。为方便对家长教育程度与其他变量关系的分析，在后续的研究报告当中我们将学生家长的教育程度划分为 3 大类别：初中及以下教育程度(包括初中、小学及以下教育水平，共 376 人)，高中教育水平(包括高中/中专/技校、大专教育水平，共 588 人)，大学及以上教育水平(包括大学本科、研究生及以上教育水平，共 317 人)。学生家长教育程度的人数分布情况如图 3.3 所示。

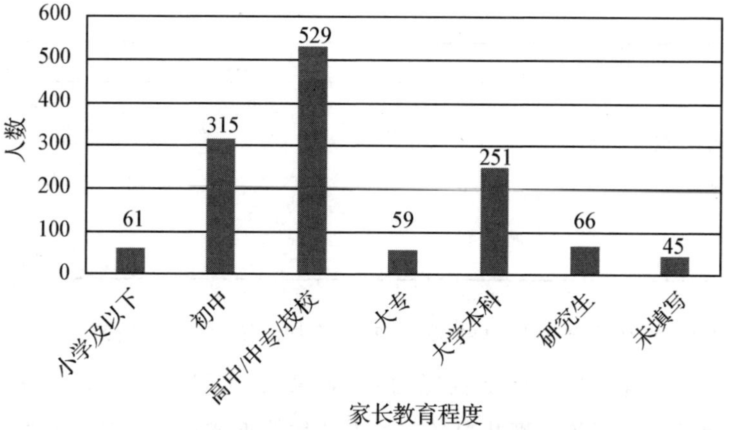

图 3.3 学生家长教育程度分布图

在对家长教育程度的分析中，由于本次家长调查取样覆盖面较广，数据具有较强的代表性，能够在很大程度上反映青少年家长的整体受教育情况。由图 3.3 可知，青少年的学生家长受教育情况较多集中于高中/中专/技校、初中以及大学本科教育水平，这一结果反映了青少年家长所处时代的整体性教育特征。家长的教育程度及其在工作当中对网络应用的频率都可能影响其对待青少年使用网络的态度与管理方式。

在 1326 份有效的问卷数据当中，共有 1319 名学生家长填写了自身的职业工作类型。其中，事业单位工作人员(18.9%)、工人(16.8%)及自由职业者(31.5%)在受访家长的职业成分当中比例较高。家长职业类型的详细数据如表 3.2 所示。

表 3.2 学生家长的职业类型分布及人数比例表

职业类型	人数频次	人数比例
党政工作人员	67	5.1%
事业单位工作人员(教师、医护人员等)	246	18.6%
企业管理人员	107	8.1%
职业/工人	219	16.5%
农村外出务工人员	50	3.8%

续表

职业类型	人数频次	人数比例
农民	56	4.2%
自由职业者(包括个体户)	411	31.0%
下岗人员	61	4.6%
其他	88	6.6%
未填写	21	1.6%

在对学生家长婚姻状况的调查统计当中，超过90%的家长均为已婚状态(93.1%)。除未填写婚姻状况的44名家长(3.3%)，其余未婚、分居、再婚、离婚、丧偶等婚姻状况的家长人数均接近或低于受访总人数的1%。家长的具体婚姻状况分布及其人数比例如表3.3所示。

表3.3　学生家长的婚姻状况分布及人数比例表

婚姻状况	人数频次	人数比例
未婚	12	0.9%
已婚	1232	93.0%
分居	1	0.1%
再婚	12	0.9%
离婚	15	1.1%
丧偶	8	0.6%
未填写	46	3.5%

学生家长的婚姻家庭情况是影响家长积极心理状态因素、亲子关系和学生网络行为态度的重要因素。以往大量研究显示，家庭关系不良的儿童更可能产生网络成瘾等网络使用的问题行为，家庭关系的和谐与完整对于青少年的成长具有至关重要的意义。但从表3.3中我们可以看出，受访家长的总体婚姻状况较为理想，未婚、分居、再婚、离婚、丧偶等婚姻状况的家长人数所占比例均较低。但婚姻状况的类别指标并不能够充分反映学生的家庭关系状况，“已婚”家庭并不是父母及家庭关系和谐的充分条件，家庭内部的关系氛围及家长对学生成长的关注与正确引导才是影响青少年网络健康使用和健康发展的关键因素。

3.1.3　家庭经济状况

在对家庭年收入的调查分析当中，多数受访家庭年收入集中在小于3万元(22.1%)、3～8万元(45.1%)、9～14万元(19.1%)三个水平。家庭年收入的分布状况如图3.4所示。

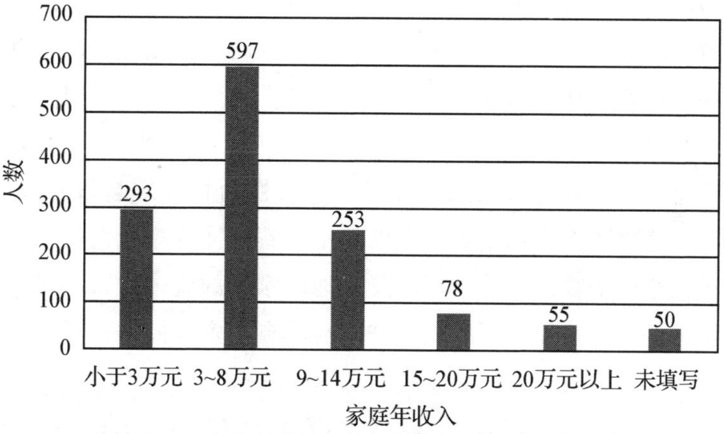

图3.4　受访家庭的年收入分布图

在涵盖了不同经济发展水平的多个城市家长调查中，我们对家长家庭收入状况的调查总体上反映了家长们的收入分布状况。由图3.4可知，近半数的家长家庭年收入为3～8万元，家庭收入状况较为一般，处于中等偏低的收入水平。除此之外，家庭收入小于3万元的低收入家庭和9～14万的较高收入家庭也各占到了近20%的比例。

对受访家长所在地区的类别及其家庭年收入的关系进行卡方检验，结果显示，发达地区与欠发达地区的家庭收入分布相比存在显著差异，$\chi^2=86.70$，$p<0.001$。这一结果与整体的地区经济发展状况相吻合，发达地区家庭的收入状况显著优于欠发达地区，家庭的收入状况实际体现了不同城市的整体经济发展水平之间的差异性，与这一整体格局相一致。

而在对自身家庭经济状况的主观评定当中，以1～7分表示经济状况从“非常差”到“非常好”的变化。对于1298名填写此项问题的家长，家庭经济状况的主观评价均分为 4.1 分($SD = 1.04$)，处于中等水平。家长对经济状况的主观评定结果与客观的经济收入分布状况基本一致，多数家庭的年收入集中在中等水平。

对受访家长所在地区类别及其对自身家庭经济状况的主观评定的关系进行 t 检验分析，用以探究不同家庭所在地的发达程度对家长经济状况评定的影响。结果显示，发达地区与欠发达地区的家庭经济状况主观评价存在显著差异，发达地区家长的主观经济状况评定($M = 4.21$)显著好于欠发达地区($M = 4.00$)，$t_{(1296)} = 3.23$，$p = 0.001$。总体而言，家长的主观经济状况评价和客观的经济收入状况呈现一致性的整体形态和区域性差异。综合上述主客观两个指标，我们可以基本一致地确认家长的经济收入水平在不同地区之间的稳定性差异，即发达地区家长的整体收入状况显著优于欠发达地区的家长。家长所在地区分类与其自身家庭经济状况主观评定之间的 t 检验结果及关系图如表 3.4 及图 3.5 所示。

表 3.4　家庭所在地类型与家庭经济状况评分的 t 检验

	N	M	SD	t	p
发达地区	372	4.21	0.99	3.23	0.001
欠发达地区	926	4.00	1.06		

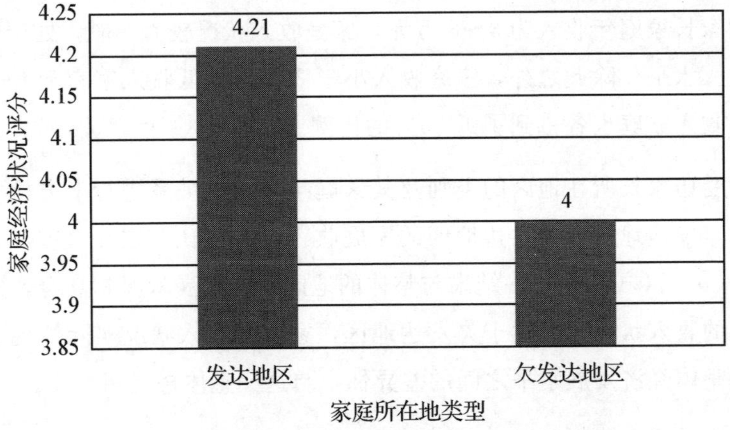

图 3.5　不同家庭所在地类别的经济状况评分情况

3.1.4 积极心理状态

生活满意度。在对“目前生活状况满意度”的 10 点量表评分当中，以 1～10 分表示生活满意度从“非常不满意”到“非常满意”的递增。结果显示，参与评定的此项题目的 1259 名家长对生活满意度的评定均分为 7.7 分($SD = 1.94$)，说明多数受访家长的生活满意度水平较高。生活满意度是家长积极心理状态状况的重要反映和概括性指标，从这一主观评定的结果可知，从主观角度而言家长整体对自身的生活状况持相对积极和满意的态度。

采用 t 检验的方法来探究不同家庭所在的地区类别对家长的生活满意度的影响。结果显示，家长的生活满意度显著受到家庭所在地区的预测性影响，$t_{(1305)} = 2.32$，$p = 0.021$。具体来说，发达地区($M = 7.9$)的家长对生活满意度的评分显著高于欠发达地区($M = 7.6$)。但与此同时，我们应当注意，不同地区家长在整体生活满意度方面的差异很可能是由于总体较高的家长生活满意度。不论是发达地区还是欠发达地区，家长的生活满意度得分均高于 7 分，总体上差异较小而生活满意度水平较高。家庭所在地与家长生活满意度的 t 检验结果及两者间关系图如表 3.5 及图 3.6 所示。

表 3.5 家庭所在地与家长生活满意度的 t 检验

	N	M	SD	t	p
发达地区	371	7.88	1.96	2.32	0.02
欠发达地区	936	7.60	1.94		

同样采用 t 检验的方法来探究家长生活满意度的性别差异。结果显示，在参与分析的 1207 名学生家长(父亲 443 人，母亲 764 人)中，对于生活满意度的评定并不存在性别差异，$t_{(1205)} = 1.22$，$p = 0.221$。学生父亲($M = 7.65$)及学生母亲($M = 7.79$)均对目前的生活状况给予了较为积极的主观评价。据此，我们可以发现，虽然对于学生父亲和母亲可能存在不同的压力来源，导致生活不满意的因素存在差异，但整体的生活满意度水平基本一致。家长性别与生活满意度的 t 检验结果如表 3.6 所示。

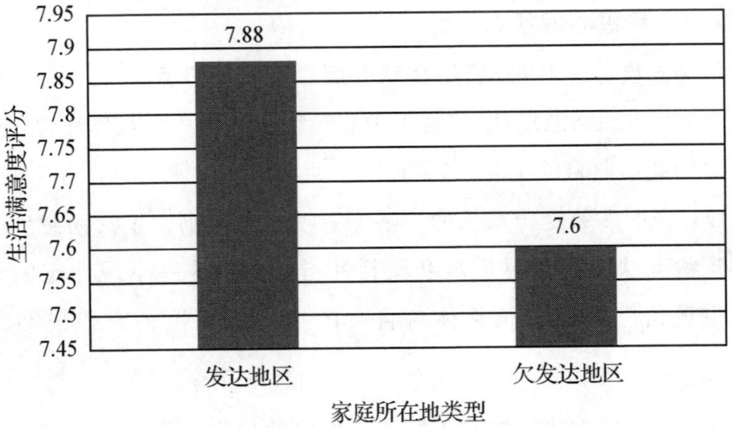

图 3.6 不同家庭所在地类别的家长生活满意度情况

表 3.6 家长性别与家长生活满意度的 *t* 检验

	N	*M*	*SD*	*t*	*p*
学生父亲	443	7.65	2.64	1.22	0.221
学生母亲	764	7.79	1.95		

采用方差分析的方法来探究家长所处年龄阶段与生活满意度之间的关系。结果显示，不同年龄阶段的家长对现有生活的满意程度并不存在显著差异，$F_{(2, 1225)} = 0.10$，$p = 0.91$，20～40 岁($M = 7.71$)、41～50 岁($M = 7.71$)和 50 岁以上($M = 7.56$)的家长对目前的生活状况均表现出集中而较高的满意程度。家长年龄阶段与生活满意度的方差分析表如表 3.7 所示。

表 3.7 家长年龄阶段与生活满意度的方差分析表

	SS	*df*	*MS*	*F*	*p*
家长年龄阶段	0.78	2	0.39	0.10	0.91
误差	4925.27	1225	4.02		

同样采用方差分析的方法探究家长的教育程度与其生活满意度的关系。方差分析的结果显示，家长的教育水平对家长的生活满意程度影响显

著，$F_{(2, 1216)} = 9.80$，$p < 0.001$。对不同教育程度家长的生活满意度进行多重比较，结果显示，初中及以下教育程度的家长生活满意度($M = 7.43$)显著低于大学及以上教育程度的家长($M = 8.11$)，$p < 0.001$，而与高中教育程度的家长($M = 7.68$)相比，初中及以下教育水平的家长生活满意度也相对较低，达到边缘显著水平($p = 0.067$)，大学及以上教育水平的家长生活满意度的评分则显著较高，$p = 0.002$。因此，随着家长教育水平的提高，其生活满意度也获得相应提升，不同教育水平家长的生活满意度主观评分差异基本达到显著水平。家长教育程度对生活满意度的显著预测作用，可能受到多方面因素的共同作用，也可能存在多种中介或者调节性因素。比如，家长教育程度的差异可能会进一步影响家长的收入状况或家长得到的社会尊重和社会地位，进而影响其生活满意度等。家长教育程度影响生活满意度的方差分析表如表 3.8 所示，不同教育程度家长的生活满意度评分情况如图 3.7 所示。

表 3.8　家长教育程度与生活满意度的方差分析表

	SS	*df*	*MS*	*F*	*p*
家长教育程度	77.69	2	38.85	9.80	< 0.001
误差	4817.82	1216	3.96		

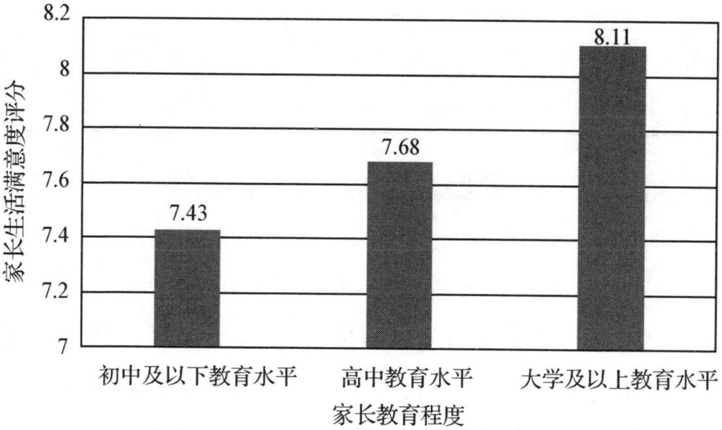

图 3.7　不同教育程度家长的生活满意度情况

主观幸福感。接受问卷调查的学生家长对自己的主观幸福感进行了10点量表评分，“1～10分”表示“非常不幸福”到“非常幸福”的递增变化。家长对自身幸福感评定的平均分为7.9分($SD = 1.89$)，说明家长整体的主观幸福感水平较高。主观幸福感也是家长积极心理状态状况的重要反映和概括性指标，从这一主观评定的结果可知，从主观角度而言家长整体均能够在自己的生活中体验到较高水平的幸福感，在其日常生活中有稳定的幸福感来源和支撑。

采用t检验的方法来探究不同家庭所在的地区类别对家长主观幸福感的影响。结果显示，家庭所在地区显著影响家长的主观幸福感，$t_{(1315)} = 2.60$，$p = 0.01$。具体来说，发达地区($M = 8.09$)的家长对主观幸福感的评分显著高于欠发达地区($M = 7.79$)。但与此同时，与生活幸福感的评价相同，不同地区家长在整体主观幸福感方面的差异很可能是由于总体较高的家长主观幸福感存在一定的天花板效应。不论是发达地区还是欠发达地区，家长的主观幸福感得分接近8分，总体上差异较小而主观幸福感水平较高。家庭所在地与家长主观幸福感的t检验结果如表3.9所示，不同家庭所在地类别的家长主观幸福感情况如图3.8所示。

表3.9 家庭所在地与家长主观幸福感的t检验

	N	M	SD	t	p
发达地区	376	8.09	1.85	2.60	0.01
欠发达地区	941	7.79	1.90		

同样采用t检验的方法来探究家长主观幸福感的性别差异。结果显示，在参与分析的1262名学生家长(父亲462人，母亲800人)中，对于主观幸福感的评定存在显著的性别差异，$t_{(1260)} = 2.15$，$p = 0.03$。学生父亲($M = 7.74$)的主观幸福感相对低于学生母亲($M = 7.98$)对于主观幸福感的主观评定。由此可见，与对于生活满意度的评价不同，家长在主观幸福感的评价方面反而存在着显著的性别差异。研究者认为，将生活满意度和主观幸福感的评价相比较，生活满意度的评价可能更多地着重于强调对于

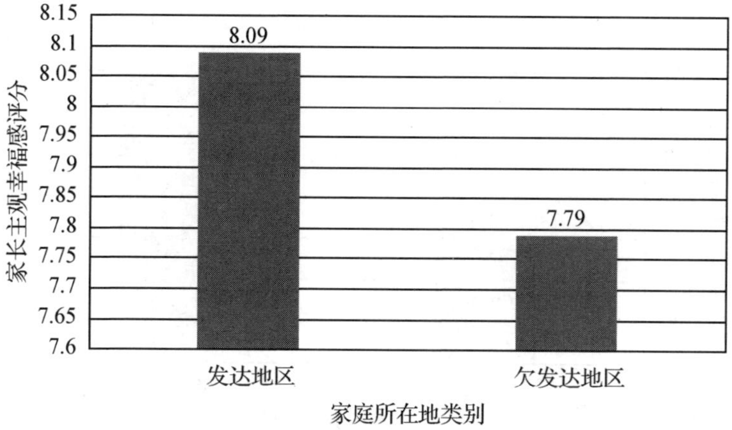

图 3.8 不同家庭所在地类别的家长主观幸福感情况

物质条件和整体日常生活面貌的评价；而主观幸福感则更多地源于家长个体内在的精神体验。据此，我们不难理解主观幸福感和生活满意度方面存在的差异性。即使家长通过工作或事业上的努力创造了良好的物质条件和家庭生活状况，但这些硬件上的完备与提升并不是主观幸福感的所有来源。对于学生父亲而言，在我国特定的性别角色和性别期待环境中，男性所承受的社会压力可能会比女性更多，同时中国文化所宣扬和主张的男性形象往往具有隐忍、责任等特点，这些因素都可能是造成父亲主观幸福感较低的重要原因。家长性别与主观幸福感的 t 检验结果如表 3.10 所示，不同性别家长的主观幸福感情况如图 3.9 所示。

表 3.10 家长性别与家长主观幸福感的 t 检验

	N	M	SD	t	p
学生父亲	462	7.74	1.92	2.15	0.03
学生母亲	800	7.98	1.85		

采用方差分析的方法来探究家长所处年龄阶段与主观幸福感之间的关系。结果显示，不同年龄阶段的家长对自身幸福感的评定并不存在显著差异，$F_{(2,1283)}=1.344$，$p=0.261$，20～40 岁（$M=7.95$）、41～50 岁

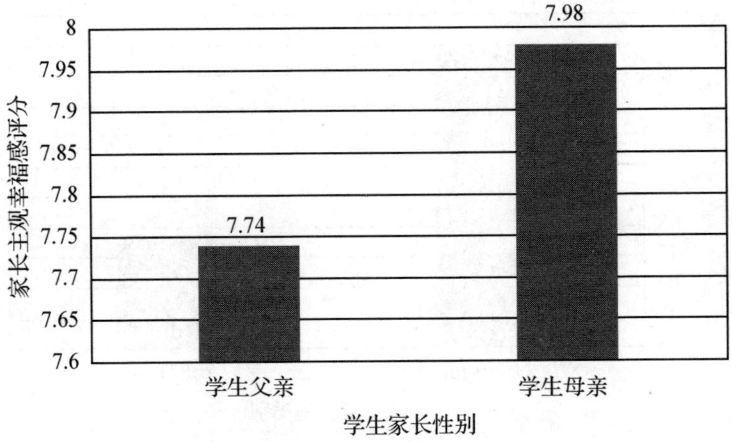

图 3.9　不同性别家长的主观幸福感评分情况

(M = 7.78)和 50 岁以上(M = 7.70)家长的主观幸福感均表现出集中而较高的主观评分。家长年龄阶段与主观幸福感的方差分析表如表 3.11 所示。

表 3.11　家长年龄阶段与主观幸福感的方差分析表

	SS	*df*	*MS*	*F*	*p*
家长年龄阶段	9.64	2	4.82	1.34	0.26
误差	4598.45	1283	3.58		

同样采用方差分析的方法探究家长的教育程度与其主观幸福感的关系。方差分析的结果显示，不同文化程度的家长在主观幸福感的评分上差异显著，$F_{(2, 1272)}=7.55$，$p = 0.001$。而多重比较的结果显示，对于大学及以上教育程度的家长，其主观幸福感(M = 8.19)显著高于初中及以下教育水平(M = 7.63)和高中教育水平家长(M = 7.87)，$p_1 < 0.001$，$p_2 = 0.02$。而高中教育水平的家长主观幸福感也边缘显著地高于初中及以下学历的家长，$p = 0.06$。因此，家长的受教育水平是影响其主观幸福感的重要因素。随着家长教育水平的提高，其主观幸福感也得到一定提升，不同教育程度的家长主观幸福感差异基本达到显著水平。家长教育程度对主观幸福感的显著预测作用，也可能受到多方面因素的共同作用，存在多种中

介或者调节性因素。比如，家长教育程度的差异可能会进一步影响家长得到的社会尊重、社会地位甚至在工作与事业发展中受到重视和可以发展的空间，影响家长对自己的积极评价和自我期待等，进而影响其主观幸福感等。家长教育程度影响主观幸福感的方差分析表如表3.12所示，不同教育程度家长的主观幸福感评分情况如图3.10所示。

表3.12　家长教育程度与主观幸福感的方差分析表

	SS	*df*	*MS*	*F*	*p*
家长教育程度	54.00	2	27.00	7.55	< 0.001
误差	4550.91	1272	3.58		

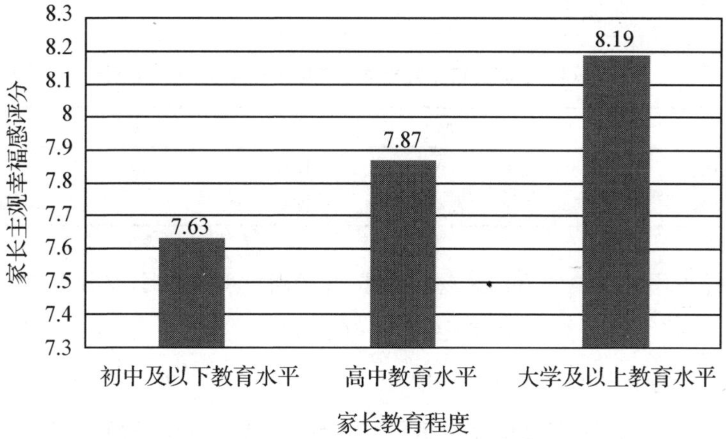

图3.10　不同教育程度家长的主观幸福感水平

自我满意度。同样采用10点量表考察家长的自我满意度，“1分”表示“非常不满意”，“10分”表示“非常满意”。结果显示，家长的自我满意程度平均得分为7.5分($SD = 1.83$)，说明多数家长的自我满意程度均处于较高水平。自我满意度是个体自我评价状况的一个重要指标，对于自我的满意程度也会进一步影响个体整体的积极心理状态水平和心理稳定性因素，也是在个人主体方面影响其生活满意度和主观幸福感的重要来源。对于自我满意才能使个体以更好的状态投入现实生活，更和谐地维系自己周围的人际关系。

采用 t 检验的方法来探究不同家庭所在的地区类别与家长自我满意度的关系。结果显示，家庭所在地区并不会显著影响家长的自我满意度，家长的自我满意度在不同发达程度的城市之间不存在显著差异，$t_{(1313)}=0.78$，$p=0.44$。这一结果在某种程度上揭示了自我满意度的内容和来源。家庭所在地区是地区性经济发展水平的侧面体现，而在不同的地区家长自我满意度的一致性表现说明，家长对自我的满意程度并不一定来源于经济收入和物质条件等外部要素，而可能更多地源于家长自身的心理因素和自我内在的平衡与和谐。家庭所在地区分类与家长自我满意度的 t 检验结果如表 3.13 所示。

表 3.13　家庭所在地区分类与家长自我满意度的 t 检验

	N	M	SD	t	p
发达地区	376	7.54	1.78	0.78	0.44
欠发达地区	939	7.45	1.86		

同样采用 t 检验的方法来探究家长自我满意度的性别差异。结果显示，在参与分析的 1260 名学生家长(父亲 462 人，母亲 798 人)中，对于自我满意度的评定存在边缘显著的性别差异，$t_{(1258)}=1.86$，$p=0.06$。学生父亲($M=7.37$)的自我满意度相对低于学生母亲($M=7.57$)对于自我的满意度评分。这一结果与主观幸福感的评价相类似，家长对于自我满意度的主观评价也与家长的性别存在不同的联系。学生父亲可能由于自身在工作和事业方面的发展需要而承受更多的压力，对自我成就的要求也会更高，这些都可能影响父亲对于自我满意度的评分。家长性别与自我满意度的 t 检验结果如表 3.14 所示，不同性别家长的自我满意度情况如图 3.11 所示。

表 3.14　家长性别与家长自我满意度的 t 检验

	N	M	SD	t	p
学生父亲	462	7.37	1.91	1.86	0.06
学生母亲	798	7.57	1.78		

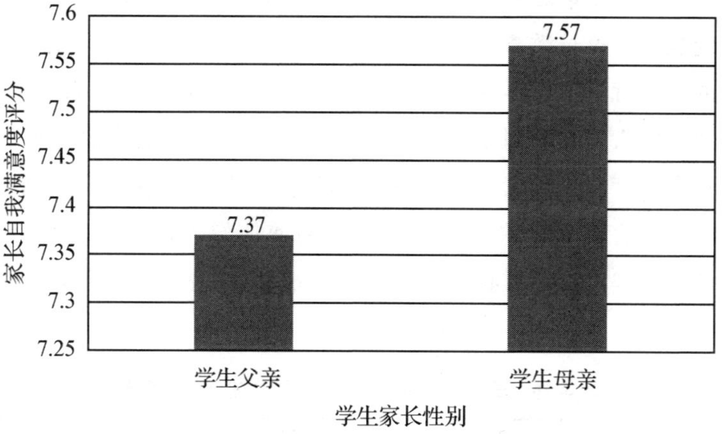

图 3.11　不同性别家长的自我满意度评分情况

采用方差分析的方法来探究家长所处年龄阶段与自我满意度之间的关系。结果显示，不同年龄阶段的家长对自我满意度的评定并不存在显著差异，$F_{(2, 1281)}=0.19$，$p = 0.83$，20～40 岁($M = 7.48$)、41～50 岁($M = 7.46$)和 50 岁以上($M = 7.30$)家长的自我满意度均表现出集中而较高的主观评分。家长年龄阶段与自我满意度的方差分析表如表 3.15 所示。

表 3.15　家长年龄阶段与自我满意度的方差分析表

	SS	*df*	*MS*	*F*	*p*
家长年龄阶段	1.29	2	0.65	0.19	0.83
误差	4312.46	1281	3.37		

同样采用方差分析的方法探究家长的教育程度与其自我满意度的关系。方差分析的结果显示，不同文化程度的家长在自我满意度的评分上差异显著，$F_{(2, 1270)}=5.19$，$p = 0.006$。而多重比较的结果显示，对于大学及以上教育程度的家长，其自我满意度($M = 7.74$)显著高于初中及以下教育水平($M = 7.29$)和高中教育水平家长($M = 7.46$)，$p_1 = 0.001$，$p_2 = 0.02$。而高中教育程度和初中及以下教育程度的家长对于自我满意度的评分则并不存在显著差异，$p = 0.17$。由此可见，家长的受教育水平是其自

我满意度的影响因素之一。随着家长教育水平的提高，其自我满意度也会得到一定提升。家长教育程度对其自我满意度的影响是比较容易理解的。在我国的社会背景下很容易将教育程度与个人能力素养等因素相联系，教育程度较高的人往往也对自己更有自信，更容易获得他人的尊重和重视。因此，教育程度是预测家长自我满意度的重要因素。受教育程度较高的家长由于学历教育背景带来的优势也很容易使他们表现出更高的自我满意度。家长教育程度影响自我满意度的方差分析表如表 3.16 所示，不同教育程度家长的自我满意度评分情况如图 3.12 所示。

表 3.16 家长教育程度与自我满意度的方差分析表

	SS	*df*	*MS*	*F*	*p*
家长教育程度	34.86	2	17.43	5.19	0.006
误差	4264.99	1270	3.36		

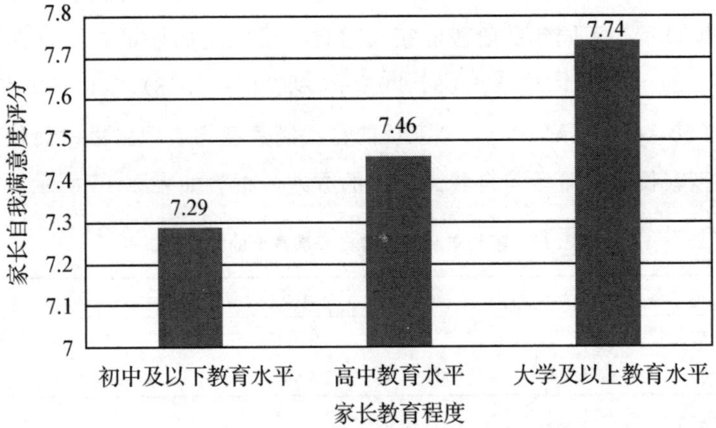

图 3.12 不同教育程度家长的自我满意度水平

自信心。研究要求家长根据自身真实情况采用10点量表对其自信程度进行了主观自评，“1～10 分”表示“非常不自信”到“非常自信”的递增变化。结果显示，家长主观自评的自信程度平均得分为 8.0 分($SD = 1.65$)，说明学生家长都对自己表现出高水平的自信心。自信心是个体积极心理状态和自我评价的重要反映，自信心水平较高的人能够以更为自尊与积极的状态投入到自己的工作与生活。

采用 t 检验的方法来探究不同家庭所在的地区类别与家长自信心程度的关系。结果显示，家庭所在地区并不会显著影响家长的自信心，家长的自信心程度在不同发达程度的城市之间不存在显著差异，$t_{(1307)} = 0.33$，$p = 0.74$。家庭所在地区类型与家长自信心水平的 t 检验结果如表 3.17 所示。

表 3.17 家庭所在地区分类与家长自信心水平的 t 检验

	N	*M*	*SD*	*t*	*p*
发达地区	366	8.01	1.62	0.33	0.74
欠发达地区	943	7.98	1.66		

同样采用 t 检验的方法来探究家长自信心水平的性别差异。结果显示，在参与分析的 1254 名学生家长(父亲 462 人，母亲 792 人)中，对于自信心的评定不存在显著的性别差异，$t_{(1252)} = 0.39$，$p = 0.70$。家长性别与自信心水平的 t 检验结果如表 3.18 所示。

表 3.18 家长性别与家长自信心水平的 t 检验

	N	*M*	*SD*	*t*	*p*
学生父亲	462	8.03	1.71	0.39	0.70
学生母亲	792	7.99	1.61		

采用方差分析的方法来探究家长所处年龄阶段与自信心水平之间的关系。结果显示，不同年龄阶段的家长对自信心水平的评定并不存在显著差异，$F_{(2, 1275)} = 0.41$，$p = 0.66$，20～40 岁($M = 8.01$)、41～50 岁($M = 7.94$)和 50 岁以上($M = 7.85$)家长的自信心水平均表现出集中而较高的主观评分。家长年龄阶段与自信心水平的方差分析表如表 3.19 所示。

表 3.19 家长年龄阶段与自信心水平的方差分析表

	SS	*df*	*MS*	*F*	*p*
家长年龄阶段	2.25	2	1.12	0.41	0.66
误差	3468.85	1275	2.72		

同样，采用方差分析的方法探究家长的教育程度与其自信心水平的关系。方差分析的结果显示，不同文化程度的家长在自信心水平的评分上差异显著，$F_{(2, 1265)}=23.35$，$p < 0.05$。而多重比较的结果显示，对于初中及以下教育程度的家长，其自信心水平($M = 7.81$)显著低于大学及以上教育程度的家长($M = 8.17$)，$p = 0.004$，同时边缘显著地低于高中教育程度的家长在自信心水平上的评分($M = 8.02$)，$p > 0.05$。而高中教育程度和大学及以上教育程度的家长对于自信心水平的评分则并不存在显著差异，$p = 0.19$。由此可见，家长的受教育水平是其自信心水平的影响因素之一。教育背景所带来的社会尊重和工作前景，都可能进一步增进受教育水平较高的家长的自信心。家长的教育程度越高，其自信心水平也会得到一定的提升。家长教育程度影响自信心水平的方差分析表如表 3.20 所示，不同教育程度家长的自信心水平评分情况如图 3.13 所示。

表 3.20　家长教育程度与自信心水平的方差分析表

	SS	*df*	*MS*	*F*	*p*
家长教育程度	23.35	2	11.68	4.32	< 0.05
误差	3422.62	1265	2.71		

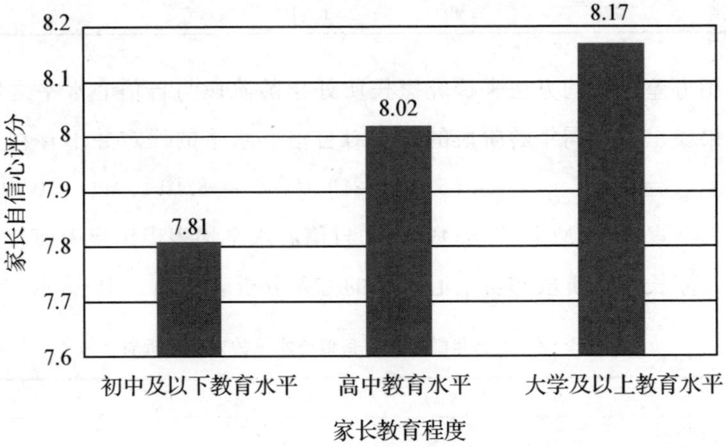

图 3.13　不同教育程度家长的自信心水平情况

3.1.5　家庭关系

在家长对自身与配偶、孩子的关系良好程度进行的主观评定中，研究采用10点量表的评分量尺，“1分”表示“非常差”，“10分”表示“非常好”。描述统计的结果显示，家长对自己与孩子的关系良好程度评定均值为8.4分($SD=1.65$)，家长对自己与配偶的关系良好程度评定均值为8.5分($SD=1.69$)。综合来看，多数家长认为自己拥有较好的亲子及配偶关系。

亲子关系。采用t检验的方法来探究不同家庭所在的地区类别对于亲子关系的影响。结果显示，家庭所在地区的经济发达水平并不会显著影响亲子关系的好坏，家长与孩子的亲子关系良好程度在不同发达程度的城市之间不存在显著差异，$t_{(1312)}=1.14$，$p=0.25$。家庭所在地区类型与亲子关系的t检验结果如表3.21所示。

表3.21　家庭所在地区分类与亲子关系的t检验

	N	M	SD	t	p
发达地区	376	8.51	1.55	1.14	0.25
欠发达地区	938	8.40	1.69		

同样采用t检验的方法来探究亲子关系评分高低的父母性别差异。结果显示，在参与分析的1260名学生家长(父亲462人，母亲798人)中，对于亲子关系的评定不存在显著的性别差异，$t_{(1258)}=0.46$，$p=0.65$。虽然在惯常的普遍化认知中，人们往往可能认为母亲对孩子的教育更为关注，会更多地侧重于家庭生活和与孩子的交流。但本文的调查结果显示，这一认知可能存在一定的误区，不同性别的家长在亲子关系方面并不存在显著的性别差异。父母与孩子的亲子关系基本处于平衡的状态，而父亲对孩子关心不足的认识可能只是源于父母性别角色和亲子沟通方式的差异。家长性别与亲子关系评分的t检验结果如表3.22所示。

表 3.22　家长性别与亲子关系评分的 t 检验

	N	M	SD	t	p
学生父亲	462	8.41	1.72	0.46	0.645
学生母亲	798	8.45	1.61		

采用方差分析的方法来探究家长所处年龄阶段与亲子关系评分之间的关系。结果显示，不同年龄阶段的家长对亲子关系评分的评定并不存在显著差异，$F_{(2, 1275)}=1.14$，$p = 0.32$，20～40 岁($M = 8.49$)、41～50 岁($M = 8.35$)和 50 岁以上($M = 8.30$)家长的亲子关系主观上均表现出集中而较高的评分。这一结果说明，虽然不同年龄阶段的家长存在不同的亲子沟通方式，但总体的亲子关系状况均较为积极。家长年龄阶段与亲子关系评分的方差分析表如表 3.23 所示。

表 3.23　家长年龄阶段与亲子关系评分的方差分析表

	SS	df	MS	F	p
家长年龄阶段	6.24	2	3.12	1.14	0.32
误差	3503.67	1280	2.74		

同样采用方差分析的方法探究家长的教育程度对其亲子关系评分的影响。方差分析的结果显示，不同文化程度的家长在亲子关系的评分上并不存在显著差异，$F_{(2, 1269)}=2.35$，$p = 0.10$。对于初中及以下教育程度的家长($M = 8.31$)、高中教育程度的家长($M = 8.46$)及大学及以上教育程度的家长($M = 8.58$)，在亲子关系的评分方面并不受到家长自身教育程度的显著性影响。家长教育程度影响亲子关系评分的方差分析表如表 3.24 所示。

表 3.24　家长教育程度与亲子关系评分的方差分析表

	SS	df	MS	F	p
家长教育程度	12.73	2	6.36	2.35	0.10
误差	3431.42	1269	2.70		

配偶关系。采用 t 检验的方法来探究不同家庭所在的地区类别对于配偶关系的影响。结果显示，家庭所在地区的经济发达水平并不会显著影响

配偶关系的好坏，家长的配偶关系良好程度在不同发达程度的城市之间不存在显著差异，$t_{(1312)} = 1.14$，$p = 0.25$。家庭所在地区类型与配偶关系的 t 检验结果如表 3.25 所示。

表 3.25　家庭所在地区分类与配偶关系的 t 检验

	N	M	SD	t	p
发达地区	376	8.51	1.55	1.14	0.25
欠发达地区	938	8.40	1.69		

同样采用 t 检验的方法来探究配偶关系评分高低的性别差异。结果显示，在参与分析的 1254 名学生家长(父亲 459 人，母亲 795 人)中，对于配偶关系的评定不存在显著的性别差异，$t_{(1252)} = 1.04$，$p = 0.30$。家长性别与配偶关系评分的 t 检验结果如表 3.26 所示。

表 3.26　家长性别与配偶关系评分的 t 检验

	N	M	SD	t	p
学生父亲	459	8.56	1.72	1.04	0.30
学生母亲	795	8.46	1.68		

采用方差分析的方法来探究家长所处年龄阶段与配偶关系评分之间的关系。结果显示，不同年龄阶段的家长对配偶关系的评分并不存在显著差异，$F_{(2, 1272)} = 0.67$，$p = 0.51$，20～40 岁($M = 8.50$)、41～50 岁($M = 8.44$)和 50 岁以上($M = 8.72$)家长的配偶关系在主观上均表现出集中而较高的评分。家长年龄阶段与配偶关系评分的方差分析表如表 3.27 所示。

表 3.27　家长年龄阶段与配偶关系评分的方差分析表

	SS	df	MS	F	p
家长年龄阶段	3.88	2	1.94	0.67	0.51
误差	3684.32	1272	2.90		

同样采用方差分析的方法探究家长的教育程度对其配偶关系评分的影响。方差分析的结果显示，不同文化程度的家长在配偶关系的评分上并不

存在显著差异，$F_{(2, 1261)} = 1.83$，$p = 0.16$。对于初中及以下教育程度的家长($M = 8.45$)、高中教育程度的家长($M = 8.46$)和大学及以上教育程度的家长($M = 8.67$)，在配偶关系的评分方面并不受到家长自身教育程度的影响。家长教育程度影响配偶关系评分的方差分析表如表 3.28 所示。

表 3.28　家长教育程度与配偶关系评分的方差分析表

	SS	df	MS	F	p
家长教育程度	10.13	2	5.07	1.83	0.16
误差	3499.69	1261	2.78		

3.2　网络使用情况

3.2.1　家长自身网络使用状况

网络使用时间。研究对家长每日的网络使用时间进行了调查分析，采用 5 点量表评分的方式请家长在“1 小时以下”“1～2 小时”“2～4 小时”“4～6 小时”及“6 小时以上”的范围内对自身的网络日使用时间进行评估。结果显示，49.5%接受调查的家长日网络使用时间低于 1 小时，另有 21.4%和 15.6%的家长日网络使用时间分布在“1～2 小时”和“2～4 小时”范围内。总体而言，88.2%的多数家长日网络使用时间低于 4 小时，从这一调查结果中，我们可以发现，家长总体的网络使用时间是比较低的。从调查数据中可知，近半数的家长日网络时间均低于 1 小时/天，家长的日网络使用时间分布如图 3.14 所示。

家长对自己每周的网络使用频率进行 5 点量表的评定，选项“使用频率”由低到高依次为“很少”“每周 1～2 天”“每周 3～4 天”“每周 5～6 天”“每天”。描述性统计的结果显示，41.6%的家长很少使用网络，另分别有 11.6%和 12.4%的家长每周使用网络的频率集中在“每周 1～2 天”和“每周 3～4 天”。从这一调查问题的结果中，我们可以发现，家长总体的网络使用频率是比较低的。从调查数据中可知，近半数的家长表示自己很少使用

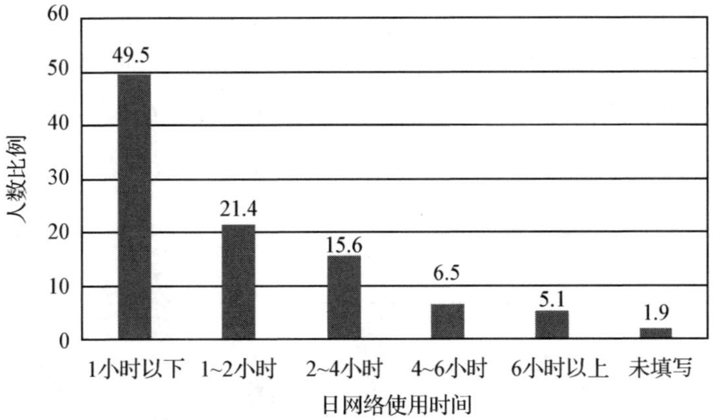

图 3.14 家长的日网络使用时间分布图

网络。结合家长的日网络使用时间数据，我们发现，家长每日的网络使用时间较短(近半数低于 1 小时)，而每周使用网络的频率也较低，因此综合使用时间和频率的情况，家长的网络使用总体时间较短。

鉴于家长网络使用方面的较低水平，我们可以推测家长对学生网络使用行为的影响往往不是行为模式的简单模仿和学习，家长的网络使用时间、频率和相关行为往往并不会直接影响学生的网络行为，而可能更多地是通过家长对孩子使用网络的态度和管理方式等对孩子的健康网络态度和行为产生影响。家长每周的网络使用频率分布情况如图 3.15 所示。

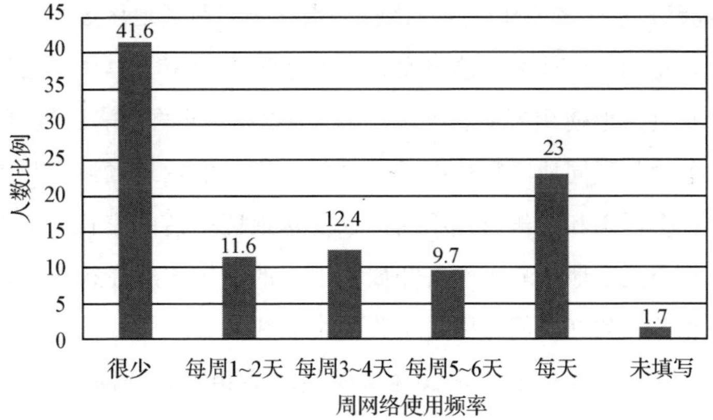

图 3.15 家长的周网络使用频率分布图

研究对家长的网络使用年限(即网龄)进行了统计分析，采用 5 点量表请家长在“少于 6 个月”“6 个月到 1 年”“1～3 年”“4～6 年”及“6 年以上”共 5 个选项中对自己的网龄进行评定。结果显示，家长的网络使用年限分布状况较为广泛。受访家长的网龄分布情况如图 3.16 所示。

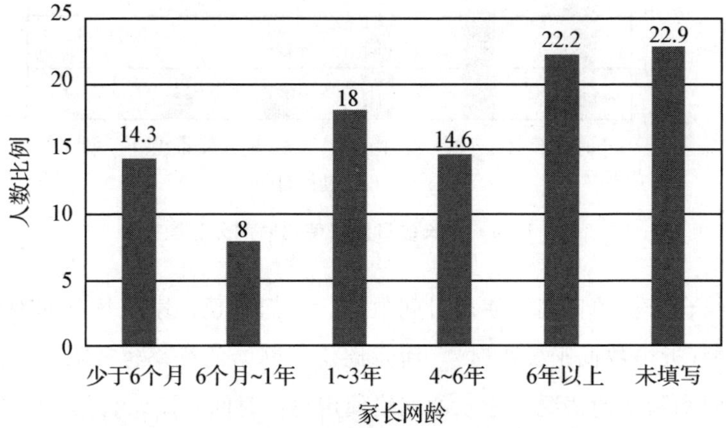

图 3.16　家长的网龄分布图

采用 t 检验的数据分析方法对来自发达地区和欠发达地区的家长网络使用时间的差异性进行分析。在每日的网络使用时间方面，与欠发达地区($M = 1.79$)相比，发达地区的家长日网络使用时间($M = 2.33$)显著更长，$t_{(1297)} = 7.51$，$p < 0.001$。这一比较结果反映了两类地区家长的总体性差异。因此，我们可以认为，总体而言，发达地区的家长总体上会比欠发达地区的家长更多地使用网络。当然，造成这一差异的影响因素可能很多，地域性的差异是不同地区家长生活模式的缩影。发达地区城市与欠发达地区整体的社会形态和工作属性不同，在发达地区生活的家长，他们的工作和生活可能会更多地依赖于网络开展，工作的内容与所在行业也可能更多地与网络相关。如互联网或网络相关的企业往往集中于我国相对发达的地区与城市，这也是发达地区家长网络使用时间相对较长的可能原因之一。另一方面，家长的网络使用状况也会影响其对待网络以及对待孩子使用网

络的相关态度。家庭所在地类别与家长日网络使用时间的 t 检验结果如表 3.29 所示。

表 3.29　家庭所在地类别与家长日网络使用时间的 t 检验

	N	M	SD	t	p
发达地区	371	2.33	1.30	7.51	< 0.001
欠发达地区	928	1.79	1.10		

在家长每周的网络使用频率方面，与欠发达地区($M = 2.39$)相比，发达地区的家长每周使用网络的频率($M = 3.13$)显著更高，$t_{(1299)} = 7.53$，$p < 0.001$。网络使用频率与日网络使用时间的差异相类似，这一现象同样可能依赖于不同地区家长的生活模式与工作形态。发达地区生活的家长在工作和生活可能会更多地依赖于网络开展，工作的内容与所在行业也可能更多地与网络相关，这也是他们在网络使用的频次方面显著更高的可能原因之一。家庭所在地类别与家长每周网络使用频率的 t 检验结果如表 3.30 所示。

表 3.30　家庭所在地类别与家长每周网络使用频率的 t 检验

	N	M	SD	t	p
发达地区	374	3.13	1.711	7.53	< 0.001
欠发达地区	927	2.39	1.562		

在家长的网络使用年限(即网龄)方面，与欠发达地区($M = 2.25$)相比，发达地区的家长网龄($M = 3.44$)显著更长，$t_{(1296)} = 10.80$，$p < 0.001$。生活于发达地区的家长更早接触网络，使用网络的背景更为丰富，使用网络的年限更长，这些也都可能会影响其对待网络以及对待孩子使用网络的相关态度。家庭所在地类别与网龄的 t 检验结果如表 3.31 所示。

表 3.31　家庭所在地类别与家长网龄的 t 检验

	N	M	SD	t	p
发达地区	372	3.44	1.680	10.80	< 0.001
欠发达地区	926	2.25	1.826		

综合以上对家长网络使用时间的分析发现，来自发达地区与欠发达地区的家长在网络使用时间上差异显著。来自发达地区的学生家长具有显著更长的网龄与日网络使用时间，同时每周使用网络的频率也比欠发达地区的家长更高。家长的整体网络使用状况表现出“网龄长而使用少”的特点，近半数的家长日网络使用时间均低于 1 小时，而 88.2%的家长日网络使用时间低于 4 小时。而在这些家长中，22.2%的家长均具有超过 6 年的网龄，而总计有超过一半的家长网龄大于 1 年。

网络使用方式。研究对家长网络使用的时间段进行了调查分析，通过询问“一般情况下，您在什么时间段上网”，请家长在“需要时”“周末和节假日”“工作时间”及“下班回家后”共 4 个选项中进行单项选择。网络使用时间段的结果统计显示，56.4%的家长使用网络的时间段并无特定规律或时间划分，而是在“需要时”随时随地使用网络。家长网络使用时间段的分布情况如图 3.17 所示。

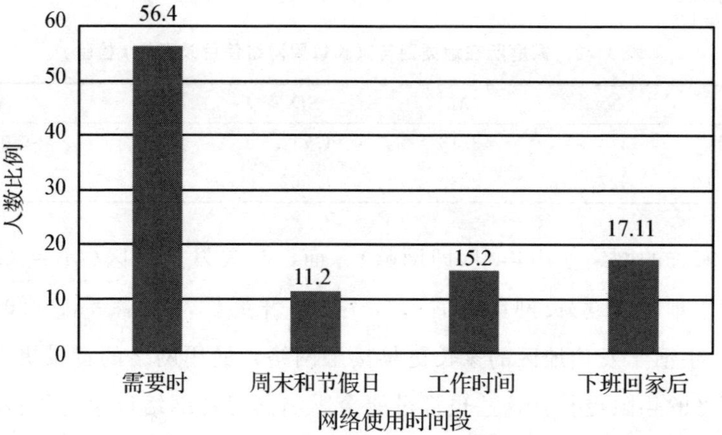

图 3.17　家长网络使用时间段的分布图

在网络使用的途径方式调查中，通过询问“您用哪种方式上网”，并请学生家长在“电脑”“手机”“两者都用”共 3 个选项中进行单项选择。网络使用途径方式的频数分析结果显示，63.6％的家长习惯使用电脑上网，而另有25.8％的家长兼有采用电脑和手机两种方式上网。由此可知，青少年的家长主要仍是以电脑作为网络使用的主要媒介和工具。家长网络使用途径方式的分布情况如图3.18所示。

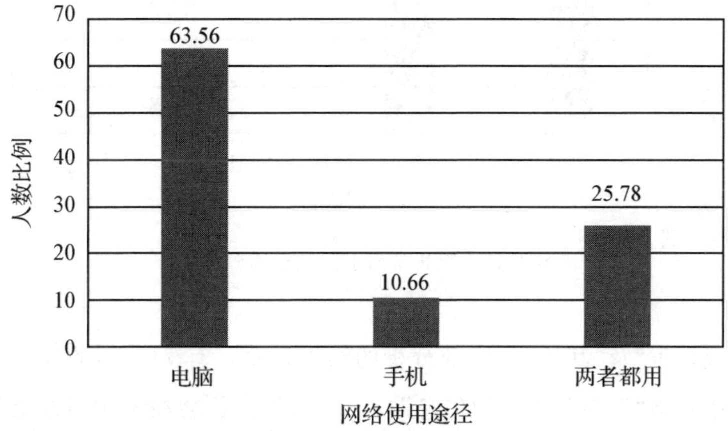

图3.18 家长网络使用途径方式的分布图

在对于上网地点的统计分析中，通过询问家长“您平常上网的地点”，并请家长在“单位”“家里”“网吧”及“其他”4个选项中进行多项选择。在完成此项测验题目的1311名家长当中，有408名家长主要在单位上网，占总受访人数的31.1％，838名家长平常在家里上网，占总人数的63.9％，而仅有20名家长(占总人数1.5％)通常在网吧上网。另有28名家长(占总人数2.1％)在“其他”这一选项中表示会在“亲戚朋友家”上网或根本不使用网络。综合来看，多数家长较为惯常的网络使用地点是在自己家里或者单位，而其中在家里上网的人数比例甚至超过了六成。家长网络使用地点的分布情况如图3.19所示。

在对于网络用途的调查中，采用“您上网一般做什么”的多选题问卷项目了解家长的网络使用目的。主要的选项内容包括“看新闻或查阅信息”“工作”“玩游戏”“交友或聊天”“通讯或联系”“购物”“写日志、博客”“看视

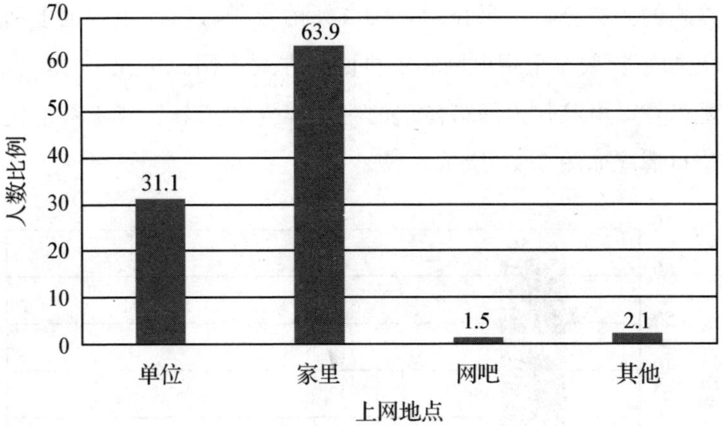

图 3.19　家长常用上网地点的分布图

频、下载音乐”及“其他”。频数分析的结果显示，有 74.0%的受访家长会选择使用网络“看新闻或查阅信息”，42.1%的家长会在工作用途上使用电脑，而采用网络进行“通讯或联系”“玩游戏”“购物”及“看视频、下载音乐”的家长人数也均超过总人数的 20%，成为常见网络用途的重要内容。通过以上的数据分析，我们可以发现，家长的网络使用行为往往以工具性用途为主要特征，通过网络看新闻、查阅信息或工作等，这些都是以网络或网络的工具或平台为媒介，了解搜集信息或使用相关工具，以达成工具性的目标。与青少年相比，家长显然具有更为成熟的网络使用习惯和网络行为方式，他们在网络使用中的工具性倾向说明家长的网络成瘾问题倾向应该相对较轻，家长以网络进行娱乐或社交等易于成瘾的网络使用行为相对较少，而较多地是以网络作为信息搜集和工作完成的工具，对网络行为的自我把握和行为控制能力较强。家长的网络使用用途的分布情况如图 3.20 所示。

网络使用主观自评。本研究采用 10 点量表的计分方式，请学生家长分别在“网络对自身生活的重要程度”“网络对自身工作的重要程度”及“自己对网络的依赖程度”三项问卷项目上进行主观自评。

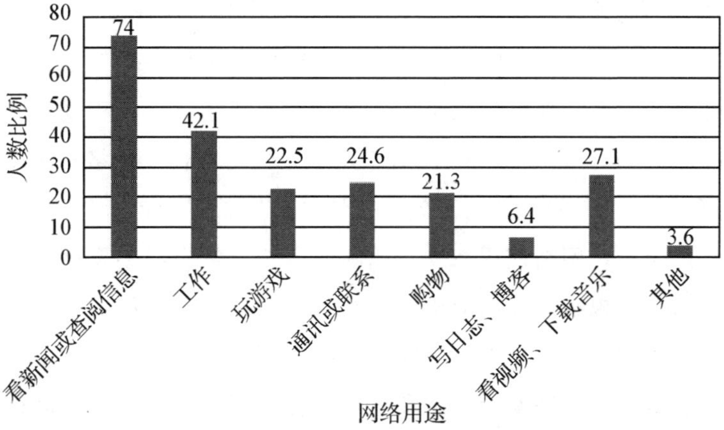

图 3.20　家长常见网络用途的分布图

在网络对生活重要程度的评定方面，“1～10 点”评分依次表示“很不重要”到“很重要”的重要性递增变化。描述统计的结果分析显示，家长对网络在生活中重要程度的评分 $M = 5.17$($SD = 2.79$)，处于中等水平。

在网络对工作重要程度的评分方面，“1～10 点”评分依次表示“很不重要”到“很重要”的重要性递增变化。描述统计的结果分析显示，家长对网络在工作中重要程度的评分 $M = 5.36$($SD = 3.14$)，同样处于中等水平。

而在对自身网络依赖程度的主观评定当中，“1～10 点”评分依次表示“完全不依赖”到“完全依赖”的依赖程度性递增变化。描述统计的结果分析显示，家长对自身网络依赖程度的评分 $M = 4.02$($SD = 2.65$)，处于中等偏低的评分水平。

综合来看，以上的描述性统计结果说明网络在家长的工作和生活中发挥着一定的作用，但网络的作用并不十分重要，家长也并不会因为日常生活或工作中对于网络的需要而对网络的使用产生依赖。因此，家长的网络使用依赖程度较低，整体上家长的日常工作与生活并不过度依赖网络使用。

为探究不同地区类型的家长对网络在生活中重要程度的评定差异性，研究采用 t 检验的数据分析方法进行差异性检验分析。结果显示，对于来自发达地区和欠发达地区的家长，网络对其生活的重要性程度存在显著差异，$t_{(1310)} = 7.69$，$p < 0.001$。对于发达地区的家长，网络对于生活的重要性程度($M = 6.08$)显著高于欠发达地区的家长($M = 4.80$)。相比于欠发达地区的家长，网络使用在发达地区的家长日常生活中发挥着更加重要的作用。这一结果在之前的分析中也有提及，即发达地区的家长由于生活形态和整体工作模式的需要，可能对网络表现出更多的需求和依赖性，这与不同发达城市的网络使用形态和格局存在一定的相关性。家庭所在地类别与家长对网络在生活中重要程度评分关系的 t 检验结果如表 3.32 所示，不同家庭所在地区类型的网络生活重要程度评分情况如图 3.21 所示。

表 3.32　家庭所在地与网络对生活重要性评分的 t 检验

	N	M	SD	t	p
发达地区	376	6.08	2.73	7.69	< 0.001
欠发达地区	936	4.80	2.72		

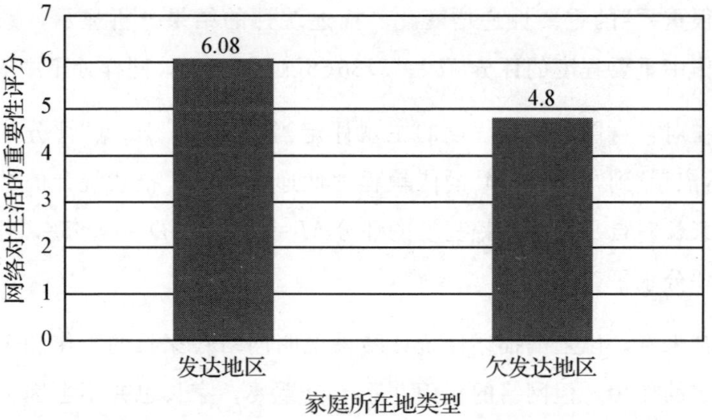

图 3.21　不同家庭所在地区类型的网络生活重要程度评分情况

同样采用 t 检验的方法来探究家长网络生活重要程度评分的性别差异。

结果显示，在参与分析的 1259 名学生家长(父亲 462 人，母亲 797 人)中，对于网络生活重要程度的评定并不存在性别差异，$t_{(1257)} = 0.06$，$p = 0.953$。学生父亲($M = 5.20$)及学生母亲($M = 5.19$)对于网络在自身生活中的重要程度均给出了中等重要性的主观评定。这一结果说明，学生家长在网络使用方面并不存在显著的性别差异，网络在学生母亲和学生父亲的生活中均发挥着一定程度的作用，因此，学生母亲和学生父亲对于学生网络使用和网络行为习惯的养成可能具有同样重要的作用。不论是男性还是女性，学生父母都应当积极关注学生的网络行为以及自己在网络使用态度和习惯方面的言传身教。家长性别与网络生活重要程度的 t 检验结果如表 3.33 所示。

表 3.33 家长性别与网络生活重要程度的 t 检验

	N	M	SD	t	p
学生父亲	462	5.20	2.78	0.06	0.95
学生母亲	797	5.19	2.81		

采用方差分析的方法来探究家长所处年龄阶段与网络生活重要程度之间的关系。结果显示，不同年龄阶段的家长对网络生活重要程度的主观评定并不存在显著差异，$F_{(2, 1278)} = 1.98$，$p = 0.14$，20～40 岁($M = 5.07$)、41～50 岁($M = 5.24$)和 50 岁以上($M = 5.92$)的家长对网络生活重要程度均给出了相对居中的主观评分。虽然学生家长的年龄阶段存在一定的差异，但是作为青少年的家长，可能其中多数人的生活形态与工作模式具有很大程度的一致性，因此网络对于他们的重要性也不会存在很大差异。家长年龄阶段与网络生活重要程度的方差分析表如表 3.34 所示。

表 3.34 家长年龄阶段与网络生活重要程度的方差分析表

	SS	df	MS	F	p
家长年龄阶段	30.61	2	15.31	1.98	0.14
误差	9866.16	1278	7.72		

同样采用方差分析的方法探究家长的教育程度与其网络生活重要程度的关系。方差分析的结果显示，家长的教育水平对其网络生活重要程度的

评分影响显著，$F_{(2,1267)} = 102.44$，$p < 0.001$。对不同教育程度家长的网络生活重要程度评分进行多重比较，结果显示，对于大学及以上教育水平的家长，网络在其生活中的重要性程度($M = 6.72$)均显著高于高中教育程度的家长($M = 5.18$)和初中及以下教育程度的家长($M = 3.88$)，$p_1 < 0.001$，$p_2 < 0.001$，而高中教育程度的家长对于网络生活重要程度的评分也显著高于初中及以下教育程度的家长，$p < 0.001$。由此可知，随着家长教育程度的提升，网络在其日常生活中所发挥的作用会越发明显，网络工具的重要性也会越发突出。网络对于在家长生活当中的重要性程度随着家长教育程度的提升而有所提高，这一结果说明，教育程度较高的家长对网络使用的需要会更为凸显，而教育程度较低的家长在其日常生活中则可能较少有机会需要用到电脑。这一结果可能与不同教育层次家长的工作属性和工作内容有关。家长教育程度影响网络生活重要程度评分的方差分析表如表 3.35 所示，不同教育程度家长的网络生活重要程度评分情况如图 3.22 所示。

表 3.35　家长教育程度与网络生活重要程度的方差分析表

	SS	*df*	*MS*	*F*	*p*
家长教育程度	1379.29	2	689.64	102.44	< 0.001
误差	8529.60	1267	6.73		

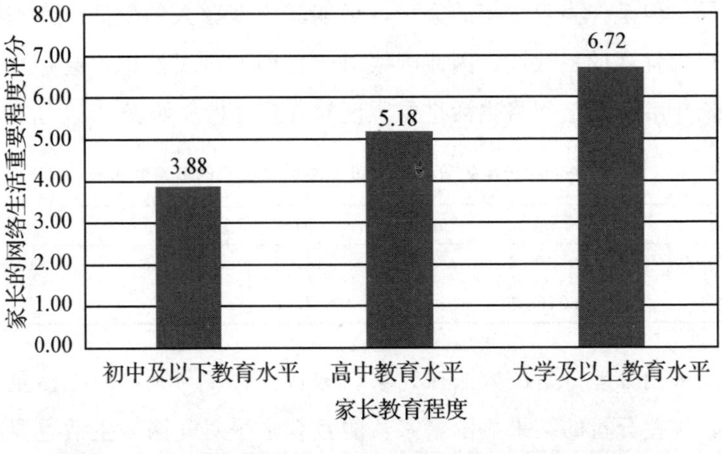

图 3.22　不同教育程度家长的网络生活重要程度评分情况

为探究不同地区类型的家长对网络在工作中重要程度的评定差异性，研究采用 t 检验的数据分析方法进行差异性检验分析。结果显示，对于来自发达地区和欠发达地区的家长，网络对其工作的重要性程度存在显著差异，$t_{(1312)} = 6.22$，$p < 0.001$。对于发达地区的家长，网络对于工作的重要性程度（$M = 6.08$）显著高于欠发达地区的家长（$M = 4.80$）。相比于欠发达地区的家长，网络使用在发达地区的家长日常工作中发挥着更加重要的作用。与网络在生活中的重要程度评价类似，在发达程度不同的城市，网络对学生家长的工作也发挥着不同程度的重要作用。发达地区的家长比欠发达地区的家长在工作中更为依赖网络的使用，这可能由其工作需要和工作的属性内容所决定。在相对发达的城市和地区，办公的智能化网络化程度也往往较高。家庭所在地类别与家长对网络在工作中重要程度评分关系的 t 检验结果如表 3.36 所示，不同家庭所在地区类型的网络工作重要程度评分情况如图 3.23 所示。

表 3.36 家庭所在地与网络对工作重要性评分的 t 检验

	N	M	SD	t	p
发达地区	376	6.20	3.11	6.22	< 0.001
欠发达地区	938	5.03	3.09		

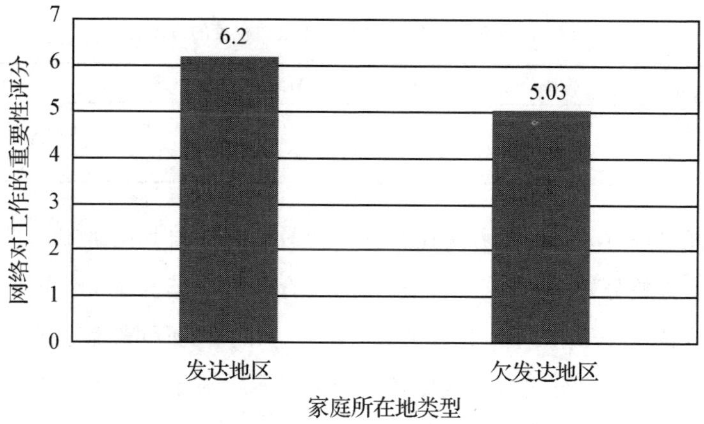

图 3.23 不同家庭所在地区类型的网络工作重要程度评分情况

同样采用 t 检验的方法来探究家长网络工作重要程度评分的性别差异。结果显示，在参与分析的 1260 名学生家长(父亲 463 人，母亲 797 人)中，对于网络工作重要程度的评定并不存在性别差异，$t_{(1258)} = 0.20$，$p = 0.839$。学生父亲($M = 5.44$)及学生母亲($M = 5.40$)对于网络在自身工作中的重要程度均给出了中等重要性的主观评定，男性和女性的工作中对网络的依赖程度并没有显著的差异。家长性别与网络工作重要程度的 t 检验结果如表 3.37 所示。

表 3.37　家长性别与网络工作重要程度的 t 检验

	N	*M*	*SD*	*t*	*p*
学生父亲	463	5.44	3.08	0.20	0.84
学生母亲	797	5.40	3.18		

采用方差分析的方法来探究家长所处年龄阶段与网络工作重要程度之间的关系。结果显示，不同年龄阶段的家长对网络工作重要程度的主观评定并不存在显著差异，$F_{(2, 1280)} = 1.20$，$p = 0.30$，20～40 岁($M = 5.32$)、41～50 岁($M = 5.38$)和 50 岁以上($M = 6.13$)的家长对网络工作重要程度均给出了相对居中的主观评分。家长年龄阶段与网络工作重要程度的方差分析表如表 3.38 所示。

表 3.38　家长年龄阶段与网络工作重要程度的方差分析表

	SS	*df*	*MS*	*F*	*p*
家长年龄阶段	23.75	2	11.87	1.20	0.30
误差	12628.68	1280	9.87		

同样采用方差分析的方法探究家长的教育程度与其网络工作重要程度的关系。方差分析的结果显示，家长的教育水平对其网络工作重要程度的评分影响显著，$F_{(2, 1269)} = 147.97$，$p < 0.001$。对不同教育程度家长的网络工作重要程度评分进行多重比较，结果显示，对于大学及以上教育水平的家长，网络在其工作中的重要性程度($M = 7.35$)均显著高于高中教育程度的家长($M = 5.43$)和初中及以下教育程度的家长($M = 3.62$)，$p_1 <$

0.001，$p_2 < 0.001$，而高中教育程度的家长对于网络工作重要程度的评分也显著高于初中及以下教育程度的家长，$p < 0.001$。由此可知，随着家长教育程度的提升，网络在其工作中所发挥的作用会越发明显，网络工具的重要性也会越发突出。这可能与不同学历教育背景家长的工作内容和工作性质有关。一般而言，教育程度较高的家长在工作中使用网络的用途越多，需要也会越大，如查收工作邮件、搜集信息资料等，相关的网络使用都会增加网络在家长工作中的重要性。而教育程度较低的家长由于其工作性质等多方面因素的影响，往往可能较少在工作中使用网络。家长教育程度影响网络工作重要程度评分的方差分析表如表 3.39 所示，不同教育程度家长的网络工作重要程度评分情况如图 3.24 所示。

表 3.39　家长教育程度与网络工作重要程度的方差分析表

	SS	*df*	*MS*	*F*	*p*
家长教育程度	2382.01	2	1191.01	147.97	< 0.001
误差	10214.36	1269	8.05		

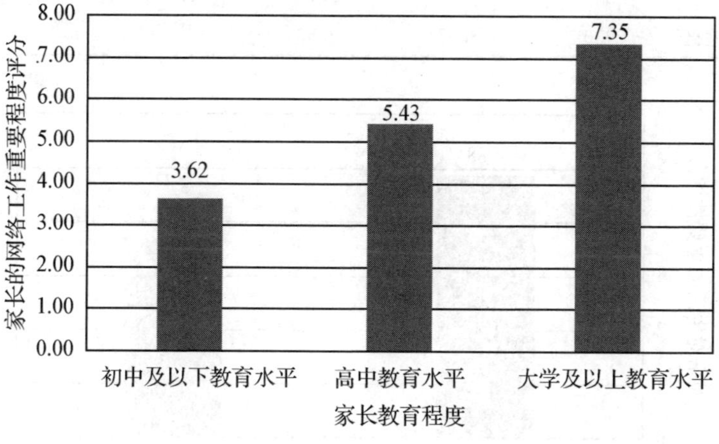

图 3.24　不同教育程度家长的网络工作重要程度评分情况

为探究不同地区类型的家长对网络的依赖程度是否存在差异，研究采用 t 检验的数据分析方法进行差异性检验分析。结果显示，来自发达地区和欠发达地区的家长对于网络的依赖程度存在显著的差异，$t_{(1303)} = 7.59$，$p < 0.001$。发达地区的家长网络依赖的程度($M = 4.88$)显著高于欠发达地区的家长($M = 3.68$)。家长网络依赖程度的指标不能仅仅从对网络的主观依赖和网络成瘾相关的角度理解，家长的网络依赖程度也会受到多方面因素的影响，网络依赖程度高并不意味着网络成瘾或病态网络使用的可能性较大。结合上述几个指标的分析，我们可以得知家长总体的网络使用时间、频率和主观依赖程度均较低。而发达地区家长主观评定的网络依赖程度相对较高，这一结果很可能是因为发达地区家长在工作或生活中会更多地使用网络便捷生活或提高效率。这一结果并不能够将其解读为发达地区的家长更容易对网络形成依赖或病理性成瘾。家庭所在地类别与家长网络依赖程度的 t 检验结果如表 3.40 所示，不同家庭所在地区类型的家长网络依赖情况如图 3.25 所示。

表 3.40　家庭所在地类别与家长网络依赖程度的 t 检验

	N	M	SD	t	p
发达地区	375	4.88	2.73	7.59	< 0.001
欠发达地区	930	3.68	2.53		

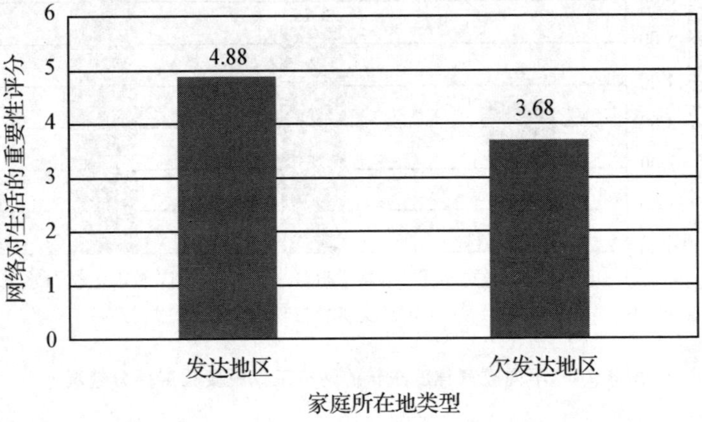

图 3.25　不同家庭所在地区类型的家长网络依赖情况

同样采用 t 检验的方法来探究家长网络依赖程度的性别差异。结果显示，在参与分析的 1251 名学生家长(父亲 457 人，母亲 794 人)中，对于网络依赖程度的评定并不存在性别差异，$t_{(1249)} = 1.61$，$p = 0.11$。学生父亲($M = 4.21$)及学生母亲($M = 3.96$)对于自身的网络依赖程度均给出了中等偏低的主观评分。家长性别与网络依赖程度的 t 检验结果如表 3.41 所示。

表 3.41　家长性别与网络依赖程度的 t 检验

	N	M	SD	t	p
学生父亲	457	4.21	2.62	1.61	0.11
学生母亲	794	3.96	2.67		

采用方差分析的方法来探究家长所处年龄阶段与网络依赖程度之间的关系。结果显示，不同年龄阶段的家长对网络依赖程度主观评定的差异性达到了边缘显著的水平，$F_{(2, 1271)} = 2.57$，$p = 0.08$。多重比较的结果显示，20～40 岁家长的网络依赖主观评分($M = 3.98$)显著低于 50 岁以上的家长($M = 4.97$)，$p = 0.02$，而 41～50 岁家长的网络依赖程度($M = 4.01$)也显著低于 50 岁以上的家长对网络的依赖程度，$p = 0.03$。而 20～40 岁家长和 41～50 岁家长的网络依赖程度则不存在显著差异，$p = 0.86$。这一结果说明，在三组不同年龄阶段的家长中，50 岁以上的家长对于网络的依赖程度相对较高，与其他两组相比均差异显著。这一结果与社会大众认知存在很大差异。通常，人们普遍认为，年龄超过 50 岁的中老年人对网络的接触较少，对网络这种新兴事物的接受能力也有限，对于网络的依赖程度应当是最低的。但调查结果则与人们的预期存在很大差异，我们认为，这一结果也可能存在很多内在的影响因素和机制。比如，现年龄 50 岁以上的学生家长可能有很多已经接近退休的年龄，没有工作的压力或是工作状况稳定，可以有更多的时间通过网络接触其他的事物。而网络作为他们用来娱乐休闲或是打发时间的重要工具，可能促使他们对自身的网络依赖程度评分较高。家长年龄阶段与网络依赖程度的方差分析表如表 3.42 所

示，不同年龄阶段家长的网络依赖程度评分情况如图 3.26 所示。

表 3.42 家长年龄阶段与网络依赖程度的方差分析表

	SS	*df*	*MS*	*F*	*p*
家长年龄阶段	35.62	2	17.81	2.57	0.08
误差	8806.72	1271	6.93		

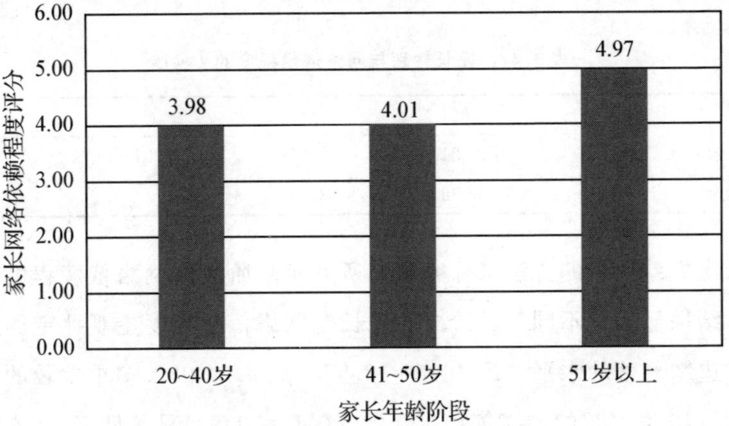

图 3.26 不同年龄阶段家长的网络依赖程度评分情况

同样采用方差分析的方法探究家长的教育程度与其网络依赖程度的关系。方差分析的结果显示，家长的教育水平对其网络依赖程度的评分影响显著，$F_{(2,1260)} = 129.71$，$p < 0.001$。对不同教育程度家长的网络依赖程度评分进行多重比较，结果显示，对于大学及以上教育水平的家长，其网络依赖程度($M = 5.58$)均显著高于高中教育程度的家长($M = 4.08$)和初中及以下教育程度的家长($M = 2.61$)，$p_1 < 0.001$，$p_2 < 0.001$，而高中教育程度的家长对于网络依赖程度的评分也显著高于初中及以下教育程度的家长，$p < 0.001$。由此可知，随着家长教育程度的提升，家长对于网络的依赖性也会相应提高。但正如前文分析中所提到的，教育程度较高的家长对于网络依赖较高的主观程度评分并不能够轻易将其解读为这一群体的家长更加容易陷入网络成瘾或病理性网络使用的行为。教育程度较高的

家长在网络依赖主观评定方面表现出更多的依赖性态度，这一结果很可能是因为他们在日常的工作和生活中会更多地依赖网络提高自己的效率。结合上述分析中提及的内容，我们得知，家长的网络使用往往以工具性内容和目的有关(如查收信息、看新闻等)，发达地区更快的生活节奏与信息更新速度可能使家长更多地依赖于网络作为自己日常工作和生活的工具，这种工具化取向并不容易致使家长由日常工作和生活中对网络的依赖发展为网络成瘾或病理性的网络使用倾向。家长教育程度影响网络依赖程度的方差分析表如表 3.43 所示，不同教育程度家长的网络依赖程度评分情况如图 3.27 所示。

表 3.43 家长教育程度与网络依赖程度的方差分析表

	SS	*df*	*MS*	*F*	*p*
家长教育程度	1510.25	2	755.13	129.71	< 0.001
误差	7335.04	1260	5.82		

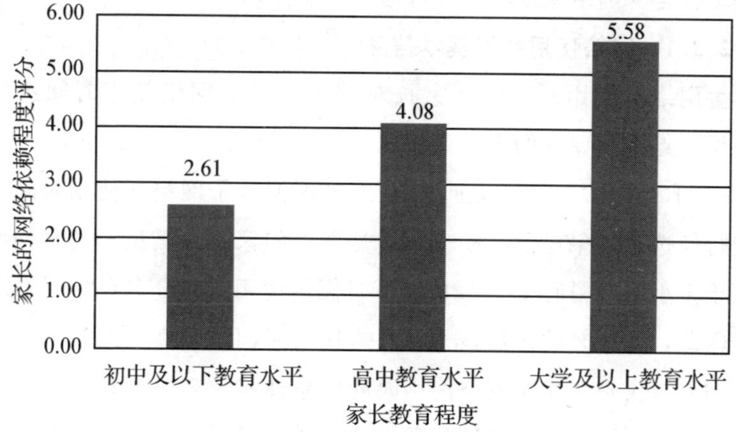

图 3.27 不同教育程度家长的网络依赖程度评分情况

3.2.2 孩子网络使用状况

在本次调查的这一章节，本研究通过家长与青少年学生配对的方式，我们请家长对自己孩子的网络使用状况进行了评价和反馈。分别从学生和家长的视角调查了学生自身的真实网络使用状况和家长对孩子的网络使用了解程度及其管理现状，从不同的视角还原了学生的多元网络文化生活。而从家长的视角探讨其对学生网络使用状况的认识与评价，不仅可以客观地反映真实的学生网络生活，也可以从家长对学生网络使用的态度和管理、家长与学生的日常互动等方面挖掘出更多可能影响学生网络生活的相关因素，为学生网络使用的家庭化系统化管理与行为塑造提供更多具有借鉴意义的科学化描述与行为建议。从家长的角度调查青少年的网络使用情况，这一部分的结果我们可以将其与第 2 章中青少年真实的网络使用状况进行对比分析，据此也可以了解家长对孩子网络使用情况的真实知悉和管理程度，对孩子真实的网络使用行为和家长认知评价之间存在的偏差也可以进行进一步的探讨。具体来说，如果家长对孩子真实的网络使用行为不够了解(如孩子经常在网吧上网而家长并不知悉)，那么家长对孩子网络使用情况的评价和反馈就很可能只是基于家长自身片面的认识或期待，甚至可能是家长自身网络使用状况或行为习惯的投射。

3.2.2.1 网络使用状况基本信息

学生网络日使用时间。请家长对孩子每日的网络使用时间进行了评定，采用 5 点量表评分的方式请家长在“1 小时以下”“1～2 小时”“2～4 小时”“4～6 小时”及“6 小时以上”的范围内根据孩子网络日使用时间的实际情况进行勾选。结果显示，55.1%接受调查的家长，其孩子的日网络使用时间低于 1 小时，另有 17.1%的孩子日网络使用时间分布在“1～2 小时”范围内。因此，72.2%的多数孩子日网络使用时间低于 2 小时。根据这一结果，我们可以发现，学生网络使用时间的整体状况较低，多数学生的日网络使用时间均低于 2 小时，这些学生应该是仍以学校课业生活为其日常生活的主体，并未表现出网络使用时间过长等具有成瘾特征的行为模式。这一结果也与大量的前人研究结果相一致，即网络成瘾的青少年在青少年人群中的比例相对较少，其检出率控制在较低的人数比例水平内。孩子的日网络使用时间分布如图 3.28 所示。

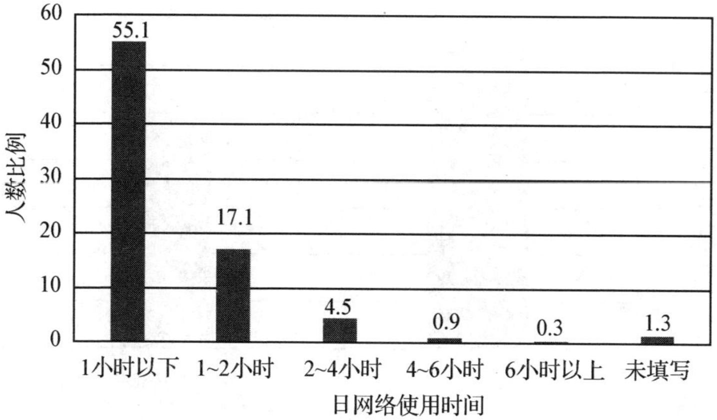

图 3.28　孩子的日网络使用时间分布图

采用 t 检验的数据分析方法对来自发达地区和欠发达地区的孩子日网络使用时间的差异性进行分析。在每日的网络使用时间方面，与欠发达地区($M = 1.02$)相比，发达地区的孩子日网络使用时间($M = 1.28$)显著更长，$t_{(1305)} = 5.16$，$p < 0.001$。这一结果与家长网络使用时间的地区化差异基本具有相同的规律。生活在发达地区的青少年可能在其学习和生活中有更多的机会接触电脑，致使这一基本的地区性总体差异。当然，这一结果也可能只是家长根据自身行为模式做出的推断。家庭所在地类别与孩子日网络使用时间的 t 检验结果如表 3.44 所示，不同家庭所在地区类型的孩子日网络使用时间情况如图 3.29 所示。

表 3.44　家庭所在地类别与孩子日网络使用时间的 t 检验

	N	M	SD	t	p
发达地区	374	1.28	0.76	5.16	< 0.001
欠发达地区	933	1.02	0.85		

同样采用 t 检验的方法来探究家长对于孩子日网络使用时间评定的性别差异。结果显示，在参与分析的 1250 名学生家长(父亲 458 人，母亲 792 人)中，对于孩子每日网络使用时间的评定并不存在显著的性别差异，

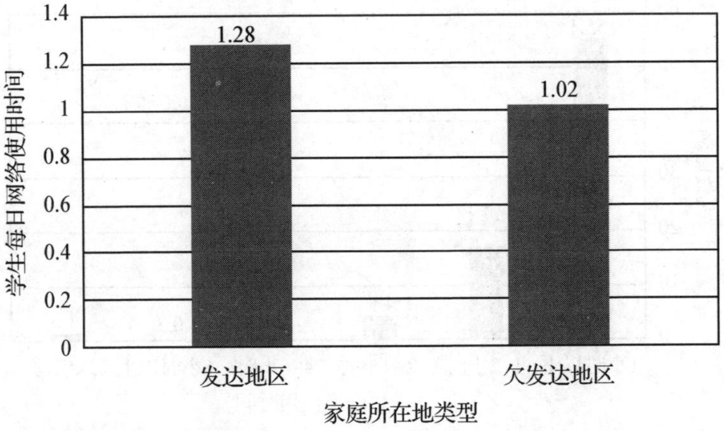

图 3.29　不同家庭所在地区类型的孩子日网络使用时间

$t_{(1248)} = 0.25$，$p = 0.805$。说明学生父亲($M = 1.10$)及学生母亲($M = 1.09$)对于孩子日网络使用时间的评定基本一致，认为学生每日的网络使用时间集中在 1 小时左右，这一结果说明学生父亲和学生母亲对于学生上网时间的了解程度和基本认知不存在显著差异。家长性别与孩子日网络使用时间评定的 t 检验结果如表 3.45 所示。

表 3.45　家长性别与孩子日网络使用时间评定的 t 检验

	N	*M*	*SD*	*t*	*p*
学生父亲	458	1.10	0.87	0.25	0.81
学生母亲	792	1.09	0.81		

采用方差分析的方法来探究家长所处年龄阶段与孩子日网络使用时间评定之间的关系。结果显示，不同年龄阶段的家长在孩子日网络使用时间的主观评定上并不存在显著差异，$F_{(2, 1272)} = 1.819$，$p = 0.163$，20～40 岁($M = 1.05$)、41～50 岁($M = 1.13$)和 50 岁以上($M = 1.15$)的家长对孩子的日网络使用时间均给出了一致性较高的评分，认为孩子的网络使用时间集中在 1 小时左右，这一结果说明不同年龄阶段的青少年家长对孩子上网时间的了解程度和基本认知不存在显著差异。家长年龄阶段与孩子日

网络使用时间的方差分析表如表 3.46 所示。

表 3.46 家长年龄阶段与孩子日网络使用时间评定的方差分析表

	SS	*df*	*MS*	*F*	*p*
家长年龄阶段	2.53	2	1.26	1.82	0. 16
误差	882.92	1272	0.69		

同样采用方差分析的方法探究家长的教育程度与孩子日网络使用时间的关系。方差分析的结果显示，家长的教育水平对孩子的日网络使用时间影响显著，$F_{(2, 1260)} = 4.34$，$p = 0.01$。对不同教育程度家长在学日孩子网络使用时间上的评分进行多重比较，结果显示，仅高中教育程度的家长，其孩子的网络使用时间($M = 0.99$)显著长于初中及以下教育程度的家长($M = 1.15$)，$p = 0.003$，而高中教育程度家长的孩子网络使用时间($M = 1.09$)与初中及以下教育程度家长的孩子及大学及以上教育水平家长的孩子差异均不显著，$p_1 = 0.10$，$p_2 = 0.32$。虽然不同教育程度家长对孩子网络使用状况的评分存在一定差异，但其变动范围较小，所有的评价集中于 1 小时左右的时间，因此整体的评价状况仍是比较集中的。家长教育程度影响孩子日网络使用时间的方差分析表如表 3.47 所示，不同教育程度家长的孩子日网络使用时间情况如图 3.30 所示。

表 3.47 家长教育程度与孩子日网络使用时间的方差分析表

	SS	*df*	*MS*	*F*	*p*
家长教育程度	5.71	2	2.86	4.34	0.01
误差	829.54	1260	0.66		

学生上网时段。研究设置题目请家长对孩子网络使用的时间段进行了评定选择，通过询问“一般而言，您的孩子上网的时间段是____”，请家长在“需要时”“周末和节假日”“上课时间”及“放学回家后”共 4 个选项中进行单项选择。网络使用时间段的结果统计显示，25.8%的孩子使用网络的时间段并无特定规律或时间划分，而是在“需要时”随时随地使用网络，而所占比重最多的则是“周末和节假日”，42.0%的学生家长选择孩子在这一时

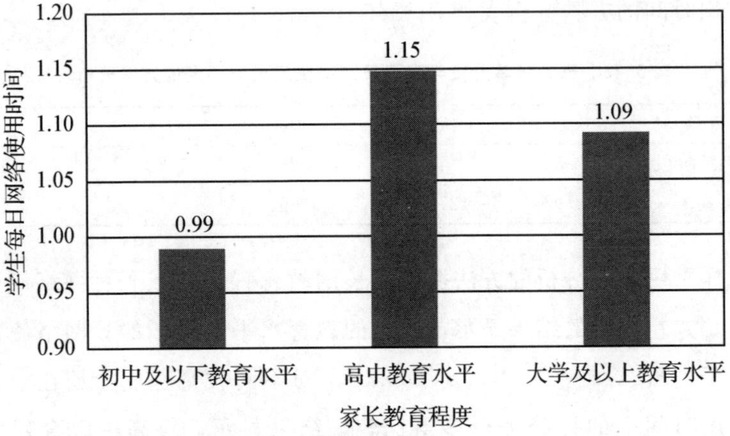

图 3.30 不同教育程度家长的孩子日网络使用时间情况

间段上网。这一结果说明，家长对孩子上网行为的管理具有一定的规律性，主要是让孩子在周末或节假日的时间上网。这既不影响学生在周内的学习生活，又可以让孩子在课余时间通过网络放松娱乐、开拓视野，接触更多新生事物和前沿知识。这一现象可能正是家长对孩子网络使用管理方式的重要体现。学生网络使用时间段的分布情况如图 3.31 所示。

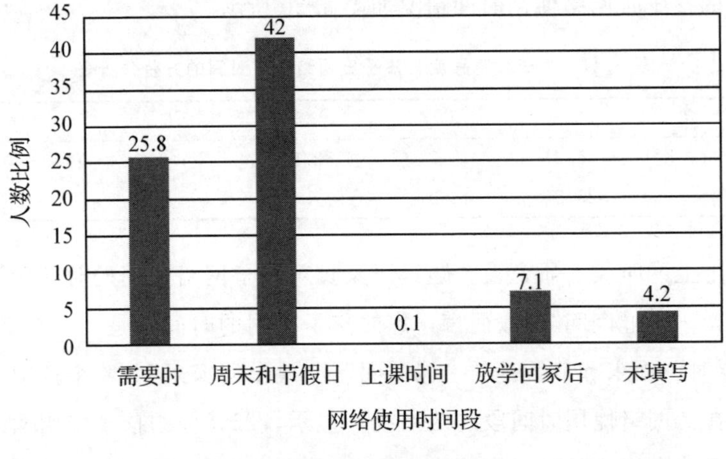

图 3.31 孩子网络使用时间段的分布图

学生上网地点。在对孩子上网地点的统计分析中，通过询问家长“您的孩子平时在哪里上网”，请家长在“学校”“家里”“朋友或同学家”“网吧”“不清楚”及“其他”共6个选项中根据孩子的日常网络使用地点进行多项选择。在完成此项测验题目的1321名家长当中，有954名家长认为孩子主要在家里上网，占总受访人数的72.2%，另有126名家长(占总人数9.5%)和103名家长(占总人数7.8%)认为孩子的平时上网地点包括“学校”和“朋友或同学家”。另有22名家长(占总人数1.7%)选择了“其他”这一选项中，较为集中的补充内容为孩子会在“亲戚朋友家”上网。综合来看，多数学生较为普遍的网络使用地点是在自己家里。本次调查的这一部分结果说明，在多数的家庭里应该均已配备了基本的网络设备和配置供家庭成员使用。通过这种方式，家长可以更好地了解和监督孩子的网络使用情况。但与此同时，对于这一结果的准确性我们也应当给予客观的评价。比如，孩子在学校、网吧等其他环境地点使用网络的情况，多数家长是无法真正了解和知晓的。孩子的网络使用地点分布情况如图3.32所示。

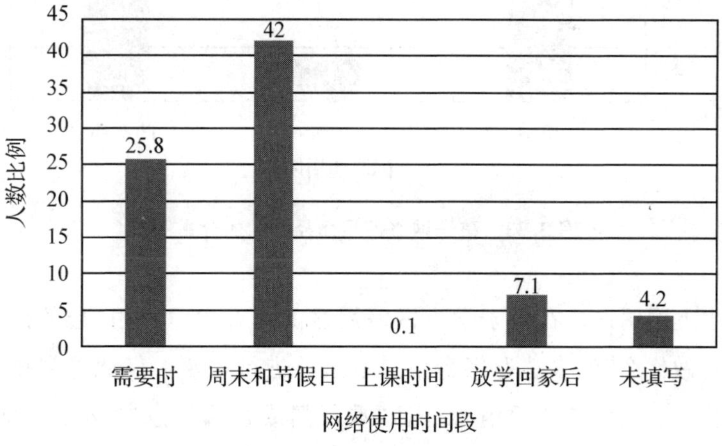

图3.32 孩子平时上网地点的分布图

学生上网方式。在学生网络使用的途径方式调查中，通过向家长询问“您的孩子主要用什么方式上网”请学生家长在“电脑”“手机”“两者都用”共

3 个选项中对孩子的网络使用方式进行单项选择。网络使用途径方式的频数分析结果显示，51.8%的孩子习惯使用电脑上网，而另有 18.8%的学生兼有采用电脑和手机两种方式上网。在青少年学生的群体中，电脑上网的方式仍然占据网络使用方式的主体。但与此相比，手机上网的方式相对更具有灵活性和隐蔽性，家长对孩子使用手机上网的情况进行的评价在很大程度上也可能受到这类特性因素的影响，使家长对孩子手机上情况的了解存在偏差。拥有手机的学生可能或多或少都会使用手机上网，但这些网络使用的活动可能是家长无法了解和觉察到的。孩子网络使用途径方式的分布情况如图 3.33 所示。

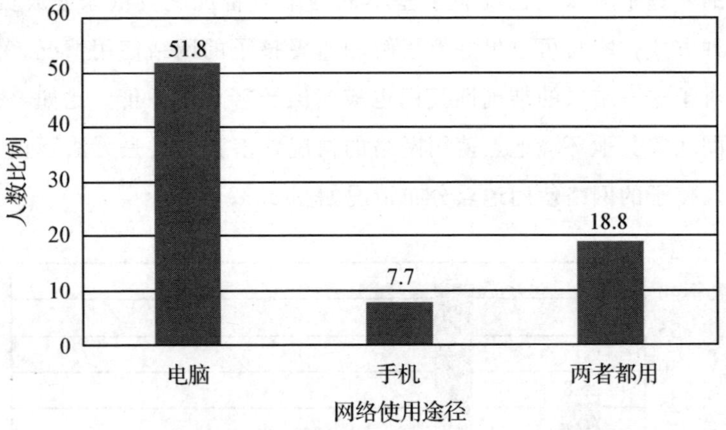

图 3.33　孩子网络使用途径方式的分布图

学生上网用途。在对于学生网络用途的调查中，采用“您的孩子平时上网主要做什么”的多选题问卷项目请家长进行评定，借此了解孩子的网络使用状况。主要的选项内容包括“看新闻或查阅信息”“学习”“玩游戏”“交友或聊天”“通讯或联系”“购物”“写日志、博客”“看视频、下载音乐”及“其他”。频数分析的结果显示，有 49.7%的受访家长认为孩子使用网络的主要用途在于“学习”，而另有“看新闻或查阅信息”“交友或聊天”“看视频、下载音乐”的网络用途也均有近 30%的家长作为孩子常用网络用途进行勾选，这些内容也作为孩子网络使用的重要内容构成。而值得关注的是，有514名家长认为“玩游戏”是孩子使用网络的重要用途，这一项目在总人数中占38.9%，比例也相对较高。首先，近半数的家长表示孩子使用网络时的主要用途是“学习”，如果这一结果能够真实地反映青少年的网络使用状况，那么网络对于青少年的主要功用便是学习的有效辅助性手段，学生可以通过网络细化并拓展科学知识，开拓视野、增长见识，这自然是多数家长、教师和教育研究工作者所喜闻乐见的。但与此同时，孩子使用网络进行娱乐活动和玩游戏是常见的可能导致青少年网络成瘾的网络使用行为，而结合本研究的调查结果，我们可以发现，有近三成的家长反映孩子使用网络时存在上述的网络用途。而这一结果中还尚未包含孩子以学习名义进行的边界模糊的网络娱乐行为。这一结果提示我们，对于孩子网络使用的基本用途仍然需要家长和周边的相关人员予以有效关注。把握好网络娱乐和网络沉迷之间的界限，让孩子能够在充分享受网络便利的同时把握好上网的行为尺度，以健康积极的网络态度与行为方式促进良好网络行为习惯和完善人格发展的发展。孩子的网络使用用途的分布情况如图3.34所示。

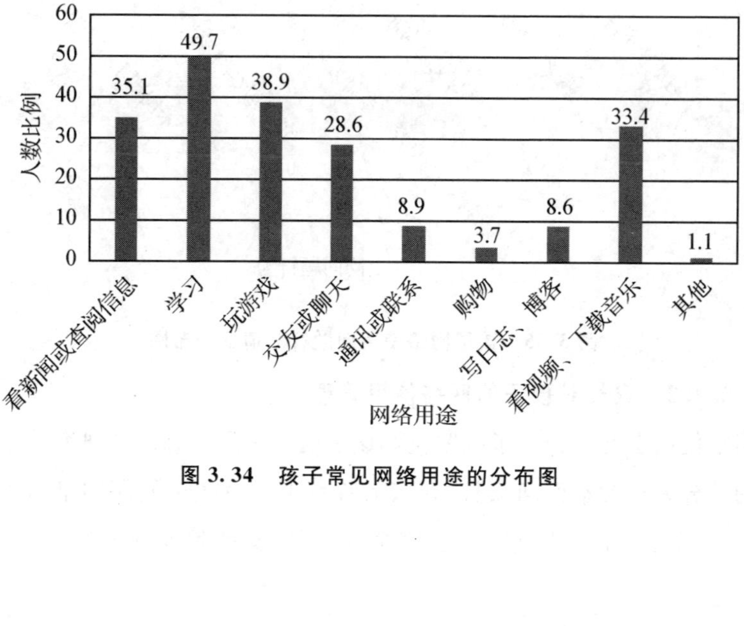

图3.34　孩子常见网络用途的分布图

学生网络问题行为。与此同时，在调查孩子基本网络用途的基础上，研究对孩子的问题网络行为进行了调查分析。通过设置多选题项询问家长“孩子是否因为上网而出现过以下情况”，选项内容包括“学习成绩下降”“逃学、辍学”“减少与同学老师的交流沟通”“变得容易与同学、老师发生争执”“经常违反学校纪律”或“未出现上列情况”。结果显示，多数家长(65.3%)认为自己的孩子并不存在上述网络使用的问题行为，在网络使用方面有相对健康而良好的习惯方式。这一调查结果所传达的信息反映出的青少年网络使用状况是积极可控的，大多数青少年并没有因为使用网络而影响其正常的学校学习与生活。但与此同时，我们不得不关注到，仍有少数的青少年出现了因上网而导致的学习成绩下降等问题，这说明对于少部分青少年，我们仍然需要关注其过度使用或沉迷网络的现象和问题。由家长评定的孩子网络使用问题行为情况如图 3.35 所示。

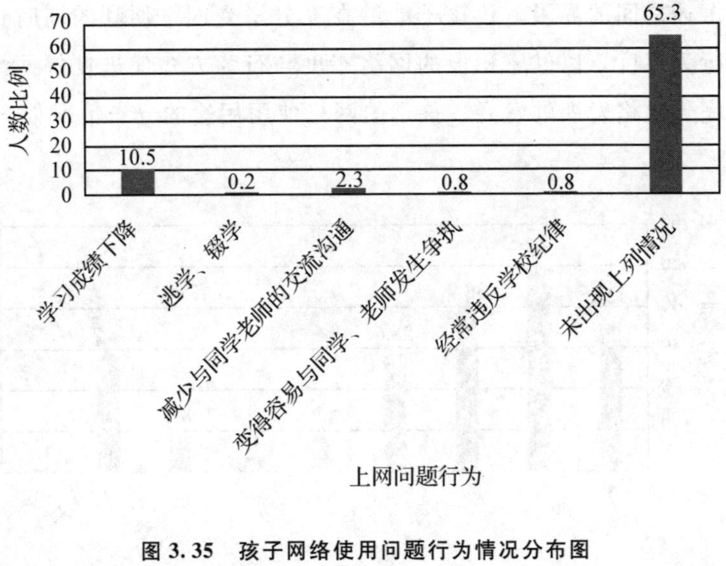

图 3.35 孩子网络使用问题行为情况分布图

3.2.2.2 家长对孩子的网络使用管理

网络使用态度。为了了解家长对孩子网络使用的态度，研究采用10点量表的计分方式考察询问家长“在多大程度上支持孩子使用网络”，“1～10点”依次表示由“完全不支持”到“完全支持”的支持程度递增性变化。描述统计的结果显示，家长对孩子上网的支持程度均分为4.2分($SD = 3.04$)，家长对孩子上网的支持程度整体处于中间水平，但标准差偏大，说明家长对孩子上网的态度各异，支持者与不支持者均较多。学生上网，既可以开拓视野，帮助学生了解更多现实生活范围之外的新生事物，方便学生的学习，便捷学生的生活，但与此同时，青少年处于自我发展尚未完善的过渡时期，对于自我行为的控制和约束能力尚且未能完全形成，对于网络中良莠不齐的信息也缺乏分辨能力，网络的出现对他们是一把双刃剑，基于网络可能带来的多方面益处与冲击，家长们各种不同的支持和反对意见都是基于一定的理由与立场的，因此对于青少年网络使用的态度分化也非常大。当综合这些态度得到的整体状况是，家长们对学生使用网络持相对中立的心理态度。

为探究不同地区类型的家长对学生网络使用支持度的评定差异性，研究采用t检验的数据分析方法进行差异性检验分析。结果显示，对于来自发达地区和欠发达地区的家长，对于孩子使用网络的态度支持性存在显著差异，$t_{(1317)} = 2.75$，$p = 0.006$。对于发达地区的家长，对孩子使用网络的支持度($M = 4.54$)显著高于欠发达地区的家长($M = 4.04$)。相比于欠发达地区的家长，对于孩子使用网络的问题发达地区的家长表现出更为积极的态度与支持性。发达地区家长对孩子的网络使用表现出更多的支持性态度倾向，这可能与他们自身的网络使用习惯相关。发达地区的家长在日常的工作生活中往往也会比欠发达地区的家长更多地使用网络，他们对网络的工具性便利和网络为其生活带来的积极影响体验得更为深刻，因此对青少年的网络使用也持有更为积极开放的态度。在青少年正确上网的可控范围内，家长们凭借自身对网络的利用和了解程度，对于青少年的网络使用给予了更多的支持和指导。而与此相比，来自欠发达地区的家长可能由于自身对网络的了解和使用程度不充分，使他们更为关注网络这种新生事物可能对青少年发展带来的不确定性甚至是不利影响，据此对青少年上网表现出相对消极的态度。家庭所在地类别与家长对孩子上网支持度的评分

关系的 t 检验结果如表 3.48 所示，不同家庭所在地区类型的网络使用支持度评分情况如图 3.36 所示。

表 3.48　家庭所在地类别与家长对孩子上网支持度评分关系的 t 检验

	N	M	SD	t	p
发达地区	378	4.54	2.99	2.75	0.006
欠发达地区	941	4.04	3.04		

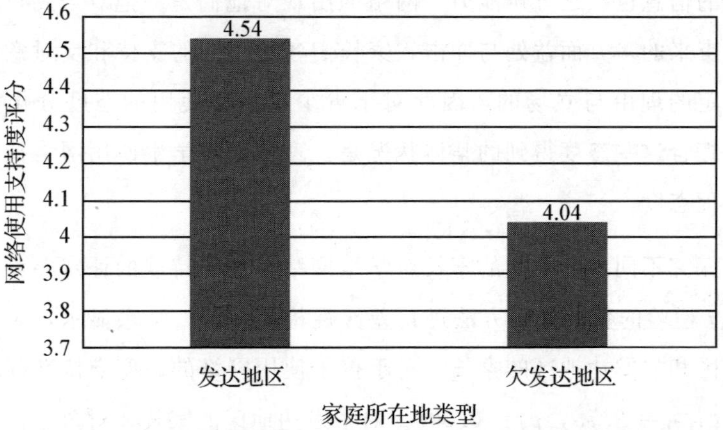

3.36　不同家庭所在地区类型的家长对孩子网络使用支持度评分情况

同样采用 t 检验的方法来探究家长对孩子网络使用支持度的性别差异。结果显示，在参与分析的 1262 名学生家长(父亲 463 人，母亲 799 人)中，对于孩子网络使用支持度的评定并不存在显著的性别差异，$t_{(1260)} = 0.94$，$p = 0.35$。学生父亲($M = 4.29$)及学生母亲($M = 4.13$)对于孩子使用网络的认同程度均给出了中等略低的主观评定。家长性别与学生网络使用支持度的 t 检验结果如表 3.49 所示。

表 3.49　家长性别与学生网络使用支持度的 t 检验

	N	M	SD	t	p
学生父亲	463	4.29	3.10	0.94	0.35
学生母亲	799	4.13	3.00		

采用方差分析的方法来探究家长所处年龄阶段与孩子网络使用支持度之间的关系。结果显示，不同年龄阶段的家长在孩子网络使用支持度的主观评定上并不存在显著差异，$F_{(2, 1284)} = 0.24$，$p = 0.78$，20～40 岁($M = 4.11$)、41～50 岁($M = 4.19$)和 50 岁以上($M - 4.42$)的家长对孩子的网络使用支持度均给出了相对居中偏低的主观评分。家长年龄阶段与孩子网络使用支持度的方差分析表如表 3.50 所示。

表 3.50　家长年龄阶段与学生网络使用支持度的方差分析表

	SS	df	MS	F	p
家长年龄阶段	4.68	2	2.34	0.25	0.78
误差	11822.35	1284	9.21		

同样采用方差分析的方法探究家长的教育程度与其孩子网络使用支持度的关系。方差分析的结果显示，家长的教育水平对其在孩子网络使用支持度上的评分影响显著，$F_{(2, 1272)} = 20.07$，$p < 0.001$。对不同教育程度家长在孩子网络使用支持度上的评分进行多重比较，结果显示，对于大学及以上教育水平的家长，对孩子的网络使用支持度($M = 4.85$)均显著高于高中教育程度的家长($M = 4.32$)和初中及以下教育程度的家长($M = 3.44$)，$p_1 = 0.01$，$p_2 < 0.001$，而高中教育程度的家长对于孩子网络使用支持度的评分也显著高于初中及以下教育程度的家长，$p < 0.001$。由此可知，随着家长教育程度的提升，对孩子使用网络会抱持更加开放和积极的支持态度。与之前的分析相似，家长对孩子网络使用的支持程度应该与其自身的网络使用态度及情况相关。教育程度较高的家长由于在自己的工作和生活中也会更多地使用网络，能够充分感受和认同网络作为工作为自身带来的便利，因此也会对孩子使用网络抱持更加开放支持的态度。而教育程度较低的家长可能由于自身对网络的不了解，更多获知的只是网络可能带给青少年的负面影响，因此在相关的态度方面可能表现得略为消极或保守。家长教育程度影响孩子网络使用支持度评分的方差分析表如表 3.51 所示，不同教育程度家长的网络使用支持度评分情况如图 3.37 所示。

表 3.51　家长教育程度与网络使用支持度评分的方差分析表

	SS	*df*	*MS*	*F*	*p*
家长教育程度	359.29	2	179.65	20.07	< 0.001
误差	11384.47	1272	8.95		

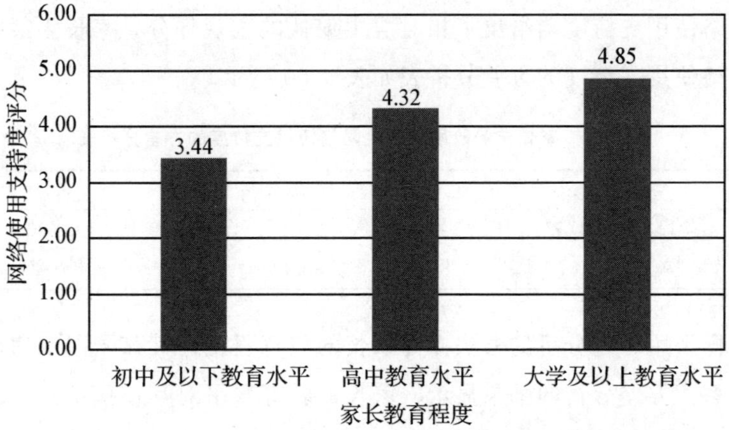

图 3.37　不同教育程度家长对孩子网络使用支持度评分情况

网络管理有效性及方式。研究采用 10 点量表的计分方式请家长对“管理孩子网络使用的有效程度”进行评定。“1～10 点”计分依次表示从“完全有效”到“完全无效”的有效性递减变化。描述统计的结果分析显示，家长对管理孩子网络使用的有效性评分均分为 3.8 分($SD = 3.20$)，这一结果说明，总体上，家长们对孩子的网络使用管理评分水平较高，认为自身实行了较为有效的网络管理教育。但同时我们也可以发现，家长对孩子网络使用管理有效性的总体评分同样存在着较大的标准差，这说明在青少年家长群体中同样存在着对孩子网络使用进行了有效管理和未能施行有效管理的家长。而即使家长在主观上认为自己的管理方式是整体有效的，这些管理方式真实的科学性和有效性仍然有待考证。在接下来的分析中我们针对家长对孩子网络使用的管理行为进行具体的探讨。

而在具体的网络使用引导方式上，研究主要考察了家长在“限定上网时间”“监管上网内容”及“限定上网地点”三个方面的网络使用管理行为。通过“很少”“有时”“经常”和“总是”4 个选项的频率递增性变化反映家长对孩子的网络引导常用方式。频数分析的结果显示，在“限定上网时间”的评定中，参与评定的家长有 51.3%的家长会“经常”或“总是”对孩子的上网时间进行限定(家长限定孩子上网时间行为强度的分布情况如图 3.38 所示)，说明对上网时间的限定是家长常用的青少年网络使用管理方法和引导策略。而在“监管上网内容”的评定中，仅有 34.3%的家长会“经常”“总是”对孩子的上网内容进行监管，而 65.7%的家长都较少关注孩子的上网内容(家长监管孩子上网内容的行为强度分布情况如图 3.39 所示)，这一结果说明在家长使用的青少年网络使用管理方法和引导策略中，家长对于网络使用内容的管理是相对较少的。而在“限定上网地点”的评定中，有 52.2%的家长会“经常”或“总是”对孩子上网的地点进行限制，但另有 36.7%的家长很少管理孩子的上网地点(家长限定孩子上网地点的行为强度分布情况如图 3.40 所示)，这一结果说明对孩子上网地点的限制也是家长常用的青少年网络使用管理方法。

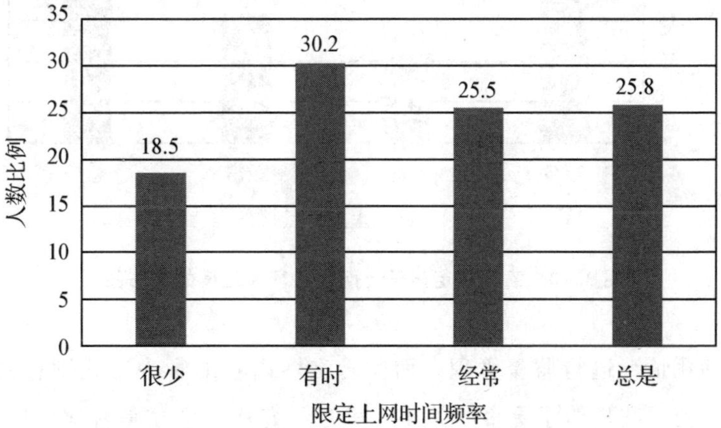

图 3.38 家长限定孩子上网时间行为强度的分布图

综合上述结果，家长主要采用限定上网时间和上网地点的方式对孩子

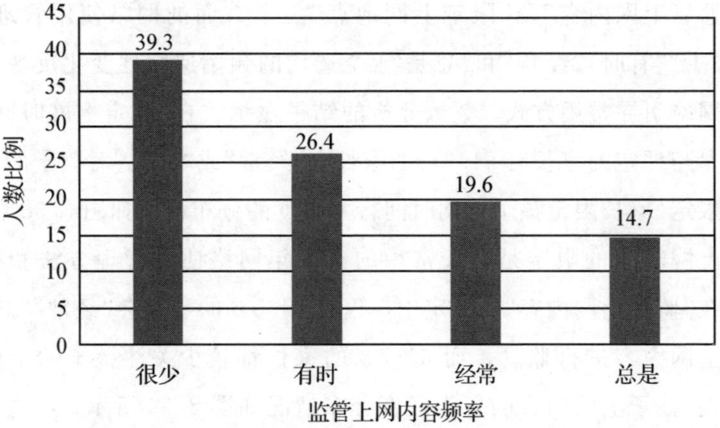

图 3.39　家长监管孩子上网内容行为强度的分布图

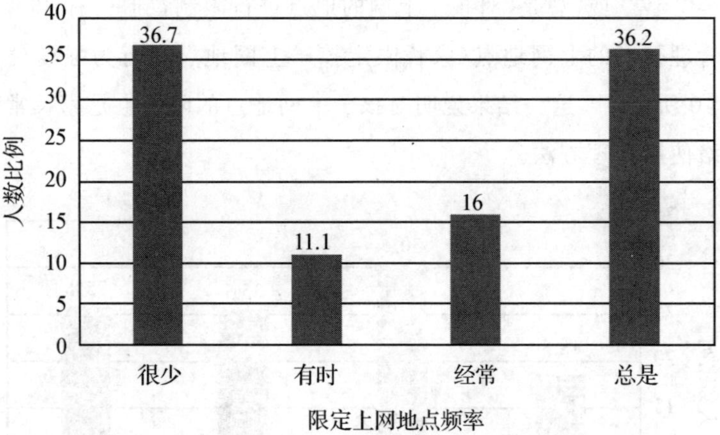

图 3.40　家长限定孩子上网地点行为强度的分布图

的网络使用情况进行监督管理，而监管上网内容的管理方式则相对较少。这一现象值得我们给予更多的关注和思考。究竟怎样才是科学合理的青少年网络使用管理原则，对这一问题的探讨一直是青少年网络心理学研究当中争议不断的问题。本研究中我们发现，限定上网时间和上网地点是多数家长较为常见的青少年网络使用管理方法，而超过半数的家长均较少关注孩子的上网内容。结合上一部分的家长网络管理有效性的自评分析，虽然家长对青少年网络使用实施有效监管的总体趋势及家长们的主观评定是相对积极乐观的，但家长是否切实地对青少年的网络使用实施了科学而有效的管理，这一结论仍然有待商榷。而网络使用内容的有效监管可能正是这一问题的关键之一，网络使用内容对于青少年的网络科学管理具有重要的意义。积极的网络使用内容可以帮助青少年实现健全人格的塑造和积极人生观价值观的建立，充分利用网络的特点和优势帮助青少年拓宽视野，与时俱进；而与此相反，消极而不健康的网络使用内容则可能会对青少年的自我发展产生不利甚至是颠覆性的不良影响，使青少年发展出具有偏差的价值和行为模式，也较容易使青少年产生成瘾和网络的病理性使用行为。因此，家长对于学生网络使用内容的积极关注和正确引导对于青少年健康网络生活状况的促进具有重要的意义，但在本研究的结果中我们发现，家长恰恰在青少年的网络使用内容方面的监管是极其欠缺的。虽然目前尚未形成清晰而明确的青少年网络使用管理的操作细则，但从本研究的调查结果中，我们可以初步了解到在实际问题解决的过程中存在的突出问题和欠缺之处。究竟应该采取怎样的监管方式才能促进青少年建立健康向上的网络使用行为习惯，这是未来的研究者与教育者需要深入探讨的重要议题。

为探究不同地区类型的家长在孩子网络使用管理有效性上的评定差异性，研究采用 t 检验的数据分析方法进行差异性检验分析。结果显示，对于来自发达地区和欠发达地区的家长，在孩子的网络管理有效性方面存在显著差异，$t_{(1297)} = 4.75$，$p < 0.001$。对于发达地区的家长，对孩子网络管理的有效性($M = 4.46$)显著差于欠发达地区的家长($M = 3.53$)，说明发达地区的家长认为自身对孩子的网络教育管理效果相对较差。这一现象值得我们给予一定的关注。在之前的分析中，我们提到，生活在发达地区的家长往往对孩子的上网行为持更加开放和积极的支持态度，他们基于自己在工作和生活中使用网络的积极体验期待青少年也能够从中获益。但可能由于发达地区生活压力较大，家长的生活节奏较快，比较少有时间能够

切实有效地关注青少年的网络使用情况，而这一现象恰恰是存在着一定潜在危机的。生活中在发达地区的青少年学生，由于其生活环境的影响，网络在其生活中的用途和普遍性也会更高，青少年日常接触网络的机会与频率也会越高，在这种情况下青少年的网络使用行为需要家长给予更多的关注和切实指导，而恰恰发达地区和城市的家长们在这方面对孩子的管理反而是相对欠缺的，这就更容易导致发达地区青少年的网络成瘾和不健康网络使用行为。家庭所在地类别与家长对孩子网络管理有效性的评分关系的 t 检验结果如表 3.52 所示，不同家庭所在地区类型的学生网络使用管理有效性评分情况如图 3.41 所示。

表 3.52　家庭所在地类别与对孩子网络使用管理有效性评分的 t 检验

	N	M	SD	t	p
发达地区	368	4.46	3.39	4.75	< 0.001
欠发达地区	931	3.53	3.09		

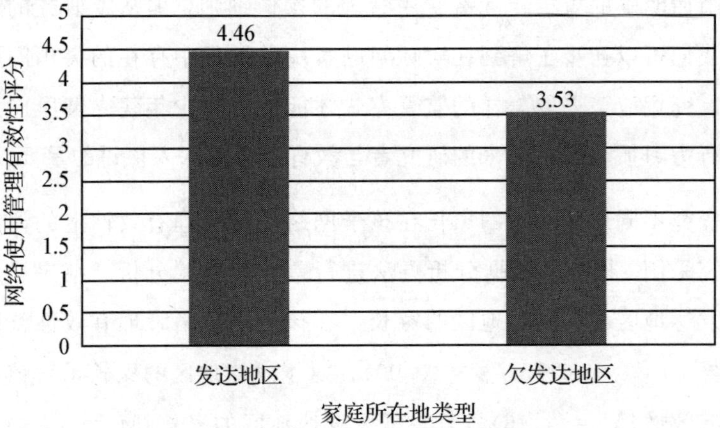

图 3.41　不同家庭所在地区类型与孩子网络使用管理有效性评分情况

同样采用 t 检验的方法来探究家长对孩子网络管理有效性的性别差异。结果显示，在参与分析的 1243 名学生家长(父亲 456 人，母亲 787 人)中，对于孩子网络管理有效性的评定并不存在显著的性别差异，$t_{(1241)} = 0.05$，

$p = 0.96$。学生父亲($M = 3.77$)及学生母亲($M = 3.76$)对于网络管理的有效性均给出了相对较低的主观评定。这一结果提示我们，父母虽然在孩子的个人发展与成长中可能扮演着不同的角色，通过不同的方式方法关注孩子的成长，但总体而言，父母在上网问题上对青少年的管理和指导程度并不存在显著的差异。家长性别与学生网络管理有效性的 t 检验结果如表 3.53 所示。

表 3.53 家长性别与学生网络管理有效性的 t 检验

	N	*M*	*SD*	*t*	*p*
学生父亲	456	3.77	3.13	0.05	0.96
学生母亲	787	3.76	3.22		

采用方差分析的方法来探究家长所处年龄阶段与孩子网络使用管理有效性之间的关系。结果显示，不同年龄阶段的家长对孩子网络使用管理有效性的主观评定并不存在显著差异，$F_{(2, 1264)} = 2.24$，$p = 0.11$，20～40 岁($M = 3.63$)、41～50 岁($M = 3.89$)和 50 岁以上($M = 4.58$)的家长对学生网络管理的有效性均给出了较高的主观评分，认为自身对孩子的网络管理教育较为有效。这一结果提示我们，虽然不同年龄阶段的家长在自身使用网络的方法和情况方面可能存在一定的差异，但总体而言，家长们均认为自己对青少年的网络使用进行了较好的监管。但不同年龄阶段家长的监管方式是否存在差异，具体的监督管理方法是否科学有效，我们不得而知。家长年龄阶段与孩子网络管理有效性的方差分析表如表 3.54 所示。

表 3.54 家长年龄阶段与孩子网络管理有效性的方差分析表

	SS	*df*	*MS*	*F*	*p*
家长年龄阶段	45.41	2	22.70	2.24	0.11
误差	12825.60	1264	10.15		

同样采用方差分析的方法探究家长的教育程度与其对孩子网络管理有效性评分的关系。方差分析的结果显示，家长的教育水平对其在孩子网络使用支持度上的评分影响显著，$F_{(2, 1253)} = 12.41$，$p < 0.001$。对不同教

育程度家长在网络管理有效性上的评分进行多重比较，结果显示，对于大学及以上教育水平的家长，对孩子的网络管理有效性($M=4.39$)均显著差于高中教育程度的家长($M=3.83$)和初中及以下教育程度的家长($M=3.18$)，$p_1=0.01$，$p_2<0.001$，而高中教育程度的家长对于孩子网络管理有效性的评分也显著差于初中及以下教育程度的家长，$p=0.002$。由此可知，教育程度相对较低的家长反而在孩子的网络使用管理方面有更为有效的主观自我评价。对于这一结果所反映的真实情况需要我们客观地分析和考虑。结合之前部分的分析，我们知道，不同教育程度的家长在自身的网络使用情况和青少年网络使用的态度方面存在显著的差异性。教育程度较高的家长会在自己的工作和生活中更多地使用网络，对于青少年使用网络的问题也持更加积极和开放的态度。如果本题的调查结果真实地反映了家长的行为模式，那么教育程度较高的家长对孩子网络使用管理的较低有效性一方面可能是家长自身认同的网络积极性因素使其对网络管理同样抱有更为积极的态度；另一方面，也可能是因为工作生活等因素使家长疏于管理青少年的网络使用行为。对于受教育程度较低的家长而言，其日常工作和生活中网络所占据的使用比例较低，而对于青少年的网络使用，家长则可能基于对网络成瘾等负面信息的认知对青少年的网络使用行为持更加谨慎的关注和管理态度。而对于受教育程度较高的家长，他们可能更多地考虑到网络为其自身带来的便利，也对孩子的网络使用管理持更加开放的态度，在真实的管理行为方面并未采取针对性的措施。

家长教育程度影响孩子网络管理有效性评分的方差分析表如表 3.55 所示，不同教育程度家长的孩子网络管理有效性评分情况如图 3.42 所示。

表 3.55　家长教育程度与网络管理有效性的方差分析表

	SS	*df*	*MS*	*F*	*p*
家长教育程度	248.06	2	124.03	12.41	<0.001
误差	12521.29	1253	9.99		

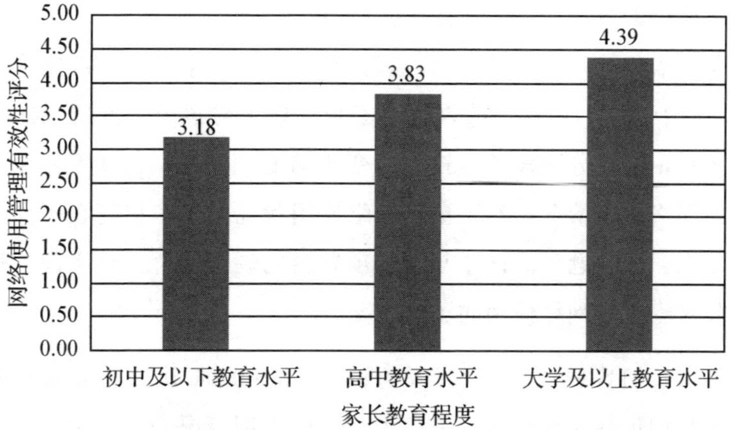

图 3.42　不同教育程度家长的孩子网络管理有效性评分情况

网络使用情况了解程度。关于家长对青少年网络使用状况的评价，其切实的有效性和偏差大小都依赖于家长对孩子上网情况的了解程度。如果家长对孩子的网络使用状况足够了解，那么基于家长了解状况得出的青少年网络使用状况及其管理建议也往往应该是科学合理的；而如果家长对孩子的网络使用状况了解程度不够，那么基于家长反馈得到的青少年网络生活状况可能就无法真实有效地反映青少年的网络行为，相反，得到的结果可能只是青少年在家长面前表现出的网络生活状态和家长期望的行为模式。基于以上思考，我们对家长在青少年网络生活方面的了解情况进行了调查。为研究家长对孩子网络使用情况的了解程度，研究首先向家长调查了"孩子是否隐瞒了自己上网情况"，请家长进行"是"或"否"的二选一判断。结果显示，88.1%的家长均认为孩子并未隐瞒自己的上网情况，换言之，自身对孩子的网络使用状况较为了解。这一结果说明，家长对孩子上网情况的了解程度总体而言是相对乐观的，家长了解孩子的真实网络使用情况和行为状态，是从家长的角度指导和管理青少年网络使用的重要基础条件。

研究就"孩子的网络使用状况了解程度"请家长以 10 点量表评分的方式

进行自评测查。“1～10点”分别表示“非常不了解”到“非常了解”的程度递增性变化。描述统计的结果显示，家长对孩子上网情况的了解程度均分为5.6分($SD = 3.70$)，这一结果说明家长总体上对孩子上网情况的了解处于中等水平，但评分同样具有较大的变化幅度，说明家长并不完全掌握了解学生的网络使用情况，对于孩子网络使用状况的了解程度在不同家长之间差异较大。该项题目的设置与前一项题目的调查结合，从不同的侧面考察了家长对青少年网络使用的了解状况。

虽然家长们普遍认为，自己的孩子并未刻意向其隐瞒上网的真实情况，但家长们也并未深入地了解孩子真实的上网情况，对青少年上网状况的了解程度仅仅处于中等水平。这一方面可能影响我们从家长角度了解青少年网络生活实际状况的准确性；另一方面也需要家长和相关研究人员对这一现象给予更多的关注。结合之前的分析，我们知道家长对孩子网络使用的管理和指导主要集中在上网的时间和上网的地点两个方面，而对孩子网络使用的内容关注不足。如果家长能够适时适当地对孩子网络使用的内容进行关注和指导，既能够提高网络使用管理的效率，同时可以大大增进家长对孩子上网情况的了解程度。更进一步地，青少年网络生活的内容也是其思想动态和情绪情感的重要反映，关注青少年上网的内容也可以帮助家长更多地了解青少年的真实生活，加强与青少年的日常沟通，增进亲子关系的良性互动与发展。

为探究不同地区类型的家长对学生网络使用状况了解程度的差异性，研究采用t检验的数据分析方法进行差异性检验分析。结果显示，来自发达地区和欠发达地区的家长对于孩子使用网络的了解程度存在显著差异，$t_{(1313)} = 3.63$，$p < 0.001$。对于发达地区的家长，对孩子使用网络的了解程度($M = 6.13$)显著高于欠发达地区的家长($M = 5.32$)。家长对孩子上网情况的了解程度可能也与其自身的网络使用情况和对网络的了解程度相关。发达地区的家长在日常的工作和生活中也会更多地使用网络，因此其自身对于网络的了解程度可能也会影响家长对于孩子网络使用状况的了解

情况。而与此相比，欠发达地区的家长可能由于日常对网络的接触较少，对网络内容的基础信息和背景知识不足，也不能够有效地对孩子网络使用的情况进行有效的跟进与了解。家庭所在地类别与学生网络使用了解程度评分关系的 t 检验结果如表 3.56 所示，不同家庭所在地区类型的家长对孩子网络使用了解程度的评分情况如图 3.43 所示。

表 3.56　家庭所在地类别与家长对孩子网络使用了解程度评分的 t 检验

	N	M	SD	t	p
发达地区	378	6.13	3.52	3.63	< 0.001
欠发达地区	937	5.32	3.74		

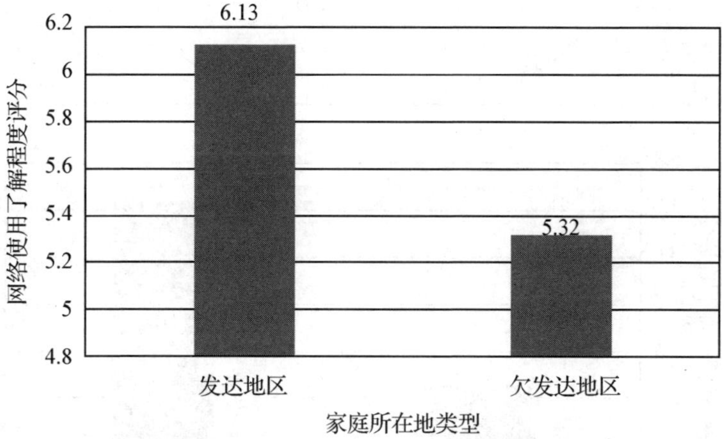

图 3.43　不同家庭所在地区类型的家长对孩子网络使用了解程度的评分情况

同样采用 t 检验的方法来探究家长对孩子网络使用了解程度的性别差异。结果显示，在参与分析的 1259 名学生家长(父亲 463 人，母亲 796 人)中，对于孩子网络使用了解程度的评定存在边缘显著的性别差异，$t_{(1257)} = 1.83$，$p = 0.07$。学生母亲($M = 5.72$)对于孩子网络使用状况的了解程度边缘显著地高于学生父亲($M = 5.33$)的了解程度，这一结果在某种程度上反映出了学生父亲和母亲对学生日常学习和生活的关注程度可能存在一定的差异。通常，我们认为父母与孩子的交流方式和家庭角色都存在一定的差异，母亲会更为细致地关注学生在日常生活中各个方面的发展和变化，在网络生活方面也是如此。母亲对青少年网络使用的了解程度比父亲更高，这一结果虽然符合父母在家庭中的常规角色定位，但父亲作为青少年人生观和价值观的重要影响力量，也可以在孩子的网络生活方面提供积极的影响和引导作用，这值得青少年的父亲和相关的教育研究者进行更加深入的思考与探讨。家长性别与对学生网络使用了解程度的 t 检验结果如表 3.57 所示，学生父亲与母亲对孩子的网络使用状况了解程度评分情况如图 3.44 所示。

表 3.57 家长性别与对学生网络使用了解程度的 t 检验

	N	*M*	*SD*	*t*	*p*
学生父亲	463	5.33	3.63	1.83	0.067
学生母亲	796	5.72	3.74		

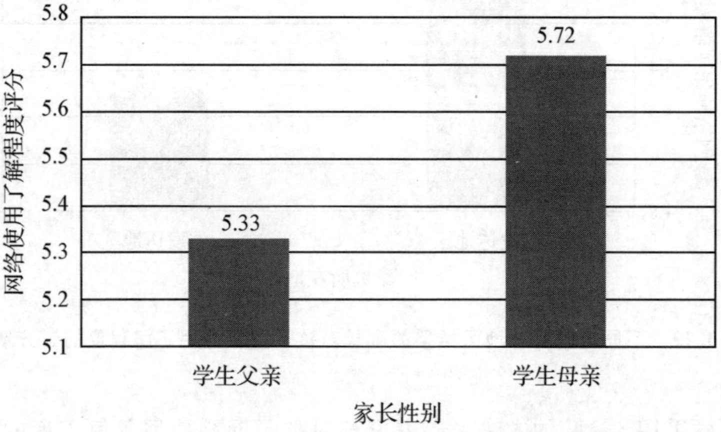

图 3.44 学生父母对孩子的网络使用了解程度评分情况

采用方差分析的方法来探究家长所处年龄阶段与孩子网络使用了解程度之间的关系。结果显示，不同年龄阶段的家长对孩子网络使用了解程度的主观评定并不存在显著差异，$F_{(2, 1280)} = 0.29$，$p = 0.75$，20～40 岁($M = 5.48$)、41～50 岁($M = 5.60$)和 50 岁以上($M = 5.23$)的家长对孩子的网络使用了解程度均给出了中等水平的主观评分。家长年龄阶段与孩子网络使用了解程度的方差分析表如表 3.58 所示。

表 3.58　家长年龄阶段与孩子网络使用了解程度的方差分析表

	SS	*df*	*MS*	*F*	*p*
家长年龄阶段	8.06	2	4.03	0.29	0.75
误差	17529.41	1280	13.70		

同样采用方差分析的方法探究家长的教育程度与其对孩子网络使用了解程度的关系。方差分析的结果显示，家长的教育水平对其在孩子网络使用了解程度上的评分影响显著，$F_{(2,\ 1268)} = 19.12$，$p < 0.001$。对不同教育程度家长在孩子网络使用了解程度上的评分进行多重比较，结果显示，对于大学及以上教育水平的家长，对孩子网络使用的理解程度($M = 6.40$)均显著高于高中教育程度的家长($M = 5.69$)和初中及以下教育程度的家长($M = 4.70$)，$p_1 = 0.006$，$p_2 < 0.001$，而高中教育程度的家长对于孩子网络使用了解程度的评分也显著高于初中及以下教育程度的家长，$p < 0.001$。由此可知，随着家长教育程度的提升，对孩子使用网络的情况会有更深程度的了解。这一结果可能与家长自身对网络的了解程度相关，受教育水平较高的家长往往也更熟悉网络的使用，这可能也会在一定程度上影响家长对孩子网络使用情况的了解程度。家长教育程度影响其对孩子网络使用了解程度的方差分析表如表 3.59 所示，不同教育程度家长的孩子网络使用了解程度评分情况如图 3.45 所示。

表 3.59　家长教育程度与对孩子网络使用了解度的方差分析表

	SS	*df*	*MS*	*F*	*p*
家长教育程度	507.07	2	253.54	19.12	< 0.001
误差	16813.35	1268	13.26		

网络依赖程度。请家长对孩子的网络依赖程度进行 10 点量表的评分，以“1～10 点”计分依次表示从“一点也不依赖”到“非常依赖”的依赖性递增变化。描述统计的结果分析显示，对孩子的网络依赖程度家长评定的均分

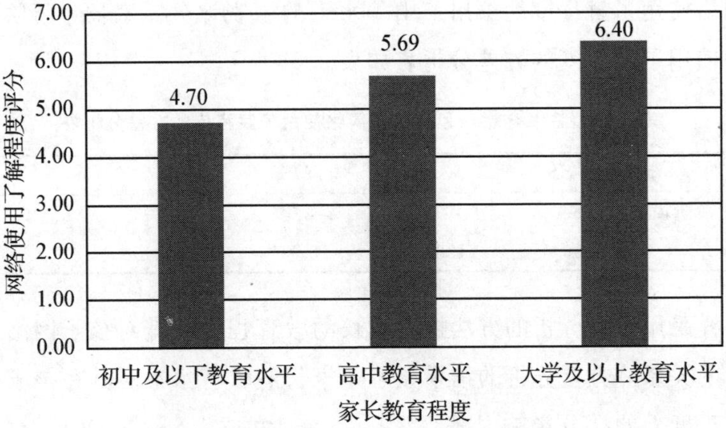

图 3.45　不同教育程度家长的孩子网络使用了解程度评分情况

为 3.2 分($SD = 2.62$)，说明多数家长认为自己孩子对网络的依赖程度较低，并未形成严重的网络依赖问题行为。这一调查结果总体而言是较为积极的，说明青少年总体上的网络使用情况较为乐观。但基于前文提及的家长对孩子网络使用状况的了解不够充分这一现实状况，家长对青少年网络依赖状况的评分准确性仍有待探讨。

为探究不同地区类型的家长对孩子网络依赖程度评分的差异性，研究采用 t 检验的数据分析方法进行差异性检验分析。结果显示，来自发达地区和欠发达地区的家长对于孩子网络依赖程度的评分存在显著差异，$t_{(1320)} = 7.48$，$p < 0.001$。发达地区的家长主观评定的孩子网络依赖程度($M = 4.07$)显著高于欠发达地区的家长($M = 2.91$)。与发达地区家长自身的网络依赖情况类似，发达地区的学生由于整体生活格局和生活模式的差异性，总体上比欠发达地区的青少年更多地依赖网络。家庭所在地类别与学生网络依赖程度评分的 t 检验结果如表 3.60 所示，不同家庭所在地区类型的家长对孩子网络依赖程度的评分情况如图 3.46 所示。

表 3.60 家庭所在地类别与孩子网络依赖程度评分的 t 检验

	N	M	SD	t	p
发达地区	379	4.07	2.69	7.48	< 0.001
欠发达地区	943	2.91	2.52		

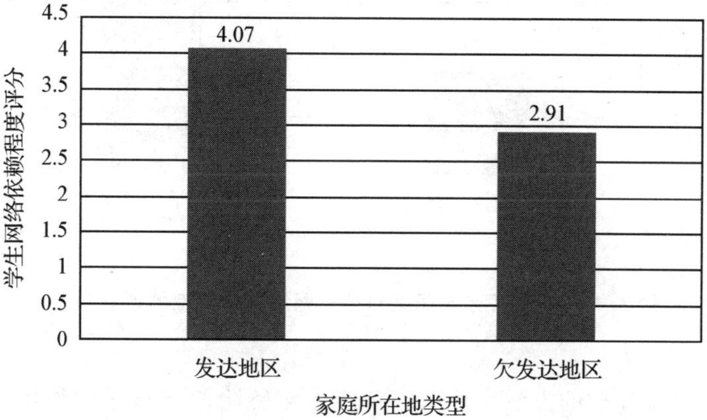

图 3.46 不同家庭所在地区类型的家长对孩子网络依赖程度的评分情况

同样采用 t 检验的方法来探究家长对孩子网络依赖程度评分的性别差异。结果显示，在参与分析的 1265 名学生家长(父亲 465 人，母亲 800 人)中，对于孩子网络使用依赖程度的评定不存在显著的性别差异，$t_{(1263)} = 1.18$，$p = 0.238$。学生父亲($M = 3.14$)与学生母亲($M = 3.32$)对于孩子网络依赖程度的分数评定均普遍较低，认为孩子网络依赖的程度较轻。虽然父母对孩子的评价和专注视角可能不同，但学生父亲和学生母亲对于青少年网络使用情况和网络依赖程度的认识评价基本相同。家长性别与对孩子网络依赖程度评分的 t 检验结果如表 3.61 所示，学生父亲与母亲对孩子的网络依赖状况的评分情况如图 3.47 所示。

表 3.61 家长性别与对学生网络依赖程度评分的 t 检验

	N	M	SD	t	p
学生父亲	465	3.14	2.59	1.18	0.238
学生母亲	800	3.32	2.65		

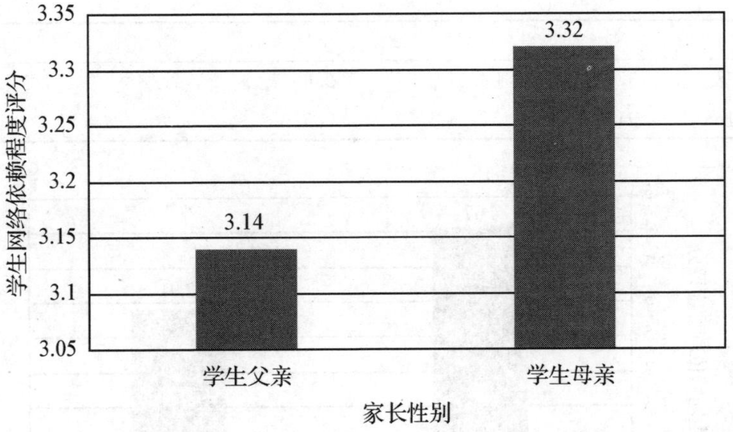

图 3.47　学生父亲与母亲对孩子网络依赖程度的评分情况

采用方差分析的方法来探究家长所处年龄阶段与孩子网络依赖程度评分之间的关系。结果显示，不同年龄阶段的家长对孩子网络使用依赖程度的主观评定并不存在显著差异，$F_{(2, 1287)} = 1.68$，$p = 0.19$，20～40 岁($M = 3.14$)、41～50 岁($M = 3.32$)和 50 岁以上($M = 3.80$)的家长对孩子的网络使用依赖程度均给出了较低的主观评分。家长年龄阶段与孩子网络使用依赖程度的方差分析表如表 3.62 所示。

表 3.62　家长年龄阶段与孩子网络依赖程度的方差分析表

	SS	*df*	*MS*	*F*	*p*
家长年龄阶段	23.12	2	11.56	1.68	0.19
误差	8878.49	1287	6.90		

同样采用方差分析的方法探究家长的教育程度与其对孩子网络依赖程度评分的关系。方差分析的结果显示，家长的教育水平对其在孩子网络依赖程度上的评分影响显著，$F_{(2, 1268)} = 14.73$，$p < 0.001$。对不同教育程度家长在孩子网络依赖程度上的评分进行多重比较，结果显示，对于大学及以上教育水平的家长，对孩子网络依赖程度的评分($M = 3.74$)均显著高

于高中教育程度的家长(M = 3.35)和初中及以下教育程度的家长(M = 2.69)，$p_1 = 0.03$，$p_2 < 0.001$，而高中教育程度的家长对于孩子网络依赖程度的评分也显著高于初中及以下教育程度的家长，$p < 0.001$。与地区性的差异相类似，家长对孩子网络依赖程度的评分可能与其自身的网络使用习惯和网络依赖程度密切相关。受教育程度较高的家长总体上评价自身的网络依赖程度也相对较高，基于其自身对网络的了解和评价可能也会觉得孩子的生活和学习是离不开网络的。家长教育程度影响其对孩子网络依赖程度评分的方差分析表如表3.63所示，不同教育程度家长的孩子网络依赖程度的评分情况如图3.48所示。

表 3.63 家长教育程度与对孩子网络依赖程度评分的方差分析表

	SS	*df*	*MS*	*F*	*P*
家长教育程度	198.38	2	99.19	14.73	< 0.001
误差	8586.00	1275	6.73		

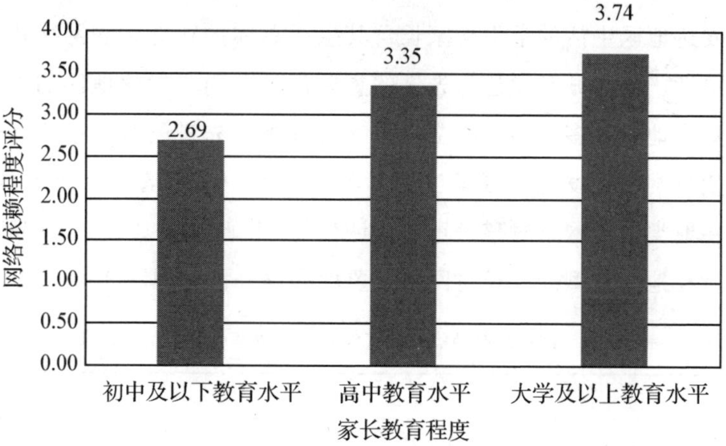

图 3.48 不同教育程度家长的孩子网络依赖程度的评分情况

网络的重要性评定。而在网络对于孩子的重要程度评定中，以“1～10点”计分依次表示“一点也不重要”到“非常重要”的重要性递增变化。描述统计的结果显示，网络对于孩子的重要性经由家长评定的得分均值为3.9分($SD = 2.84$)，说明家长认为网络在孩子的生活中并不发挥特别重要的作用，重要程度的评分整体较低。虽然网络在我们的生活中发挥着越来越重要的作用，但对于青少年而言，校园生活仍是其生活的主体模式，青少年的学习方式仍是主要依托于教师传授、书本纸笔等传统学习方法，网络对其主体性的学习活动并不发挥关键性的作用。因此，网络在青少年生活当中的重要性程度相对较低。

为探究不同地区类型的家长在网络对孩子重要性方面评分的差异性，研究采用t检验的数据分析方法进行差异性检验分析。结果显示，来自发达地区和欠发达地区的家长对于网络重要性的评分存在显著差异，$t_{(1317)} = 6.07$，$p < 0.001$。发达地区的家长主观评定的网络重要性程度($M = 4.61$)显著高于欠发达地区的家长($M = 3.57$)。在之前的分析中我们提到过，发达地区整体的生活工作模式可能会更多地依托网络开展，这不仅会在家长的工作和生活中有所体现，也会在青少年的学习和生活中有所体现。在发达地区生活的学生与家长，其生活总体的智能化和网络化程度也会相对更高。作为城市发达与先进的重要反映方面，发达地区的学生教育中也会更多地融入多媒体与网络信息教育等更为先进的教育手段和教育理念，这使得网络在发达地区学生的学习和生活中发挥着更为重要的作用。家庭所在地类别与网络对孩子重要性评分的t检验结果如表3.64所示，不同家庭所在地区类型的家长对网络重要性的评分情况如图3.49所示。

表3.64　家庭所在地类别与网络对孩子重要性评分的 t 检验

	N	M	SD	t	p
发达地区	376	4.61	2.77	6.07	< 0.001
欠发达地区	943	3.57	2.81		

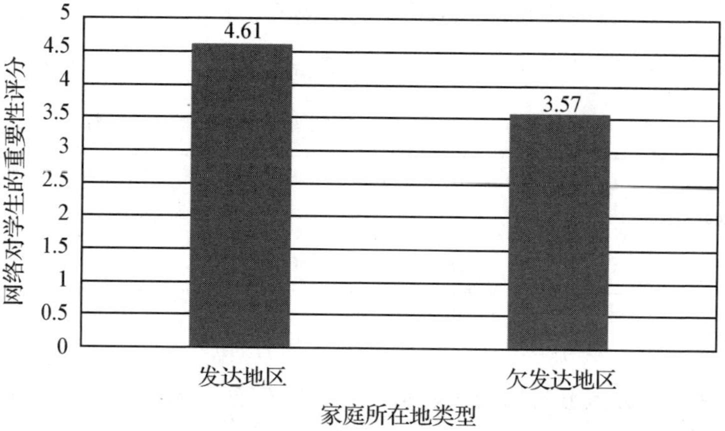

图 3.49 不同家庭所在地区类型的家长对孩子使用网络重要性的评分情况

同样采用 t 检验的方法来探究家长在网络对孩子重要性评分上的性别差异。结果显示，在参与分析的 1262 名学生家长(父亲 466 人，母亲 796 人)中，对于网络对孩子的重要性评定不存在显著的性别差异，$t_{(1260)} = 0.69$，$p = 0.490$。学生父亲($M = 3.81$)与学生母亲($M = 3.92$)对于网络重要性的分数评定均普遍较低。家长性别与网络重要性评分关系的 t 检验结果如表 3.65 所示。

表 3.65 家长性别与网络对学生重要性评分的 t 检验

	N	*M*	*SD*	*t*	*p*
学生父亲	466	3.81	2.83	0.69	0.49
学生母亲	796	3.92	2.84		

采用方差分析的方法来探究家长所处年龄阶段与网络重要性评分之间的关系。结果显示，不同年龄阶段的家长在网络对孩子重要性程度评分上的差异性达到边缘显著水平，$F_{(2, 1284)} = 2.52$，$p = 0.08$。对不同年龄阶段家长的网络重要性评分进行多重比较，结果显示，41～50 岁($M = 4.03$)家长的网络重要性评分显著高于 20～40 岁($M = 3.69$)的家长评分，$p = 0.03$。而 50 岁以上($M = 4.17$)的家长对网络重要性的评分则与 20～

40岁和41～50岁的家长评分不存在显著差异，$p_1 = 0.30$，$p_2 = 0.76$。家长年龄阶段与网络对学生重要性评分的方差分析表如表3.66所示。

表3.66 家长年龄阶段与网络对学生重要性评分的方差分析表

	SS	df	MS	F	p
家长年龄阶段	40.80	2	20.40	2.52	0.08
误差	10395.48	1284	8.10		

同样采用方差分析的方法探究家长的教育程度与其对网络重要性程度评分的关系。方差分析的结果显示，家长的教育水平对其在网络重要程度上的评分影响显著，$F_{(2, 1272)} = 9.58$，$p < 0.001$。对不同教育程度家长在网络重要程度上的评分进行多重比较，结果显示，对于大学及以上教育水平的家长，对网络重要程度的评分($M = 4.30$)显著高于初中及以下教育程度的家长($M = 3.39$)，$p < 0.001$，同时，高中教育程度家长的网络重要性评分($M = 3.97$)显著高于初中及以下教育程度的家长，$p = 0.002$。但大学及以上教育水平的家长与高中教育程度家长的网络重要性评分之间差异不显著，$p = 0.10$。不同教育程度家长对孩子网络重要性程度的评分差异，很大程度上也依赖于网络对其自身的重要性程度。受教育程度较高的家长，其日常的工作和生活会更多地依赖网络开展，网络对其自身的工作与生活发挥着更为重要的作用。这点很有可能也会影响他们对网络在孩子生活中重要程度的评分。网络在家长的生活中越重要，他们越可能会认为或期待网络同时能够带给学生更多的便利与益处，对网络在孩子生活中重要程度的评分也就越高。与此相应的，他们也可能会更多地在实际生活中指导孩子使用网络，让网络在孩子的生活中发挥更加重要和积极的作用。家长教育程度影响其对网络重要性评分的方差分析表如表3.67所示，不同教育程度家长的网络重要性程度评分情况如图3.50所示。

表 3.67 家长教育程度与网络对孩子重要性程度评分的方差分析表

	SS	df	MS	F	p
家长教育程度	152.00	2	76.00	9.58	< 0.001
误差	10089.12	1272	7.93		

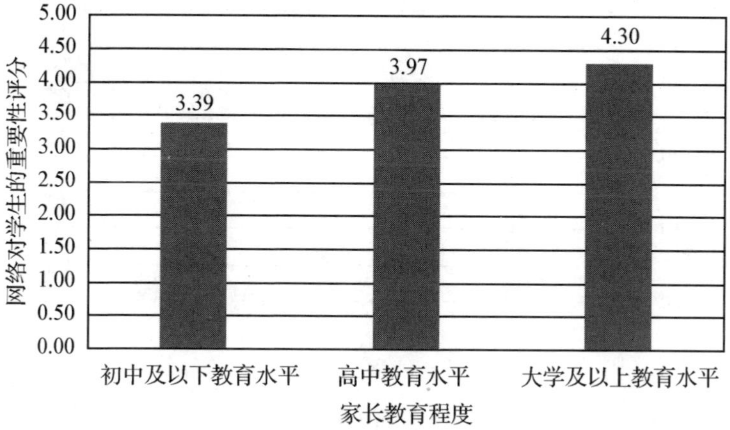

图 3.50 不同教育程度家长对网络对孩子重要性程度的评分情况

3.2.3 亲子交流状况

亲子交流频率。研究采用单项选择题形式请家长对自己"与孩子交流的频率"进行评定，在"每天多次""每天一次""每周三次""每周一次""两周一次"及"每月一次"共 6 项备选答案中依据自身情况做出选择。在频数分析的统计结果当中，39.7%的受访家长能够保证每天与孩子进行 1 次以上的亲子交流。亲子交流是维系亲子关系和家庭和谐的必要条件，有效而积极的亲子交流可以帮助家长了解青少年的情感动向和思想动态，并及时给予积极的引导与调整。根据本研究的调查结果，近四成的家长能够至少保证每天一次的亲子交流，当然这一结果是在另有四成家长未能有效填写该题的情况下得到的，因此能够保证积极交流的实际家长人数比例应该是高于四成的。因此，总体而言，家长的亲子交流情况是相对乐观的，多数家长均能在忙碌工作之余保证与孩子一定的交流和互动。但每周一次的交流可能仍是有待加强的，这样的交流是否切实有效地满足了青少年成长的心理需求还需要更多的指标进行反映。家长与孩子亲子交流的频率分布情况如图 3.51 所示。

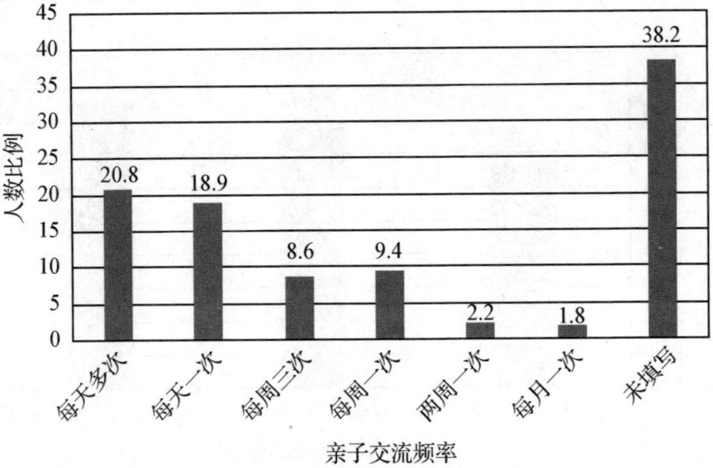

图 3.51　家长与孩子亲子交流的频率分布情况

亲子交流持续时间。采用 5 点量表评分的方式请家长对自己与孩子每次交流的平均时间长短进行主观评定，“1～5 点”评分依次表示“很短”“比较短”“一般”“比较长”和“很长”的 5 项交流时间依次递增的选项内容。描述性统计分析的结果显示，在 1317 名参与评分该题的家长中，对于交流时间的评分均值为 2.0 分($SD = 1.50$)，这一结果说明家长亲子交流时间的平均时长相对较短。结合上题分析，我们可以发现，虽然家长们在很大程度上有意识地保持与青少年每日一次的沟通交流，但这种沟通的深入程度尚且不够，这一结果就集中地体现在家长的沟通时间长短方面。平均而言，家长的亲子沟通持续时间比较短，这可能与家长繁忙的工作生活相关，但这一沟通强度可能在很大程度上会影响家长与孩子沟通的效率，对亲子关系造成一定的不利影响。

为探究不同地区类型的家长与孩子交流时间的时长差异性，研究采用

t 检验的数据分析方法进行差异性检验分析。结果显示，来自发达地区和欠发达地区的家长对于亲子交流时间的主观评分存在显著差异，$t_{(1314)} = 4.43$，$p < 0.001$。发达地区的家长主观评定的亲子交流时间（$M = 2.28$）显著长于欠发达地区的家长（$M = 1.88$）。这一结果是值得我们思考的，一般认为，在发达地区生活的家长，其工作强度和生活压力可能是高于欠发达地区家长的，因此他们可能更少有闲暇关注孩子的生活。但调查结果与这一预期相反，即发达地区的家长会花费更多的时间与自己的孩子进行交流。这一结果可能源于其主观上对亲子交流的重视。发达地区的家长更能够意识到亲子交流对青少年个人发展与成长的重要意义，也更愿意在此投入时间资源跟青少年进行及时有效的沟通。家庭所在地类别与亲子交流时长评分的 t 检验结果如表 3.68 所示，不同家庭所在地区类型的家长对亲子交流时间的评分情况如图 3.52 所示。

表 3.68　家庭所在地类别与亲子交流时长评分的 t 检验

	N	M	SD	t	p
发达地区	376	2.28	1.30	4.43	< 0.001
欠发达地区	940	1.88	1.56		

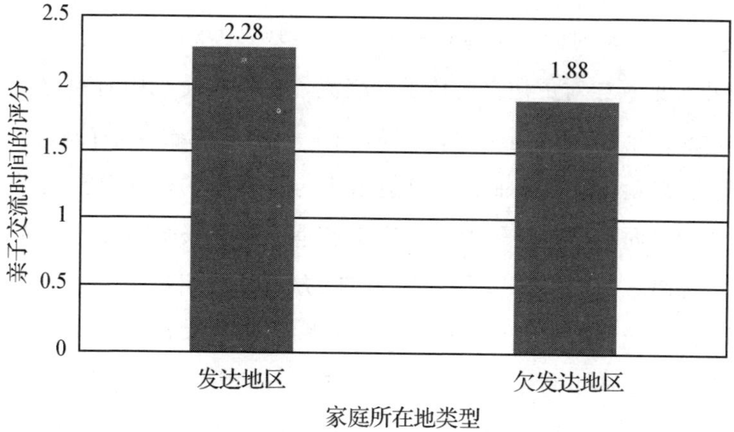

图 3.52　不同家庭所在地区类型的家长对亲子交流时间的评分情况

同样采用 t 检验的方法来探究家长在亲子交流时间评分上的性别差异。结果显示，在参与分析的 1260 名学生家长(父亲 464 人，母亲 796 人)中，家长对亲子交流的时间长短主观评定并不存在显著的性别差异，$t_{(1258)} = 0.53$，$p = 0.60$。学生父亲($M = 1.96$)与学生母亲($M = 2.01$)对于亲子交流时长的评定均普遍较低。家长性别与亲子交流时间关系的 t 检验结果如表 3.69 所示。

表 3.69　家长性别与亲子交流时间关系的 t 检验

	N	M	SD	t	p
学生父亲	464	1.96	1.48	0.53	0.60
学生母亲	796	2.01	1.51		

采用方差分析的方法来探究家长所处年龄阶段与亲子交流时间长短评分之间的关系。结果显示，不同年龄阶段的家长在亲子交流的持续时间上存在显著差异，$F_{(2, 1281)} = 20.75$，$p < 0.001$。对不同年龄阶段家长的亲子交流时间进行多重比较，结果显示，20～40 岁($M = 2.26$)家长与孩子的每次交流时间均显著长于 41～50 岁($M = 1.75$)家长和 50 岁以上($M = 1.48$)的家长，$p_1 < 0.001$，$p_2 = 0.001$，但 41～50 岁家长和 50 岁以上的家长与孩子的交流时间并不存在显著差异，$p = 0.25$。这一结果说明 20～40 岁的年轻家长相对更注重与孩子的交流，在每次交流中时间更长，交流更深入。家长年龄与亲子沟通之间的关系可能与家长年龄的代际差异有关。对于年龄较长的家长而言，可能由于与青少年的代际差异较大，致使其价值观和共同话题重叠较少，会使年龄稍长的家长觉得在亲子交流方面存在一定的困难，进而在亲子交流的时间方面就会相对减少。而较为年轻的家长可能更能够理解青少年的成长历程与心理状态，与青少年在交流方面更为自如。虽然不同年龄家长与孩子在交流的方式和状态方面可能存在差异，但家长们均应可以积极寻求适合自己的亲子沟通方式，使亲子关系和青少年的成长向更加良性的方向发展。家长年龄阶段与亲子交流时间主观评定的方差分析表如表 3.70 所示，不同年龄阶段家长的亲子交流时长情

况如图 3.53 所示。

表 3.70 家长年龄阶段与亲子交流时间主观评定的方差分析表

	SS	*df*	*MS*	*F*	*p*
家长年龄阶段	91.26	2	45.63	20.75	< 0.001
误差	2819.72	1281	2.20		

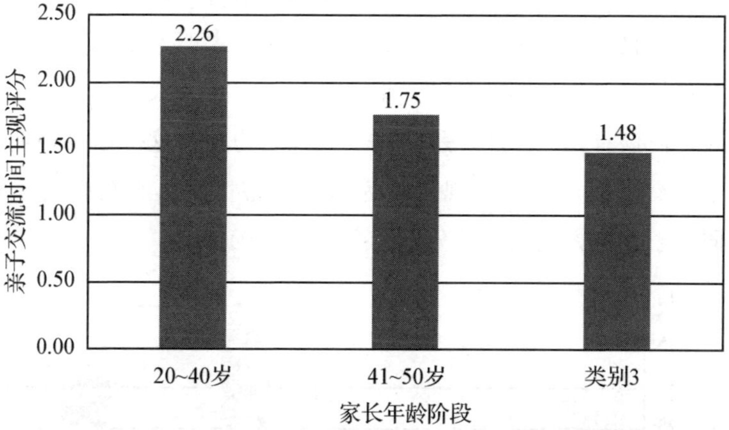

图 3.53 不同年龄阶段家长的亲子交流时长情况

同样采用方差分析的方法探究家长的教育程度与其亲子交流时间的关系。方差分析的结果显示，家长的教育水平对其在亲子交流上的时间投入影响不显著，$F_{(2, 1271)} = 1.68$，$p = 0.186$。对于初中及以下教育程度的家长($M = 1.88$)、高中教育程度家长($M = 2.02$)及大学及以上教育水平的家长($M = 2.09$)，在与孩子的每次交流中时间均持续较短。家长教育程度与亲子交流时长的方差分析表如表 3.71 所示。

表 3.71 家长教育程度与亲子交流时长的方差分析表

	SS	*df*	*MS*	*F*	*p*
家长教育程度	7.59	2	3.80	1.68	0.19
误差	2867.39	1271	2.26		

交流主动性。为考察家长与孩子的互动情况与主动性，研究请家长在与孩子交流时“您主动”“孩子主动”“双方主动”3项选择中依据自身情况做出单项选择的评估。在对结果进行的频数分析中，31.6%的家长并未作答，而在其余完成选择的家长当中，有37.2%的家长选择了“双方主动”的互动方式，“双方主动”是一种很好的亲子互动状态，这一选项不仅说明家长在有意维系良好的亲子关系，同时也说明孩子有与家长积极交流的主动性意愿。这一状态是良好亲子关系的重要表现，说明亲子双方的交流处于一种动态化而常态化的互动形态。而另有25.3%的家长选择了自己主动的互动方式，而仅有5.9%的家庭以“孩子主动”为主。这一结果说明，多数家长在亲子交流的过程中表现出较为积极的态度，具有较强的主观能动性。不同亲子交流方式的频数分布情况如图3.54所示。

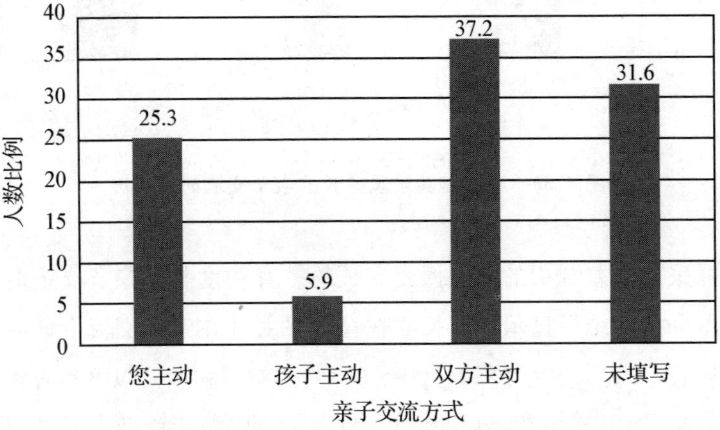

图3.54　不同亲子交流方式的频数分布情况

话题应对方式。请家长对孩子提及话题时的应对方式进行选择，选项内容包括“很感兴趣”“心不在焉”“要求孩子以后再说”及“打断孩子”共4项反应方式。对该题的家长作答结果进行频数分析，结果显示，有31.8%的家长并未作答，在其余完成该项的家长中，56.3%的家长会对孩子提出的话题表现主动得“很感兴趣”，而选择其余各项的家长人数都较少，比例低于10%。说明多数家长很关注与孩子的交流，鼓励并积极引导孩子的主动性话题，这样的互动方式同样可以积极调动青少年与家长进行沟通的主观意愿，便于家长及时跟进青少年的思想情感动态。家长对话题采用的应对方式频数分布情况如图 3.55 所示。

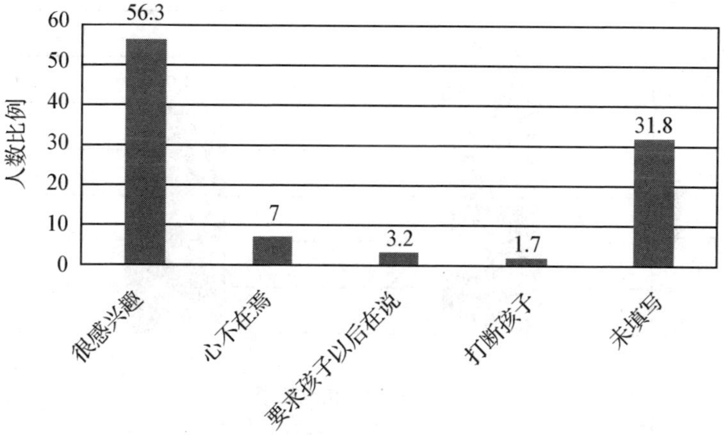

图 3.55　家长对不同话题采用的应对方式的频数分布情况

家长对孩子的主观幸福感评分。研究请家长对孩子的主观幸福感进行10点量表的评分，通过询问“据您所知，孩子在多大程度上认为自己是幸福的”请家长根据自己的感受进行评分，1～10分依次代表“很不幸福”到“很幸福”的幸福感递增性变化。描述统计的结果显示，家长对孩子的主观幸福感评分均值为 5.41 分($SD = 3.91$)，处于中等幸福水平。

为探究不同地区类型的家长对学生主观幸福感评定的差异性，研究采用 t 检验的数据分析方法进行差异性检验分析。结果显示，来自发达地区和欠发达地区的家长对于孩子主观幸福感的评分存在显著差异，$t_{(1319)} = 6.46$，$p < 0.001$。对于发达地区的家长，对孩子主观幸福感的评分($M = 6.50$)显著高于欠发达地区的家长($M = 4.98$)。家庭所在地类别与家长对孩子主观幸福感评分的 t 检验结果如表 3.72 所示，不同家庭所在地区类型的家长对孩子主观幸福感的评分情况如图 3.56 所示。

表 3.72　家庭所在地类别与家长对孩子主观幸福感评分的 t 检验

	N	*M*	*SD*	*t*	*p*
发达地区	377	6.50	3.50	6.46	< 0.001
欠发达地区	944	4.98	3.99		

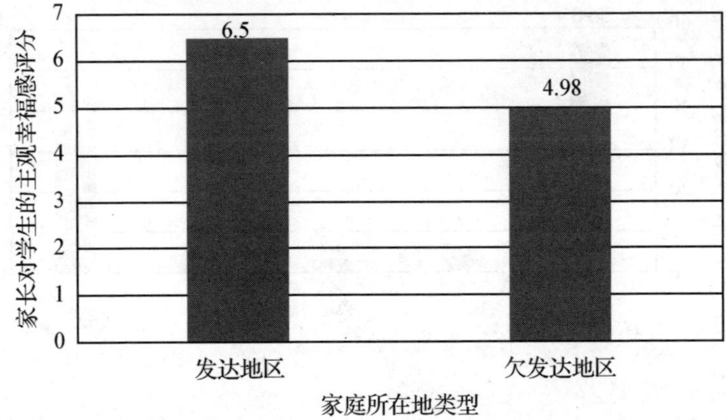

3.56　不同家庭所在地区类型的家长对孩子主观幸福感的评分情况

同样采用 t 检验的方法来探究家长对孩子主观幸福感评定的性别差异。结果显示，在参与分析的 1265 名学生家长(父亲 466 人，母亲 799 人)中，对于孩子主观幸福感的评定不存在显著的性别差异，$t_{(1263)} = 0.23$，$p = 0.82$。学生父亲($M = 5.40$)和学生母亲($M = 5.46$)对于孩子主观幸福感的评分均处于中等水平。家长性别与对学生主观幸福感评定的 t 检验结果如表 3.73 所示，学生父亲与母亲对孩子主观幸福感的评分情况如图 3.57 所示。

表 3.73　家长性别与对学生主观幸福感评定的 t 检验

	N	*M*	*SD*	*t*	*p*
学生父亲	466	5.40	3.82	0.23	0.82
学生母亲	799	5.46	3.97		

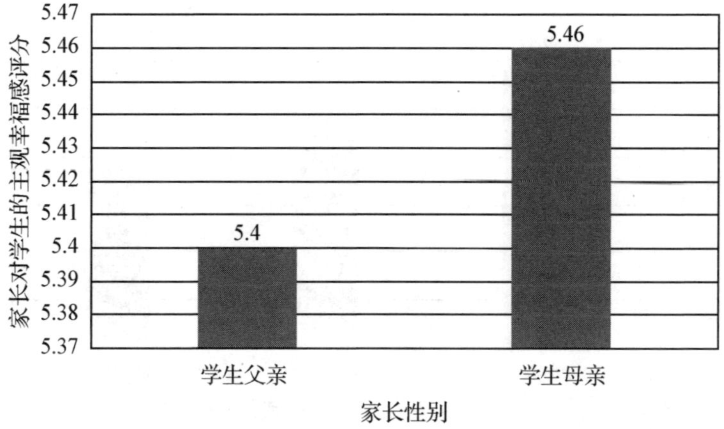

图 3.57　学生父母对孩子的主观幸福感评分情况

采用方差分析的方法来探究家长所处年龄段与对孩子主观幸福感评分之间的关系。结果显示，不同年龄段的家长对学生主观幸福感的评分存在显著的年龄差异，$F_{(2,\ 1280)} = 23.67$，$p < 0.001$。对不同年龄段家长对孩子的主观幸福感评分进行多重比较，结果显示，20～40 岁($M = 6.12$)家长对于孩子主观幸福感的评分均显著高于 41～50 岁($M = 4.75$)和 50 岁以上($M = 3.75$)的家长，$p_1 < 0.001$，$p_2 < 0.001$，但 41～50 岁和 50 岁以上家长对孩子主观幸福感的评分之间差异不显著，$p = 0.11$。家长年龄段与家长对孩子主观幸福感评分的方差分析表如表 3.74 所示，不同年龄段家长对孩子主观幸福感的评分情况如图 3.58 所示。

表 3.74　家长年龄段与家长对孩子主观幸福感评分的方差分析表

	SS	*df*	*MS*	*F*	*p*
家长年龄阶段	699.08	2	349.54	23.67	< 0.001
误差	19001.91	1280	13.70		

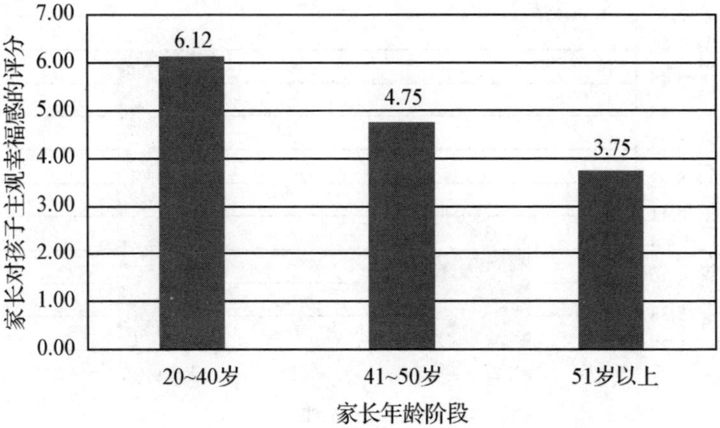

图 3.58 不同年龄段家长对孩子主观幸福感的评分情况

同样采用方差分析的方法探究家长的教育程度与其对学生主观幸福感评分的关系。方差分析的结果显示，家长的教育水平对其在学生主观幸福感上的评分影响不显著，$F_{(2, 1275)} = 1.86$，$p = 0.16$。初中及以下教育程度的家长($M = 5.18$)、高中教育程度的家长($M = 5.40$)及大学及以上教育水平的家长($M = 5.75$)对孩子主观幸福感的评分均处于中等水平。家长教育程度与家长对孩子主观幸福感评分的方差分析表如表 3.75 所示。

表 3.75 家长教育程度与家长对孩子主观幸福感评分的方差分析表

	SS	*df*	*MS*	*F*	*p*
家长教育程度	57.01	2	28.503	1.86	0.16
误差	19566.35	1275	15.35		

家长期望。研究为了解家长对孩子的期望及其期望符合程度，用对“孩子在多大程度上符合您的要求”的题项进行测量，采用10点量表的计分方式，“1～10”依次表示“一点都不符合”到“非常符合”的期望符合程度的递增性变化。对家长答题结果进行的描述性统计分析显示，孩子符合家长要求程度的均分为 5.1 分($SD = 3.75$)，这一结果说明孩子符合家长期望程度的评分居于中等水平。家长对孩子的期望会对家庭教育和亲子关系的

诸多方面产生重要的影响。总体而言，家长的期望应当与孩子的真实能力相互匹配。家长的期望可以适当高于青少年现有的表现水平，但这一期望应当具有积极的鼓励性和激励性作用，在符合青少年能力发展范围的基础上促进青少年渐进式的发展与进步，而非不切实际地超出青少年的实际能力水平，这样只能给青少年带来过多的心理压力甚至是自我否定。根据调查的结果，青少年在家长眼中的期望符合程度总体上处于中等水平，这可能也在某种程度上反映出了家长们期望较高的客观现实。

为探究不同地区类型的家长期望符合程度的评分差异性，研究采用 t 检验的数据分析方法进行差异性检验分析。结果显示，来自发达地区和欠发达地区的家长对于孩子符合自身期望程度的主观评分存在显著差异，$t_{(1313)} = 6.71$，$p < 0.001$。发达地区的家长主观评定的期望符合程度($M = 6.22$)显著高于欠发达地区的家长($M = 4.71$)。家庭所在地类别与孩子期望符合度评分的 t 检验结果如表 3.76 所示，不同家庭所在地区类型的家长对孩子期望符合程度的评分情况如图 3.59 所示。

表 3.76 家庭所在地类别与孩子期望符合度评分的 t 检验

	N	*M*	*SD*	*t*	*p*
发达地区	374	6.22	3.38	6.71	< 0.001
欠发达地区	941	4.71	3.80		

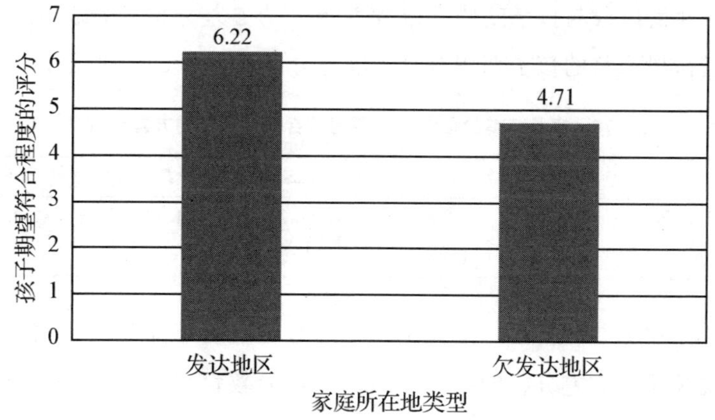

图 3.59 不同家庭所在地区类型的家长对孩子期望符合程度的评分情况

同样采用 t 检验的方法来探究家长在孩子期望符合度评分上的性别差异。结果显示，在参与分析的 1259 名学生家长(父亲 463 人，母亲 796 人)中，家长对孩子期望符合度的主观评定并不存在显著的性别差异，$t_{(1257)} = 0.21$，$p = 0.83$。学生父亲($M = 5.19$)与学生母亲($M = 5.14$)对于孩子期望符合度的评定均居于中等水平。家长性别与孩子期望符合程度关系的 t 检验结果如表 3.77 所示。

表 3.77　家长性别与孩子期望符合程度的 t 检验

	N	M	SD	t	p
学生父亲	463	5.19	3.72	0.21	0.83
学生母亲	796	5.14	3.77		

采用方差分析的方法来探究家长所处年龄阶段与孩子期望符合度评分之间的关系。结果显示，不同年龄阶段的家长对孩子符合自身期望程度的评分存在显著差异，$F_{(2, 1281)} = 21.52$，$p < 0.001$。对不同年龄阶段家长对孩子期望符合程度的评分进行多重比较，结果显示，20～40 岁($M = 5.77$)家长对孩子期望符合程度的评分均显著高于 41～50 岁($M = 4.55$)家长和 50 岁以上($M = 3.40$)的家长，$p_1 < 0.001$，$p_2 < 0.001$，而 41～50 岁家长对孩子期望符合程度的评分边缘显著地高于 50 岁以上家长，$p = 0.06$。这一结果说明年龄较大的家长可能对孩子的期望较高要求较为严格。家长年龄阶段与孩子期望符合程度评分的方差分析表如表 3.78 所示，不同年龄阶段家长的孩子期望符合程度评分情况如图 3.60 所示。

表 3.78　家长年龄阶段与孩子期望符合程度评分的方差分析表

	SS	df	MS	F	p
家长年龄阶段	583.55	2	291.78	21.52	< 0.001
误差	17370.16	1281	13.56		

同样采用方差分析的方法探究家长的教育程度与其对孩子期望符合程度评分的关系。方差分析的结果显示，家长的教育水平对其在孩子期望符合程度评分影响不显著，$F_{(2, 1269)} = 1.11$，$p = 0.33$。对于初中及以下教

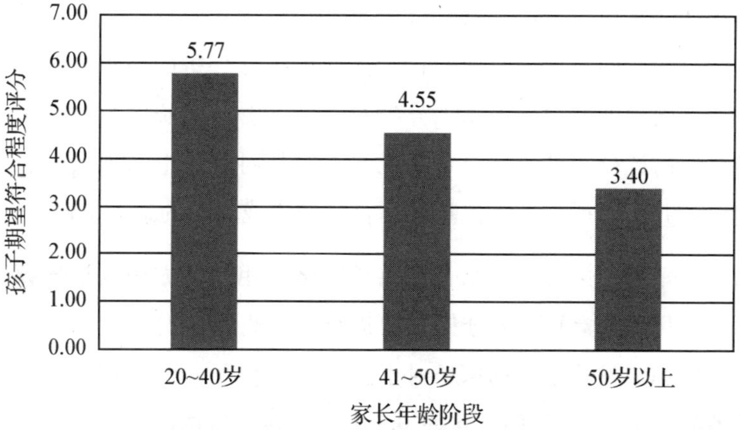

图 3.60 不同年龄阶段家长的孩子期望符合程度评分情况

育程度的家长($M = 4.97$)、高中教育程度家长($M = 5.15$)及大学及以上教育水平的家长($M = 5.39$)，其对孩子期望符合程度的评分均处于中等水平，无显著差异性。对于家长教育程度影响孩子期望的可能性，有两种不同的推论。一方面，受教育程度较高的家长可能也会对自己的孩子要求更为严格，期望更高。另一方面，受教育程度较低的家长可能存在代际补偿的效应，希望自己的孩子能够超越自己实现更好的自我发展，因此会对孩子抱有更高的期望。但本调查的结果显示，不同的家长受教育程度对其子女期望的状态影响是不显著的，即不同受教育程度的家长对孩子的期望没有显著差异。家长教育程度与孩子期望符合程度评分的方差分析表如表 3.79 所示。

表 3.79 家长教育程度与孩子期望符合程度评分的方差分析表

	SS	df	MS	F	p
家长教育程度	31.17	2	15.58	1.11	0.33
误差	17901.39	1269	14.12		

网络使用知情认同。本研究对受访家长征询意见，寻求他们对“当您因事不能照顾孩子时，您更愿意让孩子在您所知道的地方上网”这一说法

的认同程度，采用 10 点量表计分，“1～10 点”依次表示“一点也不认可”到“非常认可”的认同程度递增性变化。描述性统计分析的结果显示，家长对这一说法认同程度的均分为 4.1 分($SD = 3.92$)，家长的整体认可程度处于中等略低的评分水平。这一结果说明，家长对孩子上网地点的管理相对较为宽松，并不会严格地管控孩子在自己知道或熟悉的地方上网。

为探究不同地区类型对家长在孩子网络使用知情方面的认同评分差异性，研究采用 t 检验的数据分析方法进行差异性检验分析。结果显示，来自发达地区和欠发达地区的家长对于孩子网络使用知情认同的主观评分存在显著差异，$t_{(1315)} = 2.61$，$p = 0.009$。发达地区的家长主观评定的孩子使用知情认同分数($M = 4.56$)显著高于欠发达地区的家长($M = 3.94$)。家庭所在地类别与孩子网络使用知情认同的评分 t 检验结果如表 3.80 所示，不同家庭所在地区类型的家长对孩子网络使用知情认同的评分情况如图 3.61 所示。

表 3.80　家庭所在地类别与孩子网络使用知情认同的评分 t 检验

	N	M	SD	t	p
发达地区	375	4.56	3.87	2.61	0.009
欠发达地区	942	3.94	3.93		

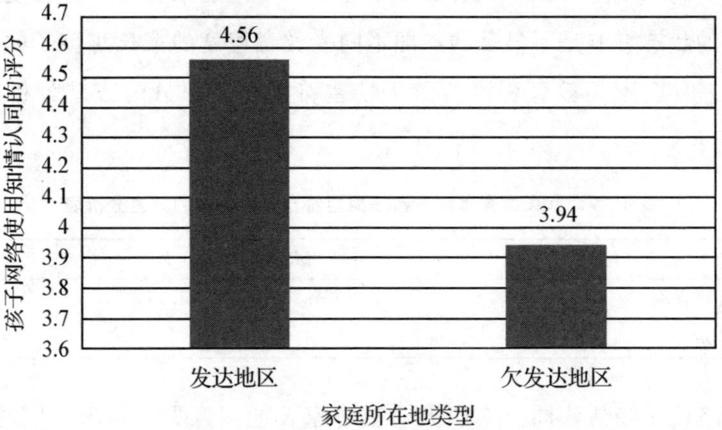

图 3.61　不同家庭所在地区类型的家长对孩子网络使用知情认同的评分情况

同样采用 t 检验的方法来探究家长在孩子网络使用知情认同评分上的性别差异。结果显示，在参与分析的 1259 名学生家长(父亲 464 人，母亲 797 人)中，家长对孩子网络使用知情认同的主观评定并不存在显著的性别差异，$t_{(1259)} = 1.45$，$p = 0.148$。学生父亲($M = 4.34$)与学生母亲($M = 4.01$)对于孩子网络使用知情认同的评定均居于中等略低水平。家长性别与网络使用知情认同评分关系的 t 检验结果如表 3.81 所示。

表 3.81　家长性别与对孩子网络使用知情认同的 t 检验

	N	M	SD	t	p
学生父亲	464	4.34	3.95	1.45	0.148
学生母亲	797	4.01	3.90		

采用方差分析的方法来探究家长所处年龄阶段与其对孩子网络使用知情认同评分之间的关系。结果显示，不同年龄阶段的家长对孩子网络使用知情认同的评分存在显著差异，$F_{(2, 1283)} = 11.07$，$p < 0.001$。针对不同年龄阶段家长对孩子网络使用知情认同的评分进行多重比较，结果显示，20～40 岁($M = 4.60$)家长对孩子网络使用知情认同的评分均显著高于 41～50 岁($M = 3.67$)家长和 50 岁以上($M = 2.90$)的家长，$p_1 < 0.001$，$p_2 = 0.007$，而 41～50 岁和 50 岁以上家长对于孩子网络使用知情认同的评分则不存在显著差异，$p = 0.227$。这一结果说明年轻家长会更希望获悉孩子网络使用的具体信息，把握了解孩子的网络使用状况。这是家长对孩子网络使用进行有效管理的重要实际体现，家长积极关注孩子上网的相关信息和行为状态，有利于家长对学生网络使用行为的有效管理与约束，不难看出，年龄相对较低的家长在这方面对青少年的网络使用管理更加到位。家长年龄阶段与对孩子网络使用知情认同评分的方差分析表如表 3.82 所示，不同年龄阶段家长的对孩子网络使用知情认同评分情况如图 3.62 所示。

表 3.82　家长年龄阶段与对孩子网络使用知情认同评分的方差分析表

	SS	*df*	*MS*	*F*	*p*
家长年龄阶段	333.95	2	166.98	11.07	< 0.001
误差	19353.24	1283	15.08		

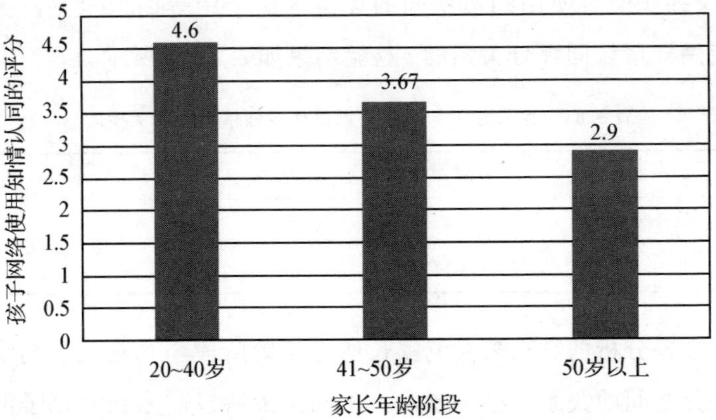

图 3.62　不同年龄阶段家长的对孩子网络使用知情认同的评分情况

同样采用方差分析的方法探究家长的教育程度与其对孩子孩子网络使用知情认同评分的关系。方差分析的结果显示，家长的教育水平对其在孩子孩子网络使用知情认同上的评分影响不显著，$F_{(2,1271)} = 0.06$，$p = 0.94$。对于初中及以下教育程度的家长($M = 4.09$)、高中教育程度家长($M = 4.14$)及大学及以上教育水平的家长($M = 4.05$)，其对孩子网络使用知情认同的评分均处于中等略偏低的水平，但并无显著差异性。这一结果说明，虽然不同教育程度的家长自身在对网络的认识和使用程度上存在差异，但在青少年网络使用的实际管理方面可能并不存在明显的不同。家长教育程度与孩子网络使用知情认同评分的方差分析表如表 3.83 所示。

表 3.83　家长教育程度与孩子网络使用知情认同评分的方差分析表

	SS	*df*	*MS*	*F*	*p*
家长教育程度	1.89	2	0.95	0.06	0.94
误差	19486.05	1271	15.33		

3.3 家长对孩子网络使用的利弊权衡

本研究采用刘勤学等(2010)编制的网络成瘾利弊权衡问卷(Internet—addiction Decisional Balance Questionnaire, IDBQ)对家长的网络利弊认知进行测查。该问卷共包括38题，由好处分问卷和代价分问卷组成。其中好处分问卷维度包括放松心情、获取知识、方便交流和获得成就感4个方面，而代价分问卷维度包括空虚苦恼、荒废学业、人际受损和浪费金钱4个方面。

对于所有描述网络积极或消极影响的问卷题项，均要求学生家长根据孩子的真实情况进行勾选。在回答时，先要求家长对每题表述的内容是否符合现实情况进行判断，不符合选择“0”，如果符合则进一步对其在生活中的重要程度进行判断，5点计分，“1～5分”依次表示由“不重要”到“极其重要”的重要性程度递增变化。

3.3.1 网络使用好处

在针对网络好处进行调查的4个评分维度中，研究分析首先要求家长根据现实情况对某一项目表述是否符合现实情况进行判断，选择“0”表示不符合，其他“1～5分”则是在符合的前提下对其重要性程度进行的评定。因此，对于研究数据的分析解释从两个层次阶段展开，第一部分主要对各维度中家长对“符合/不符合”的现实情况符合程度评定进行分析，而第二部分则针对各项表述在孩子生活中的重要性程度展开。

家长评分的整体频数分布。在放松心情、获取知识、方便交流和获得成就感的4个网络好处方面，认为上述网络好处不符合孩子实际情况(即勾选“0”)的家长人数占该维度答题总人数的分布比例情况如图3.63所示。

在针对网络好处的4个维度分别进行的分析当中，8.7%的家长认为“放松心情”不符合孩子的实际情况，孩子并未从网络的日常使用中获得

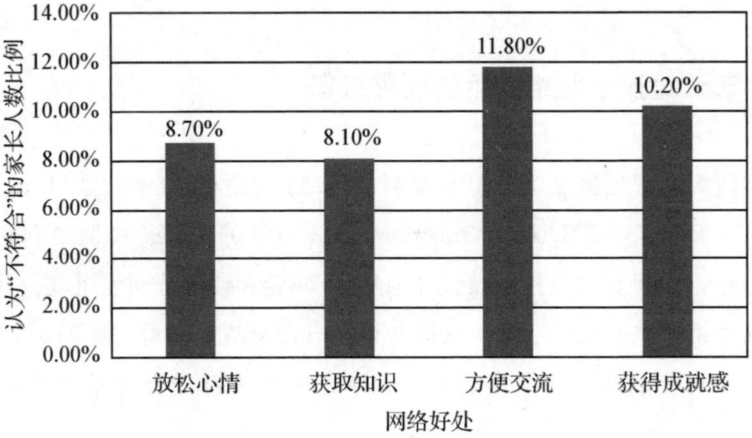

图 3.63　网络好处"不符合"实际情况的家长作答人数比例图

"放松心情"的益处，而另有 91.3%的家长认为网络使用可以帮助孩子"放松心情"。而仅有 8.1%的家长认为网络使用不能帮助孩子"获取知识"，也就是说，绝大多数的家长(91.9%)均认为网络能够有效地帮助孩子获取知识，是网络使用的重要好处。同时，11.8%的家长不认同网络具有"方便交流"的益处，帮助孩子增进交流的便利性这一优势不符合孩子网络使用的实际情况，另有 88.2%的家长认同"方便交流"作为学生的网络使用好处。最后，89.8%的家长认为网络使用在一定程度上可以使孩子"获得成就感"，仅 10.2%的家长认为这一方面不符合孩子的网络使用好处。总体而言，绝大多数家长均认同放松心情、获取知识、方便交流和获得成就感是孩子使用网络好处的重要方面。

放松心情。在放松心情的网络优势方面，共有 1239 名家长完整填写相关题项(占总人数的 93.5%)。其中有 14.7%的家长认为，"网络可以帮助孩子放松心情"这一描述不符合孩子网络使用的实际情况，亦即 78.8%的家长认为放松心情的网络好处在孩子的生活中发挥着一定的作用。在"放松心情"方面家长对网络使用好处的选择频率情况如图 3.64 所示。

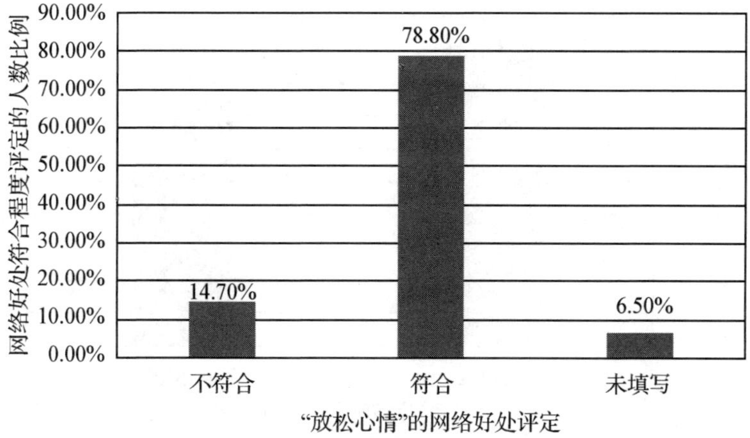

图 3.64 “放松心情”方面家长对网络使用好处的选择频率图

在认为“放松心情”符合孩子网络使用好处的家长中，家长对这一网络好处在孩子生活中的重要性程度评定均分为 $M = 1.7$ 分($SD = 1.11$)，重要性水平相对较低。

采用 t 检验的方法来探究不同家庭所在的地区类别对于“放松心情”这一网络好处重要性评定的影响。结果显示，家庭所在地区显著影响家长对这一表述的评分，$t_{(1141)} = 4.84$，$p < 0.001$。具体来说，发达地区($M = 1.86$)的家长对“放松心情”重要性的评分显著高于欠发达地区($M = 1.49$)。家庭所在地与家长对“放松心情”重要性评分的 t 检验结果如表 3.84 所示，不同家庭所在地类别的家长对“放松心情”这一表述的重要性评分情况如图 3.65 所示。

表 3.84 家庭所在地与家长对“放松心情”重要性评分的 t 检验

	N	M	SD	t	p
发达地区	318	1.86	1.37	4.84	< 0.001
欠发达地区	824	1.49	1.06		

同样采用 t 检验的方法来探究家长对“放松心情”重要性评分的性别差异。结果显示，在参与分析的 1089 名学生家长(父亲 395 人，母亲 694 人)中，对于“放松心情”的重要性评分存在显著的性别差异，$t_{(1088)} = 2.31$，$p = 0.02$。

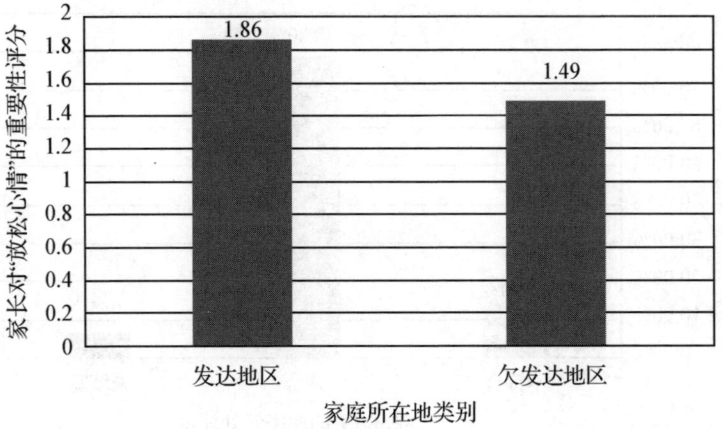

图 3.65　不同家庭所在地家长对"放松心情"重要性的评分情况

学生父亲(M = 1.71)对"放松心情"重要性的评分相对高于学生母亲(M = 1.54)的主观评定。家长性别与"放松心情"重要性评分的 t 检验结果如表 3.85 所示，不同性别家长对"放松心情"重要性的评分情况如图 3.66 所示。

表 3.85　家长性别与"放松心情"重要性评分的 t 检验

	N	M	SD	t	p
学生父亲	395	1.71	1.20	2.31	0.02
学生母亲	694	1.54	1.15		

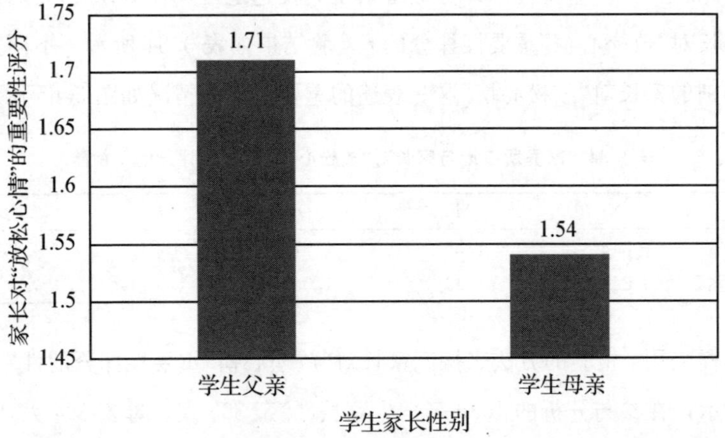

图 3.66　不同性别家长对网络"放松心情"重要性的评分情况

采用方差分析的方法来探究家长所处年龄阶段与其对“放松心情”重要性评分的关系。结果显示，不同年龄阶段的家长对“放松心情”重要性的评分并不存在显著差异，$F_{(2, 1109)} = 0.34$，$p = 0.72$，20～40 岁（M = 1.57）、41～50 岁（M = 1.62）和 50 岁以上（M = 1.67）家长对“放松心情”重要性均给出相对较低的主观评分。家长年龄阶段与“放松心情”重要性评分的方差分析表如表 3.86 所示。

表 3.86　家长年龄阶段与“放松心情”重要性评分的方差分析表

	SS	*df*	*MS*	*F*	*p*
家长年龄阶段	0.92	2	0.46	0.34	0.72
误差	1523.68	1109	1.37		

同样采用方差分析的方法探究家长的教育程度与其对“放松心情”重要性评分的关系。方差分析的结果显示，不同文化程度的家长在“放松心情”重要性的评分上差异不显著，$F_{(2, 1100)} = 0.09$，$p = 0.92$。对于初中及以下教育水平（$M = 1.60$），高中教育水平（$M = 1.58$）及大学及以上教育程度的家长（$M = 1.62$），对“放松心情”作为孩子网络使用好处的重要性评分均处于较低的评分水平。家长教育程度影响 “放松心情”重要性评分的方差分析表如表 3.87 所示。

表 3.87　家长教育程度与网络“放松心情”重要性评分的方差分析表

	SS	*df*	*MS*	*F*	*p*
家长教育程度	0.24	2	0.12	0.09	0.92
误差	1518.69	1100	1.38		

获取知识。在获取知识的网络优势方面，共有 1235 名家长完整填写相关题项（占总人数的 93.2%）。其中仅有 8.8%的家长认为，“网络可以帮助孩子获取知识”这一描述不符合孩子网络使用的实际情况，即 91.2%的家长认为获取知识的网络好处在孩子的生活中发挥着一定的作用。在“获取知识”方面家长对网络使用好处的选择频率情况如图 3.67 所示。

在认为“获取知识”符合孩子网络使用好处的家长中，家长对这一网络

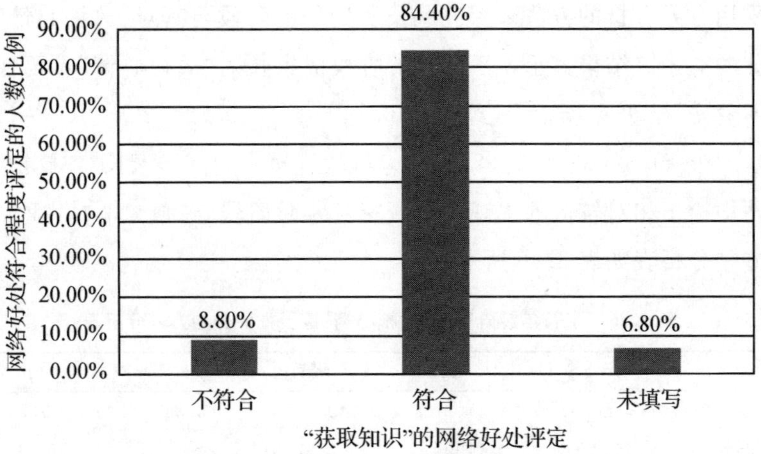

图 3.67 “获取知识”方面家长对孩子使用网络好处的选择频率图

好处在孩子生活中的重要性程度评定均分为 $M=2.3$ 分($SD=1.10$)，重要性程度处于中等水平。

采用 t 检验的方法来探究不同家庭所在的地区类别对于“获取知识”这一网络好处重要性评定的影响。结果显示，家庭所在地区显著影响家长对这一表述的评分，$t_{(1216)}=4.63$，$p<0.001$。具体来说，发达地区($M=2.35$)的家长对“获取知识”重要性的评分显著高于欠发达地区($M=1.98$)。家庭所在地与家长对“获取知识”重要性评分的 t 检验结果如表 3.88 所示，不同家庭所在地类别的家长对“获取知识”这一表述的重要性评分情况如图 3.68 所示。

表 3.88 家庭所在地与家长对网络“获取知识”重要性评分的 t 检验

	N	M	SD	t	p
发达地区	323	2.35	1.39	4.63	<0.001
欠发达地区	894	1.98	1.14		

同样采用 t 检验的方法来探究家长对网络“获取知识”重要性评分的性别差异。结果显示，在参与分析的 1164 名学生家长(父亲 428 人，母亲

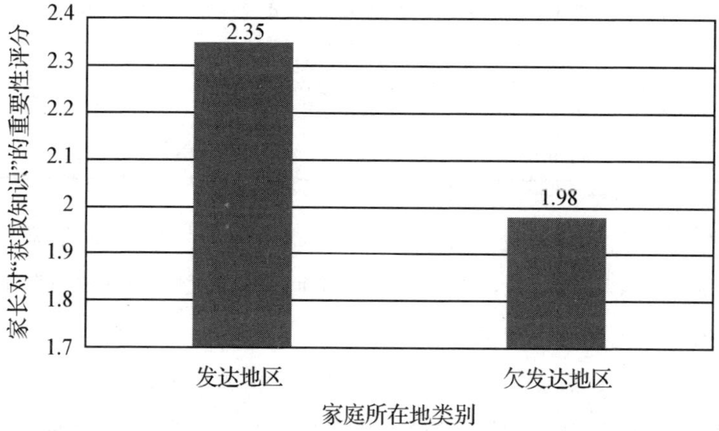

图 3.68 不同家庭所在地家长对网络"获取知识"重要性的评分情况

736 人)中，对于"获取知识"的重要性评分不存在显著的性别差异，$t_{(1163)} = 0.06$，$p = 0.95$。学生父亲($M = 2.08$)与学生母亲($M = 2.08$)对"获取知识"重要性的评估均处于中等略低的评分水平。家长性别与"获取知识"重要性评分的 t 检验结果如表 3.89 所示。

表 3.89 家长性别与网络"获取知识"重要性评分的 t 检验

	N	M	SD	t	p
学生父亲	428	2.08	1.25	0.06	0.95
学生母亲	736	2.08	1.21		

采用方差分析的方法来探究家长所处年龄阶段与其对"获取知识"重要性评分的关系。结果显示，不同年龄阶段的家长对"获取知识"作为网络使用好处的重要性评分并不存在显著差异，$F_{(2, 1186)} = 0.84$，$p = 0.76$，20～40 岁($M = 2.10$)、41～50 岁($M = 2.05$)和 50 岁以上($M = 2.15$)家长对"获取知识"的重要性均给出中等水平的主观评分。家长年龄阶段与"获取知识"重要性评分的方差分析表如表 3.90 所示。

表 3.90 家长年龄阶段与网络“获取知识”重要性评分的方差分析表

	SS	*df*	*MS*	*F*	*p*
家长年龄阶段	0.84	2	0.42	0.28	0.76
误差	1780.83	1186	1.50		

同样采用方差分析的方法探究家长的教育程度与其对“获取知识”重要性评分的关系。方差分析的结果显示，不同文化程度的家长在“获取知识”重要性的评分上差异不显著，$F_{(2, 1175)} = 2.12$，$p = 0.12$。对于初中及以下教育水平($M = 1.99$)，高中教育水平($M = 2.09$)及大学及以上教育程度的家长($M = 2.19$)，对“获取知识”作为学生网络使用好处的重要性评分均处于中等略低的评分水平。家长教育程度影响“获取知识”重要性评分的方差分析表如表 3.91 所示。

表 3.91 家长教育程度与网络“获取知识”重要性评分的方差分析表

	SS	*df*	*MS*	*F*	*p*
家长教育程度	6.34	2	3.17	2.117	0.12
误差	1760.27	1175	1.50		

方便交流。在方便交流的网络优势方面，共有 1277 名家长完整填写相关题项(占总人数的 96.4%)。其中 40.8%的家长认为，“网络可以方便孩子进行交流”这一描述不符合孩子网络使用的实际情况，亦即 55.6%的家长认为方便交流的网络好处在孩子的生活中发挥着一定的作用。在“方便交流”方面家长对网络使用好处的选择频率情况如图 3.69 所示。

在认为“方便交流”符合孩子网络使用好处的家长中，家长对这一网络好处在孩子生活中的重要性程度评定均分为 $M = 2.2$ 分($SD = 1.16$)，重要性程度同样处于中等水平。

采用 t 检验的方法来探究不同家庭所在的地区类别对于“方便交流”这一网络好处重要性评定的影响。结果显示，家庭所在地区并不显著影响家长对这一表述的评分，$t_{(834)} = -0.40$，$p = 0.69$ 发达地区($M = 1.87$)和

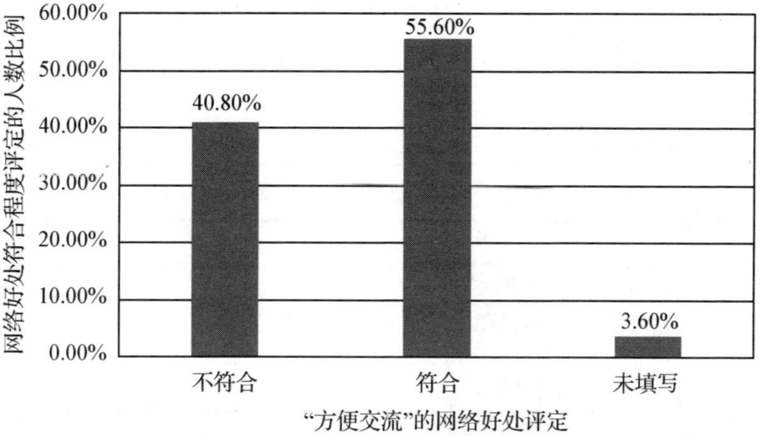

图 3.69 家长对网络使用“方便交流”好处的选择频率图

欠发达地区($M = 1.91$)的家长对“方便交流”作为网络好处重要性的评分均处于差异不显著的偏低水平。家庭所在地与家长对“方便交流”重要性评分的 t 检验结果如表 3.92 所示。

表 3.92 家庭所在地与家长对网络“方便交流”重要性评分的 t 检验

	N	M	SD	t	p
发达地区	284	1.87	1.35	−0.40	0.689
欠发达地区	551	1.91	1.26		

同样采用 t 检验的方法来探究家长对网络“方便交流”重要性评分的性别差异。结果显示，在参与分析的 800 名学生家长(父亲 306 人，母亲 494 人)中，对于“方便交流”的重要性评分存在边缘显著的性别差异，$t_{(799)} = 1.87$，$p = 0.06$。学生父亲($M = 2.01$)与学生母亲($M = 1.83$)对“方便交流”重要性的评估均处于中等略低的评分水平。家长性别与“方便交流”重要性评分的 t 检验结果如表 3.93 所示，学生父母对“方便交流”这一表述的重要性评分情况如图 3.70 所示。

表 3.93 家长性别与“方便交流”重要性评分的 t 检验

	N	M	SD	t	p
学生父亲	306	2.01	1.26	1.87	0.062
学生母亲	494	1.83	1.31		

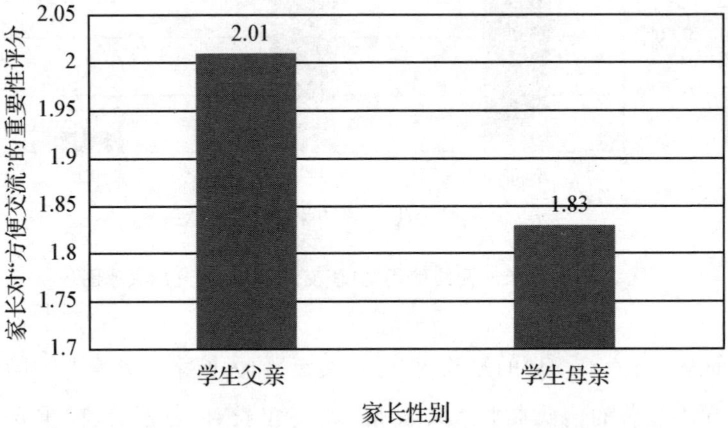

图 3.70 学生父母对“方便交流”这一表述的重要性评分情况

采用方差分析的方法来探究家长所处年龄阶段与其对网络“方便交流”重要性评分的关系。结果显示，不同年龄阶段的家长对“方便交流”作为网络使用好处的重要性评分并不存在显著差异，$F_{(2, 813)} = 0.28$，$p = 0.76$，20～40 岁($M = 1.91$)、41～50 岁($M = 1.87$)和 50 岁以上($M = 2.06$)家长对“方便交流”的重要性均给出了较低分值的主观评定。家长年龄阶段与“方便交流”重要性评分的方差分析表如表 3.94 所示。

表 3.94 家长年龄阶段与“方便交流”重要性评分的方差分析表

	SS	df	MS	F	p
家长年龄阶段	0.94	2	0.47	0.28	0.76
误差	1370.88	813	1.69		

同样采用方差分析的方法探究家长的教育程度与其对网络“方便交流”重要性评分的关系。方差分析的结果显示，不同文化程度的家长在网络

“方便交流”重要性的评分上差异不显著，$F_{(2, 806)} = 0.95$，$p = 0.39$。对于初中及以下教育水平($M = 1.93$)，高中教育水平($M = 1.92$)及大学及以上教育程度的家长($M = 1.77$)，对网络“方便交流”作为学生网络使用好处的重要性评分均处于较低水平。家长教育程度影响“方便交流”重要性评分的方差分析表如表 3.95 所示。

表 3.95　家长教育程度与网络“方便交流”重要性评分的方差分析表

	SS	*df*	*MS*	*F*	*p*
家长教育程度	3.17	2	1.58	0.95	0.39
误差	1340.33	806	1.66		

获得成就感。在获得成就感的网络优势方面，共有 1264 名家长完整填写相关题项(占总人数的 95.4%)。其中 29.8%的家长认为，“网络可以增强孩子的成就感”这一描述不符合孩子网络使用的实际情况，亦即 65.6%的家长认为获得成就感的网络好处在孩子的生活中发挥着一定的作用。在“获得成就感”方面家长对网络使用好处的选择频率情况如图 3.71 所示。

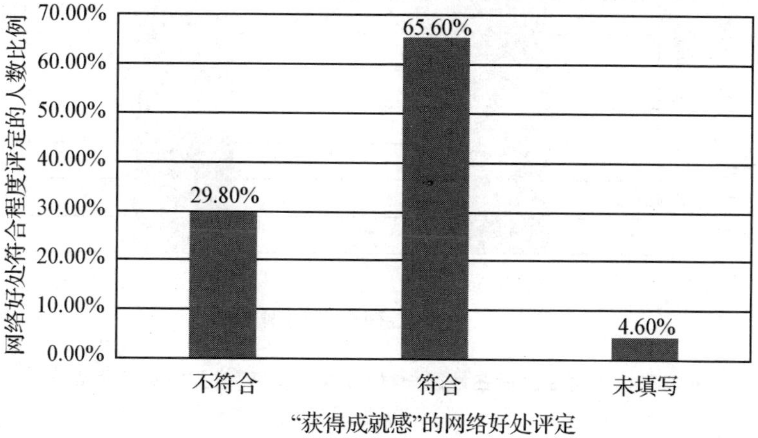

图 3.71　家长对网络使用“获得成就感”好处的选择频率图

在认为“获得成就感”符合孩子网络使用好处的家长中，家长对这一网络好处在孩子生活中的重要性程度评定均分为 $M = 1.5$ 分($SD = 0.99$)，重要性程度处于较低水平。

采用 t 检验的方法来探究不同家庭所在的地区类别对于“获得成就感”这一网络好处重要性评定的影响。结果显示，家庭所在地区显著影响家长对这一表述的评分，$t_{(965)} = 4.09$，$p < 0.001$。发达地区($M = 1.59$)家长对“获得成就感”作为网络好处重要性的评分显著高于欠发达地区($M = 1.30$)的家长。家庭所在地与家长对“获得成就感”重要性评分的 t 检验结果如表 3.96 所示，不同家庭所在地类别的家长对“获得成就感”这一表述的重要性评分情况如图 3.72 所示。

表 3.96　家庭所在地与家长对网络“获得成就感”重要性评分的 t 检验

	N	M	SD	t	p
发达地区	294	1.59	1.21	4.09	< 0.001
欠发达地区	673	1.30	0.96		

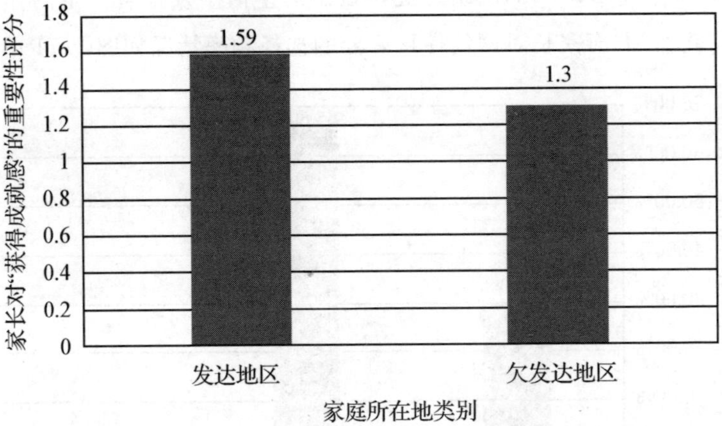

图 3.72　不同家庭所在地家长对“获得成就感”重要性的评分情况

同样采用 t 检验的方法来探究家长对“获得成就感”重要性评分的性别差异。结果显示，在参与分析的 932 名学生家长(父亲 345 人，母亲 587 人)中，对于“获得成就感”的重要性评分存在边缘显著的性别差异，$t_{(930)} = 1.85$，$p = 0.06$。学生父亲($M = 1.47$)比学生母亲($M = 1.34$)对网络

“获得成就感”重要性的评分水平相对较高。家长性别与网络“获得成就感”重要性评分的 t 检验结果如表 3.97 所示，学生父母对“获得成就感”这一表述的重要性评分情况如图 3.73 所示。

表 3.97　家长性别与网络“获得成就感”重要性评分的 t 检验

	N	M	SD	t	p
学生父亲	345	1.47	1.06	1.85	0.06
学生母亲	587	1.34	1.05		

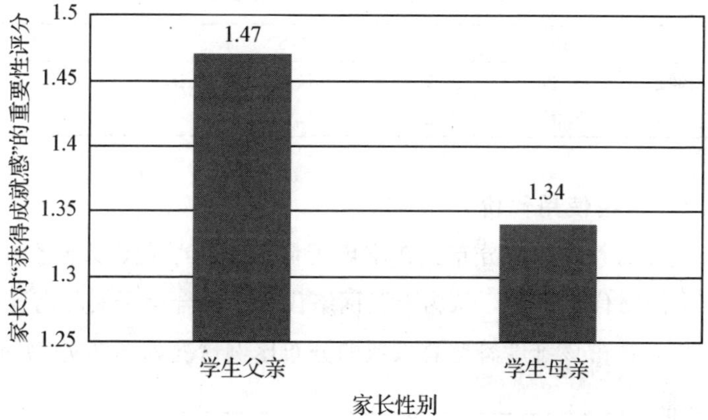

3.73　学生父母对网络“获得成就感”这一表述的重要性评分情况

采用方差分析的方法来探究家长所处年龄阶段与其对网络“获得成就感”重要性评分的关系。结果显示，不同年龄阶段的家长对“获得成就感”作为网络使用好处的重要性评分并不存在显著差异，$F_{(2,942)}=0.70$，$p=0.50$，20～40 岁(M = 1.38)、41～50 岁(M = 1.38)和 50 岁以上(M = 1.61)家长对网络“获得成就感”的重要性均给出了较低分值的主观评定。家长年龄阶段与网络“获得成就感”重要性评分的方差分析表如表 3.98 所示。

表 3.98　家长年龄阶段与网络“获得成就感”重要性评分的方差分析表

	SS	df	MS	F	p
家长年龄阶段	1.54	2	0.77	0.70	0.50
误差	1039.00	942	1.10		

同样采用方差分析的方法探究家长的教育程度与其对网络"获得成就感"重要性评分的关系。方差分析的结果显示，不同文化程度的家长在网络"获得成就感"重要性的评分上差异不显著，$F_{(2, 932)} = 1.32$，$p = 0.27$。对于初中及以下教育水平($M = 1.29$)，高中教育水平($M = 1.41$)及大学及以上教育程度的家长($M = 1.42$)，对网络"获得成就感"作为学生网络使用好处的重要性评分均处于较低水平。家长教育程度影响"获得成就感"重要性评分的方差分析表如表 3.99 所示。

表 3.99　家长教育程度与网络"获得成就感"重要性评分的方差分析表

	SS	*df*	*MS*	*F*	*p*
家长教育程度	2.89	2	1.44	1.32	0.27
误差	1023.51	932	1.10		

3.3.2　网络使用代价

家长评分的整体频数分布。在空虚苦恼、荒废学业、人际受损和浪费金钱的 4 个网络代价方面，认为上述网络代价不符合孩子实际情况(即勾选"0")的家长人数占该维度答题总人数的分布比例情况如图 3.74 所示。

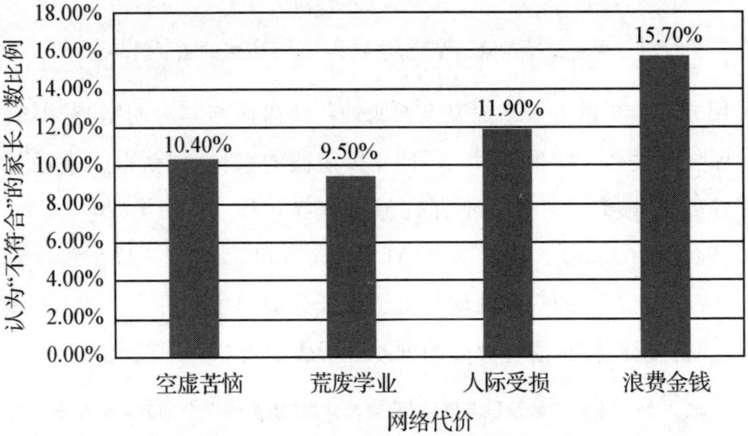

图 3.74　网络代价"不符合"实际情况的家长作答人数比例图

在针对网络代价 4 个维度分别进行的分析当中，10.4%的家长认为网络使用并未对孩子造成"空虚苦恼"的负面影响，而另有 89.6%的家长认为

“空虚苦恼”确实符合孩子网络使用的现实情况，对孩子的日常生活造成了一定的负面影响。而仅有9.5%的家长认为网络使用不会使孩子“荒废学业”，也就是说，绝大多数的家长(90.5%)均认为网络使用确实会对孩子造成“荒废学业”的潜在威胁，是网络使用的重要代价。而同时，11.9%的家长不认为网络使用会使孩子“人际受损”。另有88.1%认同“人际受损”作为学生的网络使用代价。最后，84.3%的家长认为网络使用在一定程度上造成了“浪费金钱”的不良影响，仅15.7%的家长认为这一方面不符合孩子网络使用的现实情况。总体而言，绝大多数家长均认同空虚苦恼、荒废学业、人际受损和浪费金钱作为学生网络使用代价的重要方面。而其中值得我们关注的是，在众多网络可能造成的潜在威胁当中，家长们认为“荒废学业”是其中最为突出的负面影响。网络使用可能使青少年荒废学业，这是几乎所有家长共同关注和担心的网络使用关键问题。如何帮助青少年协调好网络使用和课业学习之间的平衡关系，是教师、家长和教育研究工作者需要共同关注的重点问题。

空虚苦恼。在空虚苦恼的网络使用代价描述中，共有1227名家长完整填写相关题项(占总人数的92.6%)。其中有28.5%的家长认为，“网络使用会为孩子的生活带来空虚苦恼的负面影响”这一描述不符合孩子网络使用的实际情况，即64.1%的家长认为空虚苦恼的网络使用代价在孩子的生活中产生了一定的影响。在“空虚苦恼”方面家长对网络使用代价的评定频率情况如图3.75所示。

在认为“空虚苦恼”符合孩子网络使用代价的家长中，家长对这一网络使用代价在孩子生活中的重要性程度评定均分为 $M = 1.3$ 分($SD = 1.04$)，重要性水平相对较低。

采用 t 检验的方法来探究不同家庭所在的地区类别对于“空虚苦恼”这一网络代价重要性评定的影响。结果显示，家庭所在地区显著影响家长对这一表述的评分，$t_{(947)} = 4.83$，$p < 0.001$。发达地区($M = 1.41$)家长对“空虚苦恼”作为网络代价重要性的评分显著高于欠发达地区($M = 1.05$)的家长。家庭所在地与家长对“空虚苦恼”重要性评分的 t 检验结果如表

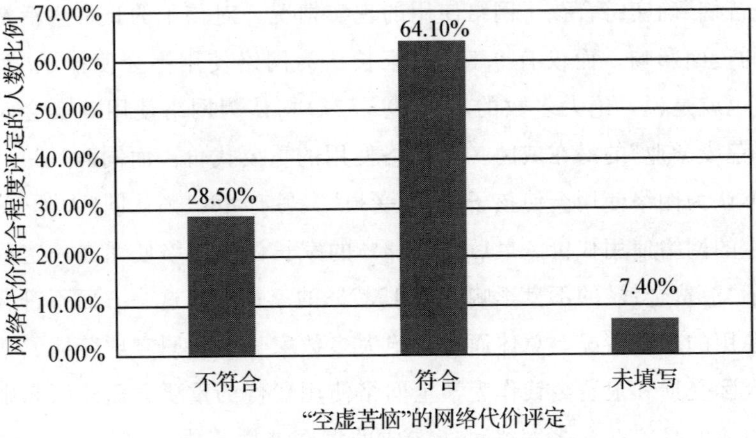

图 3.75 “空虚苦恼”方面家长对网络使用代价的选择频率图

3.100 所示，不同家庭所在地类别的家长对“空虚苦恼”这一表述的重要性评分情况如图 3.76 所示。

表 3.100 家庭所在地与家长对“空虚苦恼”重要性评分的 t 检验

	N	*M*	*SD*	*t*	*p*
发达地区	270	1.41	1.20	4.83	< 0.001
欠发达地区	678	1.05	0.98		

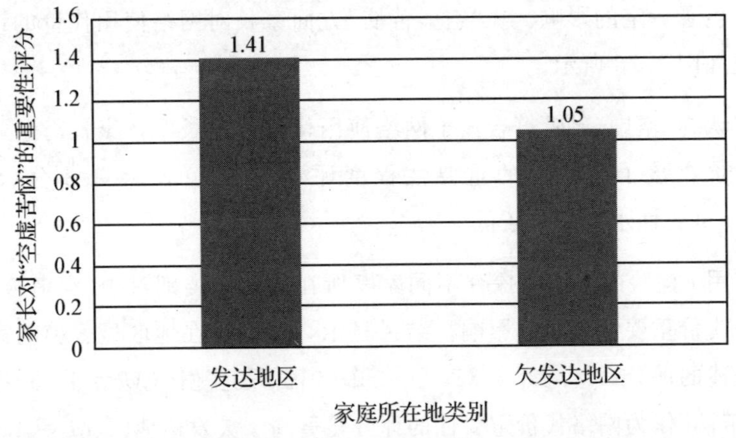

图 3.76 不同家庭所在地家长对“空虚苦恼”重要性的评分情况

同样采用 t 检验的方法来探究家长对“空虚苦恼”重要性评分的性别差异。结果显示，在参与分析的 911 名学生家长(父亲 347 人，母亲 564 人)中，对于“空虚苦恼”的重要性评分存在边缘显著的性别差异，$t_{(910)}=1.73$，$p=0.08$。学生父亲($M=1.22$)比学生母亲($M=1.10$)对“空虚苦恼”作为网络使用代价的评分重要性水平相对较高。家长性别与“空虚苦恼”重要性评分的 t 检验结果如表 3.101 所示，学生父母对“空虚苦恼”这一表述的重要性评分情况如图 3.77 所示。

表 3.101　家长性别与“空虚苦恼”重要性评分的 t 检验

	N	*M*	*SD*	*t*	*p*
学生父亲	347	1.22	1.07	1.73	0.08
学生母亲	564	1.10	1.04		

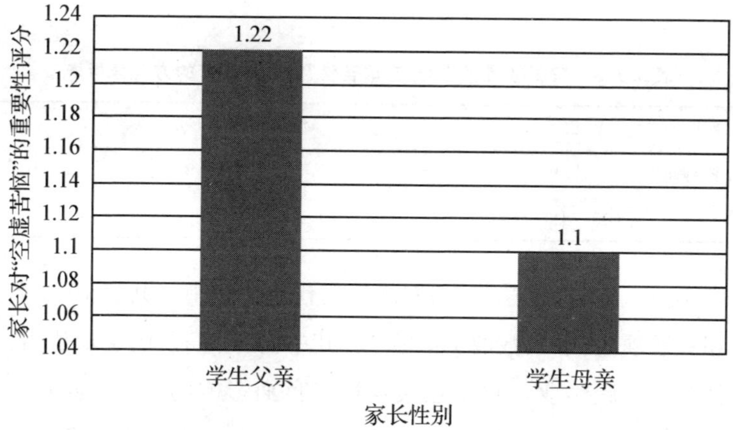

图 3.77　学生父母对“空虚苦恼”这一表述的重要性评分情况

采用方差分析的方法来探究家长所处年龄阶段与其对“空虚苦恼”重要性评分的关系。结果显示，不同年龄阶段的家长对“空虚苦恼”作为网络使用代价的重要性评分并不存在显著差异，$F_{(2,924)}=0.11$，$p=0.90$，20～40 岁(M = 1.16)、41～50 岁(M = 1.14)和 50 岁以上(M = 1.22)家长对“空虚苦恼”的重要性均给出了较低分值的主观评定。家长年龄阶段与“空虚苦恼”重要性评分的方差分析表如表 3.102 所示。

表 3.102 家长年龄阶段与“空虚苦恼”重要性评分的方差分析表

	SS	*df*	*MS*	*F*	*p*
家长年龄阶段	0.25	2	0.12	0.11	0.90
误差	1028.67	924	1.11		

同样采用方差分析的方法探究家长的教育程度与其对“空虚苦恼”重要性评分的关系。方差分析的结果显示，不同文化程度的家长在“空虚苦恼”重要性的评分上差异不显著，$F_{(2, 908)} = 0.45$，$p = 0.64$。对于初中及以下教育水平($M = 1.18$)，高中教育水平($M = 1.15$)及大学及以上教育程度的家长($M = 1.09$)，对“空虚苦恼”作为学生网络使用代价的重要性评分均处于较低水平。家长教育程度影响“空虚苦恼”重要性评分的方差分析表如表 3.103 所示。

表 3.103 家长教育程度与“空虚苦恼”重要性评分的方差分析表

	SS	*df*	*MS*	*F*	*p*
家长教育程度	0.99	2	0.50	0.45	0.64
误差	1009.19	908	1.11		

荒废学业。在“荒废学业”的网络使用代价描述中，共有 1045 名家长完整填写相关题项(占总人数的 78.9%)。其中仅有 7.5%的家长认为，“网络使用会使学生荒废学业，对学业表现造成负面影响”这一描述不符合孩子网络使用的实际情况，亦即 71.4%的家长认为空虚苦恼的网络使用代价在孩子的生活中产生了一定的影响。在“荒废学业”方面家长对网络使用代价的评定频率情况如图 3.78 所示。

在认为“荒废学业”符合孩子网络使用代价的家长中，家长对这一网络使用代价在孩子生活中的重要性程度评定均分为 $M = 1.4$ 分($SD = 1.23$)，重要性水平相对较低。

采用 t 检验的方法来探究不同家庭所在的地区类别对于“荒废学业”这

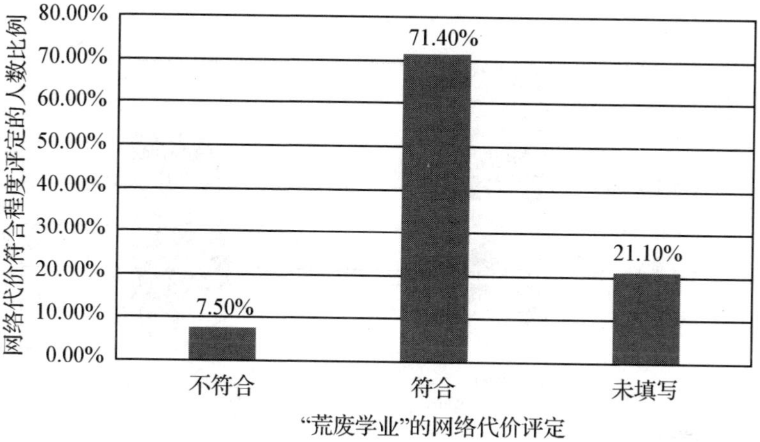

图 3.78 "荒废学业"方面家长对孩子使用网络代价的选择频率图

一网络代价重要性评定的影响。结果显示，家庭所在地区显著影响家长对这一表述的评分，$t_{(1043)} = 3.59$，$p < 0.001$。发达地区($M = 1.65$)家长对"荒废学业"作为网络代价重要性的评分显著高于欠发达地区($M = 1.34$)的家长。家庭所在地与家长对"荒废学业"重要性评分的 t 检验结果如表 3.104 所示，不同家庭所在地类别的家长对"荒废学业"这一表述的重要性评分情况如图 3.79 所示。

表 3.104 家庭所在地与家长对网络"荒废学业"重要性评分的 t 检验

	N	M	SD	t	p
发达地区	290	1.65	1.37	3.59	< 0.001
欠发达地区	754	1.34	1.16		

同样采用 t 检验的方法来探究家长对"荒废学业"重要性评分的性别差异。结果显示，在参与分析的 999 名学生家长(父亲 376 人，母亲 623 人)中，对于"荒废学业"的重要性评分不存在显著的性别差异，$t_{(998)} = 1.14$，$p = 0.23$。学生父亲($M = 1.49$)与学生母亲($M = 1.40$)对"荒废学业"作为网络使用代价的评分重要性水平均处于较低水平。家长性别与网络"荒废学业"重要性评分的 t 检验结果如表 3.105 所示。

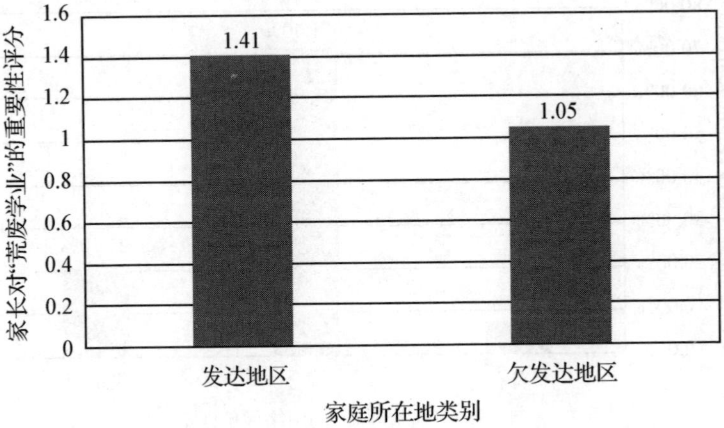

图 3.79　不同家庭所在地家长对网络"荒废学业"重要性的评分情况

表 3.105　家长性别与网络"荒废学业"重要性评分的 t 检验

	N	*M*	*SD*	*t*	*p*
学生父亲	376	1.49	1.23	1.14	0.23
学生母亲	623	1.40	1.22		

采用方差分析的方法来探究家长所处年龄阶段与其对"荒废学业"重要性评分的关系。结果显示，不同年龄阶段的家长对"荒废学业"作为网络使用代价的重要性评分并不存在显著差异，$F_{(2,1016)}=0.42$，$p=0.66$，20～40 岁($M=1.40$)、41～50 岁($M=1.46$)和 50 岁以上($M=1.53$)家长对"荒废学业"的重要性均给出了较低分值的主观评定。家长年龄阶段与"荒废学业"重要性评分的方差分析表如表 3.106 所示。

表 3.106　家长年龄阶段与网络"荒废学业"重要性评分的方差分析表

	SS	*df*	*MS*	*F*	*p*
家长年龄阶段	1.27	2	0.64	0.42	0.66
误差	1529.70	1016	1.51		

同样采用方差分析的方法探究家长的教育程度与其对"荒废学业"重要性评分的关系。方差分析的结果显示，不同文化程度的家长在"荒废学业"

重要性的评分上差异不显著，$F_{(2, 1006)} = 0.46$，$p = 0.63$。对于初中及以下教育水平($M = 1.48$)，高中教育水平($M = 1.40$)及大学及以上教育程度的家长($M = 1.41$)，对“荒废学业”作为学生网络使用代价的重要性评分均处于较低水平。家长教育程度影响“荒废学业”重要性评分的方差分析表如表 3.107 所示。

表 3.107　家长教育程度与网络“荒废学业”重要性评分的方差分析表

	SS	*df*	*MS*	*F*	*p*
家长教育程度	1.40	2	0.70	0.46	0.63
误差	1523.47	1006	1.51		

人际受损。在“人际受损”的网络使用代价描述中，共有 831 名家长完整填写了相关题项(占总人数的 62.7%)。其中仅有 7.5%的家长认为，“网络使用会对学生造成人际受损的负面影响”这一描述不符合孩子网络使用的实际情况，亦即 55.2%的家长认为人际受损的网络使用代价在孩子的生活中产生了一定的影响。在“人际受损”方面家长对网络使用代价的评定频率情况如图 3.80 所示。

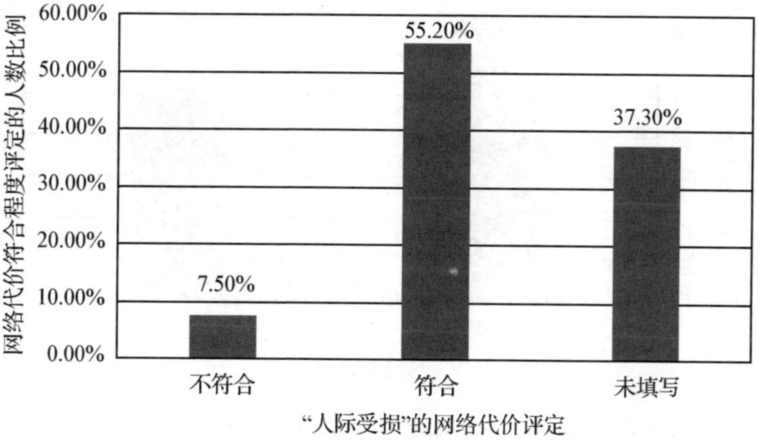

图 3.80　家长对孩子网络使用“人际受损”代价的选择频率图

在认为“人际受损”符合孩子网络使用代价的家长中，家长对这一网络使用代价在孩子生活中的重要性程度评定均分为 $M = 1.4$ 分($SD = 1.20$)，重要性水平相对较低。

采用 t 检验的方法来探究不同家庭所在的地区类别对于“人际受损”这一网络代价重要性评定的影响。结果显示，家庭所在地区显著影响家长对这一表述的评分，$t_{(829)} = 4.93$，$p < 0.001$。发达地区($M = 1.72$)家长对“人际受损”作为网络代价重要性的评分显著高于欠发达地区($M = 1.29$)的家长。家庭所在地与家长对“人际受损”重要性评分的 t 检验结果如表 3.108 所示，不同家庭所在地类别的家长对“人际受损”这一表述的重要性评分情况如图 3.81 所示。

表 3.108　家庭所在地与家长对网络“人际受损”代价重要性评分的 t 检验

	N	M	SD	t	p
发达地区	271	1.72	1.36	4.93	< 0.001
欠发达地区	559	1.29	1.09		

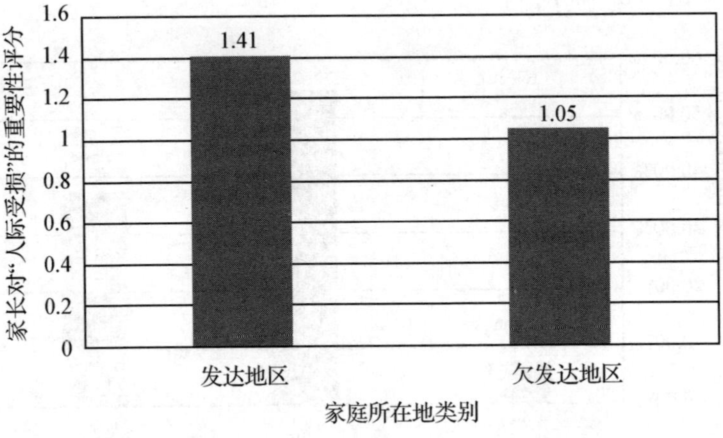

图 3.81　不同家庭所在地家长对网络“人际受损”代价重要性的评分情况

同样采用 t 检验的方法来探究家长对网络“人际受损”代价重要性评分的性别差异。结果显示，在参与分析的 795 名学生家长(父亲 301 人，母亲

494 人)中，对于网络“人际受损”代价的重要性评分不存在显著的性别差异，$t_{(794)} = 1.06$，$p = 0.29$。学生父亲($M = 1.48$)与学生母亲($M = 1.39$)对“人际受损”作为网络使用代价的评分重要性水平均处于较低水平。家长性别与“人际受损”重要性评分的 t 检验结果如表 3.109 所示。

表 3.109　家长性别与网络“人际受损”代价重要性评分的 t 检验

	N	M	SD	t	p
学生父亲	301	1.48	1.15	1.06	0.29
学生母亲	494	1.39	1.22		

采用方差分析的方法来探究家长所处年龄阶段与其对“人际受损”重要性评分的关系。结果显示，不同年龄阶段的家长对“人际受损”作为网络使用代价的重要性评分并不存在显著差异，$F_{(2,\ 808)} = 0.40$，$p = 0.67$，20～40 岁($M = 1.40$)、41～50 岁($M = 1.44$)和 50 岁以上($M = 1.60$)家长对网络“人际受损”代价的重要性均给出了较低分值的主观评定。家长年龄阶段与“人际受损”重要性评分的方差分析表如表 3.110 所示。

表 3.110　家长年龄阶段与网络“人际受损”代价重要性评分的方差分析表

	SS	df	MS	F	p
家长年龄阶段	1.13	2	0.57	0.40	0.67
误差	1147.58	808	1.42		

同样采用方差分析的方法探究家长的教育程度与其对“人际受损”重要性评分的关系。方差分析的结果显示，不同文化程度的家长在“人际受损”重要性的评分上差异不显著，$F_{(2,\ 797)} = 0.28$，$p = 0.76$。对于初中及以下教育水平($M = 1.42$)，高中教育水平($M = 1.41$)及大学及以上教育程度的家长($M = 1.48$)，对“人际受损”作为学生网络使用代价的重要性评分均处于较低水平。家长教育程度影响“人际受损”重要性评分的方差分析表如表 3.111 所示。

表 3.111　家长教育程度与网络“人际受损”代价重要性评分的方差分析表

	SS	df	MS	F	p
家长教育程度	0.80	2	0.40	0.28	0.76
误差	1141.77	797	1.43		

浪费金钱。在“浪费金钱”的网络使用代价描述中，共有 636 名家长完整填写相关题项(占总人数的 48.0%)。其中仅有 7.5%的家长认为，“网络使用会造成浪费金钱的不良影响”这一描述不符合孩子网络使用的实际情况，亦即 40.5%的家长认为浪费金钱的网络使用代价在孩子的生活中产生了一定的影响。在“浪费金钱”方面家长对网络使用代价的评定频率情况如图 3.82 所示。

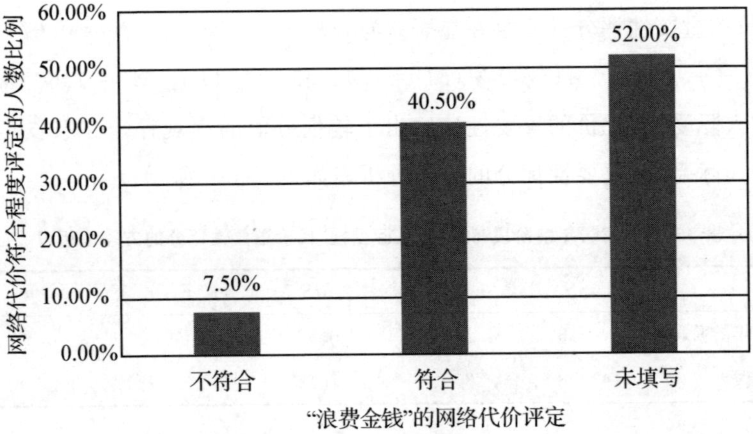

图 3.82　家长对孩子网络使用“浪费金钱”代价的选择频率图

在认为“浪费金钱”符合孩子网络使用代价的家长中，家长对这一网络使用代价在孩子生活中的重要性程度评定均分为 $M = 1.1$ 分($SD = 1.03$)，重要性水平相对较低。

采用 t 检验的方法来探究不同家庭所在的地区类别对于网络“浪费金钱”这一网络代价重要性评定的影响。结果显示，家庭所在地区显著影响家长对这一表述的评分，$t_{(634)} = 2.58$，$p = 0.01$。发达地区($M = 1.25$)

家长对“浪费金钱”作为网络代价重要性的评分显著高于欠发达地区(M = 1.03)的家长。家庭所在地与家长对“浪费金钱”重要性评分的 t 检验结果如表 3.112 所示，不同家庭所在地类别的家长对“浪费金钱”这一表述的重要性评分情况如图 3.83 所示。

表 3.112　家庭所在地与家长对网络“浪费金钱”代价重要性评分的 t 检验

	N	M	SD	t	p
发达地区	225	1.25	1.14	2.58	0.01
欠发达地区	410	1.03	0.96		

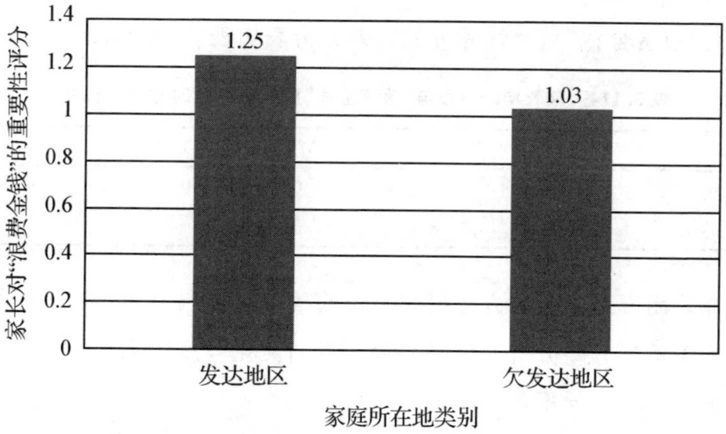

3.83　不同家庭所在地家长对网络“浪费金钱”代价重要性的评分情况

同样采用 t 检验的方法来探究家长对网络“浪费金钱”代价重要性评分的性别差异。结果显示，在参与分析的 607 名学生家长(父亲 233 人，母亲 374 人)中，对于网络“浪费金钱”代价的重要性评分不存在显著的性别差异，$t_{(606)}$ = 1.17，p = 0.29。学生父亲(M = 1.17)与学生母亲(M = 1.07)对“浪费金钱”作为网络使用代价的评分重要性水平均处于较低水平。家长性别与“浪费金钱”重要性评分的 t 检验结果如表 3.113 所示。

表 3.113　家长性别与网络“浪费金钱”代价重要性评分的 t 检验

	N	M	SD	t	p
学生父亲	233	1.17	1.04	1.14	0.26
学生母亲	374	1.07	1.03		

采用方差分析的方法来探究家长所处年龄阶段与其对网络“浪费金钱”代价重要性评分的关系。结果显示，不同年龄阶段的家长对“浪费金钱”作为网络使用代价的重要性评分并不存在显著差异，$F_{(2, 618)} = 0.03$，$p = 0.97$，20～40 岁($M = 1.11$)、41～50 岁($M = 1.12$)和 50 岁以上($M = 1.09$)家长对“浪费金钱”的重要性均给出了较低分值的主观评定。家长年龄阶段与“浪费金钱”重要性评分的方差分析表如表 3.114 所示。

表 3.114　家长年龄阶段与“浪费金钱”重要性评分的方差分析表

	SS	df	MS	F	p
家长年龄阶段	0.06	2	0.03	0.03	0.97
误差	664.95	618	1.08		

同样采用方差分析的方法探究家长的教育程度与其对“浪费金钱”重要性评分的关系。方差分析的结果显示，不同文化程度的家长在“浪费金钱”重要性的评分上差异不显著，$F_{(2, 607)} = 0.02$，$p = 0.98$。对于初中及以下教育水平($M = 1.10$)，高中教育水平($M = 1.11$)及大学及以上教育程度的家长($M = 1.09$)，对“浪费金钱”作为学生网络使用代价的重要性评分均处于较低水平。家长教育程度影响“浪费金钱”重要性评分的方差分析表如表 3.115 所示。

表 3.115　家长教育程度与网络“浪费金钱”代价重要性评分的方差分析表

	SS	df	MS	F	p
家长教育程度	0.04	2	0.02	0.02	0.98
误差	648.45	607	1.07		

总体而言，在本调查中涉及到的网络利弊方面，作为网络使用好处的放松心情、获取知识、方便交流和获得成就感 4 个方面，和作为网络使用

代价的空虚苦恼、荒废学业、人际受损和浪费金钱 4 个方面，都获得了家长较为一致的赞成意见，即家长们普遍认为网络是兼具其优势与弊端的。家长们基本能够较为一致地客观看待和评估这些因素对青少年发展可能产生的影响，而如何在现实生活中帮助青少年充分利用网络的优势与便捷性，同时有效规避相关的威胁和不良影响，在青少年的网络使用中"趋利避害"，是青少年家庭教育中需要深化思考与不断实践的重要问题。

3.4　家长网络态度与行为的整体状况

3.4.1　家长基本信息概况

通过整体性的整合分析，我们可以发现，青少年学生群体的家长年龄多数(93.8%)集中在 31～50 岁的范围内，其平均年龄为 41 岁($SD = 4.86$)。而在这些学生家长中，其教育水平广泛分布于初中及以下、高中和大学本科以上学历，抽样覆盖了广泛的家长群体性特征。其中高中、中专、技校的教育层次家长人数占据了所有抽样家长人数的 39.9%，家长的整体教育层次与我国人口结构特征有较高对应性。

接受调查的家长中有近半数(45.1%)家庭年收入水平集中在 3～8 万元的收入水平，而这一收入水平在我国的发达地区和欠发达地区存在显著的区域性差异。发达地区和欠发达地区的家庭经济状况无论在客观的收入额度方面还是在主观的经济状况自我评定方面都存在着显著的差异，正如经济发展差别自身所显示的，本研究中发达地区受访家长的经济状况在统计上都显著优于欠发达地区。

3.4.2　家长积极心理状态

家长的积极心理状态状况是决定青少年身心健康发展和良好网络使用行为的重要因素，而家长的教育水平、性别年龄等人口学因素都可能对家长的积极心理状态因素产生一定的影响。因此，对于家长积极心理状态的整体状况，以及各变量与家长积极心理状态程度的关系，都值得深入地分析与探讨。

针对不同省市学生家长的调查研究发现，学生家长所处地区的经济状况及家长自身的学历这两方面的因素会显著预测家长的积极心理状态水平和积极心理资源。

首先，家长所处地区的经济发展水平会显著地预测家长自身的生活满意度和主观幸福感，发达地区家长的生活满意度和主观幸福感均显著高于欠发达地区。但与此同时，我们发现，在发达地区和欠发达地区，家长对自身的自我满意度和自信心水平的评定并不存在显著差异。这一结果说明，在这两类经济发展水平不同的区域中，影响家长主观幸福感和生活满意度的因素可能源于所处地区的物质资源、基础建设、社会发展水平、精神文化建设等外在客观因素，而家长对于自身的整体认知和评价则来源于内部的精神层面，较少受外在因素的影响，从而并不存在显著的差异。

另一方面，家长自身的文化程度和教育经历也会显著地预测家长的生活满意度和主观幸福感。总体的趋势表现为，受教育水平越高，家长对于自身生活的满意度和幸福感也会随之增高。大学以上学历家长的生活满意度和主观幸福感会显著高于高中以及初中以下学历的家长。与此同时，家长的文化程度和教育经历也同时会影响他们对于自身的满意度。本研究发现，大学及以上学历的家长对于自我的满意度会显著地高于学历相对较低的家长。这一结果说明，家长对于生活满意度和主观幸福感的评价在某种程度上会受到自身教育水平的影响，而其较高的自我评价和自我满意程度会间接影响他们对生活状态的整体评价。而家长对自我的满意程度可能会影响他们对于孩子在学业方面的理解和期望，促使他们对学生的网络使用形成不同的态度和观点。本研究发现，受教育程度较高的家长对学生的网络使用持更为开放和支持的态度，而受教育程度较低的家长则对孩子的网络使用持较为保守的态度，他们更多地希望学生将精力集中在学业方面。

3.4.3 家长网络使用状况

家长是孩子最初的老师。社会学习理论在关于青少年的理论研究与教育实践中发现了家长的态度与行为方式对孩子可能造成深远的影响。据此，家长的网络使用行为特点也会在很大程度上影响孩子对网络的态度与网络行为模式。对于家长网络使用特点的了解可以帮助教育研究者从更为广泛的家庭环境因素视角拓宽思路，探讨影响青少年网络使用的可能外在因素；同时提示家长更多地从自身的角度思考与反省儿童良好网络使用行为习惯的塑造，以身作则地树立良好的网络使用行为榜样。

本次调查研究发现，家长的网络使用整体表现为“网络使用年限长，而日均网络使用时间短”的特点。近半数(49.5%)接受调查的家长日均网络使用时间均低于1小时，日均网络使用时间低于4小时的家长达到88.2%。在这些家长中，22.2%的家长具有超过6年的网络使用历史(即网龄)，超过半数的家长具有1年以上的网龄。

在网络使用的具体方式上，多数家长表示在有需要时都会使用网络，这些相关的需要在工作时间、下班回家后、周末和节假日等都有所体现。“看新闻或查阅信息”“工作用途”等是家长使用网络的常见用途和内容，超过7成的家长会使用网络看新闻或查阅信息，近4成的家长表示工作用途也是他们使用网络的常见内容和方式。而60%以上的家长都主要通过在家里使用电脑的方式使用网络。由此可知，虽然部分家长也会在办公环境或工作时使用网络，但“在家里上网”仍然是家长使用网络的主体形式。而家庭环境恰恰是家长与学生亲子交流、家长对学生言传身教的主要场所，因此家长的网络使用行为自然会对青少年的态度和习惯产生很大的影响。

在家长对自身网络使用状况的自我评价中，学生家长普遍认为自己的日常工作和生活并不过度依赖网络使用，在网络对自己生活和工作的重要程度评定中给出的评价总体处于中等水平，同时家长们普遍认为自己对于网络使用的依赖程度较低。在家长的网络使用方式途径中我们也可发现，多数家长往往将网络作为查找信息或完成工作的工具，对网络的依赖和成瘾倾向相对较低，对于自身的网络使用习惯有较好的自我监督和自我控制能力。

3.4.4 家长网络行为的个体差异

本次调查发现，具有不同背景状况与人口学信息特点的家长，其网络使用的特点也存在显著的个体差异，其中存在的一些重要的规律性信息值得关注与探讨。

本研究发现，来自发达地区和欠发达地区的家长在网络的使用特点方面存在显著的差异，家长所在的地区及其经济发展状况是影响家长网络使用行为的重要因素。与来自欠发达地区的学生家长相比，来自发达地区的学生家长具有显著更长的网龄与日网络使用时间，同时每周使用网络的频率也比欠发达地区的家长更高。在家长网络使用的主观评价方面，来自发达地区的学生家长普遍认为网络对于自己的工作、生活具有更为重要的作用，他们认为自身对于网络使用的依赖程度也显著高于欠发达地区的学生家长。

另一方面，家长的教育水平也是影响其网络使用行为习惯的重要因素。本研究发现，虽然家长群体在总体上对网络的重要性评定处于中等水平，对于自身的网络依赖程度评定处于较低水平，但受教育程度较高的家长对于网络重要性的评价显示出与教育程度相对较低的家长具有不同的特征。网络使用在教育水平较高的家长的工作与生活中发挥着更为重要的作用，这些家长在日常的工作与生活中对于网络的依赖程度也相对较高。在家长为大学毕业及以上学历时，这一现象尤其显著，大学以上学历的家长普遍认为网络在自己的工作与生活中是非常重要的。

显然，家长所在地区及教育程度对其网络使用行为特点的影响，本质上反映的可能是家长们在生活和工作形态方面的差异。生活于发达地区或教育水平较高的家长，其日常的工作可能较多地依托于电子化或信息化的方式或工具，与之相应地，这些家长的日常生活与欠发达地区或教育程度较低的家长相比，也可能更多地以网络作为沟通或生活物品采集的媒介。如网络购物或电子商务的模式在发达地区或教育水平较高的人群中会有较高的接纳程度与普及概率。而如上文所述，家庭所在地区及家长教育水平会对不同家庭的生活形态及与网络使用产生影响。

3.4.5 家长对青少年网络使用的基本认识

家长对青少年网络使用的管理和控制，是基于自己对青少年使用网络情况的了解，因此探讨家长对青少年网络使用的基本认识对于研究家长对青少年网络使用的有效管控具有重要意义。本研究请家长对孩子每日的网络使用时间、地点和用途进行了评定，结果发现，超过一半接受调查的家长认为其孩子的日网络使用时间低于1小时，孩子日网络使用时间低于2小时的家长人数占到了总人数的72.2%。虽然在对学生网络使用时长的分析中也发现了家庭所在地区的差异性，但本研究认为这一结果与家长网络使用时间的结果类似，其本质反映的仍然是发展状况不同地区在整体生活形态方面对网络的依赖性程度上的差异。通过家长的评定可以发现，学生的网络使用时间主要集中在周末和节假日时间，也会在有需要时进行使用。超过7成的家长表示孩子主要在家里使用网络，而使用网络的主要媒介仍然是电脑。

值得注意的是，学生的网络使用用途与家长相比呈现出更加多元化的形态，近一半的受访家长认为孩子使用网络的主要用途是“学习”，但有约30%的家长也认为“玩游戏”“交友或聊天”“看视频、下载音乐”等也是学生使用网络的重要用途。而这些“学习”之外的重要用途在某种程度上都具有娱乐性的特点，这些用途也往往是学生网络病态使用或网络成瘾的重要行为根源和潜在行为特征，值得家长们和相关研究者给予更多的关注。

本研究为了对青少年的病理性网络使用与网络成瘾问题提供更多的参考性信息，对家长有关青少年问题网络使用行为的认识进行了调查。尽管有一少部分(10.5%)的家长认为在自己的生活中曾出现过因网络使用导致孩子学习成绩下降的情况，但多数家长(65.3%)仍认为自己的孩子并不存在网络使用的问题行为，在网络使用方面有相对健康而良好的行为模式。

总体而言，家长对孩子的网络使用评价呈现相对积极而健康的整体形态。但家长对孩子网络使用状况描述的准确性及其与孩子真实行为模式的吻合程度会受到家长与孩子沟通、家长对孩子网络使用了解程度等多方面因素的调节性影响。比如，本研究发现，家长总体上对孩子上网情况的了解处于中等水平，但评分具有较大的变化幅度，说明家长并不完全了解孩子的网络使用情况，对于孩子网络使用状况的了解程度在不同家长之间差异较大，这一结果可能使家长对孩子网络使用状况描述的准确性受到一定的影响。

3.4.6 家长对孩子网络使用的管理

家长对孩子网络使用的相关态度、监控管理方法及其有效性，都会影响到青少年的网络使用实际状况乃至延伸到影响孩子的身心健康发展。

在家长对学生的网络态度方面，本研究发现整体而言家长对孩子的网络使用支持程度处在中间水平，并未表现出整体性的积极或消极偏向性态度。但我们发现，家长对孩子网络使用的支持程度评分的标准差较大，说明家长对孩子上网的态度变动范围较大，支持者与不支持者同时存在且有相当数量。在网络使用具体的利弊权衡方面，约90%的家长均认为网络使用可以帮助学生放松心情、获取知识、方便交流并获得成就感；但与此同时，家长们也清楚地意识到不良的网络使用可能对孩子造成潜在威胁，有超过80%的家长认为网络会使孩子感到空虚苦恼，或导致荒废学业、人际受损和浪费金钱等消极的网络代价或后果。正是因为网络使用同时存在的利弊两方面因素，使得家长们对于青少年网络使用的态度表现出明显的分化趋势。本研究发现，家长对学生的网络使用态度明显受到家庭所在地区经济水平和家长教育程度的影响，发达地区的学生家长和教育水平较高的家长对于孩子的网络使用行为抱有更为开放的态度，在学生网络使用的支持程度评分上显著高于欠发达地区和教育程度较低的家长。这一结果可能与家长自身的网络使用情况相关，发达地区和受教育水平较高的家长由于自身工作生活可能与网络存在更为紧密的联系，更加能够意识和体验到网络为工作生活带来的便捷与效率，因此他们在态度上也会对孩子的网络使用表现出更为积极的倾向性。

而在家长对孩子真实的网络使用行为监控方面，我们从“限定上网时间”“监管上网内容”及“限定上网地点”三个方面考察了家长常用的监督管理手段。结果发现，限定上网时间和限定上网地点是多数家长较为常见的青少年网络使用管理方法，而超过半数的家长均较少关注孩子的上网内容。总体而言，家长们从主观上对自己所实施的监督手段和管理方法给予了较高的评价，他们认为自身实行了较为有效的网络管理。

我们的研究发现，家长对青少年网络使用实施有效监管的总体趋势及家长们的主观评定是相对积极的，但家长对青少年网络使用管理的有效性与科学性还需要进一步研究验证。本调查发现，多数家长对青少年的网络使用状况并不十分了解，家长们也并不关心青少年使用网络时所关注的内容。这一问题可能正是影响青少年网络使用管理是否科学有效的关键所在，积极的网络使用内容可以帮助青少年实现健全人格的塑造和积极人生观价值观的建立，而消极不健康的网络使用内容则可能会对青少年的自我发展产生相反的甚至是颠覆性的不良影响。因此，家长对青少年网络使用监管有效性的主观评定并不能够反映其真实监管行为的科学性与有效性，究竟应该采取怎样的监管方式才能促进青少年建立健康向上的网络使用行为习惯，这是未来的研究者与教育者需要深入探讨的重要议题。

4　教师网络态度与行为调查

4.1　基本信息

4.1.1　样本来源

本研究共有962名教师参与填写调查问卷，经过回收和初步筛查，剔除了52份作答率过低的问卷，共有910份有效问卷纳入数据分析，有效率94.6%。在参与调查的教师中，共有246名小学教师(27.0%)，349名初中教师(38.4%)，315名高中教师(34.6%)，如图4.1所示。

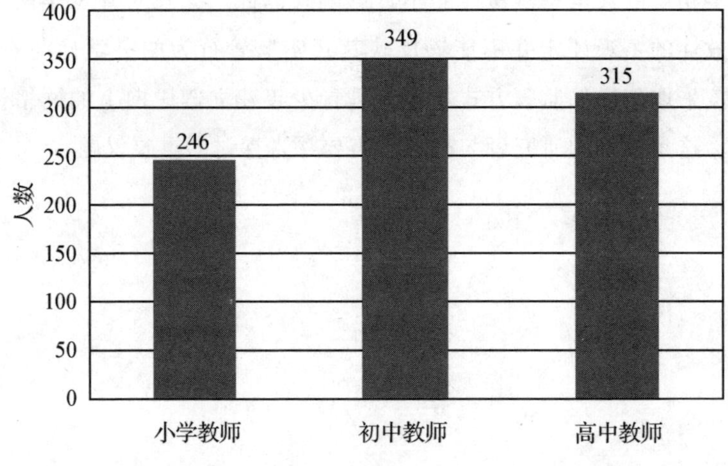

图4.1　不同教职的教师人数分布图

对于教师的调查取样覆盖了全国范围内不同地理位置及经济发展水平的10个省、直辖市，分别为：广东、贵州、河北、河南、江苏、辽宁、内蒙古、山东、山西及重庆。由于地区较多，为了对教师所在地信息进行更好的归纳整合，我们按照地区分类标准将参与调查的教师所在地分为三类：发达地区(包括江苏、山东、广东、辽宁)，中等发达地区(包括内蒙古、河北、山西、重庆、河南)，欠发达地区(包括贵州)。受调查的教师来自发达地区的有 239 人(26.3%)，来自中等发达地区的有 628 人(69.0%)，来自欠发达地区的有 43 人(4.7%)，如图 4.2 所示。由于欠发达地区只有一个省份，因此为了便于分析我们将欠发达地区和中等发达地区归为一类。

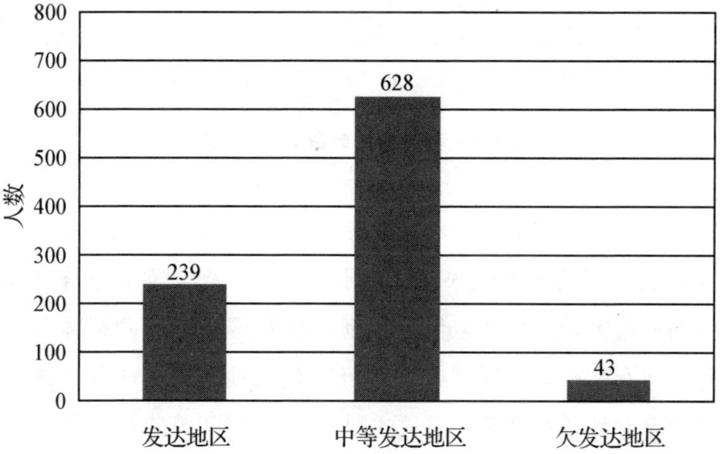

图 4.2 教师不同地区经济发展水平人数分布图

4.1.2 基本人口学信息

年龄。受访教师的平均年龄为 35.08 岁($SD = 7.93$)，未填写年龄数据的有 94 人，占总样本 10.3%，其他年龄阶段中，20～30 年龄段有 279 人，占样本的 30.7%，31～40 年龄段有 327 人，占样本的 35.9%，41～50 年龄段有 186 人，占样本的 20.4%，51～60 年龄段有 22 人，占样本的 2.4%，60 岁以上有 2 人 0.2%，占样本的，具体分布如图 4.3 所示。考虑到 20～50 岁为教师的主要工作年龄段，因此本次取样反映出教师群体在年龄上的分布较为均衡。

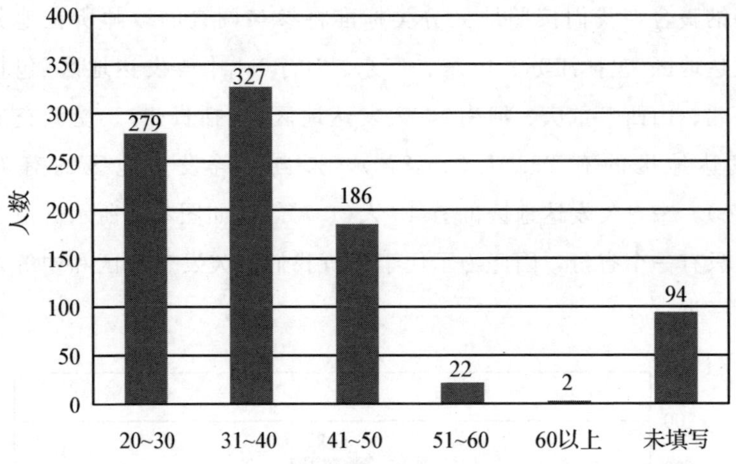

图 4.3　教师年龄阶段人数分布图

性别。在性别分布上，男教师 229 人，占总人数 25.2%，女教师 571 人，占 62.8%，另有 110 人未填写性别，占 12.1%，如图 4.4 所示。男女教师在性别分布上较不均衡，但这也反映出我国当下教师群体普遍的性别分布问题，即女教师多于男教师，这可能是由性别刻板印象造成的，教师这一职业符合女性的社会角色。这一结果与当前师范院校的男女比例特质是一致的——在师范院校就读的女生远远多于男生。然而有研究表明中小学教师群体中的性别比例失衡对青少年心理的发展产生一系列消极的影响，这一点值得有关部门加以重视。

文化程度。在填写了自身文化程度的 877 人中，有 71 名教师的学历为高中及以下教育水平，约占样本的 7.8%，14 名教师为中专/技校教育水平，约占样本的 1.5%，691 名教师为大专/本科教育水平，约占样本的 75.9%，另有 101 名教师为研究生及以上教育水平，约占样本的 11.1%，未填写人数为 33，约占样本的 3.6%，如图 4.5 所示，说明我们所调查的教师群体中绝大部分是大学学历，但其中只有约 11%左右的教师是研究生以上学历，这也间接反映出我国教师的整体素质水平需要进一步得到提高的现实情况。同时教师文化水平的地区差异分析发现，发达地区教师的教

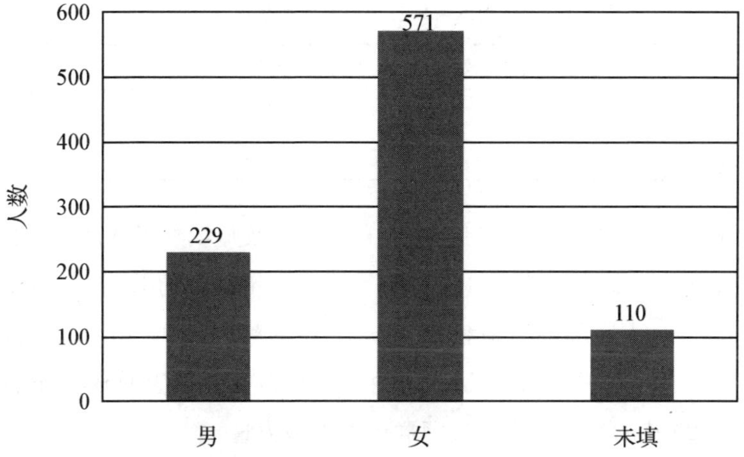

图 4.4　教师性别比例及人数分布图

育水平显著高于欠发达地区，$\chi^2 = 22.31$，$df = 3$，$p < 0.001$，反映出当下国内中小学师资力量不平衡的现状，经济越贫困的地区教师的教育水平相对较低，具体结果如表 4.1 所示。

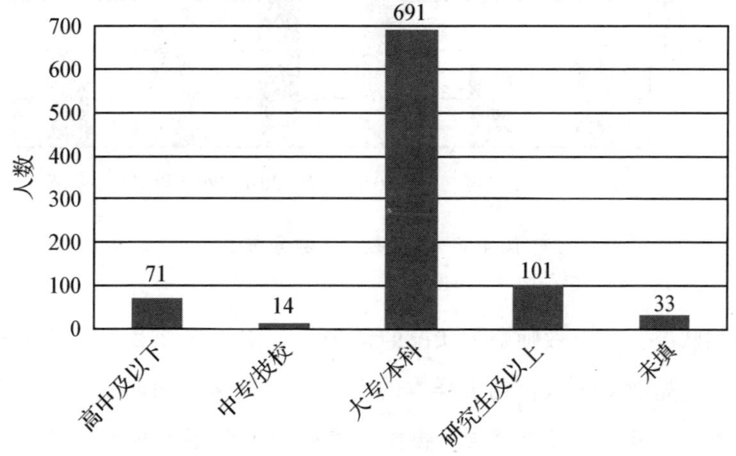

图 4.5　教师不同学历人数分布

表 4.1 发达地区与欠发达地区教师教育水平差异表

	高中及以下	中专/技校	大专/本科	研究生及以上	χ^2	df
发达地区	3(1.3%)	2(0.9%)	190(83.0%)	34(14.8%)	22.31	3
欠发达地区	68(10.5%)	12(1.9%)	501(77.3%)	67(10.3%)		

教龄。在 910 份有效的问卷中，有 811 名教师填写了教龄，教龄 1～2 年的共 107 人，约占样本的 11.8%，教龄 20 年以上的共 167 人，约占样本的 18.4%，人数最多的是教龄 10～20 年的教师，共 287 人，约占样本的 31.5%，具体如图 5.6 所示，说明教师群体在教龄上总体呈正态分布，教龄 10～20 年的教师是我国教师群体的中坚力量。

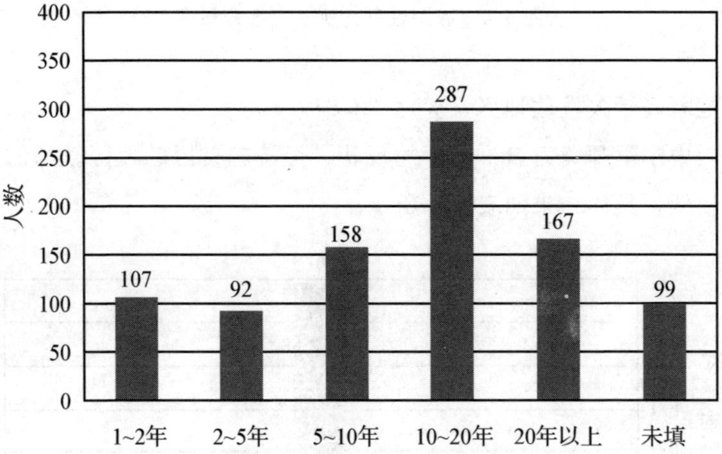

图 4.6 教师教龄人数分布图

婚姻状况。在对教师婚姻状况的调查中，未婚者 212 人，约占样本的 23.3%，已婚者 647 人，约占样本的 71.1%。除未填写婚姻状况的 33 人，约占样本的 3.6%，其余分居、再婚、离婚、丧偶婚姻状况的教师人数共有 18 人，约占样本的 2.0%，其分布如图 4.7 所示。

子女状况。对教师是否育有子女的调查显示，除未填此项的 23 人(约占样本的 2.53%)外，有 580 人育有子女(约占样本的 63.7%)，有 307 人

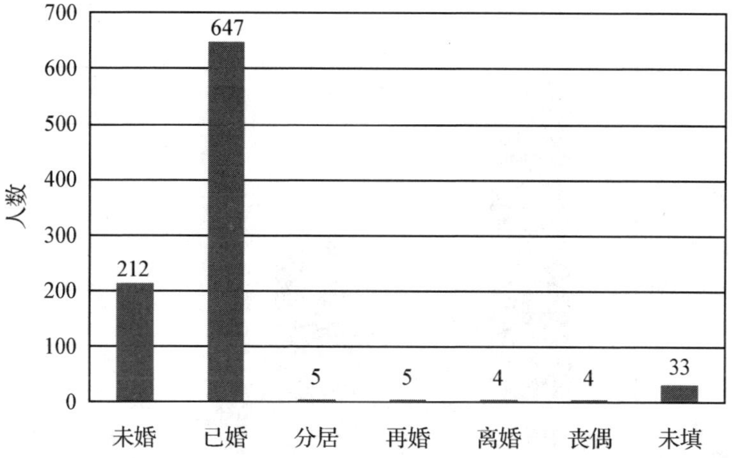

图 4.7 教师婚姻状况人数分布图

没有子女(约占样本的 33.7%)，如图 4.8 所示。此外，除了未填写子女年级的 279 人(约占样本的 30.7%)以及非在学 44 人(约占样本的 4.8%)，总计有 338 名教师的子女年级分布在小学及以下阶段(约占样本的 37.1%)，总计有 162 名教师的子女分布在初高中阶段(约占样本的 17.8%)，另有总计 87 名教师的子女分布在本科及以上阶段(约占样本的 9.6%)，如图 4.9 所示。

总体来说，本研究所调查的教师群体可以反映出我国当下教师群体的一些基本特征，首先在年龄层面，我国中小学教育以中青年教师为主，其中大部分是女教师，男教师在我国教师队伍所占比例较少；此外在学历方面，我国教师的教育水平绝大部分处于大专/本科以上水平，由于我国的教师培养由专门的师范院校完成，这为教师群体较高的职业素质提供了保障；在教龄上，我国教师教龄总体呈正态分布，其中以教龄大于 10 年的教师为主，教龄在 10～20 年间的教师最多。

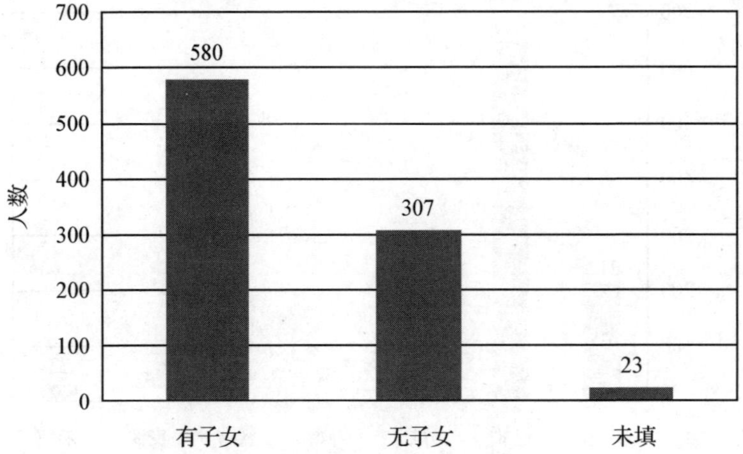

图 4.8　教师是否育有子女人数分布图

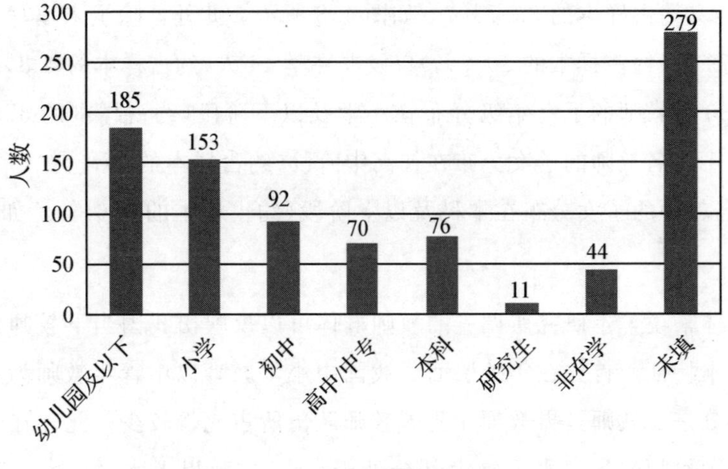

图 4.9　教师子女年级分布人数

4.1.3　积极心理状态

生活满意度。接受问卷调查的教师对自己“目前生活状况满意度”进行了10点量表评分，“1～10分”分别表示从“非常不满意”到“非常满意”的递增变化。结果显示，905 名参与调查的教师对自己生活满意度的评分均分为 7.68 分($SD = 1.928$)，其中有 775 名教师对自身生活满意度的评分大于等于 6 分，占总体的 85.6%，表现出教师群体对目前生活状况相对满意的整体态度取向。具体的生活满意度评分状况分布如图 4.10 所示。

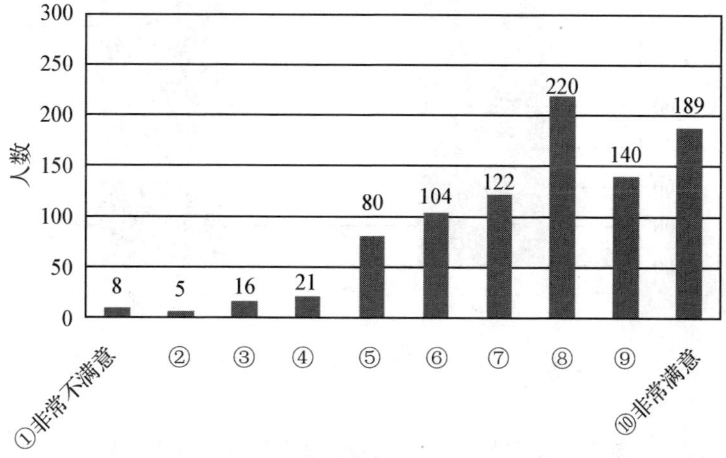

图 4.10　教师生活满意度情况分布图

此外，在对不同地区教师生活满意度的差异分析中，我们发现，发达地区和欠发达地区教师的生活满意度之间差异显著，$t_{(903)} = -3.33$，$p = 0.001$，具体结果如图 4.11 和表 4.2 所示。此部分的结果与青少年部分和家长部分数据的结果具有一定差异，在青少年和家长中，经济发展是影响生活满意度的重要因素，即生活在发达和中等发达地区人们的生活满意度要高于欠发达地区的人们，而在教师群体中，这一结果恰恰相反，生活在欠发达地区的教师的生活满意度高于发达地区(含中等发达地区)的教师。这可能是由于社会比较造成的，发达地区和欠发达地区的在编教师在基本待遇上差异不大(差别可能在福利层面)，而发达地区的整体居民收入相对较高，相比较而言，教师群体的社会经济地位可能处于中等水平；而在欠发达地区，居民的整体收入相对偏低，相比较而言，教师群体的社会经济地位可能处于中等偏上水平。因而在教师群体中，发达地区的教师生活满意度低于欠发达地区的教师是不难理解的。

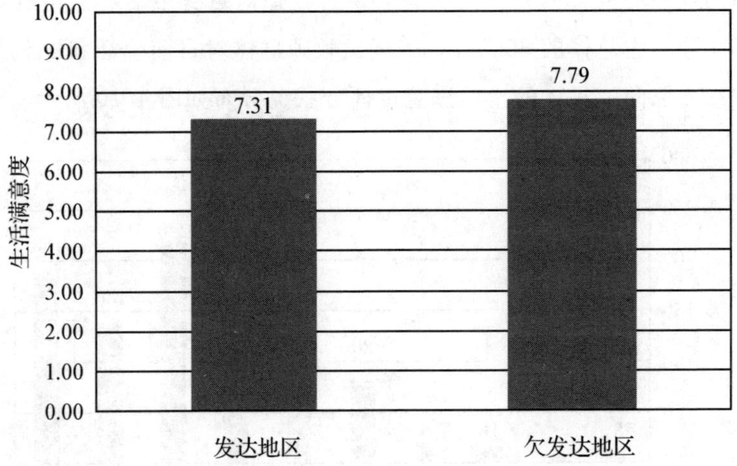

图 4.11　不同地区生活满意度平均值分布图

表 4.2　发达地区与欠发达地区教师生活满意度差异表

	N	*M*	*SD*	*t*	*p*
发达地区	238	7.31	1.965	−3.33	0.001
欠发达地区	667	7.79	1.900		

对教师生活满意度进行性别差异分析发现，男性教师的生活满意度显著低于女性教师的生活满意度，$t_{(793)} = -2.11$，$p = 0.04$，具体结果如图 4.12 和表 4.3 所示，之所以男性教师的生活满意度低于女性教师可能由于性别刻板印象导致的。一般而言，教师被定义为女性角色，男性更多的被期望从事工程、医生、律师、经理人等职业。当男性从事教师职业时，可能与社会的期望有所差异进而降低生活满意度。

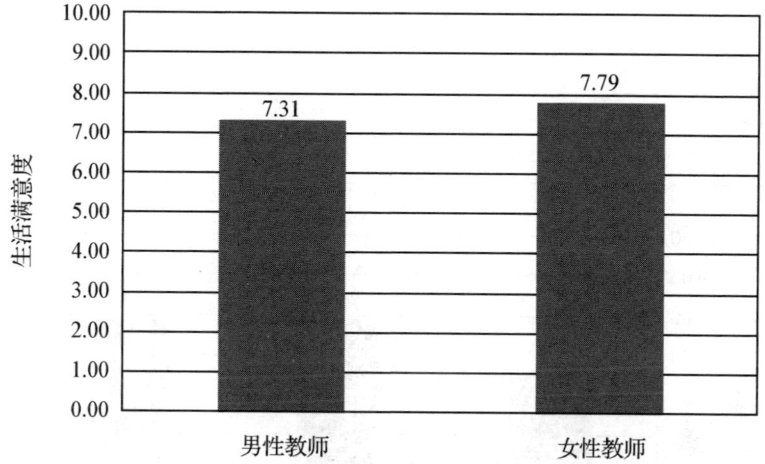

图 4.12 教师生活满意度平均值的性别差异分布图

表 4.3 教师生活满意度性别差异表

	N	*M*	*SD*	*t*	*p*
男性教师	228	7.48	2.05	−2.11	0.04
女性教师	567	7.80	1.88		

将年龄按照30岁及以下，30～50岁，50岁以上三个阶段划分成青年教师、中年教师和老年教师三个群体，并进行生活满意度的差异分析，结果显示年龄的主效应显著，$F_{(2,809)} = 7.28$，$p < 0.01$。事后分析结果表明，青年教师的生活满意度显著低于中年教师的生活满意度，$MD = -0.52$，$p < 0.01$；而青年教师与老年教师的生活满意度不存在显著差异，$MD = -0.54$，$p = 0.18$；中年教师与老年教师的生活满意度上也不存在显著差异，$MD = -0.01$，$p = 0.98$。如表4.4和图4.13所示，总体而言，青年教师的满意度相对较低，可能是由于刚入职不久，业务能力相对不够熟练，待遇也相对不高，同时青年教师还面临一些来自家庭的经济、婚姻等压力，进而致使青年教师的满意度低于中年教师和老年教师。

表 4.4 教师生活满意度年龄阶段差异表

	SS	*df*	*MS*	*F*	*p*
组间变异	50.11	2	25.06	7.28	0.001
组内变异	2784.32	809	3.44		

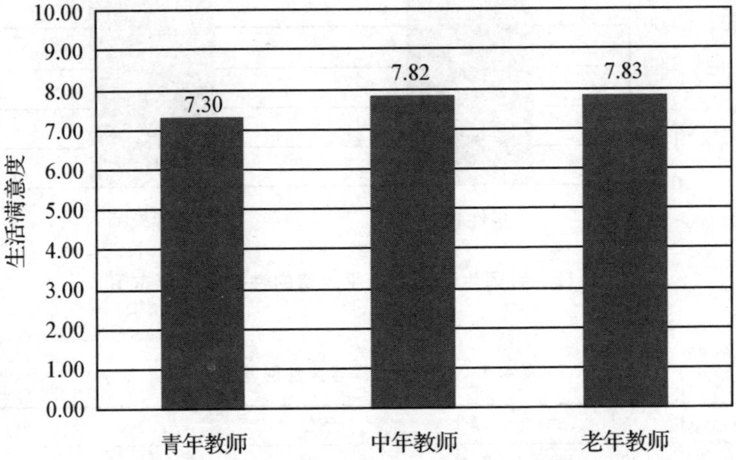

图 4.13 教师生活满意度平均值的年龄阶段差异分布图

最后对小学教师、初中教师和高中教师三个教职群体进行生活满意度的差异分析，但结果发现这三类教师之间的生活满意度差异不显著，$F_{(2,902)} = 2.49$，$p = 0.08$，具体结果如表 4.5 和图 4.14 所示。

表 4.5 教师生活满意度教职差异表

	SS	*df*	*MS*	*F*	*p*
组间变异	18.46	2	9.23	2.49	0.08
组内变异	3342.76	902	3.71		

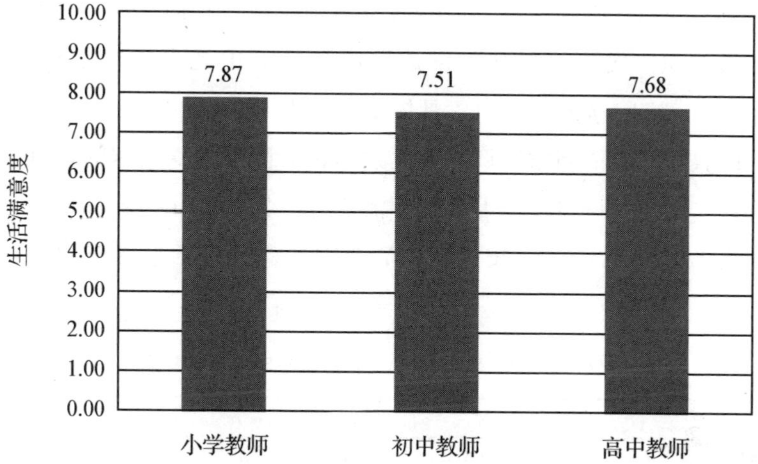

图 4.14 教师生活满意度平均值的教职差异分布图

主观幸福感。对教师主观幸福感的调查结果显示，907 位教师评定了自身的主观幸福感，评定均分为 7.90 分，$SD = 1.86$，并且有 86.6%的教师对幸福感的评分大于等于 6 分，说明多数教师对现有生活状态有较高的幸福感，认为自己比较幸福，具体如图 4.15 所示。

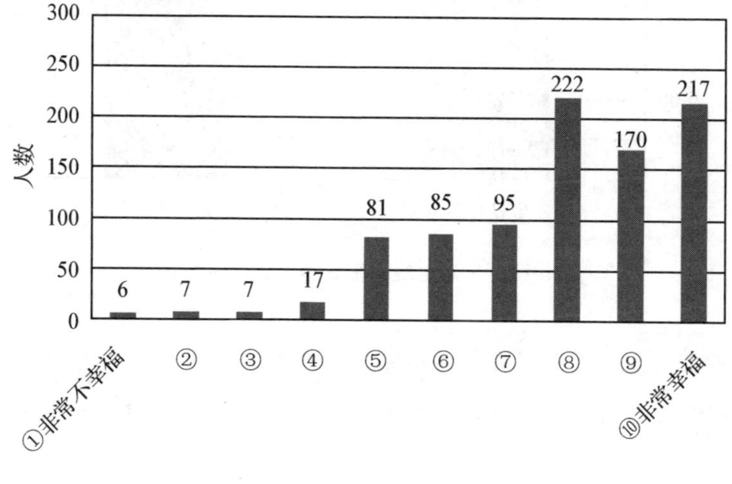

图 4.15 教师主观幸福感评定分布图

在对不同地区教师主观幸福感的差异分析中，我们发现，与生活满意度的结果相似，发达地区和欠发达地区教师的主观幸福感有显著差异，$t_{(905)} = -3.274$，$p < 0.001$，具体结果如表 4.6 和图 4.16 所示。之所以发达地区教师的生活满意度低于欠发达地区，除了前面所探讨的社会比较的影响外，其他的一些环境因素也可能产生一定的作用，比如发达地区的竞争较为激烈、工作压力较大、生活成本较高、生活节奏较快、环境拥挤等。

表 4.6　发达地区与欠发达地区教师主观幸福感差异表

	N	*M*	*SD*	*t*	*p*
发达地区	239	7.56	1.90	−3.27	<0.001
欠发达地区	668	8.02	1.85		

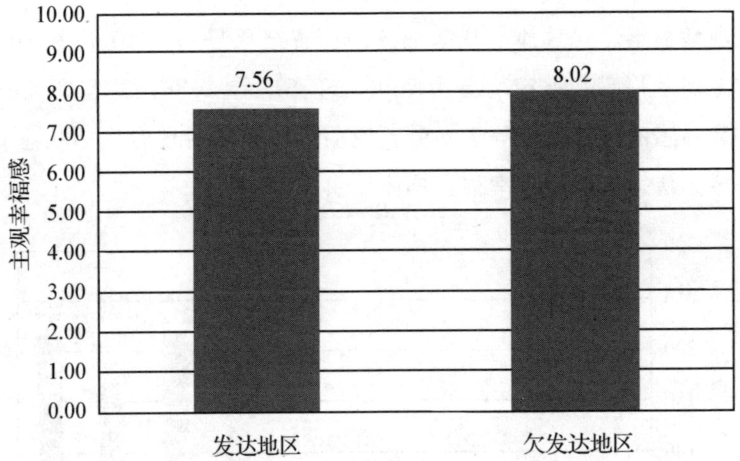

图 4.16　教师主观幸福感地区差异分布图

对教师的主观幸福感进行性别差异分析发现，男性教师与女性教师的主观幸福感无显著差异，$t_{(795)} = -1.82$，$p = 0.07$，具体结果如表 4.7 和图 4.17 所示。

表 4.7 教师主观幸福感性别差异表

	N	*M*	*SD*	*t*	*p*
男性教师	228	7.73	1.93	−1.82	0.07
女性教师	569	7.99	1.85		

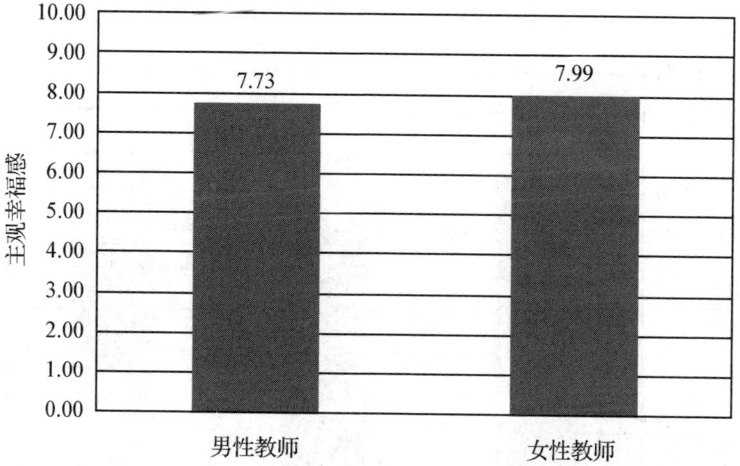

图 4.17 教师主观幸福感性别差异分布图

将年龄按照 30 岁及以下，30～50 岁，50 岁以上三个阶段划分成青年教师、中年教师和老年教师三个群体，并进行主观幸福感的差异分析，结果显示年龄的主效应显著，$F_{(2,811)} = 4.68$，$p < 0.05$，事后检验发现青年教师与中年教师的主观幸福感差异显著，$MD = -0.41$，$p < 0.01$；而青年教师与老年教师的主观幸福感差异不显著，$MD = -0.40$，$p = 0.30$；中年教师与老年教师的主观幸福感差异也不显著，$MD = 0.01$，$p = 0.98$。具体结果如表 4.8 和图 4.18 所示。总体而言。中年教师群体的主观幸福感在三个群体中最高，青年教师的主观幸福感最低，老年教师其次，说明中年教师认为自己更幸福，可能由于中年教师正处于事业处于上升期，而且在该年龄阶段的教师大部分已成家立业，经济压力和工作压力均不是很大。相反，对于刚走上工作岗位、仍处于适应期和调整期的青年教师而言。由于工作、家庭等压力的影响，更可能主观上认为自己不

幸福。

表 4.8 教师主观幸福感年龄阶段差异表

	SS	*df*	*MS*	*F*	*p*
组间变异	30.56	2	15.28	4.68	0.01
组内变异	2649.63	811	3.27		

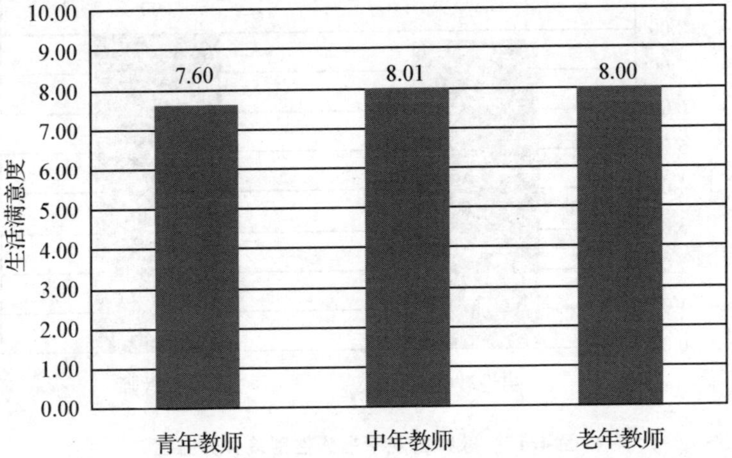

图 4.18 教师主观幸福感年龄阶段差异分布图

最后对小学教师、初中教师和高中教师三个教职群体进行主观幸福感的差异分析，结果发现教职的主效应显著，$F_{(2,904)} = 5.49$，$p = 0.004$，事后检验结果显示，小学教师的主观幸福感显著高于初中教师的主观幸福感，$MD = 0.51$，$p = 0.001$；小学教师与高中教师的主观幸福感的差异不显著，$MD = 0.26$，$p > 0.1$；初中教师与高中教师的主观幸福感的差异不显著 $MD = -0.25$，$p = 0.09$，具体结果如表 4.9 和图 4.19 所示。

表 4.9 教师主观幸福感教职差异表

	SS	*df*	*MS*	*F*	*p*
组间变异	38.205	2	19.102	5.486	0.004
组内变异	3147.665	904	3.482		

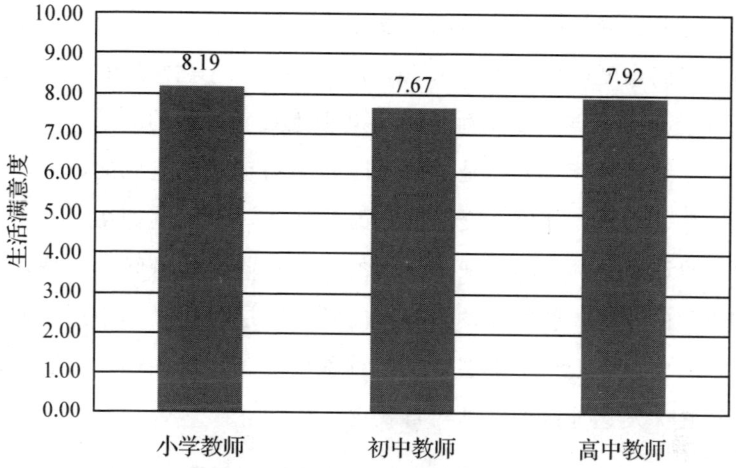

图 4.19　教师主观幸福感教职差异分布图

自我满意度。同样采用 10 点量表考察教师的自我满意度，“1 分”表示“非常不满意”，“10 分”表示“非常满意”。结果显示，906 名参与填写的教师的自我满意度的平均得分为 7.62 分（$SD = 1.90$），有 85.9%的教师对自我满意度的评分大于等于 6 分，说明多数教师的自我满意度处于较高水平，大部分教师对自己比较满意，具体如图 4.20 所示。

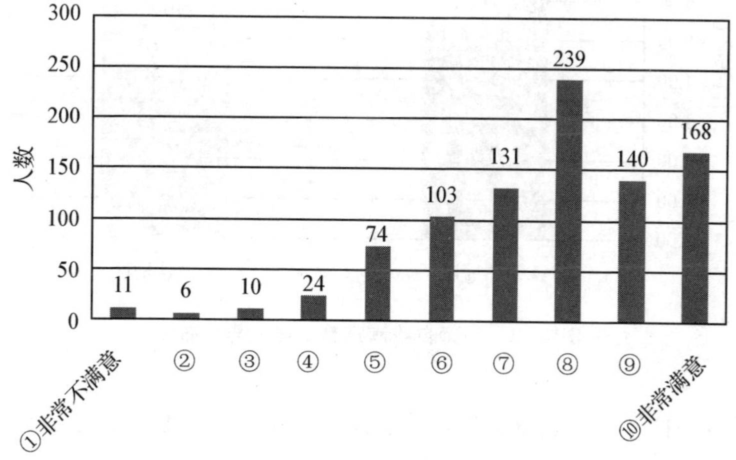

图 4.20　教师自我满意度评定分布图

在地区差异分析中，发达地区教师的自我满意度显著低于欠发达地区教师的自我满意度，$t_{(904)} = -3.80$，$p < 0.001$，具体结果如表 4.10 和图 4.21 所示。该结果与前面的生活满意度和主观幸福感的结果基本一致，如前所述，该结果可能一方面是由于地区间的物理环境造成的，虽然发达地区有着医疗、教育、休闲、交通等方面的优势，但是其拥堵、竞争、物价(房价)也给该地区的教师带来了巨大的压力；同时地区间的心理环境也可能是一方面的原因，教师在发达地区的社会阶层可能处于中层，而在欠发达地区，教师可能处于中上层，从某种程度而言，这些相对的心理优势可能让生活在欠发达地区的教师对自我更加满意。

表 4.10　发达地区与欠发达地区教师自我满意度差异表

	N	*M*	*SD*	*t*	*p*
发达地区	238	7.22	1.90	−3.80	< 0.001
欠发达地区	668	7.76	1.89		

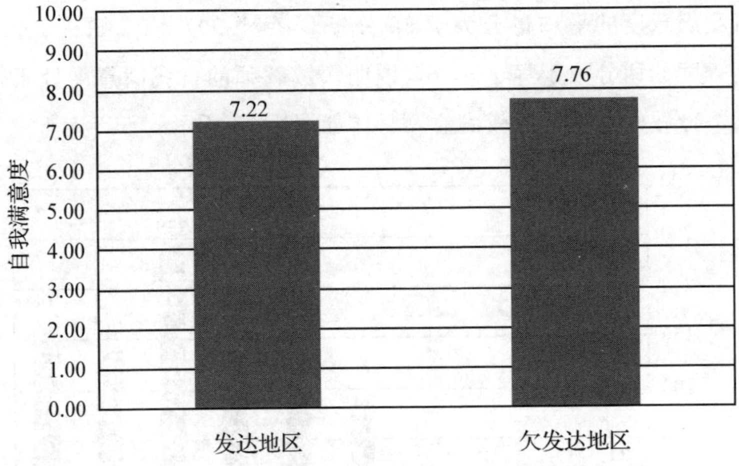

图 4.21　教师自我满意度地区差异分布图

对教师群体自我满意度进行性别差异分析，结果显示男性教师与女性教师的自我满意度评价差异并不显著，$t_{(795)} = -1.472$，$p = 0.141$，具体结果如表 4.11 和图 4.22 所示。

表 4.11　教师自我满意度性别差异表

	N	*M*	*SD*	*t*	*p*
男性教师	228	7.48	2.01	−1.47	0.14
女性教师	569	7.70	1.86		

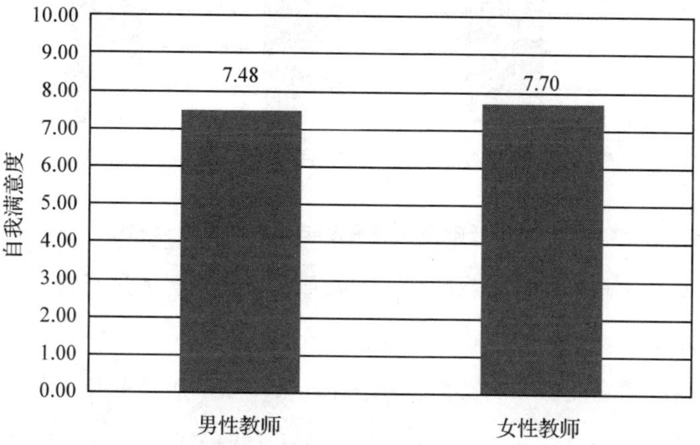

图 4.22　教师自我满意度性别差异分布图

将年龄按照 30 岁及以下，30～50 岁，50 岁以上三个阶段分成青年教师、中年教师和老年教师三个群体，并进行自我满意度的差异分析，结果显示年龄的主效应显著，$F_{(2,810)} = 7.12$，$p < 0.01$，事后检验发现青年教师的自我满意度显著低于中年教师的自我满意度，$MD = -0.50$，$p < 0.001$，而青年教师与老年教师的自我满意度差异不显著，$MD = -0.55$，$p = 0.151$，中年教师与老年教师的自我满意度差异也不显著，$MD = -0.05$，$p = 0.894$。具体结果如表 4.12 和图 4.23 所示。

表 4.12　教师自我满意度年龄阶段差异表

	SS	*df*	*MS*	*F*	*p*
组间变异	46.62	2	23.31	7.12	0.001
组内变异	2652.34	810	3.27		

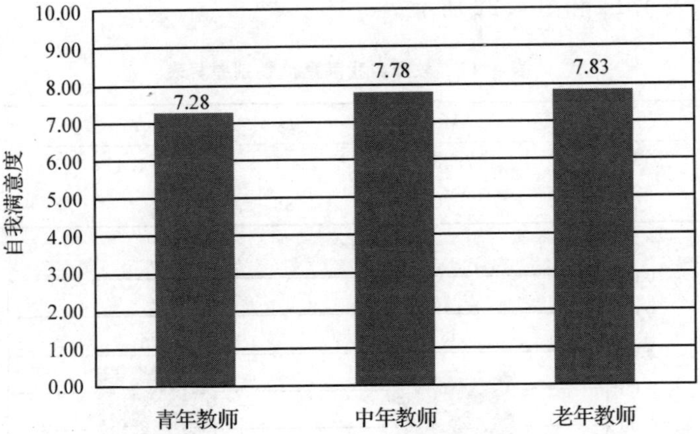

图 4.23　教师自我满意度年龄阶段差异分布图

最后对小学教师、初中教师和高中教师三个教职群体进行自我满意度的差异分析，结果发现教职的主效应不显著，$F_{(2, 903)} = 0.53$，$p = 0.59$，说明教职对教师的自我满意度的影响没有显著差异，具体结果如表 4.13 和图 4.24 所示。

表 4.13　教师自我满意度教职差异表

	SS	df	MS	F	p
组间变异	3.84	2	1.92	0.53	0.59
组内变异	3277.06	903	3.63		

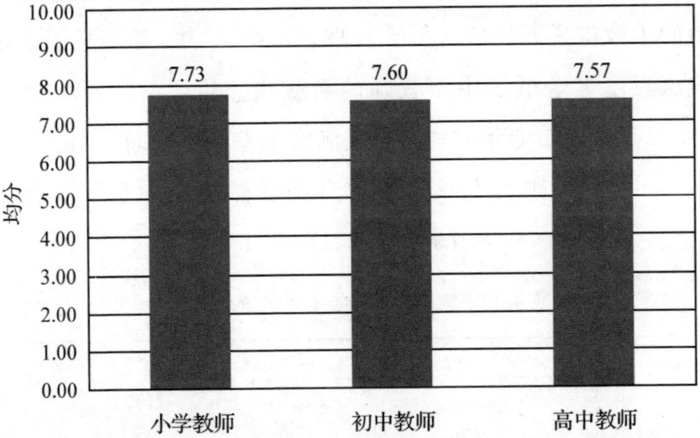

图 4.24　教师自我满意度教职差异分布图

人际关系。本研究调查了教师对自身与学生、与家人的关系良好程度进行的主观评定，同样采用 10 点量表的评分方法，“1”表示“非常差”，“10”表示“非常好”。结果显示，参与调查的 897 名教师对自己与学生关系程度的评定均值为 8.2($SD=1.552$)，其中 93％的教师对师生关系的评分大于或等于 6 分，如图 4.25 所示。

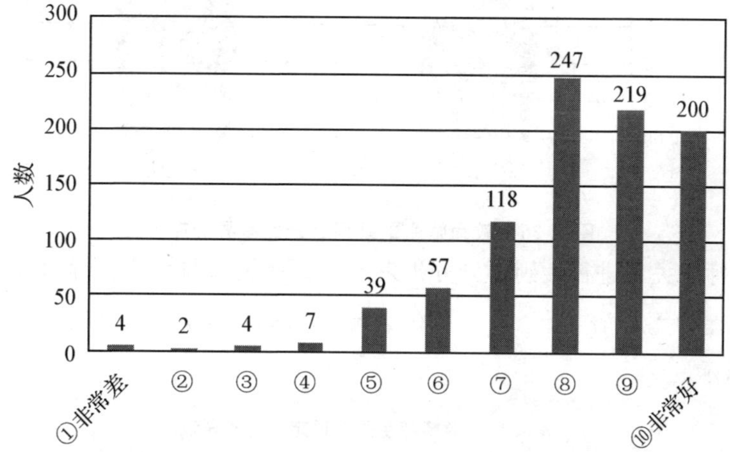

图 4.25 教师对师生关系评定分布图

之后，对师生关系进行地区差异分析，结果显示，发达地区的教师对师生关系的评定显著低于欠发达地区的教师，$t_{(464.133)}=-2.02$，$p=0.04$，具体结果如表 4.14 和图 4.26 所示。

表 4.14 教师师生关系评定地区差异表

	N	*M*	*SD*	*t*	*p*
发达地区	238	8.04	1.43	−2.02	0.04
欠发达地区	659	8.26	1.59		

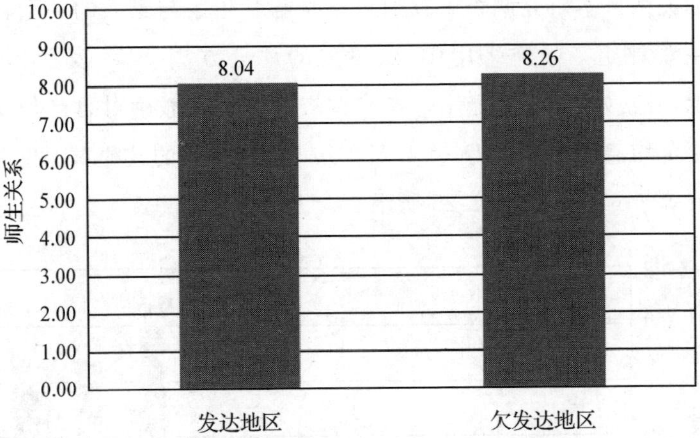

图 4.26　教师师生关系评定地区差异分布图

对师生关系进行性别差异分析发现，男性教师与女性教师对师生关系的评价差异不显著，$t_{(787)} = 0.06$，$p = 0.96$，具体结果如表 4.15 和图 4.27 所示。

表 4.15　教师师生关系评定性别差异表

	N	*M*	*SD*	*t*	*p*
男性教师	227	8.22	1.59	0.06	0.96
女性教师	562	8.21	1.55		

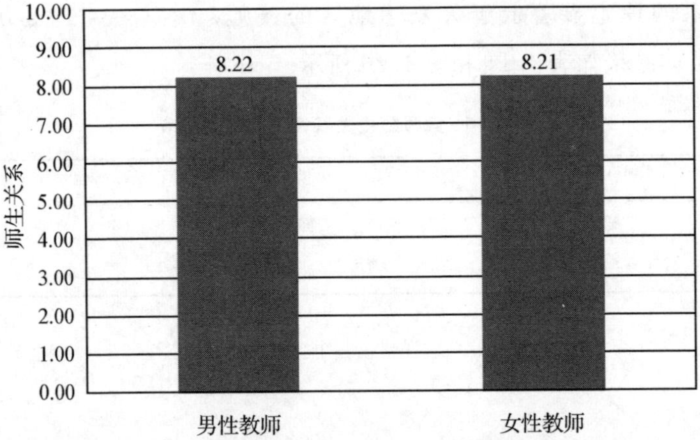

图 4.27　教师师生关系评定性别差异分布图

对师生关系评定进行年龄阶段的差异分析，按照30岁及以下，30～50岁，50岁以上三个阶段将教师分成青年教师、中年教师和老年教师三个群体，结果显示，年龄的主效应显著，$F_{(2,809)} = 10.43$，$p < 0.01$，事后差异分析结果表明，青年教师的师生关系显著低于中年教师的师生关系，$MD = -0.45$，$p < 0.001$；青年教师的师生关系显著低于老年教师的师生关系，$MD = -0.76$，$p = 0.01$；然而中年教师与老年教师的师生关系的差异没有达到显著水平，$MD = -0.31$，$p = 0.29$。具体结果如表4.16和图4.28所示。相比较而言，中年教师和老年教师与师生的关系可能更为融洽，青年教师可能由于经验不足、抑或是由于其他诸如工作、经济以及家庭等压力而无暇应对一对多的师生关系。

表4.16 教师师生关系评定年龄阶段差异表

	SS	*df*	*MS*	*F*	*p*
组间变异	40.52	2	20.26	10.43	<0.001
组内变异	1571.65	809	1.94		

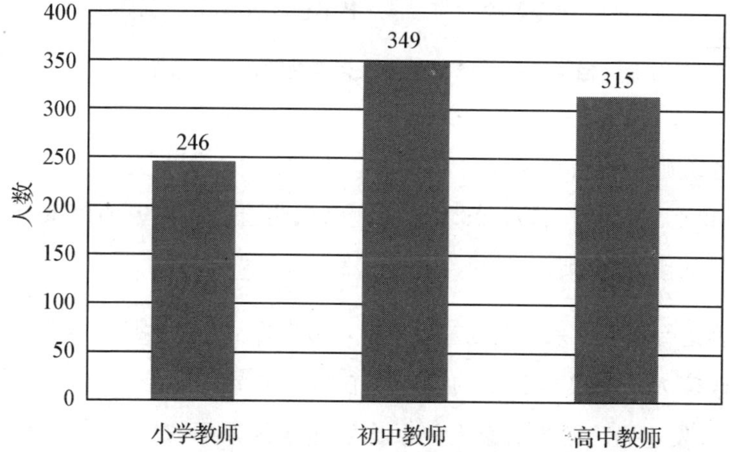

图4.28 教师师生关系评定年龄阶段差异分布图

最后对小学教师、初中教师和高中教师三个教职群体进行师生关系评定的差异分析，结果发现教职的主效应不显著，$F_{(2,894)} = 2.78$，$p =$

0.06，具体结果如表 4.17 和图 4.29 所示。

表 4.17 教师师生关系评定教职差异表

	SS	df	MS	F	p
组间变异	13.33	2	6.67	2.78	0.06
组内变异	2145.74	894	2.40		

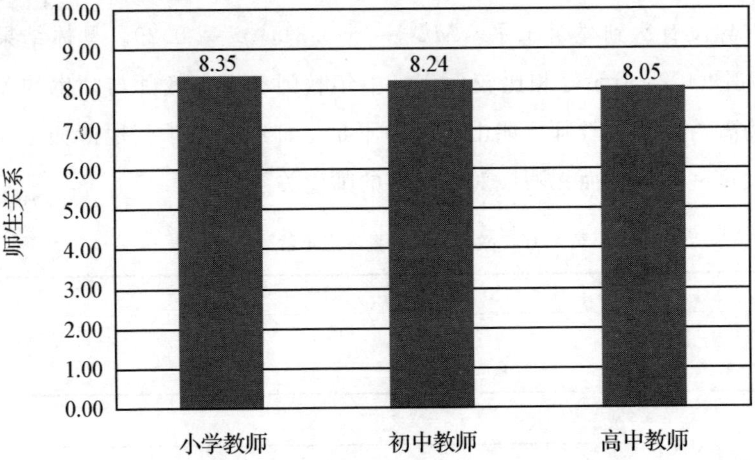

图 4.29 教师师生关系评定教职差异分布图

而在教师对自己与家人关系良好程度评定中，905 人参与了评定，均分为 8.82（$SD=1.41$），96.5%的教师认为自己与家人的关系大于或等于 6 分，如图 4.30 所示。

同样进行家人关系的地区差异分析，结果显示，发达地区与欠发达地区教师对于家人关系良好程度的评定存在显著差异，$t_{(903)}=-2.362$，$p=0.018$，欠发达地区教师的家人关系比发达地区教师的家庭关系更为和谐，具体结果如表 4.18 和图 4.31 所示。而造成以上结果的可能原因是地区间的文化差异，在欠发达地区，家庭成员之间的相互依赖性较高，可能更为注重成员之间的和谐，相互之间的关怀也可能更多一些，而在发达地区，家庭成员间的独立性较强，而各有各的事业，人际间的相互关怀可能弱一些。

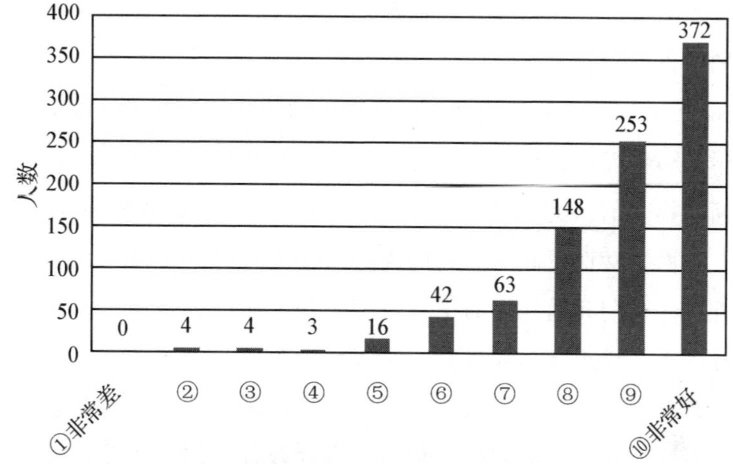

图 4.30　教师对与家人关系评定分布图

表 4.18　发达地区与欠发达地区教师与家人关系评定差异表

	N	*M*	*SD*	*t*	*p*
发达地区	239	8.64	1.38	−2.36	0.02
欠发达地区	666	8.89	1.41		

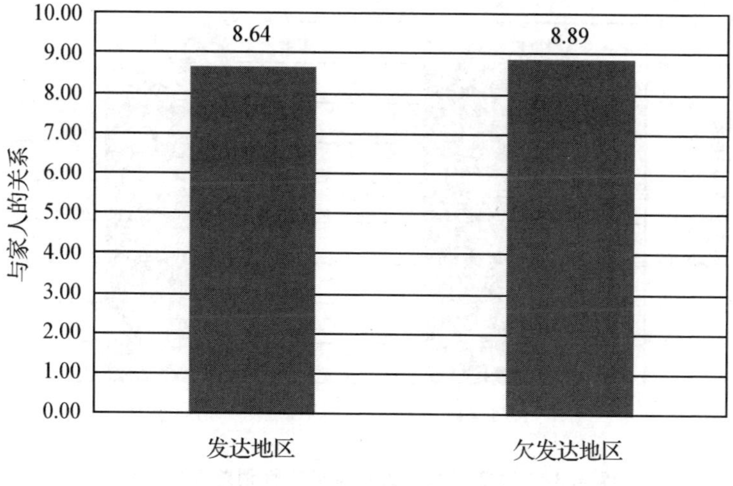

图 4.31　教师对与家人关系评定地区差异分布图

对家人关系进行性别差异分析发现，男性教师与女性教师对自己与家人关系的评价差异显著，$t_{(794)}=-3.53$，$p<0.01$，具体结果如表 4.19 和图 4.32 所示。女性教师认为自己与家人的关系相对于男性教师更好，可能是由于人格特征差异导致的。为了保证生存和繁衍，进化心理学认为女性一方面选择具有一定物质资源并且愿意为其和后代投资的男性作为配偶；另一方面，女性更倾向与其他成员间建立良好的人际关系，以此尽量保证女性在怀孕期和哺乳期的正常生存。相关研究也发现，女性比男性更注重人际关系；更经常与人微笑、性情更为温和、更愿意相信他人也有一颗怜悯、善良之心。对他人的情感信息更为敏感，女性教师的宜人性、社会交往、温暖、正性情绪方面显著高于男性教师。故而女性教师与家人的人际关系优于男性教师也是在情理之中。

表 4.19　教师家人关系评定性别差异表

	N	M	SD	t	p
男性教师	228	8.57	1.61	−3.53	<0.01
女性教师	568	8.96	1.30		

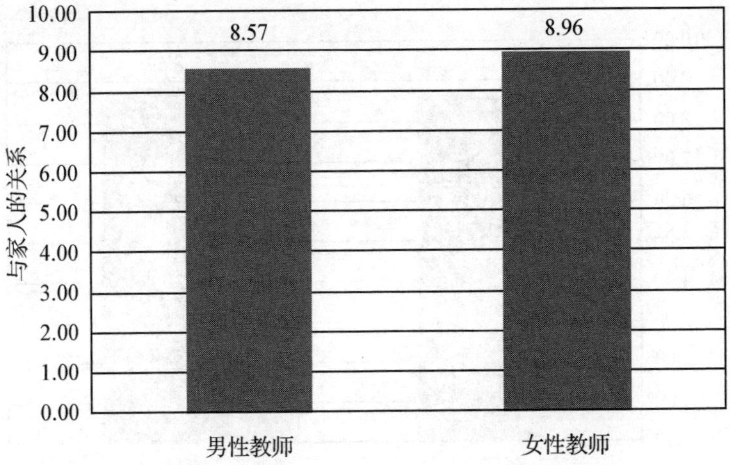

图 4.32　教师对与家人关系评定性别差异分布图

对与家人关系评定进行年龄阶段的差异分析，按照30岁及以下，30～50岁，50岁以上三个阶段将教师分成青年教师、中年教师和老年教师三个群体，结果显示，年龄的主效应不显著，$F_{(2,811)}=0.67$，$p=0.51$，说明青年教师、中年教师与老年教师对自己与家人关系的评价没有显著差异，如表4.20和图4.33所示。

表4.20　教师家人关系评定年龄阶段差异表

	SS	df	MS	F	p
组间变异	2.45	2	1.22	0.67	0.51
组内变异	1482.01	811	1.83		

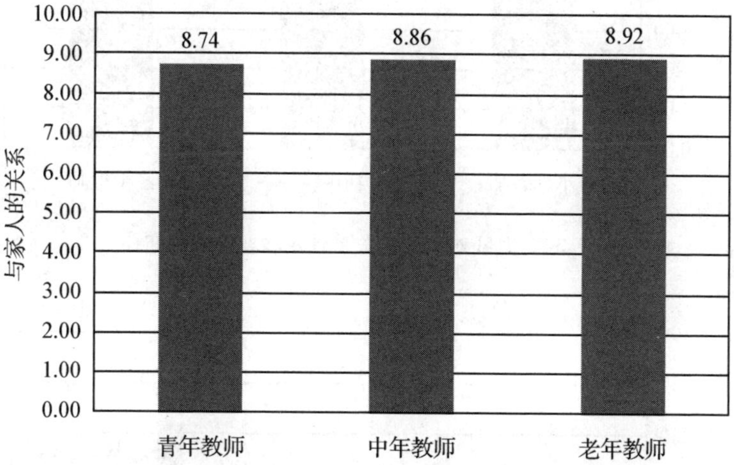

图4.33　教师对与家人关系评定年龄阶段差异分布图

最后对小学教师、初中教师和高中教师三个教职群体进行家人关系评定的差异分析，结果发现教职的主效应不显著，$F_{(2,902)}=0.71$，$p=0.50$，说明小学教师、初中教师和高中教师对自己与家人关系评定分数没有显著差异，具体结果如表4.21和图4.34所示。

表 4.21 教师家人关系评定教职差异表

	SS	*df*	*MS*	*F*	*p*
组间变异	2.80	2	1.40	0.71	0.50
组内变异	1790.27	902	1.99		

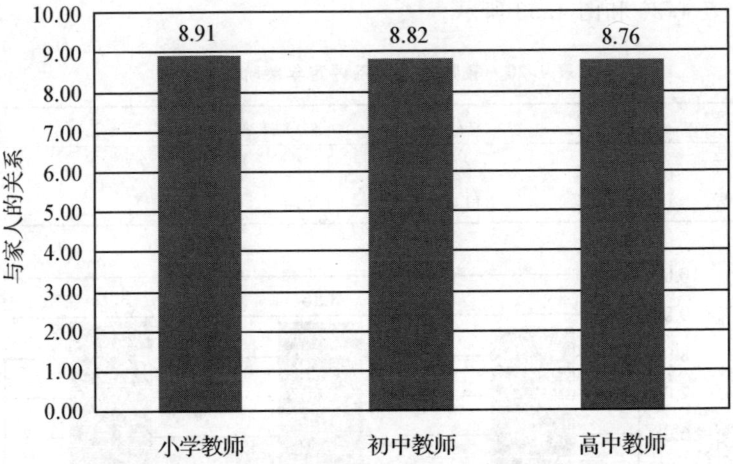

图 4.34 教师对与家人关系评定教职差异分布图

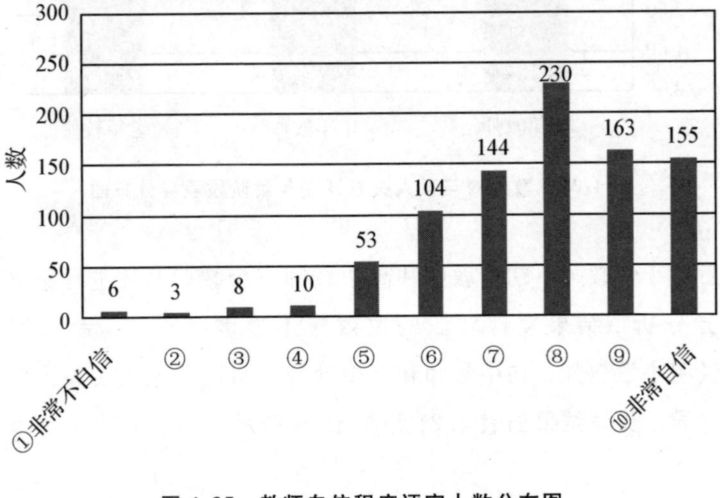

图 4.35 教师自信程度评定人数分布图

自信程度。在教师对其自信程度的主观自评当中，“1—10 分”依次表示由“非常不自信”到“非常自信”的等级变化。参与填写问卷的 876 名教师的平均自信得分为 7.8 分（ $SD = 1.706$ ），87.5%的教师自信程度评分大于或等于 6 分，说明教师群体的自信水平整体较高，其中 60.2%的教师对自己自信程度的打分在 8 分以上，具体结果如图 4.35 所示。

对教师的自信程度进行地区差异分析，结果发现，发达地区和欠发达地区的教师自信水平没有显著差异，两个地区的教师的自信水平都接近 8 分，$t_{(874)} = -1.47$，$p = 0.14$，具体结果如表 4.22 和图 4.36 所示。

表 4.22　发达地区与欠发达地区教师自信水平评定差异表

	N	*M*	*SD*	*t*	*p*
发达地区	229	7.66	1.64	−1.47	0.14
欠发达地区	647	7.85	1.73		

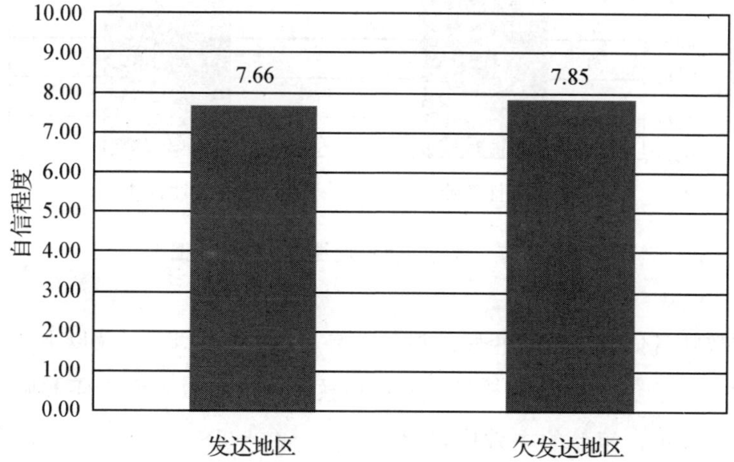

图 4.36　教师自信程度地区差异分布图

对教师的自信程度进行性别差异分析发现，男性教师与女性教师对自己自信程度的评价差异显著，$t_{(770)} = 3.321$，$p < 0.001$，具体如表 4.23 和图 4.37 所示，男教师的自信程度远远高于女教师，主要可能由于在成长

过程中教师受到性别刻板印象造成的，社会上普遍认为男性在雄心、有能力、开拓创新等侧面高于女性，这种刻板印象内化进而引起女性的低自我期望和自我评价，因而女性教师的自信心得分低于男性教师。

表 4.23 教师自信水平评定性别差异表

	N	*M*	*SD*	*t*	*p*
男性教师	223	8.11	1.63	3.32	<0.001
女性教师	549	7.67	1.71		

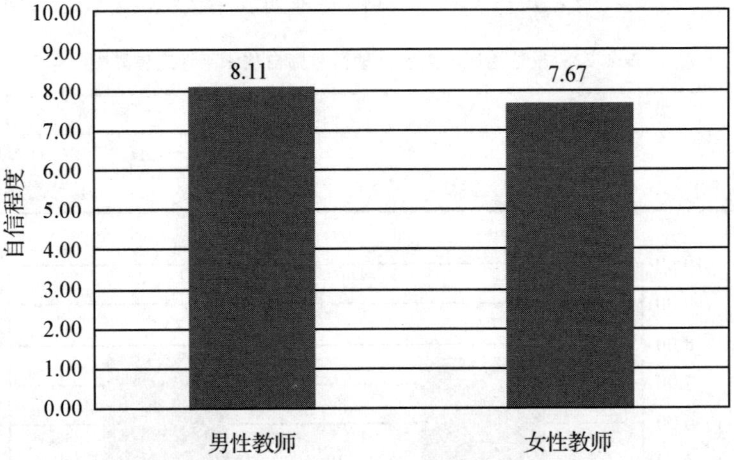

图 4.37 教师自信程度性别差异分布图

对教师自信程度进行年龄阶段的差异分析，按照30岁及以下，30～50岁，50岁以上三个阶段将教师分成青年教师、中年教师和老年教师三个群体，结果显示，年龄的主效应显著，$F_{(2,784)} = 5.18$，$p < 0.01$，事后分析结果表明，青年教师与中年教师的自信程度具有显著差异，$MD = -0.39$，$p < 0.001$；而青年教师与老年教师的自信程度差异不显著，$MD = -0.23$，$p = 0.52$；中年教师与老年教师的自信程度差异也不显著，$MD = 0.16$，$p = 0.64$。具体结果如表 4.24 和图 4.38 所示。总体来看，中年教师的自信程度最高，这可能是由于此阶段的教师身体较为健

康、教学业务较为熟练，事业可能处于上升期，因而自信程度较高。而青年教师可能是由于教学经验的欠缺而导致自信程度较低。对于老年教师而言，跟随时代的步伐、与时俱进可能是他们的追求，他们在努力学习新知识、获取新消息，然而由于获取新信息技术的缺乏，在这方面他们可能深感不如年轻人，同时由于身体机能日益消退，做事情可能有些力不从心，故而，老年教师的自信程度不高也是可以理解的。

表 4.24 教师自信程度评定年龄阶段差异表

	SS	*df*	*MS*	*F*	*p*
组间变异	26.60	2	13.30	5.18	0.006
组内变异	2013.46	784	2.57		

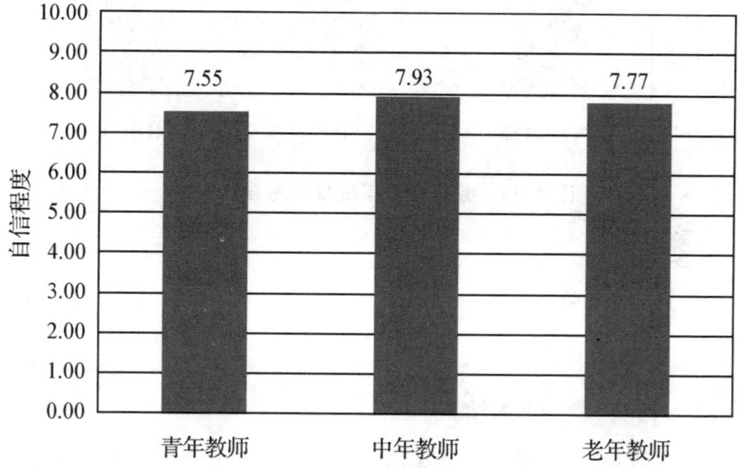

图 4.38 教师自信程度年龄阶段差异分布图

最后对小学教师、初中教师和高中教师三个教职群体进行自信程度评定的差异分析，结果发现教职的主效应不显著，$F_{(2,873)}=1.51$，$p=0.22$，说明小学教师、初中教师和高中教师对自己自信程度的评定分数没有显著差异，具体结果如表 4.25 和图 4.39 所示。

表 4.25 教师自信程度评定教职差异表

	SS	*df*	*MS*	*F*	*p*
组间变异	8.76	2	4.38	1.51	0.22
组内变异	2537.07	873	2.91		

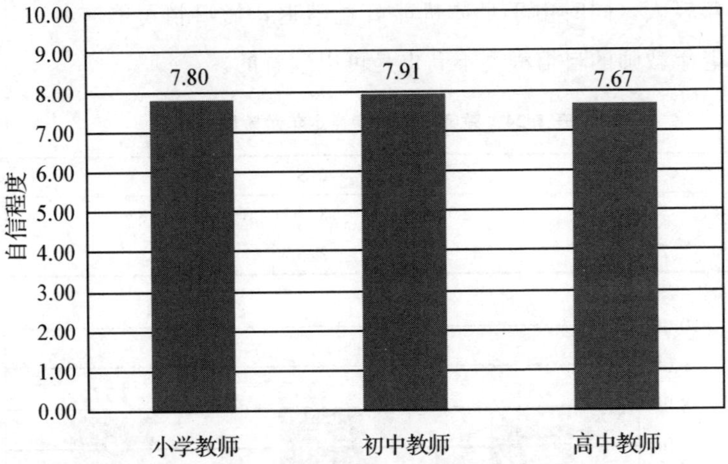

图 4.39 教师自信程度教职差异分布图

4.2 网络使用情况

4.2.1 自身网络使用情况

网龄。在教师对其网龄的主观报告中，“1～5 分”依次表示由“少于 6 个月”到“6 年以上”的等级变化。参与填写问卷的 892 名教师的平均网龄得分为 4.19 分($SD = 1.07$)，76%的教师网龄在 4 年以上，并且被调查的教师中有超过一半(52.5%)人数的网龄在 6 年以上，说明教师的网龄整体时间较长，接触网络的时间较早，具体结果如图 4.40 所示。

对教师的网龄进行地区差异分析，结果发现，发达地区和欠发达地区的教师网龄有显著差异，$t_{(892)} = 7.75$，$p < 0.01$，具体结果如表 4.26 和图 4.41 所示。地处经济发达地区的教师平均接触网络的时间要显著早于地

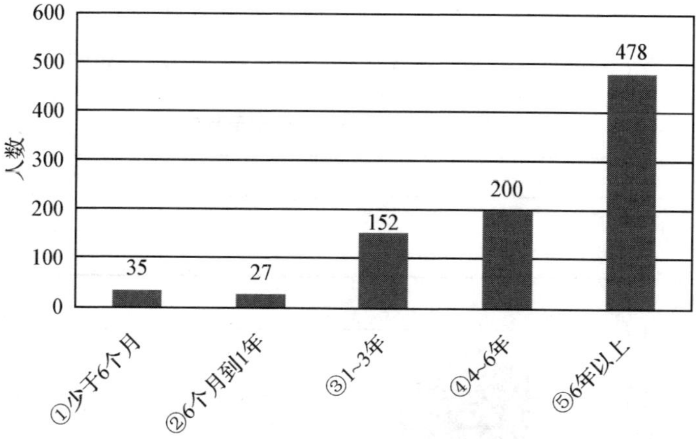

图 4.40　教师网龄人数分布图

处欠发达地区的教师，显然这是可能是由于欠发达地区受经济条件所限，网络的可及性可能不及发达地区进而导致教师群体网龄上的差异。

表 4.26　教师网龄地区差异表

	N	*M*	*SD*	*t*	*p*
发达地区	233	4.64	0.68	7.75	<0.01
欠发达地区	659	4.03	1.14		

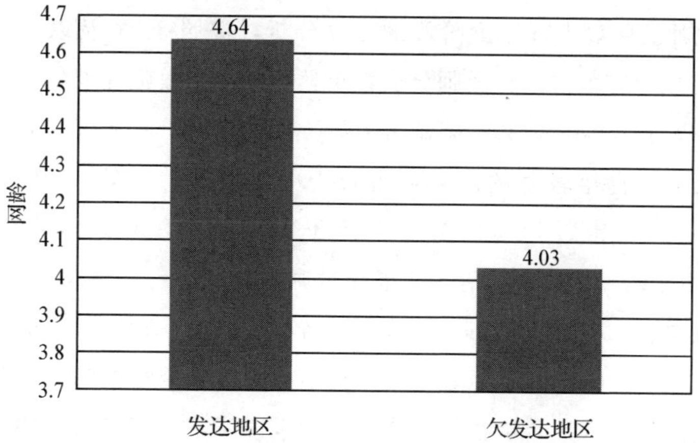

图 4.41　教师网龄地区差异分布图

对教师的网龄进行性别差异分析发现，男性教师与女性教师之间的网龄差异不显著，$t_{(786)} = 0.861$，$p = 0.389$，如表 4.27 和图 4.42 所示。

表 4.27　教师网龄评定性别差异表

	N	M	SD	t	p
男性教师	227	4.23	1.066	0.861	0.389
女性教师	559	4.16	1.071		

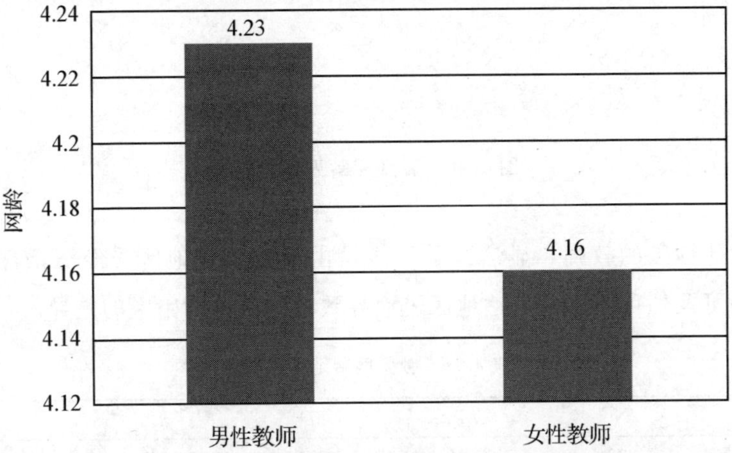

图 4.42　教师群体网龄性别差异分布图

对教师的网龄进行年龄阶段的差异分析，按照 30 岁及以下，30～50 岁，50 岁以上三个阶段将教师分成青年教师、中年教师和老年教师三个群体，结果显示，年龄的主效应显著，$F_{(2,810)} = 9.46$，$p < 0.001$，事后分析结果表明，青年教师的网龄显著长于中年教师的网龄，$MD = 0.20$，$p = 0.009$；青年教师的网龄显著高于老年教师，$MD = 0.85$，$p < 0.001$；中年教师的网龄显著高于老年教师的，$MD = 0.65$，$p = 0.002$。具体结果如表 4.28 和图 4.43 所示。此结果反映出，我国教师群体的网络使用年限随年龄的增大而逐渐递减，青年教师接触网络的时间最长，其次是中年教师，最后是老年教师群体；同时也说明，随着年龄的增加，个体对新异事物的接纳能力逐渐减弱，这与人格心理学的相关研究结果是一

致的。

表 4.28　教师网龄评定年龄阶段差异表

	SS	*df*	*MS*	*F*	*p*
组间变异	19.10	2	9.55	9.46	<0.001
组内变异	806.00	798	1.01		

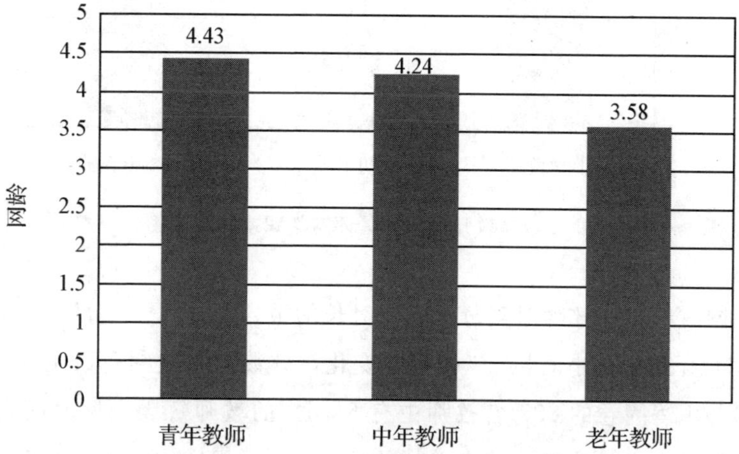

图 4.43　教师网龄评定年龄阶段差异分布图

最后对小学教师、初中教师和高中教师三个教职群体进行网龄评定的差异分析，结果发现教职的主效应显著，$F_{(2,892)} = 8.71$，$p < 0.01$，事后分析结果表明，小学教师的网龄显著短于中学教师的网龄，$MD = 0.37$，$p < 0.001$，小学教师的网龄也显著短于高中教师，$MD = -0.26$，$p = 0.004$，但初中教师的网龄与高中教师的网龄并无显著差异，$MD = 0.11$，$p = 0.21$。具体结果如表 4.29 和图 4.44 所示。

表 4.29　教师网龄评定教职差异表

	SS	*df*	*MS*	*F*	*p*
组间变异	19.63	2	9.82	8.71	<0.01
组内变异	1002.10	889	1.13		

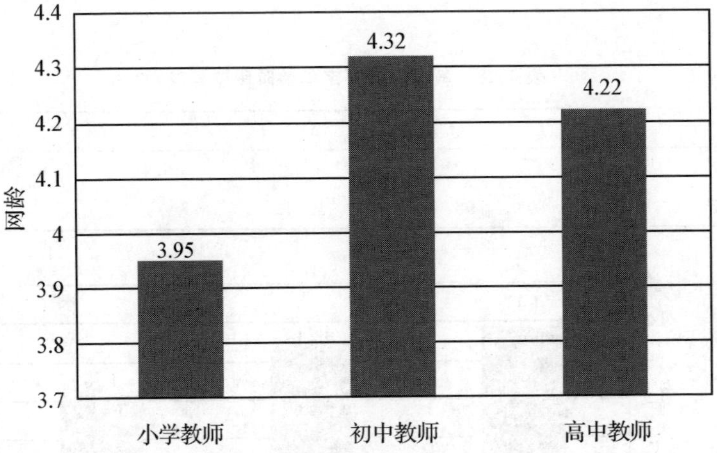

图 4.44　教师群体网龄评定教职差异分布图

上网时长。在教师对其每天上网时长的报告中，“1～5 分”依次表示由“1 小时以下”到“6 小时以上”的等级变化，分数越大表明每天上网时间越长。参与填写问卷的 897 名教师中有 61.5％的教师每天上网时间在 1～4 小时，超过 6 小时的只占调查总体的 7.1％，而相应的小于 1 小时的只占 17.8％，具体结果如图 4.45 所示。

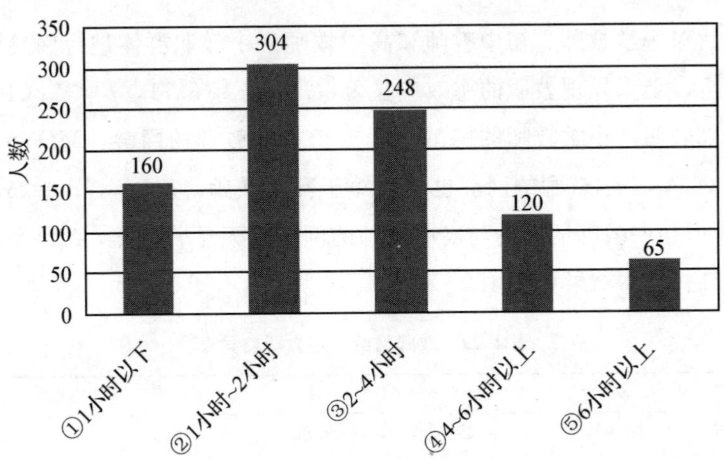

图 4.45　教师日上网时长人数分布图

对教师的日上网时长进行地区差异分析，结果发现，发达地区和欠发达地区的教师日上网时长差异显著，$t_{(897)} = 9.93$，$p < 0.001$，具体结果如表 4.30 和图 4.46 所示。发达地区教师的日上网时长显著多于欠发达地区的教师，这可能由于以下两方面原因造成的，一方面，在欠发达地区，较低的网络可及性限制了教师的网络使用；另一方面，地区间的人际交往差异可能也是一个主要原因，欠发达地区的交往模式更多的是面对面的传统的人际交往，而在发达地区的交往模式更多的是在线的人际交往。因而综合以上两方面因素，发达地区的日上网时长多于欠发达地区是不难理解的。

表 4.30 教师日上网时长地区差异表

	N	*M*	*SD*	*t*	*p*
发达地区	234	3.19	1.12	9.93	<0.001
欠发达地区	663	2.37	1.07		

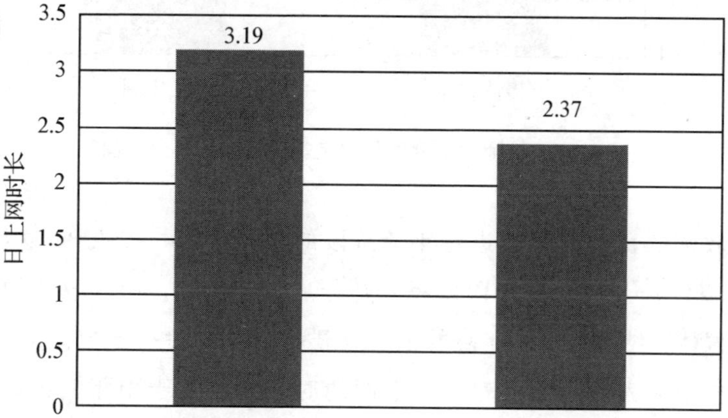

图 4.46 教师日上网时长评定分数地区差异图

对教师的日上网时长进行性别差异分析发现，男性教师与女性教师之间每天的上网时间长短差异显著，$t_{(791)} = 2.08$，$p = 0.04$，具体结果如表 4.31 和图 4.47 所示。男教师的日网络使用时长显著多于女教师，可能是由于男性在新异刺激寻求上高于女性，而网络信息的广博性恰恰能满足男性的这种需求。

表 4.31　教师日上网时长性别差异表

	N	*M*	*SD*	*t*	*p*
男性教师	228	2.71	1.13	2.08	0.04
女性教师	563	2.52	1.17		

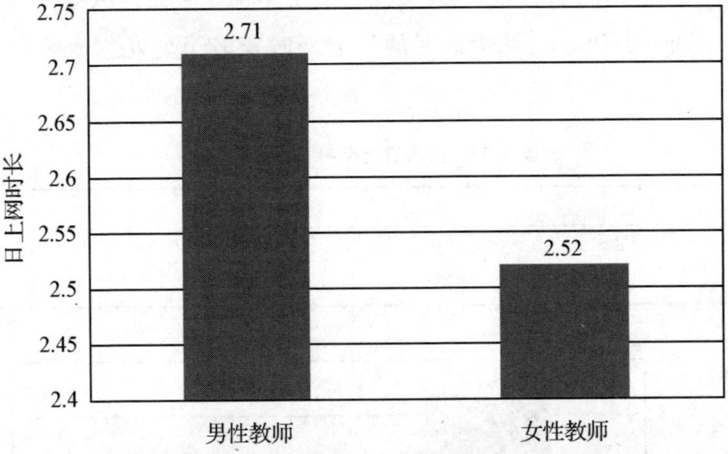

图 4.47　教师日上网时长评定等级性别差异分布图

对教师的日上网时长进行年龄阶段的差异分析，按照 30 岁及以下，30～50 岁，50 岁以上三个阶段将教师分成青年教师、中年教师和老年教师三个群体，结果显示，年龄的主效应显著，$F_{(2,801)} = 16.89$，$p < 0.01$，事后分析结果表明，青年教师日上网的时间显著长于中年教师，$MD = 0.48$，$p < 0.01$，青年教师日上网时长也显著高于老年教师，$MD = 0.54$，$p = 0.02$，但中年教师的日上网时长与老年教师的并无显著差异，$MD = 0.07$，$p = 0.78$，说明青年教师是上网的主要群体，每天接触网络的时间更长，具体结果如表 4.32 和图 4.48 所示。

表 4.32 教师日上网时长评定年龄阶段差异表

	SS	*df*	*MS*	*F*	*p*
组间变异	41.70	2	20.85	16.89	< 0.01
组内变异	988.74	801	1.23		

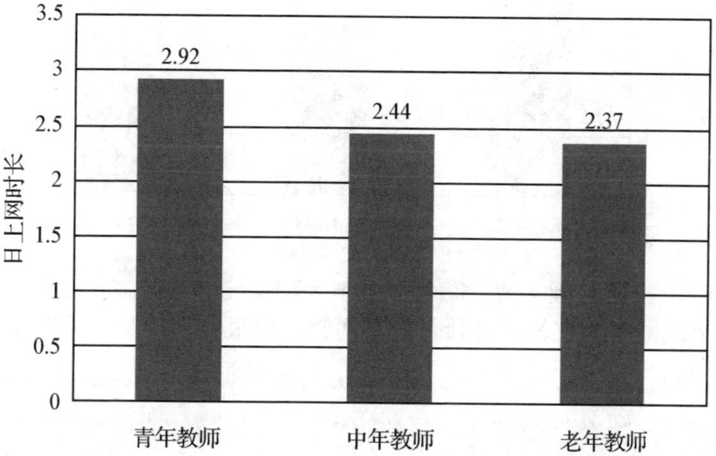

图 4.48 教师日上网时长年龄阶段差异分布图

对小学教师、初中教师和高中教师三个教职群体进行每天上网时长评定的差异分析，结果发现教职的主效应显著，$F_{(2,894)} = 18.14$，$p < 0.01$，事后分析结果表明，小学教师每天上网的时间显著短于初中教师，$MD = -0.50$，$p < 0.001$；小学教师每天上网的时间显著短于高中教师，$MD = -0.51$，$p < 0.01$；但初中教师与高中教师的日上网时长并无显著差异，$MD = -0.01$，$p = 0.92$。具体结果如表 4.33 和图 4.49 所示。结果说明小学教师不仅接触网络的时间晚，网龄短，其每天上网的时间也相对较少。

表 4.33 教师日上网时长评定教职差异表

	SS	*df*	*MS*	*F*	*p*
组间变异	45.55	2	22.77	18.14	<0.001
组内变异	1122.51	894	1.26		

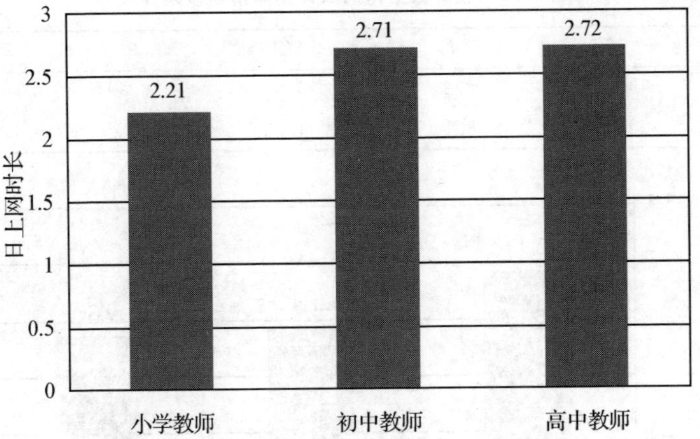

图 4.49　教师日上网时长教职分布差异图

周上网频率。在教师对其每周上网频率的报告中，“1～5 分”依次表示由“很少”到“每天”的等级变化，分数越大表明每周上网天数越多，“1 分”表示“很少”，“2 分”表示“每周 1～2 天”，“3 分”表示“每周 3～4 天”，“4 分”表示“每周 5～6 天”，“5 分”表示“每天”。参与填写问卷的 899 名教师中约有 50%的教师每周上网天数在 5 天以上，表明教师每周上网的频率较多，其中上网频率从“很少”到“每天”依次递增，并且“每天”上网的教师在所调查的群体中占最大比例，具体结果如图 4.50 所示。

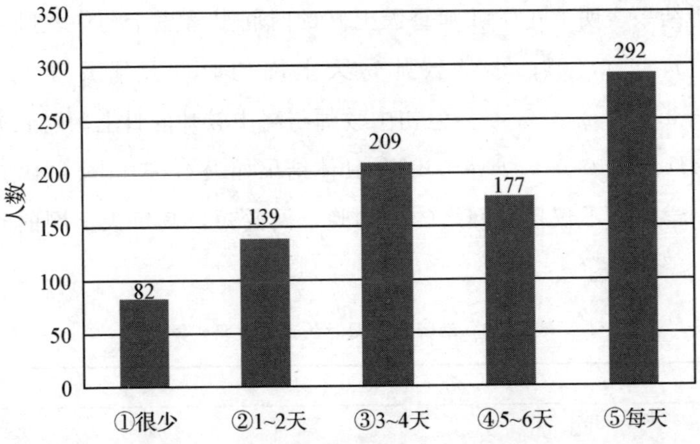

图 4.50　教师周上网频率评定人数分布图

对教师的周上网频率进行地区差异分析，结果发现，发达地区和欠发达地区的教师每周上网频率有显著差异，$t_{(899)} = 7.63$，$p < 0.001$，发达地区的教师平均每周上网 5～6 天，欠发达地区教师平均周上网 3～4 天，具体结果如表 4.34 和图 4.51 所示。

表 4.34　教师周上网频率地区差异表

	N	*M*	*SD*	*t*	*p*
发达地区	235	4.06	1.05	7.63	<0.001
欠发达地区	664	3.31	1.36		

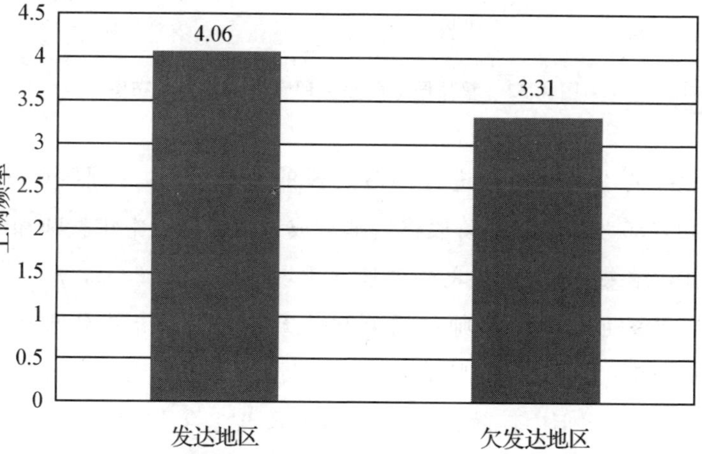

图 4.51　教师周上网频率地区差异分布图

对教师的周上网频率进行性别差异分析发现，男性教师与女性教师之间每周的上网天数差异不显著，$t_{(792)} = 1.45$，$p = 0.15$，具体结果如表 4.35 和图 4.52 所示。

表 4.35　教师日上网时长性别差异表

	N	*M*	*SD*	*t*	*p*
男性教师	228	3.63	1.29	1.45	0.15
女性教师	564	3.48	1.35		

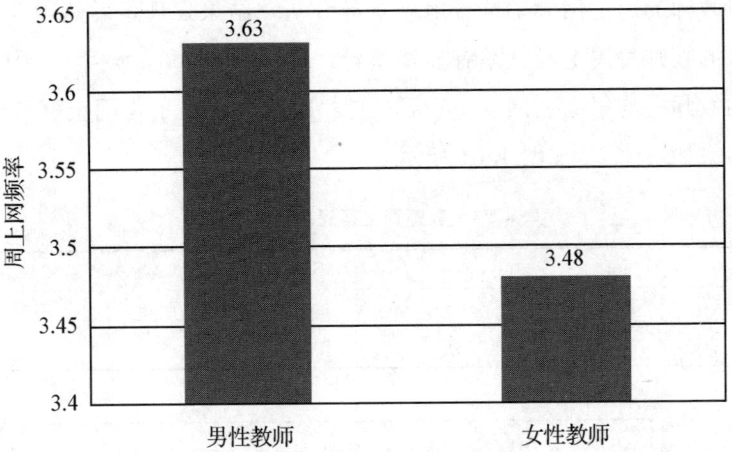

图 4.52　教师周上网频率评定性别差异分布图

对教师的周上网天数进行年龄阶段的差异分析，按照 30 岁及以下，30～50 岁，50 岁以上三个阶段将教师分成青年教师、中年教师和老年教师三个群体，结果显示，年龄的主效应显著，$F_{(2,802)} = 16.53$，$p < 0.01$，事后分析结果表明，青年教师每周上网的天数显著长于中年教师，$MD = 0.52$，$p < 0.001$；青年教师的周上网天数也显著长于老年教师，$MD = 0.69$，$p = 0.01$；但中年教师的周上网天数与老年教师的并无显著差异，$MD = 0.17$，$p = 0.51$。此结果说明青年教师是上网的主要群体，年轻人相比中年、老年群体每周接触网络的次数更多，具体结果如表 4.36 和图 4.53 所示。

表 4.36　教师周上网天数评定年龄阶段差异表

	SS	*df*	*MS*	*F*	*p*
组间变异	50.71	2	25.36	16.53	＜0.01
组内变异	1229.90	802	1.53		

对小学教师、初中教师和高中教师三个教职群体进行每周上网天数评定的差异分析，结果发现教职的主效应不显著，$F_{(2,896)} = 2.48$，$p = 0.08$，说明教师的上网频率并不受到教职的影响，具体结果如表 4.37 和图

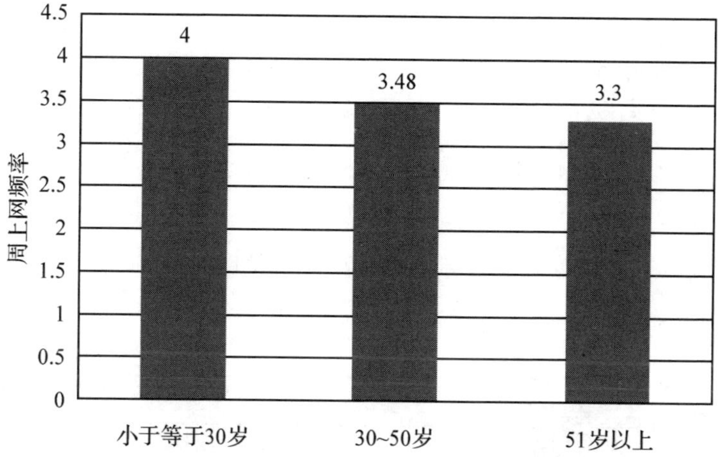

图 4.53　教师周上网频率评定年龄阶段差异分布图

4.54 所示。

表 4.37　教师日上网时长评定教职差异表

	SS	*df*	*MS*	*F*	*p*
组间变异	8.69	2	4.34	2.48	0.08
组内变异	1569.98	896	1.75		

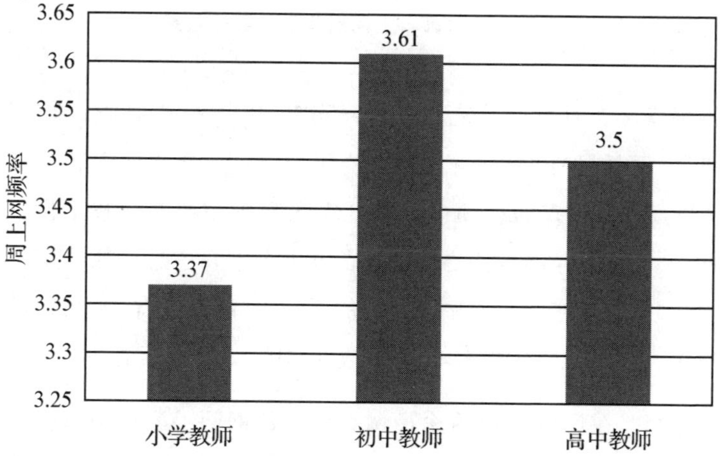

图 4.54　教师周上网频率评定教职分布差异图

上网时段。研究调查了教师群体一般在什么时候上网，分为四种情况，“1 分”表示“需要时上网”，“2 分”表示“周末和节假日”，“3 分”表示“工作时间”，“4 分”表示“下班回家后”，在 844 名参与该条目调查的教师中，将近一半比例(41.4%)的教师表示一般在“需要时”上网，其次是在“下班回家后”上网，占总人数的 21.4%，15.6%的教师表示一般在“工作时间”上网，14.3%的教师表示在“周末和节假日”时间上网。具体结果如图 4.55 所示。

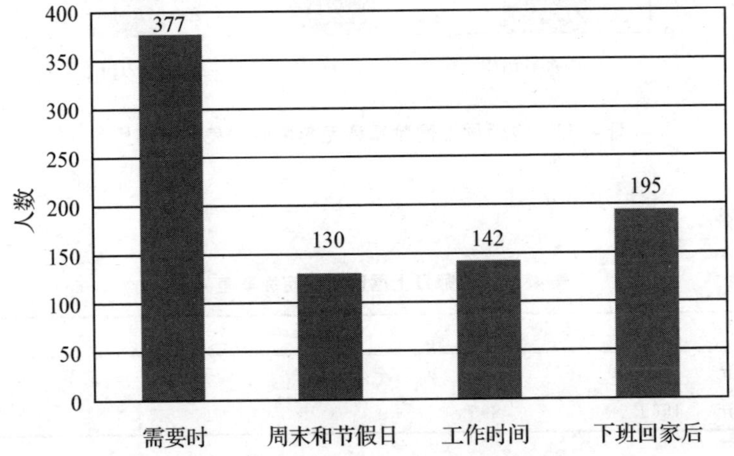

图 4.55　教师各上网时间段人数分布图

上网地点。在对于上网地点的统计分析中，通过询问教师“您通常的上网地点”，请教师在“学校家里网吧”和“其他”4 个选项中进行选择。在 761 名参与该条目调查的教师中，有 321 名教师主要在学校上网，占总受访人数的 35.3%；有 416 名教师通常在家里上网，占总人数的 45.7%；只有 10 名教师会在网吧上网(占总人数的 1.1%)；此外有 14 名教师选择了“其他”选项，但并未进行解释，具体结果如图 4.56 所示。

上网途径。在网络使用的途径调查中，还询问了教师通过何种方式上网，教师从“电脑”“手机”“两者都用”3 个选项中进行单项选择。频数分析结

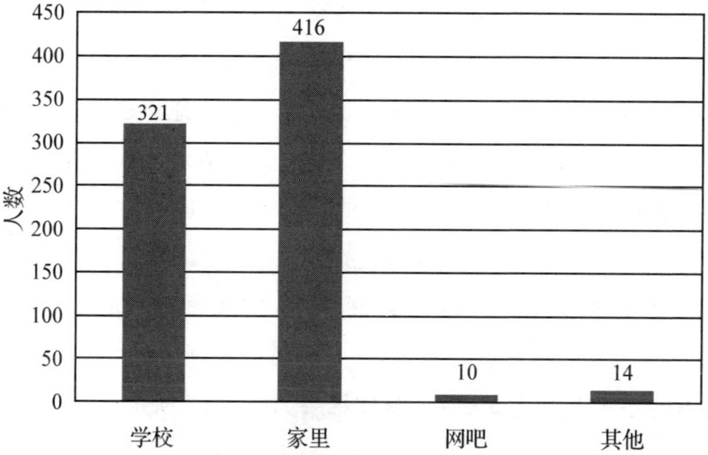

图 4.56 教师上网地点人数分布图

果显示 65.3%的教师通常使用电脑上网，28.6%的教师即使用电脑也用手机上网，只有 2.1%的教师只使用手机上网，具体结果如图 4.57 所示。

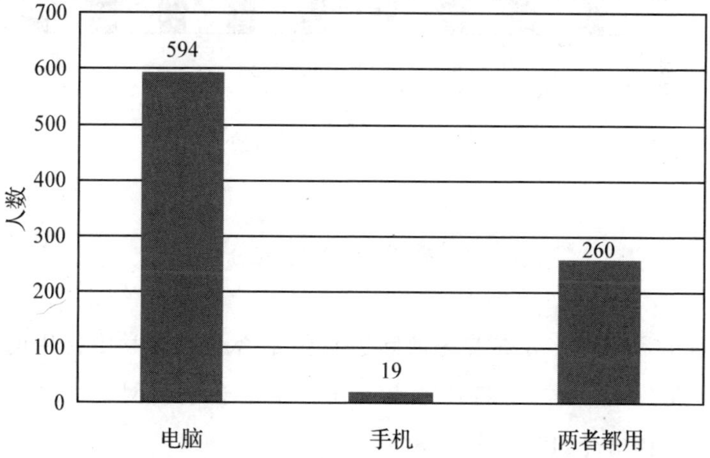

图 4.57 教师上网途径人数分布图

网络功能。在对教师的网络用途调查中，通过询问教师“上网一般做什么”了解教师群体的网络使用目的，题目采取多选式作答方式，选项包括“看新闻或查阅信息工作”“玩游戏”“交友或聊天”“通讯或联系”“购物”“写日志、博客”“看视频、下载音乐”及“其他”。总体来说，教师上网最多的是为了看新闻，其次是工作、看视频下载音乐、通讯联系、购物、交友聊天、玩游戏、写日志和其他。具体的频数分析结果显示，有65.6%的教师上网“看新闻或查阅信息”，52.1%的教师上网“工作”，在使用网络进行休闲娱乐中，18.1%的教师上网“玩游戏”，22.9%的教师上网“交友或聊天”，30.5%的教师上网“通讯或联系”，24.9%的教师上网“购物”，16.6%的教师上网“写日志、博客”，38.5%的教师上网“看视频、下载音乐”，做其他事的教师占5.3%，具体结果如图4.58所示。

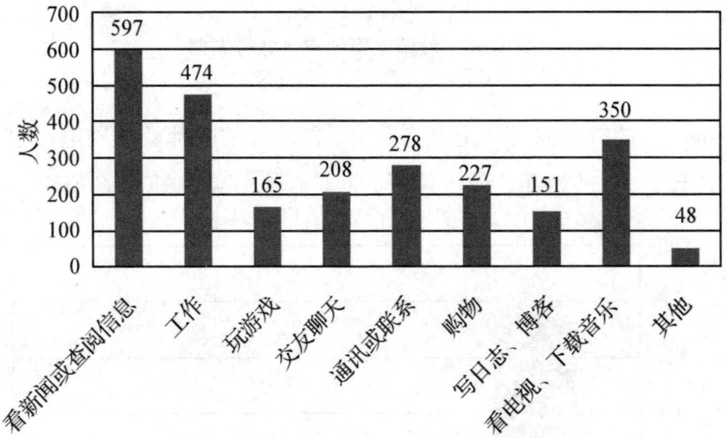

图4.58　教师上网目的人数分布图

教学用网情况。调查首先询问了教师是否会在教学中使用网络，在840份有效数据中，726名教师表示在教学中会使用网络，占总人数的79.8%，具体情况如图4.59所示。

在教学中使用网络情况的频率报告中，“1～10分”别表示从“从不使用”到“极其频繁”的等级变化。描述统计结果显示，教师平均使用网络频率为5.92分($SD = 2.298$)，其中73.1%的教师使用网络的频率在5分及以上水平，说明大部分教师会在教学中使用网络，并且使用网络的频率处

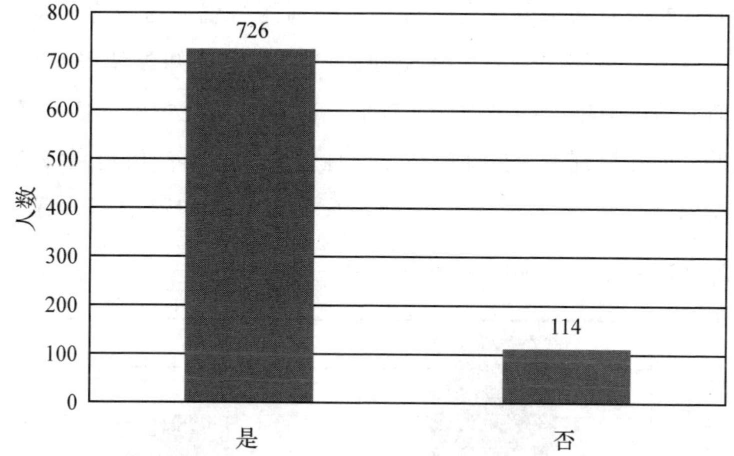

图 4.59 教师在教学中使用网络情况人数分布图

于中等水平，具体结果如图 4.60 所示。

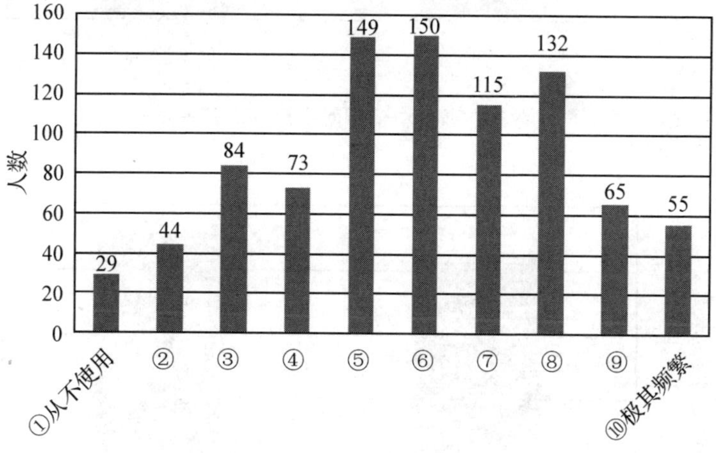

图 4.60 教师在教学中使用网络频率人数分布图

在差异分析中，首先教师在教学中使用网络情况的地区差异显著，$t_{(894)} = 4.98$，$p < 0.001$，如图 4.61 所示。发达地区显著多于欠发达地区，在一定程度上反映了不同地区对网络的接受程度，有研究表明在偏远

地区人们存在着对网络的污名效应，一提到网络就认为与道德意识弱化、道德情感冷漠、道德失范、人际交往障碍、角色认知失调等负面特征有关，因而在他们对网络的接纳程度较低，对网络在教学中的使用频率也相应地偏低。而在性别上，男性教师和女性教师在教学中使用网络的频率差异没有达到显著水平，$t_{(787)} = -0.90$，$p = 0.37$，如图 4.62 所示。

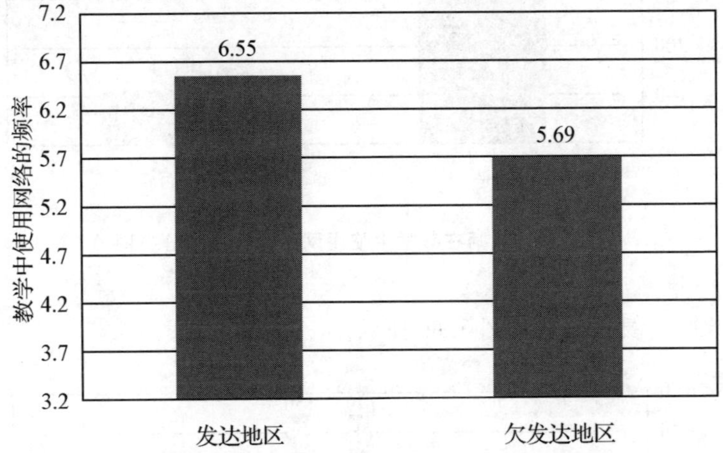

图 4.61　教师在教学中使用网络频率地区差异分布图

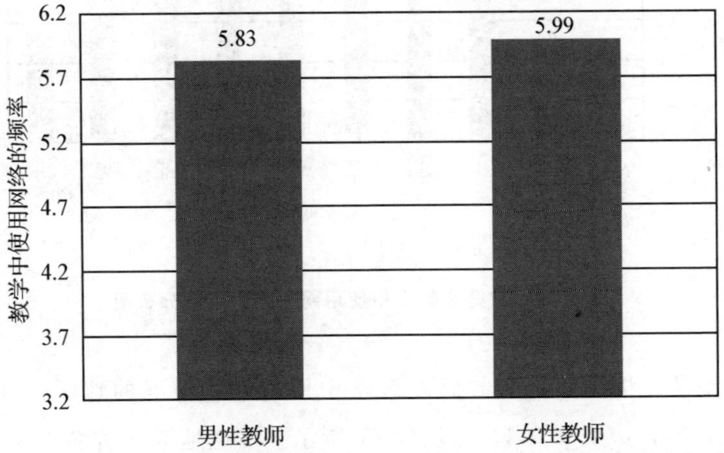

图 4.62　教师在教学中使用网络频率性别差异分布图

而在教师网络教学情况的年龄阶段差异分析中，按照30岁及以下，30～50岁，50岁以上三个阶段将教师分成青年教师、中年教师和老年教师三个群体，结果显示，年龄的主效应显著，$F_{(2,799)}=13.81$，$p<0.001$，事后分析结果表明，青年教师在教学中使用网络的频率显著大于中年教师，$MD=0.73$，$p<0.001$；青年教师在教学中使用网络的频率显著大于老年教师，$MD=1.76$，$p<0.001$；中年教师在教学中使用网络的频率显著大于老年教师，$MD=1.03$，$p=0.03$。结果表明，青年教师在教学中使用网络最频繁，中年教师其次，老年教师在教学中使用网络频率最低，具体结果如表4.38和图4.63所示。该结果一方面可能是由于不同年龄段对网络的接纳差异；另一方面也可能是由于网络为新兴的工具，青年教师掌握的网络技能比老教师更为娴熟，如信息检索、下载等功能的使用，老年教师可能对此知之甚少。

表4.38 教师在教学中使用网络频率年龄阶段差异表

	SS	*df*	*MS*	*F*	*p*
组间变异	133.33	2	66.67	13.81	<0.001
组内变异	3856.65	799	4.83		

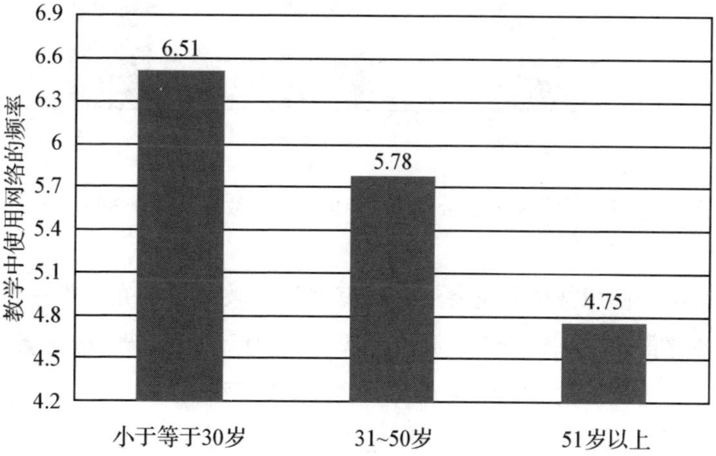

图4.63 教师在教学中使用网络频率年龄阶段差异分布图

对小学教师、初中教师和高中教师三个教职群体进行在教学中使用网络频率的差异分析，结果发现教职的主效应显著，$F_{(2,893)} = 11.75$，$p < 0.01$，事后分析结果表明，小学教师的自评分数显著低于初中教师的，$MD = -0.88$，$p < 0.001$；初中教师显著高于高中教师的，$MD = 0.60$，$p = 0.001$；但小学教师与高中教师的分数并无显著差异，$MD = -0.27$，$p = 0.16$。具体结果如表 4.39 和图 4.64 所示。

表 4.39　教师在教学中使用网络频率教职差异表

	SS	*df*	*MS*	*F*	*p*
组间变异	121.20	2	60.60	11.75	< 0.001
组内变异	4606.69	893	5.16		

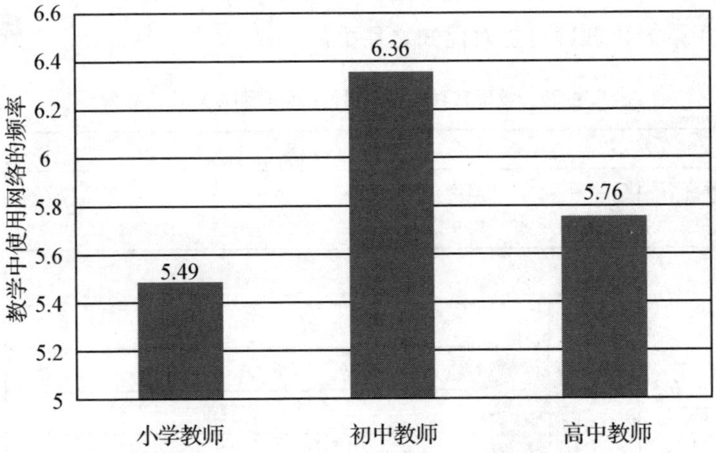

图 4.64　教师在教学中使用网络频率教职差异分布图

在教学中使用网络的重要性。研究询问了教师对于在教学中使用网络的重要性评价，“1～10 分”分别代表从“一点都不重要”到“极其重要”的等级变化。描述统计的分析结果表明，教师对于网络在教学中重要性评价均分为 6.49($SD = 2.108$)，处于比较重要的水平。在 902 名填写问卷的教师中，83.2%的教师认为在教学中使用网络的重要性在 5 分及以上，具体结果如图 4.65 所示。

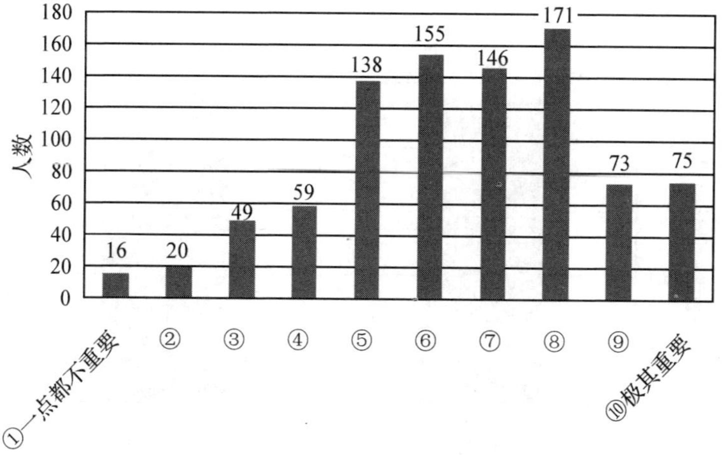

图 4.65 教师在教学中使用网络重要性评价人数分布图

对教师在教学中使用网络的重要性评价进行地区差异分析，t 检验结果显示，发达地区与欠发达地区的教师对于在教学中使用网络的重要性评价差异显著 $t_{(900)} = 2.63$，$p = 0.01$，如图 5.66 所示。而教师对在教学使用网络的重要性评价不存在性别差异，$t_{(791)} = -0.59$，$p = 0.56$，如图 4.67 所示。

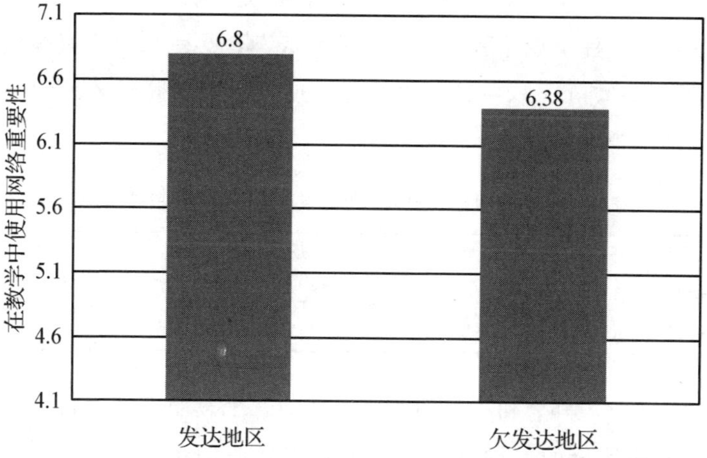

图 4.66 教师对在教学中使用网络重要性评价地区差异分布图

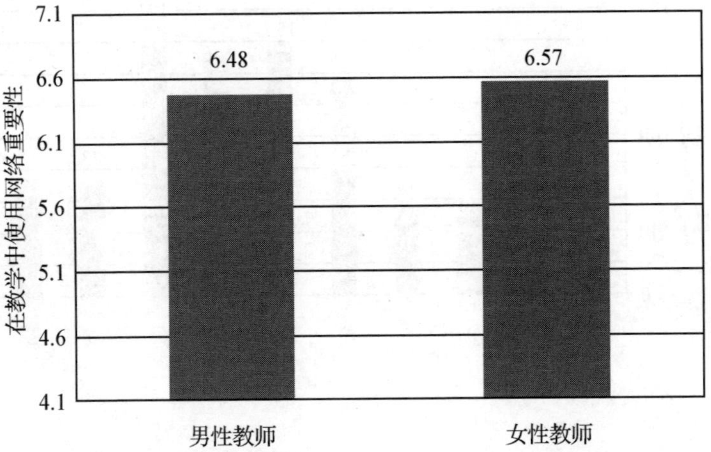

图 4.67　教师对在教学中使用网络重要性评价性别差异分布图

而在教师网络教学重要性评价的年龄阶段差异分析中，按照30岁及以下，30～50岁，50岁以上三个阶段将教师分成青年教师、中年教师和老年教师三个群体，结果显示，年龄的主效应显著，$F_{(2,806)} = 4.45$，$p = 0.01$，事后分析结果表明，青年教师比中年教师认为在教学中使用网络更重要，$MD = 0.32$，$p = 0.04$；青年教师比老年教师认为在教学中使用网络更重要，$MD = 1.10$，$p = 0.01$；但中年教师与老年教师对在教学中使用网络的重要性评价没显著差异，$MD = 0.79$，$p = 0.06$。具体结果如表4.40和图4.68所示。这一结果也从侧面反映出了不同年龄段的接受群体对网络的接纳程度的差异。

表 4.40　教师对在教学中使用网络重要性年龄阶段差异表

	SS	*df*	*MS*	*F*	*p*
组间变异	36.76	2	18.38	4.45	0.01
组内变异	3326.19	806	4.13		

最后对小学教师、初中教师和高中教师三个教职群体进行在教学中使用网络重要性评价的差异分析，结果发现教职的主效应显著，$F_{(2,899)} = 3.61$，$p = 0.03$，事后分析结果表明，评价有显著差异，小学教师对在教

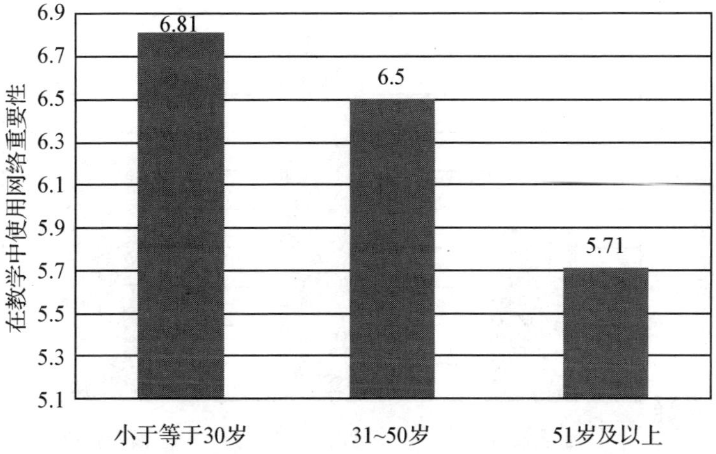

图 4.68 教师对在教学中使用网络重要性年龄阶段差异分布图

学中使用网络的重要性评分显著低于初中教师的，$MD = -0.46$，$p = 0.008$；小学教师对在教学中使用网络的重要性评价与初中教师的评定不存在显著差异，$MD = -0.20$，$p = 0.27$；初中教师对在教学中使用网络的重要性评价与高中教师的评定不存在显著差异，$MD = 0.27$，$p = 0.11$。具体结果如表 4.41 和图 4.69 所示。

表 4.41 教师对在教学中使用网络重要性评价教职差异表

	SS	*df*	*MS*	*F*	*p*
组间变异	31.91	2	15.96	3.61	0.03
组内变异	3971.53	899	4.42		

网络使用主观自评。本研究采用 10 点量表计分方式，请教师分别对“使用网络频率”“网络对您的重要性”及“自己对网络的依赖程度”三项条目进行主观自评。

在教师对自己网络使用频率的主观评定方面，“1～10 点”评分依次表示“从不使用”到“极其频繁”的频率递增变化。描述统计的结果分析显示，教师对自身使用网络频率的评分为 6.4（$SD = 2.26$），处于中上水平，在

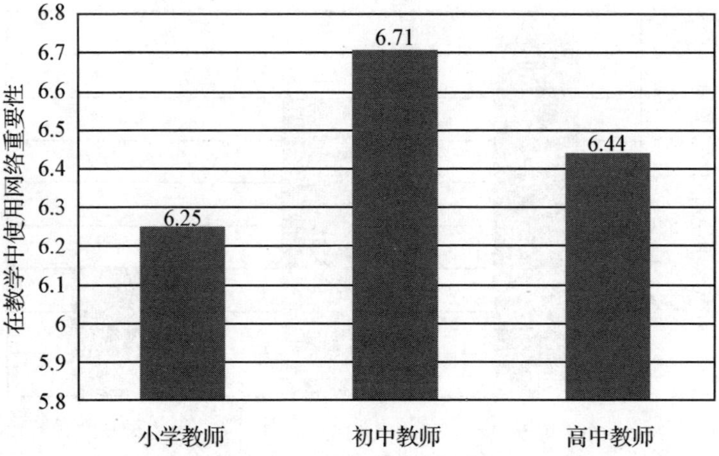

图 4.69　教师对在教学中使用网络重要性评价教职差异分布图

897 名填写问卷的教师中，78.2%的教师对自己使用网络频率的评分在 5 分及以上，具体结果如图 4.70 所示。

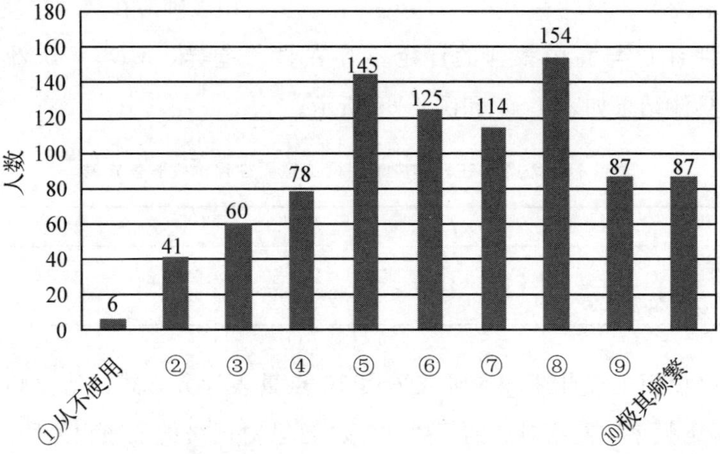

图 4.70　教师使用网络频率自评人数分布图

对教师的上网频率自评进行地区差异分析，结果发现，发达地区和欠发达地区的教师上网频率有显著差异，$t_{(895)} = 5.76$，$p < 0.001$，其中发

达地区的教师对自己上网频率的评分显著高于欠发达地区的教师，具体结果如表 4.42 和图 4.71 所示。

表 4.42 教师上网频率自评地区差异表

	N	*M*	*SD*	*t*	*p*
发达地区	234	7.12	1.80	5.76	< 0.001
欠发达地区	663	6.14	2.35		

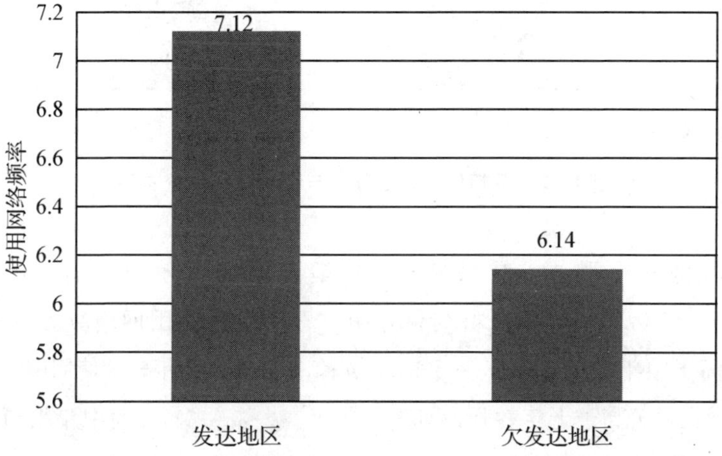

图 4.71 教师使用网络频率主观自评地区差异分布图

对教师的上网频率自评进行性别差异分析发现，男性教师与女性教师之间上网频率自评分数差异不显著，$t_{(789)} = 1.23$，$p = 0.22$，具体结果如表 4.43 和图 4.72 所示。

表 4.43 教师上网频率自评性别差异表

	N	*M*	*SD*	*t*	*p*
男性教师	228	6.56	2.25	1.23	0.82
女性教师	563	6.34	2.28		

对教师的使用网络频率自评分数进行年龄阶段的差异分析，按照 30 岁及以下，30～50 岁，50 岁以上三个阶段将教师分成青年教师、中年教师

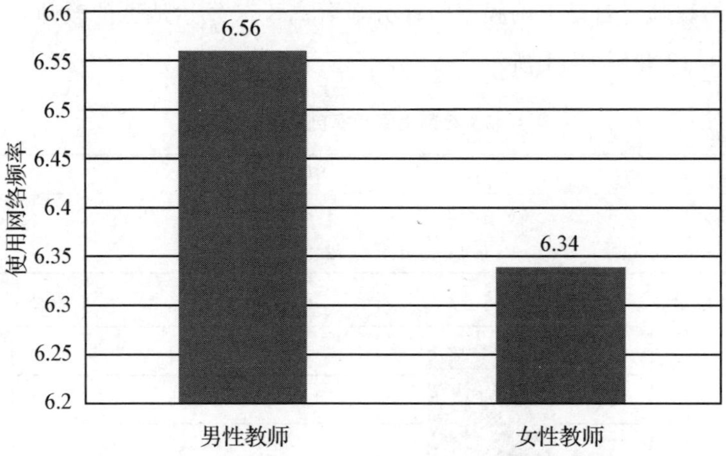

图 4.72　教师使用网络频率自评性别差异分布图

和老年教师三个群体，结果显示，年龄群体的主效应显著，$F_{(2,801)} = 28.22$，$p < 0.01$。事后分析结果表明，青年教师使用网络频率的自评分数显著高于中年教师，$MD = 1.12$，$p < 0.001$；青年教师使用网络频率的自评分数也显著高于老年教师，$MD = 1.95$，$p < 0.001$；而中年教师与老年教师的使用网络频率的自评分数没有显著差异，$MD = 0.84$，$p = 0.06$。结果说明青年教师使用网络的频率最多，接触网络的次数比中年和老年教师都多，老年教师使用网络的频率最低，具体结果如表 4.44 和图 4.73 所示。

表 4.44　教师使用网络频率自评年龄阶段差异表

	SS	*df*	*MS*	*F*	*p*
组间变异	258.75	2	129.38	28.22	< 0.001
组内变异	3672.12	801	4.58		

对小学教师、初中教师和高中教师三个教职群体进行使用网络频率自评的差异分析，结果发现教职的主效应显著，$F_{(2,894)} = 5.41$，$p < 0.001$，事后分析结果表明，小学教师对使用网络频率的自评分数显著低于初中教师的自评分数，$MD = -0.45$，$p = 0.02$；小学教师对使用网络频率的自评分数显著低于高中教师的自评分数，$MD = -.62$，$p = 0.001$；但初中

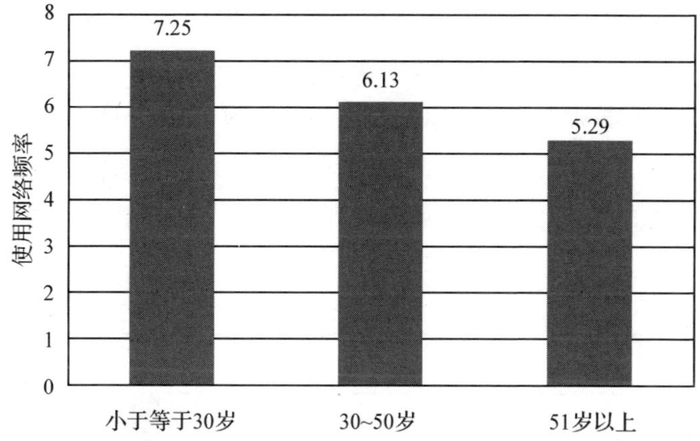

图 4.73 教师使用网络频率自评年龄阶段差异分布图

教师与高中教师对使用网络频率的自评分数没有显著差异，$MD = -0.18$，$p = 0.32$。具体结果如表 4.45 和图 4.74 所示。

表 4.45 教师使用网络频率自评教职差异表

	SS	*df*	*MS*	*F*	*p*
组间变异	54.56	2	27.28	5.41	0.005
组内变异	4512.15	894	5.05		

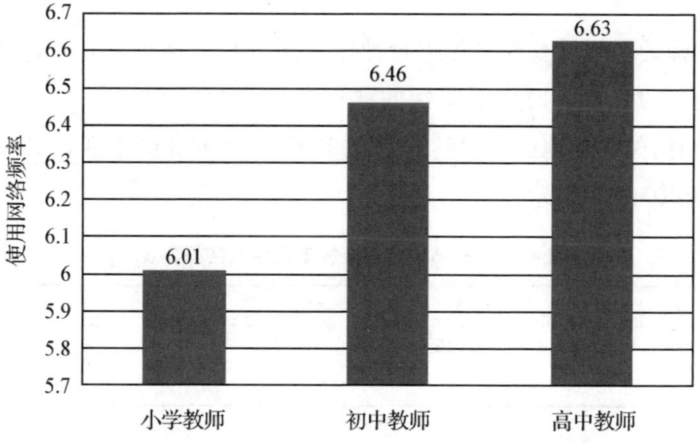

图 4.74 教师使用网络频率自评教职差异分布图

网络重要程度。在网络对教师的重要程度的评定方面，“1～10点”评分依次表示“一点都不重要”到“极其重要”的重要性递增变化。描述统计的结果分析显示，教师对网络的重要程度的评分为7.08($SD=2.08$)，说明教师认为网络在工作与生活中都相当重要。在898名有效问卷中，认为网络的重要性在5分及以上的教师占总群体的88.3%，具体结果如图4.75所示。

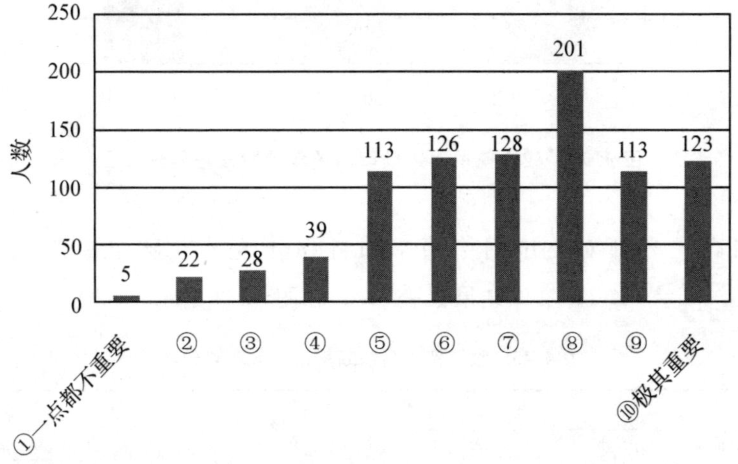

图4.75　教师网络重要程度自评人数分布图

对教师的网络重要性自评进行地区差异分析，结果发现，发达地区和欠发达地区的教师对网络重要性的评价有显著差异，$t_{(896)}=3.25$，$p<0.001$，相比欠发达地区，发达地区的教师认为网络更重要，具体结果如表4.46和图4.76所示。

表4.46　教师网络重要程度自评地区差异表

	N	M	SD	t	p
发达地区	235	7.46	1.65	3.25	<0.001
欠发达地区	663	6.95	2.19		

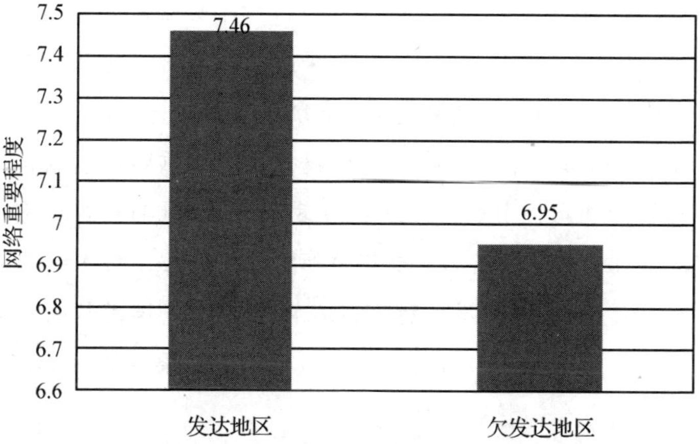

图 4.76　教师网络重要程度自评地区差异分布图

对教师网络重要性自评分数进行性别差异分析发现，男性教师与女性教师之间对网络重要程度的评价差异不显著，$t_{(789)} = -0.11$，$p = 0.91$，具体结果如表 4.47 和图 4.77 所示。

表 4.47　教师网络重要程度自评性别差异表

	N	*M*	*SD*	*t*	*p*
男性教师	228	7.07	2.16	−0.11	0.91
女性教师	563	7.08	2.07		

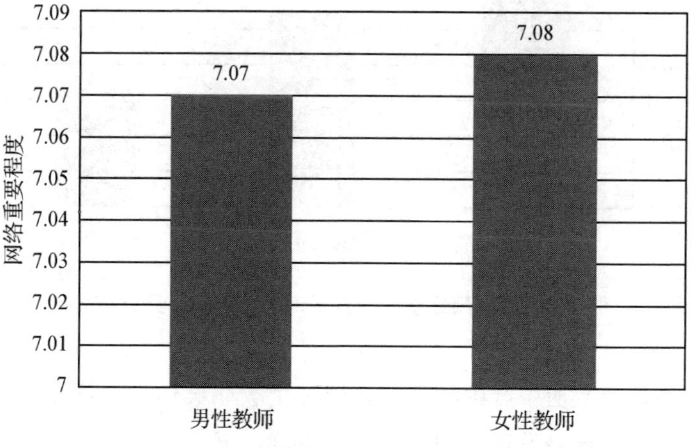

图 4.77　教师网络重要程度自评性别差异分布图

对教师的使用网络重要程度自评分数进行年龄阶段的差异分析，按照30岁及以下，30～50岁，50岁以上三个阶段将教师分成青年教师、中年教师和老年教师三个群体，结果显示，年龄的主效应显著，$F_{(2,801)} = 17.10$，$p < 0.001$，事后分析结果表明，青年教师对网络重要程度的自评分数显著高于中年教师的自评分数，$MD = 0.83$，$p < 0.001$；青年教师对网络重要程度的自评分数也显著高于老年教师的自评分数，$MD = 1.26$，$p = 0.003$；但中年教师对网络重要程度的自评分数与老年教师的的自评分数并无显著差异，$MD = 0.44$，$p = 0.29$。具体结果如表4.48和图4.78所示。

表4.48　教师网络重要程度自评年龄阶段差异表

	SS	*df*	*MS*	*F*	*p*
组间变异	134.15	2	67.08	17.10	< 0.001
组内变异	3142.18	801	3.92		

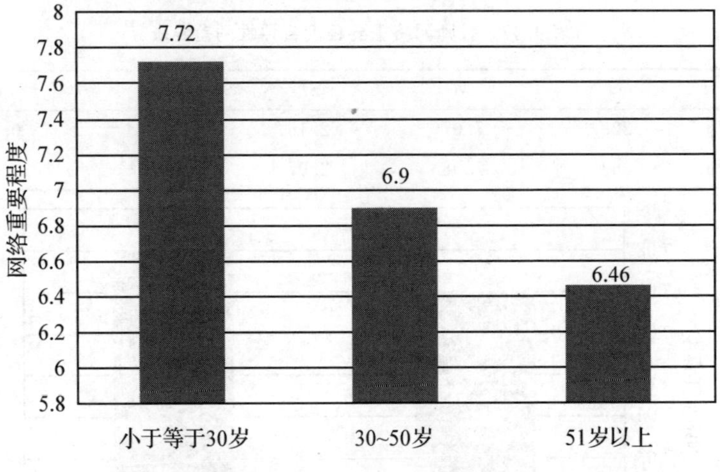

图4.78　教师网络重要程度自评年龄阶段差异分布图

对小学教师、初中教师和高中教师三个教职群体进行网络重要程度自评的差异分析，结果发现教职的主效应显著，$F_{(2,895)} = 3.62$，$p < 0.05$，事后分析结果表明，小学教师与初中教师对网络重要程度自评分数具有显

著差异，$MD = -0.39$，$p = 0.03$；小学教师高中教师的网络重要程度自评分数具有显著差异，$MD = -0.45$，$p = 0.01$；然而初中教师与高中教师的自评分数差异不显著，$MD = -0.06$，$p = 0.03$。结果说明除了小学教师外，初中教师和高中教师都认为网络对其生活工作相当重要。具体结果如表 4.49 和图 4.79 所示。

表 4.49　教师网络重要程度自评教职差异表

	SS	*df*	*MS*	*F*	*p*
组间变异	30.97	2	15.48	3.62	0.03
组内变异	3829.77	895	4.28		

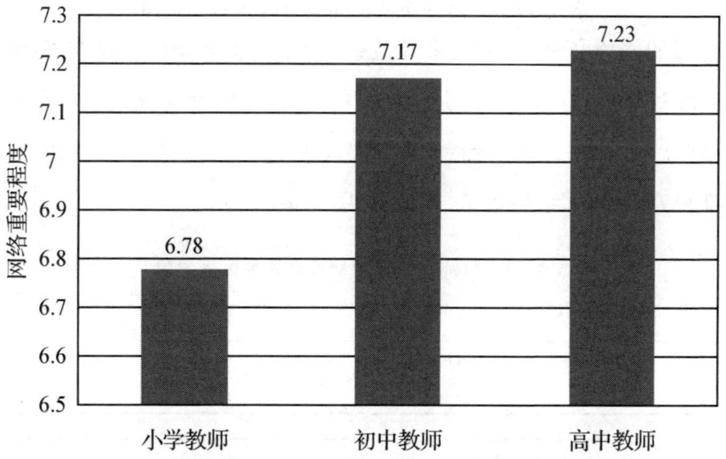

图 4.79　教师网络重要程度自评教职差异分布图

网络依赖程度。在教师对网络依赖程度的自评中，“1～10 分”分别表示从“一点都不依赖”到“及其依赖”的等级变化。描述分析结果显示，898 份有效数据中，教师群体对网络依赖程度自评的均分为 5.84 分($SD = 2.18$)，表明教师对网络依赖程度的整体水平属于中等依赖，其中 74.2% 的教师认为自己对网络的依赖程度在 5 分及以上水平。具体结果如图 4.80 所示。

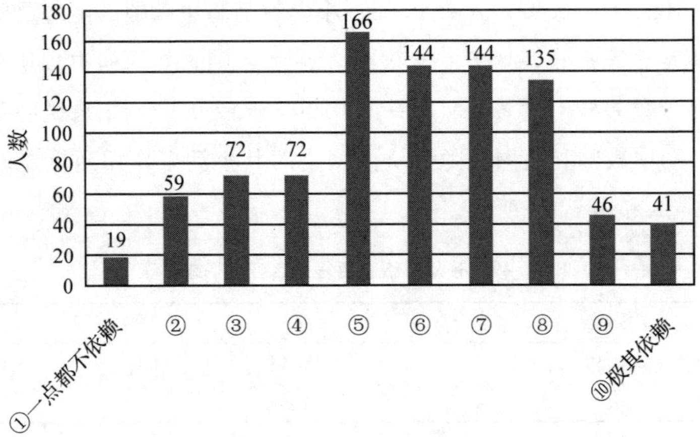

图 4.80　教师网络依赖程度自评人数分布图

对教师的网络依赖程度自评分数进行地区差异分析，结果发现，发达地区和欠发达地区的教师对网络依赖的评价有显著差异，$t_{(898)}=5.20$，$p<0.001$，其中发达地区的教师相比欠发达地区的教师认为自己对网络依赖程度更高，具体结果如表 4.50 和图 4.81 所示。

表 4.50　教师网络依赖程度自评地区差异表

	N	*M*	*SD*	*t*	*p*
发达地区	235	6.47	1.76	5.20	<0.001
欠发达地区	663	5.62	2.30		

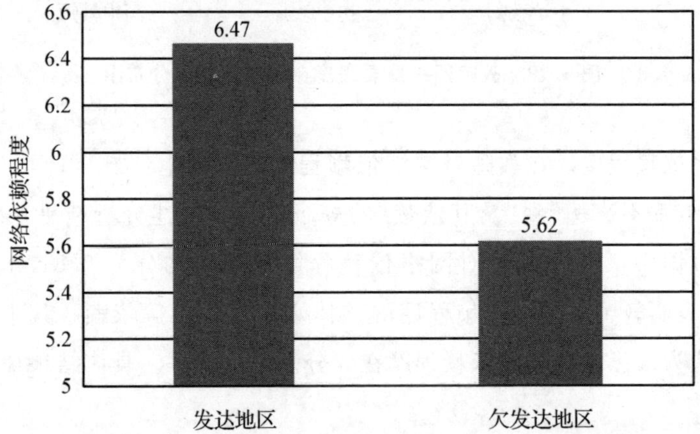

图 4.81　教师网络依赖程度自评地区差异分布图

对教师网络依赖程度自评分数进行性别差异分析发现，男性教师与女性教师之间对网络重要程度的评价差异不显著，$t_{(789)} = 1.22$，$p = 0.22$，如表 4.51 和图 4.82 所示。

表 4.51 教师网络依赖程度自评性别差异表

	N	*M*	*SD*	*t*	*p*
男性教师	228	5.97	2.14	1.22	0.22
女性教师	563	5.77	2.19		

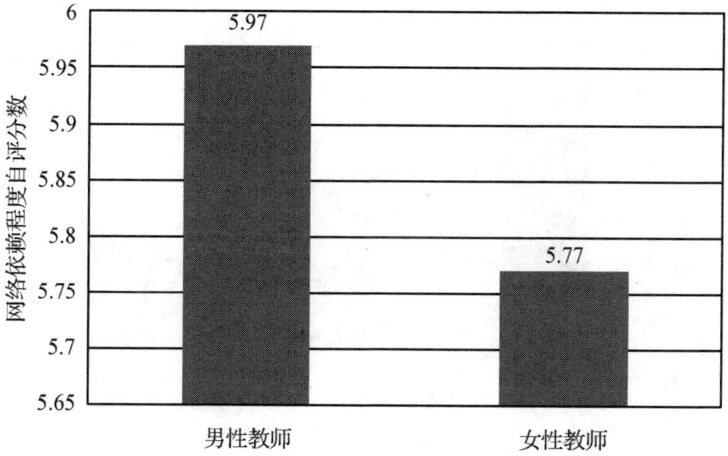

图 4.82 教师网络依赖程度自评性别差异分布图

对教师的使用网络依赖程度自评分数进行年龄阶段的差异分析，按照 30 岁及以下，30～50 岁，50 岁以上三个阶段将教师分成青年教师、中年教师和老年教师三个群体，结果显示，年龄的主效应显著，$F_{(2,801)} = 18.74$，$p < 0.001$，事后分析结果表明，青年教师的网络依赖程度自评分数显著高于中年教师，$MD = 0.94$，$p < 0.001$；青年教师的网络依赖程度自评分数也显著高于老年教师，$MD = 1.15$，$p = 0.001$；但中年教师的网络依赖程度自评分数与老年教师不存在显著差异，$MD = 0.22$，$p = 0.62$。结果说明青年教师相比于中年教师和老年教师认为自己对网络的依赖程度更大，这也反应了青年群体是网络使用的中坚力量，年轻人在生活

和工作中接触网络更多，具体结果如表 4.52 和图 4.83 所示。

表 4.52　教师网络依赖程度自评年龄阶段差异表

	SS	*df*	*MS*	*F*	*p*
组间变异	163.608	2	81.804	18.741	<0.001
组内变异	3496.402	801	4.365		

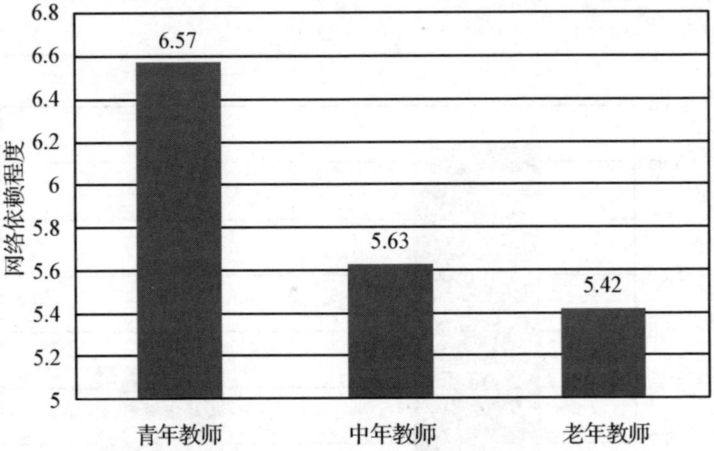

图 4.83　教师网络依赖程度自评年龄阶段差异分布图

对小学教师、初中教师和高中教师三个教职群体进行网络依赖程度自评的差异分析，结果发现教职的主效应显著，$F_{(2,895)} = 4.28$，$p < 0.05$，事后分析结果表明，小学教师的网络依赖程度的自评分数与初中教师的自评分数并无显著差异，$MD = -0.3$，$p = 0.10$；小学教师的自评分数显著低于高中教师的，$MD = -0.54$，$p = 0.004$；而初中教师与高中教师的自评分数并无显著差异，$MD = -0.25$，$p = 0.15$。结果说明相比于小学教师，初中教师和高中教师都认为自己对网络的依赖程度更大，具体结果如表 4.53 和图 4.84 所示。

表 4.53　教师网络依赖程度自评教职差异表

	SS	*df*	*MS*	*F*	*p*
组间变异	40.24	2	20.12	4.28	0.01
组内变异	4212.62	895	4.71		

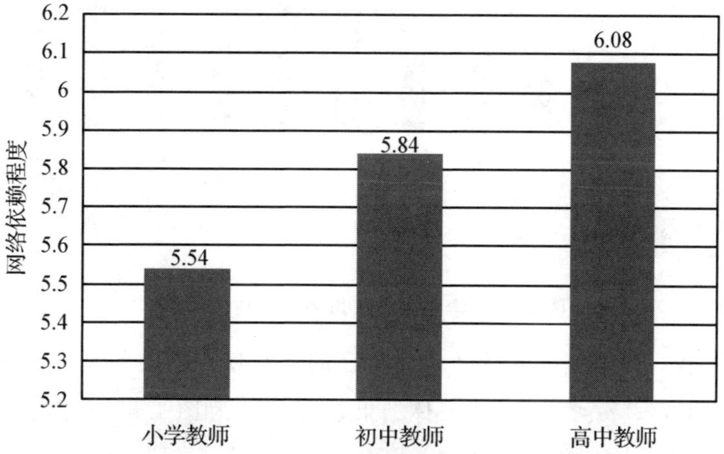

图 4.84　教师网络依赖程度自评教职差异分布图

4.2.2　学生网络使用状况

4.2.2.1　网络使用状况基本信息。

研究还请教师对自己所带的学生使用网络的频率、上网地点、上网工具、上网用途等基本信息进行了评定。

使用网络频率。采用 10 点量表评分的方式请教师对班上学生网络使用的平均频率做评定，“1～10 分”依次表示从“从不使用”到“极其频繁”的等级变化。结果显示，学生网络使用频率均分为 6.13 分（ $SD = 2.28$ ），其中 75.5%的学生网络使用频率在 5 分及以上水平，具体结果如图 4.85 所示。

采用 t 检验的数据分析方法对来自发达地区和欠发达地区的学生网络使用频率的教师评定进行差异性分析。在学生网络使用频率方面，与欠发

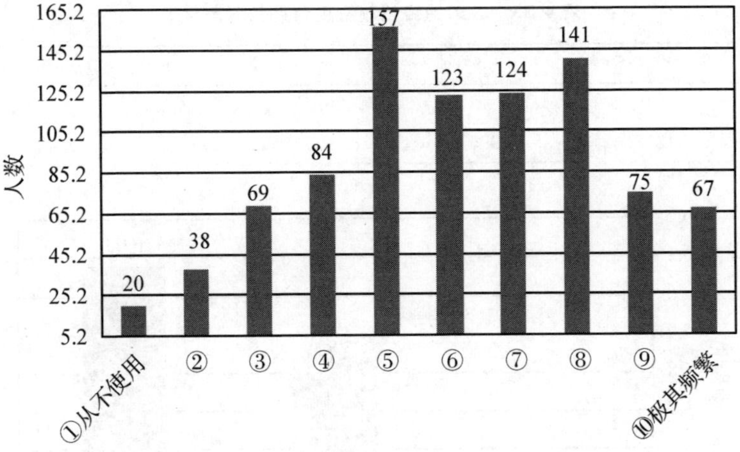

图 4.85　学生网络使用频率人数分布图

达地区相比，发达地区的教师认为自己的学生使用网络的频率显著更高，$t_{(896)} = 3.74$，$p < 0.001$，具体结果如表 4.54 和图 4.86 所示。

表 4.54　学生网络使用频率教师评定地区差异表

	N	*M*	*SD*	*t*	*p*
发达地区	237	6.60	2.01	3.74	< 0.001
欠发达地区	661	5.96	2.34		

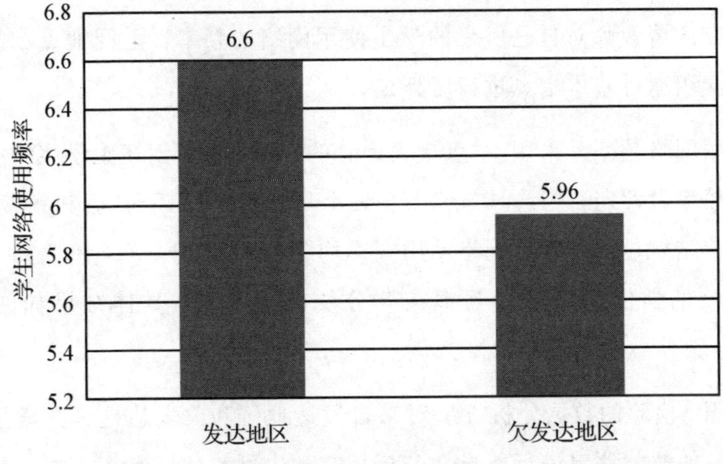

图 4.86　学生网络使用频率教师评定地区差异分布图

同样采用 t 检验的方法来探究教师对学生使用网络频率评定的性别差异，结果显示，在参与分析的 788 名教师(男性教师 227 人，女性教师 561 人)中，对于学生使用网络频率的评定并不存在显著的性别差异，$t_{(786)} = 0.08$，$p = 0.94$。说明男性教师与女性教师对于学生使用网络频率的评定基本一致，认为学生使用网络的频率都在中上水平，具体结果如表 4.55 和图 4.87 所示。

表 4.55　学生网络使用频率教师评定性别差异表

	N	M	SD	t	p
男性教师	227	6.15	2.22	0.08	0.94
女性教师	561	6.14	2.29		

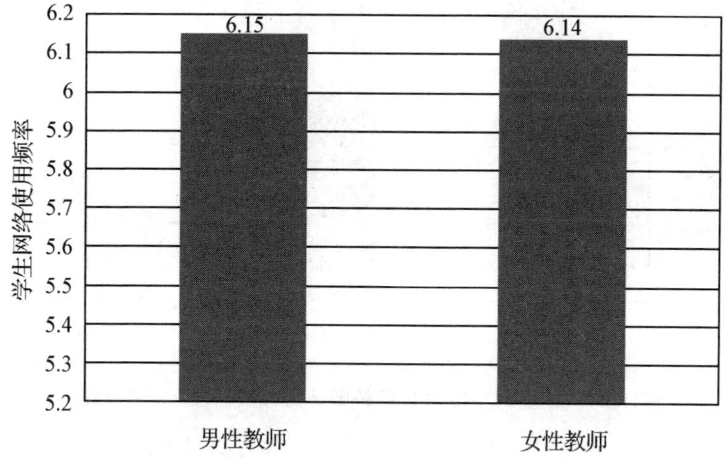

图 4.87　学生网络使用频率教师评定性别差异分布图

对学生网络使用频率的教师评定分数进行年龄阶段的差异分析，按照 30 岁及以下，30～50 岁，50 岁以上三个阶段将教师分成青年教师、中年教师和老年教师三个群体，结果显示，年龄的主效应显著，$F_{(2,802)} = 8.30$，$p < 0.001$，事后分析结果表明，青年教师对学生使用网络频率的评定分数显著高于中年教师的评定分数，$MD = 0.40$，$p = 0.02$；青年教师对学生使用网络频率的评定分数也显著高于老年教师的评定分数，$MD =$

1.78，$p < 0.001$；并且中年教师对学生使用网络频率的评定分数与老年教师的的评定分数也有显著差异，$MD = 1.38$，$p = 0.003$。结果说明青年教师相比于中年教师和老年教师认为自己的学生使用网络的频率更高，具体结果如表 4.56 和图 4.88 所示。

表 4.56　学生网络使用频率教师评定年龄阶段差异表

	SS	*df*	*MS*	*F*	*p*
组间变异	82.56	2	41.28	8.30	<0.001
组内变异	3988.81	802	4.97		

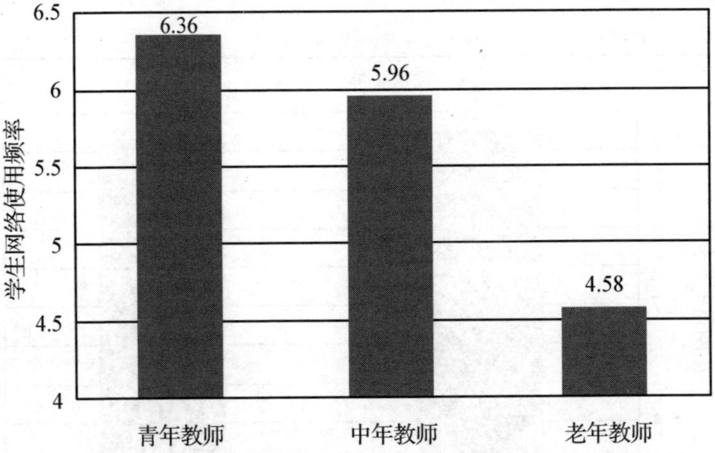

图 4.88　学生网络使用频率教师评定年龄阶段差异分布图

对小学教师、初中教师和高中教师三个教职群体进行学生网络使用频率教师评定的差异分析，结果发现教职的主效应显著，$F_{(2,895)} = 55.35$，$p < 0.001$，事后分析结果表明，小学教师对学生网络使用频率教师评定分数显著低于初中教师的评定分数，$MD = -1.77$，$p < 0.001$；小学教师对学生网络使用频率教师评定分数显著低于高中教师的评定分数，$MD = -1.61$，$p < 0.001$；而初中教师对学生网络使用频率教师评定分数与高中教师的评定分数并无显著差异，$MD = 0.16$，$p = 0.33$。总体而言，相比于小学教师，初中教师和高中教师所带的学生使用网络的频率更大，具体

结果如表 4.57 和图 4.89 所示。

表 4.57 学生网络使用频率教师评定教职差异表

	SS	*df*	*MS*	*F*	*p*
组间变异	510.98	2	255.49	55.35	< 0.001
组内变异	4131.29	895	4.62		

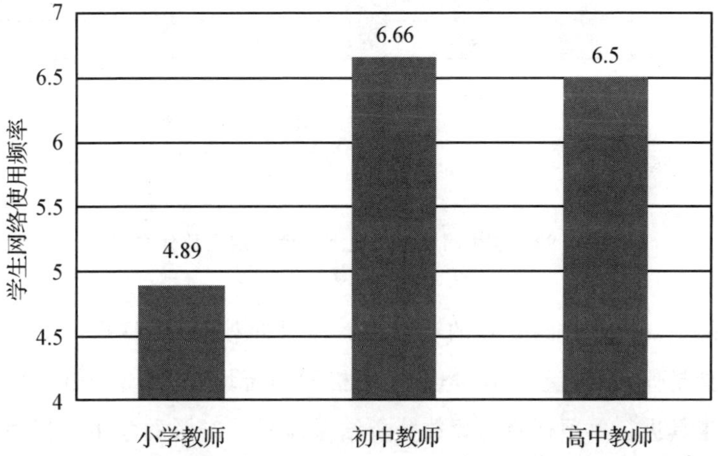

图 4.89 学生网络使用频率教师评定教职差异分布图

上网地点。在对于学生上网地点的统计分析中，通过询问教师“您的学生通常上网的地点是哪里”，请教师在“学校”“家里”“网吧”“父母工作单位”“不清楚”“其他”共 6 个选项中根据学生日常的网络使用地点进行选择。在完成此测验的 644 名教师当中，有 388 名教师认为学生主要在“家里”上网，占总人数的 42.6%，有 91 名教师认为学生通常在“网吧”上网，占总人数的 10%，有 78 名(占总人数 8.6%)和 5 名(占总人数 0.5%)教师认为学生的上网地点主要在“学校”和“父母工作单位”，另有 61 名教师在该选项选择“不清楚”(占总人数 6.7%)。在选择“其他”的 21 名教师(占总人数 2.3%)中，较为集中的补充内容为学生会在“同学家或亲戚家”以及“用手机随时随地”上网。综合来看，多数学生较为普遍的网络使用地点是在自己家里。学生的网络使用地点分布情况如图 4.90 所示。

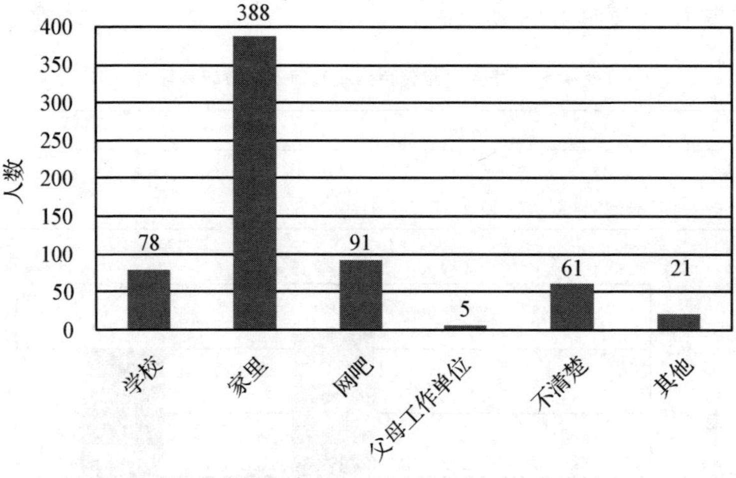

图 4.90　学生网络使用地点教师评定人数分布图

上网工具。在上网工具的调查中，通过向教师询问"您的学生主要的上网工具是什么?"请教师在"电脑""手机""两者均有"共 3 个选项中对学生的上网工具进行单项选择。频数分析结果显示，33%的学生习惯使用电脑上网，20.2%的学生习惯使用手机上网，39%的学生兼有采用电脑和手机两种方式上网。学生上网工具的分布情况如图 4.91 所示。

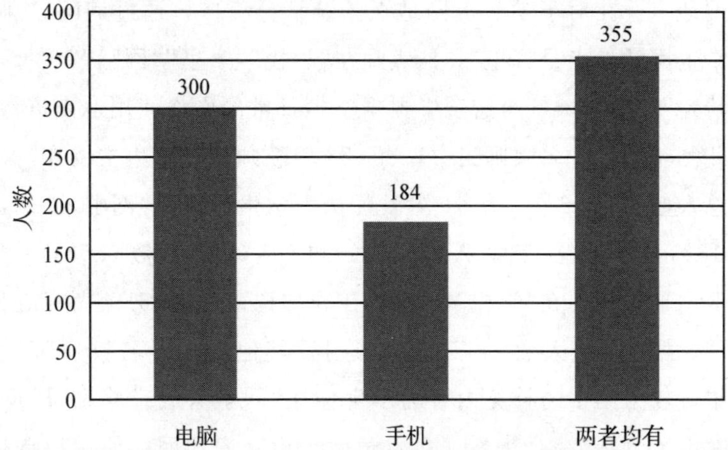

图 4.91　学生上网工具教师评定人数分布图

上网用途。在对于学生网络用途的调查中，采用“学生上网主要做什么”的多选题问卷项目请教师进行评定，借此了解学生的网络使用情况。主要的选项内容包括“看新闻或查阅信息”“工作”“玩游戏”“交友或聊天”“通讯或联系”“购物”“写日志、博客”“看视频、下载音乐”及“其他”。频数分析的结果显示，有 67.5％的教师认为学生上网主要是“玩游戏”，有 58.7％的教师认为学生上网是在“交友或聊天”，另有 50％和 32.6％的教师认为学生上网主要是在“看视频或下载音乐”以及“看新闻或查阅信息”，以上内容作为学生上网用途的重要内容构成。值得关注的是，有 614 名教师认为学生上网主要是在玩游戏，这一比例在所有选项中最高，说明教师对学生上网的主要理解是用于玩游戏，其次是交友或聊天，这也反映了教师对学生上网行为的普遍担心状况，当下教师群体对学生上网持反对意见主要原因是认为学生上网主要为了玩游戏、交友聊天，因此对学习的帮助不大。具体学生网络使用用途的具体分布情况如图 4.92 所示。

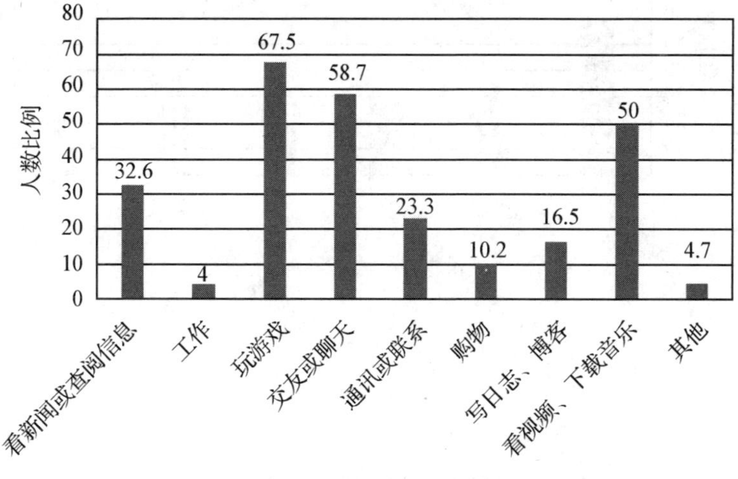

图 4.92　学生上网用途教师评定人数比例分布图

与此同时，在调查学生基本网络用途的基础上，研究对学生的问题网络行为也进行了调查分析。通过设置多选题询问教师“您所在班级学生是否因为上网而出现过以下情况”，选项内容包括“学习成绩下降”“逃学、辍学”“减少与同学老师的交流沟通”“变得容易与同学、老师发生争执”“经常违反学校纪律”以及“未出现上列情况”。结果显示，在完成此项题目的889名教师当中，634名教师(69.7%)认为自己班上的学生存在因上网而“学习成绩下降”的情况，272名教师(29.9%)认为学生存在因上网而“减少与老师同学的交流沟通”的情况，210名教师(23.1%)认为学生存在因上网而“逃学、辍学”的情况，169名教师(18.6%)认为学生存在因上网而“变得容易与老师同学发生争执”的情况，245名教师(26.9%)认为学生存在因上网而“经常违反学校纪律”的情况，另有193名教师(21.2%)认为学生未出现过上述情况，结果表明教师认为学生在网络使用方面相对不健康，教师普遍认为学生上网会带来一些负面问题。由教师评定的学生网络使用问题行为情况如图4.93所示。

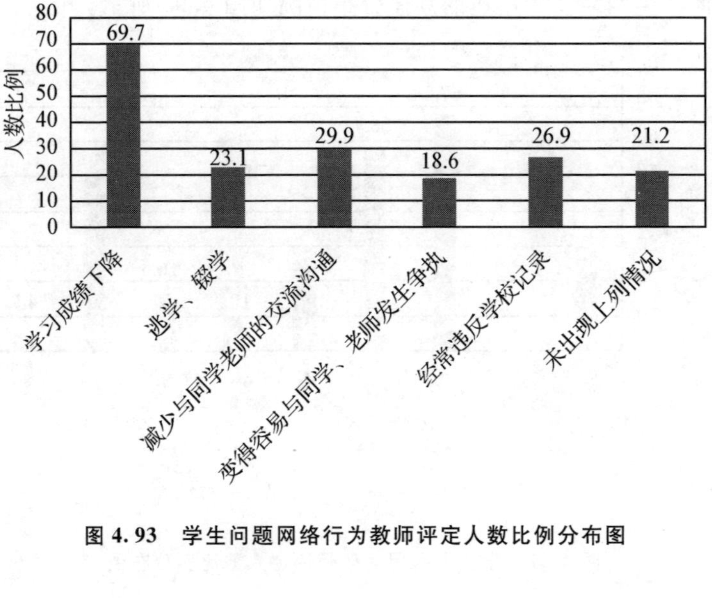

图4.93　学生问题网络行为教师评定人数比例分布图

4.3 对学生使用网络的一般态度

网络对学生的重要性。研究采用10点量表的评分方式调查教师眼中网络对学生重要性的态度。“1～10分”依次表示从“一点都不重要”到“极其重要”的等级变化。描述统计结果显示，899份有效问卷中，教师认为网络对学生重要性的评分均分为5.74($SD = 2.22$)，其中71.2%的教师认为网络对学生的重要性在5分及以上水平，表明大部分教师认为网络对学生中等重要，其人数分布不如教师群体对网络对自己重要性的评价，具体结果如图4.94所示。

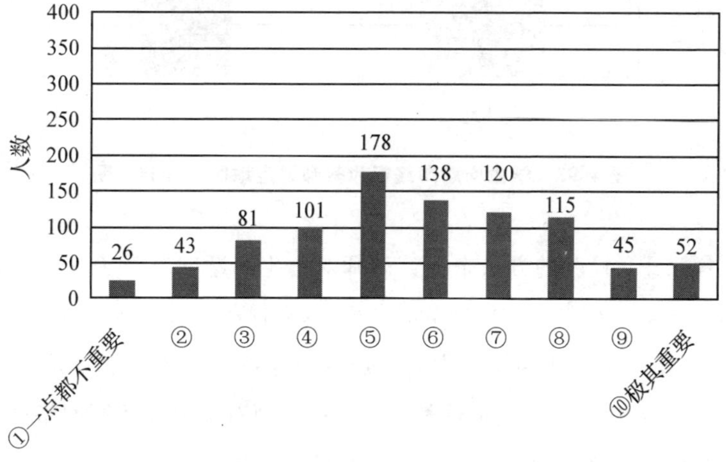

图4.94 网络对学生重要性教师评定人数分布图

采用t检验的数据分析方法对来自发达地区和欠发达地区的学生问题网络行为进行差异分析。结果显示，在学生的问题网络行为方面，与欠发达地区相比，发达地区的教师认为班上学生的问题网络行为显著更高，$t_{(897)} = 3.79$，$p < 0.001$，具体结果如表4.58和图4.95所示。

表 4.58　学生问题网络行为教师评定地区差异表

	N	*M*	*SD*	*t*	*p*
发达地区	237	6.21	2.00	3.79	< 0.001
欠发达地区	662	5.58	2.27		

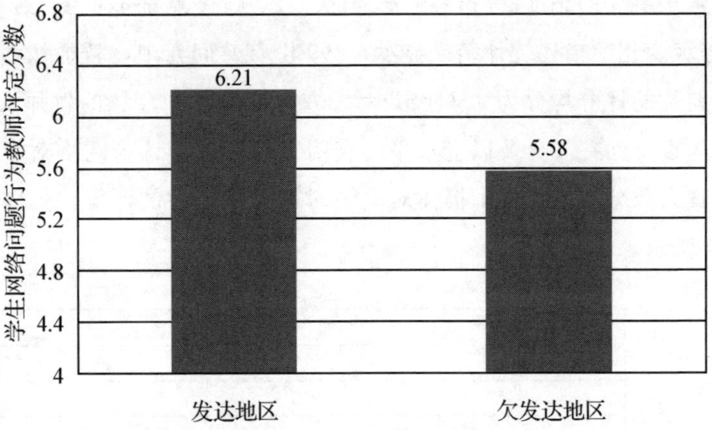

图 4.95　学生问题网络行为教师评定地区差异分布图

同样采用 t 检验的方法来探究教师对学生问题网络行为评定的性别差异，结果显示，在参与分析的 789 名教师(男性教师 225 人，女性教师 564 人)中，对于学生问题网络行为的评定并不存在显著的性别差异，$t_{(787)} = -1.71$，$p = 0.09$。说明男性教师与女性教师对于学生问题网络行为的评定基本一致，认为学生的问题网络行为都在中上水平，具体结果如表 4.59 和图 4.96 所示。

表 4.59　学生问题网络行为教师评定性别差异表

	N	*M*	*SD*	*t*	*p*
男性教师	225	5.56	2.31	−1.71	0.09
女性教师	564	5.86	2.21		

对学生问题网络行为的教师评定分数进行年龄阶段的差异分析，按照 30 岁及以下，30～50 岁，50 岁以上三个阶段将教师分成青年教师、中年

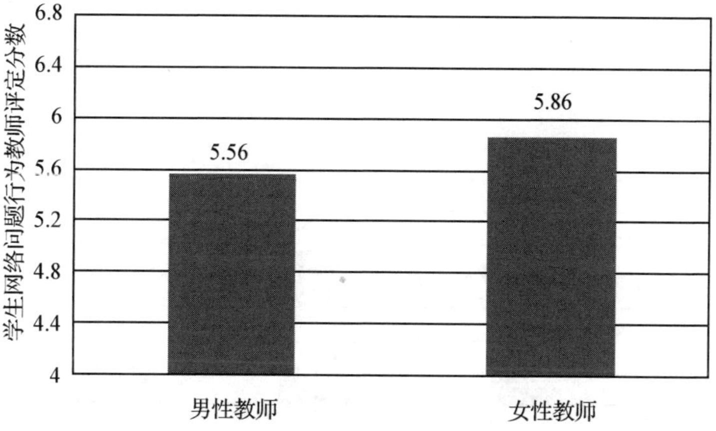

图 4.96 学生问题网络行为教师评定性别差异分布图

教师和老年教师三个群体，结果显示，年龄的主效应显著，$F_{(2,802)} = 7.43$，$p < 0.001$，事后分析结果表明，青年教师对学生的问题网络行为的评定分数显著高于中年教师的评定分数，$MD = 0.60$，$p < 0.001$；青年教师对学生问题网络行为的评定分数也显著高于老年教师的评定分数，$MD = 0.96$，$p = 0.04$；但中年教师对学生问题网络行为的评定分数与老年教师的评定分数不存在显著差异，$MD = 0.36$，$p = 0.43$。结果说明青年教师相比于中年教师和老年教师认为自己的学生问题网络行为更多，具体结果如表 4.60 和图 4.97 所示。

表 4.60 学生问题网络行为教师评定年龄阶段差异表

	SS	*df*	*MS*	*F*	*p*
组间变异	70.53	2	35.26	7.43	< 0.001
组内变异	3805.50	802	4.75		

对小学教师、初中教师和高中教师三个教职群体进行学生问题网络行为教师评定的差异分析，结果发现教职的主效应显著，$F_{(2,896)} = 20.45$，$p < 0.001$，事后分析结果表明，小学教师对学生问题网络行为的评定分数显著低于初中教师的评定分数，$MD = -0.97$，$p < 0.001$；小学教师

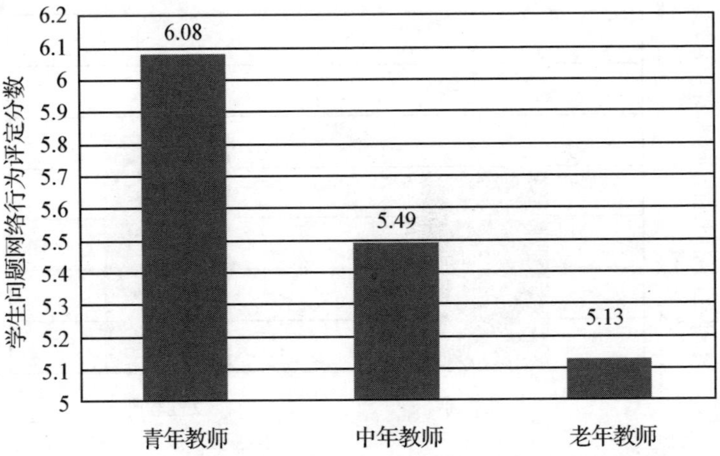

图 4.97　学生问题网络行为教师评定年龄阶段差异分布图

对学生问题网络行为的评定分数显著低于高中教师的评定分数，$MD = -1.11$，$p < 0.001$；而初中教师与高中教师对学生问题网络行为的评定分数并无显著差异，$MD = -0.13$，$p = 0.43$。具体详细结果如表 4.61 和图 4.98 所示。相比于小学教师而言，初中教师和高中教师认为学生的问题网络行为更多。这可能是由于初中生和高中生正处于心理和生理的发育关键期，具有较强的叛逆性，他们给初中老师和高中老师留下了消极的印象。而相比较而言，小学生一般将老师视为偶像，在小学生心理，教师的权威性甚至要高于父母，故而小学生在老师面前一般都表现得较好，进而给老师留下了积极的印象。

表 4.61　学生问题网络行为教师评定教职差异表

	SS	df	MS	F	p
组间变异	192.35	2	96.18	20.45	<0.001
组内变异	4213.78	896	4.70		

网络使用态度。为了解教师对学生使用网络的态度，研究首先采用 10 点量表的计分方式考察询问教师“在多大程度上支持学生使用网络来进行学习”，“1～10 分”依次表示从“完全不支持”到“完全支持”的支持程度递增

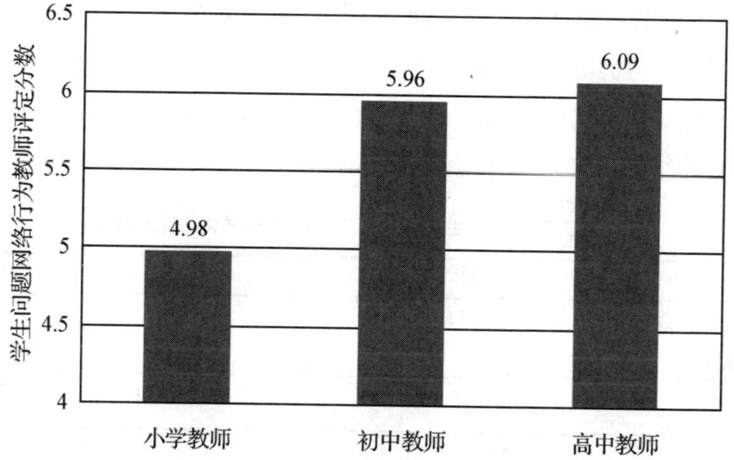

图 4.98　学生问题网络行为教师评定教职差异分布图

性变化。描述统计的结果显示，教师对学生上网学习的支持程度均分为 5.54($SD = 2.14$)，其中 70.1%的教师对学生上网的支持程度在 5 分及以上，说明大部分教师对学生上网学习处于中等支持水平，具体结果如图 4.99 所示。

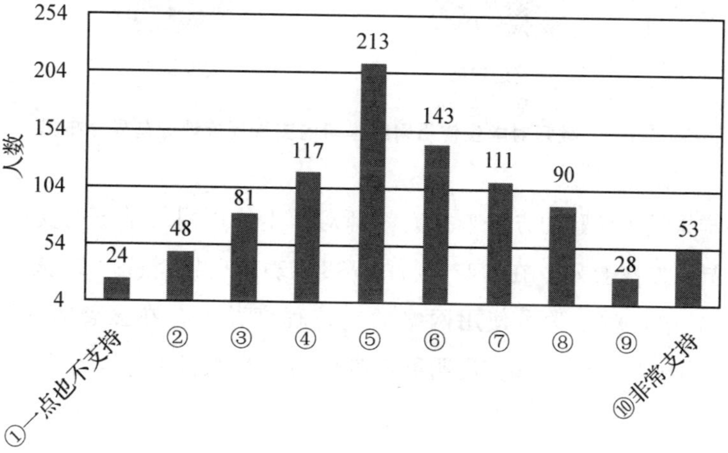

图 4.99　教师对学生上网学习支持程度人数分布图

采用 t 检验的数据分析方法对来自发达地区和欠发达地区的教师对学生使用网络学习的支持程度进行差异分析。结果显示，欠发达地区与发达地区的教师对学生网络使用的支持程度存在显著差异，$t_{(906)} = 2.05$，$p = 0.04$，具体结果如表 4.62 和图 4.100 所示。

表 4.62　教师对学生使用网络学习的支持程度地区差异表

	N	*M*	*SD*	*t*	*p*
发达地区	239	5.79	2.05	2.05	0.04
欠发达地区	669	5.46	2.17		

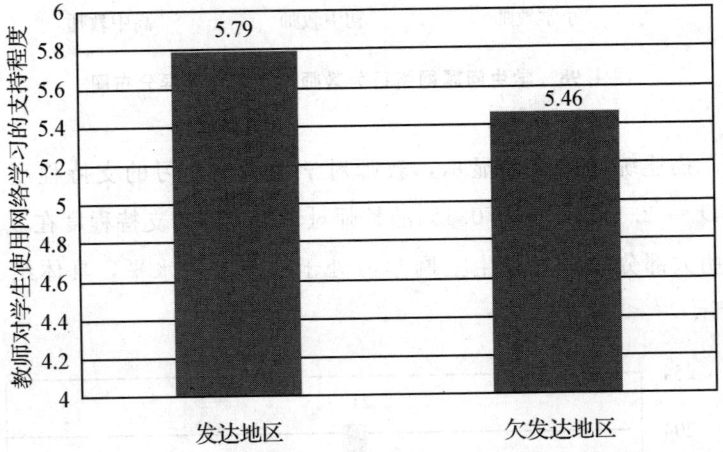

图 4.100　教师对学生使用网络学习的支持程度地区差异分布图

同样采用 t 检验的方法来探究教师对学生使用网络学习的支持程度的性别差异，结果显示，在参与分析的 798 名教师(男性教师 228 人，女性教师 570 人)中，对于学生使用网络的支持程度并不存在显著的性别差异，$t_{(796)} = 1.19$，$p = 0.20$。说明男性教师与女性教师对于学生使用网络的支持程度基本一致，都中等程度支持学生使用网络，具体结果如表 4.63 和图 4.101 所示。

表 4.63　教师对学生使用网络学习的支持程度性别差异表

	N	*M*	*SD*	*t*	*p*
男性教师	228	5.68	2.26	1.19	0.20
女性教师	570	5.48	2.10		

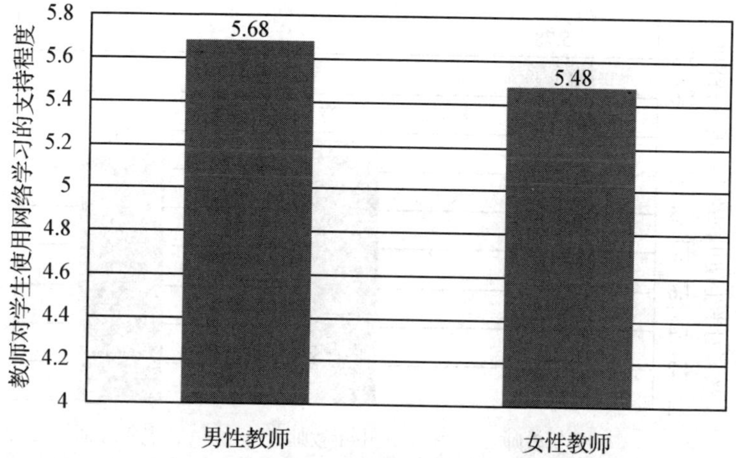

图 4.101　教师对学生使用网络学习的支持程度性别差异分布图

对教师对学生使用网络进行学习的支持程度进行年龄阶段的差异分析，按照 30 岁及以下，30～50 岁，50 岁以上三个阶段将教师分成青年教师、中年教师和老年教师三个群体，结果显示，年龄的主效应显著，$F_{(2,811)} = 3.49$，$p < 0.05$，事后分析结果表明，青年教师与中年教师对学生使用网络的支持程度存在显著差异，$MD = 0.41$，$p = 0.01$；而青年教师与老年教师对学生使用网络的支持程度不存在显著差异，$MD = 0.49$，$p = 0.28$；中年教师与老年教师对学生使用网络的支持程度也不存在显著差异，$MD = 0.08$，$p = 0.44$。结果说明，相比于中年教师和老年教师而言，青年教师更支持学生使用网络，具体结果如表 4.64 和图 4.102 所示。

表 4.64　教师对学生使用网络学习的支持程度年龄阶段差异表

	SS	*df*	*MS*	*F*	*p*
组间变异	31.37	2	15.69	3.49	0.03
组内变异	3650.06	811	4.50		

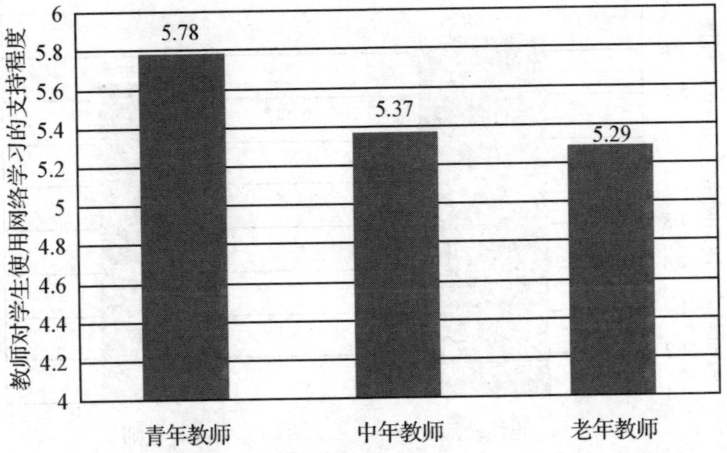

图 4.102　教师对学生使用网络学习的支持程度年龄阶段差异分布图

对小学教师、初中教师和高中教师三个教职群体进行学生使用网络的支持程度的差异分析，结果发现教职的主效应显著，$F_{(2,905)}=9.14$，$p<0.001$，事后分析结果表明，其中小学教师对学生使用网络的支持程度与初中和高中教师都具有显著差异，小学教师对学生使用网络的支持程度显著低于初中教师的，$MD=-0.59$，$p=0.001$；小学教师对学生使用网络的支持程度显著低于高中教师的支持程度，$MD=-0.74$，$p<0.001$；而初中教师与高中教师的支持程度并无显著差异，$MD=-0.15$，$p=0.35$。结果说明相比于小学教师而言，初中教师和高中教师更支持学生使用网络，这一结果可能因为小学教师认为小学生对自身的控制能力较弱，对网络社会的辨别能力也较低，小学生过早接触和使用网络较容易带来一系列的行为问题，如注意力不容易集中、情绪控制能力差、不能很好地投入社交活动、因模仿而导致的暴力行为等，因此小学教师对小学生使用网

络持相对消极的态度。具体结果如表 4.65 和图 4.103 所示。

表 4.65 教师对学生使用网络学习的支持程度教职差异表

	SS	df	MS	F	p
组间变异	82.34	2	41.17	9.14	< 0.001
组内变异	4076.99	905	4.51		

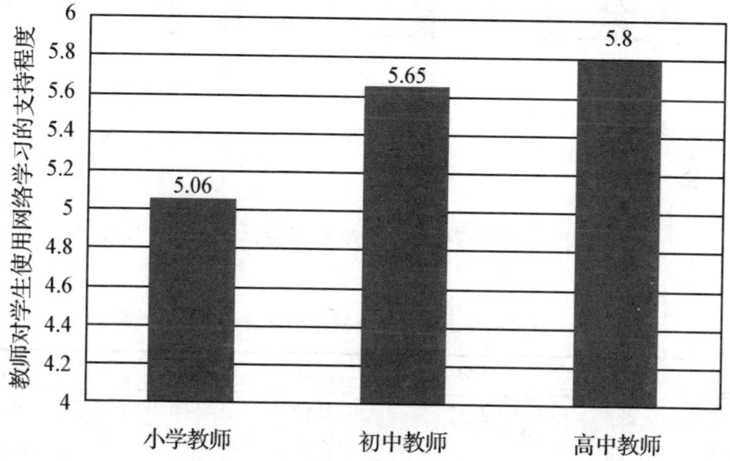

图 4.103 教师对学生使用网络学习的支持程度教职差异分布图

研究调查了教师对学生使用网络进行娱乐的态度。采用 10 点量表的计分方式请教师对学生使用网络进行娱乐进行评定。"1～10 分"依次表示从"一点都不支持"到"非常支持"的有效性递增变化。描述统计的结果分析显示，教师对学生上网娱乐的支持程度均分为 4.37($SD = 2.02$)，其中只有 48.9%的教师对学生上网的支持程度在 5 分及以上，大部分教师对学生使用网络进行娱乐持较不支持的态度，具体结果如图 4.104 所示。

采用 t 检验的数据分析方法对来自发达地区和欠发达地区的教师对学生使用网络进行娱乐的支持程度进行差异分析。结果显示，欠发达地区与发达地区的教师对学生网络使用的支持程度没有显著差异，$t_{(904)} = 0.90$，$p = 0.37$，具体结果如表 4.66 和图 4.105 所示。

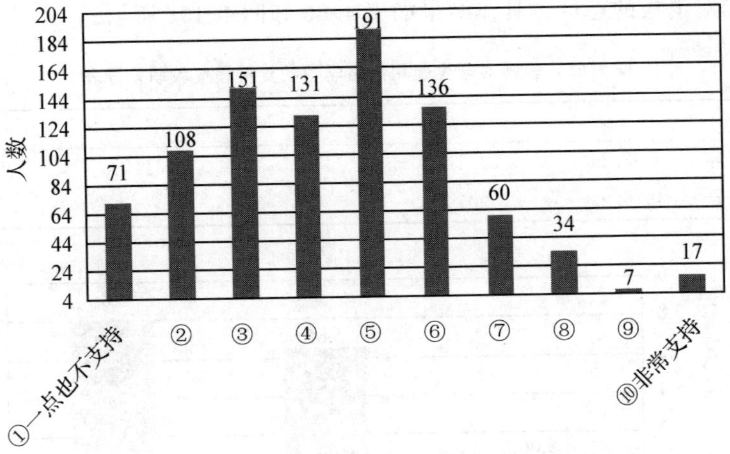

图 4.104　教师对学生上网娱乐支持程度人数分布图

表 4.66　教师对学生使用网络娱乐的支持程度地区差异表

	N	*M*	*SD*	*t*	*p*
发达地区	237	4.47	1.93	0.90	0.37
欠发达地区	669	4.33	2.055		

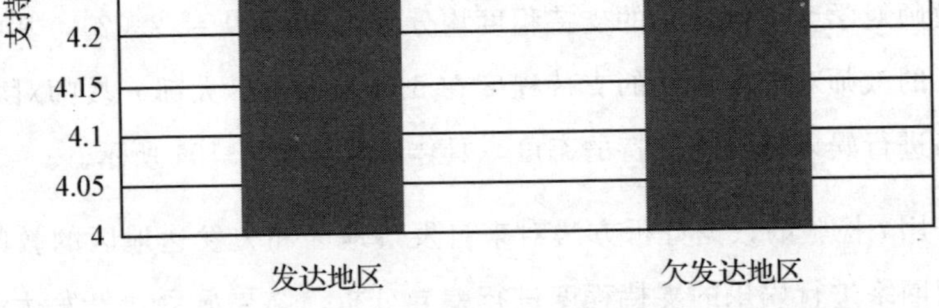

图 4.105　教师对学生使用网络娱乐的支持程度地区差异分布图

同样采用 t 检验的方法来探究教师对学生使用网络进行娱乐的支持程度的性别差异，结果显示，在参与分析的 796 名教师（男性教师 226 人，女性教师 570 人）中，对于学生使用网络进行娱乐的支持程度存在显著的性别差异，$t_{(794)} = 2.54$，$p = 0.01$，男性教师比女性教师对于学生使用网络进行娱乐的支持程度更为积极。具体结果如表 4.67 和图 4.106 所示。

表 4.67　教师对学生使用网络娱乐的支持程度性别差异表

	N	M	SD	t	p
男性教师	226	4.71	2.07	2.54	0.01
女性教师	570	4.31	1.98		

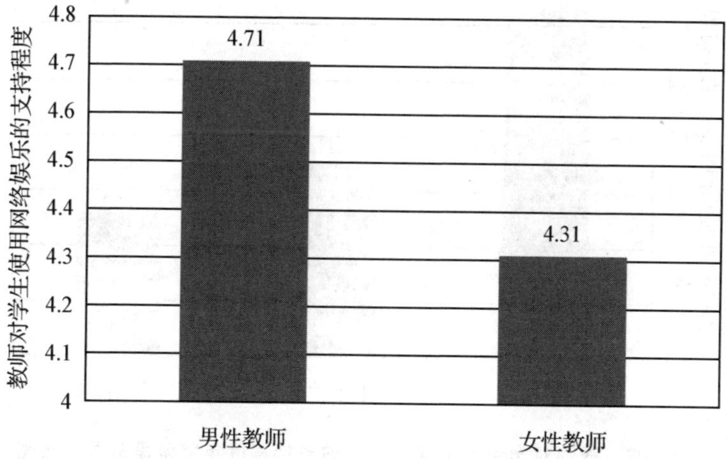

图 4.106　教师对学生使用网络娱乐的支持程度性别差异分布图

对教师对学生使用网络进行娱乐的支持程度进行年龄阶段的差异分析，按照 30 岁及以下，30～50 岁，50 岁以上三个阶段将教师分成青年教师、中年教师和老年教师三个群体，结果显示，年龄的主效应显著，$F_{(2,809)} = 8.34$，$p < 0.001$，事后分析结果表明，青年教师对学生使用网络进行娱乐的支持程度显著高于中年教师，$MD = 0.58$，$p < 0.001$；而青年教师与老年教师在对学生使用网络进行娱乐的支持程度上没有显著差异，$MD = 0.77$，$p = 0.06$；中年教师与老年教师在对学生使用网络进行

娱乐的支持程度上没有显著差异，$MD = 0.19$，$p = 0.64$。结果表明青年教师相比于中年教师更支持学生使用网络进行娱乐，这在一定程度上反映出青年教师教学态度更开放、方法更加灵活、与学生关系距离更近等教学特点，具体结果如表 4.68 和图 4.107 所示。

表 4.68 教师对学生使用网络娱乐的支持程度年龄阶段差异表

	SS	*df*	*MS*	*F*	*p*
组间变异	63.62	2	31.81	8.34	<0.001
组内变异	3085.46	809	3.81		

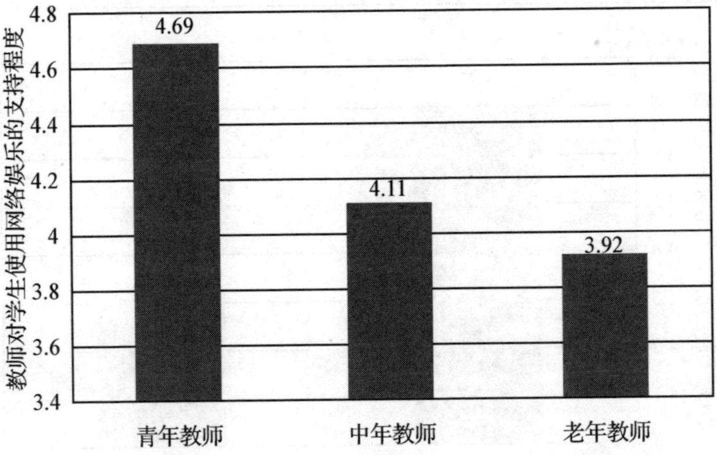

图 4.107 教师对学生使用网络娱乐的支持程度年龄阶段差异分布图

对小学教师、初中教师和高中教师三个教职群体进行学生使用网络进行娱乐的支持程度的差异分析，结果发现教职的主效应显著，$F_{(2,903)} = 11.31$，$p < 0.001$，事后分析结果表明，小学教师对学生使用网络娱乐的支持程度显著低于初中教师的支持程度，$MD = -0.34$，$p = 0.041$；小学教师对学生使用网络娱乐的支持程度显著低于高中教师的支持程度，$MD = -.80$，$p < 0.001$，而初中教师对学生使用网络娱乐的支持程度也显著低于高中教师的支持程度，$MD = -0.46$，$p = 0.003$，结果说明相比于小学教师，初中教师和高中教师更支持学生使用网络进行娱乐。具体

结果如表 4.69 和图 4.108 所示。

表 4.69　教师对学生使用网络娱乐的支持程度教职差异表

	SS	*df*	*MS*	*F*	*p*
组间变异	90.53	2	45.27	11.314	< 0.001
组内变异	3612.86	903	4.00		

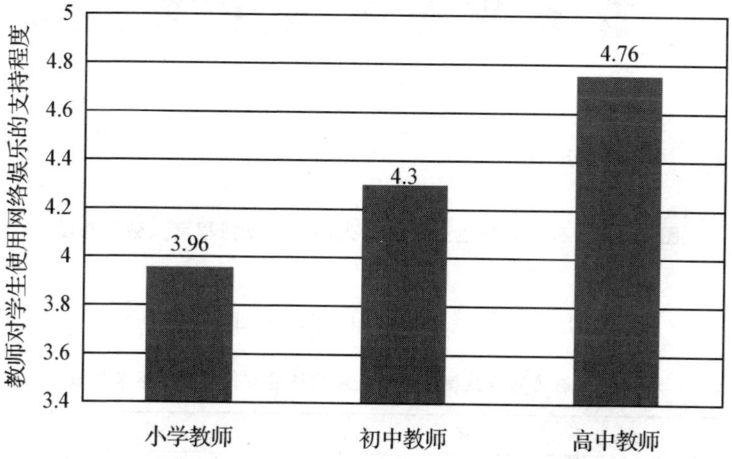

图 4.108　教师对学生使用网络娱乐的支持程度教职差异分布图

最后，研究调查了教师对学生使用网络进行人际交往的态度。采用 10 点量表的计分方式请教师对学生使用网络进行人际交往进行评定。“1～10 分”依次表示从“一点都不支持”到“非常支持”的有效性递增变化。描述统计的结果分析显示，教师对学生上网娱乐的支持程度均分为 4.07($SD = 2.254$)，其中只有 26.4%的教师对学生上网的支持程度在 6 分及以上，表明大部分教师不支持学生使用网络进行人际交往，具体结果如图 4.109 所示。

采用 t 检验的数据分析方法对来自发达地区和欠发达地区的教师对学生使用网络进行人际交往的支持程度进行差异分析。结果显示，欠发达地区($M = 4.01$)与发达地区($M = 4.26$)的教师对学生网络使用的支持程度没有

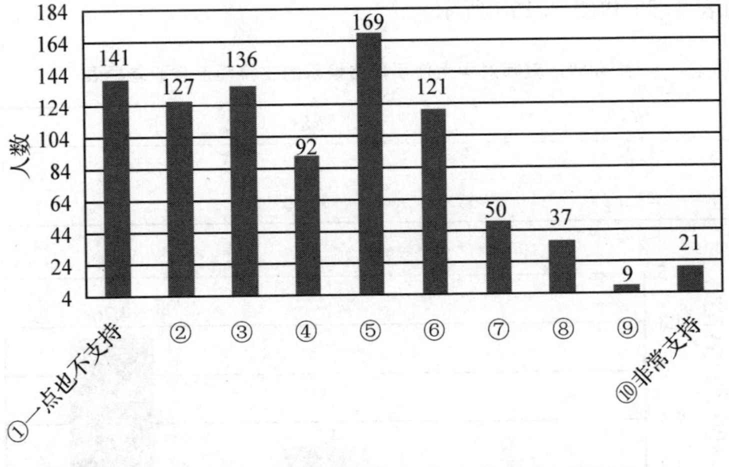

图 4.109　教师对学生上网进行人际交往支持程度人数分布图

显著差异，$t_{(901)} = 1.49$，$p = 0.14$，具体结果如表 4.70 和图 4.110 所示。

表 4.70　教师对学生使用网络人际交往的支持程度地区差异表

	N	*M*	*SD*	*t*	*p*
发达地区	238	4.26	2.15	1.49	0.14
欠发达地区	665	4.01	2.29		

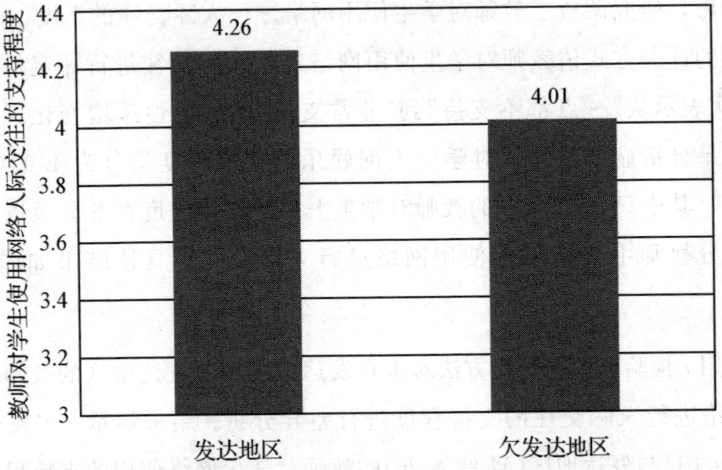

图 4.110　教师对学生使用网络人际交往的支持程度地区差异分布图

同样采用 t 检验的方法来探究教师对学生使用网络进行人际交往的支持程度的性别差异，结果显示，在参与分析的 794 名教师(男性教师 226 人，女性教师 568 人)中，对于学生使用网络进行人际交往的支持程度存在显著的性别差异，$t_{(792)} = 5.18$，$p < 0.001$。说明男性教师比女性教师对于学生使用网络进行人际交往的支持程度更为积极。具体结果如表 4.71 和图 4.111 所示。

表 4.71 教师对学生使用网络人际交往的支持程度性别差异表

	N	*M*	*SD*	*t*	*p*
男性教师	226	4.74	2.373	5.18	<0.001
女性教师	568	3.83	2.185		

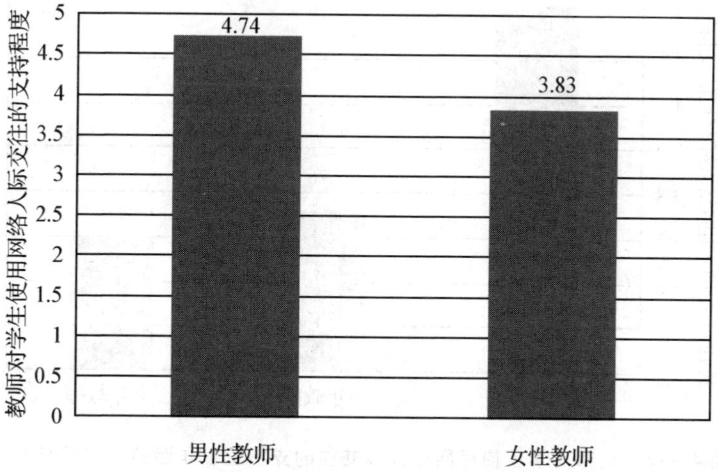

图 4.111 教师对学生使用网络人际交往的支持程度性别差异分布图

对教师对学生使用网络进行人际交往的支持程度进行年龄阶段的差异分析，按照 30 岁及以下，30～50 岁，50 岁以上三个阶段将教师分成青年教师、中年教师和老年教师三个群体，结果显示，年龄的主效应显著，$F_{(2,806)} = 4.14$，$p < 0.05$，事后分析结果表明，青年教师对学生使用网络进行娱乐的支持程度显著高于中年教师，$MD = 0.45$，$p = 0.005$；青年教

师与老年教师对学生使用网络进行人际交往的支持程度差异不显著，$MD=0.52$，$p=0.26$；中年教师与老年教师对学生使用网络进行人际交往的支持程度差异不显著，$MD=0.07$，$p=0.88$。结果说明青年教师相比于中年教师更支持学生使用网络进行人际交往。具体结果如表4.72和图4.112所示。

表4.72　教师对学生使用网络人际交往的支持程度年龄阶段差异表

	SS	*df*	*MS*	*F*	*p*
组间变异	38.18	2	19.09	4.14	0.02
组内变异	3712.11	806	4.61		

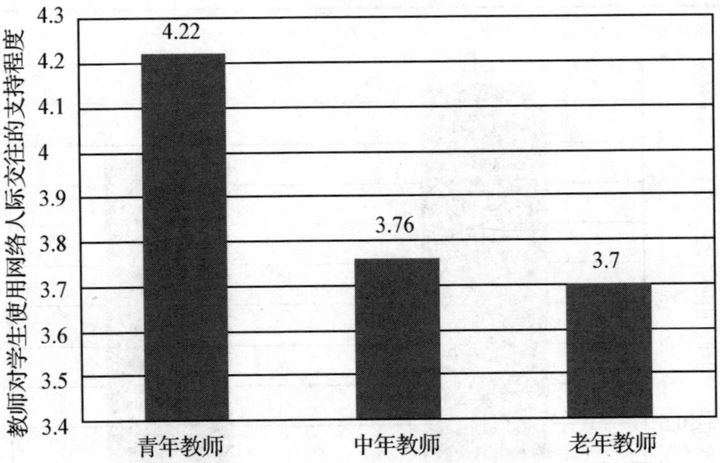

图4.112　教师对学生使用网络人际交往的支持程度年龄阶段差异分布图

对小学教师、初中教师和高中教师三个教职群体进行学生使用网络进行人际交往的支持程度的差异分析，结果发现教职的主效应显著，$F_{(2,900)}=12.74$，$p<0.001$，事后分析结果表明，小学教师对学生使用网络进行人际交往的支持程度显著低于初中教师的支持程度，$MD=-0.51$，$p=0.006$；小学教师对学生使用网络进行人际交往的支持程度显著低于高中教师的支持程度，$MD=-0.96$，$p<0.001$；初中教师对学生使用网络进行人际交往

的支持程度显著低于高中教师的支持程度，$MD = -0.45$，$p = 0.01$。结果说明相比于小学教师，初中教师和高中教师更支持学生使用网络进行人际交往，其中高中教师对学生使用网络进行人际交往的支持程度最高，初中教师其次，小学教师最不支持，具体结果如表 4.73 和图 4.113 所示。

表 4.73　教师对学生使用网络人际交往的支持程度教职差异表

	SS	df	MS	F	p
组间变异	126.24	2	63.12	12.74	< 0.001
组内变异	4457.79	900	4.95		

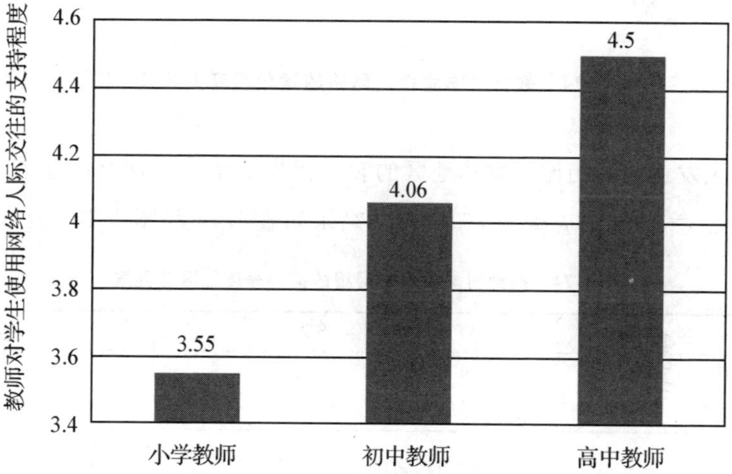

图 4.113　教师对学生使用网络人际交往的支持程度教职差异分布图

网络指导有效性及方式。研究采用 10 点量表的计分方式请教师对平时“指导学生上网的程度”进行评定。“1～10 点”计分依次表示从“从不指导”到“经常指导”的指导程度等级变化。描述统计结果显示，教师对学生使用网络的指导程度均分为 4.98($SD = 2.3$)，其中 59%的教师对学生使用网络的指导程度为 5 分及以上，具体结果如图 4.114 所示。

采用 t 检验的数据分析方法对来自发达地区和欠发达地区的教师对学生使用网络的指导程度进行差异分析。结果显示，在指导学生使用网络方

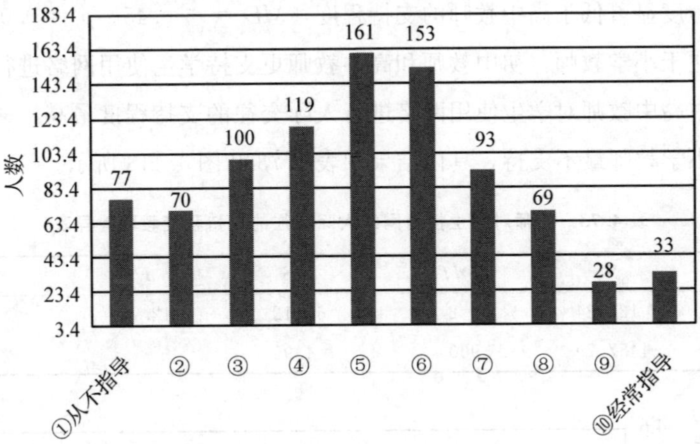

图 4.114 教师对学生使用网络的指导程度人数分布图

面，与欠发达地区相比，发达地区的教师指导学生使用网络的程度显著更高，$t_{(901)} = 3.42$，$p < 0.01$，具体结果如表 4.74 和图 4.115 所示。

表 4.74 教师对学生使用网络的指导程度地区差异表

	N	*M*	*SD*	*t*	*p*
发达地区	237	5.42	2.03	3.42	< 0.01
欠发达地区	666	4.83	2.38		

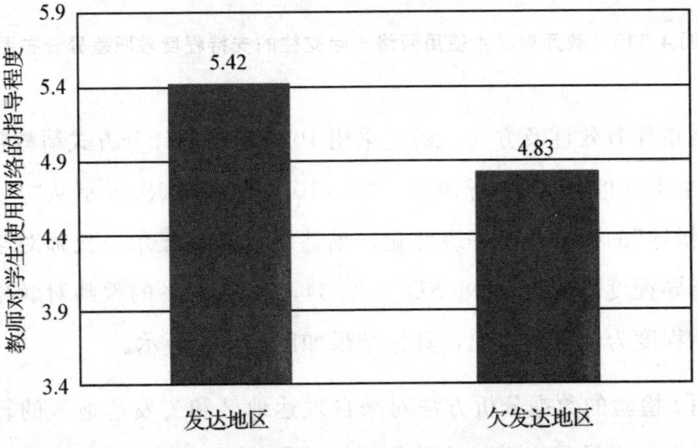

图 4.115 教师对学生使用网络的指导程度地区差异分布图

同样采用 t 检验的方法来探究教师对学生使用网络的指导程度进行性别差异分析，结果显示，在参与分析的 793 名教师(男性教师 228 人，女性教师 565 人)中，指导学生使用网络的程度并不存在显著的性别差异，$t_{(791)} = 0.78$，$p = 0.43$。说明男性教师与女性教师指导学生使用网络的程度基本一致，都中等程度指导学生使用网络。具体结果如表 4.75 和图 4.116 所示。

表 4.75 教师对学生使用网络的指导程度性别差异表

	N	M	SD	t	p
男性教师	228	5.14	2.34	0.78	0.43
女性教师	565	4.99	2.32		

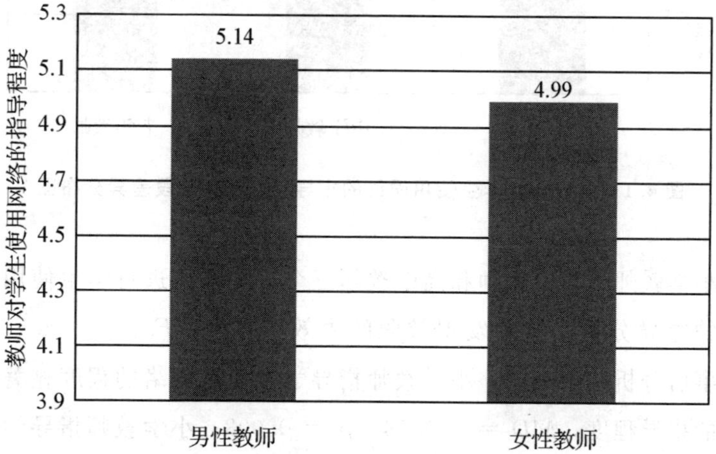

图 4.116 教师对学生使用网络的指导程度性别差异分布图

对教师指导学生使用网络的程度进行年龄阶段的差异分析，按照 30 岁及以下，30～50 岁，50 岁以上三个阶段将教师分成青年教师、中年教师和老年教师三个群体，结果显示，年龄的主效应并不显著，$F_{(2,806)} = 2.25$，$p = 0.11$，说明青年教师、中年教师和老年教师都在中等程度上指导学生使用网络，具体结果如表 4.76 和图 4.117 所示。

表 4.76　教师对学生使用网络的指导程度年龄阶段差异表

	SS	df	MS	F	p
组间变异	22.79	2	11.40	2.25	0.11
组内变异	4081.71	806	5.06		

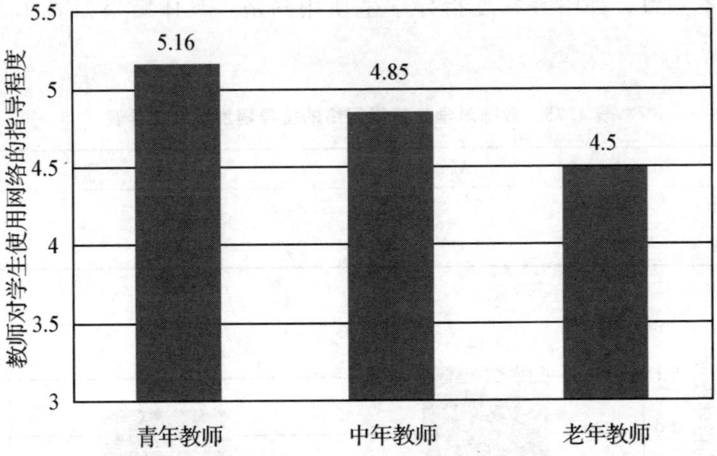

图 4.117　教师对学生使用网络的指导程度年龄阶段差异分布图

对小学教师、初中教师和高中教师三个教职群体进行学生使用网络指导程度的差异分析，结果发现教职的主效应显著，$F_{(2,900)} = 4.51$，$p < 0.05$，事后分析结果表明，小学教师指导学生使用网络的程度显著低于初中教师的指导程度，$MD = -0.58$，$p = 0.003$；小学教师指导学生使用网络的程度与高中教师的指导程度差异不显著，$MD = -0.32$，$p = 0.10$；初中教师指导学生使用网络的程度与高中教师的指导程度差异不显著，$MD = 0.26$，$p = 0.16$。具体结果如表 4.77 和图 4.118 所示。

表 4.77　教师对学生使用网络的指导程度教职差异表

	SS	df	MS	F	p
组间变异	47.62	2	23.81	4.51	0.01
组内变异	4752.16	900	5.28		

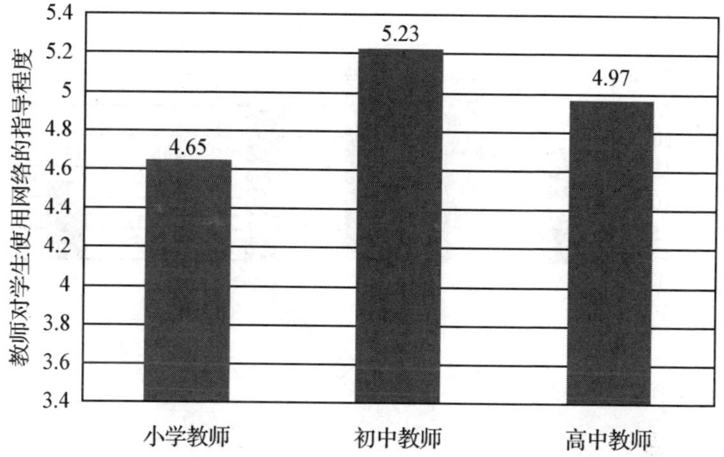

图 4.118 教师对学生使用网络的指导程度教职差异分布图

指导方式。研究采用多选题的方式询问教师“如何指导学生使用网络”，选项包括“课堂上专门指导”“网络教学的过程”“课后”“学生上网有困难时”“学生上网成瘾后”以及“没有进行过任何指导”。描述性统计结果显示，21%的教师会在“课堂上专门指导”，34.2%的教师通过“网络教学”指导，38.5%的教师会在“课后”指导，28.9%的教师会在“学生上网有困难时”指导，18.5%的教师会在“学生上网成瘾后”进行指导，而选择“从未指导过”的教师占14.6%，即教师对学生使用网络最多情况是在“课后”指导，其次是通过“网络教学过程”进行指导，再次是在“学生上网有困难时”指导，进而是“在课堂上专门进行指导”，“在学生上网成瘾后”才进行指导，值得注意的是，大多数教师不会对专门在课堂上对学生上网进行指导，这可以反映出对学生上网行为教育与指导并不是某一科任课教师的教学范围，大部分教师是利用课后业余时间尽可能对学生上网进行指导。然而，对于当下的中国青少年来说，网络已经是生活的一部分，其影响力渗入生活、学习的方方面面，对学生使用网络的指导，应该形成学校教学中具体、详细的一个教学内容设计，指导学生全面地认识网络，教会学生正确地使用网络，管理自身网络行为，辨别网络对学习、生活的利与弊。具体结果如图 4.119 所示。

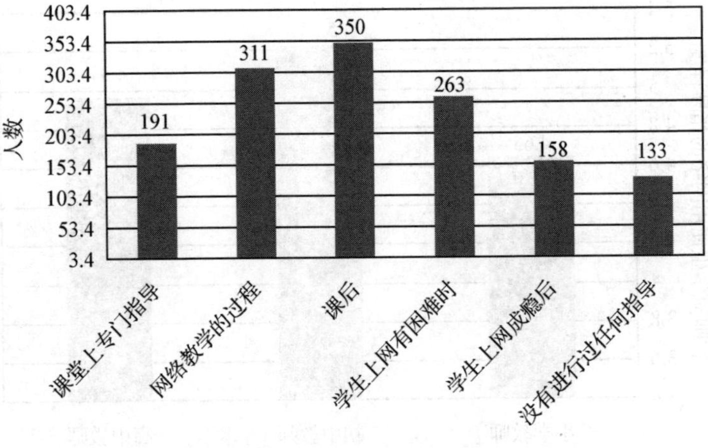

图 4.119　教师指导学生使用网络方式人数分布图

指导有效性。研究调查了教师对指导学生使用网络的有效性的评估，采用 10 点量表的计分方式，“1～10 分”依次表示从“根本无效”到“完全有效”的等级变化。描述统计的结果显示，教师群体对自己指导学生使用网络的有效性评估均分为 5.39($SD=2.20$)，并且有超过 67%的教师认为自己指导学生使用网络的有效性在 5 分及以上，大部分教师认为自己对学生使用网络的指导中等程度有效，具体结果如图 4.120 所示。

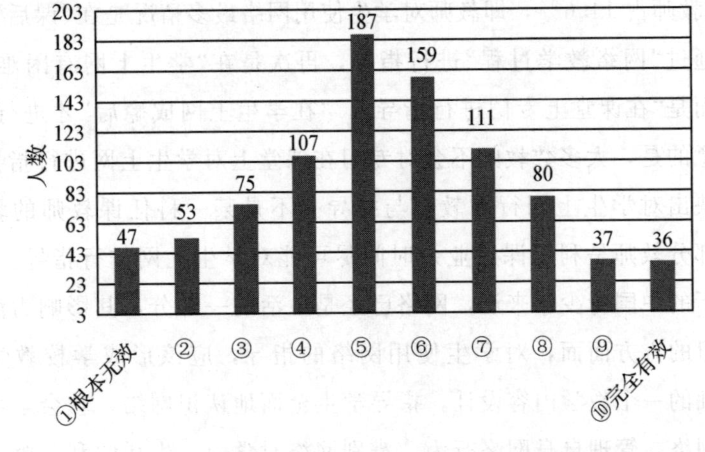

图 4.120　教师指导学生使用网络有效性评估人数分布图

采用 t 检验的数据分析方法对来自发达地区和欠发达地区的教师对学生使用网络的指导有效性进行差异分析。结果显示，在指导学生使用网络的有效性评估方面，与欠发达地区相比，发达地区的教师认为自己指导学生使用网络的有效性显著更高，$t_{(890)} = 2.34$，$p < 0.05$。具体结果如表 4.78 和图 4.121 所示。

表 4.78 教师指导学生使用网络有效性评估地区差异表

	N	M	SD	t	p
发达地区	236	5.67	2.00	2.34	0.02
欠发达地区	656	5.28	2.26		

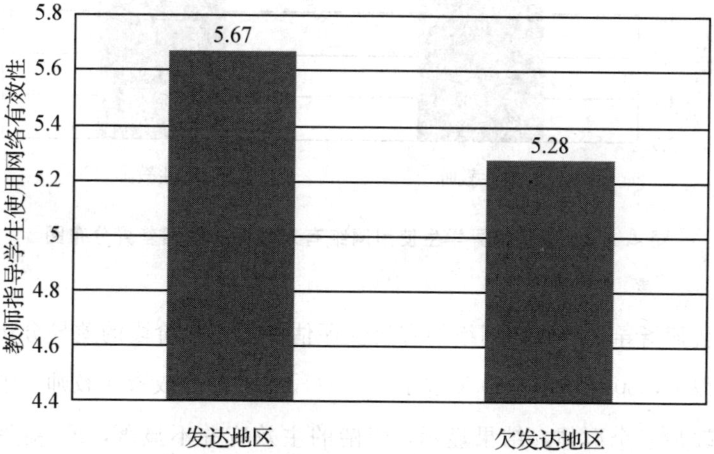

图 4.121 教师指导学生使用网络有效性评估地区差异分布图

同样采用 t 检验的方法来探究教师指导学生使用网络的有效性评估进行性别差异分析，结果显示，在参与分析的 784 名教师(男性教师 226 人，女性教师 558 人)中，指导学生使用网络的有效性评估并不存在显著的性别差异，$t_{(782)} = 0.39$，$p = 0.70$。说明男性教师与女性教师对自己指导学生使用网络有效性的评估基本一致，都认为自己能中等程度上有效地指导学生使用网络，具体结果如表 4.79 和图 4.122 所示。

表 4.79　教师指导学生使用网络有效性评估性别差异表

	N	*M*	*SD*	*t*	*p*
男性教师	226	5.48	2.26	0.39	0.70
女性教师	558	5.41	2.21		

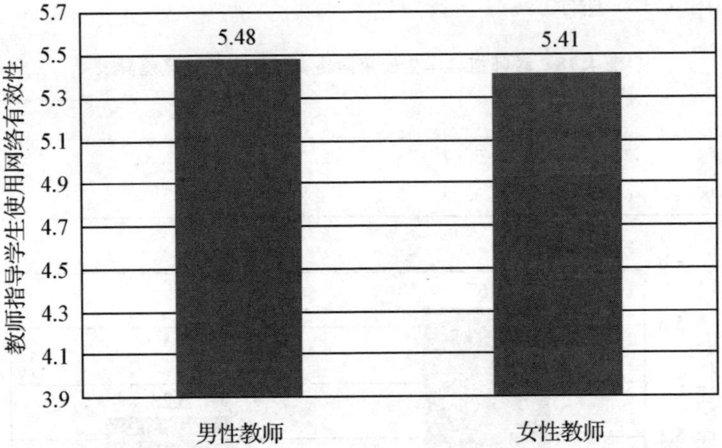

图 4.122　教师指导学生使用网络有效性评估性别差异分布图

对教师指导学生使用网络的有效性评估进行年龄阶段的差异分析，按照30岁及以下，30～50岁，50岁以上三个阶段将教师分成青年教师、中年教师和老年教师三个群体，结果显示，年龄的主效应并不显著，$F_{(2, 797)} = 2.25$，$p = 0.11$，但相比较来说，青年教师对指导学生网络使用有效性的评估均分更高，中年教师次之，老年教师最低。具体结果如表 4.80 和图 4.123 所示。

表 4.80　教师指导学生使用网络有效性评估年龄阶段差异表

	SS	*df*	*MS*	*F*	*p*
组间变异	21.16	2	10.58	2.25	0.11
组内变异	3740.36	797	4.69		

对小学教师、初中教师和高中教师三个教职群体进行指导学生使用网络有效性评估的差异分析，结果发现教职的主效应不显著，$F_{(2,889)} =$

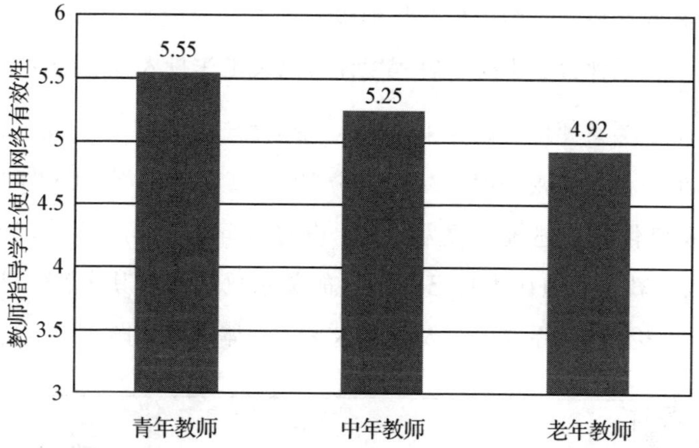

4.123　教师指导学生使用网络有效性评估年龄阶段差异分布图

1.94，$p=0.14$，说明小学教师、初中教师和高中教师评估自己指导学生使用网络的有效性无显著差异，具体结果如表 4.81 和图 4.124 所示。

表 4.81　教师指导学生使用网络有效性评估教职差异表

	SS	*df*	*MS*	*F*	*p*
组间变异	18.79	2	9.40	1.94	0.14
组内变异	4298.77	889	4.84		

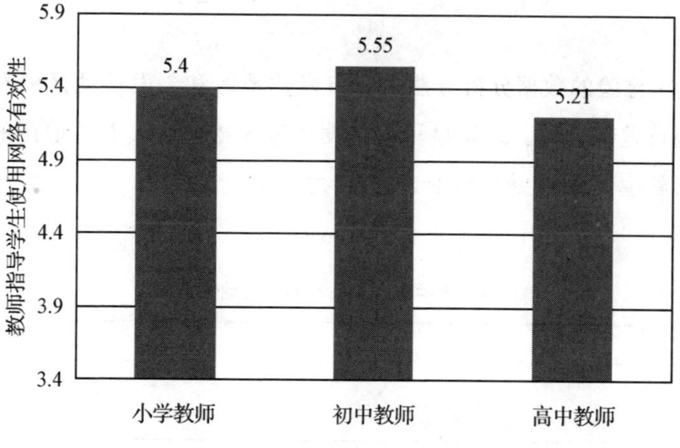

图 4.124　教师指导学生使用网络有效性评估教职差异分布图

问卷有效性控制。为了控制教师填写问卷的有效性，研究还调查了教师对与学生关系评价、学生了解程度评价以及工作投入程度的评价。

对与学生关系评价。研究采用10点量表的计分方式，询问了教师认为自己与学生关系的亲密程度，“1～10分”依次表示从“一点也不好”到“非常好”的等级变化。描述统计显示，904份有效问卷的均分为7.99（$SD = 1.55$），表示教师普遍认为自己与学生的关系比较好，其中97.7%的教师认为自己与学生的关系在5分及以上水平。具体结果如图4.125所示。

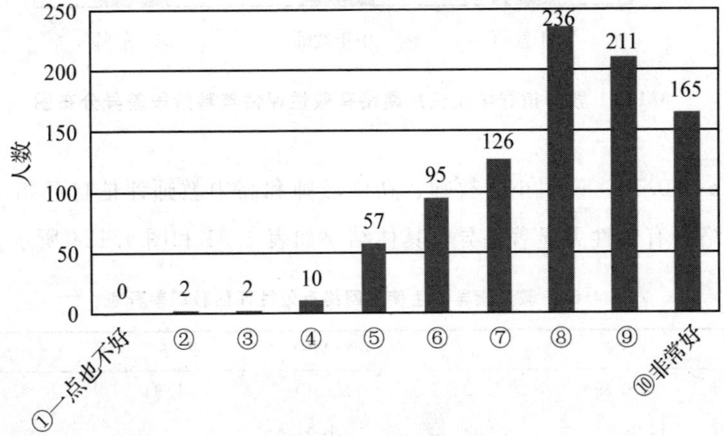

图4.125　教师与学生关系评价人数分布图

采用t检验的数据分析方法对来自发达地区和欠发达地区的教师与学生关系进行差异分析。结果显示，与发达地区相比，欠发达地区的教师认为自己与学生的关系更为和谐，$t_{(902)} = 2.24$，$p < 0.05$。具体结果如表4.82和图4.126所示。

表4.82　教师与学生关系的评估地区差异表

	N	M	SD	t	p
发达地区	239	7.80	1.53	2.24	0.03
欠发达地区	665	8.06	1.55		

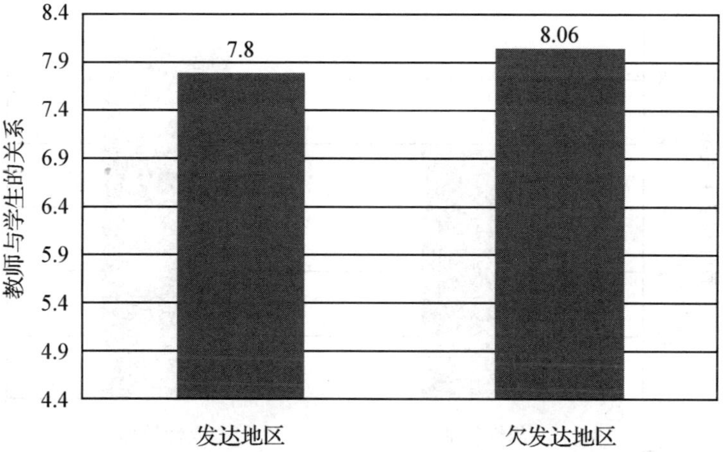

图 4.126　教师与学生关系的评估地区差异分布图

同样采用 t 检验的方法来探究教师与学生关系的评估在性别上的差异，结果表明女性教师认为自己与学生的关系更好，$t_{(793)} = -2.68$，$p = 0.007$，这可能是受到女性教师性格特点、沟通特点的影响所导致的，女性教师相比男性教师往往更细心、更温柔、对学生的关心更加全面，具体结果如表 4.83 和图 4.127 所示。

表 4.83　教师与学生关系评价性别差异表

	N	*M*	*SD*	*t*	*p*
男性教师	228	7.78	1.70	−2.68	0.007
女性教师	567	8.10	1.49		

对学生了解程度评价。研究采用 10 点量表的计分方式，询问了教师认为自己对学生的了解程度，“1～10 分”依次表示从“一点也不了解”到“非常了解”的等级变化。描述统计显示，903 份有效问卷的均分为 7.16（$SD = 1.65$），表示教师普遍认为自己对学生比较了解，其中 93.6%的教师认为自己对学生的了解在 5 分及以上水平。具体结果如图 4.128 所示。

相似的，在一系列差异分析中，性别、地区、年龄以及教职在教师对

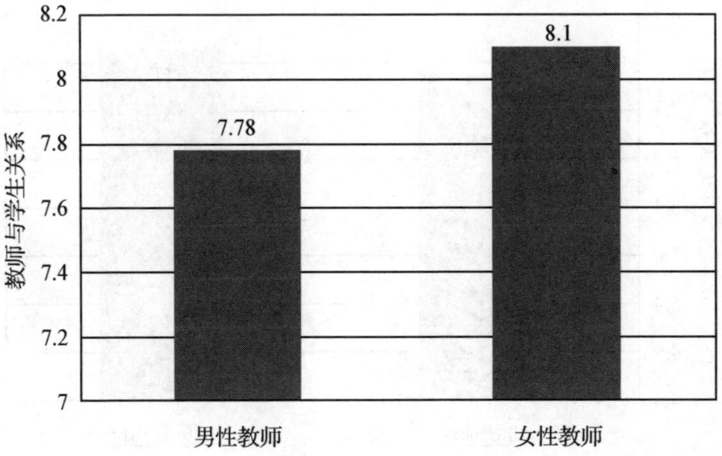

图 4.127　教师与学生关系评价性别差异分布图

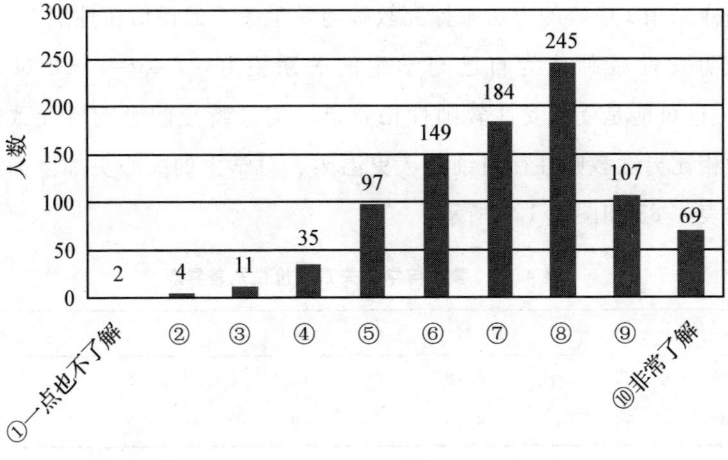

图 4.128　教师对学生了解程度人数分布图

学生的理解程度上均没有显著差异。

对工作的投入程度评价。研究采用10点量表的计分方式，询问了教师认为自己对工作的投入程度，“1～10分”依次表示从“一点也不投入”到“非常投入”的等级变化。描述统计显示，905份有效问卷的均分为8.58(*SD*

= 1.53)，表示教师普遍认为自己对工作比较投入，其中97.7%的教师认为自己对工作的投入在5分及以上水平，绝大部分教师认为自己对工作非常投入。具体结果如图4.129所示。

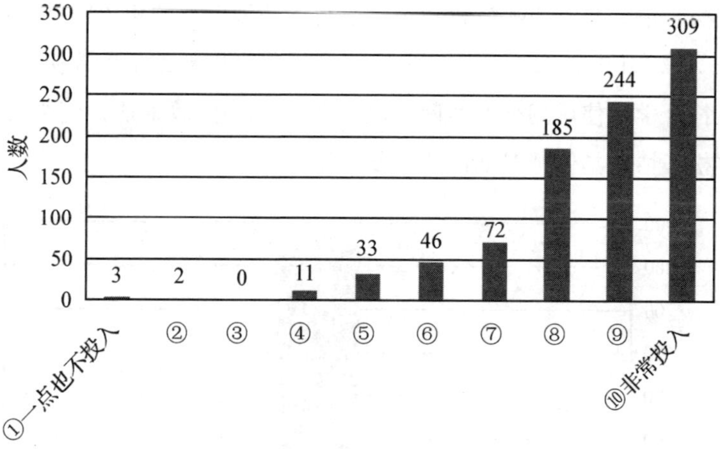

图4.129　教师对工作投入程度人数分布图

在一系列差异分析中，不论是地区、性别还是年龄阶段以及教职方面，教师对工作投入程度的自评分数都没有显著差异。

4.4　网络使用利弊权衡

本研究采用网络成瘾利弊权衡问卷(Internet—addiction Decisional Balance Questionnaire，IDBQ)对教师的网络利弊认知进行调查。问卷共38题，由两个分问卷——上网好处及上网代价分问卷构成。其中上网好处分问卷包括放松心情、获取知识、方便交流和获得成就感4个维度，而上网代价分问卷包括空虚苦恼、荒废学业、人际受损和浪费金钱4个维度。

对于所有描述网络积极和消极影响的问卷条目，均要求教师根据学生的真实情况进行勾选。在回答时，先要求教师对每题表述的内容是否符合学生的现实情况进行判断，不符合选择“0”，如果符合则进一步对其在生活中的重要程度进行判断，5 点积分，“1～5 分”依次表示由“不重要”到“极其重要”的重要性程度变化。

4.4.1 网络使用好处

放松心情。共有 860 名教师完整填写了该维度下的相关题目(占总人数的 94.5%)。其中有 1.4%的教师认为，“网络可以帮助学生放松心情”这一描述不符合学生使用网络的实际情况，即有 93%的教师认为网络可以帮助学生放松心情。具体情况如图 4.130 所示。

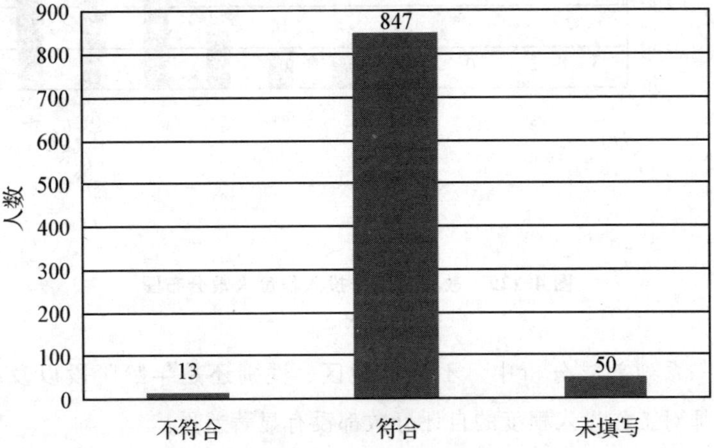

图 4.130 “放松心情”方面教师对网络使用好处的选择人数分布图

在认为“放松心情”符合学生网络使用好处的教师中，教师对这一好处在学生生活中的重要性程度评定均分为 2.53($SD = 1.04$)，重要性水平处于中等程度。

采用 t 检验的数据分析方法对来自发达地区和欠发达地区的教师对网络好处中“放松心情”进行差异分析。结果显示，发达地区的教师比欠发达地区的教师对网络好处中“放松心情”这一项的评分更高，$t_{(858)} = 2.77$，$p = 0.006$，具体结果如表 4.84 和图 4.131 所示。

表 4.84 教师对“放松心情”的重要性评定地区差异表

	N	M	SD	t	p
发达地区	226	2.70	1.04	2.77	0.006
欠发达地区	634	2.47	1.03		

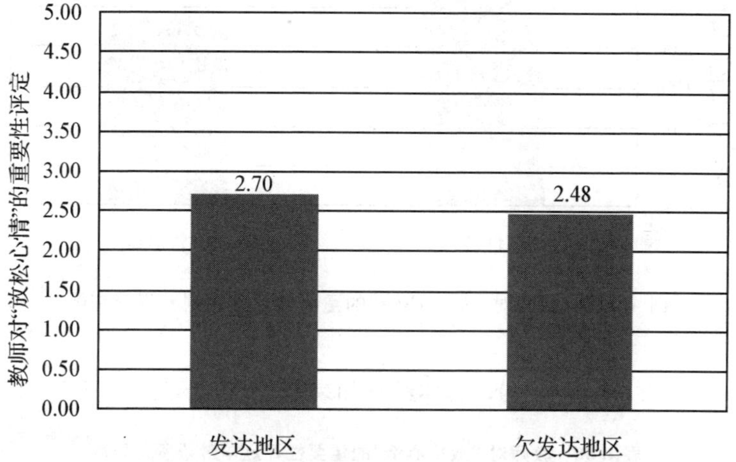

图 4.131 教师对“放松心情”的重要性评定地区差异分布图

同样采用 t 检验的方法来探究教师对“放松心情”的重要性评定进行性别差异分析，结果显示，在参与分析的 759 名教师(男性教师 221 人，女性教师 538 人)中，男性教师比女性教师在对“放松心情”的重要性评定上持更为积极的态度 $t_{(757)}=2.83$，$p=0.005$。具体结果如表 4.85 和图 4.132 所示。

表 4.85 教师对“放松心情”的重要性评定性别差异表

	N	M	SD	t	p
男性教师	221	2.69	1.08	2.83	0.005
女性教师	538	2.46	1.01		

对教师网络使用好处中“放松心情”的重要性评定进行年龄阶段的差异分析，按照 30 岁及以下，30～50 岁，50 岁以上三个阶段将教师分成青年教师、中年教师和老年教师三个群体，结果显示，年龄的主效应不显著，

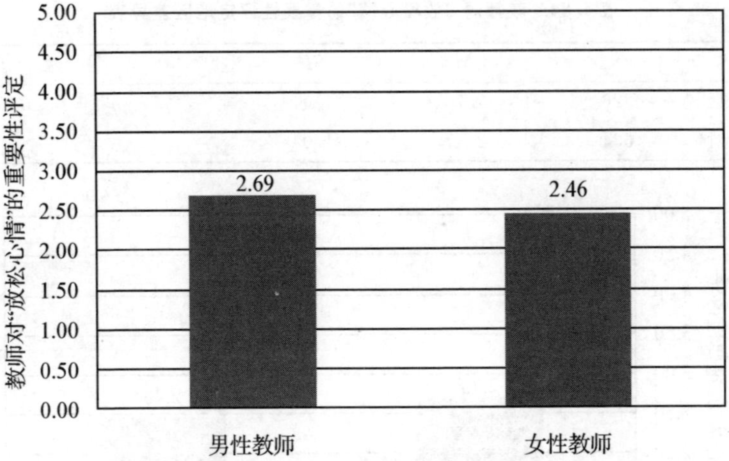

图 4.132　教师对"放松心情"的重要性评定性别差异分布图

$F_{(2,767)} = 2.38$，$p = 0.09$，具体结果如表 4.86 和图 4.133 所示。

表 4.86　教师对"放松心情"的重要性评定年龄阶段差异表

	SS	*df*	*MS*	*F*	*p*
组间变异	4.74	2	2.37	2.383	0.09
组内变异	762.97	767	1.00		

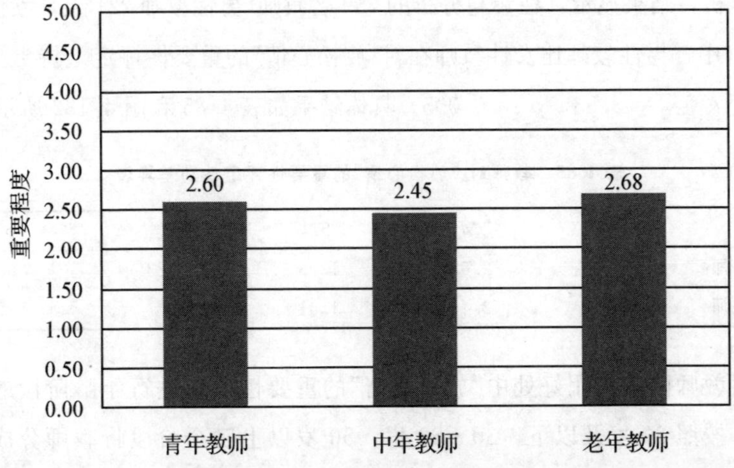

图 4.133　教师对"放松心情"的重要性评定年龄阶段差异分布图

对小学教师、初中教师和高中教师三个教职群体进行网络使用好处中“放松心情”的重要性评定的差异分析，结果发现教职的主效应显著，$F_{(2,857)} = 11.89$，$p < 0.001$，事后分析结果表明，小学教师对“放松心情”的重要性评定显著低于初中教师的评定，$MD = -0.37$，$p < 0.001$；小学教师对“放松心情”的重要性评定显著低于高中教师的评定，$MD = -0.40$，$p < 0.001$；初中教师与高中教师在“放松心情”的重要性评定上不存在显著差异，$MD = -0.03$，$p = 0.693$。结果说明相比于小学教师而言，初中教师和高中教师对“放松心情”的重要性评定分数更高，更加认为网络的使用可以帮助学生放松心情，具体结果如表 4.87 和图 4.134 所示。

表 4.87　教师对“放松心情”的重要性评定教职差异表

	SS	*df*	*MS*	*F*	*p*
组间变异	24.87	2	12.44	11.89	< 0.001
组内变异	896.66	857	1.05		

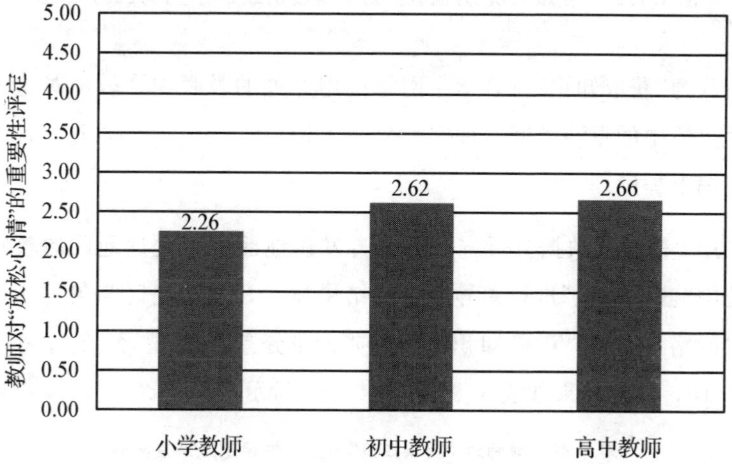

图 4.134　教师对“放松心情”的重要性评定教职差异分布图

获取知识。在获取知识的网络优势方面，共有 855 名教师完整填写了该维度下的相关题目（占总人数的 93.9%）。其中只有 0.5%的教师认为，

“网络可以帮助学生获取知识”这一描述不符合学生使用网络的实际情况，即有93.4%的教师认为网络可以帮助学生获取知识。具体情况如图4.135所示。

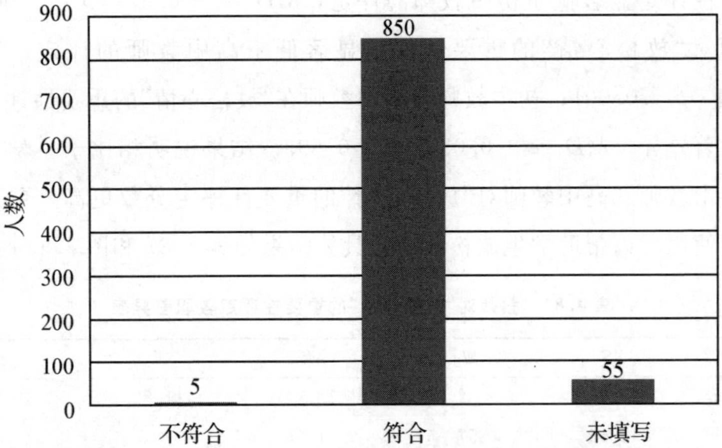

图4.135　“获取知识”方面教师对网络使用好处的选择人数分布图

在认为“获取知识”符合学生网络使用好处的教师中，教师对这一好处在学生生活中的重要性程度评定均分为2.94($SD = 0.95$)，重要性水平处于中等偏上程度。

采用t检验的数据分析方法对来自发达地区和欠发达地区的教师对网络好处中“获取知识”进行差异分析。结果显示，发达地区与欠发达地区的教师对网络好处中“获取知识”这一项的评分差异不显著，$t_{(853)} = 1.26$，$p = 0.16$，具体结果如表4.88和图4.136所示。

表4.88　教师对“获取知识”的重要性评定地区差异表

	N	*M*	*SD*	*t*	*p*
发达地区	223	3.01	0.87	1.26	0.16
欠发达地区	590	2.91	0.98		

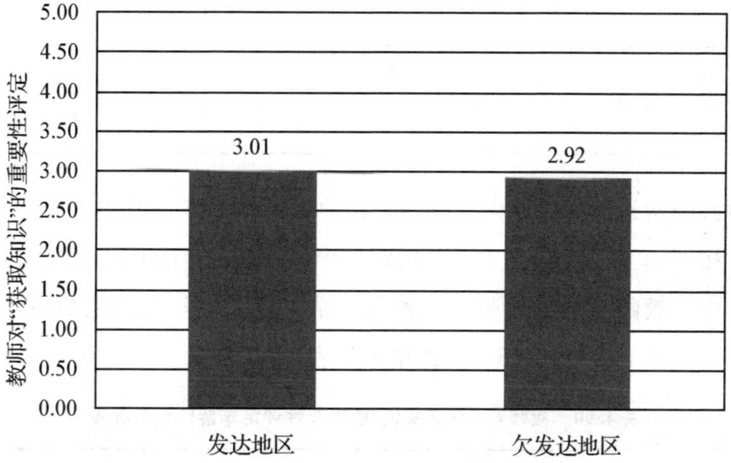

图 4.136 教师对"获取知识"的重要性评定地区差异分布图

同样采用 t 检验的方法来探究教师对"获取知识"的重要性评定进行性别差异分析，结果显示，在参与分析的 756 名教师(男性教师 216 人，女性教师 540 人)中，对"获取知识"的重要性评定并不存在显著的性别差异，$t_{(754)} = 0.81$，$p = 0.42$。说明男性教师与女性教师对"获取知识"的重要性评定基本一致，具体结果如表 4.89 所示和图 4.137 所示。

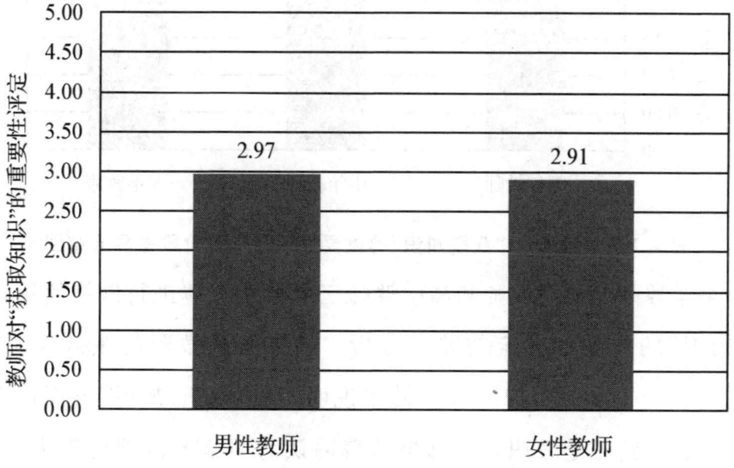

图 4.137 教师对"获取知识"的重要性评定性别差异分布图

表 4.89　教师对“获取知识”的重要性评定性别差异表

	N	*M*	*SD*	*t*	*p*
男性教师	216	2.97	1.02	0.81	0.42
女性教师	540	2.91	0.92		

对教师网络使用好处中“获取知识”的重要性评定进行年龄阶段的差异分析，按照 30 岁及以下，30～50 岁，50 岁以上三个阶段将教师分成青年教师、中年教师和老年教师三个群体，结果显示，年龄的主效应不显著，$F_{(2,762)} = 2.87$，$p = 0.06$，具体结果如表 4.90 和图 4.138 所示。

表 4.90　教师对“获取知识”的重要性评定年龄阶段差异表

	SS	*df*	*MS*	*F*	*p*
组间变异	4.72	2	2.36	2.87	0.06
组内变异	627.67	762	0.82		

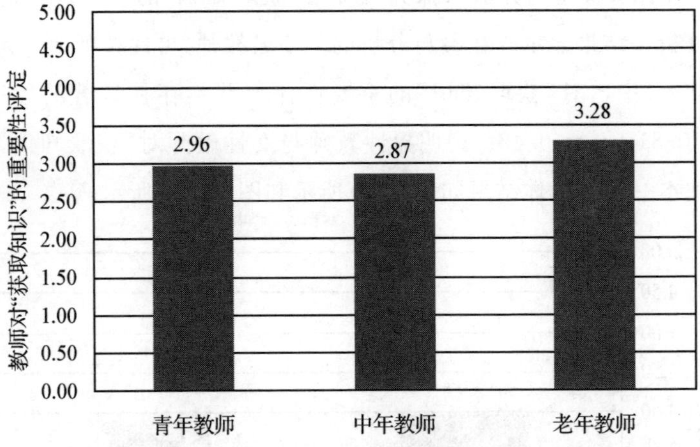

图 4.138　教师对“获取知识”的重要性评定年龄阶段差异分布图

对小学教师、初中教师和高中教师三个教职群体进行网络使用好处中“获取知识”的重要性评定的差异分析，结果发现教职的主效应不显著，$F_{(2,852)} = 1.40$，$p = 0.21$，以上结果说明，在“获取知识”方面，不论地区、性别、年龄还是教职，教师群体普遍认为网络可以帮助学生“获取知识”，具体结果如表 4.91 和图 4.139 所示。

表 4.91 教师对“获取知识”的重要性评定教职差异表

	SS	df	MS	F	p
组间变异	2.79	2	1.40	1.57	0.21
组内变异	759.07	852	0.89		

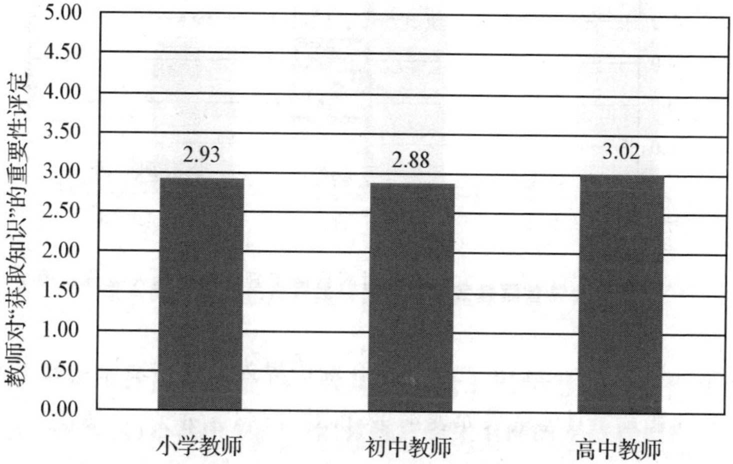

图 4.139 教师对“获取知识”的重要性评定教职差异分布图

方便交流。在方便交流的网络优势方面，共有 853 名教师完整填写了该维度下的相关题目(占总人数的 93.7%)。其中有 2.6%的教师认为，“网络可以方便学生交流”这一描述不符合学生使用网络的实际情况，即有 91.1%的教师认为网络可以方便学生交流。具体情况如图 4.140 所示。

在认为“方便交流”符合学生网络使用好处的教师中，教师对这一好处在学生生活中的重要性程度评定均分为 2.68($SD=1.10$)，重要性水平处于中等偏上程度。

采用 t 检验的数据分析方法对来自发达地区和欠发达地区的教师对网络好处中“方便交流”进行差异分析。结果显示，发达地区与欠发达地区的教师对网络好处中“方便交流”这一项的评分差异显著 $t_{(851)}=2.58$，$p=0.01$，说明发达地区的教师相比欠发达地区的教师更加认为网络可以方便

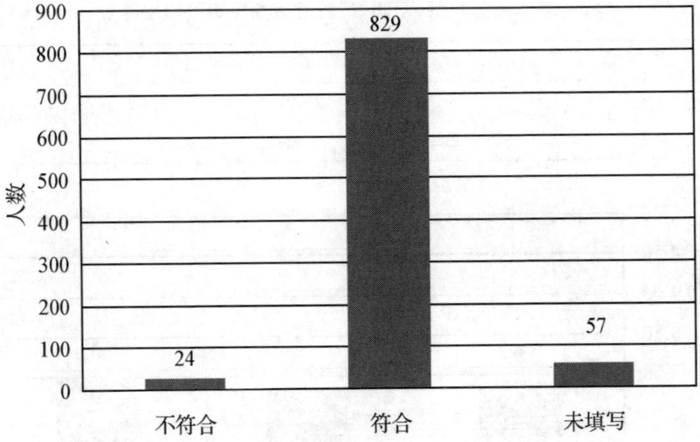

图 4.140 “方便交流”方面教师对网络使用好处的选择人数分布图

学生交流，这也从一定程度上反映出在经济更为发达的地区，使用网络都更加便利和普及。具体结果如表 4.92 和图 4.141 所示。

表 4.92 教师对“方便交流”的重要性评定地区差异表

	N	*M*	*SD*	*t*	*p*
发达地区	223	2.84	1.01	2.58	0.01
欠发达地区	630	2.62	1.12		

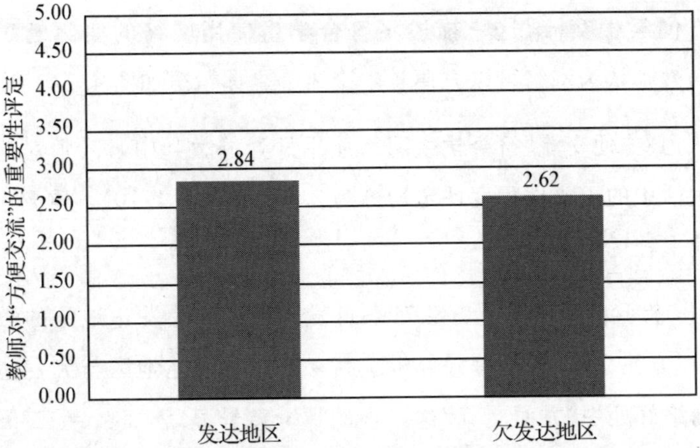

图 4.141 教师对“方便交流”的重要性评定地区差异分布图

同样采用 t 检验的方法来探究教师对“方便交流”的重要性评定进行性别差异分析，结果显示，在参与分析的753名教师中，男性教师对“方便交流”的重要性评定显著高于女性教师的评定，$t_{(751)}=2.10$，$p=0.04$。具体结果如表4.93和图4.142所示。

表4.93　教师对“方便交流”的重要性评定性别差异表

	N	M	SD	t	p
男性教师	218	2.79	1.06	2.10	0.04
女性教师	535	2.61	1.10		

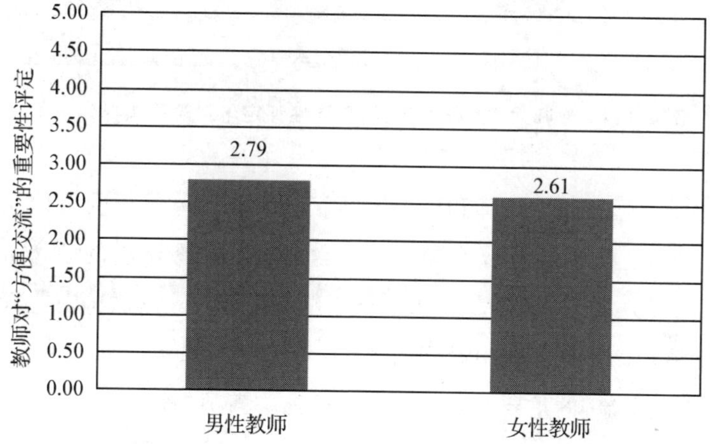

图4.142　教师对“方便交流”的重要性评定性别差异分布图

对教师网络使用好处中“方便交流”的重要性评定进行年龄阶段的差异分析，按照30岁及以下，30～50岁，50岁以上三个阶段将教师分成青年教师、中年教师和老年教师三个群体，结果显示，年龄的主效应不显著，$F_{(2,760)}=1.07$，$p=0.35$。具体结果如表4.94和图4.143所示。

表4.94　教师对“方便交流”的重要性评定年龄阶段差异表

	SS	df	MS	F	p
组间变异	2.41	2	1.21	1.07	0.35
组内变异	860.03	760	1.13		

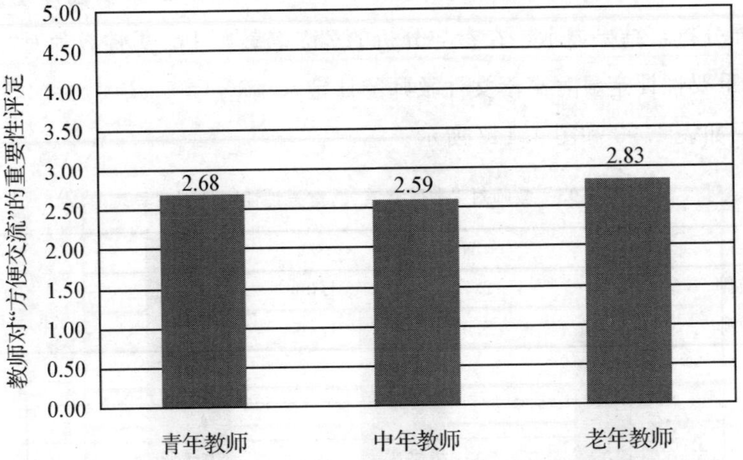

图 4.143 教师对"方便交流"的重要性评定年龄阶段差异分布图

对小学教师、初中教师和高中教师三个教职群体进行网络使用好处中"方便交流"的重要性评定的差异分析，结果发现教职的主效应显著，$F_{(2,850)} = 16.01$，$p < 0.001$，事后分析结果显示，小学教师对"方便交流"的重要性评定显著低于初中教师的评定，$MD = -0.43$，$p < 0.001$；小学教师对"方便交流"的重要性评定显著低于高中教师的评定，$MD = -0.51$，$p < 0.001$；而初中教师和高中教师对"方便交流"的重要性评定差异不显著，$MD = -0.08$，$p = 0.38$。具体结果如表 4.95 和图 4.144 所示。

表 4.95 教师对"方便交流"的重要性评定教职差异表

	SS	*df*	*MS*	*F*	*p*
组间变异	37.37	2	18.69	16.01	0.001
组内变异	992.27	850	1.17		

获得成就感。在获得成就感的网络优势方面，共有 858 名教师完整填写了该维度下的相关题目(占总人数的 94.3%)。其中有 4.7%的教师认为，"网络可以帮助学生获得成就感"这一描述不符合学生使用网络的实际情况，人数上比前三个好处上升了许多，只有 89.8%的教师认为网络可以帮

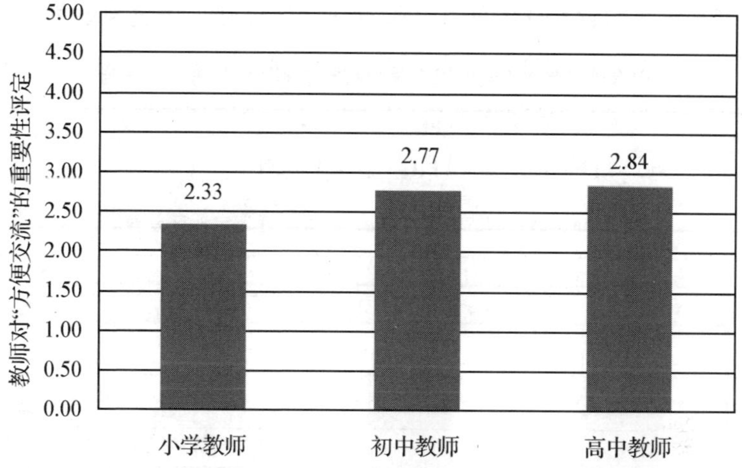

图 4.144 教师对"方便交流"的重要性评定教职差异分布图

助学生获得成就感。具体情况如图 4.145 所示。

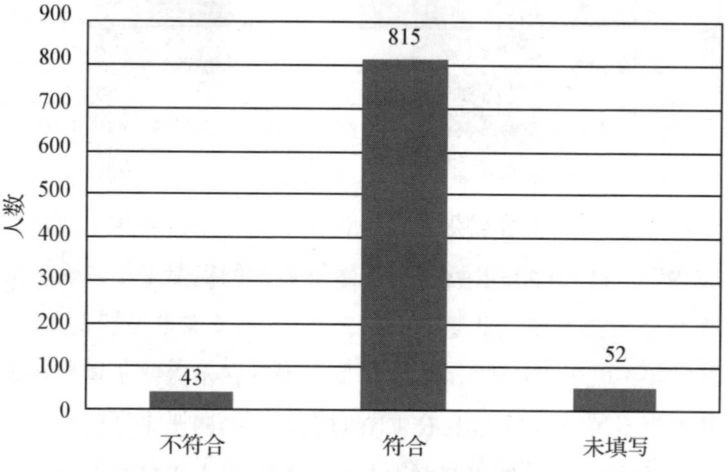

图 4.145 "获得成就感"方面教师对网络使用好处的选择人数分布图

在认为"获得成就感"符合学生网络使用好处的教师中，教师对这一好处在学生生活中的重要性程度评定均分为 2.38($SD = 1.19$)，重要性水平处于中等偏下程度。

采用 t 检验的数据分析方法对来自发达地区和欠发达地区的教师对网络好处中“获得成就感”进行差异分析。结果显示，发达地区与欠发达地区的教师对网络好处中“获得成就感”这一项的评分差异显著，$t_{(856)} = 2.34$，$p = 0.02$。具体结果如表 4.96 和图 4.146 所示。

表 4.96 教师对“获得成就感”的重要性评定地区差异表

	N	*M*	*SD*	*t*	*p*
发达地区	230	2.54	1.14	2.34	0.40
欠发达地区	628	2.32	1.20		

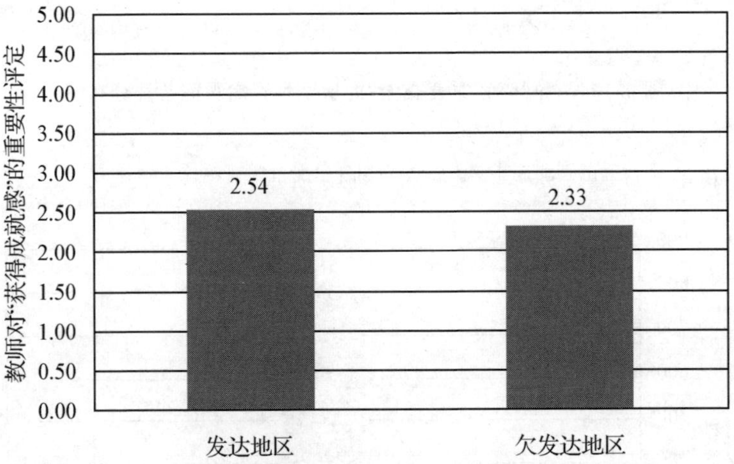

图 4.146 教师对“获得成就感”的重要性评定地区差异分布图

同样采用 t 检验的方法来探究教师对“获得成就感”的重要性评定进行性别差异分析，结果显示，在参与分析的 753 名教师(男性教师 219 人，女性教师 534 人)中，男性教师对“获得成就感”的重要性评定显著高于女性教师的评定，$t_{(751)} = 4.18$，$p < 0.001$。具体结果如表 4.97 和图 4.147 所示。

表 4.97　教师对“获得成就感”的重要性评定性别差异表

	N	*M*	*SD*	*t*	*p*
男性教师	219	2.63	1.18	4.18	0.65
女性教师	534	2.24	1.18		

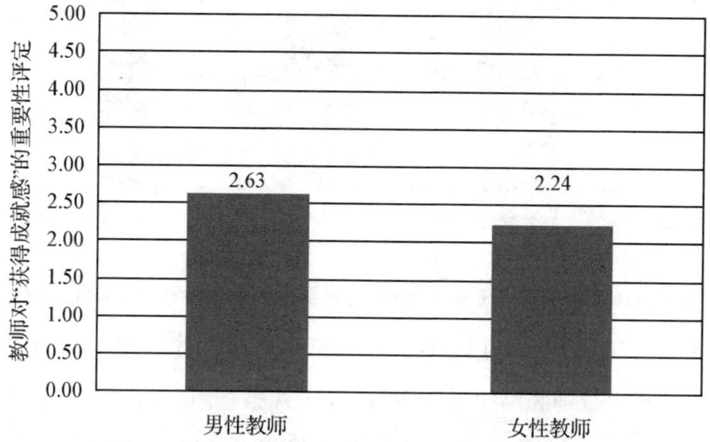

图 4.147　教师对“获得成就感”的重要性评定性别差异分布图

对教师网络使用好处中“获得成就感”的重要性评定进行年龄阶段的差异分析，按照 30 岁及以下，30～50 岁，50 岁以上三个阶段将教师分成青年教师、中年教师和老年教师三个群体，结果显示，年龄的主效应不显著，$F_{(2,766)} = 2.42$，$p = 0.09$，具体结果如表 4.98 和图 4.148 所示。

表 4.98　教师对“获得成就感”的重要性评定年龄阶段差异表

	SS	*df*	*MS*	*F*	*p*
组间变异	6.45	2	3.23	2.42	0.09
组内变异	1020.27	766	1.33		

对小学教师、初中教师和高中教师三个教职群体进行网络使用好处中“获得成就感”的重要性评定的差异分析，结果发现教职的主效应显著，$F_{(2,855)} = 9.56$，$p < 0.001$，事后分析结果显示，小学教师对“获得成就感”的重要性评定显著低于初中教师的评定，$MD = -0.38$，$p < 0.001$；小学教

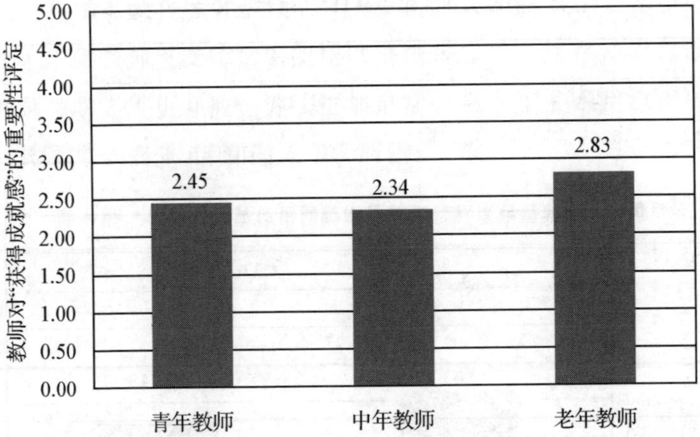

图 4.148 教师对“获得成就感”的重要性评定年龄阶段差异分布图

师对“获得成就感”的重要性评定显著低于高中教师的评定，*MD*= −0.42，$p<0.001$；初中教师和高中教师对“获得成就感”的重要性评定差异不显著，*MD*= −0.04，$p=0.70$。具体结果如表 4.99 和图 4.149 所示。

表 4.99 教师对“获得成就感”的重要性评定教职差异表

	SS	*df*	*MS*	*F*	*p*
组间变异	26.32	2	13.16	9.56	<0.001
组内变异	1176.76	855	1.38		

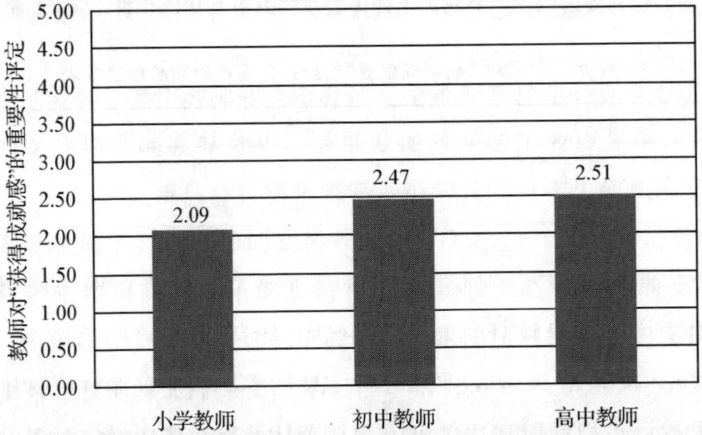

图 4.149 教师对“获得成就感”的重要性评定教职差异分布图

4.4.2　网络使用代价

空虚苦恼。在空虚苦恼作为网络使用代价的描述中，共有 834 名教师完整填写了相关条目(占总人数的 91.6%)。其中有 2.7%的教师认为，“网络使用会为学生带来空虚苦恼的负面影响”不符合学生使用网络的基本情况，即绝大部分教师(88.9%的教师)认为上网会对学生产生“空虚苦恼”的负面影响。具体情况如图 4.150 所示。

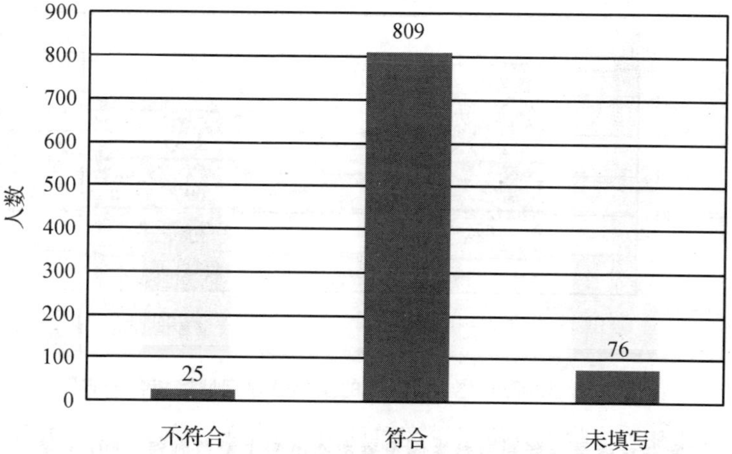

图 4.150　“空虚苦恼”方面教师对网络使用代价的选择人数分布图

在认为“空虚苦恼”符合学生网络使用代价的教师中，教师对这一代价在学生生活中的重要性程度评定均分为 2.58($SD = 1.14$)，重要性水平处于中等程度。

采用 t 检验的数据分析方法对来自发达地区和欠发达地区的教师对网络代价中“空虚苦恼”进行差异分析。结果显示，发达地区与欠发达地区的教师对网络代价中“空虚苦恼”这一项的评分有显著差异 $t_{(832)} = 5.15$，$p < 0.001$，相比于欠发达地区，发达地区的教师更加认为网络会给学生带来“空虚苦恼”的后果，具体结果如表 4.100 和图 4.151 所示。

表 4.100　教师对“空虚苦恼”的重要性评定地区差异表

	N	M	SD	t	p
发达地区	219	2.91	1.037	5.151	0.001
欠发达地区	615	2.46	1.147		

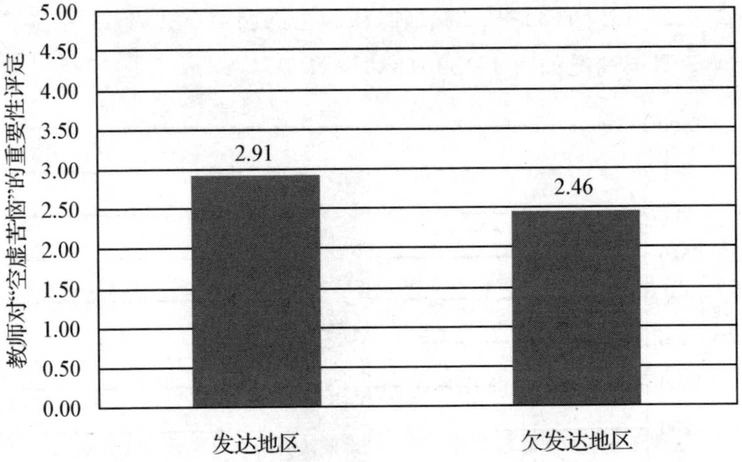

图 4.151　教师对“空虚苦恼”的重要性评定地区差异分布图

同样采用 t 检验的方法来探究教师对“空虚苦恼”的重要性评定进行性别差异分析，结果显示，在参与分析的 735 名教师(男性教师 214 人，女性教师 521 人)中，对“空虚苦恼”的重要性评定并不存在显著的性别差异，$t_{(733)} = 1.02$，$p = 0.63$。说明男性教师与女性教师对“空虚苦恼”的重要性评定基本一致，具体结果如表 4.101 和图 4.152 所示。

表 4.101　教师对“空虚苦恼”的重要性评定性别差异表

	N	M	SD	t	p
男性教师	214	2.63	1.16	1.02	0.63
女性教师	521	2.53	1.12		

对教师网络使用代价中“空虚苦恼”的重要性评定进行年龄阶段的差异分析，按照 30 岁及以下，30～50 岁，50 岁以上三个阶段将教师分成青年教师、中年教师和老年教师三个群体，结果显示，年龄的主效应不显著，

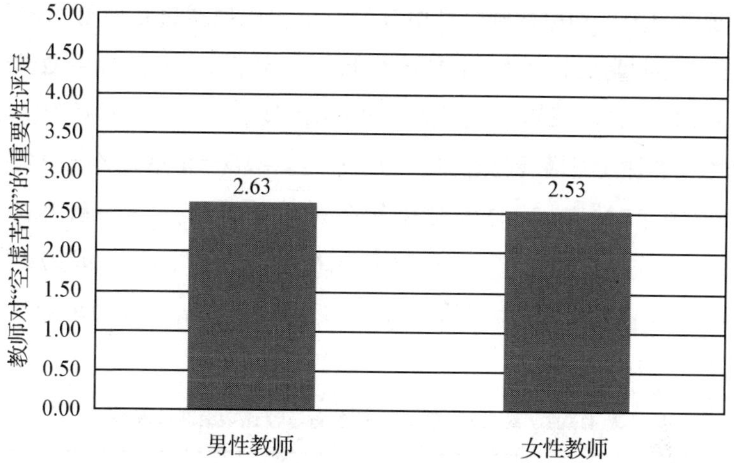

图 4.152 教师对"空虚苦恼"的重要性评定性别差异分布图

$F_{(2,742)}=0.12$，$p=0.89$，具体结果如表 4.102 和图 4.153 所示。

表 4.102 教师对"空虚苦恼"的重要性评定年龄阶段差异表

	SS	*df*	*MS*	*F*	*p*
组间变异	0.29	2	0.15	0.12	0.89
组内变异	887.23	742	1.20		

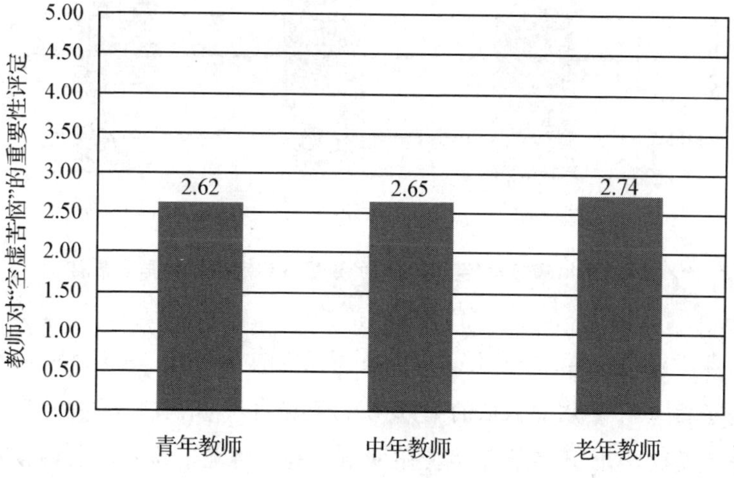

图 4.153 教师对"空虚苦恼"的重要性评定年龄阶段差异分布图

对小学教师、初中教师和高中教师三个教职群体进行网络使用代价中“空虚苦恼”的重要性评定的差异分析，结果发现教职的主效应显著，$F_{(2,831)}=11.90$，$p<0.001$，事后分析结果显示，小学教师对“空虚苦恼”的重要性程度评定显著低于初中教师的评定，$MD=-0.48$，$p<0.001$；小学教师对“空虚苦恼”的重要性程度评定显著低于高中教师的评定，$MD=-0.24$，$p=0.02$；初中教师与高中教师对“空虚苦恼”的重要性程度评定上不存在显著差异，$MD=0.23$，$p=0.01$。具体结果如表 4.103 和图 4.154 所示。

表 4.103　教师对“空虚苦恼”的重要性评定教职差异表

	SS	*df*	*MS*	*F*	*p*
组间变异	29.92	2	14.96	11.90	<0.01
组内变异	1044.97	831	1.26		

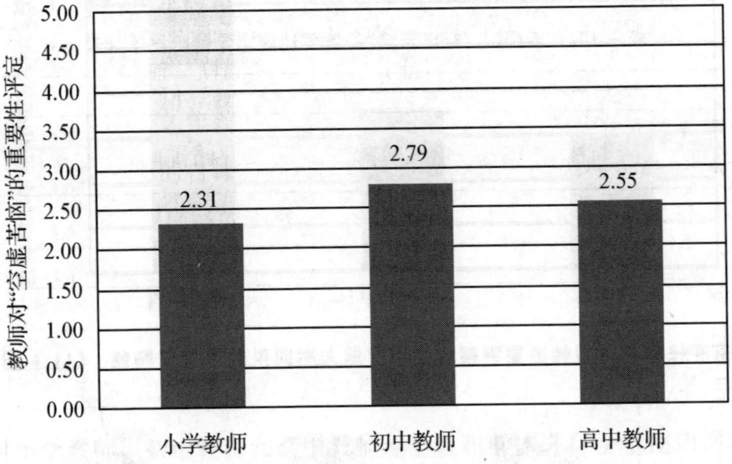

图 4.154　教师对“空虚苦恼”的重要性评定教职差异分布图

荒废学业。在荒废学业作为网络使用代价的描述中，共有 814 名教师完整填写了相关条目(占总人数的 89.5%)。其中有 1%的教师认为，“网络使用会使学生荒废学业”不符合学生使用网络的基本情况，即 88.4%的教师认为上网会对学生产生“荒废学业”的负面影响。具体情况如图 4.155 所示。

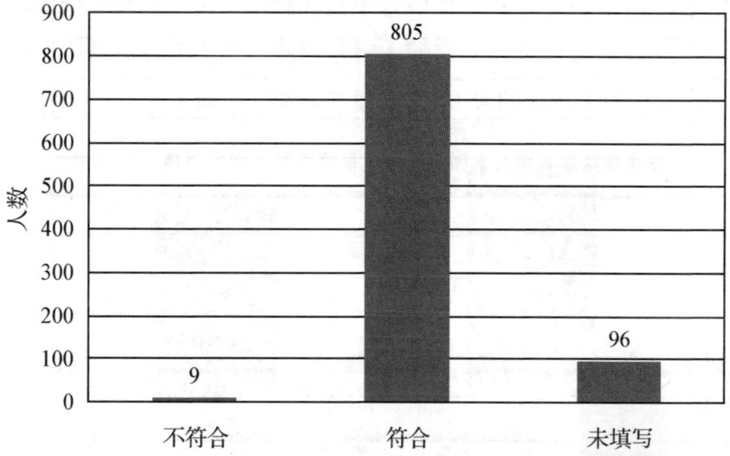

图 4.155　“荒废学业”方面教师对网络使用代价的选择人数分布图

在认为“荒废学业”符合学生网络使用代价的教师中，教师对这一代价在学生生活中的重要性程度评定均分为 3.32($SD=1.14$)，重要性水平处于比较重要水平。

采用 t 检验的数据分析方法对来自发达地区和欠发达地区的教师对网络使用代价中“荒废学业”进行差异分析。结果显示，发达地区与欠发达地区的教师对网络使用代价中“荒废学业”这一项的评分有显著差异 $t_{(812)}=3.01$，$p<0.01$，相比欠发达地区的教师，发达地区的教师认为网络更会使学生“荒废学业”，这可能是因为在发达地区网络在生活中的普及率更高，学生接触网络的时间更早，机会更多，因此网络所带来的类似“荒废学业”的弊端也更多。具体结果如表 4.104 和图 4.156 所示。

表 4.104　教师对“荒废学业”的重要性评定地区差异表

	N	*M*	*SD*	*t*	*p*
发达地区	211	3.52	0.96	3.01	0.002
欠发达地区	603	3.25	1.18		

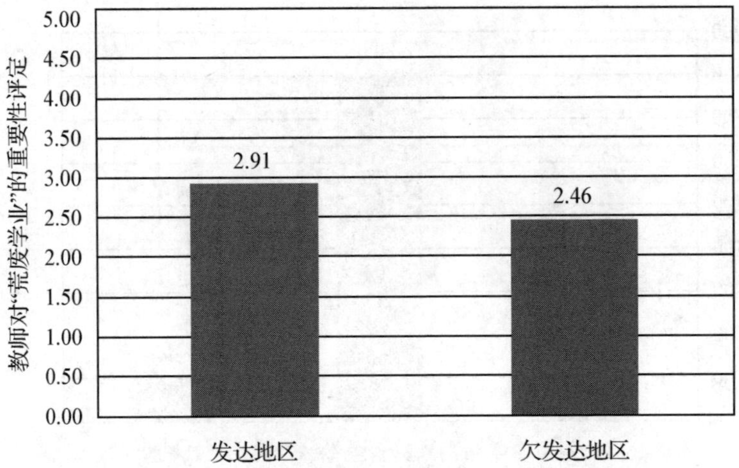

图 4.156　教师对"荒废学业"的重要性评定地区差异分布图

同样采用 t 检验的方法来探究教师对"荒废学业"的重要性评定进行性别差异分析，结果显示，在参与分析的 721 名教师(男性教师 205 人，女性教师 516 人)中，对"荒废学业"的重要性评定并不存在显著的性别差异，$t_{(719)}=-0.99$，$p=0.33$。说明男性教师与女性教师对"荒废学业"的重要性评定基本一致，具体结果如表 4.105 和图 4.157 所示。

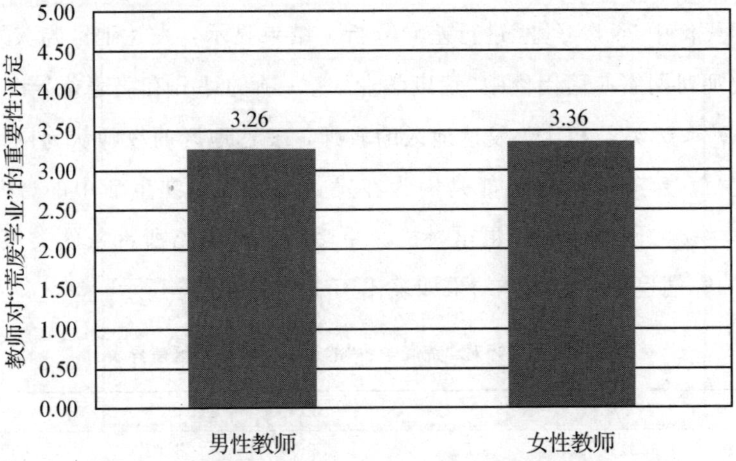

图 4.157　教师对"荒废学业"的重要性评定性别差异分布图

表 4.105　教师对“荒废学业”的重要性评定性别差异表

	N	*M*	*SD*	*t*	*p*
男性教师	205	3.26	1.17	−0.99	0.33
女性教师	516	3.36	1.11		

对教师网络使用代价中“荒废学业”的重要性评定进行年龄阶段的差异分析，按照 30 岁及以下，30～50 岁，50 岁以上三个阶段将教师分成青年教师、中年教师和老年教师三个群体，结果显示，年龄的主效应不显著，$F_{(2,724)} = 0.63$，$p = 0.54$，具体结果如表 4.106 和图 4.158 所示。

表 4.106　教师对“荒废学业”的重要性评定年龄阶段差异表

	SS	*df*	*MS*	*F*	*p*
组间变异	1.44	2	0.72	0.63	0.54
组内变异	833.94	724	1.15		

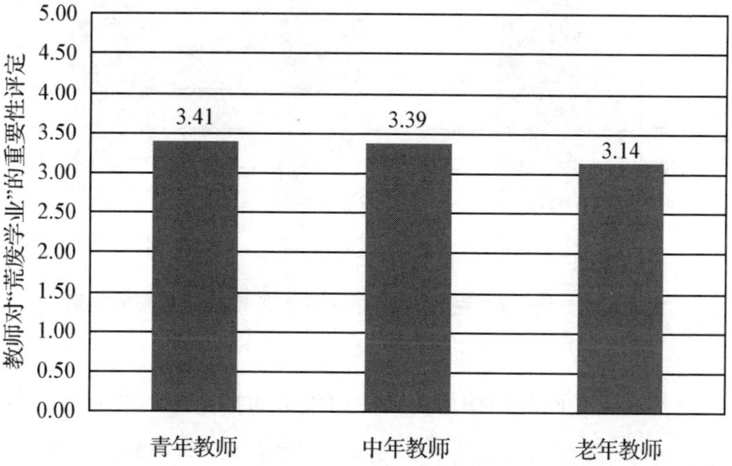

图 4.158　教师对“荒废学业”的重要性评定年龄阶段差异分布图

对小学教师、初中教师和高中教师三个教职群体进行网络使用代价中“荒废学业”的重要性评定的差异分析，结果发现教职的主效应显著，$F_{(2,811)} = 16.38$，$p < 0.001$，事后分析结果显示，小学教师对“荒废学业”

的重要性程度评定显著高于初中教师的评定，$MD = -0.56$，$p < 0.001$；小学教师对"荒废学业"的重要性程度评定显著高于高中教师的评定，$MD = -0.30$，$p = 0.003$，初中教师对"荒废学业"的重要性程度评定显著高于高中教师的评定，$MD = 0.27$，$p = 0.004$。具体结果如表 4.107 和图 4.159 所示。

表 4.107　教师对"荒废学业"的重要性评定教职差异表

	SS	df	MS	F	p
组间变异	40.57	2	20.28	16.38	< 0.001
组内变异	1004.45	811	1.24		

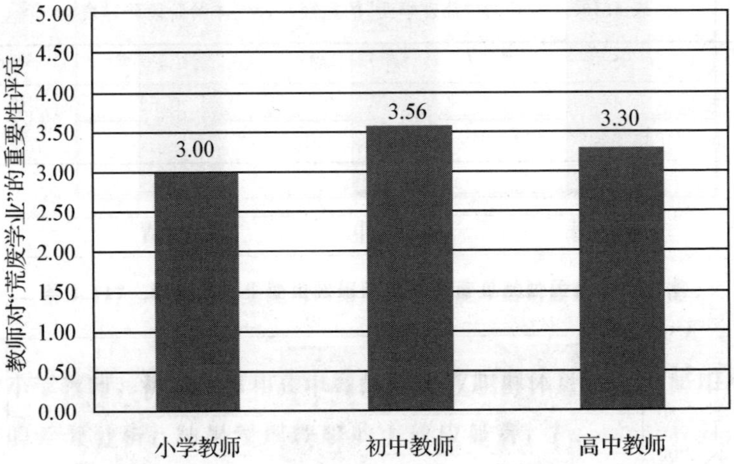

图 4.159　教师对"荒废学业"的重要性评定教职差异分布图

人际受损。在人际受损作为网络使用代价的描述中，共有 864 名教师完整填写了相关条目(占总人数的 94.9%)。其中有 4.1%的教师认为，"网络使用会使学生人际受损"不符合学生使用网络的基本情况，即 90.8%的教师认为上网会对学生产生"人际受损"的负面影响。具体情况如图 4.160 所示。

在认为"人际受损" 符合学生网络使用代价的教师中，教师对这一代价在学生生活中的重要性程度评定均分为 2.88($SD = 1.20$)，重要性水平处于中等偏上水平。

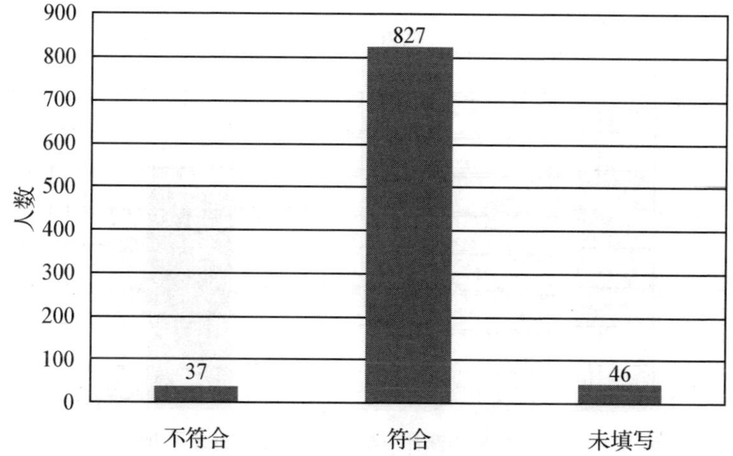

图 4.160　"人际受损"方面教师对网络使用代价的选择人数分布图

采用 t 检验的数据分析方法对来自发达地区和欠发达地区的教师对网络代价中"人际受损"进行差异分析。结果显示，发达地区($M=3.15$)与欠发达地区($M=2.78$)的教师对网络代价中"人际受损"这一项的评分有显著差异 $t_{(862)}=4.03$，$p<0.001$，相比于欠发达地区的教师，发达地区的教师认为网络更会使学生"人际受损"，原因可能如前文所述，发达地区的学生接触网络时间更早，网络在生活中的使用普及率更高，因此带来的负面效应也就相对更多，具体结果如表 4.108 和图 4.161 所示。

表 4.108　教师对"人际受损"的重要性评定地区差异表

	N	*M*	*SD*	*t*	*p*
发达地区	230	3.15	1.01	4.03	< 0.001
欠发达地区	634	2.78	1.25		

同样采用 t 检验的方法来探究教师对"人际受损"的重要性评定进行性别差异分析，结果显示，在参与分析的 760 名教师(男性教师 215 人，女性教师 545 人)中，对"人际受损"的重要性评定并不存在显著的性别差异，$t_{(758)}=-0.18$，$p=0.86$。说明男性教师与女性教师对"人际受损"的重要性评定基本一致，具体结果如表 4.109 和图 4.162 所示。

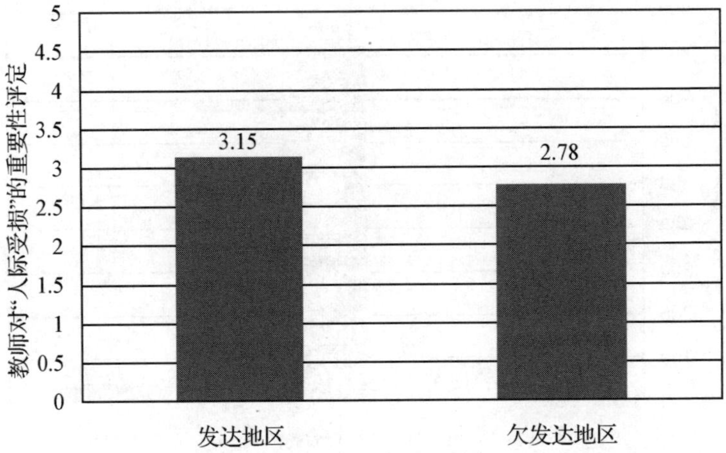

图 4.161 教师对"人际受损"的重要性评定地区差异分布图

表 4.109 教师对"人际受损"的重要性评定性别差异表

	N	*M*	*SD*	*t*	*p*
男性教师	215	2.85	1.21	−0.18	0.86
女性教师	545	2.86	1.21		

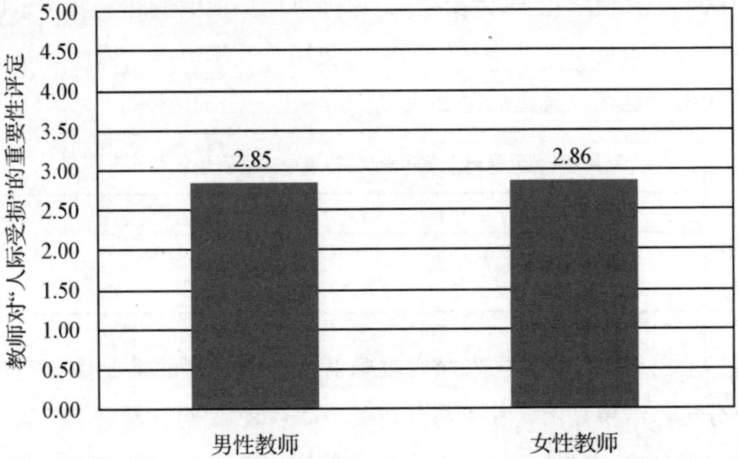

图 4.162 教师对"人际受损"的重要性评定性别差异分布图

对教师网络使用代价中“人际受损”的重要性评定进行年龄阶段的差异分析，按照30岁及以下，30～50岁，50岁以上三个阶段将教师分成青年教师、中年教师和老年教师三个群体，结果显示，年龄的主效应不显著，$F_{(2,769)} = 0.57$，$p = 0.54$，具体结果如表4.120和图4.163所示。

表4.120　教师对“人际受损”的重要性评定年龄阶段差异表

	SS	*df*	*MS*	*F*	*p*
组间变异	1.53	2	0.72	0.63	0.54
组内变异	1024.70	724	1.15		

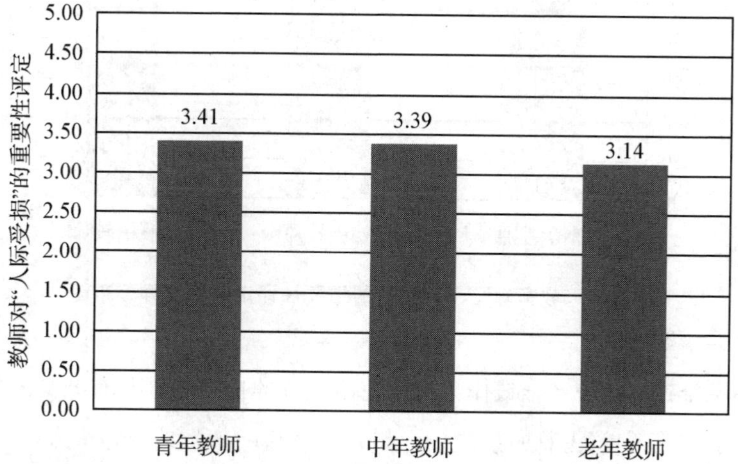

图4.163　教师对“人际受损”的重要性评定年龄阶段差异分布图

对小学教师、初中教师和高中教师三个教职群体进行网络使用代价中“人际受损”的重要性评定的差异分析，结果发现教职的主效应显著，$F_{(2,861)} = 8.97$，$p < 0.001$，事后分析结果显示，小学教师对“人际受损”的重要性程度评定显著低于初中教师的评定，$MD = -0.43$，$p < 0.001$，小学教师对“人际受损”的重要性程度评定显著低于高中教师的评定，$MD = -0.21$，$p = 0.05$，初中教师对“人际受损”的重要性程度评定显著高于高中教师的评定，$MD = 0.22$，$p = 0.02$，具体结果如表4.121和图4.164所示。

表 4.121　教师对“人际受损”的重要性评定教职差异表

	SS	*df*	*MS*	*F*	*p*
组间变异	25.42	2	12.71	8.97	<0.001
组内变异	1220.32	861	1.42		

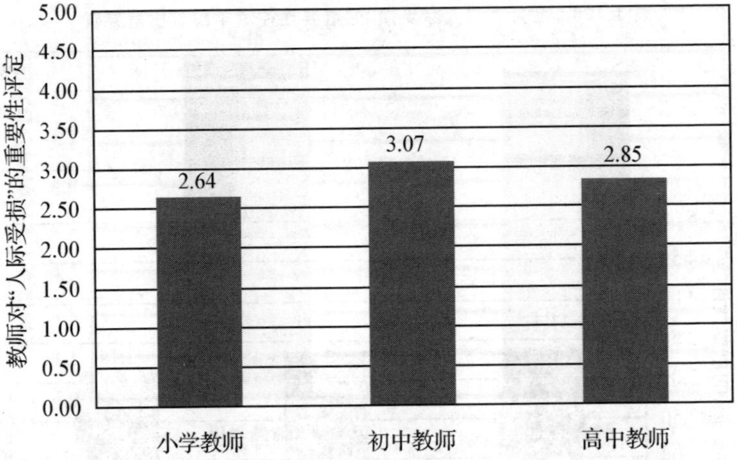

图 4.164　教师对“人际受损”的重要性评定教职差异分布图

浪费金钱。在浪费金钱作为网络使用代价的描述中，共有 859 名教师完整填写了相关条目(占总人数的 94.4%)。其中有 4.1%的教师认为，“网络使用会使学生浪费金钱”不符合学生使用网络的基本情况，即 90.4%的教师认为上网会对学生产生“浪费金钱”的负面影响。具体情况如图 4.165 所示。

在认为“浪费金钱” 符合学生网络使用代价的教师中，教师对这一代价在学生生活中的重要性程度评定均分为 2.59($SD=1.22$)，重要性水平处于中等水平。

采用 t 检验的数据分析方法对来自发达地区和欠发达地区的教师对网络代价中“浪费金钱”进行差异分析。结果显示，发达地区与欠发达地区的教师对网络代价中“浪费金钱”这一项的评分有显著差异 $t_{(857)}=3.96$，$p<0.001$，发达地区的教师认为网络更会使学生“浪费金钱”，具体结果如表

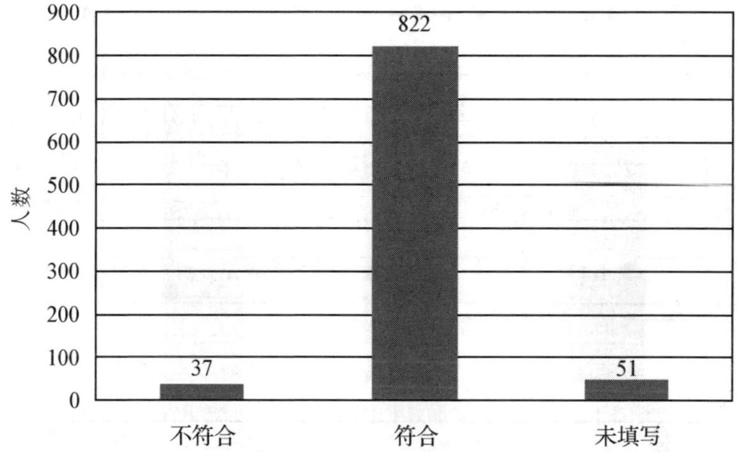

图 4.165 "浪费金钱"方面教师对网络使用代价的选择人数分布图

4.122 和图 4.166 所示。

表 4.122 教师对"浪费金钱"的重要性评定地区差异表

	N	*M*	*SD*	*t*	*p*
发达地区	227	2.87	1.10	3.96	< 0.001
欠发达地区	632	2.49	1.25		

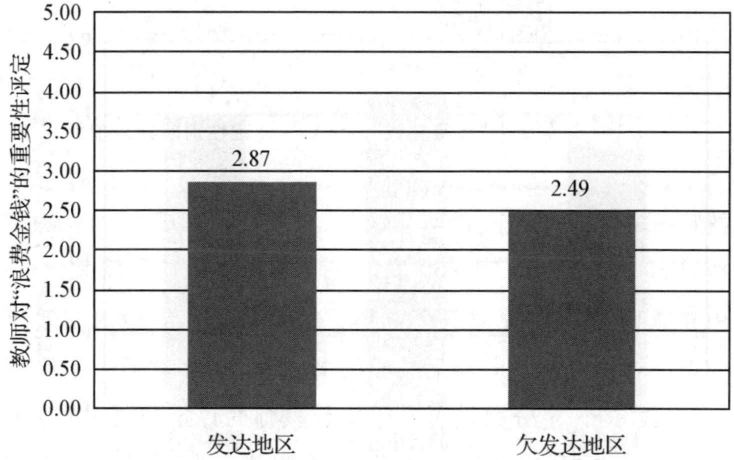

图 4.166 教师对"浪费金钱"的重要性评定地区差异分布图

同样采用 t 检验的方法来探究教师对“浪费金钱”的重要性评定进行性别差异分析，结果显示，在参与分析的755名教师(男性教师214人，女性教师541人)中，对“浪费金钱”的重要性评定并存在显著的性别差异，$t_{(753)} = 2.06$，$p = 0.04$。说明男性教师与女性教师相比认为使用网络很重要的代价之一是“浪费金钱”，具体结果如表4.123和图4.167所示。

表4.123　教师对“浪费金钱”的重要性评定性别差异表

	N	*M*	*SD*	*t*	*p*
男性教师	214	2.71	1.15	2.06	0.04
女性教师	541	2.51	1.24		

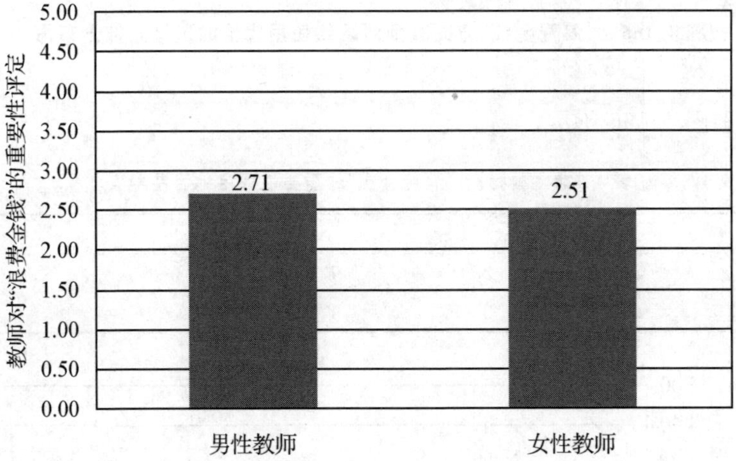

图4.167　教师对“浪费金钱”的重要性评定性别差异分布图

对教师网络使用代价中“浪费金钱”的重要性评定进行年龄阶段的差异分析，按照30岁及以下，30～50岁，50岁以上三个阶段将教师分成青年教师、中年教师和老年教师三个群体，结果显示，年龄的主效应显著，$F_{(2,766)} = 6.04$，$p < 0.01$，事后检验结果显示，青年教师认为网络使用代价中“浪费金钱”的评定分数显著高于中年教师的评定分数，$MD = 0.28$，$p = 0.002$；青年教师认为网络使用代价中“浪费金钱”的评定分数显著高于

老年教师的评定分数，$MD = 0.56$，$p = 0.03$；中年教师认为网络使用代价中“浪费金钱”的评定分数与老年教师的评定分数不存在显著差异，$MD = 0.27$，$p = 0.25$。具体结果如表 4.124 和图 4.168 所示。

表 4.124　教师对“浪费金钱”的重要性评定年龄阶段差异表

	SS	*df*	*MS*	*F*	*p*
组间变异	16.99	2	8.50	6.04	0.002
组内变异	1077.34	766	1.41		

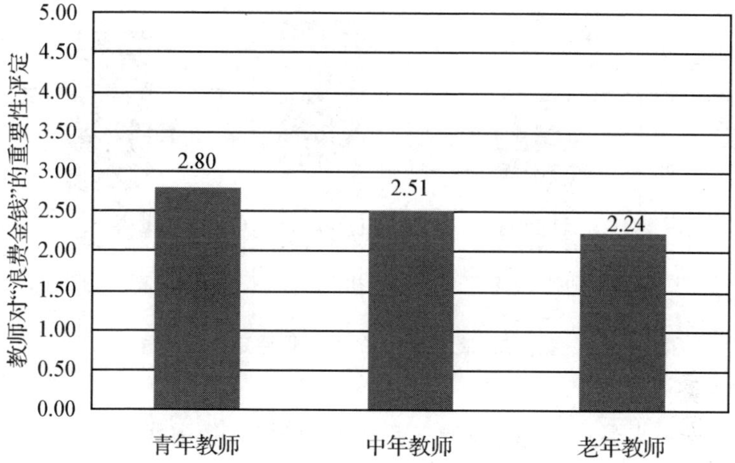

图 4.168　教师对“浪费金钱”的重要性评定年龄阶段差异分布图

对小学教师、初中教师和高中教师三个教职群体进行网络使用代价中“浪费金钱”的重要性评定的差异分析，结果发现教职的主效应显著，$F_{(2,856)} = 51.86$，$p < 0.001$，事后分析结果显示，小学教师认为网络使用代价中“浪费金钱”的评定分数显著低于初中教师的评定分数，$MD = -0.97$，$p < 0.001$；小学教师认为网络使用代价中“浪费金钱”的评定分数显著低于高中教师的评定分数 $MD = -0.82$，$p < 0.001$，初中教师认为网络使用代价中“浪费金钱”的评定分数与高中教师的评定分数不存在显著差异，$MD = 0.15$，$p = 0.11$。具体结果如表 4.125 和图 4.169 所示。

表 4.125　教师对"浪费金钱"的重要性评定教职差异表

	SS	*df*	*MS*	*F*	*p*
组间变异	137.88	2	68.94	51.68	<0.001
组内变异	1141.78	856	1.33		

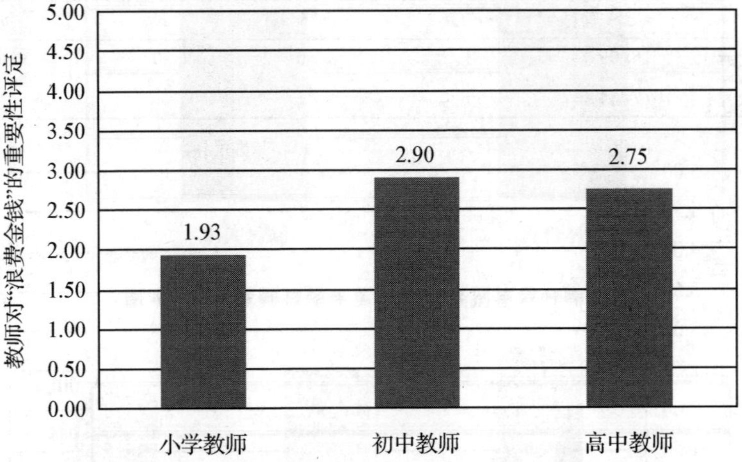

图 4.169　教师对"浪费金钱"的重要性评定教职差异分布图

总分分析。最后，将每位调查者对网络利弊权衡中代价的均分与好处的均分相减，得到该量表的总分。将总分按照小于 0、等于 0 与大于 0 划分为 3 类，分别表示使用网络"利大于弊"、"利弊相等"与"弊大于利"三种情况，描述统计结果显示，在 694 份有效数据中(缺失 216 份)，教师群体对于网络使用利弊权衡的均分为 0.224($SD = 1.05$)，其中 397 名教师认为使用网络的弊大于利，占总人数的 43.6%，23 名教师认为利弊相等，占总人数的 2.5%，认为利大于弊的教师有 274 名，占总人数的 30.1%，总体来说，教师群体更多认为学生使用网络的弊大于利，具体结果如图 4.170 所示。

采用 t 检验的数据分析方法对来自发达地区和欠发达地区的教师对网络利弊权衡进行差异分析。结果显示，发达地区的教师对网络利弊的权衡比欠发达地区的教师评定更为消极，$t_{(692)} = 2.29$，$p = 0.02$，虽然发达地

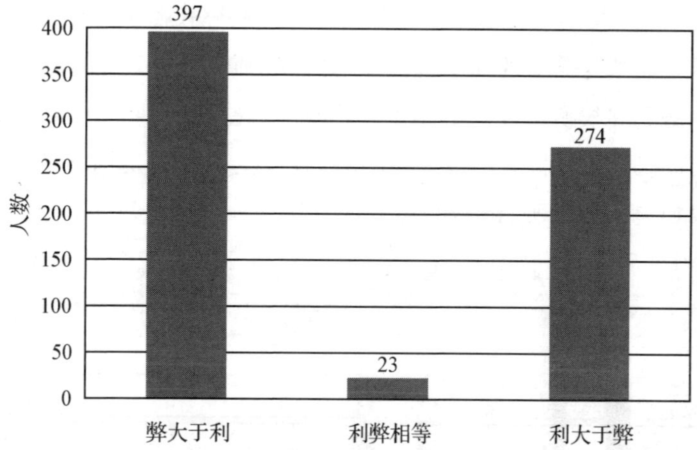

图 4.170　教师对网络利弊权衡的人数差异分布图

区与欠发达地区的教师都认为使用网络弊大于利，具体结果如表 4.126 和图 4.171 所示。

表 4.126　教师对网络利弊权衡的地区差异表

	N	*M*	*SD*	*t*	*p*
发达地区	183	0.38	0.99	2.29	0.02
欠发达地区	511	0.17	1.07		

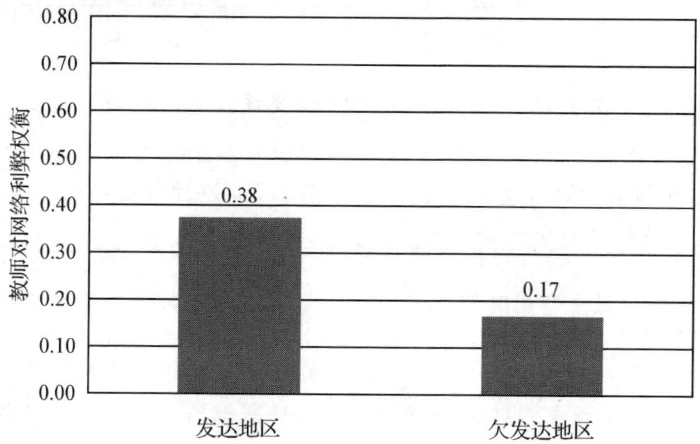

图 4.171　教师对网络利弊权衡的地区差异分布图

同样采用 t 检验的方法来探究教师对网络利弊权衡进行性别差异分析，结果显示，在参与分析的 614 名教师(男性教师 172 人，女性教师 442 人)中，对网络利弊权衡的评定不存在显著的性别差异，$t_{(612)}=-1.67$，$p=0.095$。说明男性教师与女性教师在相同程度上认为使用网络的弊大于利，具体结果如表 4.127 所示和图 4.172 所示。

表 4.127 教师对网络利弊权衡的性别差异表

	N	*M*	*SD*	*t*	*p*
男性教师	172	0.12	1.09	−1.67	0.10
女性教师	442	0.28	1.03		

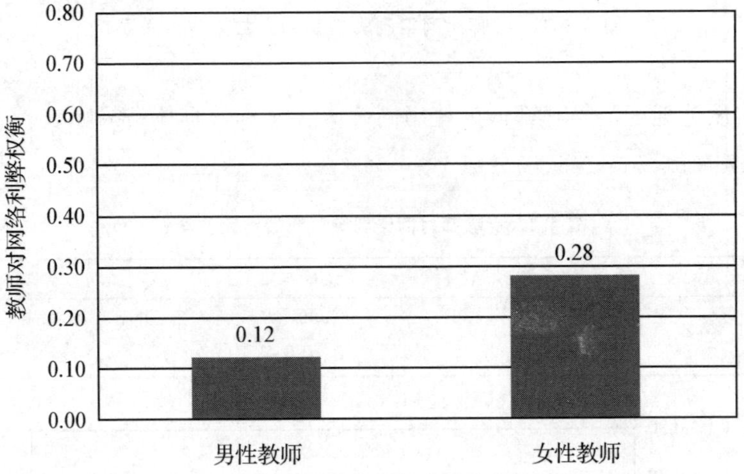

图 4.172 教师对网络利弊权衡的性别差异分布图

对教师网络利弊权衡的评定进行年龄阶段的差异分析，按照 30 岁及以下，30～50 岁，50 岁以上三个阶段将教师分成青年教师、中年教师和老年教师三个群体，结果显示，年龄的主效应不显著，$F_{(2,624)}=2.88$，$p=0.06$，说明青年、中年和老年教师对网络使用的利弊权衡没有显著差异，具体结果如表 4.128 和图 4.173 所示。

表 4.128 教师对网络利弊权衡的年龄阶段差异表

	SS	*df*	*MS*	*F*	*p*
组间变异	5.74	2	2.87	2.88	0.06
组内变异	621.95	624	1.00		

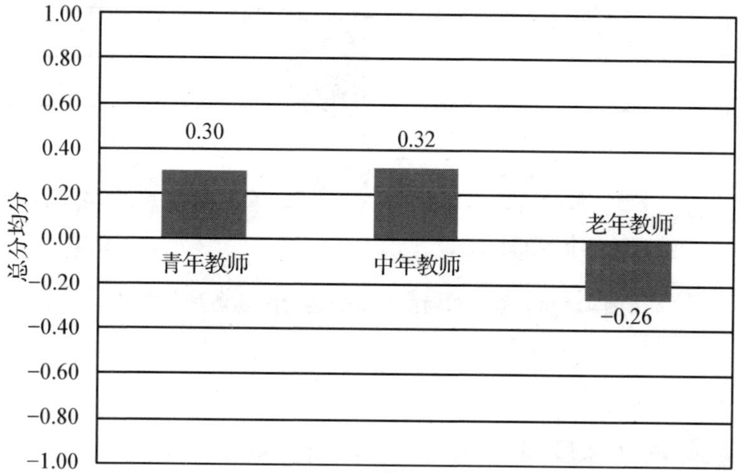

图 4.173 教师对网络利弊权衡的年龄阶段差异分布图

对小学教师、初中教师和高中教师三个教职群体进行网络使用利弊权衡的差异分析，结果发现教职的主效应显著，$F_{(2,691)} = 6.40$，$p < 0.01$，事后分析结果显示，初中教师比小学教师更加认为使用网络的弊大于利，$MD = -0.31$，$p = 0.002$；初中教师比高中教师更加认为使用网络的弊大于利，$MD = -0.28$，$p = 0.003$；小学教师和高中教师在对网络的利弊权衡评价上不存在显著差异，$MD = -0.03$，$p = 0.79$。具体结果如表 4.129 和图 4.174 所示。

表 4.129 教师对网络利弊权衡的教职差异表

	SS	*df*	*MS*	*F*	*p*
组间变异	13.89	2	6.95	6.40	0.002
组内变异	750.08	691	1.09		

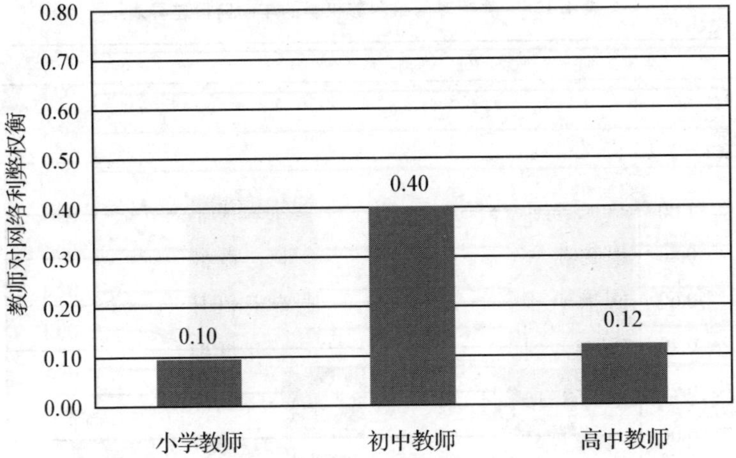

图 4.174　教师对网络利弊权衡的教职差异分布图

4.5　教师网络态度与行为的整体状况

4.5.1　教师基本信息概况

本研究在这部分主要关注的是教师群体在工作、生活中的网络使用状况以及教师对其所带学生网络使用的态度和指导行为。总的来说，本研究覆盖面均衡、广泛，在一定程度上具有代表性，参与调查的教师共910名，其中小学教师、初中教师和高中教师的分布比例均衡，基本上小学教师246名，占总教师群体的27.0%，初中教师共349名，占群体的38.4%，高中教师共315名，占群体的34.6%。在地域分布上，本研究覆盖了全国10个省份或直辖市，基本覆盖到了经济发达地区、中等发达地区和欠发达地区，这样的地域差异就使本研究在取样上具有广泛代表性。

在年龄分布上，本调查以中年教师和青年教师为主，其中30～50岁年龄层的中年教师占总调查样本的56.4%，20～30年龄段的青年教师其次，占总样本的30.7%，50岁以上的老年教师占总样本的2.6%。这也反映出我国教师群体的大致分布，20～50岁为教师群体的主要工作年龄段，在我国中小学教师仍以中青年教师为中坚力量。在性别分布上，我国的男女教师差异比较大，其中男教师只占调查群体的25.2%，女教师占62.8%，说明我国的中小学仍以女教师为主，一定程度上反映出目前初等教育教师群体具有非常大的性别偏差，这种性别的不平衡可能会在一定程度上影响青少年的性别角色的认同和发展，这是因为女性教师在教学中会更多强调和鼓励学生遵守纪律、顺从听话等特点，更喜欢乖巧的学生，这种行为强化会影响青春期的男生对自身性别角色的意识和认同，除此之外，教师的性别差异还可能会进一步影响学生学业成就与学习主动性。

教师群体的教育水平调查结果显示，在所调查到的910名教师中绝大部分教师是大专/本科学历毕业，占所调查的75.9%，其次是研究生学历，占11.1%，说明目前我国的教师群体仍以本专科毕业生为主，从事教育行业的人学历相对比较单一和集中。但教师群体的教育程度是存在地域差异的，发达地区的教师教育水平显著高于欠发达地区的教师，这在一定程度上反映出了我国教育资源的分布一定程度上的不均衡性，高学历毕业的从教人员更多愿意去经济发达的城市发展，而经济不发达地区的教师学历水平相对较低，未来的教育政策应该鼓励更多的高水平毕业生流向欠发达地区的教育事业，从政策、福利待遇等各方面鼓励教育资源的公平分配。

此外，在任教时间方面，本调查所涉及的教师的任教时间符合正态分布，1～2年的新教师和20年以上经验丰富的老教师所占比例都比较少，而中间任教5～20年的教师人数最多，占总调查群体的48.9%，接近一半，其中最多的是任教时间为10～20年的教师，说明我们所调查的教师群体基本都具有一定的教学经验，对本研究的主题在工作和生活中相对比较熟悉，并且其相应的态度和行为比较稳定。

4.5.2　教师积极心理状态

本研究调查了教师群体的生活满意度、幸福感、自我满意度以及自信程度作为基本的积极心理状态信息，以反映教师群体的主要心理特点。

首先，在生活满意度和幸福感方面，大部分教师的生活满意度都处于较高水平，80.6%的教师对自身生活满意度的评分大于6分(总分10分)，并且大部分教师的幸福感得分都较高，有86.6%的教师对幸福感的评分大于6分(总分10分)。在地域差异上，发达地区教师的生活满意度低于欠发达地区的教师，我们推测着可能与以下两方面因素有关。一方面是由于地区间的物理环境造成的，虽然发达地区有着医疗、教育、休闲、交通等方面的优势，但是其拥堵、竞争、物价(房价)也给该地区的教师带来了巨大的压力；同时地区间的心理环境也可能是另一方面的原因，教师在发达地区的社会阶层可能处于中层，而在欠发达地区，教师可能处于中上层，从某种程度而言，这些相对的心理优势可能让生活在欠发达地区的教师拥有相对较高的生活满意度。在性别差异上，男性教师的生活满意度显著低于女性教师的，这可能是由教师行业的性别偏好效应导致的，比如在择偶上，中国社会中更多情况下男性往往愿意选择教师身份的女性作为婚姻伴侣，因为在传统文化中男主外女主内的观念还是比较根深蒂固的，女性的地位更多是偏向于相夫教子，而教师身份非常符合大众对女性的角色期望，而对于男性来说，中小学学校的教师身份并不符合社会对男性的角色期望，因此在社会交往、社会支持等方面所获得的都不如女性教师。由此可见我国初等教育中教师群体所存在性别不平衡已经导致了一系列的问题，不仅会影响教师的生存与发展，也会影响整个教育教学过程，这些问题都需要及时在国家层面上进行纠正。而在年龄差异方面，中年教师的主观幸福感和生活满意度在三个教职群体中都显著较高，其中青年教师的主观幸福感和生活满意度都最低，说明中年教师相对于青年教师及老年教师认为自己更幸福，对生活更满意，而青年教师由于刚入职场，工作压力、生活压力都相对更大，因此认为自己更不幸福，对当下的状态更不满意；此外，在幸福感的教职差异上，小学教师报告的主观幸福感显著高于初中教师的，高中教师的主观幸福感介于两者中间，这可能是由不同教职所面对的教学对象决定的，此前的访谈经历证明，小学生往往会以老师为榜样，更崇敬和爱戴老师；高中生相对来说由于升学的压力较大，他们的自制能力更强，行为方式和思想都更加成熟，与老师的关系亦师亦友；但初中生由于正值青春期，自我意识的发展和情绪都更加不稳定，往往更叛逆，教育起来难度更大。

其次，在自我满意度与自信程度方面，大部分教师都对自己比较满意，并且自信程度较高，平均都处于中上水平，表明在自我层面，教师群体对自己是相对比较认可和满意的。但在年龄差异上，青年教师的自我满意度和自信程度在三个年龄层面都是最低的，由于经验不足，职业生涯的发展处于起步状态，青年教师的成就感相对较低，这可能是影响其自我满意度和自信的一个重要因素。

4.5.3 教师网络使用状况

教师自身的网络使用会影响教师对待网络的态度，而教师对待网络的态度又会直接影响教师对学生使用网络的指导和干预，因此了解我国教师整体的网络使用状况具有重要的意义。

在网络使用时间上，我国教师群体接触网络的时间是比较早的，总体来说在本调查中超过一半以上的教师网龄都在6年以上，甚至76.0%的教师网龄在4年以上。但我国教师群体对网络的接触具有一定的地域差异，由于经济发展不平衡造就的物质生活水平不同，基本上发达地区的教师接触网络的时间要显著早于欠发达地区的教师，具体来说，来自发达地区的教师每周上网的时间更长。并且在网络使用时间的教职差异上，相比于初中教师和高中教师，小学教师的网龄显著更短，每天上网的时间也更短，这反映出小学教师不论在生活还是工作中接触网络的时间更少，这可能是因为小学教师不论在工作中还是生活中不仅需要关注学生的学习情况，还需要将更多的精力投注在学生的成长和发展上。此外，不论在网龄上还是每天、每周使用网络的时间上青年教师群体都显著高于其他两个年龄层面的教师，这也是青年教师在教学中使用网络的一个特点，青年教师作为教师行业的年轻群体，他们对新事物的接触更早，接纳速度更快，根据本研究的结果，青年教师在教学中使用网络的频率显著大于中年教师和老年教师的使用频率。这反映出我国教师群体接触网络的未来趋势，随着青年教师队伍的壮大和发展，在未来会有越来越多的教师在教学中、生活中使用网络，而如何扬长避短，利用网络的优势，合理避开网络对学生的不良影响，是我国未来教育亟须关注和解决的问题。

在网络使用方式上，近一半(41.1%)的教师报告通常是在有需要时才会上网，并且45.7%的教师主要在家上网，35.3%的教师主要在学校上网，其中主要的接触网络的途径是通过电脑上网，65.3%的教师报告一般通常使用电脑上网，当然仍有28.6%的教师报告既使用电脑也使用手机上网，这反映出在现代生活中，教师群体也会随时随地接触网络、使用网络，然而网络对成年人本身的影响也是不容忽视的一个问题，当下不论是未成年人还是成年人都不可避免地受到了网络的影响，患上了“手机依赖症”，随时随地做低头族，教师群体本身也是如此，因此教师自身如何合理使用网络，进一步指导学生正确地使用网络也需要思考和关注。

根据调查结果，大部分教师会在教学中使用网络，占总调查人数的79.8%，除了上文提到的青年教师会更多地将网络应用于教学中，在教职群体中，相比于小学教师和高中教师，初中教师在教学中使用网络的频率要显著高于其他二者，这进一步可以说明青年教师和初中教师在教学方法上更具有多样性。相应地，青年教师和初中教师在主观上也认为网络在教学中的重要性更大。此外，不只在教学中，我国教师群体普遍认为网络是相当重要的，在本调查中，认为网络的重要性在5分(总分10分)及以上的教师占总调查群体的88.3%，并且来自发达地区的教师比来自欠发达地区的教师认为网络更加重要；青年教师相比于中年教师与老年教师对网络的重要性评定更高；除了小学教师，初中教师和高中教师都认为网络对其生活和工作相当重要，这反映出我国教师群体对网络使用的普遍态度。

对于网络依赖性来说，本研究所调查的教师群体对网络依赖性的报告平均分为5.84分(总分10分)，这反映出我国教师群体对网络的依赖程度处于中等依赖水平。来自更发达地区的教师，由于他们生活中新事物的更新换代速度更快，接触网络的时间更早，在网络使用上更加便利，因此相比于欠发达地区的教师他们认为自己对网络的依赖程度更高；而对于不同年龄阶段的教师，青年教师相比于中年教师和老年教师显著地认为自己在生活和工作中更依赖网络，这与我国总体网络依赖性的年龄差异趋势相符，即越是年轻人对网络的依赖程度越大，这是由年轻人的认知特点、思维方式以及与社会的接触程度和接纳程度决定的；而在教职差异上，由于初中教师和高中教师在工作、生活中对网络的使用频率更高，认为网络相对更重要，因此他们相比于小学教师认为自身对网络的依赖程度更高。

总的来说，我国教师群体使用网络的频率处于中上水平，对网络重要性的判断相对较高，认为网络在生活和教学中都相当重要，但对网络的依赖程度属于中等。

4.5.4　教师对学生网络使用的基本认识

本研究首先考察了教师与学生的关系情况，作为之后了解教师对学生网络使用情况评定的基础。在教师群体对学生关系亲密程度的自我评价中，93%的教师认为自己与学生的关系亲密程度大于或等于6分(总分10分)，这反映出对我国中小学教师来说，师生关系普遍处于较高水平。但这一结论也具有一定的差异，欠发达地区的教师对师生关系的评定显著高于发达地区的教师，这一结果可以在一定程度上反映出我国教育中的现实问题，对北京、上海、广州、深圳这种经济发达的大城市来说，教育资源的相对集中就带来了城区教育资源负荷过重，而这直接导致了师生比例严重不协调，教师的精力不能很充分地照顾到每个学生，因此他们对学生的关系明显不如经济欠发达地区的教师与学生的关系好。此外，在年龄阶段的差异上，青年教师认为自己和学生的关系显著不如中年教师与老年教师的关系好，这可能是因为中老年教师由于教学经验和技能更加丰富，与学生相处时间更长，他们更加受到学生的爱戴和尊敬。而在性别差异上，相比于男性教师，女性教师认为自己与学生的关系更好，这也反映出女性在情感、思维上更细腻，因此相对于男性教师，女性教师对学生学习、生活状态的关注和照顾更周到，进而增进师生感情。

在上网频率上，教师反映的学生网络使用频率基本处于中上水平，其中75.5%的教师认为自己所带的学生上网频率在5分及以上水平(总分10分)。进一步与欠发达地区相比，发达地区的教师认为学生使用网络的频率相对较高，这与教师网络使用状况的结果一致，反映出发达地区的学生接触网络的机会更多，在学习和生活中使用网络的频率更高。而青年教师相比于中老年教师认为自己的学生使用网络的频率更高，这一方面可能受到了青年教师使用网络的影响，由于青年教师在教学和生活中会更多使用网络并且认为网络对于生活和工作相对更重要，因此他们可能会更多鼓励学生接触网络、使用网络。因此相应地，相比于小学教师来说，初中教师和高中教师评定自己所带的学生使用网络的频率也更高。

在上网地点和方式上，42.6%的教师认为自己的学生主要在家里上网，其次是在网吧上网，占总调查样本的10%，其余的上网地点主要集中在学校、父母工作单位、同学和亲戚家等地点；在上网方式上，大部分教师认为自己的学生通常既使用手机也适用电脑上网。

对于学生上网的目的，本研究所调查的教师群体认为学生上网主要是玩游戏、聊天交友、下载视频、音乐，最后是看新闻或者查阅信息，可见，教师认为的学生使用网络的目的主要是集中于娱乐性的内容。相应地，教师也会认为学生在网络使用方面相对不健康，会带来一些不良行为结果，具体来说，教师报告出的学生因为上网而导致的问题行为的程度由严重到轻微依次为学习成绩下降、与老师同学的沟通减少、经常违反学校纪律、逃学辍学以及容易与老师同学发生争执。在地域、年龄层和教职差异方面，由于受到使用网络的频率影响，接触网络、使用网络频率越多的学生越容易导致问题行为，因此相比于欠发达地区，发达地区的教师认为班上学生的问题网络行为显著更高，青年教师相比于中老年教师，认为自己学生的问题网络行为更多，并且相比于小学教师，初高中教师认为学生的问题网络行为更多，这反映出接触网络的程度越高，教师使用网络的频率越大，相应的学生使用网络的频率也越大，产生的网络问题行为越多。

但总体来说，大部分教师还是认为网络对学生是具有一定的重要意义的，其重要性评定处于中等水平，相应的有70.1%的教师对学生上网学习抱有中等支持的态度，但大部分教师对学生上网娱乐的支持程度评分在5分以下(总分10分)，即大部分教师不太支持学生通过上网进行娱乐。但这一态度仍然存在年龄和教职方面的差异，具体来说，不论是学习还是娱乐，青年教师和初高中教师相对更支持学生上网，其中青年教师和初高中教师更加支持学生使用网络进行人际交往，这可能是由于青年教师和初高中教师自身使用网络的程度也较高，对网络有更加全面的认识，这也反映出我国青年教师和初高中教师对学生使用网络更加具有开放性和包容性。

4.5.5 教师对学生网络使用的指导

学校，尤其是教师对青少年的影响仅次于家庭，因此教师对于学生的指导对于学生养成良好的网络行为具有重要的作用。本研究发现，在网络指导方面，我国教师对学生上网的指导程度还较低，处于中等偏下程度，本调查中只有59%的教师会对学生使用网络的指导程度在5分以上(总分10分)，进一步，发达地区的教师指导学生使用网络的程度显著高于欠发达地区，而初高中教师相比于小学教师对学生使用网络的指导程度更大，这种指导程度上的差异一部分是由教师对网络使用的熟悉情况和教师使用网络的频率决定的，教师对网络越熟悉、平时接触网络的机会越多，对学生上网越能进行有意义的指导。在指导效果上，教师报告出的通过上述方式对学生上网指导的有效性处于中等水平，其中发达地区的教师认为自己指导学生使用网络的有效性显著高于欠发达地区的教师。而在指导方式上，大部分教师通常会在课后指导学生使用网络，其次是在网络教学中对学生进行指导，再者是在学生上网有困难时、在课堂上专门指导以及在学生上网成瘾后。但值得注意的是，在本调查所涉及的教师群体中，仍有14.6%的教师反映他们从未指导过学生上网。这反映出我国当前教育存在的一定问题，随着网络时代的到来，学生在生活中无时无刻不会接触网络，因此教师教育不能只偏重学生的学科发展而回避网络时代给学生带来的诱惑和好处，应该与现实生活相结合，从实际生活中关注影响学生学业和成长发展的重要方面。

第三部分

青少年网络生活的内部机制研究

5　青少年网络行为与心理机制分析：学生因素

影响青少年的网络行为的因素有很多，本章主要从青少年的人口学因素、心理健康、网络积极消极体验、网络使用偏好以及网络成瘾等角度探讨青少年网络行为与心理机制。这一章节的总体样本容量为 12051 人，男生 4940 人，女生 6675 人，436 人性别信息缺失。平均年龄 15.06 岁（$SD=3.40$），小学生 2024 人，初中生 2618 人，高中生 4195 人，大学生 3189 人，7 人的学段信息缺失，具体的研究题目可以根据变量的缺失情况进行相应的数据清理工作。

5.1　人口学变量对青少年网络成瘾的影响

5.1.1　性别差异

大量研究表明，网络成瘾在性别变量上存在显著的差异，男生的网络成瘾率高于女生，而且这种差异具有跨年龄的稳定性。以往很少有人去研究探讨性别对网络成瘾的影响机制，大多数研究是以性别为调节变量，以其他变量为自变量，如基因、环境、反应抑制缺陷、人格等，探讨其他变量对成瘾行为的影响，即使有少许研究以性别为自变量探讨其对成瘾的影响，也只是在数理逻辑上进行阐述和分析，很少涉及实证性的具体路径的影响机制研究。而对这些内部影响机制的探讨将会对网络成瘾的干预起到一定的指导作用，虽然性别一个不可变更的人口学变量，但可以通过干预其路径变量进而起到干预网络成瘾的效果。故本研究将从学校社会处境分化的角度来探讨此机制。

学校社会心理处境分化是指在校学生心理发展环境在性质上的分离。

在学校，个体的处境分化既包括诸如由教室设施、座位、位置等不同而造成的物理处境分化，也包括由诸如师生关系、同伴互动等由重要他人所构建的心理处境分化。二者均对学生的学业表现以及社会性发展产生重要的影响，相比较物理处境分化而言，社会心理处境分化对青少年的心理和行为的影响更大。

按照进化心理学的假设，男性和女性面临不同的适应问题。女性为了保证生存和繁衍，她们一方面选择具有一定物质财富、社会地位并愿意为其和后代投资的男性作为配偶；另一方面，相比男性而言，女性更倾向与群体内的其他成员间建立良好的人际关系，表现出更多的宜人性、随和性等人格特征，以此尽量保证女性在怀孕期和哺乳期的正常生存。而从男性的角度来看，为获取理想异性的青睐，在男性之间往往会产生竞争，而这种竞争通常是诉诸武力、权威、地位等。因此，相比女性而言，男性攻击性和权威性更强，随和性和宜人性较低。大量的实证研究也发现，女生比男生更注重人际关系；女生比男生对他人的情感信息更为敏感，女生的宜人性、社会交往、温暖、正性情绪方面显著高于男生，而且相比男生而言，女生更经常与人微笑、性情更为温和、更愿意相信他人也有一颗怜悯、善良之心。这些人格特征上的性别差异，使女生更容易获得生活中重要他人的信任和支持，这在以往的研究中得到了相应的证实。

综上所述，性别对网络成瘾的影响可能是通过学校社会处境分化为中介实现的，但这种中介可能是部分中介，因为性别变量一方面可能会通过性别的社会性差异对网络成瘾的影响；另一方面还可能通过性别的生物性差异(如激素、气质等变量)对网络成瘾产生影响。基于此，我们可以做出一个综合的基本的假设：学校社会处境分化在性别对网络成瘾的影响中起部分中介作用。

对学校社会处境分化的测量采用自编的《学校社会处境分化量表》。该量表共有 25 个题项，4 个维度：教师的信任与支持、父母的信任与支持、同伴的信任与支持和学生的自我概念。量表采用 4 点计分，“1”表示“很不符合”，“2”表示“不符合”，“3”表示“基本符合”，“4”表示“很符合”。量表各维度的 Cronbach’s α 系数为在 0.80～0.95，分半信度在 0.84～0.93 之间，结构效度 CFI = 0.98，TLI = 0.98，IFI = 0.98，RMSEA = 0.07。

网络成瘾的测量采用 Young(1998，1999)编制的《网络成瘾诊断量表》(Internet Addiction Diagnostic Questionnaire，IADQ)进行施测。该量表由 8 个迫选的题目组成，每个题目被试都要做出“是”或“否”的回答，选择“是”记为 2 分，“否”记为 1 分，得分越高，表明被试的网络成瘾倾向越高。

性别的测量采用自编的人口学变量问卷，“0”表示男性，“1”表示女性。

完成以上所有问卷的中小学被试共有 3722 人，其中男生 1740 人，女生 1982 人。性别、学校社会处境分化总分以及各维度与网络成瘾的相关关系如表 5.1 所示。

表 5.1　各变量的描述性统计及其各变量之间的相关关系

	$M \pm SD$	1	2	3	4	5	6
1. 网络成瘾	1.14±0.19	—					
2. 父母的信任与支持	3.39±0.60	−0.21***	—				
3. 教师的信任与支持	2.93±0.71	−0.22***	0.62***	—			
4. 同伴的信任与支持	2.88±0.66	−0.8***	0.63***	0.76***	—		
5. 自我概念	3.09±0.64	−0.18***	0.69***	0.65***	0.72***	—	
6. 学校社会心理处境分化总分	12.32±2.28	−0.23***	0.84***	0.88***	0.89***	0.88***	
7. 性别	0.520±0.500	−0.15***	0.05**	0.05**	0.09***	−0.01	0.05**

注：* 表示 $p < 0.05$；** 表示 $p < 0.01$；*** 表示 $p < 0.001$，下同。

采用结构方程模型分析变量之间的关系，其中性别作为自变量，网络成瘾倾向为因变量，学校社会处境分化为中介变量(如图5.1所示)。根据中介效应检验程序，首先检验性别变量对网络成瘾的直接影响，结果表明，网络成瘾倾向在性别变量上存在显著差异，$\beta = -0.15$，$t_{(3721)} = -9.16$，$p < 0.001$；其次检验性别变量对学校社会处境分化的影响，学校社会处境分化在性别变量上存在显著差异，$\beta = 0.05$，$t_{(3721)} = 3.03$，$p < 0.01$；而后检验学校社会处境分化对网络成瘾倾向的影响，结果表明，$\beta = -0.22$，$t_{(3721)} = -13.81$，$p < 0.001$；最后将学校社会处境分化和性别变量同时纳入对网络成瘾倾向的回归方程中，发现性别变量对网络成瘾倾向的作用有所减弱，$\beta = -0.14$，$t_{(3721)} = -8.70$，$p < 0.001$；学校社会处境分化对网络成瘾倾向的影响也达到显著水平，$\beta = -0.21$，$t_{(3721)} = -13.50$，$p < 0.001$。为了对该模型做一个整体的检验，我们采用AMOS17.0对模型的结构进行验证，而结果表明模型并不理想，$\chi^2 = 46.34$，RMSEA = 0.11，PNFI = 0.51，TLI = 0.93，CFI = 0.96。

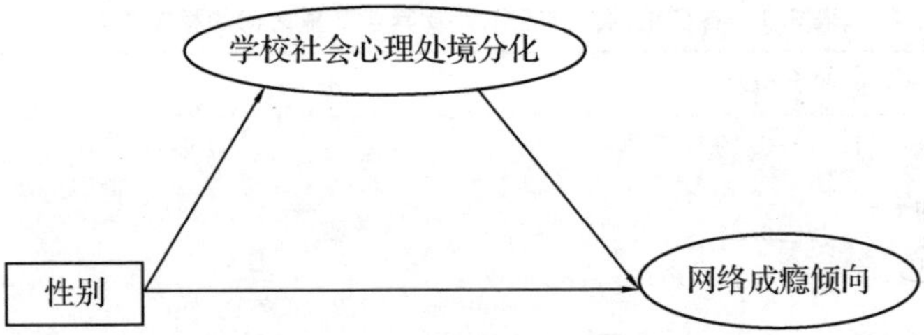

图5.1 网络成瘾的性别差异：社会处境分化的中介作用

结果之所以不理想，可能是由于学校社会处境分化概念所涉及的主题范围较广，而致使模型拟合较差，如性别在社会心理处境分化的不同维度的影响方向上不同(性别对自我概念的预测是负向的，而对其他三个维度的预测是正向的)，若是将各个维度值汇总可能无法体现出变量间的实质关系，另外，社会心理处境分化各维度对网络成瘾的影响也可能为非并列关系，教师的信任与支持可能居于核心地位，它在一定程度上会影响到父母对学生的信任与支持和同伴对学生的信任与支持。因此，接下来我们将学校社会处境分化中的维度作为中介变量进行分析。

采用同样的程序，对数据进行依次检验，将性别变量作为自变量，将网络成瘾倾向作为因变量，将学校社会处境分化的各维度作为中介变量。

第一步，检验性别变量对网络成瘾的影响，结果表明，网络成瘾倾向在性别变量上存在显著差异($\beta = -0.15$，$t_{(3721)} = -9.16$，$p < 0.001$)。

第二步，检验性别变量对学校社会处境分化各维度的影响，教师的信任与支持在性别变量上存在显著差异($\beta = 0.05$，$t_{(3721)} = 3.00$，$p<0.01$)，父母的信任与支持在性别变量上存在显著差异($\beta = 0.05$，$t_{(3721)} = 2.72$，$p <0.01$)，同伴的信任与支持在性别变量上存在显著差异($\beta = 0.09$，$t_{(3721)} = 5.20$，$p < 0.001$)，学生的自我概念在性别变量上的差异不显著($\beta = -0.005$，$t_{(3721)} = -0.30$，$p = 0.76$)，由此，我们可以将自我概念排除到模型之外。

第三步，采用逐步回归的方法检验学校社会处境分化各维度(除去学生的自我概念)对网络成瘾的影响，结果表明，最终教师的信任与支持($\beta =-0.15$，$t_{(3721)} = -7.42$，$p < 0.001$)和父母的信任与支持($\beta = -0.11$，$t_{(3721)} = -5.35$，$p < 0.001$)进入了方程，由此，我们将同伴的支持与信任排除到模型之外。同时，对于学龄阶段的孩子而言，教师对学生的信任与支持更多的是以学生的在校表现，而父母对学生的信任与支持一方面来源于孩子在家庭里的表现，另一方面是教师对学生的信任与支持更多的是依据由教师和学生反馈给家长的信息，所以，父母对学生的信任与支持可能不会影响到教师对学生的信任与支持，反过来教师的信任与支持更可能影响到父母对学生的信任与支持。父母对学生的信任与支持很大一部分来源于学生在学校中的表现，即教师对学生的信任与支持可能会影响到父母对学生的信任与支持，因此我们可以将模型扩展为多重中介的模型二(如图 5.2 所示)。

下面我们分别对模型中的子中介模型分别进行检验，首先我们先对以性别为自变量，以父母的信任与支持为因变量，以教师的信任与支持为中

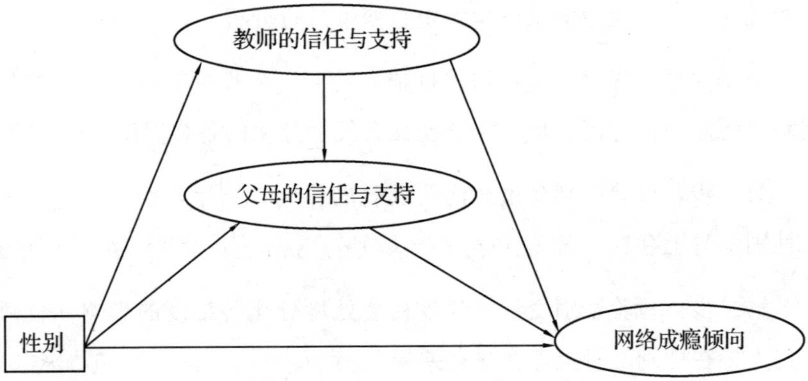

图 5.2　网络成瘾的性别差异：教师的信任与支持和父母的信任与支持的部分中介作用

介变量分析，如前检验，性别对父母的信任与支持的影响显著，性别对教师的信任与支持的影响显著，教师的信任与支持对父母的信任与支持的影响显著($\beta = 0.63$，$t_{(3721)} = 49.38$，$p < 0.001$)，将性别和教师的信任与支持共同纳入到对父母的信任与支持的回归方程中发现，教师的信任与支持对父母的信任与支持的影响显著($\beta = 0.76$，$t_{(3721)} = 49.38$，$p < 0.001$)，而性别对父母的信任与支持的影响不显著($\beta = 0.02$，$t_{(3721)} = 1.65$，$p = 0.1$)，由此我们可以看出，在性别对父母的信任与支持的关系中，教师的信任与支持起完全中介的作用，故而，我们可以将模型二中的性别对父母的信任与支持的路径予以删除，将模型修正为模型三(如图 5.3)；其次，对以教师的信任与支持为自变量，以为网络成瘾倾向为因变量，以父母的信任与支持为中介变量进行分析，如前检验，教师的信任与支持对网络成瘾倾向的影响显著，教师的信任与支持对父母的信任与支持的影响显著($\beta =0.63$，$t_{(3721)} = 49.38$，$p < 0.001$)，父母的信任与支持对网络成瘾的影响显著，将教师的信任与支持和父母的信任与支持共同纳入对网络诚意的回归分析中，发现二者的回归系数均显著(教师：$\beta = -0.15$，$t_{(3721)} =$

-7.42，$p < 0.001$；父母：$\beta = -0.11$，$t_{(3721)} = -5.35$，$p < 0.001$)，表明父母的信任与支持在教师的信任与支持对网络成瘾的影响中起部分中介的作用。

第四步，对以性别自变量，以网络成瘾倾向作为因变量，以教师的信任与支持和父母的信任与支持作为中介变量进行整体分析，采用逐步回归的分析方法同时将性别变量、教师的信任与支持和父母的信任与支持纳入对网络成瘾倾向影响的回归方程中，发现性别对网络成瘾倾向的影响显著($\beta = -0.14$，$t_{(3721)} = -8.64$，$p < 0.001$)，教师的信任与支持对网络成瘾的影响显著($\beta = -0.15$，$t_{(3721)} = -7.26$，$p < 0.001$)，父母的信任与支持对网络成瘾的影响显著($\beta = -0.11$，$t_{(3721)} = -5.25$，$p < 0.001$)。

为了对该模型做一个整体的检验，我们采用 AMOS17.0 对模型的结构进行验证，而结果表明数据与模型的拟合十分理想，CMIN/DF $= 1.16$，$p = 0.28$，GFI $= 1.00$；AGFI $= 1.00$，PGFI$=1.00$，RMSEA$=0.007$。其中性别通过教师的信任与支持对网络成瘾生影响的中介效应值占总效应值的 5.0%；性别通过教师的信任与支持以及再通过父母的信任与支持对网络成瘾的多重中介效应值占总效应值的 2.3%；性别对网络成瘾影响的直接效应值占总效应值的 92.7%。

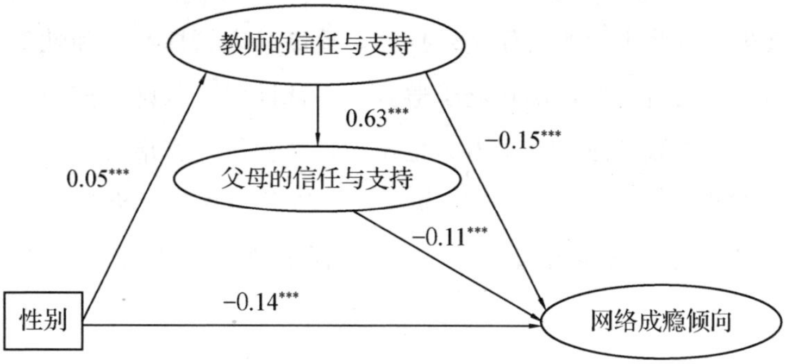

图 5.3　网络成瘾的性别差异：教师的信任和支持、父母的信任与支持的部分多重中介作用

在模型中，我们发现女生在教师、父母、同伴的信任与支持上均显著高于男生，这与进化心理学的假设以及人格特质领域的相关研究结果是一致的。然而，性别刻板印象的研究认为男孩子独立、对学业的成就感更强，潜能也较大，特别是在理科方面中，性别刻板印象更为突出，因而教师对男孩子的期望应高于女生。而 Trouilloud 等人认为随着女权主义运动的推进，这种男生优于女生的刻板印象被逐渐淡化。相反由人格特质导致的性别差异逐渐凸显出来，而表现出女生更容易得到父母、教师、同伴的信任和支持。

本模型证实了社会处境分化在性别对网络成瘾的影响中起到一定的部分中介作用，然而综观整个模型的中介路径，一方面性别通过教师的信任与支持对网络成瘾产生间接的影响，另一方面性别通过教师的信任与支持和父母的信任与支持的多重中介作用对网络成瘾产生影响。所以在该模型中，教师对学生的信任与支持在其中起着至关重要的作用，也就说在实践中，我们可以通过提高男生的社会处境分化中教师的信任与支持的境况，从而降低男生的网络成瘾率。虽然性别在社会处境分化上的差异部分是由于人类进化的适应机而形成的，男生本身就不善人际交往，相比女生，他们获得较少他人的信任与支持，但人的行为是先天因素和后天因素相互作用的产物，先天因素只是一块璞玉，我们可以通过后天因素的雕琢和补缺，教会男生一些主动的人际交往技能，提高其宜人性和随和性等人格特质，同时降低攻击性等，使其避于瑕疵；与此同时，教师也应该更好地去理解男生，以往教师通常会认为男生调皮、任性等，在语言和行为上教师很少照顾到男生的自尊心。然而事实上，和女生一样，男生，尤其是内敛、害羞的男生，也需要重要他人的信任和支持、也在努力寻求自我价值。

5.1.2 地域差异

以往的研究发现，网络成瘾在不同的经济发展水平地区之间存在显著的差异，同研究也表明不同经济发展水平对学生的学校心理处境分化也会产生一定的影响，具体而言，经济发展水平越高，家长和教师的物质需求和精神需求满足的也就越充分，从而有更多的时间、精力和财力投资在孩子身上，使孩子获取较多的父母和教师的信任与支持，可能进而这种差异会体现在孩子的网络成瘾上。因而本部分将探讨学校社会心理处境分化在网络成瘾地域差异中的中介作用。

对学校社会处境分化的测量采用自编的《学校社会处境分化量表》。该量表共有 25 个题项，4 个维度：教师的信任与支持、父母的信任与支持、同伴的信任与支持和学生的自我概念。量表采用 4 点计分，“1”表示“很不符合”，“2”表示“不符合”，“3”表示“基本符合”，“4”表示“很符合”。量表各维度的 Cronbach's α 系数为在 0.80～0.95，分半信度在 0.84～0.93 之间，结构效度 CFI = 0.98，TLI = 0.98，IFI = 0.98，RMSEA = 0.07。

网络成瘾的测量采用 Young(1998，1999)编制的《网络成瘾诊断量表》(Internet Addiction Diagnostic Questionnaire，IADQ)进行施测。该量表由 8 个迫选的题目组成，每个题目被试都要做出“是”或“否”的回答，选择“是”记为 2 分，“否”记为 1 分，得分越高，表明被试的网络成瘾倾向越高。

地域的划分，如前文所述，是依据由中国人民大学公布的“2012 年中国发展指数”，首先根据社会发展水平高低，将全国 31 个省、市、直销区划分为 4 大类别。第一类地区包括：北京、上海；第二类地区包括：天津、江苏、浙江、山东、辽宁、广东；第三类地区包括：吉林、福建、内蒙古、黑龙江、河北、山西、湖北、湖南、海南、重庆、陕西、河南、宁夏、广西、新疆、江西、安徽、四川；第四类地区包括：青海、云南、甘肃、贵州、西藏 5 个省区。由于第一类地区相对较少，并且其与第二类地区相差不大，因此本项目中，将第一类地区和第二类地区合并，形成了全国 3 级分类结构：发达地区、中等发达地区、欠发达地区。

在本部分数据中，共有 3638 名中小学生完成所有问题的填写。其中来自经济发达地区的有 847 人，来自经济中等发达地区的有 2439 人，来自经济欠发达地区的有 332 人。各变量间的描述分析和相关分析如表 5.2 所示。

表 5.2　各变量的描述性统计及其各变量之间的相关关系

	M±SD	1	2	3	4	5	6	7
1. 网络成瘾	1.14±0.19	—						
2. 父母的信任与支持	3.39±0.60	−0.22***	—					
3. 教师的信任与支持	2.93±0.71	−0.22***	0.62***	—				
4. 同伴的信任与支持	2.88±0.66	−0.18***	0.63***	0.76***	—			
5. 自我概念	3.09±0.64	−0.18***	0.69***	0.65***	0.72***	—		
6. 学校社会心理处境分化	12.32±2.28	−0.23***	0.84***	0.88***	0.89***	0.88***		
7. 经济发达地区	0.23±0.42	−0.05***	0.09***	0.14***	0.16***	0.13***	0.16***	
8. 经济中等发达地区	0.09±0.29	0.05**	−0.06***	−0.07***	−0.06***	−0.05***	−0.08***	−0.18***

注：*表示 $p < 0.05$；**表示 $p < 0.01$；***表示 $p < 0.001$，下同。

从总体分析中，我们可以看出，网络成瘾间的地区差异较为显著。为了进一步描述经济发达程度在网络成瘾的影响，以地区为自变量、以网络成瘾倾向为因变量进行单因素方差分析，结果显示总体效应显著($F_{(2, 4181)} = 9.55$，$p < 0.001$)，事后检验表明，经济发达地区的网络成瘾倾向得分最低($M = 1.11$，$SD = 0.19$)，中等发达地区次之($M = 1.13$，$SD = 0.18$)，经济欠发达地区最高($M = 1.16$，$SD = 0.20$)，而且三个地区间的两两差异均达到显著水平(经济发达地区 vs. 经济中等发达地区：$p = 0.002$；经济发达地区 vs. 经济欠发达地区：$p < 0.001$；经济中等发达地区 vs. 经济欠发达地区：$p = 0.01$)。

为了探讨网络成瘾的地域差异的机制，首先对地区进行虚拟编码，经济发达地区为(1, 0)，经济中等发达地区为(0, 1)，经济欠发达地区为(0, 0)。其次将地域作为自变量、学校社会处境分化为中介变量、网络成瘾为因变量进行路径分析。第一步探讨自变量与因变量之间的关系，结果发现，经济发达地区和经济欠发达地区对网络成瘾的影响显著(经济发达地区：$\beta = -0.05$，$t_{(4181)} = -3.04$，$p = 0.002$；经济欠发达地区：$\beta = 0.04$，$t_{(4181)} = 2.56$，$p = 0.009$)；第二步探讨自变量与中介变量之间的关系，结果发现，经济发达地区和经济欠发达地区对父母的信任与支持(经济发达地区：$\beta = 0.08$，$t_{(4129)} = 5.32$，$p < 0.001$；经济欠发达地区：$\beta = -0.05$，$t_{(4131)} = -3.17$，$p = 0.002$)和教师的信任与支持(经济发达地区：$\beta = 0.13$，$t_{(4141)} = 8.097$，$p < 0.001$；经济欠发达地区：$\beta = -0.06$，$t_{(4141)} = -3.01$，$p = 0.003$)的预测均达到显著水平；第三步将自变量和中介变量共同纳入对网络成瘾倾向的回归方程中，结果发现父母的信任与支持和教师的信任与支持对网络成瘾倾向的回归显著(教师的信任与支持：$\beta = -0.13$，$t_{(3886)} = -6.30$，$p < 0.001$；父母的信任与支持：$\beta = -0.13$，$t_{(3886)} = -6.54$，$p < 0.001$;)，而经济发达地区和经济欠发达地区对网络成瘾倾向的效应只减弱至不显著水平(经济发达地区：$\beta = -0.03$，$t_{(3886)} = -1.60$，$p = 0.11$；经济欠发达地区：$\beta = 0.03$，$t_{(3886)} = -1.71$，$p = 0.09$)。

经济发达地区通过父母的信任与支持和教师的信任与支持对网络成瘾倾向的总中介效应的Bootstrap99%的置信区间为[−0.017，−0.007]，具体而言，经济发达地区通过父母的信任与支持对网络成瘾倾向产生的中介效应的Boostrap的99%的置信区间为[−0.008，−0.001]，经济发达地区通过教师的信任与支持对网络成瘾倾向产生的中介效应的Boostrap的99%的置信区间为[−0.011，−0.003]，均不包括0；经济欠发达地区通过父母的信任与支持和教师的信任与支持对网络成瘾倾向的总中介效应的Bootstrap99%的置信区间为[0.003，0.016]，具体而言，经济欠发达地区通过父母的信任与支持对网络成瘾倾向产生的中介效应的Boostrap的99%的置信区间为[0.001，0.010]，经济欠发达地区通过教师的信任与支持对网络成瘾倾向产生的中介效应的Boostrap的99%的置信区间为[0.001，

0.008]，亦均不包括0。由此可见，地区经济发展水平在网络成瘾倾向上的差异完全通过父母的信任与支持和教师的信任与支持产生的(如图5.4所示)。

在初中生、小学生群体中，青少年的网络成瘾倾向随着地区经济的发展水平升高而降低，教师的信任与支持和父母的信任与支持在其中起着完全中介的作用。经济发展水平会影响到父母和教师的工作、生活的方方面面。而当经济的发展水平较高时，无论是父母还是教师都更有能力去满足自己的物质需求和精神需求，使孩子或学生感知到信任和支持、体验到较为稳定的自我价值支撑，按照自我价值定向理论，良好的自我支撑和高水平的自我价值感对网络成瘾倾向产生一定的抑制作用。而对于经济欠发达地区而言，父母更多的时间是为生计而奔命，由于精力和时间的限制，他们对孩子的关爱可能会相对少一些，当然由于经济的原因，他们可能无法全力满足孩子的物质需求和精神需求，从而使孩子感知到较少的信任与支持。相比较发达地区的中小学教师而言，经济欠发达地区的教师福利待遇相对较差。据以往的调查研究发现大部分中西部欠发达地区的老师对他们所享受的福利待遇较不满意，当物质需求无法满足时，教师可能不会对自己的学生做出较多的情绪劳动，因而学生感知到教师的信任与支持水平较低，当个体在真实生活情境中无法寻求到价值支持和自我价值感时，青少年可能会通过网络在虚拟世界中寻求自我价值感，从而表现出较高的网络成瘾倾向。

就实践的角度而言，如何来降低经济欠发达地区的初中生和小学生群体的网络成瘾率，也许可以尝试从提升教师福利和待遇的角度来入手。通过提升教师的福利与待遇，满足其物质需求和精神需求，使其做出更多的情绪劳动，让学生感知到教师的信任与支持，进而提升自我价值感，减少网络成瘾率。

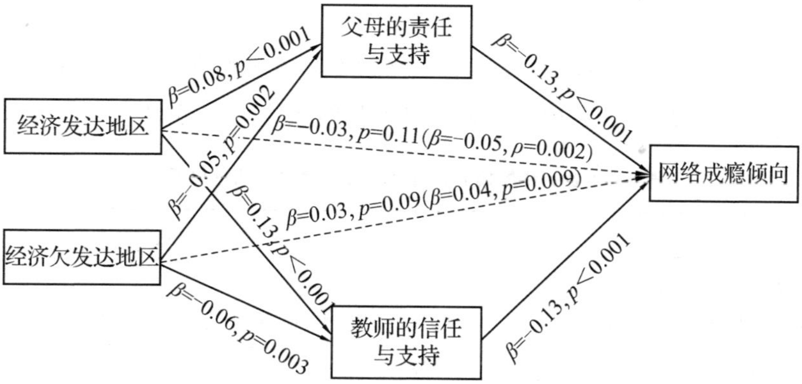

图 5.4 网络成瘾的地区差异：学校社会心理处境分化的中介作用

5.2 积极心理状态对青少年网络生活的影响

5.2.1 主观幸福感对每周上网频率的影响

之前的结论我们发现主观幸福感对青少年上网有着重要影响，幸福感低的人需要通过其他途径来获得成就感，需求自我价值感。那么问什么他们选择网络呢，本专题旨在探究青少年在网络和现实中形象一致性，在主观幸福感对上网频率影响中的中介作用。

采用自我报告的方法测量主观幸福感（“总的来说，我觉得自己的生活……”），从 1（非常不幸福）到 10（非常相反）采用 10 点计分，数字越大表示主观幸福感越高，数字越小表示幸福感越低。

采用自我报告法测量形象一致性（“你觉得自己在网上的形象和在现实生活中的形象一致吗？”），采用由 1 到 4 的 4 点计分，“1”表示“完全一致”，“2”表示“有点不一致”，“3”表示“比较不一致”，“4”表示“非常不一致”。

采用自我报告的方法测量每周上网频率，数字越大表示主观上网频率越高，数字越小表示上网频率越低。

将主观幸福感作为自变量，每周上网频率作为因变量，形象一致性作为中介变量。探究在主观幸福感对上网频率影响时的中介作用。变量的描述统计与相互的协相关矩阵(控制被试发年龄和性别)结果如表 5.3 所示。

表 5.3　各变量的描述性统计及其各变量之间的协相关

	$M \pm SD$	1	2	3
形象一致性	1.95±0.80	—		
主观幸福感	7.78±1.95	−0.13***	—	
每周上网频率	2.78±2.43	0.03***	−0.05***	—

注：* 表示 $p < 0.05$；** 表示 $p < 0.01$；*** 表示 $p < 0.001$，下同。

进一步对变量进行层次回归分析。第一步，以主观幸福感为自变量，实际的每周上网频率为因变量，控制了性别与学业阶段之后，得到回归系数$\beta_1 = -0.05$，$t_{(10927)} = -5.01$，$p < 0.001$。说明主观幸福感越高的青少年，其每天上网时间越短。第二步，以主观幸福感为自变量，自身现实生活形象与网络形象的一致性为因变量，控制性别与学业阶段，得到回归系数$\beta_2 = -0.12$，$t_{(10927)} = -11.68$，$p < 0.001$。说明主观幸福感强的个体，网络和现实生活的一致性越高，他们更愿意以真实生活的形象来应对网络世界。第三步，以主观幸福感为自变量，形象一致性为中介变量，每周的上网频率为因变量，控制性别与学业阶段，得到主观幸福感对实际上网频率的直接效应回归系数 $\beta_3 = -0.04$，$t_{(10926)} = -4.52$，$p < 0.001$，而中介变量对因变量的回归系数为 $\beta_4 = 0.03$，$t_{(10926)} = 3.87$，$p < 0.001$。中介效应的 95% Bootstrap 区间为[−0.007，−0.002]，说明现实与网络形象一致性具有显著的部分中介作用。表明主观幸福感较低的学生，有可能在网络上倾向于表现出与现实中的自己更不同的形象，并且预测了实际更高的上网频率(如图 5.5 所示)。

主观幸福感对每周上网频率有着负向预测的作用。这是因为幸福感高的青少年自我价值支撑较为稳固，有着更少的孤独感和人际疏离感。他们不需要网络这个虚拟的世界来获得满足，因此主观幸福感高的人，他们每

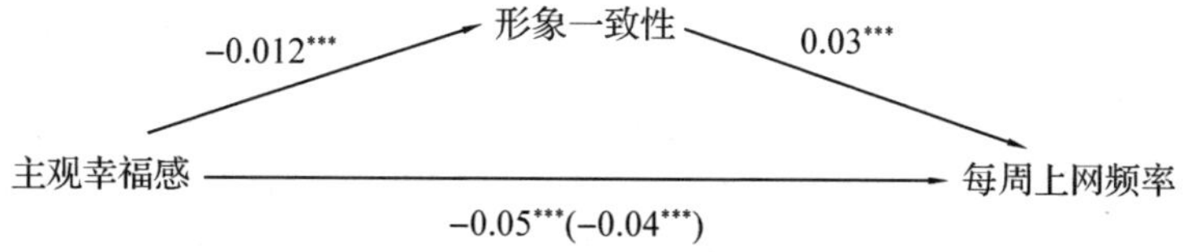

图 5.5　形象一致性的部分中介作用

周上网频率会越低。

主观幸福感越高的个体，他们的网络与现实一致性越高。这是因为幸福感越高的人对自己当下的表现和状态越满意，他们对自我比较满意使得他们乐于以当下的形象去面对网络世界。而主观幸福感越低的个体，他们对自己现实中的状态不满意，希望在网络世界中按照"理想我"来应对，因此在网络上倾向于表现出与现实中不一样的形象。

形象一致性在主观幸福感对每周上网频率的影响中起到中介作用。这是因为主观幸福感越高的个体，对现实自我的满意度更高，因此在网络世界中依旧愿意以本来的面目去应对。而网络世界所能提供的满足，在现实中也能得到，因此上网频率会下降。而主观幸福感低的个体，对现实自我不满意，所以希望在网络世界能够以自我满意的形象出现，因此一致性比较低，也更愿意沉迷于网络世界，在网络中表现出自己理想或期待的自我。

5.2.2　主观幸福感对每天上网时间的影响

5.2.2.1　自我表露的中介作用

在之前的结论中也发现了主观幸福感对网络行为的稳定影响，下面就来解释其更深层的中间机制。本专题旨在探究主观幸福感对上网时间影响中对网友自我表露的中介作用。

采用自我报告的方法测量主观幸福感("总的来说，我觉得自己的生活……")，从1(非常不幸福)到10(非常相反)采用10点计分，数字越大表示主观幸福感越高，数字越小表示幸福感越低。

采用自我报告的方法测量每天上网时间("你平均每天使用网络的时间为……"),采用6点计分,"1"表示在"1小时以下","2"表示"1～2小时","3"表示"2～4小时","4"表示"4～6小时以上","5"表示"6小时以上"。在进行分析时,对数据进行重新编码,"1"记为"0.5小时","2"记为"1.5小时","3"记为"3小时","4"记为"5小时","6"记为"7小时"。

采用自我报告的方法测量对网友自我表露(有多少事情是你的网友知道,而你生活中的朋友不知道?),从1(完全没有)到7(非常多)采用7点计分,数值越大表示网络自我表露的得分越高。

各变量的描述分析及其协相关分析(控制被试发年龄和性别)结果如表5.5所示。

表5.5 各变量的描述性统计及其各变量之间的协相关

	$M \pm SD$	1	2	3
自我表露程度	2.00±1.22	—		
主观幸福感	7.79±1.95	−0.13**	—	
每天上网时间	1.67±1.52	0.15**	−0.09**	—

注:*表示 $p < 0.05$;**表示 $p < 0.01$。

采用回归分析的方法探讨自我表露在主观幸福感与每天上网时间关系中的中介效应,具体分析步骤如下:

第一步,以主观幸福感为自变量,每天上网时间为因变量,控制了性别与学业阶段之后,得到回归系数 $\beta_1 = -0.09$,$t_{(11084)} = -8.42$,$p < 0.001$。说明主观幸福感越高,每天上网时间越少。

第二步,以主观幸福感为自变量,对网友的自我表露程度为因变量,控制性别与学业阶段,得到回归系数 $\beta_2 = -0.13$,$t_{(11084)} = -11.18$,$p < 0.001$。说明主观幸福感越高的个体,其对网友的自我表露程度越低。

第三步,以主观幸福感为自变量,对网友的自我表露程度为中介变量,每天上网时间为因变量,控制性别与学业阶段,得到主观幸福感对每天上网时间的直接效应回归系数 $\beta_3 = -0.007$，$t_{(11083)} = -6.34$，$p < 0.001$，而中介变量对因变量的回归系数为 $\beta_4 = 0.14$，$t_{(11083)} = 12.63$，$p < 0.001$。中介效应的 95% Bootstrap 区间为[−0.022，−0.014]，说明对网友的自我表露程度具有显著的部分中介作用(如表 5.6 所示)。

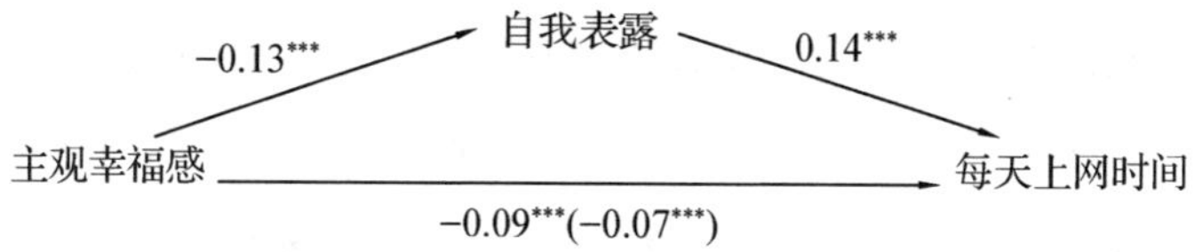

图 5.6 自我表露的中介作用

主观幸福感能够负向预测每天上网时间。这是因为幸福感高的人可以通过其他途径来获得自我价值支持，从而有着更少的孤独感和人际疏离感。他们不需要网络这个虚拟的世界来获得满足，因此主观幸福感高的人，他们每天上网时间会越少。

主观幸福感能够负向预测自我表露水平。这是因为主观幸福感高的人，其在现实生活中已经通过各种方式对父母、同学、朋友进行了自我表露，现实中已经满足了他们与他人交流沟通的需求，因此在网络中自我表露程度更低。

自我表露在主观幸福感对每天上网时间的预测中起到部分中介作用。主观幸福感较低的学生，会倾向于对网友更多的自我表露，从而将更多时间花费在上网上。如果青少年在现实生活中缺乏必要的人际互动或人际支持，就会感受到较低的满意度和幸福感，为了弥补现实生活中的缺失情感，青少年会转而在网络上寻求支持和情感，对网友有更多自我表露和信任，从而在网上建立人际关系，但这种在网上寻求支持的行为会让青少年越发地依赖网络并且逃避现实。

5.2.2.2 形象一致性的中介作用

本专题旨在探究主观幸福感对每天上网时间的影响中，网络现实形象一致性的中介作用。

采用自我报告的方法测量主观幸福感("总的来说，我觉得自己的生活……")，从1(非常不幸福)到10(非常相反)采用10点计分，数字越大表示主观幸福感越高，数字越小表示幸福感越低。

采用自我报告的方法测量每天上网时间("你平均每天使用网络的时间为……")，采用6点计分，"1"表示在"1小时以下"，"2"表示"1～2小时"，"3"表示"2～4小时"，"4"表示"4～6小时以上"，"5"表示"6小时以上"。

采用自我报告法测量形象一致性("你觉得自己在网上的形象和在现实生活中的形象一致吗")，采用由1到4的4点计分，"1"表示"完全一致"，"2"表示"有点不一致"，"3"表示"比较不一致"，"4"表示"非常不一致"。

各变量的描述分析及协相关分析(控制被试发年龄和性别)结果如表5.6所示。

表5.6 各变量的描述性统计及其各变量之间的协相关

	$M \pm SD$	1	2	3
形象一致性	1.95±0.80	—		
主观幸福感	7.78±1.95	−0.13***	—	
每天上网时间	1.67±1.52	0.07**	−0.09***	—

注：*表示 $p < 0.05$；**表示 $p < 0.01$。

采用回归分析的方法探讨了形象一致性在主观幸福感和每天上网时间关系的中介效应，具体分析步骤如下：

第一步，以主观幸福感为自变量，每天上网时间为因变量，控制了性别与学业阶段之后，得到回归系数 $\beta_1 = -0.09$，$t_{(11045)} = -8.42$，$p < 0.001$。说明主观幸福感高的个体，其每天上网时间越少。

第二步，以主观幸福感为自变量，自身现实生活形象与网络形象的一致性为因变量，控制性别与学业阶段，得到回归系数 $\beta_2 = -0.13$，$t_{(11045)} = -11.57$，$p < 0.001$。说明主观幸福感越高的个体，其形象一致性越高。

第三步，以主观幸福感为自变量，形象一致性为中介变量，每天上网时间为因变量，控制性别与学业阶段，得到主观幸福感对每天上网时间的直接效应回归系数 $\beta_3=-0.08$，$t_{(11044)}=-7.72$，$p<0.001$，而中介变量对因变量的回归系数为 $\beta_4=0.07$，$t_{(11044)}=7.13$，$p<0.001$。中介效应的 95% Bootstrap 区间为[−0.012，−0.006]，说明现实与网络形象一致性具有显著的部分中介作用(如图 5.7 所示)。

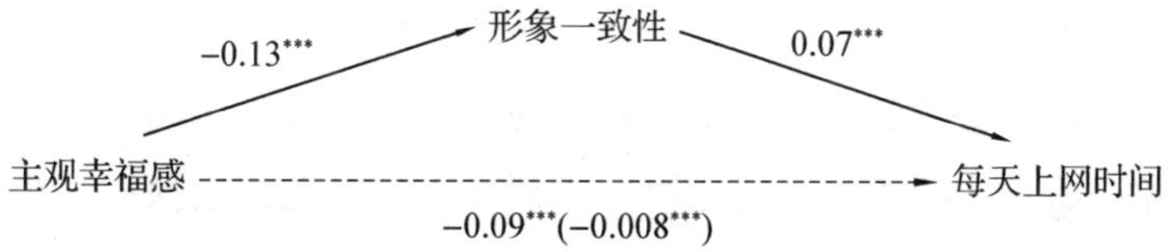

图 5.7　形象一致性的中介效应

由以上结果可知，主观幸福感较低的学生，有可能在网络上倾向于表现出与现实中的自己不同的形象，并且很有可能从这种反差中获得某种满足感或补偿感，从而预测更多的上网时间。

主观幸福感能够负向预测个体每天上网时间。这是因为幸福感高的人可以通过其他途径来获得自我价值支持，从而感受到更少的孤独感和人际疏离感。他们不需要网络这个虚拟的世界来获得满足，因此主观幸福感高的人，他们每天上网时间会较少。

主观幸福感能够正向预测形象一致性。这是因为幸福感越高的人对自己当下的表现和状态越满意，他们对自我比较满意使得他们乐于以当下的形象去面对网络世界。而主观幸福感越低的个体，他们对自己现实中的状态不满意，希望在网络世界中按照“理想我”来应对，因此在网络上倾向于表现出与现实中不一样的形象。

形象一致性在主观幸福感对每天上网时间的影响中起到完全中介作用。这是因为主观幸福感越高的个体，对现实自我的满意度更高，因此在网络世界中依旧愿意以本来的面目去应对。而网络世界所能提供的满足，在现实中也能得到，因此上网时间会下降。而主观幸福感低的个体，对现实自我不满意，所以希望在网络世界能够以自我满意的形象出现，因此一致性比较低，也更愿意沉迷于网络世界，在网络中表现出自己理想或期待的自我。

5.2.3 主观幸福感对网络依赖程度的影响

之前的结果表明，幸福感对上网频率有着负向的预测作用。并且发现幸福感低的个体在网络中更多的表现出与现实不一致的形象，从而满足该形象在现实中无法实现的心理。因而，他们更容易沉迷于网络世界。由于形象一致性在幸福感和上网频率中起到的是部分中介的作用，那么在幸福感和网络依赖当中是否还有其他中介机制呢？本专题我们探究青少年在网络中自我表露程度在主观幸福感对网络依赖程度影响中的中介作用。

采用自我报告的方法测量主观幸福感(“总的来说，我觉得自己的生活……”)，从1(非常不幸福)到7(非常相反)采用10点计分，数字越大表示主观幸福感越高，数字越小表示幸福感越低。

采用自我报告的方法测量对网友自我表露(有多少事情是你的网友知道，而你生活中的朋友不知道)，从1(完全没有)到7(非常多)采用7点计分，数值越大表示网络自我表露的得分越高。

采用自我报告法测量对网络的依赖程度(“请用1～10来表示你对网络的依赖程度”)，“1”表示“一点也不依赖”，“10”表示“极其依赖”。

变量的描述统计与相互的协相关矩阵(控制被试发年龄和性别)结果如表5.7所示。

表5.7 各变量的描述性统计及其各变量之间的相关关系

	$M \pm SD$	1	2	3
自我表露程度	1.97±1.22	—		
主观幸福感	7.78±1.94	−0.13**	—	
网络依赖程度	4.93±2.27	0.17**	−0.07**	—

注：*表示 $p < 0.05$；**表示 $p < 0.01$；***表示 $p < 0.001$，下同。

采用层次回归分析的方法探讨探究青少年在网络中自我表露程度在主观幸福感对网络依赖程度影响中的中介作用，具体步骤如下：第一步，以主观幸福感为自变量，网络依赖程度为因变量，控制了性别与学业阶段之后，得到回归系数 $\beta_1 = -0.07$，$t_{(11126)} = -6.91$，$p < 0.001$。说明主观幸福感越高的个体，其网络依赖感越低。第二步，以主观幸福感为自变量，对网友的自我表露程度为因变量，控制性别与学业阶段，得到回归系数 $\beta_2 = -0.13$，$t_{(11126)} = -11.73$，$p < 0.001$。说明，主观幸福感越高的个体，其对网友的自我表露越低。第三步，以主观幸福感为自变量，对网友的自我表露程度为中介变量，网络依赖程度为因变量，控制性别与学业阶段，得到主观幸福感对网络依赖程度的直接效应回归系数 $\beta_3 = -0.05$，$t_{(11125)} = -5.23$，$p = 0.021$，而中介变量对因变量的回归系数为 $\beta_4 = 0.15$，$t_{(11125)} = 14.79$，$p < 0.001$。中介效应的 95% Bootstrap 区间为［−0.024，−0.015］，说明对网友的自我表露程度具有显著的部分中介作用。表明主观幸福感较低的学生，会倾向于在网上对他人更多的自我表露，从而增加了对网络的依赖(如图 5.8 所示)。

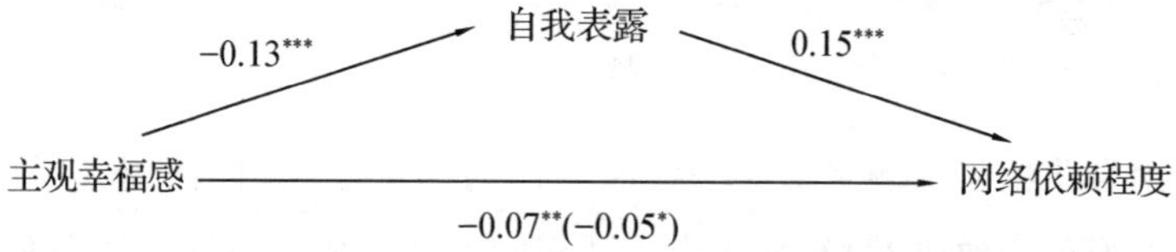

图 5.8　对网友自我表露程度的部分中介作用

主观幸福感能够负向预测网络依赖程度。这是因为主观幸福感高的个体，其在现实生活中已经通过其他途径来获得自我价值支持，感受到被关注，体验到正常的人际交流沟通，从而有着更少的孤独感和人际疏离感。他们不需要网络这个虚拟的世界来获得满足，因此主观幸福感高的人，他们每周上网频率会越低。

主观幸福感能够负向预测自我表露程度。这是因为主观幸福感高的人，其在现实生活中已经通过各种方式对父母、同学、朋友进行了自我表露，现实中已经满足了他们与他人交流沟通的需求，因此在网络中自我表露程度更低。

自我表露程度在主观幸福感对网络依赖程度的影响中起到了中介的作用。这是因为主观幸福感高的个体，其在现实中生活中能进行适当的自我表露过程，内心已经得到自我表露的满足感，因此在网络中会降低自我表露程度，因而更不依赖网络这个途径来获得关注和自我表露。而主观幸福感低的个体，其在现实中可能没有得到较多的关注和沟通，缺乏自我表露的渠道，因此通过网络满足现实中没有体验到的自我表露的感受，在网络上自我表露程度更高。而这种满足也更容易其沉迷于网络，在虚拟的世界中体验现实生活中缺失的自我表露机会。

5.2.4 自我满意度对网络成瘾的影响

本专题旨在探究自我满意度对网络成瘾的影响中，网络现实形象一致性的中介作用。

采用自我报告的方法测量自我满意度(“总的来说，我对自己……”)，从1(非常不满意)到10(非常满意)采用10点计分，数字越大表示自我满意度越高，数字越小表示自我满意度越差。

采用自我报告法测量形象一致性(“你觉得自己在网上的形象和在现实生活中的形象一致吗?”)，采用由1到4的4点计分，“1”表示“完全一致”，“2”表示“有点不一致”，“3”表示“比较不一致”，“4”表示“非常不一致”。

网络成瘾的测量采用Young(1998，1999)编制的网络成瘾诊断量表(Internet Addiction Diagnostic Questionnaire，IADQ)进行施测。该量表由8个迫选的题目组成，每个题目被试都要做出“是”或“否”的回答，选择“是”记为2分，“否”记为1分，得分越高，表明被试的网络成瘾倾向越高。

各变量的描述统计及其协相关分析(控制被试发年龄和性别)结果如表5.8所示。

表 5.8 各变量的描述性统计及其各变量之间的协相关

	$M \pm SD$	1	2	3
形象一致性	1.95±0.80	—		
自我满意度	6.73±2.06	−0.12**	—	
网络成瘾	1.18±0.21	0.16**	−0.19***	—

注：*表示 $p < 0.05$；**表示 $p < 0.01$。

采用回归分探讨形象一致性在自我满意度和网络成瘾关系中的中介效应。具体步骤如下：

第一步，以自我满意度为自变量，网络成瘾为因变量，控制了性别与学业阶段之后，得到回归系数 $\beta_1 = -0.19$，$t_{(10426)} = 18.48$，$p < 0.001$。表明自我满意度越高的个体，其网络成瘾度越低。

第二步，以自我满意度为自变量，自身现实生活形象与网络形象的一致性为因变量，控制性别与学业阶段，得到回归系数 $\beta_2 = -0.13$，$t_{(10426)} = 11.24$，$p < 0.001$。说明自我满意度越高的个体，其在现实网络形象的一致性越低。

第三步，以自我满意度为自变量，形象一致性为中介变量，网络成瘾为因变量，控制性别与学业阶段，得到自我满意度对网络成瘾的直接效应回归系数 $\beta_3 = -0.18$，$t_{(10425)} = -15.9$，$p < 0.001$，而中介变量对因变量的回归系数为 $\beta_4 = 0.13$，$t_{(10425)} = 12.71$，$p < 0.001$。中介效应的95% Bootstrap 区间为[−0.020，−0.013]，说明现实与网络形象一致性具有显著的部分中介作用(如图 5.9 所示)。

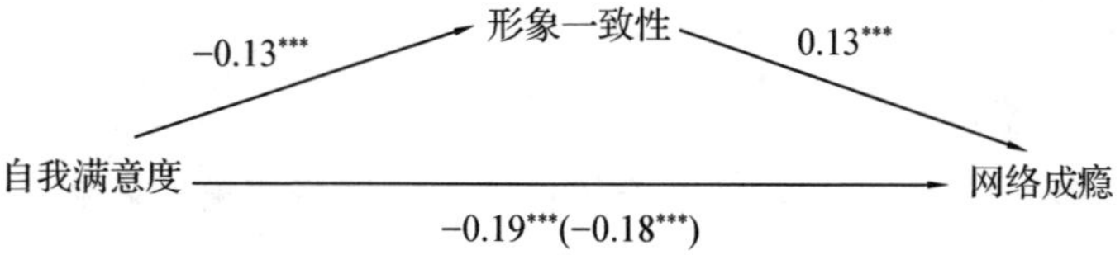

图 5.9 形象一致性的中介作用

由以上结果可知，对自身满意度低的学生，更倾向于在网络上表现出与现实中的自己不同的形象，且会预测更多的网络成瘾。

生活满意度对网络成瘾起到负向预测作用，生活满意度越高，其网络成瘾程度越低。这是因为生活满意度高的个体，其自我存在价值必然有其他方式予以支持，例如良好的亲子关系、同伴关系等。这些实体的关系足以让青少年获得陪伴、他人支持和肯定，因此不需要通过虚拟的网络来满足，故而网络成瘾度更低。

自我满意度能够正向预测形象一致性。这是因为自我满意度越高的人对自己当下的表现和状态越满意，他们对自我比较满意使得他们乐于以当下的形象去面对网络世界。而自我满意度越低的个体，他们对自己现实中的状态不满意，希望在网络世界中按照“理想我”来应对，因此在网络上倾向于表现出与现实中不一样的形象。

形象一致性在自我满意度对网络成瘾的影响中起到部分中介作用。这是因为自我满意度越高的个体，对现实自我更加认同，因此在网络世界中依旧愿意以本来的面目去应对。而网络世界所能提供的满足，在现实中也能得到，因此上网时间会下降，更不容易成瘾。而自我满意度低的个体，对现实自我不满意，所以希望在网络世界能够以“理想我”形象出现，因此一致性比较低，也更愿意沉迷于网络世界，在网络中表现出自己理想或期待的自我。

5.3 网络积极、消极体验对网络成瘾的影响

5.3.1 整体分析

为了考察网络积极体验和网络消极体验对网络成瘾的影响，从调查的样本中选取了完整回答这两份问卷的 11255 人。

网络成瘾的测量采用 Young(1998，1999)编制的《网络成瘾诊断量表》

(Internet Addiction Diagnostic Questionnaire，IADQ)进行施测。该量表由 8 个迫选的题目组成，每个题目被试都要做出“是”或“否”的回答，选择“是”记为 2 分，“否”记为 1 分，得分越高，表明被试的网络成瘾倾向越高。在本研究中，该量表的 Cronbachα 系数为 0.71，分半信度为 0.70。

《网络情绪体验问卷》为自编问卷，分为网络积极体验和消极体验两个维度，每个维度 16 个题项，采用 5 点计分，“1”表示“完全不符合”，“2”表示“基本不符合”，“3”表示“一般”，“4”表示“基本符合”，“5”表示“非常符合”。在本研究中，该量表的 Cronbachα 系数分别为 0.88 和 0.91，分半信度为 0.77 和 0.77。

网络积极体验、网络消极体验与网络成瘾的相关关系如表 5.9 所示。网络成瘾与网络积极体验、网络消极体验均存在显著的正相关，而且随着网龄的增长和被试年龄的增长，网络成瘾倾向也呈现出增强的趋势。

表 5.9　各变量的描述性统计及其各变量之间的相关关系

	$M \pm SD$	1	2	4
1. 网络成瘾倾向	1.18±0.21	—		
2. 网络积极体验	2.84±0.66	0.20***	—	
3. 网络消极体验	2.13±0.73	0.40***	0.24***	—
4. 年龄	15.06±3.40	0.18***	0.15***	0.25***

注：* 表示 $p<0.05$；* * 表示 $p<0.01$；* * * 表示 $p<0.001$，下同。

为进一步探讨网络积极体验和网络消极体验对网络成瘾的影响，采用分层回归分析的方法，将被试的年龄作为第一层变量，将网络积极体验和网络消极体验作为第二层变量，结果如表 5.10 所示，在控制了网龄和年龄等因素后，网络积极体验和网络消极体验依然能显著地正向预测网络成瘾。

表 5.10　各变量的描述性统计及其各变量之间的相关关系

	自变量	因变量：网络成瘾 标准回归系数 （第一步）	 （第二步）
第一步	网龄	0.12**	0.10***
	年龄	0.15***	0.03**
	R^2	0.05***	
第二步	网络积极体验		0.08***
	网络消极体验		0.37***
	R^2		0.19***
	ΔR^2		0.14***

对于网络积极体验能够显著地预测个体的网络成瘾倾向这一关系不难理解，当被试对网络产生越多的好感时，个体越可能沉浸于虚拟的网络世界。而对于网络消极体验也能够正向地预测网络成瘾，而且预测强度远远大于网络积极体验的预测强度。我们猜测网络消极体验与网络成瘾之间可能不是单纯的线性关系：在个体刚接触网络时，由于家长、老师、社会对网络持保守态度，个体可能会对网络产生一些负面的评价，但是由于"禁果效应"，个体可能更倾向于在虚拟的网络世界中去探索；然而当个体在网络中难以自拔时(已形成网络成瘾)，个体可能会形成深深的自责，如浪费金钱、浪费青春、让父母、老师失望等，也就说当对网络成瘾的依赖程度加深后，网络成瘾可能会增强个体对网络消极体验。所以在个体上网的时间轴上，网络消极体验与网络成瘾的关系可能会发生变化。

5.3.2　网龄的调节作用机制

为了探讨网络消极体验与网络成瘾的关系可能会发生变化这一假设，我们以网络消极体验为自变量，以网龄为调节变量，网络成瘾为因变量进行回归分析。

网络成瘾测量工具同上；网络消极体验采用网络体验问卷中的网络消

极体验维度作为测量工具。本调查采用单题项对网龄进行了测查，共有“少于6个月”、“6个月到1年”、“1～3年”、“4～6年”、“6年以上”5个选项。如前文所述，其中网龄少于6个月的青少年占所有填写人数的7.4%；网龄在6个月到1年的青少年占填写人数的8.2%；网龄在1年到3年的青少年占填写人数的32.8%；网龄在4年到6年的青少年占填写人数的32.1%；网龄在6年以上的青少年占填写人数的19.5%。为了进一步做量化分析，我们对网龄的数据进行再编码。“网龄少于6个月”编码为“0.5年”、“网龄在6个月到1年”编码为“0.75年”、“网龄在1～3年”编码为“2年”、“网龄在4～6年”编码为“5年”、“网龄在6年以上”编码为“9年”。网络消极体验、网龄与网络成瘾的相关分析结果如表5.11所示。

表5.11　各变量的描述性统计及其各变量之间的相关关系

	$M \pm SD$	1	2
1. 网络成瘾	1.18±0.21	—	
2. 网络消极体验	2.13±0.73	0.40***	—
3. 网龄	3.48±.1.12	0.14***	0.08***

注：*表示 $p<0.05$；**表示 $p<0.01$；***表示 $p<0.001$，下同。

首先对网络消极体验和网龄进行中心化处理，其次将网络消极体验、网龄作为第一层变量纳入对网络成瘾的第一层变量中，最后将网络消极体验和网龄中心化后的乘积(调节效应)纳入对网络成瘾的第二层变量中。结果如表5.12所示，网络消极体验与网龄的交互作用能够显著地预测到个体的网络成瘾倾向。

表 5.12　网络消极体验对网络成瘾的影响

自变量		因变量：网络成瘾 标准回归系数（第一步）	因变量：网络成瘾 标准回归系数（第二步）
第一步	网络消极体验	0.39***	0.39***
	网龄	0.11***	0.11***
	R^2	0.17***	
第二步	网络消极体验＊网龄		0.03**
	R^2		0.17***
	ΔR^2		0.001**

为了更进一步探讨网络消极体验与网龄的交互作用对网络成瘾的影响，根据 Aiken 和 West(1991)的建议，进行 simple slope effect 检验。如图 5.10 所示，当被试的网龄较长时，网络消极体验对网络成瘾倾向的预测较强($\beta = 0.42$，$t_{(10169)} = 34.72$，$p < 0.001$)，而当被试的网龄较短时，网络消极体验对网络成瘾的预测强度有所减弱，但依然显著($\beta = 0.36$，$t_{(10169)} = 27.92$，$p < 0.001$)。

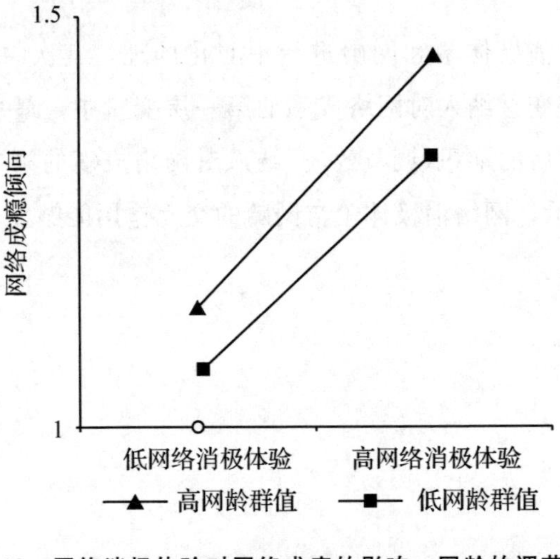

图 5.10　网络消极体验对网络成瘾的影响：网龄的调节作用

模型的结果与我们上一节分析的假设一致，当网龄较长时，网络消极体验与网络成瘾倾向的关联度更强，原因可能如前所做的推测，当个体对网络形成依赖后，影响了个体的正常生活、学习甚至是正常的社交，同时感受到周围人群的舆论压力，因而产生较强的消极网络体验，然而纵然如此，个体依然对网络欲罢不能，因而产生深深的悔恨。因此，网络的消极体验随着网络成瘾倾向的程度加深而加重，而这层关系又受到网龄的调节作用。

5.4 网络使用偏好对网络成瘾的影响机制分析

本部分主要分析了网络使用偏好对网络成瘾的影响机制，同时探讨了经济发达区域、年龄群组、学校类型、是否为独生子等变量的调节效应以及网络积极体验的中介效应。

5.4.1 整体分析

为了更为宏观地概括网络使用偏好与网络成瘾的关系，首先我们探讨了网络使用偏好对网络成瘾的影响。在本次调查样本中，对网络使用偏好问卷和网络成瘾问卷均完整作答共有 9039 人。

网络成瘾的测量采用 Young(1998，1999)编制的《网络成瘾诊断量表》(Internet Addiction Diagnostic Questionnaire，IADQ)进行施测。该量表由 8 个迫选的题目组成，每个题目被试都要做出“是”或“否”的回答，选择“是”记为 2 分，“否”记为 1 分，得分越高，表明被试的网络成瘾倾向越高。

网络使用偏好问卷采用雷雳和柳铭心(2005)编制的《网络使用偏好问卷》，从“1—从不”到“5—经常”分 5 个等级计分，共有网络信息、网上交易、网上娱乐和网上社交等 4 个维度，各维度的 Cronbachα 系数分别为 0.80、0.79、0.71、0.80，总问卷的内部一致性系数为 0.88。

如表 5.13 所示，网络偏好的各个维度对网络成瘾均有正向预测。对网络使用偏好各维度进行重复测量方差分析发现，$F_{(3,10335)}=4503.98$，$p<$

0.0001。上网娱乐得分显著高于网络信息维度得分、网络社交维度得分($p < 0.0001$；$p < 0.0001$)，而网络信息维度得分、网络社交维度得分显著高于网络交易维度得分($p < 0.0001$；$p < 0.0001$)，网络信息维度得分和网络社交维度得分不存在显著差异($p = 0.15$)。

表 5.13　各变量的描述性统计及其各变量之间的相关关系

	$M \pm SD$	1	2	3	4	5
1. 网络成瘾	1.18±0.21	—				
2. 网络信息	2.12±0.85	0.12***	—			
3. 网上交易	0.90±1.01	0.15***	0.62***	—		
4. 上网娱乐	2.79±1.11	0.25***	0.51***	0.39***	—	
5. 网上社交	2.25±1.15	0.20***	0.65***	0.55***	0.57***	—

注：* 表示 $p < 0.05$；** 表示 $p < 0.01$；*** 表示 $p < 0.001$，下同。

就网络使用偏好而言，中小学生的网上娱乐偏好的得分最高，这可能与该年龄阶段的发展特征和网络娱乐特征有关，一方面，处于初中和小学阶段的青少年特别喜欢游戏，他们在游戏中寻求角色、发展自己的能力；另一方面，现代互联网娱乐平台具有个性张扬的个人设置、动态逼真的场景以及实时交互的游戏内容，这些在一定程度上都深深地吸引着青少年。网络信息偏好得分次之，说明青少年将网络当成一种信息查询的工具，这将有利于他们学习和积累知识，对于个体的发展和社会的进步都是一种积极的信号。网上社交偏好得分紧随其后，就本次调查数据而言，网络社交偏好得分并不十分突出，表明青少年的交往范围依然集中在真实世界中，虽然也通过网络与好友进行联系，但网络本身就是一种通讯工具，适当地使用网络进行社交也无可厚非。网上交易偏好得分最低，这可能由于中小学生缺乏独立的经济能力所致，首先，中小学生可支配的经济资源有限，即使有一些零花钱，数额也不会很大，大大限制了其购买力；其次，孩子的一些物质需求不需要个体自行处理，一般由其就是监护人代理，比方说中小学生需要衣服、书籍或其他生活用品，均为监护人为其购买；最后，网上交易需要烦琐的步骤，如携带身份证、银行卡等去银行开通网银、办理各种手续，等等，这些活动是中小学生无法胜任的。故而青少年的网上交易偏好得分偏低是合理的。

为了更进一步分析网络使用偏好对网络成瘾的影响，采用逐步回归分析的方法探讨网络使用偏好对网络成瘾的影响，结果如表 5.14 所示。网络成瘾的四个维度均进入回归方程。从影响程度上来看，网上娱乐对网络成瘾的预测作用最大，其次是社交偏好，最后是信息查询，网络交易的影响最小。从方向上看，网上娱乐、网络社交以及网上交易为正向预测，而信息查询则为负向预测，也就是说，个体的网络查询偏好越强，其网络成瘾倾向越高。由此可以看出对于网络成瘾的预防，可以从网络偏好着手。家长和老师应让青少年对网络形成客观、正确的认识：网络是一般双刃剑，使用恰当，它可以成为我们的信息库、信息查询工具、社交工具、娱乐工具甚至是交易工具，若使用不当，青少年可能会深陷其中，致使青春时光挥霍、学业成绩下降、社会交际网络甚至是生理和心理健康均受到不良的影响。

表 5.14　网络使用偏好对网络成瘾的影响

	标准回归系数	t 值	R^2	ΔR^2
1. 网上娱乐	0.23	17.84***	0.07	—
2. 网络社交	0.10	6.64***	0.07	0.005
3. 信息查询	−0.10	−6.34***	0.07	0.002
4. 网上交易	0.07	4.98***	0.08	0.002

5.4.2　地域的调节作用机制

为了探究不同地域对青少年网络使用偏好和网络成瘾的关系的影响，我们从总样本中选取 7735 名被试，其中男性 3202 人，女性 4533 人，平均年龄 M_{age}=15.023(SD=3.36)。对于青少年的调查取样覆盖了全国范围内不同地理位置及经济发展水平的 31 个省、直辖市、自治区，按照经济发展水平分为：发达地区、中等发达地区和欠发达地区。区域经济的发达与否，往往和网络的普及率、使用率相关，从而对网络成瘾造成影响。过去的研究表明青少年的网络使用偏好对网络成瘾有显著影响。因此，本研究想考察不同地域和网络使用偏好的交互作用、对网络成瘾的预测作用。

我们按照地区分类模式将参与调查的青少年所在地分为三类：发达地区(包括：北京、上海、天津、江苏、浙江、山东、广东、辽宁)，中等发达地区(包括：吉林、福建、湖北、湖南、海南、陕西、宁夏、江西、安徽、四川、内蒙古、广西、河南、山西、重庆、河北)及欠发达地区(包括：青海、云南、西藏、甘肃、贵州)。其中在发达地区进行取样的省份包括江苏、山东、广东、辽宁，在该地区获取样本容量为2197人，占总样本比例28.4%；在中度发达地区进行取样的省份包括内蒙古、河北、山西、重庆、河南、广西、新疆，在该地区获取样本容量为4290人，占总样本比例55.5%；在欠发达地区取样的省份包括甘肃、贵州、西藏，在该地区获取样本容量为1248人，占总样本比例16.1%。对地域进行虚无编码，因为地域有3个类别，为了全面的探究不同地域在网络使用偏好对网络成瘾的影响差异，我们生成3个编码变量：x1发达地区、中等发达地区、欠发达地区(1，0，0)；x2发达地区、中等发达地区、欠发达地区(0，1，0)。x3发达地区、中等发达地区、欠发达地区(0，0，1)

网络使用偏好问卷采用雷雳和柳铭心(2005)编制的《网络使用偏好问卷》，从“1—从不”到“5—经常”分5个等级计分，共有网络信息、网上交易、网上娱乐和网上社交等4个维度，各维度的Cronbachα系数分别为0.80、0.79、0.71、0.80，总问卷的内部一致性系数为0.88。

网络成瘾的测量采用Young(1998，1999)编制的《网络成瘾诊断量表》(Internet Addiction Diagnostic Questionnaire，IADQ)进行施测。该量表由8个迫选的题目组成，每个题目被试都要做出“是”或“否”的回答，选择“是”记为2分，“否”记为1分，得分越高，表明被试的网络成瘾倾向越高。在本研究中，该量表的同质性α系数为0.69。本样本中，网络成瘾者n=648，占总样本比例6.2%。

各变量的描述统计和相关系数如表 5.15 所示。

表 5.15 各变量的描述性统计及其各变量之间的相关关系

	$M \pm SD$	1	2	3	4	5	6	7
信息	2.10±0.80	—						
交易	0.84±0.92	0.57***	—					
娱乐	2.77±1.11	0.50***	0.36***	—				
社交	2.22±1.13	0.63***	0.51***	0.55***	—			
x1	0.28±0.45	0.11***	0.13***	0.08***	0.11***	—		
x2	0.55±0.50	−0.13***	−0.15***	−0.15***	−0.13***	−0.70***	—	
x3	0.16±0.37	0.04**	0.04**	0.10**	0.04**	−0.28**	−0.49***	—
网瘾	1.44±1.63	0.12***	0.14***	0.25***	0.19***	0.03**	−0.06**	0.04**

注：+表示 $p < 0.1$；*表示 $p < 0.05$；**表示 $p < 0.01$；***表示 $p < 0.001$，下同。

用方差分析探索网络成瘾在地域上的差异，结果发现地域的主效应显著，不同地域的网瘾水平差异显著 $F_{(2,7642)} = 13.70$，$p < 0.001$。事后检验表明，发达地区和欠发达地区网瘾水平显著高于中等发达地区 $p < 0.001$，发达地区和欠发达地区网瘾差异不显著 $p = 0.35$（如图 5.11 所示）。

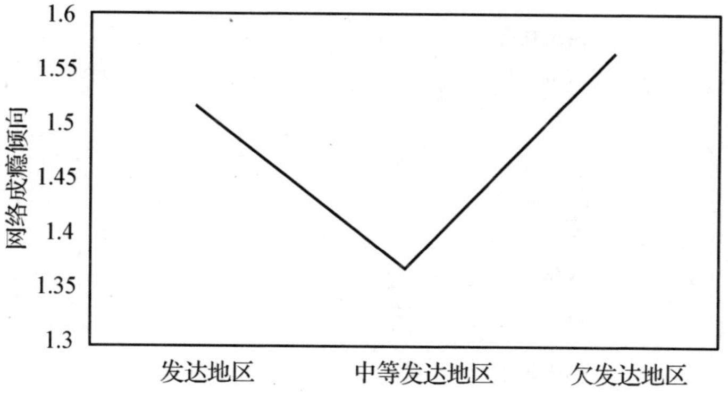

图 5.11 不同地域的青少年网络成瘾倾向

为进一步探讨网络使用偏好对网络成瘾的影响，采用分层回归分析的方法，将被试的性别和年龄作为第一层变量，将网络信息偏好、网络交易偏好、网络娱乐偏好和网络社交偏好和2个编码作为第二层变量。

首先，将性别(哑变量处理“0”为男生，“1”为女生)和年龄纳入回归方程，然后将网络使用偏好各维度纳入回归方程，最后将网络使用偏好各维度分别与x1(发达地区1中等发达地区和欠发达地区0)的乘积纳入回归方程。结果表明网络使用偏好中网上娱乐、网络社交对网络成瘾均有正向预测，而网络信息对网络成瘾产生负向预测，与此同时我们还发现x1分别与网络社交的交互作用对网络成瘾的预测均达到显著水平，x1与网上信息偏好的交互作用达到边缘显著的水平(如表5.16所示)。

表5.16 网络使用偏好与地域编码x1对网络成瘾的分层回归

自变量		因变量：网络成瘾 标准回归系数	
		(第一步)	(第二步)
第一步	网络信息	−0.10***	−0.10***
	网上交易	0.02	0.02
	网上娱乐	0.22***	0.22***
	网络社交	0.06***	0.06***
	x1	0.01	0.01
	年龄	0.18***	0.18***
	性别	0.07***	0.07***
	R^2	0.10***	
第二步	网络信息×x1		0.03$^+$
	网上交易×x1		0.005
	网上娱乐×x1		−0.02
	网络社交×x1		−0.04**
	R^2		0.10**
	ΔR^2		0.001**

为了进一步深入探讨网络社交、网络信息与 x1 的交互作用对网络成瘾的影响，根据 Aiken 和 West(1991)的建议，进行 simple slope effect 检验。

如图 5.12 所示，地域 x1 在网络信息对网络成瘾倾向中的调节作用，在发达地区群体中，网络信息偏好对网络成瘾的预测不显著($\beta = -0.01$，$t_{(2110)} = -0.37$，$p = 0.71$)，在中等发达地区和欠发达地区群体中，网络信息偏好对网络成瘾的负向预测作用显著，($\beta = -0.04$，$t_{(5461)} = -2.28$，$p < 0.05$)，然而交互作用不明显；如图 5.15 所示，地域 x1 在网上社交对网络成瘾中的调节作用，在发达地区中，网上社交偏好对网络成瘾的预测显著($\beta = 0.06$，$t_{(2110)} = 1.96$，$p = 0.05$)，在中等发达和欠发达地区中，网上社交偏好对网络成瘾的正向预测作用达到极其显著水平($\beta = 0.18$，$t_{(5461)} = 10.96$，$p < 0.001$)

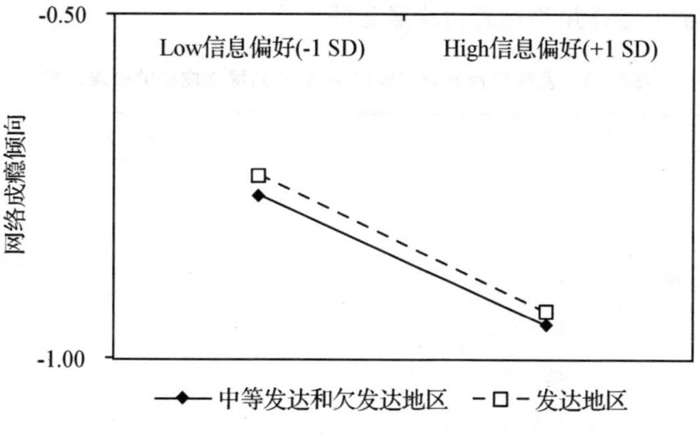

图 5.12　地域在网络信息偏好对网络成瘾的调节作用

其次，将性别(哑变量处理“1”为男生，“0”为女生)和年龄纳入回归方程，然后将网络使用偏好各维度纳入回归方程，最后将网络使用偏好各维度分别与 x2(中等发达地区 1，发达地区和欠发达地区 0)的乘积纳入回归方程，结果见表 5.17，网络使用偏好中网上娱乐、网络社交对网络成瘾均

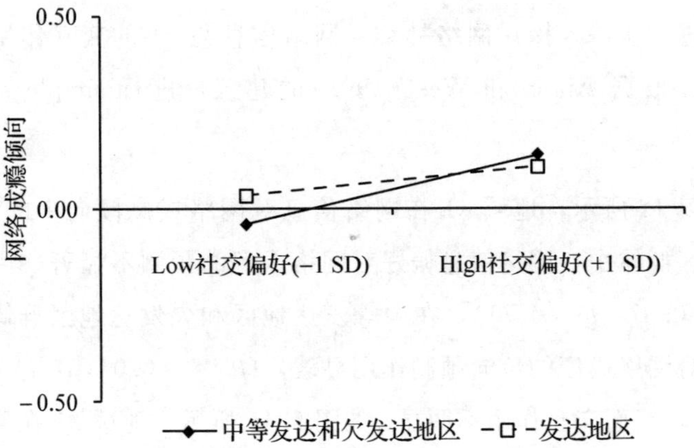

图 5.13 地域在网络信息偏好对网络成瘾的调节作用

有正向预测，而网络信息对网络成瘾产生负向预测，与此同时我们还发现x2 分别与网络社交的交互作用对网络成瘾的预测均达到显著水平，x2 与网上娱乐的交互作用均达到边缘显著的水平。

表 5.17 网络使用偏好与地域编码 x2 对网络成瘾的分层回归

自变量		因变量：网络成瘾 标准回归系数 (第一步)	(第二步)
第一步	网络信息	−0.10***	−0.10***
	网上交易	0.02	0.02
	网上娱乐	0.22***	0.22***
	网络社交	0.05***	0.05***
	x2	−0.03***	−0.03***
	年龄	0.18***	0.18***
	性别	0.07***	0.07***
	R^2	0.10***	

续表

	自变量	因变量：网络成瘾	
		标准回归系数	
		（第一步）	（第二步）
第二步	网络信息×x2		−0.01
	网上交易×x2		−0.01
	网上娱乐×x2		0.02+
	网络社交×x2		0.03*
	R^2		0.10**
	ΔR^2		0.002**

为了进一步深入探讨网络社交、网络娱乐与 x2 的交互作用对网络成瘾的影响，根据 Aiken 和 West(1991)的建议，进行 simple slope effect 检验。

如图 5.14 所示，地域 x2 在网络娱乐对网络成瘾倾向中的调节作用，在中等发达地区群体中，网络娱乐偏好对网络成瘾的预测十分显著($\beta = 0.22$, $t_{(4233)} = 12.67$, $p < 0.001$)，在发达地区和欠发达地区群体中，网络娱乐偏好对网络成瘾的预测也十分显著，($\beta = 0.16$, $t_{(1,3338)} = 8.09$, $p < 0.001$)，交互作用边缘显著；如图 5.15 所示，地域 x2 在网上社交对网络成瘾中的调节作用，在中等发达地区中，网上社交偏好对网络成瘾的预测显著($\beta =$

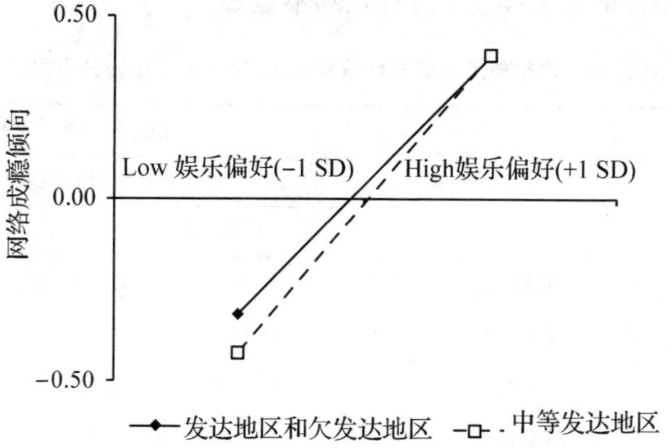

图 5.14 地域在网络娱乐偏好对网络成瘾的调节作用

0.15，$t_{(4233)}=2.77$，$p<0.05$)，在发达和欠发达地区中，网上社交偏好对网络成瘾的预测不显著($\beta=-0.02$，$t_{(3338)}=-0.88$，$p=0.38$)。

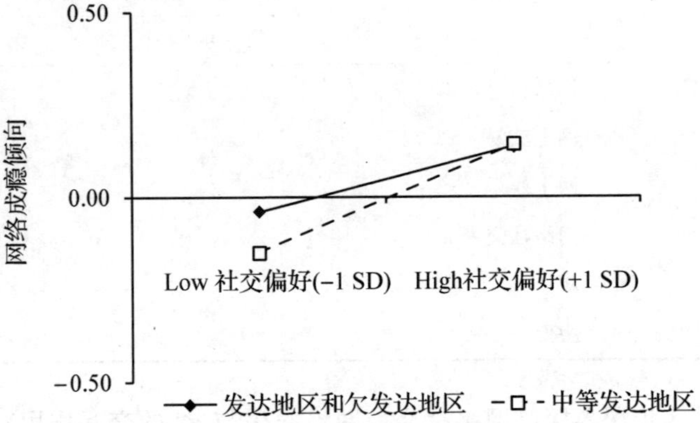

图 5.15　地域在网络社交偏好对网络成瘾的调节作用

最后，将性别(哑变量处理“1”为男生，“0”为女生)和年龄纳入回归方程，然后将网络使用偏好各维度纳入回归方程，最后将网络使用偏好各维度分别与 x3(中等发达地区和发达地区 0，欠发达地区 1)的乘积纳入回归方程，结果见表 5.18，网络使用偏好中网上娱乐、网络社交对网络成瘾均有正向预测，而网络信息对网络成瘾产生负向预测，与此同时我们发现 x3 与网络使用偏好的各个维度交互作用均不显著。

表 5.18　网络使用偏好与地域编码 x2 对网络成瘾的分层回归

自变量		因变量：网络成瘾 标准回归系数 (第一步)	因变量：网络成瘾 标准回归系数 (第二步)
第一步	网络信息	−0.10***	−0.10***
	网上交易	0.02	0.02
	网上娱乐	0.22***	0.21***
	网络社交	0.06***	0.05***
	x3	−0.03***	−0.03***

续表

自变量		因变量：网络成瘾	
		标准回归系数	
		（第一步）	（第二步）
	年龄	0.18***	0.18***
	性别	0.07***	0.07***
	R^2	0.10***	
第二步	网络信息×x3		−0.02
	网上交易×x3		0.003
	网上娱乐×x3		−0.01
	网络社交×x3		0.001
	R^2		0.10
	ΔR^2		0.001

从图 5.12 和图 5.13 可以看出，网络信息偏好越高，网瘾程度越低，呈现一种负相关。而这种现象在发达地区的青少年和中等发达、欠发达地区青少年中表现一致，无显著差异。发达、中等发达、欠发达地区的人在获取网络信息、知识越多，对网络的了解越充分。而这种单向信息接收型的上网偏好，也更不容易形成网络成瘾。而网络社交偏好越高，网瘾程度越高，呈现一种正相关。同时这种现象在发达地区的青少年和中等、欠发达地区青少年中差异显著。即相比发达地区青少年，中等发达、欠发达地区的青少年在社交偏好上得分越高，越容易网络成瘾。这可能与发达地区青少年对网络社交的接触更充分有关。发达地区的青少年的社交模式更多，对于网络社交的新奇度更低，因此社交无法对其网瘾造成更大的解释率。但中等发达和欠发达地区的青少年对于网络社交的新奇度更高，也更容易上瘾。

从图 5.14 和图 5.15 可以看出，网络娱乐偏好越高，网瘾程度越强，二者呈现一种正相关，因此，青少年对网络娱乐的沉迷会导致网络成瘾。而这种模式在中等地区的青少年和发达、欠发达地区青少年中差异不显著，发达、中等发达、欠发达地区的人在进行网络娱乐的时候，都会被娱乐内容所吸引。可见网络娱乐对网络成瘾的解释率很高，人们更容易因网络娱乐而上瘾。而网络社交偏好越高，网瘾程度也越高，二者呈现一种正相关。而这种模式在中等发达地区的青少年和发达、欠发达地区青少年中差异显著。即中等发达地区的青少年，相比发达、欠发达地区青少年，在社交偏好上得分越高，越容易网络成瘾。这可能与中等发达地区青少年对网络社交的接触没发达地区青少年接触更充分有关。发达地区的青少年的社交模式更多，对于网络社交的新奇度更低。从上面的图 5.13 可以看出，中等发达地区的青少年网瘾程度最低，相对而言中等发达地区的发展模式更合理或更为健康。但是，如果中等发达地区的青少年更多地接触网络社交的话，他们网瘾习得程度会更高，因此需要对其网络使用情况加以注意。

就网络交易偏好而言，其对网络成瘾的作用不显著。这和被试年龄层面有关，该样本中被试最大年龄 26 岁，最小 9 岁，整体为学生群体，经济能力不足。而网络交易往往需要各种证件和信誉，被试群体的资历不够，整体网络交易水平不高，因此在网络交易这个维度上无法预测网络成瘾倾向。而网络信息偏好能够负向预测网络成瘾，网络娱乐偏好、网络社交偏好能够正向预测青少年的网络成瘾。

5.4.3 年龄群组的调节作用机制

由于个体认知能力的发展和意志水平的发展，年龄因素可能会调节网络使用偏好对网络成瘾的影响。因而，本部分探讨年龄群组在网络使用偏好对网络成瘾倾向的影响上的调节作用。

网络成瘾的测量采用 Young(1998，1999)编制的《网络成瘾诊断量表》(Internet Addiction Diagnostic Questionnaire，IADQ)进行施测。该量表由 8 个迫选的题目组成，每个题目被试都要做出“是”或“否”的回答，选择“是”记为 2 分，“否”记为 1 分，得分越高，表明被试的网络成瘾倾向越高。

网络使用偏好问卷采用雷雳和柳铭心(2005)编制的《网络使用偏好问

卷》，从“1—从不”到“5—经常”分 5 个等级计分，共有网络信息、网上交易、网上娱乐和网上社交等 4 个维度，各维度的 Cronbach's α 系数分别为 0.80、0.79、0.71、0.80，总问卷的内部一致性系数为 0.88。

为了简化程序，且使结果更便于应用于实践，我们将按年级将被试划分为中小学生群体和高中大学生群体，同时对其做哑变量处理，中小学生群体赋值为“0”，高中生和大学生群体赋值为“1”。

各变量间的描述统计及相关分析见表 5.19 所示，高中生和大学生的网络成瘾倾向以及网络使用偏好各维度分数均显著高于中小学生的分数。

表 5.19　各变量的描述性统计及其各变量之间的相关关系

	$M \pm SD$	1	2	3	4	5
1. 网络成瘾	1.18±0.21	—				
2. 网络信息	2.12±0.85	0.12***	—			
3. 网上交易	0.90±1.01	0.15***	0.62***	—		
4. 上网娱乐	2.79±1.11	0.25***	0.51***	0.39***	—	
5. 网上社交	2.25±1.15	0.20***	0.65***	0.55***	0.57***	—
6. 年龄群组	0.61±0.49	0.19***	0.34***	0.32***	0.23***	0.33***

注：* 表示 $p < 0.05$；** 表示 $p < 0.01$；*** 表示 $p < 0.001$，下同。

对网络使用偏好各维度以及年龄群组等变量进行中心化处理，采用层级回归的方法探讨独生子女在网络使用对网络成瘾影响中的调节作用。首先将年龄群组(哑变量处理“－1”为初中生和小学生群体，“1”为高中生和大学生群体)和年龄纳入回归方程，其次，将网络使用偏好各维度以及年龄群组等变量纳入回归方程，最后将网络使用偏好各维度分别与年龄群组的乘积纳入回归方程，结果见表 5.20，年龄群组和网络使用偏好中的网上交易、网上娱乐、网络社交对网络成瘾均有正向预测，而网络信息对网络成瘾产生负向预测，与此同时我们还发现年龄群组分别与网络信息偏好、网上娱乐偏好的交互作用对网络成瘾的预测均达到显著水平，年龄群组分别与网上交易偏好、网上社交偏好的交互作用均达到边缘显著的水平。

表 5.20 网络使用偏好与年龄群组对网络成瘾的分层回归

	自变量	因变量：网络成瘾 标准回归系数 (第一步)	 (第二步)
第一步	网络信息	−0.12***	−0.13***
	网上交易	0.05***	0.06***
	网上娱乐	0.22***	0.23***
	网络社交	0.08***	0.08***
	年龄群组	0.14***	0.14***
	R^2	0.09***	
第二步	网络信息×年龄群组		0.04**
	网上交易×年龄群组		−0.03+
	网上娱乐×年龄群组		−0.03*
	网络社交×年龄群组		−0.02+
	R^2		0.09***
	ΔR^2		0.001***

为了进一步深入探讨网络社交、网络交易与是否为独生子女的交互作用对网络成瘾的影响，根据 Aiken 和 West(1991)的建议，进行 simple slope effect 检验。

如图 5.16 所示，年龄群组在网络信息对网络成瘾倾向中的调节作用，在初中生、小学生群体中，网络信息偏好对网络成瘾的预测十分显著($\beta=-0.18$，$t_{(9031)}=8.06$，$p<0.001$)，在高中生和大学生群体中，网络信息偏好对网络成瘾的负向预测有所降低，但依然显著($\beta=-0.08$，$t_{(9031)}=4.138$，$p<0.001$)；如图 5.17 所示，年龄群组在网上交易对网络成瘾中的调节作用，在初中生、小学生群体中，网上交易偏好对网络成瘾的预测十分显著($\beta=0.08$，$t_{(9031)}=3.948$，$p<0.001$)，在高中生和大学生群体中，网上交易偏好对网络成瘾的负性预测达到边缘显著水平($\beta=0.03$，$t_{(9031)}=1.895$，$p=0.06$)；如图 5.18 所示，年龄群组在网上娱乐对网络

成瘾中的调节作用，在初中生、小学生群体中，网上娱乐偏好对网络成瘾的预测十分显著($\beta = 0.30$，$t_{(9031)} = 13.99$，$p < 0.001$)，在高中生和大学生群体中，网上娱乐偏好对网络成瘾的预测有所降低，但依然显著($\beta = 0.18$，$t_{(9031)} = 11.65$，$p < 0.001$)；如图 5.19 所示，年龄群组在网上社交偏好对网络成瘾中的调节作用，在初中生、小学生群体中，网上社交偏好对网络成瘾的预测十分显著($\beta = 0.12$，$t_{(9031)} = 4.93$，$p < 0.001$)，在高中生和大学生群体中，网上社交偏好对网络成瘾的预测有所降低，但依然显著($\beta = 0.05$，$t_{(9031)} = 2.70$，$p < 0.01$)。

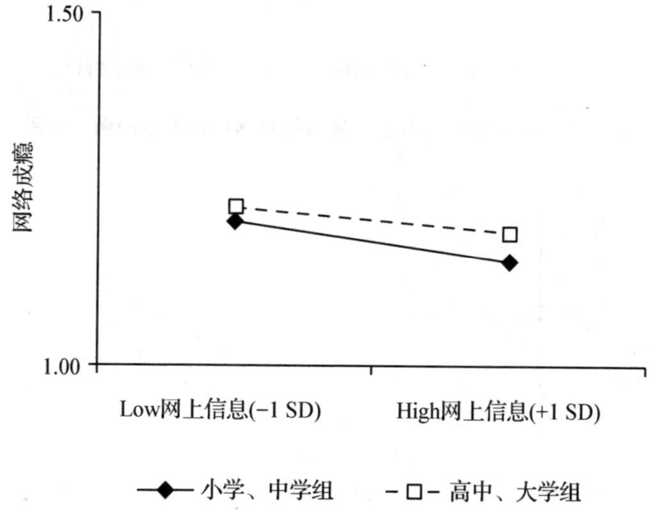

图 5.16 年龄群组在网络信息偏好对网络成瘾中的调节作用

从以上分析结果中可以看出，高中生和大学生的网络成瘾倾向显著高于小学生和初中生，一方面可能是由于大学生和高中生的学业压力加大，他们需要更多的网络体验来缓解和释放压力；另一方面青少年随着年龄的增加，个体的自主性逐渐增加，同时逐渐脱离父母的监控，他们有更多的机会和空闲时间去接触网络。

然而就网络使用偏好而言，如前所述，网络信息偏好对网络成瘾倾向起着抑制作用，网上娱乐、网上社交和网上交易对网络成瘾倾向则起着促

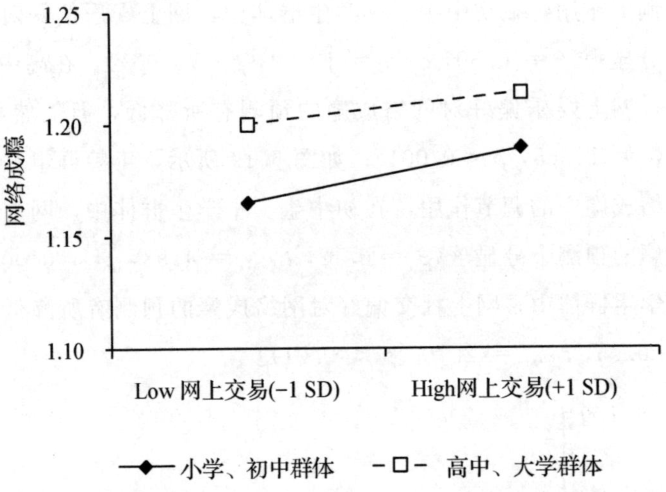

图 5.17　年龄群组在网上交易偏好对网络成瘾中的调节作用

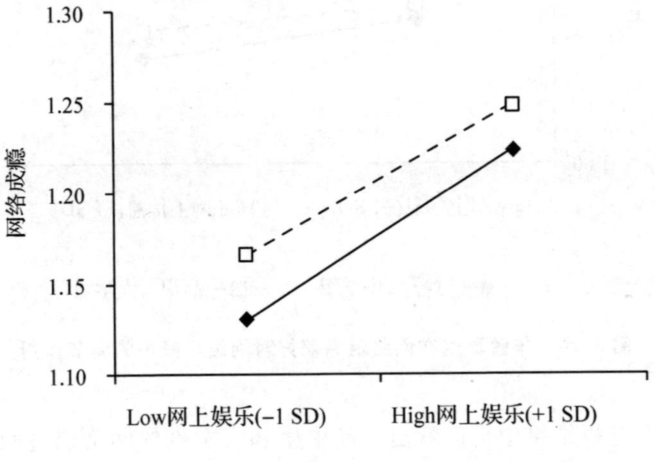

图 5.18　年龄群组在网上娱乐对网络成瘾中的调节作用

进作用，网络使用偏好对网络成瘾倾向的影响模式在小学生、初中生群体与在高中生、大学生群体是一致的，但是在影响程度上存在显著差异，就小学生、初中群体而言，网络使用偏好的各个维度网络成瘾倾向的预测效

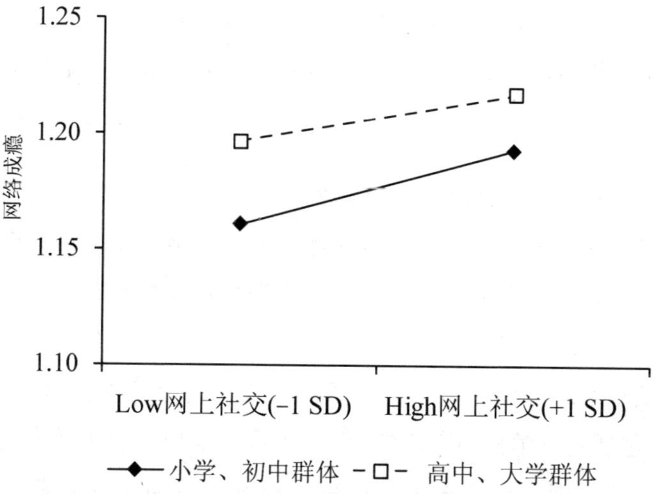

图 5.19 年龄群组在网上社交偏好对网络成瘾中的调节作用

应较大，其解释力达到 11.7%；而在高中生、大学生群体中，网络使用偏好的各个维度对网络成瘾倾向的预测较小，其解释力仅为 3.4%。

从简单斜率效应的分析结果中可以看出，无论是大学生、高中生群体还是初中生、小学生群体网络使用偏好的四个维度对于网络成瘾的影响均达到了显著水平(个别为边缘显著水平)。但是从路径系数上看，初中生、小学生群体的网络使用偏好对网络成瘾的路径系数显著高于高中生、大学生群体的路径系数。表明，初中生、小学生并没有对网络形成正确的认识，他们一旦对网络的某一行为产生偏好，就更容易产生痴迷甚至成瘾。而高中生、大学生群体则不同，他们可能将网络更多的是当作一种工具，而并非网络本身感兴趣，因而在大学生、高中生群体中，网络使用偏好对网络成瘾的预测效应较低。为何大学生、高中生群体与初中生、小学生群体在会对网络使用偏好产生不同的态度，一方面，可能是由于青少年的认知发展水平所致，大学生、高中生对事物产生抽象、分析式的认知，更倾向于抽取事物的本质特征，而初中生和小学生对事物的认识更多是从其表面特征出发，更容易形成对事物非本质特征的认识；另一方面，可能是由于青少年的意志发展水平所致，相对于高中生和大学生而言，中小学生对诱惑的抵制力相对弱一些，一旦形成某种网络使用偏好，更容易对网络形成依赖。

5.4.4 学校类型的调节作用机制

为了考察学校层面上的整体环境对青少年网络使用习惯与网络成瘾倾向关系的影响，从总样本中选取了高中及其以下的青少年样本(N＝7987)，其中女生占54.1%，男生占42.4%，平均年龄为13.37岁($SD=2.37$)。初高中以及小学的学校环境类型按照教育资源的分配情况可以分为两种：重点学校(包括重点学校和实验学校)和非重点学校，由于教育资源、生源质量等方面的不同，导致重点学校往往被寄予更高的社会期望和升学压力，所以本研究试图从学校环境与青少年自身交互影响的角度，分析其网络成瘾倾向。

网络使用偏好问卷采用雷雳和柳铭心(2005)编制的网络使用偏好问卷，从“1—从不”到“5—经常”分5个等级计分，共有网络信息、网上交易、网上娱乐和网上社交等4个维度，各维度的Cronbachα系数分别为0.80、0.79、0.71、0.80，总问卷的内部一致性系数为0.88。

网络成瘾的测量采用Young(1998，1999)编制的《网络成瘾诊断量表》(Internet Addiction Diagnostic Questionnaire，IADQ)进行施测。该量表由8个迫选的题目组成，每个题目被试都要做出“是”或“否”的回答，选择“是”记为2分，“否”记为1分，得分越高，表明被试的网络成瘾倾向越高。

学校类型分为重点学校和非重点学校，其中重点学校编码为1($n=4070$)，非重点学校编码为－1 ($n=3917$)。

各变量之间的相关分析如表5.21所示。

表 5.21　各变量的描述性统计及其各变量之间的相关关系

	$M \pm SD$	1	2	3	4	5
学校重点与否	0.02±1.00	—				
网络信息偏好	2.00±0.86	0.07**	—			
网上交易偏好	0.71±1.00	0.06**	0.54**	—		
网上娱乐偏好	2.79±1.22	0.03*	0.49**	0.38**	—	
网络社交偏好	2.15±1.20	0.04**	0.58**	0.48**	0.55**	—
网络成瘾倾向	1.17±0.20	0.01	0.10**	0.12**	0.26**	0.19**

注：* 表示 $p < 0.05$；** 表示 $p < 0.01$；*** 表示 $p < 0.001$，下同。

回归分析结果表明，青少年的网络使用偏好对其网络成瘾倾向具有显著的预测作用，控制性别、年龄时，采用分层回归的方法逐步放入信息偏好、交易偏好、娱乐偏好和社交偏好后得到的结果显示，信息偏好能够显著地负向预测青少年的网瘾倾向得分，$\beta = -0.09$，$t_{(11824)} = -6.67$，$p < 0.001$；交易偏好能够显著地正向预测青少年的网瘾倾向得分，$\beta = 0.08$，$t_{(11824)} = 7.09$，$p < 0.001$；娱乐偏好能够显著地正向预测青少年的网络成瘾倾向，$\beta = 0.21$，$t_{(11824)} = 18.82$，$p < 0.001$；社交偏好能够显著地正向预测青少年的网络成瘾倾向，$\beta = 0.10$，$t_{(11824)} = 6.99$，$p < 0.001$。另外，不同学校类型的青少年在网络成瘾倾向上面没有显著差异，$\beta = -0.01$，$t_{(11824)} = -0.66$，$p = 0.58$。

交互作用分析的部分，在控制性别、年龄的条件下，采用分层回归的方法，分别分析学校类型与四种网络使用偏好的交互作用。学校类型与信息偏好没有显著的交互作用，$\beta = 0.01$，$t_{(7969)} = 1.05$，$p = 0.29$，表明青少年的信息使用偏好对其网瘾倾向的负向预测作用在重点学校与非重点学校之间并无显著差异。学校类型与交易偏好的交互作用不显著，$\beta = -0.01$，$t_{(7969)} = -0.82$，$p = 0.41$，意味着青少年的交易偏好对其网络成瘾倾向的正向预测作用在不同学校类型间没有显著差异。学校类型与娱乐偏好的交互作用显著，$\beta = 0.01$，$t_{(7969)} = 1.19$，$p = 0.23$，因此，青少年的娱乐偏好对其网络成瘾倾向的预测作用也没有学校类型的显著差异。学校类型与社交偏好的交互作用是显著的，$\beta = 0.02$，$t_{(7969)} = -2.12$，$p = 0.03$，表明青少年的社交使用偏好的预测作用在不同学校类型间是有显著差异的(如图 5.20)。采用简单斜率检验发现，非重点学校青少年的社交使用偏好能够显著正向预测其网瘾倾向的高低，$\beta = 0.17$，$t_{(3909)} = 10.75$，$p < 0.001$；重点学校青少年的社交使用偏好也能够显著预测其网瘾倾向，$\beta = 0.21$，$t_{(1,4058)} = 13.85$，$p < 0.001$，但其预测的强度显著高于非重点学校的学生。

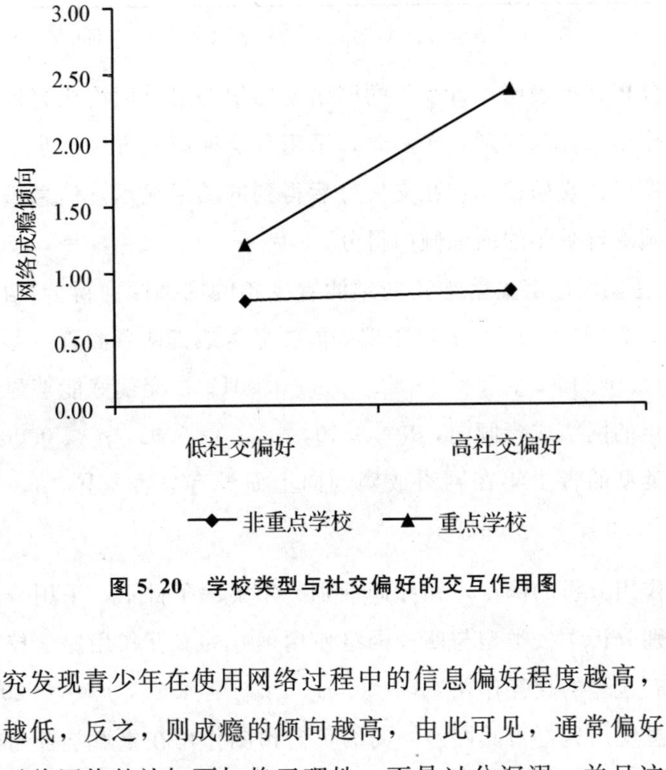

图 5.20　学校类型与社交偏好的交互作用图

本研究发现青少年在使用网络过程中的信息偏好程度越高，其网络成瘾的倾向越低，反之，则成瘾的倾向越高，由此可见，通常偏好信息功能的青少年对待网络的认知更加趋于理性，不易过分沉溺，并且这种效应没有受到社会教育环境的显著影响。此外，青少年的娱乐偏好和交易偏好程度越高，其网络成瘾的倾向都会越高，意味着偏好网络的娱乐功能和交易功能的青少年，如网络游戏和网上购物等，比较容易被网络的便利性和虚拟性所吸引，进而沉溺其中，并且这种情况也是适合于所有青少年，学校环境的影响作用较小。最后，青少年的社交使用偏好的高低也是能够正向预测其网络成瘾倾向的，浏览社交网站、参与网络聊天的频率越高、程度越深，也越容易网络成瘾；但是青少年的社交使用偏好受到了所处的学校教育环境的影响，相较于非重点学校而言，重点学校学生的社交使用偏好的预测作用呈现出更加陡峭的效果，也就是说，重点学校内部学生的个体差异更加明显，在使用网络过程中参与社交聊天较少的学生网络成瘾倾向得分非常低，而在使用网络过程中参与社交聊天较多的学生网络成瘾倾向得分则非常高，两极分化的趋势更加明显，这与重点学校的管理体制密不可分。近年来，越来越多的教育学者开始批判基础教育中重点学校的规范化管理模式，“一切为了升学率，一切为了硬指标”的方针很容易导致青少年因为学习压力和成绩的暂时下滑而出现“差生”的认知偏差，渐渐脱离班级和学校整体，进入网络的虚拟世界，出现“优者更优，差者更差”的两极分化局面。

5.4.5 独生子女的调节作用机制

由于独生子女在成长历程上与非独生子女存在差异，尤其是在社会交往上，独生子女家中缺少玩伴，因在对网络使用偏好上可能存在差异，但这种差异是否会导致网络成瘾上的差异？本部分将对独生子女在网络使用偏好与网络成瘾关系上的调节作用进行探讨。完成该部分所有问卷的被试共 8506 人，其中独生子女被试为 4233 人。

网络使用偏好问卷采用雷雳和柳铭心（2005）编制的《网络使用偏好问卷》，从“1—从不”到“5—经常”分 5 个等级计分，共有网络信息、网上交易、网上娱乐和网上社交 4 个维度，各维度的 Cronbach’s α 系数分别为 0.80、0.79、0.71、0.80，总问卷的内部一致性系数为 0.88。

网络成瘾的测量采用 Young（1998，1999）编制的《网络成瘾诊断量表》（Internet Addiction Diagnostic Questionnaire，IADQ ）进行施测。该量表由 8 个迫选的题目组成，每个题目被试都要做出“是”或“否”的回答，选择“是”记为 2 分，“否”记为 1 分，得分越高，表明被试的网络成瘾倾向越高。

是否为独生子女采用自编的人口学变量进行测量。“0”表示独生子女，“1”表示非独生子女。

对网络使用偏好、网络成瘾倾向以及被试的性别、年龄以及是否为独生子女进行相关分析，结果如表 5.22 所示。

表 5.22 各变量的描述性统计及其各变量之间的相关关系

	$M \pm SD$	1	2	3	4	5	6	7
1. 网络成瘾	1.18±0.21	—						
2. 网络信息	2.15±0.85	0.12***	—					
3. 网上交易	0.92±1.01	0.15***	0.63***	—				
4. 上网娱乐	2.81±1.12	0.26***	0.51***	0.40***	—			
5. 网上社交	2.29±1.15	0.20***	0.64***	0.55***	0.56***	—		
6. 性别	0.59±0.49	−0.09***	0.006	−0.01	−0.16***	0.02		
7. 年龄	15.15±3.38	0.18***	0.37***	0.36***	0.18***	0.37***	0.08***	
8. 独生子女	0.52±0.50	−0.05***	0.05***	0.07***	0.08***	0.005	−0.13***	−0.26***

注：*表示 $p<0.05$；**表示 $p<0.01$；***表示 $p<0.001$，下同。

对网络使用偏好各维度以及是否为独生子女等变量进行中心化处理，采用层级回归的方法探讨独生子女在网络使用对网络成瘾影响中的调节作用。首先将被试的性别(哑变量处理，“0”为男生，“1”为女生)和年龄纳入回归方程，其次，将网络使用偏好各维度以及是否为独生子女等变量纳入回归方程，最后将网络使用偏好各维度分别与是否独生子女的乘积纳入回归方程，结果见表 5.23。

表 5.23 网络使用偏好与是否为独生子女对网络成瘾的分层回归

自变量		因变量：网络成瘾 标准回归系数 (第一步)	 (第二步)	 (第三步)
第一步	性别	−0.10***	−0.07***	−0.07***
	年龄	0.19**	0.14***	0.14***
	Adjusted R^2	0.05***		

续表

自变量		因变量：网络成瘾 标准回归系数 （第一步）	（第二步）	（第三步）
第二步	网络信息		−0.11***	−0.11***
	网上交易		0.04**	0.04**
	网上娱乐		0.23***	0.23***
	网络社交		0.08***	0.07***
	是否独生子女		−0.04***	−0.04***
	Adjusted R^2		0.14***	
	ΔR^2		0.10***	
第三步	网络信息×是否独生子女			0.02
	网上交易×是否独生子女			0.005
	网上娱乐×是否独生子女			0.001
	网络社交×是否独生子女			−0.04*
	Adjusted R^2			0.10***
	ΔR^2			0.001*

为了进一步深入探讨网络社交与是否为独生子女的交互作用对网络成瘾的影响，根据 Aiken 和 West(1991)的建议，进行 simple slope effect 检验。

如图 5.21 所示，当被试为独生子女时，网上社交偏好对网络成瘾的预测没有达到显著水平($\beta = 0.03$，$t_{(8495)} = 1.13$，$p = 0.26$)，当被试为非独生子女时，网络社交对网络成瘾的预测达到显著水平($\beta = 0.12$，$t_{(8495)} = 5.80$，$p < 0.001$)。

从表 5.23 中可以看出，与前面模型得到的结果一致，随着年龄的增加，网络成瘾倾向有着升高的趋势，而在性别变量上，男生的网络成瘾分数高于女生，与其他模型的结果一致，这里不作赘述。与此同时我们还发现独生子女的网络成瘾倾向分数显著低于非独生子女。之所以如此，可能

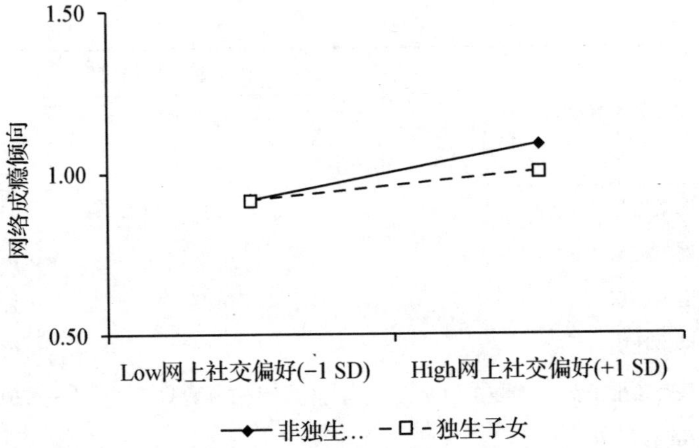

5.21　网络使用偏好对网络成瘾的影响：独生子女的调节作用

是由于独生子女拥有丰富的经济资源和情感资源，就一个特定的家庭而言，家庭经济条件是有限的，当家中只有一个孩子时，父母能为其提供相对充足的教育资源和情感支持，而当家中的孩子数量增加时，每个孩子所能分配到的经济资源和情感支持必定会相应地减少，进而影响到青少年的心理发展和生理的发育。根据金盛华(2010)的自我价值定向理论假设，当个体获得较多的价值支持时，其自我价值感更为稳定和强大，从而对网络成瘾起到一定的缓冲作用，因而独生子女的网络成瘾倾向得分低于非独生子女的网络成瘾倾向得分。最后，模型的结果还表明：网络使用偏好的各个维度对网络成瘾的预测均达到显著水平，其中网络娱乐、网络交易和网络社交对网络成瘾有正向预测的作用，信息查找对网络成瘾有负性预测的作用；网络社交与是否为独生子女的交互作用对网络成瘾的有负向的预测作用。

从结果分析中可以看出，独生子女调节着网上社交偏好对网络成瘾的影响，而在网上娱乐偏好、网上交易偏好和网络信息偏好对网络成瘾的影响上的调节作用却不显著。也就是说，对于独生子女和非独生子女而言，网上社交的意义是不同的，而网上娱乐、网上交易和网络信息对他们的意义是一致的。具体而言，对于独生子女而言，网上社交偏好对网络成瘾情绪没有显著的影响，而对于非独生子女而言，网上社交偏好对网络成瘾偏好却产生了显著的影响。之所以出现此种差异，可能是由于独生子女在成长过程中感受到孤独同时由于家庭中缺少同龄玩伴，他们感知到自己的社交技能较差，所以在以后的成长过程中，更加关注个人交往能力的提升以及与重要他人亲密关系的建立。同时，由于家中只有一个孩子，父母将所有的关爱都集中在独生子女身上，使他们形成了稳定的自我价值感和价值感，归属感得到了充分的满足；而对于非独生子女而言，由于家庭中的孩子不止一个，父母无暇全面顾及他们的感受，甚至有时对他们有所忽视，使他们感受了较少的关怀和照顾，没有形成稳定、高水平的自我价值感，与重要他人建立的亲密关系也相对较弱，所以，非独生子女可能并不是把网络当成一种满足其他需求的工具，而是将其看作一种提高自我归属感和自我价值的对象，因而当非独生子女对网络产生某种偏好时，极易产生心理上的依赖，甚至是成瘾。

5.4.6　网络积极体验的中介作用机制

网络成瘾产生偏好是因为该行为能为个体带来积极体验，而网络成瘾的基本特征之一为在网络使用过程中能产生一定的快感，因此网络积极体验可能在网络使用偏好和网络成瘾之间起到中介作用。完成该部分所有问卷的被试共有 8388 人。

采用雷雳和柳铭心(2005)编制的《网络使用偏好问卷》，从“1—从不”到“5—经常”分 5 个等级计分，共有网络信息、网上交易、网上娱乐和网上社交等 4 个维度，各维度的 Cronbach’s α 系数分别为 0.80、0.79、0.71、0.80，总问卷的内部一致性系数为 0.88。

网络成瘾的测量采用 Young(1998，1999)编制的《网络成瘾诊断量表》(Internet Addiction Diagnostic Questionnaire，IADQ)进行施测。该量表由 8 个迫选的题目组成，每个题目被试都要做出“是”或“否”的回答，选择“是”记为 2 分，“否”记为 1 分，得分越高，表明被试的网络成瘾倾向越高。

《网络情绪体验问卷》为自编问卷，分为网络积极体验和消极体验两个维度，每个维度16个题项，采用5点积分，“1”表示“完全不符合”，“2”表示“基本不符合”，“3”表示“一般”，“4”表示“基本符合”，“5”表示“非常符合”。在本研究中，该量表的Cronbach's α 系数分别为0.88和0.91，分半信度为0.77和0.77。使用网络积极体验消极体验问卷中网络积极体验维度作为网络积极体验的测量工具。

如表5.24所示，网络使用偏好、网络积极体验与网络成瘾倾向存在显著的相关。

表5.24　各变量的描述性统计及其各变量之间的相关关系

	$M \pm SD$	1	2	3	4	5
1. 网络成瘾	1.18±0.21	—				
2. 网络信息	2.12±0.85	0.12***	—			
3. 网上交易	0.90±1.01	0.15***	0.62***	—		
4. 上网娱乐	2.78±1.11	0.25***	0.51***	0.39***	—	
5. 网上社交	2.25±1.15	0.20***	0.65***	0.55***	0.57***	—
6. 网络积极体验	2.84±0.66	0.20***	0.45***	0.35***	0.45***	0.49***

注：* 表示 $p < 0.05$；** 表示 $p < 0.01$；*** 表示 $p < 0.001$，下同。

将网络使用偏好作为因变量，网络积极体验作为中介变量，网络成瘾倾向作为因变量，探讨网络积极体验在网络使用偏好对网络成瘾影响中的中介作用。

第一步，检验网络使用偏好对网络成瘾的影响，结果表明：网上娱乐偏好对网络成瘾倾向起到正向预测的作用($\beta = 0.23$，$t_{(9036)} = 17.86$，$p < 0.001$)；网上社交偏好对网络成瘾倾向起到正向预测的作用($\beta = 0.10$，$t_{(9036)} = 6.63$，$p < 0.001$)；网上交易偏好对网络成瘾倾向起到正向预测的作用($\beta = 0.07$，$t_{(9036)} = 4.98$，$p < 0.001$)；而网络信息偏好对网络成瘾倾向起到负向预测的作用($\beta = -0.09$，$t_{(9036)} = -6.64$，$p < 0.001$)。

第二步，检验网络使用偏好对网络积极体验的影响。结果表明：网上娱乐偏好对网络积极体验起到正向预测的作用($\beta = 0.23$，$t_{(8863)} = 20.86$，$p < 0.001$)；网上社交偏好对网络积极体验起到正向预测的作用($\beta = 0.25$，$t_{(8863)} = 19.60$，$p < 0.001$)；网上交易偏好对网络积极体验起到正向预测的作用($\beta = 0.03$，$t_{(8863)} = 2.64$，$p < 0.01$)；而网络信息偏好对网络积极体验起到正向预测的作用($\beta = 0.16$，$t_{(8863)} = 11.93$，$p < 0.001$)。

第三步，检验自变量网络使用偏好和中介变量网络积极体验对网络成瘾倾向的影响，结果表明：网上娱乐偏好对网络成瘾倾向起到正向预测的作用($\beta = 0.21$，$t_{(8383)} = 15.60$，$p < 0.001$)；网上社交偏好对网络成瘾倾向起到正向预测的作用($\beta = 0.07$，$t_{(8383)} = 7.61$，$p < 0.001$)；网上交易偏好对网络成瘾倾向起到正向预测的作用($\beta = 0.06$，$t_{(8383)} = 4.19$，$p < 0.01$)；而网络信息偏好对网络成瘾倾向起到负向预测的作用($\beta = -0.10$，$t_{(8383)} = -6.63$，$p < 0.001$)；网络积极体验对网络成瘾倾向起正向的预测作用($\beta = 0.10$，$t_{(8383)} = 7.61$，$p < 0.001$)。

进一步分析发现，网上娱乐偏好通过网络积极体验对网络成瘾倾向产生的中介效应95%的Bootsrap区间为[0.003，0.005]，不包括零，表明网络积极体验在网上娱乐偏好对网络成瘾的影响中起部分中介效应；网上社交偏好通过网络积极体验对网络成瘾倾向产生的中介效应95%的Bootsrap区间为[0.002，0.005]，不包括零，表明网络积极体验在网上娱乐偏好对网络成瘾的影响中起部分中介效应；网上交易偏好通过网络积极体验对网络成瘾倾向产生的中介效应95%的Bootsrap区间为[0，0.001]，包括零，表明网络积极体验在网上娱乐偏好对网络成瘾的影响中的中介效应不成立；网络信息偏好通过网络积极体验对网络成瘾倾向产生的中介效应95%的Bootsrap区间为[0.002，0.005]，不包括零，表明网络积极体验在网上娱乐偏好对网络成瘾的影响中起部分中介效应。如图5.22所示。

互联网的出现改变人们的生活方式，将相隔千里的人联系在了一起，让人们坐在家里就实现了购物，人们可以以更为快捷、及时的方式查询世界各地的新闻信息和学术资料，可以随心所欲地选择游戏、多媒体进行娱

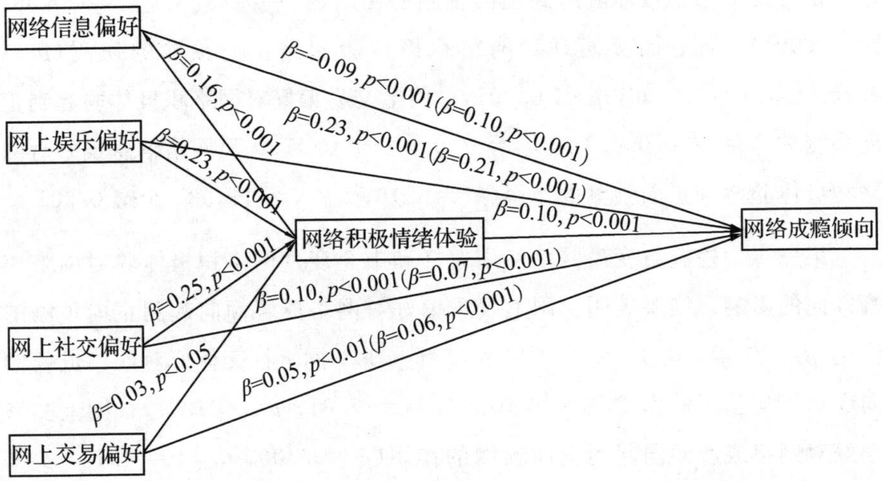

图 5. 22　网络使用偏好对网络成瘾的影响：网络积极体验的中介作用

乐放松……不可否认，网络给我们的生活带来了极大的便利。然而，网络是一把双刃剑，它在给我们带来益处的同时也给我们的生活带来一些负面的影响。在本模型中，不同的网络使用偏好导致不同程度的网络成瘾，首先，网上娱乐对网路成瘾倾向的作用最大(正向预测)，其次是网络信息偏好(负向预测)，再次网络社交偏好(正向预测)，最后是网上交易偏好(正向预测)。

众所周知，网络成瘾的一个重要特征是上网能所带来快感。网络使用偏好对网络成瘾的影响可能是以网络积极体验为中介产生作用的。而本模型的结果也证实，网上娱乐偏好和网上社交偏好对网络积极体验的预测程度最大。而网上交易偏好带来的积极情绪最少。可能是由于网上娱乐偏好和网上社交偏好能带来情感的放松和人际交流的归属，而网上交易不仅带来放松，同时还以花费金钱为代价，所以网上交易偏好产生的积极情绪体验可能会打折扣，从而致使“网上交易偏好——网络积极情绪体验——网络成瘾偏好”这条路径没有达到显著水平。而网络信息偏好更多的是以网络为工具而获取知识，个体获取的是一种理智感，理智感是一种持久的、稳定的心理体验，因而网络信息偏好对网络积极情绪的影响程度居中。

该模型对于青少年的网络成瘾矫正具有一定的指导和借鉴意义。在实践中，我们可以通过阻断网络使用偏好对青少年群体产生的积极情绪体验这条路径而使其偏离网络成瘾的路径。

6　青少年网络行为与心理机制分析：家庭因素

新精神分析学派认为儿童早期具有安全和满足的两种基本需求，当然这种需求是否得到满足完全依赖父母，但是父母对儿童这两种需求的态度可能会影响儿童对这个世界的看法，同时以与父母建立的人际关系为原型与生活中的其他人建立类型的关系模式。与此同时，社会学习理论认为儿童的对数行为不仅通过强化获得，而且更多的是通过观察学习——模仿获得，因而早期父母与孩子建立的亲子关系模式以及当下的父母一言一行都会对青少年的网络生活产生重大的影响。本章主要从家庭环境和父母的网络生活来探讨家庭因素对青少年网络生活的影响。家庭环境主要侧重于探讨亲子间的交流程度和父母的婚姻质量对青少年网络生活的影响；父母的网络生活主要探讨父母的网络关联度和父母的网络利弊权衡对青少年网络生活的影响。此外，这一专题的总体样本来自父母和学生的配对样本(N=1209)，青少年中男生占41.7%，女生占54.1%，青少年平均年龄13.08岁(SD=2.45)，具体的研究题目可以根据变量的缺失情况进行相应的数据清理工作。

6.1　家庭环境

本部分的家庭环境主要是指父母给孩子建立的家庭心理环境，这里主要探讨亲子间的交流程度和父母的婚姻质量对青少年网络生活的影响。

6.1.1　亲子间交流程度对青少年网络体验的影响

如前所述，父母与青少年的交流程度可以在一定程度上反映出家长与孩子之间的亲密程度，当青少年得到父母较少的关怀时，其可能通过其他途径来获取支持，因而其更可能在网络世界中混迹，同时在网络世界中能感受到更多的温暖，对网络做出更加积极的评价。因而本研究探讨亲子之间的交流程度对青少年网络积极消极体验的影响。

选用网络体验的自编问卷来测量青少年的网络使用中的积极和消极体验，其中消极体验包括消极认知体验(3 个条目，如“上网减少了我的睡眠时间”，“上网使我无法集中精力学习”等)、消极情绪体验(4 个条目，如“上网让我变得烦躁”，“上网让我感到空虚”等)和消极社交体验(5 个条目，如“上网使我跟身边人交流的兴趣降低了上网让我和家人在一起的时间减少了”等)三个子维度；积极体验包括积极认知体验(4 个条目，如“网络提高了我的学习效率”等)、积极情绪体验(5 个条目，如“上网使我感到心情愉悦”等)和积极社交体验(4 个条目，如“我常利用网络和父母沟通”等)三个子维度。所有题目均为 5 点评分，从“完全不符合(1)”到“完全符合(5)”，由各维度所含题目的得分相加求平均数作为各维度的得分，所有维度的得分相加求平均数作为积极体验和消极体验分别的最终得分。在本研究中，积极体验和消极体验的同质性 α 系数分别为 0.83 和 0.87。完成所有问卷项目的配对样本个数为 1219 对。

各变量的描述统计与相互的相关矩阵结果如表 6.1 所示。

表 6.1　各变量的描述性统计及其各变量之间的相关关系

	$M \pm SD$	1	2	3	4
积极体验	2.70±0.71	—			
消极体验	1.79±0.61	0.05	—		
交流频率	2.26±1.34	−0.03	-0.10^{**}	—	
交流时间	2.93±0.85	−0.04	-0.13^{**}	0.88^{**}	—

注：* 表示 $p < 0.05$；** 表示 $p < 0.01$；*** 表示 $p < 0.001$，下同。

从表 6.1 可见亲子关系对积极体验的相关不显著，我们进行回归分析进一步探索了亲子间的交流程度对青少年网络积极消极体验的影响。结果表明交流频率对积极体验的预测的确不显著 $\beta = -0.001$，$t_{(942)} = -0.35$，

$p = 0.73$，交流时间对积极体验的预测作用也不显著 $\beta = -0.02$，$t_{(942)} = -0.70$，$p = 0.49$。而交流频率对消极体验的预测是显著的 $\beta = -0.004$，$t_{(966)} = -3.10$，$p < 0.01$，同样交流时间对消极体验的预测也是显著的 $\beta = -0.06$，$t_{(1066)} = -2.57$，$p < 0.05$。

由此可知，亲子关系对子女的积极体验和消极体验有着明显的差异，我们将分别进行解释。首先，亲子关系对积极体验的预测不显著。这是由于积极的网络体验本身比消极体验更容易获得，青少年上网更多地会获得愉快刺激，从而产生积极体验。这种体验和亲子关系关联不大，即使是亲子关系不好的家庭，子女在上网时还是会更多的体验到积极感受。其次，亲子关系对消极体验存在显著的负向预测作用。这是由于良好的亲子关系能够一定程度补偿子女的自我价值缺失和社会支持。一般而言，沉迷于网络的青少年往往是由于自我价值在现实中得不到体现，情感需求得不到满足，缺乏社会支持从而沉迷于虚拟的世界以获得满足。正是这些情感和自我价值感的缺乏导致个体在现实中较难获得积极体验，自我效能感不足，所以才借助于网络来弥补这部分的空缺，从网络中获得积极体验以满足自我价值需要。而良好的亲子关系给青少年提供了重要社会支持，他们体验到父母是爱他们的，自己是有人关心的，因此他们会获得自我价值感，这种自我价值的实现导致其对网络，这一弥补自我价值的途径的依赖降低，使其获得积极体验的方式更多，从而对网络体验的重要性降低。他们会认为网络对其的影响不再那么重要了。所以对于网络的消极体验，青少年看得更坦然，不去纠结其中，因此消极体验更低。

6.1.2 亲子间交流程度对青少年网络成瘾的影响

亲子间缺乏交流往往导致青少年的被关爱的需求得不到满足，为了弥补这种需求，他们可能通过其他途径寻求补偿。如在虚拟的网络世界中需求支持和信任。而网络世界中充满着影视、游戏等娱乐活动，而娱乐活动中游戏的层层过关可以在一定程度上满足青少年自我价值感，因而亲子间缺乏交流导致网络网络成瘾是部分通过网上娱乐偏好实现的。为了探究亲子间交流程度对青少年的网络成瘾的影响，并且探讨网络娱乐在其中的中介机制，我们测量了青少年的网络成瘾倾向、网上娱乐偏好和亲子间的交流程度。

亲子交流程度通过自编了频次和时间的问题进行测量，每次交流的时间与交流频率的乘积即为亲子间的交流程度。

网络娱乐偏好采用雷雳编制的《网络使用偏好问卷》中娱乐偏好维度。该量表分为信息功能、交易功能、娱乐功能及社交功能四个维度。娱乐功能包括4道题，如“网上看视频、下载视频电影玩网络游戏下小说、听音乐”等，内部一致性 α 系数为0.62。完成所有问卷项目的配对样本数为947对。变量的描述统计与相互的相关矩阵结果如表6.2所示。

网络成瘾的测量采用Young(1998，1999)编制的《网络成瘾诊断量表》(Internet Addiction Diagnostic Questionnaire，IADQ)进行施测。该量表由8个迫选的题目组成，每个题目被试都要做出“是”或“否”的回答，选择“是”记为2分，“否”记为1分，得分越高，表明被试的网络成瘾倾向越高。量表题项的同质性 α 系数为0.63。

表6.2　各变量的描述性统计及其各变量之间的相关关系

	$M \pm SD$	1	2	3
娱乐偏好	2.46±1.16	—		
交流程度	83.8±58.9	-0.08^{*}	—	
网络成瘾	1.12±0.16	0.31^{***}	-0.13^{**}	—

注：* 表示 $p < 0.05$；** 表示 $p < 0.01$；*** 表示 $p < 0.001$，下同。

将交流程度作为自变量、网络成瘾作为因变量、娱乐体验作为中介变量探究了网上娱乐偏好在亲子交流程度对网络成瘾影响中的中介作用。第一步，检验亲子交流程度对网络成瘾的影响。结果表明：亲子交流程度对网络成瘾起到负向预测的作用($\beta = -0.14$，$t_{(1021)} = -4.49$，$p < 0.001$)。说明亲子交流程度越高，其子女的网络成瘾倾向越低。第二步，检验亲子交流程度对娱乐偏好的影响。结果表明：亲子交流程度对娱乐体验起到负

向预测作用($\beta = -0.08$，$t_{(949)} = -2.53$，$p < 0.01$)。说明亲子交流程度越高，其子女的网络娱乐偏好越低。第三步，检验亲子交流程度和娱乐偏好对网络成瘾的影响。结果表明：亲子交流程度对网络成瘾起到负向预测作用($\beta = -0.11$，$t_{(947)} = -3.48$，$p < 0.01$)，娱乐体验对网络成瘾起到正向预测作用($\beta = 0.30$，$t_{(947)} = 9.87$，$p < 0.001$)。进一步分析发现，亲子交流程度通过网络娱乐偏好对网络成瘾倾向产生的中介效应95%的Bootstrap区间为[0.000，0.015]，不包括零，表明网络娱乐偏好在亲子交流程度对网络成瘾的影响中起部分中介效应。如6.1图所示。

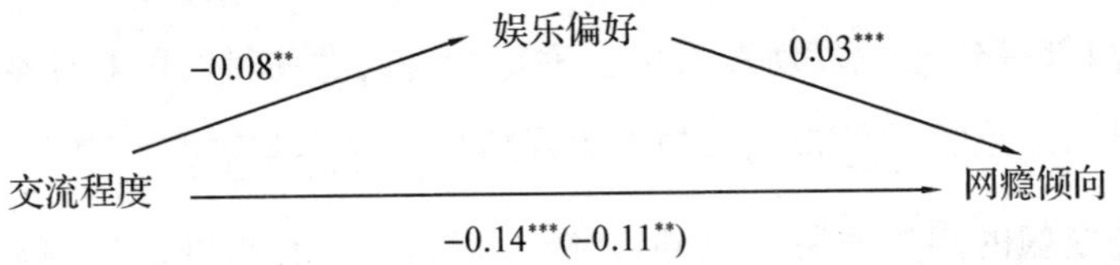

图6.1　娱乐偏好的部分中介作用

人是社会性动物，需要得到陪伴和交流，同时也需要得到他人的关注。而亲子交流程度对于青少年而言尤为重要，因为青少年的社会接触面比较窄，人际关系比较简单，主要包括亲子、同学、师生、朋友这四种类型。而家庭对子女的影响因为时间更长、关系更特殊，因此往往对青少年而言起到决定性作用。亲子关系的疏离往往导致青少年不得不寻求其他渠道以弥补情感上的缺失，获得他人的关注。人生来就有自我价值实现的需要，如果自己的表现无人欣赏，尤其是对自己而言的重要他人的关注，那么人们会退而求其次，寻找其他能够证明自我价值的途径。因此，不良的亲子交流会导致青少年通过其他方式寻求自我价值，以证明自己和生活意义，而网络的普及给了青少年这样的途径。所以，亲子交流程度越低，子女的网络成瘾倾向越明显，他们利用网络这种便捷丰富的手段去获得陪伴、交流和自我价值。

随着网络的普及和网络功能的不断发展，人们通过网络可以实现大多数的生活需要。网络能够进行与他人的交流，可以进行交易，可以获取新知识拓展新眼界，更能进行丰富多彩的娱乐活动。而对于青少年群体而言，娱乐活动具有较强的吸引力。娱乐本身的性质让青少年常常乐此不疲，追求更新更逼真的刺激。同时，由于自我控制力的不足，青少年更容易陷入网瘾当中。因此，网络娱乐的偏好越高，其网络成瘾倾向越明显。

在亲子交流程度和网瘾倾向的预测中，网络娱乐偏好起到了中介作用。亲子交流程度低的青少年，为了寻求其他的交流渠道，以获得关注、自我价值感、陪伴，会去选择网络这个工具。而对于网络的使用上，如果对其娱乐的偏好很大，沉迷于网络游戏、音乐、电影的时候，他们更容易形成网瘾。由此可看出，网络成瘾的青少年，更多的是对网络的娱乐功能上瘾，寻求刺激、获得成就感和关注。可见，良好的亲子交流是必要的，是青少年健康成长的重要条件。同时，如何合理地引导青少年使用网络，也是我们需要探讨的问题。

6.1.3 父母婚姻关系质量对青少年网络使用偏好的影响

父母的婚姻关系质量不仅能够影响青少年的网路成瘾倾向，而且也会对青少年网络使用过程中的具体偏好产生更为直接的影响，本研究主要是为了探讨家庭关系中父母的婚姻关系质量对青少年的网络使用偏好的影响，具体包括网络信息偏好、网络交易偏好、网络娱乐偏好和网络社交偏好。

采用自我报告的方法测量父母的婚姻关系质量(“您如何评价自己和配偶的关系”)，从1(非常差)到10(非常好)采用10点评分，数字越大表示其知觉到的婚姻关系质量越好，数字越小表示知觉到的婚姻关系质量越差。

网络使用偏好问卷采用雷雳和柳铭心(2005)编制的《网络使用偏好问卷》，从“1—从不”到“5—经常”分5个等级计分，共有网络信息、网上交易、网上娱乐和网上社交4个维度，各维度的Cronbachα系数分别为0.80、0.79、0.71、0.80，总问卷的内部一致性系数为0.88。

各变量的描述统计与相互的相关矩阵结果如表6.3所示。

表 6.3　各变量的描述性统计及其各变量之间的相关关系

	$M \pm SD$	1	2	3	4	5
婚姻关系质量	8.55±1.70	—				
网络信息偏好	1.88±0.73	−0.02	—			
网络交易偏好	0.49±0.74	−0.03	0.41***	—		
网络娱乐偏好	2.50±2.74	−0.06*	0.47***	0.32***	—	
网络社交偏好	1.88±1.83	−0.07*	0.58***	0.41***	0.56***	—

注：* 表示 $p < 0.05$；** 表示 $p < 0.01$；*** 表示 $p < 0.001$，下同。

为了探讨父母婚姻质量对青少年网络使用偏好的影响，根据四个不同的青少年网络使用偏好种类，分别对父母的婚姻关系质量进行回归分析，具体结果如下：

父母的婚姻关系质量对青少年使用网络过程中的信息搜索偏好没有显著的预测作用，$\beta = -0.02$，$t_{(1122)} = -0.74$，$p = 0.46$，即父母的婚姻关系质量的高低并不会对青少年的网络信息偏好产生显著性的影响。父母的婚姻关系质量对青少年使用网络过程中的网上购物等交易偏好也没有显著性的预测作用，$\beta = -0.03$，$t_{(1121)} = -0.95$，$p = 0.34$，表明父母婚姻关系质量的高低并不会对青少年的网上购物等交易活动产生显著性的影响。

父母的婚姻关系质量能够显著预测青少年网络使用过程中的娱乐偏好，$\beta = -0.06$，$t_{(1122)} = -2.12$，$p = 0.03$，即父母的婚姻关系质量越高，青少年使用网络进行网络娱乐活动的偏好水平越低，父母的婚姻关系质量越低，青少年使用网络进行网络娱乐活动的偏好水平越高。在控制青少年的年龄和性别的情况下，父母的婚姻关系质量的预测作用也是显著的，$\beta = -0.08$，$t_{(1075)} = -2.67$，$p = 0.008$。父母的婚姻关系质量也能够显著预测青少年在网络使用过程中的社交偏好，$\beta = -0.07$，$t_{(1122)} = -2.17$，$p = 0.03$，表明父母的婚姻关系质量越高，青少年利用网络进行网上交友、聊天的偏好水平越低，反之，父母的婚姻关系质量越低，青少年利用网络进行网上交友、聊天的偏好水平越高。在控制青少年的年龄和性别的条件下，父母的婚姻关系质量的预测作用也是显著的，$\beta = -0.07$，$t_{(1075)} = -2.29$，$p = 0.02$。

父母的婚姻关系质量能够影响青少年的网络使用偏好，而且在四个不同的网络使用偏好类别上面的影响程度也存在一定的差异，其中对于网络信息偏好和网络交易偏好这两个变量来说，父母的婚姻关系质量的预测作用不显著，可能是因为中小学阶段的青少年对于网络的需求主要体现在娱乐游戏和聊天交友等侧面，至于信息搜索的功能可能比较受学校老师的导向作用明显，因而没有明显受到父母的婚姻关系方面的影响；而另一个变量交易偏好受父母婚姻质量的影响也不显著，可能因为网上交易的办理程序较为复杂，而且青少年的各项物质需求均为父母代办，青少年的网上交易的偏好较低，因而父母的婚姻质量没有对青少年的网上交易偏好产生影响也在情理之中。

对于另外两种偏好类别，父母的婚姻关系质量都具有显著的负向预测作用，也就是说，父母的婚姻关系质量越高，青少年使用网络进行游戏、音乐等娱乐活动和交友、聊天等社交活动的偏好水平就越低，父母的婚姻关系质量越低，青少年使用网络进行娱乐活动和社交活动的偏好水平就越高，由此可见，父母的婚姻关系和谐与否直接影响青少年的网络娱乐和社交活动，良好的父母婚姻关系给青少年营造良好的家庭环境，进行家庭集体活动的机会更多，娱乐活动也更加丰富，所以青少年对于网上娱乐和社交活动的偏好程度就会比较低。相反地，如果父母的婚姻关系较差，生活在这个氛围中的青少年很难感受到较为和谐的家庭氛围，它们可能更多的是想着如何逃离这个压抑的环境而非享受其中，所以虚拟的网络世界可能是他们的“避难所”，喜欢与陌生人聊天，喜欢沉浸于网上的游戏等娱乐活动中，而暂时忘却现实生活中的烦恼。

因此，良好的家庭氛围对于青少年的网络使用习惯的养成具有非常积极的导向作用，现实生活中和谐的父母伴关系会在很大程度上减少其对网上世界的依赖。

6.1.4 父母婚姻关系质量对青少年网络体验的影响

父母的婚姻关系质量除了能够影响青少年在使用网络过程中的具体偏好和网络成瘾的倾向之外，还会对其使用网络过程中的体验经历产生较为直接的影响，本研究主要探讨父母的婚姻关系质量对青少年使用网络过程中体验的影响。

采用自我报告的方法测量父母的婚姻关系质量(“您如何评价自己和配偶的关系”)，从1(非常差)到10(非常好)采用10点评分，数字越大表示其知觉到的婚姻关系质量越好，数字越小表示知觉到的婚姻关系质量越差。

采用自编的《网络体验》问卷来测量青少年的网络使用中的积极和消极体验，其中消极体验包括消极认知体验(3个条目，如“上网减少了我的睡眠时间”，“上网使我无法集中精力学习”等)、消极情绪体验(4个条目，如“上网让我变得烦躁”，“上网让我感到空虚”等)和消极社交体验(5个条目，如“上网使我跟身边人交流的兴趣降低了”、“上网让我和家人在一起的时间减少了”等)三个子维度；积极体验包括积极认知体验(4个条目，如“网络提高了我的学习效率”等)、积极情绪体验(5个条目，如“上网使我感到心情愉悦”等)和积极社交体验(4个条目，如“我常利用网络和父母沟通”等)三个子维度。所有题目均为5点评分，从“完全不符合(1)”到“完全符合(5)”，由各维度所含题目的得分相加求平均数作为各维度的得分，所有维度的得分相加求平均数作为积极体验和消极体验分别的最终得分。在本研究中，积极体验和消极体验的同质性α系数分别为0.70和0.72。

各变量的描述统计与相互的相关矩阵结果如表6.4所示。

表6.4 各变量的描述性统计及其各变量之间的相关关系

	$M \pm SD$	1	2	3
婚姻关系质量	8.55±1.70	—		
积极体验	2.74±.70	0.003	—	
消极体验	1.83±.64	−0.11**	0.10**	—

注：* 表示 $p < 0.05$；** 表示 $p < 0.01$；*** 表示 $p < 0.001$，下同。

采用两个不同维度的青少年网络体验对父母的婚姻关系质量进行回归分析，结果发现，父母的婚姻关系质量对青少年使用网络过程中的积极体验并没有显著的预测作用，$\beta = 0.003$，$t_{(1123)} = 0.10$，$p = 0.92$，也就是说，父母的婚姻关系质量对青少年使用网络过程中的积极体验没有显著影响；但是，父母的婚姻关系质量对青少年使用网络过程中的消极体验具有显著的预测作用，$\beta = -0.11$，$t_{(1123)} = -3.80$，$p < 0.001$，表明父母的婚姻关系质量越高，青少年在使用网络过程中体验的消极经历会越少，而与之相反，如果父母的婚姻关系质量越低，则青少年在使用网络过程中体验到的消极经历会越多。控制青少年的性别和年龄的条件下，父母的婚姻关系质量依然能够显著负向预测其网络消极体验的水平，$\beta = -0.12$，$t_{(1076)} = -3.98$，$p < 0.001$。

父母的婚姻关系质量在一定程度上代表了家庭环境中的核心元素，婚姻关系质量的高低反映着整个家庭氛围，婚姻关系质量高的家庭一般较为融洽，给每个成员提供的自由和空间也会比较大，彼此之间信任感很强，而婚姻关系质量差的家庭则较为复杂，可能每个家庭不太一样，但整体上来说，表现出来的是经常争吵，甚至打架，对于青少年的健康成长较为不利。

在本研究中，父母的婚姻关系质量会对青少年使用网络过程中的体验产生影响，具体表现在对网络消极体验的影响上，如消极的情绪体验，消极的认知体验和消极的社交体验等，如果来自的家庭里面父母婚姻关系质量比较好的话，那么青少年的网络消极体验的自我报告水平会比较低，即较少体验到这些消极的情绪、认知或社交经历，或者能够以一种比较积极的态度去看待别人看似拒绝或消极的表达方式；如果是来自的家庭里面父母的婚姻关系质量较差，如经常吵骂等，则会使青少年的网络消极体验水平显著提高，既包括真实体验到的消极情绪、消极认知和消极社交，也包括对某些模糊的行为的消极的理解和阐释。由此可见，父母所营造的家庭氛围不仅会影响青少年的具体行为体验，还会在某种程度上慢慢改变青少年对事情对他人的思维习惯，逐渐趋于被动化和消极化，更加不利于青少年的健康成长和学习社交活动。

6.1.5 父母婚姻关系质量对青少年网络成瘾的影响

6.1.5.1 亲子关系的中介作用机制

父母的婚姻关系作为家庭关系的一个重要支柱，其程度会影响青少年的网络成瘾倾向，并且通过对亲子关系的作用而影响青少年的身心健康，进而表现为对网络世界的极大依赖。本研究主要探讨父母的婚姻关系质量对青少年的网络成瘾倾向的影响，以及亲子关系在其中的中介作用。

采用自我报告的方法测量父母的婚姻关系质量(“您如何评价自己和配偶的关系”)，从1(非常差)到10(非常好)采用10点评分，数字越大表示其知觉到的婚姻关系质量越好，数字越小表示知觉到的婚姻关系质量越差。采用父母的自我报告来测量其亲子关系状况(“您如何评价自己和孩子的关系”)，从1 (非常差) 到10(非常好)采用10点评分，数字越大表示其知觉到的亲子关系越好，数字越小表示其知觉到的亲子关系越差。

网络成瘾的测量采用Young(1998，1999)编制的《网络成瘾诊断量表》(Internet Addiction Diagnostic Questionnaire，IADQ)进行施测。该量表由8个迫选的题目组成，每个题目被试都要做出“是”或“否”的回答，选择“是”记为2分，“否”记为1分，得分越高，表明被试的网络成瘾倾向越高。本研究中的同质性α系数为0.64。

各变量的描述统计与相互的相关矩阵结果如表6.5所示。

表6.5 各变量的描述性统计及其各变量之间的相关关系

	$M \pm SD$	1	2	3
婚姻关系质量	8.55±1.68	—		
亲子关系	8.48±1.65	0.60***	—	
网络成瘾倾向	1.13±1.69	−0.13***	−0.21***	—

注：*表示$p < 0.05$；**表示$p < 0.01$；***表示$p < 0.001$，下同。

我们采用回归分析探讨亲子关系在父母婚姻质量对网络成瘾倾向影响上的中介效应。首先是父母的婚姻关系质量对青少年网络成瘾倾向的主效应，通过网络成瘾倾向对父母婚姻关系质量的回归分析发现，父母的婚姻关系质量能够显著预测青少年的网络成瘾倾向，$\beta = -0.13$，$t_{(1130)} = -4.25$，$p < 0.001$，也就是说父母报告的婚姻关系质量越好，青少年的网路成瘾倾向越低，反之，父母报告的婚姻关系质量越差，则青少年网络成瘾的倾向越高。其次是亲子关系的中介作用分析，做亲子关系对父母的婚姻关系质量的回归分析得到，父母的婚姻关系质量能够显著预测亲子关系的水平，$\beta = -0.60$，$t_{(1182)} = -25.75$，$p < 0.001$；将父母的婚姻关系质量和亲自关系同时进入回归方程预测青少年的网络成瘾倾向发现，婚姻关系质量对网络成瘾倾向的预测作用不再显著，$\beta = -0.001$，$t_{(1125)} = -0.04$，$p = 0.97$；而亲子关系能够显著预测网络成瘾倾向，$\beta = -0.21$，$t_{(1125)} = -5.73$，$p < 0.001$。Bootstrap 分析的结果显示，中介效应是显著的，95%的置信区间是[0.007，0.018]。

父母的婚姻关系质量是一个家庭里面所有关系的核心，婚姻关系质量的好坏直接影响青少年的身心健康成长，研究中发现父母的婚姻关系质量能够显著预测青少年的网络成瘾倾向。父母的婚姻关系质量越好，整体的家庭氛围也会相对良好，进而青少年感受到的爱和关怀也会更多，因此，其过度沉溺网络的可能性就会比较低；相反地，当父母的婚姻关系质量较差的时候，不良的家庭氛围往往导致父母没有足够的精力来关注孩子，导致其在成长过程中感受到较少的爱和关怀，因此，可能会在网络的虚拟世界中寻求一种替代性解脱，呈现出较高的网络成瘾倾向。

按照金盛华(2010)的自我价值定向理论的假设，人的基本需求是获得自我价值观和寻求生命的意义。当个体的自我价值观得不到满足时，个体可能寻求其他途径来获得自我价值支撑。数据显示，父母的婚姻质量对青少年的网络成瘾产生显著的预测作用，然而，父母的婚姻质量对自我价值的威胁相对较小，因为婚姻质量是父母双方的人际关系模式，但在不同的婚姻质量模式下形成的家庭氛围却对青少年的成长和自我价值观的获取产生了极大的影响。当婚姻质量较差时，父母的关系不和，青少年很难同时得到父母双方的关爱，甚至是一方的关爱都不到，大大影响了亲子之间的关系，而当青少年得不到父母的关爱和支持时，如前所述，个体可能寻求其他途径来获取对自我的认可，而网络是一个较为可能性需求自我价值的替代途径，而个体一旦将网络与自我价值建立起关联，极易形成网络成瘾。综上所述，亲子关系在父母的婚姻质量对青少年的网络成瘾的影响中起完全中介的作用。

6.1.5.2　独生子女的调节作用机制

父母的婚姻关系质量对青少年的网络成瘾倾向有显著影响，但是这种影响可能在不同的家庭类型之间也会有所差别，比如独生子女家庭和非独生子女家庭，由于子女的多少直接决定父母的精力所能分配到每个孩子身上的多少，因此，独生子女身份可能会对父母婚姻关系质量的影响产生调节作用。本研究主要探讨父母的婚姻关系质量和青少年网络成瘾的关系，以及青少年的独生子女身份在其中的调节作用。

采用自我报告的方法测量父母的婚姻关系质量(“您如何评价自己和配偶的关系”)，从1(非常差)到10(非常好)采用10点评分，数字越大表示其知觉到的婚姻关系质量越好，数字越小表示知觉到的婚姻关系质量越差。

网络成瘾的测量采用Young(1998，1999)编制的《网络成瘾诊断量表》(Internet Addiction Diagnostic Questionnaire，IADQ)进行施测。该量表由8个迫选的题目组成，每个题目被试都要做出“是”或“否”的回答，选择“是”记为2分，“否”记为1分，得分越高，表明被试的网络成瘾倾向越高。本研究中的同质性α系数0.64。

对是否独生子女做虚无编码，0表示“独生子女”，1表示“非独生子女”。

变量的描述统计与相互的相关矩阵结果如表6.6所示。

表 6.6 各变量的描述性统计及其各变量之间的相关关系

	$M \pm SD$	1	2	3
婚姻关系质量	8.55±1.70	—		
独生子女	0.60±0.49	0.10**	—	
网络成瘾	1.13±1.69	−0.13***	−0.07*	—

注：* 表示 $p < 0.05$；** 表示 $p < 0.01$；*** 表示 $p < 0.001$，下同。

我们采用分层回归的方法进一步探讨独生子女在父母婚姻质量对网络成的影响中的调节效应，，第一步将婚姻关系质量和独生子女身份放入方程，第二步将独生子女(虚无编码：非独生子女=0，独生子女=1)和标准化的婚姻关系质量的乘积放入回归方程。分层回归的结果发现，父母婚姻关系质量负向预测青少年的网络成瘾倾向，$\beta = -0.12$，$t_{(1122)} = 4.17$，$p < 0.001$；独生子女身份也能显著预测青少年的网络成瘾倾向，$\beta = -0.06$，$t_{(1122)} = 1.98$，$p < 0.05$，来自独生子女家庭的青少年具有相对较低的网络成瘾倾向，而非独生子女家庭的青少年更容易产生网络成瘾的行为。

另外，父母的婚姻关系质量与独生子女身份存在显著的交互作用(如图 6.2 所示)，$\beta = 0.08$，$t_{(1120)} = 2.68$，$p = 0.008$。通过简单斜率检验进一步分析发现，对于来自独生子女家庭的中小学生来说，其父母的婚姻关系质量能够显著预测网络成瘾的倾向，$\beta = -0.20$，$t_{(1122)} = -4.77$，$p < 0.001$；但对于来自非独生子女家庭的中小学生来说，其父母的婚姻关系质量不能预测其网络成瘾的倾向，$\beta = -0.04$，$t_{(1122)} = -1.07$，$p = 0.29$。

父母的婚姻关系质量对青少年的身心健康有重要影响，父母间的婚姻关系质量越好，孩子感受到的爱和关怀越多，其网络成瘾的可能性较低，反之父母间的婚姻关系质量越差，孩子得到的关怀就越少，青少年沉溺网络的虚拟世界，进而成瘾的可能性就越高。因此，父母之间关系的和谐与否直接影响青少年的身心健康，只有父母愿意投入足够的时间关注、引导孩子的生活习惯和学习习惯，才能有利于中小学阶段青少年的健康成长。

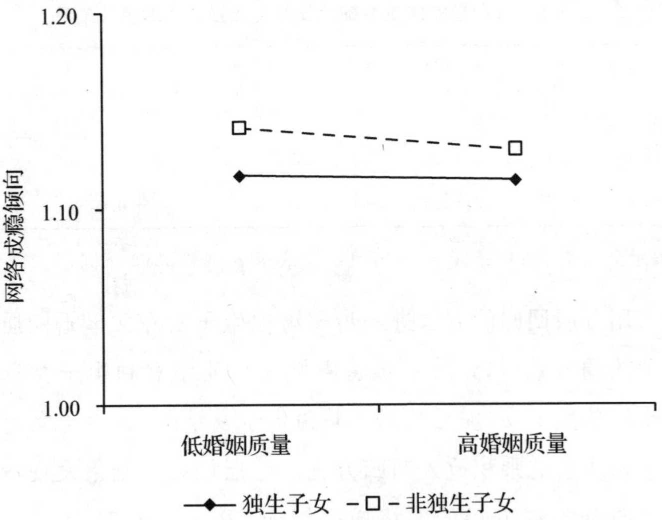

图 6.2　婚姻关系质量和独生子女对网瘾的影响

父母的婚姻关系质量对青少年的网络成瘾的预测作用受到了其独生子女身份的影响，独生子女是核心家庭(三个家庭成员)的一个重要支柱，父母对孩子的关注较多，即使父母的婚姻质量不高时，独生子女也能充分感受到父母的关爱，也就说在独生子女家庭中，从父母那里获得的关爱已经产生了溢出值，当父母的婚姻质量高低与否，独生子女都能感受到父母的关怀，这些关怀对于良好的生活和学习习惯(包括使用网络进行社交活动和学习活动)均有益处，其网络成瘾的可能性比较低。相比较而言，在非独生子女家庭中，孩子不止一个，每一个孩子得到的父母的积极关注非常有限，因而，孩子感受到父母关爱的多少可能会受到父母婚姻质量水平高低的影响，而当父母的婚姻质量不高时，父母对非独生子女的积极关注可能减少，而这时青少年可能转向网络虚拟世界以获取来自“重要他人”的积极关注。进而形成网络成瘾。

6.2 父母的网络生活

社会学习理论强调，青少年的诸多行为是通过观察学习习得的，因而本节主要考察父母的网络生活（父母的网络关联度和父母对网络的利弊权衡）对青少年网络生活的影响。

6.2.1 父母的网络关联度对青少年网络体验的影响

父母的网络关联程度对于青少年的网络体验有着正面和负面的影响，故而该部分主要探讨父母的网络关联程度对于子女的网络积极消极体验的影响。

本研究采用自编问卷考察父母的网络关联度，父母网络关联度是指网络与其工作或生活的关系的密切程度，既包括了重要性程度，也包括了使用的程度。家长网络关联度由 4 个 10 点评分的项目组成（Cronbach's $\alpha=0.91$），家长要分别评价网络对其工作的重要程度、网络对其生活的重要程度、其对网络的依赖程度、其使用网络的频率。总分为 4 个题的平均分，分数越高代表网络关联度越高。

选用网络体验的自编问卷来测量青少年的网络使用中的积极和消极体验，其中消极体验包括消极认知体验（3 个条目，如“上网减少了我的睡眠时间”，“上网使我无法集中精力学习”等）、消极情绪体验（4 个条目，如“上网让我变得烦躁”，“上网让我感到空虚”等）和消极社交体验（5 个条目，如“上网使我跟身边人交流的兴趣降低了上网让我和家人在一起的时间减少了”等）三个子维度；积极体验包括积极认知体验（4 个条目，如“网络提高了我的学习效率”等）、积极情绪体验（5 个条目，如“上网使我感到心情愉悦”等）和积极社交体验（4 个条目，如“我常利用网络和父母沟通”等）三个子维度。所有题目均为 5 点评分，从“完全不符合(1)”到“完全符合(5)”，由各维度所含题目的得分相加求平均数作为各维度的得分，所有维度的得分相加求平均数作为积极体验和消极体验分别的最终得分。在本研究中，积极体验和消极体验的同质性 α 系数分别为 0.83 和 0.87。完成所有问卷项目的配对样本个数为 1219 对。

各变量的描述统计与相互的相关矩阵结果如表 6.7 所示。

表 6.7　各变量的描述性统计及其各变量之间的相关关系

	$M \pm SD$	1	2	3	4	5	6	7	8	9
积极认知	3.09±0.81	—								
积极情绪	2.99±1.08	0.54***	—							
积极社交	2.04±0.72	0.47***	0.41**	—						
消极认知	2.25±0.86	−0.12**	−0.01	0.05*	—					
消极情绪	1.59±0.77	0.11**	0.01	0.09**	0.43***	—				
消极社交	1.52±0.46	−0.04	0.14**	0.23**	0.45***	0.46***	—			
父母关联程度	4.64±2.45	0.12**	0.05	0.12**	−0.13**	−0.07*	−0.07*	—		
积极体验	2.71±0.70	0.82***	0.86***	0.78***	−0.03	0.02	0.16**	0.11**	—	
消极体验	1.78±0.61	−0.05	0.05	0.14**	0.82	0.79***	0.77***	−0.11**	0.05	—

注：* 表示 $p < 0.05$；** 表示 $p < 0.01$；*** 表示 $p < 0.001$，下同。

使用回归分析对父母的网络关联度与青少年网络积极消极体验的关系做进一步的分析。结果发现：在控制了青少年的性别、年龄以及家庭经济状况的基础上，家长网络关联度能显著正向预测积极认知，$\beta = 0.12$，$t_{(1057)} = 3.76$，$p < 0.0001$；家长网络关联度无法预测积极情绪 $\beta = 0.04$，$t_{(1044)} = 1.11$，$p = 0.27$；家长网络关联度能显著正向预测积极社交，$\beta = 0.09$，$t_{(1028)} = 2.94$，$p = 0.003$。家长网络关联度能显著负向预测消极认知，$\beta = -0.12$，$t_{(1037)} = -3.82$，$p < 0.0001$：家长网络关联度能够预测消极情绪 $\beta = -0.06$，$t_{(1062)} = -1.92$，$p = 0.06$；家长网络关联度不能显著负向预测消极社交，$\beta = -0.04$，$t_{(1050)} = -1.35$，$p = 0.18$。总体而言，家长网络关联度能够显著正向预测积极体验，$\beta = 0.09$，$t_{(970)} = 2.81$，$p < 0.01$，家长网络关联度能够显著负向预测消极体验，$\beta = -0.10$，$t_{(929)} = -3.02$，$p = 0.003$。家长的网络关联度能够显著预测问积极体验高

于消极体验的差异 $\beta = 0.06$，$t_{(955)} = 5.06$，$p < 0.0001$。而家长的网络关联度可以显著的正向预测子女的网瘾倾向 $\beta = -0.09$，$t_{(1108)} = -2.84$，$p = 0.005$。

家长的网络关联度越高，其对子女的上网态度越宽容，子女对上网的态度也更加积极开放。家长的网络关联度越高，子女的积极认知、积极社交更好，总体的积极体验更多。而相应的子女会产生更少的消极认知、消极情绪、消极社交，总体的消极体验更少。家长的网络关联度越高，其子女的网络积极体验比消极体验更多。这说明家长的网络态度对子女有着潜移默化的影响，因此从青少年网络体验而言，家长的网络关联越高青少年的网络体验越积极，消极体验越少。所以，我们需要理性的看待家长的网络态度，家长对网络越了解，其子女对网络更了解，更多地从网络的积极层面去看待，从而更好地利用网络，青少年更不容易沉浸于虚幻的网络世界中，他们更多的是将网络当成促进学习、生活的一种工具而已。

6.2.2 父母的网络关联度对青少年网络使用偏好的影响

父母的网络态度会影响到子女对上网的认知和态度，因而该部分主要探究父母的网络关联程度对青少年网络使用偏好的影响。

选用采用雷雳编制的网络使用偏好问卷，分为信息功能、交易功能、娱乐功能及社交功能四个维度。其中信息功能包括 6 道题，内部一致性 α 系数为 0.56；交易功能包括 4 道题，内部一致性 α 系数为 0.63；娱乐功能包括 4 道题，内部一致性 α 系数为 0.62；社交功能包括 6 道题，内部一致性 α 系数为 0.79。家长网络关联度是指网络与其工作或生活的关系的密切程度，既包括了重要性程度，也包括了使用的程度。家长网络关联度由 4 个 10 点评分的项目组成(Cronbach′s $\alpha = 0.91$)，家长要分别评价网络对其工作的重要程度、网络对其生活的重要程度、其对网络的依赖程度、其使用网络的频率。总分为 4 个题的平均分，分数越高代表网络关联度越高。完成所有问卷项目的配对样本个数为 1219 对。

各变量的描述统计与相互的相关矩阵结果如表 6.8 所示。

表 6.8　各变量的描述性统计及其各变量之间的相关关系

	$M \pm SD$	1	2	3	4	5
信息	1.91±0.73	—				
交易	0.51±0.77	0.43**	—			
娱乐	2.49±1.15	0.51**	0.32**	—		
社交	1.93±1.15	0.60**	0.40**	0.58**	—	
家长网络关联度	4.69±2.50	0.09**	0.12**	0.07**	0.05	—

注：* 表示 $p < 0.05$；** 表示 $p < 0.01$；*** 表示 $p < 0.001$，下同。

采用回归分析进一步探讨家长网络关联度对学生网络使用偏好的影响，结果发现，在控制性别、年龄、家庭经济状况等变量后，家长的网络关联度能够显著的正向预测子女的网络信息偏好 $\beta = 0.10$，$t_{(1032)} = 3.08$，$p < 0.001$；家长的网络关联度能够显著的正向预测子女的网络交易偏好 $\beta = 0.10$，$t_{(1067)} = 3.20$，$p < 0.001$；家长的网络关联度对子女的网络娱乐偏好的预测为边缘显著 $\beta = 0.05$，$t_{(1057)} = 1.67$，$p = 0.10$；家长的网络关联度对子女的网络社交偏好的预测为显著 $\beta = 0.08$，$t_{(957)} = 2.35$，$p = 0.02$。

家长的网络关联度对于子女的网络使用偏好影响存在正向预测作用。综合而言，家长的网络关联度越高，其子女在信息偏好、交易偏好、娱乐偏好、社交偏好上的得分也越高。这是因为家长对网络的关注越多，会产生一种示范效应，对子女的网络使用起到引导作用。而在这四个维度中，家长对信息偏好和交易偏好的影响更大。但在娱乐和社交上影响削弱。这是因为利用网络进行信息搜索或进行交易本身给青少年带来的刺激更小，因此家长的示范作用显得更加重要，能够显著的提高子女在这方面的网络使用率。而娱乐和社交本身对于青少年的吸引力更大，家长在这些方面的示范作用不明显，青少年自然而然的对这些方面产生偏好。因此，家长的网络关联度对子女的网络使用偏好是起到积极的作用。这个作用就在于家长可以通过自身的示范作用，带动子女更好、更合理地使用网络，充分利用网络资源。当然，在这一过程中有可能造成子女对网络成瘾，这就需要家长更多的关注和诱导。

6.2.3 父母的网络利弊权衡对青少年网络体验的影响

父母的网络利弊权衡的态度除了能够影响青少年的网络成瘾倾向之外，还会对青少年的网络使用过程中的体验产生直接的影响。本研究主要探讨青少年父母的网络利弊权衡对其网络积极消极体验的影响。

采用方晓义等人编写的《网络利弊权衡量表》测量父母的利弊权衡态度，共包括积极和消极两个子维度，本研究采用积极与消极之差作为利弊权衡的综合指标，利弊权衡值越大表明父母对青少年使用网络的态度更为积极，值越小表明父母的态度更为消极，认为对孩子的坏处多于好处。

采用自编的《网络体验问卷》来测量青少年的网络使用中的积极和消极体验，其中消极体验包括消极认知体验(3 个条目，如“上网减少了我的睡眠时间”，“上网使我无法集中精力学习”等)、消极情绪体验(4 个条目，如“上网让我变得烦躁”，“上网让我感到空虚”等)和消极社交体验(5 个条目，如“上网使我跟身边人交流的兴趣降低了上网让我和家人在一起的时间减少了”等)三个子维度；积极体验包括积极认知体验(4 个条目，如“网络提高了我的学习效率”等)、积极情绪体验(5 个条目，如“上网使我感到心情愉悦”等)和积极社交体验(4 个条目，如“我常利用网络和父母沟通”等)三个子维度。所有题目均为 5 点评分，从“完全不符合(1)”到“完全符合(5)”，由各维度所含题目的得分相加求平均数作为各维度的得分，所有维度的得分相加求平均数作为积极体验和消极体验分别的最终得分。在本研究中，积极体验和消极体验的同质性 α 系数分别为 0.70 和 0.72。变量的描述统计与相互的相关矩阵结果如表 6.9 所示。

表 6.9 各变量的描述性统计及其各变量之间的相关关系

	$M \pm SD$	1	2	3
利弊权衡	0.77±1.03	—		
积极体验	2.74±0.70	0.21***	—	
消极体验	1.83±0.64	−0.22***	0.10*	—

注：* 表示 $p < 0.05$；** 表示 $p < 0.01$；*** 表示 $p < 0.001$，下同。

采用回归分析的方法分别分析父母的利弊权衡对青少年的网络积极体验和消极体验的影响。首先，分析网络积极体验对父母的利弊权衡的回归后发现，父母的利弊权衡能够正向预测青少年的网络积极体验，$\beta = 0.21$，$t_{(1133)} = 7.32$，$p < 0.001$，表明父母认为网络对孩子越有利，青少年网络使用过程中的积极体验也就越高，反之，则网络使用过程中的积极体验便越低，二者呈现一致的情况。控制青少年的年龄和性别之后，父母的利弊权衡对网络积极体验的预测作用同样显著，$\beta = 0.46$，$t_{(1090)} = 16.76$，$p < 0.001$。然后，分析网络消极体验对父母的利弊权衡的回归后发现，父母的利弊权衡显著负向预测青少年的网络消极体验，$\beta = -0.22$，$t_{(1133)} = -7.58$，$p < 0.001$，意味着父母认为网络对孩子越有利，青少年网络使用过程中的消极体验就越低，反之，则网络使用过程中的消极体验就越高。控制青少年的年龄和性别之后，父母的利弊权衡同样能够负向预测其网络使用过程中的消极体验，$\beta = -0.56$，$t_{(1090)} = -22.02$，$p < 0.001$。

父母对网络的态度能够直接影响青少年在网络使用过程中的体验，具体表现在两个方面：一是积极体验的正向预测，父母对网络的态度越积极，越认可网络对孩子的学习和生活的作用，青少年的积极体验水平越高；二是消极体验的负向预测，父母对网络的态度越积极，越认可网路对孩子的学习和生活的作用，青少年的消极体验水平会越低。

虽然本研究中没有发现青少年在使用网络过程中的积极体验与消极体验的对应关系，并且二者也并非直接对立的，但是在分析父母的利弊权衡的影响的过程中发现，父母具有的网络影响青少年的主观态度能够正向预测其网络积极体验，负向预测其网络消极体验，说明在一定程度上，青少年在使用网络过程中的积极体验和消极体验是相对的概念。父母对网络的利弊权衡既可以影响其积极体验，也可以影响其消极体验，进而影响其网络的使用习惯和网络成瘾的倾向，因此，对于青少年的网络成瘾问题的研究需要充分考虑父母对网络的态度在其中的作用，积极寻求与父母的合作，为青少年健康使用网络、规避网路使用成瘾营造良好的家庭成长环境。

6.2.4 父母的网络利弊权衡对青少年网络使用偏好的影响

父母对网络利弊权衡的态度除了能够影响青少年的网络成瘾倾向和网络使用过程中的体验之外，还能直接影响青少年使用网络的具体偏好类型。本研究主要探讨青少年父母的网络利弊权衡对其网络使用偏好的影响，以及独生子女与否的调节作用。

采用方晓义等人编写的《网络利弊权衡量表》测量父母的利弊权衡态度，共包括积极和消极两个分量表，本研究考虑到青少年网络使用偏好的复杂性所以分别采用网络积极态度和网络消极态度两个维度来分析其影响，其中父母的网络积极态度包括放松心情(5 个条目，如“上网缓解了学生不好的心情”等)、获取知识(5 个条目，如“上网让学生很方便地找到感兴趣的东西”等)、方便交流(3 个条目，如“上网让学生认识了很多朋友”等)、获得成就感(3 个条目，如“在网上学生感到很有成就感”等)四个维度，网络消极态度可以分为空虚苦恼(6 个条目，如“在网上取得的成就对学生的现实生活没有任何帮助”等)、荒废学业(8 个条目，如“上网让学生对自己放松了要求”等)、人际受损(4 个条目，如“上网让学生减少和生活中的朋友见面了”等)、浪费金钱(4 个条目，如“学生为上网设备的升级花费了不少钱”等)四个维度。两个分量表在本研究中的同质性 α 系数分别为 0.83 和 0.89。

网络使用偏好问卷采用雷雳和柳铭心(2005)编制的《网络使用偏好问卷》，从“1—从不”到“5—经常”分 5 个等级计分，共有网络信息、网上交易、网上娱乐和网上社交 4 个维度，各维度的 Cronbachα 系数分别为 0.80、0.79、0.71、0.80，总问卷的内部一致性系数为 0.88。

各变量的描述统计与相互的相关矩阵结果如表 6.10 所示。

表 6.10 各变量的描述性统计及其各变量之间的相关关系

	$M \pm SD$	1	2	3	4	5	6	7
积极权衡	1.95±0.98	—						
消极权衡	1.18±1.04	0.48***	—					
独生子女	0.60±0.49	−0.10**	−0.10**	—				
网络信息偏好	1.88±0.73	0.28***	0.06*	0.01	—			
网络交易偏好	0.49±0.75	0.20***	0.09**	0.03	0.41***	—		
网络娱乐偏好	2.50±1.15	0.34***	0.23***	0.01	0.47***	0.32***	—	
网络社交偏好	1.88±1.12	0.34***	0.11**	−0.04	0.58***	0.41***	0.56***	—

注：*表示 $p < 0.05$；**表示 $p < 0.01$；***表示 $p < 0.001$，下同。

父母的网络利弊平衡的主效应分析分为两个部分：父母的积极网络态度的主效应分析和父母的消极网络态度的主效应分析。运用回归的方法分析父母的积极网络态度对青少年网络使用偏好的主效应，结果发现，父母的网络积极态度能够显著正向预测青少年的信息使用偏好，$\beta = 0.28$，$t_{(1115)} = 9.70$，$p < 0.001$，即父母认可的网络对学生的好处越多，青少年使用网络获取信息偏好的水平越高；父母的网络积极态度能够正向预测青少年的交易使用偏好，$\beta = 0.20$，$t_{(1115)} = 6.73$，$p < 0.001$，即父母认可的网络对学生的好处越多，青少年使用网络进行交易的偏好水平越高；父母的网络积极态度能够正向预测青少年的娱乐使用偏好，$\beta = 0.34$，$t_{(1115)} = 11.98$，$p < 0.001$，即父母认可的网络对学生的好处越多，青少年使用网络娱乐的偏好水平越高；父母的网络积极态度也能够正向预测青少年的社交使用偏好，$\beta = 0.34$，$t_{(1115)} = 11.88$，$p < 0.001$，即父母认可的网络对学生的好处越多，青少年使用网络进行交友、聊天等社交活动的偏好水平越高。

运用回归的方法分析父母的消极网络态度对青少年网络使用偏好的主效应，结果发现，父母的网络消极态度能够预测青少年的网络信息使用偏好，$\beta = 0.06$，$t_{(1115)} = 2.16$，$p = 0.05$，表明父母认可的网络对学生的坏处越多，青少年使用网络获取信息偏好的水平也倾向于越高；父母的网络消极态度能够预测青少年的网络交易使用偏好，$\beta = 0.09$，$t_{(1115)} = 2.94$，$p = 0.003$，表明父母认可的网络对学生的坏处越多，青少年使用网络进行交易的偏好水平也会呈现越高的趋势；父母的网络消极态度也能够显著预测青少年的网络娱乐偏好，$\beta = 0.23$，$t_{(1115)} = 7.70$，$p < 0.001$，意味着父母认可的网络对学生的坏处越多，青少年使用网络进行娱乐活动的偏好水平也会呈现越高的趋势；父母的网络消极态度也能够显著预测青少年的网络社交偏好，$\beta = 0.11$，$t_{(1115)} = 3.75$，$p < 0.001$，即父母认可的网络对学生的坏处越多，青少年使用网络进行交友、聊天等社交活动的偏好水平也会呈现较高的趋势。

采用分层回归的方法分析父母的网络利弊权衡与独生子女身份对青少年网络使用偏好的交互影响，首先是父母的网络积极态度与独生子女身份的交互作用分析。采用分层回归分析父母的网络级积极态度与独生子女身份对青少年信息偏好的作用，发现二者的交互作用并不显著，$\beta = 0.04$，$t_{(1130)} = 0.91$，$p = 0.36$，即父母的网络积极态度对青少年的信息使用偏好的预测作用并不会受到其独生子女身份的影响；采用分层回归分析父母的网络积极态度与独生子女身份对青少年交易偏好的影响，发现二者的交互作用不显著，$\beta = 0.01$，$t_{(1130)} = 0.18$，$p = 0.88$，即父母的网络积极态度对青少年的交易使用偏好的正向预测作用不会受到其独生子女身份的影响；采用分层回归分析父母的网络积极态度与独生子女身份对青少年娱乐偏好的影响，发现二者的交互作用不显著，$\beta = 0.07$，$t_{(1130)} = 1.49$，$p = 0.14$，表明父母的网络积极态度对青少年的娱乐偏好的预测作用也不会因为其独生子女的身份而有显著性差异；采用分层回归分析父母的网络积极态度与独生子女身份对青少年社交偏好的影响，发现二者的交互作用也不显著，$\beta = 0.07$，$t_{(1130)} = 1.58$，$p = 0.11$，表明父母的网络积极态度对青少年网络社交偏好的预测作用也不会因为其独生子女的身份而呈现显著性的差异。

最后，采用分层回归的方法逐个分析父母的网络消极态度与独生子女身份对青少年不同的网络使用偏好的交互影响。对于青少年的信息使用偏好的分层回归发现，父母的消极网络态度与青少年的独生子女身份对其网络使用的信息偏好有显著的交互作用(如图 6.3 所示)，$\beta = 0.10$，$t_{(1130)} = 2.21$，$p = 0.03$，采用简单斜率检验进行进一步分析，当青少年不是来自独生子女家庭时，父母的网络消极态度对其网络使用的信息偏好没有显著的预测作用，$\beta = -0.01$，$t_{(459)} = -0.21$，$p = 0.83$；当青少年来自独生子女家庭时，父母的网络消极态度能够显著预测其网络使用的信息偏好，$\beta = 0.12$，$t_{(671)} = 3.01$，$p = 0.003$。

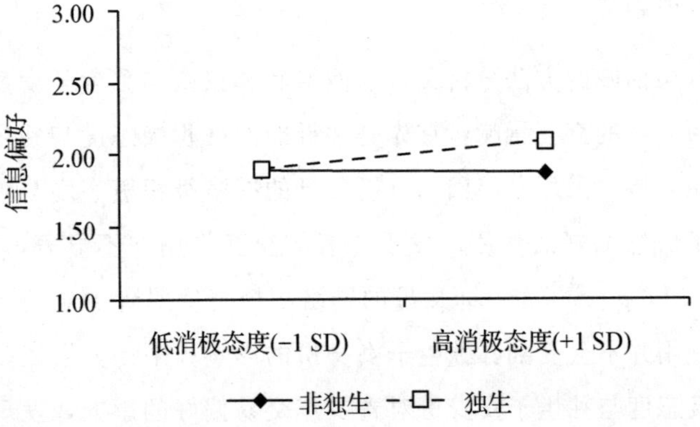

图 6.3　父母的网络消极态度与独生子女对信息偏好的影响

对于青少年的交易使用偏好的分层回归发现，父母的消极网络态度与青少年的独生子女身份对其网络使用的交易偏好没有显著的交互作用，$\beta = 0.02$，$t\ (1,\ 1130) = 0.46$，$p = 0.65$，表明父母的网络消极态度对青少年的交易偏好的预测作用不会因为其独生子女的身份而呈现显著性的不同。对于青少年的娱乐使用偏好的分层回归发现，父母的消极网络态度与青少年的独生子女身份对其网络使用的信息偏好有显著的交互作用(如图 6.4 所示)，$\beta = 0.09$，$t_{(1130)} = 2.13$，$p = 0.03$，采用简单斜率检验进行进一步分析，当青少年不是来自独生子女家庭时，父母的网络消极态度对其网络使用的娱乐偏好呈现显著的预测作用，$\beta = 0.17$，$t_{(459)} = 3.69$，$p <$

0.001；当青少年来自独生子女家庭时，父母的网络消极态度也能够显著预测其网络使用的娱乐偏好，$\beta=0.27$，$t_{(671)}=7.20$，$p<0.001$，但在预测程度上显著强于非独生子女家庭的条件。

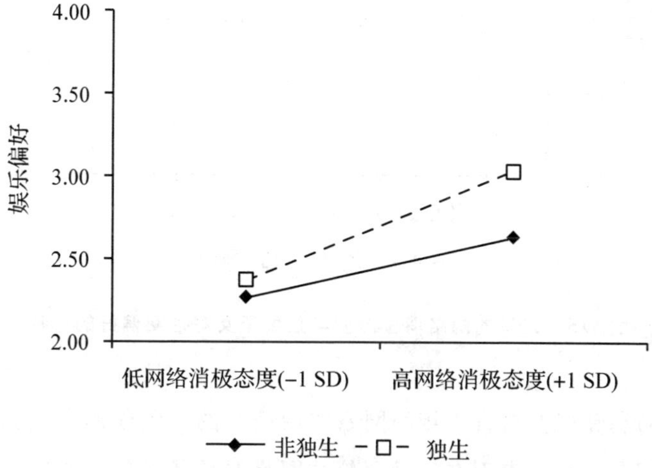

图 6.4　父母的网络消极态度与独生子女对娱乐偏好的影响

对于青少年的社交使用偏好的分层回归发现，父母的消极网络态度与青少年的独生子女身份对其网络使用的社交偏好有显著的交互作用(如图 6.5 所示)，$\beta=0.12$，$t_{(1130)}=2.77$，$p=0.006$，采用简单斜率检验进行进一步分析，当青少年不是来自独生子女家庭时，父母的网络消极态度对其网络使用的社交偏好没有显著的预测作用，$\beta=0.02$，$t_{(459)}=0.44$，$p=0.66$；当青少年来自独生子女家庭时，父母的网络消极态度能够显著预测其网络使用的社交偏好，$\beta=0.17$，$t_{(671)}=4.53$，$p<0.001$。

父母的网络利弊权衡会直接影响青少年的网路使用偏好，具体来说，无论是父母评价的网络对孩子的积极的方面多还是消极的方面多，其对网络的态度都能显著预测青少年的网络使用偏好，包括信息偏好、交易偏好、娱乐偏好和社交偏好。由此可见，父母的态度对于青少年的整体偏好都具有显著的预测作用，但在各个不同的偏好层面上并没有显著的区别。

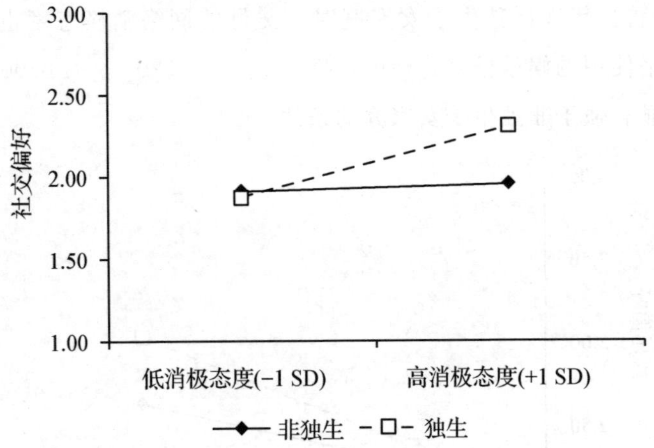

图 6.5　父母的网络消极态度与独生子女对社交偏好的影响

父母的利弊权衡对青少年的网络使用偏好的预测作用会受到其独生子女身份的调节，具体表现在父母评价的网络对孩子的消极影响方面，对于来自独生子女家庭的孩子来说，父母评价的网络消极影响能够显著预测其网络使用的信息偏好、交易偏好、娱乐偏好和额社交偏好，父母评价的网络消极影响越多，青少年利用网络进行信息搜索、网络购物、上网娱乐和网络交友聊天的水平也会越高。但是，对于来自非独生子女家庭的青少年来说，父母评价的网络对孩子的消极影响只能显著预测其网络购物的偏好水平，对于其信息搜索、网络娱乐和网络交友聊天的偏好水平无法进行有效预测，或预测程度较小。由此可见，父母的态度对子女的网络使用偏好的影响并不是适用于所有的青少年学生的，因为独生子女的家庭里面，父母更容易管理学生的校外生活，影响力比较大，父母的网络态度往往很大程度上直接决定着孩子的网络行为偏好，而非独生子女家庭由于孩子数量较多，父母进行直接管理的难度无疑增大，加上孩子之间的相互影响，使得父母的态度所产生的影响会有所削弱，因此，仅从父母的网络主观态度无法对非独生子女的网络使用偏好行为进行有效的预测，可能需要其他潜在因素，如家庭内孩子间的影响，子女的排行和人格变量等角度进行更为复杂的探讨。此外，关于交易偏好的特殊情况，考虑到中小学生尚没有完全的经济行为能力，其资金来源主要依赖于父母，所以无论是否是独生子女，父母的网络评价态度都能显著影响其参与网上交易的行为。

6.2.5 父母的网络利弊权衡对青少年网络成瘾的影响

考虑到青少年在学校的封闭式管理体制中承受着较大的学业压力，很难有机会接触网络，因此，利用周末和假期时间过度补偿的现象还是比较普遍的，而作为校外时间的主要监护人，父母便承担了比较重的责任，父母对网络的认知以及对青少年使用网络的利弊权衡往往在很大程度上决定了青少年被给予接触网络的时间和频率。本研究着重考察了父母的网络利弊权衡对青少年网络成瘾倾向的影响以及这种影响在不同性别的青少年之间的差异。

采用方晓义等人编写的《网络利弊权衡量表》测量父母对青少年网络使用的主观态度，这个量表分为两个大的维度：网络的好处和网络的坏处，其中，网络的好处可以分为四个维度(放松心情、获取知识、方便交流、获得成就感)，网络的坏处也可以分为四个维度(空虚苦恼、荒废学业、人际受损、浪费金钱)，采用网络好处与坏处的差值作为父母的利益权衡值，值越大表明父母认为网络对青少年的益处越多，相反则益处越少，坏处越多。在本研究中，这两个分维度的同质性 α 系数分别为 0.90 和 0.95。

网络成瘾的测量采用 Young(1998，1999)编制的《网络成瘾诊断量表》(Internet Addiction Diagnostic Questionnaire，IADQ)进行施测。该量表由 8 个迫选的题目组成，每个题目被试都要做出“是”或“否”的回答，选择“是”记为 2 分，“否”记为 1 分，得分越高，表明被试的网络成瘾倾向越高。在本研究中，其同质性 α 系数为 0.70。

对性别进行虚无编码，0 表示“男生”，1 表示“女生”。

变量的描述统计与相互的相关矩阵结果如表 6.11 所示。

表 6.11 各变量的描述性统计及其各变量之间的相关关系

	$M \pm SD$	1	2	3	4	5
性别	0.57±0.50	—				
积极	1.95±0.98	0.04	—			
消极	1.18±1.05	−0.10**	0.48**	—		
利弊权衡	0.77±1.03	0.14**	0.46**	−0.56**	—	
网络成瘾	1.13±0.17	−0.07*	0.18**	0.28**	−0.11**	—

注：* 表示 $p < 0.05$；** 表示 $p < 0.01$；*** 表示 $p < 0.001$，下同。

为探讨性别在父母的网络利弊权衡对网络成瘾倾向上的调节作用，我们进一步对变量进行了回归分析。首先进行主效应的分析，父母的利弊权衡对青少年的网络成瘾倾向存在显著的正向预测作用，$\beta = -0.11$，$t_{(865)} = 3.08$，$p = 0.002$，也就是说父母对青少年上网行为的态度越积极，青少年相应的网络成瘾倾向越低，反之，父母对青少年上网行为的态度越消极，青少年相应的网络成瘾倾向越高。青少年的性别在网络成瘾倾向上面也有显著差异，$\beta = -0.07$，$t_{(865)} = 1.91$，$p = 0.06$，表明男生的网络成瘾倾向边缘显著高于女生。其次是父母的利弊权衡与青少年的性别之间的交互作用分析，采用分层回归的方法，通过标准化之后的乘积项在性别和利弊权衡之后纳入回归方程，结果发现交互作用显著，$\beta = 0.09$，$t_{(865)} = 2.58$，$p = 0.01$，表明父母利弊权衡的态度对青少年网络成瘾倾向的影响在不同的性别之间是有显著差异的(如图 6.6)。采用简单斜率分析发现，对于男生而言，父母的利弊权衡能够非常有效地预测其网络成瘾倾向，$\beta = -0.19$，$t_{(865)} = -3.79$，$p = 0.001$；对于女生来说，父母的利弊权衡不能预测其网络成瘾倾向，$\beta = -0.02$，$t_{(865)} = -38$，$p = 0.71$。

父母是青少年校外活动的主要监护人，父母对网络的态度直接决定着青少年接触网络的机会和时间、频率，本研究发现父母主观评价的网络使用对青少年的影响会显著影响其网络成瘾的倾向，当父母对网络的评价越积极，对青少年的信任程度高，青少年运用网络的自觉性与习惯性也会相

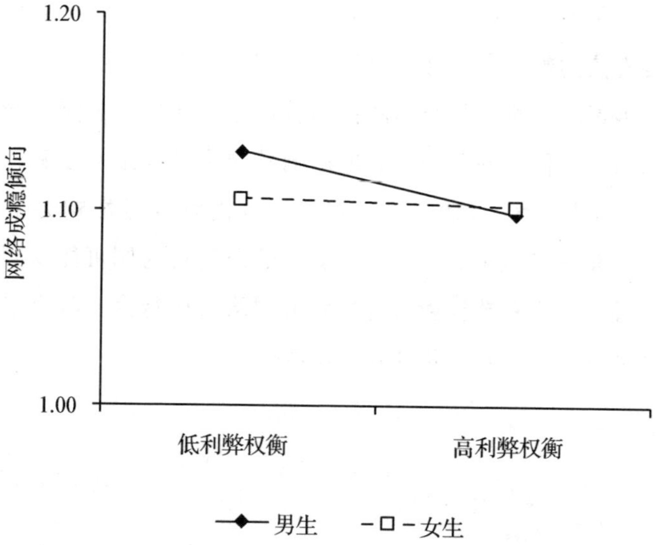

图 6.6　性别与利弊权衡对网络成瘾的交互作用

对较好，因而，网络成瘾倾向显著低于同龄群体；反之，当父母对网络的作用趋于消极，无法意识到网络对青少年学习和生活的作用，那么青少年相对而言可能会采取更加隐蔽和极端的方法去实施上网行为，因而，其网络成瘾的倾向也会显著高于同龄群体。同时，本研究还发现父母利弊权衡的作用在男女生之间存在一定的差异，男生的网络成瘾倾向显著高于女生；另一方面，对于男生来说，父母的网络利弊权衡态度往往能够显著地负向预测其网络成瘾倾向，父母对网络的态度越积极，男生的网络成瘾倾向会越低，反之，父母对网络的利弊权衡越消极，男生的网络成瘾倾向会越高；与男生不同的是，对于女生来说，父母利弊权衡的态度对其网络成瘾的倾向并没有显著的预测作用，也就是说父母的态度对于女生的网络成瘾行为并没有决定性的影响。男女生在青春期成长过程中有共性的特征，但差异性也会越来越明显，男生热爱运动，喜欢新异性刺激，更多地倾向于探索外部世界，冲动型和创造力强，但自制力较弱；而女生则把更多的时间放在自我导向的活动上，注重自身的内在探索和反思，喜欢读文字、写日记等，自制力强，但创造力稍弱。父母的利弊权衡对于男生的网络行为具有非常直接的影响，而女生由于更加细腻的内在自我探索，往往会受许多不确定因素的影响，如个体的性格特征等，父母的利弊权衡虽然也是其中重要的因素，但是并不能显著地影响其网络过程中的成瘾行为的倾向水平。因此，父母对待网络利弊的权衡态度能够直接影响男生的网络态度，进而影响其网络使用的行为，而女生的网络行为则可能受到其他因素的影响。父母的网络利弊权衡对青少年的网络成瘾行为上具有显著的预测效应，但这种效应受到青少年性别的影响。

7　青少年网络行为与心理机制分析：学校因素

学龄段青少年的大部分时间在学校度过，学校对于青少年的成长与发展的作用不言而喻。本章节主要考察青少年在校的学业成绩和学校社会心理处境分化对青少年网络生活的影响。此外，这一章节的总体样本容量为12051人，男生4940人，女生6675人，436人性别信息缺失。平均年龄15.06岁($SD=3.40$)，小学生2024人，初中生2618人，高中生4195人，大学生3189人，7人的学段信息缺失，具体的研究题目可以根据变量的缺失情况进行相应的数据清理工作。

7.1　学业成绩对青少年网络生活的影响

在青少年阶段，学习是他们的第一要务，学业成绩的好坏对个体自我价值的感知有着重要的影响。当个体的学业成绩表现十分糟糕时，不仅周围能力遭到否定，周围的老师、父母以及同学可能会营造一个消极的社会心理处境，当自我的价值观感遭到否定时，个体为了维系自我价值感可能通过其他渠道来获取他人的信任与支持，如在网络世界中寻求认同。反之，若个体的学习成绩优异，其自我能力不仅得到很大的彰显，与此同时，周围的老师、父母以及同学也会给予其信任和支持，为其营造一个积极的心理处境，自我价值观可能较高，此时个体无需另辟他径去寻求自我价值。所以，学业成绩表现将是青少年网络生活的一个重要影响因素。本部分主要探讨学业成绩对网络使用频率和网络成瘾倾向的影响机制。

7.1.1　学习成绩排名对每周上网频率的影响机制

当代青少年对于网络的使用频率越来越高，几乎每个人都或多或少地接触过网络。一般而言学习往往占据青少年的大部分时间，因此学习时间和上网时间应该存在一定的竞争关系。同时，学习时间又和学习成绩有着很大的关联。如前所述，当个体的学习成绩较好时，个体的主观幸福感可能较高，自我价值得到体现，个体可能无须在虚拟世界中另辟他经寻求自我价值，因此，学习成绩可能会通过主观幸福感的中介作用影响个体的上网频率。基于此，本模型的目的在于探究学习成绩排名对上网频率的影响，同时考察主观幸福感在其中的中介作用。

采用自我报告的方法测量青少年在班级里的排名(“你的成绩在班级中的排名是”)，“1”表示“前20%”，“2”表示“21%～40%”，“3”表示“41%～60%”，“4”表示“61%～80%”，“5”表示“81%～100%”。为了便于数据的解释和读者理解，我们将数据进行反向计分。

采用自我报告的方法测量主观幸福感(“总的来说，我觉得自己的生活……”)，从1(非常不幸福)到10(非常相反)采用10点计分，数字越大表示主观幸福感越高，数字越小表示幸福感越低。

采用自我报告的方法测量每周上网频率，数字越大表示主观上网频率越高，数字越小表示上网频率越低。

将学习成绩作为自变量，每周上网频率作为因变量，主观幸福感作为中介变量。探究主观幸福感在学习成绩和每周上网频率影响中的中介作用。各变量的描述统计与相互的协相关矩阵(控制被试发年龄和性别)结果如表7.1所示。

表7.1　各变量的描述性统计及其各变量之间的协相关关系

	$M \pm SD$	1	2	3
成绩排名	3.71±1.23	—		
主观幸福感	7.79±1.96	−0.12***	—	
上网频率	2.75±2.43	0.03**	−0.05***	—

注：*表示 $p < 0.05$；**表示 $p < 0.01$；***表示 $p < 0.001$，下同。

进一步使用回归分析探究主观幸福感在学习成绩排名对上网频率影响

中的中介作用(如图 7.1 所示)。第一步，以学生的成绩排名作为自变量，学生每周的上网频率为因变量，控制了学生的性别和学业阶段，得到回归系数 $\beta_1 = -0.03$，$t_{(10680)} = -2.68$，$p = 0.007$。说明学习成绩排名越靠后的学生其上网频率越高。第二步，以成绩排名作为自变量，主观幸福感作为因变量，控制了学生的性别和学业阶段，得到回归系数 $\beta_2 = 0.12$，$t_{(10680)} = 11.7$，$p < 0.001$。说明成绩排名越靠后的学生其主观幸福感越差。第三步，以成绩排名为自变量，主观幸福感作为中介变量，上网频率为因变量，控制了性别和学业阶段，得到成绩排名对上网频率的直接效应回归系数 $\beta_3 = 0.02$，$t_{(10679)} = 2.21$，$p = 0.03$，而主观幸福感对上网频率的回归系数为 $\beta_4 = -0.05$，$t_{(10679)} = -4.70$，$p < 0.001$。中介效应的 95% Bootstrap 区间为[0.008，0.003]，说明主观幸福感起到了部分中介作用。

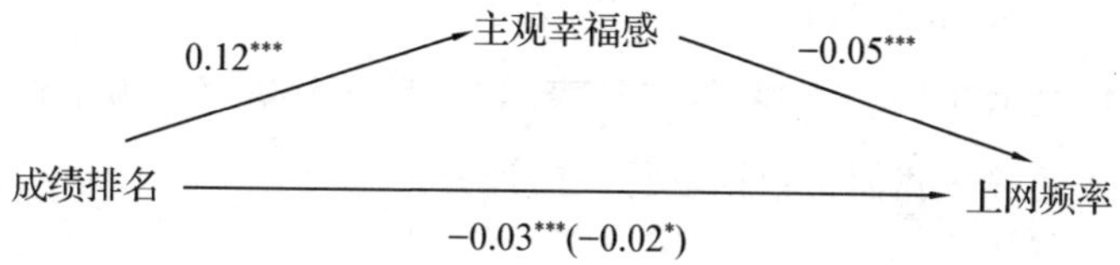

图 7.1　主观幸福感的部分中介作用

成绩排名作为一种非常客观的衡量手段，对青少年而言有着重要的评价作用。成绩排名越差的人，他的主观幸福感也会越低。因为在学生的自我评价体系里，学业成绩可以作为其自我价值支持的重要来源，能够成为其幸福感的重要部分。

主观幸福感在成绩排名对上网频率的影响中起到中介作用。这是因为成绩排名高的人，本身的主观幸福感比较高，自我的价值和满足已经得到了满足和证明，因此不需要通过网络世界来获取这种满足感，故而上网频率不高。而学习成绩排名低的人，从学业中获得满足感、成就感比较低，就会感到不幸福。而无法在学业中获得幸福的个人，会通过网络这种简单快捷的手段来弥补幸福感的缺失。虽然上网的快乐是短暂而虚拟的，但是它还是能够缓解学业不佳的挫败感，使心理得到一定的满足。因此，如何引导学困生，通过积极健康的自我价值建构方式来弥补由学业不佳所带来的不幸福感，而非沉迷网络寻求虚拟的刺激，是未来我们需要关注的焦点。

7.1.2 学业成绩对网络成瘾的影响机制

学业成绩是网络成瘾的一个重要影响因素，然而，其作用的机制可能并不是完全的直接作用，当学生的成绩不理想时，青少年可能遭到周围重要他人的否定，而当老师、父母以及同学不信任自己时，他们更可能在网络世界中寻找自我。因而社会心理处境分化在学业成绩和网络成瘾之间可能起到中介作用。

采用自我报告的方法测量青少年在班级里的排名(“你的成绩在班级中的排名是”)，“1”表示“前20%”，“2”表示“21%～40%”，“3”表示“41%～60%”，“4”表示“61%～80%”，“5”表示“81%～100%”。为了便于数据的解释和读者理解，我们将数据进行反向计分。

对学校社会处境分化的测量采用自编的《学校社会处境分化量表》。该量表共有25个题项，4个维度：教师的信任与支持、父母的信任与支持、同伴的信任与支持和学生的自我概念。量表采用4点计分，“1”表示“很不符合”，“2”表示“不符合”，“3”表示“基本符合”，“4”表示“很符合”。该量表的信度、效度良好，各维度的Cronbachα系数为在0.80－0.95，分半信度在0.84－0.93之间，结构效度CFI＝0.98，TLI＝0.98，IFI＝0.98，RMSEA＝0.07。

网络成瘾的测量采用Young(1998)根据修改后的DSM－IV中病态赌博诊断标准制订的《网络成瘾诊断量表》，该量表共有8个题项，采用两点计分，“1”表示“赞同”，“2”表示“不赞同”。如果被试对其中的五个题项给出肯定的回答，就可将其诊断为网络成瘾。在本研究中，该量表的Cronbachα系数为0.71，分半信度为0.70。

从数据库中选取 3447 名中小学生为被试者，将学业成绩作为自变量，学校社会心理处境分化作为中介变量，网络成瘾倾向作为因变量，探讨学校社会心理处境分化在学业成绩对网络成瘾倾向的影响中的中介作用。

各变量的描述分析及协相关分析(控制变量为被试的性别和年龄)结果如表 7.2 所示。

表 7.2　各变量的描述性统计及其各变量之间的协相关

	$M \pm SD$	1	2	3
学业成绩	3.92±1.15	—		
学校社会心理处境分化	12.34±2.26	−0.36***	—	
网络成瘾倾向	1.13±0.19	0.13***	−0.20***	—

注：* 表示 $p < 0.05$；** 表示 $p < 0.01$；*** 表示 $p < 0.001$，下同。

采用分层回归分析的方法探讨学校社会心理处境分化在学业成绩对网络成瘾倾向的影响中的中介作用。第一步，以中小学生的学业成绩为自变量，以网络成瘾倾向为因变量，控制性别和年龄后，学业成绩排名对网络成瘾的预测极其显著，$\beta_1 = -0.13$，$t_{(3446)} = -6.54$，$p < 0.001$。第二步，以中小学生的学业成绩为自变量，以中小学生的性别、年龄为控制变量，以中小学生的学校社会心理处境分化为因变量进行回归分析，结果表明学业成绩对中小学生的学校社会心理处境分化的预测作用极为显著，$\beta_2 = 0.36$，$t_{(3446)} = 19.82$，$p < 0.001$。第三步，以中小学生的学业成绩、学校社会心理处境分化为自变量，以被试的性别和年龄为控制变量，以中小学生的网络成瘾倾向为因变量，结果表明，学业成绩对网络成瘾的预测效应减弱，但依然显著，$\beta_3 = -0.06$，$t_{(3445)} = -3.26$，$p = 0.001$；中介变量学校社会处境分化对网络成瘾的预测极其显著，$\beta_4 = -0.18$，$t_{(3445)} = -8.99$，$p < 0.001$。中介效应的 95% Bootstrap 区间为[−0.078，−0.049]，说明学校社会心理处境分化具有显著的部分中介作用(如图 7.2 所示)。

曾有人如此比喻：“分！分！学生的命根。”分数不仅是学生的命根，

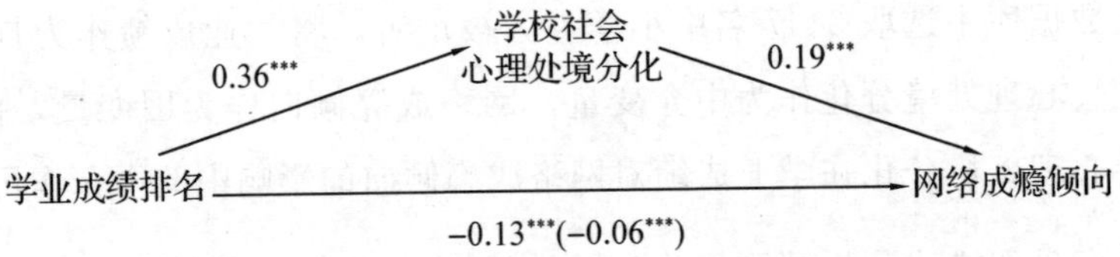

图 7.2　学校社会心理处境分化的部分中介作用

也是家长的目标、教师的风向标，因此在当前应试教育的背景下，学生的学业成绩对学生具有重大的影响，它们不仅直接对学生的自信心和自我价值产生影响，而且大多时候是通过青少年身边的重要他人对学生本人产生间接的影响。当一个学生的成绩较好时，教师可能认为该生具有较大的潜力，在学习和生活中会给较多的积极的关注，而对于父母而言，当看到自己的孩子在学业上取得优异的成绩时，他们也会给予其更多的赞许和鼓励；对于同伴而言，自己的朋友取得较好的成绩时，他们往往给予的羡慕和敬仰。因而当个体的成绩较好时，对个体的学校社会心理处境具有重大的影响。按照金盛华(2010)的自我价值定向理论假设，每个人都在寻求生命的意义和自我价值。而个体生活中的重要他人(老师、父母、同伴等)所提供的信任与支持可能是自我价值支撑体系的主要来源。当生活中的重要他人给予个体大量的情感信赖和支持时，个体体验到较高水平的自我价值感；相反地，当个体生活中的重要他人给予其较少的信任和支持，其自我价值感可能很低，同时寻求不到生命的意义，这时个体可能会借助其他的途径或生活方式来获取的其他人的认可，进而获得自我价值感，虚拟的网络世界就是青少年退而求其次的一条弥补自我价值的通道和路径，一旦个体在虚拟的网络世界中寻找到"自我价值"，或者说一旦将自我价值与网络建立起关系，个体往往表现出对网络的欲罢不能的状态——网络成瘾。

从以上模型中可以看出，青少年之所以走向网络成瘾与社会对其的期许和对学业的态度有着极大的关联。因为成绩不好，导致重要他人的信任缺失，进而导致网络成瘾。也许，我们可以试想，若我们不那么看重学生的学业成绩，当学生的学业成绩不是十分理想时，教师、家长乃至同伴依然给予其积极的关注和信任，个体可能不会滑向网络成瘾的深渊。反过来，青少年一旦滑向网络成瘾的深渊，其学习成绩可能更加恶化，形成了恶性循环——“穷则更穷”。而对于成绩较为理想的个体，他们可能是父母和教师的“宠儿”，学习优异的青少年从重要他人那里获得较多的信任与支持，使其建立起了稳定的自我价值支持体系，而这种价值支撑体系趋势个体更加努力地学习，进而形成良性循环——即“富则更富”。所以，从某种程度上来讲，正是家长和父母等重要他人的“爱之深，恨之切”才使学生表现出不良的行为。也许，作为教育者、父母、社会都应该对此进行些许反思，我们是否应该在对成绩优异学生“锦上添花”的同时，也要考虑给成绩相对不理想者“雪中送炭”，从而扭转其发展不利的颓势。

7.2 学校社会心理处境分化对网络成瘾的影响机制分析

学校社会心理处境分化是指在校学生心理发展环境在性质上的分离。在学校中，个体的处境分化既包括诸如由教室设施、座位、位置等不同而造成的物理处境分化，也包括由诸如师生、父母、同伴互动等由重要他人所构建的心理处境分化。二者对学生的学业表现以及社会性发展均有重要影响。相比较物理处境分化而言，社会心理处境分化对青少年的心理和行为的影响更大。本部分主要探讨学校社会心理处境分化对网络成瘾的影响。

根据自我价值定向理论，每个人都在寻求生命的意义和自我价值。而个体生活中的重要他人(老师、父母、同伴等)所提供的信任与支持可能是自我价值支撑体系的主要来源。当生活中的重要他人给予个体大量的情感信赖和支持时，个体体验到较高水平的自我价值感；反之，其自我价值感可能很低，同时寻求不到生命的意义，这时个体可能会借助其他的途径或方式来获取他人的认可，进而获得自我价值感，如在网络游戏等环境中寻求自我价值。因而可假定：学校社会处境分化对青少年的网络行为将会产生一个负向的预测。

7.2.1 整体分析

为了对学校社会心理处境与网络成瘾发关系形成一个宏观、概括的了解和认识，我们首先采用回归分析的方式探讨二者之间的关系。

对学校社会处境分化的测量采用自编的《学校社会处境分化量表》。该量表共有25个题项，4个维度：教师的信任与支持、父母的信任与支持、同伴的信任与支持和学生的自我概念。其中教师的信任与支持主要反映教师对学生个体的态度、期望、情感，如“老师会让我做重要的事”；父母的信任与支持主要反映父母对学生个体的期望、态度和情感，如“爸妈对我的发展有信心”等；同伴的信任与支持主要反映同学对学生个体的态度、情感，如“同学们认为我很聪明”等；学生的自我概念主要反映学生对自己的认知和概念，如“我信任自己的能力”等。量表采用4点计分，“1”表示“很不符合”，“2”表示“不符合”，“3”表示“基本符合”，“4”表示“很符合”。量表各维度的 Cronbach's α 系数为在0.80～0.95，分半信度在0.84～0.93之间，结构效度 CFI = 0.98，TLI = 0.98，IFI = 0.98，RMSEA = 0.07。

网络成瘾的测量采用 Young(1998，1999)编制的《网络成瘾诊断量表》(Internet Addiction Diagnostic Questionnaire，IADQ)进行施测。该量表由8个迫选的题目组成，每个题目被试都要做出“是”或“否”的回答，选择“是”记为2分，“否”记为1分，得分越高，表明被试的网络成瘾倾向越高。

学校社会处境分化量表的适用对象为中小学生，因此本部分只收集了中小学生的数据。有效问卷共4631份，其中男生2128人，女生2318人，185人性别数据缺失；汉族4126人，少数民族(包括藏族、回族、维吾尔族、土家族、朝鲜族等17个民族)306人，119人民族数据缺失；样本平均年龄为11.76岁，SD=1.51(年龄范围为9岁到17岁)。对于缺失值的处理分为两种情况：在相关分析中，采用成对删除的方法；在回归分析中，采用成列删除的方法。

学校社会处境分化总分以及各维度与网络成瘾的关系如表7.3所示。各变量之间的相关均达到极其显著的水平。对学校社会处境分化各维度进行重复测量方差析发现，$F_{(3,3721)}=1417.59$，$p<0.001$，各维度之间的差异均达到显著水平($p<0.001$)。

表7.3　各变量的描述性统计及其各变量之间的相关关系

	$M\pm SD$	1	2	3	4	5
1. 网络成瘾	1.14±0.19	—				
2. 父母的信任与支持	3.39±0.60	−0.21***	—			
3. 教师的信任与支持	2.93±0.71	−0.22***	0.62***	—		
4. 同伴的信任与支持	2.88±0.66	−0.18***	0.63***	0.76***	—	
5. 自我概念	3.09±0.64	−0.18***	0.69***	0.65***	0.72***	—
6. 学校社会心理处境分化总分	12.32±2.28	−0.23***	0.84***	0.88***	0.89***	0.88***

注：* 表示 $p<0.05$；** 表示 $p<0.01$；*** 表示 $p<0.001$，下同。

为进一步探讨学校社会心理处境分化各维度对网络成瘾的影响，采用逐步回归的方法进行了探索。结果表明，教师的信任与支持($\beta=-0.15$，$t_{(3863)}=-7.36$，$p<0.001$)、父母的信任与支持($\beta=-0.12$，$t_{(3863)}=-5.77$，$p<0.001$)进入了回归方程，而自我概念和同伴的信任与支持没有进入方程。

从学校社会心理处境分化的维度得分上来看，父母的信任与支持最高，学生的自我概念次之，再次是教师的信任与支持，同伴的信任与支持得分最低。James认为个体对自我以及与自我有关的事物有普遍的积极评价偏好。所以学生在父母的信任支持维度和自我概念上均值得分较高。然而教师的信任和支持是有条件的，来自中产阶级家庭、学习能力较强、性别为女生的个体更容易获得教师的信任和支持，而大多数学生是得到教师的支持和信任得分一般偏低，所以从整体均值上看，学生从教师那里获得的信任与支持相对较低。同伴的信任与支持维度得分较低，可能是由于青少年的交往技能不成熟、人际交往理想化等特征所致。

自我价值定向理论认为人是理性的、社会性的动物，人的理性思维寻求事物的合理性，人是需要解释的动物，需要建构解释包括自己和他人在内的内外世界的理由体系，并在其中找到自我和自我的意义。自我价值是自我行为的终极理由体系。个体在社会行为中，需要重要他人的认可和支持以获取自我价值感。金盛华(2010)对失足青少年的研究发现当重要他人的支持无法获取时，青少年个体可能通过其他途径来获取外界对自己的认可，因此他们更可能卷入外界不良团伙。而本研究也发现个体的重要他人对自己的信任和支持程度较低时，个体更可能借助虚拟网络空间来获得自我价值支撑。从具体的支撑内容上来看，父母的信任与支持和教师的信任与支持的作用更大。所以在以后的研究和实践中，可以借助自我价值定向理论为基础对网络成瘾实施矫正和治疗，即一方面引导其在现实生活中寻求自我价值感，另一方面减少其在虚拟的网络世界中获得自我价值的机会。

7.2.2 性别的调节作用机制

如前所述，基于进化的假设，性别在社会处境分化上存在一定的差异，男生的得分显著低于女生的得分。相比男生而言，生活中的重要他人的信任与支持对于女生更为重要，因而当这种重要他人的信任与支持缺失时，不同性别反应可能有所不同，对于男性而言，重要他人的信任与支持只是体现自身价值的一部分，当在该领域受损后，男性可能在其他领域寻求自我价值支持。然而，对于女性则不同，生活中的重要他人不仅是自我价值的支撑，更是个体生活的保障，因而当重要他人的信任与支持缺失时，个体更倾向于找回重要他人的信任与支持，而不是在其他领域里寻求自我价值依托。因而，性别可能调节着社会处境分化对网络成瘾的影响。

对学校社会处境分化的测量采用自编的《学校社会处境分化量表》。该量表共有 25 个题项，4 个维度：教师的信任与支持、父母的信任与支持、同伴的信任与支持和学生的自我概念。量表采用 4 点计分，“1”表示“很不符合”，“2”表示“不符合”，“3”表示“基本符合”，“4”表示“很符合”。量表各维度的 Cronbach's α 系数为在 0.80～0.95，分半信度在 0.84～0.93 之间，结构效度 CFI＝0.98，TLI＝0.98，IFI＝0.98，RMSEA＝0.07。

网络成瘾的测量采用 Young(1998，1999)编制的《网络成瘾诊断量表》(Internet Addiction Diagnostic Questionnaire，IADQ)进行施测。该量表由 8 个迫选的题目组成，每个题目被试都要做出“是”或“否”的回答，选择“是”记为 2 分，“否”记为 1 分，得分越高，表明被试的网络成瘾倾向越高。

性别的测量采用自编的人口学变量问卷，“0”表示男性，“1”表示女性。

完成以上所有问卷的被试共有 3722 人，其中男生 1740 人，女生 1982 人。

为探讨性别变量在学校社会处境分化对网络成瘾关系中的调节作用，分别对学校社会处境分化、性别等变量进行中心化处理，首先将被试的性别(哑变量处理，“－1”为男生，“1”为女生)和学校社会处境分化纳入回归方程，然后将网络使用偏好各维度分别与是否独生子女的乘积纳入回归方程进行层级回归分析，结果如表 7.4 所示，社会处境分化与性别的交互作用显著。

表 7.4　学校社会处境分化对网络成瘾的影响

自变量		因变量：网络成瘾 标准回归系数 (第一步)	 (第二步)
第一步	学校社会处境分化	−0.22***	−0.22***
	性别	0.14***	−0.14***
	R^2	0.07***	
第二步	学校社会处境分化 * 性别		0.06***
	R^2		0.07***
	ΔR^2		0.004***

注：* 表示 $p<0.05$；** 表示 $p<0.01$；*** 表示 $p<0.001$，下同。

本研究进行 simple slope effect 检验，进一步深入探讨学校社会处境分化与性别的交互作用对网络成瘾的影响。如图 7.3 所示，在男生群体中，社会处境分化对网络成瘾影响极其显著($\beta = -0.28$，$t_{(3718)} = -12.39$，$p < 0.001$)，而在女生群体中，学校社会处境分化对网络成瘾的影响有所降低，但依然显著($\beta = -0.16$，$t_{(3718)} = -7.09$，$p < 0.001$)。

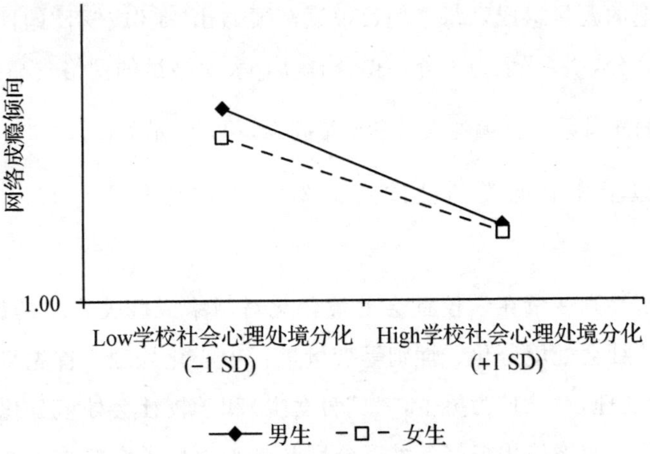

图 7.3　社会处境分化对网络成瘾的影响：性别的调节作用

从图中可以看出，当学校社会心理处境分化得分较高时，男生和女生的网络成瘾倾向得分都相对较低，然而随着学校社会心理处境分化的得分之间降低，相比女生而言，男生的网络成瘾得分上升得更快。由此可以看出，当生活中的重要他人的信任与支持缺失时，男生更倾向于借助网络寻求支持以维持自我价值感，当自我价值受到威胁时，其寻求其他情境下的行为来弥补这种缺失的动机更强。在一定程度上验证了我们的假设。

7.2.3　网络使用偏好的中介作用机制

如上文所述，学校社会心理处境分化对网络成瘾产生显著的影响，其中父母和教师的信任与支持起到重要的作用，而这些重要他人的信任与支持对网络使用偏好的影响可能会有差异进而表现在网络成瘾上，因而，本部分主要探讨网络使用偏好在学校社会处境分化与网络成瘾关系的中介效应。

对学校社会处境分化的测量采用自编的《学校社会处境分化量表》。该量表共有25个题项，4个维度：教师的信任与支持、父母的信任与支持、同伴的信任与支持和学生的自我概念。量表采用4点计分，“1”表示“很不符合”，“2”表示“不符合”，“3”表示“基本符合”，“4”表示“很符合”。量表各维度的Cronbach's α 系数为在0.80～0.95，分半信度在0.84～0.93之间，结构效度CFI = 0.98，TLI = 0.98，IFI = 0.98，RMSEA = 0.07。

网络使用偏好问卷采用雷雳和柳铭心(2005)编制的《网络使用偏好问卷》，从“1—从不”到“5—经常”分5个等级计分，共有网络信息、网上交易、网上娱乐和网上社交4个维度，各维度的Cronbach's α 系数分别为0.80、0.79、0.71、0.80，总问卷的内部一致性系数为0.88。

网络成瘾的测量采用Young(1998，1999)编制的网络成瘾诊断量表(Internet Addiction Diagnostic Questionnaire，IADQ)进行施测。该量表由8个迫选的题目组成，每个题目被试都要做出“是”或“否”的回答，选择“是”记为2分，“否”记为1分，得分越高，表明被试的网络成瘾倾向越高。

各变量的描述统计及其相关分析如表7.5所示。

表7.5 各变量的描述性统计及其各变量之间的相关关系

	$M \pm SD$	1	2	3	4	5	7	8	9
1. 网络成瘾	1.14±0.19	—							
2. 父母的信任与支持	3.39±0.60	−0.21***	—						
3. 教师的信任与支持	2.93±0.71	−0.22***	0.62***	—					
4. 同伴的信任与支持	2.88±0.66	−0.18***	0.63***	0.76***	—				
5. 自我概念	3.09±0.64	−0.18***	0.69***	0.65***	0.72***	—			
7. 网络信息	1.75±0.77	0.08***	0.12***	0.12***	0.19***	0.15***			
8. 网上交易	0.48±0.80	0.15***	0.002	0.03*	0.10***	0.07***	0.48***		
9. 上网娱乐	2.46±1.19	0.30***	−0.05**	−0.10***	−0.02	0.004	0.52***	0.35***	
10. 网上社交	1.77±1.14	0.23***	−0.02	−0.006	0.10***	0.05*	0.61***	0.45***	0.63***

注：* 表示 $p<0.05$；** 表示 $p<0.01$；*** 表示 $p<0.001$，下同。

为探讨学校社会处境分化对网络成瘾的机制，我们将社会处境分化作为自变量、网络使用偏好作为中介变量，网络成瘾倾向作为因变量进行中介效应分析，如图7.4所示。

首先，用回归分析的方法探讨自变量学校社会处境分化对因变量网络成瘾倾向的影响。结果发现教师的信任与支持($\beta = -0.16$，$t_{(3861)} = -6.38$，$p < 0.001$)和父母的信任与支持($\beta = -0.12$，$t_{(3861)} = -5.03$，$p < 0.001$)进入方程，自我概念($\beta = -0.02$，$t_{(3861)} = -0.73$，$p = 0.47$)和同伴的信任与支持($\beta = 0.04$，$t_{(3861)} = 1.27$，$p = 0.20$)被排除在模型之外。

其次，用回归分析的方法探讨自变量和中介变量之间的关系。基于上一步的分析，将学校社会处境分化中的父母的信任与支持和教师的信任与支持作为自变量对网络使用偏好的网络上娱乐、对网络使用偏好的网上信息、对网络使用偏好的网上交易和网络使用偏好的网络社交分别进行回归分析。结果表明：教师的信任与支持和父母的信任与支持对网络信息偏好起到正向预测作用(教师的信任与支持：$\beta = 0.07$，$t_{(3940)} = 3.28$，$p = 0.001$；父母的信任与支持：$\beta = 0.09$，$t_{(3940)} = 3.97$，$p < 0.001$)；教师的信任与支持对网上娱乐偏好的负向预测达到显著水平($\beta = -0.14$，$t_{(3932)} = 6.16$，$p < 0.01$)，父母的信任与支持对网上娱乐偏好的预测没有达到显著水平($\beta = 0.04$，$t_{(3932)} = 1.92$，$p > 0.05$)；教师的信任与支持对网上交易偏好的预测达到显著水平($\beta = 0.05$，$t_{(4119)} = 2.42$，$p < 0.05$)，父母的信任与支持对网上交易偏好的预测没有达到显著水平($\beta = -0.03$，$t_{(4119)} = -1.37$，$p > 0.05$)；教师的信任与支持和父母的信任与支持对网上社交偏好的预测均不显著(教师的信任与支持：$\beta = 0.006$，$t_{(3701)} = 0.28$，$p > 0.05$；父母的信任与支持：$\beta = -0.03$，$t_{(3701)} = -1.19$，$p > 0.05$)。因而将中介变量的网上社交偏好从模型中移除。

最后，将自变量和中介变量一起纳入对网络成瘾倾向的回归中进行分析，发现各个变量对网络成瘾的预测均达到显著水平，其中自变量的教师的信任与支持($\beta = -0.11$，$t_{(3148)} = -5.19$，$p < 0.001$)、父母的信任与支持($\beta = -0.11$，$t_{(3148)} = -4.89$，$p < 0.001$)和中介变量中的网络信息偏好($\beta = -0.08$，$t_{(3148)} = -3.93$，$p < 0.001$)对网络成瘾产生负向的预测，而中介变量中的网上交易偏好($\beta = 0.09$，$t_{(3148)} = 3.49$，$p < 0.001$)、网上娱乐偏好($\beta = 0.30$，$t_{(3148)} = 14.44$，$p < 0.001$)对网络成瘾产生显著的正向预测。教师的信任与支持通过网络信息偏好、网上交易偏好和网上娱乐偏好对网络成瘾倾向的总中介效应的95%Bootstrap 区间为[－0.016，－0.007]，不包括0；父母的信任与支持通过网络信息偏好对网络成瘾的中介效应的95%Bootstrap 区间为[－0.004，－0.001]，均不包括0。由此可以看出，学校社会处境分化对网络成瘾的影响是通过网络使用偏好为部分中介产生作用的。

中小学生的学校社会心理处境分化对其网络成瘾的影响部分是通过网络使用偏好中的网络信息偏好、网上交易偏好和网上娱乐偏好产生作用的。值得我们注意的是：在该模型当中，教师的信任与支持通过网上娱乐偏好、网上交易偏好和网络信息偏好三条中介路径对网络成瘾倾向产生影响。其中在网上交易路径中，教师的信任与支持对网络成瘾倾向产生促进作用。其他两条路径通过对网上娱乐偏好和网络信息偏好的抑制作用进而对网络成瘾产生抑制作用。从这里可以看出，教师的信任与支持对学生的网络成瘾倾向的影响是复杂的。而父母的信任与支持只通过网络信息偏好对网络成瘾产生一定的抑制作用，在其他路径上没有显著的效应存在。从路径上看，相比父母的信任与支持而言，教师的信任与支持对学生网络生活的影响更大。从具体路径系数的大小上看，教师的信任与支持对青少年网络生活的影响也远远大于父母的信任与支持对其网络生活的影响，虽然教师和父母都是青少年的重要他人。之所以教师的信任与支持比父母的信任与支持对青少年的网络生活产生更大的影响，可能是由于青少年的学业阶段特征决定的。首先，教师为人师表，在学业上也有一定的权威，因而青少年，特别是低年级的学生，对教师的敬畏可能要高于自己的父母。其次，由于学生的大部分时间都在学校度过，即使放学后，青少年依然要面对学校老师布置的家庭作业，同时父母最关心的也是学生的学业表现和教师对自己孩子的评价。因而，教师的信任与评价对青少年网络生活起着核心的作用。

然而，从整个模型来看，教师的信任与支持和父母的信任与支持对网络成瘾的影响只是部分通过网络使用偏好产生作用的，其中还有一部分通过直接效应起作用(其中可能还包含一些其他未知的中介路径)。自我价值定向理论认为人是理性的、社会性的动物，人的理性思维寻求事物的合理性，人是需要解释的动物，需要建构解释包括自己和他人在内的内外世界的理由体系，并在其中找到自我和自我的意义。自我价值是自我行为的终极理由体系。个体在社会行为中，需要重要他人的认可和支持以获取自我价值感。金盛华(2010)对失足青少年的研究发现当重要他人的支持无法获取时，青少年个体可能通过其他途径来获取外界对自己的认可，因此他们更可能卷入外界不良团伙。而模型也发现个体的重要他人对自己的信任和支持程度较低时，个体更可能借助虚拟网络空间来获得自我价值支撑。从

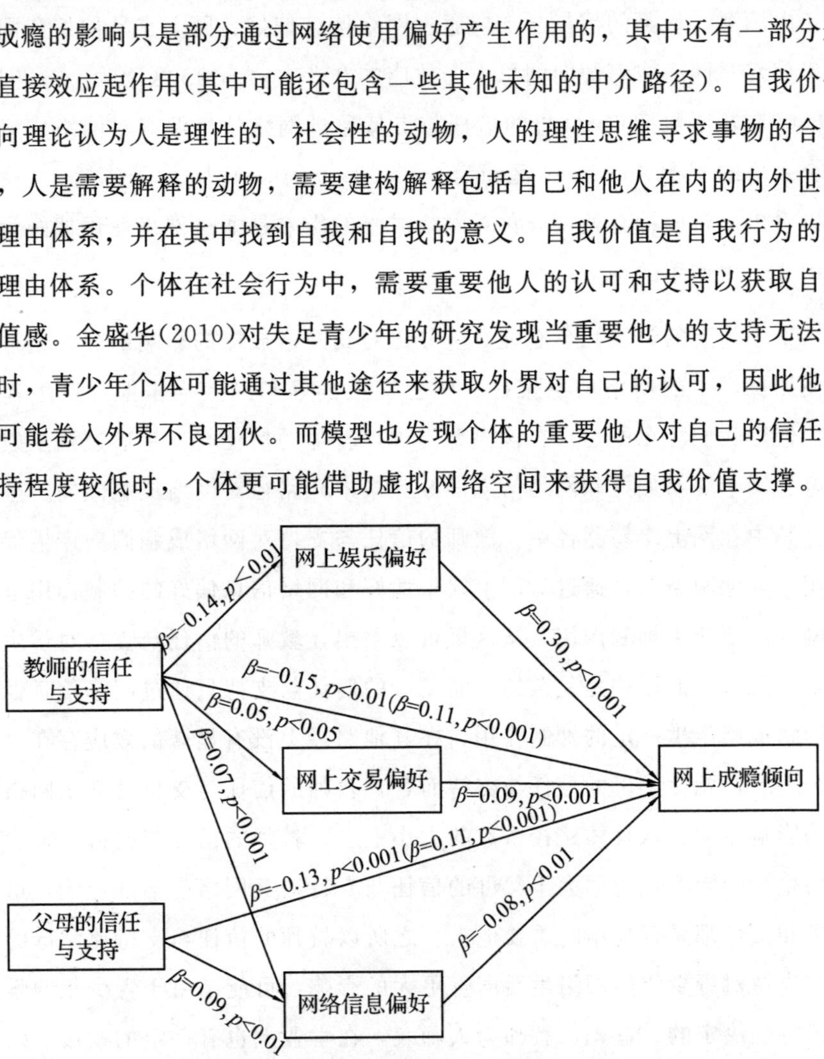

图 7.4　社会处境分化对网络成瘾的影响：网络使用偏好的中介作用

具体的支撑内容上来看，父母的信任与支持和教师的信任与支持的作用更大。所以在以后的研究和实践中，可以借助自我价值定向理论为基础对网络成瘾实施矫正和治疗，即一方面引导其在现实生活中寻求自我价值感，另一方面减少其在虚拟的网络世界中获得自我价值的机会，以期断裂网络成瘾者在网络与自我价值之间建立的关联，从而使其矫正不良行为。

主要参考文献

Bessière, K., Kiesler, S., Kraut, R., & Boneva, B. (2008). Effects of internet use and social resources on changes in depression. *Information Communication & Society*, 11 (1), 47—70.

Braun—Courville, D. K., & Rojas, M. (2009). Exposure to sexually explicit web sites and adolescent sexual attitudes and behaviors. *Journal of Adolescent Health*, 45, 156—162.

Rebecca, A. C. (2000). Linking up Online: Is the Internet enhancing interpersonal connections or leading to greater social isolation? *Monitor on Psychology*, 31(4), 20.

Chou, C., & Hsiao, M.—C. (2000). Internet addict, usage, gratification and pleasure experience: The Taiwan College Student's case. *Computer & Education*, 35(1), 65—80.

Castellani, J. D. (2000). Strategies for integrating the internet into classrooms for high school students with emotional and learning disabilities. *Intervention in School and Clinic*, 35(5), 297—305.

Lou, C., Zhao, Q., Gao, E., & Shah, I. H. (2006). Can the Internet Be Used Effectively to Provide Sex Education to Young People in China? *Journal of Adolescent Health*, 39, 5, 720—728.

Heinicke, B. E., Paxton, S. J., McLean, S. A., & Wertheim, E. H. (2007). Internet—delivered targeted group intervention for body dissatisfaction and disordered eating in adolescent girls: A randomized controlled trial. *Journal of Abnormal Child Psychology: An official publication of the International Society for Research in Child and Adolescent Psychopathology*. 35(3), 379—391.

Whitlock, J. L., Powers, J. L., & Eckenrode J. (2006). The Virtual Cutting Edge:

The Internet and Adolescent Self — Injury. *Developmental Psychology*, 42 (3), 407—417.

Johnson R, & Hegarty J. R. (2003). Websites as educational motivators for adults with learning disability. *British Journal of Educational technology*, 34(4), 479—486.

Kandell, J. J. (1998). Internet Addiction on Campus: The Vulnerability of College students. *CyverPsychology & Behavior*, 1(1), 11—17.

Kaynar, O. , & Amichai—Hamburger, Y. (2008). The effects of need for cognition on Internet use revisited. *Computers in Human Behavior*, 24, 361—371.

Ko, C. , Yen, J. , Liu, S. , Huang, C. , & Yen, C. (2009). The associations between aggressive behaviors and Internet addiction and online activities in adolescents. *Journal of Adolescent Health*, 44, 598—605.

Kraut, R. , Patterson, M. , Lundmark, V. , Kiesler, S. , Mukopadhyay, T. , & Scherlis, W. (1998). Internet paradox: A social technology that reduces social and involvement and psychological well—being? *American Psychologist*, 9, 1017—1031.

Mesch, G. S. (2009). Social bonds and Internet pornographic exposure among adolescents. *Journal of Adolescence*, 32, 601—618.

Ybarra, M. L. , & Mitchellb, K. J. (2004). Youth engaging in online harassment: associations with caregiver — child relationships, Internet use, and personal characteristics. *Journal of Adolescence*, 27, 319—336.

Ybarra, M. L. , & Mitchellb, K. J. (2005). *Exposure to Internet Pornography among Children and Adolescents*: A National Survey. CyberPsychology & Behavior, 8(5), 473—486.

Morahan—Martin, J. , & Schumacher, P. (2000). Incidence and correlates of pathological internet use among college student. *Computers in Human Behavior*, 16 (1), 13—29.

Nichols, L. A. , & Nicki, R. (2004). Development of a psychometrically sound internet addiction scale: A preliminary step. *Psychology of addictive behaviors*, 18(4), 381—

383.

Omar, H. A. (2005). A model program for youth suicide prevention. International *Journal of Adolescent Medicine and Health*, 17(3), 275－278.

Van den Eijnden, R., Meerkerk, G., Vermulst, A., Spijkerman, R., & Engels, R. (2008). Online communication, compulsive Internet use, and psychosocial well－being among adolescents: A longitudinal study. *Developmental Psycholo*gy, 44, 655－665.

Willoughby, T. (2008). A short－term longitudinal study of Internet and computer game use by adolescent boys and girls: Prevalence, frequency of use, and psychosocialpredictors. *Developmental Psychology*, 44, 195－204.

Selfhout, M., Branje, S., Delsing, M., Bogt, T., & Meeus, W. (2009). Different types of Internet use, depression, and social anxiety: The role of perceived friendship quality. *Journal of Adolescence*, 32, 819－833.

Woodruff, S. I., Conway, T. L., Edwards, C. C., Elliott, S. P., & Crittenden J. (2006). Evaluation of an Internet virtual world chat room for adolescent smoking cessation. *Addictive Behaviors*, 32(9), 1769－1786.

Mittal, V. A., Tessner, K. D., & Walker, E. F. (2007). Elevated social Internet use and schizotypal personality disorder in adolescents. *Schizophrenia Research*, 94(8), 50－57.

Young, K. S. (1999). *Internet addiction: Symptoms, evaluation, and treatment*. In T. Jackson (eds), Innovations in clinical practice: A source book (Vol. 17, pp. 19－31). Saraota, FL: Professional Resource Press.

Young K. S., & Rodgers, R. C. (1998). The relationship between depression and internet addiction. *CyberPsychology & Behavior*, 1(1), 25－28.

崔丽霞，雷雳，蔺雯雯，郑日昌.(2007). 网络心理咨询的疗效与展望. 心理科学进展，15，350－357.

华伟.(2003). 网络交往与大学生道德自我发展. 南京师范大学，硕士学位论文.

方奕.(2005). 21世纪以来我国青少年网络问题研究述评：和谐社会与青少年思想道

德建设研究报告．首届中国青少年发展论坛暨中国青少年研究会优秀论文集．

焦君华．(2008)．痴迷网络导致的青少年违法犯罪现象研究．华中师范大学，硕士学位论文．

金盛华．(2010)．社会心理学．北京：高等教育出版社．

雷雳，马利艳．(2008)．初中生自我认同对即时通讯与互联网使用关系的调节作用．中国临床心理学杂志，16，161—163.

雷雳，杨洋．(2007)．青少年病理性互联网使用量表的编制与验证．心理学报，39(4)：688—696.

雷雳，杨洋，柳铭心．(2005)．互联网在学习不良干预中的作用．心理科学进展，13，557—562.

林绚辉，阎巩固．(2001)．大学生上网行为及网络成瘾探讨．中国心理卫生杂志，15，281—283.

林以正，王澄华．(2001)．性别对网路人际互动与网路成瘾之影响与中介效应．辅导季刊，37，1—10.

柳铭心，雷雳．(2005)．青少年的人格特征与互联网娱乐服务使用偏好的关系．心理发展与教育，4，40—45.

危姗姗．(2008)．大学生网络成瘾者的自我价值感分析，沈阳工程学院学报(社会科学版)，4(2)：283—285.

李毕琴，徐展，许海燕．(2008)．大学生网络成瘾与社会行为的关系研究，南通大学学报(教育科学版)，24(1)：43—45.

林伟，黄子杰，林大熙．(2004)．医学生网络使用情况及其与情绪状态的相关分析．中国心理卫生杂志，18(7)：501—503.

王立皓．(2004)．大中学生病理性互联网使用及其影响因素研究．江西师范大学，硕士学位论文．

辛蓓．(2002)．关于网络时代青少年道德价值观的变化的研究．电子科技大学，硕士学位论文．

附录　工具的研制

本项目在工具的研制过程中，按照科学的工具编制流程和方法，依据主客观相结合的思路，严格控制编制程序，形成了一套科学有效的测量工具。编制的过程按照时间先后，可以分为：工具整体设计、结构化访谈、初步工具建立、预测及工具完善等4个部分(如图1所示)。

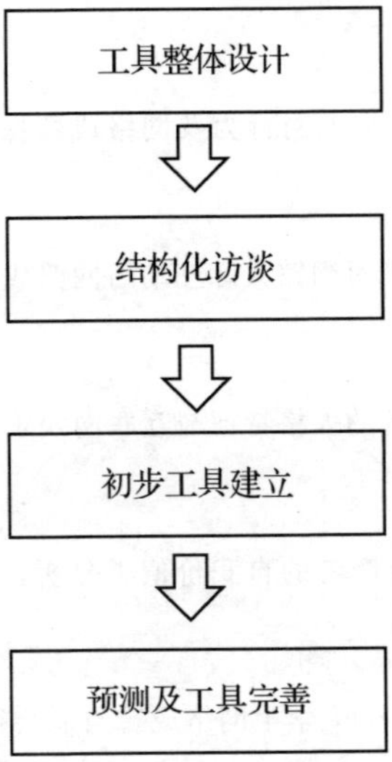

1　项目工具研制流程图

1　工具整体设计

由于本项目试图从青少年自身、家庭、教师三个方面系统描述青少年的网络生活状况，因此，在整体上设计了三种问卷，分别为：青少年问卷、家长问卷、教师问卷(如图 2 所示)。通过对国内外已有理论和数据成果的分析和专家组的讨论，课题组认为在整体设计中，青少年问卷应包括青少年使用网络的总体情况、积极心理状态水平的基本情况、网络对心理与行为的影响三个方面；而教师和家长问卷则应包括家长教师网络使用情况、积极心理状态水平情况、对青少年网络使用的态度和引导三个方面的内容。

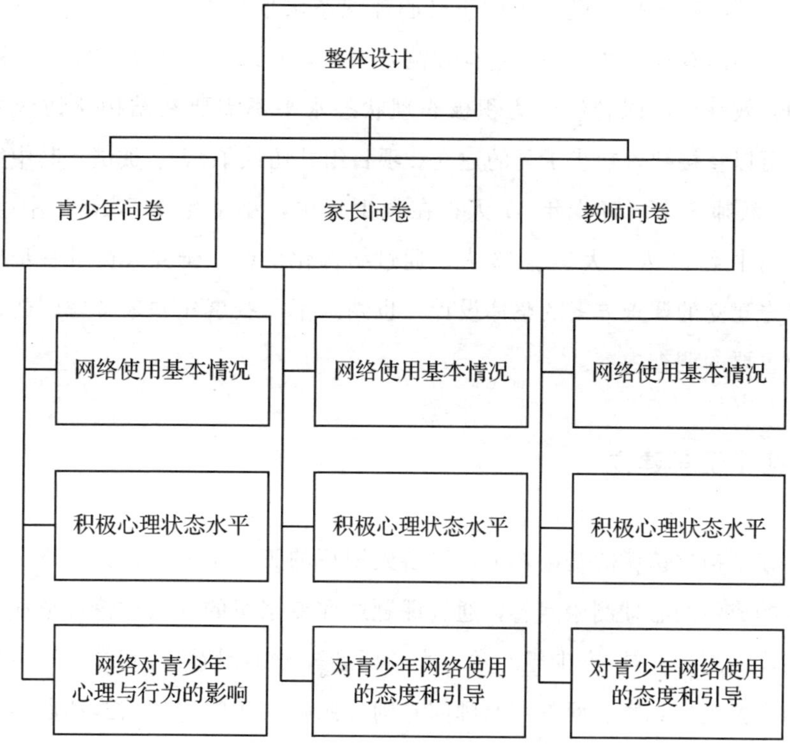

图 2　项目工具的整体设计示意图

2　结构化访谈

课题组成员依据对文献资料的分析，分别拟定了对青少年、家长和教师的访谈提纲，并由课题专家审核修改后定稿。青少年访谈提纲内容主要包括青少年网络使用的情况、网络对自身的影响、健康上网与偏离行为、人际关系 4 个方面；教师访谈提纲主要内容包括教师自身网络使用、对青少年网络使用的了解、对网络的影响作用及网络偏离行为的态度 4 个方面；家长访谈提纲主要内容包括自身网络使用、对自己孩子网络使用的了解程度、对网络的影响作用及网络偏离行为的态度、亲子关系 4 个方面内容。由于课题组对于整体设计中的积极心理状态水平是作为背景因素考虑的，并且学界已有较成熟的理论建构和测量工具，在综合考虑了访谈的范围大小和有效性后，课题组认为积极心理状态水平不需要在结构化访谈中涉及，可以直接纳入初步工具的建立。项目组共访谈了 65 名被试，其中家长 6 人，教师 8 人，青少年 51 人；在青少年中，小学生 14 人，初中生 10 人，高中生 14 人，大学生 13 人。通过结构化访谈，研究人员进一步确认了事先建立的调查方案的整体设计，也纳入了一些事先并未考虑到的、却十分重要的调查内容。

3 初步工具建立

在结构化访谈的基础之上，以事先制订的工具整体设计为蓝本，结合已有的成熟的心理测验问卷，通过课题组和专家组的深入讨论，形成了三套初步的测量工具(青少年问卷、家长问卷、教师问卷)。其中，青少年问卷为主要范本，家长问卷和教师问卷则参照青少年问卷的结构和题项设计来编制。因此，三类问卷在整体结构上基本一致，只是存在题项主体的差异。此外，由于青少年是本次项目的主要研究对象，青少年问卷也包括了较多的测量工具，而教师和家长问卷则根据研究的可行性进行了简化，删除了一些以青少年为特定主体的题目和测验。

最终，如表 1 所示，青少年问卷主要包括基本人口学变量、基本心理背景、网络一般使用状况、网络相关心理测验 4 个方面内容；家长问卷主要包括基本人口学变量、基本心理背景、自身网络使用状况、子女网络使用状况、网络相关心理测验5个方面内容；教师问卷主要包括基本人口学变量、基本心理背景、自身网络使用状况、学生网络使用状况、网络相关心理测验5个方面内容。

表1　本项目初步问卷的总体框架

问卷类型	主要内容	具体指标示例
青少年问卷	基本人口学变量	性别、年龄、民族、地区、学业阶段等
	基本心理背景	主观幸福感、自我满意度、自信、人际关系等
	网络一般使用状况	网龄，使用网络的时间、地点、工具、内容，网络依赖，网络自我，网络信任等
	网络相关心理测验	网络使用偏好、网络体验、社会心理处境分化、网络成瘾等
家长问卷	基本人口学变量	性别、年龄、民族、地区、受教育程度、婚姻状况等
	基本心理背景	主观幸福感、自我满意度、自信等
	自身网络使用状况	网龄，使用网络的时间、地点、工具、内容，网络依赖等
	子女网络使用状况	网龄，使用网络的时间、地点、工具、内容，网络依赖，网络监管等
	网络相关心理测验	亲子关系、网络利弊权衡问卷
教师问卷	基本人口学变量	性别、年龄、民族、地区、受教育程度、婚姻状况等
	基本心理背景	主观幸福感、自我满意度、自信等
	自身网络使用状况	网龄，使用网络的时间、地点、工具、内容，网络依赖等
	学生网络使用状况	网龄，使用网络的时间、地点、工具、内容，网络依赖，网络教学等
	网络相关心理测验	网络利弊权衡问卷

4 预测试及工具完善

由于家长问卷和教师问卷都以青少年问卷为蓝本而建立的，并且青少年才是本项目中主要的研究对象主体，因此课题组只对青少年问卷进行了预测试和分析，而对于家长问卷和教师问卷则根据青少年问卷的预测试的结果和对家长和教师的访谈分析进行了相应的修改。

本项目选取北京地区的青少年作为预试样本，采用集体施测的方式，共调查1255名青少年，具体人口学信息如表2所示。预试的目的主要有两方面：一方面是对题项指导语、选项进行进一步地修订和完善，使题项更加清晰明确、便于理解，使选项更加简洁明了、便于操作，同时修改区分度较小的选项，避免调查问卷和心理测量中出现的分数都偏高的“天花板”效应或分数都偏低的“地板”效应；另一方面，研究进一步确认了标准化的心理测验的维度划分和信效度检验，如表3所示，所有标准化问卷的维度及总体的内部一致性系数均在可接受的范围内。通过对预试的结果分析和问卷调整，结果表明测验质量良好，是具有较好的信效度指标的工具，可用于全国大规模的施测。

表2 预测试被试的基本人口学信息

	样本量		性别			年龄	
	N	百分比	男	女	未填	*M*	*SD*
初中	577	46%	280	291	6	12.85	0.73
高中	678	54%	309	359	10	15.83	0.95
总计	1255	100%	589	650	16	14.47	1.72

表 3　主要标准化问卷的基本信息及内部一致性系数

问卷名称	问卷说明	维度名称	*M*	*SD*	*Cronbach's α*
网络使用偏好问卷	问卷测量被试在不同类型网络使用上的偏好。各维度分从 0 分到 5 分，总分从 0 分到 20 分，分数越高说明偏好越强	信息	2.37	0.71	0.56
		交易	1.01	1.04	0.68
		娱乐	3.05	1.11	0.55
		社交	2.59	1.17	0.77
		总分	9.02	3.18	0.85
网络积极消极体验问卷	测量被试在使用网络过程中的基本体验。各维度分数从 1 分到 5 分，分量表从 3 分到 15 分，总分从 −12 分到 12 分。维度分和分量表分越高说明被试的该体验越强。总分越高说明体验越积极，总分为负代表体验消极，总分为正代表体验积极	积极认知体验	3.39	0.84	0.80
		积极情绪体验	3.62	1.11	0.92
		积极社交体验	2.14	0.85	0.79
		积极体验分量表	9.12	2.26	0.89
		消极认知体验	2.35	0.98	0.84
		消极情绪体验	1.75	0.95	0.90
		消极社交体验	1.57	0.78	0.80
		消极体验分量表	5.65	2.24	0.90
		总分	3.47	2.83	0.90
网络成瘾问卷	测量被试的网络成瘾程度，不分维度。总分从 0 分到 8 分，分数越高说明网络成瘾程度越高	总分	1.41	1.70	0.73
学校社会心理处境分化（初中版）	测量小学或初中生所感知到的社会支持，维度分从 1 分到 4 分，总分从 4 分到 16 分，分数越高说明其所受社会支持越高	学生自我概念	3.10	0.75	0.90
		同伴支持	2.92	0.73	0.91
		教师支持	3.01	7.44	0.87
		父母支持	3.41	0.69	0.91
		总分	12.40	2.55	0.96
学校社会心理处境分化（高中版）	测量高中或大学生所感知到的社会支持，维度分从 1 分到 5 分，总分从 4 分到 20 分，分数越高说明其所受社会支持越高	总体支持	3.98	0.98	——
		同伴支持	4.01	0.97	——
		教师支持	3.75	1.06	——
		父母支持	4.36	0.96	——
		总分	16.07	3.42	0.87

注：学校社会心理处境分化（高中版）问卷每维度只有 1 个项目，因此无须计算内部一致性系数。

本书获国家社会科学基金教育学重点项目
“青少年网络生活状况的调查研究”资助（项目编号：ACA100004）

中国青少年
网络生活状况调查研究

II 实证研究卷

金盛华　周宗奎　雷　雳　方晓义　等著

北京师范大学出版集团
BEIJING NORMAL UNIVERSITY PUBLISHING GROUP
北京师范大学出版社

序　言

在互联网迅速发展的早期，虽然很多人想到了它会对世界产生影响，但很少有人能预料到它对世界的改变来得如此迅速而深远。今天，互联网已经和交流电、无线电一样变成现代社会生活最不可或缺的科技元素。

互联网的无边界和无尽的信息量深刻地改变了人们的学习和生活方式，其作用也已经渗透到社会的每一个角落。我国的互联网普及在全世界上升速度最快、网络使用群体也最庞大，并且网民初次使用网络的年龄也越来越低。

虽然互联网给人类带来了异常的便捷，但也给人们生活带来了许多潜在危险。姑且不论广泛流传的网络病毒、频发的网络诈骗、网络个人信息大规模泄露等社会危害巨大的网络隐患，仅仅是人们(尤其是青少年)自身不健康地使用网络的行为就值得引起教育部门和社会的高度重视。青少年正处于身心发展的重要时期，在此期间形成的行为习惯将会对其一生都产生重要影响。因此，对青少年的网络行为进行有效地指导和干预具有非常重要的社会现实意义，而有效指导和干预的前提，则是全面把握我国青少年当前的网络生活和行为的整体概况。

自2010年起，本课题组承接国家社科教育学规划重点课题《青少年网络生活状况的调查研究》(编号：ACA100004)，经过近五年的调研与攻关，取得了一系列的研究成果，这些成果对以后的相关科学研究和教育实践都具有一定的理论意义和重要的现实应用价值。本书的目的就是将对逾万名青少年网络生活现状及其相关影响因素的调查研究成果进行总结，与其他研究者和公众分享这些研究成果。

本书分为全国报告卷、实证研究卷两册。全国报告卷为学术专著，主要内容是全国性样本的调查结果,旨在从整体上描述我国青少年网络生活的现状。考虑到青少年的行为极易受到家庭和学校的影响,课题也一并调查了家长和教师的网络态度和行为。全国报告卷共分为七章,各章具体内容如下:

第一章为前言,主要介绍了本次课题的理论起源和研究方法(包括国内外相关前沿理论和实践背景、调研工具的选择和预测试、研究取样的设计等一些基础性内容)以及本次调查研究的主要结果在整体上的简要总结,以方便读者快速了解和把握本次调研的内容和发现。

第二章以详细的数据分析和结果呈现青少年网络态度与行为的整体状况,并重点考察不同人口学背景的青少年在网络行为上的差异。

第三章以详细的数据分析和结果呈现青少年的家长对网络的态度与网络行为及其对青少年网络使用的指导。

第四章详细分析了教师对网络的态度与网络行为。

第五章则以专题研究的形式探讨了青少年自身因素对青少年网络生活的影响及其影响的心理机制。

第六章主要探讨了家庭因素对青少年网络生活的影响及其影响的心理机制。

第七章主要探讨了学校因素对青少年网络生活的影响及其影响的心理机制。

实证研究卷是由学术研究论文集成,共分五个部分,整合了课题组几个子课题的综合研究成果和关联研究发现。

其中,第一部分主要对国内外关于青少年网络一般行为的理论和研究成果进行了梳理,共包括 6 篇论文。

第二部分汇集了国内外关于青少年网络成瘾行为的理论和研究成果,也包括 6 篇论文。

第三部分对课题组所开发或修订的有关青少年网络行为的调查工具进行了总结,同样包括 6 篇论文部分

第四部分则包括7篇实证研究报告，主要探讨了影响青少年网络一般行为的重要因素。

第五部分重点探讨了影响青少年网络成瘾行为的各类社会及个人因素，共包括11篇实证研究。

需要特别说明的是，本书全国报告卷和实证研究卷的各个章节都凝结了课题组所有成员的共同努力，及课题组另外三位专家周宗奎教授、雷雳教授和方晓义教授及他们所领导的青少年网络问题研究课题组合作研究者的大力支持。全国报告卷各章的具体执笔者是：第一章（金盛华、吴嵩）；第二章（金盛华、陈容）；第三章（金盛华、董梦晨）；第四章（金盛华、彭芸爽）；第五章（金盛华、于全磊、张林、吴恭安、朱一杰）；第六章（金盛华、于全磊、张林、郭亚飞、吴恭安）；第七章（金盛华、于全磊、张林、吴恭安、朱一杰）。实证研究卷在最终选定的35篇学术论文中，包括金盛华教授子课题组11篇，周宗奎教授子课题组12篇，雷雳教授子课题组9篇，方晓义教授子课题组3篇，具体每篇论文的作者请参照正文中的标注。他们的支持不仅直接丰富了课题的成果，更拓展了课题的视野，提升了课题的水平。

我的已经毕业的三位博士同学，吴嵩、李红霞、张雁军在课题组织和实施过程中付出了大量努力；在读博士生于全磊和张林在数据的深化分析，全书的整合过程中发挥了十分重要的作用；硕士生同学万薇洁、吴恭安、陈蓉、朱一杰、赵霞、张武悦、包慧、田力等在课题资料整理和书稿校对上也提供了大量的帮助；北京师范大学出版社已故总编辑叶子给予了本书出版的特别关怀和大力支持，学术编辑关雪菁在成书过程中提出了很多宝贵的建设性建议，并在出版过程中给予了本书大力帮助和支持；我的西北师范大学访问学者李玲在数据搜集和分析过程中提供了大量支持，在此对上述各位的倾心帮助与支持一并表示最衷心的谢忱。

虽然本课题组全体成员在全国性数据调查、资料搜集和数据分析过程中竭尽全力试图描绘出当今中国青少年网络生活形态的全貌，并努力使调查结果和分析能够系统反映到现在的课题著作之中，但由于本人作为课题组首席专家水平有限,研究和成果呈现难免存在各种不足,在此恳请读者和同行专家不吝赐教。

金盛华

2015年10月16日于北师大后主楼

目　录

第一部分　青少年网络一般行为的理论述评

第三部分 方法学探索与工具研发

第四部分　青少年网络一般行为的实证研究

第五部分　青少年网络成瘾行为的实证研究

第一部分

青少年网络一般行为的理论述评

第一章　青少年自我价值定向与网络使用

金盛华　李红霞

自我价值定向是个体依据自我的价值观对于自我的价值感所进行的评判，进而影响其行为选择的过程。本研究阐述了有关自我价值的定义及其分类系统，根据自我价值定向的来源可以划分为精神性的、生理性的和文化性的三类。自我价值定向是一个稳定的结构性的系统，可分为特质性和状态性的自我价值定向结构。我们通过理论思考建构了自我价值定向模型，该模型反映了个体所具有的价值观分别通过自我评价和社会比较这两条路径来影响个体的自我概念从而影响到其态度和行为。根据自我价值定向可以分为特质性和状态性的理论构想，我们认为对个体来说，动机和其自我价值定向结构中的动力系统能够影响个体的社会行为。本章通过分析自我价值定向与网络使用之间的关系，最后提出网络使用偏常青少年自我价值主导化重建的思路和方法。

焦点阅读：

自我价值定向理论；

自我价值定向与青少年自我价值主导化的网络使用之间的关系；

网络使用偏常青少年自我价值主导化重建的思路和方法。

关键词：

自我价值(Self worth)；自我价值定向(Self worth orientation)；网络使用(Internet use)；青少年(Adolescent)；主导化(Leading self value)

价值观(Value)是人们在自我结构中对于事物的重要性的观念，主要依据客体的重要性作出价值评判和选择的标准(金盛华，1996)。价值定向(Values Orientation)是人们对于特定的客体所采取的价值观，它与具体的事物和情境相联系，是人们进行价值评判和选择的主观反应(金盛华，张杰，1995)。自我价值定向则是个体依据自我的价值观对于自我的价值感所进行的评判，进而影响其行为选择的过程。自我价值定向具有一定的持续性和指向性，其中持续性是指自我价值是个体自我当中稳定的结构；指向性是指自我价值定向一定是具有自我主导性的，不同的自我价值定向内容对应特定的态度和行为。

目前，随着网络用户的急剧增长，网络作为一把双刃剑对青少年不仅带来了积极的影响，同时也带来了消极的影响。一方面网络的便捷性和及时性为青少年信息获取、人际交往等带来积极的影响；另一方面也有部分青少年却因迷恋网络上的游戏等内容而沉迷于网络，严重影响了他们的身心健康和学业成就，这已成为了全社会普遍关注的问题。因此，在本研究中我们首先要构建起自我价值定向模型，并依据该模型找到影响青少年网络使用的内在动力系统。最后，我们根据该模型的特定动力系统，提出青少年自我主导化网络使用的一些新的视角和启示，以期为青少年运用绿色网络资源，促进其健康成长提供理论指导。

1.1 自我价值定向模型建构

目前，有关自我价值定向的研究大体聚焦在自我价值的内容和结构方面，最具有代表性的是金盛华等(2009)以事实驱动作为方法学切入点，系统研究了中国人的价值观结构及特点，并通过一系列科学系统的方法编制形成了《中国人价值观问卷》，验证出了中国人价值观的八因素结构。具体包括：品格自律、才能务实、公共利益、人伦情感、名望成就、家庭本位、守法从众和金钱权利。由此看出以往研究基本阐述的是自我价值的一个剖面图，而内部自我价值是如何影响外在行为的心理机制目前还没有揭示。因此，有关自我价值定向纵深的三维结构模型的建构就显得非常有意义了，自我价值定向的分类系统、自我价值定向模型和其信息加工过程为探明其自我价值影响行为的心理机制提供了重要依据。

1.1.1　自我价值定向的分类系统

根据自我价值定向的来源可以划分为精神性的、生理性的和文化性的价值类别。其中精神性的主要体现个体的精神价值追求，如品格和名望等；生理性的主要体现个体对自己与生俱来的一些生理上的特点所进行的评判进而影响到自我价值感的方面，如体型、外貌特征、性别等；文化性的主要体现在个体受社会文化因素的影响所持有的价值观，如中国社会中男主外女主内的家庭角色分工、传宗接代和西方社会中的女权主义等。

根据自我价值定向是一个稳定的结构性的系统，可将自我价值定向分为特质性和状态性两种结构。其中特质性的自我价值是指那些稳定的存在于个体的自我价值结构中的内容，具有稳定的跨情境的一致性、能够持续性发生的和具有稳定驱力背景的特点，这常常与个体的人格特质相联系；而状态性的自我价值是指那些在自我价值结构中不稳定的内容，常常会受到情绪、情境和突发事件等影响，具有不稳定性、情境性、持续性差和稳定驱力背景的特点。

1.1.2　自我价值定向模型

我们认为自我价值定向理论是解释人的价值行为导向的理论，而自我价值定向模型则是用来说明人的价值行为导向的心理加工机制过程的。个体所具有的价值观通过自我评价和社会比较这两条路径来影响个体的自我概念从而影响其态度和行为(见图 1.1)。从第一条路径来看，价值观会通过自我评价来影响自我概念，从而影响其价值定向的态度和行为；从第二条路径来看，个体的价值观会影响其在社会比较中所采取的方向(向上比较或者向下比较)，然后影响个体的自我概念，并最终影响其价值定向的态度和行为。通过这两条路径我们可以清晰地看到自我价值定向的心理机制。此外，我们假设自我认同水平的高低和动机水平的高低可能在该路径中起着调节变量的作用。

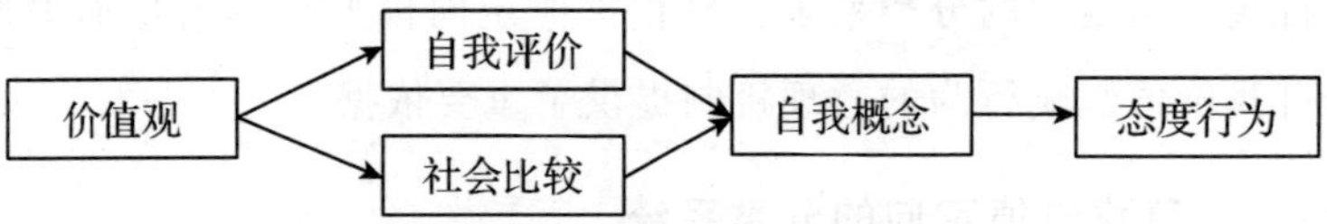

图 1.1 自我价值定向模型示意图

1.1.3 自我价值定向模型的信息加工过程

自我价值定向模型的加工过程可以从信息加工的视角来进行分解，从一个纵深的视角来解构(见图 1.2)。首先，情境启动信息引起个体的注意，此时个体对信息的注意是一种无意识的状态。接着是信息输入阶段，在这个阶段中有一部分信息进入到个体的信息加工通道中了，另外一部分信息因没有得到注意而衰减，并没有进入到信息加工通道中。在信息匹配阶段，此时进入到个体的信息加工通道中的信息和个体以往所持有的价值观的信息原型或者自我图示进行对照，如果现有信息和已有价值观匹配则为信息匹配；另外一种情况是现有的信息和已有的价值观不匹配的情形，则为信息不匹配。经过信息匹配进入到价值选择的阶段，信息匹配则进行和原有价值一致的选择，如果信息不匹配则进行坚持原有价值观或者调整原有价值观的选择；最后价值的选择会指向具体的态度和行为，个体表现出相应情境的态度或者作出相应的行为，此时的态度和行为是与最初的情境启动信息所对应的。

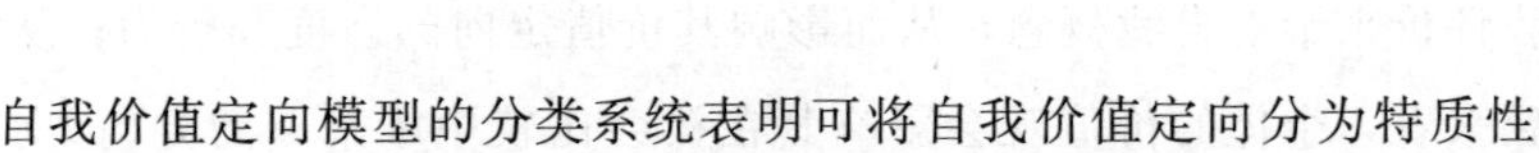

图 1.2 自我价值定向模型的信息加工过程

1.2 自我价值定向模型中的动力系统

自我价值定向模型的分类系统表明可将自我价值定向分为特质性和状态性两类。状态的自我价值定向结构容易受到情绪等外在因素的影响，此外还会受到动机等因素的影响。因此，我们认为动机在自我价值定向模型中起着非常重要的作用，自我价值定向模型中存在可调节的动力系统。

1.2.1 动机在自我价值定向模型中的作用

动机在自我价值定向模型中起着维持个体的心理能量的发端、方向、强度和持续性的作用，以保证个体按照其所持有的价值观来实施一定的行为。我们认为动机是处在整个自我价值定向模型中的，个体动机水平的强弱会直接影响到其行为的结果和持续性的可能性。Higgins(1997)提出调节定向理论，揭示了人们如何趋近积极目标状态和回避消极目标状态。该理论区分了两种不同的调节定向动机——与提高需要相关的促进定向和与安全需要相关的预防定向，两种定向对结果的关注点和情绪体验方面有着不同的影响，并产生独立的动机结果。体现在自我价值定向模型中就是这两种不同调节定向系统对其价值定向的动机结果产生不同的影响。

1.2.2 自我价值定向模型中的动力系统

从自我价值定向的分类体系中我们认为自我价值定向的结果方向是在一定的动力系统下发生的，因此我们才能够通过改变动力系统来改变对个体自身的调控和行为，比如对不良价值观引导下的行为的矫正。根据自我定向模型，在第一条路径中，自我评价是具有方向性的，自我评价的高低直接影响其自我概念，进而影响到最后的态度和行为。因此，在这条路径中我们只需要通过提高或者降低个体的自我评价就可以影响到个体最后所定向的态度行为。同样地，在第二条路径中，社会比较可以是向上比较或者向下比较，比较的方向不同对自我概念是有直接影响的。因此，在这条路径中只需要改变社会比较的方向就可以影响自我概念进而影响价值观所对应的态度和行为(见图 1.3)。此外，动机水平在整个模型中起着维持个体进行自我定向心理活动的作用。

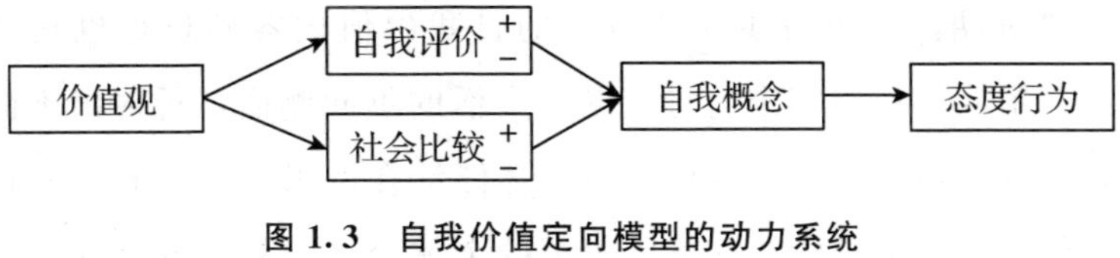

图 1.3 自我价值定向模型的动力系统

1.3 青少年自我价值主导化的网络使用

青少年正处在身体、学业和心理成长的关键时期，网络生活化使得青少年的生活和网络紧密相连，形成了线上生活结构，也称为网络生活结构。网络生活结构对青少年的学业和身心健康也有着积极或者消极的影响。根据自我价值定向模型中的动力系统，青少年网络使用可以进行自我价值的主导化，让青少年提高其对网络信息和利用的自主选择的能动性。因此，青少年的自我价值感、自我价值的内容、自我的确证和自我价值定向动力系统都和青少年自我价值主导化的网络使用有关。

1.3.1 自我价值感与青少年自我价值主导化的网络使用

自我价值感是个体对自我价值定向心理过程完成后所形成的对自我整体价值评价的主观感受。自我价值感高的青少年在使用网络的过程中能够有效利用网络上的多种资源和信息，并能有效提高自己的学习成绩和扩展人际交往范围，使得青少年出现"富者更富"的趋势。如现实生活中社会支持比较好的青少年在网络生活中得到的关注和支持也更多。反之，自我价值感低的青少年在使用网络的过程中则会出现一些补偿性的行为，出现"缺失—补偿"行为，比如平日里沉默寡言者，在网络的虚拟性社交媒体的环境中则会表现的外向活跃；有的甚至会伴随着一些负面的情绪，在网络虚拟生活中表现出偏离社会准则的一些行为。

1.3.2 自我价值内容与青少年自我价值主导化的网络使用

自我价值内容的范围比较广，青少年正处在人生观、世界观和价值观形成的重要时期，每个青少年所持有的自我价值内容和权重也是不一样的。因此，不同价值内容定向对应网络生活的不同侧面，折射出不同的个人选择。网络生活中的虚拟环境使得个体能够在网络中充分和真实地表达自己的价值观。如追求学业成就价值感的个体会更好利用网络的丰富资源和及时信息来进一步提升自己；追求人伦情感的个体则会在网络生活中充分利用各种及时信息工具和家人朋友等进行交流互动。在网络生活中每位青少年都会根据其不同的价值选择和权重选择不同的网络活动。根据自我价值定向模型的信息加工过程模型，我们知道在自我价值定向的最初始阶段是信息的启动，这个过程中是对纷繁复杂的信息进行选择的过程，只有那些能够与个体内在自我价值观相符合的信息才会迅速引起个体的注意，这样也能够进一步用来解释青少年在网络生活中的信息选择行为了。

1.3.3　自我确证与青少年自我价值主导化的网络使用

自我确证理论认为有意义的个性选择是自我确证主题的内在诉求，自我确证是个体实现精神归属的理性关照(张茂聪，王培峰，2007)。自我确证使得青少年在进行网络使用时按照自己认为有意义的内在诉求进行，无论是在内容选择上还是在重要性程度上都体现了这种个体自我实现精神归属的理性关照。体现在结果意义上的是个体由于自身作出这种具有内在诉求的经过选择后的网络活动，使得他们具有了更强的自我价值感，并对其使用行为起到了一定的强化作用。因此，只有当个体具有良好的自我确证时，才能够顺应自己的内在诉求，作出那些认为对自己真正有意义的活动和行为，体现在网络生活中就是选择那些能够体现自己内在真正精神归属的价值寻求活动。相反地，如果个体不具有良好的自我确证时，个体将不能够了解和厘清自己内在的真正自我价值和精神诉求，在作出行为时则没有一定的价值寻求作为指引，从而有个别青少年在网络生活中表现出一些偏常化的选择行为及不符合主流价值观对青少年所期望的行为活动。

1.3.4　自我价值定向动力系统与青少年自我价值主导的网络使用

自我价值定向模型中的动力系统主要体现在个体的动机和自我评价及社会认同的方向性上。个体的动机水平是维持整个自我价值定向过程的完成情况的，对于一般动机来说，影响个体行为的主要有动机来源和动机的强度。动机来源主要是受个体目标影响的，但是目标的设定还是取决于个体的自我价值内容。动机的强度影响个体目标行为的完成和持续性状况。因此，对于一般的动机系统来讲，青少年网络生活结构的维持和完成的动机来源主要在于其稳定的自我价值定向系统，并且会在促进定向和预防定向上表现出不同的分化，对青少年的网络活动的影响也会表现出差异。

自我价值定向模型表明青少年的自我评价直接决定了其自我概念，进而影响到其态度和行为，而前因变量为个体的自我价值。从自我价值到态度和行为有两条路径，个体的自我评价对自我概念的形成有着重要的影响，个体从哪几个维度进行评价，以及评价的结果如何都是形成个体整体自我概念的源泉。自我评价的标准和权重来源于个体内部的自我价值。对于青少年来说，在网络生活中选择什么样的信息，使用什么样的网络功能都取决于他们对自我的评价所产生的自我概念。在网络生活中他们所选择的网络功能又会继续强化他们的自我概念。社会比较对个体的自我概念的形成有重要的影响，进行社会比较的方向直接决定了自我概念。一般来说，向上比较会产生挫折感从而降低自尊，形成不良的自我概念；而向下比较则会产生优越感从而提升自我，形成良好的自我概念。对于青少年来说，来自外部环境的评价和比较以及自己所进行的社会比较会直接影响到其自我概念，并进而影响到其相应的网络活动中去。在虚拟的网络社会中，个体会按照已有的自我价值来引导自己的社会比较方向，形成个体的自我概念，这种自我概念在网络上包含有虚拟自我的成分，并最终影响其网络生活中的行为。

1.4 网络使用偏离青少年自我价值主导化的重建

青少年在网络生活中主要出现的偏离行为有：网络道德危机、自我价值观迷失、自我同一性混乱和人际关系出现障碍，网络成瘾等。根据自我价值定向模型，我们认为青少年的自我确证障碍和其自我价值定向系统的不稳定是根本原因。因此，为了对网络使用偏离青少年进行自我价值主导化的重建，需要从自我确认障碍的修改、自我价值定向系统动力结构的重塑和朋辈辅导着手。

1.4.1 自我确证障碍的修复是其重建的关键内部动因

自我确认障碍会导致个体的自我价值定向系统出现紊乱，影响到个体的自我评价或者社会比较，并且影响到其自我概念的形成，最终导致个体出现相应的态度和行为。由此，我们认为自我确证障碍的修复是进行青少年自我价值主导化重建的的内部动因。自我确证障碍直接可以影响到个体进行客观和真实地自我评价或者社会比较。自我确证障碍的修复可能通过以下几个阶段来完成：首先，可以用对比法来进行真实自我和主观自我的对照和分析，该阶段要求个体首先按照重要性的先后顺序罗列出有关自我概念的各方面，然后逐条写出对自己真实自我的评价和主观感受的评价，然后分析差距。其次，通过回忆法来描述自己曾经的经历中所做过的能够让个体对自己产生积极评价的事件，尤其是那些与自我概念紧密相连的事件。最后，找到这些时间中重要的经历和心理感受，然后重新对自我进行确认。对于社会比较则尽量让个体进行避免。对于网络使用偏离的青少年来说，只有重新建立起自我价值定向系统，才能够在网络生活中进行自我价值主导化的网络使用行为。

1.4.2 自我价值定向系统动力结构的重塑是决定其网络良性使用的风向标

自我价值定向系统的动力结构决定着个体的态度和行为，自我价值定向系统虽然是一个相对稳定的结构，但是由于其存在动力结构，所以具有一定的可塑性。自我价值定向系统的不稳定直接影响到个体最终的态度和行为。自我价值定向系统动力结构重塑的着眼点是对自我价值模型中的两条路径中的自我评价和社会比较进行动力提升计划，即自我评价要朝着一个良性的方向运行；对于社会比较而言则要多采用向下比较而较少采用向上比较。对于网络生活中的青少年而言，只有具有明确的和良性运行的自我价值定向系统才能够在网络生活中指导他们的网络使用行为。对自我目标的设定是保证动力系统能够持续的动力来源，因此在动力结构重塑的过程中，有效自我目标的设定也是其稳定运行的动力保障，帮助青少年实现网络使用由自我价值来主导。此外，网络文化价值也会影响到个体的网络使用行为。有研究者曾指出网络文化价值对人具有一定的规范作用，并且可以将其作为一种解释资源参与到具体的行为过程中，从而体现为一种规范，具有普遍的动机作用(邢媛，2014)。因此，在青少年网络使用的自我主导化过程中我们还要注意网络文化的渗透，比如网络道德的遵守等。

1.4.3 朋辈辅导是青少年自我主导化的网络使用重建的突破口

朋辈辅导是指在人际交往过程中人们互相给予心理安慰、鼓励、劝导和支持的过程，它是由受训或督导过的非专业人员提供具有心理辅导功能的帮助的过程，是与我们同学这一群体处于同一等级、同一“辈分”的心理疏导工作。青少年网络使用方法的学习途径除了学校和父母以外，朋辈是一个学习频率更高的群体，他们除了分享在网络平台上的一些信息，进行网络互动，还会进行一些网络社群和网络游戏等活动。青少年的很多行为会模仿同辈群体，包括网络生活中的网络使用行为更多是在同同辈的互动中增进和提高。因此，朋辈辅导是通过周围的朋友或者同学来帮助青少年建立良好的自我价值定向系统，并且引导其在自我价值主导化的网络使用中的行为。然而青少年良好自我价值定向系统的建立则是需要朋辈来帮助他实现自我评价或者社会比较和自我概念进行良性发展，找到能够重新或者重建的动力点，根据具体的动力点来进行疏导、重建、帮助和指导。在网络使用的过程中对于所出现的积极行为尽量给予无条件关注和强化。我们要引导和帮助网络使用偏离青少年的网络使用行为朝着社会规范所认可的方向转化，最终使得青少年可以通过自我价值主导的方式来进行自我监督、自我管理的网络使用行为。

参考文献

1. Higgins, E. T. Beyond pleasure and pain. *American psychologist*, 1997, 52(12): 1280.

2. 金盛华．现代社会挑战与教育变革导向[J]. 北京师范大学学报，1996，(6).

3. 金盛华，张杰．当代社会心理学导论[M]. 北京师范大学出版社，1995.

4. 金盛华，郑建君，辛志勇．当代中国人价值观的结构与特点[J]. 心理学报，2009，(10)：1000－1014.

5. 邢媛．文化认同中自我确证的系统分析[J]. 山西大学学报(哲学社会科学版)，2014，(2)：10.

6. 张茂聪，王培峰．网络交往伦理：青少年网络道德教育的新视域[J]. 新德育．思想理论教育：综合版，2007，(10)：95－95.

第二章　网络社会行为的进化心理学解析①

吴静　雷雳

互联网为人类社会搭建了数字化、网络化、信息化的新型平台。从进化心理学的观点看来，网络成为人们在现实生活之外建立或维持社会关系、进行情感表达的更加直接便利的新方式，是具有其相应的适应价值的。本文利用进化心理学相关理论，结合前人大量实证研究结论，对现代人的网络社会行为的特点和心理进化机制进行探讨和解释。网络社会行为源于个体与他人建立亲密感和归属感的本能需要，具有积极的进化意义，能够解决现代人生存繁衍问题。人们做出行为表现的决策始终取决于环境，人们对网络行为的偏好、在网络中的虚拟自我展示、虚拟社会关系的建立，以及网络社会互动的行为动机与特征都是心理机制与环境互动的结果，并且与其在现实生活中的心理、行为相互关联并产生影响。

焦点阅读：

进化心理的机制：生存与繁衍；

网络社会行为是适应人类进化过程中形成的心理机制的具体表现。

关键词：

网络社会行为(Cyber Social Behaviors)；进化心理学(Evolutionary Psychology)；心理机制(Psychological Mechanisms)

---

① 本文已发表于《心理研究》2013年第2期。

2.1　引言

互联网诞生于20世纪60年代，是人类文明进化史上一项重要发明，对分散聚居的现代人类社会有着重大的意义，是分散的人类资源进行统和调整的有效途径。随着近20年来计算机与互联网技术的不断发展，互联网已经成为了吸纳、承载人类生活的第二平台，当代人已经逐渐形成了数字化、网络化、信息化的新型生活方式(雷雳，2010)。据中国互联网络信息中心(China Internet Network Information Center，CNNIC)于2012年7月发布的第30次《中国互联网络发展状况统计报告》显示，截至2012年6月，中国网民规模已达到5.38亿，互联网普及率攀升至39.9%(CNNIC，2012)。据美国著名研究中心PEW的互联网与美国生活项目(Pew Research Center's Internet & American Life Project)2010年调查结果显示，美国近93%的青少年和79%的成年人每天都在使用互联网(PEW，2010)。

当代世界这种规模庞大、结构复杂的社会存在的时间并不很长，人类很长一段时间都维持着分散于广阔领地只有少数成员有着直接接触的生活。直至7000年前新石器时代，有着几千名居民规模的城镇才在近东地区出现，而超过100万名居民的城市出现的时间也就几百年而已。在人类进化的大部分时间里，我们生活在小规模的狩猎采集社会，这种社会的规模非常小，群体相对不稳定，成员也通常分散在很大一块区域里。一直到大约10000年前农业出现，那种不受规模限制的永久性居民群才有了存在的可能(Dunbar，Barrett，& Lycett，2005)。

进化心理学(Evolutionary Psychology，EP)成形于20世纪80年代，建立在认知科学和进化生物学交叉融合的基础上，是现代西方心理学中的一种新兴研究取向、新的研究范式(Buss，1995)。它采用进化的观点来理解人类心理或大脑的机制，认为人作为一种生物体，进化决定了人们怎样行动、思维和学习，使其行为与世代以来促进生存的方式相一致(叶浩生，

2006)。进化心理学的目标是通过将进化论的知识和原则运用于人类心理结构以发现和理解人类心理，它并不是一个具体的研究领域，而是一种思考心理学的方式，能够运用于心理学的任何研究主题，尝试用这一思维方式将心理学各个分支领域进行整合统一(Cosmides & Tooby，2000)。

互联网心理学和进化心理学都是现代新兴科学，各自领域都活跃着不少学者和研究论题，但用进化心理学的观点来解释人类网络行为的研究较少，只有少数国外学者曾尝试运用进化心理学的观点来解释互联网沟通行为，但也大都集中在理论层面(Kock，2001；Kock，2004；Kock，2005；Kock，2010；Kock & Hantula，2005；Piazza & Bering，2009)，少有实证研究，而国内相关研究几乎一片空白。网络社会行为是心理机制与环境互动作用的结果，具有相应的适应意义，能够解决相应的生存繁衍问题。利用进化心理学的相关理论对网络社会行为的心理进化机制进行探析，有助于我们更好了解人们体验在线活动的心理机制，也能够帮助我们更好地解决各种生存繁衍相关的疑问和困惑。

2.2 网络行为偏好

作为人类之间沟通联系的新纽带、新平台，笔记本电脑、手机、无线互联网的出现不断延长人类大脑与互联网的接驳时间。博客、电子邮件、社区网站、微博、威客等新兴功能进一步融合形成互联网的虚拟神经元—大脑映射区，与现实中的人进行信息同步，互联网由二维平面世界逐渐向三维发展进化，并在某些方面可以与人脑相媲美(高邦仁，2010)。

以往对与互联网行为相关的心理学研究大都从一些经典社会科学理论模型的角度集中于探讨以计算机为媒介的交流(Computer-mediated communication，CMC)与面对面交流(Face to Face，FtF)之间的差异和联系(Lee，Sun，& Thiry，2011；Rice & Markey，2009)，以及互联网使用对不同人群尤其青少年心理健康的影响(Koo，2009；Lim & Teo，2009)

这两个主题。随着虚拟世界的飞速发展，几乎所有真实世界存在的人类行为、社会关系，在虚拟世界中都可以表现出来，甚至能克服时间和空间的距离。与互联网刚出现时对它的颇多质疑声讨相反，越来越多的研究开始集中探讨 CMC 和 FtF 交流的共同点以及线上活动的潜在优点(McKenna & Bargh，2000)，以及人们的行为和心理在真实世界与互联网平台中是如何相互影响和联系的。研究表明，线上关系与传统人际关系形成的步骤和每个阶段的特征基本一致(Yum & Hara，2005)。

人们对互联网服务的使用存在一定的偏好(CNNIC，2012；PEW，2010)：信息获取类(如搜索引擎、网络新闻等)、交流沟通类(如即时通信、微博、社交网站等)、休闲娱乐类(如网络游戏、网络视频等)和商务交易类(如网络购物、网上支付等)。雷雳等人(2006)的研究表明真实世界的社会支持、人格特征均对青少年的不同网络行为偏好起着良好的预测作用。

从进化心理学的角度来讲，人们网络使用的行为模式也具有其相应的进化价值，其适应性优势有助于人类更好地完成生存繁衍任务。如同史前发明的石器打猎工具一样，互联网作为辅助人类生存发展的工具之一，也是随着现代人类智力和艺术能力发展进化所得到的副产品(CNNIC，2012)。符号化的信息表征方式加速了信息资源的传播、交换和分配，网络很好地提高了我们对信息和知识的储存、转换以及交流的能力(Kock，2004)。实验证明，基于网络平台出现的威胁性刺激同面对面一样，能使被试的注意力和警惕水平升高，显著提高任务完成的速度和质量(Kock，2004)。

网络休闲娱乐行为对环境的适应是因为它同样具有生存获益能力。音乐有利于提高群体的凝聚力，使个体更能依靠群体的力量抵御自然界的敌害以适应自然，以保证个体的生存和后代的延续(丁道群，芦球，2010)。青少年网络游戏玩家的内在动机是为了享受纯粹由游戏本身带来的乐趣和兴奋，提高自信心、成就感和自我效能感，超越现实的约束、完成在现实生活中无法实现的愿望，进行信息、物质等利益交换，以及更高层次的“最佳体验”动机（Goren，Kurzban & Rapoport，2003；张红霞，谢毅，2008）。

进化心理学从宏观的角度探讨人类行为反应和心理机制的“远因”，从人类祖先进化过程来分析和解释其大脑机制及其适应性(Kock，Chatelain-Jardon & Carmona，2008)。此外，进化心理学不仅能为人们的行为分化特征提供较为合理的解释，还可以用来解释一些不合理行为，如赌博、视错觉、暴饮暴食、网络成瘾等。这些不合理行为的本质是由于用来适应祖先环境的大脑机制现在仍是我们适应现在环境的机制的一部分，并不一定与我们当前环境相匹配（Kock，Chatelain-Jardon，& Carmona，2008；Pinker，2005）。

Kock(2004)将解释CMC现象的社会在场和媒体丰富等多种理论在进化心理学思想观点的基础上进行了统一整合，提出了一个心理生物学模型，以预测网络行为的认知加工过程，认为CMC与FtF的认知加工心理图示有所不同，并通过对网络代理商的顾客支持为例证实“媒介传递和聆听话语的能力远重要于使用面部表情和肢体语言的能力”这一具体推论。

Piazza和Bering(2009)从进化心理学的角度对互联网行为中的几个重要主题(择偶和两性竞争，养育与亲子关系，信任与社会交换，个人信息管理)进行了理论分析，并提出了一些未来研究可实现的研究假设。

在互联网提供的各种服务中，人和人之间的交流沟通是最重要的应用之一，而且它还推动着互联网的其他应用(Kraut，Patterson，Lundmark，Kiesler，Mukophadhyay，& Scherlis，1998)。与现实生活中的社会互动一样，网络社会行为源于个体与他人建立亲密感和归属感的本能需要，具有积极的进化意义。

2.3　虚拟自我

对自我认识的探讨是社会学和社会心理学领域一直以来最重要的研究论题之一。如何向他人展示和表现自己？要在哪些方面将自己与他人区分开来？这些都是自我认识的基本问题(Ellemers，Spears，& Doosje，2002)。

虽然人们在自我认知的过程中都会存在偏差，存在自我增强的现象(John & Robins，1994)，但相比于 FtF 的传统沟通模式，在网络的虚拟环境中，由于 CMC 存在视觉匿名性，而且缺乏一定的社会监督、社会参照，人们通常更容易有比较强烈的理想化自我认识倾向，更容易将自己的真实自我以理想自我的方式表现出来(Bargh，McKenna，& Fitzsimons，2002)。

在 CMC 沟通模式下，无论是在表现自我的个人网页，还是为了交友的博客、社交网络，或是以择偶为目的的在线约会网站中，用户的个人资料信息都倾向于加以些许的夸大和突出，会根据交互情景使用“策略性的自我认同”来定位、表现和建构自我(Talamo & Ligorio，2001)。人们会倾向于选择外表吸引力更高、更能体现自己身体健康水平的图片作为自己的资料照片(Jacobi & Cash，1994)；会下意识地提高自己的经济状况、社会地位等方面的信息(Ellison，Heino，& Gibbs，2006)，并且往往会夸大自己的自我认识，如通常会夸大自己性格特点中的外向性与宜人性水平(Vazire & Gosling，2004)。

从进化心理学的角度来讲，这样看似无意识的自夸行为都是具有积极的进化意义的。通过自我增值的方式夸大个人的吸引力，提升自己在他人面前展示的社会经济地位、健康水平等在进化过程中的重要生存繁衍资本，都有助于个体接触、收获更多的获取资源机会，帮助个体在可选择配偶的群体中提升自己的择偶竞争力以扩大自己的选择范围、增加繁衍机率。并且男性和女性由于在进化进程中面临不同的适应问题，可能会根据自身角色的适应性选择，在不同的指标方面更加突出地体现自己的吸引力(乐国安，陈浩，张彦彦，2005)，以契合另一方所更关注和青睐的标准，这样的自我表现形式具有更高的进化价值。由于互联网的去抑制性(Joinson，2001)，人们可以在网络中不受限制地构建出一个甚至与真实自我完全相反的自我，却不会遭遇现实世界中表达这些消极或禁忌会面临的代价和损失(Bargh，McKenna，& Fitzsimon，2002)。以在网络上表现出外向、现实生活中内向的个体为例，研究表明，内向并且神经质的人由于在社会交往中有困难，所以他们更倾向于在互联网上定位“真实自我”，而外向并且非神经质的人则是通过传统的面对面的社会交往来定位“真实自我”(Amichai-Hamburger，Wainapel，& Fox，2002)。通过互联网表现出有助于其形成和建立更多人际关系的自我，是更加具有适应性价值的。所以在网联网上的虚拟自我表现行为模式是建立在现实自我的基础上经过一定的适应和进化形成的。

2.4 虚拟人际关系

2.4.1 网络亲子关系

随着网络的普及，青少年开始接触网络的年龄越来越小。据美国著名研究中心 PEW(2010)的调查显示，55%的 12～17 岁青少年网络用户拥有自己的社交网络账户并定期更新自己的个人资料、空间内容。为减少子女与陌生网友见面的危险性，父母对青少年子女访问网站和暴露个人信息的内容、程度有一定的规则和限定。研究表明，父母对子女上网时间、上网内容管理的严格程度与父母教养方式有关(Eastin，Greenberg，& Hofschire，2006)。

按照进化心理学家的观点，进化形成的心理机制使人们偏爱那些对自己生殖和后代生存有好处的行为模式特征(Symons，1980)。从亲子确定性假设(Trivers，1972)来看，由于女性比男性更加能够确定后代基因的来源，所以对子女投入的每个单元都对母亲比对父亲更有利，于是造成了母亲比父亲对于后代投资更多的这种普遍倾向。从亲缘投资理论来看，根据Robert Trivers 和 Dan Willard(1972)提出的 Trivers-Willard 假设，家庭中所有的孩子并不会受到同样的对待，尤其在资源不充足的情况下，父母会出于生存与繁殖最优化的角度，根据父母双方和孩子各自的特点为基础，以自身的条件来偏好向其中某个性别的子女投资，而牺牲另外一个性别子女的资源。男性的繁殖成功率比女性的更容易受到财富这个条件的影响。更多的财富保障有助于男性寻找更多的伴侣以及支持子女的投资费用，却并不一定能够提高女性的繁殖能力；而在财富保障并不充足的情况下，对女性子女的投资更有助于降低生存繁衍的风险(Piazza & Bering，2009)。所以尤其在存在着明显阶级和贫富差距的社会中，社会经济条件较好的父母更偏向于将更多的资源和注意力投资于儿子；而穷困或低社会经济地位的父母应该会更多地投资女孩胜于男孩。

由此，从进化心理学的角度来分析，尤其当子女处于青春期阶段时，父母的基因处于可以借助后代实现繁衍的边缘时期，所以父母在这一时期对后代心理行为的控制可能达到顶峰(张雷，2007)。Piazza 和 Bering (2009)提出将父母监管子女网络的行为作为亲缘投资的指标，认为在一般情况下女性普遍比男性更多地监管子女网络行为；当亲子确定性(信任程度)高时，男性会更加积极主动地监管子女网络行为；经济社会地位高的父母会更加监管儿子的网络行为；经济社会地位低的父母会更多地监管女儿的网络行为。

2.4.2　网络友谊

友谊是指个体之间的以信任为基础、以亲密支持为情感特征的相互作用的、稳定持久的关系(Sullivan，2013)，是人类进行社会互动和构建人际关系中最为重要的关系模式之一。尤其在青少年成长过程中，同伴之间的交往可以起到社会支持、榜样、参照群体、盟友等作用(Tokuno，1986)，对青少年适应社会产生重要的调节作用。

群居生活是人类世界整个适应过程中的关键组成部分。在人类进化的过程中，从我们的祖先开始，为了占据更加开阔的栖息地，应付日益增加的生存风险，需要不断扩展生态位、建立更大更合作的社会群体，建立大规模的交换网络，才能保证充足的供给每个人需求的资源。而每个人的时间、能量和精力都是有限的，每个人都只拥有有限数量的友谊生态位(friendship niches)，因此我们面临的适应性问题之一便是调控生态位的数量和布局，以及选择怎样的人来填补这些位置(Buss，1995)。

在现代社会中，人们的生存环境不断丰富并扩大，建立安全有利的社会群体需要动用人们的适应机制。互联网使用者以计算机为媒介彼此进行交流，可以形成网上的社会支持，通过即时聊天、论坛和最近新兴的社交网络(Social Network Services，SNS)等不同形式，都有助于与他人建立亲密感和归属感，形成与现实友谊相似的网络友谊(Young，Kubicka，Tucker，，Chavez-Appel & Rex，2005)。近年来大量社交服务网站兴起，如国外的 Myspace、Facebook，国内的人人网、开心网、Chinaren 等，据 Alexa. com2007 年的统计数据显示，整年度浏览数量最高的 15 个网站中就有 5 个属于社交服务类(Joinson，2008)。社交网络在一定程度上改变了人们互相认识和了解的方式和过程(Gosling，Gaddis，& Vazire，2007)，我们通过社交网络中的个人资料来了解一个人，对他形成第一印象，进而在共同的志向兴趣、见解和价值观的基础上，通过一段时间的自我表露建立信任和亲密感，最终建立并维持友谊。

研究表明，网络友谊与现实友谊在友谊质量、亲密度、自我表露等方面的相同度很高(Whitty，2008)；且相较于现实生活中 FtF 的交往，人们在互联网中 CMC 的沟通模式下会倾向于有更多更深层次的自我表露行为(Chiou，2007)。而在现实生活中害羞、社会交往有障碍的人会更容易使频繁用地网络，在 Facebook 上所耗费的时间较多，且好友数较少(Orr，Sisic，Ross，Simmering，Arseneault，& Orr，2009)；社交技能低的社会群体更容易向网络朋友表露较多的个人信息。实际上，这些也都是在实施一定的生存策略：没有物理距离的限制，即使相距甚远，朋友之间也能够及时互相予以支持；CMC 环境下不同步的沟通方式允许个体对来自朋友的建议产生更有准备的应对，更充分地思考他人的言语、规划自己的反应，有助于现实生活中社交技能较低的个体也能形成安全的保障社会资源的人际关系。

虽然部分心理学家将网络友谊描述成一种缺少相互依存关系、理解和承诺，同时具有较少的社会网络和反馈的弱关系(Parks & Roberts. 1998)。但大部分学者对网络友谊的存在和发展持赞成态度，认为网络友谊是发展积极经历和有益关系的替代空间(Bargh，McKenna，& Fitzsimons，2002；McKenna，Green，& Gleason，2002)。

在社交网络中良好的社交反馈有助于青少年增强自尊和主观幸福感(Valkenburg，Peter，& Schouten，2006)，高水平主观幸福感和积极情感有助于人更容易产生一种良好状态，使个体可以很有信心地去探索周围的环境，接近新的目标，从而获得重要的个人资源(李宏利 & 张雷，2010)。即使是在控制了自尊和幸福感两个变量之后，大一学生社交网络的使用频率都还能够积极预测其大二时候的社会资本，说明低自尊的个体可以更多地从社交网络中获取社会资源(Steinfield，Ellison，& Lampe，2008)。从进化心理学的角度来讲，友谊是在亲缘选择和互惠利他之外的第三种关系，建立具有适应意义的合作同盟的潜在(Tooby & Cosmides，1996；Trivers，1972)朋友可以为我们提供食物和住所，在我们生病的时候给予照顾，还会为我们介绍合适的约会对象，从友谊中获得的利益都直接或间接地帮助我们解决与生存和繁殖相关的各种重要适应性问题。

2.4.3 在线约会与网恋

进化心理学认为，选择配偶是一个复杂的任务，男性与女性会遇到不同的适应问题，形成了不同的适应机制，也会采取不同的择偶策略。

在线约会网站于 20 世纪 80 年代开始出现，作为线下约会的替代和补充，它受欢迎的程度不断攀升。一项对美国 3000 多名情侣的调查结果显示，在2009年相遇的异性情侣的认识途径中，互联网仅次于朋友介绍，与酒吧餐厅偶遇并列排第二；至2010年中国几大相亲网站的用户数量也都已高达数千万。在线约会网站之所以如此受欢迎，是因为与传统的择偶方式相比具有很多优势：能够让用户有机会接触到大量的潜在伴侣；网站上个人资料的设置可以使用户有更充分、多样化的方式来管理、修饰和展示自我，也可以通过对方齐全的个人资料更快捷、直接地筛选出择偶范围，提高了约会的效率；可靠的在线约会网站提供了一个相对安全有保障的约会、择偶环境(Piazza & Bering，2009；Whitty，2008)。

在繁衍后代的过程中，女性和男性付出的代价不同，女性只有选择那些愿意投入自己和后代的男性，才能保持自己和后代的生存，所以在择偶的时候女性会将更多的注意力放在男性抚育后代的能力和意愿上，相反男性则会将注意力放在女性的生育能力上。虽然在线约会与线下约会相比有许多相似或者优越之处，两者的目的、所在意的事情都是基本一致的(Bargh，McKenna，& Fitzsimons，2002)，但在线约会也面临着一定的局限性和新挑战。在线约会缺乏人际交往中重要的身体线索(如眼神接触、微笑、身体接触等)，只能通过文字、声像等方式来弥补(Whitty，2003)；CMC的视觉匿名性使得在线信息的真实、准确程度受到一定的质疑(Gibbs，Ellison & Heino，2006)；并且线上自我与线下自我之间可能会有一定的差异，两个人在现实生活中交往状态可能会受到环境线索的限制或促进(Bargh，Fitzsimons & McKenna，2003)。

类似于通过在线约会网站结识潜在交往对象的方式，广义的“网恋”指个体将网络视为交流工具，恋爱双方相遇、相识并相恋于网络空间，包括纯粹的网上之恋，也包含时机成熟后的网下发展(Wildermuth，2001)。按照进化心理学的观点，对于不同的个体在不同的时期采取不同的择偶策略(如长期配偶选择与短期性行为策略)时，也会有不一样的行为特点。研究表明个体在希望建立长期的现实亲密关系时，会有意识地更真实、更深入的情感性自我表露(Gibbs，Ellison，& Heino，2006)。在网络中与伴侣建立亲密关系时，已经是建立了一种短期承诺；而随着彼此交流的深入，长期承诺的关系便逐渐建立。有研究表明网恋通常具备大量心灵上、精神层面的亲密感(Ben-Ze'ev，2004)，但同时也容易产生大量的视觉上的或线下的性行为(Couch & Liamputtong，2008)。虽然在网络约会的初始阶段，由于缺乏一定的身体线索，生理吸引所起的作用并不大，但仍有研究表明在网络交往中，男性寻求的是性，而女性寻求的是亲密感和承诺(Yurchisin，Watchravesringkan，& McCabe，2005)。

2.5　网络信任与网络欺骗

信任在人类进化过程中至关重要，在人际交往尤其在陌生人的交易互动之间起着相当关键的作用(Goren，Kurzban，& Rapoport，2003)，在网络交易中更是如此。信任是人与人之间交往形成和维持的基础，同时也是商务交易成功进行的重要影响因素。虽然网络交易已经十分普遍，据著名调查公司尼尔森2006年的数据显示全世界已有至少两亿电子购物者。但整体上仍存在很大的信任隐忧，75%的美国网络用户会对在电子购物时提交自己的信用卡账号和个人信息心存顾虑(Horrigan，2008)，也有很多消费者会担心因不能验货而买到假货或次品(Yang & Lester，2004)。

在人类进化历史进程中，一个重要的特质便是识别出威胁性信号，另一个重要特质是忽略和接受无威胁性信号(Tang，2008)。信任则由第二种特质逐渐发展而来。对不具有威胁性的信号刺激选择性地忽略和信任，有助于个体节省认知资源，更加有效率地执行目标行为。由于信任是基于其最常依托的特定情境的，所以总体上对网络信任的研究可划为两类：一是对网络交易这一特殊渠道本身的认可，二是对特定商家的信任(Grabner-Kräuter & Kaluscha，2003)。研究表明，只要网络用户对网站本身建立了足够的信任，即使是特别隐私的信息(如工资、性经验等)，个体也会愿意告知(Buchanan，Joinson，Paine，& Reips，2007)。无论是对于要付费在网络上购买物品，还是需要在某个网站上公布自己的敏感信息，确保网站和卖方是否能够提供真实信息、是否能够保护自己的个人信息对个体冒险意愿起着相当重要的影响(Resnick，2000)。

在长期进化形成的社会契约中，人们默认应该存在互惠行为以促进合作联盟，也进化出了利他和识别利他的适应器。但群体中同时也会存在一些破坏联盟规则的个体，传播出一些欺骗信息。通常真实信息内容是有益于信息接收者的，而虚假信息则常常会损害接受者的利益(Andrews，2002)，所以人类会不断进化出觉察欺骗者的适应器。例如在网络商务交易中，人们可以通过买家卖家信誉评价反馈系统来识别对方的欺骗行为(Bolton，2003)。

但随着觉察欺骗者适应器的进化，同时另一种防止被人觉察出欺骗行为的适应器也随之进化，渐渐地又有许多新的微妙的欺骗形式涌现出来，从而给人们的合作联盟带来了非常严重的问题(Buss，1995)。人类对此进化出了一套心理算法用于辨认和惩罚社会交换中的欺骗者(Eyre，Hoffman，& Millstein，1998)，表现出利他特性的个体会被第三方给予地位、信任、社会交换、择偶机会等奖赏；同时惩罚出现欺骗行为、违反社会契约的个体。

2.6 总结

从进化心理学的角度来看，互联网本身的产生就具有一定的适应意义，是人类为了更有效率地与现有生存空间的群体相交流合作的副产品。而人们在虚拟的网络环境中的行为动机、心理状况和具体行为模式都是心理机制与环境互动作用的结果，个体对网络服务内容的偏好、在网络上表现自我的方式、建立网络人际关系的特征、进行相互信任的网络交易等行为都具有相应的适应意义，能够解决一定的复杂生存繁衍问题。事实上，互联网心理学中仍有许多其他现象同样可以使用进化心理学加以解释和探讨，如群体行为、网络暴力、网络谣言等，都同样存在重要的进化意义。

人们该如何做出行为表现的决策始终取决于环境(Smith，2007)，人类在互联网上的社会行为模式大都具有积极的进化意义，与其在现实生活中的心理、行为互相联系并产生影响。虽然进化心理学不一定能够完全解释所有的网络社会行为，但是在其他经典理论的基础上，通过进化心理学这个更为深刻的全新视角，尝试通过对祖先进化的动力，聚焦于研究人们在体验在线活动时的大脑认知活动及心理机制乃至其背后的行为，解释它们“为何”出现，可以加深我们对于人们的网络行为动机、偏差以及行为模式原因的理解与深入剖析，并且能够与其他理论的结合，以便未来通过相应分析结论进行假设和验证。

参考文献

1. Amichai-Hamburger，Y.，Wainapel，G.，& Fox，S. “On the Internet No One Knows I'm an Introvert”：Extroversion，Neuroticism，and Internet Interaction. *CyberPsychology & Behavior*，2002，5(2)：125—128.

2. Andrews，P. W. The influence of postreliance detection on the deceptive efficacy of dishonest signals of intent：Understanding facial clues to deceit as the outcome of signaling tradeoffs. *Evolution and Human Behavior*，2002，23(2)：103—121.

3. Bargh，J. G.，Fitzsimons，K.，& McKenna. The self，online，in Motivated social perception，S F S J Spencer，M P Zanna，J M Olson (Eds)，NJ：Erlbaum：Mahwah，2003，195—213.

4. Bargh，J. A.，McKenna，K. Y.，& Fitzsimons，G. M. Can you see the real me? Activation and expression of the “true self” on the Internet. *Journal of social issues*，2002，58(1)：33—48.

5. Ben-Ze'ev，A. *Love online*：*Emotions on the Internet*. Cambridge

University Press，2004.

6. Bolton，G. *How Effective are Electronic Reputation Mechanisms?* (No. gb1)，2003.

7. Buchanan，T.，Joinson，A. N.，Paine，C.，& Reips，U. D. Looking for medical information on the Internet：self-disclosure，privacy and trust. *Health Information on the Internet*，2007，58(1)：8—9.

8. Buss，D. M. Evolutionary psychology：A new paradigm for psychological science. *Psychological inquiry*，1995，6(1)：1—30.

9. Couch，D.，& Liamputtong，P. Online dating and mating：The use of the internet to meet sexual partners. *Qualitative Health Research*，2008，18(2)：268—279.

10. Cosmides，L.，& Tooby，J. Evolutionary psychology and the emotions. *Handbook of emotions*，2000，2：91—115.

11. Chiou，W. B. Adolescents' reply intent for sexual disclosure in cyberspace：gender differences and effects of anonymity and topic intimacy. *CyberPsychology & Behavior*，2007，10(5)：725—728.

12. CNNIC，T. 28th Statistical survey report on the internet development in Chin. From http：//www. cnnic. net. cn/hlwfzyj/hlwxzbg/hlwtjbg/201207/t20120723_32497. htm，Retrieved January，2012，(16)：2012.

13. Dunbar，R.，Barrett，L.，& Lycett，J. *Evolutionary psychology：A beginner's guide*. Oneworld Publications. 2005.

14. Eastin，M. S.，Greenberg，B. S.，& Hofschire，L. Parenting the internet. *Journal of Communication*，2006，56(3)：486—504.

15. Ellemers，N.，Spears，R.，& Doosje，B. Self and social identity *. *Annual review of psychology*，2002，53(1)：161—186.

16. Ellison，N.，Heino，R.，& Gibbs，J. Managing impressions online：Self-presentation processes in the online dating environment. *Journal of Computer-Mediated Communication*，2006，11(2)：415—441.

17. Eyre, S. L. , Hoffman, V. , & Millstein, S. G. The gamesmanship of sex: A model based on African American adolescent accounts. *Medical Anthropology Quarterly*, 1998, 12(4): 467—489.

18. Gibbs, J. L. , Ellison, N. B. , & Heino, R. D. Self-presentation in online personals the role of anticipated future interaction, self-disclosure, and perceived success in Internet dating. *Communication Research*, 2006, 33(2): 152—177.

19. Goren, H. , Kurzban, R. , & Rapoport, A. Social loafing vs. social enhancement: Public goods provisioning in real-time with irrevocable commitments. *Organizational Behavior and Human Decision Processes*, 2003, 90(2): 277—290.

20. Gosling, S. D. , Gaddis, S. , & Vazire, S. Personality Impressions Based on Facebook Profiles. *ICWSM*, 2007, (7): 1—4.

21. Grabner-Kräuter, S. , & Kaluscha, E. A. Empirical research in on-line trust: a review and critical assessment. *International Journal of Human-Computer Studies*, 2003, 58(6): 783—812.

22. Horrigan, J. A. Online shopping. *Pew Internet & American Life Project Report*, 2008, 36.

23. Jacobi, L. , & Cash, T. F. In Pursuit of the Perfect Appearance: Discrepancies Among Self-Ideal Percepts of Multiple Physical Attributes 1. *Journal of Applied Social Psychology*, 1994, 24(5): 379—396.

24. Joinson, A. N. Looking at, looking up or keeping up with people?: motives and use of facebook. In*Proceedings of the SIGCHI conference on Human Factors in Computing Systems*, (pp. 1027 — 1036). ACM. 2008, April.

25. Joinson, A. N. Self-disclosure in computer-mediated communication: The role of self-awareness and visual anonymity. *European journal of social psychology*, 2001, 31(2): 177—192.

26. John，O. P.，& Robins，R. W. Accuracy and bias in self-perception：individual differences in self-enhancement and the role of narcissism. *Journal of personality and social psychology*，1994，66(1)：206.

27. Koo，D. M. The moderating role of locus of control on the links between experiential motives and intention to play online games. *Computers in Human Behavior*，25(2)，466—474Kock，N. The ape that used e-mail：understanding e-communication behavior through evolution theory. *Communications of the Association for Information Systems*，2001，5(1)：3.

28. Kock，N.. The psychobiological model：Towards a new theory of computer-mediated communication based on Darwinian evolution. *Organization Science*，2004，15(3)：327—348.

29. Kock，N. Media richness or media naturalness? The evolution of our biological communication apparatus and its influence on our behavior toward e-communication tools. *Professional Communication*，*IEEE Transactions on*，2005，48(2)：117—130.

30. Kock，N. *Evolutionary psychology and information systems research*：*A new approach to studying the effects of modern technologies on human behavior*(Vol. 24). Springer Science & Business Media，2010.

31. Kock，N.，Chatelain-Jardon，R.，& Carmona，J. An experimental study of simulated Web-based threats and their impact on knowledge communication effectiveness. *Professional Communication*，*IEEE Transactions on*，2008，51(2)：183—197.

32. Kock，N.，& Hantula，D. Do we have e-collaboration genes? . *Int. J. e-Collaboration*，2005，1(2).

33. Kraut，R.，Patterson，M.，Lundmark，V.，Kiesler，S.，Mukophadhyay，T.，& Scherlis，W. Internet paradox：A social technology that reduces social involvement and psychological well-being? . *American psychologist*，1998，53(9)：1017.

34. Lee, S., Sun, Y., & Thiry, E. (2011, February). Do you be lieve in love at first sight: effects of media richness via modalities on viewers' overall impressions of online dating profiles. In *Proceedings of the 2011 i Conference*(pp. 332—339). ACM.

35. Lim, V. K., & Teo, T. S. Mind your E-manners: Impact of cyber incivility on employees' work attitude and behavior. *Information & Management*, 2009, 46(8): 419—425.

36. McKenna, K. Y., & Bargh, J. A. Plan 9 from cyberspace: The implications of the Internet for personality and social psychology. *Personality and social psychology review*, 2000, 4(1): 57—75.

37. McKenna, K. Y., Green, A. S., & Gleason, M. E. Relationship formation on the Internet: What's the big attraction? . *Journal of social issues*, 2002, 58(1): 9—31.

38. Orr, E. S., Sisic, M., Ross, C., Simmering, M. G., Arseneault, J. M., & Orr, R. R. The influence of shyness on the use of Facebook in an undergraduate sample. *CyberPsychology & Behavior*, 2009, 12 (3): 337—340.

39. Parks, M. R., & Roberts, L. D. Making MOOsic': The development of personal relationships on line and a comparison to their off-line counterparts. *Journal of social and personal relationships*, 1998, 15(4): 517—537.

40. PEW. Generations. From http://pewinternet.org/Reports/2010/Generations—2010.aspx, Retrieved December, 2010, (16): 2010.

41. Piazza, J., & Bering, J. M. Evolutionary cyber-psychology: Applying an evolutionary framework to Internet behavior. *Computers in Human Behavior*, 2009, 25(6): 1258—1269.

42. Pinker, S. So how does the mind work? *Mind & Language*, 2005, 20(1): 1—24.

43. Rice, L., & Markey, P. M. The role of extraversion and neuroticism in influencing anxiety following computer-mediated interactions. *Personality and Individual Differences*, 2009, 46(1): 35—39.

44. Resnick P, et al. Reputation systems. Communications of the ACM, 2000, 43(12): 45—48.

45. Smith, A. W. *Teens and online stranger contact*. Pew Internet & American Life Project. 2007.

46. Steinfield, C., Ellison, N. B., & Lampe, C. Social capital, self-esteem, and use of online social network sites: A longitudinal analysis. *Journal of Applied Developmental Psychology*, 2008, 29 (6): 434—445.

47. Symons, D. The evolution of human sexuality revisited. *Behavioral and Brain Sciences*, 1980, 3(2): 203—214.

48. Sullivan, H. S. *The interpersonal theory of psychiatry*. Routledge. 2013.

49. Talamo, A., & Ligorio, B. Strategic identities in cyberspace. *CyberPsychology & Behavior*, 2001, 4(1): 109—122.

50. Trivers, R. L. Parental investment and sexual selection. In 'Sexual Selection and the Descent of Man'. (Ed. B. Campbell.) 1972, pp. 136—179. *Aldinc: Chicago*.

51. Trivers, R. L., & Willard, D. E. Natural selection of parental ability to vary the sex ratio of offspring. *Science*, 1973, 179(4068): 90—92.

52. Tokuno, K. A. The early adult transition and friendships: mechanisms of support. *Adolescence*, 1986, 21(83): 593—606.

53. Valkenburg, P. M., Peter, J., & Schouten, A. P. Friend networking sites and their relationship to adolescents' well-being and social self-esteem. *CyberPsychology & Behavior*, 2006, 9(5): 584—590.

54. Vazire, S., & Gosling, S. D. e-Perceptions: personality impres-

sions based on personal websites. *Journal of personality and social psychology*，2004，87(1)：123.

55. Wildermuth，S. M. Love on the line：Participants' descriptions of computer-mediated close relationships. *Communication Quarterly*，2001，49(2)：Q89.

56. Whitty，M. T. Cyber-flirting：Playing at love on the Internet. *Theory and Psychology*，2003，13(3)：339—357.

57. Whitty，M. T. Revealing the 'real'me，searching for the 'actual' you：Presentations of self on an internet dating site. *Computers in Human Behavior*，2008，24(4)：1707—1723.

58. Yang，B.，& Lester，D. Attitudes toward buying online. *CyberPsychology & Behavior*，2004，7(1)：85—91.

59. Young，S. L.，Kubicka，T. L.，Tucker，C. E.，Chavez-Appel，D.，& Rex，J. S. Communicative responses to hurtful messages in families. *The Journal of Family Communication*，2005，5(2)：123—140.

60. Yum，Y. O.，& Hara，K. Computer-Mediated Relationship Development：A Cross-Cultural Comparison. *Journal of Computer-Mediated Communication*，2005，11(1)：133—152.

61. Yurchisin，J.，Watchravesringkan，K.，& McCabe，D. B. An exploration of identity re-creation in the context of internet dating. *Social Behavior and Personality：an international journal*，2005，33(8)：735—750.

62. 丁道群，芦球．进化心理学视野下的音乐起源探析[J]. 心理研究，2010，3(6)：29—32.

63. 雷雳．鼠标上的青春舞蹈—青少年互联网心理学[M]. 上海：华东师范大学出版社，2010.

64. 雷雳，杨洋，柳铭心．青少年神经质人格，互联网服务偏好与网络成瘾的关系[J]. 心理学报，2006，38(3)：375—381.

65. 高邦仁．互联网进化论[J]. 互联网周刊，2010，(22)：8—8.

66. 乐国安，陈浩，张彦彦．进化心理学择偶心理机制假设的跨文化检验[J]. 心理学报，2005，37(4)：561－568.

67. 李宏利，张雷．进化观点下的幸福研究[J]. 心理科学进展，2010，18(7)：1046－1051.

68. 叶浩生．有关进化心理学局限性的理论思考[J]. 心理学报，2006，38(5)：784－790.

69. 张红霞，谢毅．动机过程对青少年网络游戏行为意向的影响模型[J]. 心理学报，2008，40(12)：1275－1286.

70. 张雷．进化心理学[M]. 广东高等教育出版社，2007.

第三章　羞怯与互联网使用的关系①

罗青　周宗奎　魏华　田媛　孔繁昌

羞怯是在面对新的社会环境或意识到社会评价的情境中个体的紧张和不适的一种性格特征。羞怯会阻碍人际交往，互联网的出现可以弥补羞怯的个体在面对面交往时的紧张或不适。互联网的使用对羞怯个体会有双重影响，积极方面的影响可以降低羞怯水平，消极方面的影响会使羞怯个体网络成瘾。未来研究中，需要进一步研究羞怯与互联网使用之间的中介或调节变量，考察羞怯与互联网使用的关系，对其进行深入了解。

焦点阅读：

羞怯阻碍人际交往，而互联网则对羞怯者的人际交往需求起到一定的补充作用；

网络使用一方面能够降低羞怯者的羞怯水平，但另一方面也能够影响羞怯者的网络成瘾。

关键词：

羞怯(shyness)；网络(Internet)；网络社交(internet communication)；网络成瘾(internet addiction)

3.1　引言

研究发现有羞怯倾向的人占总样本的48%(Heiser，Turner，& Beidel，

① 本文已发表于《心理科学进展》2013年第9期。

2003)。伍育琦(1999)对大学生进行抽样调查发现，羞怯是阻碍大学生人际交往的首要因素。羞怯可以引起一系列的社会问题，包括自我意识、自我保护能力低下，人际关系淡漠以及缺乏交流。这些都被归因于社会隔绝以及交流方式的逐渐改变(Henderson & Zimbardo，1998)。

互联网的出现打破了时空的界限，让人们即使不用面对面也可以相互进行交流。Henderson 和 Zimbardo(1998)认为随着信息交流技术的发展和进步，羞怯水平普遍提升，将导致“现实中”的面对面交流和接触全面减少。多种媒介和交流方式的出现(例如电话，电视等)也会造成社会交流的减少，且增加人们相互之间的疏离感。特别是网络，在早期文献中被认为是在社会交往和个人交流中最能疏远彼此的交流方式之一(Matheson & Zanna，1998)。其中潜在的含义就是网络交往会代替面对面的交流，提供社会补偿，并且人们在网络中进行交流的时候并不需要具备面对面交流所必须的社交技能(Henderson & Zimbardo，1998)。随着网络——这一现代交流工具的出现，人格与实验社会心理的研究者开始使用它来研究人类的心理进程以及社会行为(Bargh & McKeena，2004；Bargh，McKeena，& Fitzsimons，2002；McKenna & Bargh，1998，2000；McKenna，Green，& Gleason，2002)。越来越多的人认为社会关系被电脑和网络影响，甚至线下的人际关系也被其影响(Walther，1996；Spears，Postmes，Wolbert，Lea，& Rogers，2000；Wellman，Haase，Witte，& Hampton，2001)。一些研究者发现网络为羞怯者与人交流以及建立持久的关系提供了媒介(McKenna & Bargh，2000)。有研究表明网络交往的特殊性质(匿名性，缺乏产生社交不适感的视觉指标，身体缺场性等)会促进人们进行自我表露(McKenna et al.，2002；Joinson，2001)。网络能够给人们提供在传统的线下环境中体会不到的社会和情感需求(Leung，2003)。在不需要露面的网络环境中，人们可以在网络中改变身份，扮演另外一个人(Turkle，1995)。总而言之，很多学者都研究了羞怯与互联网的关系，并且它们之间的这种关系，已经得到心理学界的广泛关注。但是，有关互联网使用对羞怯的影响的研究却刚刚起步。本研究先介绍羞怯的界定，通过文献回顾，分析互联网使用对羞怯的积极影响和消极影响。最后，在现有研究的基础上，提出未来的研究方向。

3.2　羞怯的界定

羞怯是一种性格特征，指的是在面对新的社会环境和/或意识到社会评价的情境中个体的紧张和不适(Rubin，Coplan，& Bowker，2009)。羞怯的内涵非常丰富，包括行为抑制，焦虑—孤独，以及社交退缩(Coplan & Rubin，2010)。Karevold，Ystrom，Coplan，Sanson 和 Mathiesen(2012)对婴儿时期到青少年时期(1.5 岁到 12.5 岁)的羞怯进行追踪研究发现，在此期间的羞怯水平是非常稳定的。

从心理学意义上讲，对羞怯(shyness)的界定从最早的状态描述定义发展到后来的操作性定义，这是一个不断发展不断完善的过程。最早对羞怯进行定义的 Lewinsky 就是对羞怯进行状态描述的定义，将羞怯定义为“一种极度抑郁的状态，通常伴随着身体症状，像脸红、口吃、出汗、发抖、脸色苍白、越来越想大小便。个体描述自己的心理状态是感到自卑、被忽略、受到干扰。对自己的感觉、情绪，尤其是外表过分敏感”(Lewinsky，1941)。但是由于这种定义缺乏操作性，所以后来的研究者倾向于对羞怯进行操作性定义。Henderson 和 Zimbardo 认为羞怯是一种“逃避社会交往的倾向、不能恰当进入人际情境的倾向”(Henderson & Zimbardo，1998)。Zimbardo 和 Pilkonis 认为羞怯是“是一种不情愿，不情愿接近他人或者不情愿进入那些不容易逃避他人关注的情景”(Pilkonis，1977；Zimbardo，Pilkonis，& Norwood，1977)。Crozier(2002)认为在一般的表述中，羞怯可以用于描述社会交往的反应和感受以及个人的某个重要的性格特征。现在最常用的是 Henderson 对羞怯的定义，即认为羞怯是在社交情境中的不舒服或者抑制，是一种对消极评估的恐惧，伴随情绪上的沮丧或抑制，会显著影响对期望活动的参与行为或者对个体和职业目标的追求行为(Henderson, 1997)。他将羞怯分为两类：一类羞怯可能是长期的、性格上的，作为自我概念的一种核心人格特质起作用；另一类可能是情境性的，包括在特定的社会交往情境中体验到的羞怯，不是自我概念中的一部分。由此可以总结出羞怯的特点：(1)羞怯发生的情境是特定的，一般发生在社交情境中；(2)羞怯的发生通常是心理、生理以及行为等各方面的综合表现；(3)羞怯往往会对人的正常生活产生影响。

3.3 羞怯的个体倾向与选择互联网进行交往的原因

Jones 和 Carpenter(1986)发现与非羞怯的个体相比，羞怯的个体缺乏社会支持，友谊网络较小，而且在线下的生活中处于被动交往的状态。研究发现那些在线下缺乏坚强的人际关系者会选择从网络中进行寻求(McKenna & Bargh, 1998)。互联网的匿名性、对交流的可控性以及克服身体吸引障碍等特征对于羞怯者来说是非常具有吸引力的(McKenna & Bargh, 2000)。互联网的匿名性可以降低羞怯者在交往过程中的自我意识，减少紧张感(Roberts, Smith, & Pollock, 2000; Chak & Leung, 2004; Stritzke, Nguyen, & Durkin, 2004; Parks & Floyd, 1996; Scharlott & Christ, 1995; Turkle, 1995)。Young 等人发现虚拟空间的匿名性可以为羞怯者提供一个安全的社会交往环境(Ebeling, Frank, & Lester, 2007; Young, GriffinShelley, Cooper, O'mara, & Buchanan, 2000)。而且网络交往可以让羞怯者最大程度地控制交往的时间和进程，例如对信息的准备时间没有限制，也没有其他人的直接监视(McKenna & Bargh, 2000; Carducci & Zimbardo, 1995)。羞怯的个体很享受互联网带来的快乐，通过 E-mail，ICQ，聊天室以及新的讨论组相遇、交往以及改变想法，可以满足人们在现实生活交往中不能满足的情感和心理需求(Heiser, Turner, & Beidel, 2003)。另外，有研究认为网络鼓励自我表露和亲密行为，在一定程度上增强社会的去抑制化，这点对那些羞怯的个体来说是非常有益的

(Morahan-Martin & Schumacher, 2000; Roberts, Smith, & Pollock, 2000; Joinson, 1998a)。

Ward 和 Tracey(2004)发现羞怯的个体进行面对面交往比进行网络交往更困难并且羞怯的个体更倾向在网络上建立人际关系。还有研究发现线下环境中的羞怯者与非羞怯者在拒绝、建立关系和自我表露方面有显著的差异，然而这些差异在网络环境中却并不存在(Stritzke et al., 2004)。谭文芳(2003)认为内向型的大学生由于在现实生活中较为害羞、腼腆、不善于交际，所以较常选择以沟通交流为主的网络活动形式，如聊天，E-mail等。有研究者认为羞怯的个体多选择网络进行交往是因为他们无法处理现实社会交往中出现的问题(Scealy, Phillips, & Stevenson, 2002)。Kelly 和 Keaten(2007)认为羞怯的个体喜欢使用 E-mail 进行交流是因为邮件可以延迟回复，这样就降低了回复时的焦虑感。另外，Yuen 和 Lavin(2004)发现羞怯的个体更倾向于投入网络关系中。

Cheek 和 Buss(1981)研究了羞怯与社交在个体交往过程中的作用，因为网络交往降低了交往中的焦虑感，因此与喜欢社交的非羞怯个体和不喜欢社交的非羞怯个体相比，喜欢社交的羞怯个体在使用网络过程中的动机是不同的。低社交的个体会认为没有必要使用网络来建立或者保持联系，然而高社交性的个体认为网络对于保持他们线下所建立的关系更为便利。

由上可知，羞怯个体倾向于选择互联网进行交往主要有三方面的原因：(1)互联网本身所具有的特点吸引羞怯个体选择互联网进行交往。互联网的匿名性，身体缺场性，交流的可控性，克服身体吸引障碍，反馈的非及时性等这些互联网使用过程中的特点对羞怯个体来说都是能够帮助其进行网络交往的条件；(2)羞怯个体本身所具有的特点也是促使其选择互联网进行交往的原因之一。羞怯个体在现实生活中，特别是在社交情境中，无论生理还是心理上都会产生一定的退缩、抑制和逃避，他们主要是在与人交往的时候容易羞怯，而网络恰好提供了一个不用与人面对面接触就可以进行交往的途径。(3)羞怯个体本身的社交水平高低也是促使羞怯个体选择互联网进行交往的原因之一。高社交水平的羞怯个体更倾向于使用互联网来保持线下所建立的关系。

3.4 互联网对羞怯个体的消极影响：网络成瘾

互联网使用对羞怯个体的消极影响主要是网络成瘾。国外一些研究认为，网络成瘾者的刻板印象为社交技巧不良、没有友伴、羞怯等(谢静慧，杨淑晴，2001；李望舒，2002)。国内也有一些研究提出，成瘾者羞怯、较为疑心、悲观、缺乏自信等共同特征(黄玉萍，胡红梅，2009)。网络成瘾，也称病态地使用网络，被定义为个体无法控制自己的上网行为，甚至会由此引发人们心理、社会、学校或工作方面的问题(Davis，2001；Young & Rogers，1998)。网络成瘾近年来受到很多学者的关注(Melanie & Jacob，2011；喻承甫等，2012；Yates，Gregor，& Haviland，2012)。

很多研究发现羞怯与网络依赖、网络成瘾关系密切(Yuen & Lavin，2004；Engelberg & Sjoberg，2004；Chak & Leung，2004)。Yang 和 Tung(2007)对比中国台湾高中生中的网络成瘾者与非网络成瘾者发现，具有羞怯这种人格特质的学生比不具有这种人格特质的学生更容易出现网络成瘾。Chak 和 Leung(2004)认为一个人越是容易网络成瘾，就越害羞，网络成瘾的人会频繁地使用网络，尤其是会通过 E-mail 或 ICQ 进行网络交往和在线游戏。这些发现与前人的研究结果(网络成瘾的趋势越高，越害羞)一致(Huang & Leung，2009)。网络依赖的大学生在面对面交流中表现出高水平羞怯的，在网络交往中并没有表现出高水平的羞怯(Yuen & Lavin，2004)。网络交往可以减少面对面交往过程中伴随产生的负面和令人不悦的情绪，就是因为在网络交往中可以减少这种负面和令人不悦的情绪，所以人们才容易形成网络依赖。当网络交往变成羞怯个体主要的社交方式时，就会对网络或者特定的网络活动产生心理依赖。一项针对中国香港年轻人的网络依赖的研究发现羞怯与被试的网络依赖正相关(Chak &

Leung，2004）。Sheeks 和 Brichmeier(2007)认为在线交流可以满足羞怯个体的社交需求，因此羞怯个体也更加依赖在线交流工具。国内的研究者也发现羞怯与网络成瘾显著相关，一方面羞怯的个体更倾向于逃避现实而进入虚拟情景；另一方面，长时间沉迷于网络会丧失对周围环境的感受力及参与意识，从而更加羞怯(王倩倩，马燕妮，2006)。罗伟(2008)的研究发现，羞怯和网络成瘾倾向显著正相关，羞怯的大学生更容易网络成瘾。Peng 和 Liu(2010)的研究发现羞怯与网络游戏成瘾正相关，羞怯个体在网络环境中维持社会关系比面对面接触更加轻松(Ebeling et al.，2007)。Orr 等(2008)的研究发现羞怯的个体在 Facebook 上消耗的时间比不羞怯的个体更多。而 Ryan 和 Xenos(2011)的研究进一步发现羞怯的个体耗费大量的时间在 Facebook 的非社交行为上(例如游戏)。

以往对网络成瘾与羞怯之间的关系研究发现，网络成瘾会促使网络使用者羞怯水平的增加(Caplan，2002；Ofosu，2001；Goulet，2002)。青少年网络成瘾后，推理能力、智商等会减低，还伴有内向孤独、自卑羞怯等(杨曙民，李建秀，2007)。Ebeling-Witte，Frank 和 Lester(2007)发现羞怯的得分与网络成瘾有关，即羞怯的个体利用网络来建立友谊关系，以此来弥补他们在现实生活中的不足。此外，羞怯的分数还与在线时间有关，分数越高，网络使用时间越长。

因此，网络依赖、网络成瘾与羞怯之间的关系是相互的。羞怯的个体比不羞怯的个体更容易网络成瘾、网络依赖。这是因为羞怯的个体更容易为了逃避现实或现实交往而选择互联网这个虚拟世界，并沉迷于虚拟世界；而网络成瘾、网络依赖的个体也更容易羞怯。因为长期沉迷互联网，缺乏与人交流，一旦要与人面对面交往，可能会不习惯以及缺乏社交技能而避免与人交往，进而逃避社会交往，个体的羞怯水平就会上升。

3.5 互联网对羞怯个体的积极影响

Carducci 和 Zimbardo(1995)曾经担心技术的不断进步会造成羞怯水平

的大幅度提升，但是互联网在某些程度上也可以降低羞怯的程度。互联网提供了一个安全的区域，缓解了社交的不安全感(Yuen & Lavin，2004)。使用互联网进行人际交往的羞怯个体，在线下的羞怯感也会降低(Roberts et al.，2000)。因此，互联网也可以被看做是羞怯个体的有效治疗工具。

羞怯感的高低并不能表示人们会过多或过少地使用互联网的交往功能，这一点也已得到证实(Roberts et al.，2000)。羞怯者认为网络交往比面对面交往更加简便，这可能是因为在网络交往中不会有其他人出现。因此，在网络交往中可以减少羞怯个体的压力经历，促进社会交往。研究表明羞怯个体在网络环境中其感受到的拒绝更少，在建立关系方面也更加自信，更易于自我表露(Stritzke et al.，2004)。羞怯的个体可以通过网络交往来克服面对面交往时的紧张情绪(Andrews et al.，2002；Barlow，Esler，& Vitali，1998)。

网络交往可以帮助促进线下的人际交往，而且羞怯程度较高的个体也许发现网络交往比面对面交往更能填补线下人际交往时的空虚。但是前者是将互联网作为一个良好的社交促进器；后者的选择会造成一些负面的影响，互联网也许会让那些羞怯程度较高的人感受到社会孤独。根据自我表征理论，网络环境可以减少羞怯经历，而且羞怯的个体在网络交往中会感觉更加安全。因为个人信息的交换主要是根据羞怯个体自我表露的意愿来进行信息输入的。有证据表明网络交往可以促进自我表露(Joinson，1998b)，被试报告其在网络交往过程中可以比在面对面交往过程中进行更深层次的自我表露，因此与面对面交往相比，在网络环境中可以更快地建立人际关系(Rice & Love，1987)。Kraut 等(2002)进行的一项纵向研究发现网络使用和个体与家人、朋友或者当地社团的面对面交往的时间正相关，符合“富者越富”的模型，即使用网络越多的个体，与家人、朋友或者社团的面对面交往的时间也越多。

此外，即使羞怯个体在网络环境中报告的羞怯水平比较低，但是其羞怯的程度仍然高于在网络环境中的非羞怯个体。这说明虽然网络环境有利于羞怯个体的社会交往，但仅仅只是降低个体的羞怯程度，并不能消除(Stritzke et al.，2004)。总的来说，互联网对羞怯个体的积极影响就在于互联网的使用能降低个体的羞怯程度。当羞怯的个体由于害怕或者逃避面对面的人际交往时，互联网为其提供了一个与人交往的平台。在这个平台中，羞怯个体在与人交往时可以降低紧张感和羞怯水平，可以按照自己的方式来与人进行交往，而不会体验到在线下环境中与人交往时的紧迫感。还可以促进羞怯个体与人进行交往，而且通过网络交往所增加的自信也可以帮助其在现实生活中进行人际交往。

3.6　网络使用者羞怯的理论模型

随着网络使用相关研究的不断深入，研究者提出了相关模型，虽然并不是针对羞怯提出的，但是都可以解释羞怯个体的网络使用行为。

3.6.1　使用与满足理论

Suler(1999)从“需要—满足”的观点出发解释网络行为，认为一个人对网络的热情可以处于健康、病态或两者之间。该理论尤其强调潜在需要对个体互联网行为的影响，即在互联网空间的某些功能可以满足个体的这些潜在需要，个体的各种不同的互联网行为正是这些潜在需要的折射。Suler(1999)研究发现与网络成瘾有关的六类心理需要中就包括社会交往的需要，而Sheeks和Brichmeier(2007)的研究发现，羞怯个体也有社交的需要，互联网恰好为他们提供了一个交流的平台。那么社交需求得到满足的羞怯个体，为什么有的会网络成瘾，有的不会，这涉及现实满足的问题(邓林园，方晓义，万晶晶，张锦涛，夏翠翠，2012)。如果个体心理需求中的现实满足强于网络满足，那么个体网络成瘾的可能性就会降低；相反，个体网络成瘾的可能性就会增加。该理论认为羞怯个体由于在现实生活中的社会交往需求得不到满足，才会求助于网络，而当网络满足强于现实满足时，羞怯个体就有很大可能会网络成瘾。

3.6.2 社会—认知理论模型

Bandura(1986，1999a，1999b)提出的社会—认知理论模型对互联网心理学的研究具有广泛影响。社会—认知理论强调行为、环境以及个人(自我调节、预期、自我反应与反省等)三者的交互作用。在社会—认知理论框架内，互联网使用被概念化为一种社会认知过程，消极的结果预期，自我贬损及自我短视与互联网使用之间是负相关的(Eastin，2001)。而Henderson和Zimbardo(1999)的社会适应模型认为羞怯个体对环境和他人的消极认知是形成羞怯的关键因素。该理论认为羞怯个体对环境和他人具有消极认知，而网络成瘾恰好就是消极认知的结果预期，当个体的羞怯水平越高，就越容易网络成瘾。

3.6.3 认知行为模型

Davis(2001)从精神疾病的病因学角度提出的认知—行为模型，强调了与病理性网络使用有关的病因性因素，区分了导致病理性网络使用症状的近端原因和远端原因。其中近端原因包括适应不良的认知，社会孤立等。其中适应不良的认知被视为病理性网络使用症状的核心因素。该理论认为羞怯个体由于近因中的不良认知，会不断思考与互联网使用有关的问题，导致其认为网络是自己唯一受到尊重的地方，难以被生活中其他事情吸引，而远因中心理病源的存在，导致病理性互联网使用症状的出现。

从上述理论模型可以发现，互联网使用对羞怯个体带来的消极影响的主要原因也许是羞怯个体的社交需求得不到满足(主要是指心理需求的网络满足强于现实满足)，或消极认知所导致的，这些与互联网自身性质是无关的(Walther & Reid，2000；Grohol，1999)，而与网络使用者自身特征有关。

3.6.4 心理机制分析

张明(2006)认为有两种心理机制：阳性强化作用和阴性强化作用导致了网络成瘾。

(1)阳性强化作用

行为学习机制中的阳性强化作用在成瘾行为初期起重要作用。阳性强化指的是行为的后果有明显的正向奖励作用，从而使得该行为的发生频率增加。羞怯个体通过网络交往可以得到在现实生活中无法建立的关系，使其在建立关系方面更加自信。这种关系的建立产生了情绪上的正向体验，使羞怯个体的社交需求得以满足。这一切增强了羞怯个体的自信，使这一行为得到加强，而这种心理上的正向体验使羞怯个体的网络交往行为得到加强，会不断追求这种心理的满足感，从而倾向于选择网络进行交往，在网络成瘾行为的初期，阳性强化起主要作用。

(2)阴性强化作用

而阴性强化作用发展和维持了网络成瘾这一行为。阴性强化指的是行为的后果可以避免和减轻某些痛苦，与阳性强化一样可以增加某种行为的频率。当个体网络成瘾之后，在外力的介入下(如亲友的劝说和责备)，依然网络成瘾，使个体对其本身丧失自信心和控制能力，而摆脱这些不良情绪的最好办法就是再次回到网络中。网络中的刺激、兴奋、成功使其暂时忘记现实生活中的不快。久而久之，网络成为应对现实生活中的负面情绪的唯一手段。这时网络已起到阴性强化作用。阳性强化和阴性强化的相互交替作用使得网络成瘾行为得到发生和维持。

3.7　小结与展望

近年来很多学者都在研究羞怯与网络的关系。一些研究认为羞怯与网络使用频率的增加有关(Mesch，2001；Morahan-Martin & Schumacher，2000；Morahan-Martin & Schumacher，2003)，根据补偿心理，在现实生活中缺乏强有力的友谊网络的羞怯者会选择网络交往来进行补偿(Chan，2011)，通过网络交往来进行人际交往，这会直接减少现实生活中的人际交往，而且也会增加线下的羞怯程度。由于网络交往不需要具备现实交往中的技巧，并且可以自主掌控交往的进度，也让网络交往更加受欢迎。

另一些研究并不这样认为(Jackson et al.，2003；Modayil，Thompson，Varnhagen，& Wilson，2003)。Madell和Muncer(2006)的研究并不认为羞怯的个体比非羞怯的个体更多地使用网络，以及更多地通过网络进行交往，甚至羞怯的个体比非羞怯的个体更少地使用E-mail，因为羞怯个体的社会联系很少。值得注意的一点是，该研究主要探讨社交恐惧和社交焦虑与互联网使用的关系，而羞怯被作为社交恐惧和社交焦虑的一种情境性的表现形式，研究者将社交恐惧和社交焦虑与互联网使用的结果直接用于羞怯个体，这种结果是否妥当值得讨论。最近有研究发现羞怯的个体与非羞怯的个体在网络上所消耗的时间是一样多的(Roberts et al.，2000)。这些研究认为虽然羞怯者可能更倾向于网络交往，但是通过网络交往，也在一定程度上改善了羞怯个体现实中的人际交往。

现有研究主要局限在研究样本，羞怯的报告方式，样本分布区域，网络使用的测量问卷等问题上。大多数研究所选择的被试都是研究者所在区域的在校大学生，而这部分被试恰恰有很多时间是可以自由支配的，并且他们的教育程度比较高，所以这部分被试是否能够代表全体这个问题值得商榷。而大部分研究羞怯的方法都是靠被试的自主报告，这种研究方法不够客观，可能会受被试自身情况以及社会期许效应的影响。另外，有的研究者直接使用网络成瘾的问卷来测量羞怯个体，有的羞怯个体使用互联网的频率比较多，有的羞怯个体使用互联网的频率比较少，分布不均，如此自然造成最后结果差异显著。

羞怯的研究在西方有一定的积累，在我国还刚刚起步，关于羞怯与互联网的研究更是比较匮乏。目前已有的关于羞怯与互联网的研究结果都是基于两者本身所具有的特点而得到，或者仅仅将羞怯作为造成网络成瘾的相关心理因素之一。未来的研究可以尝试通过中介变量或者调节变量来研究羞怯与互联网使用的关系。羞怯是一种特质，是一种不能被因素分析成更多的特质(Briggs，1988)，并且这一特质是难以改变的，但是通过易于调节的中介变量或调节变量可以更好的改善羞怯水平或者羞怯与互联网使用的关系。利用羞怯个体偏好使用网络的这点，为其提供更多的网络资源，让羞怯个体在网络环境中进行学习，或者利用一些中介或调节变量来改善羞怯个体的羞怯水平。例如，有研究就发现人际交往困扰对羞怯与网络交往依赖有完全中介的作用(李菲菲，罗青，周宗奎，孙晓军，魏华，2012)，社会支持在羞怯与网络成瘾倾向之间也起完全中介作用(罗伟，2008)；上文中提到互联网使用对羞怯的消极影响也许是因为羞怯个体的心理需求得不到满足或者消极认知所致，这些都可以作为二者的中介变量来研究相互之间的关系。而在研究羞怯与互联网的关系时，研究者认为互联网可以为羞怯的个体提供一个与世界沟通的媒介，但是在经过某些心理测量的时候发现这个媒介可以让他们“成瘾”。在羞怯与互联网的关系研究上过于偏重互联网对羞怯个体的消极影响，也就是认为羞怯一定是与网络成瘾或网络依赖有关，而实际上互联网对人的发展也有促进作用，在未来的研究中可以尝试研究互联网对羞怯个体的积极影响。并且不管互联网使用对羞怯个体是积极影响还是消极影响，都不要只局限于二者自身的特点。现在已有研究者通过尝试脑电和ERP等多种方法来研究羞怯的生理机制(韩磊等，2010；赖永秀，任鹏，贺强，孙鑫，尧德中，2008)，未来可以尝试加入互联网这个变量用脑电或ERP这些不同于问卷法的研究方法来研究两者的关系，或者在不同的研究方法中加入不同的相关变量来研究二者的关系。新的研究方法可以让我们更加透彻地了解和认识羞怯这一不易于改变的特质，进而可以通过更多的方法和手段来改善羞怯这个普遍率不断增加的特质；而新的相关变量的加入也可以让我们更好地认识羞怯和互联网使用的关系，让现代人更好地运用互联网这个在现代社会不可或缺的工具。这对于我们来说将是非常具有挑战意义且具有现实意义的问题。

参考文献

1. Andrews，G.，Creamer，M.，Crino，R. D.，Hunt，C.，Lampe，L. A.，& Page，A. C. The treatment of anxiety disorders：Clinician guides and patient manuals(2nd ed.). *New York*：*Cambridge University Press*，2002.

2. Bandura，A. Social foundations of thought and action：A social cognitive theory. *Englewood Cliffs*，NJ：Prentice-Hall，1986.

3. Bandura，A. A sociocognitive analysis of substance abuse：an agentic perspective. *Psychological Science*，1999a，10(3)：214—217.

4. Bandura，A. Social cognitive theory：An agentic perspective. *Asian Journal of Social Psychology*，1999b，2(1)：21—41.

5. Bargh，J. A.，McKeena，K. Y. A.，& Fitzsimons，G. M. Can you see the real me? Activation and expression of the "true self" on the internet. *Journal of Social Issues*，2002，58(1)：33—48.

6. Bargh，J. A.，& McKeena，K. Y. A. The Internet and social life. *Annual Review of Psychology*，2004，(55)：573—590.

7. Barlow，D. H.，Esler，J. L.，& Vitali，A. E. Psychosocial treatments for panic disorders，phobia，and generalized anxiety disorder. In P. E. Nathan，& J. M. Gorman(Eds.)，A guide to treatments that work (pp. 288—318). *New York*：*Oxford University Press*. 1998.

8. Briggs，S. R. Shyness：Introversion or neuroticism? *Journal of Research in Personality*，1988，22(3)：290—307.

9. Caplan，S. E. Problematic Internet use and psychosocial well-being：Development of a theory-based cognitive-behavioral measurement instrument. *Computers in Human Behavior*，2002，18(5)：553—575.

10. Carducci，B. J.，& Zimbardo，P. G. Are you shy? *Psychology Today*，1995，28(6)：34—46.

11. Chak，K.，& Leung，L. Shyness and locus of control as predictors of internet addiction and internet use. *Cyberpsychology & Behavior*，2004，7(5)：559—570.

12. Chan，M. Shyness，sociability，and the role of media synchronicity in the use of computer-mediated communication for interpersonal communication. *Asian Journal of Social Psychology*，2011，14(1)：84—90.

13. Cheek, J. M., & Buss, A. H. Shyness and sociability. *Journal of Personality and Social Psychology*, 1981, (41): 330—339.

14. Coplan, R. J., & Rubin, K. H. Social withdrawl and shyness in childhood: History, theories, definitions, and assessments. In K. H. Rubin & R. J. Coplan (Eds.), The development of shyness and social withdrawal (pp. 3—22). *New York*: *Guilford*. 2010.

15. Crozier, W. R. Shyness. *The Psychologist*, 2002, 15, 460—463.

16. Davis, R. A. A cognitive-behavioral model of pathological Internet use. *Computers in Human Behavior*, 2001, 17(2): 187—195.

17. Eastin, M. The Role of Cognitive Modeling in Predicting Internet Use. Retrieved November 27, 2012, from http: //www. lib. global. umi. com/ dissertations. 2001.

18. Ebeling-Witte, S., Frank, M. L., & Lester, D. Shyness, Internet use, and personality. *CyberPsychology & Behavior*, 2007, 10(5): 713—716.

19. Engelberg, E., & Sjoberg, L. Internet use, social skills, and adjustment. *CyberPsychology & Behavior*, 2004, 7(1): 41—47.

20. Goulet, N. The effect of Internet use and Internet dependency on shyness, loneliness, and self-consciousness in college students. PQDD. *State University of New York at Albany*. 2002.

21. Grohol, J. M. Too much time online: Internet addiction or healthy social interactions. *Cyberpsychology & Behavior*, 1999, 5(2): 395—401.

22. Heiser, N. A., Turner, S. M., & Beidel, D. C. Shyness: Relationship to social phobia and other psychiatric disorders. *Behaviour Research and Therapy*, 2003, 41(2): 209—221.

23. Henderson, L. MMPI Profiles of Shyness in Clinic Patients. *Psychological Reports*, 1997, (80): 695—702.

24. Henderson, L., & Zimbardo, P. Encyclopedia of Mental Health.

San Diego: *Academic Press*. 1998.

25. Henderson, L., & Zimbardo, P. Shyness. In: L. A. Schmidt, & J. Schulkin(Ed.), Extreme fear and shyness: origins and outcomes. *New York*: *Oxford University Press*. 1999.

26. Huang, H. Y., & Leung, L. Instant messaging addiction among teenagers in China: Shyness, alienation, and academic performance decrement. *CyberPsychology & Behavior*, 2009, 12(6): 675—679.

27. Jackson, L. A., von Eye, A., Biocca, F. A., Barbatsis, G., Fitzgerald, H. E., & Zhao, Y. Personality, cognitive style, demographic characteristics and Internet use-findings from the Home Net Too project. *Swiss Journal of Psychology*, 2003, 62(2): 79—90.

28. Jones, W. H., & Carpenter, B. N. Shyness, social behavior, and relationships. In: W. H. Jones, J. M. Cheek, & S. R. Briggs (Eds.), Shyness: Perspectives on research and treatment (pp. 227 — 249). *New York*: *Plenum Press*. 1986.

29. Joinson, A. N. Understanding the psychology of internet behaviour: Virtual worlds, real lives. *Revista iberoamericana de educacion a distancia*, 1998a, 6(2): 189—193.

30. Joinson, A. N. Causes and implications of disinhibited behavior on the Internet. In J. Gackenbach (Ed.), Psychology and the Internet: Intrapersonal, interpersonal, and transpersonal implications (pp. 43 — 60). *San Diego*, *CA*: *Academic*. 1998b.

31. Joinson, A. N. Self-disclosure in computer-mediated communication: The role of self-awareness and visual anonymity. *European Journal of Social Psychology*, 2001, 31(2): 177—192.

32. Karevold, E., Ystrom, E., Coplan, R. J., Sanson, A. V., & Mathiesen, K. S A prospective longitudinal study of shyness from infancy to adolescence: Stability, age-related changes, and prediction of so-

cio-emotional functioning. *Journal of Abnormal Child Psychology*, 2012, 40(7): 1167—1177.

33. Kelly, L., & Keaten, J. A. Development of the affect for communication channels scale. *Journal of Communication*, 2007, 57(2): 349—365.

34. Kraut, R., Kiesler, S., Boneva, B., Cummings, J., Helgeson, V., & Crawford, A. Internet paradox revisited. *Journal of Social Issues*, 2002, 58(1): 49—74.

35. Leung, L. Impacts of net-generation attributes, seductive properties of the Internet, and, gratifications-obtained on Internet use. *Telematics and Informatics*, 2003, 20(2): 107—129.

36. Lewinsky, H. The nature of shyness. *British Journal of Psychology*, 1941, 32(2): 105—113.

37. Madell, D., & Muncer, S. Internet Communication: An Activity that appeals to shy and socially phobic people? *CyberPsychology & Behavior*, 2006, 9(5): 618—622.

38. Matheson, K., & Zanna, M. P. The impact of computer-mediated communication on self-awareness. *Computers in Human Behavior*, 1988, 4(3): 221—233.

39. McKenna, K. Y. A., & Bargh, J. A. Coming out in the age of the Internet: Identity 'demarginalization' through virtual group participation. *Journal of Personality and Social Psychology*, 1998, 75(3): 681—694.

40. McKenna, K. Y. A., & Bargh, J. A. Plan 9 from cyberspace: The implications of the Internet for personality and social psychology. *Personality and Social Psychology Review*, 2000, 4(1): 57—75.

41. McKenna, K. Y. A., Green, A. S., & Gleason, M. E. J. Relationship formation on the Internet: What's the big attraction? *Journal of Social Issues*, 2002, 58(1): 9—31.

42. Melanie, D. H., & Jacob, R. P. Predicting problematic internet

use in men and women: The contributions of psychological distress, coping style, and body esteem. *Cyberpsychology, Behavior, and Social Networking*, 2011, 14(9): 519—525.

43. Mesch, G. S. Social relationships and internet use among adolescents in Israel. *Social Science Quarterly*, 2001, 82(2): 329—339.

44. Modayil, M. V., Thompson, A. H., Varnhagen, S., & Wilson, D. R. Internet users' prior psychological and social difficulties. *CyberPsychology & Behavior*, 2003, 6(6): 585—590.

45. Morahan-Martin, J., & Schumacher, P. Incidence and correlates of pathological Internet use among college students. *Computers in Human Behavior*, 2000, 16(1): 13—29.

46. Morahan-Martin, J., & Schumacher, P. Loneliness and social uses of the Internet. *Computers in Human Behavior*, 2003, 19(6): 659—671.

47. Ofosu, H. B. Heavy Internet use: A proxy for social interaction. Dissertation Abstracts International: Section B: *The Sciences & Engineering*, 2001, 61(9-B): 5058.

48. Orr, E. S., Sisic, M., Ross, C., Simmering, M. G., Arseneault, J. M., & Orr, R. R. The influence of shyness on the use of Facebook in an undergraduate sample. *CyberPsychology and Behavior*, 2009, 12(3): 337—340.

49. Parks, M. R., & Floyd, K. Making friends in cyberspace. *Journal of Communication*, 1996, 46(1): 80—97.

50. Peng, W., & Liu, M. Online gaming dependency: A preliminary study in China. *CyberPsychology, Behavior, and Social Networking*, 2010, 13(3): 329—333.

51. Pilkonis, P. A. Shyness, public and private, and its relationship to other measures of social behavior. *The Journal of Personality*, 1977, 45(4): 585—595.

52. Rice, R. E., & Love, G. Electronic emotion: Socioemotional content in a computer-mediated communication network. *Communication Research*, 1987, 14(1): 85—108.

53. Roberts, L. D., Smith, L. M., & Pollock, C. M. "u r a lot bolder on the net." Shyness and internet use. In: W. R. Crozier(Ed.), Shyness: development, consolidation and change(pp. 121—138). *Routledge*: *London*. 2000.

54. Rubin, K. H., Coplan, R. J., & Bowker, J. C. Social withdrawal in childhood. *Annual Review of Psychology*, 2009, (60): 141—171.

55. Ryan, T., & Xenos, S. Who uses Facebook? An investigation into the relationship between the Big Five, shyness, narcissism, loneliness, and Facebook usage. *Computers in Human Behavior*, 2011, 27(5): 1658—1664.

56. Scealy, M., Phillips, J. G., & Stevenson, R. Shyness and anxiety as predictors of patterns of Internet usage. *CyberPsychology & Behavior*, 2002, 5(6): 507—515.

57. Scharlott, B. W., & Christ, W. G. Overcoming relationship-initiation barriers: The impact of a computer-dating system on sex role, shyness, and appearance inhibitions. *Computers in Human Behavior*, 1995, 11(2): 191—204.

58. Sheeks, M. S., & Birchmeier, Z. P. Shyness, sociability, and the use of computer-mediated communication in relationship development. *CyberPsychology & Behavior*, 2007, 10(1): 64—70.

59. Spears, R., Postmes, T., Wolbert, A., Lea, M., & Rogers, P. Social Psychological Influence of ICTs on Society and their Policy Implications, Amsterdam: Infodrome, Retrieved November 3, 2011, from http: //www. infodrome. nl/download/pdf/surv _ spears. pdf. 2000.

60. Stritzke, W. G. K., Nguyen, A., & Durkin, K. Shyness and

computer-mediated communication: A self-presentational theory perspective. *Media Psychology*, 2004, 6(1): 1—22.

61. Suler, J. R. To get what you need: Healthy and pathological Internet use. *Cyberpsychology & Behavior*, 1999, 2(51): 385—393.

62. Turkle, S. Life on the Screen. New York: *Simon & Schuster*. 1995.

63. Walther, J. B. Computer-Mediated communication: Impersonal, interpersonal, and hyperpersonal interaction. *Communication Research*, 1996, 23(1): 3—43.

64. Walther, J. B., & Reid, L. D. Understanding the allure of the internet. *The Chronic of Higher Education*, 2000, (4): 4—5.

65. Ward, C. C., & Tracey, T. J. G. Relation of shyness with aspects of online relationship involvement. *Journal of Social and Personal Relationships*, 2004, 21(5): 611—623.

66. Wellman, B., Haase, A. Q., Witte, J., & Hampton, K. Does the internet increase, decrease, or supplement social capital? Social networks, participation, and community commitment. *American Behavioral Scientist*, 2001, 45(3): 436—455.

67. Yang, S. C., & Tung, C. J. Comparison of Internet addicts and non-addicts in Taiwanese high school. *Computers in Human Behavior*, 2007, 23(1): 79—96.

68. Yates, T. M., Gregor, M. A., & Haviland, M. G. Child maltreatment, alexithymia, and problematic internet use in young adulthood. *Cyberpsychology, Behavior, and Social Networking*, 2012, 15(4): 219—225.

69. Young, K. S., Griffin-Shelley, E., Cooper, A., O'mara, J., & Buchanan, J. Online infidelity: A new dimension in couple relationships with implications for evaluation and treatment. *Sexual Addiction and Compulsivity*, 2000, 7(1—2): 59—74.

70. Young，K. S.，& Rogers，R. C. The relationship between depression and Internet addiction. *Cyberpsychology & Behavior*，1998，1(1)：25－28.

71. Yuen，C. N.，& Lavin，M. J. Internet dependence in the collegiate population：The role of shyness. *CyberPsychology & Behavior*，2004，7(4)：379－383.

72. Zimbardo，P. G.，Pilkonis，P.，& Norwood，R. The silent prison of shyness. *Standard*，*CA*：*Stanford University*，1977.

73. 邓林园，方晓义，万晶晶等．大学生心理需求及其满足与网络成瘾的关系[J]．心理科学，2012，35(1)：123－128.

74. 韩磊，马娟，焦亭等．羞怯与非羞怯大学生在早期面孔加工中的差异—来自 ERP 的电生理学证据[J]. 心理学报，2010，42(2)：271－278.

75. 黄玉萍，胡红梅．大学生网络成瘾与人格特征的关系[J]. 井冈山医专学报，2009，16(6)：26－27.

76. 赖永秀，任鹏，贺强等．害羞脑电的 AR 模型谱分析[J]. 电子科技大学学报，2008，37(1)：132－133.

77. 李菲菲，罗青，周宗奎等．大学生羞怯与网络交往依赖的关系：人际交往困扰的中介作用[J]. 中国临床心理学杂志，2012，20(2)：182－184.

78. 李望舒．大学生网络使用、成瘾状况与人格特质的关系研究(pp. 29－30)[D]. 硕士学位论文，陕西师范大学，2002.

79. 罗伟．害羞大学生网络成瘾的易感性研究(pp. 33－35)[D]. 河南大学硕士学位论文，2008.

80. 谭文芳．286 名大学生网络使用行为、使用动机与人格之关系研究(pp. 33－36)[D]. 湖南师范大学硕士学位论文，2003.

81. 王倩倩，马燕妮．大学生网络成瘾及相关心理因素的研究[J]. 医学教育探索，5(12)：1175－1177；伍育琦．大学生羞怯心理的调查研究

[J]. 衡阳师专学报(社会科学)，1999，20(1)：105－106.

82. 谢静慧，杨淑晴．大学生网络使用态度与网络成瘾之相关研究：以中山大学为例[C]. 见：第五届全球华人学习科技研讨会．2001.

83. 杨曙民，李建秀．大学生网络成瘾与心理障碍的关系[J]. 河北工程大学学报(社会科学版)，2007，24(3)：97－98.

84. 喻承甫，张卫，曾毅茵，叶婷，胡谏萍，李丹黎．青少年感恩、基本心理需要与病理性网络使用的关系[J]. 心理发展与教育，2012，(1)：83－89.

85. 张明．摆脱痛苦的心理依赖—成瘾心理(pp. 190－196)[M]. 科学出版社，2006.

第四章　青少年网络自我展示①

顾璇　金盛华　李红霞　吴嵩

自我展示是指个体将个人信息、形象以及同一性传达给他人的过程，是人为了创造、修改和保持他人对自己的印象而进行自我包装和修饰的的过程。青少年网络自我展示可分为言语和非言语行为，工具包括网名、个人信息、虚拟化身、图片等。虚拟自我有别于现实自我，但虚拟自我可视为现实自我的延伸。未来研究需要进一步探索个体差异对青少年网络自我展示的影响，并关注青少年网络自我展示的文化差异。

焦点阅读：

青少年网络展示的动机；

青少年网络自我展示的方式；

网络自我展示与真实自我展示的区别与联系。

关键词：

网络自我展示(Online self-presentation)；青少年(Adolescents)；虚拟自我(Virtual self)

4.1　青少年网络自我展示的界定

自我展示是指个体将个人信息、形象以及同一性传达给他人的过程(Baumeister，1998)，是人为了创造、修改和保持他人对自己的印象而进行

① 本文已发表于《中国临床心理学杂志》2012 年第 2 期。

自我包装和修饰的过程(Goffman，1959)。以计算机为媒介的沟通(Computer-mediated Communication，CMC)由于具有匿名性、沟通信息可编辑性和低时间动态性等特点，使得网络自我展示的过程比面对面沟通更具有主观选择性(Walther，1996；Walther & Burgoon，1992)。本文结合自我展示的经典概念，考虑到青春期心理发展特点和CMC的特点，将“青少年网络自我展示”定义为：青少年通过计算机和网络与他人进行沟通和互动，试图创造和管理他人对自己的印象，积累社会资本并建构自我同一性的过程。

4.2 青少年网络自我展示的动机

4.2.1 建构同一性

自我展示和同一性实验均在青春期表现最为明显，自我展示是同一性探索的重要方面(Mazur & Kozarian，2010)。同一性建构是青少年在网络上展示自我时考虑的关键因素，74%的学生报告称他们社交网站的个人档案是对自我的准确表述(Stern & Taylor，2007)，通过细致地选择自我展示的内容有助于解决同一性和亲密感建立等关键的青春期的发展问题(Pempek，Yermolayeva，& Calvert，2009)。

与线下现实情境中的自我展示相似，线上网络自我展示也存在言语和非言语行为。网络自我展示的言语行为主要指用户直接展示的个人文本信息，如网络博客和日志中关于自我的文字表述等。非言语行为主要指用户通过与他人的网络互动而间接展示的个人信息，这些信息通常由其他用户推论得来；另外，图片和声音等元素也是线上同一性建构的非言语成分。研究发现，Facebook用户通常采用间接的、委婉的方式向其他用户展示自己人格的一小部分，而非通过明确、直接的线索建构同一性(Zhao，Grasmuck，& Martin，2008)。Utz通过研究网络印象的形成也进一步说明了网络自我展示的这一特点，研究发现，Facebook用户对他人形成某种印象并不直接根据他人自己的表述，而是根据对他网络好友的印象作出推测(Utz，2010)。这种网络行为与传统面对面沟通中的非言语行为相似，细微的情景线索被认为更能代表自我的同一性，对印象形成起到很大作用(Tidwell & Walther，2002)。

青少年网络同一性建构中还存在朋友之间共同建构(coconstructing)的现象。Larsen对丹麦著名的青少年社交网站Arto的研究发现，青少年在社交网站中通过文字表达对朋友强烈的情感，他们很少写关于自己的内容，而更多地表达朋友对他们的重要性以及表达对朋友的赞美，这种譬如爱、喜欢、欣赏和感激等积极情感的暴露，使得青少年从彼此之间获得价值感和认同感，这有助于青少年从SNS使用中获得自信，而自信是青春期建构自我同一性很重要的成分(Larsen，2007)。Larsen认为利用网络文字表达对朋友的爱不仅是青少年维持友谊的方式，而且也是他们作为年轻人建构自我的方式。此外，关于社交网站Facebook的研究也表明，Facebook用户朋友的吸引力水平显著影响了其他用户对该用户吸引力的评价，当Facebook用户的朋友被认为是外向而且助人为乐时，其他用户提高了对该用户社会吸引力的评价(Utz，2010；Walther，Van Der Heide，Kim，Westerman，& Tong，2008)。因此，网络好友不仅是青少年网络同一性建构的成分和工具，而且也是同一性建构的重要的非言语线索。

4.2.2 积累社会资本

社会资本(social capital)是一个包含社交网络、信任、政治参与度和生活满意度等多个元素的概念(Adler & Kwon，2002)。网络心理学主要从个人层面来考察互联网对个人社会资本的影响，其中一个最核心的问题是互联网是否有助于增加个人的社会资本。研究者早期倾向于认为使用互联网降低了用户的个人社会资本，如Kraut等人(1998)的研究表明，互联网使用时间能够预测社会关系网络的强度，互联网的使用减少了用户与家庭成员之间的沟通时间，缩小了用户的个人社交网络，增加了用户的孤独感。Nie(2011)认为，使用互联网缩短了用户与他人面对面交流的时间，减弱了已存在的亲密关系，这些都可能有损于个人的社会资本。但是随着互联网的发展，研究者们从更纵深的角度研究这个问题，得到了不同的结论。Kraut 等对 1998 年的研究样本进行了后续测量，发现互联网的消极作用消失了，所有测量个人家庭、社会适应和参与程度的指标都表明，互联网使用带来了积极的心理和社会效果(Crawford，2002)。Ellison 等(2007)的研究发现，青少年使用社交网站的强度和社会资本之间的关系受到使用者自尊水平和生活满意度水平的调节，使用社交网站能提高低自尊和低生活满意度的青少年的社会资本。网络的相对匿名性使得网络自我表露变得容易，自我表露能带来亲密感，因而网络环境有利于亲密关系的建立(Bargh & McKenna，2004)。利用社交网站建构自我的青少年感到与同伴关系更加紧密，他们也拥有更高的幸福感和社会满意度(Valenzuela，Park，& Kee，2009)。

4.2.3 网络印象管理

Walther 等基于文本 CMC 的研究，提出了“选择性自我展示”(selective self-presentation)的概念(Walther & Burgoon，1992)。他认为，在以计算机为媒介的沟通中，选择性自我展示之所以能实现主要有以下两点原因：①CMC 的文本性质使得沟通的信息具有可编辑性；②CMC 的低时间动态性使得用户有更多的时间去建构自我展示的内容。虽然自我展示本身具有选择的特性，但是由于 CMC 以上两个特点，使得网络自我展示比面对面的自我展示更容易控制。所以，网络自我展示是一种主观选择性的、超越现实面对面沟通中的自我展示。Hancock 和 Toma 认为，虽然“选择性自我展示”的概念最初来源于早期文本性质的 CMC，但是在个人档案的照片中，用户的自我展示也是选择性的(Hancock & Toma，2009)。

在选择性自我展示的相关研究基础之上，Walther(1996)又提出了超人际沟通模型(Hyperpersonal Communication Model)，该模型认为，以计算机为媒介的沟通是超越了传统面对面人际沟通的一种“超人际”沟通模式，CMC 能够增加亲密感和归属感，增进沟通双方相互喜欢的程度(Riva

& Galimberti，2001)。该模型还认为，以计算机为媒介的沟通是一种“超人际的互动”，与面对面的沟通相比，人们更容易在网络中运用印象管理策略给他人留下良好的印象。Walther 发现，信息发送者会运用诸如时间调整、个性化语言、长短句选择等一系列的技术、语言与认知等策略来展现一个最佳的自我。因此，在超人际的交流模式下，人际知觉并不是准确的(Walther，2007)。一方面，在 CMC 中由于可以延迟做出反应，每个用户作为网络沟通中信息的发送者，能够有选择性地展示自我的某些方面，用户有时间来思考如何进行自我展示以到达积极的效果(Utz，2010)；另一方面社会线索减少使得信息接收者倾向于将信息发送者“理想化”，他们利用对方发送的积极信息形成印象，并将这种积极的印象泛化到其他未知的人格特征上。

4.3　青少年网络自我展示的工具

4.3.1　网名和网络昵称

昵称(nickname)会影响青少年的社会互动：积极的昵称能使青少年更好地融入同伴群体(Calvert，Mahler，Zehnder，Jenkins，& Lee，2003)，而消极的昵称会损害青少年的自我形象和同伴对其的印象(Bechar-Israeli，1995)。青少年昵称的获得常常来自周围的同伴，但是在网络世界中青少年可以自由选择自己的用户名和昵称。自己选择的昵称可能起到了增强青少年自尊的作用，昵称是一种重要的自我展示的方式(Bechar-Israeli，1995)。不仅联入互联网需要一个用户名，包括电子邮件，聊天，发表言论等在内的所有网络互动都需要创建用户名，因此用户名是建构网络身份的基础，也是网络自我的基本表现形式(Huffaker，2004)。网络昵称或电子邮箱名是印象形成的最初线索之一，它们通过激活社会类别、图式和刻板印象，使得个体通过网名或电子邮箱名来对他人形成最初的印象(Huffaker，2004)。

在网络聊天室或网络论坛等沟通环境下，昵称或用户名不仅是代表用户身份的符号，而且它们可以传达出用户的性别，性取向或特殊爱好。Subrahmanyam(2006)等人在研究中分析了近500个网络昵称，发现用户的网名反映了他们的线下自我(offline self)。在以文本为沟通媒介的聊天室中，昵称可能是用户建构网络身份最主要的手段，但是，在博客、社交网站和网络游戏中，由于存在其他大量的用户信息，网名不再是获得用户虚拟身份信息的主要渠道。例如，在大型的网络游戏中，玩家操控的虚拟人物，虚拟化身的服饰、装备和玩家的网游经验记录都是构成玩家网络身份的重要信息。

4.3.2 个人信息

从社会心理学的经典研究可知，在面对面的沟通中，年龄和性别是社会分类中两个最主要的范畴(Brewer & Lui，1989)；同样，在CMC中，年龄、性别、所在地等信息也是网络同一性建构的最主要工具。研究发现54%的博客作者提供了年龄、性别、职业、所在地等人口统计学信息(Herring，Scheidt，Bonus，& Wright，2004)。其他一些在面对面互动中显而易见的信息，如体型、服装和长相，在网络聊天室或基于文本的网络沟通环境下靠估计获得。

跨文化的研究发现，青少年自我展示的个人信息的类别受文化的影响。青少年将暴露年龄、性别、所在地等个人信息作为自我展示的手段，这一现象是在以英语为沟通语言的美国的网络聊天室中发现的，但是在捷克的网络聊天室中却没有发现这一现象(Subrahmanyam & Šmahel，2011)，造成这种差异的原因可能是捷克语言的语法要求名字和昵称后需加上相应的后缀，这样通过昵称本身就可以推测出用户的性别；还由于捷克国土面积不大、人口居住相对集中，所以在聊天室的个人信息中也没有暴露所在地的信息。受捷克文化和地理环境的影响，性别和所在地信息是无关紧要的，因此，捷克的青少年在网络聊天室中只提供年龄这一种个人信息。

4.3.3 虚拟化身

在电脑游戏和复杂的虚拟世界中，玩家的网络身份通过操控能够活动的、图像化的虚拟化身(avatars)来展示。根据网络环境的不同，虚拟化身的外形可能是人类，也可能是奇异的生物，但一般来说虚拟化身都是以3D的动画形象出现。研究发现在角色扮演类游戏(MMOPRG)中，与成年玩家相比，青春期和成年初期的玩家对他们的虚拟化身有更强的认同，他们更多地认为"他们和他们的虚拟化身是一样的"，而且"他们拥有与虚拟化身相同的技巧"(Smahel，Blinka，& Ledabyl，2008)。Šmahel等人认为虚拟化身给青春期的游戏玩家提供了一种对线下真实生活中积极和消极人格特征进行鉴别和认同的方式。

4.3.4 图片

社交网站的出现，使得网络自我展示不再局限于文本描述，图片是社交网站上的一种内隐的交流线索(Hum，Chamberlin，Hambright，Portwood，Schat，& Bevan，2011)。网络个人档案中的照片是青少年自我展示的主要工具之一，而且对于成功建立网络关系有重要的作用(Hancock & Toma，2009)。

视觉元素是青少年在社交网站中自我展示的重要部分，青少年通过精心挑选和控制这些视觉元素，不仅将图像作为自我展示的一种印象管理策略，而且青少年可以通过解读他人的图像信息来获得关于互动对方的更多信息。青少年博客使用者比其他年龄阶段的用户更多地在网络上发布自己的照片(Subrahmanyam，Garcia，Harsono，Li，& Lipana，2009)。Pearson通过对SNS用户的访谈发现，用户头像是比网络昵称或用户名更具有跨情景一致性和稳定性的元素，用户头像是在网络中建构稳定同一性的主要来源(Berleur，Hercheui，& Hilty，2010)。

4.4 网络自我展示和现实自我展示

4.4.1 网络自我展示与现实自我展示的区别

Mesch 和 Beker(2010)认为网络自我展示的规则是独立发展起来的，不一定和线下自我展示的规则一致，网络的自我展示更开放、更有感染力，而且青少年在网络上自我表露要比线下多(Hew，2011)。互联网的匿名性使得人更容易以真实的自我与他人互动(Christopherson，2007)。网络匿名的环境有助于个体克服现实沟通的门槛障碍，展示期望的可能自我。研究表明，去除了现实人际交往情景中的“门槛特征”(Gating Features，比如外形不佳、口吃或者害羞等)，网络环境使得人际交往劣势的个体克服了在面对面情景中无法按照期望展现自我的障碍(McKenna，Green，& Gleason，2002)。

人们倾向于在匿名的网络环境中展示“期望的可能自我”(hoped-for-possible selves)(Yurchisin，Watchravesringkan，& McCabe，2005)。“期望的可能自我”是“可能自我”的一种，指如果给个体适当的环境，个体愿意展示、而且相信他拥有的受社会赞许的自我(Markus & Nurius，1986)。Zhao 等(2008)认为社交网络的同一性是“期望的、可能的同一性”，它与真实生活中的人格不一定一致，他们的研究发现，实名网络环境下的自我展示行为与匿名环境下的自我展示行为不同，在如 Facebook 等实名制的 SNS 中，青少年倾向于“炫耀”自己而非客观地“描述”自己，青少年展示自己时强调群体特征而非个人特征。

4.4.2 网络自我展示和现实自我展示的联系

人们在实名制的网络环境中，特别是当预期与网络沟通对象会有后续会面的情况下，在网络自我展示时会缩小“现实自我”和“理想自我”之间的差距(Ellison，Heino，& Gibbs，2006)。对那些期待将沟通从线上延伸到线下面对面沟通情景中的用户来说，自我展示时的欺骗行为很少，更多地是一种自我提升的方式而非蓄意的欺瞒(Hancock & Toma，2009)。

人们在相亲网站中用户展示的自我是将“事实稍微延伸”(stretch the truth a bit)后的结果(Yurchisin，Watchravesringkan，& McCabe，2005)，但是尽管存在这些“延伸事实”的行为，但是用户在相亲网站上建构的自我还是真实可信的，因为用户都想避免在线下见面时由于信息不真实导致的尴尬(Ellison，Heino，& Gibbs，2006)。如男性在约会网站中会将自己的身高多报几厘米，而女性会将自己的体重少报几斤，目的是为了在异性前更具吸引力，这种在网络个人档案中谎报身高和体重的行为也很难在线下的会面中被识破(Toma，Hancock，& Ellison，2008)。相亲网站用户的这种“选择性的自我展示”策略也是为了平衡自我提升和真实性之间冲突的方式。

综上所述，青少年利用网络展示自我，进行同一性实验并试图建构网络同一性。虽然匿名网站和实名网站的自我展示现象的研究结果存有分歧，但是，通过建立虚拟同一性而将自我分离成现实自我和虚拟自我的现象，在青少年中并不普遍。青少年网络展示的自我是“期望的、可能的自我”，虽然青少年会利用印象管理的策略“延伸事实”，以使得自我形象更加积极，但同面对面人际交往相似，这是一种自我提升的策略，而非有意地欺骗。青少年的真实世界和网络世界是联系在一起的。青少年在网络上的谈吐、言行与现实社会中的相似(Larsen，2007)，他们在网络世界里验证和澄清他们线下的价值观和态度(Subrahmanyam & Šmahel，2001)。青少年使用社交网站最重要的原因不仅是获得他人的动态信息，而且是保持和现实生活中朋友的联系(Stern & Taylor，2007；Toma，Hancock，& Ellison，2006)。美国皮尤青少年网络使用研究中心(The Pew Internet and American Life Project)的调查显示，91%的美国青少年使用社交网站查找在现实生活中与他们有联系的人，而不是利用社交网站与完全陌生的人建立联结(Lenhart & Madden，2007)。该机构的另一项调查显示，只有27%的青少年与第一次在网络上认识的陌生人一起玩网络游戏，近70%的青少年网络游戏的玩伴都是现实生活中认识的朋友或家人(Lenhart, Kahne, Middaugh, Macgill et al, 2008)。关于社交网站的研究从另外一个侧面说明了，青少年的网络生活是现实生活的延伸，网络自我和现实自我具有一定的连续性。

4.5 总结和展望

现有的研究虽然为理解青少年网络自我展示和同一性建构提供了基本的框架，但是从研究的广度和深度来看，还存在以下几点不足。

首先，目前关于网络自我展示的研究多采用质的研究方法，量的研究方法主要是问卷法，实验研究极少。

其次，虽然一些研究者(Calvert, Mahler, Zehnder, Jenkins, & Lee, 2003; Huffaker, 2004)考察了性别差异对青少年网络自我展示可能的影响，但是其他个体差异的作用尚不明确，如青少年总体的同一性发展状态、人格差异等都可能是影响网络自我展示的重要因素，需要在未来的研究中重点关注和进一步探讨。Amichai-hamburger 等(2002)研究了人格特征与互联网社交之间的关系，发现内向和神经质的青少年用户倾向于在虚拟世界中表现"真我"(real me)，而外向和非神经质的青少年用户则在传统的面对面沟通中更多地展示"真我"。Peter 等(2005)考察了内外向人格、自我表露、社会补偿动机和网络沟通频率之间的关系，提出了"富者更富"(Rich Get Richer)和"穷者更富"(Poor Get Richer)模型，认为外向的青少年更多地利用网络进行沟通和表露自我，因而促进了线上友谊的建立；内向的青少年为了补偿社交技能的缺失，将网络沟通作为一种补偿渠道，同样促进了他们的网络沟通和自我表露。Zywica 和 Danowski(2008)进一步比较了"社会增强模型"和"社会补偿模型"，他们对 614 名社交网站 Facebook 用户的研究发现，外向和高自尊的用户群支持社会增强模型，该群体在现实生活和社交网络上都较受欢迎；而内向和低自尊的个体由于在现实生活中不太受欢迎，因而转向社交网络寻求补偿，因此该群体支持社会补偿模型。以上学者的研究都试图说明人格特质对网络沟通可能存在的作用，他们的发现也有相似之处，都说明了在现实生活中高社交技能的人可以更好地利用网络进行社交活动，而低社交技能的人可能需要在网络中补偿自己现实生活中社交技能的缺失。那么，"富者更富"和"网络补偿"的模型是否适用于除社交能力外更一般的能力，网络的特性以及虚拟同一性建构在其中发挥着怎样的影响，除内外向之外的其他人格维度是否也有相似的作用等，这些问题都值得在后续的研究中得到进一步地探讨。

最后，青少年网络自我展示的文化差异还有待进一步探索。以往关于青少年自我展示的研究成果多是以白种人为被试、在西方文化背景下发现的，而亚洲文化环境下自我展示行为与西方文化存有差异，如 Heine 等(2000)的实验发现，北美人比日本人更多地使用自我提升作为自我展示的策略，他们更愿意接受自己优于他人的信息，相反日本人更倾向于接受消极的自我信息，因为他们将自我批评作为一种自我展示的策略，从而促进人际交往和人际和谐。雷雳(2010)对全国初、高中生的大样本调查也发现，事先声明和逢迎是青少年在网络交往中使用最多自我展示策略，最不经常使用的是自我提升和榜样化。虽然互联网是一个全球的现象，互联网的普及有利于克服地理的差距，增进不同文化之间的沟通和了解，但是文化作为人心理和行为的背景，它如何影响青少年在虚拟世界中的自我建构和展示行为，也是未来深入研究的方向。

参考文献

1. Adler，P. S.，& Kwon，S. W. Social capital：Prospects for a new concept. *Academy of management review*，2002，27(1)：17—40.

2. Amichai-Hamburger，Y.，Wainapel，G.，& Fox，S."On the Internet No One Knows I'm an Introvert"：Extroversion，Neuroticism，and Internet In-

teraction. *CyberPsychology & Behavior*, 2002, 5(2): 125—128.

3. Bargh, J. A., & McKenna, K. Y. The Internet and social life. *Annu. Rev. Psychol.*, 2004, 55, 573—590.

4. Baumeister, R. F. *Handbook of Social Psychology*. Boston, MA: McGraw-Hill, 1998, 680—740.

5. Bechar-Israeli, H. FROM 〈Bonehead〉 TO 〈cLoNehEAd〉: NICKNAMES, PLAY, AND IDENTITY ON INTERNET RELAY CHAT1. *Journal of Computer-Mediated Communication*, 1995, 1(2).

6. Berleur, J. J., Hercheui, M. D., & Hilty, L. M. (Eds.). *What Kind of Information Society? Governance, Virtuality, Surveillance, Sustainability, Resilience: 9th IFIP TC 9 International Conference, HCC9 2010 and 1st IFIP TC 11 International Conference, CIP 2010, Held as Part of WCC 2010, Brisbane, Australia, September 20—23, 2010, Proceedings*(Vol. 328). Springer, 2010.

7. Brewer, M. B., & Lui, L. N. The primacy of age and sex in the structure of person categories. *Social cognition*, 1989, 7(3): 262—274.

8. Calvert, S. L., Mahler, B. A., Zehnder, S. M., Jenkins, A., & Lee, M. S. Gender differences in preadolescent children's online interactions: Symbolic modes of self-presentation and self-expression. *Journal of Applied Developmental Psychology*, 2003, 24(6): 627—644.

9. Christopherson, K. M. The positive and negative implications of anonymity in Internet social interactions: 'On the Internet, Nobody Knows You're a Dog'. *Computers in Human Behavior*, 2007, 23(6): 3038—3056.

10. Crawford, A. Internet paradox revisited. *Journal of Social Issues*, 2002, 58(1): 4974.

11. Ellison, N. B., Heino, R., & Gibbs, J. Managing impressions online: Self-presentation processes in the online dating environment. *Journal of Computer-Mediated Communication*, 2006, (11): 415—441.

12. Ellison, N. B., Steinfield, C., & Lampe, C. The benefits of Facebook "friends": Social capital and college students' use of online social network sites. *Journal of Computer-Mediated Communication*, 2007, 12(4): 1143—1168.

13. Goffman, E.. *The presentation of self in everyday life*. Hancock, J. T., & Toma, C. L. (2009). Putting your best face forward: The accuracy of online dating photographs. *Journal of Communication*, 1959, 59(2): 367—386.

14. Hew, K. F. Students' and teachers' use of Facebook. *Computers in Human Behavior*, 2011, 27(2): 662—676.

15. Heine, S. J., Takata, T., & Lehman, D. R. Beyond self-presentation: Evidence for self-criticism among Japanese. *Personality and Social Psychology Bulletin*, 2000, 26(1): 71—78.

16. Herring, S. C., Scheidt, L. A., Bonus, S., & Wright, E. Bridging the gap: A genre analysis of weblogs. In*System Sciences*, 2004. *Proceedings of the 37th Annual Hawaii International Conference on*. IEEE, 2004, January.

17. Hum, N. J., Chamberlin, P. E., Hambright, B. L., Portwood, A. C., Schat, A. C., & Bevan, J. L. A picture is worth a thousand words: A content analysis of Facebook profile photographs. *Computers in Human Behavior*, 2011, 27(5): 1828—1833.

18. Huffaker, D. *Gender similarities and differences in online identity and language use among teenage bloggers* (Doctoral dissertation, Georgetown University), 2004.

19. Kraut, R., Patterson, M., Lundmark, V., Kiesler, S., Mukophadhyay, T., & Scherlis, W. Internet paradox: A social technology that reduces social involvement and psychological well-being?. *American psychologist*, 1998, 53(9): 1017.

20. Larsen, M. C. Understanding social networking: On young people's construction and co-construction of identity online. *Internet Research*, 2007, (8): 18—36.

21. Lenhart, A., & Madden, M. Teens, privacy, and online social networks. Washionton, DC: Pew Internet and American Life Project Report. *Pew Research Center*, 2007.

22. Lenhart, A., Kahne, J., Middaugh, E., Macgill, A. R. et al. Washionton, DC: Pew Internet and American Life Project Report. *Pew Research Center*, 2008.

23. Mazur, E., & Kozarian, L. Self-presentation and interaction in blogs of adolescents and young emerging adults. *Journal of Adolescent Research*, 2010, 25(1): 124—144.

24. Markus, H., & Nurius, P. Possible selves. *American psychologist*, 1986, 41(9): 954.

25. Mesch, G. S., & Beker, G. Are norms of disclosure of online and offline personal information associated with the disclosure of personal information online? . *Human Communication Research*, 2010, 36(4): 570—592.

26. McKenna, K. Y., Green, A. S., & Gleason, M. E. Relationship formation on the Internet: What's the big attraction? . *Journal of social issues*, 2002, 58(1): 9—31.

27. Nie, N. H. Sociability, interpersonal relations, and the internet reconciling conflicting findings. *American behavioral scientist*, 2001, 45(3): 420—435.

28. Pempek, T. A., Yermolayeva, Y. A., & Calvert, S. L. College students' social networking experiences on Facebook. *Journal of Applied Developmental Psychology*, 2009, 30(3): 227—238.

29. Peter, J., Valkenburg, P. M., & Schouten, A. P. Developing a model of adolescent friendship formation on the Internet. *CyberPsychology*

& Behavior，2005，8(5)：423—430.

30. Riva，G.，& Galimberti，C. *Towards Cyberpsychology：Mind，cognition，and society in the internet age*(Vol. 2). IOS Press，2001.

31. Stern，L. A.，& Taylor，K. Social networking on Facebook. *Journal of the Communication，Speech & Theatre Association of North Dakota*，2007，20(2007)：9—20.

32. Smahel，D.，Blinka，L.，& Ledabyl，O. Playing MMORPGs：Connections between addiction and identifying with a character. *CyberPsychology & Behavior*，2008，11(6)：715—718.

33. Subrahmanyam，K.，Garcia，E.，Harsono，L. S.，Li，J. S.，& Lipana，L. In their words：Connecting on-line weblogs to developmental processes. *British Journal of Developmental Psychology*，2009，27(1)：219—245.

34. Subrahmanyam，K.，Šmahel，D. Constructing identity online：Identity exploration and self-presentation. In*Digital Youth* (pp. 59—80). Springer New York，2011.

35. Subrahmanyam，K.，Smahel，D.，& Greenfield，P. Connecting developmental constructions to the internet：identity presentation and sexual exploration in online teen chat rooms. *Developmental psychology*，2006，42(3)：395.

36. Tidwell，L. C.，& Walther，J. B. Computer-mediated communication effects on disclosure，impressions，and interpersonal evaluations：Getting to know one another a bit at a time. *Human communication research*，2002，28(3)：317—348.

37. Toma，C. L.，Hancock，J. T.，& Ellison，N. B. Separating fact from fiction：An examination of deceptive self-presentation in online dating profiles. *Personality and Social Psychology Bulletin*，2008，34(8)：1023—1036.

38. Valenzuela，S.，Park，N.，& Kee，K. F. Is There Social Capital in a Social Network Site? Facebook Use and College Students' Life Satis-

faction, Trust, and Participation1. *Journal of Computer-Mediated Communication*, 2009, 14(4): 875—901.

39. Walther, J. B. Selective self-presentation in computer-mediated communication: Hyperpersonal dimensions of technology, language, and cognition. *Computers in Human Behavior*, 2007, 23(5): 2538—2557.

40. Utz, S. Show me your friends and I will tell you what type of person you are: How one's profile, number of friends, and type of friends influence impression formation on social network sites. *Journal of Computer-Mediated Communication*, 2010, 15(2): 314—335.

41. Walther, J. B. & Burgoon, J. K. Relational communication in computer-mediated interaction. *Human Communication Research*, 1992, 19(1): 50—88

42. Walther, J. B. Computer-mediated communication impersonal, interpersonal, and hyperpersonal interaction. *Communication research*, 1996, 23(1): 3—43.

43. Wallace, P. *The psychology of the internet*. Cambridge: Cambridge University Press, 1999.

44. Walther, J. B., Van Der Heide, B., Kim, S. Y., Westerman, D., & Tong, S. T. The role of friends' appearance and behavior on evaluations of individuals on Facebook: Are we known by the company we keep? . *Human Communication Research*, 2008, 34(1): 28—49.

45. Yurchisin, J., Watchravesringkan, K., & McCabe, D. B. An exploration of identity re-creation in the context of internet dating. *Social Behavior and Personality: an international journal*, 2005, 33(8): 735—750.

46. Zhao, S., Grasmuck, S., & Martin, J. Identity construction on Facebook: Digitalempowerment in anchored relationships. *Computers in human behavior*, 2008, 24(5): 1816—1836.

47. Zywica, J. , & Danowski, J. The faces of Facebookers: Investigating social enhancement and social compensation hypotheses; predicting Facebook™ and offline popularity from sociability and self-esteem, and mapping the meanings of popularity with semantic networks. *Journal of Computer-Mediated Communication*, 2008, 14(1): 1—34.

48. 雷雳. 鼠标上的青春舞蹈：青少年互联网心理学[M]. 华东师范大学出版社，2010，77—100.

第五章　网络自我表露的类型、功能及其影响因素[①]

谢笑春　孙晓军　周宗奎

网络自我表露是自我表露在网络空间的延伸。本研究对网络自我表露提出整合性界定，并将其从形式、程度和表达方式三种角度予以分类。网络自我表露对个体存在积极和消极两方面的影响。网络自我表露的产生和发展受社会文化、网络环境、性别、年龄和个体心理等因素的影响。认知实验研究、影响因素的深入探讨、新兴网络媒体的自我表露现象、跨文化研究和特殊群体的网络自我表露等可以成为今后的研究取向。

焦点阅读：

网络自我表露的类型；

网络自我表露的功能；

影响网络自我表露的因素。

关键词：

网络自我表露(online self-disclosure)；整合性界定(integrated definition)；认知研究(cognitive experiment)

自我表露是个体将有关自己的信息告知目标人的过程，这一界定最早由 Jourard 于 1958 年提出(Jourard & Lasakow，1958)。自我表露的信息主要包括身份、性格、个人经历、未来打算、兴趣爱好、生活方式等

① 本文已发表于《心理科学进展》2013 年第 2 期。

(Chen & Sharma, in press; Derlega & Grzelak, 1979)。自我表露与抑郁、孤独、主观幸福感、信任、自尊等因素有着密切的关系，并且在心理咨询与治疗方面自我表露也起着重要的作用(Sloan, 2010)。正因有着如此重要的作用和意义，自我表露这一话题才一直深受研究者的关注。随着信息时代的到来，网络逐渐成为人们生活中的重要组成部分，网络自我表露作为自我表露在信息化时代的新形式，正在逐渐取代传统人际互动中的自我表露，成为自我表露的主要方式。由于网络的匿名性等特点，网络中的自我表露相对于过去面对面交流中的自我表露具有一些新特点，也给人们带来许多新的影响，以心理学为代表的多门学科对这些新特点、新影响进行了研究，并得到了许多有价值的发现。本研究从概念界定、类型、功能及影响因素四个方面对网络自我表露这一新兴网络行为进行介绍。

5.1　网络自我表露的界定

网络自我表露与面对面交流中的自我表露最大的区别在于其匿名性和视觉线索缺失的特点。基于此，目前主要有三个理论对网络自我表露进行了系统阐述。首先是社会信息加工理论(SIP)(Walther & Burgoon1992)和线索减少理论(RCT)(Brunet & Schmidt, 2008)，这两个理论都认为线索是进行信息加工的重要前提。由于网络的视觉匿名性导致了在网络交流中的个体必须依靠沟通对象的信息表露才能了解对方意图，同时其自身也需要积极的表露信息，由此维持网络沟通。由此说明网络自我表露的一个目的是让沟通对象了解自己的表达意图，并维持沟通。另一个重要的理论是去个性化的社会认同模型(SIDE)(Reicher, Spears, & Postmes, 1995)，这一模型认为网络空间的匿名性引起网络上个体自我意识减少、对网络环境的认同增加，进而引起更多形式和更大程度的自我表露，同时网络空间上的自我表露更大程度上遵从网络空间或特定沟通群体的既定规范。

基于这些理论和不同的研究视角，研究者们对网络自我表露提出了不同的概念。这些概念从其界定方式上看，可以分为两类：目的性界定和形式性界定。

5.1.1 目的性界定

目的性界定强调网络自我表露的目的，认为网络自我表露是让他人了解自己、与网友分享经验，并在表露与接收反馈信息的过程中获得满足感的网络行为(瑩郭正，2008；胡玉珍，2010；王瑞霙，2005)。这种界定方式从网络自我表露功能性的角度，凸出了网络自我表露对个体网络社交的影响。由于自我表露是一种互动性行为，沟通中一方的主动表露可以激发另一方的表露(Harper &Harper，2006)，在这个互动的过程中减少沟通者间的不确定性，从而促进人际关系的发展。如上文所述，SIP 理论和 RCT 理论认为网络自我表露的主要目的就是为了补充网络匿名性所导致的沟通障碍，以此维持网络沟通行为(Brunet &Schmidt，2008；Walther & Burgoon，1992)。此外，社会补偿理论认为社会技能不足或社会焦虑的个体愿意通过网络向他人表露自己，从而补偿现实中人际关系发展不良的缺失；富者更富模型认为社会技能良好者更愿意通过网络的形式扩大自己的社交网络和个体的影响性(Nguyen，Bin，&Campbell，2012；雷雳，2010)。这两个理论从个人的角度说明了网络自我表露的目的性。

5.1.2 形式性界定

形式性界定方式强调的是网络自我表露的形式和主动性，认为网络自我表露是个体依靠网络进行的、主动或被动的、以文字表达等多种形式将自己的信息传达给他人的过程(Chen & Sharma，in press；聂丽萍，2009；饶星星，2006；吴巧云，2009)。SIDE 模型认为网络空间的高度去个性化的特征，导致了网络自我表露的多样性和丰富性，为网络自我表露多种形式奠定了基础。而媒体丰富性理论则认为个体倾向于选择能够获得充分信息的社交方式与人沟通(Nguyen et al.，2012)。网络作为一种多媒体的综合性社交平台，给予个体充分的机会来选择表露方式。不同的表露方式可以反映网络沟通者之间的亲密程度以及个体对其所处网络环境的态度。网络自我表露是一个动态发展的网络行为过程(Attrill & Jalil，2011；刘娟，葛明贵，2009)，这种界定方式有利于我们根据个体选择的表露方式和表露的主动程度的发展变化探讨表露者的心理活动机制。

综上所述，网络自我表露的目的性界定以静态方式，体现了网络自我表露的功能和人类活动能动性与目的性。网络自我表露的形式性界定则是用动态方式，体现个体与网络环境的相互影响以及网络自我表露自身的变化发展。随着信息化的发展，服务类网站逐渐被人们接受和使用，个体在注册使用这类网站时的自我表露现象也会对个体产生影响(Beldad，van der Geest，de Jong，&Steehouder，2012；Zimmer，Arsal，Al-Marzouq，&Grover，2010)。除此，个体在进行网络游戏、网络购物时与其他玩家、卖(买)家进行的即时性沟通也是一种网络自我表露的现象。以往那些仅从网络人际沟通背景建立的网络自我表露界定方式对这些现象关注不足。再者杨芳琳(2010)认为网络自我表露的内容不能仅局限于表露者本人的信息，还应包括表露者本人了解的非本人信息。鉴于前人界定方式的不足和新近学者提出的观点，本研究提出整合式界定——网络自我表露是个体在网络上运用多种方式向他人传递信息，以达到维持网络沟通或获得个人需求的网络行为。

5.2　网络自我表露的类型

研究者曾将自我表露的类型划分为描述性自我表露和评价性自我表露以及正向自我表露和负向自我表露(蒋索，邹泓，胡茜，2008)，但作者认为上述两种划分方式仅是在自我表露内容上的进一步区分，没有从其他角度进行介绍。随着对自我表露、网络自我表露的深入研究，加之网络空间的匿名性、异步性等特点，网络自我表露类型与传统线下自我表露类型有相同之处，同时也存在其独有特点。不同研究者基于不同研究目的对网络自我表露类型提出了不同的划分视角(Attrill& Jalil，2011；Ko & Kou，

2009；Joinson，Paine，Buchanan，& Reips，2008；饶星星，2006；于明璐，2011)。这些划分标准突破了原有的仅从表露内容角度进行划分的单一标准。总体而言，这些划分类型主要包括表露形式、表露程度和表达方式三种划分标准。

5.2.1 按网络自我表露的形式划分

所谓表露形式，指的是使用不同媒介进行表露的特点和个体表露时的意识状态。在网络中，自我表露的媒介丰富多样，使用不同媒介表露的特点也不尽相同。根据网络延时性和即时性的特点，可以将使用不同媒介的表露特点分为“静态网络自我表露”和“动态网络自我表露”两类。“静态的网络自我表露”主要是指通过某些社交网站或服务类网站将自己的信息以文字、图片、视频、音频等方式透露给他人的行为，包括在社交网站(人人网、Facebook)、博客、个人网络空间(QQ空间)上公布个人信息，也包括在注册某些服务类网站时所透露的个人信息和E-mail中所包含的个人信息(Ko & Kou，2009；Nosko，Wood，& Molema，2010；Zimmer et al.，2010)。这种网络自我表露的形式突出网络的延时性。“动态的网络自我表露”主要包括通过如QQ、MSN、YY语音等即时网络聊天工具与他人进行网络沟通的行为(Rosen，Cheever，Cummings，& Felt，2008；程燕，2007)。与“静态网络自我表露”相对，“动态网络自我表露”强调信息反馈的即时性。

Schermer，Miller和McGlothlin(2009)依据Farber依据意识程度划分自我表露的做法，将网络自我表露划分为“有意识的网络自我表露”和“无意识的网络自我表露”。“有意识的网络自我表露”是指表露者带有目的性的表露，如聊天中有意识的问答、撰写的博文、张贴的照片等。“无意识的网络自我表露”指的是在社交网站、博客或私人网页上公布的信息中无意识透露出的信息，如聊天中的口头禅、博文的语言风格、个人主页的背景设置、公布照片的细节特征等。

5.2.2　虚拟现实技术

这种划分方式主要体现网络自我表露的深度和广度，即网络自我表露信息的私密程度和所涉及的范围。有研究者利用自传体记忆系统中的个人基本信息分类的框架将个体网络自我表露由浅到深分成“人生阶段性特征的表露”(Lifetime Periods)、“一般生活事件的表露”(General Events)和“具体生活细节事件的表露”(Events Specific Knowledge)(Attrill & Jalil, 2011)。“人生阶段性特征”是指个体在其人生某一阶段有关活动、计划、目标、特点的一般性信息，例如“我在读大学”“我在某某公司上班”“我尚未结婚”等。“一般生活事件”是指一种具体的或在同一时间段内比人生阶段特征更复杂、多变的信息，它包括日常生活中重复性事件，如每晚在花园中散步；以及一些非重复性事件，如到某地旅游一次。“具体生活细节事件”是组成一般生活事件和人生阶段特征的基础性信息，是最为具体的细节性信息。例如某次旅行的具体行程安排，或某一个礼拜天所做的家务事等(Conway & Pleydell-Pearce，2000)。三种不同类型的表露由浅到深，由表层信息向内心深处不断接近。

我国研究者刘娟和葛明贵(2009)按照网络人际关系的发展程度将网络自我表露划分为“极低的表露”“初步表露”和“较多的表露”三种，并得出网络聊天中随着时间的延长，表露程度逐渐加深。“极低的自我表露”是指将工作单位、学校、性别、所在地等最基本的信息透露给对方；“初步的表露”又分为两种，一种是有关个人兴趣爱好的表露、另一种是有关对国家大事、法律以及社会事件看法、态度的表露；“较多的表露”包括个人目前的心情、人际交往、人生观和对谈话对方的评价。同时也有根据表露话题的与自身亲密性的程度，将网络自我表露分为低亲密性自我表露、中亲密性自我表露和高亲密性自我表露(錾郭正，2008)。个体最初的网络自我表露层次较浅，但深度随着谈话时间的增加和对交谈对象的进一步了解，表露程度不断加深(Attrill & Jalil，2011；刘娟，葛明贵，2009)。

也有人根据表露信息敏感的程度将其分为“高敏感性信息表露”和“低

敏感性信息表露”。“高敏感性信息”一般包括私人电话号码、身份证号码、个人收入状况以及一些有关情感方面的信息，这一类信息对个人的影响程度大，私密性高；“低敏感性信息”一般是指个人姓名、性别、电子邮箱等与个人私密程度不大的信息(Kays，Gathercoal，&Buhrow，2012；Li，Sarathy，& Xu，2011)。除此之外，一些研究者将网络自我表露从基本内容上分为“个人基本信息”的网络自我表露、“个人身体信息”的网络自我表露和“个人心理信息”的网络自我表露。“个人基本信息”的网络自我表露是指对姓名、性别、年龄、学历、工作、住址、联系方式、电子邮箱等与个体身份有关的一般性信息的网络自我表露；“个人身体信息”的网络自我表露主要是指有关个人体态、相貌等与身体相关的信息的网络自我表露，例如在网络张贴个人照片、头像等；“个人心理信息”的网络自我表露主要是指有关个人心理过程、人格等心理信息的网络自我表露，主要包括个人的爱好、态度、情感、情绪、心理健康情况等(Kays et al.，2012；Kisilevich & Last，2011；Ko & Kou，2009；Stutzman，Capra，& Thompson，2011；Zhu，2011)。

5.2.3 按网络自我表露的表达方式划分

表达方式的划分是从网络自我表露的主动性、语言风格和内容特征的角度将网络自我表露进行分类。首先，从主动性的角度，网络自我表露可以分为“被动型自我表露”“主动型自我表露”和“自我保护式的表露”(饶星星，2006)。“被动型自我表露”是指在网络聊天中一方自我表露的发生是由交谈对方的主动询问而引起的；“主动型自我表露”是指交谈者主动表达自己的态度、观点或主动对某些问题进行解释和阐述，以及交谈者主动向谈话对方提出询问；“自我保护式表露”也可以理解成是一种非表露现象，即拒绝回答或对对方提出的谈话主题提出无理的反对以及漠视对方的观点(如“这有什么意思”“无所谓了”)。

也有对网络自我表露中的非表露现象的研究，将非表露分为“直接决绝回答”，即在有关问题上不做任何回答或直接跳过该问题；和“自我保护式回答”，即在某些问题的回答中选择“我不愿透露有关信息(I prefer not to say)”(Joinson et al.，2008)。

其次，从语言风格和内容特征上，于明璐(2011)将网络自我表露分为“描述性表露”和“评价性表露”。前者指表露的内容是一种事实性的介绍，后者指表露的内容包含评价性内容，可以反映表露者的价值观和判断标准。与此类似，饶星星(2006)从表露信息的事实性和情感性将网络自我表露分为“事实表露”和“情感表露”。“事实表露”是对个人信息的基本介绍；“情感表露”则反映了表露者的态度情感，带有评价性。此外，网络自我表露也可分为真实网络自我表露和虚假网络自我表露；大众化网络自我表露与个性化网络自我表露；简明、对称性的网络自我表露与复杂、非对称性的自我表露；抽象、模糊的网络自我表露与具体、清晰的网络自我表露(Marcus & Krishnamurthi，2009)。

5.3 网络自我表露的功能

网络自我表露作为个体向他人传递信息、表达情感和分享经验的一种途径，它和线下自我表露一样都对人的生活、学习和工作有着积极和消极两方面的影响。

网络自我表露的积极影响主要表现为以下四个方面：

第一，增进信任，改善人际关系。由于自我表露本身就有缩短心理距离、增进人际信任的功能(邱蕾，2009)，而网络空间的视觉匿名特点，是个体在网络人际沟通中无法对沟通对象有充分的了解，尤其是与人沟通时人际信任更加难以建立，故积极的网络自我表露可以促进沟通双方间的了解，增加人际信任。所以人们在社交网站或即时聊天中积极表露自我进而使沟通对象对自己有更多的了解，以达到增加人际信任、维持人际关系和保持网络沟通顺利的作用(Kisilevich& Last，2011；Park，Jin，& Annie Jin，2011)。此外，在网络约会中，真实的自我表露可以给对方留下好印象，为今后情感发展奠定基础(Rosen et al.，2008)。

第二，打破隔阂，促进沟通。由于网络的匿名性和道德伦理规范程度相对较弱，在现实交流中一些因道德、伦理所造成的沟通障碍被大大削弱，所以人们更愿意通过网络的方式表达自己的真实思想和情感(Ben-Ze'ev，2003)。有研究发现，师生间利用网络的方式进行交流，可以使学生有更多的机会向老师表达真实的自我，从而促进师生关系平等化、缓解师生冲突、重塑良好的师生关系(苏炫，2008)。

第三，促进心理健康发展。研究表明患有抑郁症的人在网络支持小组中的自我表露可以使他们获得社会支持，获取小组内成员的同情，并与他们建立亲密关系，这些可以帮助抑郁症个体提高心理健康水平(Zhu，2011)。另外，网络沟通中的自我表露可以促进沟通双方自我认同的发展，Davis认为网络沟通者在表露和接收反馈信息的互动过程中可以通过他人的反馈更为全面地了解自我，以此促进自我认同的发展(Davis，in press)。Ko和Kou(2009)的研究表明博客上的自我表露可以增加个体的主观幸福感。

第四，方便日常生活。随着信息化的发展，网络消费、在线娱乐等新的生活方式日益成为人们生活的重要组成。用户在注册这类网站以及在与网店卖家进行购物沟通时的表露，有利于用户更好地享受网络服务，提升生活质量。网络自我表露的这个积极作用是日常线下自我表露作用中所没有的。

网络自我表露的消极影响则主要表现为以下三方面：

首先，网络自我表露尤其是对私密性话题的自我表露会对网络用户的个人隐私安全造成影响，会让他们在一定程度上陷入隐私危机之中(Joinson，Woodley，& Reips，2007；Zimmer et al.，2010)。由于网络匿名性和信息传播迅速的特点，网络使用者与陌生网友沟通和注册网站时，难以确认沟通对象真实身份和意图和所使用网站的真实目的，同时更难以控制所表露的信息传播的范围和速度。所以个体在进行网络表露时会更多地考虑表露的必要性和表露对自己带来的影响。

其次，青少年在网络上公布个人信息会造成网络欺侮行为(Bryce & Klang，2009)，而且匿名性的影响会让网络道德感不强的个体通过网络平台进行不良宣泄、传递非法信息(程英姿，2011)。有研究表明流言是社交网站的主要部分(Debatin，Lovejoy，Horn，& Hughes，2009)，不良信息在网络上可以任意制造，并且通过其他网络使用者的转载、传播而迅速扩散，这不仅极大损害信息中所涉及的个体的利益，同时也污染了整个网络环境。

最后，网络聊天中的自我表露有时可能增加个体的孤独感，孤独感高的个体依靠网络沟通获得社会支持时，往往会受到阻碍。当他们的表露内容难以引起网友的兴趣时就很难得到对方的积极反馈，进而会让他们感到更加孤独(聂丽萍，2009；Margalit，2010)。也有研究发现，低自尊的个体在网络上的自我表露负面信息居多，但较多的负面信息表露却难以引起信息接收者的兴趣，这就使得低自尊个体的网络表露难以获得较多社会支持(Forest & Wood，2012)。

5.4　网络自我表露的影响因素

个体的网络自我表露受多种因素的影响，主要包括社会文化因素、网络环境因素和个体人口学因素和个体心理因素等。

5.4.1　社会文化因素与网络自我表露

不同的文化背景也会对个体网络自我表露存在显著影响。日本人相比于欧美地区的人更不愿意公开自己的真实姓名(Marcus & Krishnamurthi，2009)。个人主义文化背景下的个体在社交网站上会有更多的陌生网友以及更广泛的网络人际圈，与集体主义文化背景下的个体相比，他们更愿意在网站上将自己的照片公布(Rosen，Stefanone，&Lackaff，2010)。但也有研究认为集体主义文化背景下的个体对自己的团体有更强的归属感和奉献精神，这类文化背景下的个体更愿意将自己的信息与别人分享(Posey, Lowry, Roberts, & Ellis, 2010)。这两种现象看似矛盾，但实际上所反映的是两种问题——个人主义背景下的个体愿意通过网络展现其自身的独特性；集体主义文化背景下的个体注重与人进行信息的分享。同样的表露行为背后却体现着不同的目的。

此外，不同国家个体的网络自我表露在性别及表露内容上也存在显著差异。例如，不同国家的女性在网络空间表露自我的内容差别很大，而男性则差别不大(Kisilevich & Last, 2011)；土耳其、塔吉克斯坦等国家的人愿意在网络中告知别人自己是否结婚或是否有情侣，而瑞典、芬兰、德国等国家的居民则愿意在网络上表露自己是否有孩子(Kisilevich, Ang, & Last, 2011)。

5.4.2 网络环境因素与网络自我表露

研究发现，网络匿名性、网络安全性以及网络交谈对象的互动性会对个体的网络自我表露行为产生影响(Ben-Ze'ev, 2003; Chen & Sharma, inpress; Ledbetter et al., 2011)。

匿名性对网络自我表露是否存在影响目前没有统一回答。以往研究一般认为网络环境的匿名性可以促进网络自我表露。视觉匿名的条件下个体在网络聊天中的表露行为更多(Barak &Gluck-Ofri, 2007; 饶星星, 2006)。这是由于网络环境将视觉信息过滤掉后，对方无法获得非言语信息，从而减少了对方带来压力的可能性，进而增加了个体的自我表露。而在视频网络聊天中匿名性被削弱，用户因而感到更多的害羞，而降低自我表露(Brunet & Schmidt, 2007)。

但目前有研究发现网络环境的视觉匿名性对网络自我表露不存在影响。研究发现，视频聊天和纯文本形式网络即时聊天两种沟通条件下的网络自我表露不存在差别(Antheunis, Valkenburg, &Peter, 2007)。同时Okdie(2011)对博客中的自我表露的研究表明匿名性并不影响博主在撰写博客文章时的自我表露行为。

表露信息的敏感度以及网络的安全性会直接影响个体网络自我表露的程度。研究表明敏感性信息会降低个体自我表露水平（Kays et al.，2012；Nosko et al.，2010）。反之，表露高安全性的信息则不会使人们产生过高的隐私危机感和社会焦虑，所以这类信息往往有较多的网络自我表露（Ledbetter et al，2011）。

注册服务类网站时所要求填写的信息若与该网站的功能关系程度高会在一定程度上降低这些信息的敏感度并提高该网站的安全性，这使得用户的隐私危机感减少，进而更愿意注册和使用该网站（Zimmer et al.，2010）。

网络交谈对象对网络自我表露也有显著的影响。首先，网络聊天中聊天对象间的相互沟通会影响双方的自我表露程度，即双方都愿意主动向对方表露信息并且积极回复对方的询问，从而使双方更大程度上融入网络聊天情境，促进双方社交认同，进而增加双方网络自我表露的程度。同时，这种相互性不仅可以直接影响网络自我表露，同时也可以通过影响信任度和社交认同间接影响网络自我表露（Chen & Sharma，in press）。

其次，网络聊天对象间的亲密程度会影响双方的自我表露。总体来说，网络聊天者双方间相互沟通程度越高、关系越密切，双方的网络自我表露程度就越高（Nosko et al.，2010），并且随着沟通程度和亲密程度的增加个体更愿意向对方表露更多、更深层次的信息（Attrill & Jalil，2011）。亲密程度高会增加双方对谈话情境的去个性化，使双方间的隐私保护程度降低，从而增加自我表露，且这类自我表露一般较深。在双方的亲密程度很低时，由于匿名性的作用也会在一定程度上增加自我表露，（Attrill & Jalil，2011；Yang，Yang，&Chiou，2010）。由此说明，亲密程度与网络自我表露之间存在一种非线性的关系（Valkenburg &Peter，2007）。

5.4.3　性别、年龄因素与网络自我表露

个体是网络自我表露的主体，个体性别与年龄的特点会在很大程度上影响个体的网络自我表露（Kisilevich et al.，2011；Kays et al.，2012；

Valkenburg & Peter，2007)。

性别是影响网络自我表露的一个重要因素，并且网络自我表露存在着性别差(Kisilevich etal.，2011；邱蕾，2009)。研究表明，女性的网络自我表露程度高于男性(Kays et al.，2012)，且女性更愿意把自己的照片公布在社交网站(Whitty，2008)。也有研究发现，男性在网络约会中更愿意使用带有强烈感情色彩的词语，以达到吸引异性的效果，而女性在词汇选择方面却显得更为保守(Rosen et al.，2008)。同时在有关社会地位的表露男性的整体水平高于女性(Joinson et al.，2008)。关于情感及婚姻状况的表露方面，男女两性也呈现不同特点。男性的表露倾向于吸引异性，而女性的表露则更多体现对现实生活问题的关注(Kisilevich et al.，2011；Kisilevich & Last，2011)。

研究同时发现，网络自我表露的性别差异会受到个体隐私关心度和沟通对象亲密关系等其他因素的调节作用(Joinson et al.，2008；Yang et al.，2010)。例如，高隐私关心度的男性比高隐私关心度的女性网络自我表露程度高，低隐私关心度的男性比低隐私关心度的女性网络自我表露程度低；男性在网络中面对不同亲密程度的对象表露差异不大，而女性则愿意对低亲密程度和高亲密程度的对象有更多的表露，而对中等亲密程度的对象表露最少。

年龄是影响网络自我表露的另一个重要的因素，总体上年龄与网络自我表露存在非线性关系。15 岁是个体网络自我表露发展的重要时期，处于该年龄的青少年对网络自我表露深度的知觉程度高，认为通过在线交流表露私密信息比线下交流表露私密信息对自己有更大的意义，并更多地愿意通过网络表露这些私密信息(Valkenburg &Peter，2007)。而从十七八岁到 30 岁前后自我表露呈大幅度下降趋势，在 30～40 岁之间自我表露的发展趋势较为平稳，而 40 岁之后女性继续呈小幅度下降，男性发展趋势继续相对平稳甚至较之前略微上升(Kisilevich et al.，2011)。

国内学者对网络自我表露的年龄变化特征也进行了讨论。杨芳琳

(2010)的研究发现初二和高一的学生对网络上认识的朋友进行的网络自我表露程度显著高于中学的其他年级学生，这一结果支持了15岁时个体网络自我表露发展转折期的结论。聂丽萍(2009)对大学生调查显示大四学生网络自我表露程度不论在总体上还是各个维度上均显著高于大学其他三个年级的学生。这一结果表明在成年初期个体网络自我表露整体下降趋势下存在局部波动，由此也证明了网络自我表露与年龄之间的非线性关系。

5.4.4　心理因素与网络自我表露

除上述人口学因素外，信任、交往动机、自我意识等心理因素也会对个体的网络自我表露产生影响(Child & Petronio，2011；Li et al.，2011；Tian，2011)。

个体对网络社交对象或服务类网站的信任是影响个体表露个人信息的重要因素。个体的网络自我表露的程度都是以信任和被信任为基础的(邱蕾，2009)。个体对网络社交对象或网站的信任水平越高，那么个体在与之交往或接受服务时会感到更为愉快，这种愉悦感会让个体有着更多的网络自我表露(Li et al.，2011)。

信任对网络自我表露的直接影响体现在，人际信任水平越高，个体对沟通对方的隐私保护就越少，进而使个体在网络沟通中产生更多的自我表露(Joinson，Reips，Buchanan，& Schofield，2010)。再者人际信任也可以通过社交认同间接影响个体的自我表露(Chen & Sharma，in press)。随着交流的持续，彼此信任的加深，双方的表露水平有所提高，表露内容进一步扩展(Attrill & Jalil，2011)。

对于商业性网站而言，若该网站设有保护用户个人隐私的条款，就可以增加用户对该网站的信任，进而增加该网站的使用率(Pan & Zinkhan，2006)。除此之外，服务类网站要求用户表露的信息与该网站的服务内容的关系程度密切性高，会增加用户的信任，从而更大程度上接受该网站的服务(Zimmer et al.，2010)。

交往动机是人际沟通产生的直接动力并对人际沟通起调节作用。个体网络交往动机越强就越愿意与网络交往对象建立或保持友谊关系，也越愿意向对方透露更多的个人信息(Tian，2011)。研究表明，高交友动机群中的个人希望通过网络交友体验建立人际关系的乐趣，他们在网络社交上具有很高的自我表露(张雅婷，2006)。网络交往动机由网络交往的需要产生。网络交往需要较高的个体其网络交往动机也较高，他们的网络自我表露也更多(Cho，2007；Park et al.，2011)。

自我意识是个体对自己身心状态的觉察，Bem(1972)将其分为个人自我意识和公众自我意识。个人自我意识是指个体对自己内部情绪、动机的觉察，觉察方向指向个体自身；公众自我意识是个体作为社交客体的觉察，觉察方向是社交群体。研究证明，自我意识和个体的网络自我表露有密切关系(Child & Petronio，2011)。个人自我意识增加可以增加网络自我表露程度；而公众自我意识却可以降低网络自我表露的程度(饶星星，2006；吴巧云，2006)。

除上述个体心理影响因素外，个体的媒体感知和媒体选择(Pauley & Emmers-Sommer，2007)、个体对自己隐私关心程度(Joinson et al.，2008)、社会焦虑(Wang，Jackson，& Zhang，2011)、抑郁(Ybarra，Alexander，& Mitchell，2005)以及自尊(Forest & Wood，2012)也会对个体网络自我表露行为产生影响。研究发现，当个体将网络视为是社会交流的平台时，其自我表露更开放、诚实、主动，更愿意表达负面的情感和态度(Ma & Leung，2006)；在网络视频聊天和非视频聊天的环境中个体害羞程度不同，自我表露也不同(Brunet & Schmidt，2007)；网络聊天与撰写博文相比，前者更具有匿名性(Fullwood，ThelwallMa，& O'Neill，2011)；高隐私关心度的个体与对隐私关心程度较低的个体相比，高隐私关心度者更少在网络中表露个人信息(Joinson et al.，2008)。抑郁程度高的个体，比轻度或无抑郁的个体更愿意通过网络向陌生人表露自己(Ybarra et al.，2005)。低自尊者将网络看成是自我表露的安全场所，并愿意在网络上建立和发展人际关系，但他们的网络自我表露消极信息更多(Forest & Wood，2012)。

5.5　未来研究展望

关于网络自我表露的研究已近10年，虽然已经获得丰富的成果，但仍然具有很大的发展空间。这主要体现在研究方法和研究内容两个方面。研究方法上，目前的研究仍然以调查法为主，认知实验研究并不多见。现代认知实验一方面可以克服调查法的固有缺陷对研究效度的制约，另一方面可以把网络自我表露这一外在行为与个体内部生理机制结合起来，进而从认知心理学的角度探讨网络自我表露的认知过程和机制。例如，研究发现个体对隐私的信息加工对其网络自我表露产生影响(Li et al.，2011)，但该研究并没有实质上从认知神经科学的角度揭示个体对隐私的信息加工与网络自我表露的关系。由此可见，网络自我表露的认知神经机制有待进一步探讨。

研究内容上，首先从影响因素角度来看，目前对网络自我表露影响因素的研究更多围绕的是如年龄、性别之类的人口学变量和信任、孤独、自我意识等少数心理因素。除此之外也有一些研究显示，家庭、网络环境、生活满意度等因素对个体的网络自我表露也有影响作用(Child &Petronio，2011；Stefanone，Jang，& Claes，2009)。是否还存在其他影响因素、影响因素的影响作用是如何发生的、各个影响因素间是否存在中介或调节的关系，以及这些中介或调节关系的结构形式等都可以成为下一阶段研究关注的重点。例如有研究发现，网络自我表露可以作为社会焦虑与个体网友数量和与网友友谊质量的中介变量(Tian，2011)。此外，用户注册网站时的自我表露对用户的影响；新兴网络媒体上的自我表露现象；不同文化背景下个体网络自我表露的特点；个体网络自我表露的发展特征；特殊群体的网络自我表露等主题均有一定的现实意义与科研价值，可以作为我们进一步研究的取向。

参考文献

1. Attrill，A. ，& Jalil，R. Revealing only the superficial me：Exploring categorical self-disclosure online. *Computers in Human Behavior*，2011，27(5)：1634－1642.

2. Antheunis，M. L. ，Valkenburg，P. M. ，& Peter，J. Computer-mediated communication and interpersonalattraction：An experimental test of two explanatoryhypotheses. *Cyberpsychology & Behavior*，2007，10(6)：831－836.

3. Barak，A. ，& Gluck-Ofri，O. Degree and reciprocityof self-disclosure in online forums. *Cyberpsychology &Behavior*，2007，10(3)：407－417.

4. Beldad，A. ，van der Geest，T. ，de Jong，M. ，& Steehouder，M. Shall I tell you where I live and who I am? Factors influencing the behavioral intention to disclose personal data for online government transactions. *International Journal of Human-Computer Interaction*，2012，28(3)：163－177.

5. Bem，D. J. Self-perception theory. *Advances in Experimental Social Psychology*，1972(6)：1－62.

6. Ben-Ze'ev，A. Privacy，emotional closeness，and openness in cyberspace. *Computers in Human Behavior*，2003，19(4)：451－467.

7. Brunet，P. M. ，& Schmidt，L. A. Is shyness context specific? Relation between shyness and online self-disclosure with and without a live webcam in young adults. *Journal of Research in Personality*，2007，41(4)：938－945.

8. Brunet，P. M. ，& Schmidt，L. A. Are shy adults really bolder online? It depends on the context. *Cyberpsychology and Behavior*，2008，(11)：707－709.

9. Bryce, J., & Klang, M. Young people, disclosure of personal information and online privacy: Control, choice and consequences. *Information Security Technical Report*, 2009, 14(3): 160—166.

10. Chen, R., & Sharma, S. K. (in press). Self-disclosure atsocial networking sites: An exploration through relationalcapitals. *Information Systems Frontiers*, 1—10.

11. Child, J. T., & Petronio, S. Unpacking the paradoxes of privacy in CMC relationships: The challenges of blogging and relational communication on the internet. *Computer-mediated communication in personal relationships*, 2011, 21—40.

12. Cho, S. H. Effects of motivations and gender on adolescents' self-disclosure in online chatting. *CyberPsychology & Behavior*, 2007, 10(3): 339—345.

13. Conway, M. A., & Pleydell-Pearce, C. W. The construction of autobiographical memories in the self-memory system. *Psychological Review*, 2000. 107(2): 261—288.

14. Davis, K. Friendship 2.0: Adolescents' experiences of belonging and self-disclosure online. *Journal of Adolescence*, 2012, 35(6): 1527—1536.

15. Debatin, B., Lovejoy, J. P., Horn, A. K., & Hughes, B. N. Facebook and online privacy: Attitudes, behaviors, and unintended consequences. *Journal of Computer-Mediated Communication*, 2009, (15): 83—108.

16. Derlega, V. J., & Grzelak, J. Appropriateness of self-disclosure-. *Self-disclosure: Origins, patterns, and implications of openness in interpersonal relationships*, 1979, 151—176.

17. Forest, A. L., & Wood, J. V. When social networking is not working: Individuals with low self-esteem recognize but do not reap the benefits of self-disclosure-on facebook. *Psychological Science*, 2012, 23(3): 295—302.

18. Fullwood，C.，Thelwall，M.，& O'Neill，S. Clandestine chatters：self-disclosure-in uk chat room profiles. *Peer-reviewed Journal of the Internet*，2011，16(5)：1－27.

19. Harper，V. B.，& Harper，E. J. Understanding studentself-disclosure-typology through blogging. *The Qualitative Report*，2006，11(2)：251－261.

20. Joinson，A. N.，Reips，U. D.，Buchanan，T.，& Schofield，C. B. P. Privacy，trust，and self-disclosure-online. *Human-Computer Interaction*，2010，25(1)：1－24.

21. Joinson，A. N.，Paine，C.，Buchanan，T.，& Reips，U. D. Measuring self-disclosure-online：Blurring and non-response to sensitive items in web-based surveys. *Computers in Human Behavior*，2008，24(5)：2158－2171.

22. Joinson，A. N.，Woodley，A.，& Reips，U. D. Personalization，authentication and self-disclosure-in self-administered Internet surveys. *Computers in Human Behavior*，2007，23(1)：275－285.

23. Jourard，S. M.，& Lasakow，P. Some factors in self-disclosure—. *The Journal of Abnormal and Social Psychology*，1958，56(1)：91－98.

24. Kays，K.，Gathercoal，K.，& Buhrow，W. Does survey format influence self-disclosure-on sensitive question items? *Computers in Human Behavior*，2012，28(1)：251－256.

25. Kisilevich，S.，Ang，C. S.，& Last，M. Large-scale analysis of self-disclosure-patterns among online social networks users a：A Russian context. *Knowledge and Information Systems*，2011，(32)：609－628.

26. Kisilevich，S.，& Last，M. Exploring gender differences in member profiles of an online dating site across 35 countries. *Analysis of Social Media and Ubiquitous Data*，2011，57－78.

27. Ko, H. C. , & Kuo, F. Y. . Can blogging enhance subjective well-being through self-disclosure—? *Cyberpsychology & Behavior*, 2009, 12 (1): 75—79.

28. Ledbetter, A. M. , Mazer, J. P. , DeGroot, J. M. , Meyer, K. R. , Mao, Y. P. , & Swafford, B. Attitudes toward online social connection and self-disclosure-as predictors of facebook communication and relational closeness. *Communication Research*, 2011, 38(1): 27—53.

29. Li, H. , Sarathy, R. , & Xu, H. The role of affect and cognition on online consumers' decision to disclose personal information to unfamiliar online vendors. *Decision Support Systems*, 2011, (51): 434—445.

30. Ma, M. , & Leung, L. Unwillingness-to-communicate, perceptions of the Internet and self-disclosure-in ICQ. *Telematics and Informatics*, 2006, 23(1): 22—37.

31. Marcus, A. , & Krishnamurthi, N. Cross-cultural analysis of social network services inJapan, Korea, and the USA. In *Internationalization, design and global development* (pp. 59—68). Springer Berlin Heidelberg, 2009.

32. Margalit, M. *Lonely children and adolescents: Self-perceptions, social exclusion, and hope*. Springer Science & Business Media, 2010.

33. Nguyen, M. , Bin, Y. S. , & Campbell, A. Comparing online and offline self-disclosure—: A systematic review. *Cyberpsychology, Behavior, and Social Networking*, 2012, 15(2): 103—111.

34. Nosko, A. , Wood, E. , & Molema, S. All about me: Disclosure in online social networking profiles: The case of Facebook. *Computers in Human Behavior*, 2010, 26(3): 406—418.

35. Okdie, B. M. *Blogging and self-disclosure —: The role of anonymity, self-awareness, and perceived audience* (Doctoral dissertation, The University of Alabama TUSCALOOSA), 2011.

36. Pan, Y., & Zinkhan, G. M. Exploring the impact of online privacy disclosures on consumer trust. *Journal of Retailing*, 2006, 82(4): 331—338.

37. Park, N., Jin, B., & Annie Jin, S. A. Effects of self-disclosure-on relational intimacy in Facebook. *Computers in Human Behavior*, 2011, 27(5): 1974—1983.

38. Pauley, P. M., & Emmers-Sommer, T. M. The impact of internet technologies on primary and secondary romantic relationship development. *Communication Studies*, 2007, 58(4): 411—427.

39. Posey, C., Lowry, P. B., Roberts, T. L., & Ellis, T. S. Proposing the online community self-disclosure-model: The case of working professionals in France and the UK who use online communities. *European Journal of Information Systems*, 2010, 19(2): 181—195.

40. Reicher, S. D., Spears, R., & Postmcs, T. Λ socialidentity model of deindividuation phenomena. *European Review of Social Psychology*, 1995, (6): 161—198.

41. Rosen, D., Stefanone, M., & Lackaff, D. Online and offline social networks: Investigating culturally-specific behavior and satisfaction. InSystem Sciences (*HICSS*), 2010 43*rd Hawaii International Conference on*(pp. 1—10). IEEE, 2010, January.

42. Rosen, L. D., Cheever, N. A., Cummings, C., & Felt, J. The impact of emotionality and self-disclosure-on online dating versus traditional dating. *Computers in Human Behavior*, 2008, 24(5): 2124—2157.

43. Schermer, T. W., Miller, J. L., & Mc Glothlin, J. M. Unintentional web-based self-disclosure—: Considerations for counselor educators. *The Association for Counselor Education & Supervision*, 2009, 69(3): 49—52.

44. Sloan, D. M. Self-disclosure and psychological well-being. In Maddux, J. E. & Tangney, J. P. (Eds.), *Social psychological foundations of clinical psychology* (pp. 212—225). New York: Guilford Press, 2010.

45. Stefanone, M. A., Jang, C. Y., & Claes, N. New media use in context: Environmental cues and online self-disclosure-via Weblogs. *In Paper presented at the* 2009 *International Conference on Computational Scienceand Engineering* (pp. 416—422). Vancouver, BC: IEEE, 2009.

46. Stutzman, F., Capra, R., & Thompson, J. Factors mediating disclosure in social network sites. *Computers in Human Behavior*, 2011, 27(1): 590—598.

47. Tian, Q. Social anxiety, motivation, self-disclosure—, and computer-mediated friendship: Apath analysis of the social interaction in the Blogosphere. *Communication Research*, Retrieved October 17, 2011, from http://crx.sagepub.com/content/early/2011/09/16/0093650211420137, 2011.

48. Valkenburg, P. M., & Peter, J. Preadolescents' and adolescents' online communication and their closeness to friends. *Developmental Psychology*, 2007, 43(2): 267—277.

49. Wang, J. L., Jackson, L. A., & Zhang, D. J. The mediator role of self-disclosure-and moderator roles of gender and social anxiety in the relationship between Chinese adolescents' online communication and their real-world social relationships. *Computers in Human Behavior*, 2011, 27(6): 2161—2168.

50. Walther, J. B., & Burgoon, J. K. Relational communication in computer-mediated interaction. *Human Communication Research*, 1992, (19): 50—88.

51. Whitty, M. T. Revealing the 'real' me, searching for the 'actual' you: Presentations of self on an internet dating site. *Computers in Human Behavior*, 2008, 24(4): 1707—1723.

52. Yang，M. L.，Yang，C. C.，& Chiou，W. B. Differences in engaging in sexual disclosure between real life and cyberspace among adolescents：Social penetration model revisited. *Current Psychology*，2010，29(2)：144－154.

53. Ybarra，M. L.，Alexander，C.，& Mitchell，K. J. Depressive symptomatology，youth Internet use，and online interactions：A national survey. *Journal of Adolescent Health*，2005，36(1)：9－18.

54. Zhu，Q. Self-disclosure in online support groups for people living with depression. In*IAMCR* 2011-*Istanbul*，2011，March.

55. Zimmer，J. C.，Arsal，R. E.，Al-Marzouq，M.，& Grover，V. Investigating online information disclosure：Effects of information relevance，trust and risk. *Information & management*，2010，47(2)：115－123.

56. 程燕．大学生“网恋”心理研究[D]. 西南大学硕士学位论文，2007.

57. 程英姿．从“人肉搜索”到“网络暴力”的“道德”倾向——一个圣经的视角[J]. 西南大学学报(社会科学版)，2011，37(4)：105－109.

58. 郭正瑩．男女大学生网络自我揭露、网络社会支持与寂寞感之差异研究——以及时通讯为例[D]. 中国文化大学硕士学位论文，2008.

59. 胡玉珍．大学生网络交友、自我表露与爱情态度之研究[D]. 台湾师范大学硕士学位论文，2010.

60. 雷雳．鼠标上的青春舞蹈——青少年互联网心理学[D]. 上海：华东师范大学出版社，2010.

61. 刘娟，葛明贵．网络聊天情境大学生人际知觉准确性与知觉过程[J]. 社会心理科学，2009，24(3)：30－35.

62. 聂丽萍．大学生网络聊天中的自我表露、应对方式与孤独感的关系研究[D]. 苏州大学硕士学位论文，2009.

63. 邱蕾．人际关系中的自我暴露[J]. 社会心理科学，2009，24(3)：10－12，67.

64. 饶星星．网络亲密关系相关研究[D]. 浙江大学硕士学位论文，2006.

65. 苏炫．网络环境下学生的自我表露与师生关系促进[J]. 医学教育探索，2008，7(1)：49－50，74.

66. 王瑞霙．大学生网络实境间自我表露与亲密关系之探讨——以南部地区为例[D]. 树德科技大学硕士学位论文，2005.

67. 吴巧云．大学生与网友的自我表露及其相关研究[D]. 河南大学硕士学位论文，2009.

68. 杨芳琳．青少年网络自我表露与孤独感的关系研究[D]. 华中师范大学硕士学位论文，2010.

69. 于明璐．大学生网络与现实自我表露的量表编制及其与孤独感的关系[D]. 河北师范大学硕士学位论文，2011.

70. 蒋索，邹泓，胡茜．国外自我表露研究述评[J]. 心理科学进展，2008，16(1)：114－123.

71. 张雅婷．网络交友动机与人格、孤独、社交焦虑和自我揭露的关系[D]. 台北大学硕士学位论文，2006.

第六章　青少年实名制社交网站使用原因研究述评①

刘瀛　吴嵩　李红霞　金盛华

实名制社交网站的出现改变了传统网络人际关系匿名性和虚拟性的特点，使得网络人际关系更为真实，同现实人际关系联系更加紧密。关于用户使用实名制社交网站原因的心理学研究主要从人格特质和用户使用行为的关系、实名制社交网站对用户心理的需求、用户通过使用实名制社交网站获取社会资本等方面展开。在未来的研究中应重视综合多种研究角度，运用多种研究方法，关注多种沟通工具之间的对比研究，加强对心理机制的研究。

焦点阅读：

青少年使用实名制社交网站的原因；

使用实名制社交网站青少年的人格特征；

中国青少年实名制社交网站的使用特征。

关键词：

实名制社交网站(Real-name social network site)；人格特质(Personality trait)；心理需求(Psychological Needs)；社会资本(Social capital)

6.1　实名制社交网站

6.1.1　社交网站概述

社交网站(Social Network Site，SNS)是指基于互联网的社会关系网络

① 本文已发表于《中国临床心理学杂志》2013年第2期。

服务平台，主要目的是提供网络社交服务。社交网站的理论基础之一是六度分割理论，该理论指出个体和任意陌生人的间隔不会超过六人。社交网站中的每个人都是人际关系网络中的一个节点，并以自身为中心向其他节点辐射，这些辐射出去的人际关系相互交织，最终形成一个庞大的人际关系网络。社交网络另一理论基础是关系强度理论，该理论认为在传统社会中，每个人接触最频繁的是自己的亲人、同学、朋友、同事等，这是一种十分稳定的“强关系”，另外社会还存在一种“弱关系”，即通常所说的熟人。虽然“弱关系”不如“强关系”稳定，但涉及范围较广，具有较高的传播效率，维护的成本较低，而社交网站就是维持弱关系的理想工具之一(Ellison，2007)。

6.1.2　实名制社交网站

非实名制网络社交的相关研究多认为网络人际关系是无聊、孤独、肤浅、脆弱、不真实和易中断的，在匿名和虚拟的互联网中难以建立真诚、亲密和稳定的人际关系，通过网络人际关系获取的是信息支持，而非情感支持、有形帮助或友谊(李国华，仇小敏，2004；田佳，张磊，2009)。以Facebook和人人网为代表的实名制社交网站与传统的匿名制社交网站不同，它们强调实名注册，逆转了网络人际关系从线上(网络)到线下(现实生活)的建立方式，淡化了网络社交匿名性和虚拟性。Facebook和人人网都拥有巨大的用户群，美国94%的大学生是Facebook用户(Pempek，Yermolayeva，& Calvert，2009；Ross，Orr，Sisic，Arseneault，Simmering，& Orr，2009；Steinfield，Ellison，& Lampe，2008)，而人人网的注册用户数达到1.6亿，是中国最大的实名制的社交网站(李园园，2011)。

6.2　实名制社交网站使用的相关理论

6.2.1　使用满足理论

使用满足理论(Uses and Gratifications)认为社会和心理需求导致用户

对媒体产生期望，出现不同的媒体接触形式，进而得到不同需要的满足和某些附带结果(Ruggiero，2000)。沟通动机对 Facebook 的使用有重要的影响，动机与用户使用时长、登录个人页面次数存在着显著的相关，并可独立于人格特质而预测在线沟通行为(Grellhesl & Punyanunt-Carter，2012；Verhagen，Feldberg，van den Hooff，Meents，& Merikivi，2012；Xu，Ryan，Prybutok，& Wen，2012)。

研究者发现人们使用 Facebook 的重要动机是为了满足和他人之间的联络，出于对联系感的需求，或者说获得“我们感”(We-ness)(Chen，2011)。Cheung 等人(2011)在对我国香港大学生使用 Facebook 的原因进行调查时发现，在线沟通可以满足信息搜集、自我发现、维持人际关系、社会提升和娱乐五种需求。有研究指出，社会影响、社会出席和使用满足共同使用户在 Facebook 环境中获得“我们感”，促使用户使用 Facebook。Smock 等人(2011)从一个新的角度对 Facebook 的使用动机进行了探讨：Facebook 是一个集众多功能为一体的工具包，用户在使用 Facebook 其实是在使用某些功能，每个用户对各项功能是存在不同的倾向和偏爱的，因此对用户的使用动机的研究需要细化到具体功能的使用。通过研究几项常用功能的用户使用动机并与 Facebook 整体网站的使用动机进行对比，发现用户进行状态更新多出于信息分享动机，发表评论则是因为休闲娱乐、友谊和社会互动动机，使用页面功能的主要动机是打发时间、社会互动和寻求个人发展，与好友进行私信联系是为了进行社会互动和获得个人发展，网站在线聊天工具可以满足用户的社会互动需求，用户参加群则主要是为了信息分享。

6.2.2 期望确认模型

Bhattacherjee(2001)提出的适用于信息系统环境的期望确认模型(Expectation-Confirmation Model)认为在信息系统的环境中，有用性、期望确认和满意度都会影响消费者的持续使用行为，其中感知到系统的有用性和初次使用系统时的期望确认程度会影响用户满意度，进而影响消费者对信息系统重复使用的意愿。Chang 和 Zhu(2011)提出，用户持续使用 Facebook 是因为可以获得社会资本，体会到沉浸感，这符合用户对社交网站的预期。沉浸感使用户在使用 Facebook 时获得了满足感，而感知到连接社会资本(Bridging Social Capital)和凝聚社会资本(Bonding Social Capital)则使用户认为 Facebook 对他们有用。

6.2.3 自我决定理论

自我决定理论(Self Determination Theory，SDT)也是从需要的角度来解释行为。该理论认为人类有自主感(Autonomou)、胜任感(Competent)和关联感(Related)三种基本心理需求，可以预测在社会情境中人的行为：当三种需求得到满足时，人们会感受到行为是自我决定的，拥有较高的幸福感；而三种心理需求得分较低时，会促使个体做出相应行为以获得满足体验(Deci，1976；Deci & Ryan，2000)。

由于 Facebook 是一种社交平台，Sheldon 等人(2011)认为关联感需求是否获得满足是影响人们使用 Facebook 最主要的原因，因为关联感低的人希望“结识新朋友，提高被认可和被理解的感知，尽量减少孤单和不被欣赏的感知”。Sheldon 等人(2011)发现在心理需求量表中，只有负面表述的词语可以预测“想要”(wanting)，他们将关联感量表分为正面表述和负面表述两个部分(即连接感和分离感)，发现寻找新朋友的动机与分离感相关，而与连接感的缺乏无关。分离感与连接感的共同存在可以作为解释 Facebook 使用的双过程模型：分离感促使人们更多地使用 Facebook，这时的使用相当于一种应对策略；而连接感更多是一种行为的结果，是更多使用 Facebook 后获得的。

Zhao 等人(2011)从自我决定理论和青少年使用网络的两种重要动机(享受和好奇)对互联网吸引中学生的原因进行探讨。自主感、胜任感和关联感与享受、好奇之间分别存在正相关，并通过享受、好奇预测青少年上网时的沉浸感，最终可以预测青少年上网行为。

6.3 社会资本与实名制社交网站

滕云和杨琴强(2007)调网络交往关系从本质上说是个人为了获取社会资本而作出的理性选择，实名制社交网站能增益人际关系，多数用户使用社交网络是为了和线下的朋友保持联络，而不是结交新的朋友，社交网站不仅能实现强关系之间的交往，也能够发展弱关系(Zhao，Lu，Wang，& Huang，2011)。

Facebook使用与社会资本获得之间的关系可以分为三类：其一，Facebook可以增强人们的交往能力，满足关联性需求(Relatedness Need)，有助于“社会资本”的构建；其二，Facebook缺少在现实沟通中的直接接触、凝视、微笑等行为，不能够真正满足人们深层次的关联性需求；其三，更频繁、长时间使用Facebook的用户，会更多地感受到关联性需求的满足和不满足，即频繁使用者会同时感到更多的连接感(Connection)和分离感(Disconnection)(Sheldon，Abad，& Hinsch，2011)。

研究人员还对通过实名制社交网站获得的社会资本进行了分类。Burke等人(2010)提出，用户在使用Facebook时获得的社会资本包括情感和信息两个部分。Ellison，Steinfield和Lampe(2008)探讨了青少年Facebook使用和连接社会资本、凝聚社会资本和维持社会资本(Maintained Social Capital)之间的关系。他们发现青少年使用社交网站能增加低自尊和低生活满意度的青少年的社会资本，特别是促进社会资本的连接。在Facebook上进行自我表露能带给用户亲密感，因而利用社交网站建构自我的青少年感到与同伴关系更加紧密，而且他们拥有更高的幸福感和社会满意度(Burke，Marlow，& Lento，2010；Valenzuela，Park，& Kee，2009)。

6.4　人格特质与实名制社交网站使用

6.4.1　大五人格与实名制社交网站使用

Facebook用户的外倾性得分显著高于非用户，相对于内倾性个体，外倾性的个体更可能使用Facebook(Amichai-Hamburger & Vinitzky，2010；Cheung et al.，2011；Lin et al .，2011；Ross et al.，2009；Skues et al.，2012)。Amichai-Hamburger和同事(2010)指出，不同人格特质的个体是否表达真实身份与所处情境有关，内倾性的个体会认为真正的自我位于网络上，而外倾者则认为线下的自我是真实的。内倾的个体往往认为网络自我是真实的，他们偏爱利用网络满足自己的沟通需求，尽管内倾者在实名制社交网站中的好友较少，但是网上交流确实比面对面交流方式令他们更加舒适，因此他们花费大量时间使用社交网站(Ross et al.，2009)。外倾性的个体认为线下自我是真实的，他们拥有良好的线下人际关系，社交网站是一种社交工具和社交的延伸，不能替代真实社交。他们在社交网站中也是活跃的，更多地进行互动、信息发布和自我暴露，外倾性与使用沟通功能之间为显著正相关(Cheung et al.，2011；Correa，Hinsley，& De Zuniga，2010；Lin et al .，2011)。虽然实名制社交网站的好友依托于现实生活，而且外倾者往往有更多网站好友，但是外倾性与网站好友数量并不是简单的正相关。Ross的研究并没有发现外倾性和Facebook朋友数量、上线时长、更多使用沟通功能之间显著相关(Ross et al.，2009)。Tong等人(2008)发现外倾性和Facebook的朋友数量之间倒U形曲线，这或许是因为Facebook并不像即时通信工具或者面对面沟通那样即时互动，因此十分外倾的个体或许认为Facebook不能满足他们随时随刻的社交接触需求。

高神经质的个体更喜欢使用在线沟通来避免孤独。高神经质的个体具有易情绪化、易冲动、依赖性强、易焦虑和自我感觉差等特点。面对面的交往易使他们感到焦虑和孤独，而在他们自己建立的网络社交关系中更易体验到社会支持、归属感和亲密感，从而增强自信和自我效能感(Ross et al.，2009；Amichai-Hamburger et al.，2010；Tong et al.，2008；Butt & Phillips，2008)。Butt 和 Phillips(2008)发现神经质得分高的个体更喜欢控制对哪些信息进行分享。Facebook 在线、非即时沟通方式恰好为用户提供了信息控制情境，神经质得分高的用户更喜欢使用页面功能，他们有充分的时间考虑如何进行回应和互动，由于信息发布多是文本的形式，他们可以通过删除、修改等方式来控制信息内容，而上传照片则被视为一种威胁，因为可能会在不经意间透露一些隐私，如情绪、地理位置(Ross et al.，2009)。

高开放性个体有广泛的兴趣爱好，对新事物充满兴趣，并且愿意通过一定的手段满足自己的好奇，可以预测个体是否喜欢使用新的沟通方式或者使用社交网站获得新奇体验，高开放性个体愿意选择新型沟通方式、利用 Facebook 进行社交活动(Butt et al.，2008)。他们使用 Facebook 更多是由于其新鲜性，由于通过计算机与他人沟通并不能很好地传递和表达他们的兴趣，因此沟通时不得不进行更多的描述和解释，也是使用频率高的原因之一(Amichai-Hamburger et al.，2010)。

由于低宜人性个体在现实生活中不能很好地掌握让同伴感到满意的社交技巧，不是很受欢迎，难以建立良好的线下人际关系，因此在实名制社交网站上可添加的好友数量很少。低宜人性个体往往回避面对面的沟通方式，他们更喜欢通过电话和网络进行沟通，但是高宜人性的个体虽然在实名制社交网站中拥有更多好友，却没有更多的在线交往行为(Ross et al.，2009)。

Facebook 用户的责任心得分显著低于非用户，每日使用时间与责任心呈显著负相关(Ryan & Xenos，2011)。Butt 等(2008)认为责任心与互联网使用和计算机中介沟通之间存在负相关，这或许是因为高责任心的个体对自己的任务更负责，会避免使用耽误时间、分散精力的应用程序。

6.4.2　其他人格特质与实名制社交网站使用的关系

有研究者提出大五人格特质与用户 Facebook 使用强度和偏好之间的相关并不十分显著是由于大五人格过于宽泛，因此应该引入一些界定较窄的人格特质来研究 Facebook 的使用，如自恋、害羞、自尊和孤独感等变量（Amiel & Sargent，2004；Bergman，Fearrington，Davenport，& Bergman，2011；Carpenter，2012；Lee，Moore，Park，& Park，2012）。

自恋者往往对自己进行正面但不切实际的自我评价，对建立稳定的人际关系缺乏兴趣，但倾向于开展新的社交活动以提高受关注度和积极的自我感觉，他们往往高估自己的吸引力。社交网站为自恋者提供了很好的自我展示平台，网络环境有助于个体克服现实沟通的门槛障碍，展示期望的可能自我。几乎全部的社交网站都允许用户进行自我呈现，并能够与众多用户建立好友关系，因此社交网站本身的特点使其具有了吸引自恋特质用户的可能性。高自恋个体会更频繁地使用 Facebook，利用各种功能进行自我宣传，尤其偏爱上传照片、更新状态等行为。在对外倾性进行控制的情况下，自恋对 Facebook 的使用时间、网络互动等都有很好的预测作用，自恋者更享受在社交网站上进行自我展示（Bergman et al.，2011；Carpenter，2012；Hughes et al.，2012；Ong et al.，2011；Skues et al.，2012；Wang et al.，2012；顾璇，金盛华，李红霞，吴嵩，2012）。

害羞的人比不害羞的人更频繁使用 Facebook，有社交焦虑的个体也更喜欢通过使用 Facebook 对抗孤独感。但是，也有研究认为害羞与使用 Facebook 的频率没有显著的相关，而且害羞特质得分与好友数量呈显著负相关，具有社交焦虑的个体在实名制社交网站中可添加的好友很少，因此对于这些用户而言，实名制社交网站并不一定能促进沟通，这些用户可能更倾向使用 Facebook 的在线游戏功能而不是进行在线交流（Amichai-Hamburger et al.，2010；Bardi & Brady，2010；Farahani et al.，2011；Hilsen et al.，2014；Park et al.，2011；Ryan et al.，2011）。

Ryan 等人(2011)将研究对象从大学生扩展到所有用户，并与非 Facebook 用户进行对比，除了五大人格、自恋、害羞与 Facebook 使用有相关之外，孤独感也可以预测 Facebook 的使用行为(Dogruer，Menevi，& Eyyam，2011；Lin et al.，2011)。Xenos 将孤独感量表分为家庭孤独感、社会孤独感、情感孤独感三个子量表，并逐一与 Facebook 使用情况进行相关。Facebook 用户在家庭孤独感的得分高于非 Facebook 用户，但是非 Facebook 用户在社会孤独感的得分更高，这可能是因为社交较少的用户使用 Facebook 的动机较低，情感孤独感则与 Facebook 使用偏好没有相关(Ryan et al.，2011)。

Zywica 等人(2008)的研究证明，自尊较低的 Facebook 用户倾向于公开更多的个人信息并致力于受到其他用户的关注。Lee 等人(2012)发现 Facebook 交友行为受到自尊的影响，并且受到自我意识(Self-consciousness)的调节。他们的研究基于自尊的社会计量理论(Sociometer theory of self-esteem)，该理论认为人们总是努力满足基本的自尊需求，自尊系统是一种内部监控，持续对个人价值进行评价并且促进受欢迎的行为和预防被决绝。因此好友数量可以作为用户在 Facebook 环境中受欢迎程度的预测指标，是低自尊个体的一种社会补偿的策略，他们努力增加在线好友数量，增加归属感和受欢迎的感觉，补偿现实生活的自尊缺失，尤其是对于公众自我意识(Public self-consciousness)较高的用户，自尊与 Facebook 好友数量之间的负相关更为显著。

6.5 中国青少年实名制社交网站使用特征

目前，人人网注册用户已突破 2 亿。人人网可以满足用户人际关系的建立和保持、消耗时间、娱乐放松、习惯陪伴、信息分享、搜索信息、新潮时尚和逃避现实的交流等需求。陈瑶和邵培基研究人人网用户持续使用倾向时，在期望确认模型的基础上引入了感知到趣味性、感知到易用性和感知到转换成本三个变量，用户感知到的有用性、满意度、期望确认度、易用性、趣味性和转换成本都会影响到用户的持续使用行为(陈瑶，邵培基，2011)。

用户从人人网上获取的社会资本可分为信任资本、情感资本、信息资本和人脉资本，线上人际互动程度高的用户具有更广的社会关系网络、更多的社会信任、更多参与社会活动的热情以及对自身较高认同感和满意度，能够建立、维持和巩固对自身具有现实和潜在利益的人际关系(李园园，2011；王楠，2009)。关系的扩展与维护和社会资本获取之间有着正相关，通过弱关系获得社会资本可以包含直接利用弱关系的广度获得多样化的社会资本和通过不断的交流强化弱关系彼此之间的信任从而发掘潜在资本这两层意义(刘璇，2010)。

人人网用虚拟的环境为用户提供了有选择性的、真实自我呈现平台。用户的网络自我呈现与现实自我大体相符，基本特征符合社会规范，是正面、积极的。但是用户在人人网中的自我呈现重点不尽相同，大体可分为分享体验型、自我反思型、示弱求助型、能力显示型(陆莹，2010)。

参考文献

1. Amichai-Hamburger，Y.，& Vinitzky，G. Social network use and personality. *Computers in human behavior*，2010，26(6)：1289－1295.

2. Bardi，C. A.，& Brady，M. F. Why shy people use instant messaging：Loneliness and other motives. *Computers in Human Behavior*，2010，26(6)：1722－1726.

3. Bergman，S. M.，Fearrington，M. E.，Davenport，S. W.，& Bergman，J. Z. Millennials，narcissism，and social networking：What narcissists do on social networking sites and why. *Personality and Individual Differences*，2011，50(5)：706－711；Amiel，T.，& Sargent，

S. L. Individual differences in Internet usage motives. *Computers in Human Behavior*, 2004, 20(6): 711—726.

4. Bhattacherjee, A. Understanding information systems continuance: an expectation-confirmation model. *MIS quarterly*, 2001, 351—370.

5. Burke, M., Marlow, C., & Lento, T. Social network activity and social well-being proceedings of the 28th international conference on Human factors in computing systems. Atlanta, Georgia, USA: ACM, 2010, 1909—1912.

6. Butt, S., & Phillips, J. G. Personality and self reported mobile phone use. *Computers in Human Behavior*, 2008, 24(2): 346—360.

7. Carpenter, C. J. Narcissism on Facebook: Self-promotional and anti-social behavior. *Personality and individual differences*, 2012, 52(4): 482—486.

8. Chang, Y. P., & Zhu, D. H. Understanding social networking sites adoption in China: A comparison of pre adoption and post-adoption. *Computers in Human behavior*, 2011, 27(5): 1840—1848.

9. Chen, G. M. Tweet this: A uses and gratifications perspective on how active Twitter use gratifies a need to connect with others. *Computers in Human Behavior*, 2011, 27(2): 755—762.

10. Cheung, C. M., Chiu, P. Y., & Lee, M. K. Online social networks: why do students useFacebook? . *Computers in Human Behavior*, 2011, 27(4): 1337—1343.

11. Correa, T., Hinsley, A. W., & De Zuniga, H. G. Who interacts on the Web? The intersection of users' personality and social media use. *Computers in Human Behavior*, 2010, 26(2): 247—253.

12. Deci, E. L. Notes on the theory and metatheory of intrinsic motivation. *Organizational behavior and human performance*, 1976, 15(1): 130—145.

13. Deci, E. L., & Ryan, R. M. The"what" and "why" of goal pursuits: Human needs and the self-determination of behavior. *Psychological inquiry*, 2000, 11(4): 227—268.

14. Dogruer, N., Menevi, I., & Eyyam, R. What is the motivation for using Facebook? . *Procedia-Social and Behavioral Sciences*, 2011, (15): 2642—2646.

15. Lee, J. E. R., Moore, D. C., Park, E. A., & Park, S. G. Who wants to be "friend-rich"? Social compensatory friending on Facebook and the moderating role of public self-consciousness. *Computers in Human Behavior*, 2012, 28(3): 1036—1043.

16. Lin, K. Y., & Lu, H. P. Why people use social networking sites: An empirical study integrating network externalities and motivation theory. *Computers in Human Behavior*, 2011, 27(3): 1152—1161.

17. Ellison, N. B. Social network sites: Definition, history, and scholarship. *Journal of* Computer-*Mediated Communication*, 2007, 13(1): 210—230.

18. Hilsen, A. I., & Helvik, T. The construction of self in social medias, such as Facebook. *AI & society*, 2014, 29(1): 3—10.

19. Grellhesl, M., & Punyanunt-Carter, N. M. Using the uses and gratifications theory to understand gratifications sought through text messaging practices of male and female undergraduate students. *Computers in Human Behavior*, 2012, 28(6): 2175—2181.

20. Farahani, H. A., Aghamohamadi, S., Kazemi, Z., Bakhtiarvand, F., & Ansari, M. Examining the relationship between sensitivity to rejection and using Facebook in university students. *Procedia-Social and Behavioral Sciences*, 2011, (28): 807—810.

21. Hughes, D. J., Rowe, M., Batey, M., & Lee, A. A tale of two sites: Twitter vs. Facebook and the personality predictors of social media usage. *Computers in Human Behavior*, 2012, 28(2): 561—569.

22. Ong, E. Y., Ang, R. P., Ho, J. C., Lim, J. C., Goh, D. H., Lee, C. S., & Chua, A. Y. Narcissism, extraversion and adolescents' self-presentation on Facebook. *Personality and Individual Differences*, 2011, 50(2): 180—185.

23. Park, N., Jin, B., & Jin, S. A. A. Effects of self-disclosure-on relational intimacy in Facebook. *Computers in Human Behavior*, 2011, 27(5): 1974—1983.

24. Pempek, T. A., Yermolayeva, Y. A., & Calvert, S. L. College students' social networking experiences on Facebook. *Journal of Applied Developmental Psychology*, 2009, 30(3): 227—238.

25. Ross, C., Orr, E. S., Sisic, M., Arseneault, J. M., Simmering, M. G., & Orr, R. R. Personality and motivations associated with Facebook use. *Computers in human behavior*, 2009, 25(2): 578—586.

26. Ruggiero, T. E. Uses and gratifications theory in the 21st century. *Mass communication* & society, 2000, 3(1): 3—37.

27. Ryan, T., & Xenos, S. Who uses Facebook? An investigation into the relationship between the Big Five, shyness, narcissism, loneliness, and Facebook usage. *Computers in Human Behavior*, 2011, 27(5): 1658—1664.

28. Steinfield, C., Ellison, N. B., & Lampe, C. Social capital, self-esteem, and use of online social network sites: A longitudinal analysis. *Journal of Applied Developmental Psychology*, 2008, 29(6): 434—445.

29. Smock, A. D., Ellison, N. B., Lampe, C., & Wohn, D. Y. Facebook as a toolkit: A uses and gratification approach to unbundling feature use. *Computers in Human Behavior*, 2011, 27(6): 2322—2329.

30. Sheldon, K. M., Abad, N., & Hinsch, C. A two-process view of Facebook use and relatedness need-satisfaction: disconnection drives use, and connection rewards it, 2011.

31. Skues, J. L., Williams, B., & Wise, L. The effects of personality traits, self-esteem, loneliness, and narcissism on Facebook use among university students. *Computers in Human Behavior*, 2012, 28(6): 2414－2419.

32. Tong, S. T., Van Der Heide, B., Langwell, L., & Walther, J. B. Too much of a good thing? The relationship between number of friends and interpersonal impressions on Facebook. *Journal of Computer-Mediated Communication*, 2008, 13(3): 531－549.

33. Verhagen, T., Feldberg, F., van den Hooff, B., Meents, S., & Merikivi, J. Understanding users' motivations to engage in virtual worlds: A multipurpose model and empirical testing. *Computers in* Human Behavior, 2012, 28(2): 484－495.

34. Valenzuela, S., Park, N., & Kee, K. F. Is There Social Capital in a Social Network Site? Facebook Use and College Students' Life Satisfaction, Trust, and Participation1. *Journal of* Computer-*Mediated Communication*, 2009, 14(4): 875－901.

35. Wang, J. L., Jackson, L. A., Zhang, D. J., & Su, Z. Q. The relationships among the Big Five Personality factors, self-esteem, narcissism, and sensation-seeking to Chinese University students' uses of social networking sites(SNSs). *Computers in Human Behavior*, 2012, 28(6): 2313－2319.

36. Xu, C., Ryan, S., Prybutok, V., & Wen, C. It is not for fun: An examination of social network site usage. *Information & Management*, 2012, 49(5): 210－217.

37. Zhao, L., Lu, Y., Wang, B., & Huang, W. What makes them happy and curious online? An empirical study on high school students' Internet use from a self-determination theory perspective. *Computers & Education*, 2011, 56(2): 346－356.

38. Zywica, J., & Danowski, J. The faces of Facebookers: Investigating social enhancement and social compensation hypotheses; predicting Facebook™ and offline popularity from sociability and self-esteem, and mapping the meanings of popularity with semantic networks. *Journal of Computer-Mediated Communication*, 2008, 14(1): 1—34.

39. 陈瑶，邵培基．社交网站持续使用的实证研究——基于改进的期望确认模型[J]. 信息系统学报，2011，(1)：23—34.

40. 顾璇，金盛华，李红霞等．青少年网络自我展示[J]. 中国临床心理学杂志，2012，20(2)：262—266.

41. 刘璇．传播心理学视角下的中国社交网络(SNS) 用户心理体验研究．浙江大学传媒与国际文化学院博士学位论文，2010.

42. 李园园．社交网站使用行为与社会资本获得关系研究[D]. 兰州大学硕士学位论文，2011.

43. 陆莹．人人网中大学生自我呈现研究[D]. 哈尔滨工业大学博士学位论文，2010.

44. 滕云，杨琴．网络弱关系与个人社会资本获取[J]. 重庆社会科学，2007，(2)：122—124.

45. 王楠．对校园 SNS 用户人际互动与其掌握社会资本相关性的实证研究[D]. 山东大学博士学位论文，2009.

46. 李国华，仇小敏．论网络交往对人的发展的二重效应[J]. 长沙电力学院学报(社会科学版)，2004，19(1)：29—31.

47. 田佳，张磊．网络社会人际关系研究综述[J]. 商业时代，2009，(6)：84—85.

第二部分

青少年网络成瘾行为的理论述评

第七章　青少年网络成瘾研究现状及未来展望[①]

刘勤学　方晓义　周楠

青少年网络成瘾日趋普遍，给青少年身心发展、家庭和社会带来了危害，已引起全社会的广泛关注。针对目前我国有关青少年网络成瘾研究的数量众多的现状，从影响因素和干预两个方面进行梳理和分析，结果发现，现有研究探讨较多的影响因素主要涉及环境因素和个体因素。在环境因素中，对家庭因素和社会支持的研究较多；在个体因素中，主要探讨了人格因素、心理动力和生理因素等。干预研究则几乎涵盖了心理干预的所有模式，包括个体、团体、家庭等。在此基础上，本章从五个方面提出了未来研究应关注的问题。

焦点阅读：

中国青少年网络成瘾的影响因素主要包括环境因素和个体因素；

中国青少年网络成瘾的干预中的心理干预和非心理干预；

个体—环境心理需求满足模型。

关键词：

青少年(Adolescents)；网络成瘾(Internet addiction)；干预(Intervention)

7.1　引言

我国青少年的网络使用日趋普遍，不仅占我国网民的22.39%，成为

① 本文已发表于《华南师范大学学报(社会科学版)》2011年第3期。

网民中人数最多的一个群体(中国互联网络信息中心，2010)，而且网络成瘾问题日趋严峻。对不同地区青少年的调查研究也发现青少年网络成瘾比例介于6%～14%之间(雷雳，杨洋，2007)，更有研究发现在某些地区中青少年群体已成为网络成瘾检出率最高的群体(宋桂德，李芮，刘长娜，张凡，朱传芳，王文娟，金蓉培，2008)。此外，网络成瘾对青少年的生理、心理健康和人格发展、日常生活和学习，以及对家庭和社会均造成了极大的危害。为此，如何减少青少年的网络成瘾及降低网络成瘾对青少年心理发展的影响受到了国家政府、社会各界和研究者的广泛关注。

通过CNKI、维普期刊等检索到2001－2010年间与网络成瘾有关的文献共2054篇，其中涉及我国青少年网络成瘾的实证研究114篇。通过对114篇研究报告的分析，发现了如下的变化趋势：2000－2001年，研究侧重于青少年网络成瘾发生率等流行病学的调查；2003－2005年主要集中于影响因素及其作用的探讨；2006年开始出现实证的干预研究；2007—2010年，则进入了多重影响因素、多种方法(如ERP、fMRI)的综合研究时期。同时，从2002年至今，有关网络成瘾测量工具和诊断量表的研究也一直维持稳定发展的水平。本文将主要从青少年网络成瘾的影响因素和干预两个方面出发对现有的研究进行梳理和分析，并在此基础上对未来有关青少年网络成瘾的研究进行展望。

7.2 青少年网络成瘾的相关因素

目前针对网络成瘾的相关因素的研究主要集中在环境因素和个体因素两个方面，同时，互联网自身的特点也是研究初期关注的一个重要的方面，但主要是理论论述，实证研究较少。

7.2.1 环境因素

目前从环境因素开展的青少年网络成瘾的研究有46篇，其中关于家庭因素的文献有37篇，关于社会支持的有9篇。

家庭因素。在有关家庭因素的37篇文献中，主要集中于父母教养方式(15篇)、家庭关系(8篇)和家庭功能(7篇)三个方面，其他所涉及的内容包括家庭结构(如父母婚姻状态)和家庭经济状况等人口学变量。

研究发现，父母教养方式和青少年网络成瘾相关显著。总体来看，网络成瘾组在惩罚严厉、过分干涉、过分保护、拒绝否认、缺少温情等维度上显著高于非成瘾组，而父母的过分干涉、拒绝否认、父亲的惩罚严厉和母亲的缺少温情都和青少年网络成瘾相关显著(李冬霞，2007；马玉红，牛力华，杨建华，2010)，但是父亲缺少温情、母亲的惩罚严厉、过分保护与青少年网络成瘾是否相关还需进一步探讨(陶然，黄秀琴，张慧敏，张英，卢子丽，银娟，2008)。还有研究发现，父母的监控和约束可以预测男女生的网络成瘾，而忽视和物质奖励可以正向预测女生的网络成瘾(李彩娜，周俊，2009)。以上结果的不一致，一方面来源于被试群体的差异，另一方面可能也意味着，在家庭因素中，还存在着和青少年网络成瘾更近端的因素，需要进一步的探索。

研究者大多采用家庭环境量表(FES)研究家庭关系与青少年网络成瘾的关系(李永占，2007)。研究发现网络成瘾高中生在矛盾性和控制性上显著高于非成瘾组而在其他维度上均显著低于非成瘾组(程绍珍，杨明，师莹，2007)。罗辉萍，彭阳(2008)的研究则发现在依恋关系上，成瘾组的母爱和父爱缺失、父亲拒绝、母亲和父亲的消极纠缠、对父母愤怒均高于非成瘾组。而使用家庭亲密度量表的研究发现，住院的网络成瘾青少年家庭亲密度和适应性都低于正常家庭(梁凌燕，唐登华，陶然，2008)，家庭依恋中的焦虑性能正向预测青少年的网络成瘾(楼高行，王慧君，2009)。

采用FAD量表的家庭功能研究结果发现，成瘾青少年家庭在问题解决、家庭沟通、角色、情感反应、情感介入、行为控制及总功能方面均差于非成瘾青少年家庭(范方，苏林雁，曹枫林，高雪屏，黄山，肖汉仕，王玉凤，2006)。

从以上结果不难看出，家庭是影响青少年网络成瘾的重要因素。但是，家庭因素和青少年网络成瘾之间的具体影响机制尚不清楚，需进一步深入研究。

社会支持。雷雳和李宏利(2004)发现，父母与同伴卷入对青少年网络成瘾具有明显的预防作用。此外，成瘾组的社会支持总分、主观支持均低于非成瘾组(何传才，2008)，而在客观支持和支持利用度上存在争议。综合来看，高成瘾倾向青少年获得更少的社会支持和感受到更少的社会支持，在对网络成瘾的影响上，主观体验到的支持可能比实际的支持更为重要。

7.2.2 个体因素

人格因素。多数研究都发现，网络成瘾者往往具有某些特殊的人格特征，如忧虑性、焦虑性、自律性、孤独倾向、感觉寻求高。庞海波等人(2010)发现，网瘾组在忧虑性、适应性、焦虑性、孤独倾向、身体症状和冲动倾向上的得分显著高于非成瘾组，自律性得分显著低于非成瘾组。同时，神经质和外向性也会影响青少年的网络使用偏好(雷雳，杨洋，柳铭心，2006)。石庆馨等(2005)调查研究发现，感觉寻求的不甘寂寞分量表与网络成瘾显著相关。

心理动力。很多研究者着眼于青少年的心理需求与网络成瘾的相关研究。相关的理论模型有：①Suler 的网络成瘾理论认为青少年的网络心理需求和马斯洛提出的需求理论密切相关，网络可以很好地满足青少年的生理(尤其是性的满足)、安全、归属和爱、尊重以及自我实现的需要；②网络成瘾的使用—满足理论，则采用了 Morris 与 Ogan 的观点，将网络视为一种传播媒介，试从“传播速度与快感”的角度去探索网络成瘾，探讨了网络使用的匿名、人际互动、行为、沟通、逃避五种快感，并发现网络成瘾与逃避、人际互动、沟通快感相关，这些快感会吸引使用者持续地使用网络，从而导致网络成瘾。

理论研究给青少年网络成瘾与心理动力的实证研究提供了方向性的指导。才源源等(2007)在质性研究及理论分析基础上，发现青少年网络游戏行为的心理需求主要由现实情感的补偿与发泄、人际交往与团队归属需要以及成就体验三个因素构成，且青少年对网络游戏的心理需求程度与其对网络游戏的使用程度显著相关。而李菁(2009)的调查研究则进一步从某种程度上支持了关于网络心理需求与马斯洛心理需求层次相匹配的论述。因此，心理需求缺失是需要关注的重要因素。

生理因素。研究者也关注了网瘾者可能存在的生理特点。王晔和高文斌(2008)发现心率变异性可以作为评估青少年是否网络成瘾的重要参考指标。成瘾者还表现出明显的Nd170的左脑区优势(赵仑，高文彬，2007)以及神经元功能失调(罗江洪，吴汉荣，蒙衡，杜亚松，林治光，2011)。另外，网络成瘾者具有更多的负性认知注意偏向(李翔宇，郑希付，2010)，并有可能存在感觉功能的易化(贺金波，郭永玉，柯善玉，赵仑，2008)。

7.3　干预研究

目前在青少年网络成瘾的干预方面，主要有两类模式，一类是心理干预模式，另一类是非心理干预模式，如体育锻炼、拓展训练以及药物治疗等。这里我们主要对心理干预的研究进行综述。

7.3.1　团体干预

团体干预是治疗成瘾行为的主流模式，因此也被引入网络成瘾的治疗，目前，认知行为疗法是青少年网络成瘾团体干预的主要理论模式。

曹枫林等(2007)采用认知取向团体治疗，对长沙市的网络成瘾中学生实验组和对照组分别进行每周一次共计8次的团体治疗和常规的心理健康教育。研究结果发现两组显效率及无效率差异显著；同时实验组学生的情绪问题亦有所改善，但多动注意障碍和品行问题没有改善。分别针对普通中学生和高职的网络成瘾学生进行的团体辅导也发现4个月(一个学期)的团体辅导在整体上有助于成瘾症状和情绪上的改善(张庆峰，汪杰，2011;，金家新，2010)。杨彦平等(2004)和于衍治(2005)则分别关注青少年网络成瘾的相关问题行为的改善，研究发现青少年的灵活性、生活无序感、心理防御方式和人际关系评分均有所改善。但这两个研究未直接报告网络成瘾倾向的改善效果，只报告了相关因素的前后测差异，这在一定程度上影响了对方案的有效性评估。此外，青少年网络成瘾是一个庞大的群体，团体治疗的研究报告都没有形成操作性的治疗手册进行推广，亦是一大遗憾。这都需要研究者在以后的研究中进一步探索和完善。

7.3.2 个体干预

目前针对网络成瘾青少年的个体干预主要集中在医疗系统，以认知行为咨询、住院式治疗为主。

杨容等人(2005)报告了由心理咨询师采用认知行为治疗对住院青少年进行的干预研究，在治疗阶段加入每周一次、共计 6～8 次的认知行为治疗。结果显示治疗前后的成瘾程度差异显著，且 SCL－90、SDS 分数都有显著降低。来自网络成瘾门诊的研究报告(李赓，戴秀英，2009)也发现研究组在认知行为治疗后 YDQ 和 CIAS 总分较治疗前明显下降，且低于对照组；显效率为 59.1%，总有效率达 88.6%(39 例)。

以上研究报告都显示了一定的治疗效果，但由于面询的有效性在很大程度上取决于咨询师和来访者之间的咨访关系和咨询师的个体特质，很难去评估网瘾治疗的独特性因素，因此也为有效干预模式的形成造成了一定的阻碍。

7.3.3 家庭治疗

家庭治疗被认为是针对网络成瘾的五种有效方法之一，其有效性也被多次在理论上论证，但实证研究不多，还处于尝试和探索阶段。

杨放如和郝伟(2005)采用焦点解决短期疗法为主，结合家庭治疗对 52 例网络成瘾青少年进行心理社会综合干预，治疗显效率和总有效率分别为 61.54%和 86.54%，无效 7 例。相关探索研究发现，将家庭纳入干预当中会有助于网络成瘾青少年的改变(高文斌，陈祉妍，2006)。

7.3.4 家庭团体治疗

家庭团体模式以家庭为单位进行干预，于团体动力发挥和家庭内部互动(Lemmens，Eisler，Migerode，Heireman，& Demyttenaere，2007)。我国学者邢秀茶等(2006)曾采用团体家庭治疗的方式分别对亲子关系、夫妻关系等问题进行干预，效果良好。北京师范大学发展心理研究所家庭研究与治疗中心在方晓义教授的带领下，进行了青少年网络成瘾家庭团体干预模式的探索尝试。目前进行了对照组和实验组的干预，效果对比分析发现家庭团体不仅能显著减少青少年的网络成瘾行为，同时还对增强亲子关系和亲子沟通效果显著，并且这些改变均显著高于对照组，3 个月和 6 个月的数据追踪正在进行当中。

综合来看，上述各种干预进行了很好的尝试，但也存在一些问题：(1)多数干预研究只报告了干预前后网络使用行为的改变，而无干预过程的评价，因此难以确定有效性因素，这对形成有效的治疗方案并进行推广带来了困难。(2)大多数干预研究没有使用对照组，难以排除成长和环境因素。(3)参与治疗并且坚持完成治疗的大多是改变动机强的来访者，而事实上没有参与的青少年可能更需要帮助。因此，如何提高参与者的动机并扩大参与人群是需要关注的问题。国外广泛将动机激发疗法引入到物质成瘾行为的治疗当中，这也许可以作为一个借鉴。(4)缺乏对干预方案的长期效果考察。现有的 10 项干预报告中，只有两项报告了 1 个月、3 个月和 6 个月的效果(杨彦平，崔丽娟，赵鑫，2004；高文斌，陈祉妍，2006)。(5)各种不同的干预形式均有一定的优越性和局限性，理论上来说，整合的方案可能会优于单一的疗法，但是，如何有效地、在一定理论框架之内进行合理的整合，仍是需要探讨的问题。在这一层面，可能家庭团体干预模式不失为一个好的尝试。

7.4　未来研究趋势及展望

7.4.1　整合影响因素研究，构建个体—环境多元交互模型

青少年网络成瘾相关因素的研究，研究者从网络本身特点到青少年个

体因素，从环境因素到内在动力，都有涉及。有不同的学者从不同的关注角度提出了不同的理论模型来进行整合，如 Young 的 ACE 理论强调网络本身具有匿名性、便利性和现实逃避的属性，Davis 的认知—行为理论着重关注非适应性认知的中介作用，Grohol 认为网络成瘾只是一种阶段性的行为，在经历了着迷、觉醒的阶段之后最终会回复到平衡的正常状态，而高文斌等人提出网络的病理性补偿是发展受阻的产物，沉浸理论则关注成瘾动机，Kraut 等人更支持网络使用中的富者更富现象。然而，如何在同时考虑个体内在心理动力及外在环境影响的情况下，系统地解释青少年网络成瘾的机制？研究者认为，心理需求满足是一个重要的中介变量。需求激励一个人采取朝向某个目标的行动，是个人的心理活动与行为的基本动力(Deci & Ryan，2000)，实现心理需求的满足是个体行为的最大动力和目的。对青少年来说，自主和独立需求、同伴归属使得网络成为其满足关系支持的重要来源。因此，心理需求的满足成为青少年个体连接个体特征、外在环境的重要过程变量。据于此，研究者提出青少年网络成瘾的个体一环境心理需求满足模型：

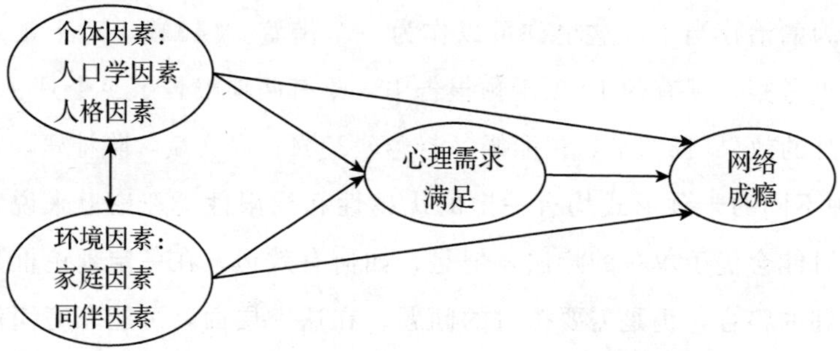

图 7.1 个体—环境心理需求满足模型

如前所述，青少年的人格特质是其网络成瘾的重要因素，同时，延迟满足也被发现是影响个体成瘾的重要变量(郭晓飞，2006)。青少年在与网络互动的过程中，心理需求满足与否很可能是其能否自我控制使用行为的一个重要中介变量。同时，不同性别、年级的青少年的网络成瘾行为呈现出不同的特点(石庆馨，周荣刚，葛燕，秦宪刚，张侃，2005)，学校类型也会影响到成瘾流行率(何传才，2008)。这些结果可能意味着不同年级、性别的青少年在与不同的环境(不同学校类型)发生交互作用的过程中，呈现出不同的过程特点，心理需求的满足可能也会呈现出不同的方式。

家庭因素中的亲子关系、亲子沟通被认为是网络成瘾的重要保护因素(Park，Kim，& Cho，2008)。而青少年在与父母的互动交往是一个个体独立自主需求与父母控制的矛盾平衡过程，如果青少年在与父母的交往中，需求能够得到满足，那么网络满足也许成了可有可无的一种途径；但是如果在现实的交往中，青少年的心理需求得不到满足，那么，易得性高、隐秘性好、资源丰富的网络成为了很好的优势途径甚至是替代满足途径，从而使青少年陷入成瘾旋涡(万晶晶，张锦涛，刘勤学，邓林园，方晓义，2010)。

类似的过程在青少年和同伴交往中也会出现。物质成瘾领域的相关研究发现，同伴的不良行为、同伴压力以及与不良同伴的联结是影响青少年问题行为的重要因素(Santor，Messervey，& Kusumakar，2000)，而与同伴联结是青少年重要的心理需求，因此，现实和网络的同伴支持都将影响青少年是主动还是被动选择网络的一个变量。

7.4.2 关注青少年网络成瘾发展阶段，纵向研究其成瘾机制

目前研究大多为横向研究，较少纵向研究。但是，网络成瘾本身有一个发生发展的过程，有研究显示青少年的在线沟通和其网络使用行为在6个月的时间内呈现出不一样的特点，这可能意味着青少年网络成瘾行为存在不同的发展阶段(van den Eijnden，Meerkerk，Vermulst，Spijkerman，& Engels，2008)。同时，网络使用者在不同的使用阶段所使用的改变策略也会不一样(刘勤学，苏文亮，方晓义，2010)，因此，纵向研究可揭示不同阶段的特点及发生发展机制，同时，也可为针对不同阶段开发具有阶段性特点的干预方法提供理论支持。

7.4.3 相关因素研究关注生理层面，并注重其和行为层面的结合

目前，随着对网络成瘾群体影响因素研究的深入，针对生理层面的研

究也逐渐成为研究热点。然而，目前多数ERP和fMRI研究都针对大学生群体，而青少年群体一方面来说和大学生相比处于不同的发展阶段，大学生群体的研究结果还无法直接推广应用到青少年群体；另一方面，青少年处于生理发展的关键期，探讨网络成瘾对其生理的影响机理是研究其影响机制中的重要方面。已有研究发现，心率变异性和负向注意偏向可作为评估青少年是否网络成瘾的参考指标(李翔宇，郑希付，2010；王晔，高文斌，2008)。但除此之外的生理基础，仍需更进一步的探讨。同时，生理因素和青少年的成瘾行为是否有直接或特异性的相关，也是需要进一步探讨的问题。

7.4.4 针对不同成瘾原因开发不同的干预方法，注重预防性干预

研究发现，环境、个体以及个体和环境间的交互作用等多方面因素综合影响青少年网络成瘾，而对不同成瘾类型、具有不同个体特质的青少年来说，可能会有不同的因素是主导成因。针对不同致瘾因素进行干预方案开发会提高干预方案的针对性，同时也能改善干预效果。

此外，从长远来看，基于网络使用这一行为不能完全切断而只能引导其进行合理使用的特殊性，预防为主的干预对青少年是最有利也是最重要的模式。国外在青少年物质滥用领域采取了学校－社区联合的预防模式，或许可以借鉴到我国的青少年网络成瘾干预领域，发展出学校－家庭联合的预防模式。

7.4.5 探讨电脑网络成瘾和手机网络成瘾的区别

CNNIC(2010)的报告指出，青少年手机上网的比例显著增长，手机已经成为中国青少年第一位的上网工具。2009年，有74%的青少年网民使用手机上网，使用率年增幅达24.3%。同时，与非网瘾青少年手机上网偏重于通信、联络、获取信息等功能相比，网瘾青少年更偏重于游戏(中国青少年网络协会，2008)。但是，目前还没有手机网络成瘾的相关研究。同时，电脑和手机作为传统和新型网络媒体，对于其存在的差异的研究也有助于揭示青少年网络成瘾机制。

参考文献：

1. Deci，E. L.，& Ryan，R. M. The “what” and “why” of goal pursuits：Human needs and the self-determination of behavior. *Psychological inquiry*，2000，11(4)：227－268.

2. Lemmens，G.，Eisler，I.，Migerode，L.，Heireman，M.，& Demyttenaere，K. Family discussion group therapy for major depression：a brief systemic multi-family group intervention for hospitalized patients and their family members. *Journal of Family Therapy*，2007，29(1)：49－68.

3. Park，S. K.，Kim，J. Y.，& Cho，C. B. Prevalence of Internet addiction and correlations with family factors among South Korean adolescents. *Adolescence*，2008，43(172)：895.

4. Santor，D. A.，Messervey，D.，& Kusumakar，V. Measuring peer pressure，popularity，and conformity in adolescent boys and girls：Predicting school performance，sexual attitudes，and substance abuse. *Journal of youth and adolescence*，2000，29(2)：163－182.

5. van den Eijnden，R. J.，Meerkerk，G. J.，Vermulst，A. A.，Spijkerman，R.，& Engels，R. C. Online communication，compulsive Internet use，and psychosocial well-being among adolescents：a longitudinal study. *Developmental psychology*，2008，44(3)：655.

6. 才源源，崔丽娟，李昕．青少年网络游戏行为的心理需求研究[J]. 心理科学，2007，30(1)：169－172.

7. 曹枫林，苏林雁，高雪屏等．中学生互联网过度使用团体心理治疗的对照研究[J]. 中国心理卫生杂志，2008，21(5)：346－349.

8. 程绍珍，杨明，师莹．高中生网络成瘾与家庭环境的关系研究[J]. 现代预防医学，2007，34(14)：2644－2645.

9. 范方，苏林雁，曹枫林等．中学生互联网过度使用倾向与学业成绩，心理困扰及家庭功能[J]. 中国心理卫生杂志，2006，20(10)：635－638.

10. 郭晓飞. 网络成瘾大学生自我控制行为特点剖析[J]. 绍兴文理学院学报(哲学社会科学版)，2006，26(4)：111－114.

11. 高文斌，陈祉妍. 网络成瘾病理心理机制及综合心理干预研究[J]. 心理科学进展，2006，14(4)：596－603.

12. 金家新. 网络成瘾中学生情感因素注入的团体心理辅导研究. 教育测量与评价(理论版)2010，(1)：55－58.

13. 何传才. 初中生父母教养方式，社会支持与其网络成瘾的关系[J]. 中国民康医学，2008，20(17)：1988－1989.

14. 贺金波，郭永玉，柯善玉等. 网络游戏成瘾者认知功能损害的ERP研究[J]. 心理科学，2008，31(2)：380－384.

15. 刘勤学，苏文亮，方晓义. 大学生网络使用改变策略探讨：问卷编制及特点分析[J]. 心理科学，2010，(5)：1148－1153.

16. 雷雳，李宏利. 青少年的时间透视，人际卷入与互联网使用的关系[J]. 心理学报，2004，36(3)：335－339.

17. 雷雳，杨洋. 青少年病理性互联网使用量表的编制与验证[J]. 心理学报，2007，39(4)：688－696.

18. 雷雳，杨洋，柳铭心. 青少年神经质人格，互联网服务偏好与网络成瘾的关系[J]. 心理学报，2006，38(3)：375－381.

19. 李冬霞. 青少年网络成瘾倾向与父母教养方式的关系研究[J]. 南京医科大学学报(社会科学版)，2007，7(2)：138－141.

20. 李彩娜，周俊. 父母教养方式与青少年网络成瘾[J]. 当代青年研究，2009，(4)：49－54.

21. 李永占. 高中生网络成瘾与家庭环境关系初探[J]. 中国心理卫生杂志，2007，21(4)：244－246.

22. 李菁. 城市中学生网络游戏消费行为的心理需求分析[J]. 青年探索，2009，(2)：74－77.

23. 李翔宇，郑希付. 病理性网络使用者对情绪信息的注意偏向研究

[J]. 心理发展与教育，2010，(4)：357－363.

24. 梁凌燕，唐登华，陶然 . 211 例网络过度使用青少年的家庭功能探讨[J]. 中国心理卫生杂志，2008，21(12)：837－840.

25. 李赓，戴秀英 . 青少年网络成瘾认知行为治疗的对照研究[J]. 中国心理卫生杂志，2009，23(7)：457－460.

26. 楼高行，王慧君 . 青少年家庭依恋，朋友依恋与网络游戏成瘾的关系[J]. 现代教育科学：普教研究，2009，(1)：44－45.

27. 罗江洪，吴汉荣，蒙衡等 . 青少年网络成瘾患者血小板 5-羟色胺水平分析[J]. 中国学校卫生，2011，32(2)：190－191.

28. 罗辉萍，彭阳 . 青少年网络成瘾与家庭环境，依恋的关系研究[J]. 中国临床心理学杂志，2008，16(3)：319－320.

29. 马玉红，牛力华，杨建华 . 青少年父母教养方式及人格特征对网络成瘾行为的影响分析[J]. 中国健康心理学杂志，2010，(4)：463－465.

30. 庞海波，吴一智，曾永锋等 . 青少年网络成瘾人格特征研究[J]. 心理科学，2010，(1)：210－212.

31. 石庆馨，周荣刚，葛燕等 . 中学生网络成瘾和感觉寻求的关系[J]. 中国心理卫生杂志，2005，19(7)：453－456.

32. 宋桂德，李芮，刘长娜等 . 天津市学生网络成瘾流行病学调查[J]. 中国慢性病预防与控制，2008，16(2)：153－155.

33. 陶然，黄秀琴，张慧敏等 . 住院网络成瘾青少年的父母养育方式与人格特征[J]. 中国健康心理学杂志，2008，16(1)：47－48.

34. 王晔，高文斌 . 网络成瘾者心率变异性频谱特征的研究[J]. 中国临床心理学杂志，2008，16(3)：316－318.

35. 杨彦平，崔丽娟，赵鑫 . 团体心理辅导在青少年网络成瘾者矫治中的应用[J]. 当代教育科学，2004，(3)：46－48.

36. 邢秀茶，曹雪梅 . 以和谐家庭为主要目标的系统家庭团体辅导实践研究[J]. 河北师范大学学报(哲学社会科学版)，2006，29(4)：148－151.

37. 万晶晶，张锦涛，刘勤学等 . 大学生心理需求网络满足问卷的编制[J]. 心理与行为研究，2010，8(2)：118－125.

38. 王晔，高文斌. 网络成瘾者心率变异性频谱特征的研究[J]. 中国临床心理学杂志，2008，16(3)：316－318.

39. 杨容，邵智，郑涌. 中学生网络成瘾症的综合干预[J]. 中国心理卫生杂志，2005，19(7)：457－459.

40. 杨放如，郝伟. 52例网络成瘾青少年心理社会综合干预的疗效观察[J]. 中国临床心理学杂志，2006，13(3)：343－345.

41. 于衍治. 团体心理干预方式改善青少年网络成瘾行为的可行性[J]. 中国临床康复，2005，9(20)：81－83.

42. 张庆峰，汪杰. 团体心理辅导改善网络成瘾高职学生心理控制源及身心健康的研究[J]. 中国校医，2011，25(2)：93－94.

43. 赵仑，高文彬. 网络成瘾患者早期面孔加工 N170 的研究[J]. 航天医学与医学工程，2007，20(1)：72－74.

44. 中国青少年网络协会. 中国传媒大学调查统计研究所[J]. 2009年青少年网瘾调查报告，2010，39－41.

45. 中国互联网络信息中心(CNNIC). 中国互联网络发展状况统计报告，2010.

第八章　网络成瘾的认知神经科学研究述评①

牛更枫　孙晓军　周宗奎　魏华

随着研究的深入，认知神经科学的技术和方法被越来越多地应用于网络成瘾的研究中。这些研究主要集中在对网络成瘾者的认知加工功能受损、注意偏向、认知加工倾向、抑制控制和感觉寻求以及网络成瘾的神经通路的研究。在此基础上指出了这些研究结果在探究网络成瘾的机制和实际应用中的价值，并提出未来的研究应该明确网络成瘾与高级认知功能损害的关系，整合现有的研究方法，扩大研究对象和研究指标，突出研究成果在网络成瘾鉴别和干预中的应用价值。

焦点阅读：

网络成瘾者的认知加工功能受损并出现感觉功能易化的现象，且相关功能脑区出现异常；

网络成瘾者具有负性、消极的认知加工倾向；

成瘾者表现出对外界事物的注意力涣散，但其对网络相关的刺激却有强烈而敏感的注意力；

网络游戏成瘾者在观看网络游戏视频时，其右前额皮层、右侧伏核、双侧前扣带回、额叶背外侧面，右侧尾状核、右侧海马以及中脑等脑区的激活显著高于对照组，这些脑区可以看作是网络成瘾的神经通路或“奖赏系统”。

关键词：

网络成瘾(Internet Addiction)；认知神经科学(Cognitive Neuroscience)；心理生理机制(Physiological Mechanism)

---

①　本文已发表于《心理科学进展》2013年第6期。

8.1 引言

网络作为信息时代的主要标志和应用工具，在给人们的生活带来极大便利的同时，长时间无节制地使用网络会给个体的身心健康带来严重的负面后果，导致心理、社会功能的明显受损(Lam，Peng，Mai，&Jing，2009；刘勤学，方晓义，周楠，2011)。这种由于过度的网络使用所带来的负面后果首先为美国心理学家所关注，并将其命名为网络成瘾(InternetAddiction，IA)(Young，1998)。

Young(1998)根据其对网络成瘾症状的分析，认为网络成瘾最类似于赌博成瘾，并将网络成瘾定义为无成瘾物质作用下的上网行为失控。我国台湾学者周倩结合自己的研究，将网络成瘾定义为：由于重复使用网络所导致的一种慢性或周期性的着迷状态，并产生难以抗拒的再度使用欲望，同时产生想要增加使用时间的张力、耐受性以及克制退瘾等现象，对于上网所带来的快感会一直存在心理与生理上的依恋(引自陈侠，黄希庭，白纲，2003)。Armstrong(2001)对网络成瘾的概念进行了全面的阐述，认为网络成瘾包含多种行为以及冲动—控制问题，并将网络成瘾划分为五种类型：网络关系成瘾、网络强迫行为、网络色情成瘾、信息收集成瘾和电脑成瘾。

在对网络成瘾的研究过程中，很多学者基于自己的研究提出了不同的理论模型，以解释网络成瘾的特点和机制。这些模型主要有Young提出的ACE(Anonymity匿名性、Convenience便利性和Escape逃避现实)模型，Davis的认知—行为模型，Grohol的阶段模型，以及刘志娟、张树君在综合各理论模型基础上提出的社会－心理－生理模型，这一模型主张从多因素综合探究网络成瘾的形成机制(刘树娟，张智君，2004)；越来越多的研究者也支持要从心理、社会以及生理的综合角度来探究网络成瘾(Weinstein&Lejoyeux，2010；贺金波，郭永玉，向远明，2008)。

近年来，认知神经科学的方法和技术被广泛地应用于成瘾障碍的研究中，这些研究主要集中在成瘾障碍的鉴别和诊断，成瘾障碍造成的认知加工功能受损以及成瘾障碍产生和维持的生理心理机制这几个方面(陈小异，吕建国，2009)。这些认知神经科学的研究方法和范式也开始被越来越多地应用在对网络成瘾者的研究中，这些研究主要集中在对网络成瘾者的认知加工功能受损、注意偏向、认知加工倾向、抑制控制和感觉寻求，以及网络成瘾的神经通路的研究。

8.2　网络成瘾者的认知加工功能受损研究

有关网络成瘾者的研究结果一致证实，网络成瘾者的认知加工功能受损并出现感觉功能易化的现象，其思维能力、语言认知能力、短时记忆能力以及决策能力下降，且相关功能脑区出现异常。

在 ERP 的研究中，P300 的波幅是大脑信息加工能力的指标，P300 的潜伏期反映了个体对刺激信息的反应时间(Kok，2001；Papageorgiou et al.，2004)。贺金波，郭永玉，柯善玉和赵仑(2008)采用 ERP 技术探讨了网络游戏成瘾者的认知功能损害的问题，结果发现网络游戏成瘾者的听觉 P300 波幅显著低于非成瘾者，提示网络游戏成瘾者认知功能的下降；同时网络游戏成瘾者的听觉 N1 波幅显著地高于非成瘾者，出现感觉功能的易化现象；其他的研究者也证实，过度使用互联网导致个体 P300 波幅降低，潜伏期延长(Yu，Zhao，Li，Wang，&Zhou，2009；郁洪强，赵欣，刘海婴，王明时，周鹏，2009)，这些研究都证实网络成瘾者的一般认知加工能力下降。

面孔和表情识别在个体日常的社会生活和交往中有着重要作用，高文斌和陈祉妍(2006)对网络成瘾青少年表情识别的 ERP 研究证实，网络成瘾青少年表现出明显的表情认知易化现象，提示其可能存在情绪知觉功能的改变；赵仑和高文彬(2007)进行的面孔识别的 ERP 研究也发现，网络成瘾者 N170 的潜伏期显著提前，提示其早期视觉功能易化，这可能是网络成瘾者社会功能受损的生理原因。

此外，网络成瘾也会导致语言、记忆和思维这些重要的认知能力的损害。ERP 的 N400 成分与语言认知加工相关，金璞、傅先明、钱若兵、牛朝诗和韩晓鹏(2009)运用语言流畅性实验的研究结果表明，网络成瘾者的 N400 波幅降低，潜伏期延长，提示网络成瘾青少年的常规语言流畅功能下降；Xiong 和 Yao(2010)的研究证实网络成瘾者的短时记忆功能受损。脑电的复杂性反映了大脑思维活动的活跃程度，脑电复杂性越小，表明大脑思维活动越迟钝(尉胜男，孙学进，朱守艳，2010)，郁洪强等应用非线性动力学的研究发现，网络成瘾者在静息状态下自发脑电的复杂度值显著降低，表明其思维活动功能受损(郁洪强，汪曣，赵欣，李宁，刘海婴，王明时，2009)。Sun 等(2009)运用赌博任务的研究证实网络过度使用者的决策能力下降，其策略选择所需要的时间显著高于对照组(Sun et al.，2009)；Pawlikowski 和 Brand(2011)及梁三才和游旭群(2010)对网络成瘾者的研究也得出了相似的结论，网络成瘾者的决策功能受损——在决策中仅仅着眼于短期获益而不顾其所带来的长期负面后果。语言、记忆、决策和决策能力在个体日常的生活中有着极为重要的作用，现有的研究取得了一些成果，但还需加强和深入，以进一步明晰网络成瘾与这些语言、思维等高级认知功能的关系。

认知加工能力受损往往伴随着生理异常，颞叶异常与多种成瘾障碍有关；成瘾障碍会引起这些脑区形态、功能的变化，这些变化可能与成瘾者的认知和决策问题相关(尉胜男等，2010)，对网络成瘾群体的研究也得出了相似的结论。刘军(2009)运用 fMRI 的研究表明，网络成瘾者存在脑功能的异常——额叶神经元功能低下或者部分神经元丢失；齐印宝(2011)运用 fMRI 技术通过 Oddball 实验范式的研究结果表明，网络成瘾组前额叶 MMN 的波幅显著升高，这提示网络成瘾者前额叶功能下降。还有研究者基于提速形态测定法，使用磁共振技术扫描分析了网络成瘾青少年的大脑灰质密度，结果显示相对于正常群体，网络成瘾青少年的左扣带回前部、左扣带回后部、左岛叶及左舌回灰质密度降低(Zhou et al.，2011)。这些脑区形态、功能的异常可能是网络成瘾者认知功能损害的生理和神经基础。

8.3　网络成瘾者的认知加工倾向研究

网络成瘾者不仅表现出认知加工功能受损，而且存在异于常人的认知加工特点。许多研究证实，网络成瘾者具有负性、消极的认知加工倾向。王智、江琦和张大均(2008)运用 Tversky 的社会认知实验范式的研究发现，无论是在编码加工还是在再认过程中，网络成瘾者都存在负性、消极的认知加工倾向。郑希付(2009)通过 Stroop 范式的研究也表明，网络成瘾患者的认知加工过程出现异常：表现出对积极信息的忽视或拒绝积极认知加工的认知特点；倾向于选择消极信息，并进行消极的认知加工。

很多研究证实，网络成瘾群体存在普遍的人际、情绪困扰(Caplan，Williams，& Yee，2009；Ko，Yen，Yen，Chen，& Chen，2012；Lam et al.，2009；唐志红，周世杰，2009)，而网络成瘾群体中存在的负性、消极的认知加工倾向可能是这些人际、情绪困扰的内在原因之一。

有关物质成瘾障碍的研究表明物质成瘾者常常表现出不顾长期损失，偏好短时获益的不良决策倾向，他们的这种只关注眼前奖赏不顾长远消极结果的决策倾向与成瘾障碍有着密切联系(Barry&Petry，2008)。研究证实，在网络成瘾群体中也存在这种不良的决策倾向(Pawlikowski&Brand，2011；梁三才，游旭群，2010)；有研究者进一步运用 fMRI 技术探讨了网络成瘾者在赌博任务中的决策问题，结果发现网络成瘾者在获得金钱时其眶额皮层的激活显著高于正常群体，在丧失金钱时其眶额皮层的激活显著低于正常群体(Dong，Huang，&Du，2011)，这表明网络成瘾者对于奖赏性刺激的敏感性和对于惩罚性刺激的耐受性，梁三才和游旭群(2010)的研究也证实了这一点，这种只关注眼前奖赏的不良决策倾向会使个体沉迷于网络使用所带来的满足感中，可能是造成网络成瘾的认知机制之一。

8.4 网络成瘾者的注意偏向研究

同时，网络成瘾者的注意也表现出异于常人的特点。对酗酒者、吸烟成瘾者的研究表明，这些物质成瘾者都表现出对成瘾物质相关刺激的注意偏向(即注意自动转移到成瘾物质上并维持较长时间)(Field&Cox，2008；Montgomeryet al.，2010)；同时可卡因依赖者面对可卡因图片的刺激时的脑波会出现一个明显的慢正成分，这一慢正成分可以作为对毒品心理渴求的测量指标(Franken，Hulstijn，Stam，Hendriks，&vandenBrink，2004)。

虽然网络成瘾个体的认知加工功能受损，常常表现出对外界事物的注意力涣散，但其对网络相关的刺激却有强烈而敏感的注意力(高文斌，陈祉妍，2006)。研究者运用 Oddball、Stroop 实验范式以及 ERP 的研究结果都证实同物质成瘾类似，网络成瘾群体普遍存在对网络相关刺激的注意偏向。

张智君、赵均榜、张锋、杜凯利和袁旦(2009)运用点探测实验范式的研究发现，网络成瘾者的早期成分出现较早，且存在对网络相关刺激的注意偏向；Metcalf 和 Pammer(2011)使用 Stroop 范式对网络游戏成瘾者的研究也发现，网络游戏成瘾者对网络游戏相关词汇存在明显的注意偏向，Decker 和 Gay(2011)的研究也得到了相同的结论。戴砷懿等人(2011)ERP 实验的结果显示，在网络游戏成瘾组中网络游戏相关刺激诱发了波幅显著偏大的 P200 和 P300，提示网络游戏成瘾者在信息加工的早期阶段将更多地注意资源分配给了与网络游戏相关的刺激。

Cox，Brown 和 Rowlands(2003)发现，被试的饮酒量和他们对酒线索的注意偏向有关，很多研究者也认为对成瘾物的注意偏向与成瘾行为的形成与维持以及戒瘾行为失败相关(Field，Munafò，&Franken，2009；Hogarth，Dickinson，Janowski，Nikitina，&Duka，2008；Janesetal.，2010)。因此，网络成瘾者对网络相关刺激的注意偏向可能是引发和维持网络成瘾行为的认知机制。

物质成瘾的研究验证了对可卡因相关刺激的敏感性是毒品成瘾患者行为动机和情感依赖产生的驱动因素(vandeLaar，Licht，Franken，&Hendriks，2004)，物质成瘾的脑功能和电生理指标证实了物质成瘾的成瘾诱因敏感化理论(陈小异，吕建国，2009)；但是这一理论是否可以用来解释网络成瘾患者对网络相关刺激的注意偏向以及网络成瘾的生理心理机制还需进一步地研究。

此外，成瘾障碍的核心特征之一是对成瘾物的强烈的心理渴求(Shaw&Black，2008)，Thalemann，Wölfling 和 Grüsser(2007)的研究发现网络游戏成瘾者在面对网络游戏图片时，同物质成瘾者类似，会出现一个明显的慢正成分，这提示网络成瘾患者在信息加工晚期对网络相关刺激进行了情感性加工，这一成分也许可以作为其心理渴求程度的测量指标，这种心理渴求很可能是网络成瘾行为得以维持和网络成瘾者出现退瘾现象的重要原因。

8.5　网络成瘾者的抑制控制和感觉寻求研究

在针对青少年危险行为(如物质依赖、暴力或犯罪行为等)的研究中，Steinberg(2008)提出了双系统模型，该模型指出感觉寻求和冲动控制是个体危险行为发生的主要影响因素。抑制控制(冲动控制)功能的异常是成瘾障碍的核心特征之一，且抑制控制能力以及感觉寻求和物质成瘾行为之间存在显著相关(Fillmore&Rush，2002；Fuetal.，2008)。研究者运用 Stroop、Go/Nogo 实验范式以及 ERP 的研究结果都证实网络成瘾者的抑制控制能力存在缺陷，感觉寻求水平较高。

张传柱(2010)采用Stroop实验范式的研究发现网络成瘾者的抑制控制能力显著低于非网络成瘾者，提示抑制控制能力的缺损可能是造成网络成瘾的一个关键因素。

Go/Nogo实验范式被广泛地应用于抑制控制的ERP研究中。NogoN2成分是个体的抑制加工能力的体现，NogoN2的波幅小，表明个体的抑制控制能力欠缺(vanMeel，Heslenfeld，Oosterlaan，&Sergeant，2007)。研究者运用Go/Nogo实验范式的ERP研究结果显示网络成瘾组的NogoN2的波幅低于对照组，提示网络成瘾者的抑制控制能力低下(Dong，Zhou，&Zhao，2011；Zhou，Yuan，Yao，Li，&Cheng，2010)；另一项研究在证实网络成瘾者NogoN2的波幅较低的同时，发现其NogoP3的波幅增高，潜伏期延长，这提示网络成瘾障碍者在面对同样的抑制任务时需要投入更多的心理资源，抑制控制的效率较低(Dong，Lu，Zhou，&Zhao，2010)。贺金波、郭永玉、柯善玉和赵仑(2008)发现，网络成瘾者的听觉N1的波幅显著地高于非成瘾者，这一方面说明了网络成瘾者存在感觉功能受损，另一方面这可能与其感觉寻求的倾向有关。

大脑额叶在注意、计划、记忆、决策以及冲突监控中起重要作用，并且额叶皮质是冲动控制的关键脑区(Robbins，2005)，fMRI的研究表明，同物质成瘾者类似，网络成瘾患者的额叶功能低下，这是其抑制控制能力低下的生理和神经基础(杜万萍等，2011；刘军，2009；齐印宝，2011)。

很多学者也将网络成瘾看成是一种冲动控制障碍(Choetal.，2010；Meerkerk，vanDenEijnden，Franken，&Garretsen，2010)。有研究者运用问卷测量的方法进行的相关研究证实，感觉寻求倾向和网络成瘾存在显著相关，感觉寻求的人格特质可以预测网络成瘾(郭莲荣，梅松丽，张明，2009)；自我控制能力和病理性互联网使用显著负相关，存在病理性互联网使用倾向的个体自我控制能力低下(Kim，Namkoong，Ku，&Kim，2008)。对网络成瘾者的问卷调查研究结果和上述运用认知神经科学方法的研究结果一致：网络成瘾者的抑制控制能力存在缺陷，感觉寻求水平较高，这可能是网络成瘾形成和维持的原因之一。这一方面验证了 Steinberg (2008)的双系统模型，即感觉寻求和冲动控制是个体危险行为发生的重要原因，另一方面也表明物质成瘾、网络成瘾以及其他的危险(偏差)行为存在着共同的易感因素和产生机制。

8.6 网络成瘾的神经通路(奖赏系统)研究

与其他的研究方法相比，认知神经科学的方法能够深入地探究心理和行为的内在机制。对成瘾障碍的研究发现人脑中存在与物质成瘾相关的神经通路——奖赏系统，这一神经通路主要包括前额叶、伏核、杏仁核、海马、纹状体、中脑腹侧被盖区等。这个奖赏系统的存在被看成是成瘾行为产生和维持的重要神经基础(Adinoff，2004；Grecketal.，2009；Wraseetal.，2007)。研究表明在网络成瘾群体中也存在类似的神经通路。

国外的研究者利用 fMRI 技术对网络游戏成瘾者的研究发现，网络游戏成瘾者在观看网络游戏视频时，其右前额皮层、右侧伏核、双侧前扣带回、额叶背外侧面，右侧尾状核、右侧海马以及中脑等脑区的激活显著高于对照组(Hanetal.，2011；Koetal.，2009)；国内的学者利用 fMRI 技术，探究与网络游戏成瘾相关脑区的功能定位，也发现网络游戏成瘾青少年在网络游戏视频线索的诱发下会出现特异脑区激活，主要包括双侧额叶背外侧面、后扣带回、双侧顶叶、双侧颞叶和枕叶视皮层、双侧岛叶、右侧伏核、右侧尾状核、右侧海马以及中脑(黄敏等，2010；钱若兵等，2008)；上述脑区与国内外其他学者研究中的物质成瘾的神经通路具有相似性，可以看作是网络成瘾的神经通路或“奖赏系统”，构成了线索诱导下网络渴求的神经基础，该系统可能参与了网络成瘾的产生与维持。

杜贵金(2011)的研究发现，与正常个体相比，网络游戏成瘾者在相关脑区的激活强度和激活范围方面存在一定差异，提示网络游戏成瘾导致了相关脑区的功能改变，这些改变可能是网络游戏成瘾者的某些行为学表现的神经功能基础；但是研究也发现物质成瘾的神经通路的主要结构——中脑边缘多巴胺系统中的中脑腹侧被盖区、杏仁核等脑区，在网络游戏成瘾群体中并没有被激活，提示网络游戏成瘾的神经机制可能有别于物质成瘾。

网络成瘾患者存在与物质成瘾相似的神经通路——奖赏系统，并和物质成瘾的奖赏系统有部分脑区的重合，这些脑区很可能是网络成瘾的形成和维持的神经基础；但是这些研究发现的奖赏系统的脑区和物质成瘾的脑区并不完全一致。对网络成瘾的神经机制以及网络成瘾和其他成瘾行为是否有相同的神经机制还需要更加深入的研究。

8.7 研究展望

认知神经科学的方法和技术被越来越多地被应用于心理学的研究中，这些方法和技术包括 Stroop、点探测等实验范式，以及 ERP、fMRI 等技术。这为我们提供了新的研究视角和思路，有助于揭示网络成瘾的深层机制，加深我们对网络成瘾的认识和理解，明晰网络成瘾的鉴别标准和干预措施。但目前的研究还存在一些问题和不足，未来的研究有必要在以下几个方面进行更为深入的研究。

8.7.1 明确网络成瘾与高级认知功能损害的关系

目前有关网络成瘾对认知加工功能损害的研究多集中在对部分初级认知功能(如注意和知觉功能)的研究上，但高级的认知功能如推理、语言和决策能力在个体生活中的作用更为重要；已有的研究证实网络成瘾个体的语言流畅性和决策功能受损，但是对于这些方面的研究还需加强和深入，如进一步探究网络成瘾对决策中的风险知觉、分析归纳以及逻辑推理能力的影响。此外，对网络成瘾者的认知加工功能受损的深入研究，可以为判断网络成瘾个体的戒断水平和干预效果评估提供依据，同时也为戒断后有效地恢复和提高相应的认知能力提供依据。

8.7.2　扩展研究方法

传统的理论从网络成瘾的心理和行为层面着手，不能全面、清晰地阐释网络成瘾的发生和维持机制。今后的研究要将多种方法技术综合运用，如将ERP的高时间分辨率和fMRI的高空间分辨率结合起来，全面深入地探究网络成瘾的认知神经机制。

同时，目前对成瘾障碍的认知神经研究范式大多是对正常群体研究范式的翻版(陈小异，吕建国，2009)，如注意研究的Stroop范式，ERP研究的Oddball范式，Go/Nogo范式，点探测范式等。而网络成瘾群体相对正常群体在认知加工方面具有其特殊性，要深入地探究网络成瘾的认知神经机制，就需要在现有研究范式的基础上，设计出具有针对性的研究范式。例如，由于存在不同的网络成瘾类型，因此在研究刺激的选择上应该选择个性化的成瘾相关刺激；此外，还应该区分不同类别的成瘾相关刺激，如可以将网络游戏刺激分为一般性刺激(普通游戏场景)和高相关场景(战斗、升级的场景)以探究那些游戏刺激和网络游戏成瘾存在较高的相关度。

8.7.3　加深研究层次

在研究对象的选择上，不能只局限于成瘾被试和正常被试的对比研究，要将不同成瘾程度及不同戒断水平的被试纳入研究对象，深入探究网络成瘾的机制以及对个体认知功能的损害；同时，要对网络成瘾的不同亚型分别加以研究，比较确定其异同点，为网络成瘾的诊断、干预和治疗提供理论基础和技术支持，并且还要深入地探究网络成瘾和其他成瘾行为的在心理和生理上机制上的异同。

在ERP研究中，不同的脑波成分代表不同的认知加工过程。对网络成瘾的ERP研究主要集中在几个脑波成分上：P300，N1，N2，NogoN2/P3，对其他的波成分如反映大脑自动化加工过程的MMN，反映人类在前注意阶段决定对事物是否注意的自动分类加工的PN，反应情绪加工过程的LPP以及与人类行为目的、决策相关的ERN等脑波成分的研究不足。

这些脑波反映了人脑不同的认知加工过程和机制，在探究网络成瘾的心理生理机制以及网络成瘾对个体的认知加工功能的影响方面有着独特的优势，对这些波成分进行更多和更深入的研究有助于对网络成瘾进行更全面和更深入的研究。

8.7.4 突出研究成果的应用价值

科学研究的目的在于提高实践的科学性，以后的研究要探究如何将认知神经科学的研究成果应用于实践。比如传统的网络成瘾的鉴别和诊断主要是通过量表或问卷测量，虽然这种鉴别和诊断方法具有较好的信效度，但无可置疑，量表问卷只将关注点放在个体的行为和感受层面，具有固有的缺陷和不足(Petry，2011；曹建琴，张慧，2010)。以往的有关毒品成瘾的研究表明低波幅的P300可以作为鉴别毒品成瘾的一个重要指标(Iacono，Malone，&McGue，2003；陈小异，吕建国，2009)。在网络成瘾群体中普遍存在的低波幅的P300，面对网络相关刺激时明显的慢正成分，以及对网络相关刺激表现出的注意偏向可以作为鉴别和诊断网络成瘾的标准，补充量表问卷方法的不足，提高鉴别标准的客观性和科学性。此外大量的研究证实网络成瘾个体抑制控制能力存在缺陷，感觉寻求水平较高，据此可以进行相应的干预训练，如对成瘾个体进行延迟满足能力的干预。

参考文献

1. Adinoff，B. Neurobiologic processes indrugreward and addiction. *Harvard Review of Psychiatry*，2004，12(6)：305－320.

2. Armstrong，L. How to beat addictiontocy berspace. *Vibrant Life*，2001，17(4)：14－17.

3. Barry，D.，&Petry，N. M. Predictor sofdecision-making on the Iowa Gambling Task：Independent effect soflifetime history of substance usedisordersand performance on the Trail Making Test. *Brainand Cogni-*

tion，2008，66(3)：243—252.

4. Caplan，S.，Williams，D.，&Yee，N. Problematic Internet use andpsychosocial well-beingamong MMO players. *Computers in HumanBehavior*，2009，25(6)：1312—1319.

5. Cho，S. I.，Lee，Y. S.，Baek，H. T.，Han，D. H.，Kee，B. S.，Park，D. B.，&Ko，B. J. In secure attachment and impulsivity-inattention problem inadolescent with a high risk of substance or internet addiction. *Journal of Korean Neuropsychiatric Association*，2010，49(4)：393—400.

6. Cox，W. M.，Brown，M. A.，&Rowlands，L. J. Theeffects of alcoholcue exposure on non-dependent drinkers' attentional biasforal cohol-relatedstimuli. *AlcoholandAlcoholism*，2003，38(1)：45—49.

7. Decker，S. A.，& Gay，J. N. Cognitive-bias towardgaming-relatedword sanddisin-hibitionin World of Warcraftgamers. *Computersin Human Behavior*，2011，27(2)：798—810.

8. De Greck，M.，Supady，A.，Thiemann，R.，Tempelmann，C.，Bogerts，B.，Forschner，L.，… Northoff，G. Decreased neural activity in reward circuitry during personal reference in a bstinental coholics—AnfMRIstudy. *HumanBrainMapping*，2009，30(5)：1691—1704.

9. Dong，G. H.，Huang，J.，&Du，X. X. Enhanced reward sensitivity and decreased loss sensitivity in Internetaddicts：An fMR Istudy during a guessingtask. *Journal of Psychiatric Research*，2011，45(11)：1525—1529.

10. Dong，G. H.，Lu，Q. L.，Zhou，H.，&Zhao，X. Impulse inhibition in people with Internet addiction disorder：Electrophysiological evidencefromaGo/NoGo study. *Neurosci-enceLetters*，2010，485 (2)：138—142.

11. Dong, G. H., Zhou, H., &Zhao, X. Male Internet addictsshow impaired executive control ability: Evidence from acolor-word Stroop task. *Neuroscience Letters. Neuroscience Letters*, 2011, 499 (2): 114—118.

12. Field, M., &Cox, W. M. Attentional biasin addictive behaviors: Are view ofits development, causes, and consequences. *Drug and Alcohol Dependence*, 2008, 97(1—2): 1—20.

13. Field, M., Munafò, M. R., &Franken, I. H. A. Ameta-analytic investigation of the relationship between attentional bias and subjective craving insubstancea buse. *Psychological Bulletin*, 2009, 135 (4): 589—607.

14. Fillmore, M. T., &Rush, C. R. Impaired inhibitory control of behavior in chronic cocaineusers. *Drug and Alcohol Dependence*, 2002, 66 (3): 265—273.

15. Franken, I. H. A., Hulstijn, K. P., Stam, C. J., Hendriks, V. M., &vandenBrink, W. Two new neurophysiological indices of cocainecraving: Evoked brain potential sandcue modulated startle reflex. *Journal of Psychophar macology*, 2004, 18(4): 544—552.

16. Fu, L. P., Bi, G. H., Zou, Z. T., Wang, Y., Ye, E. M., Ma, L., &Yang, Z. Impaired respons einhibition function in abstinen thero independents: An fMR Istudy. *Neuroscience Letters*, 4382008, (3): 322—326.

17. Han, D. H., Bolo, N., Daniels, M. A., Arenella, L., Lyoo, I. K., &Renshaw, P. F. Brainactivity anddesire for Internet video gameplay. *Comprehensive Psychiatry*, 2011, 52(1): 88—95.

18. Hogarth, L., Dickinson, A., Janowski, M., Nikitina, A., &Duka, T. The role of attentional bia sinmediating humandrug-seeking behaviour. *Psychoph armacology*, 2008, 201(1): 29—41.

19. Iacono, W. G., Malone, S. M., &McGue, M. Sub stance use disorders, externalizing psychopathology, and P300 event-related potential amplitude. *International Journal of Psychophysiology*, 2003, 48 (2): 147—178.

20. Janes, A. C., Pizzagalli, D. A., Richardt, S., Frederick, B. deB., Chuzi, S., Pachas, G., …Kaufman, M. J. Brain reactivity to smoking cues prior to smoking cessation predictsability tomaintain tobaccoabstinence. *Biological Psychiatry*, 2010, 67(8): 722—729.

21. Kim, E. J., Namkoong, K., Ku, T., &Kim, S. J. The relation ship between online game addiction and aggression, self-control and narcissistic personality traits. *European Psychiatry*, 2008, 23 (3): 212—218.

22. Ko, C. H., Liu, G. C., Hsiao, S., Yen, J. Y., Yang, M. J., Lin, W. C. Chen, C. S. Brain activities associated with gaming urge of online gaming addiction. *Journal of Psychiatric Research*, 2009, 43 (7): 739—747.

23. Ko, C. H., Yen, J. Y., Yen, C. F., Chen, C. S., &Chen, C. C. The association between Internet addiction and psychiatric disorder: Areview of the literature. *European Psychiatry*, 2012, 27(1): 1—8.

24. Kok, A. On the utility of P3 amplitudeasa measure of processing capacity. *Psychophysiology*, 2001, 38(3): 557—577.

25. Lam, L. T., Peng, Z. W., Mai, J. C., &Jing, J. Factors associ ated with Internet addiction among adolescents. *Cyber Psychology and Behavior*, 2009, 12(5): 551—555.

26. Meerkerk, G. J., van DenEijnden, R. J. J. M., Franken, I. H. A., &Garretsen, H. F. L. Is compulsive internet use relatedtosensitivity to reward and punishment, and impulsivity? *Computers in Human Behavior*, 2010, 26(4): 729—735.

27. Metcalf，O.，& Pammer，K. Attentional bias inexcessive massively multiplayer online role-playing gamersusing amodified Strooptask. *Computer sin Human Behavior*，2011，27(5)：1942—1947.

28. Montgomery，C.，Field，M.，Atkinson，A. M.，Cole，J. C.，Goudie，A. J.，&Sumnall，H. R. Effects of alcohol preload on attentional bias toward scocaine-relatedcues. *Psychopharmacology*，2010，210 (3)：365—375.

29. Papageorgiou，C. C.，Liappas，I. A.，Ventouras，E. M.，Nikolaou，C. C.，Kitsonas，E. N.，Uzunoglu，N. K.，&Rabavilas，A. D. Long-term abstinence syndrome in hero inaddicts：Indices of P300 alterati on sassociated with a short memory task. *Progressin Neuro-Psychopharmacologyand Biological Psychiatry*，2004，28(7)：1109—1115.

30. Pawlikowski，M.，&Brand，M. Excessive Internet gaming and decision making：Do excessive World of Warcraft players have problems indecision making under risky conditions? *Psychiatry Research*，2011，188(3)：428—433.

31. Petry，N. M. (2011). Commentary on Van Rooij et al：'Gaming addiction'-apsychiatric disorder or not? . *Addiction*，2011，106(1)：213—214.

32. Robbins，T. W. Chemistryof themind：Neurochemical modulation-of prefrontal cortical function. *The Journal of Comparative Neurology*，2005，493(1)：140—146.

33. Shaw，M.，&Black，D. W. Internet addiction：Definition，assessment，epidemiology and clinical management. *CNSDrugs*，2008，22 (5)：353—365.

34. Steinberg，L. Asocial neuro science perspective on adoles cent risk-taking. *Developmental Review*，2008，28(1)：78—106.

35. Sun，D. L.，Chen，Z. J.，Ma，N.，Zhang，X. C.，Fu，X. M.，&Zhang，D. R. Decision-making and prepotent response inhibition function sine

xcessive internet users. *CNSSpectr*，2009，14(2)：75—81.

36. Thalemann，R.，Wölfling，K.，&Grüsser，S. M. Specific cue reactivity oncomputer game-related cuesin excessive gamers. *Behavioral Neuroscience*，2007，121(3)：614—618.

37. vandeLaar，M. C.，Licht，R.，Franken，I. H. A.，&Hendriks，V. M. Event-related potentials indicate motivational relevance of cocainecues inabstinent cocaineaddicts. *Psychopharmacology*，2004，177(1—2)：121—129.

38. vanHolst，R. J.，Lemmens，J. S.，Valkenburg，P. M.，Peter，J.，Veltman，D. J.，&Goudriaan，A. E. Attentional bias and disinhibition toward gaming cuesare related to problem gaming inmale adolescents. *Journal of Adolescent Health*，2011，50(6)：541—546.

39. vanMeel，C. S.，Heslenfeld，D. J.，Oosterlaan，J.，&Sergeant，J. A. Adaptive control deficits inattention-deficit/hyper activity disorder (ADHD)：The role of error processing. *Psychiatry Research*，2007，151(3)：211—220.

40. Weinstein，A.，&Lejoyeux，M. Internet addiction or excessive inter netuse. *The American Journal of Drugand Alcohol Abuse*，2010，36(5)：277—283.

41. Wrase，J.，Schlagenhauf，F.，Kienast，T.，Wüstenberg，T.，Bermpohl，F.，Kahnt，T.，Heinz，A. Dysfunction of reward processing correlates with alcohol craving indetoxifiedal coholics. *Neuroimage*，2007，35(2)：787—794.

42. Xiong，J. Y.，&Yao，L. Y. *Theres earch of event-related potential sinworking memory of the juvenileinternet addiction*. Paper presented at the 2010 International Conferenceon E-Health Networking，Digital Ecosystemsand Technologies，Shenzhen，China，2010，April.

43. Young，K. S. Internet addiction：The emergence of anewclinicald-

isorder. *Cyber Psychology and Behavior*，1998，1(3)：237－244.

44. Yu，H. Q.，Zhao，X.，Li，N.，Wang，M. S.，&Zhou，P. Effect of excessive Internet use on the time-frequen cycharacteristic ofEEG. *ProgressinNaturalScience*，2009，19(10)：1383－1387.

45. Zhou，Y.，Lin，F. C.，Du，Y. S.，Qin，L. D.，Zhao，Z. M.，Xu，J. R.，&Lei，H. Gray matter abnormalities in Internet addiction：Avoxel-based morphometry study. *European Journal of Radiology*，2011，79(1)：92－95.

46. Zhou，Z. H.，Yuan，G. Z.，Yao，J. J.，Li，C.，&Cheng，Z. H. Anevent-related potential investigation of deficient inhibitory controlinindividuals with pathological Internet use. *Acta Neuropsychiatrica*，2010，22(5)：228－236.

47. 曹建琴，张慧．网络成瘾测评工具研究进展[J]. 中国健康心理学杂志，2010，18(3)：374－376.

48. 陈侠，黄希庭，白纲．关于网络成瘾的心理学研究[J]. 心理科学进展，2003，11(3)：355－359.

49. 陈小异，吕建国．毒品成瘾的 ERP 研究进展[J]. 成都医学院学报，2009，4(1)：72－76.

50. 戴砷懿，马庆国，王小毅．网络游戏成瘾者对成瘾相关线索的注意偏向：一项 ERP 研究[J]. 心理科学，2011，34(6)：1302－1307.

51. 杜贵金．青少年网络游戏成瘾者静息态 BOLD-fMRI 研究[D]. 泰山医学院硕士学位论文，2011.

52. 杜万萍，刘军，高雪屏等．网络成瘾大学生脑功能性磁共振成像特点[J]. 中南大学学报(医学版)，2011，36(8)：744－749.

53. 高文斌，陈祉妍．网络成瘾病理心理机制及综合心理干预研究[J]. 心理科学进展，2006，14(4)：596－603.

54. 郭莲荣，梅松丽，张明．大学生感觉寻求人格特质与网络成瘾[J]. 教育科学，2009，25(3)：57－61.

55. 贺金波，郭永玉，柯善玉等．网络游戏成瘾者认知功能损害的ERP研究[J]. 心理科学，2008，31(2)：380－384.

56. 贺金波，郭永玉，向远明．青少年网络游戏成瘾的发生机制[J]. 中国临床心理学杂志，2008，16(1)：46－48.

57. 黄敏，钱若兵，傅先明等．网络游戏成瘾者相关脑区功能定位的fMRI研究[J]. 中华神经医学杂志，2010，9(2)：167－171.

58. 金璞，傅先明，钱若兵等．青少年网络成瘾的事件相关电位N400研究[J]. 立体定向和功能性神经外科杂志，2009，21(6)：333－335.

59. 梁三才，游旭群．网络成瘾者情感决策能力的对照研究[J]. 中国临床心理学杂志，2010，18(5)：597－599.

60. 刘军．网络成瘾发生机制的神经影像学研究[D]. 中南大学博士学位论文，2009.

61. 刘勤学，方晓义，周楠．青少年网络成瘾研究现状及未来展望[J]. 华南师范大学学报(社会科学版)，2011，(3)：65－70.

62. 刘树娟，张智君．网络成瘾的社会－心理－生理模型及研究展望[J]. 应用心理学，2004，10(2)：48－54.

63. 齐印宝．网络成瘾者前额叶功能异常：事件相关电位MMN和静息态fMRI的研究[D]. 安徽医科大学硕士学位论文，2011.

64. 钱若兵，傅先明，韩晓鹏等．青少年网络游戏成瘾的功能性磁共振成像研究[J]. 立体定向和功能性神经外科杂志，2008，21(4)：207－211.

65. 唐志红，周世杰．网络成瘾青少年的心理特点研究[D]. 中国临床心理学杂志，2009，(2)：164－166.

66. 王智，江琦，张大均．网络成瘾者的编码和再认实验研究[J]. 心理发展与教育，2008，24(1)：106－112.

67. 尉胜男，孙学进，朱守艳．网络成瘾的神经影像学研究进展[J]. 磁共振成像，2010，1(5)：392－396.

68. 郁洪强，汪曦，赵欣等．网络成瘾患者的EEG小波熵与复杂度特征分析[J]. 中国生物医学工程学报，2009，28(1)：157－160.

69. 郁洪强，赵欣，刘海婴等. 过度使用互联网对脑电时频特性的影响研究[J]. 自然科学进展，2009，19(4)：456－461.

70. 张传柱. 网络成瘾者抑制能力的对照研究[J]. 中国健康心理学杂志，2010，18(6)：652－653.

71. 张智君，赵均榜，张锋等. 网络游戏过度使用者的注意偏向及其ERP特征[J]. 应用心理学，2009，14(4)：291－296.

72. 赵仑，高文彬. 网络成瘾患者早期面孔加工N170的研究[J]. 航天医学与医学工程，2007，20(1)：72－74.

73. 郑希付. 网络成瘾者不同情绪状态下的认知加工特征[J]. 心理学报，2009，41(7)：630－638.

第九章 互联网焦虑研究述评[①]

雷雳 李富峰

随着互联网的普及和使用，互联网焦虑逐渐引起研究者的关注。本研究在总结以往研究文献的基础上，首先从计算机焦虑和互联网焦虑的概念比较、测量方法和目前的相关研究等方面阐述了互联网焦虑的特点；然后对相关研究领域存在的问题进行了分析，并对未来可以开展的研究方向进行了阐述；最后对互联网焦虑的预防和干预提出了几点建议。

焦点阅读：

互联网焦虑定义；

互联网焦虑的测量包括两种形式；

互联网焦虑的影响因素：性别、年龄、计算机焦虑、互联网经验、自我效能感等；

未来的研究方向；

对互联网焦虑的预防和处理的建议和对策。

关键词：

互联网焦虑(Internet anxiety)；计算机焦虑(computer anxiety)；测量(measurement)；心理研究(Psychological research)

① 本文已发表于《北京邮电大学学报(社会科学版)》2012年第3期。

9.1 引言

随着互联网技术的发展和普及，互联网很快渗透到人们生活的各个方面。比如，许多国家将互联网应用于教育系统，教师的教学方式和学生的学习方式都发生了很大变化。很多企业扩展了网络激活服务的数量和类型，一些新型的以网络为基础的商业服务也逐渐兴起。在个体生活中，网络购物逐渐成为人们所接受的消费渠道。据我国最新调查结果，截至2011年年底，我国网民规模达到5.13亿人，互联网普及率达到38.3%，超过全球平均水平(中国互联网络信息中心，2012)。

但是在互联网逐渐普及的大趋势下，研究发现，仍然有很多人在面对计算机和互联网时存在焦虑、紧张、不安等消极情绪，并对计算机和互联网产生回避行为，影响个体的心理发展和社会适应(Bozionelos，2001；Karavidas，Lim，& Katsikas，2005；Susskind，Bonn，& Dev，2003；Thatcher，Loughry，Lim，& McKnight，2007)。近年来互联网焦虑得到研究者较多的关注，并取得了一些初步的研究结果，本研究总结以往研究结果，阐述互联网焦虑的特点，并在此基础上对互联网焦虑的预防和干预提出几点建议。

9.2 互联网焦虑的概念

“互联网焦虑”(Internet Anxiety)最先由Presno(1998)提出，是指个体在面对互联网和使用互联网时产生的忧虑、害怕、紧张等消极情绪。它与计算机焦虑的概念接近，是计算机焦虑研究的扩展。

互联网焦虑和计算机焦虑是否一致是研究者一直关注的问题。但是，正如Sun(2008)所强调的那样，两者的联系和区别还没有得到充分地描述。根据以往文献，我们从概念描述、焦虑性质和焦虑来源三个方面进行总结。

从概念描述上看，两者都是面对新技术时体验到的忧虑，表现为一种消极的心理体验，并且导致回避或退缩行为，区别在于引起焦虑情绪的实体不一样。计算机焦虑是指个体在使用或者在想象使用计算机及其相关技术时被唤醒的消极情绪和认知(Bozionelos，2011)。而互联网焦虑是个体使用互联网时体验到的害怕、担忧等情绪。

从性质上看，互联网焦虑的定性受到计算机焦虑性质的影响。计算机焦虑的性质一直存在争议，争议的核心在于状态和特质之分，主要存在三种观点。第一种观点认为计算机焦虑是状态性的，是对计算机特定情境的反应(Barbeite & Weiss，2004；Chua，Chen，& Wong，1999)。第二种观点强调计算机焦虑是一种特质焦虑，并且当特质焦虑和压力情境相一致的时候(如，面对计算机的情境)，特质焦虑会增强状态焦虑(Deane，Henderson，& Barrelle，1995；Gaudron & Vignoli，2002)。第三种观点认为计算机焦虑既有特质焦虑的成分又有状态焦虑的成分(李宏利，2004)。最近的研究支持第二种观点，认为计算焦虑是一种特质焦虑(Baloğlu & Çevik，2008；Beckers，Wicherts，& Schmidt，2007)。互联网焦虑的性质也存在相似的争议。Sun(2008)认为，与计算机焦虑性质的最新结论一样，互联网焦虑也是一种与互联网相关的稳定的特质。有的研究者有不同的观点，认为计算机焦虑是针对计算机的一般性的稳定的害怕。而互联网焦虑则更依赖于情境，反映的是对当前的信息技术的恐惧，更接近于状态焦虑(Thatcher et al.，2007)。互联网焦虑是一种状态焦虑还是一种特质焦虑，或者是否是一种状态成分和特质成分并存的焦虑，这需要更多的研究证实。

从焦虑来源看，两者都包含着人机互动引起的焦虑。计算机焦虑是用户对计算机及其应用技术的恐惧和担忧，基本上是人机互动(Sun，2008)引起的焦虑。互联网以计算机为接口，用户的计算机技术影响着其对互联网的使用，因此，互联网焦虑也存在人机互动引起的焦虑成分。但是除了人机互动引起的焦虑外，由于互联网对计算机功能的改变或改善，互联网焦虑的来源也更为复杂。互联网具有单台计算机所没有的功能，如通过网络浏览器链接超文本文件、非线性的搜索信息、聊天室和邮件等，可以看出，它同时具有人机交往和人际交往的交互性的功能。新的功能受到大部分使用者的高度欢迎，但是对一些个体来说可能会引起焦虑体验(Chou，2003；Presno，1998；Sun，2008；Thatcher et al.，2002)。所以，互联网焦虑既包含着对技术的恐惧，也包含着对互联网内容的恐惧，是比计算机焦虑更复杂的情绪体验。

9.3 互联网焦虑的测量

现有的互联网焦虑的测量一般采取自我报告式的问卷调查法，总结起来，主要存在着两种不同的思路。

第一种思路侧重于互联网焦虑和计算机焦虑的区别，结合计算机焦虑的测量工具，开发互联网焦虑的测量问卷(Presno，1998；Chou，2003；Wang，2007)。

Presno(1998)互联网焦虑划分为信息术语焦虑、网络搜索焦虑、网络时间延迟焦虑、网络失败者的总体恐惧四个方面，并据此编制了测量问卷。

Chou(2003)根据在前人研究的基础上，结合计算机焦虑的测量量表，制定了台湾高中教师的互联网焦虑的测量量表。研究显示，该量表具有良好的信度和效度。

第二种测量思路更多的考虑计算机焦虑和互联网焦虑共同的成分，依据计算机焦虑的测量模型，直接修订互联网焦虑的测量问卷(Thatcher et al.，2007；Sun，2008；Joiner，Gavin，Duffield，Brosnan，Crook，Durndell，… & Lovatt，2005；Joiner，Brosnan，Duffield，Gavin，& Maras，2007)。但是，依据不同，研究结果也不同。Joiner et al(2007)在最终的结果解释中也提到测量工具的效度不够，导致一些结果出现了偏差。而Sun(2008)的结果显示所改编的互联网焦虑测量量表具有良好的信度和效度。

9.4　互联网焦虑的特点

互联网焦虑是影响人们接受和使用互联网技术的重要因素。因此，在以往研究中，研究者主要致力于探索影响互联网焦虑的相关因素，以期对互联网焦虑有所预防和干预。总体来说，研究的因素主要包括两个方面，一是年龄和性别对互联网焦虑的影响；二是计算机焦虑、互联网经验、自我效能感等因素与互联网焦虑的关系。

一方面，以往的研究中，性别和年龄是研究者考察最多的变量。大多数研究者都认为中老年人接受新事物的能力比年轻人弱，更容易产生互联网焦虑。在性别上，多数研究显示女性比男性的互联网焦虑水平更高(Chou，2003；Joiner，Brosnan，Duffield，Gavin，& Maras，2007；Sun，2008)，但是，也有少数研究不支持这一结论，发现性别差异不显著(Joiner，et al.，2005)。最近，有研究发现，与生理性别相比，心理性别即个体的男性特征和女性特征是预测计算机焦虑的更好的指标(Todman & Day，2006)。

另一方面，除了性别和年龄变量，研究者还关注了计算机焦虑、互联网经验、自我效能感等其他相关因素，并获得了初步的结果。首先，Thatcher 等人(2007)发现计算焦虑和互联网焦虑有中等程度的相关，并且能够显著地预测互联网焦虑。计算机焦虑水平高的个体使用互联网的过程中也更容易出现焦虑体验。相似的，Durndell 等人(2002)发现计算机焦虑水平低的个体对互联网有更积极的态度，会更长时间地使用互联网。

其次，互联网经验与互联网焦虑有显著的相关。Chou(2003)将用户每周的上网时间作为互联网经验的测量指标，发现互联网经验与互联网焦虑呈显著的负相关，用户使用互联网的时间越长，其互联网焦虑水平越低。有的研究者将使用次数和效果作为测量指标，并且认为第一次使用经验更重要(Beckers et al.，2007；Saadé，& Kira，2007)。Beckers 等人(2003)

发现如果首次使用计算机经验是失败的，那么积累的经验再多，计算机焦虑水平仍然会很高。因此，第一次上网的经历对以后互联网使用也有很大的影响。

再次，互联网自我效能感和互联网焦虑。自我效能感和焦虑是关系很密切的两个因素，甚至有的研究者将自我效能感和焦虑看作一个因素，在计算机焦虑的测量中包含自我效能感的成分(Beckers，J. J.，& Schmidt，2001；Levine，T.，& Donitsa-Schmidt，1998)。杨琨(2007)发现计算机焦虑和计算机自我效能感有显著的负相关。Sun(2008)发现互联网自我效能感与互联网焦虑也存在显著的负相关，高互联网自我效能感的用户在互联网使用中的焦虑水平也相对较低。

最后，Joiner等人(2005，2007)的研究发现互联网认同和互联网焦虑呈显著的负相关。互联网认同是指个体自我概念与其知觉到的互联网能力相联系的程度。研究发现互联网认同程度越高，互联网焦虑水平就越低。同时，互联网认同和互联网焦虑都与互联网使用有显著的相关性。

互联网焦虑的研究大多处于探索性的研究，有些研究基本上是沿用计算机焦虑的研究框架，如Joiner等人(2005)。但是，这些研究结果可以为互联网焦虑的预防和干预提供相应的指导。

9.5 问题及展望

虽然互联网焦虑的发生率并不是很高，Joiner等人(2007)的研究中，只有8%的被试存在这一现象，但是互联网焦虑影响着个体接受和使用互联网。在互联网快速发展的信息社会，这可能会使个体出现适应不良现象，影响其心理健康，因此，互联网焦虑是心理学研究值得关注的课题。

由于互联网焦虑的研究刚刚起步，因此我们认为未来研究需要关注以下四个方面。

首先，互联网焦虑的概念结构。概念结构是整个研究的基础，关系到互联网焦虑的测量和结果解释。以往的研究对互联网焦虑和计算机焦虑的概念结构没有很好的区分，因此，未来研究需要系统地澄清计算机焦虑和互联网焦虑的联系和区别，确定互联网焦虑的结构和性质。

其次，在测量方面，目前存在着测量方法狭窄，问卷依据和结构不一致等问题，未来研究一方面需要开发互联网焦虑的有效测量工具，另一方面可以借鉴情绪实验，进行更为准确的因果研究。

再次，互联网焦虑是多种因素交互影响的复杂的心理结构，因此，未来的研究需要识别有效地相关变量。另外，从研究文献看，互联网焦虑研究缺乏有效的理论依据和解释。在信息技术研究中，理性行为理论、计划行为理论及其扩展理论、技术接受模型等都是解释个体接受和使用新科技的有效理论，计划行为理论及其扩展理论现在也开始引入互联网使用研究(Saadé et al.，2007；崔丽娟，刘琳，2008；杨洋，雷雳，2006)。Saade等人(2007)将焦虑纳入技术接受模型，来考察经验对互联网信息系统有用性知觉的影响。因此，未来的研究需要引入相关的理论有效地解释这一现象，为互联网焦虑的干预提供依据。

最后，互联网焦虑研究的被试群体问题。以往的研究中，被试基本上都是大学生样本，只有一个研究的被试为企业员工。被试年龄均在18岁以上，有两个研究的被试平均年龄为22岁和23岁。Sun(2008)的研究采取了分层取样的方法，在18岁以上的5个年龄层面选取被试，扩大了被试群体。但是以往的研究没有关注青少年群体。随着互联网的发展，互联网群体的年轻化趋势日渐明显，截至2011年12月底，我国10～19岁的年轻网民占所有网民比例的26.7%，约为1.37亿(中国互联网络信息中心，2012)，是互联网使用的第二大群体，也是互联网使用的潜力群体，因此，青少年的互联网使用应该得到足够的关注。Weber等人(1999)提到用户可能在使用互联网时都会有不同的舒适水平，并且需要一段从事互联网交往和交易的适应时间，在这段适应期内，互联网恐惧可能会出现(Susskind et al.，2003)。很多青少年是初次接触网络或接触网络的时间不长，在使用互联网时很可能会有焦虑体验，因此，青少年的互联网焦虑的研究需要引起重视。

9.6 建议与对策

互联网焦虑是一种复杂的心理现象，受到个人因素、互联网环境因素等多种因素的影响。根据以往的研究结论，我们可以在互联网技术的推广和使用中注意以下几点：

第一，性别和年龄是互联网焦虑的重要影响因素。初学者、女性和中老年人可能是互联网焦虑的高发人群，因此，对互联网技术推广人员来说，应针对不同的人群安排相应的技术培训。对互联网焦虑水平高的群体，培训人员更要耐心热情，照顾其心理感受，实行少量多次的培训方式。对个体用户来说，也要认识到自己在接受和使用互联网技术时面临的困难，积极寻求技术人员的帮助，缓解紧张焦虑的情绪。

第二，经验与互联网焦虑关系密切，上网时间和次数的增加有助于缓解互联网焦虑，而第一次上网的经历也会影响用户在互联网使用中的感受。特别是对刚接触互联网的用户来说，需要一段适应期，这段时期内容易体验到互联网焦虑(Susskind et al.，2003；Weber et al.，1999)。因此，对于互联网用户来说，正视自己的第一次使用经验，增加自己的上网时间和次数，多接触和使用互联网，可以预防和缓解互联网焦虑。

第三，焦虑往往由消极的信念引发(Saadé，2007)。互联网自我效能感是用户在使用互联网时的信念，自我效能感低，对使用互联网技术没有信心，使用互联网时就容易产生焦虑情绪，因此，在技术培训中，培训人员首先要鼓励用户积极面对互联网技术，避免用户产生焦虑情绪。对互联网用户来说，面对互联网时，更要树立积极地信念，相信自己能够使用互联网的功能，并在使用中提高使用信心，缓解焦虑情绪。

第四，互联网本身的特点也是引起互联网焦虑的重要来源，如术语多，造成理解困难，引发焦虑情绪；互联网信息种类繁多，容量大，超出人们所承受的能力，容易出现网络搜索焦虑现象；网络拥堵，病毒入侵，造成网络焦虑等。因此，政府和技术人员应重视互联网技术的平民化普及，建设和疏通"信息高速公路"，管理网络信息，为网络用户提供方便。同时，用户也要积极学习，提高互联网使用技术，避免和降低焦虑情绪。

参考文献

1. Baloğlu, M., & Çevik, V. Multivariate effects of gender, ownership, and the frequency of use on computer anxiety among high school students. *Computers in Human Behavior*, 2008, 24(6): 2639—2648.

2. Barbeite, F. G., & Weiss, E. M. Computer self-efficacy and anxiety scales for an Internet sample: testing measurement equivalence of existing measures and development of new scales. *Computers in Human Behavior*, 2004, 20(1): 1—15.

3. Beckers, J. J., Wicherts, J. M., & Schmidt, H. G. Computer anxiety: "trait" or "state"? . *Computers in Human Behavior*, 2007, 23(6): 2851—2862.

4. Beckers, J. J., & Schmidt, H. G. The structure of computer anxiety: a six-factor model. *Computers in Human Behavior*, 2001, 17(1): 35—49.

5. Bozionelos, N. Computer anxiety: relationship with computer experience and prevalence. *Computers in human behavior*, 2001, 17(2): 213—224.

6. Chua, S. L., Chen, D. T., & Wong, A. F. Computer anxiety and its correlates: a meta-analysis. *Computers in human behavior*, 1999, 15(5): 609—623.

7. Chou, C. Incidences and correlates of Internet anxiety among high school teachers in Taiwan. *Computers in Human Behavior*, 2003, 19(6):

731—749.

8. Deane, F. P., Henderson, R. D., & Barrelle, K. Construct validity of computer anxiety measured by the computer attitudes scale. *Advances in Human Factors/Ergonomics*, 1995, (20): 581—586.

9. Durndell, A., & Haag, Z. Computer self efficacy, computer anxiety, attitudes towards the Internet and reported experience with the Internet, by gender, in an East European sample. *Computers in human behavior*, 2002, 18(5): 521—535.

10. Gaudron, J. P., & Vignoli, E. Assessing computer anxiety with the interaction model of anxiety: development and validation of the computer anxiety trait subscale. *Computers in Human Behavior*, 2002, 18(3): 315—325.

11. Joiner, R., Gavin, J., Duffield, J., Brosnan, M., Crook, C., Durndell, A., ... & Lovatt, P. Gender, Internet identification, and Internet anxiety: Correlates of Internet use. *CyberPsychology & Behavior*, 2005, 8(4): 371—378.

12. Joiner, R., Brosnan, M., Duffield, J., Gavin, J., & Maras, P. The relationship between Internet identification, Internet anxiety and Internet use. *Computers in Human Behavior*, 2007, 23(3): 1408—1420.

13. Karavidas, M., Lim, N. K., & Katsikas, S. L. The effects of computers on older adult users. *Computers in human behavior*, 2005, 21(5): 697—711.

14. Levine, T., & Donitsa-Schmidt, S. Computer use, confidence, attitudes, and knowledge: A causal analysis. *Computers in human behavior*, 1998, 14(1): 125—146.

15. Presno, C. Taking the byte out of Internet anxiety: instructional techniques that reduce computer/Internet anxiety in the classroom. *Journal of educational computing research*, 1998, 18(2): 147—161.

16. Saadé, R. G. , & Kira, D. Mediating the impact of technology usage on perceived ease of use by anxiety. *Computers & education*, 2007, 49 (4): 1189—1204.

17. Susskind, A. M. , Bonn, M. A. , & Dev, C. S. To look or book: An examination of consumers' apprehensiveness toward Internet use. *Journal of Travel Research*, 2003, 41(3): 256—264.

18. Sun, S. An examination of disposition, motivation, and involvement in the new technology context computers in human behavior. *Computers in Human Behavior*, 2008, 24(6): 2723—2740.

19. Thatcher, J. B. , Loughry, M. L. , Lim, J. , & McKnight, D. H. Internet anxiety: An empirical study of the effects of personality, beliefs, and social support. *Information & Management*, 2007, 44(4): 353—363.

20. Thatcher, J. B. , & Perrewe, P. L. An empirical examination of individual traits as antecedents to computer anxiety and computer self-efficacy. *Mis Quarterly*, 2002, 381—396.

21. Todman, J. , & Day, K. Computer anxiety: the role of psychological gender an empirical examination of individual traits as antecedents to computer anxiety and computer self-efficacy. *Computers in Human Behavior*, 2006, 22(5): 856—869.

22. Wang, Y. S. Development and validation of a mobile computer anxiety scale. *British Journal of Educational Technology*, 2007, 38(6): 990—1009.

23. Weber, K. , & Roehl, W. S. Profiling people searching for and purchasing travel products on the World Wide Web. *Journal of travel research*, 1999, 37(3): 291—298.

24. 崔丽娟，刘琳．大学生使用 BBS 的心理因素研究[J]．心理科学，2008，31(1)：205—209.

25. 李宏利．计算机焦虑的研究进展[J]. 中国心理卫生杂志，2004，18(7)：483－485.

26. 杨琨．计算机焦虑与计算机自我效能感的关系[J]. 石家庄职业技术学院学报，2007，19(6)：48－50.

27. 杨洋，雷雳．影响大学生参与网上招聘意向的因素模型[J]. 应用心理学，2006，12(1)：36－42.

28. 中国互联网络信息中心．第 29 次中国互联网络发展状况调查统计报告[R]，2012.

第十章　网络社交存在较低的社交焦虑水平吗？[①]

贺金波　陈昌润　贺司琪　周宗奎

网络时代引发了现代人社交方式的改变，特别是年轻人更加偏爱网络社交方式。已有研究发现较之面对面的现实社交，非面对面的网络社交有较小的社交压力，存在较低的社交焦虑水平。研究者分别从自我表露、评价恐惧、成就动机和行为抑制系统四个方面对这个现象进行了解释。但总体来看，这些解释还缺乏更加统合的理论架构和客观的实验研究结果的支持。

焦点阅读：

网络社交能够降低现实社交焦虑水平，同时促进人际交往质量；

网络社交能够降低个体的焦虑水平的四种心理学解释：自我表露、评价恐惧、成就动机和行为抑制系统；

当前研究中存在的问题和不足以及未来的研究方向。

关键词：

网络交往(Online Interaction)；现实交往(Face-to-face Interaction)；社交焦虑(Social Anxiety)

10.1　引言

人的行为都是有目的的，受动机的影响和支配。一般来说，动机越强，

① 本文已发表于《心理科学进展》2014 年第 2 期。

对行为结果的期望越高，行为中的压力和焦虑感就越大。由于社会交往能满足人的多种需要(物质获取、安全保障、爱与归属、自尊等)，人在社会交往中自然存在多种复杂的动机，社交焦虑也就在所难免，只是具有不同人格特征的人焦虑程度存在差异(Rice&Markey，2009)。与此同时，社交情境和交往方式也会对社交焦虑水平产生影响(High& Caplan，2009；Rice& Markey，2009；Wang，Jackson，& Zhang，2011)。自20世纪后期以来，伴随着网络的飞速发展，人们的社交方式也在发生深刻的变革。发展至今，现在多数人的社交活动至少存在两种不同的方式，即面对面的现实社交和非面对面的网络社交。相对于传统的现实社交，网络社交是一种以文本、虚拟图像为主要交流符号，通过社交网络(Social Networking Services，SNS)进行信息沟通的交往方式(卜荣华，2010；Okdie，Guadagno，Bernieri，Geers，&McLarney-Vesotski，2011；Yenetal.，2012)。国外学者多用“计算机媒介沟通”(Computer-mediated Communication，CMC)、“在线交流”(Online Communication)等概念进行界定(平凡，韩磊，周宗奎，2012)。随着低价智能手机的普及和互联网逐渐“社交化”，网络社交在整个社交结构中的比例越来越大。尤其对于青少年来说，他们更偏爱网络社交方式(Valkenburg&Peter，2007)。至于偏爱的原因，许多研究者认为可能是由于网络社交比现实社交存在较低的焦虑水平。已有多种心理学理论对这一观点进行解释，我们试图从现象的论证和理论两个方面对相关研究进行综述。

10.2 网络社交存在低焦虑水平的证据

10.2.1 网络社交情境下的低焦虑体验

一些研究者单独关注网络社交情境下被试报告的社交焦虑体验。Weidman等(2012)对108名被试进行网络问卷调查，测量他们在网络社交情境下的主观焦虑水平，结果发现大部分被试报告网络社交时的压力感和焦虑感都很低。Weidman 等(2012)因此认为，网络社交中较低的心理压力有助于降低网络交往者的社交焦虑水平。Erwin，Turk，Heimberg，Fresco 和 Hantula(2004)对 434 名大学生进行了问卷调查，他们根据 Liebowitz 社交焦虑量表(Liebowitz Social Anxiety Scale，LSAS)得分将被试分为高、低社交焦虑两组，同时调查被试投入到网络社交的时间、频率和焦虑水平。结果发现，现实社交焦虑水平与网络社交时间之间存在显著的正相关。相比于低现实社交焦虑者，高现实社交焦虑者参与网络社交的频率更高，时间更长。而网络社交时间与网络社交焦虑水平之间存在显著的负相关。Erwin 等(2004)据此推测，由于在网络社交中有较低的焦虑体验，现实社交焦虑者更倾向于在低焦虑的网络社交中进行社交活动。High 和 Caplan(2009)也采用问卷调查的方式对高、低现实社交焦虑者在网络社交情境下的焦虑体验进行研究，结果发现，比起低社交焦虑者，高社交焦虑者在网络社交中的焦虑水平降低程度更大，社交满意度更高。Desjarlais 和 Willoughby(2010)对 1050 名加拿大高中生进行了一项为期四年的纵向研究，发现现实社交焦虑水平较高的青少年，报告在网络社交中体验到较现实社交更高的友谊质量和更低的社交焦虑水平。进一步访谈时，被调查的青少年被试普遍反映：“网络社交是与同伴交往更为舒适的方式，希望以后通过网络社交进一步维持良好的同伴关系。”

10.2.2　与现实社交比较，网络社交情境下的焦虑水平较低

另一些研究者对网络社交和现实社交情境下的焦虑水平进行了比较研究。Yen 等(2012)采用量表筛选出高、低现实社交焦虑组被试，让他们分别基于模拟的网络社交和现实社交情境，对《简版负性评价恐惧量表》进行项目反应。结果显示，两组被试对社交活动的负性评价恐惧水平，均是网络情境显著低于现实情境。再以现实情境减去网络情境的差值为指标进一步统计分析发现，高现实社交焦虑组的差值显著大于低现实社交焦虑组。负性评价恐惧是反映社交焦虑的一种重要指标，因而该研究说明了，虽然低现实社交焦虑者在网络社交情境下也会体验到显著低于现实社交的焦虑

水平，但高社交焦虑者的这种体验落差幅度更大。High 和 Caplan(2009)还采用被试间设计，将量表筛选出的高、低现实社交焦虑组被试随机分配到实验室条件下的网络社交和现实社交情境，模拟结束后让交往双方对同伴在社交活动中的焦虑水平进行主观互评。结果发现，无论是高，还是低现实社交焦虑组，交往双方感知到的同伴社交焦虑水平均存在两种社交情境的显著差异，即现实社交情境下的焦虑水平显著高于网络社交情境。同时发现，网络社交情境下交往双方感知到的同伴社交满意度显著高于现实社交情境。Rice 和 Markey(2009)采用与 High 和 Caplan(2009)相似的实验设计，不同之处在于将被试的社交同伴换成接受过良好训练的实验助手，以提高对焦虑水平的评估效度。结果发现，在网络社交情境下，被试报告的社交焦虑水平显著低于现实社交情境。

10.2.3 经常参与网络社交有助于降低现实社交焦虑水平

还有一些研究者认为，网络社交活动给现实社交焦虑者锻炼社交技能提供了良好的条件，如果能成功将网络社交中学习到的社交技能迁移到现实社交中，将有助于改善他们在现实生活中的社交焦虑症状(Bonetti, Campbell, &Gilmore, 2010)。Valkenburg 和 Peter(2007)认为，成功的网络社交体验伴随着社交焦虑者自我表露倾向和表达能力的增强，让他们学会在现实社交中如何更恰当和更充分地展现自己。Desjarlais 和 Willoughby(2010)先让一些男性社交焦虑青少年与同伴进行一段时间的网络交往，再测量他们的现实社交焦虑水平，结果发现，这些青少年通过网络社交不仅降低了其在现实社交活动中的焦虑水平，而且还提高了同伴友谊质量。这些青少年报告自己可以“逐渐学会像网络社交那样，在现实社交中向同伴表达自己的想法并给予同伴回应”。Markovitzky, Anholt 和 Lipsitz(2012)将高现实社交焦虑者随机分配到网络社交活动组和非网络社交控制组，一段时间后让两组被试同时进行现实社交活动，并测量其社交焦虑水平，结果显示，网络社交活动组被试报告的现实社交焦虑水平显著低于控制组，表明前期的网络社交有利于减轻后期的现实社交焦虑水平。

在社交焦虑的治疗领域，有研究者采取网络认知行为疗法(Internet-based cognitive behavior therapy，ICBT)帮助患者提高现实社交中的自我表露水平，并将习得的社交技能和认知模式迁移到现实社交中(Hedman，Andersson，etal.，2011)。该疗法大体上分为三步：认知重建、技能训练和预防复发(Lehenbauer，Kothgassner，Kryspin-Exner，&Stetina，2012)。先让社交焦虑者在一些精心设计的网络课堂模块中进行自主学习，模块涵盖不同的主题，如负性社交情境呈现、恰当社交行为示例、认知重建、注意力训练等，并且配备自学所需的说明材料和与现实社交情境相关的课后作业。完成模块学习后，社交焦虑者通过邮件、电话等非面对面形式将学习感受和作业一并反馈给治疗师，或在同样接受这一疗法的网络社交团体内部进行分享，最后由治疗师作出是否进行下一模块学习的指示。与不接受该疗法的控制组被试相比，现实社交焦虑者通过该疗法的学习后，现实社交焦虑水平显著降低，现实社交关系质量和满意度显著提高，并且这样的积极效果具有不同时间程度的持续性(Berger，Hohl，&Caspar，2009；Carlbringetal.，2007；Hedman，Furmark，etal.，2011)。研究者还发现，青少年现实社交焦虑者如果主动将网络用于社交用途，将有利于降低其现实社交焦虑水平，如果将网络作为“冲浪工具”和“游戏工具”，则反而可能增加其现实社交焦虑水平(Selfhout，Branje，Delsing，terBogt，&Meeus，2009)。

10.3　网络社交存在低焦虑水平的理论

上述研究采用不同设计，得到了相同的结论：网络社交确实存在较低的社交焦虑水平。为什么会存在这种现象？有研究者分别从自我表露、评价恐惧、成就动机和行为抑制系统四个方面对此进行了心理学解释。

10.3.1　自我表露

社交焦虑者通常以“观察者视角”来审视和评价自己，从而形成扭曲的自我表征，并认为他人也会觉察到这种表征(刘洋，张大均，2010)。研究发现，高社交焦虑者存在更消极的自我表征，并倾向于将社交表现同自我表征相联系：自己社交表现不佳，说明自己本不擅长(Hirsch，Mathews，&Clark，2007)。而在社交过程中，高社交焦虑者往往表现出更低的自我表露水平(Weidmanetal.，2012)，并希望借此来维护自我表征。他们认为沉默、回避眼神等行为就不会引起他人注意，进而能够避免糟糕表现的产生(Attrill&Jalil，2011)。而网络社交却可以降低自我意识，改变不良的社交自我表征和增加自我表露的欲望，这些功能源自网络社交的三个特征：匿名性、失同步性和便捷性(Valkenburg&Peter，2011)。谢笑春、孙晓军和周宗奎(2013)认为，网络社交的匿名性可导致个体自我意识减弱，对网络环境的认同感增强。而网络社交的失同步性使个体有足够的时间组织想法并进行表达，能让个体有机会更好地修饰自我表征(Valkenburg&Peter，2011)。此外，网络社交的便携性使个体发布、接收社交信息更加自由，有利于交往双方保持高密度的自我表露(Bane，Cornish，Erspamer，&Kampman，2010)。另外，Mesch和Talmud(2007)认为，网络社交中视、听线索的缺失降低了自我表露的风险，提高了个体的自我表露动机。相对于现实社交，社交焦虑者在网络社交中表现出更高的自我表露水平(Wang，Jackson，&Zhang，2011)。

10.3.2 评价恐惧

研究发现，高社交焦虑者表现出更多的负性评价恐惧(钱铭怡，王慈欣，刘兴华，2006；Wang&Chang，2008)。而Weeks，Heimberg和Rodebaugh(2008)发现，正性评价恐惧与社交焦虑之间也存在显著正相关。在社交焦虑者看来，正性评价意味着他人对自己的社交表现有更高的期望(姚泥沙等，2012)。因此，无论是正性评价恐惧还是负性评价恐惧，都是社交焦虑的核心特征(Weeks，Heimberg，Rodebaugh，&Norton，2008)。认知神经科学的研究也为这个理论提供了证据，如社交焦虑者倾向于将中性面孔知觉为负性面孔(Campbelletal.，2009；Ishikawa，Okamura，

&Okubo, 2012),社交焦虑者对正性面孔存在负性解释偏差(Heuer, Lange, Isaac, Rinck, &Becker, 2010),并且对负性面孔存在注意偏向(Wangelin, Bradley, Kastner, &Lang, 2012; Wieser, McTeague, &Keil, 2012)。网络社交中的评价信息主要以文本形式呈现,相比现实社交中的真实面孔加工来说,网络社交的评价恐惧程度显著降低(Bane, etal., 2010)。Okdie 等(2011)认为,由于网络社交中真实面孔表情的减少,社交焦虑者接收负性面孔表情并作出偏差加工的可能性也进一步降低。Lee 和 Stapinski(2012)的研究也证实了此结论,他们通过实验研究发现,在网络社交中,高现实社交焦虑者体验到更低的评价恐惧。还有研究者通过研究证实,比起面对面直接接收到的评价信息,社交焦虑者认为网络社交中的负性评价是相对间接的,并且评价对焦虑者的影响程度也相对更低(Vassilopoulos&Banerjee, 2008)。

10.3.3 成就动机

社交焦虑者认为旁人是以高要求来衡量他们的社交表现的,由于消极的自我表征,社交焦虑者往往认为自己无法达到这种要求(Rapee&Heimberg, 1997)。有研究证实,网络社交中社交焦虑者的成就动机高于现实社交(High&Caplan, 2009)。Markovitzky 等(2012)也发现,相比低社交焦虑者,高社交焦虑者在网络社交中有更高的成功期望。Hirsch 等(2007)认为,他人的负性评价和自认为糟糕的社交表现不仅验证了原来的自我表征,还会形成下一次更高的社交评价恐惧和更低的成就动机,这种负性经验的循环导致了社交焦虑固着。而高社交焦虑者自我报告相比现实社交,网络社交难度更小。他们因此对网络社交表现有更高的成功期望,认为自己更有可能取得网络社交对象的好感(Okdieetal., 2011)。

10.3.4 行为抑制系统

社交焦虑者怕的就是别人注视他们的一言一行,这种被注视的感觉会增强丘脑皮层和额叶纹状体回路之间的功能联系,进而激活行为抑制系统,导致社交焦虑者回避社交活动(Giménezetal., 2012)。研究发现,行为抑制系统活动水平高的人在遇到让人难堪或感觉被嘲笑的社交情境时，会表现出更高的焦虑水平(Yenetal.，2012)，也更容易注意到负性评价信息(Carver&White，1994)。而网络社交减少了部分令人难堪的社交情境，并且还提供了一种在现实社交中社交焦虑者较少感受到的控制感(Lee&Stapinski，2012)。Yen等(2012)发现，相比于现实社交，网络社交中行为抑制系统激活水平显著降低。Morgan等(2009)认为，网络社交一方面导致行为抑制系统的激活阈限提高，对社会交往的抑制作用减弱；另一方面引起行为激活系统的激活阈限降低，促进了社会交往趋向，这两个方面的作用结合，会促使高社交焦虑者主动寻求网络社交活动。另外，网络社交产生的积极结果，比如微博关注人数增加，也会驱使社交焦虑者进一步投入网络社交，有助于减轻他们的社交焦虑水平(Selfhout，etal.，2009)。

10.4 讨论

网络社交作为一种新的社会交往形式，已经而且还会继续改变人们的社会交往结构和方式。因此，研究网络社会交往的心理特征很有理论和现实价值。由上综述可知，既有研究分别从单独的网络社交情境、网络社交和现实社交情境比较，以及网络社交活动有助于缓解现实社交焦虑三个方面证实了这样一种现象，即较之现实社交，网络社交存在较低的社交焦虑水平。至于导致这个现象的心理机制，一些研究者分别从自我表露、评价恐惧、成就动机和行为抑制系统四个方面进行了解释。但总体来看，这些解释还缺乏系统的理论架构和客观的实验研究结果的支持。

Clark和Wells(1995)、Rapee和Heimberg(1997)认为，预期加工、自我关注和事后加工是社交焦虑认知机制的组成部分。预期加工主要体现在社交焦虑者认为他人对自己的社交表现有过高的要求，自我关注指社交过程中过分注意维护自我表征从而忽视对社交同伴的反馈，事后加工体现在害怕他人的负性评价和通过他人的评价进一步检验自我表征。一个完整的探究社交焦虑的理论应该能从这三个环节系统展开，而既往研究提及的四种理论(自我表露、评价恐惧、成就动机和行为抑制系统)显然还没有与这三个环节连接起来。因此，从认知加工角度来看既有研究关于网络社交焦虑的理论还缺乏系统性。缺乏系统性的第二个方面在于，前面提到的自我表露、评价恐惧、成就动机和行为抑制系统四种解释关注的都是动机水平的问题，没有考虑影响网络社交焦虑水平的其他因素，如 Rice 和 Markey(2009)发现，内向、高神经质的人在网络社交中表现出较现实社交更低的焦虑水平。网络社交是交往者(人)和网络交往环境互动的产物，要研究网络交往中人的社交焦虑水平的变化，必须要把人的特征和网络交往的特征结合起来，研究者需要据此建构能涵盖大部分影响因素的理论模型来对网络社交存在较低焦虑水平进行解释，并通过实证研究检验模型的可靠性。

为此，我们试着提出一个初步的理论模型(见图 10.1)。鉴于少有比较不同人格者网络和现实社交焦虑体验差异的研究，我们还不能冒险作出人格是如何影响网络社交活动焦虑水平的假设，因而没有充分证据支持将人格因素放入这个理论模型中，只把网络特征和交往动机结合起来进行模型建构。我们认为，网络的匿名性有利于鼓励个体大胆进行自我表露，不过分担心所需承担的风险。失同步性和依赖文本形式进行信息交换的特征给个体修饰自我表征创造了良好的条件，便于给社交同伴呈现一个善于社交的印象。这些特征在面孔信息较少出现的网络社交中能有效降低个体的评价恐惧，减少对正性和负性评价信息的加工偏差。对于社交过程中出现的负性文本评价信息，个体可以选择延缓反馈甚至过滤、回避。一旦克服了评价恐惧这关，个体会相信自己能取得社交同伴的好感，对社交结果有更高的成功期望，进而降低社交行为激活阈限，进一步投入网络社交中。同时，这样的社交表现都能让个体验证自我表露的程度和方式是否恰当，并及时进行调整以便在下次网络社交中有更好的表现，形成更高的成就动机。因此，这种良性社交经验的循环可能会逐渐提供给个体在现实社交中缺乏的控制感，降低个体在网络社交中的焦虑水平。

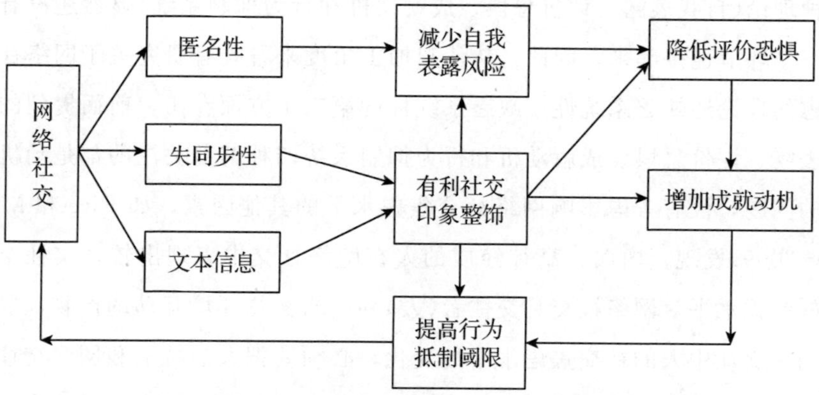

图 10.1　网络社交存在较低焦虑水平的理论模型

焦虑往往伴有情绪和生理指标的变化，所以需要用认知神经科学的方法来研究网络社交的社交焦虑现象，为揭示网络社交焦虑的心理机制提供更加客观可靠的生理学依据。已有相关生理研究证实，在现实社交中，社交焦虑者对面孔表情存在加工偏差。网络社交既存在真实面孔表情加工，也存在非真实面孔表情加工，社交焦虑者在网络社交中如何对这两种表情进行加工还需要进一步研究。如果有实验证据能够证明，与现实社交焦虑相对应的脑区活动在网络社交中发生变化，那么网络社交焦虑水平较低这一结论将更具说服力。比如杏仁核是社交焦虑者机能失调的重要脑区载体，社交焦虑者面对负性表情时，杏仁核活动显著增强(Liaoetal.，2010)，然而目前还不能确定网络社交情境下是否表现出相似的反应。而目前已有研究发现，现实社交情境下社交焦虑者的自我表露、评价恐惧、行为抑制系统等心理机制与相关脑区的反应有关(Qiuetal.，2011；Wieser，Pauli，Alpers，&Mühlberger，2009)，但是在网络社交下还缺乏具体的生理指标证实这些机制对网络社交存在较低焦虑水平的影响。

最后，尤其值得注意的是，网络社交存在低焦虑水平这一现象也是一把双刃剑。研究发现，多数青少年社交焦虑者通过网络社交获取社交支持后，反而进一步逃避现实社交(Valkenburg&Peter，2007)。他们将网络作为“避风港”可能导致现实生活幸福感降低，生活质量下降，抑郁水平提高(Weidman，etal.，2012)。此外，沉溺网络社交也与各种网络问题行为显著相关，如网络成瘾(Caplan，2006)等。所以，要进一步研究网络社交影响现代人社交结构的变化特点，分析它对现代人社交心理的影响规律，寻找合理的社会交往模型，指导人们发挥网络社交的优点，克服其缺点。

参考文献

1. Attrill，A.，& Jalil，R. Revealing only the superficial me：Exploring categorical self-disclosure online. *Computers in Human Behavior*，2011，27(5)：1634－1642.

2. Bane，C. M. H.，Cornish，M.，Erspamer，N.，& Kampman，L. Self-disclosure through weblogs and perceptions of online and “real－life” friendships among female bloggers. *Cyberpsychology*，*Behavior*，*and Social Networking*，2010，13(2)：131－139.

3. Berger，T.，Hohl，E.，& Caspar，F. Internet-based treatment for social phobia：A randomized controlled trial. *Journal of Clinical Psychology*，2009，65(10)：1021－1035.

4. Bonetti，L.，Campbell，M. A.，& Gilmore，L. The relationship of loneliness and social anxiety with children's and adolescents' online communication. *Cyberpsychology*，*Behavior*，*and Social Networking*，2010，13(3)：279－285.

5. Campbell，D.，Sareen，J.，Stein，M.，Kravetsky，L.，Paulus，M.，Hassard，S.，& Reiss，J. Happy but not so approachable：The social judgments of individuals with generalized social phobia. *Depression and Anxiety*，2009，26(5)：419－424.

6. Caplan, S. E. Relations among loneliness, social anxiety, and problematic internet use. *CyberPsychology & Behavior*, 2006, 10(2): 234—242.

7. Carlbring, P., Gunnarsdóttir, M., Hedensjö, L., Andersson, G., Ekselius, L., & Furmark, T. Treatment of social phobia: Randomised trial of internet-delivered cognitive-behavioural therapy with telephone support. *The British Journal of Psychiatry*, 2007, 190(2): 123—128.

8. Carver, C. S., & White, T. L. Behavioral inhibition, behavioral activation, and affective responses to impending reward and punishment: The BIS/BAS scales. *Journal of Personality and Social Psychology*, 1994, 67(2): 319—333.

9. Clark, D. M., & Wells, A. A cognitive model of social phobia. In R. G. Heimberg, M. Liebowitz, D. Hope, & F. Schneier (Eds.): Social phobia: Diagnosis, assessment, and treatment (p. 68). New York: Guilford Press, 1995.

10. Desjarlais, M., & Willoughby, T. A longitudinal study of the relation between adolescent boys and girls' computer use with friends and friendship quality: Support for the social compensation or the rich-get-richer hypothesis? *Computers in Human Behavior*, 2010, 26(5): 896—905.

11. Erwin, B. A., Turk, C. L., Heimberg, R. G., Fresco, D. M., & Hantula, D. A. The Internet: Home to a severe population of individuals with social anxiety disorder? *Journal of Anxiety Disorders*, 2004, 18(5): 629—646.

12. Giménez, M., Pujol, J., Ortiz, H., Soriano-Mas, C., López-Solà, M., Farré, M., … Martín-Santos, R. Altered brain functional connectivity in relation to perception of scrutiny in social anxiety disorder. *Psychiatry Research: Neuroimaging*, 2012, 202(3): 214—223.

13. Hedman，E.，Andersson，G.，Ljótsson，B.，Andersson，E.，Rück，C.，Mörtberg，E.，& Lindefors，N. Internet-Based cognitive behavior therapy VS. cognitive behavioral group therapy for social anxiety disorder：A randomized controlled Non-inferiority trial. *PLoS ONE*，2011，6(3)：e18001.

14. Hedman，E.，Furmark，T.，Carlbring，P.，Ljótsson，B.，Rück，C.，Lindefors，N.，& Andersson，G. A 5-year follow-up of internet-based cognitive behavior therapy for social anxiety disorder. *Journal of Medical Internet Research*，2011，13(2)：e39.

15. Heuer，K.，Lange，W.-G.，Isaac，L.，Rinck，M.，& Becker，E. S. Morphed emotional faces：Emotion detection and misinterpretation in social anxiety. *Journal of Behavior Therapy and Experimental Psychiatry*，2010，41(4)：418—425.

16. High，A. C.，& Caplan，S. E. Social anxiety and computer-mediated communication during initial interactions：Implications for the hyperpersonal perspective. *Computers in Human Behavior*，2009，25(2)：475—482.

17. Hirsch，C. R.，Mathews，A.，& Clark，D. M. Inducing an interpretation bias changes self-imagery：A preliminary investigation. *Behaviour Research and Therapy*，2007，45(9)：2173—2181.

18. Ishikawa，K.，Okamura，Y.，& Okubo，M. Judgment of gaze direction related to social anxiety：Facial expressions and interpretation biases. *The Japanese Journal of Psychology*，2012，83(3)：225—231.

19. Lee，B. W.，& Stapinski，L. A. Seeking safety on the internet：Relationship between social anxiety and problematic internet use. *Journal of Anxiety Disorders*，2012，26(1)：197—205.

20. Lehenbauer，M.，Kothgassner，O. D.，Kryspin-Exner，I.，& Stetina，B. U. An online self-administered social skills training for young adults：Results from a pilot study. *Computers & Education*，2012，61：

217－224.

21. Liao, W., Qiu, C. J., Gentili, C., Walter, M., Pan, Z. Y., Ding, J. R., …Chen, H. F. Altered effective connectivity network of the amygdala in social anxiety disorder: A resting-state FMRI study. *PLoS ONE*, 2010, 5(12): e15238.

22. Markovitzky, O., Anholt, G. E., & Lipsitz, J. D. Haven't we met somewhere before? The effects of a brief internet introduction on social anxiety in a subsequent face to face interaction. *Behaviour Research and Therapy*, 2012, 50(5): 359－365.

23. Mesch, G. S., & Talmud, I. Similarity and the quality of online and offline social relationships among adolescents in Israel. *Journal of Research on Adolescence*, 2007, 17(2): 455－465.

24. Morgan, B. E., van Honk, J., Hermans, E. J., Scholten, M. R., Stein, D. J., & Kahn, R. S. Gray's BIS/BAS dimensions in non-comorbid, non-medicated social anxiety disorder. *The World Journal of Biological Psychiatry*, 2009, 10(4 Pt 3): 925－928.

25. Okdie, B. M., Guadagno, R. E., Bernieri, F. J., Geers, A. L., & McLarney－Vesotski, A. R. Getting to know you: Face-to-face versus online interactions. *Computers in Human Behavior*, 2011, 27(1): 153－159.

26. Qiu, C. J., Liao, W., Ding, J. R., Feng, Y., Zhu, C. Y., Nie, X. J., …Gong, Q. Y. Regional homogeneity changes in social anxiety disorder: A resting-state fMRI study. *Psychiatry Research: Neuroimaging*, 2011, 194(1): 47－53.

27. Rapee, R. M., & Heimberg, R. G. A cognitive-behavioral model of anxiety in social phobia. *Behaviour Research and Therapy*, 1997, 35(8): 741－756.

28. Rice, L., & Markey, P. M. The role of extraversion and neuroticism in influencing anxiety following computer-mediated interactions. *Personality and Individual Differences*, 2009, 46(1): 35—39.

29. Selfhout, M. H., Branje, S. J., Delsing, M., ter Bogt, T. F., & Meeus, W. H. Different types of Internet use, depression, and social anxiety: The role of perceived friendship quality. *Journal of Adolescence (London, England)*, 2009, 32(4): 819—833.

30. Valkenburg, P. M., & Peter, J. Preadolescents' and adolescents' online communication and their closeness to friends. *Developmental Psychology*, 2007, 43(2): 267—277.

31. Valkenburg, P. M., & Peter, J. Online communication among adolescents: An integrated model of its attraction, opportunities, and risks. *Journal of Adolescent Health*, 2011, 48(2): 121—127.

32. Vassilopoulos, S. P., & Banerjee, R. Interpretations and judgments regarding positive and negative social scenarios in childhood social anxiety. *Behaviour Research and Therapy*, 2008, 46(7): 870—876.

33. Wang, C.-C., & Chang, S.-C. Online chat dependency: The influence of social anxiety. *IEICE Transactions on Information and Systems*, 2008, 91(6): 1622—1627.

34. Wang, J.-L., Jackson, L. A., & Zhang, D.-J. The mediator role of self-disclosure and moderator roles of gender and social anxiety in the relationship between Chinese adolescents' online communication and their real-world social relationships. *Computers in Human Behavior*, 2011, 27(6): 2161—2168.

35. Wangelin, B. C., Bradley, M. M., Kastner, A., & Lang, P. J. Affective engagement for facial expressions and emotional scenes: The influence of social anxiety. *Biological Psychology*, 2012, 91(1): 103—110.

36. Weeks, J. W., Heimberg, R. G., & Rodebaugh, T. L. The fear of positive evaluation scale: Assessing a proposed cognitive component of social anxiety. *Journal of Anxiety Disorders*, 2008, 22(1): 44—55.

37. Weeks, J. W., Heimberg, R. G., Rodebaugh, T. L., & Norton, P. J. Exploring the relationship between fear of positive evaluation and social anxiety. *Journal of Anxiety Disorders*, 2008, 22(3): 386—400.

38. Weidman, A. C., Fernandez, K. C., Levinson, C. A., Augustine, A. A., Larsen, R. J., & Rodebaugh, T. L. Compensatory internet use among individuals higher in social anxiety and its implications for well-being. *Personality and Individual Differences*, 2012, 53(3): 191—195.

39. Wieser, M. J., McTeague, L. M., & Keil, A. Competition effects of threatening facesin social anxiety. *Emotion-APA*, 2012, 12(5): 1050.

40. Wieser, M. J., Pauli, P., Alpers, G. W., & Mühlberger, A. Is eye to eye contact really threatening and avoided in social anxiety? An eye-tracking and psychophysiology study. *Journal of Anxiety Disorders*, 2009, 23(1): 93—103.

41. Yen, J.-Y., Yen, C.-F., Chen, C.-S., Wang, P.-W., Chang, Y.-H., & Ko, C.-H. Social anxiety in online and real—life interaction and their associated factors. *Cyberpsychology, Behavior, and Social Networking*, 2012, 15(1): 7—12.

42. 卜荣华．大学生网络交往的心理解析[J]．安徽工业大学学报(社会科学版)，2010，27(4)：137—140.

43. 刘洋，张大均．价恐惧理论及相关研究述评[J]．心理科学进展，2010，18(1)：106—113.

44. 平凡，韩磊，周宗奎．大学生网络交往问卷的初步编制及信效度检验[J]．中国心理卫生杂志，2012，26(9)：709—714.

45. 钱铭怡，王慈欣，刘兴华．社交焦虑个体对于不同威胁信息的注意偏向[J]. 心理科学，2006，29(6)：1296—1299.

46. 谢笑春，孙晓军，周宗奎．网络自我表露的类型，功能及其影响因素[J]. 心理科学进展 ，2013，21(2)：272—281.

47. 姚泥沙，李松蔚，钱铭怡等．社交焦虑个体对正性面孔刺激的解释偏差[J]. 心理科学，2012，35(6)：1294—1297.

第十一章　青少年“网络成瘾”干预的实证基础[①]

雷雳

随着互联网在中国的快速普及和发展，青少年已经成为主要的互联网用户群体之一。青少年在享用互联网带来的种种便利之时，其中部分人因为过分沉溺于网络而导致“网络成瘾”。我们根据青少年发展过程中的心理特点，探讨了其自我中心思维、自我、依恋、人格、生活事件等多方面因素与其网络成瘾之间的关系，在这些研究发现的基础上开发了青少年网络成瘾的评价工具并提出了针对网络成瘾的干预建议。同时，我们还在实证研究的基础上对青少年健康上网的界定和评判进行了分析。

焦点阅读：

测评青少年病理性互联网使用工具的编制；

网络成瘾的影响因素：青少年的自我中心思维、自我发展、依恋类型、时间透视、心理弹性、应对方式、生活事件和人格特征；

健康上网的标准：“抵制不良”“不可沉迷”“控制时间”“放松身心”“辅助学习”“影响适度”。

关键词：

青少年（Adolescents）；网络成瘾（Internet addiction）；干预（Prevention）；健康上网（Healthy internet use）

---

① 本文已发表于《心理科学进展》2012年第6期。

11.1 引言

互联网的雏形起源于 20 世纪 60 年代的美国，而代表中国互联网应用的一个重要时刻是 1987 年发到德国的第一封电子邮件，内容就是一句话：“Across the Great Wall，we can reach every corner in the world.(越过长城，走向世界)”。然而，直到 20 世纪 90 年代末期，互联网在中国才开始步入高速发展的轨道。中国的互联网用户人数已达 5.13 亿人(CNNIC，2012－01)，其中 10～19 岁人数占总数的 26.7％，约 1.37 亿人，是中国网民最大用户群体之一。但中国互联网普及率仅为 38.3％，与互联网发达国家和地区比较还有很大差距，尚有很大发展空间。

互联网一方面给青少年的学习、交往带来极大便利，使他们在网络的虚拟世界里尽情地享受着现代科技文明所带来的前所未有的便利和快乐。另一方面，网络作为科技的“双刃剑”，其负面效应对青少年心理发展的多方面影响也是不容忽视的，其中最引人关注的就是“网络成瘾”现象。

网络成瘾是伴随着网络技术的发展形成的一种新型成瘾现象。现在学术界对于网络成瘾还没有一个标准化的统一判定标准。网络成瘾在研究中又称为“病理性使用互联网”(Pathological Internet Use，PIU)，这是一种多维度的综合症，包括认知和行为的诸多症状，这些症状可能导致如社会退缩、逃学、孤独、抑郁等社会性的、学业的、健康等方面的消极后果(Caplan，2005；Davis，2001)。

据我们对累计 4 千余名青少年的调查，青少年病理性互联网使用的比例约为 5.40％，应该说这是一个不容忽视的比例，尤其是对孩子已经“网络成瘾”的家庭来说，更是因此寝食难安。那么，对“网络成瘾”的青少年，我们又能够如何进行干预呢？搞清楚到底是哪些原因导致了青少年的“网络成瘾”可以为我们提供干预的实证基础。

我们从青少年发展的角度，基于布朗芬布伦纳的生态系统理论(雷雳，

2009)，对此进行了一系列探索(雷雳，2010)。指导我们研究工作的大体理论假设是：青少年心理发展的方方面面在网络环境中也会依样葫芦，并且，互联网独有的特点又会使得青少年的网络心理别具一格——青少年的“网络成瘾”与其现实生活状况难脱干系，互联网本身的特点若用之不慎，则是火上浇油。

11.2　青少年网络成瘾的测评

关于网络成瘾的测评，最早由 Young(1996)从物质依赖的角度，参照 DSM-IV 的相应标准提出了鉴别 PIU 的依据，之后，Young(1998)提出 PIU 应该是一种更类似于强迫性赌博的冲动控制失调，并根据 DSM-IV 中病理性赌博的 10 项标准确定了 PIU 的 8 项标准，让被试回答是否符合这些标准。再往后，比较有影响的测评工具包括 Davis 的在线认知量表(Online Cognition Scale，OCS，2001)以及国内使用较多的由我国台湾研究者陈淑惠编制的中文网络成瘾量表(CIAS，2003)。不过，这些测评工具基本上是针对成年人、大学生的，并未顾及青少年的现实特点，另外，对网络成瘾的认识也存在着不断丰富和深化的过程。

我们参照国内外研究并结合我国青少年的实际情况编制出了测评青少年病理性互联网使用(即所谓“网络成瘾”)的工具(雷雳、杨洋，2007)，命名为“青少年病理性互联网使用量表”(Adolescent Pathological Internet Use Scale，APIUS)。量表采用 Likert 式 5 点自评式量表，从“完全不符合”至“完全符合”分别评定为 1～5 分。通过探索性因素分析和验证性因素分析，最后的 APIUS 共 38 个题目，由 6 个维度构成(凸显性、耐受性、强迫性上网/戒断症状、心境改变、社交抚慰、消极后果)。同时，我们进行了内容效度、构想效度、结构效度等分析，APIUS 显示了良好的信、效度指标，可以作为我国青少年病理性互联网使用的测量工具。

此外，为了使 APIUS 更具警示和预防功效，我们将 APIUS 的项目平均得分大于等于 3.15 分者界定为“PIU 群体”，大于等于 3 分小于 3.15 分者界定为“PIU 边缘群体”，小于 3 分者界定为“PIU 正常群体”。需要注意的是，考虑到自陈量表本身所具有的局限，在做临床诊断时还需要了解受测者在 PIU 各项症状上的真实表现。

11.3　青少年的自我中心思维与“网络成瘾”

自我中心思维是青少年期较为典型的心理特点之一，它体现为“假想观众”和“个人神话”两个方面(Elkind，1967；Goossens et al.，2002)。假想观众指的是青少年认为每个人都像他们那样对他们自己的行为特别关注；它会导致青少年对自我意识的强调、对他人想法的过度关注和对于现实和想象情境中他人反应的预期；个人神话指的是青少年相信他们自己是“独一无二的”“无懈可击的”“无所不能的”。基于互联网形成的虚拟空间是否会成为青少年寻求他们想象中观众的理想舞台，而使他们沉迷其中不能自拔呢？另一方面，伴随青少年自我中心思维的变化是其“分离－个体化”过程(与父母分离而形成自我感的过程)，假想观众被认为可能是青少年缓解其分离焦虑的防御机制。

我们对青少年上网与其自我中心思维以及相应的分离—个体化过程之间的关系进行了研究，得到与“网络成瘾”有关的几项结果：

其一，从自我中心思维的角度看，一方面，“假想观众观念”对初中生病理性互联网使用有直接的正向预测作用；即，头脑中越是觉得周围人对自己的行为非常关注的初中生，其网络成瘾的可能性越大。另一方面，假想观众观念和“个人神话观念”中的“无懈可击”成分通过对互联网社交服务使用的偏好，间接地影响初中学生的病理性互联网使用水平；即，头脑中越是觉得周围人对自己的行为非常关注、并觉得自己对不好的事具有先天免疫力的初中生，更可能因为热衷于网络社交而网络成瘾。

其二，从分离－个体化过程来看，其中的“分离焦虑”和“预期拒绝”对青少年的病理性互联网使用有直接的正向预测作用;即,越是恐惧与重要他人丧失联系的青少年,以及认为重要他人会对自己表现出无情和拒绝的青少年,越可能网络成瘾。同时,分离—个体化中的"吞噬焦虑"通过互联网娱乐偏好,间接预测病理性互联网使用;即感到父母对自己过度关注,威胁到自己的独立性的青少年,更可能热衷于网络娱乐而网络成瘾。再者,分离—个体化中的"分离焦虑"和"自我卷入"通过假想观众观念,间接地预测中学生的病理性互联网水平;即,越是恐惧与重要他人丧失联系的青少年,以及对自己过高估计和关注的青少年,就可能觉得周围人对自己的行为非常关注,继而导致网络成瘾。

基于上述研究发现,我们认为,青少年所处的特定发展阶段、面临的特定发展任务分离—个体化以及假想观众这样特定的心理特点,是引发初中学生不健康的互联网使用的潜在因素,这无疑增加了他们病理性互联网使用的风险。然而,互联网使用的潮流不可阻挡,青少年掌握互联网技术是时代的需要,一味地切断和阻止无异于因噎废食。

因此,在青少年身心发展的特殊时期,特别是在分离—个体化过程中,青少年会感到来自家庭的支持减少,产生与家长分离的焦虑。家长、学校和老师除了关注学生的学习成绩外,也应关心他们对于发展人际关系的需要和重视那些特定的心理现象。

同时,这一阶段青少年自我意识提升,自主意识增强,过分的控制又会使他们感到压抑和困扰,因此家长更有义务在一种平等的身份下给予孩子更多的关注和支持,在这个他们需要扩展家庭外社会关系的阶段,学校和老师也有责任帮助学生们创建一个和谐、互助、宽容的学校和班级环境。

尤其是对父母而言,需要明白青少年对亲子关系的期望反映在三个方面。其一是亲近感,也就是说,让孩子感受到在父母和孩子之间有温情的、稳定的、充满爱意的、关注的联系。其二是心理自主,让孩子有提出自己的意见的自由、隐私自由、为自己做决定的自由。其三是监控,孩子也希望父母对自己有所监控，而不是放任自流，成功的父母会监控和督导孩子的行为，制定约束行为的规矩。这样一来，青少年成长和发展中可能感受到的分离焦虑、吞噬焦虑，他们对自我的过分关注等都可能减弱，他们更可能在现实社会来解决自己的成长问题，而不是选择沉溺于互联网的虚拟空间。

11.4　青少年的自我发展与“网络成瘾”

网络虚拟环境是一个理想的自我表现平台(Iakushina，2002)，人们在其中可以摆脱现实世界的束缚，随心所欲地扮演自己想要的角色，构建另外一个虚拟的自我。它成了一个心理实验室(Skitka & Sargis，2006)，人们可以进行自我认同的实验。然而，研究表明不同的人格特点对个体的在线自我表现影响不同，甚至是虚拟自我有趋同的特点(Peter，Valkenburg & Schouten，2005)。

我们对青少年上网与其自我发展之间的关系进行了研究(雷雳，2010；张国华、雷雳、邹泓，2008)，得到与“网络成瘾”有关的几项结果：

其一，青少年的虚拟自我主要集中于心理状态，而青少年的现实自我主要集中于人际关系；即青少年对互联网中的“我”的特点描述，更集中于自己的心理状态。同时，虚拟自我能够正向预测病理性互联网使用；即，对现实自我不满且沉迷虚拟自我的青少年，更可能网络成瘾。

其二，从人格特点的角度看，“善良”能够反向预测病理性互联网使用和虚拟自我，同时善良能够通过虚拟自我间接预测病理性互联网使用；即，对人真诚、诚实、能够顾及他人的利益和感受，为人谦逊的个体更可能较少表现出病理性互联网使用倾向。“处世态度”能够反向预测病理性互联网使用和虚拟自我，同时能够通过虚拟自我间接预测病理性互联网使用；即，目标明确、坚定、理想远大，对未来充满信心、追求卓越的个体较少表现出病理性互联网使用倾向。“才干”能够通过虚拟自我间接预测病理性互联网使用，对病理性互联网使用起到抑制作用。“情绪性”能够通过虚拟自我间接预测病理性互联网使用，对病理性互联网使用起到抑制作用。

其三，自我认同完成能显著地反向预测“网络成瘾”；即已经形成较为稳定的自我认同的青少年，其网络成瘾的可能性较小。

基于上述研究发现，我们认为，从虚拟自我的角度看，那些对现实自我不满意的青少年更可能会沉迷于互联网建构的虚拟空间，醉心于虚拟自我，也因此更可能会导致网络成瘾。所以，对于这样的青少年重要的是帮助他们建构自尊，通过确定他们自尊的由来(即对自我而言极重要的能力领域)，给予他们情绪情感的支持和社会赞许，直接地教给青少年真正的技能，让他们体会成就感，继而提升其自尊，同时，让青少年面学会对一个问题并试图解决它而不是逃避。

另一方面，青少年期是其自我认同完成的关键时期，随着互联网的普及，网络交往逐渐进入他们的生活，并日渐成为他们人际交往很重要的方面。有研究证实，过度使用互联网会对其自我认同的完成有一定影响，这主要出现在互联网使用初期，青少年很容易沉迷于互联网所带来的新奇感受。而随着网龄和年龄的增加，互联网的工具性作用开始凸显，他们可以很好地借助互联网这个平台，促进自己的人际交往，包括与熟人之间的交往。那么在他们互联网使用的初期，家长和老师需要进行适当的引导，避免过度使用，耽误了这个时期自我探索的重要任务。

自我认同完成对“网络成瘾”有显著的反向预测作用，互联网社交和娱乐服务使用偏好对“网络成瘾”有显著的正向预测作用。因此，提高青少年的自我认同水平成为对“网络成瘾”进行预测和干预的重要措施。

11.5 青少年的依恋与“网络成瘾”

依恋(attachment)是指人与人之间建立起来的、双方互有的亲密感受以及相互给予温暖和支持的关系。依恋关系蕴涵在人毕生发展的过程中，包括儿童期、青少年期以及整个人生阶段中的母子依恋、父子依恋和同伴依恋等。随着年龄的增长，青少年寻求与依恋对象的亲近行为不如以前那样紧张和频繁，但是象征性的交流（如电话、书信、互联网）在提供安慰时越来越有效（Leondari & Kiosseoglou，2000）。Griffiths（1999）把“电子朋友”的概念延伸到互联网使用者，说明青少年会把互联网当作朋友，也会把互联网当作扩大交友范围的重要手段。也就是说，青少年有可能把互联网当作新的依恋对象。

我们对青少年上网与其依恋之间的关系进行了研究（Lei & Wu，2007；雷雳、伍亚娜，2009），得到与“网络成瘾”有关的几项结果：

其一，从母子依恋来看，母子沟通可以正向预测青少年对互联网信息服务的偏好。青少年与母亲的疏离可以直接正向预测 PIU，也可以通过互联网娱乐服务和社交服务偏好间接正向预测 PIU；即，与母亲疏离程度高的青少年更倾向于依赖互联网的娱乐和社交服务，更可能卷入病理性互联网使用。

其二，从父子依恋来看，父子疏离可以直接正向预测青少年 PIU，也可以通过青少年对互联网娱乐服务的偏好间接预测青少年 PIU。这一点与母子疏离的模式一致。

其三，从同伴依恋来看，同伴沟通可以正向预测青少年对信息、娱乐和社交服务的使用偏好，还可以通过互联网娱乐和社交服务使用偏好间接预测 PIU；即，青少年与同伴之间的沟通可能促使他们使用多种互联网服务，并可能因为对娱乐和社交的偏好而网络成瘾。同时，青少年与同伴的疏离可以正向预测青少年对社交服务的使用偏好，也可以直接正向预测 PIU；即，如果青少年的同伴关系不好，他们就可能选择网络社交，继而导致网络成瘾。

基于上述研究发现，我们认为，从亲子依恋的角度看，父母应该避免用讽刺挖苦的方法激励孩子，而是要积极地聆听孩子的心声，更多地加强与孩子的情感交流，真正地接近孩子的内心世界，让他们遇到困难和挫折时感受到家庭的温暖和关爱，体会到父母和家庭给自己的情感支持，才能帮助他们在现实生活和虚拟世界中找到平衡点。

父子依恋在青少年发展过程中有着特殊的重要性，传统教育往往忽视了父亲对孩子成长过程的影响。本研究提示我们，应该更多地关注父亲角色对孩子互联网使用的影响。父亲应该更多地了解孩子的成长，帮助构建全面而安全的亲密和谐的亲子依恋关系，给孩子提供精神上情感上的关爱，使孩子的身心得到健康发展，有效抵制互联网给孩子带来的消极影响。

同时，父母也应该主动向孩子讨教，丰富自己互联网方面的知识。避免因为不了解互联网而一味地加强对孩子上网活动的严格监督和控制，这样只会更加激化亲子之间的冲突，使孩子产生强烈的逆反心理，进一步加深孩子与父母之间情感隔阂，从而导致青少年对互联网更大程度的依赖。父母适当地增补互联网方面的知识，与孩子探讨互联网上的活动，可以营造更畅通的沟通环境，获得孩子的尊敬与亲近。

此外，青少年期的孩子自主性得到进一步发展，父母应该尊重孩子的情感，对孩子的期望要从孩子自身的情况出发，不要对孩子提出过多过高的要求，给孩子充分的信任和更多的自主空间，帮助他们形成正确的世界观和人生观。父母和教育者在指责孩子的同时，也要反思家庭功能是否良好，是否和父母间拥有亲密的依恋关系质量对青少年健康使用互联网有重要作用。

11.6 青少年的“网络成瘾”与某些影响因素

人们的时间知觉会产生一种可以过滤和解释个人经历的认知反应偏见。因为经验与意识源源不断地在现在、过去与未来时间结构中被赋予意义，对个体的思维、情感与行为具有组织与结构化的作用(Wills et al.,

2001)，比如，可以反映为“现在定向”“未来定向”等。青少年时间知觉的影响可能会反映在其网络行为中。此外，研究者认为，青少年可能像物质使用那样使用互联网来应对现实生活中的问题(Tsai & Lin，2001；Hall & Parsons，2001)，网络成瘾者可能更多地使用指向情绪的非适应性应对方式。

我们对青少年上网的某些影响因素的研究，包括青少年的时间透视、心理弹性、应对方式、生活事件、人格特征的交互作用等方面(雷雳，李宏利，2004；李宏利，雷雳，2004；雷雳，杨洋，柳铭心，2006；杨洋，雷雳，柳铭心，2006；马利艳，郝传慧，雷雳，2007)，可以得出以下结论：

其一，从青少年个人的某些特点来看，一方面，“现在定向”占优个体更容易卷入 PIU；即，追求即刻满足的青少年更容易网络成瘾。而且，现在定向占优个体比“未来定向”占优个体更容易通过“发泄”与“幻想”的应对方式指向 PIU，而未来定向占优个体比现在定向占优个体更容易通过“问题解决”反向预测 PIU；即着眼未来的青少年面对问题时更多地是去解决问题，其网络成瘾的可能性也较小。另一方面，“心理弹性”能够显著正向预测青少年对互联网信息和娱乐服务的偏好，并且能够显著反向预测青少年的病理性互联网使用；即心理弹性较好的青少年其网络成瘾的可能性较低。

其二，从青少年人格特征与互联网的交互作用来看，首先，青少年“责任心”人格与互联网社交服务偏好在对 PIU 的影响上存在显著的交互作用，对高责任心人格的青少年，互联网社交服务偏好容易导致其成瘾，而对于低责任心人格的青少年，互联网社交服务偏好不易导致其成瘾。此外，青少年“神经质”人格与互联网社交、娱乐和信息服务偏好在对 PIU 的影响上存在显著的交互作用，即使是高神经质人格的青少年，对信息服务的偏好也不容易使其成瘾，而对于低神经质人格的青少年来说，即便是偏好社交和娱乐服务，也不易成瘾。再者，青少年“宜人性”人格与互联网社交服务偏好在对 PIU 的影响上存在显著的交互作用，对高宜人性的青少年，互联网社交服务偏好容易导致其成瘾，而对于低宜人性人格的青少年来说，互联网社交服务偏好不易导致其成瘾。

其三，从青少年的社会生活来看，生活事件带来的主观压力能够正向显著预测青少年对互联网信息服务、社交服务和娱乐服务的偏好以及青少年的病理性互联网使用；即在生活中感受到巨大压力的青少年，更可能会去使用互联网的各种功能，也更可能会导致网络成瘾。

基于上述研究发现，我们认为，由于关注即刻满足的(现在定向)青少年更容易卷入 PIU，而且，现在定向占优个体比未来定向占优个体更容易通过发泄与幻想的应对方式指向 PIU，而未来定向占优个体比现在定向占优个体更容易通过问题解决预测 PIU；因此，可帮助这些青少年练习延迟满足，把注意力放在未来，同时，要让这些青少年在面对问题时放弃通过幻想和发泄的方式来解决问题，训练他们直面问题、解决问题的应对方式。

从人格与互联网服务存在交互作用的角度来看，其一，一般情况下，责任心高的青少年不易沉溺于网络，但是必须特别关注这类青少年对互联网社交服务的偏好情况，因为对高责任心人格的青少年而言，一旦喜欢上互联网社交服务则更容易卷入 PIU。其二，一般情况下，高神经质人格特征的青少年容易卷入 PIU，但对此类青少年对互联网信息类服务的偏好可以不必紧张，因为即便是高神经质人格类型的青少年，对信息服务的偏好也不容易使其卷入 PIU。其三，一般情况下，高宜人性人格特征的青少年不易沉溺于网络，但是必须特别关注这类青少年对互联网社交服务的偏好情况，因为对高宜人性人格的青少年而言，一旦喜欢上互联网社交服务则更容易卷入 PIU。

对于应对方式、心理弹性与病理性互联网使用的研究表明，积极的应对方式和心理弹性能够反向预测青少年的病理性互联网使用。由于青少年自身发展的特点，他们会体验到很多的消极情绪和压力，家长和学校应该重视加强青少年应对压力和挫折的教育，教会他们积极地应对生活和学习中的事件，增强其心理弹性，减少他们通过沉溺网络来逃避现实压力的机会，引导青少年正确使用互联网。

11.7　青少年的健康上网

青少年使用互联网引发的一系列心理、社会问题极度困扰着家庭和社会，伴随“网络成瘾”等带来的心理、教育和社会问题也日益严峻。同时，我们也应该看到，互联网是把双刃剑，它对于个体、社会的作用是双重的。互联网是一个巨大的信息库，对青少年的积极影响也是很广泛的。有研究发现，越来越多的青少年使用互联网满足他们对健康信息的需求(Cotton& Gupta，2004；Rice，2006)。健康上网对青少年个体的成长和发展乃至个人潜能的发挥，都可能具有非常重要的作用。

我们采用质性研究方法，在访谈资料的基础上，运用扎根理论、个案分析，并结合量化测量、统计分析等多种研究手段，建构了青少年健康上网行为的概念、结构以及有利影响因素、各个因素之间的关系结构(郑思明、雷雳，2006；郑思明，2007)。

对访谈资料进行编码分析后得到，青少年“健康上网”概念的内容主要包括：①抵制不良：不登录黄色、暴力等网站，限制浏览不良网页及信息等；②不可沉迷：尤其是不沉迷游戏、不依赖、不成瘾等；③不扰常规：不影响正常学习生活，不带来消极影响，或最起码不要有害；④控制时间：由家长帮忙限制、控制上网的时间；⑤健康时限：给定一个健康上网的“健康”时间限度，自觉控制自己；⑥放松身心：愉快身心、释放压力、调节自己；⑦辅助学习：利用互联网，大部分用在学习上，帮助学习、拓展知识等；⑧长远获益：从长期来看有积极影响，给学习、生活和身心带来积极的影响，有益发展。

在对访谈结果编码分析的基础上，形成了本研究关于青少年健康上网行为的概念理论：青少年的健康上网行为指的是，青少年对互联网的使用从外控到内控，形成有节制的上网行为，从而获得对学习、生活和身心发展有益的结果。

然后，我们试图提出青少年健康上网行为的标准。对访谈资料的进一步主轴编码分析中，我们根据类别之间的关联性进行分析、比较、归纳，将最初的八个类别归为六个类别，它们是："抵制不良""不可沉迷""控制时间"和"放松身心""辅助学习""影响适度"。之后，根据发展核心类别的原则来选择编码，将前三个归到"控制因素"，后三个归到"有益因素"。根据心理行为评估中的"右四分点"标准，我们提出在以上的六条中，在数量上满足五条或五条以上的行为可称为青少年的健康上网行为。

此外，青少年提出的"健康时限"是健康上网行为中的重要类别之一，根据统计分析，对于青少年而言，健康上网的总平均时间为每周 9.30±0.62 个小时、每天 1.40±0.11 个小时。因此，我们建议，青少年健康上网行为的健康时间限度为每天不超过一个半小时、每周不超过 10 个小时。

同时，我们根据访谈结果对青少年健康上网行为影响因素进行了分类。首先，是来自教师和学校的"教育指导作用"；其次，是来自家长和社会的"经验引导作用"；第三，是同伴关系在青少年的发展中的"心理参照作用"。这些方面可以作为参考，让我们找到帮助青少年健康上网的方法。

参考文献

1. Caplan，S. A social skill account of problematic internet use. *Journal of communication*. 2005，55(4)：721－736.

2. Cotton，S. R. & Gupta，S. S. Characteristics of online and offline health information seekers and factors that discriminate between them. *Social Science & Medicine*，2004，(59)：1795－1806.

3. Davis，R. A cognitive-behavioral model of pathological Internet

use. *Computers in Human Behavior*, 2001, 17(2): 187—195.

4. Elkind, D. Egocentrism in adolescence. *Child Development*, 1967, (38): 1025—1034.

5. Goossens, L., Beyers, W., Emmen, M., & van Aken, M. The Imaginary Audience and Personal Fable: Factor analyses and concurrent validity of the "New Look" measures. *Journal of Research on Adolescence*, 2002. 12(2): 193—215.

6. Griffiths, M. Internet Addiction. *Psychologist*, 1999, 12(5): 246—250.

7. Hall, A. S., & Parsons, J. Internet addiction: College student case study using best practices in cognitive behavior therapy. Journal of Mental Health Counseling, 2001, 23(4): 312—327.

8. Iakushina, E. Adolescents on the internet: The specific character of information interaction. *Russian Education and Society*, 2002, 44(11): 81—95.

9. Lei, L., & Wu, Y. Adolescents' Paternal Attachment and Internet Use. *CyberPsychology & Behavior*, 2007, 10(5): 633—639.

10. Leondari, A. & Kiosseoglou, G. The Relationship of Parental Attachment and Psychological Separation to the Psychological Functioning of Young Adults. *The Journal of Social Psychology*, 2000, (140): 451—464.

11. Peter, J., Valkenburg P. M., & Schouten A. P., Developing a Model of Adolescent Friendship Formation on the Internet. *Cyberpsychology & Behavior*, 2005, 8(5): 423—430.

12. Rice, R. E. Influences, usage, and outcomes of internet health information searching: multivariate results from the Pew surveys. *International Journal of Medical Informatics*, 2006, 75(1): 8—28.

13. Skitka, L. J., & Sargis, E. G. The Internet as psychological laboratory. *Annual Review of Psychology*, 2006, 57: 529—555.

14. Tsai, C. & Lin , S. Analysis of Attitudes toward Computer Networks and Internet Addiction of Taiwanese Adolescent. *CyberPsychology & Behavior*, 2001, 4(3): 373－376.

15. Wills, A. , Sandy, M. , & Yaeger, A. Time Perspective and Early-Onset Substance Use: A Model Based on Stress-Coping Theory. *Psychology of Addictive Behaviors*, 2001, 15(2): 118－125.

16. Young, K. S. *Internet addiction: the emergence of a new clinical disorder*. Paper presented at the 104th annual convention of the American Psychological Association, Toronto, Canada, 1996.

17. Young, K. S. Internet addiction: The emergence of a new clinical disorder. *Cyberpsychology & Behavior*, 1998, 1(3): 237－244.

18. 陈淑惠，翁俪祯，苏逸人等．中文网络成瘾量表之编制与心理计量特性研究[J]. 中华心理学刊，2003，45(3)：279－294.

19. 郭菲，雷雳．初中生假想观众、个人神话与其互联网社交的关系[J]. 心理发展与教育，2009，25(4)：43－49，62.

20. 雷雳，郭菲．青少年的分离——个体化与其互联网娱乐偏好和病理互联网使用的关系[J]. 心理学报，2008，40(9)：1021－1029.

21. 雷雳，李宏利．青少年的时间透视、人际卷入与互联网使用的关系[J]. 心理学报，2004，36(3)：335－339.

22. 雷雳，伍亚娜．青少年的同伴依恋与其互联网使用的关系[J]. 心理与行为研究，2009，7(2)：81－86.

23. 雷雳，杨洋，柳铭心．青少年神经质人格、互联网服务偏好与网络成瘾的关系[J]. 心理学报，2006，38(3)：375－381.

24. 雷雳，杨洋．年病理性互联网使用量表的编制与验证．心理学报[J]，2007，39(4)：688－696.

25. 雷雳．发展心理学[M]. 北京：中国人民大学出版社，2009.

26. 雷雳．鼠标上的青春舞蹈：青少年互联网心理学[M]. 上海：华东师范大学出版社，2010.

27. 李宏利，雷雳．青少年的时间透视、应对方式与互联网使用的关系[M]. 心理发展与教育，2004，20(2)：29－33.

28. 马利艳，郝传慧，雷雳．初中生生活事件与其互联网使用的关系[J]. 中国临床心理学杂志，2007，15(4)：420－421，423.

29. 杨洋，雷雳．青少年外向/宜人性人格、互联网服务偏好与“网络成瘾”的关系[J]. 心理发展与教育，2007，2，42－ 48.

30. 张国华，雷雳，邹泓．青少年的自我认同与“网络成瘾”的关系[J]. 中国临床心理学杂志，2008，16(1)：37－39，58.

31. 中国互联网络信息中心．中国互联网发展状况统计报告．来自互联网：http：//www. cnnic. cn，2012－01.

第十二章　脑功能影像学在青少年网络成瘾研究中的应用[①]

李红霞　金盛华　顾璇

随着互联网的飞速发展，青少年网络成瘾问题已经受到社会各界的广泛关注，并引起医学和心理学界的高度重视。目前，神经影像学在网络成瘾研究中的应用为预防、干预和治疗青少年网络成瘾提供“可视化”的科学依据。本研究首先对网络成瘾的界定与临床诊断进行了阐述；其次回顾了近年来网络成瘾的功能影像学研究，发现网络成瘾者的额叶，海马，扣带回，丘脑等脑区参与了大脑的激活，这些变化很可能与成瘾者的认知和决策等功能相关联。脑功能影像学的研究揭示了网络成瘾青少年的大脑结构和功能的异常，为青少年网络成瘾的功能影像学机理提供进一步的证据，并为临床干预提供理论指导。最后，我们对未来研究进行了展望以期丰富和发展青少年网络成瘾方面的研究。

焦点阅读：

网络成瘾的三个基本特征；

网络成瘾作的不同诊断标准；

网络成瘾的神经生理机制；

网络成瘾的脑结构的变化。

关键词：

脑功能影像学(Functional Neuroimaging)；青少年(Adolescent)；网络成瘾(Internet Addiction)

---

① 本文已发表于《中国特殊教育》2013年第11期。

12.1　引言

近年来，随着互联网的飞速发展网络成瘾已经成为了一种新的行为成瘾现象。据 2010 年中国互联网调查中心的数据显示，中国城市青少年网络成瘾人数约占使用网络总人数的 14%，总体达到 2400 万。网络成瘾青少年以“网络游戏成瘾者”居多，占 47.9%。几乎所有的网络成瘾者都点击过黄色网页，严重影响青少年的学业和身心健康(柯惠新，郝向宏，金锐，2010)。大量基于诊断量表的研究资料显示，网络成瘾检出率约为 8%～14%(Cao，Sun，Wan，Hao，& Tao，2011；Grüsser，Thalemann，& Griffiths，2006；Koronczai，B.，Urbán，Kökönyei，Paksi，Papp，Kun，…& Demetrovics，2011)，网瘾者的网络滥用和网络依赖显著地影响到他们的工作、学习成绩，社会和家庭生活，并导致行为异常、心理障碍和神经功能紊乱等(Abreu，Karam，Góes，& Spritzer，2008)。

目前，网络成瘾在中国青少年中已经成为了一种严重的精神问题(Liu，Gao，Osunde，Li，Zhou，Zheng，& Li，2010)。青少年网络成瘾问题已引起我国医学和心理学界的高度重视。目前采用的治疗手段主要是心理辅导，但是这种方法治标不治本。此外，电击疗法的效果不好，社会反响恶劣，已经被叫停了。针对网络成瘾，如何利用科学的研究方法和手段揭示网络成瘾的神经生理机制，为预防、干预和治疗青少年网络成瘾提供“可视化”的科学依据，需要医学、心理学和影像医学共同完成。本研究将分别从网络成瘾的界定及临床诊断标准、网络成瘾脑功能影像学研究进展和未来研究展望三个方面进行阐述。

12.2　网络成瘾的界定与临床诊断

12.2.1　网络成瘾的概念界定

网络成瘾的概念是在 1994 年由精神病医师 Goldberg(2007)提出。网络成瘾(internet addiction，IA)又称网络成瘾障碍(internet addiction disorder，IAD)、病理性网络使用(pathological internet use，PIU)、强迫性互联网使用(compulsive internet use，CIU)、网络依赖(internet dependency，ID)、过度性网络使用(excessive internet use，EIU)、冲动-强迫性网络使用障碍(impulsive-compulsive internet usage disorder，IC-IUC)等(尉胜男，孙学进，朱守艳，2010)。对网络成瘾的概念界定一直以来没有统一的标准，但最具有代表性的还是 Young(1998)提出的，他把网络成瘾定义为：一种没有成瘾物质作用下的冲动控制障碍。尽管对网络成瘾的概念界定不尽相同，但是这些概念都反映了组成成瘾的三个基本要素：渴求或冲动、失去控制和尽管会发生负面影响但依然坚持如此的行为。事实上，非药物成瘾非常符合经典的成瘾的定义，包括尽管有一些负面的结果但是仍然成瘾于此的行为(Olsen，2011)。

12.2.2 网络成瘾的临床诊断标准

网络成瘾作为一种新出现的心理和行为障碍，目前仍然没有一个统一的测量和诊断标准。国内外相关专家也就网络成瘾的特点和行为提出了不同的诊断标准。其中，国内外使用的诊断标准最多的就是 Young 根据美国精神病协会制定的《精神障碍诊断与统计手册》(DSM-IV，1995)，在 DSM－5中包括了与成瘾行为相联系的分类(American Psychiatric Association，2013)。在这个分类里面提到了行为成瘾的分类，包括病理性赌博和潜在的网络成瘾(O'BRIEN，et al.，2010)。他据此制定了一个包括八个问题的《网络成瘾的诊断问卷》(Diagnostic Questionnaire for Internet Addiction，YDQ)，该量表答案为“是”和“否”，如果在过去的六个月中出现八条诊断标准中的五条及以上时就可以诊断其为网络成瘾(Young，1998)。Davis 编制的在线认知量表(Davis online cognition scale，DOCS)，该量表包含五个项目，即安全感、冲动性、社会化、压力应对、孤独－现实。量表共有 36 道题目构成，采用七点等级评分，超过 100 以上的就可以诊断其为网络成瘾(Davis，Flett，& Besser，2002)。

国内不少学者也提出了网络成瘾的诊断标准。其中，雷雳等编制的青少年病理性互联网使用量表(adolescent pathological Internet use scale, APIUS)，共分六个维度，38个题目，分别是突显性、耐受性、强迫性上网、戒断症状、心境改变、社交抚慰、消极后果。采用五级评分，如果项目平均得分大于3.15分就被诊断为网络成瘾(雷雳，杨洋，2007)。Tao等(2008)通过临床诊断和鉴别的方式不仅制定了网络成瘾的诊断标准，而且还将网络成瘾与网络过度使用进行了区分。此外，某些外在行为指标也将成为使用临床诊断量表之外的一种辅助的诊断标准。有研究表明网络滥用的一个典型特征是花大量时间在网络上而避免与现实中真实或熟悉的人之间的交往，这将为临床诊断网络成瘾提供一个非常重要的标准。现实生活中的交往频率减少和一些精神症状如焦虑抑郁等之间的关系也为我们识别网络成瘾患者有关(Tonioni, D'Alessandris, Lai, Martinelli, Corvino, Vasale, …& Bria, 2012)。

12.3 网络成瘾脑功能影像学研究进展

随着脑功能成像技术的出现，包括正电子断层扫描成像(PET)，功能磁共振成像(functional manetic resonance imaging, fMRI)，单光子发射断层成像(SPECT)，弥散张量成像(Diffusion Tensor Imaging, DTI)等，为我们观察大脑的功能情况提供了有效的手段，他们可以无创伤地检测局部脑区的脑血流、脑血熔和葡萄糖代谢等情况的变化。该技术已经广泛应用到临床研究中，对神经精神疾病如精神分裂症、抑郁症、广泛性焦虑、药物成瘾、酒精依赖、烟瘾、注意缺陷多动症、阿尔茨海默氏病等神经精神疾病进行了大量研究，从多方面揭示了这些疾病的神经机制。其中功能磁共振成像技术和弥散张量成像技术是在临床诊断中应用最多的，下面分别对其在青少年网络成瘾研究中的应用进行阐述。

12.3.1 网络成瘾的功能磁共振成像研究

近几年来，随着基于血氧水平依赖(blood oxygen level dependent,

BOLD)信号测量的功能磁共振成像技术日趋成熟，这种无创性的技术被广泛地应用到对人类认知以及大脑功能的研究上来，并逐渐成为这些领域的研究热点(Cox & Jesmanowicz，1999；Genovese，2000；Mori & Barker，1999)。它的主要特点是以fMRI数据分析处理方法作为重要和基本的研究手段，即利用信息科学中信息分析的方法其对fMRI数据进行处理，以获得通过其他传统方法所无法获得的新信息和新发现，从而对大脑功能的神经相关性进行研究(Polzehl & Spokoiny，2001)。

随着网瘾群体的急剧增大，网络成瘾研究应该揭示其内在本质。借鉴药物成瘾的研究方法发现网络成瘾和药物成瘾具有某些相同的神经生理机制，计算机游戏会像药物依赖一样导致奖赏系统长期的改变(Ko，Liu，Hsiao，Yen，Yang，Lin，… & Chen，2009；Weinstein，2010；Yuan，Qin，Wang，Zeng，Zhao，Yang，… & Tian，2011)。Dong等(2011)的研究是在一个猜测任务中对于设置的奖赏和惩罚加工上对网络成瘾和正常的控制组在金钱的主观获得和损失经验进行了对照研究。结果显示网络成瘾组被试与控制组相比在获得奖赏任务下眶额皮层被激活了，并且在损失条件下前扣带回的活动减弱了。结果表明网络成瘾可以增加奖赏的敏感性但是会降低损失的敏感性。

网络游戏成瘾在网络成瘾中居于首要位置。Han等人(2010)的研究发现视频游戏线索能够引起大学生大脑反应特别是眶额和腹侧皮层的反应与药物相关的线索在病人药物成瘾时观察到的结果是相同的。Ko等(2013)的研究结果发现与控制组相比网络成瘾组激活的脑区有右侧眶额皮层、右侧伏隔核、双侧前扣带回和中央额皮层、右侧背外侧前额叶和右侧尾状核。通过使用魔兽的图片所激活的感兴趣区的活动表明脑区与自我报告的游戏渴求及回忆起游戏的经历呈正相关。研究结果还发现在网络游戏成瘾和药物成瘾有相同的脑区。Ko等(2013)通过事件相关设计的功能磁共振成像来评估15名网络游戏成瘾者、15名脱离网络游戏成瘾的被试和15名控制组被试在观看游戏屏幕截图和中性图像时的大脑活动，结果表明网络成瘾组在游戏线索下激活了双侧背外侧前额皮层、楔叶、左侧海马、后扣带回和右侧前扣带回，并且活动比控制组要强。网络游戏成瘾组的感兴趣区与他们在线索提示下主观游戏渴求呈正相关。这些在大脑中被激活的环路与药物滥用的机制是一致的。此外，研究发现网络游戏成瘾组在右侧背外侧前额叶和左侧海马比恢复组有更强的激活，这两个脑区是网络游戏成瘾的关键区域(Ko et al.，2013)。研究结果显示网络录像游戏刺激的线索诱导的活动可能与药物依赖或者病理性赌博者在线索诱导过程中观察到的相同，通常会在背侧前额叶、前额皮质海马回和丘脑诱发活动(Han，Bolo，Daniels，Arenella，Lyoo，& Renshaw，2011)。

国内学者杜万萍等对19名网络成瘾大学生和19名正常大学生被试的功能性磁共振成像进行了研究，结果发现不管是网络成瘾大学生还是正常大学生网络游戏任务刺激均使其视空及执行中枢的脑区有显著的激活。网络成瘾者较正常对照受试者激活增强的脑区有右侧顶上小叶、右侧颞叶脑岛、右侧顶叶楔前叶、右侧扣带回和右侧颞上回，且网络成瘾者出现脑功能异常和右侧大脑偏侧化激活现象(杜万萍，刘军，高雪屏，李凌江，李卫晖，李欣，周顺科，2011)。钱若兵等(2008)通过12例网络游戏成瘾青少年和12例无网络成瘾倾向的青少年进行功能性磁共振成像，研究发现网络游戏成瘾青少年和正常网络使用青少年对生活视频录像和网络游戏视频录像刺激均出现相应的脑区激活，但是网络游戏成瘾青少年对网络游戏内容表现的更加敏感，在双侧枕叶、颞叶、顶叶、扣带回、隔区、前额叶、海马、尾状核等部位出现的激活远远强于对照组。秦玲娣等(2011)对18名网络成瘾青少年和18名正常被试进行的静息态脑功能成像研究结果发现，网络成瘾青少年静息态下大脑默认网络与正常对照组存在差异。

综上所述，网络成瘾者的额叶、海马、扣带回、丘脑等脑区参与了大脑的激活。网络成瘾青少年这些脑区的激活和正常群体存在差异，这些差异很可能与成瘾者的认知和决策等障碍相关联。其中额叶皮层是支配逻辑思维、目标设定、规划和自我控制的大脑区域。额叶是人类智慧的最高中枢，研究表明执行功能与前额叶执行功能关系密切。执行功能是指人类对许多加工过程的协同操作能力，包含多个不同的认知加工过程，即注意和抑制、工作记忆、计划某一任务、决策和监控之间起着重要作用。另外，额叶皮层也是冲动控制的关键脑区(Robbins，2005)。关于网络成瘾的渴求与物质依赖的渴求享有相同的神经基础的结论也得到了一些行为学(Lin，Ko，& Wu，2011；Pawlikowski & Brand，2011)及事件相关电位(Dong，Zhou，& Zhao，2011)研究结果的支持。

12.3.2 网络成瘾的弥散张量成像研究

弥散张量成像是近年来磁共振弥散成像的进一步发展的结果，用来测量组织的内在弥散方向分布特性。不同于其他磁共振技术，它是利用人体组织的水的弥散各向异性特性，对心、脑及其他人体组织器官的一种新的研究方法(Basser，Mattiello，& LeBihan，1994；Jones，Horsfield，& Simmons，1999)。计量的是组织内水分子的随机运动方向的特性，并以此作为判断组织结构和功能部分特性的依据。DTI也是第一种有提取软纤维组织中纤维轨迹潜力的活体、非侵入式的成像方法(Basser & Pierpaoli，2011；Basser，Pajevic，Pierpaoli，Duda，& Aldroubi，2000)。在癫痫、中风、老年痴呆等精神疾病的诊断与治疗的临床研究中得到了广泛的应用(Assaf，Mohamed，Abou-Khaled，Williams，Yazeji，Haselgrove，& Faro，2003；Salmenpera，Simister，Bartlett，Symms，Boulby，Free，… & Duncan，2006)。

近期的研究表明网络成瘾与大脑灰质的结构异常有关。但是，很少有研究表明网络成瘾在主要神经纤维通路的微结构完整性，并且几乎没有研究对网络成瘾期间微结构变化进行评估。伴随着网络成瘾的过程，大脑结构的改变为我们理解疾病是至关重要的。Yuan 等(2011)使用弥散张量成像的方法对 18 名网络成瘾青少年进行了大脑白质各向异性分数(white matter fractional anisotropy，FA)变化的研究，并对网瘾持续时间和结构测量之间的关系进行了分析。结果表明在右侧背外侧前额叶皮层(the bilateral dorsolateral prefrontal cortex，DLPFC)，右侧补充运动区(supplementary motor area，SMA)，左侧前扣带回(right anterior cingulated cortex，rACC)的灰质容积减少，左侧内囊后肢(posterior limb of the internal capsule，PLIC) 中白质的各向异性分数(fractional anisotropy，FA)的增加出现了累积效应。当前，一些研究者认为右侧海马回(parahippocampal gyrus，PHG) 在工作记忆中对信息的保存和提取具有重大意义(Luck，Danion，Marrer，Pham，Gounot，& Foucher，2010)。网络成瘾者在右侧海马回上的各向异性分数值表明异常的白质特点很可能是网络成瘾者工作记忆功能受损的结构基础(Ko et al.，2009)。工作记忆为临时的信息存储和在线操作具有重要意义并且也是认知控制的关键(Engle & Kane，2004)。内囊结构的异常会阻碍并且会损害执行与记忆功能(Levitt，Kubicki，Nestor，Ersner-Hershfield，Westin，Alvarado，… & Shenton，2010)。左侧内囊后肢的各向异性分数的异常会影响视觉信息的转换和加工，最终导致认知控制功能的损害(Niogi，Mukherjee，Ghajar，Johnson，Kolster，Sarkar，… & McCandliss，2008；Werring，Clark，Barker，Miller，Parker，Brammer，… & Thompson，1998)。

最后，尽管以上研究表明灰质容积的结构和白质各向异性分数的异常都与网瘾认知控制的功能损害有关，当前研究的最大局限是对于网络成瘾青少年在认知控制上的缺陷还缺乏大量的研究来证明。国内使用弥散张量成像在网络成瘾种的研究几乎没有。

12.4　研究展望

神经影像学在青少年网络成瘾研究中的应用研究提供了其网络成瘾神经生理学方面的证据，取得了一定的研究成果，但是也存在一些局限性。为了更加丰富和发展网络成瘾的相关研究，我们提出了以下几个未来的研究方向。

12.4.1 将 fMRI 与 DTI 分析结合起来进行网络成瘾的研究

目前，有关网络成瘾的多数研究主要涉及网络成瘾的概念、分类、诊断标准和干预方法，而对于网络成瘾的神经影像学研究相对较少，对同时探讨功能和结构的研究几乎没有。在未来的研究中，我们可以利用功能磁共振成像(fMRI)和弥散张量成像(DTI)技术的联合分析，借助信息科学中的信息分析和综合方法，建立网络成瘾青少年的神经机制及神经网络模型。研究网络成瘾青少年的脑部功能区及白质纤维束追踪图像，探索其大脑结构是否都发生了改变。采用 fMRI 与 DTI 联合分析的方法揭示网络成瘾青少年大脑结构和功能改变的部位是否相同，是否具有一致性。研究结果为青少年网络成瘾的神经影像学机理提供进一步的证据，对临床诊断和干预具有极其重要的研究价值，并可以为纤维缺失或结构异常造成的疾病诊断提供有效的信息。

12.4.2 依据网络过度使用进行网络成瘾青少年大脑微结构的研究

随着互联网的迅速普及，越来越多的人对网络产生了依赖，但是我们对网络的依赖并不是真正意义上的网络成瘾，也有可能是网络过度使用。因此，为了更恰当地研究这种行为和特征是积极的还是消极的，未来研究要关注青少年网络过度使用在测量上应该使用质性研究而不是量化研究。将过度使用、严重过度使用和网络成瘾进行区分，也即过度使用网络和严重使用网络并不能被视为是网络成瘾而他们使用网络是以其年龄和时代生活相联系的目的，因此网络过度使用的测量、定义及干预也是我们将要研究的。所以对于这种网络使用行为是否在神经影像学的机理上产生微结构的改变，和正常群体及网络成瘾群体在大脑结构上又具有哪些差异是我们将来要进行研究的。并且过去的研究样本量一般较小，并且得到的结果也不是完全一致，在未来的研究中尽量增大样本量，得出可靠一致的结论。

12.4.3 整合网瘾青少年在认知任务上大脑结构与外在行为表现

当前研究的最大局限是对于网络成瘾青少年在认知控制上的缺陷还缺乏大量的研究来证明。目前，对于网络成瘾的神经影像学研究主要集中在对大脑的结构和功能方面，较少将外在行为与大脑结构进行对照研究。而在影像学领域中，尤其是静息态脑功能磁共振研究中，现在已经开始向这个研究取向进行转变了。因此，在未来网络成瘾青少年的神经影像学的研究中也需要将其外在行为指标与大脑内部结构和功能进行相关等统计分析，找到其外在行为及生理结构的对应关系，为进一步根据外在行为指标来鉴别和诊断网络成瘾具有重要的临床应用价值。

12.4.4 从大脑可塑性的角度对网络成瘾进行教育训练干预

以往对于网络成瘾的主要干预手段是心理咨询，但是这种方法有点治标不治本。其次，也有一些极端的治疗方法，如电击疗法，该方法会产生不良后果也被叫停了。因此，制定出对网络成瘾问题切实有效的治疗方法则具有重要的现实意义和应用价值。研究表明，在很大程度上大脑可塑性是与那些与成瘾相联系的行为所引起的不良结果的适应，是基于对大脑特定区在情绪管理和自然奖赏加工，动机行为方面的了解(Olsen，2011)。所以，对于网络成瘾的干预，我们可以从大脑可塑性的角度来进行研究。未来研究可以考虑从教育训练本身出发，在日常的教育活动中增加一些为训练学生自我控制能力和情绪管理能力的课程和行为训练活动，教育行为训练的方法不但操作起来简单易行，对预防和干预青少年网络成瘾具有实际的现实价值。

参考文献

1. Abreu，C. N. D.，Karam，R. G.，Góes，D. S.，& Spritzer，D. T. Internet and videogame addiction：a review. *Revista Brasileira de Psiquiatria*，2008，30(2)：156－167.

2. American Psychiatric Association. *DSM* 5. American Psychiatric Association，2013，461－581.

3. Assaf, B. A., Mohamed, F. B., Abou－Khaled, K. J., Williams, J. M., Yazeji, M. S., Haselgrove, J., & Faro, S. H. Diffusion tensor imaging of the hippocampal formation in temporal lobe epilepsy. *American journal of neuroradiology*, 2003, 24(9): 1857－1862.

4. Basser, P. J., Mattiello, J., & LeBihan, D. MR diffusion tensor spectroscopy and imaging. *Biophysical journal*, 1994, 66(1): 259.

5. Basser, P. J., Pajevic, S., Pierpaoli, C., Duda, J., & Aldroubi, A. In vivo fiber tractography using DT-MRI data. *Magnetic resonance in medicine*, 2000, 44(4): 625－632.

6. Basser, P. J., & Pierpaoli, C. Microstructural and physiological features of tissues elucidated by quantitative-diffusion-tensor MRI. *Journal of magnetic resonance*, 2011, 213(2): 560－570.

7. Cao, H., Sun, Y., Wan, Y., Hao, J., & Tao, F. Problematic Internet use in Chinese adolescents and its relation to psychosomatic symptoms and life satisfaction. *BMC public health*, 2011, 11(1): 802.

8. Cox, R. W., & Jesmanowicz, A. Real-time 3D image registration for functionalChuang, Y. C. (2006). Massively Multiplayer Online Role-Playing Game－Induced Seizures: A Neglected Health Problem in Internet Addiction. *CyberPsychology & Behavior*, 1999, 9(4): 451－456.

9. Davis, R. A., Flett, G. L., & Besser, A. Validation of a new scale for measuring problematic Internet use: Implications for pre-employment screening. *CyberPsychology & Behavior*, 2002, 5(4): 331－345.

10. Dong, G., Huang, J., & Du, X. Enhanced reward sensitivity and decreased loss sensitivity in Internet addicts: an fMRI study during a guessing task. *Journal of psychiatric research*, 2011, 45(11): 1525－1529.

11. Dong, G., Zhou, H., & Zhao, X. Male Internet addicts show impaired executive control ability: evidence from a color-word Stroop task. *Neuroscience letters*, 2011, 499(2): 114－118.

12. Engle, R. W., & Kane, M. J. Executive attention, working memory capacity, and a two-factor theory of cognitive control. *Psychology of learning and motivation*, 2004, (44): 145—200.

13. Jones, D. K., Horsfield, M. A., & Simmons, A. Optimal strategies for measuring diffusion in anisotropic systems by magnetic resonance imaging. *Magn Reson Med*, 1999, 42.

14. Genovese, C. R. A Bayesian time-course model for functional magnetic resonance imaging data. *Journal of the American Statistical Association*, 2000, 95(451): 691—703.

15. Grüsser, S. M., Thalemann, R., & Griffiths, M. D. Excessive computer game playing: evidence for addiction and aggression? . *CyberPsychology & Behavior*, 2006, 10(2): 290—292.

16. Han, D. H., Kim, Y. S., Lee, Y. S., Min, K. J., & Renshaw, P. F. Changes in cue-induced, prefrontal cortex activity with videogame play. *Cyberpsychology, Behavior, and Social Networking*, 2010, 13(6): 655—661.

17. Han, D. H., Bolo, N., Daniels, M. A., Arenella, L., Lyoo, I. K., & Renshaw, P. F. Brain activity and desire for Internet video game play. *Comprehensive Psychiatry*, 2011, 52(1): 88—95.

18. Ko, C. H., Liu, G. C., Hsiao, S., Yen, J. Y., Yang, M. J., Lin, W. C., ... & Chen, C. S. Brain activities associated with gaming urge of online gaming addiction. *Journal of psychiatric research*, 2009, 43(7): 739—747.

19. Ko, C. H., Liu, G. C., Yen, J. Y., Chen, C. Y., Yen, C. F., & Chen, C. S. Brain correlates of craving for online gaming under cue exposure in subjects with Internet gaming addiction and in remitted subjects. *Addiction biology*, 2013, 18(3): 559—569.

20. Koronczai，B.，Urbán，R.，Kökönyei，G.，Paksi，B.，Papp，K.，Kun，B.，… & Demetrovics，Z. Confirmation of the three-factor model of problematic internet use on off－line adolescent and adult samples. *Cyberpsychology，Behavior，and Social Networking*，2011，14(11)：657－664.

21. Lin，M. P.，Ko，H. C.，& Wu，J. Y. W. Prevalence and psychosocial risk factors associated with Internet addiction in a nationally representative sample of college students in Taiwan. *Cyberpsychology，Behavior，and Social Networking*，2011，14(12)：741－746.

22. Liu，J.，Gao，X. P.，Osunde，I.，Li，X.，Zhou，S. K.，Zheng，H. R.，& Li，L. J. Increased regional homogeneity in internet addiction disorder a resting state functional magnetic resonance imaging study (2009). *Chin Med J (Engl)*，2010，123(14)：1904－1908.

23. Luck，D.，Danion，J. M.，Marrer，C.，Pham，B. T.，Gounot，D.，& Foucher，J. The right parahippocampal gyrus contributes to the formation and maintenance of bound information in working memory. *Brain and cognition*，2010，72(2)：255－263.

24. Levitt，J. J.，Kubicki，M.，Nestor，P. G.，Ersner-Hershfield，H.，Westin，C. F.，Alvarado，J. L.，… &Shenton，M. E. A diffusion tensor imaging study of the anterior limb of the internal capsule in schizophrenia. *Psychiatry Research：Neuroimaging*，2010，184(3)：143－150.

25. Mori，S.，& Barker，P. B. Diffusion magnetic resonance imaging：its principle and applications. *The Anatomical Record*，1999，257(3)：102－109.

26. MRI. *Magnetic resonance in medicine*，42(6)：1014－1018.

27. Niogi，S. N.，Mukherjee，P.，Ghajar，J.，Johnson，C.，Kolster，R. A.，Sarkar，R.，… & McCandliss，B. D. Extent of microstructural white matter injury in postconcussive syndrome correlates with im-

paired cognitive reaction time：a 3T diffusion tensor imaging study of mild traumatic brain injury. *American Journal of Neuroradiology*，2008，29(5)：967—973.

28. Robbins，T. W. Chemistry of the mind：neurochemical modulation of prefrontal cortical function. *Journal of Comparative Neurology*，2005，493(1)：140—146.

29. Salmenpera，T. M.，Simister，R. J.，Bartlett，P.，Symms，M. R.，Boulby，P. A.，Free，S. L.，… & Duncan，J. S. High-resolution diffusion tensor imaging of the hippocampus in temporal lobe epilepsy. *Epilepsy research*，2006，71(2)：102—106.

30. Shaffer，H. J.，Hall，M. N.，& Vander Bilt，J. "Computer addiction"：a critical consideration. *American Journal of Orthopsychiatry*，2000，70(2)：162.

31. Olsen，C. M. Natural rewards，neuroplasticity，and non-drug addictions. Neuropharmacology，2011，61(7)：1109—1122.

32. O'BRIEN C P. Commentary on Tao et al. Internet addiction and DSM-V. *Addiction*，2010，105(3)：565—565.

33. Pawlikowski，M.，& Brand，M. Excessive Internet gaming and decision making：do excessive World of Warcraft players have problems in decision making under risky conditions? . *Psychiatry research*，2011，188(3)：428—433.

34. Polzehl，J.，& Spokoiny，V. G. Functional and dynamic magnetic resonance imaging using vector adaptive weights smoothing. *Journal of the Royal Statistical Society*：*Series C* (*Applied Statistics*)，2001，50(4)：485—501.

35. Tao R，Wand JN，Huang XQ，et al. Naming，definition，and clinical diagnostic criteria of internet addiction. *Medical Journal of the Chinese People's Armed Police Forces*，2008，19(9)：773—776.

36. Tonioni, F., D'Alessandris, L., Lai, C., Martinelli, D., Corvino, S., Vasale, M., ... & Bria, P. Internet addiction: hours spent online, behaviors and psychological symptoms. *General Hospital Psychiatry*, 2012, 34(1): 80－87.

37. Young, K. S. Internet addiction: The emergence of a new clinical disorder. *CyberPsychology & Behavior*, 1998, 1(3): 237－244.

38. Yuan, K., Qin, W., Wang, G., Zeng, F., Zhao, L., Yang, X., ... & Tian, J. Microstructure abnormalities in adolescents with internet addiction disorder. *PloS one*, 2011, 6(6): e20708.

39. Weinstein, A. M. Computer and video game addiction—A comparison between game users and non-game users. *The American journal of drug and alcohol abuse*, 2010, 36(5): 268－276.

40. Yuan, K., Qin, W., Wang, G., Zeng, F., Zhao, L., Yang, X., ... & Tian, J. Microstructure abnormalities in adolescents with internet addiction disorder. *PloS one*, 2011, 6(6): e20708.

41. Werring, D. J., Clark, C. A., Barker, G. J., Miller, D. H., Parker, G. J. M., Brammer, M. J., ... & Thompson, A. J. The structural and functional mechanisms of motor recovery: complementary use of diffusion tensor and functional magnetic resonance imaging in a traumatic injury of the internal capsule. *Journal of Neurology, Neurosurgery & Psychiatry*, 1998, 65(6): 863－869.

42. 杜万萍，刘军，高雪屏等. 网络成瘾大学生脑功能性磁共振成像特点[J]. 中南大学学报(医学版): 2011, 36(8): 744－749.

43. 柯惠新，郝向宏，金锐. 年中国青少年网瘾调查报告[J]. 北京: 中国青少年网络协会，2010.

44. 雷雳，杨洋. 青少年病理性互联网使用量表的编制与验证[J]. 心理学报，2007, 39(4): 688－696.

45. 钱若兵，傅先明，韩晓鹏等. 青少年网络游戏成瘾的功能性磁共振成像研究[J]. 立体定向和功能性神经外科杂志，2008，21(4)：207－211.

46. 秦玲娣，周滟，赵志明等．静息态脑功能成像在青少年网络成瘾中的初步研究[J]. 临床放射学杂志，2011，30(1)：7－10.

47. 尉胜男，孙学进，朱守艳．网络成瘾的神经影像学研究进展[J]. 磁共振成像，2010，1(5)：392－396.

第三部分

方法学探索与工具研发

第十三章　在线研究方法的现状与展望①

张国华　雷雳

近年来，在线研究方法受到了相关领域研究者的普遍重视。文章对几种常用的在线研究方法进行了系统梳理和总结，并探讨了人—机交互、虚拟现实技术、计算机支持的社会网络分析和网络民族志等在线研究方法及其应用前景。最后对在线研究方法进行了总体性的评价，并对合理使用在线研究方法提供了建议。

焦点阅读：

随着计算机技术的日益成熟以及互联网的普及和发展，通过网络进行观察和访谈的研究越来越多，如在线观察法、在线访谈法、在线调查法和在线实验法；

在线研究方法的优点与不足；

具有互联网特色的在线研究方法：人—机交互、虚拟现实技术、计算机支持的社会网络分析和网络民族志等。

关键词：

互联网(Internet)；在线研究(Online Research)；在线研究方法(Online Research Methods)

---

① 本文已发表于《心理研究》2012年第3期。

13.1 在线研究方法概述

互联网的出现为心理学家以及其他的行为科学家提供了一个新的研究领域。越来越多的学科开始将传统的研究领域向网上拓展，从而出现了诸如网络社会学、网络政治学、网络经济学和网络心理学等新兴的边缘学科。值得指出的是，网络作为研究内容的同时也是有效的研究工具(赵向阳，朱滢，2002)。以互联网为研究工具发展出来的研究方法，称之为在线研究方法。所谓在线研究方法，是指研究者通过互联网收集数据的方式。它是在互联网这种新技术和条件下对现有研究方法进行的再创造和重新想象(Reips & Bosnjak，2001)。网络本身作为一种处理与收集信息的高科技手段，对传统研究方法造成了深刻的冲击。许多传统的研究方法都与互联网结合而形成了新的在线研究形式，如在线观察法、在线访谈法、在线调查法以及在线实验法都是如此。此外，随着研究技术和手段的发展以及学科融合趋势的增强，人—机交互、虚拟现实技术、计算机支持的社会网络分析和网络民族志等颇具互联网特色的在线研究方法也先后出现。

近年来，在线研究方法得到了相关学科领域研究者的普遍重视，但也有部分研究者对在线研究方法持怀疑态度。他们认为在线研究方法在被试取样、数据收集、被试反应和研究结果等方面都存在一定的问题。本文的目的是对几种常用的在线研究方法进行系统梳理和总结，并分析其优点和不足之处，然后探讨人—机交互、虚拟现实技术、计算机支持的社会网络分析和网络民族志等在线研究方法及其应用前景。最后对在线研究方法进行总体性的思考，为合理使用在线研究方法提供意见和建议。

13.2 常用的在线研究方法及其优缺点

13.2.1 几种常用的在线研究方法

随着计算机技术的日益成熟以及互联网的普及和发展，通过网络进行观察和访谈的研究越来越多，研究者最为常用的问卷调查在互联网上得到新生，而在互联网上的实验研究也不断涌现。

在线观察法。在线观察需要研究者进入到某个网络环境(如虚拟社区环境)中去，系统地、连续地观察人们的网络互动行为，通过对在线行为过程的分析来了解和判断网络用户的心理状况。以现有的技术手段，研究者无法直接看到和听到被试，只能通过观察其在网络中使用的语言文字、符号和表情等记录来推断其心理和行为，尤其是观察被试的语言行为。如Orvis等人(2002)曾使用在线观察法对军队学员在军事训练情境下使用在线文本信息进行交流来解决问题进行了观察和评估。

在线访谈法。随着网络心理咨询应用的飞速发展，在线访谈逐渐成为一种重要的访谈研究方法。在线访谈在方法论上类似于传统意义上的访谈，但又有别于传统的访谈法。首先，相对于传统的现场访谈，在线访谈更多采用一对多的访谈形式，这种形式通常被称为在线焦点团体(online focus groups)。其次，在线访谈也一般采用开放式或半结构式访谈，但不再是以面对面访谈的方式，而是采用电子邮件或通过即时通信软件以网上聊天的方式进行。最后，在访谈时间上也有所不同。通过网上聊天可以进行一对一或一对多的同步在线访谈(synchronous online interviews)，而使用电子邮件可以进行一对一或一对多的非同步在线访谈(asynchronous online interviews)。当然，面对面访谈和在线访谈也可以结合起来使用，如Davis等人(2004)对同性恋/双性恋被试的研究就采用了这种方式。

在线调查法。在线调查法是一种最为常用的研究方法，随着互联网使用的迅速增加，在线调查也成为一种重要的数据收集方法。在线调查可以采用发送电子邮件、论坛张贴、页面调查等形式。人们通常担心在线调查会对调查结果产生影响，如问卷反应率、结果可靠性等。研究者对在线调查和纸—笔测验结果进行了比较，发现调查方式对被试回答没有明显影响，在两种条件下都具有较高的反应率和较为一致的调查结果(如人格、自尊等)(Gesell, Drain, & Sullivan, 2007; Gosling, Vazire, Srivastava，& John，2004)，两种测试形式具有测量等价性(Templer & Lange，2008)。可以说，只要问卷设计合理，网络测验应该具有一定的可靠性，也能够取得较好的信效度指标。但是，在不同情境下运用测验必须检验测量不变性，且不能将纸笔测试获得的常模直接用于网络测试(蔡华俭，林永佳，伍秋萍，严乐，黄玄凤，2008；吴瑞林，王建中，马喜亭，2010)。如果将在线调查与邮寄问卷调查结合，问卷反应率和数据质量都会有所提高(Börkan，2010)。

在线实验法。自20世纪70年代以来，实验研究中就开始用到计算机了。利用计算机来呈现刺激能够做到标准统一而且时间精确，可以为研究者提供客观、可靠而且准确的人类行为测量，从而逐渐取代了那些专业而昂贵的心理学实验设备。到20世纪90年代，在互联网上开展实验又引起了研究者们的浓厚兴趣。在线实验(Web Experimentation)可用于许多研究领域，尤其适用于那些不需要严格控制实验条件的情况，具有较强的实用性，是近年来实验心理学研究方法的一个重要创新。

在互联网实验情境下，整个实验过程都是完全自动化和标准化的，实验者和被试之间不存在面对面的交流，被试获得实验信息和参与动机的唯一途径就是文字信息。这会影响在线实验的内在效度和准确性吗？答案很可能是否定的。Ollesch，Heineken 和 Schulte(2006)的研究表明，在线实验和实验室实验的内在效度和结果无明显差别，而且研究结果与实验情境或实验者是否出现无关。Vadillo 和 Matute(2009)对实验室实验和在线实验结果的比较也表明，两种实验条件下得到的结果非常相似。

但在线实验难以对非系统误差变量、实验情境的异质性和被试不同的电脑设备等因素进行控制，因而一般具有较高的误差。不过，在线实验可能存在的不足能够通过适当措施而部分得以避免(Reips，2002)。为了防止在线实验出现数据损坏和泄露实验信息，Reips(2002)对在线实验提出了一系列的标准和指导原则，包括在线实验的理想环境、在线实验设计中的预防措施、在线实验的有效技术、应该避免的常见错误和误解，以及研究应该报告的内容。此外，他还提出了在线实验研究的“五准”和“五不准”：“五准”包括可以将被试退出作为研究的因变量、可以使用退出来探测被试的动机混淆、可以设置有关个人信息方面的问题、可以使用数据收集技术、可以使用网络工具；“五不准”为不许出现无保护措施的计算机程序、不让公众查阅保密资料、不能泄漏实验的结构、不可忽视计算机的技术误差、不使用不当的形式元素。

13.2.2　常用在线研究方法的优缺点

几种常用在线研究方法的优缺点见下表 13.1。总的来说，这几种常用方法的共同优点是能够方便快捷地取得多样化、大批量的被试样本，研究过程规范且易于管理，节约研究时间、场地和经费等。但也普遍存在一些不足之处。如，不适合那些无法上网的特殊人群(如文化程度较低、不懂操作电脑和上网、没有电脑和网络连接以及残疾人)，难以完全保证被试回答的真实性、研究数据的完整性和数据安全，被试可能重复参与研究，此外研究者和被试都可能在研究中碰到技术故障等问题(Albrecht & Jones，2009)。综上所述，目前几种常用的在线研究方法具有其独特优势，但总的来说仍未突破传统研究方法的范畴，充其量是将诸如访谈、问卷调查和实验等方法从现实中“嫁接”到了互联网上，在本质上与传统研究方法并无太大差异，而且在研究实践中存在不少局限性，若使用不当可能给研究带来新的困境。

表 13.1　常用在线研究方法的优缺点

常用方法	优点	缺点
在线观察法	• 有助于了解网络用户的在线行为模式； • 得到网络用户在线活动的第一手资料； • 研究过程不受观察对象干扰； • 研究结果比较真实。	• 只限观察直观的网络语言等文本信息； • 观察的网络用户范围有限； • 难以获得观察对象的其他资料； • 难以结合相关变量进行统计分析。

续表

常用方法	优点	缺点
在线访谈法	•受访者可以自由掌握回答问题的时间，对问题做深入的思考； •能够访谈空间距离较远的被试、不愿接受面对面访谈特殊人群(如同性恋者)、无法随意走动的个体(如残疾人、囚犯)或社交孤立者(瘾君子)； •访谈者和受访者都“看”不到对方，能够在最大程度上减少访谈者的影响； •节约成本(时间和经费)、快速取得访谈资料。	•访谈过程缺少视觉线索，难以评估被试是否正确理解问题并合理作答； •无法有效控制访谈情境，被试在访谈过程中可能分心或受到干扰而中断访谈； •可能失去一些不喜欢这种访谈方式的潜在被试群体； •在线访谈通常一次完成，研究者难以短时间内取得受访者的信任，也难以取得被试的长期承诺和参与； •受访对象需要具备一定的计算机操作技能来完成整个访谈过程。
在线调查法	•互联网的匿名性、去抑制性等特点减少了受试者作答时的社会期望反应，被试更愿意回答一些相对敏感的问题，如同性恋、酗酒、药物滥用等； •不受时空限制，更容易获得样本，操作更灵活准确，成本更低廉并能提供更优质的测评服务。	•完成在线问卷的以年轻人为主； •无法控制测试情境； •在线问卷设计中的某些因素也会影响收集到的数据的质量，包括指导语、问题形式、数据管理以及调查的伦理问题等。
在线实验法	•实施起来比较简单，收集的数据比较客观，在试验调试阶段修改实验程序更快更容易； •能够廉价地收集到较大范围地区和人口数量的数据资料，甚至能轻松获取那些特殊人群(如20～30岁的糖尿病患者或智商高于130的人)的数据，而且被试是完全自愿参与实验； •实验过程中无须实验者出现，尽量减少了实验者的影响，在某些方面具有更高的生态效度； •节省成本、实验仪器和场地，且实验不受时间和空间限制。	•相比实验室实验，在线实验对实验条件的控制更弱。比如，无法控制被试代表性、被试信息真实性、是否认真参与实验、进入或退出实验程序； •被试可能忽视实验指示、在实验中作弊或者多次参与实验； •“虚拟”实验者也可能对被试产生影响； •被试对实验存在疑问时无法获得解答； •可能出现一些技术误差，如使用不同的电脑、显示器、浏览器和网络链接。

13.3　具有互联网特色的在线研究方法

互联网的出现使相关学科在研究内容、研究环境和研究视角方面都发生了深刻变化。人—机交互、虚拟现实技术、计算机支持的社会网络分析和网络民族志等颇具互联网特色的在线研究方法的出现，为在线研究方法注入了新的元素。但这些在线研究方法目前尚未成型，除人—机交互外，其他几种方法在实证研究中仍不多见。

13.3.1　人—机交互

20 世纪 50 年代美国学者 B. Shackel 发表了有关人机界面的第一篇文献，紧接着在 1960 年，Liklider 首次提出人机紧密共栖(Human-Computer Close Symbiosis)的概念，被视为人机界面学的启蒙观点。1969 年在英国剑桥大学召开了第一次人机系统国际大会，同年第一份专业杂志“国际人机研究”(IJMMS)创刊。因此，1969 年被看作是人机界面学发展史上的里程碑。20 世纪 80 年代初期，人机交互学科逐渐形成了自己的理论体系和实践范畴的架构，“人机界面”一词被“人—机交互”取代。人—机交互(Human-Computer Interaction)是指人与计算机之间使用某种对话语言，以一定的交互方式完成特定任务的人与计算机之间的信息交换过程。在人机之间存在着一个相互作用的作用面，所有的人机信息交流都发生在这个作用面上，此即为人机界面(Human-Computer Interface)。人通过控制器将自己的决策信息“输入”传递给机器，实现“人—机”信息传递。显示器则将机器工作的信息“输出”传递给人，实现“机—人”信息传递。

在互联网上，人机交流可以看作是在线交流的第一个层次。在这个层次上，研究的核心问题是如何促进人机更好地交流以及和谐地相处。以目前应用最广泛的万维网(WWW)为例，如何组织、安排、呈现网页信息才能让用户感到舒服成为一个重要的研究主题。网页的版面、网站的链接、广告的位置等一系列问题都是值得考虑的。以网络广告为例，在中国互联网络信息中心(中国互联网络信息中心(CNNIC)，2001)对“哪一种网络广告形式最能吸引您点击”的调查中，66.50%的人认同动画式广告，而仅有1.91%的人选择插播式广告。此外，网页浏览和在线阅读、超文本信息检索等也是互联网背景下人—机交互研究的重要问题，此处不再赘述。

13.3.2 虚拟现实技术

虚拟现实技术的理念是美国著名的计算机专家Ivan Sutherland于1965年提出的，而虚拟现实的概念则由Jaron Lanier于1989年最先提出。此后，虚拟现实成为社会关注和研究的重要问题。虚拟现实技术(Virtual Reality Technology，简称VRT)是指以多感知性、沉浸性、交互性和构想性为基本特征的计算机高级人机界面(Wexelblat，2014)。它综合利用了计算机图形学、仿真技术、多媒体技术、人工智能技术、计算机网络技术、并行处理技术和多传感器技术。利用虚拟现实技术创建的虚拟环境(Virtual Environment)不仅是对现实世界的复制、模拟和表征外部世界的革命性变化，而且也是一种崭新的研究工具和研究范式(陶维东，孙弘进，陶晓丽，刘强，吴灵丹，罗文波，2006)。目前虚拟现实技术在网络上的应用主要有虚拟现实环境的构造语言(Virtual Reality Modeling Language，VRML)和基于图像的虚拟现实技术。特别是后者，使人们在使用互联网时能身临其境般地置身于各种场合之中，比如可以像逛商场一样在虚拟商店中购买商品，或者参观一个网上模拟的旅游景点等。

虚拟现实技术在网络游戏中得到了充分应用。从最初的文字MUD游戏，到二维游戏、三维游戏，再到网络三维游戏，网络游戏在保持实时性和交互性的同时，逼真度和沉浸感也在逐步提高和加强。研究表明，利用电脑游戏能够有效地诱发被试相应的情绪体验和表现(Merkx，Truong，& Neerincx，2007)，电脑游戏已经成为一种重要的情绪诱发方法。目前，虚拟现实技术已经在视空间认知、知觉—运动协调、心理治疗、社会心理学等领域取得了不少成果(陶维东，孙弘进，陶晓丽，刘强，吴灵丹，罗文波，2006)。我们相信，虚拟现实技术将为在线研究提供坚实的实验技术基础，必在今后的在线研究中发挥越来越重要的作用。

13.3.3　计算机支持的社会网络分析

社会网络研究起源于人类学家对复杂社群中人际关系的探讨。社会网络(Social Network)是指社会行动者(Social Actor)及其间的关系的集合(刘军，2004)。社会网络由多个节点和节点之间的连线组成。节点即行动者，它可以是个体也可以是组织和国家等机构。连线即节点之间的相互关系，可以是友谊、亲属关系、商业往来、共同利益以及知识或威望等。社会网络分析(Social Network Analysis，SNA)是以关系为基本单位进行分析的实证研究方法，其特点是注重对行动者及其相互关系进行定量分析，强调人际关系、关系内涵以及社会网络对社会现象的解释。自人类学家Barnes在1954年首次使用“社会网络”的概念来分析挪威某渔村的社会结构以来，社会网络分析已经成为研究社会结构最常用的方法，并有多款社会网络分析软件问世。社会网络分析的理论与技术在社会学、社会心理学、经济学与人类学等诸多学科领域得到了广泛运用。

随着互联网的日益普及，越来越多的人开始通过互联网与他人进行互动和信息交换。当计算机将个体或者组织联系到一起的时候，也就形成了一个社会网络(Wellman，Salaff，Dimitrova，Garton，Gulia，& Haythornthwaite，1996)。网上聊天室、电子布告栏、网上新闻组、即时通信、博客和社交网站等都是计算机支持的社会网络(Computer-Supported Social Networks，简称为CSSNs)。与现场沟通相比，CSSNs对社会临场感和在线沟通的限制较少，对维持线上的人际关系具有重要作用，并且为个体获取信息提供了替代性的平台。CSSNs能否延续下去取决于成员是否停留在该网络并持续参与对某个问题的讨论和解答过程，目前许多CSSNs就面临着固定成员的问题。Jin等人(2009)的研究表明，当个体对先前的CSSNs使用感到满意并认为该网络中的信息对他们有用后才会继续使用其中的信息。而信息质量和信息来源的可信度决定了个体感知到的信息有用性和满意度。由于CSSNs与现实的社会网络存在众多相似之处，使得社会网络分析对于研究CSSNs特别适用。相比人—机交互、人与人之间的在线互动方面的研究，CSSNs尚未引起足够的重视，相信社会网络分析能够为研究虚拟社区和计算机支持的社会网络提供有效途径。

13.3.4 网络民族志

民族志(Ethnography)是20世纪初期由文化人类学家创立的一种研究方法。研究者主要通过田野调查，深入到某些特殊群体的文化中去，从其内部着手提供相关意义和行为的整体描述与分析。民族志研究最初是由文化人类学家用来研究一些非本民族的文化，但由于这种方法重视研究对象的社会行为及其与整个社会文化之间的关系，具有跨学科研究的性质，所以被广泛运用到社会学、心理学、政治学、传播学等其他学科(常燕荣，蔡骐，2005)。

网络民族志(Online ethnography)是采用民族志方法研究以计算机为中介的人际沟通(CMC)所产生的虚拟社区和文化的一种在线研究方法(Hine，2000)，最初起源于研究者在互联网上使用民族志方法对消费者做的市场调查。网络民族志方法是一种质化的、解释性的研究方法，它以在线现场研究为主，在方法上基本沿用和改编自民族志的特定研究过程和标准。研究步骤通常为获准进入某个网络社区和文化、搜集资料然后分析资料，在研究过程中还要考虑研究伦理问题。在网络文化和社区的在线民族志研究中，研究者可以采用潜水的方式对某个网络社区和文化进行非参与式观察，也可以加入到某个在线社区成为其会员从而进行参与式观察，与该在线社区成员进行长期接触和深度沉浸，对网络文化和社区生活进行深度描述(Hine，2000)。而后者更能够体现网络民族志研究的特点。相对而言，网络民族志还是一种比较新的研究方法，有待进一步的完善和发展。

13.4 总结与展望

总的来说，在线研究方法与传统研究方法得到的结果接近一致(Gosling et al.，2004)，而且在线研究的优势要大于其劣势(Gosling，2005)。因此，可以认为在线研究方法是值得信任和依靠的。况且，任何研究方法都存在利、弊两面，关键是如何去选择和利用适当的研究方法为具体的研究实践服务。比较合理的做法是，充分发挥在线研究方法的优势，扬长避短，必要时可以辅以传统研究方法。以在线实验法为例，在线实验可以开展一些只能在网上进行的实验，也可用于验证实验室和现场实验研究的结果，甚至可与实验室实验同步进行。此外，在用好现有方法的同时还需积极吸收和借鉴相关学科领域最新的研究方法，博采众长，为己所用，不断丰富和完善在线研究方法的体系。

在线研究方法既可以研究网络中的心理和行为，也可以研究线下的现实社会问题，极大拓宽了现有的研究领域和范围，丰富了研究者选择研究方法的余地，为研究提供了便利条件。虽然在线研究方法只经历了短短十来年的发展时间，但却表现出了强劲的增长势头，相关领域的研究者都已经充分认识到了在线研究方法的积极价值，相信在不久的将来它一定能够在社会科学研究中发挥更为重要的作用。

参考文献

1. Ahern，N. R. Using the Internet to conduct research. *Nurse Researcher*，2005，13(2)：55—70.

2. Albrecht，A. C.，& Jones，D. G. Web-based research tools and techniques. *İçinde：Walz GR，Bleuer JC，Yep RK，editörler. Compelling counseling interventions：VISTAS. Alexandria，VA：American Counseling Association*，2009，337—47.

3. Börkan，B. The mode effect in mixed-mode surveys mail and web surveys. *Social Science Computer Review*，2010，28(3)：371—380.

4. Davis, M., Bolding, G., Hart, G., Sherr, L., & Elford, J. Reflecting on the experience of interviewing online: perspectives from the Internet and HIV study in London. *AIDS care*, 2004, 16(8): 944—952.

5. Gesell, S. B., Drain, M., & Sullivan, M. P. Test of a Web and paper employee satisfaction survey: Comparison of respondents and non-respondents. *International Journal of Internet Science*, 2007, 2(1): 45—58.

6. Gosling, S. D., Vazire, S., Srivastava, S., & John, O. P. Should we trust web-based studies? A comparative analysis of six preconceptions about internet questionnaires. *American Psychologist*, 2004, 59(2): 93.

7. Hine, C. *Virtual ethnography*. London: Sage, 2000.

8. Jin, X. L., Cheung, C. M., Lee, M. K., & Chen, H. P. How to keep members using the information in a computer-supported social network. *Computers in Human Behavior*, 2009, 25(5): 1172—1181.

9. Merkx, P. A. B., Truong, K. P., & Neerincx, M. A. Inducing and measuring emotion through a multiplayer first-person shooter computer game. In*Proceedings of the Computer Games Workshop*, January, (pp. 07—06), 2007.

10. Ollesch, H., Heineken, E., & Schulte, F. P. Physical or virtual presence of the experimenter: Psychological online-experiments in different settings. *International Journal of Internet Science*, 2006, 1(1): 71—81.

11. Orvis, K. L., Wisher, R. A., Bonk, C. J., & Olson, T. M. Communication patterns during synchronous Web-based military training in problem solving. *Computers in Human Behavior*, 2002, 18(6): 783—795.

12. Reips, U. D. Standards for Internet-based experimenting. *Experimental psychology*, 2002, 49(4): 243—256.

13. Reips，U. D.，& Bosnjak，M. (Eds.). Dimensions of Internet Science. http://www.psychologie.uzh.ch/sowi/reips/dis，2001.

14. Templer，K. J.，& Lange，S. R. Internet testing：Equivalence between proctored lab and unproctored field conditions. *Computers in Human Behavior*，2008，24(3)：1216－1228.

15. Vadillo，M. A.，& Matute，H. Learning in virtual environments：Some discrepancies between laboratory-and Internet-based research on associative learning. *Computers in Human Behavior*，2009，25(2)：402－406.

16. Wellman，B.，Salaff，J.，Dimitrova，D.，Garton，L.，Gulia，M.，& Haythornthwaite，C. Computer networks as social networks：Collaborative work，telework，and virtual community. *Annual review of sociology*，1996，213－238.

17. Wexelblat，A. (Ed.). *Virtual reality：applications and explorations*. Academic Press，2014.

18. 陶维东，孙弘进，陶晓丽等．浸入式虚拟现实技术在心理学研究中的应用[J]. 现代生物医学进展，2006，6(3)：58－62.

19. 常燕荣，蔡骐．民族志方法与传播研究[J]. 湖南大众传媒职业技术学院学报，2005，5(2)：22－25.

20. 刘军．社会网络分析导论：An introduction to social network analysis[M]. 社会科学文献出版社，2004.

21. 中国互联网络信息中心(CNNIC). 中国互联网络发展状况统计报告，2001.

22. 蔡华俭，林永佳，伍秋萍等．网络测验和纸笔测验的测量不变性研究——以生活满意度量表为例[J]. 心理学报，2008，40(2)：228－239.

23. 吴瑞林，王建中，马喜亭 .16PF 问卷网络与纸笔施测方式的比较[J]. 心理学探新，2010，30(5)：78－83.

24. 赵向阳，朱滢 . 互联网——心理学研究的新工具[J]. 心理科学进展，2002，10(3)：309－314.

第十四章　青少年宽恕倾向问卷的编制及应用[①]

马晓辉　雷雳　王薇

宽恕(Forgiveness)在被心理学作为研究对象之前，一直被当作宗教和伦理的概念和课题。随着近几十年来积极心理学的研究结论被广泛应用，宽恕作为一种积极的心理特性也越来越受到重视。本研究目的即是针对青少年群体，编制一份能够测量他们人际宽恕和自我宽恕倾向的标准问卷，并以此作为宽恕教育教学和干预方案的工具。同时应用所编问卷调查发现，男生报复他人倾向显著高于女生，而女生惩罚自己倾向高于男生；青少年宽恕他人和宽恕自己的倾向均随年龄增长而下降。

焦点阅读：

宽恕的定义；

青少年宽恕倾向问卷包括人际宽恕和自我宽恕两个分问卷：人际宽恕包括宽恕他人和报复他人两个维度，自我宽恕包括宽恕自己和惩罚自己两个维度。

男生报复他人倾向显著高于女生，而女生惩罚自己倾向高于男生；青少年宽恕他人和宽恕自己的倾向均随年龄增长而下降。

关键词：

青少年(forgiveness)；宽恕倾向(adolescents)；问卷(scale)

---

① 本文已发表于《中国临床心理学杂志》2012年第1期。

14.1 引言

宽恕(Forgiveness)在被心理学作为研究对象之前，一直被当作宗教和伦理的概念和课题。随着近几十年来积极心理学的研究结论被广泛应用，宽恕作为一种积极的心理特性也越来越受到重视。但迄今为止，心理学界对于宽恕尚没有达成统一的认识，一般认为：人际宽恕涉及两个人，其中的一个人在心理、情感、身体或道德方面受到另一个人的深度而持久的伤害，宽恕是使受害者从愤怒、憎恨和恐惧中解脱出来，并不再渴望报复侵犯者的一个内部过程(Denton & Martin，1998)。而 Bauer 等人(1992)指出，宽恕还包括对自己的宽恕，宽恕自己指的是个人饶恕自己所犯的错误或罪孽，由憎恨自己转变为关爱自己的心理过程。

在中国，关于宽恕的心理学研究还处于积累阶段，对于青少年群体来说，他们对家庭对象的依恋程度减小，而逐渐转向对同伴的依恋增多，人际交往产生的影响越来越重要(雷雳，2009)，如何面对跟同伴交往过程中出现的心理伤害，会影响他们的人际关系质量，进而影响心理健康和社会适应水平(胡三嫚，张爱卿，钟华，贾艳杰，2005；Brown，2003)；同时，自我认同发展是青少年的重要任务(雷雳，2009)，如何面对自己所犯的错误，选择宽恕还是惩罚自己无疑也是他们面对的重要任务。因此，本研究目的即是针对青少年群体，编制一份能够测量他们人际宽恕和自我宽恕倾向的标准问卷，并以此作为宽恕教育教学和干预方案的工具。

14.2 方法

14.2.1 被试

选取北京市和哈尔滨市的1000名初中和高中生作为被试，分两次发放问卷，第一次回收的数据用于探索性因素分析，第二次回收的数据用于验证性因素分析和信度分析。两次总共回收有效问卷 921 份，其中 451 份用于探索性因素分析，470 份用于验证性因素分析。有效被试的年龄分布在 11～18 岁之间，其中男生比例占总人数的 52.5%，女生为 47.5%。

14.2.2 项目来源

首先查阅已有关于宽恕的研究文献，从人际宽恕和自我宽恕两个角度编写青少年宽恕开放式调查问卷，内容主要涉及对宽恕的理解和日常生活中如何面对他人和自己造成的伤害等问题。请初高中各一个班级的同学根据自己的实际情况尽可能详细地回答问卷，根据调查结果并参考已有宽恕量表内容编写和修改题目内容，并对被试进行个别访谈，请被试指出表述不清、难以理解或有其他疑问的项目，然后加以修改或删除。最终形成青少年宽恕倾向问卷的 37 个初测项目，采用 Likert 式 6 点自评量表，从 1 “完全不符合”到 6“完全符合”。

14.2.3 效标研究工具

使用《人际报复动机量表》作为人际宽恕项目的效标，该量表是 McCullough 等人(1998)所编制的与冒犯相关的人际动机量表(Transgression Related Interpersonal Motivations Scale) 的分量表，用以测量个体遭受人际侵犯后的报复倾向(如“我希望伤害我的人发生什么不好的事情”“我希望伤害我的人得到他应得的下场”等)。该分量表由五个项目组成，以 6 级计分，从“非常不同意“到“非常同意”。本次测量的 α 值为 0.78。

鉴于已有研究表明自我宽恕与焦虑呈负相关(Wohl，DeShea，& Wahkinney，2008；Maltby，Macaskill，& Day，2001)，因此本研究选用焦虑自评量表(Self-Rating Anxiety Scale)作为自我宽恕项目的关联效标，该量表由华裔研究者 Zung 编制(转引自：汪向东，1999)，已有研究显示该量表中文版信效度良好，本次测量其 α 值为 0.85。

14.2.4 统计分析

数据处理使用统计软件 SPSS18.0 和 AMOS7.0。

14.3 结果

14.3.1 问卷的形成

首先对初测数据进行项目分析，缺失值较多的项目表明被试无法很好地理解该项目内容，因此考虑删除或者修改项目内容；计算项目区分度，删除区分度小于0.20的项目，修改区分度为0.20～0.29之间的项目，最终保留31个项目。

对项目分析后保留的31个项目进行探索性因素分析，取样适当性*KMO*的指标为0.89，Bartlett球形检验统计量为5291.42，$p<0.001$，表明适合进行探索性因素分析。采用主成分分析，使用正交旋转，根据研究理论构想，并参考碎石图和特征值抽取4个因子，解释率为59.81%。根据研究的目的和假设，删去因子负荷小于0.40的项目以及多重负荷的项目，每删去一个项目就重新做一次因素分析，最终量表保留了22个项目。包括人际宽恕和自我宽恕两个方面：其中人际宽恕又分为宽恕他人和报复他人两个维度，自我宽恕分为宽恕自己和惩罚自己两个维度。

使用Amos7.0对22个项目的青少年宽恕倾向问卷进行验证性因素分析，以极大似然估计法检验模型的拟合程度，结果见表14.1。从验证性因素分析的结果来看，模型与数据拟合良好($RMSEA<0.08$)，青少年宽恕倾向问卷具有良好的结构效度。

表14.1 青少年宽恕倾向问卷验证性因素分析模型拟合指数

拟合指数	χ^2	df	χ^2/df	GFI	NFI	$PNFI$	CFI	IFI	$RMSEA$
数值	625.25	203	3.05	0.978	0.973	0.781	0.982	0.982	0.066

以人际报复问卷和状态焦虑问卷分别作为人际宽恕和自我宽恕的效标，相关分析结果见表14.2，表明青少年宽恕倾向问卷的内容效度良好。

表 14.2　青少年人际宽恕和自我宽恕与人际报复动机和焦虑的相关系数

信度	宽恕他人	报复他人	惩罚自己	宽恕自己
人际报复动机	−0.21**	0.45**	—	—
焦虑	—	—	0.32**	−0.20**

注：** 表示 0.01 水平上相关显著。

采用内部一致性系数（Cronbachα 系数）作为信度指标（见表 14.3），可以看到，该问卷的各个分维度和总问卷的克隆巴赫 α 系数均在 0.70 以上，表明青少年宽恕倾向问卷显示了良好的信度。

表 14.3　青少年宽恕倾向问卷的信度指标

信度	宽恕他人	报复他人	惩罚自己	宽恕自己	总量表
α 系数	0.89	0.71	0.70	0.75	0.80

14.3.2　青少年宽恕倾向的特点

以 840 名普通中学生为被试（其中男生 403 名，女生 437 名；年龄在 12～18岁之间），采用《青少年宽恕倾向问卷》研究青少年宽恕倾向的特点。进行 2（性别）×7（年龄）方差分析检验，结果显示，性别和年龄无交互作用，性别在报复他人和惩罚自己两个维度上主效应显著：男生在报复他人维度上的得分（$M\pm SD=2.73\pm1.30$）显著高于女生（$M\pm SD=2.68\pm1.15$），$p<0.05$，说明跟女生相比，男生更倾向于报复他人（见图 14.1）；女生在惩罚自己维度上的得分（$M\pm SD=3.73\pm1.08$）显著高于男生（$M\pm SD=3.71\pm0.95$），$p<0.05$，说明跟男生相比，女生更倾向于惩罚自己（见图 14.2）。年龄在宽恕他人和宽恕自己两个维度上主效应显著，$F_{宽恕他人}=4.51$，$p<0.001$；$F_{宽恕自己}=3.47$，$p<0.01$，且线性趋势检验结果表明，青少年在这两个维度上的得分随年龄升高而下降（见图 14.3 和图 14.4）的趋势均显著，$p<0.01$。

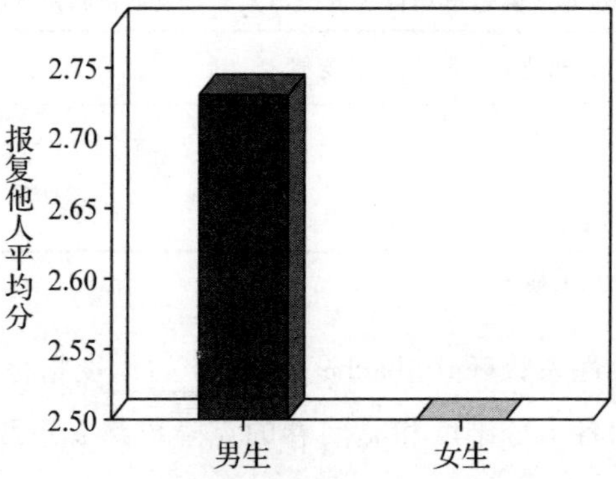

图 14.1　青少年报复他人倾向的性别差异

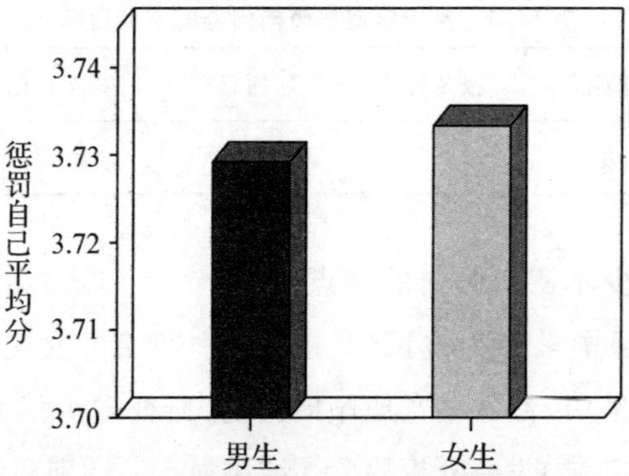

图 14.2　青少年惩罚自己倾向的性别差异

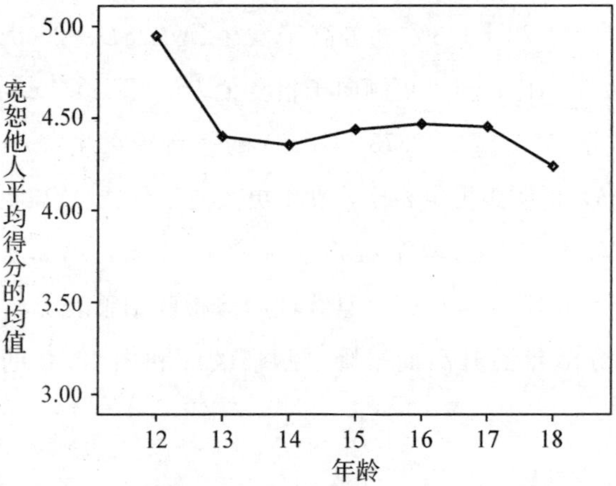

图 14.3　青少年在宽恕他人倾向上的年龄变化趋势

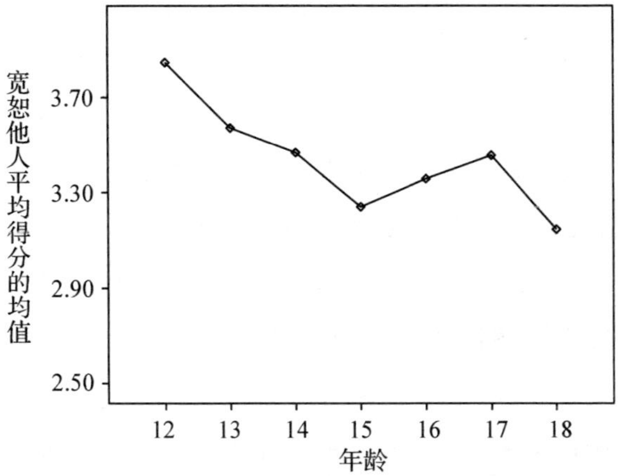

图 14.4　青少年在宽恕自己倾向上的年龄变化趋势

14.4　讨论

本研究通过标准的心理学量表编制程序，经过项目分析和探索性因素分析，最终形成了包含 22 个题目的青少年宽恕倾向问卷。验证性因素分析结果显示各拟合指标良好，说明形成的问卷具有良好的结构效度。采用人际报复动机问卷和焦虑自评量表分别作为人际宽恕和自我宽恕的效标，分析结果显示，宽容他人分数和人际报复显著负相关，报复他人分数与人际报复动机显著正相关；宽恕自己得分与焦虑显著正相关，而惩罚自己得分与焦虑显著负相关。该结果与前人的研究是一致的(胡三嫚等，2005；Maltby，Macaskill & Day，2001)，表明本研究所编制的量表效标关联效度较好。问卷的内部一致性系数也达到了可接受的标准。以上分析结果表明，所编青少年宽恕倾向问卷信效度良好，可以作为测量青少年群体宽恕倾向的工具。

考察青少年宽恕强倾向特点的结果表明，男生比女生更倾向于报复他人。之前关于性别因素对宽恕的影响，研究者的结论并不一致。McCullough 等人(1998)的研究表明，在报复倾向上不存在显著的性别差异，但

Walker 和 Gorsuch(2002)则指出，男性不容易宽恕别人，在同样的条件下女性比男性更倾向于做出宽恕选择。而胡三嫚等人(2005)以大学生为被试的研究结果则显示，男生的报复倾向高于女生。本研究的结果支持了男性更不容易宽容他人的结果。这可能是因为女性通常更希望获得和谐的人际关系，在受到侵犯之后，她们更愿意宽恕；而男性更倾向于寻求社会公正，他们希望通过法律或复仇来制裁侵犯者。在自我宽恕方面，本研究结果显示女生比男生更倾向于惩罚自己所犯的错误。研究者 Micheal 等人(2010)的研究结果显示，在自我宽恕测量中男女没有显著的性别差异。但是，研究者一般都认为，内疚和羞愧是影响自我宽恕的重要因素(转引自 Rangganadhan & Todorov，2010)，而很多研究也显示女性在错误行为后有更多的内疚和羞愧情绪(Zahn-Waxler，Kochanska，Krupnick，& McKnew，1990；Fung，1999)，因此本研究结果是可以接受的。

另外，本研究发现青少年宽恕他人的倾向均随着年龄升高而下降。研究者一般也都认为，个体对宽恕的理解跟道德发展一样，是随着年龄升高而发展变化的(Enright，Santos，& Al-Mabuk，1989；Enright，Gassin，& Wu，1992)。国内的一些研究支持了 Enrigt 等人提出的宽恕风格发展的社会认知发展模型(崔映飞，2008；陶琳瑾，2007)，认为儿童青少年的宽恕风格发展水平逐年升高，但也有研究显示宽恕水平的年级差异不显著(彭丽华，2004)。张素娴(2010)对初中生宽恕风格的研究显示，初一与初三学生的宽恕水平没有显著差异，但初二水平显著低于初一和初三。出现这种不一致一方面跟选取的被试年龄段不同有关，另一方面也跟研究方法不同有关。国外对青少年的研究(2008)结果显示，青少年晚期的个体宽恕意向低于青少年早期，且随年龄增长，青少年的报复意向也有所提高。本研究的结果支持了青少年的宽恕倾向随年龄增长而下降的结果，这可能是因为随着年龄和受教育程度的增长，青少年逐渐能辨明宽恕与公正概念之间的差异(倪伟，2001)，而且对于他们而言人际交往中情感的伤害往往比其他的伤害更加严重，他们只有在明显的社会压力存在的条件下才能宽恕。

关于自我宽恕的年龄发展特点，本研究表明青少年的自我宽恕倾向随年龄升高而下降，国内外目前对青少年自我宽恕发展的实证研究还很少见，对于年龄对自我宽恕的影响，可能跟青少年的内疚、羞愧等自我意识情绪的发展有关，有研究显示高年龄组的青少年比低年龄组青少年体验到更多的内疚和羞愧(韩玺凤，2008)，因此年龄大的青少年在做错事情之后，可能会更倾向于责备自己，而不是轻易地原谅自己。

根据以上分析可得出，青少年宽恕倾向问卷的开发有助于了解青少年在人际交往中是否倾向于宽恕他人造成的伤害，同时也能了解青少年如何面对自己所犯的错误，有助于青少年宽恕心理的研究深入，并据此提出相应教育措施，进行正确的引导和教育，从而促进青少年的心理健康和社会适应。

14.5　结论

根据以上的分析和讨论，本研究得出以下结论：

(1)青少年宽恕倾向问卷具有良好的信效度，是符合心理测量学标准的宽恕评估工具。

(2)受到伤害时，男生比女生更倾向于报复他人；做错事情时，女生比男生更倾向于惩罚自己。

(3)青少年宽恕他人和宽恕自己的倾向均随年龄增长而下降。

参考文献

1. Bauer, L., J. Duffy, E. Fountain, S. Halling, M. Holzer, E. Jones, M. Leifer, and J. O. Rowe. Exploring Self-Forgiveness. *Journal of Religion and Health* 1992，(32)：149－160.

2. Brown. R P. Measuring Individual Differences in the Tendency to Forgive ：Construct Validity and Links With Depression. *Personality and Social Psychology*，2003，29(6) ：759—771.

3. Chiaramello，S.，Mesnil，M.，Sastre，MTM.，Mullet，E. Dispositional forgiveness among adolescents. *European Journal of Developmental Psychology*，2008，5(3)：326—337.

4. Denton R T，Martin，M W. Defining forgiveness：An empirical exploration of process and role. *The American Journal of Family Therapy*，1998，26(4)：281—292.

5. Enright，R. D.，Gassin，E. A.，& Wu，C. Forgiveness：A developmental view. *Journal of Moral Development*，1992，21，99—114.

6. Enright，R. D.，Santos，M. J.，& Al-Mabuk，R. The adolescent as forgiver. *Journal of Adolescence*，1989，(12)：99—110.

7. Fung，H. Becoming a moral child：The socialization of shame among young Chinese children. *Ethos*，27，1999，180—209.

8. Maltby，J.，Macaskill，A.，Day，L. Failure to forgive self and others：a replication and extension of the relationship between forgiveness，personality，social desirability and general health. *Personality and Individual Differences*，2001，30(5) ：881—885.

9. McCullough ，M. E.，Rachal ，K. C.，Sandage ，S. J . et al. Interpersonal forgiving in close relationship ：Theoretical elaboration and measurement. *Journal of Personality and Social Psychology*，1998 ，76 (15) ：1586—1603.

10. McCullough，M. E.，Rachal，K. C.，Sandage，S. J.，Worthington，E. L. Jr.，Brown，S. W.，& Hight，T. L. Interpersonal forgiving in closerelationships：II. Theoretical elaboration and measurement. *Journal ofPersonality and Social Psychology*，1998，(75)：1586—1603.

11. Walker, D. F. , & Gorsuch, R. L. Forgiveness within the Big Five personalitymodel. *Personality and Individual Differences*, 2002, (32): 1127—1137.

12. Wohl, M J A. , Pychyl, T A. , Bennett, S H. Forgive myself, now I can study: How self-forgiveness for procrastinating can reduce future procrastination. *Personality and Individual Differences*, 2010, 48 (7): 803—808.

13. Wohl M J A, DeShea L, Wahkinney R L. Looking within: Measuring state self-forgiveness and its relationship to psychological well-being. Preview. *Canadian Journal of Behavioural Science*, 2008, 40(1): 1—10.

14. Rangganadhan, A. R. , & Todorov, N. Personality and self-forgiveness: The roles of shame, guilt, empathy and conciliatory behavior. *Journal of Social and Clinical Psychology*, 2010, January, 29(1): 1—22.

15. Zahn-Waxler, C. , Kochanska, G. , Krupnick, J. , & McKnew, D. Patterns of guilt in children of depressed and well mothers. *Developmental Psychology*, 1990, (26): 51—59.

16. 崔映飞．儿童青少年道德认知与宽恕发展水平的比较研究[D]. 南京师范大学硕士学位论文，2008.

17. 傅宏．宽恕：当代心理学研究的新主题[J]. 南京师大学报(社会科学版)：2002，(6)：80—87.

18. 韩玺凤．中学生自我意识情绪理解能力及相关因素研究[D]. 首都师范大学硕士学位论文，2008.

19. 胡三嫚，张爱卿，钟华等．大学二年级学生人际宽恕与报复心理及其与抑郁的关系研究[J]. 心理发展与教育，2005，1，104—108.

20. 雷雳．发展心理学[M]. 北京：中国人民大学出版社，2010.

21. 倪伟．中学生宽恕风格的发展及其与道德判断能力的相关研究[J]. 南京师大学报(社会科学版)：2001，(2)：98—104.

22. 彭丽华．伤害情境下青少年宽恕的发展研究[D]. 河北大学硕士学位论文，2004.

23. 陶琳瑾．6—12岁小学儿童宽恕倾向发展特点研究[D]. 南京师范大学硕士学位论文，2007.

24. 张素娴．初中生宽恕的特点及其干预研究[D]. 湖南师范大学硕士学位论文，2010.

25. 汪向东．心理卫生评定量表手册(增订版)[M]．北京：中国心理学卫生杂志出版社，1999.

第十五章　青少年上网污名问卷的编制及其应用①

雷雳　冯丹　檀杏

随着互联网对青少年的负面影响不断增强，使教师、家长和社会逐渐形成了一个关于上网行为消极的刻板印象，认为上网是“不好的”“消极的”，有的学校出台措施处置过多的上网行为，家长也从各个方面限制孩子的上网，社会上对经常沉溺于上网的孩子存在歧视心理。教师、家长和社会逐渐形成一种对青少年上网的消极刻板印象，认为上网是“不好的”“消极的”等，“上网青少年＝问题青少年”这种刻板印象是否已经形成，针对青少年上网污名的现状亟待探讨。鉴于目前尚无针对上网青少年群体的污名测量工具，为了探讨青少年群体污名化是否具有自身的独特的特征，本研究欲编制青少年上网污名知觉和青少年上网内化污名问卷，并对其污名现状进行初步的探讨。

焦点阅读：

青少年上网污名知觉问卷包含标签、刻板印象、身份受损、社交孤立和歧视体验五个维度，青少年上网内化污名内化问卷为单维度问卷。

女生污名程度高于男生，污名知觉和内化污名程度随年级升高而增高。

关键词：

青少年上网(Adolescents online)；污名化(Stigmatization)；污名知觉(Perception of stigma)；内化污名(Internal stigma)

---

① 本文已发表于《中国临床心理学杂志》2012 年第 3 期。

15.1 引言

第28次中国互联网络发展状况统计报告显示，截至2011年6月，中国网民规模达到4.85亿，其中10~19岁网民规模达到1.26亿人，目前这一人群在总体网民中所占比例达到26%，是我国互联网最重要的参与者之一。互联网的迅猛发展，标志着人类进入信息时代，人们的生活也随之发生巨大的变化。在互联网便利了我们的资讯、商业往来、人际交流、娱乐的同时，也带来了许多的社会问题，如隐私、安全、色情、网络犯罪、欺骗行为等。网络的出现也使得青少年的成长环境发生了巨大的变化。

近十年来，随着国内外学者对于上网对青少年的影响研究不断深入，社会各界普遍认同互联网使用不当对青少年产生了极大的负面影响，如对青少年的思想和行为方式、道德意识、人生观和价值观等造成了前所未有的冲击(罗伏生，张珊明，沈丹，罗匡，2011；唐佩，2009)。

随着互联网对青少年的负面影响不断增强，使教师、家长和社会逐渐形成了一个关于上网行为消极的刻板印象，认为上网是“不好的”、“消极的”，有的学校出台措施处置过多的上网行为，家长也从各个方面限制孩子的上网，社会上对经常沉溺于上网的孩子存在歧视心理。这一现象引起了社会相关人士的重视，呼吁“上网青少年≠问题青少年”，提出不要对青少年上网行为形成偏见。胡咏(2009)认为社会对网络存在污名化的现象，社会上存在“青少年=问题”的刻板印象和“上网=有问题”的集体印象。因此，“青少年上网”不可避免地引起了大众的恐慌与焦虑。

青少年上网群体存在的道德意识弱化、道德情感冷漠、道德失范、人际交往障碍、角色认知失调等负面特征(平凡，周宗奎，潘清泉，2011)极易被“贴标签”。教师、家长和社会逐渐形成一种对青少年上网的消极刻板印象，认为上网是“不好的”、“消极的”等，“上网青少年=问题青少年”这种刻板印象是否已经形成，针对青少年上网污名的现状亟待探讨。

污名由 Goffman 于 1963 年引入到心理学的研究领域，开始于歧视研究。在此基础上后来的研究者进行了补充和完善，都认为污名是个体所具有的一种不受欢迎的特征，它与特殊外表、行为或者群体身份相关联，并存在于特定的场合或情境中(如吸毒者、艾滋病、同性恋、黑人等)(Goffman，2009)。

Link 和 Phelan 等人(2001)将污名定义为“标签、刻板印象、孤立、身份丧失和歧视等因子共存的一种权利状态，这种状态存在各种污名因子的叠加”(Link & Phelan，2001)。管健等(2009)综合以往的相关研究认为，污名是社会对某些个体或群体的贬低性和侮辱性的标签，它使个体或群体拥有或被相信拥有了某些被贬抑的属性和特质，这些属性和特质不仅使被污名者产生自我贬损心理，亦导致了外群体对其自身的歧视。Corrigan (2005)将污名分为公众污名(public-stigma)和自我污名(selfa-stigma)，自我污名是当人们内化公众污名时产生的自尊和自我效能感的丧失，是受污名群体成员将污名化态度指向自己而产生的反应，又可称为内化的污名(internalized-stigma)(Cummin & Cumming，1965)。这一观点为大部分学者所接受，且在研究中人们倾向于认为两者是相互影响、相互促进的。

以往的污名研究主要是种族、身份、精神病、艾滋病等社会群体，现在也逐渐关注偏差行为、道德过失等领域，并且在近年来开始向学习不良儿童、流动人口等新的相对弱势群体扩展(张宝山，俞国良，2007；张友庭，2008)。

鉴于目前尚无针对上网青少年群体的污名测量工具，为了探讨青少年群体污名化是否具有自身的独特的特征，本研究在对以往污名研究的归纳之上，选择以 Link 和 Phelan 等人关于污名过程的定义和 Watson 和 Corrigon 对污名内化过程的研究为结构框架，进行青少年上网污名知觉和青少年上网内化污名问卷的编制，并对其污名现状进行初步的探讨。

15.2　方法

15.2.1　项目来源

借鉴和综合 Ritsher 等人(2003)污名量表(ISMI)的五个维度：疏离感、

刻板印象认同、歧视体验、社交退缩和抵抗污名，李强等(2009)青少年上网内化污名的五个维度：价值否定、社交退缩、刻板印象认同、歧视体验和生活无意义，以及张宝山(2009)的刻板知觉、歧视知觉、污名阻抗、认知区分等对污名相关研究的划分。通过对5名上网青少年进行访谈，让他们就自己的上网问题进行全面的叙述，特别是追问他们可能遭到的偏见、批评及限制等状况。按照访谈结果总结出来大致六方面的内容，包括标签、刻板印象、社交孤立、身份受损、歧视体验、自我污名。对这些信息进行讨论和总结编织成问卷项目，然后交由相关专家老师进行评议。修改或删除之后形成包含49个项目的初步问卷，其中青少年上网污名知觉问卷包含五个维度36个项目，其中标签包含7个项目，刻板印象包含8个项目，社交孤立包含8个项目，身份受损包含8个项目，歧视体验包含5个项目，青少年上网内化污名问卷仅有一个维度，包含13个项目。问卷采用Likert 4点自评计分，1(完全不符合)到4(完全符合)。

15.2.2 研究对象

随机选取河南省郑州市、开封市、巩义市初一至高二的青少年学生1500人左右进行集体施测，回收1323份，回收率为88.2%，最后有效问卷1166份。被试平均年龄为14.12岁，基本分布见表15.1。

表15.1 被试基本情况表

		年级					合计
		初一	初二	初三	高一	高二	
性别	1	146	132	116	102	78	574
	2	136	112	136	92	116	592
合计		282	244	252	194	194	1166

问卷分两批次回收，根据回收的批次分为两组，第一批回收的532份用于探索性因素分析，第二批回收的634份数据用于进行验证因素分析和青少年上网污名知觉和青少年上网内化污名特征分析。

15.2.3　数据处理

采用 SPSS13.0 和 Amos4.0 进行相应的数据分析。

15.3　结果

15.3.1　项目分析

将问卷各项目总分由低到高加以排序，选择前 27%为高分组，后 27%为低分组，对两组在同一题上的平均数进行差异检验，将没有达到显著水平的题目删除，并计算题目与总分之间的相关，各项目与总分之间的相关均高于 0.30，达到显著水平，说明个体的鉴别力指数良好。

15.3.2　探索性因素分析

对问卷的 36 个项目进行 Bartlett 球形检验，结果显示，$\chi^2=15264.15$，$p<0.001$，并且，KMO=0.963，大于 0.90，说明数据适合进行因素分析。采用主成分分析法对问卷进行初步分析，发现特征根大于 1 的因子有 5 个，可解释项目总变异的 48.48%。用极大方差法进行旋转，删除负荷值低于 0.40 的项目一个。根据探索性因素分析的结果和维度的含义，青少年上网污名知觉问卷各维度分别命名为“标签”、包含 7 个项目；“刻板印象”，包含 8 个项目；“社交孤立”，包含 8 个项目；“身份受损”，包含 8 个项目；“歧视体验”，包含 4 个项目。

对内化污名问卷的 13 个项目进行 Bartlett 球形检验，结果显示，$\chi^2=3842.01$，$p<0.001$，并且，KMO=0.887，表示适合进行因素分析。采用主成分分析法对问卷进行初步分析，发现特征值大于 1 的因素 3 个，可解释项目总变异的 53.38%。采用极大方差旋转后，发现各项目负荷均在 0.582 以上。但是在因子 2、因子 3 上均只有 2 个项目负荷，根据因子分析的标准，每一个因素至少包括 3 个项目，因此，仅抽取因子 1 作为青少年上网内化污名量表的唯一维度。

15.3.3 验证性因素分析

采用极大似然估计，对修正后的青少年上网污名知觉问卷和内化污名问卷进行验证性因素分析，结果见表15.2，青少年上网污名知觉问卷和内化污名问卷的各项指标良好。所有项目的标准化载荷都在0.40以上，且达到了显著水平。这说明青少年上网污名知觉问卷和内化污名问卷的结构良好。

表15.2 青少年上网污名知觉与青少年上网内化污名问卷的验证性因素分析模型拟合指数

拟合指标	*x2/df*	RMSER	NFI	CFI	TLI	GFI
污名知觉	2.672	0.038	0.906	0.939	0.933	0.937
内化污名	4.097	0.051	0.934	0.950	0.936	0.965

15.3.4 信效度检验

青少年上网污名问卷的分问卷上网污名知觉问卷和内化污名问卷的Cronbach α系数分别为和分半信度系数见表15.3。数据表明各问卷和分维度的信度系数良好。由于数据以匿名形式收集，导致难以得到重复测量指标。

表15.3 青少年上网污名化问卷Cronbach α系数与分半信度系数

	青少年上网污名知觉						内化污名
	标签	刻板印象	社交孤立	身份受损	歧视体验	全问卷	
Cronbach a 系数	0.753	0.840	0.831	0.844	0.770	0.937	0.855
分半信度	0.730	0.798	0.804	0.814	0.772	0.857	0.748

如表15.4所示，青少年上网污名知觉问卷中五个维度之间的相关系数在0.47到0.70之间，与总分之间的相关在0.72到0.87之间，符合结构效度的标准，表明该问卷的结构效度良好。

此外，以病理性互联网使用问卷作为校标，对青少年上网污名知觉问卷及其五个维度进行校标关联效度分析，除刻板印象外，其他维度与*PIU*总分

均呈现显著相关，表明问卷的校标关联效度总体情况较为良好。见表15.4

表15.4 上网污名知觉问卷各维度之间的相关系数

	标签	社交孤立	刻板印象	身份受损	歧视体验	污名知觉	内化污名
标签	1						
社交孤立	0.47**	1					
刻板印象	0.57**	0.70**	1				
身份受损	0.49**	0.70**	0.65**	1			
歧视体验	0.45**	0.59**	0.57**	0.65**	1		
污名知觉	0.72**	0.86**	0.87**	0.87**	0.76**	1.	
内化污名	0.49**	0.63**	0.61**	0.70**	0.60**	0.75**	1
PIU	0.08**	0.06**	0.04	0.09**	0.09**	0.08**	0.07*

15.3.5　青少年上网污名问卷的初步应用

以第二批次回收的634份问卷作为分析的数据，采取中间值2.5为理论平均值。对青少年上网污名特征进行分析，分析结果表明，青少年上网行为在污名均分和几个维度的平均分均在1.65～1.79之间，均显著低于理论均值。

以性别为自变量对比青少年上网污名知觉得分进行独立样本t检验，结果见表15.5，数据显示：女生在社交孤立、刻板印象、污名知觉、内化污名四个方面的得分显著高于男生($p<0.05$)。

以年级为自变量进行单因素方差分析，结果显示，青少年上网污名知觉的五个维度和总知觉得分以及内化污名的年级差异显著($p<0.001$)。进一步的趋势分析结果表明，青少年上网污名知觉和内化污名的得分随着年级升高而逐渐升高的趋势效应显著($p<0.001$)，各年级间的增量明显。

表 15.5 青少年上网污名知觉各维度及总分上的性别和年级差异

		性别		t	年级					F
		男生	女生		初一	初二	初三	高一	高二	
标签	*M*	1.71	1.71	−0.03	1.51	1.63	1.82	1.79	1.89	17.23***
	SD	0.60	0.60		0.56	0.54	0.64	0.58	1.51	
社交孤立	*M*	1.62	1.71	−2.27*	1.42	1.64	1.66	1.69	2.02	28.51***
	SD	0.62	0.64		0.51	0.54	0.63	0.66	1.42	
刻板印象	*M*	1.60	1.69	−2.39*	1.46	1.55	1.70	1.67	1.94	19.73***
	SD	0.63	0.63		0.54	0.52	0.66	0.68	1.46	
身份受损	*M*	1.68	1.73	−1.51	1.38	1.65	1.74	1.91	2.00	35.37***
	SD	0.66	0.67		0.54	0.56	0.67	0.76	1.38	
歧视体验	M	1.74	1.83	−1.84	1.46	1.72	1.87	1.94	2.08	25.03***
	SD	0.77	0.77		0.61	0.69	0.82	0.83	1.46	
污名知觉	M	1.66	1.72	−2.00*	1.44	1.63	1.74	1.78	1.98	36.23***
	SD	0.53	0.54		0.45	0.41	0.57	0.58	0.95	

15.4 讨论

15.4.1 关于问卷编制

通过对青少年上网污名知觉问卷和青少年上网内化污名问卷的一系列验证和分析，结果表明两个问卷的结构效度和信度系数良好，其中，青少年上网污名知觉问卷包括标签、社交孤立、刻板印象、身份受损、歧视体验五个维度，符合 Link 和 Phelan(2001)对污名过程的定义，与 Ritsher et al.(2003)污名量表(ISMI)的五个维度：疏离感、刻板印象认同、歧视体验、社交退缩和抵抗污名基本一致，表明其结构效度较好。青少年上网内化污名问卷只有一个维度。在其他领域的污名研究中内化污名是多维度的，如李利敏，路多(2009)，张宝山(2009)对学习不良学生研究中均为三维度，Watson 和 Corrigan et al.(2006)的理论构建时也认为有三个维度，刻板印象意识、刻板印象认可及认同(Mak，Cheung，Law，Woo，Li，& Chung，2007)。出现这种差别的可能由于青少年上网污名状况较低，在内化污名的感知程度较低所致。

15.4.2　关于青少年上网污名的特点

一方面，青少年上网污名知觉各维度和整体分值显著低于理论平均值，表明污名状况较低。这与对青少年群体的其他污名的研究是一致的，如在前文中提到的关于初高中生学习不良污名的研究（李利敏，路多，2009），其污名程度也远低于平均值。一种表明青少年对待社会环境中存在的对上网污名的状况保持着较为清醒的头脑，并且能够理智地对待。另一种，可能青少年阶段的主要任务是学习，导致他们对污名群体和污名状况的关注较少。

另一方面，女生的上网污名知觉和内化程度显著高于男生，污名知觉的性别差异一定程度上可以用性别角色特征进行解释。女生比男生更敏感，感性情绪比男生多，能够知觉到更多来自外界的评价。

而青少年上网污名知觉和内化污名的得分随着年级的升高而升高，可能是随着认知能力的发展和所学知识的增多，自我意识逐渐明显导致个体有意的增加了对群体内外差异的比较。

在内化污名的形成过程中，污名知觉是内化污名发生的基础，内化污名同污名知觉在年级上的变化趋势一致，两者间的相关系数达 0.74，相关程度较高，具有相似的趋势，这一结果进一步的验证了 Corrigan 污名知觉和内化污名是两个相互影响、相互促进的观点（Cumming et al.，1965）以及 Mak et al.（2007）内化污名是公众污名对被污者产生效应的中介变量。

15.5　结论

根据以上的分析和讨论，本研究得出两条结论。一方面，针对青少年上网行为编制的《青少年上网污名知觉问卷》和《青少年上网内化污名问卷》具有较好的结构效度和较高的内部一致性信度及分半信度。《青少年上网污名知觉问卷》包括标签、刻板印象、身份受损、社交孤立和其实体验五个维度，《青少年上网内化污名问卷》为单维度问卷。另一方面，青少年上网污名状况低于理论均值，整体受污状况较轻。女生的上网污名知觉和内化污名程度显著高于男生。青少年上网污名知觉和内化污名的得分随年级的升高，增量明显。

参考文献

1. Goffman, E. *Stigma: Notes on the management of spoiled identity*. Simon and Schuster, 2009.

2. Corrigan, P. W., Watson, A. C., & Barr, L. The self-stigma of mental illness: Implications for self-esteem and self-efficacy. *Journal of social and clinical psychology*, 2006, 25(8): 875－884.

3. Cumming, J., & Cumming, E. On the stigma of mental illness. *Community Mental Health Journal*, 1965, 1(2): 135－143.

4. Link, B. G., & Phelan, J. C. Conceptualizing stigma. *Annual review of Sociology*, 2001, 363－385.

5. Mak, W. W., Cheung, R. Y., Law, R. W., Woo, J., Li, P. C., & Chung, R. W. Examining attribution model of self-stigma on social support and psychological well-being among people with HIV +/AIDS. *Social Science & Medicine*, 2007, 64(8): 1549－1559.

6. Ritsher, J. B., Otilingam, P. G., & Grajales, M. Internalized stigma of mental illness: psychometric properties of a new measure. *Psychiatry research*, 2003, 121(1): 31－49.

7. 李利敏，路多.《学习不良中学生内化污名量表》的编制[M]. 陕西教育(高教版)，2009，(5)：120－120.

8. 管健. 污名的概念发展与多维度模型建构[J]. 南开学报(哲学社会科学版)，2007，(5)：126－134.

9. 罗伏生，张珊明，沈丹，罗匡. 大学生网络偏差行为与人格特征及应对方式的关系[J]. 中国临床心理学杂志，2011，19(4)：492－493.

10. 平凡，周宗奎，潘清泉．大学生网络关系成瘾，自我表露和孤独感的关系[J]. 中国临床心理学杂志，2011，19(1)：75—76.

11. 唐佩．虚拟环境对青少年发展的影响对策研究．华中师范大学硕士论文[D]，2009.

12. 张宝山，俞国良．污名现象及其心理效应[J]. 心理科学进展，2007，15(6)：993—1001.

13. 张友庭．污名化情境及其应对策略：流动人口的城市适应及其社区变迁的个案研究[J]. 社会，2008，28(4)：126—147.

第十六章　大学生手机成瘾倾向量表的编制[①]

熊婕　周宗奎　陈武　游志麒　翟紫艳

随着高新技术的飞速发展，手机在人们的生活中扮演着越来越重要的角色。手机使用导致的负面行为引起了国内外研究者的关注，出现了“问题性手机使用”“手机依赖”“手机成瘾”等相关概念。目前，对手机成瘾还没有一个统一的定义，也没有一个公认的标准工具适合我国大学生。本研究目的在于编制大学生手机成瘾倾向量表(Mobile Phone Addiction Tendency Scale，MPATS)，以提供更具适用性的测量工具。

焦点阅读：

大学生普遍对手机具有一定的依赖性。

编制的手机成瘾倾向问卷包括四个维度：戒断症状、突显行为、社交抚慰和心境改变，各因素负荷在0.51～0.79之间，累积方差贡献率为54.3%。

关键词：

大学生(collegestudents)；手机成瘾倾向(mobilephoneaddictiontendency)；信度(reliability)；效度(validity)；量表编制(scale development)

16.1　引言

随着高新技术的飞速发展，手机在人们的生活中扮演着越来越重要的

① 本文已发表于《中国心理卫生杂志》2012年第3期。

角色。关于大学生的调查显示，98.9%的学生拥有手机(周挥辉，党波涛，蒋永红，2011)。手机使用导致的负面行为引起了国内外研究者的关注，出现了“问题性手机使用”(problem use of mobile phone)(Bianchi & Phillips，2005)、“手机依赖”(mobile phone dependence)(Toda，Ezoe，Nishi，Mukai，Goto，& Morimoto，2008)、“手机成瘾”(mobile phone addiction)(Choliz，2010)等相关概念。刘传俊等(2008)的调查发现大学生突然忘带手机时，40%的人觉得很不舒服，37%的人觉得无法忍受，一定要取回。

目前，对手机成瘾概念的界定和测量还没有公认的标准。Walsh 和 Katherine(2007)将手机成瘾的指标归结为三方面，即戒断性、突显行为以及难以控制/强迫性。在测量上，Toda(2006)编制了手机依赖量表(Cellular phone dependence questionnaire)，但其研究对象只是女性群体。Bianchi 和 Phillips(2005)编制了“问题性手机使用量表”(Mobile Phone Problem Usage Scale，MPPUS)，但其定位是问题性手机使用，包括在驾驶过程中发短信，在电影院或听报告时频繁使用，以及因过度使用而导致相当多的债务等，而不只是限于手机成瘾。徐华等(2008)编制了大学生手机依赖量表，但是其量表的信度偏低，相关项目还需进一步修订。

综上所述，目前对手机成瘾还没有一个统一的定义，也没有一个公认的标准工具适合我国大学生。本研究目的在于编制大学生手机成瘾倾向量表(Mobile Phone Addiction Tendency Scale，MPATS)，以提供更具适用性的测量工具，并将手机成瘾倾向界定为由于不当的使用手机而造成的生理及心理上的不适症状。

16.2　方法

16.2.1　对象

采用方便抽样，选取武汉市 5 所高校大学生，在课堂上集中施测问卷。

样本 1：用于探索性因素分析。在武汉市 3 所高校各抽取 2 个班级，统一在课堂上施测。共发放问卷 300 份，回收有效问卷 290 份。其中男生 95 人，女生 195 人；文科 153 人，理科 128 人，工科 4 人；年龄 17～24 岁，平均(20±1)岁。

样本 2：用于验证性因素分析。在武汉市 5 所高校抽取 6 个班级，统一在课堂上施测。共发放问卷 400 份，回收有效问卷 351 份。其中男生 111 人，女生 240 人；文科 153 人，理科 157 人，工科 32 人。年龄 17～24 岁，平均(20±1)岁。

16.2.2　量表的编制

选取较常使用手机的大学生 10 名(男生 4 名，女生 6 名)，借鉴网络成瘾的研究方法和思路，以 Young(1998)提出的网络成瘾的基本症状为参考，结合手机使用过程中常见的现象和问题，对其进行半结构式访谈。

将访谈结果进行编码，并参照这些结果以及相关文献资料(Bianchi et al，2005；Toda et al，2006；Young，1998)，编制手机成瘾倾向量表的项目 35 个。请 5 名心理学研究生对问卷项目进行分析，修订不够完善的题项，初步形成手机成瘾倾向量表，采用 Likert 5 点自评量表编排，从“非常不符合”到“非常符合”分别评定为 1～5 分，总分越高表明手机成瘾倾向的程度越严重。

方便选取某高校 1 个班的学生共 25 人进行施测，回收有效问卷 25 份。对施测结果进行初步的项目分析，将表述同一意思的题项优化，并删除题总相关小于 0.3 的项目，最后形成包括 32 个项目的待测量表。

分别对选定的样本 1 和样本 2 进行量表的施测，并分析数据得到正式 MPATS。此外，方便选取 75 名同质大学生被试进行 MPATS 施测，并间隔 1 周后进行重测，得到有效数据 67 个。其中，男生 26 人，女生 41 人，平均(20±1)岁。

16.2.3　统计方法

采用 SPSS11.5 进行描述性统计、相关分析、探索性因素分析。用

Liseral8.8 进行验证性因素分析。

16.3　结果

16.3.1　量表评分情况(表 16.1)

16.3.2　项目分析

计算每个被试在 32 个项目上得分的总分，求各项目与总分之间的相关关系，删除项目与总分之间相关系数<0.3 的 4 个项目。剩余 28 个项目与总分的相关在 0.32～0.68 之间(p<0.01)。

表 16.1　量表评分情况(n=641)

项目	±s	得分范围
戒断症状	17.7±4.7	7.0～30.0
突显行为	8.6±2.8	4.0～20.0
社交抚慰	7.3±2.3	3.0～18.0
心境改变	7.1±2.3	3.0～15.0
总分	40.7±9.6	19.0～78.0

16.3.3　效度

对数据初步分析得到，KMO 值为 0.87，且巴特利特球形检验结果显著($\chi 2$=2595.00，df=496，p<0.05)。因此，数据适合做探索性因子分析。

采用主成分分析方法，进行方差最大性正交旋转，剔除因子负荷小于 0.40 和双重负荷因子的项目后得到 16 个项目。特征值大于 1 的因素有 4 个，解释率为 54.3%。根据因素所包含项目的含义，将 4 个因素分别命名为戒断症状(没有参与手机活动时生理或心理上的负面反应)、突显行为(手机的使用占据了思维和行为活动的中心)、社交抚慰(手机的使用在人际交往中的作用)和心境改变(手机造成的情绪变化)。各项目的因素载荷见表 16.2。

表 16.2 各项目的因素载荷

戒断症状		突显行为		社交抚慰		心境改变	
条目	载荷	条目	载荷	条目	载荷	条目	载荷
4	0.79	15	0.77	16	0.79	14	0.76
6	0.68	13	0.70	2	0.79	3	0.69
1	0.67	5	0.62	7	0.68	11	0.52
10	0.65	9	0.51				
8	0.65						
12	0.61						

对所得的四因素模型进行验证性因素分析，选用极大似然法来估计自由变化的因子载荷。拟合指标为 $\chi^2=285.67$、$df=98$、$\chi^2/df=2.92$、$RMSEA=0.07$、$CFI=0.96$、$NFI=0.94$、$IFI=0.96$、$RFI=0.93$。

检验各因素之间及与总分的相关，显示各因素之间的相关在 0.24～0.61，各因素与总分之间相关在 0.55～0.89。均 $p<0.01$。

16.3.4 信度

内部一致性信度：总量表的 Cronbachα 系数为 0.83，戒断症状、突显行为、社交抚慰和心境改变 4 个因素的 Cronbachα 系数分别为 0.80、0.64、0.68 和 0.55。

重测信度：总量表的重测信度为 0.91，戒断症状、突显行为、社交抚慰和心境改变 4 个因素的重测信度分别为 0.85、0.75、0.76 和 0.79。

16.4 讨论

本研究参照国内外已有的关于手机的研究成果，借鉴网络成瘾的相关知识，依据大学生群体的实际情况，经过访谈、预测、正式施测，最终确定了具有较好代表性项目的正式量表。本研究中，总量表的 α 系数为 0.83，4 个因素中除了心境改变的 α 系数低于 0.6 外，其余 3 个因素都在可接受范围之内。进一步分析量表的四个因素可以发现，戒断症状的方差解释量最大，而且其信度也最高，可能是因为戒断症状的条目数最多而其他因素的条目数较少。而心境改变这一因素，其描述的几种情形(即"当手机经常连不上线、收不到信号时""在等人的时候""手机自动关机")，对同一被试而言发生的频率可能不同，从而导致此因素内部一致性系数较低。

本研究量表的重测信度及各项拟合指标良好。理论上借鉴了已有关于网络成瘾量表的编制思路和内容结构。问卷的题目来自手机使用者的访谈，归纳概括手机使用过程中共性的问题和现象，并经过专家分析，初测项目筛选，提高了问卷的内容效度。但本研究没有采用效标效度，原因在于目前手机成瘾倾向与自尊、人格等相关研究结论并不一致(Bianchi & Phillips，2005；Ehrenberg，Juckes，White & Walsh，2008)，而且仅就手机成瘾而言，国内还没有一个信效度较好的测量工具作为效标。

本研究量表更多是指向手机使用者内部加工活动及社会交往的主观体验，而徐华(2008)编制的手机依赖量表，主要描述的是手机对使用者的行为和社会功能方面的影响，侧重外在表现。对比网络成瘾的标准，手机成瘾的内外维度结合起来就共同构成 Goldberg(2008)提出的"网络成瘾障碍"的核心因素，因此本量表也是对成瘾研究的拓展和补充。

16.5　未来研究方向

本量表存在以下不足：首先，本研究虽然综合了国内外对于手机成瘾界定的相关研究，但仍可能有失偏颇。其次，量表 4 个因素的项目数不均衡，若增加相应项目可能有助于改善其信度系数。

将来的研究要加强理论分析，对手机成瘾倾向有更全面和明确的界定并要聚焦在手机的独特性方面以期发现在网络成瘾中没有发现的结果和现象。在此基础上，参照网络成瘾的类型划分(周治金，杨文娇，2007)，探讨手机成瘾的各种类型。

参考文献

1. Bianchi, A., & Phillips, J. G. Psychological predictors of problem mobile phone use. *CyberPsychology & Behavior*, 2005, 8(1): 39－51.

2. Choliz, M. Mobile phone addiction: a point of issue. *Addiction*, 2010, 105(2): 373－374.

3. Ehrenberg, A., Juckes, S., White, K. M., & Walsh, S. P. Personality and self-esteem as predictors of young people's technology use. *CyberPsychology & Behavior*, 2008, 11(6): 739－741.

4. Toda, M., Ezoe, S., Nishi, A., Mukai, T., Goto, M., & Morimoto, K. Mobile phone dependence of female students and perceived parental rearing attitudes. *Social Behavior and Personality: an international journal*, 2008, 36(6): 765－770.

5. Toda, M., Monden, K., Kubo, K., & Morimoto, K. Mobile phone dependence and health-related lifestyle of university students. *Social Behavior and Personality: an international journal*, 2006, 34(10): 1277－1284.

6. Walsh, S. P., White, K. M., & Young, R. M. Young and connected: Psychological influences of mobile phone use amongst Australian youth, 2007.

7. Young, K. S. Internet addiction: The emergence of a new clinical disorder. *CyberPsychology & Behavior*, 1998, 1(3): 237－244.

8. 陈侠，黄希庭，白纲．关于网络成瘾的心理学研究[J]. 心理科学进展，2003，11(3)：355－359.

9. 刘传俊，刘照云，朱其志，叶宁．江苏省 513 名大学生短信交往行为调查[J]. 中国心理卫生杂志，2008，22(5)：357－357.

10. 徐华，吴玄娜，兰彦婷，陈英和．大学生手机依赖量表的编制[J]. 中国临床心理学杂志，2008，16(1)：26－27.

11. 周治金，杨文娇．大学生网络成瘾类型问卷的初步编制[J]. 中国心理卫生杂志，2007，20(11)：754－757.

12. 周挥辉，党波涛，蒋永红．手机对当代大学生发展的影响及其对策研究[J]. 中国青年研究，2011，(6)：90－92.

第十七章　中小学生学校社会心理处境分化问卷的初步编制

金盛华　赵雷　吴嵩

学校社会心理处境分化是指在校学生心理发展环境在性质上的分离。在学校中，个体的处境分化既包括诸如由教室设施、座位位置等不同而造成的物理处境分化，也包括由诸如师生关系、同伴互动等由重要他人所构建的心理处境分化。二者均对学生的学业表现以及社会性发展产生重要的影响，相比较物理处境分化而言，社会心理处境分化对青少年的心理和行为的影响更大。然而，学生这种不同的学校社会心理处境在已有的研究中并没有得到准确的衡量和深入的探讨，这就使得对学生心理环境处境差异的描述过于粗糙，缺少量化，研究的精细化程度不足，由此导致研究者难以提出具有针对性和可操作性的干预方案，来满足儿童平等、健康发展的需要。因此，非常有必要开发一种测量工具，用来精确测量学生在学校社会心理环境上的差异。本研究尝试编制问卷，对学生在学校社会心理环境上的差异进行定量描述，以期为进一步的理论研究和教育诊断提供有效的测量工具。

焦点阅读：

学校社会心理处境分化是指学生在校心理发展环境在性质上的分离，在这种结构化环境中，不同位置对学生身心发展的意义和作用并不相同。

中小学生社会心理处境分化问卷包括教师信任与支持、同学信任与支持、父母信任与支持和学生自我概念四个维度。

所编制的问卷的信度、效度均达到了心理测量学上的要求，可以作为测量中小学生学校社会心理处境的工具。

关键词：

中小学生(primary students & middle school students)；社会心理处境分化(differentiation of social psychological situation)；探索性因素分析(exploratory factor analysis)；验证性因素分析(confirmatory factor analysis)

17.1　前言

学校社会心理处境分化是指学生在校心理发展环境在性质上的分离(金盛华，1999)。在学校中，个体所处的环境，既包括诸如教室设施、座位位置等的物理环境，也包括诸如师生关系、课堂氛围等心理环境。无论在物理意义上还是在心理意义上，学校都是一个由性质不同的位置组成的结构化环境。在这种结构化环境中，不同位置对学生身心发展的意义和作用并不相同。有些位置在信息资源和教师态度方面都居于有利地位，这些位置有利于学生心理发展；而另一些位置则在信息资源和教师态度方面都居于劣势，这些位置较不利于学生心理发展。例如，国外研究者考察了教室里座位位置与学生课堂学习态度之间的关系。结果发现，在教室前排和中间的地带，课堂气氛比较活跃，坐这一区域的学生参与课堂活动与教师交流的时间和次数明显比坐在教室后面的学生多。前排学生总是表现出更加喜欢教师和上课，对学习具有较高的兴趣，前排座位有助于提高学生课堂学习的情感效果(邓金，1989)。

近几十年来，越来越多的心理学研究发现，尽管学校物理环境也存在学校社会处境分化的问题，但造成学校社会心理处境分化的更为重要的因素是教师对待学生的态度。已有研究发现，教师期望与学生的学业成绩之间存在高相关，教师对学生的期望越高，学生的学业成绩越好(Alvidrez, &Weinstein, 1999; Jussim, Smith, Madon, &Palumbo, 1998)。Trouilloud 等(2002)的研究发现，教师期望能够显著地预测学生的学业成绩。Donohue 等(2003)的研究表明，教师对学生的态度与行为会影响同伴对该生的态度与行为。由此可见，由于教师对待学生的态度以及期望的不同，造成了学生在学校社会心理环境上存在实质的处境差异，进而对学生认知和社会性等方面的发展产生了不同程度的影响。除了教师之外，父母、同伴等对中小学生有着重要影响的“重要他人”，其对儿童的态度和行为，也会通过影响个体自我概念的途径，塑造着儿童实际自我的真实面貌，并对儿童的整个身心发展产生倾向性的影响。Yau 和 Smetana(1996)对来自家庭社会经济地位较低的我国香港青少年的访谈发现，父母对子女温暖较低与父母和子女之间冲突的数量密切相关。Shek 和 Ma(2000)在一项研究中探讨了青少年知觉到的父亲的教养风格对社会交往行为的影响，当青少年知觉到温暖、宽容的父亲教养风格时表现出较少的反社会行为。Hartup(1989)指出，没有与同伴平等交往的机会，儿童将不能学习有效的交往技能，不能获得控制攻击行为所需要的能力，也不利于性别社会化和道德价值的形成。我国学者所做的研究进一步证实，教师等重要他人对学生的期望与作为学生状况的实际教育后果之间，存在着明显的良性循环和恶性循环机制(范丽恒，金盛华，2008；郑海燕，2005)。如果教师对学生的期望较高，他们与自己期望相适应的系统积极对待会直接造成有利于学生发展的社会处境，使他们在教师的各种有意无意的支持和鼓励下形成积极的自我评价和自我概念，并据此形成较高的自我期望，使学习的动机水平提高，学习兴趣增加，并最终导致积极的教育后果：学习成绩优良、智力发展加快、个性的各个方面平衡健康地朝社会期望的方面发展。相反，如果教师等对某些学生形成了消极的低期望，则他们对这些学生的系统消极对待会造成明显的不利社会处境，使这些学生在教师等有意无意的忽视、否定、拒绝和贬低中形成消极的自我评价和自我概念，并据此形成低自我期望，使学习动机和学习兴趣的水平下降，并最终导致消极的教育后果。

总之，教师等重要他人对个体的不同期望的确会导致个体不同的社会心理处境，进而导致个体不同的发展结果。然而，学生这种不同的学校社会心理处境在已有的研究中并没有得到准确的衡量和深入的探讨，这就使得对学生心理环境处境差异的描述过于粗糙，缺少量化，研究的精细化程度不足，由此导致研究者难以提出具有针对性和可操作性的干预方案，来满足儿童平等、健康发展的需要。因此，非常有必要开发一种测量工具，用来精确测量学生在学校社会心理环境上的差异。本研究即尝试编制问卷，对学生在学校社会心理环境上的差异进行定量描述，以期为进一步的理论研究和教育诊断提供有效的测量工具。

17.2　方法

17.2.1　被试

访谈被试。访谈对象均来自北京市中小学，其中教师 7 人，学生 15 人。

预试被试。为了考察问卷的结构和筛选项目，在北京市中小学各一所学校进行预试。共发放问卷 317 份，回收有效问卷 313 分，回收有效率 98.7%，其中男生 163 名，占 52.1%，女生 150 名，占 47.9%；三年级 100 名，占 31.9%，四年级 94 名，占 30.0%，五年级 119 名，占 38%。

正式施测被试。被试为 2 所中学、3 所小学的学生共计 534 名。其中有效回收问卷 518 份，有效回收率 97.0%。其中男生 266 名，占 51.4%，女生 252 名，占 48.6%；四年级 101 名，占 19.5%，五年级 107 名，占 20.7%，六年级 96 名，占 18.5%，初一 113 名，占 21.8%，初二 101 名，占 19.5%。

17.2.2　研究程序

开放式访谈。对教师的访谈内容主要包括两个方面：第一方面是教师的基本信息，包括年龄、学历、教龄、任教年限等；第二方面询问教师在教学和班级管理过程中是否对待不同学生采取了不同的态度和行为？这些态度和行为的主要表现是什么？对学生产生了哪些影响？对学生的访谈内容也包括两个方面：第一方面是学生的基本信息，例如是否在班级或学校中担任学生干部？第二方面是让学生回忆在日常的学习、生活过程中，周围的人例如老师、父母和同学是否做出过令其印象深刻的做法和行为？当时的感受怎样？对以后的学习和生活产生了哪些影响？通过这些问题的访谈，目的在于了解不同学生在班级中的处境现状以及对自身产生的影响，从而为问卷项目的收集奠定基础。

初始问卷的编制。首先对访谈获得的内容进行内容分析。根据访谈对象表达的主题来获取问卷题目的关键词。内容分析的结果发现，教师等重要他人对学生的期望和影响主要表现在品德、学习、人际交往、语言、能力、作业等方面。因此，在编制初始问卷时，问卷的项目主要围绕着以上几个方面进行编写，例如“老师认为我是品德好的学生”“爸妈满意我的作业”“同学们认为我是优秀学生”“我认为自己很聪明”等。问卷采用从“很不符合”到“很符合”的李克特五级计分形式，要求学生根据自己的实际情况作出回答。为了保证问卷的可读性和易于中小学生理解，特别请 2 名小学教师仔细审阅问卷的各个项目，将不易理解或产生歧义的项目标示出来，然后根据反馈的结果将标示出的项目进行修改或删除。另外，请 2 名心理学方面的专家对问卷的项目进行逐一审核，对意义相近或者重复的项目进行合并，确保各个项目间的相对独立性。最后确定问卷结构由 54 个题目组成。

17.2.3 问卷施测

将所编制的初始问卷在小学生中间进行施测，测试采用集体施测的方式，当场回答当场回收。指导语为：以下句子描述了人们对你的态度和看法。请根据你的实际想法作答，在相应选项的数字上打√。如果你觉得“很不符合”，请在“1”上打“√”；如果你觉得“比较不符合”，请在“2”上打“√”；如果你觉得“不确定”，请在“3”上打“√”；如果你觉得“比较符合”，请在“4”上打“√”；如果你觉得“很符合”，请在“5”上打“√”。正式测试题目前有例题说明。预试共发放问卷 317 份，回收有效问卷 313 分，回收有效率 98.7%。正式施测共发放问卷 534 份，回收有效问卷 518 份，有效回收率 97.0%。

17.2.4 统计处理

剔除无效问卷后，原始问卷统一使用 SPSS16.0 录入，探索性因素分析工具为 SPSS16.0，验证性因素分析工具为 AMOS7.0。分别对问卷的信效度等指标进行检验，探索并验证问卷结构的合理性。

17.3 结果

17.3.1 问卷各项目分析

对预测问卷结果进行统计分析，删除一些测试结果不太理想的题目。删题参考的具体标准是：根据频数统计显示，选项过于集中(选择同一答案的人数占 50%以上)；与总分相关过低(低于 0.4)且不显著的题目；因素分析结果中因子负载低于 0.40 的项目。根据以上标准初始问卷中共有 29 道题目被删除。

17.3.2 探索性因素分析

为了了解所编制问卷的结构，对预试结果进行探索性因素分析。取样适当性 Kaiser-Meyer-Olkin 值为 0.93，Bartlett 球型检验 X^2 值为 7817，$df=1378$，$p<0.001$，说明各项目之间有共享因素的可能，进行因素分析是恰当的。对 54 个项目进行探索性因素分析，使用主成分法、极大方差法旋转抽取因子。因素分析以特征值大于 1 为因素抽取的基本原则，辅之以总解释率和陡阶检验来确定因素数目。题目删除标准定为：(1)共同度小于 0.50；(2)最高载荷小于 0.40。经过几次探索，最终获得 4 个显著的因素，一共能够解释 62.35%的变异。因素结构及解释率见表 17.1。

表 17.1　社会心理处境分化问卷的因素结构

编号	F1	F2	F3	F4
V26	0.773			
V24	0.761			
V21	0.744			
V50	0.723			
V48	0.718			
V18	0.648			
V19	0.601			
V29		0.753		
V40		0.615		
V31		0.608		
V14		0.589		
V33		0.581		
V38		0.544		
V43		0.478		
V5			0.751	
V46			0.658	
V52			0.595	
V45			0.582	
V54			0.554	
V37			0.448	
V34				0.803
V44				0.691
V42				0.643
V37				0.546
V39				0.534
解释率 62.35%	23.80%	15.78%	11.59%	11.18%

其中，因子一主要反映的是教师对学生个体的态度、期望、情感，如

“老师会让我做重要的事”、“老师喜欢我”，因此命名为“教师信任与支持”；因子二主要反映的是同学对学生个体的态度、情感，如“同学们认为我很聪明”、“同学认为我成绩很好”等，因此命名为“同学信任与支持”；因子三主要反映的是父母对学生个体的期望、态度和情感，如“爸妈对我的发展有信心”、“爸妈常对我微笑”等，因此命名为“父母信任与支持”；因子四主要反映的是学生对自己的认知和概念，因此命名为“学生自我概念”。

17.3.3　验证性因素分析

为了进一步确认问卷结构的合理性，将经过项目分析和探索性因素分析后保留下来的25道题目在中小学生中进行施测，共发放问卷534份，回收有效问卷518份。将518份有效问卷的结果用AMOS7.0软件进行验证性因素分析。根据探索性因素分析的发现，设定研究模型包含四个因素，每个因素由对应的题目测量，误差或独特因子彼此均无关。采用ML法(Maximum Likelihood)对模型进行拟合估计。结果见表17.2。

表17.2　问卷验证性因素分析结果

模型	X^2	df	X^2/df	CFI	TLI	IFI	$RMSEA$
虚无模型	7215.01	300					
单因素模型	1806.161	275	6.57	0.77	0.75	0.77	0.10
四因素模型	1107.65	269	4.11	0.98	0.98	0.98	0.07

在实际运用协方差结构模型进行分析时，常用的指数通常是CFI、TLI以及$RMSEA$，其中CFI与TLI的值在0.95以上表示模型你拟合得较好，$RMSEA$的值小于0.05表明模型拟合得很好，而在0.08以下的拟合结果也可以接受。根据这一标准来看本研究的结果，四因素模型的各项指标均达到了较为满意的程度，这说明问卷的结构较为合理，具有较高的结构效度。

17.3.4　信度分析

对由25道题目组成的正式问卷的信度进行统计分析，结果见表17.3。

表 17.3　问卷信度分析结果

信度	教师信任与支持	父母信任与支持	同学信任与支持	学生自我概念	总问卷
内部一致性信度	0.84	0.80	0.90	0.83	0.95
分半信度	0.84	0.90	0.91	0.84	0.93

从问卷的信度分析结果来看，无论是内部一致性的 a 系数还是分半信度，其值均在 0.80 以上，整个问卷的 a 系数和分半信度更是在 0.90 以上，达到了相当高的水平，这说明问卷具有优良的信度。

17.3.5　我国中小学生学校社会心理处境分化的特点

对男女学生在总问卷及 4 个分维度上的得分进行差异显著性检验，结果见表 17.4。

表 17.4　不同性别学生在学校社会心理处境分化问卷上的得分比较

因子	男生	女生	t 值	p 值
教师信任与支持	3.71±0.91	3.97±0.88	−3.35	0.001
同学信任与支持	3.48±0.92	3.81±0.84	−4.33	0.000
父母信任与支持	4.10±0.83	4.32±0.70	−3.39	0.001
学生自我概念	3.91±0.79	4.07±0.78	−2.30	0.022
总问卷	3.78±0.76	4.02±0.69	−3.95	0.000

结果发现，无论是在总分上还是在各分维度得分上，女生的得分都显著地高于男生，p 值均小于 0.05。这说明在中小学中，女生的社会心理处境显著地好于男生。

对不同年级学生在总问卷及 4 个分维度上的得分进行差异显著性检验，结果见表 17.5。

表 17.5　不同年级学生在学校社会心理处境分化问卷上的得分比较

因子	四年级	五年级	六年级	初一	初二	F值	p值
教师信任与支持	3.87±0.81	3.63±0.92	4.08±0.83	3.82±0.94	3.81±0.97	3.27	0.01
同学信任与支持	3.46±0.87	3.41±0.81	4.01±0.85	3.62±0.95	3.75±0.90	7.59	0.00
父母信任与支持	4.15±0.73	4.11±0.82	4.4292±0.71	4.13±0.82	4.25±0.75	2.96	0.02
学生自我概念	3.95±0.82	3.76±0.83	4.35±0.64	3.92±0.80	4.01±0.73	7.99	0.00
总问卷	3.83±0.70	3.70±0.73	4.21±0.66	3.85±0.76	3.94±0.73	6.96	0.00

无论是在总分上还是在各分维度得分上，不同年级之间的学生得分均存在显著差异，p 值均小于 0.05。进一步地分析发现，在“教师信任与支持”维度上，小学五年级与小学六年级之间存在显著差异；在“同学信任与支持”维度上，小学六年级与其他各年级之间均存在显著差异，小学四、五年级与初中二年级之间存在显著差异，小学五年级与初中一年级之间存在显著差异；在“父母信任与支持”维度上，小学四、五年级与小学六年级、初中二年级之间存在显著差异；在“自我概念”维度，小学六年级与其他各年级均存在显著差异。在总分上，小学六年级与其他各年级均存在显著差异。这说明在中小学中，不同年级学生的社会心理处境并不相同。

对学生是否在班级或学校中担任学生干部与社会心理处境之间的关系进行分析，结果见表 17.6。

表 17.6　是否学生干部在学校社会心理处境分化问卷上的得分比较

因子	学生干部	非学生干部	t 值	p 值
教师信任与支持	4.14±0.78	3.68±0.93	6.02	0.00
同学信任与支持	3.99±0.76	3.44±0.91	6.86	0.00
父母信任与支持	4.45±0.83	4.08±0.70	5.84	0.00
学生自我概念	4.24±0.79	3.85±0.78	5.92	0.00
总问卷	4.19±0.60	3.74±0.75	7.42	0.00

无论是在总问卷得分上还是在各分维度得分上，担任学生干部的学生与不担任学生干部的学生之间存在非常显著的差异，p 值均小于 0.001。这说明，学生干部比普通同学的社会心理处境更好。

17.4 讨论

17.4.1 学校社会处境分化问卷编制的必要性和有效性

在我国的基础教育阶段，由于教育资源的有限性和教育生源的庞大性，教师总是倾向于按照学生的学业表现、家庭状况等标准对学生分门别类，实施有差别的教育和教学行为，给予优势群体以更多的关心、支持和积极反馈，而给予弱势群体以更多的控制、约束和禁止，从而造成了事实上的学生社会处境分化现象，严重影响了学生的身心健康发展。江光荣等研究发现，成绩退步、重要考试失败、受到教师侮辱性的批评或嘲讽、教师的不公正、教师不喜欢自己等均居于压力事件前20名(光荣，2002)。范红霞等人(2003)的研究也发现类似的结果。但已有的研究只是对学生学校处境粗略的事实描述，还处于一种朦胧的、模糊的认识状态，缺乏对学生社会处境特别是学生社会心理处境的精确描述和刻画，因此也就无法科学地制定避免学生两级分化、确保教育公平的解决方案。因此，编制能够定量、精确地测量学生社会心理处境的工具就显得非常必要，而且能够为教育诊断和制定政策建议提供科学依据。

本研究从理论和文献分析出发，通过开放式访谈收集问卷条目，并经过项目分析、探索性因素分析、验证性因素分析等步骤，确定了中小学生社会心理处境分化问卷的结构和正式题目。从探索性因素分析的结果来看，问卷的结构清晰，项目的因素负荷均大于0.40，总方差的解释率达到了62%，每一个因素项目含义清楚、可解释性强，表明问卷的结构效度较好。对正式测试结果的验证性因素分析结果表明，中小学生社会心理处境分化问卷的四因素结构较好地拟合了观测数据，支持了探索性因素分析的结果。同时，本研究考察各因素的内部一致性信度和分半信度，均达到了可接受的水平。因此，本研究编制的中小学生社会心理处境分化问卷具有较好的信度和效度，适合用于测量中小学生的社会心理处境分化状况。

17.4.2　我国中小学学生社会心理处境分化的特点

对中小学生性别、年级、是否班干部等变量的分析，能够粗略反映当前我国中小学生社会心理处境分化的现状和特点。对性别的差异检验表明，无论是在问卷总分还是在分维度得分上，女生的社会心理处境都要显著地好于男生。这个结果可能与教师期望效应的作用有关。如Gray(1994)发现女教师一致地对她们的女学生持有比男生更高的期望。Van Matre等(2000)的研究也发现教师对女生的学业期望要高于男生。由于教师对女生普遍存在更高的期望，从而导致女生在学校社会心理处境状况上要显著地好于男生。对不同年级学生的社会心理处境分化状况进行方差分析，结果发现，在总体的处境分化得分上，小学六年级学生与其他各年级之间均存在显著差异，而其他各年级之间并不存在显著差异。该结果似乎表明，小学六年级学生的社会心理处境最佳。而小学四、五年级学生的社会心理处境并不存在差异，可能是由于学生年龄相对较小，学生对教师等重要他人的态度或行为并没有很明确的认知；而初中一、二年级之间不存在差异，则可能是因为随着年龄(年级)的增加，学生逐渐形成了自己较为稳定、全面的评价系统，而不会仅仅依据某一外界影响来做出评价。本研究还发现，学生干部与非学生干部相比，其社会心理处境更为有利。这可能是由于在中国的班级中，绝大多数的班干部是由学习成绩好的学生担任，而教师对学习成绩好的学生期望更高。国内外的大量研究均表明学生先前的成绩是影响教师对学生产生高期望与低期望的主要因素(Reschly &Lampreche，1979；Ross & Jackson，1991；宋广文，王立军，1998)。

17.5　结论

根据以上的分析和讨论，本研究得出两条结论。(1)中小学生社会处境分化问卷的结构包含四个维度：教师信任与支持、同学信任与支持、父母信任与支持和学生自我概念。该问卷具有良好的信度和效度，可以作为评价中小学生社会心理处境、进行教育测量和诊断的工具。(2)目前在我国中小学中，女生的社会心理处境普遍优于男生；学生干部的社会心理处境普遍优于非学生干部。同时，不同年级学生的社会心理处境也不相同。

参考文献

1. Alvidrez, J., &Weinstein, R. S. Early teacher perceptions and later student academic achievement. *Journal of Educational Psychology*, 1999, (91): 731—746.

2. Donohue, K. M., Perry, K. E., & Weinstein, R. S. Teachers' classroom practices and children's rejection by their peers. *Journal of Applied Developmental Psychology*, 2003, 24(1): 91—118.

3. Gray, M. A. *Gender bias and the effects of female teacher expectations on elementary male students*. Northern Arizona University, 1994.

4. Hartup, W. W. Social relationships and their developmental significance. *American psychologist*, 1989, 44(2): 120.

5. Jussim, L., Smith, A., Madon, S., &Palumbo, P. Teacher expectations. *Advances in Research on Teaching*, 1998, (7): 1—48.

6. Ma, H. K., Shek, D. T., Cheung, P. C., & Lam, C. O. B. Parental, peer, and teacher influences on the social behavior of Hong Kong Chinese adolescents. *The Journal of genetic psychology*, 2000, 161(1): 65—78.

7. Ross, S. I., &Jackson, J. M. Teachers' expectations for black males' and black females' academic achievement. *Personality and social psychology bulletin*, 1991, (17): 78—82.

8. Reschly, D., &Lampreche, M. Expectancy effects of labels: Face of fiction? *Exceptional children*, 1979, (45): 55—58.

9. Trouilloud, D. O., Sarrazin, P. G., Martinek, T. J., & Guillet, E. The influence of teacher expectations on student achievement in physical education classes: Pygmalion revisited. *European journal of social psychology*, 2002, 32(5): 591—607.

10. Van Matre, J. C., Valentine, J. C., & Cooper, H. Effect of students' after-school activities on teachers' academic expectancies. *Contemporary Educational Psychology*, 2000, 25(2): 167—183.

11. Yau, J., & Smetana, J. G. Adolescent-Parent Conflict among Chinese Adolescents in Hong Kong. *Child development*, 1996, 67(3): 1262—1275.

12. 邓金．培格曼最新国际教师百科全书[M]. 学苑出版社，1989，475—476. 范丽恒，

13. 金盛华．教师态度与学生社会处境分化[J]. 中国心理卫生杂志，1999，4(1)：8—12.

14. 金盛华．教师期望对初中生心理特点的影响[J]. 心理发展与教育，2008，(3)：48—52.

15. 范红霞，姚彩琴，李毓秋．关于中学生烦恼的调查[J]. 中国心理卫生杂志，2003，17(7)：455—457.

16. 光荣．班级社会生态环境研究[M]. 华中师范大学出版社，2002.

17. 宋广文，王立军．影响中小学教师期望的因素研究[J]. 心理科学，1998，(21)：83—86.

18. 郑海燕．教师期望的改变对初中生自我价值感及动机信念影响的实验研究[J]. 心理发展与教育，2005，(1)：43—47.

第十八章　青少年学习沉醉感量表的编制及应用①

雷雳　马晓辉　王薇

沉醉感(Flow)是一种重要的积极情绪。该研究针对青少年在学习活动中的沉醉感体验。对于青少年群体来说，学习是他们生活的重要内容，能否在学习中体验到沉醉感，对他们建立对学习的兴趣以及投入学习活动有重要的影响。因此，本研究针对青少年在学习活动中体验到的沉醉感状态，编制沉醉感状态测量工具，以期能为积极心理学干预方案和相关课程提供依据和工具。

焦点阅读：

沉醉感是人们对某一活动或事物表现出浓厚的兴趣并能推动个体完全投入某项活动或事物的一种情绪体验，随着当代积极心理学运动的兴起，沉醉感正受到各领域研究者越来越多的关注；

对于青少年群体来说，学习是他们生活的重要内容，能否在学习中体验到沉醉感，对他们建立对学习的兴趣以及投入学习活动有重要的影响；

学习沉醉量表包括学习目标清晰、过程愉悦满足、自我意识减弱和时间感知扭曲四个维度，信效度检验结果表明量表具有良好的效度和信度；

不同性别青少年在学习中体验到的沉醉感无显著差异，而青少年在学习中体验到的沉醉感随年级上升而减少。

关键词：

青少年(adolescents)；沉醉感(flow)；学习(learning)；量表(scale)

---

① 本文已发表于《心理研究》2012 年第 1 期。

18.1 引言

沉醉感(Flow)是一种积极情绪，这一概念最早由 Csikszentimihalyi 于 20 世纪 60 年代提出，他认为沉醉感是人们对某一活动或事物表现出浓厚的兴趣并能推动个体完全投入某项活动或事物的一种情绪体验(Carr, 2011)。沉醉感的表现有愉快、幸福、满意和愉快等主观体验，这是一种重要的积极情绪，它有助于改善人类自身的生活品质，因此心理学界一直没有放弃对这一主题的研究，特别是随着当代积极心理学运动的兴起，沉醉感正受到各领域研究者越来越多的关注。

Csikszentmihalyi 等人总结了一系列相关研究结果指出，处于沉醉状态中的个体几乎都有以下几个共同特征(Elliot & Dweck, 2013)：(1)体验活动本身成为活动的内在动机；(2)个体的注意力高度集中于当前所从事的活动；(3)自我意识的暂时丧失；(4)行动与意识相融合；(5)出现暂时性体验失真，较典型的如觉得时间过得比平常要快；(6)对当前的活动具有较好的控制感；(7)具有直接的即时反馈，活动的每一个环节都是对上一活动环节的反馈；(8)个体所感知到的活动的挑战性和自身的技能水平间具有平衡性；(9)有明确的活动目标。

目前基于这九个特征形成的量表主要有 Jackson 和其同事共同编制的沉醉感状态量表(Flow State Scale, FSS)和倾向性沉醉感量表(Dispositional Flow Scale, DFS)。FFS 主要用来测量个体产生的沉醉感状态的连续统一性而非片段性，FSS 主要被用来研究各种体育运动中个体所体验到的沉醉感，DFS 则是对沉醉感的倾向性进行测量，是用来评估个体参与某项活动时产生沉醉感体验的可能性及其具体的体验程度。虽然这两种量表被广泛应用，但是也应该看到，这九个特征很大程度上是基于一些体育运动和极限运动体验而提出的，对于其他类型的活动并不一定适合，事实上国内多个研究者对 FSS 的修订过程中也发现并探讨过这个问题(袁庆华，胡炬波，王裕豪，2009；於佩红，2009)。而研究者们也指出，几乎每一种活动——工作、学习或宗教礼仪等——都能产生沉醉感体验(Csikszentmihalyi & Csikzentmihaly，1991；任俊，2006)。因此针对其他类型的活动编制专门的沉醉感量表是有必要的。对于青少年群体来说，学习是他们生活的重要内容，能否在学习中体验到沉醉感，对他们建立对学习的兴趣以及投入学习活动有重要的影响。因此，本研究针对青少年在学习活动中体验到的沉醉感状态，编制沉醉感状态测量工具，以期能为积极心理学干预方案和相关课程提供依据和工具。

18.2 方法

18.2.1 被试

选取北京、吉林和江苏三个省市的800名小学高年级、初中和高中生作为被试，分两次发放问卷，第一次回收的数据用于探索性因素分析，第二次回收的数据用于验证性因素分析和信度分析。两次总共回收有效问卷794份，其中393份用于探索性因素分析，401份用于验证性因素分析。有效被试的年龄分布在11～19岁之间，其中男生比例占总人数的52.8%，女生为47.2%。

18.2.2 项目来源

首先查阅已有关于沉醉感的研究文献，结合相关概念框架编写青少年学习沉醉感开放调查问卷，内容主要涉及是能否投入学习活动，投入学习时有什么体验，以及如何看待享受学习等问题。请初高中各一个班级的同学联想自己投入最擅长科目的学习活动体验，尽可能详细地回答问卷，根据调查结果并参考已有沉醉感量表内容编写和修改题目内容，并对被试进行个别访谈，请被试指出表述不清、难以理解或有其它疑问的项目，然后加以修改或删除。最终形成青少年沉醉状态量表的36个初测项目，采用Likert式6点自评量表，从1“从未体验过”到6“总是体验到”。

18.2.3　效标研究工具

使用 Elliot 和 Church(1997)研究中使用的内在动机问卷，由 8 道题目组成，采用 7 点评分，考察被试对任务的喜爱程度，其中有三道题为反向计分题。以往研究结果表明该内在动机问卷信效度良好(王艳梅，刘晓明，郭德俊，宋剑峰，2006)。将原问卷中不确定的“任务”改为“学习”，以此作为内在学习动机的自我报告指标，采用从 1(完全不同意)到 7(完全同意)的等级评分。预测剔除第 8 题，本研究中该问卷的内部一致性信度为 0.86。

18.2.4　统计分析

数据处理使用统计软件 SPSS18.0 和 AMOS7.0。

18.3　结果

18.3.1　量表形成

首先对初测数据进行项目分析，缺失值较多的项目表明被试无法很好地理解该项目内容，因此考虑删除或者修改项目内容；计算项目区分度，删除区分度小于 0.20 的项目，修改区分度为 0.20～0.29 之间的项目，经过项目分析，决定保留 22 个项目进行第二次施测。

对初测数据进行探索性因素分析，取样适当性 *KMO* 的指标为 0.90，Bartlett 球形检验统计量为 3312.14，$p<0.001$，表明适合进行探索性因素分析。采用主成分分析法，使用正交旋转，参考碎石图和特征值标准，最终抽取 4 个因子，解释率为 73.78%。根据研究的目的和假设，逐步删除项目载荷低于 0.30，以及交叉载荷较多且低于 0.40 的项目，每删去一个项目就重新做一次因素分析。

最终量表保留了 12 个项目，分为 4 个维度：学习目标清晰，指的是在学习活动中，个体非常明确学习目标以及自己的表现；过程愉悦满足，即行为是在内在学习动机的支配下进行，体验到学习活动本身带来的愉悦感和满足感；自我意识减弱，指的是自我意识的暂时丧失，忽略外界他人对自己的评价和影响；时间感知扭曲，意指出现暂时性的时间体验失真，如觉得时间过得比平常要快。量表采用6点评分方法，被试根据自己在活动中体验到每一特征的频率进行自评。

使用Amos7.0对12个项目的青少年学习沉醉感量表进行验证性因素分析，对探索性因素分析中抽取的因素结构进行验证，以极大似然估计法检验模型的拟合程度，结果见表18.1。从验证性因素分析的结果来看，模型与数据拟合良好，表明青少年学习沉醉感量表具有良好的结构效度。

表18.1　青少年学习沉醉感状态量表验证性因素分析模型拟合指数

拟合指数	χ^2	df	χ^2/df	GFI	NFI	$PNFI$	CFI	IFI	$RMSEA$
数值	99.523	48	2.07	0.963	0.952	0.693	0.974	0.975	0.050

本研究以青少年学习沉醉感状态量表项目得分跟学习内在动机的相关作为该量表的内容效度指标。相关分析结果(见表18.2)表明，青少年学习沉醉感状态量表项目得分跟学习内在动机问卷得分之间存在显著正相关，这说明本研究所编制的青少年学习沉醉感状态量表具有较好的内容效度。

表18.2　青少年学习沉醉感量表与内在学习动机的相关系数

	学习目标清晰	过程愉悦满足	自我意识减弱	时间感知扭曲	总量表
内在学习动机	0.28**	0.30**	0.41**	0.33**	0.46**

注：** 表示0.01水平上相关显著。

计算所有项目的内部一致性系数(见表18.3)，结果显示总量表α系数0.85，除了仅包含两个题目的时间感扭曲维度系数为0.65之外，其他维度系数均在0.79以上，表明所形成的青少年学习沉醉感状态量表显示了良好的重测和内部一致性信度指标。

表 18.3　青少年学习沉醉感的信度指标

信度	学习目标清晰	过程愉悦满足	自我意识减弱	时间感知扭曲	总量表
α 系数	0.79	0.87	0.83	0.65	0.85

18.3.2　青少年学习沉醉感的特点

以 684 名小学六年级和普通中学初一、初二、高一、高二的学生为被试(其中男生 356 名，女生 328 名；年龄在 11～19 岁之间，平均年龄为 14.61 岁)，采用《青少年学习沉醉感量表》研究青少年学习沉醉感的特点。进行 2(性别)×5(年级)方差分析检验，结果显示，性别和年级无交互作用，性别在青少年学习沉醉感量表的各维度平均数(见表 18.4)均无显著差异。

表 18.4　不同性别青少年在学习沉醉感量表各维度上的平均数及差异检验

量表各维度	男(n=355)	女(n=328)	F	p
学习目标清晰	3.98±0.79	4.00±0.78	0.04	0.83
过程愉悦享受	3.69±0.88	3.57±0.92	0.31	0.58
自我意识减弱	3.21±1.04	2.78±1.17	3.32	0.07
时间感知扭曲	3.57±0.98	3.49±0.95	1.26	0.26
总量表	3.62±0.69	3.47±0.65	1.74	0.19

以年级为自变量，检验青少年在学习沉醉感上的年级差异，结果显示，除了时间感扭曲维度，年级在学习沉醉感各维度上均存在显著效应，$F_{学习目标清晰}=6.91$，$p<0.001$；$F_{过程愉悦享受}=7.14$，$p<0.001$；$F_{自我意识减弱}=3.02$，$p<0.05$；$F_{时间感知扭曲}=4.96$，$p<0.01$;，且线性趋势检验结果表明，青少年在学习目标清晰、过程愉悦享受、自我意识减弱三个维度上的得分随年级升高而下降，$p<0.01$，而且青少年的学习沉醉感总平均分也随年级的升高而下降(见图 18.1)。

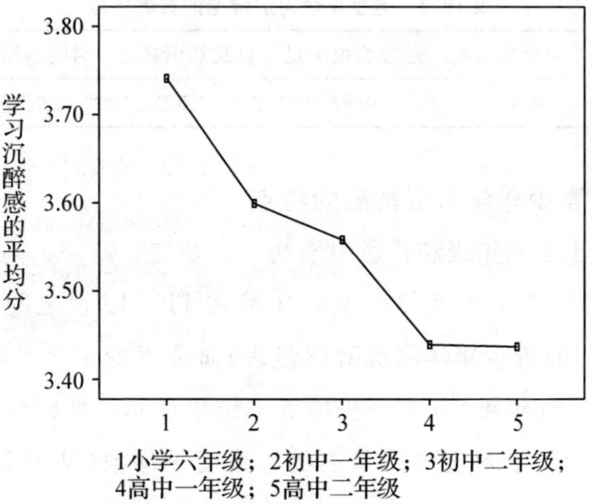

图 18.1　青少年学习沉醉感的年级变化趋势

18.4　讨论

本研究通过标准的心理学量表编制程序，经过项目分析和探索性因素分析，最终形成了包含 12 个题目的《青少年学习沉醉感量表》。验证性因素分析结果显示各拟合指标良好，说明编制的量表具有良好的结构效度。采用内在学习动机问卷作为学习沉醉感的效标，分析结果显示，学习沉醉感各维度及总量表均与内在学习动机显著正相关，表明本研究所编制的量表效标关联效度较好。对量表的信度检验结果表明，量表的信度也达到了可接受的标准。以上分析结果表明，所编青少年学习沉醉感量表信效度良好，可以作为测量青少年群体学习沉醉感的工具。

考察青少年学习沉醉感性别差异特点的结果表明，男生和女生在青少年学习沉醉感量表的各维度上均无显著差异。Csikszentmihalyi(1975)认为，沉醉感体验是具有跨性别普遍性的。现有研究表明，在很多运动和网络使用等活动中男性比女性体验到更多的沉醉感(Novak & Hoffman，1997；Sherry，2004；於佩红，胡炬波，2009)，而两项以大学生为对象的研究结果却显示，在同类活动中男女生的沉醉感体验是无差异的(Martin & Cutler，2002；Russell，2001)，这说明性别因素对沉醉感的影响可能受到活动类型的调节。本研究的结果说明，对于学习这种活动来说，男女生体验到的沉醉感没有差异。

本研究考察青少年学习沉醉感在不同年级水平上的发展变化结果发现，青少年的学习沉醉感的三个维度及总平均分均随年级的升高而呈下降趋势，这表明随年级升高，青少年在学习活动中体验到的沉醉感越来越少。由于迄今为止，对青少年在学习中体验到的沉醉感的发展研究还很少见，我们尚无法结合以往研究结果进行分析讨论。导致本研究结果的原因可能是，随着年级的升高，青少年的学习任务越来越多，所承受的学业压力在不断升高，面临日益临近的高考，学习活动的外在"功利性"越来越突出，因而他们在学习中体验到的沉醉感也就越来越少了。

根据以上分析可得出，青少年学习沉醉感量表的开发有助于了解青少年在学习活动中的沉醉体验，有助于青少年沉醉感的研究深入，并据此提出相应教育措施，进行正确的引导和教育，从而促进青少年的积极心理发展。

18.5　结论

根据以上的分析和讨论，本研究得出以下结论：(1) 青少年学习沉醉感量表具有良好的信效度，是符合心理测量学标准的沉醉感评估工具；(2) 男生和女生在学习中体验到的沉醉感没有显著差异；(3)青少年在学习中体验到的沉醉感随年级上升而减少。

参考文献

1. Carr，A. *Positive psychology：The science of happiness and human strengths*. Routledge，2011.

2. Csikszentmihalyi, M., & Csikzentmihaly, M. *Flow: The psychology of optimal experience* (Vol. 41). New York: HarperPerennial, 1991.

3. Elliot, A., & Church, M. A hierarchical model of approach and avoidance achievement motivation. *Journal of Personality and Social Psychology*, 1997, (72): 218—232.

4. Elliot, A. J., & Dweck, C. S. (Eds.). *Handbook of competence and motivation*. Guilford Publications, 2013.

5. Csikszentmihalyi, M. Beyond Boredom and Anxiety: Experiencing Flow in Work and Play, 1975.

6. Novak, T. P., & Hoffman, D. L. Measuring the flow experience among web users. *Interval Research Corporation*, 1997, 31.

7. Martin, J. J., & Cutler, K. An exploratory study of flow and motivation in theater actors. *Journal of Applied Sport Psychology*, 2002, 14(4): 344—352.

8. Russell, W. An examination of flow state occurrence in college athletes. *Journal of Sport Behaviour*, 2001, 24(1): 83—107.

9. Sherry, J. L. Flow and media enjoyment. *Communication Theory*, 2004, 14(4): 328—347.

10. 任俊. 积极心理学(Vol. 8, pp. 23—24)[M]. 上海教育出版社, 2006.

11. 於佩红. 中文版流畅体验量表的初探[J]. 浙江旅游职业学院学报, 2009, 5(2): 97—99.

12. 於佩红, 胡炬波. 流畅体验在高校体育教学内容中的探索研究[J]. 科技信息, 2009, (23): 18—19.

13. 袁庆华, 胡炬波, 王裕豪. 中文版沉浸体验量表(FSS)在中国大学生中的试用[J]. 中国临床心理学杂志, 2009, (5): 559—561.

14. 王艳梅, 刘晓明, 郭德俊等. 成败情境下不同目标取向学生内在动机特点[J]. 心理科学, 2006, 29(1): 103—106.

第四部分
青少年网络一般行为的实证研究

第十九章　大学生羞怯与网络交往依赖的关系：人际交往困扰的中介作用①

李菲菲　罗青　周宗奎　孙晓军　魏华

羞怯被认为是一种专注于个人的想法和反应，而致使不适应人际交往的心理状态。羞怯最广泛的影响之一就是会减低社交水平。由于互联网的虚拟性和匿名性等特征，互联网给羞怯者提供了一个较为舒服的交往情景。鉴于羞怯影响网络交往，而羞怯的个体也存在更多的人际交往困扰，同时网络交往的动机之一就是获得满意的人际关系，消除交往困扰；因此研究中假设人际交往困扰是羞怯和网络交往依赖的中介变量。本研究采用自编的《大学生网络交往倾向量表》，《羞怯量表》以及《人际关系综合诊断量表》测量878名在校大学生并探讨大学生羞怯、人际交往困扰与网络交往依赖之间的关系。结果表明，人际交往困扰在羞怯对网络交往依赖的影响中起完全中介作用。

焦点阅读：

羞怯被认为是一种专注于个人的想法和反应，而致使不适应人际交往的心理状态。

互联网的虚拟性和匿名性等特征，互联网给羞怯者提供了一个较为舒服的交往情景。

研究结果表明人际交往困扰在羞怯与网络交往依赖之间起到完全中介效应。

---

① 本文已发表于《中国临床心理学杂志》2012年第2期。

关键词：

羞怯(Shyness)；人际交往困扰(Interpersonal communication disturbances)；网络交往依赖(Dependence of online communication)

19.1 引言

羞怯被认为是一种专注于个人的想法和反应，而致使不适应人际交往的心理状态(Henderson L & Zimbardo P，1998)。以往的研究发现，特殊类型的交往会增加个人的羞怯程度(Peter LS & Andrea C，2008)。羞怯最广泛的影响之一就是会减低社交水平。羞怯会使得人们很难结识新朋友或享受可能美好的经历(Zimbardo P. G，1977)。Crozier Crozier W. R(2002)的研究发现，羞怯的人在社交场合不是投入谈话，而是倾向于保持安静和犹犹豫豫，因此他们结交朋友特别困难。Asendorpf 和 Wilpers(1998)发现在第一学期越是善于交际、不羞怯的大学生，在之后的大学生活中他们的人际关系网络发展得就越好。

由于互联网的虚拟性和匿名性等特征，互联网给羞怯者提供了一个较为舒服的交往情景。以前的研究发现羞怯与网络使用有一定的联系(Yang S. C & Tung C. J，2007)，可是目前的研究结果并不完全一致(Henderson Let al，1998；Russell D. W，Flom E. K，Gardner K. A，Curtona C. E & Hessling R. S，2004)。部分研究者发现羞怯和网络成瘾存在显著正相关(Chak K & Leung L，2004；Caplan S，2002)；另外的研究者却发现羞怯和网络的使用没有关联(Henderson L，Zimbardo P & Graham J，2002；Mandell D & Muncer S，2006)。研究结果的不一致预示着这两个变量之间的关系可能受到其他变量的影响。

Papacharissi 和 Rubin(2000)发现那些对人际交往不满意的人更愿意用网络交往代替人际交往。在网络的虚拟世界里，可以方便地结交新朋友，可以轻松地加入自己喜欢的群体，丰富多样的网络交往方式极大地满足了大学生的娱乐心理和交往需求。尤其是那些在现实生活中内向、孤僻，交往受挫的大学生，更喜欢通过网络交往来弥补社交方面的不足，提高自己人际交往的自信心(Chen M. L，2004)。

鉴于羞怯影响网络交往，而羞怯的个体也存在更多的人际交往困扰，同时网络交往的动机之一就是获得满意的人际关系，消除交往困扰。因此假设人际交往困扰是羞怯和网络交往依赖的中介变量。

19.2 方法

19.2.1 被试

被试来自武汉地区的华中师范大学、武汉大学、武汉理工大学、中南民族大学 4 所高校，郑州地区的郑州大学、河南工业大学、郑州大学体育学院等 3 所高校，共发放问卷 1000 份，回收 943 份，有效问卷 878 份。被试的基本情况如表 19.1 所示。

表 19.1 被试基本信息一览表

	地区		性别		学科		独生子女		年级						生源		
	武汉	郑州	男	女	理工科	文科	是	否	大一	大二	大三	研一	研二	研三	城市	乡镇	农村
人数	599	279	494	384	686	192	244	634	163	350	240	45	38	42	198	201	479
百分比(%)	68.2	31.8	56.3	43.7	78.1	21.9	27.8	72.2	18.6	39.9	27.3	5.1	4.3	4.8	22.6	22.9	54.6

19.2.2 测量工具

大学生网络交往倾向量表。采用李菲菲编制的大学生网络交往倾向量表(李菲菲，2010)。参考周治金和杨文娇编制的《大学生网络成瘾类型问卷》中的“网络关系成瘾”维度，并在访谈的基础上自编《大学生网络交往倾向量表》共 18 道，内部一致性系数为 0.88。该量表是用来测量被试网络交往的心理依赖程度。

羞怯量表。采用 Cheek 和 Buss 于 1981 年编制的羞怯量表(Shyness Scale)。该量表共 13 个题目，1～5 五点记分，总分范围从 13 分(羞怯程度最低)到 65 分(羞怯程度最高)。

人际关系综合诊断量表。采用郑日昌编制的人际关系综合诊断量表(李彩娜，周伟，张曼，2010)。共 28 道题，量表采取 1～5 五级记分，分数越高，说明其受到人际关系行为的困扰越严重。包括人际交谈困扰、人际交友困扰、待人接物困扰、与异性交往困扰 4 个因子。

19.2.3 统计方法

采用 SPSS11.5 对所得数据进行统计分析。

19.3 结果

19.3.1 羞怯、网络交往依赖与人际交往困扰的相关

如表 19.2 所示，羞怯、网络交往依赖以及人际交往困扰两两之间存在显著的正相关。

表 19.2 羞怯、网络交往依赖与现实交往困扰的关系

	$M \pm SD$	羞怯	网络交往依赖	人际交往困扰
羞怯	36.731±4.987	1		
网络交往依赖	35.301±10.043	0.236**	1	
人际交往困扰	66.589±14.094	0.548**	0.420**	1

注：*$p<0.05$，**$p<0.01$，*** $p<0.001$，下同。

19.3.2 人际交往困扰在羞怯与网络交往依赖之间的中介作用分析

由表 19.2 可知，各变量间相关显著，满足进行中介效应分析的前提。以人际交往困扰为中介变量，羞怯为自变量、网络交往依赖为因变量，考察羞怯对网络交往依赖的中介作用。第一步是羞怯对网络交往依赖的回归分析，得到路径系数 c；第二步是羞怯对人际交往困扰的回归分析，得到路径系数 a；第三步纳入人际交往困扰，作人际交往困扰与羞怯对网络交

往依赖的回归分析，得到路径系数 b 和 c’。见表 19.3。如表 19.3 所示，当中介变量纳入回归方程后，羞怯对网络交往依赖的影响急剧下降，回归系数 c’=0.012，p>0.05，没有达到显著性水平。这说明，羞怯对网络交往依赖没有直接影响作用，而是通过人际交往困扰的中介效应间接影响网络交往依赖。

表 19.3　人际交往困扰中介效应的依次检验

步骤	因变量	自变量(含中介)	*Beta*	*SE*	*T*
1(路径 c)	网络交往依赖	羞怯	0.236	2.463	7.168***
2(路径 a)	人际交往困扰	羞怯	0.548	0.080	19.284***
3(路径 b)	网络交往依赖	人际交往困扰	0.413	0.026	11.214***
(路径 c’)		羞怯	0.012	0.074	0.323

19.4　讨论

从相关分析的结果来看，本研究中考察的各变量间(羞怯、网络交往依赖、人际交往困扰)具有显著的相关。一个人越羞怯，越容易依赖网络交往，羞怯确实会对网络交往依赖产生影响，这与以往的部分研究结果是一致的(Ofosu H. B，2001；Caplan S，2002；Goulet N，2002)。而羞怯与人际交往困扰的关系也与以往的部分研究结果一致(刘薇，戴晓阳，2006；平凡，周宗奎，潘清泉，2011；刘连龙，徐丹，胡明利，2009；刘军，黄广文，张燕，高雪屏，等，2009)。Crozier(2002)的研究发现，羞怯的人在社交场合不是投入谈话，而是倾向于保持安静和犹犹豫豫。由于羞怯，所以在人际交往中不善于或者不敢于开口与人交谈或者交往，造成了羞怯者的人际交往困扰。

羞怯对网络交往依赖具有显著的正相关，但是加入人际交往困扰这一中介变量之后，直接效应不再显著。由此看出，羞怯对网络交往依赖的正向预测作用，并不完全是由羞怯直接决定的，而是通过人际交往困扰的中介作用实现的。羞怯者由于羞怯而产生了人际交往方面的困扰，又由于有人际交往方面的需要，所以致使羞怯者倾向于使用网络这个有利于羞怯者的环境来与人进行交往。

参考文献

1. Asendorpf J. B & Wilpers S. Personality effects on social relationships. *Journal of Personality and Social Psychology*, 1998, 74(6): 1531－1544.

2. Caplan S. Problematic Internet use and psychosocial well-being: Development of a theorybased cognitive-behavioral measurement instrument. *Computers in Human Behavior*, 2002, (18): 553－575.

3. Chak K & Leung L. Shyness and locus of control as predictors of internet addiction and internet use. *Cyber Psychology and Behavior*, 2004, 7: 559－570.

4. Chen M. L. The influence of internet communication to college students' personality development and countermeasures to cope with that. *Higher Education Research of China*. 2004, (10): 88－89.

5. Crozier W. R. Shyness. *The Psychologist*. 2002, (5): 331－345.

6. Goulet N. The effect of Internet use and Internet dependency on shyness, loneliness, and self-consciousness in college students. *DAI*, 2002, 63(5B): 2650.

7. Henderson L & Zimbardo P. Encyclopedia of Mental Health. *San Diego: Academic Press*, 1998a.

8. Henderson L, Zimbardo P & Graham J. Social fitness and technology use: Adolescent interview study. *USA: Stanford University and Shyness Institute*, 2002.

9. Mandell D & Muncer S. Internet communication: An activity that appeals to shy and socially phobic people? *CyberPsychology and Behav-*

ior，2006，9(5)：618－622.

10. Ofosu H. B. Heavy Internet use：A proxy for social interaction. *DAI*，2001，61(9B)：5058.

11. Papacharissi Z & Rubin A. M. Predictors of internet use. *Journal of Broadcasting and Electronic Media*，2000，(44)：175－196.

12. Peter L. S & Andrea C. Shyness and the internet：Social problem or panacea? *Computers in Human Behavior*. 2008，2649－2658.

13. Russell D. W，Flom E. K，Gardner K. A，Curtona CE & Hessling R. S. Who makes friends over the internet? Loneliness and the "virtual"community. *The International Scope*，2004，5(10).

14. Zimbardo P. G. Shyness：What it is，what to do about it. *Sydney*：*Addison－Wesley Publishing Company*，1977.

15. Yang S. C & Tung C. J. Comparison of Internet addicts and non-addicts in Taiwanese high school. *Computers in Human Behavior*，2007，(23)：79－96.

16. 李彩娜，周伟，张曼．大学生人际关系困扰与依恋的自我他人工作模型的关系[J]. 心理发展与教育，2010，26(5)：509－514.

17. 李菲菲．大学生网络交往及其与现实人际交往的关系[D]. 学校硕士学位论文，2010.

18. 刘薇，戴晓阳．害羞的心理学研究进展[J]. 中国临床心理学杂志．2006，14(2)：200－202.

19. 刘连龙，徐丹，胡明利．大学生孤独感与其网络成瘾的关系[J]. 中国临床心理学杂志．2009，17(1)：59－60.

20. 刘军，黄广文，张燕等．网络过度使用青少年的网络相关心理行为特点分析[J]. 中国临床心理学杂志．2009，17(4)：479－480.

21. 平凡，周宗奎，潘清泉．大学生网络关系成瘾、自我表露和孤独感的关系[J]. 中国临床心理学杂志．2011，19(1)：75－80.

第二十章　心理弹性与压力适应的关系①

殷乐　崔丽霞　雷雳

心理弹性是一种个体改变自身以适应多变环境的行为倾向和从压力情境中恢复的能力。以往的研究告诉我们积极情绪是高心理弹性个体力量的源泉。Fredrickson 的积极情绪的扩展—建构理论(broaden-and-build theory)认为积极情绪具有激活行动、扩展认知、建设资源和缓解压力的功能。但是积极情绪是否是心理弹性到压力适应的中介变量有待于进一步研究。本研究让 37 名女大学生先完成中国情感量表和 Connor-Davidson 心理弹性量表，然后进行压力情境实验，通过生理多导仪记录实验前后压力下的生理反应，以压力下的生理恢复时间作为压力适应的指标。最后通过中介检验程序分析积极情绪在心理弹性到压力适应的中介效应。结果表明积极情绪在心理弹性与压力适应间起部分中介作用。

焦点阅读：

心理弹性是一种个体改变自身以适应多变环境的行为倾向和从压力情境中恢复的能力。

高心理弹性者的共同特征

积极情绪的扩展—建构理论(broaden-and-build theory)认为积极情绪具有激活行动、扩展认知、建设资源和缓解压力的功能。

积极情绪在心理弹性与压力适应间起部分中介作用。

---

① 本文已发表于《心理发展与教育》2012 年第 3 期。

关键词：

心理弹性(resilience)；积极情绪(positive emotion)；压力适应(adaptation to stress)

20.1　引言

发展心理病理学家对逆境中心理弹性形成和发展过程的研究，促进了人们对个体不屈从于逆境现象的理解(Kumpfer，1999；Rutter，1987；Wyman，Sandier，Wolchik & Nelson，2000；Elizabeth，Eloise & Mark，2007)。Block将心理弹性定义为“一种个体改变自身以适应多变环境的行为倾向和从压力情境中恢复的能力”(Block & Block，1980；Block & Kremen，1996；Lazarus，1993)。心理弹性作为一种个体压力应对资源能有效地抵御压力所产生的负面影响，因而成为积极心理学研究的热点问题(Frydenberg，2004)。心理弹性的积极作用体现在很多方面：帮助人们从预期的威胁中恢复(Waugh，Fredrickson，& Taylor，2008)，提高个体对生活的适应能力和促进个体发展(Leipold & Greve，2009)。从生理上，心理弹性能够提高冠状动脉心脏病人的恢复(Chan，Lai & Wong，2006)，促进长期哮喘儿童的康复和适应(Dong & Il，2007)。但是心理弹性背后的压力适应机制一直不是很清楚，本研究尝试探讨积极情绪在心理弹性到压力适应间的作用机制。

随着对心理弹性研究的深入，研究者从高心理弹性个体身上发现了一些共同的心理特点，如：他们总是很乐观，觉得生活充满希望，对新生活充满好奇(Block & Block，1980；Klohnen，1996；Masten，2001；Werner & Smith，1992；Wolin & Wolin，1993)；总能积极地去面对问题，喜欢使用幽默(Masten，2001；Werner & Smith，1992；Wolin & Wolin，1993)、变通(Cohler，1987)、放松(Anthony，1987)以及乐观的解释(Masten & Reed，2002)等多种问题解决的策略。此外，也有研究表明，高心理弹性的个体不仅善于和习惯使用积极情绪，也能影响周围的人产生积极情绪，在适应过程中创设了一个支持性的社会网络(Demos，1989；Kumpfer，1999；Werner & Smith，1992)。因此以往的研究告诉我们积极情绪是高心理弹性个体力量的源泉，但是积极情绪在心理弹性和压力适应间的作用是什么，仍有待于进一步的研究。

积极情绪的扩展——建构理论解释了积极情绪对压力适应作用的机制(Fredrickson & Cohn，2008)。该理论认为积极情绪和消极情绪在认知和心理活动中起着截然相反的作用：消极情绪通常窄化人们的知行能力，如害怕使人逃跑，愤怒使人攻击，厌恶则使人作出驱逐的行动，以应对当前的危险。与消极情绪相反，处于积极情绪状态的个体其思维更开阔，以积极的心态认识事件，更容易发现事件(甚至逆境事件)所蕴含的积极意义，有更强的适应环境的动机和能力，这常常给个体带来积极结果，拓展人们注意、认知与行为范围，使人能更有效地获取和分析信息、作出更恰当的行动选择并采取创造性行动，增强人们的心理适应性。不仅如此，积极情绪能够撤销和恢复压力导致的各种心血管活动的激活状态，使其快速恢复到正常水平。因此，积极情绪具有激活行动、扩展认知、建设资源和缓解压力的功能，对个体的适应有着重要的意义。

根据Fredrickson的积极情绪的扩展—建构理论，本研究假设积极情绪是心理弹性到压力适应的中介变量(中介模型见图20.1)。通过压力情境实验研究积极情绪的中介作用。以往研究表明高心理弹性个体有能力从痛苦中快而好地“恢复”(Carver，1998)，而心率、呼吸、皮肤电是以往研究中常用的衡量压力适应的指标(Fredrick，Tugade，Waugh，& Larkin，2003；Tugade & Fredrickson，2004；Tugade，Tugade，Fredrickson & Barrett，2004)。因此本研究采用多导仪记录被试心率、呼吸、皮肤电等指标，计算生理恢复时间作为压力适应的指标，采用问卷测量收集被试的心理弹性和情绪数据。最后通过中介检验程序分析积极情绪在心理弹性到压力适应的中介效应。

图 20.1　中介变量模型

20.2　方法

20.2.1　被试

首都师范大学女大学生 37 人(均为大二年级，年龄平均 19.59±0.686 岁)

20.2.2　研究工具

生理多导仪(BIOPAC MP150)。MP150 型 16 通道生理多导仪是美国 BIOPAC 公司的 MP150 系统，可以在 Windows 平台操作，生理信号可用 AcqKnowledge 软件进行分析。选购放大器及相应换能器可以完成以下生理信号测量：心电、脑电、肌电、眼电、胃肠电、有创血压、无创血压、dP/dt、体温、肌张力、呼吸波、呼吸流速、组织血流、血管血流、神经电位、细胞电位、氧气含量、二氧化碳含量、血氧饱和度、无创心输出量、光电脉搏容积、皮肤电阻、电刺激。

在本研究中，选取了皮肤电(GRS 100C 皮肤电放大器)、心电(ECG 100C 心电放大器)和呼吸波(RSP100C 呼吸放大器)三个测量数据。

中国情感量表(The Chinese Affect Scale；Hamid & Cheng，1996)。本量表包含 10 个 PA(积极情绪)和 10 个 NA(消极情绪)的形容词，词汇的选择基于中文使用习惯下的描述频率，适合中国被试文化习惯，被试将对情绪词汇做出从 1(很少)到 5(非常多)的感受程度评估。该量表根据指导语的要求可以测量长期或者即时的情绪状态。本研究中测量的是整个实验过程中的情绪状态。PA 分量表的内部一致性系数为 0.89，NA 分量表的内部一致性系数为 0.92。PA 分量表的 Guttman 分半系数为 0.89，NA 分量表的 Guttman 分半系数为 0.91。

Connor-Davidson 心理弹性量表中文版(CD-RISC; Yu & Zhang, 2007)。该量表用于测量被试的心理弹性，被试对问卷上面的描述与自己生活状态的吻合度进行评估，问卷采用 Likert 5 级评分：1(非常不同意)到5(非常同意)。量表包含 3 个因素：坚韧、坚强和乐观。总量表的 α 为 0.91，三个分量表的内部一致性系数分别为因素 0.88，0.80 和 0.60，本样本总量表的内部一致性系数为 0.93。

压力评估量表(修改自 Tomaka, Blascovich, Kelsey, & Leitten, 1993)。该量表含有两个条目对被试面对实验情境的压力进行评估，采用李克特 7 点评估(1 表示完全不紧张，7 表示非常紧张)，均为正向计分。

20.2.3 研究过程

实验室分被试室和主试监控室两部分。被试室放置一个沙发，测量生理反应的 16 导生理记录系统(BIOPAC MP150)的信号探测器、转换器、放大器等系统，与主试监控室的计算机相连接，用于采集记录被试生理反应，由主持实验的主试操作。被试沙发的正前方 1.75 米处放置一个笔记本电脑，由扮演助教的主试操控，用于呈现实验程序。被试测试室安装了隐蔽的监视器，由主持实验的主试在主试监控室对实验过程进行监控。

(1)向被试说明实验需要测试生理数据，将被试连接到多导仪上，实验中一直测量被试的呼吸、脉搏和皮肤电。

(2)让被试欣赏 5 分钟的风景画，同时记录生理基线。

(3)被试填写 CD-RISC 以及中国情感量表。

(4)在实验室进行期中口头报告测验，与专业课老师协调将期中考试测验改为实验室中的口头报告。当学生按规定时间来到实验室，这次口头报告的成绩要记录在册。告诉被试需要对所给题目进行口头回答，并由助教记录成绩。被试可以自选题目序号，随机抽取题目。然后呈现题目，准备 1 分钟，进行 3 分钟回答，助教同时评分。完成问题后，进行第二次中国情感量表测查。

(5)休息 2 分钟，观看风景画，测生理指标的恢复。

(6)对被试进行访谈，确认是否在困难情景中感受到压力，及这一过程中的情感变化。完成第三次中国情感量表测查和压力评估量表。

(7)实验结束，整理实验材料，要求被试不向其他被试透露任何实验过程和内容。

20.2.4　数据采集和处理

生理多导仪(BIOPAC MP150)以及配套的软件 AcqKnowledge4.1 收集生理数据并进行初步整理。

问卷数据和整理过的生理数据采用 spss16.0 进行统计分析。使用中介变量模型对数据模型拟合。所使用的统计方法包括独立样本 t 检验、相关分析及一元线性回归分析等。

20.3　结果

20.3.1　心理弹性和压力适应的关系

在整个实验中，被试的生理指标一直被记录，研究中的时间记录分为几个部分，t1 是实验初期 5 分钟生理基线值，t2 是布置任务后 1 分钟准备时间，t3 是回答问题的 3 分钟(数据显示此时确实为被试生理变化最强烈的时段)，以及 Δt 生理指标从高点恢复到基线的时间(恢复时刻－生理最高时刻)。根据记录数据主要进行以下分析：

首先，从呼吸频率、呼吸容量、心率和皮肤电变化四个生理指标的反映显示，t3 时，被试的生理数据最偏离基线，也就是被试压力最大的时刻。因此，为了测查实验所设置的困难情境，即考试任务确实达到了压力的作用，对被试 t1(基线)和 t3(最大偏离)时段的各个生理指标进行比较。通过表 1 可以看出，各项指标上 t1 和 t3 两个时间点上差异显著，这说明压力情境实验确实达到了给被试制造压力的效果，可以进行后续的数据分析。进一步对被试进行压力访谈和评估，要求被试对压力情景进行7点评估(1表示完全不紧张，7表示非常紧张)，量表包括“压力”和“兴奋”两个项目，在压力题目下绝大部分被试的选择5、6两个选项(5.05±0.12)，在“兴奋”题目上绝大部分被试选择3、4、5三个选项(4.22±0.22)。为了排除问卷作答被试趋向中性选项的选取，又进行了具体访谈，访谈显示出被试对实验内容的感觉是有紧张而且有压力而不是感到兴奋。并且在访谈中大部分被试表示虽然在整个实验过程中情绪存在积极—消极—积极的波动，但整个情绪范围仍然和自己近期的整体情绪状态有关。

其次，对心理弹性、情绪以及生理恢复时间进行相关分析，其中情绪为三次测查的平均值，结果表明心理弹性和生理恢复时间存在负相关，心理弹性和积极情绪之间正相关(见表20.2)。

表20.1　生理指标的变化值

	t1		t3	
	M	*SD*	*M*	*SD*
呼吸容量(Volts)	8.11	7.66	13.00	8.37**
呼吸频率(/m)	16.83	3.31	15.82	2.96
心率(/m)	81.55	11.31	88.50	13.58**
皮肤电(microsiemens)	13.72	4.31	18.08	6.70**

注 * $p<0.05$，** $p<0.01$，*** $p<0.001$

呼吸容量、心率、皮肤电均在0.001水平(双侧)上显著，呼吸频率 $p=0.061$

表20.2　心理弹性、积极情绪、消极情绪和生理恢复的Pearson相关系数

	心理弹性	积极情绪	消极情绪	生理恢复时间
心理弹性	1	0.60***	−0.35*	−0.75***
积极情绪	0.60***	1	−0.48***	−0.58***
消极情绪	−0.35*	−0.48***	1	0.43***
生理恢复时间	−0.75***	−0.58***	0.43***	1

注 * $p<0.05$，** $p<0.01$，*** $p<0.001$

20.3.2　积极情绪的中介作用

对心理弹性、积极情绪和生理恢复之间的相关分析的结果显示，心理弹性和生理恢复的相关系数为－0.75，$p<0.01$，这说明心理弹性越高，生理恢复时间越短，这为检验积极情绪的中介效应提供了可能。

根据中介变量检验程序(温忠麟，张雷，侯杰泰，刘红云，2004)，以心理弹性为预测变量，积极情绪为中介变量，生理恢复为效标变量，采用强迫进入法，进行下列回归分析，首先，以生理恢复为效标变量、心理弹性为预测变量进行回归分析，得到回归方程 1：CAR＝cRES ＋e1；然后，以情绪效标变量、心理弹性为预测变量进行回归分析，得到回归方程 2：PA＝aRES＋e2；最后，以生理恢复为效标变量、心理弹性和积极情绪为预测变量的回归分析，得到回归方程 3：CAR＝c'RES＋bPA＋e3。模型各路径的标准化回归系数见图 20.2。结果表明心理弹性对生理恢复有显著负向预测作用(β=－0.75，$p<0.001$)(图 2 括号中为第一步分析的结果)；当积极情绪进入回归方程后，心理弹性对生理恢复的回归系数有所下降，但是依然显著(β=－0.62，$p<0.001$)，说明积极情绪在心理弹性对生理恢复的预测中起着部分中介的作用。模型中间接作用是(0.60)×(－0.58)＝－0.35。把积极情绪和心理弹性均代入方程所得 R^2 是 0.56。因此，积极情绪在心理弹性和生理恢复中所起的部分中介作用显著。

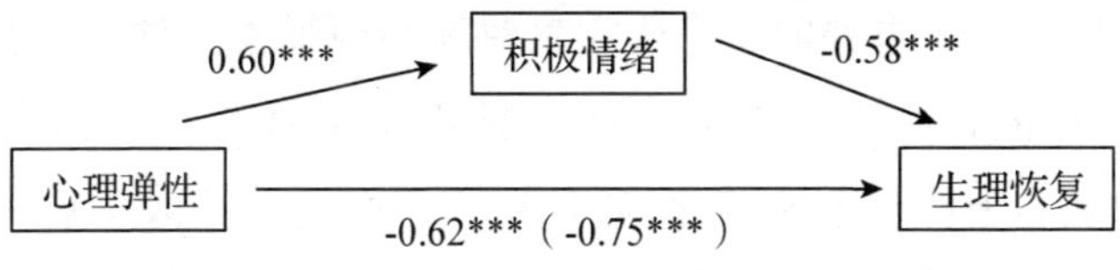

图 20.2　积极情绪中介模型及各路径标准化回归系数

20.4　讨论

20.4.1　心理弹性与压力适应的关系

心理弹性与生理恢复时间的显著负相关说明心理弹性越高，个体在压力下生理恢复更快。Fredrickson等一系列的研究表明高心理弹性个体压力下生理和负性情绪恢复功能更强(Fredrickson, Tugade, Waugh, & Larkin, 2003; Tugade, Fredrickson, & Barrett, 2004)。这与心理弹性的内涵是一致的，即心理弹性是一种个体改变自身以适应多变环境的行为倾向和从压力情境中恢复的能力"(Block & Block, 1980; Block & Kremen, 1996; Lazarus, 1993)。大量实证研究表明心理弹性在突发灾难，困苦生活，以及抑郁症状、行为失调、物质滥用，甚至身体健康、手术恢复中都有积极的作用(Leipold & Greve, 2009; Chan, Lai & Wong, 2006; Dong & Il, 2007)。

20.4.2 积极情绪的中介效应

中介分析表明积极情绪在心理弹性对压力适应中的中介作用，这说明心理弹性对压力适应积极作用背后的机制是积极情绪。

这一结果肯定了积极情绪在压力适应中的重要作用。高心理弹性个体拥有更多的积极情绪，随着积极心理学对心理弹性和积极情绪的研究开展，这一点在过去的研究中也被多次发现。高心理弹性个体的特质之一就是自身能够运用积极情绪面对问题(Masten, 2001; Werner & Smith, 1992; Wolin & Wolin, 1993)。在Fredrickson(2001)的实验中，积极情绪表现为帮助高心理弹性个体建立在面对巨大创伤时所必需的心理资源，如：有关美国9·11事件的追踪研究表明高心理弹性个体灾后报告出更多的积极情绪(感激、兴趣、爱)，中度的消极情绪(生气、悲伤、害怕)。并且，个体的高心理弹性和良好的灾难后成长相关。就像扩展－建构理论(Fredrickson, 1998, 2001)所述，灾难后高心理弹性的个体在积极情绪的作用下增进了个人资源，促进了适应(Fredrickson, Tugade, Waugh, & Larkin, 2003)。

扩展－建构理论认为积极情绪的建构功能从根本上说，是由积极情绪与所产生的积极结果间的良性互动造成的：处于积极情绪状态的个体其思维更开阔，以积极的心态认识事件，更容易发现事件(甚至逆境事件)所蕴含的积极意义，有更强的适应环境的动机和能力，这常常给个体带来积极结果；反过来，发现的积极意义、产生的积极结果将继续引发个体积极情绪。随着积极情绪的积累，人们更容易发现事物的积极意义、更容易取得积极结果，换言之，不断积累的积极情绪拓延了人们的知行能力、建构和增强了人们的个人资源(Fredrickson，1998，2001)。

20.4.3　本研究的启示

积极情绪的中介效应为对压力适应机制的探究以及压力应对的方法都提供了新的思路。积极情绪的中介效应启发我们可以通过提升积极情绪来改善压力对个体的不良影响。对于积极情绪的产生一般有两种观点，第一种观点源自于临床心理学的研究，认为积极情绪的产生与多巴胺递质有关(Isen，2002)；另一种观点则认为情绪来自于生活环境的诱发。针对于这两种观点，都有相应的调节积极情绪的方法。有研究表明：休闲活动可以促进积极情绪的产生(孙惠君，2008)；有氧运动导致积极情绪明显增加，而效果至少持续60分钟(曹京华，俞洁敏，朱寒笑，2002)。书写表达积极情绪能够提高幸福感而且有长期效果(王永，王振宏，2011)；正性的身体、社会文化、个体经历、环境、外在事件的刺激，也都会产生积极情绪(郭小艳，李晓华，2011)。这些研究为积极情绪的培养提供了广阔的思路。

如何对经历灾难事件的人群进行灾难干预，如何对潜在压力性事件的影响进行预防，一直是应用心理学所探讨的问题。心理弹性是创伤恢复中的一个重要因素，本研究揭示了心理弹性作用背后的积极情绪的中介效应，这提示心理学人员在进行干预时可以通过提升个体的积极情绪来解决这一问题。

20.5　结论

根据以上的分析和讨论，本研究得出以下结论：(1)压力下个体的心理弹性水平与生理恢复指标显著相关；(2)当心理弹性和积极情绪同时进入回归方程时，积极情绪对生理恢复的预测显著，心理弹性对生理恢复的预测下降，但是依然显著。因此积极情绪在心理弹性与压力适应间起部分中介作用。

参考文献

1. Alec R. , M. D. , Marco S. , M. D. , & Vladimir C. , M. D. Low Resilience in Suicide Attempters: relationship to Depressive Symptoms. *Depression and Anxiety*, 2007, (24): 273—274.

2. Anthony, E. J. Risk, vulnerability, and resilience: An overview. In E. J. Anthony & B. J. Cohler, *The invulnerable child. The Guilford psychiatry series*. New York: Guilford Press. 1987, (pp. 3—48).

3. Anthony, D. O. , Bergeman, C. S. , Bisconti, T. L. , &Wallace, K. A. , Psychological Resilience, Positive Emotions, and Successful Adaptation to Stress in Later Life. *Journal of Personality and Social Psychology*, 2006, (91): 730—749.

4. Block, J. , &Kremen, A. M. IQ and egoresiliency: Conceptual and empirical connections and separateness. *Journal of Personality and Social Psychology*, 1996, 70(2): 349—361.

5. Block, J. H. , &Block, J. The role of ego-control and ego-resiliency in the origination of behavior', in W. A. Collings(ed.): The Minnesota Symposia on Child Psychology, Vol. 13(Erlbaum, Hillsdale, NJ), 1980, 39—101.

6. Carver, C. S. Resilience and thriving: Issues, models and linkages. *Journal of Social Issues*, 1998, (54): 245—266.

7. Chan, W. S. , Lai, C. L. , & Wong, W. N. Resilience is Associated with Better Recovery in Chinese People Diagnosed with Coronary Heart Disease. , *Psychology and Health*, 2006, (21): 335—349.

8. Cheng, S. T. Negative Emotions Make Positive Emotions More Salient in Well-being Appraisal. *Personality and Individual Differences*, 2006, (40): 557—567.

9. Cohler, B. J. Adversity, resilience, and the study of lives. In E. J. Anthony & B. J. Cohler, *The invulnerable child*. New York: Guilford Press, 1987, (pp. 363—424).

10. Demos, E. V. Resiliency in infancy. In T. F. Dugan & R. Cole (Eds.). *The child of our times: Studies in the development of resiliency*. Philadelphia: Brunner/Mazel. 1989, (pp. 3—22).

11. Dong H. K. , & Il Y. Y. Factors Associated with Depression and Resilience in Asthmatic Children. , *Journal of Asthma*, 2007, (44): 423—427.

12. Elizabeth, A. H. , Eloise, D. A. , &Mark, H. P. Resilience: research evidence and conceptual considerations for posttraumatic stress disorder. *Depression and Anxiety*, 2007, (24): 139—152.

13. Fredrickson, B. L. What good are positive emotions? *Review of General Psychology*, 1998, (2): 300—319.

14. Fredrickson, B. L. The role of positive emotions in positive psychology: The broaden-and-build theory of positive emotions. *American Psychologist: Special Issue*, 2001, (56): 218—226.

15. Fredrickson, B. L. , & Branigan, C. A. *Positive emotions broaden action urges and the scope of attention*. Manuscript under review, 2003.

16. Fredrickson, B. L. , & Cohn, M. A. Positive emotions. In M. Lewis, 2008.

17. Fredrickson, B. L. , Tugade, M. M. , Waugh, C. E. , & Larkin, G. R. , What Good Are Positive Emotions in Crises? A Prospective Study of Resilience and Emotions Following the Terrorist Attacks on the United States on September 11th, 2001. *Journal of Personality and Social Psychology*, 2003, (84): 365—376.

18. Frydenberg, E. Coping competencies: What to teach and when. *Theory into Practice*. 2004, 43(1): 14—22.

19. Haviland, J. , & Barrett, L. F. (Eds.), *Handbook of emotions* (*3rd ed.*). NewYork: Guilford Press.

20. Hamid, P. N. , & Cheng, S. T. The development and validation of an index of emotional disposition and moodstate: The Chinese Affect Scale. *Educational and Psychological Measurement*, 1996, (56): 995—1014.

21. Isen, A. M. *Positive affect. Handbook of Cognition and Emotion*, 1999, 521—539.

22. Isen, A. M. Positive affect and decision making. In M. Lewis & J. M. Haviland(Eds). *Handbook of emotions*. New York: Guilford Press, 1993, (pp. 261—277).

23. Isen, A. M. *The handbook of positive psychology*. Oxford: Oxford University Press, 2002, (pp. 528—540).

24. Klohnen, E. C. Conceptual analysis and measurement of the construct of ego-resiliency. Journal of Personality and Social Psychology, 1996, (70): 1067—1079.

25. Kumpfer, L. K. Factors and processes contributing to resilience: The resilience framework. In M. D. Glantz & J. L. Johnson(Eds), *Resilience and development: Positive life adaptations* (*pp.* 179 — 224). New York: Academic/Plenum, 1999.

26. Lazarus, R. S. From psychological stress to the emotions: A history of changing outlooks. *Annual Review of Psychology*, 1993, (44): 1—21.

27. Leipold, B. , & Greve, W. , Resilience A Conceptual Bridge Between Coping and Development. *European Psychologist*, 2009, 14(1): 40—50.

28. Masten, A. S. Ordinary magic: Resilience processes in development. *American Psychologist*, 2001, (56): 227—238.

29. Masten, A. S. , & Reed, M. J. Resilience in development. In C. R. Snyder & S. J. Lopez (Eds). *Handbook of positive psychology*. London: Oxford University Press. (pp. 74—8), 2002.

30. Mehta, M. , Whyte, E. , Lenze, E. , Hardy, S. , Roumani, Y. , Subashan, P. , Huang, W. , &Studenski, S. , Depressive symptoms in late life: associations with apathy, resilience and disability vary between young-old and old-old. *International Journal of Geriatric Psychiatry Int J Geriatr Psychiatry*, 2008, (23): 238—243.

31. Pan, J. Y. , Wong, D. F. K. , Chan, C. L. W. , Joubert. , L. , Meaning of life as a protective factor of positive affect in acculturation: A resilience framework and a cross-cultural comparison. *International Journal of Intercultural Relations*, 2008, (32): 505—514.

32. Rutter, M. , Psychosocial resilience and protective mechanisms. *American Journal of Orthopsychiatry*, 1987, 57(3): 316—331.

33. Tugade, M. M. , Fredrickson, B. L. , & Barrett, L. F. , Psychological Resilience and Positive Emotional Granularity: Examining the Benefits of Positive Emotions on Coping and Health. *Journal of Personality*, 2004, 72(6): 1161—1190.

34. Tugade, M. M. , & Fredrickson, B. L. , Resilient Individuals Use Positive Emotions to Bounce Back From Negative Emotional Experiences. *Journal of Personality and Social Psychology*, 2004, (86): 320—333.

35. Waugh, C. E. , Fredrickson, B. L. , & Taylor, S. F. Adapting to life's slings and arrows: Individual differences in resilience when recovering from an anticipated threat. *Journal of Research in Personality*, 2008, (42): 1031—1046.

36. Wyman, P. A. , Sandier, I. , Wolchik, S. , & Nelson, K. Resilience as cumulative competence promotion and stress protection: Theory and intervention. In D. Cicchetti, J. Rappaport, I. Sandier, &

P. R. Weissberg(Eds.), *The promotion of wellness in children and adolescents*(*pp.* 133—184). Washington, DC: WLA Press, 2000.

37. Werner, E., & Smith, R. S. *Overcoming the odds: High risk children from birth to adulthood*. Ithaca, NY: Cornell University Press, 1992.

38. Wolin, S. J., & Wolin, S. *Bound and Determined: Growing up resilient in a troubled family*. New York: Villard, 1993.

39. Yu, X. N., & Zhang, J. X. Factor Analysis and Psychometric Evaluation of the Connor-Davidson Resilience Scale(CD-RISC) with Chinese People. *Social Behavior and Personality*, 2007, 35(1): 19—30.

40. 曹京华，俞洁敏，朱寒笑. 有氧运动和积极情绪[J]. 北京体育大学学报，2002，25(4)：471— 479.

41. 郭小艳，李晓笑. 积极情绪的培养策略[J]. 陇东学院学报，2011，22(2)：87—89.

42. 马伟娜，桑标，洪灵敏. 心理弹性及其作用机制的研究述评[J]. 华东师范大学学报(教育科学版)，2008，(26)：89—96.

43. 孙惠君. 休闲与积极情绪的产生[J]. 黑龙江教育学院学报，2008，27(8)：78—81.

44. 滕秀杰. 大学生心理弹性的评估与干预[J]. 首都师范大学硕士学位论文，2008.

45. 王永，王振宏. 书写表达积极情绪对幸福感和应对方式的效用[J]. 中国临床心理学杂志，2011，19(1)：130—132.

46. 温忠麟，张雷，侯杰泰. 有中介的调节变量和有调节的中介变量[J]. 心理学报，2006，38(3)：448—452.

47. 温忠麟，张雷，侯杰泰等. 中介效应检验程序及其应用[J]. 心理学报，2004，36(5)：614—620.

48. 席居哲，桑标，左志宏. 心理弹性(Resilience)研究的回顾与展望[J]. 心理科学，2008，(31)：995—998.

第二十一章　青少年现实社会支持与网络交往偏好的关系

金盛华　董梦晨　朱一杰　吴嵩

解释社会支持和网络社交偏好关系的理论有两个，“穷者变富”和“富者更富”，前者认为网络使用可以改善社会支持不良者的社会交往情况，后者认为社会良好者在网络中表现出更多的网络交往偏好。本研究采用青少年社会支持问卷、青少年自我概念问卷及青少年网络使用偏好问卷对全国 13 个省份的 3911 名小学五、六年级及初中学生进行问卷调查并探讨青少年社会支持与网络社交偏好的关系以及自我概念的中介作用。研究结果自我概念在社会支持和网络社交偏好之间起着完全中介作用——支持了“富者更富”理论。

焦点阅读：

青少年现实社会支持与网络交往偏好的关系的两种不同解释：“穷者变富”和“富者更富”。

青少年在现实生活中感受的社会支持越多，网络使用中表现出的社交偏好也越多。

青少年社会支持对网络使用偏好的作用是完全通过其自我概念起作用的。

关键词：

社会支持(social support)；网络社交偏好(social networking preference)；自我概念(self-concept)；青少年(adolescents)

21.1 引言

网络的迅速发展为我们的学习和工作提供了便捷与效率，也为人们的沟通和娱乐提供了更多的选择，但随之而来的网络成瘾问题也日渐成为全社会关注的焦点。根据中国互联网信息中心(CNNIC)2015年第35次中国互联网络发展状况统计报告显示，青少年网民占到整体网民的近半水平，已经成为网络成瘾的高发群体。对于青少年的网络使用情况、相关的心理行为表现及其影响因素的研究也成为学术与社会探讨的重要议题。个体无节制地使用网络，会影响生活、工作和学习，甚至导致身心健康的受损(高文斌，陈祉妍，2006)。目前的心理和教育研究主要集中在网络成瘾个体的诊断与筛查、网络成瘾现象的心理社会成因与危害等，针对成瘾前期更为广泛而普遍的网络使用偏好研究目前尚比较缺乏。

网络使用的不同偏好会对个体的心理行为产生不同的影响，而在网络成瘾的类型当中，对网络社交的沉溺与依赖实际上就是一种具有独特机制的网络成瘾表现形式(周林，顾海根，2009)。非网络成瘾者可能更多地使用网络作为收集信息的工具，而网络成瘾者则具有更显著的网络社交偏好。在各种类型的网络活动中，社交类网络工具(QQ、MSN等)的使用对网络成瘾具有显著的预测作用(Leung L &Lee P. S. N，2012)。因此，网络社交偏好对于网络成瘾具有重要的预测价值与独特的研究意义。

对于网络社交偏好与现实社会支持的关系，目前的研究尚未达成一致结论。在解释两者的关系时存在着“穷者变富”和“富者更富”两种不同的理论导向(姚琦，马华维，阎欢，陈琦，2014)。前者认为，在现实生活中缺乏社会支持的个体会更多地选择从网络中寻求社会交往(McKenna K. Y &Bargh J. A，1999)，孤独感和焦虑感较高的个体也会更多地使用社交网络与他人进行联系(Clayton，R. et al.，2013)。而后者则强调拥有较多社会支持资源或较好社交技能的人会更愿意通过网络扩大自己的社交圈和个体影响力，表现出与现实社会支持资源相一致的网络社交偏好(Nguyen M，Bin Y. S &Campbell A，2012)。越来越多的研究开始支持“富者更富”理论，认为网络社交是个体现实生活场景的延伸，即使社交平台不同，个体表现的仍是自己的真实人格与行为特征，个体在网络上的社交行为会与线下的社交关系状况具有较高程度的一致性(Ivcevic Z & Ambady N，2013)。以国外著名社交网站 Facebook 为例，研究者发现在 Facebook 上备受欢迎的个体，在现实生活中也同样拥有较多的社会支持资源(Weisbuch M，Ivcevic Z & Ambady N，2009)。

现实的社会支持究竟会促进还是抑制个体的网络社交偏好，这一外在的人际资源又是如何通过主体内在的认知与评价过程发挥作用的。自我概念(self-concept)是个体对自身各个方面的知觉与评价，标志着个体社会性的发展和人格的健全程度(熊恋，凌辉，叶玲，2010)。青少年的自我概念受到多方面因素的影响而不断发展变化，其中社会支持对于青少年的自我概念具有显著的预测作用，拥有良好社会关系的中学生会建立更为积极的社会自我表征(Fantuzzo J. W，Davis G. Y & Ginsburg M. D，1995)，青少年的同伴拒绝和消极对待也会影响学生主体的自我概念(Buhs E. S，2005)。而网络具有的匿名性、便利性和逃避现实等独特属性(Young K. S，Griffin-Shelley E & Cooper A，et al，2000)，都为青少年的自我表露提供了安全的环境场所，也为他们建立情感和社会关系提供了良好的平台(Pornsakulvanich V，Haridakis P & Rubin A. M，2008)。据此，本研究试图证实青少年的社会支持对其网络社交偏好的影响，并讨论自我概念在社会支持与网络社交偏好关系中的中介作用机制。

21.2 方法

21.2.1 对象

研究采用整群抽样法在河北、辽宁、内蒙古、西藏、甘肃、贵州、广西、广东、江苏、山东、河南、山西和重庆共13个省级行政单位的部分中小学选取小学五、六年级学生及初中学生共3911人完成问卷调查。剔除无效问卷603份，最终获得有效被试3308名，问卷回收的有效率为84.58%。其中包括小学五到六年级学生1398人，初中生1910人。男生人数为1502人，女生人数1685人，另有121人未填写性别。

21.2.2 测量工具

青少年社会支持。分别从教师信任与支持、同伴信任与支持和家长信任与支持三个维度测量学生的社会支持水平。其中教师的信任与支持包括5个测量项目，内容如“老师对我的发展有信心”“老师喜欢我”等，同伴信任与支持包括7个测量项目，内容如“同学们常对我微笑”“同学们认为我很聪明”，家长信任与支持包括6个测量项目，如“爸妈信任我的能力”“与爸妈在一起感觉很温暖”等。各维度的内部一致性系数Cronbachα分别为0.84、0.90和0.80，修订的总问卷内部一致性系数Cronbachα为0.85。学生对上述的18项题目进行4点量表的问卷自评，“1”表示“很不符合”，“2”表示“不太符合”，“3”表示“基本符合”，“4”表示“很符合”，以学生在3个维度18个项目中的加权平均分作为学生的社会支持得分。

青少年自我概念。结合青少年生活情境编制7道题目测量青少年学生的自我概念水平，同样采用4点量表的计分方式，自编青少年自我概念测量问卷的内部一致性系数Cronbachα为0.83。项目内容如“我信任自己的能力”“我认为自己是品德好的学生”“我对自己的发展有信心”“我喜欢我自己”等，学生在7项题目中的总分均值即为学生的自我概念得分。

网络社交偏好。采用雷雳，杨阳和柳铭心(雷雳，杨洋，柳铭心，2006)编制的《青少年网络使用偏好问卷》测量学生的网络使用偏好。该问卷共包括20个项目，为5点量表计分，1～5分表示“不喜欢”到“很喜欢”的偏好程度递增变化。问卷内容涉及四类偏好的测量，分别为信息、交易、娱乐和社交。本研究采用网络社交偏好维度的6道题目进行测量，该维度的内部一致性系数Cronbachα为0.80，其总分均值作为网络社交偏好得分的观测指标。

21.3　结果

21.3.1　社会支持、自我概念和网络社交偏好的关系

本研究中社会支持、自我概念和网络社交偏好的变量偏相关关系如表21.1所示。结果显示，在控制了性别与年级之后，变量两两之间均存在显著的正相关，为中介关系的分析提供了基础。

表21.1　社会支持、自我概念和网络社交偏好的关系

	$M \pm SD$	社会支持	自我概念	网络社交偏好
社会支持	3.13±0.65	—		
自我概念	3.14±0.73	0.782***	—	
网络社交偏好	1.82±1.05	0.064***	0.068***	—

注：* $p<0.05$，** $p<0.01$，*** $p<0.001$，下同。

21.3.2　自我概念的中介效应检验

我们按照中介变量的检验程序对自我概念在社会支持和网络社交偏好之间的中介作用进行检验。以网络社交偏好为因变量，社会支持作为预测变量，性别和年级作为控制变量进行回归，得到回归系数 $\beta_1=0.091(P=0.002)$，$\eta^2=0.062$。以自我概念为因变量，社会支持为预测变量，性别和年级作为控制变量进行回归，得到回归系数 $\beta_2=0.875(P<0.001)$，$\eta^2=0.548$。以网络社交偏好为因变量，社会支持与自我概念作为预测变量，性别和年级作为控制变量进行回归，自我概念对网络社交偏好的回归系数为 $\beta_3=0.068(P=0.032)$，$\eta^2=0.063$；而此时在自我概念存在的情况下，社会支持对网络社交偏好的作用不再显著，$\beta_4=0.031(P=0.417)$。中介效应的95%Bootstrap区间为[0.005，0.114]，不包含0。上述结果表明，自我概念在社会支持与网络社交偏好的关系中起到了完全中介的作用。

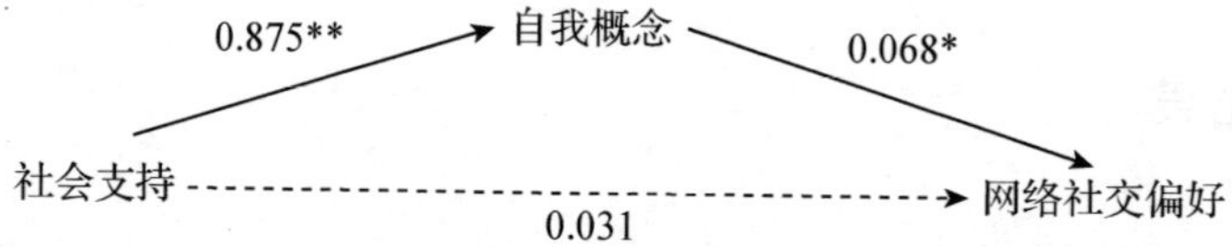

图 21.1 自我概念对社会支持和网络社交偏好的中介效应模型

21.4 讨论

本研究证实了社会支持对于网络社交偏好的正向预测作用，而自我概念是这一过程中的完全中介变量。较多的社会支持资源会促进青少年发展积极的自我概念，进而使他们在网络空间表现出更多的社会交往偏好，更为主动而积极地建立和发展网络社交关系。

就相关的理论而言，本研究更多地支持了网络社交的“富者更富”理论，即较多的社会支持资源并不会削减青少年在网络上的社交行为偏好，现实中与网络上的人际交往状态存在一致性的对应关系。而在此理论框架的基础上，本研究补充证实了自我概念在这一过程中的中介机制。外在的社会支持资源是通过个体内在的自我概念间接影响网络社交偏好的，积极良好的自我概念使青少年倾向于在网络上建立与现实社会关系类似的网络社交偏好状态，是个体现实社会支持关系在网络平台上得以延伸的重要影响因素。

虽然本研究的结论支持了网络社交与现实社会支持的一致性关系，但可能并不与“穷者变富”的网络社交理论存在根本分歧。在结果变量和调节变量的挖掘方面两种理论仍存在整合的空间。

“穷者变富”理论强调网络社交对现实社会支持缺失的补偿作用，也有部分研究证实了社会支持对网络社交现象的负向预测作用。但在此类研究中，考察的被试群体或网络社交的相关指标往往具有一定的病理性特征。如以社交焦虑的人群为被试，或是考察青少年的网络成瘾、网络社交成瘾或学校适应等问题(Pierce T，2009；Modayil M. V.，Thompson A. H.，

& Varnhagen S，et al.，2003)。而网络社交偏好和网络社交成瘾仍然存在本质的差异，网络社交偏好仅仅反映了个体对待网络社交的态度取向，具有网络社交偏好的个体不一定具有网络社交成瘾的特征。

Bessiere，Kicsler，Kraut 等(2008)发现，社会支持资源较多的个体使用网络社交往往是为了更好地维系已有的人际关系而非建立新的关系；而在现实生活中社会支持资源较少或同伴交往不良的个体会更倾向于以娱乐、认识新朋友或社交补偿为动机(Peter J，Valkenburg P. M & Schouten A. P，2006)，通过网络与陌生人建立关系。而在网络上的不同表露方式也可以反映个体对所处网络环境的不同态度(谢笑春，孙晓军，周宗奎，2013)。由此可见，网络社交的动机、用途和具体方式等都可能是影响社会支持与网络社交偏好的重要调节变量，如青少年的网络社交是用来维持已有的关系或是建立新关系，青少年在网络中是以积极或消极的方式进行自我的表露或关系的寻求等。同时，网络平台相较于现实交往的独特属性特征也可能为青少年的网络社交带来不同的主观体验(如安全、私密、刺激等)，青少年在网络社交中的不同体验感受及其强度也会进一步影响其网络社交的态度与行为。以上因素都是影响社会支持与网络社交偏好关系的可能调节机制，也可能对网络社交成瘾的病态化发展具有重要影响，值得未来研究的进一步探讨。

参考文献

1. Buhs，E. S. Peer rejection，negative peer treatment，and school adjustment：Self-concept and classroom engagement as mediating processes. *Journal of School Psychology*，2005，43(5)：407—424.

2. Bessiere，K.，Kiesler，S.，Kraut，R.，& Boneva，B. S. Effects of Internet use and social resources on changes in depression. *Information，Community & Society*，2008，11(1)：47—70.

3. Clayton, R. B., Osborne, R. E., Miller, B. K., & Oberle, C. D. Loneliness, anxiousness, and substance use as predictors of Facebook use. *Computers in Human Behavior*, 2013, 29(3): 687—693.

4. Fantuzzo, J. W., Davis, G. Y., & Ginsburg, M. D. Effects of parent involvement in isolation or in combination with peer tutoring on student self-concept and mathematics achievement. Journal of Educational Psychology, 1995, 87(2): 272—281.

5. Ivcevic Z& Ambady N. Face to(face) book: the two faces of social behavior? *Journal of personality*, 2013, 81(3): 290—301.

6. Leung L&Lee P. S. N. Impact of Internet literacy, Internet addiction symptoms, and Internet activities on academic performance. *Social Science Computer Review*, 2012, 30(4): 403—418.

7. McKenna, K. Y., &Bargh, J. A. Causes and consequences of social interaction on the Internet: A conceptual framework. *Media Psychology*, 1999, 1(3): 249—269.

8. Modayil M. V, Thompson A. H& Varnhagen S, et al. Internet users' prior psychological and social difficulties. *CyberPsychology & Behavior*, 2003, 6(6): 585—590.

9. Nguyen M, Bin Y. S&Campbell A. Comparing online and offline self-disclosure: A systematic review. *Cyberpsychology, Behavior, and Social Networking*, 2012, 15(2): 103—111.

10. Peter J, Valkenburg P. M& Schouten A. P. Characteristics and motives of adolescents talking with strangers on the Internet. *CyberPsychology & Behavior*, 2006, 9(5): 526—530.

11. Pierce T. Social anxiety and technology: Face-to-face communication versus technological communication among teens. *Computers in Human Behavior*, 2009, 25(6): 1367—1372.

12. Pornsakulvanich V, Haridakis P& Rubin A. M. The influence of dispositions and Internet motivation on online communication satisfaction and relationship closeness. *Computers in human behavior*, 2008, 24(5): 2292—2310.

13. Weisbuch M, Ivcevic Z& Ambady N. On being liked on the web and in the "real world": Consistency in first impressions across personal webpages and spontaneous behavior. *Journal of Experimental Social Psychology*, 2009, 45(3): 573—576.

14. Young K. S, Griffin-Shelley E& Cooper A, et al. Online infidelity: A new dimension in couple relationships with implications for evaluation and treatment. Sexual Addiction & Compulsivity: *The Journal of Treatment and Prevention*, 2000, 7(1—2): 59—74.

15. 高文斌，陈祉妍．网络成瘾病理心理机制及综合心理干预研究[J]. 心理科学进展，2006，14(4)：596—603.

16. 雷雳，杨洋，柳铭心．青少年神经质人格，互联网服务偏好与网络成瘾的关系[J]. 心理学报，2006，38(3)：375—381.

17. 熊恋，凌辉，叶玲．青少年自我概念发展特点的研究[J]. 中国临床心理学杂志，2010，18(4)：511—513.

18. 谢笑春，孙晓军，周宗奎．网络自我表露的类型，功能及其影响因素[J]. 心理科学进展，2013，21(2)：272—281.

19. 中国互联网络信息中心(CNNIC)第 35 次中国互联网络发展状况统计报告，2015.

20. 姚琦，马华维，阎欢等．心理学视角下社交网络用户个体行为分析[J]. 心理科学进展，2014，(10)：013.

21. 周林，顾海根．上海市大学生网络行为偏好的实证研究[J]. 心理科学，2009，31(6)：1353—1356.

第二十二章　大学生网络幸福感与网络使用偏好的关系[①]

李桂颖　周宗奎　平凡

网络幸福感是个体按照自己内在的标准对其网络生活质量的满意和认同程度所作的整体评价，是个体利用网络达到的自我实现，是一种现实的幸福的心理体验在网络中的体现。对以往研究的分析可以看出，网络使用与个体的社会适应尤其是生活幸福感有密切的关系，对现实生活不满意、适应不良的个体会转向网络寻求满足；同时网络使用又对个体的发展产生一定的作用，弥补现实生活的空缺。本研究在参考和借鉴国内外理论和相关量表的基础上，编制了适合中国大学生的网络幸福感问卷，并探讨其与网络使用偏好之间的关系。结果表明：(1)大学生的网络幸福感总体处于中等偏上水平，网络使用偏好中休闲娱乐维度的得分最高，网络使用偏好类型中普通型居主导地位；(2)网络使用偏好对网络幸福感有正向预测作用。

焦点阅读：

网络幸福感的概念与测量；

网络使用与社会适应的关系；

网络使用偏好可以预测网络幸福感。

关键词：

大学生(college students)，网络幸福感(network well-being)，网络使用偏好(the preference of internet contents)

---

① 本文已发表于《心理与行为研究》2012年第5期。

22.1　引言

主观幸福感理论认为“快乐就是幸福、没有快乐就没有幸福”，幸福感理论认为“努力表现完美真实的潜力，到自我实现，得到了幸福”。网络的出现使得人们的交友、娱乐、购物经商、学习工作更加便利，来了很多快乐，添了对生活的满意感，使人们感受到在现实中难以得到的自由感、成就感、价值感。Kaye(1998)等的研究发现网络使用主要满足了人们的认知需要(控制、监督、搜索信息等)、情感需要(如休闲娱乐、新奇、审美)、社交需要(沟通、陪伴和支持等)和逃避(如解闷、逃避)，aRose(2001)等发现网络能够满足人们的认同需要(如职业和社会地位认同等)，orgaonkar(1999)等研究发现网络满足了网民的消费需要(如股票、消费等商务)等。Kraut(1998)、叶剑辉(2007)、汝晓红(2008)研究发现大学生网络成瘾与主观幸福感有显著的负相关，网络体验在两者之间起中介作用，网络成瘾人员的社会自信感和社交自由感比正常人要高。网络对人类各种基本心理需求的满足，不仅促进主观幸福感，也提升心理幸福感，这两种幸福体验的结合，即是“网络幸福感”。结合以往学者梁艳(2008)等的研究，本研究认为，网络幸福感是个体按照自己内在的标准对其网络生活质量的满意和认同程度所作的整体评价，是个体利用网络达到的自我实现，是一种现实的幸福的心理体验在网络中的体现。

网络使用偏好是指网络使用者对某种网络服务和功能的偏好，表现为经常、反复性使用某种网络服务。John(1999)的“需要—满足”观认为，个体之所以会使用某种网络功能，做出某种网络行为，是因为某些在现实生活中容易被忽视的潜在需要在网上被唤醒并得到了满足。这些潜在需要表现为成就感、控制感、亲密感、归属感、自我探索的需要，总称为网络幸福感。研究表明，Mazalin(2004)发现社交焦虑水平高的男性更经常使用与娱乐有关的互联网活动，Chou(2000)发现沟通快感是网络成瘾最有力的预测变量；Morgan & Cotton(2003)研究发现网络沟通与抑郁水平降低有关，而网络的非沟通服务的使用与抑郁症状的增加有关；Leung(2004)表明网络成瘾人员较使用沟通服务，控制感是上网游戏的主要乐趣。可见，网络幸福感与不同的网络使用类型有关。

对以往研究的分析可以看出，网络使用与个体的社会适应尤其是生活幸福感有密切的关系，对现实生活不满意、适应不良的个体会转向网络寻求满足；同时网络使用又对个体的发展产生一定的作用，弥补现实生活的空缺。网络使用者的幸福感是一个很重要的因子，网络带给个体的积极心理体验如网络幸福感具有什么样的特点？不同网络使用偏好个体的网络幸福感有没有差异？值得探讨。本研究在参考和借鉴国内外理论和相关量表的基础上，编制了适合中国大学生的网络幸福感问卷，并研究其与网络使用偏好之间的关系，为提高大学生网民对网络的合理有效利用、增进幸福体验提供措施和建议。

22.2 方法

22.2.1 对象

选取武汉市5所高校400名大学生进行问卷调查，回收有效问卷391份，有效率达97.7%。男生237人，女生154人；理科97人，工科163人，文科131人；大一40人，大二140人，大三140人，大四及以上71人。

22.2.2 工具

被试的基本信息包括性别、专业、年级、生源地、是否有电脑、平均每天上网时间、网龄等七个变量。

网络幸福感问卷。自编了《大学生网络幸福感问卷》。问卷包括充实感、便利感、满意感、活力感、自由感5个维度，共计24个题目。采用5点计分法，从“非常不符合、有些不符合、不确定、有点符合、非常符合”分别记为1、2、3、4、5分。问卷总的α系数为0.87，分半信度系数为

0.80，各维度与总分的相关在 0.6～0.9 之间。对问卷进行验证性因素分析，$\chi^2=605.35$，$df=242$，$\chi^2/df=2.50$，$RMSEA=0.06$，$NFI=0.91$，$NNFI=0.94$，$IFI=0.95$，$GFI=0.89$，$AGFI=0.86$，$SRMR=0.06$，各项指标均达到了可接受的水平，表明问卷具有良好的信度和效度。

网络使用偏好问卷。采用自编问卷。18 个题目，4 个因子，分别是工作学习类、交易类、娱乐类(聊天、影视、博客)、游戏类(专指游戏)。采用 5 级评分，分别是“1＝从不，2＝较少，3＝有时，4＝经常，5＝总是”。问卷总的内部一致性系数为 0.77，各维度的内部一致性系数在 0.60～0.80 之间。验证性因素分析发现：$\chi^2=303.46$，$df=129$，$\chi^2/df=2.35$，$RMSEA=0.06$，$NFI=0.88$，$NNFI=0.91$，$IFI=0.93$，$GFI=0.92$，$AGFI=0.89$，$SRMR=0.06$，问卷具有较好的信度和效度。按照被试的网络使用分数，对被试进行分类，分类方法参考其他学者周林(2008)的方法，分为单一型、双高型、三高型、四高型、普通型。以每个维度的平均分加上一个标准差为基值，若被试只在在一个维度的得分高于该维度的基值，则定为单一型；若被试在两个类别上的得分高于相应的基值，则定为双高型；三高型和四高型的分类以此类推；若被试所有类别的得分均低于相应的基值，则定为普通型。

22.2.3　统计分析

采用 SPSS11.5 进行统计分析，主要进行差异检验、方差分析、相关分析、回归分析。

22.3　结果

22.3.1　网络幸福感和使用偏好的性别、专业差异

对不同性别、不同专业的大学生在网络幸福感上的得分进行差异检验，结果见表 22.1。

表 22.1 性别、专业差异检验($M \pm SD$)

	总均分	男生 ($M \pm SD$)	女生 ($M \pm SD$)	t	理科 ($M \pm SD$)	工科 ($M \pm SD$)	文科 ($M \pm SD$)	F
充实感	3.18	3.24±0.75	3.13±0.75	2.20*	3.22±0.77	3.21±0.72	3.13±0.74	0.91
便利感	4.00	3.99±0.70	4.01±0.60	−0.34	3.98±0.68	4.10±0.63	3.96±0.65	1.48
满意感	3.49	3.52±0.70	3.45±0.68	1.32	3.50±0.75	3.44±0.73	3.48±0.64	0.23
活力感	2.60	2.56±0.78	2.65±0.76	−1.79	2.55±0.80	2.47±0.71	2.67±0.77	1.19*
自由感	3.31	3.39±0.84	3.22±0.83	3.10**	3.24±0.89	3.41±0.81	3.30±0.80	3.54*
幸福感	3.37	3.39±0.54	3.35±0.51	1.22	3.36±0.56	3.38±0.52	3.35±0.50	1.23
办公	1.80	1.80±0.63	1.82±0.56	−0.25	1.85±0.63	1.74±0.58	1.86±0.61	0.91
娱乐	3.74	3.72±0.61	3.75±0.56	−0.45	3.62±0.68	3.78±0.54	3.78±0.57	3.32*
交易	1.92	1.91±0.77	1.96±0.69	−0.68	1.94±0.79	1.82±0.70	2.07±0.77	2.32
游戏	1.94	2.16±0.82	1.57±0.64	7.45***	1.94±0.84	2.02±0.81	1.83±0.7	1.10

注：* $p<0.05$，** $p<0.01$，*** $p<0.001$，以下同。

总体来说，大学生的网络幸福感总分处于中等偏上(总分以 5 分计算)，其中工具便利感得分最高，总的顺序是：便利感>满意感>自由感>弥补感>活力感。网络功能使用中，其中休闲娱乐使用得分最高，其他维度的网络服务使用偏低，平均分在 1.90 左右，网络工作学习最低。说明多数学生利用网络是进行休闲娱乐。

不同性别的学生在网络幸福感各维度的得分存在差异，男生在充实弥补感、自由感两个维度上的得分显著高于女生。在不同网络功能的使用上，男生的游戏使用得分显著高于女生。不同专业的大学生在网络活力感、自由感和娱乐维度得分上存在显著差异，进一步事后多重比较发现，文科学生的网络活力感显著高于理科学生，文科和工科学生的网络自由感得分显著高于理科学生，文科和工科学生的休闲娱乐得分比理科高。

22.3.2 不同网络使用偏好类型差异的检验

普通型被试占总人数的 57.5%，其次是单一型，单一型的人数均在 20～30 人。可见，大学生网络行为偏好的分布特点是普通型占主导地位，单一型其次。对不同偏好类型大学生在网络幸福感问卷各维度的得分进行单因素方差分析，结果见表 22.2。

表 22.2　不同偏好类型差异检验($M \pm SD$)

	办公偏好	娱乐偏好	交易偏好	游戏偏好	普通型	F
充实感	3.30±0.98	3.48±0.55	3.30±0.67	3.21±0.53	2.99±0.75	4.03***
便利感	3.78±1.00	4.33±0.54	4.12±0.64	3.86±0.79	4.03±0.57	3.13**
满意感	3.45±0.79	3.52±0.60	3.79±0.61	3.37±0.65	3.38±0.71	1.75
活力感	2.58±0.78	2.73±0.66	2.70±0.73	2.60±0.64	2.30±0.74	4.18***
自由感	3.18±0.97	3.69±0.80	3.27±0.75	3.41±0.82	3.16±0.82	2.97**
幸福感	3.32±0.76	3.60±0.39	3.50±0.47	3.33±0.46	3.24±0.51	4.01***

除了网络满意感维度，不同网络使用偏好学生的网络幸福感存在显著差异。事后进一步多重比较发现，娱乐偏好学生的充实弥补感比普通型高，娱乐偏好学生的工具便利感比其他类型都高，娱乐和交易偏好学生的网络活力、总体网络幸福感比普通型高，娱乐偏好学生的自由感比办公型和普通型高。总之，娱乐偏好学生的网络幸福感最高。网络幸福感水平的总体排序如下：娱乐型＞交易型＞游戏型＞办公型＞普通型。

22.3.3　网络幸福感和网络使用偏好的相关分析

对大学生网络幸福感与网络使用偏好总分及其各维度得分做相关分析。结果见表 22.3。

表 22.3　网络幸福感与使用偏好的相关

	办公	娱乐	交易	游戏
充实感	0.18***	0.30***	0.20***	0.17**
便利感	−0.07	0.32***	−0.03	−0.05
满意感	0.11*	0.26***	0.19***	0.00
活力感	0.14**	0.15**	0.15**	0.16**
自由感	0.10*	0.36***	0.11*	0.24***
幸福感	0.12*	0.38***	0.17**	0.13*

总体来说，网络幸福感总分及其各维度与网络使用偏好呈现不同程度的显著正相关，相关系数在 0.1～0.4 之间，其中与休闲娱乐偏好的相关较高，说明休闲娱乐活动越多，网络幸福感越高。通过访谈调查发现，多数大学生通常在网上进行的活动是聊天、影视观看、浏览类的休闲娱乐活

动，这一类活动普及性较强，既能娱乐，又不耽误工作、学习，所以网络幸福感较高。总体相关系数处于中低水平，说明网络使用偏好虽然和网络幸福感存在一定的相关，但是相关系数不高，暗示网络幸福感还存在其他影响因素。

22.3.4 回归分析

为了进一步考查大学生网络幸福感和网络使用偏好类型之间的关系，采用逐步回归的方法进行多元回归分析。以网络使用偏好的四个维度、人口学变量为自变量，网络幸福感为因变量，进行逐步回归分析，结果见表 22.4。

结果表明，13 个因子中有一个因子进入多元回归方程，是休闲娱乐偏好。多元回归系数为 0.37，决定系数为 0.13，调整后的决定系数为 0.13。预测网络幸福感 13.2%的变异量。标准化回归方程式为：网络幸福感＝0.37×休闲娱乐偏好。对回归方程进行方差分析显著性检验，表明回归方程达到极其显著的水平，说明这个自变量预测网络幸福感是可靠的。

表 22.4 网络幸福感对网络使用偏好的多元回归分析因变量预测变量

		B	*R2*	*Beta*	*t*
充实弥补感	休闲娱乐偏好	0.36	0.08	0.28	5.46***
	工作学习偏好	0.18	0.02	0.14	2.67**
	性别	−0.21	0.02	−0.13	−2.65**
工具便利感	休闲娱乐偏好	0.38	0.11	0.34	6.68***
	游戏偏好	−0.08	0.01	−0.11	−2.10*
网络满意感	休闲娱乐偏好	0.25	0.04	0.21	4.00***
	交易偏好	0.16	0.03	0.17	3.13**
网络活力感	游戏偏好	0.12	0.02	0.13	2.50*
	休闲娱乐偏好	0.15	0.01	0.12	2.20*
网络自由感	休闲娱乐偏好	0.44	0.10	0.31	6.10***
	游戏偏好	0.19	0.04	0.19	3.68***
网络幸福感	休闲娱乐偏好	0.34	0.13	0.37	7.32***

22.4 讨论

22.4.1 总特点

大学生的网络幸福感总体处于中等偏上水平，说明大学生的网络幸福感较高。其中工具便利感得分最高，这也说明网络对大学生来说更多的是作为一个工具来看待，在访谈时也发现这样的结果。大学生网络行为偏好类型的特点是普通型占主导地位，单一型其次。以往学者得到的大学生网络成瘾比例在9%～31%之间，说明正常使用网络的人群占绝大多数。目前大学生网络成瘾比例虽高但不占绝大多数比例，大学生总体的网络幸福感较高，三者之间可能存在一定的关系，说明全面适量地上网可能会降低网络成瘾的几率，促进网络幸福形成。大学生的网络使用中休闲娱乐偏好的平均分最高，大学生的空闲时间较多，主要把网络当作一个休闲娱乐工具，只有少数人、少数时间在网上工作学习、游戏、进行交易。这与现实情况是符合的，虽然现在的网络比较发达，但学生上课的主要地点还是课堂，在网上进行工作学习仍然不太方便和不够普及。

22.4.2 性别、专业差异

男生在充实弥补感、自由感上的得分显著高于女生，这与前人李秀敏(2004)、梁艳(2008)等的研究结果是一致的。辛自强(2001)、刘仁刚(2000)等研究表明，男生比女生体验到更多的正性情感，更少的负性情感；Wu(2006)、Joiner(2007)发现男性大学生在网络认识、效能感、认同感比女生得分更高。研究发现，这是因为男女大学生对网络功能使用不同造成的，除了在网上完成工作学习任务外，男生花费更多的时间在网上做自己的事情。男生在游戏偏好上的得分显著高于女生。众所周知男生对网络游戏的使用比女生多，与男生的高攻击性、追求刺激性活动有关，这与以往研究结果是一致的，与实际情况也是符合的。不同专业的大学生在网络活力感、自由感和娱乐类得分上存在显著差异，表现为文科学生的网络活力感、自由感、休闲娱乐得分更高。理工科专业学生的学习需要更多的网下的实验、调查，学习压力较大，医科类学生的学习任务繁重，而文科生的学习则较自由、宽松，有更多的空闲时间上网，心理压力小，所以文科学生的网络活力感和自由感更高。

22.4.3 网络幸福感和使用偏好的关系分析

网络幸福感总分与休闲娱乐活动的正相关最高，并且休闲娱乐活动对网络幸福感有显著的正向预测作用。Korgaonkar 等(1999)研究发现大学生网络虚拟幸福感与网络聊天和游戏活动有显著的正相关，而在本研究中聊天是包含在休闲娱乐活动内的，所以本研究的研究结果与其基本一致，都说明休闲娱乐活动能促进幸福感。研究发现(陈彦宏，2008)大学生的休闲满意度、休闲动机与主观幸福感存在显著相关，休闲动机、休闲满意度能正向预测主观幸福感。IsoAhola(1980)、Mannell(1997)研究发现休闲满意度与主观幸福感之间存在显著正相关。本研究发现网络休闲娱乐活动能促进网络幸福感，再次说明休闲娱乐活动与幸福感有一定关系。网络幸福感是整体幸福感的一部分，暗示网络休闲娱乐活动也能促进主观幸福感的提高，甚至很有可能网络幸福感在网络休闲娱乐活动和主观幸福感之间起一定的中介作用，这一切有待探索。魏岚(2007)研究发现网络生活满意度和网络社会支持能够显著预测一般生活满意度，而一般生活满意度是主观幸福感的一部分，进一步说明网络生活对主观幸福感的提高可能有一定贡献。李秀敏(2004)研究发现乐群性和忧虑性因子能显著预测网络休闲娱乐活动偏好，说明人格中乐群性、忧虑性与网络幸福感可能存在一定关系。经常在网上进行休闲娱乐活动，不良情绪得到及时宣泄，加上开朗、热情、无忧无虑的个性特征，所以个体能感受到较高的网络幸福感；在访谈中也得知，多数学生把网络当作休闲娱乐、放松身心的工具。

以往研究 Kraut(1998)、叶剑辉(2007)、汝晓红(2008)发现网络成瘾与较低的生活幸福感有关。本研究推测生活幸福感水平较低的个体可能会过度使用网络，感受到较高的网络幸福感，较高的网络幸福感反过来又促使个体过度使用网络，对生活幸福感产生影响，很有可能网络幸福感在生活幸福感和网络使用行为之间起中介作用，究竟过度使用网络者的现实和网络幸福感特点如何、三者之间孰因孰果有待研究。

本研究发现各种网络使用行为与网络幸福感均有不同程度的显著正相关，其中娱乐偏好与网络幸福感的相关最高（$r=0.38$，$p=0.01$），娱乐偏好对网络幸福感总分有显著的预测作用，游戏偏好对便利感、活力感、自由感三个维度有显著的预测作用。以往研究周林（2008）、郑燕（2004）、王婧（2008）发现高网络成瘾群体更倾向于使用具有交互性质的网络服务，如游戏和社交娱乐。暗示网络游戏娱乐的使用与网络幸福感可能存在正相关，网络游戏娱乐能带给个体较高的网络幸福感，从而更容易网络成瘾，较高的网络幸福感可能是网络游戏娱乐使用者成瘾的一个重要原因。

本研究发现，网络使用类型对网络幸福感总分及其各维度有显著的预测作用，但预测力较弱，娱乐类活动的预测力最高达到0.37，其他各个因子的预测力在0.10～0.30之间，说明还有其他因子影响网络幸福感。其他研究发现，网络行为可能与人格（杨洋，2007）、自我同一性（凌霄等，2006）、社会支持（梁艳，2008；魏岚，2007；王立皓等，2003）、社交技能、应对方式（周林，2008；罗锂，2009）、情绪智力（王婧，2008）之间有某种关联。上述研究充分说明，网络行为对网络幸福感的影响受到其他很多相关因子的影响，单凭网络使用行为偏好来预测网络幸福感的证据可靠性不够。因此，本研究中网络行为对网络幸福感做出的较弱预测并不奇怪。本研究推测，人格、社会支持、应对方式、网络行为、网络认知和网络幸福感之间存在着非常复杂的关系。人格、社会支持和网络行为都会对网络幸福感做出预测，但更有可能是网络行为、网络认知在其中起着中介作用。只有这样，才能较好解释为什么网络行为对网络幸福感的贡献较小。这也是未来的考察重点。

22.5 结论

本研究的结果表明大学生的网络幸福感总体处于中等偏上水平，网络使用偏好中休闲娱乐维度的得分最高，多数大学生网民对网络的使用都低于平均水平；网络幸福感和网络使用偏好类型存在显著正相关，其中与休闲娱乐偏好的相关最高，休闲娱乐偏好对网络幸福感有正向预测作用，游戏偏好对便利感、活力感、自由感有正向预测作用。

参考文献

1. Chou，C.，& Hsiao，M. Internet addiction，usage，gratification，and pleasure experience：The Taiwan college students' case. *Computers & Education*，2000，35(1)：65－80.

2. Ferguson，D. A，Perse，E. M. The World Wide Web as a functional alternative to television. *Journal of Broadcasting & Electronic Media*，2000，44(2)：155－174.

3. Iso -Ahola，S. Social psychological perspectives on leisure and recreation. Springfield，1980.

4. John，S. To get what you need：Healthy and pathological Internet use. *Cyber Psychology & Behavior*，1999，2(3)：385－394.

5. Joiner，R.，Brosnan，M.，& Duffield，J. The relationship between Internet identification，Internet anxiety and Internet use. *Computers in Human Behavior*，2007，23(3)：1408－1420.

6. Kaye，B. K. Uses and gratifications of the World Wide Web：From couch potato to Web potato. *The New Jersey Journal of Communication*，1998，6(1)：21－40.

7. Korgaonkar, P. K., & Wolin, L. D. A multivariate analysis of Web usage. *Journal of Advertising Research*, 1999, 39(2): 53—68

8. Kraut, R., Patterson, M., & Lundmark, V. Internet paradox: A social technology that reduces social involvement and psychological well-being? *American psychologist*, 1998, (53): 1017—1031.

9. LaRose, R., Mastro, D., & Eastin, M. S. Understanding in-ternet usage: A social-cognitive approach to uses and gratifications. *Social Science Computer Review*, 2001, (19): 395—413.

10. Leung, L. Net-generation attributes and seductive properties of the Internet as predictors of online activities and Internet addic-tion. *CyberPsychology & Behavior*, 2004, 7(3): 333—348.

11. Mannell, R. C., & Kleiber, D. A. *A social psychology of leis-ure*. Venture Publishing Inc, 1997.

12. Mazalin, D., & Moore, S. Internet use, identity development and social anxiety among young adults. *Behaviour Change*, 2004, 21(2): 90—102.

13. Morgan, C., & Cotten, S. The relationship between Internet ac-tivities and depressive symptoms in a sample of college freshmen. *Cyber-Psychology & Behavior*, 2003, 6(2): 133—142.

14. Parker, B. J, Plank, R. E. A uses and gratifications per-spective on the Internet as a new information source. *American Business Review*, 2000, (18): 43—49.

15. Stafford, T. R, Stafford, M. R. Identifying motivations for the use of commercial Web sites. *Information Resources Management Journal*, 2001, 14(1): 22—30.

16. Song, I. Internet gratifications, depression, self-efficacy, and In-ternet addiction. *Masters Abstracts International*, 2003.

17. Wu, Y., & Tsai, C. University Students' Internet Attitudes and Internet Self-Efficacy: A Study at Three Universities in Taiwan. *CyberPsychology & Behavior*, 2006, 9(4): 441—450.

18. 陈彦宏. 大学生休闲动机，休闲满意度与主观幸福感的关系[D]. 四川师范大学硕士学位论文，2008.

19. 李秀敏，阴国恩. 大学生上网行为与人格特质相关性研究[J]. 心理发展与教育，2004，20(1): 34—37.

20. 梁艳. 大学生网络使用者虚拟幸福感及其与在线社会支持的关系研究[D]. 西南大学硕士学位论文，2008.

21. 凌霄，管雷，冯聪. 大学生网络成瘾与网络内容偏好、自我同一性缺失相关[J]. 卫生职业教育，2006，24(4): 11—12.

22. 罗锂. 大学生网络行为偏好与应对方式关系探讨[J]. 当代教育论坛，2009，(9): 107—109.

23. 刘仁刚，龚耀先. 老年人主观幸福感及其影响因素的研究[J]. 中国临床心理学杂志，2000，8(2): 73—78.

24. 汝晓红. 男大学生的主观幸福感水平与其接触网络游戏的关系研究[D]. 东北师范大学硕士学位论文，2008.

25. 王婧. 大学生情绪智力、网络使用偏好与网络成瘾的关系研究[D]. 华中师范大学硕士学位论文，2008.

26. 王立皓，童辉杰. 大学生网络成瘾与社会支持、交往焦虑、自我和谐的关系研究[J]. 健康心理学杂志，2003，11(2): 94—96.

27. 魏岚. 大学生网络社会支持与生活满意度的关系研究[D]. 山西大学硕士学位论文，2007.

28. 辛自强，池丽萍. 快乐感与社会支持的关系[J]. 心理学报，2001，33(5): 442—447.

29. 杨洋，雷雳. 青少年外向/宜人性人格、互联网服务偏好与网络成瘾的关系[J]. 心理发展与教育，2007，23(2): 42—48.

30. 叶剑辉．大学生主观幸福感与网络成瘾倾向的关系研究[J]. 福建师范大学硕士学位论文，2007.

31. 郑燕．网络使用和网络成瘾行为的心理学研究[D]. 浙江大学硕士学位论文，2004.

32. 周林．上海市大学生网络行为偏好与应对方式关系研究[J]. 青少年犯罪问题，2008，(1)：40－43.

第二十三章　网络暴力材料启动对青少年内隐攻击性倾向[①]

田媛　周宗奎　丁倩

网络游戏和论坛中不乏暴力内容，长期反复接触会影响青少年的内隐攻击性水平，增加青少年攻击性行为的发生概率，进而导致其他由攻击性行为引起的负面效应，因此，考察互联网中的暴力内容与青少年内隐攻击性的关系具有非常重要的意义。本研究采用 BUSS 攻击性问卷，E-Prime 启动实验以及词干补笔测验相结合的方法，考察互联网中暴力材料对不同攻击性特质青少年内隐攻击性的影响作用，以及不同青少年对攻击性材料选择偏好的差异。结果发现，网络暴力刺激会增加青少年的内隐攻击性，但这种内隐攻击性水平不存在性别差异；特质攻击高的青少年受网络暴力刺激启动的内隐攻击性水平高于其他个体。

焦点阅读：

内隐攻击性与外显攻击性；

内隐攻击性的测量方法：任务分离的方法、偏好判断法、内隐联想测验等；

网络暴力刺激会增强青少年的内隐攻击性。

关键词：

青少年（Adolescent），内隐攻击（implicit aggression），启动效应（priming effect）

---

① 本文已发表于《教育研究与实验》2011 年第 4 期。

23.1　前言

攻击性可分为两类，即个体的外显攻击性和内隐攻击性。一般来说，内隐攻击性是指个体通过内省或自我报告(意识层面上)无法识别或无法正确识别的，却对个体行为产生潜在影响的侵犯他人的行为倾向(Bluemke1Ã，Friedrich，& Zumbach，2009)。近年来随着互联网使用的普及，网络游戏、网络论坛正日益成为青少年在互联网世界中的聚集地。网络游戏和论坛中不乏暴力内容，长期反复接触会影响青少年的内隐攻击性水平，增加青少年攻击性行为的发生概率，进而导致其他由攻击性行为引起的负面效应，如学校适应不良、被同伴拒绝或孤立，甚至引发青少年犯罪，对青少年的发展具有较大的影响。因此，考察互联网中的暴力内容与青少年内隐攻击性的关系具有非常重要的意义。

在20世纪70年代就已经有研究者开始探索电影中的情境以及电影角色对个体内隐攻击性的影响(Meyer，1972)。国内的以往大部分研究局限于暴力内容对青少年外显攻击行为的影响。1996年Chen、杨治良等研究发现攻击性行为存在实验性分离，再次证实了内隐攻击性的存在(杨治良，刘素珍，1996)。随后，叶茂林、朱婵媚等人发现未成年人具有明显的内隐攻击性(叶茂林，2001；朱婵媚，宫火良，郑希付，2006)。近年来，研究网络中暴力内容与青少年内隐攻击性的关系逐渐成为一种趋势(魏谨，佐斌，温芳芳，杨晓，2009)。

目前对内隐攻击性的研究主要采用间接测量的方法，包括任务分离的方法、偏好判断法、内隐联想测(IAT)等(Anderson et al.，2010)。实验材料多为攻击性图片或攻击性词语。在本研究中，为了克服图片材料存在的缺陷和更好地屏蔽实验目的对被试的干扰，研究者在词干补笔(Anderson，Carnagey，& Eubanks，2003)。在偏好判断的基础上采用偏好组词的方法进一步探讨攻击性材料对不同攻击性特质的个体是否有不同的影响，以及不同攻击性特质的个体对暴力材料的选择偏好是否有差异，为本领域后续更加深入的研究提出了新的探索方法。

23.2 方法

23.2.1 对象

随机抽取武汉市某中学初中二年级学生122名，其中男生68人，女生54人，平均年龄为14岁7个月。所有学生视力或矫正视力正常，并能较为熟练地操作计算机。

23.2.2 研究工具

BUSS攻击性问卷。此攻击性问卷由Arnold. H. Buss等开发，张东宁修订，共29个题目，包括身体攻击、语言攻击、愤怒和敌意四个分量表(张东宁，2004)。

启动刺激材料。来自网络游戏或论坛共40张图片，其中20张身体攻击图片、20张言语攻击图片，循环播放2次。整个呈现的流程为：指导语——注视点“+”(600ms)——靶刺激(600ms)。图片在台式电脑上运行，17寸纯平面液晶显示器，分辨率为1024×768，图片像素400×300。被试坐在安静的测试现场内，距电脑屏幕约30cm处，视角约为4.80×4.80。显示器背景为白色，显示器亮度、对比度和色彩均为统一设置。

内隐攻击性词干补笔测验。田媛编制的内隐攻击性词干补笔测验(田媛，2009)中包括44个词频相近的常用词组22组，22组为攻击词组，其中12个为身体攻击词、10个为言语攻击词；22个为中性词组。

23.2.3 研究程序

第一步，给被试施测BUSS问卷。有效回收86份问卷，筛选出低攻击性特质组和高攻击性特质组。其中低攻击组男生和女生分别是28人，共56人，高攻击组男生和女生分别15人，共30人。

第二步，给每组被试呈现相应的启动刺激材料。在以不同攻击性特质、不同实验处理和性别为自变量，以攻击性启动效应为因变量的 2×2×2 的实验设计中：将被试随机分成 8 组，每组分别接受一种实验处理。低攻击的 14 名男生和 14 名女生为控制组，低攻击的 14 名男生和 14 名女生接受启动材料的实验处理；高攻击特质的 5 名男生和 5 名女生为控制组，高攻击特质的 10 名男生和 10 名女生接受启动材料的实验处理。

第三步，给被试呈现内隐测试问卷。测试启动材料组和控制组对被试内隐攻击性的启动效应，收得有效问卷 85 份，有效回收率为 99%。采用 SPSS11.5 对数据进行统计处理。

23.3　结果

23.3.1　内隐言语攻击的方差分析

对控制组和启动组两种实验条件下男生和女生在低攻击特质下和高攻击特质下的内隐言语攻击性总分进行方差分析，发现性别主效应不显著($F(1, 84)=0.066$，$P=0.798$)，即男生和女生在内隐言语攻击性总分不存在性别差异；不同攻击性特质的主效应显著 $F(1, 84)=16.822$，$P=0.000$)表现为低攻击性特质被试的内隐攻击性低(M 低＝1.20)高攻击性特质被试的内隐攻击性高(M 高＝3.03)；控制组和启动组的主效应显著($F(1, 84)=22.187$，$P=0.000$)，说明在对被试进行了实验启动后，所测得的被试内隐攻击性特质(M 启动＝3.16)比控制组条件下(M 控制组＝1.06)更高，并且差异显著。

此外，性别、不同攻击性特质和不同实验处理三者间交互作用不显著($F(1, 84)=0.297$，$P=0.588$)；性别、不同攻击性特质和不同实验处理间两两交互作用也不显著。即不同攻击性特质和不同实验处理两因素间交互作用不显著($F(1, 84)=3.635$，$P=0.060$)；不同攻击性特质和性别两因素间交互作用不显著($F(1, 84)=0.955$，$P=0.331$)；性别和不同实验处理两因素间交互作用不显著($F(1, 84)=0.216$，$P=0.644$)。具体结果见表 23.1。

表 23.1　内隐言语攻击性总分的三因素方差分析表

变异源	*df*	*MS*	*F*
性别	1	0.223	0.066
攻击性特质	1	57.174	16.822**
启动条件	1	75.408	22.187**
攻击性特质×启动条件	1	12.354	3.635
性别×启动条件	1	0.734	0.216
性别×攻击性特质	1	3.246	0.955
性别×攻击性特质×启动条件	1	1.009	0.297

23.3.2　内隐身体攻击的方差分析

对控制组和启动组两种实验条件下男生和女生在低攻击特质下和高攻击特质下的内隐身体攻击性总分进行方差分析，发现性别主效应不显著($F(1, 84)=2.951$，$P=0.090$)，即男生和女生的内隐身体攻击性总分不存在差异；不同攻击性特质的主效应显著($F(1, 84)=24.027^{**}$，$P=0.000$)，表现为低攻击性特质被试的内隐身体攻击性低(M 低＝1.20)，高攻击性特质被试的内隐身体攻击性高(M 高＝2.86)；控制组和启动组的主效应显著($F(1, 84)=9.253^{**}$，$P=0.003$)，说明在对被试进行了实验启动后，所测得的被试内隐身体攻击性特质(M 启动＝2.55)比控制组条件下(M 控制组＝1.51)更高，并且差异显著。性别、不同攻击性特质和不同实验处理三者间交互作用以及两因素交互作用均不显著。具体结果见表 23.2。

表 23.2　内隐身体攻击性总分的三因素方差分析表

变异源	*df*	*MS*	*F*
性别	1	5.830	2.951
攻击性特质	1	47.464	24.027**
启动条件	1	18.279	9.253**
攻击性特质×启动条件	1	7.027	3.557
性别×启动条件	1	7.586	3.840
性别×攻击性特质	1	0.624	0.316
性别×攻击性特质×启动条件	1	5.342	2.704

23.4　讨论

23.4.1　性别、攻击性特质和启动条件的主效应特点

多元方差分析的结果表明性别主效应不显著，这说明男生和女生在内隐攻击性上不存在性别差异。关于未成年人内隐攻击性的性别差异，以往研究的结论并不一致。朱婵媚等人(2006)的研究发现内隐攻击性不存在性别差异，而叶茂林(2004)的研究发现男性的内隐攻击性更强。研究方法的不同可能导致了实验结果的分歧。虽然研究者都使用内隐攻击性这一概念，但是采用的测量方法并不一样，朱婵媚等人采用的是补笔偏好组词法，而叶茂林采用的是图片偏好法；文字和图片输入两种不同性质的刺激，大脑在对这两种刺激的信息加工方式可能存在某种差异，而这种差异可能是导致研究结果不一致的原因。除了上述两种内隐攻击性测量的方法，内隐联想测验也是常用的方法；因此在今后的研究中，如何界定内隐攻击性的概念，避免这种是似而非的分歧，是研究者应该注意的问题。在目前内隐攻击性概念存在多种定义和测量的情况下，对内隐攻击性相关研究结果进行比较的时候也要注意区分仅仅是测量方法所导致的差异，还是相同的定义和测量下的差异。

特质攻击的主效应显著，表现为低攻击性特质被试的内隐攻击性总分低，高攻击性特质被试的内隐攻击性总分高。特质攻击与内隐攻击性的关系可能与攻击者的认知偏向有关。攻击者的认知偏向是指攻击者常偏向于注意敌意性的刺激。Smith 和 Waterma(2005)采用情绪性 Stroop 范式的研究发现，暴力犯罪者在接受任务时受到了攻击性词语含义的干扰；而在视觉搜索实验中，暴力犯罪者在分清刺激是敌意性词语时的反应时较慢。此外，点探测范式的结果也证明了高攻击者的认知偏向。上述的研究是从注意的角度来解释为什么在补笔测验中高攻击者选择了更多攻击性词语，按照 Berkowitz 的认知新联想主义理论(Berkowitz，1990)不同特质攻击水平

个体攻击性图式的差异也可能导致本研究所出现的结果。Berkowitz 认为攻击性的思想、情绪和行为倾向在记忆中都互相联系在一起，因此高攻击特质的人不仅有较多的攻击行为，记忆中也可能有更为丰富和稳固的攻击性图式，因此在补笔任务中，这些攻击性图式更容易提取，导致他们容易选择相应的字组成攻击性词组而非中性词组。

启动的主效应显著，即在对被试进行了实验启动后，所测得的被试内隐攻击性总分、内隐言语攻击性和内隐身体攻击性特质比控制组条件下更高，并且差异显著。个体的攻击性会受到一些暴力内容的影响而加强，已经得到了大量研究的证实。(Anderson & Bushman，2001)研究通过网络暴力材料刺激得到了同样的结果。对于暴力内容对攻击性的影响，同样可以用 Berkowitz 的认知新联想主义理论来解释。在他的理论中，攻击性的思想、情绪和行为倾向不仅是紧密相连的，并且很容易被同时激活。在本研究中，观看网络暴力材料，可能会直接激活个体的攻击性图式而增加个体的内隐攻击性，也可能通过唤醒个体的愤怒情绪来增加内隐攻击性。Anderson 的一般攻击模型也强调攻击性思维、情绪和行为之间的关联，网络暴力材料可能会增加攻击性图式的可接近性，从而导致内隐攻击性的增加。这里可接近性是指长时记忆里的攻击性信息能被更快地提取，因此在补笔任务中也更可能选择相应的字组成攻击性词语。以往研究多采用暴力视频游戏作为刺激材料来激活个体攻击性，本研究采用图片刺激起到了同样的结果；图片刺激比暴力视频游戏具有更强的操作性，也更容易排除一些额外变量的影响(如游戏的暴力程度、动作快慢程度、音乐和游戏中随机出现的 NPC，游戏难度等)，因此其他研究者可以在未来相关的研究中尝试这种刺激形式。

23.4.2　性别、攻击性特质和启动条件的交互作用

在以往的研究中，不少研究者采用暴力视频游戏作为暴力内容刺激，得到的结果既有一致性，也存在差异性。一致性表现在暴力内容总是能增加个体的攻击性，差异性表现在暴力视频游戏与攻击性之间是否存在调节

变量。有的研究发现性别和特质攻击能够调节暴力视频游戏对攻击性的影响，另外一些研究却没有发现这一点(郭晓丽，江光荣，朱旭，2009)。

在对比国内外研究的时候，会发现特质攻击在国外的研究中常常扮演暴力刺激和攻击性之间的调节变量，而在国内的大部分研究中均未发现这一点，本研究的结果也和国内研究者一致。相同文化中研究结果的一致性和不同文化间研究结果的差异性似乎暗示文化也是一个重要的影响因素。中国文化强调和谐和合作，与西方文化强调征服与竞争不太一样，在不同的文化背景下，学生整体的攻击性特质可能存在差异，中国学生的特质攻击可能小于美国学生，而且特质攻击得分的分布可能更为密集。美国校园频现校园枪击案，而国内校园相对而言则风平浪静，因此面对攻击性刺激，学生的反应也可能不一样。今后的研究可以采用跨文化比较的思路，设计相同的实验来检验文化对于暴力刺激与攻击性关系的影响。

国内外的大部分研究都发现性别不影响暴力视频游戏与攻击性的关系，Anderson 等人最新一项跨文化的元分析也得出这一结论(Anderson et al.，2010)。随着现代社会的发展，两性之间越来越平等，而且性别角色的边界越来越模糊(超级女生李宇春和快乐男生刘著某种程度上反映了这一点)，性别差异也可能会随之变小甚至消失。按照 KarenHorne 的观点，性别差异更多的是社会文化的产物，当文化变化发展的时候，与之对于的性别差异可能会发生变化。本研究中，发现与攻击性相关联的两个层面上均不存在性别差异：(1)两性的内隐攻击性不存在性别差异；(2)两性在受到网络暴力材料刺激影响时也不存在性别差异。未来的研究可以考虑跨文化的研究来检验这种性别差异。从现实的角度来讲，男女攻击性的性别差异的消失可能导致女性暴力行为的增加，近年来我国中学校园频发女学生暴力事件就证明了这一点，也提醒广大教育工作者应该加强对女学生攻击行为和影响因素的重视。

参考文献

1. Anderson, C. A., & Bushman, B. J. Effects of violent video games on aggressive behavior, aggressive cognition, aggressive affect, physiological arousal, and prosocial behavior: A meta-analytic review of the scientific literature. *Psychological science*, 2001, 12(5): 353—359.

2. Anderson, C. A., Carnagey, N. L., & Eubanks, J. Exposure to violent media: the effects of songs with violent lyrics on aggressive thoughts and feelings. *Journal of Personality and Social Psychology*, 2003, 84(5): 960.

3. Anderson, C. A., Shibuya, A., Ihori, N., Swing, E. L., Bushman, B. J., Sakamoto, A., … Saleem, M. Violent video game effects on aggression, empathy, and prosocial behavior in eastern and western countries: a meta-analytic review. *Psychological bulletin*, 2010, 136(2): 151.

4. Barber, B. K. Parental psychological control: Revisiting a neglected construct. *Child development*, 1996, 67(6): 3296—3319.

5. Barber, B. K., & Harmon, E. L. Violating the self: Parental psychological control of children and adolescents, 2002.

6. Barber, B. K., Maughan, S. L., & Olsen, J. A. Patterns of parenting across adolescence. *New directions for child and adolescent development*, 2005, (108): 5.

7. Barber, B. K., Olsen, J. E., & Shagle, S. C. Associations between parental psychological and behavioral control and youth internalized and externalized behaviors. *Child development*, 1994, 65(4): 1120—1136.

8. Batigun, A. D., & Kilic, N. The relationships between internet addiction, social support, psychological symptoms and some socio-demographical

variables. *TURK PSIKOLOJI DERGISI*, 2011, 26(67): 1—13.

9. Beck, K. H., Boyle, J. R., & Boekeloo, B. O. Parental monitoring and adolescent drinking: Results of a 12-month follow-up. *American journal of health behavior*, 2004, 28(3): 272—279.

10. Berkowitz, L. On the formation and regulation of anger and aggression: A cognitive-neoassociationistic analysis. *American Psychologist*, 1990, 45(4): 494.

11. Bluemke1Ã, M., Friedrich, M., & Zumbach, J. The influence of violent and nonviolent computer games on implicit measures of aggressiveness. *Aggressive Behavior*, 2009, (35): 1—13.

12. Chao, R. K., & Aque, C. Interpretations of parental control by Asian immigrant and European American youth. *Journal of Family Psychology*, 2009, 23(3): 342.

13. Dwairy, M., & Achoui, M. Parental control: A second cross-cultural research on parenting and psychological adjustment of children. *Journal of Child and Family Studies*, 2010, 19(1): 16—22.

14. Else-Quest, N. M., Hyde, J. S., Goldsmith, H. H., & Van Hulle, C. A. Gender differences in temperament: a meta-analysis. *Psychological bulletin*, 2006, 132(1): 33.

15. Gray, J. The neuropsychology of anxiety; an enquiry of. the septo-hippocampal system Oxford University Press: Oxford, 1982.

16. Gray, J. A. Perspectives on anxiety and impulsivity: A commentary. *Journal of Research in Personality*, 1987, 21(4): 493—509.

17. Ha, J. H., Yoo, H. J., Cho, I. H., Chin, B., Shin, D., & Kim, J. H. Psychiatric comorbidity assessed in Korean children and adolescents who screen positive for Internet addiction. *Journal of Clinical Psychiatry*, 2006.

18. Hur, M. H. Demographic, habitual, and socioeconomic determinants of Internet addiction disorder: an empirical study of Korean teenagers. *Cyberpsychology & behavior*, 2006, 9(5): 514—525.

19. Inglehart, R., Foa, R., Peterson, C., & Welzel, C. Development, freedom, and rising happiness: A global perspective (1981 — 2007). *Perspectives on psychological science*, 2008, 3(4): 264—285.

20. Ko, C.-H., Yen, J.-Y., Liu, S.-C., Huang, C.-F., & Yen, C.-F. The associations between aggressive behaviors and Internet addiction and online activities in adolescents. *Journal of Adolescent Health*, 2009, 44(6): 598—605.

21. Meyer, T. P. Effects of viewing justified and unjustified real film violence on aggressive behavior. *Journal of Personality and Social Psychology*, 1972, 23(1): 21.

22. Pettit, G. S., Laird, R. D., Dodge, K. A., Bates, J. E., & Criss, M. M. Antecedents and behavior-problem outcomes of parental monitoring and psychological control in early adolescence. *Child development*, 2001, 72(2): 583—598.

23. Robinson, T. E. & Berriage. KC. *Addiction*, *Annual Review of Psychology*, 2003, (54): 25—53.

24. Shek, D. T. A longitudinal study of perceived differences in parental control and parent-child relational qualities in Chinese adolescents in Hong Kong. *Journal of Adolescent Research*, 2007, 22(2): 156—188.

25. Valle, M. F., Huebner, E. S., & Suldo, S. M. An analysis of hope as a psychological strength. *Journal of School Psychology*, 2006, 44(5): 393—406.

26. van den Eijnden, R. J., Meerkerk, G.-J., Vermulst, A. A., Spijkerman, R., & Engels, R. C. Online communication, compulsive Internet use, and psychosocial well-being among adolescents: a longitudinal

study. *Developmental psychology*，2008，44(3)：655.

27. Wright，J. P.，& Cullen，F. T. Parental efficacy and delinquent behavior：Do control and support matter. *Criminology*，2001，39，677.

28. Yen，C. F.，Ko，C. H.，Yen，J. Y.，Chang，Y. P.，& Cheng，C. P. Multi-dimensional discriminative factors for Internet addiction among adolescents regarding gender and age. *Psychiatry and Clinical Neurosciences*，2009，63(3)：357－364.

29. YEN，C. F.，YANG，Y. H.，& CHONG，M. Y. Correlates of methamphetamine use for Taiwanese adolescents. *Psychiatry and Clinical Neurosciences*，2006，60(2)：160－167.

30. Young，K. Internet addiction：Symptoms，evaluation，and treatment. Retrieved January 1996，(9)：2002.

31. Young，K. S. Internet addiction：The emergence of a new clinical disorder. *Cyberpsychology & behavior*，1998，1(3)：237－244.

32. 方晓义．母亲依恋，父母监控与青少年的吸烟，饮酒行为[J]. 心理发展与教育，1995，(3)：54－58.

33. 郭晓丽，江光荣，朱旭．暴力电子游戏的短期脱敏效应：两种接触方式比较[J]. 心理学报，2009，(3)：259－266.

34. 刘纯姣．上海市大学城学生网瘾调查报告[J]. 心理科学，2009，(4)：1003－1005.

35. 万晶晶．心理需求补偿与大学生网络成瘾的关系研究[D]. 北京师范大学博士学位论文，2007.

36. 王婧．大学生情绪智力，网络使用偏好与网络成瘾的关系研究[D]. 华中师范大学硕士论文，2008.

37. 王文星．大学生网络成瘾与亲子关系研究[D]. 长沙理工大学学位论文，2010.

38. 魏谨，佐斌，温芳芳，等．暴力网络游戏与青少年攻击内隐联结的研究[J]. 中国临床心理学杂志，2009，(6)：715－717.

39. 杨治良，刘素珍 ."攻击性行为"社会认知的实验研究[J]. 心理科学，1996，(2)：75－78.

40. 叶茂林 . 材料性质与内隐攻击性启动效应的实验研究[J]. 心理科学，2001，24(4)：418－421.

41. 张东宁 . 攻击性的内隐社会认知实验研究-IAT 测验在攻击性研究中的应用[D]. 陕西师范大学硕士学位论文，2004.

42. 朱婵媚，宫火良，郑希付 . 未成年人内隐攻击性特征的实验研究[J]. 心理学探新，2006，26(2)：48－50.

第二十四章　定制、角色依恋和网络游戏忠诚的关系研究[①]

魏华　周宗奎　牛更风　何灿

网络游戏具有巨大的经济前景和良好的发展态势，国内外很多企业都投入了大量的资金来开发网络游戏。面对激烈的市场竞争，如何吸引和留住游戏玩家，提高他们的忠诚度，是网络游戏开发商面临的一个重要问题。研究者发现个人交互（personal interaction）、人际互动（social interaction）、玩家互动行为、社会规范、知觉到的凝聚力、信任、转换成本、知觉到的乐趣和沉醉感均会影响网络游戏忠诚，除此之外，定制（Customization）也是影响网络游戏忠诚的一个重要因素。虽然定制和网络游戏忠诚的正向关系得到少量研究的证实，但定制对网络游戏忠诚的作用机制并不清楚。因此该研究采用问卷调查法，考察了网络游戏中的定制、角色依恋对网络游戏忠诚度的影响。结果表明：(1) 网络游戏定制、角色依恋和忠诚度两两之间呈显著正相关；(2) 网络游戏定制对网络游戏忠诚度没有直接影响，而是通过角色依恋的完全中介作用对网络游戏忠诚度产生影响。

焦点阅读：

网络游戏忠诚度的影响因素；

网络游戏定制对网络忠诚度的影响；

网络游戏定制通过角色依恋的完全中介作用对网络游戏忠诚度产生影响。

---

① 本文已发表于《心理科学》2014 年第 2 期。

关键词：

网络游戏(online games)，忠诚度(loyalty)，定制(customization)，角色依恋(character attachment)

24.1 引言

在全球经济动荡的背景之下，网络游戏产业却表现出稳健而迅速的增长。网络游戏在中国拥有大量的支持者，中国互联网络信息中心(CNNIC)2013年的数据表明，截至2012年年底，国内网络游戏用户规模达3.36亿。网络游戏产业虽然利润丰厚，但竞争也非常激烈，因此如何建立和维系用户忠诚就显得尤为重要。网络游戏忠诚这一概念来源于品牌忠诚，是指"玩家对所参与的游戏具有较为强烈的偏好，就算是面临一些情境改变，也不会影响玩家对该游戏的持续性使用的意愿与行为"(张静，2006)。目前，只有少量的研究考察了网络游戏忠诚的影响因素。研究者发现个人交互(personal interaction)、人际互动(social interaction)、玩家互动行为、社会规范、知觉到的凝聚力、信任、转换成本、知觉到的乐趣和沉醉感均会影响网络游戏忠诚(魏松科，2006；张静，2007；Choi & Kim，2004；Hsu & Lu，2004)。除此之外，定制(Customization)也是影响网络游戏忠诚的一个重要因素(Teng，2010)。虽然定制和网络游戏忠诚的正向关系得到少量研究的证实，但定制对网络游戏忠诚的作用机制并不清楚。因此本研究不仅要考察这两者的关系，还要探索它们关系间的中介变量。

24.1.1 网络游戏定制及其与忠诚的关系

定制(Customization)是指个体可以依据个人偏好来创建、选择和改变技术、商品和服务的程度(Teng，2010)。关于定制的研究已经涵盖了众多领域(Fogliatto，da Silveira，& Borenstein，2012)，包括食品工业(McIntosh，Matthews，Mullineux，& Med-land，2010)、电子行业(electronics)(Partanen & Haapasalo，2004)、大型工程制造业(large engineered products)(Lu，Petersen，& Storch，2009)和手机产业(Comstock，Johansen，& Winroth，2004)。实证研究表明，定制会影响用户的购买意愿和忠诚度(Franke，Schreier，&Kaiser，2010；Teng，2010)。随着互联网的高速发展，研究者也开始关注定制对于网络使用心理和行为的影响。例如，Lee 等人(2011)的问卷研究发现，服装销售商店网页的定制会影响用户的整体满意度和行为意向；而 Kalyanara-man 和 Sundar (2006) 通过实验研究也发现，网页的定制程度(高、中、低) 与个人对该网页的积极态度存在正向关联。

目前，市面上流行的网络游戏都有一定程度的定制功能。例如，在魔兽世界的最新副本《熊猫人之谜》中，玩家可以根据自己的喜好来选择游戏角色的外形。以雄性熊猫人为例，该角色有 19 款发型、14 款肤色、21 款脸型和 31 款胡须造型可供选择。除此之外，玩家还可以进行装备和技能的定制。Teng(2010) 的实证研究也发现定制与网络游戏忠诚呈显著正相关。根据上述文献回顾，本研究提出假设 H1：网络游戏中的定制与忠诚呈正相关。

24.1.2　网络游戏定制对忠诚的影响：角色依恋的中介作用

网络游戏的构成元素很多，但角色(character) 是其核心(魏华，周宗奎，田媛，罗青，吴姝欣，2012；Chuang，2006)。在网络游戏中，玩家是通过他们所选择的角色来进行几乎所有的活动，有些游戏玩家不惜花费几个月甚至几年的时间来构建自己的游戏角色。在玩网络游戏的过程中，玩家的情绪会随着角色的遭遇和表现而跌宕起伏。Ganesh 等人(2011) 的研究表明，当玩家与角色互动时，其情感投入程度与他们和亲密他人交往时相似。通过长期的互动，网络游戏玩家会与游戏角色形成紧密的联系，Lewis(2008) 等人将这种联系称为角色依恋。虽然没有直接的结果表明角色依恋与网络游戏忠诚有关，但相关研究却提供了一些线索。例如，游戏角色认同会影响玩家体验到的乐趣及其成瘾情况(Sma-hel，Blinka，& Ledabyl，2008；Trepte & Reinecke，2010)。Hsu 等人(2007) 的研究也发现网络游戏中的角色扮演体验(role-play experience)与成瘾有关；国内魏华等人(2012)的研究也发现，网络游戏角色依恋与成瘾呈显著正相关。根据上述文献回顾，可以发现网络游戏玩家与角色的关系对于游戏心理和行为有着重要的影响。据此，本研究提出假设 H2：网络游戏角色依恋与忠诚呈正相关。

定制除了会影响游戏忠诚，还可能影响角色依恋。游戏的定制程度越高，玩家建构出的游戏角色就越具有个人特色，由于“内隐自大”的原因，他们可能会对角色产生更强烈的偏好。内隐自大(implicitegotism) 是指人们倾向于对与自己相关的事物进行积极评价。在所有的字母中，人们会偏好自己名字里所包含的那些字母，而且个体对与自己姓相同的异性吸引力评分较高(周欣悦，高定国，马戏娜，吴国宏，王燕，2006；Kitayama & Karasawa，1997；Nuttin，1987) 。以往的研究也表明，玩家知觉到的自己和角色的相似程度可以正向预测玩家对角色的偏好(Hsu，Kao，& Wu，2007)。因此，定制程度越高，玩家可能会更喜欢自己的游戏角色，也更容易和游戏角色形成更加紧密的联系。据此，本研究提出假设 H3：网络游戏定制与角色依恋呈正相关。

基于以上分析，本研究得出整体的研究框架和 H4：定制不仅对网络游戏忠诚有直接影响，还会通过角色依恋的中介作用影响网络游戏忠诚。

24.2 方法

24.2.1 被试

大量研究发现接触网络游戏的玩家多为男性，例如 Griffiths 等人(2004) 的研究中男性玩家占玩家总数的 81% ，Smahel 等人(2008) 的研究中男性玩家占玩家总数的 84.6%；因此本研究只选择男性作为研究对象。采用方便取样的原则，在选修课课堂上询问男生是否玩网络游戏，并发放问卷，进行施测。抽取某高校男大学生 480 人为被试，最终获得有效被试 459 人，有效率为 95.63% 。

24.2.2 研究工具

网络游戏定制问卷。参照 Teng(2010) 等人编制的网络游戏定制问卷，包括四个题目。问卷采用 7 点计分，得分越高，表示网络游戏定制程度越高。该问卷在本研究中的内部一致性系数 α 为 0.67。

网络游戏角色依恋问卷。采用 Lewis(2008) 等人编制的游戏角色依恋问卷，该问卷经过国内研究者魏华等人(2012) 翻译和适用性分析，表明有良好的信效度。该问卷采用 7 点计分法，得分越高，表示角色依恋程度越高。问卷分为四个维度，共 17 个题目；其中友谊和认同 6 题、关注矛盾 4 题、控制 4 题和责任 3 题。该问卷在本研究中的内部一致性系数 α 为 0.90。

网络游戏忠诚问卷。采用张静(2006) 编制的网络游戏忠诚问卷。该问卷包括五个题目，分别测量玩家再消费意愿、积极态度、交叉购买意愿、价格容忍度和向他人推荐游戏的意愿。该问卷采用 5 点计分法，得分越高，表示网络游戏忠诚度越高。该问卷在本研究中的内部一致性系数 α 为 0.71。

24.2.3 共同方法偏差检验

由于本研究数据都通过问卷收集，因此可能存在共同方法偏差的问题。根据周浩和龙立荣(2004) 推荐的方法进行检验，不存在共同方法偏差。采用验证性因素分析，设定公因子数为 1，结果发现拟合指数差($\chi^2/df=6.86$，$RMSEA=0.11$，$NFI=0.85$，$NNFI=0.87$，$GFI=0.74$)，表明本研究不存在共同方法偏差的问题。

24.3 结果

24.3.1 定制、角色依恋和网络游戏忠诚的相关分析

将定制、角色依恋和网络游戏忠诚的总分进行相关分析，结果如表

24.1 所示。相关分析表明，在三个变量中，两两之间均呈显著正相关，与假设一致。

表 24.1 定制、角色依恋和网络游戏忠诚的相关

	$M \pm SD$	1	2
1 定制	16.50±5.06		
2 角色依恋	68.37±16.00	0.33**	
3 网络游戏忠诚	14.29±3.77	0.20**	0.44**

注：* $p<0.05$，** $p<0.01$，下同。

24.3.2 定制与网络游戏忠诚：角色依恋的中介作用

如果自变量 X 通过影响 M 来影响 Y，则称 M 为中介变量。按照中介变量的检验程序，通过回归分析对角色依恋在定制与网络游戏忠诚之间的中介作用进行检验(温忠麟，张雷，侯杰泰，刘红云，2004)．为分析方便，本研究把自变量定制到中介变量角色依恋的路径系数称为 a，由中介变量角色依恋到结果变量网络游戏忠诚的路径系数称为 b，定制到网络游戏忠诚的路径系数称为 c'(偏回归系数)，而定制对网络游戏忠诚的总效应(简单回归系数) 称为 c。回归分析发现除 c'以外，所有回归系数均显著，因此角色依恋在定制和网络游戏忠诚之间起到完全中介作用。各项回归系数数值为：c =0.20，a=0.33，b=0.42，c'=0.06(图 24.1)。

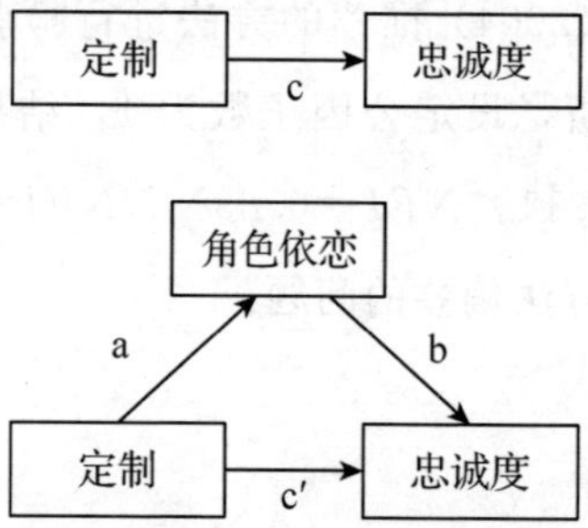

图 24.1 网络游戏角色依恋对定制与忠诚度的中介作用模式图

24.4　讨论

24.4.1　网络游戏定制及其与忠诚的关系

鉴于定制在诸多商业领域中的重要意义，本研究考察了定制与网络游戏忠诚的关系。结果发现，定制与网络游戏忠诚呈显著正相关，这一研究结果与假设 H1 一致。理论和实证研究表明，追求独特性(distinctiveness)是人类一种普遍和基本的心理需求(Brewer，1991；Vignoles，Chryssochoou，& Break-well，2000)。人们会通过各种行为和策略来满足独特性的需求，尤其是当其独特性受到威胁的时候(Lemaine，1974；Vignoles，Chryssochoou，& Break-well，2000)。但是在现实生活中，尤其是在中国，独特性的心理需求往往无法完全满足。而网络游戏，特别是网络游戏的定制功能，则给人们提供了一个满足自己独特性心理需求的空间。而以往的研究表明，心理需求的满足是影响网络游戏忠诚的一个重要因素(Teng，2010)。因此，网络游戏的定制程度越高，个体独特性的心理需求满足程度会越高，也就会对该游戏更加忠诚。

24.4.2　网络游戏定制对忠诚的影响：角色依恋的中介作用

本研究引入角色依恋进一步探讨了网络游戏定制对忠诚的作用机制。结果表明，网络游戏定制通过角色依恋的完全中介作用对网络游戏忠诚度产生影响，定制对于网络游戏忠诚度没有直接影响，与假设 H4 部分一致。在网络游戏中，玩家几乎所有的活动都是通过角色来完成的，而定制对于忠诚度的影响也是通过影响玩家与角色的联系来实现的。

首先，网络游戏定制会增强角色依恋。当一款网络游戏定制程度越高的时候，玩家就可以将更多的个人信息加入游戏角色之中。根据内隐自大理论，人们会更加喜欢和自己信息相关的事物，例如人们会更喜欢自己名字里所包含的那些字母(Kitaya-ma & Karasawa，1997；Nuttin，1987)。以往的研究还发现，玩家知觉到的自己和角色的相似度与角色的偏好有正向关联(Hsu，Kao，& Wu，2007)。因而，网络游戏定制程度越高，角色就能够包含更多的自我信息，而玩家对该角色的态度也越积极，从而增强角色依恋。此外，当网络游戏定制程度较高时，玩家就更有可能创建出独一无二的角色，即使那些特性与个体无关，但他们追求独特的心理需求也能够更好地得到满足，从而提升他们的角色依恋。其次，网络游戏角色依恋又会提升用户忠诚。网络游戏角色依恋程度越高，意味着玩家和角色有越强的积极联系，这种积极联系可能会诱发游戏过程中更多的积极心理体验，从而提升忠诚度。以往研究发现，角色依恋和网络游戏中的积极体验呈正相关，而网络游戏中的积极体验又是影响忠诚度的重要因素(热娜古丽．艾赛提，魏华，2011；Choi & Kim，2004）。另一方面，网络游戏角色依恋程度越高，玩家与角色之间的情感联系越紧密，中止这款游戏时的心理转换成本会更高；而角色依恋程度越高的玩家越有可能投入更多的时间和金钱到游戏之中，中止游戏时的经济转换成本也会越高。而以往研究表明转换成本越高，个体网络游戏忠诚度越高。因此网络游戏角色依恋还有可能通过转换成本来影响忠诚度。

24.4.3 本研究的现实意义

本研究发现，定制对于网络游戏忠诚有重要的影响，而且这一影响是通过角色依恋的中介作用实现的，这一发现有一定的现实意义。在网络游戏设计过程中，应该重视定制的作用，尤其是游戏角色定制。多样化和差异化是定制的基础，因此游戏开发商应该尽可能设计各式各样的游戏角色，提供各具特色的游戏服务。目前，网络游戏玩家中女性较少，可能是当前的游戏角色设计和定制仅仅反映了男性的偏好，无法满足女性的心理需求。未来的游戏开发可以基于性别差异来特别关注女性的特征，设计出吻合她们需要的游戏角色，并且通过定制服务来满足她们追求独特的心理需求。

参考文献

1. Brewer, M. B. . The social self: On being the same and different at the same time. *Personality and Social Psychology Bulletin*, 1991, (17): 475—482.

2. Choi, D. , & Kim, J. Why people continue to play online games: In search of critical design factors to increase customer loyal-ty to online contents. *CyberPsychology and Behavior*, 2004, 7(1): 11—24.

3. Chuang, Y. C. Massively multiplayer online role— playing game-induced seizures: A neglected health problem in internet ad-diction. *Cyberpsychology and Behavior*, 2006, 9(4): 451—456.

4. Comstock. M. , Johansen. K, & Winroth. M. From mass production to mass customization: Enabling perspectives from the Swed-Distinct cortical regions of the person — processing network are in-graphic factors and playing variables in online computer gaming. *CyberPsychology and Behavior*, 2004, 7(4): 479—487.

5. Hsu, C. L. , & Lu, H. P. Why do people play online games? An extended TAM with social influences and flow experi-ence. *Information and Management*, 2004, 41(7): 853—868.

6. Hsu, S. H. , Kao, C. H. & Wu, M. C. Factors influencing player preferences for heroic roles in role—playing games. *CyberPsy-chology and Behavior*, 2007, 10(2): 293—295.

7. Kalyanaraman, S. , & Sundar, S. The psychological appeal of personalized content in web portals: Does customization affect attitudes and behavior? *Journal of Communication*, 2006, (56): 110—132.

8. Kitayama, S. , & Karasawa, M. Implicit self — esteem in Japan: Name letters and birthday numbers. *Personality and Social Psychology*

Bulletin, 1997, (23): 736—742.

9. Lee, H. H., Damhorst, M. L., Campbell, J. R., Loker, S., & Parsons, J. R.. Consumer satisfaction with a mass customized Internet apparel shopping site. *International Journal of Consumer Studies*, 2011, (35): 316—329.

10. Lemaine, G. Social differentiation and social originality. *European Journal of Social Psychology*, 1974, (4): 17—52.

11. Lewis, M. L., Weber, R., & Bowman, N. D. "They May Be Pixels, But They're MY Pixels": Developing a Metric of Character Attachment in Role-Playing Video Games. *CyberPsychology & Behavior*, 2008, 11(4): 515—518.

12. Lu, R. F., Petersen, T. D., & Storch, R. L. Asynchronous stochastic learning curve effects in engineering-to-order customisation processes. *International Journal of Production Research*, 2009, 47(5): 1309—1329.

13. McIntosh, R. I., Matthews, J., Mullineux, G., & Medland, A. J. Late customisation: issues of mass customisation in the food industry. *International Journal of Production Research*, 2010, 48(6): 1557—1574.

14. Nuttin, J. M. Affective consequences of mere ownership: The name letter effect in twelve European languages. *European Journal of Social Psychology*, 1987, (17): 381—402.

15. Partanen, J. & Haapasalo, H. Fast production for order fulfillment: Implementing mass customization in electronics industry. International Journal of Production Economics, 2004, 90(2): 213—222. Smahel, D., Blinka, L., & Ledabyl, O. Playing MMO R PGs: Connections between addiction and identifying with a character. *CyberPsychology and Behavior*, 2008, 11(6): 715—718.

16. Teng, C. I. Customization, immersion satisfaction, and online ga-

mer loyalty. *Computers in Human Behavior*，2010，(26)：1547－1554.

17. Trepte，S.，& Reinecke，L. Avatar creation and video game enjoyment：Effects of life-satisfaction，game competitiveness，and identification with the avatar. *Journal of Media Psychology*，2010，22(4)：171－184.

18. 热娜古丽．艾赛提，魏华．网络游戏体验，角色依恋和网络游戏忠诚的关系研究[C]. 第十四届全国心理学学术会议论文摘要集，2011.

19. 魏华，周宗奎，田媛等．游戏角色依恋问卷在中国大学生中的适用性研究[J]. 中国临床心理学杂志，2012，20(2)：165－167.

20. 魏松科．基于转换成本的网络游戏客户忠诚度研究[D]. 浙江大学硕士论文，2006.

21. 温忠麟，张雷，侯杰泰，刘红云：中介效应检验程序及其应用[J]. 心理学报，2004，36(5)：614－620.

22. 张静．角色扮演类网络游戏玩家互动行为对忠诚度影响之研究[D]. 浙江大学硕士论文.

23. 周浩，龙立荣．(2004). 共同方法偏差的统计检验与控制方法[D]. 心理科学进展，2007，12(6)：942－950.

24. 中国互联网络信息中心．第 31 次中国互联网络发展状况统计报告．2013－01－20，取自 http：/ /www. Cnnic. net. cn /index. htm.

25. 周欣悦，高定国，马戏娜等．中国文化中内隐自大对人际吸引力的影响[J]. 心理科学，2006，29(6)：1484－1488.

第五部分

青少年网络成瘾行为的实证研究

第二十五章　青少年自我概念、网络消极评价与网瘾倾向的关系

金盛华　吴嵩　郭亚飞　张林

由于青少年自我控制、判断力等都处于发展的时期，他们在使用网络的过程中非常容易依赖成瘾，进而对正常的学习和社会化产生不利影响。大量研究表明，青少年的网络成瘾问题存在明显的个体差异，低自尊、高抑郁、人际关系差、自我概念不清晰的个体往往表现出更高的网络成瘾倾向。同时也有研究发现那些对网络评价高的青少年也更可能表现网络成瘾的症状。关于自我概念、网络消极评价对青少年网瘾的研究虽然有一些，但都局限在其中任一方面，忽视彼此的交互影响。并且随着中国中小学体制的改革，重点学校、实验学校与普通学校之间在教学管理和学生发展等方面展现出越来越多的差异性，这也是青少年研究不可忽视的新变量。因此，本研究以中小学生为被试，运用自我概念与消极网络评价的问卷进行测量，以探讨中小学生自我概念、消极网络评价与其网络成瘾倾向的关系以及相互的影响。研究者采用问卷调查的方法，探讨青少年的自我概念、网络消极体验评价对其网络成瘾的影响及学校类型的调节作用。结果发现：(1)自我概念对青少年网络成瘾有显著的负向预测作用，网络消极评价正向预测其网络成瘾，重点学校学生的网络成瘾倾向高于非重点学校；(2)网络消极评价的高低能够影响自我概念对网络成瘾的负向预测作用，但只限于非重点学校。在此结果基础上对青少年网瘾的心理干预及教育环境进行讨论。

焦点阅读：

自我概念与网络成瘾；

网络消极评价与网络成瘾；

学校类型与网络成瘾。

在非重点学校中，网络消极评价的高低能够影响自我概念对网络成瘾的负向预测作用。

关键词：

网络成瘾(Internet addiction)，青少年(adolescent)，自我概念(self-concept)，网络消极评价(appraisal on Internet's negative influence)，重点学校(key schools)

25.1 引言

中国接入互联网20周年以来，尤其是随着近年来手机互联网的不断普及，网络的使用呈现出越来越低龄化的趋势。互联网在青少年群体，尤其是未成年群体中的不断渗透，正逐渐改变着他们的生活方式、交流方式以及思维方式。根据中国互联网络信息中心(CNNIC)2014年5月发布的"2013年中国青少年上网行为调查报告"显示，2013年中国青少年网民规模达2.56亿，占青少年总体的71.8%，超过全国互联网普及率平均水平(45.8%)26个百分点；其中，未成年网民占青少年总体的54.5%，规模为1.4亿，手机是他们主要的上网设备。中国少先队事业发展中心于2014年6月发布"第七次中国未成年人互联网运用状况调查报告"指出，城市地区未成年人网络普及率超过92%，农村也超过了80%，互联网已成为未成年人生活的一部分。

由于青少年自我控制、判断力等都处于发展的时期，他们在使用网络的过程中非常容易依赖成瘾，进而对正常的学习和社会化产生不利影响

(中国青少年研究中心课题组，2010)。网络成瘾(Internet Addiction Disorder)的概念最早由Goldberg提出，认为是一种应对机制的行为过瘾(Garrison & Long，1995；Goldberg，1996)，后来精神病学家Young借用病理性赌博的概念，提出病理性网络使用(Pathological Internet Use)的精神疾病概念(Young，1996，1998)，并在实证研究中发现网瘾会对人们的行为和社会功能产生显著的负面影响(卫根泉，2005；高文斌，陈祉妍，2006)。大量研究发现，网瘾对青少年的危害尤为严重，不仅影响其身心健康的发展，也为家庭和社会教育工作带来极大的困难和挑战(Young，1996，1998；Tsai & Lin，2001；雷雳，陈猛，2005；邓晶，易春丽，钱铭怡，聂晶，黄峥，2006；邓林园，方晓义，伍明明，张锦涛，2013)。

25.1.1　自我概念与网络成瘾倾向

自我概念是个体关于自身的一系列信念，包括学业成绩、性别角色和种族身份等，是自己对“我是谁”这个自我核心问题的认识与回答(Shavelson，Hubner，& Stanton，1976；Shavelson，& Bolus，1982；Flook，Repetti，& Ullman，2005；Leflot，Onghena & Colpin，2010；金盛华，1996)。对于青少年而言，其自我概念正处于形成和快速发展的时期，因此呈现出较大的个体差异性、表面性和矛盾性。大量自我概念的相关研究发现，青少年的自我概念与其学业成绩、生活价值感和满意度都存在显著的正相关关系(金盛华，1996；金盛华，田丽丽，2003；徐富明，施建农，刘化明，2008)；同时，自我概念低或消极的青少年往往表现出更多的不良行为问题，如逃课、打架、吸烟喝酒等(钞秋玲，郭祖仪，王淑兰，2000；叶丽红，2003)。

近年来随着网吧在边缘城镇和农村地区的大面积普及，青少年网络成瘾逐渐成为当下青少年成长与教育中最棘手的问题。有研究者提出青少年网络成瘾问题的关键在于青少年自身，应该从其自我的特点中寻求解决之道(李志德，2005)。中国台湾和其他国家和地区的研究也发现，青少年的网络成瘾问题存在明显的个体差异，低自尊、高抑郁、人际关系差、自我概念不清晰的个体往往表现出更高的网络成瘾倾向(Ko，Yen，Yen，Lin，& Yang，2007；Yang & Tung，2007；Teo，2009)。

鉴于之前关于自我概念与网瘾倾向的研究主要集中在初、高中学生，本研究将在此基础上深入探讨青少年的自我概念与其网络成瘾的关系，并将研究对象扩展到小学四年级以上的中小学生。

25.1.2 网络消极评价与网络成瘾倾向

态度是一个人喜欢或不喜欢某个人或事物的表达，是一个人对客体的主观评价，在非常消极与非常积极之间变化(Allport，1935；Wood，2000)。在教育研究中，学生对某个事物的态度常常可以作为预测其相关成绩的重要变量，因此，青少年的网络成瘾倾向也应该会受到其对网络的态度和认知评价的影响(路英智，张勤峰，2005；邓晶，易春丽，钱铭怡，聂晶，黄峥，2006)。

我国台湾学者 Tai & Lin(2001)在对 753 名台湾高中生进行的网络使用状况调查中发现，网络使用频繁的青少年会表现出更高的强迫性上网行为，那些对网络评价高的青少年也更可能表现网络成瘾的症状，投入更多的时间去满足自己的网络需求。其他研究者发现，网络成瘾者比非成瘾者会感受到更多网络对日常生活、学业成绩和亲子关系所产生的负面影响(Yang & Tung，2007)。

在此基础上，本研究认为青少年对网络影响的态度和认知评价会显著影响他们的网络成瘾倾向，尤其是网络的消极影响。当青少年对网络的消极影响的认知评价高时，他们对网络的认知表现出更多的片面化、盲目化，进而更易产生不良上网行为和网瘾；当青少年对网络的消极影响的认知评价低时，他们对网络的认知更趋于理性，进而上网的行为也更加合理。

关于自我概念、网络消极评价对青少年网瘾的研究虽然有一些，但都局限在其中任一方面，忽视彼此的交互影响，并且随着中国中小学体制的改革，重点学校、实验学校与普通学校之间在教学管理和学生发展等方面展现出越来越多的差异性，这也是青少年研究不可忽视的新变量。因此，本研究以中小学生为被试，运用自我概念与消极网络评价的问卷进行测量，以探讨中小学生自我概念、消极网络评价与其网络成瘾倾向的关系以及相互的影响，同时中小学现存的三种不同学校类型是否会对此关系产生影响。

25.2　方法

25.2.1　研究对象

本研究从贵州、重庆、江苏、山东、河南、河北、甘肃、内蒙古、西藏、大连十个地区采用问卷取样的方法，共发放问卷4500份，剔除406份没有完整填写或填写不认真的问卷，最终获得有效问卷为4094份，问卷的有效率为91.0%。其中男生1874人(45.8%)，女生2068人(50.5%)，性别缺失152人(3.7%)；小学高年级学生(4－6年级)1830人(44.7%)，初中生2264人(55.3%)；被试年龄的分布范围从10岁到16岁。

25.2.2　研究工具

基本人口学变量。包括性别、年龄、年级、学校类型和家庭基本情况等信息。

自我概念。根据国际上通常采用的自我描述问卷(Self-Descriptive Questionnaire)(Marsh, Relich & Smith, 1983)以及陈国鹏等人修订的中国版本(陈国鹏，崔丽呶，1997)，本研究选取并改编了测量学业自我概念的三个维度(语文、数学和一般学校情况)，编写了7个类似题目。所有题目均为4点评分，从“很不符合(1)”到“很符合(4)”，由各题目得分相加之后求平均数作为最终的得分，分数越高代表自我概念程度越高或对自己越有把握。在本研究中，这个维度量表的Cronbach's α系数是0.81.

网络消极评价。改编自国际上常用的网络态度量表CAS(Computer Attitude Scale)(Selwyn, 1997; Teo, 2009)，本研究采用其中的三个子维度来测量对网络的消极体验评价，包括消极认知体验(3个条目)、消极情绪体验(4 个条目)和消极交流体验(5 个条目)。所有题目均为 5 点评分，从“完全不符合(1)”到“完全符合(5)”，由各维度所含题目的得分相加求平均数作为各维度的得分，所有维度的得分相加求平均数作为最终的得分，分数越高代表对网络的消极评价越高，即主观受到网络存在的负面影响越大。在本研究中，总量表和三个维度的 Cronbach's α 系数分别为 0.89 和 0.77、0.82、0.91.

网络成瘾倾向。采用 Young(1998，1999)编制的“网络成瘾诊断量表(Internet Addiction Diagnostic Questionnaire)”进行施测。该量表由 8 个迫选的题目组成，每个题目被试都要做出“是”或“否”的回答，选择“是”记为 1 分，“否”记为 0 分，并将得分大于等于 5 分的诊断为网络成瘾者，小于 5 分的为非成瘾者，得分越高，表明被试的网络成瘾倾向越高。

25.2.3 数据处理与统计分析

采用 SPSS20.0 和 Mplus7 进行数据管理和统计分析。

25.3 结果

25.3.1 中小学生网络成瘾人数及百分比

根据 Young(1998)进行诊断的标准，得分大于等于 5 分的被界定为“网络成瘾者”，小于 5 分的为“未成瘾者”，在本研究中，共有 172 名青少年符合标准，属于网络成瘾者，占总人数的 3.51%。

25.3.2 基本人口学变量的网瘾差异

采用编码的形式生成性别变量(男＝1，女＝－1)，在回归分析发现，男性和女性在网络成瘾倾向上存在显著差异，$F(1, 3941)=79.8$，$p<0.001$，$\eta^2=0.02$，男性网络成瘾的倾向显著高于女性。独生子女与非独生子女间也存在显著差异(独生＝1，非独生＝－1)，$F(1, 4066)=35.37$，$p<0.01$，$\eta^2=0.008$，独生子女网络成瘾的倾向显著高于独生子女。单亲家庭与非单亲家庭也存在显著差异(单亲＝1，非单亲＝－1)，$F(1, 4025)$

$=4.909$，$p=0.027$，$\eta^2=0.001$，单亲家庭背景的被试网络成瘾的倾向显著高于非单亲家庭。

采用正交编码的形式编码学校类型，生成两个编码变量学校 1(重点=2，实验=−1，普通=−1)和学校 2(重点=0，实验=1，普通=−1)。在控制性别的条件下，进行回归分析得到，$F(3, 3941)=32.817$，$p<0.001$，其中学校 1 的回归系数=0.054，$p=0.003$，$\eta^2=0.001$，即重点学校学生的网络成瘾倾向显著高于普通和实验学校；学校 2 的回归系数−0.153，$p<0.001$，$\eta^2=0.002$，即普通学校学生的网络成瘾倾向显著高于实验学校。

25.3.3　自我概念、网络消极评价、学校类型与网络成瘾倾向的相关

在进行回归分析之前，首先采用 Harman 单因素检验对研究的数据进行共同方法偏差的检验(Kolar & Zabkar，2010；Podsakoff & Organ，1986)。根据单因素模型的假设，将所有的项目负荷到一个因素时，拟合情况比原来的模型更差($\chi^2=17535.866$，$df=324$，$p<0.001$，$RMSEA=0.114$，$SRMR=0.117$，$TLI=0.494$，$CFI=0.533$)，因此，本研究所采用的数据中并不存在共同方法偏差。

自我概念与网络成瘾倾向呈显著的负相关，网络消极评价与网络成瘾倾向呈显著的正相关，学校 1 与网络成瘾呈现显著的正相关，学校 2 与网络成瘾呈现显著的负相关(见表 25.1)。

表 25.1　自我概念、网络消极评价、学校类型与网络成瘾的相关分析

变量($n=4094$)	M	SD	1	2	3	4
1 自我概念	3.19	0.66	—			
2 网络消极评价	1.87	0.94	0.000	—		
3 学校 1	−0.03	1.40	0.056**	−0.045**	—	
4 学校 2	−0.37	0.73	0.078**	−0.005	0.350**	—
5 网络成瘾倾向	1.08	1.51	−0.159**	0.251**	0.036*	−0.037*

注：**$p<0.01$；*$p<0.05$；下同。

25.3.4　自我概念与网络成瘾的关系：网络消极评价和学校类型的调节作用

采用分层回归的方法，来进一步考察自我概念、网络消极评价以及学

校1与青少年网络成瘾倾向的关系。首先，将性别、学历(小学/中学)作为控制变量进入方程；然后同时纳入三个预测变量，以考察它们的主效应；第三步，引入三个自变量去中心化处理后合成的二阶交互项，以考察二次交互作用；最后，生成三个变量去中心化处理后的三阶交互项，以考察三次交互作用(见表25.2)。

表25.2　自我概念、网络消极评价、学校1预测网络成瘾的分层回归分析

步骤	预测变量	b	β	t	F	R^2
第一步	性别	0.175	0.117	7.834***	70.277***	0.035
	学历	0.262	0.102	7.272***		
第二步	自我概念	−0.315	−0.137	−9.085***	103.231***	0.082
	网络消极评价	0.456	0.281	17.992***		
	学校1	0.055	0.051	3.434**		
第三步	自我*评价	−0.170	−0.114	−7.396***	74.565***	0.016
	自我*学校1	0.004	0.003	0.207		
	评价*学校1	0.054	0.048	3.084**		
第四步	三级交互	−0.064	−0.034	−2.218*	66.893***	0.001

回归分析的结果(见表25.2)发现，自我概念的主效应显著，$b=-0.315$，$t(1,\ 3922)=-9.085$，$p<0.001$，即自我概念能够负向预测网络成瘾倾向，自我概念越低的被试网络成瘾的倾向越高，越易于形成网瘾。网络消极评价的主效应显著，$b=0.456$，$t(1,\ 3922)=17.992$，$p<0.001$，即网络消极评价能够正向预测网络成瘾倾向，被试对网络的消极体验评价越高，其网络成瘾的倾向也越高。学校1的主效应显著，$b=0.055$，$t(1,\ 3922)=3.434$，$p=0.001$，即重点学校学生的网络成瘾倾向显著高于普通和实验学校。

自我概念与网络消极评价存在显著的交互作用，$b=-0.170$，$t(1,\ 3919)=-7.396$，$p<0.001$，$\eta^2=0.013$，事后简单斜率分析的结果显示，当青少年对网络的消极体验评价高时，自我概念能够显著地负向预测其网络成瘾倾向，$t(1,\ 3919)=-12.473$，$p<0.001$，$\eta^2=0.013$；当青少年对网络的消极体验评价低时，自我概念不能显著地预测其网络成瘾倾向，$t(1,\ 3919)=-1.801$，$p=0.072$(见图25.1)。

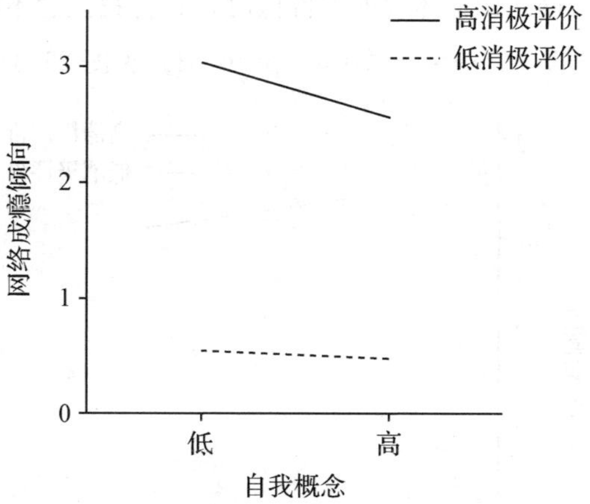

图 25.1　自我概念与网络消极评价的交互作用

网络消极评价与学校 1 存在显著的交互作用，$b=0.054$，$t(1,\ 3919)=3.084$，$p=0.002$，$\eta^2=0.004$；事后检验发现，当青少年对网络的消极体验评价高时，重点学校学生比普通、实验学校具有更高的成瘾倾向，$t(1,\ 3919)=4.812$，$p<0.001$，$\eta^2=0.004$；当青少年对网络的消极体验评价低时，重点学校学生的网络成瘾倾向与普通、实验学校相比并没有显著差异，$t(1,\ 3919)=-0.931$，$p=0.352$。此外，学生的自我概念与学校 1 没有显著的交互作用，$t(1,\ 3919)=0.207$，$p=0.836$。

自我概念、网络消极评价与学校 1 的三级交互作用显著，$b=-0.064$，$t(1,\ 3918)=-2.218$，$p=0.027$，$\eta^2=0.001$。事后简单斜率分析的结果显示，对于重点学校的学生而言，自我概念与网络消极评价之间没有显著的交互作用，$b=-0.010$，$t(1,\ 3918)=-0.224$，$p=0.823$，即无论重点学校的青少年对网络消极体验的评价高或者低，其自我概念都能显著地负向预测其网络成瘾倾向，$t(1,\ 3918)=-4.909$，$p<0.001$，$t(1,\ 3918)=-2.046$，$p=0.041$(见图 25.2)；对于非重点学校的学生而言，自我概念与网络消极评价的交互作用显著，$b=-0.132$，$t(1,\ 3918)=-4.991$，$p<0.001$，$\eta^2=0.001$，当非重点学校的青少年对网络消极体验的评价高时，其自我概念能显著地负向预测其网络成瘾倾向，$t(1,\ 3918)=-11.872$，$p<0.001$，当非重

点学校的青少年对网络消极体验的评价低时，其自我概念不能显著地预测其网络成瘾倾向，$t(1,3918)=-1.014$，$p=0.311$(见图 25.3)。

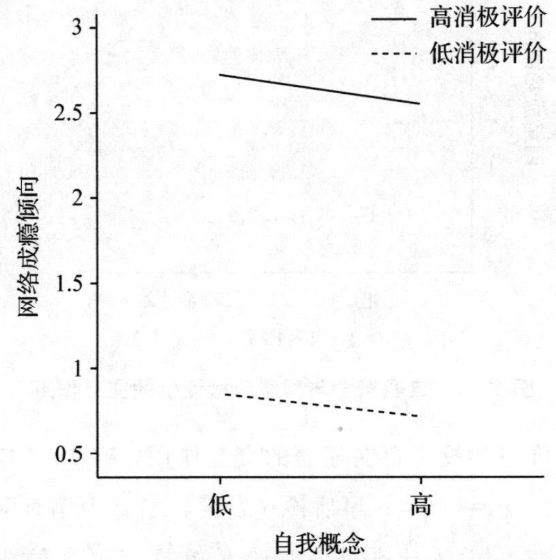

图 25.2　重点学校图

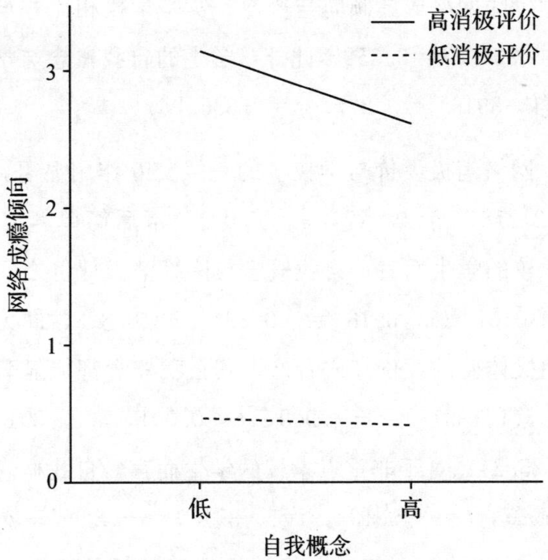

图 25.3　非重点学校(实验和普通)

具体到实验学校和普通学校的差别(学校 2)，自我概念与学校 2 之间没有显著的交互作用，t(1，3919)＝0.046，p＝0.964；自我概念、网络消极评价与自我概念也没有显著的三级交互作用，b＝－0.015，t(1，3918)＝－0.015，p＝0.615，即普通学校与实验学校的学生在其自我概念对网络成瘾倾向的预测上并没有显著差异。

25.4　讨论

本研究发现，青少年的自我概念与其网络成瘾倾向的水平呈负相关，表明高自我概念的青少年社会能力比较强，能够通过解决问题、寻求帮助等合理途径来应对挫折和烦恼；而低自我概念的青少年比较自卑，内向，过于关注自己的内心世界，不能正确全面地了解自己的能力，因而会沉溺网络世界寻找替代性满足。这一结果与大部分前人的研究结果比较一致(钞秋玲等，2000；王振宏，2001；叶丽红，2003)。不过，本研究中回归分析的结果表明，自我概念对网络成瘾倾向水平的负向预测会受到青少年对网络的消极体验评价的影响，当其对网络的消极体验的认知评价高时，自我概念能够负向预测网络成瘾的水平，但是，当其对网络的消极体验的认知评价低时，自我概念就不能预测青少年的网络成瘾水平。由此可见，自我概念对青少年的网络行为固然重要，但在实际生活中，它会受到青少年对网络的态度和认知评价的调节，也就是说，即使个体的自我概念不高，只要对于网络的负面影响有清晰的认知，就不会网络成瘾，而对于高自我概念的个体，如果对网络的认知不全面，最终也有很大可能会发展成网瘾。

此外，根据自我概念、网络消极评价和学校类型 1 的三级交互作用的结果可以发现，对于重点学校的学生而言，自我概念对其网络成瘾倾向的作用将不再受个体的网络认知的影响，即只有自我概念一个变量单独预测网络成瘾倾向，高自我概念个体的网瘾倾向低，低自我概念个体的网瘾倾向高。对于非重点学校的学生而言，自我概念与个体的网络认知水平会共同预测其网络成瘾倾向，当个体对网络的消极体验的认知评价高时，自我概念与网络成瘾水平呈负相关；当个体对网路的消极体验的认知评价低时，自我概念与网络成瘾倾向没有显著关系。

在中国当前的教育体制中，重点学校属于政府最受重视、教育资源最丰富、生源通常也比较优秀的学校(金生鈜，2000；胡金木，2009；徐长江，2012；徐菁菁，2014)，但由于高考压力和升学指标的存在使得重点学校对学生的管理和控制也相对更严(Tsai & Lin，2001)，因此，相对于其他学校的学生而言，重点学校的学生利用有限的空闲时间来最大化地满足其网络需求的可能性也最大，于是，学生在通常状态下所持有的对网络的消极体验的认知评价也变得不再有预测力，只能依赖学生相对稳定的自我概念特质去预测其网络成瘾倾向。

从研究意义上来说，本研究的贡献主要有两个：一是在自我概念的基础上探讨了个体对网络的认知评价所产生的影响，这在一定程度上支持了干预青少年网瘾的认知行为疗法(Young，2007；Khazaal et al.，2012；马洁，2011)。在通常情况下，通过认知重构，行为练习和暴露治疗等传统认知行为治疗方法，改善青少年关于网络的片面性认知，低自我概念的成瘾个体便能够有意识地控制自己的过度上网行为。二是在一定程度上揭示了备受争议的中小学“重点学校政策”的弊端，关于义务教育阶段的公平与效率的问题由来已久，不少教育研究者都在探讨重点学校继续存在的必要性(刘远碧，2008；胡金木，2009；王后雄，2009；徐长江，2012)，由于过度功利化和标准化的追求，重点学校已经丢失了自身的特色，而把更多的经历花在升学率等硬指标上，造成本研究中所发现的网络成瘾的特殊现象，无法采取有效的认知行为干预去矫正重点学校学生的网络成瘾倾向。

当然，尽管本研究发现了一些成果，但仍存在一些需要改进的地方。第一，被试取样的问题，由于本研究的年级跨度比较大，造成各个年级段的样本量并不是很均衡。第二，本研究所得到的结论都来自问卷调查和相关分析，没有能够继续深入探讨重点学校学生所呈现出的不同的网瘾现象的内在机制。因此，后续研究可以考虑在此基础上，进一步研究学校类型与网络成瘾的关系及其内在机制。

25.5　结论

根据以上的分析和讨论，本研究得出以下结论：

(1)单个而言，青少年的自我概念与其网络成瘾倾向呈显著的负相关。个体对网络的消极体验的认知评价能够正向预测其网络成瘾倾向，即对网络的消极体验的认知评价越高的个体，其网络成瘾倾向也相对较高；学校类型与网络成瘾也存在关系，重点学校的学生表现出相对较高的网络成瘾倾向。

(2)自我概念与网络消极评价能够共同预测青少年的网络成瘾倾向，个体对网络的消极体验的认知评价较高时，高自我概念意味着较低的网络成瘾倾向，低自我概念则相反较高；个体对网络的消极体验的认知评价较低时，无论高自我概念还是低自我概念都无法预测其网络成瘾倾向。

(3)学校类型能够调节自我概念与网络消极评价对青少年网络成瘾倾向的预测作用。对重点学校而言，自我概念对网络成瘾的负向预测作用不再受个体对网络消极体验的认知评价的影响；对非重点学校而言，自我概念高的个体在对网络的认知评价高时也易发展成网瘾，而低自我概念的个体在对网络的认知评价低时却可能避免对网络的成瘾倾向。

参考文献

1. Allport，Gordon. Attitudes，in *A Handbook of Social Psychology*，ed. C. Murchison. Worcester，MA：Clark University Press，1935，789—944.

2. Flook, L., Repetti, R. L., & Ullman, J. B. Classroom social experiences as predictors of academic performance. *Developmental Psychology*, 2005, 41(2): 319.

3. Garrison, J., & Long, P. Getting off the superhighway. *Health*, 1995, 9(20): 312—327.

4. Goldberg, I. Internet addiction disorder. *Retrieved November*, 1996, (24): 2004.

5. Khazaal, Y., Xirossavidou, C., Khan, R., Edel, Y., Zeboun, F., & Zullino, D. Cognitive-behavioral treatments for internet addiction. *Open Addiction Journal*, 2012, 5(1): 30—35.

6. Ko, C. H., Yen, J. Y., Yen, C. F., Lin, H. C., & Yang, M. J. Factors predictive for incidence and remission of internet addiction in young adolescents: a prospective study. *Cyber Psychology and Behavior*, 2007, 10(4): 545—551.

7. Kolar, T., & Zabkar, V. A consumer-based model of authenticity: An oxymoron or the foundation of cultural heritage marketing? *Tourism Management*, 2010, 31(5): 652—664.

8. Leflot, G., Onghena, P., & Colpin, H. Teacher-child interactions: relations with children's self-concept in second grade. *Infant and Child Development*, 2010, 19(4): 385—405.

9. Marsh, H. W., Relich, J. D., & Smith, I. D. Self-concept: The construct validity of interpretations based upon the SDQ. *Journal of Personality and Social Psychology*, 1983, 45(1): 173.

10. Podsakoff, P. M., & Organ, D. W. Self-reports in organizational research: Problems and prospects. *Journal of Management*, 1986, 12(4): 531—544.

11. Selwyn, N. Students' attitudes toward computers: Validation of a computer attitude scale for 16—19 education. *Computers and Education*,

1997, 28(1): 35—41.

12. Shavelson, R. J., & Bolus, R. Self-concept: The interplay of theory and methods. *Journal of Educational Psychology*, 1982, 74(1): 3.

13. Shavelson, R. J., Hubner, J. J., & Stanton, G. C. Self-concept: Validation of construct interpretations. *Review of educational research*, 1976, 407—441.

14. Teo, T. Assessing the factorial validity of the Computer Attitude Scale(CAS) using a Singaporean sample: A confirmatory factor analysis. *The Asia-Pacific Education Researcher*, 2009, 18(2): 297—306.

15. Tsai, C. C., & Lin, S. S. Analysis of attitudes toward computer networks and Internet addiction of Taiwanese adolescents. *Cyber Psychology and Behavior*, 2001, 4(3): 373—376.

16. Wood, W. Attitude change: Persuasion and social influence. *Annual Review of Psychology*, 2000, 51(1): 539—570.

17. Yang, S. C., & Tung, C. J. Comparison of Internet addicts and non-addicts in Taiwanese high school. *Computers in Human Behavior*, 2007, 23(1): 79—96.

18. Young, K. S. Psychology of computer use: XL. Addictive use of the Internet: a case that breaks the stereotype. *Psychological Reports*, 1996, 79(3): 899—902.

19. Young, K. S. Internet addiction: The emergence of a new clinical disorder. *Cyber Psychology and Behavior*, 1998, 1(3): 237—244.

20. Young, K. Internet addiction: Evaluation and treatment. *Student British Medical Journal*, 1999, 7(351): 352.

21. Young, K. S. Cognitive behavior therapy with Internet addicts: treatment outcomes and implications. *Cyber Psychology and Behavior*, 2007, 10(5): 671—679.

22. 钞秋玲，郭祖仪．中学生自我概念与其行为问题的相关研究[J]．中国临床心理学杂志，2000，8(3)：147－149.

23. 陈国鹏，崔丽吸．自我描述问卷Ⅱ型在中国的试用报告[J]．中国临床心理学杂志，1997，5(2)：78－82.

24. 邓晶，易春丽，钱铭怡等．对中学生网络成瘾预防性干预的研究[J]．中国行为医学科学，2006，9(15)：841－842.

25. 邓林园，方晓义，伍明明等．家庭环境，亲子依恋与青少年网络成瘾[J]．心理发展与教育，2013，29(3)：305－311.

26. 高文斌，陈祉妍．网络成瘾病理心理机制及综合心理干预研究[J]．心理科学进展，2006，14(4)：596－603.

27. 胡金木．公平与效率的二重协奏——以改革开放以来“重点学校”政策的变迁为线索[J]．中国教育学刊，2009，(2)：10－13.

28. 金盛华．自我概念及其发展[J]．北京师范大学学报(社会科学版)，1996，(1)：30－36.

29. 金盛华，田丽丽．中学生价值观，自我概念与生活满意度的关系研究[J]．心理发展与教育，2003，(2)：57－63.

30. 金生鈜．精英主义教育体制与重点学校[J]．教育研究与实验，2000，(4)：18－21.

31. 李治德．自我决定理论模式：青少年网瘾行为的解读[J]．探索，2005，(2)：132－135.

32. 雷雳，陈猛．互联网使用与青少年自我认同的生态关系[J]．心理科学进展，2005，13(2)：169－177.

33. 刘远碧．从义务教育的性质反思我国的重点学校制[J]．河北师范大学学报(教育科学版)，2008，(11)：000.

34. 路英智，张勤峰．网络成瘾现象[J]．中国行为医学科学，2005，14(4684)：469.

35. 马洁．网络成瘾干预研究进展[J]．齐齐哈尔医学院学报，2011，32(6)：953－955.

36. 王后雄.“重点学校”问题及其背后之坎[J]. 中国教育学刊，2009，(8)：011.

37. 王振宏. 初中生自我概念，应对方式及其关系的研究[J]. 心理发展与教育，2001，(3)：22－27.

38. 卫根泉. 青少年网络成瘾研究综述[J]. 甘肃政法成人教育学院学报，2005，(2)：137－139.

39. 徐富明，施建农，刘化明. 中学生的学业自我概念及其与学业成绩的关系[J]. 中国临床心理学杂志，2008，16(1)：59－62.

40. 徐长江. 我国重点学校政策研究综述[J]. 东方企业文化，2012，(22)：225.

41. 徐菁菁. 重点学校政策的嬗变及其启示[J]. 教育研究与实验，2014，(4)：015.

42. 叶丽红. 自我概念与青少年心理健康[J]. 现代中小学教育，2003，(8)：018.

43. 中国青少年研究中心课题组. 关于未成年人网络成瘾状况及对策的调查研究[J]. 中国青年研究，2010，(6)：5－29.

44. 中国少先队事业发展中心课题组[R]. 第七次中国未成年人互联网运用状况调查报告，2014.

45. 中国互联网络信息中心(CINIC)[R]. 2013 年中国青少年上网行为调查报告，2014.

第二十六章　初中生自尊、同学关系与病理性互联网使用[①]

张国华　戴必兵　雷雳

青少年不仅是网络使用的主体，同时也是病理性互联网使用的重要群体。心理不成熟的青少年更容易成为病理性互联网使用的潜在危险群体。与其他的成瘾行为相比，病理性互联网使用群体的年龄更小，12～18岁的青少年最容易出现病理性互联网使用症状。就网络使用而言，低自尊也可能是导致青少年病理性互联网使用的重要因素。同学关系是青少年在校期间同伴关系的主要形式和核心要素，对青少年的心理健康具有重要影响。鉴于此，该研究通过纵向追踪设计、运用多层线性模型(HLM)考察初中生病理性互联网使用的发展及其与自尊的关系，并探讨同学关系在自尊和病理性互联网使用之间的作用。研究采用青少年病理性互联网使用量表和自尊量表对北京的初中一年级三个班学生进行为期一年半的6次追踪调查，并用班级环境问卷中的同学关系分量表考察他们的同学关系。结果发现，(1)在一年半时间内，初中生的病理性互联网使用水平呈现显著上升的趋势。病理性互联网使用的初始水平和发展趋势都存在显著的个体差异。(2)自尊能够显著地负向预测病理性互联网使用。(3)同学关系在自尊和病理性互联网使用的关系中起负向调节作用。研究表明，进入初中后学生的病理性互联网使用倾向有增长趋势，自尊能够有效预防初中生的病理性互联网使用，但好的同学关系反而可能削弱自尊对病理性互联网使用的保护性作用。

① 本文已发表于《心理学报》2013年第12期。

焦点阅读：

初中生病理性互联网使用的发展趋势；

自尊与病理性互联网使用的关系；

同学关系在自尊与病理性互联网使用的关系中的调节作用。

关键词：

初中生(junior high school students)，病理性互联网使用(pathological internet use)，自尊(self-esteem)，同学关系(classmate relationship)，多层线性模型(hierarchical linear model)

26.1　引言

近年来，互联网以超乎人们想象的速度迅猛发展，在这过程中越来越多的青少年成为互联网用户。根据中国互联网络信息中心(China Internet Network Information Center，CNNIC)2013年1月份公布的调查数据，截至2012年12月底，我国网民规模达5.64亿。在所有网民中，10～19岁的年轻网民占24.0%，约为1.35亿，是互联网使用的重要群体。这一特点在互联网普及程度较高的国家表现更为突出，如在美国约有94%的青少年在中学阶段就开始使用互联网(Willoughby，2008)，在韩国这一比例甚至接近100%(Kong & Lim，2012)。可以说，网络已经成为一种新的青少年文化媒介(Kong & Lim，2012)。互联网为青少年的人际交往、收集和传播信息以及休闲娱乐提供了诸多便利，但同时也带来网络色情、网络赌博和网络诈骗等不良网络行为(Kong & Lim，2012)，以及人际关系、亲子关系、心理健康、学习等现实心理与行为问题(张锦涛等，2011)。

个体因无法控制互联网使用行为而苦恼并对其日常生活功能造成损害的现象，通常被称为“网络成瘾”(Internet Addiction Disorder，IAD；Young，1999)。鉴于目前“网络成瘾”的概念界定和临床诊断较为复杂，且

三、美国参与东亚多边安全合作机制的动机

美国将多边安全机制作为维护其霸权的外交手段，用以防止东亚地区的主导权落入他国之手以削弱美国在东亚地区的主导地位和既有利益，同时达到牵制中国、防范日本的目的。

美国在东亚地区参与并推动多边安全合作机制发展的主要动机包括以下几个方面：

（一）为霸权合法性寻求外交机制支持

根据迈克尔·马斯坦丁诺的观点，目前美国在东亚的霸权是“不完整的霸权”，因为霸权的合法性不足，美国的霸权地位没有得到区内多数国家的认可，只得到了日本的支持。① 在东亚地区不论是综合实力比较强大、独立自主性较高的中国，还是传统主权意识很浓厚的东南亚国家，对美国的依赖都没有达到完全接受其领导地位的程度。多边主义制度对于霸权国家而言具有以下好处：①降低交易成本；②降低小国对制度发起挑战的可能性；③减少对制度的维持成本；④在相对实力发生变化时增加体系的稳定性。② 要想获得更多的霸权支持，美国可以在不削弱自身霸权的情况下通过参与东亚地区多边安全合作机制，促使许多亚洲国家参与到地区安全事务中，以促进相互沟通和建立信任，同时又可以加深区域内国家与霸权国美国的联系，使其获得更多的资源。美国可以通过为东亚地区提供

---

① 陈寒溪、孙学峰：“东亚安全合作的现实与前景——观点的分歧及其分析”，《世界经济与政治》，2008 年第 3 期，第 52 页。

② 利莎·马丁：“理性国家对多边主义的选择”，载约翰·鲁杰主编，苏长河等译：《多边主义》，浙江人民出版社，2003 年版，第 104—140 页。

暂无一致定论，因此国内学者更多使用“病理性互联网使用”(Pathological Internet Use，简称 PIU)这一术语，以强调对互联网的非理性或不当使用以及导致的消极后果(雷雳，杨洋，2007；徐夫真，张文新，2011；张锦涛等，2011)。

青少年不仅是网络使用的主体，同时也是病理性互联网使用的重要群体。但以往的病理性互联网使用研究大多关注在校大学生。因为在校大学生更容易获得网络连接和 e-mail 账号等网络资源(Yang & Tung，2007)，更容易出现与互联网使用有关的问题，尤其是过度上网(Kandell，1998)。根据 Tsai 和 Lin(2004)的观点，心理不成熟的青少年更容易成为病理性互联网使用的潜在危险群体。与其他的成瘾行为相比，病理性互联网使用群体的年龄更小，12～18 岁的青少年最容易出现病理性互联网使用症状(Tsai & Lin，2004；Mossbarger，2008)。而且与女性相比，男性青少年更有可能出现病理性互联网使用症状(张锦涛等，2011)，病理性互联网使用的男女比例接近 3：1(Yang & Tung，2007)。但也有研究表明，在青少年病理性互联网使用总体水平上不存在显著的性别差异(徐夫真，张文新，2011)。

由于不同调查研究采用的测量工具、诊断标准和测试群体不同，因此病理性互联网使用的比例通常不具有直接的可比性。综观国内外研究的结果，青少年病理性互联网使用的比例差异较大，从 1.98%到 35.8%不等。即使在中国大陆以及港澳台地区，病理性互联网使用群体的检出率也不一致(Shek & Yu，2012)。但有学者认为，我国青少年病理性互联网使用群体的检出率总体上呈上升趋势(徐夫真，张文新，2011)。中国青少年网络协会(2010)对我国城市青少年进行的大样本调查发现，2009 年我国城市青少年网民中的病理性互联网使用群体比例为 14.1%，人数约为 2404 万。他们此前于 2005 年和 2007 年调查得到的比例分别为 13.2%和 9.72%。可以预见，随着互联网的不断普及和发展，青少年的病理性互联网使用将变成一个越发严重的心理和社会问题。因此，深入探讨青少年病理性互联网使用的发展趋势及其影响因素，进而找到有效的早期预防和干预方法，具有重要的现实意义。

26.1.1　青少年互联网使用与病理性互联网使用的发展

青少年互联网使用的纵向追踪研究表明，随着时间的推移，青少年玩电子游戏的时间有所减少，而使用电脑和互联网的时间则明显增加(Witt, Massman, & Jackson, 2011)。Willoughby(2008)的追踪研究发现，中学生在一年的追踪时间内互联网使用为每天 1 到 2 小时，而玩电脑游戏的频率和时间则要低一些。男生通常比女生投入更多时间玩电脑游戏和使用互联网。从长远来看，青少年互联网使用的增加很有可能导致病理性互联网使用。纵向研究发现，青少年的在线交流与 6 个月后的强迫性网络使用显著正相关(van den Eijnden, Meerkerk, Vermulst, Spijkerman, & Engels, 2008)。Shek 和 Yu(2012)以 Young 的“网络成瘾测验”(Internet Addiction Test)为测量工具对我国香港中学生进行为期一年的两次追踪调查发现，青少年病理性互联网使用群体的比例从 26.4%上升到 26.7%，而且在第一次测量时达到病理性互联网使用诊断标准的青少年在第二次测量时更可能被划入病理性互联网使用群体。

26.1.2　青少年自尊与病理性互联网使用的关系

自尊是对自我进行的整体性评价，是自我概念的核心成分(Baumeister, Smart, & Boden, 1996)，也是个体行为活动的重要内部决定因素。通常来说，高自尊个体对挑战非常渴望和兴奋，寻求能力发展和潜力的最大开发、价值实现以及和谐的人际关系。而低自尊的个体常受无价值感驱动，他们尽量回避选择和决策，自我放弃和自我拒绝是其常见行为(邓小平，张向葵，2011)。在青春期和成年早期，低自尊可能导致一系列的消极后果。比如，青春期的低自尊能够预测成年早期更低的经济满足感和更差的生理与心理健康，以及更高的犯罪活动水平和更多的饮食障碍与自杀意念(Trzesniewski, Donnellan, Moffitt, & Caspi, 2006; Donnellan, Trzesniewski, Robins, Moffitt, & Caspi, 2005; Orth, Robins, & Roberts，2008)。

就网络使用而言，低自尊也可能是导致青少年病理性互联网使用的重要因素。基于横断面设计的相关研究表明，自尊水平低的青少年互联网使用更为频繁(Jackson，Eye，Fitzgerald，& Zhao，2011)，倾向于花更多的时间在社交网站上(Ellison，Steinfield，& Lampe，2007)，也更容易出现病理性互联网使用症状(Yang & Tung，2007；Aydin & Sari，2011)。虽然有关的纵向追踪研究很少，但还是有一些追踪研究发现，低自尊能够有效预测青少年的互联网使用(Witt et al.，2011)以及病理性游戏行为(Lemmens，Valkenburg，& Peter，2011)。

26.1.3 同学关系在自尊和病理性互联网使用之间的作用

在当前的中国教育背景下，班级是中国学校的基本构成单位，也是对学生发展和学习具有广泛和重要影响的社会心理环境。学生们在班级里跟同学和老师共同学习、生活、游戏，进行各种社会性交往。班级环境成为学生在家庭之外最重要的外部发展环境(江光荣，2004)。根据江光荣(2004)的研究，班级环境主要包括师生关系、同学关系、秩序和纪律、竞争，以及学习负担等五个方面。其中，同学关系是青少年在校期间同伴关系的主要形式和核心要素，对青少年的心理健康具有重要影响(任志洪，江光荣，叶一舵，2011)。有鉴于此，本研究还将探讨同学关系这一外部变量在青少年自尊和病理性互联网使用之间的作用。

迄今为止，还没有研究直接探讨同学关系在自尊和病理性互联网使用之间的作用，但有关同伴关系、自尊和病理性互联网使用之间关系的研究却很多。虽然同学关系与同伴关系是既有联系又有区别的两个概念，但有关同伴关系方面的研究能够为我们提供一定的借鉴和启示。所谓同伴关系，主要是指同龄人间或心理发展水平相当的个体间在交往过程中建立和发展起来的一种人际关系。它在青少年发展中具有成人无法取代的独特作用和重要适应价值。从两者之间的关系来看，可以认为同学关系是同伴关系在班级环境下的一种表现形式。

同伴群体是青少年成长的一种重要支持系统。在中国集体主义价值观念的文化背景下，积极的同伴关系能够为青少年提供信息、情感、价值观等方面的支持(徐夫真，张文新，2011)，保护青少年免受侵害(Abou-ezzeddine et al.，2007)。有研究发现，积极的同伴关系能够有效调节青少年的生活压力与抑郁之间的关系(Rubin et al.，1992)，而消极的同伴关系则增强了青少年行为问题和酒精使用之间的关联(Glaser，Shelton，& van den Bree，2010)。对同伴关系与自尊和病理性互联网使用之间关系的研究表明，安全的同伴依恋或积极的同伴卷入能有效预防青少年的病理性互联网使用，而遭到同伴拒绝和缺乏亲密朋友的青少年则更有可能通过互联网来寻求友谊和情感支持，其病理性互联网使用水平也较高(雷雳，李宏利，2004；Harman，Hansen，Cochran，& Lindsey，2005；张国华，雷雳，2008)。在积极的同伴关系条件下，自尊水平较低的青少年可以从他们的同伴群体获得更多的帮助、接纳、归属感等主观和客观社会支持，缓解低自尊带来的孤独感以及紧张和焦虑等消极后果。由于在现实生活中能够找到足够的社会支持，他们可能会减少对互联网的依赖。因此，积极的同伴关系可能对低自尊青少年的病理性互联网使用起到保护作用。而与同伴群体相疏离的低自尊青少年则倾向于过度使用互联网。他们可能通过频繁地在网络上交友、聊天、游戏、娱乐来形成和维持社会联系、满足归属和被接纳的需要(高斌，陈祉妍，2006；徐夫真，张文新，2011)。在这种情况下，消极的同伴关系可能加重低自尊青少年的病理性互联网使用水平。本研究将对同伴关系对自尊与病理性互联网使用之间关系的调节作用进行检验。

26.1.4　研究目的和假设

总的来说，目前的病理性互联网使用研究存在以下几个共同特点：一是研究对象多为大学生和成年被试，对刚进入青春期且接触互联网不久的青少年关注力度不够；二是研究方法多为横断面的设计，缺乏纵向追踪的研究，难以揭示自尊和病理性互联网使用之间的因果关系；三是很少有研究从个体内部和外部因素这两个层面来共同探讨病理性互联网使用的影响机制。从影响个体发展的内部因素和外部因素的角度来看，自尊和同学关系分别属于影响青少年病理性互联网使用的重要个体内部因素和外部因素。综上所述，本研究选取刚升入初一的青少年为研究对象，采用纵向追踪研究方法、运用多层线性模型(HLM)来考察初中生病理性互联网使用的发展及其与自尊的关系，并探讨同学关系在自尊和病理性互联网使用之间的调节作用。本研究试图在追踪数据中将个体内部因素和外部因素结合起来，探讨其对青少年病理性互联网使用的影响，希望能够借此弥补以往研究存在的不足并得到一些有价值的研究发现。我们假设，随着时间的推移，初中生的病理性互联网使用水平逐渐提高；自尊越高的初中生，其病理性互联网使用水平上升越平缓；同学关系能够有效调节自尊对病理性互联网使用的影响。根据现有研究结果和多层线性模型原理，本研究把自尊作为个体内的变量放在第一层，测量 6 次；把同学关系作为反映个体间差异的变量放在第二层，只测量一次。

26.2 方法

26.2.1 被试

选取北京市某中学初中一年级三个班的学生参加本次研究。在为期一年半的追踪研究期间，部分学生因转学、请假等原因流失而未能参加全部 6 次施测，但同时也有若干名学生加入进来，因此总体的学生人数稍有变化。第一次施测时间为第 1 年 11 月份，共 123 人，被试年龄范围为 11～14 岁(12.24±0.49)，其中男生 73 人(59.3%)，女生 48 人(39.1%)，另有 2 人未报告性别。此后大约每隔 3 到 5 个月施测一次。第二次测试时间为第 2 年 1 月份，共 115 人；第三次测试时间为第 2 年 5 月份，共 116 人；第四次测试时间为第 2 年 10 月份，共 116 人；第五次测试时间为第 3 年 1 月份，共 110 人；第六次测试时间为第 3 年 4 月份，共 113 人，其中男生 64 人(56.6%)，女生 49 人(43.4%)，被试的平均年龄为 13.96(SD=

0.45)岁。经检验，追踪样本和流失样本在主要人口学变量(性别、年龄)和所考察研究变量(即自尊、病理性互联网使用和同学关系)上的差异不显著($p>0.05$)。

26.2.2　工具

青少年病理性互联网使用量表。采用雷雳、杨洋(2007)编制的“青少年病理性互联网使用量表”(Adolescent Pathological Internet Use Scale, APIUS)来测量青少年的病理性互联网使用状况。APIUS包含凸显性、强迫性上网/戒断症状、社交抚慰、心境改变、耐受性和消极后果等6个分量表，共38个项目，被试从“1－完全不符合”到“5－完全符合”按5等级记分，所有项目的总分越高表明病理性互联网使用水平越高。APIUS的项目平均得分大于等于3.15分(即总分高于119.7)者界定为“病理性互联网使用群体”，平均得分大于等于3分小于3.15分(即总分在114～119.7之间)者界定为“病理性互联网使用边缘群体”，平均得分小于3分(即总分低于114)者界定为“网络使用正常群体”。在本研究中APIUS在6次测量中均有施测，总量表的内部一致性系数Cronbach α 在0.953～0.977之间。

自尊量表。自尊量表由Rosenberg于1965年编制，用于评定个体关于自我价值和自我接纳的总体感受。自尊量表包含10个题目，采用4级评分(1＝很不符合；2＝不符合；3＝符合；4＝非常符合)，总分越高表明自尊水平越高。自尊量表在国内应用比较普遍，本研究中该量表在6次测量时均施测，内部一致性系数Cronbach α 在0.841～0.893之间。

同学关系分量表。江光荣(2004)编制的班级环境问卷(我的班级问卷)测量的是中国学校体制下的班级情况和特点，包括师生关系、同学关系、秩序纪律、竞争气氛和学习负担5个维度。该量表的内部一致性信度Cronbach α 系数在0.79～0.93之间，并具有较为清晰的因素结构，是班级环境有效且可靠的测量工具。任志洪，江光荣和叶一舵(2011)的相关研究也表明，该量表适合用来测量当前中学生所处的班级环境状况。本研究选取其中的同学关系分量表，题目如“如果谁有困难，别的同学会关心他/

她；同学之间互相支持和鼓励；同学之间缺乏友爱”，测量同学之间关心、互助和团结的程度。问卷共8个项目，被试从“1从不如此”到“5总是如此”按5等级进行评分，得分越高表明个体感知到的同学之间的关系越好。本研究中同学关系分量表作为被试间个体差异变量只测一次，其内部一致性系数Cronbach α 为0.824。

26.2.3 数据处理

采用SPSS 17.0进行描述性统计分析，采用多层线性模型软件HLM 6.08考察青少年的病理性互联网使用发展趋势及其与自尊的关系，以及同学关系在自尊和病理性互联网使用之间的调节效应。

26.3 结果

26.3.1 描述性统计

六次追踪调查的初中生病理性互联网使用以及自尊的平均数和标准差见表26.1。结果显示，初中生的病理性互联网使用总体水平偏低，但在一年半时间内呈上升趋势，自尊水平存在一定的波动。根据雷雳和杨洋(2007)提出的病理性互联网使用群体划分标准，本次研究病理性互联网使用的检出率分别为3.9%、5.9%、4.9%、12.1%、6.3%、8.7%，6次施测的平均病理性互联网使用检出率为7%。卡方检验表明，6次病理性互联网使用检出率之间的差异不显著($p>0.05$)。

表26.1 六次追踪调查中病理性互联网使用与自尊的平均数和标准差

测量	病理性互联网使用	自尊
第一次	69.01(25.62)	31.71(4.88)
第二次	70.10(26.31)	31.35(5.41)
第三次	72.34(28.16)	26.61(2.59)
第四次	77.55(34.80)	31.18(5.65)
第五次	75.43(28.41)	31.15(5.33)
第六次	79.83(29.78)	31.86(5.66)

26.3.2　初中生病理性互联网使用的发展趋势

为了考察初中生病理性互联网使用的发展趋势，根据多层线性模型的分析原理(张雷，雷雳，郭伯良，2003)，以病理性互联网使用为因变量，时间为第一层的自变量(第一到第六次测试时间依次编码为0、1、2、3、4、5)，构建基本的二层级HLM方程(模型1)：

模型1第一层的方程：

病理性互联网使用$=\beta_0+\beta_1$*(时间)$+r$

模型1第二层的方程：

$\beta_0=\gamma_{00}+\mu_0$

$\beta_1=\gamma_{10}+\mu_1$

统计结果见表26.2。

表26.2　初中生病理性互联网使用的发展趋势：二层线性模型

因变量		固定效应				随机效应	
		coefficient	*SE*	*t*		V	χ^2
病理性互联网使用	γ_{00}	70.37	2.88	24.43**	μ_0	560.74	391.51**
	γ_{10}	1.72	0.66	2.62*	μ_1	19.00	174.49**

注：*$p<0.05$，**$p<0.01$，下同。

从表2的结果可以看出，在第一次测试中，初中生病理性互联网使用初始水平的截距为70.37，斜率为1.72，固定效应显著($t=24.43$，$p<0.01$；$t=2.62$，$p<0.05$)，说明病理性互联网使用的初始水平和时间对病理性互联网使用的发展都具有显著的作用。对病理性互联网使用上升趋势的检验表明，病理性互联网使用的初始水平越高，上升趋势越平缓(截距和斜率的协方差$\tau_{10}=-0.22$)。同时，随机效应显著($x^2=391.51$，$p<0.01$；$x^2=174.49$，$p<0.01$)，说明病理性互联网使用的初始水平和增长速度还受到其他变量影响。因此，接下来进一步分析个体内部变量(自尊)对其的影响。

26.3.3 自尊对病理性互联网使用的预测作用

基于前面的文献分析，将个体内部变量(自尊)纳入到原有的模型，来考察自尊对病理性互联网使用的预测作用。即在模型 1 的基础上，在第一层中加入自尊的预测变量，构成以下二层级 HLM 方程(模型 2)：

模型 2 第一层的方程：

病理性互联网使用 $=\beta_0+\beta_1*$(时间)$+\beta_2*$(自尊)$+r$

模型 2 第二层的方程：

$\beta_0=\gamma_{00}+\mu_0$

$\beta_1=\gamma_{10}+\mu_1$

$\beta_2=\gamma_{20}+\mu_2$

统计结果见表 26.3。

表 26.3 自尊对病理性互联网使用的预测作用：二层线性模型

因变量		固定效应				随机效应	
		coefficient	SE	t		V	x^2
病理性互联网使用	γ_{00}	69.81	2.86	24.39**	μ_0	540.54	309.24**
	γ_{10}	2.00	0.63	3.16**	μ_1	15.52	147.01**
	γ_{20}	−0.54	0.24	−2.28*	μ_2	0.77	104.11*

表 3 的结果表明，固定效应显著($t=24.39$，$p<0.01$；$t=3.16$，$p<0.01$；$t=-2.28$，$p<0.05$)，说明除了病理性互联网使用的初始水平和时间对病理性互联网使用有显著影响外，自尊也具有显著的预测作用。具体解释为，自尊水平越高的初中生，其病理性互联网使用水平越低($\gamma_{20}=-0.54$，$p<0.05$)。此外，随机效应显著($\chi^2=309.24$，$p<0.01$；$\chi^2=147.01$，$p<0.01$；$\chi^2=104.11$，$p<0.05$)，说明病理性互联网使用除了受上述变量的影响，还存在其他影响因素。因此，接下来进一步分析个体外部因素(同学关系)对病理性互联网使用的影响。

26.3.4 同学关系在自尊和病理性互联网使用之间的调节作用

前已述及，很多研究都发现在病理性互联网使用上存在显著的性别差异，因此在模型 3 分析同学关系在自尊和病理性互联网使用之间的调节作用过程中同时加入性别因素，以便更为精确地描述同学关系在其中所起的作用。即在模型 2 的基础上，在第二层加入性别和同学关系变量，构成以下二层级 HLM 方程(模型 3)：

模型 3 第一层的方程：

病理性互联网使用 $=\beta_0+\beta_1*$(时间) $+\beta_2*$(自尊) $+r$

模型 3 第二层的方程：

$\beta_0=\gamma_{00}+\gamma_{01}*$(性别) $+\gamma_{02}*$(同学关系) $+\mu_0$

$\beta_1=\gamma_{10}+\gamma_{11}*$(性别) $+\gamma_{12}*$(同学关系) $+\mu_1$

$\beta_2=\gamma_{20}+\gamma_{21}*$(性别) $+\gamma_{22}*$(同学关系) $+\mu_2$

统计结果见表 26.4。

表 26.4 同学关系在自尊和病理性互联网使用之间的调节作用：二层线性模型

因变量	固定效应				随机效应		
		coefficient	SE	t		V	χ^2
病理性互联网使用	γ_{00}	65.57	3.63	18.07**	μ_0	487.25	277.04**
	γ_{01}	7.98	5.43	1.47			
	γ_{02}	−1.16	0.50	−2.34*			
	γ_{10}	1.94	0.90	2.15*	μ_1	16.44	147.67**
	γ_{11}	−0.09	1.25	−0.07			
	γ_{12}	0.15	0.10	1.59			
	γ_{20}	−0.56	0.27	−2.07*	μ_2	0.46	96.44
	γ_{21}	−0.002	0.43	−0.005			
	γ_{22}	0.09	0.04	2.60*			

从表 4 可以看出，性别对病理性互联网使用的影响不显著，具体表现为对病理性互联网使用的初始水平、发展趋势和自尊与病理性互联网使用之间的关系都不存在显著影响($\gamma_{01}=7.98$，$p>0.05$；$\gamma_{11}=-0.09$，$p>0.05$；$\gamma_{21}=-0.002$，$p>0.05$)。同学关系对病理性互联网使用的发展趋势不存在显著性影响($\gamma_{12}=0.15$，$p>0.05$)，但对病理性互联网使用的初

始水平($\gamma_{02}=-1.16$，$p<0.05$)、自尊与病理性互联网使用之间的关系($\gamma_{22}=0.09$，$p<0.05$)影响显著。具体而言，以同学关系平均值的上下一个单位为标准对同学关系的好坏进行分组。其中，同学关系分数比平均同学关系分数高一个标准差以上的人数共24人，而同学关系分数比平均同学关系分数低一个标准差以上的人数共20人。在其他变量保持不变的情况下，同学关系分数比平均同学关系分数高一个标准差的人，其自尊对病理性互联网使用的预测力为－0.47；而同学关系分数比平均同学关系分数低一个标准差的人，其自尊对病理性互联网使用的预测力为－0.65。上述结果可具体理解为，班级中的同学关系越好，个体的病理性互联网使用的初始水平越低；随着时间的发展，同学关系在自尊与病理性互联网使用间起负向调节作用，同学关系越好反而削弱了自尊对病理性互联网使用的保护作用。

26.4 讨论

26.4.1 初中生病理性互联网使用的发展趋势

雷雳和杨洋(2007)首次采用自编的“青少年病理性互联网使用量表”及其诊断标准，发现青少年病理性互联网使用群体检出率为5.8%。后来国内学者采用相同量表和诊断标准，得到青少年的病理性互联网使用群体检出率分别为8.93%(徐夫真，张文新，2011)和11.2%(张锦涛，刘勤学，邓林园，方晓义，刘朝莹等，2011)。本研究通过6次调查得到的病理性互联网使用群体检出率在3.9%到12.1%之间，平均检出率为7%。与上述结果相似。虽然本次研究并未发现初中生的病理性互联网使用群体检出率存在明显的线性上升趋势，但多层线性模型进行分析发现，在一年半时间内，初中生的病理性互联网使用水平呈显著上升趋势。这一结果也与现有研究相一致(Witt，Massman，& Jackson，2011；Shek & Yu，2012；徐夫真，张文新，2011)。进一步的分析还发现，初中生病理性互联网使用的初始水平和发展趋势都存在显著的个体差异。病理性互联网使用的初始水平越高，其上升趋势越平缓。

上述研究结果可以从两个方面来理解。一方面，从小学升入初中后，青少年接触网络的时间和机会都会有所增加，再加上父母和学校往往对青少年上网缺乏有效的监管，使青少年的互联网卷入程度大大提高，而互联网使用的增加很可能加深青少年的病理性互联网使用水平(Witt，Massman，& Jackson，2011；van den Eijnden et al.，2008)。另一方面，初中生在病理性互联网使用的发展趋势上表现出初始水平越高其上升趋势越缓慢的现象，可能的原因在于，网络世界丰富多彩的特性和好奇心的驱使，使之前没有接触过互联网的青少年在升入初中后投入大量时间和精力来体验网络的神奇之处，导致其病理性互联网使用水平在短时期内迅速上升。而对那些已经接触过互联网的初中生来说，网络的吸引力则显得不那么强烈了，他们对互联网的使用大致保持稳定，使他们的病理性互联网使用水平上升速度也相对比较缓慢。因此，相对于那些刚接触互联网的初中生来说，之前接触过互联网、病理性互联网使用初始水平相对较高的初中生病理性互联网使用水平上升幅度就显得要平缓得多。

26.4.2　初中生自尊与病理性互联网使用的关系

本研究发现，自尊水平越高的初中生，其病理性互联网使用水平上升越缓慢，说明自尊能够显著地负向预测病理性互联网使用。从而验证了前面提出的研究假设。

以往研究发现，低自尊可能导致一些个体尝试通过“心境改变”物质(如香烟、药物等成瘾物质)来暂时缓解不良心境(Marlatt，Baer，Donovan，& Kivlahan，1988)。本研究则表明，从长远来看低自尊也可能导致一些青少年出现病理性互联网使用。低自尊青少年更有可能出现病理性互联网使用，究其原因可能是低自尊青少年替代性活动太少，只能将互联网作为一种自我和社会能力不足的逃避方式，或者从某些互联网使用中获益，如低自尊的年轻人能从 Facebook 等社交网站的使用中获得更多的社会资本(Ellison, Steinfield, & Lampe, 2007)。而自尊高的青少年社交、教育和家庭活动更多(Witt, Massman, & Jackson, 2011),从而减少了他们使用互联网的时间。Griffith(2000)认为,互联网可能被有些个体感知为某种应对方式以及对自身某些缺陷的补偿(如低自尊)。根据他的观点,互联网能使低自尊个体感觉更好,因为互联网能为他们提供与现实中完全不同的人格和社会认同。可以想象,当个体总是从消极方面进行自我评价时,就很有可能把互联网作为对自身某些不足(如低自尊)的补偿并不断增加其互联网使用,从而导致对互联网的过度依赖和滥用。这一理论解释与本研究的结果是吻合的。

26.4.3 同学关系在自尊和病理性互联网使用之间的调节作用

本研究发现,班级中的同学关系越好,初中生的病理性互联网使用的初始水平越低。从同学关系对病理性互联网使用的初始影响来看,在刚升入初中时,班上同学之间还处于相互熟悉、建立新的友谊的阶段,家庭和以前的同伴在他们的生活中仍然扮演着重要的角色。新同学之间的在线联系处于萌芽阶段,如开始相互交换电子邮箱、QQ号码等,因而他们之间的交往仍然以传统的离线(off-line)互动形式为主,如课外活动、看动漫、在小区或附近的公园玩等。因此,班级内部良好的同学关系在一定程度上减少了青少年的互联网卷入,在青少年病理性互联网使用的初始发展阶段起到了很好的保护作用。

但随着时间的发展,同学关系在自尊和病理性互联网使用之间起负向调节作用,班级中同学之间的关系越好反而削弱了个体的自尊对病理性互联网使用的保护性作用。良好的同学关系在青少年病理性互联网使用的初始水平上起到积极影响,但从长远来看却削弱了自尊对病理性互联网使用的保护性作用。后者与我们的研究假设相矛盾。可能的原因是,在从小学到初中阶段的转变过程中,同伴群体在青少年生活中所起的作用越来越大(Brown & Klute, 2006)。随着同学之间的联系和交往(包括在线互动)逐渐变得密切,同学关系的质量和重要性得以进一步提高,同学关系的影响也变得愈加重要。一般来说，良好的同伴关系有利于青少年人际关系的建立和社会性发展，但也可能给青少年带来不良的同伴影响和同伴压力，导致某些问题行为，如病理性互联网使用(Binnaz & Mehmet，2010)。

前已述及，高自尊青少年具有更多的社交、教育和家庭活动(Witt，Massman，& Jackson，2011)，互联网使用的时间也更少(Jackson et al.，2011；Witt et al.，2011)。然而，班级内好的同学关系可能增加高自尊青少年的在线活动和互联网使用，如使用互联网来进行在线讨论、发送电子邮件、在线游戏和娱乐，他们通过这些活动与同学进行互动。随着互联网卷入程度的提高，高自尊初中生的病理性互联网使用水平也不断提高。其结果是，良好的班级同学关系反而在一定程度上削弱了自尊对病理性互联网使用的保护性作用。但对于那些班级同学关系不太好的高自尊青少年来说，与班上同学进行在线互动的时间和机会可能也要少得多，互联网卷入程度没有明显提升，因而自尊对病理性互联网使用的保护作用也就没有受到太多干扰。因此，与班上同学关系较好的初中生相比，班上同学关系不太好的初中生的自尊对病理性互联网使用的保护性作用相对来说就要更强一些。

前期研究以及本研究的结果提示我们，应尽早开展对青少年病理性互联网使用的诊断、干预和治疗。从本研究来看，通过一定的策略提升青少年的自尊水平，帮助青少年选择并建立有利于身心发展的同伴群体，并规避同伴群体的消极影响，指导青少年同伴群体健康上网，对预防和干预青少年病理性互联网使用具有重要意义。

26.5　结论

本研究得出以下主要结论：

(1)在一年半时间内，初中生的病理性互联网使用水平呈显著上升趋势。病理性互联网使用的初始水平和发展趋势都存在显著的个体差异。病理性互联网使用的初始水平越高，上升趋势越平缓。

(2)初中生的自尊水平越高，病理性互联网使用水平上升越缓慢。自尊能够显著地负向预测病理性互联网使用。

(3)同学关系在自尊和病理性互联网使用之间起负向调节作用。同学关系越好反而削弱了自尊对病理性互联网使用的保护性作用。

参考文献

1. Abou-ezzeddine，T.，Schwartz，D.，Chang，L.，Lee-Shin，Y.，Farver，J.，& Xu，Y. Y. Positive peer relationships and risk of victimization in Chinese and South Korean children's peer groups. *Social Development*，2007，16(1)：106－127.

2. Aydin，B.，& Sari，V. S. Internet addiction among adolescents：the role of self-esteem. *Procedia Social and Behavioral Sciences*，2011，(15)：3500－3505.

3. Baumeister，R.，Smart，L.，& Boden，J. Relation of threatened egotism to violence and aggression：The dark side of high self-esteem. *Psychology Review*，1996，103(1)：5－33.

4. Binnaz，K. E.，& Mehmet，G. The Relationship between Internet Addiction，Peer Pressure and Perceived Social Support among Adolescents. *The International Journal of Educational Researchers*，2010，2(1)：29－36.

5. Brown，B. B.，& Klute，C. Friendships，cliques，and crowds. In G. R. Adams，& M. D. Berzonsky(Eds.)，*Blackwell handbook of adolescence*(pp. 330－348). Oxford，UK：Blackwell Publishing，2006.

6. Caplan，S. E. Preference for online social interaction：A theory of problematic Internet use and psychosocial well-being. *Communication Re-*

search, 2003, 30(6): 625—648.

7. Chang, L., Lei, L., & Guo, B. L. *Applied Multi—level Data Analysis* (in Chinese). Beijing: Educational Science Publishing House, pp. 90—126, 2003.

8. China Internet Network Information Center(CNNIC). *Statistical report on the development of Internet in China* (in Chinese). http://www.cnnic.com.cn, 2013.

9. China Youth Association for Network. *Report of the China youth Internet addiction* (in Chinese). Retrieved February 2, 2010, from http://www.youth.cn/wztt/201002/t20100202_1146106.htm.

10. Deng, X. P., & Zhang, X. K. Understanding the Relationship between Self-esteem and Creativity: A Meta-analysis (in Chinese). *Advances in Psychological Science*, 2011, 19(5): 645—651.

11. Donnellan, M. B., Trzesniewski, K. H., Robins, R. W., Moffitt, T. E., & Caspi, A. Low self-esteem is related to aggression, antisocial behavior, and delinquency. *Psychological Science*, 2005, 16(4): 328—335.

12. Ellison, N., Steinfield, C., & Lampe, C. The benefits of Facebook "friends": Social capital and college students' use of online social network sites. *Journal of Computer-Mediated Communication*, 2007, 12(4): 1143—1168.

13. Gao, B., & Chen, Z. Y. A study on psychopathology and psychotherapy of Internet Addiction(in Chinese). *Advances in Psychological Science*. 2006, 14(4): 596—603.

14. Glaser, B., Shelton, K. H., & van den Bree, M. B. M. The Moderating Role of Close Friends in the Relationship between Conduct Problems and Adolescent Substance Use. *Journal of Adolescent Health*, 2010, 47(1): 35—42.

15. Griffiths, M. Does Internet and Computer "Addiction" Exist? Some Case Study Evidence. *CyberPsychology & behavior*, 2000, 2(3): 211—218.

16. Gross, E. F. Adolescent Internet use: What we expect, what teens report. *Applied Developmental Psychology*, 2004, 25(6): 633—649.

17. Harman, J. P., Hansen, C. E., Cochran, M. E., & Lindsey, C. R. Liar, Liar: Internet faking but frequency of use affects social skills, self-esteem, social anxiety and aggression. *CyberPsychology & Behavior*, 2005, 8(1): 1—6.

18. Jackson, L. A., Eye, A. v., Fitzgerald, H. E., Witt, E. A., &Zhao, Y. Internet use, videogame playing and cell phone use as predictors of children's body mass index(BMI): body weight, academic performance, and social and overall self-esteem. *Computers in Human Behavior*, 2011, 27(1): 599—604.

19. Jiang, G. R. Class environment in the Chinese school system: structure and measurement(in Chinese). *Psychological science*, 2004, 27(4): 839—843.

20. Kandell, J. J. Internet addiction on campus: The vulnerability of college students. *CyberPsychology and Behavior*, 1998, 1(1): 11—17.

21. Kong, J., & Lim, J. The longitudinal influence of parent-child relationships and depression on cyber delinquency in South Korean adolescents: a latent growth curve model. *Children and Youth Services Review*, 2012, 34(5): 908—913.

22. Lei, L., & Li, H. L. Relationship between time perspective, interpersonal involvement and Internet use of adolescents(in Chinese). *Acta Psychologica Sinica*, 2004, 36(3): 335—339.

23. Lei, L., &Yang, Y. The Development and Validation of Adolescent Pathological Internet Use Scale(in Chinese). *Acta Psychologica Sini-*

ca，2007，(39)：(4)：169—177.

24. Lemmens，J. S.，Valkenburg，P. M.，& Peter，J. Psychosocial causes and consequences of pathological gaming. *Computers in Human Behavior*，2011，27(1)：144—152.

25. Marlatt，A. G.，Baer，J. S.，Donovan，D. M.，& Kivlahan，D. R. Addictive behaviors：Etiology and treatment. *Annual Review of Psychology*，1988，(39)：223—252.

26. Mossbarger，B. Is internet addiction addressed in the classroom? A survey of psychology textbooks. *Computers in Human Behavior*，2008，24(2)：468—474.

27. Orth，U.，Robins，R. W.，& Roberts，B. W. Low self-esteem prospectively predicts depression in adolescence and young adulthood. *Journal of Personality and Social Psychology*，2008，95(3)：695—708.

28. Ren，Z. H.，Jiang，G. R.，Ye，Y. D. The Moderating and Mediating Effects of Core Self-Evaluation on the Relationship between Class Environment and Adolescent Depression(in Chinese). *Psychological Science*，2011，34(5)：1106—1112.

29. Rubin，C.，Rubenstein，J.，Stechler，G.，Heeren，T.，Halton，A.，&Kasten，L. Depressive affect in "normal" adolescents：Relationship to life stress，family，and friends. *American Journal of Orthopsychiatry*，1992，62(3)：430—441.

30. Shek，D. T. L.，& Yu，L. Internet Addiction Phenomenon in Early Adolescents in Hong Kong. *The Scientific World Journal*，doi：10.1100/2012/104304，2012.

31. Trzesniewski，K. H.，Donnellan，M. B.，Moffitt，T. E.，& Caspi，A. Low self-esteem during adolescence predicts poor health，criminal behavior，and limited economic prospects during adulthood. *Developmental Psychology*，2006，42(2)：381—390.

32. Tsai, C. C., & Lin, S. S. J. Internet addiction disorder and chatting in the Czech Republic. *CyberPsychology & Behavior*, 2004, 7(5): 536—539.

33. van den Eijnden, R. J., Meerkerk, G. J., Vermulst, A. A., Spijkerman, R., & Engels, R. C. Online Communication, Compulsive Internet Use, and Psychosocial Well-Being among Adolescents: A Longitudinal Study. *Developmental Psychology*, 2008, 44(3): 655—665.

34. Willoughby, T. A short-term longitudinal study of internet and computer game use by adolescent boys and girls: Prevalence, frequency of use, and psychosocial predictors. *Developmental Psychology*, 2008, 44 (1): 195—204.

35. Witt, E. A., Massman, A. J., & Jackson, L. A. Trends in youth's videogame playing, overall computer use, and communication technology use: The impact of self-esteem and the Big Five personality factors. *Computers in Human Behavior*, 2011, 27(2): 763—769.

36. Xu, F. Z., & Zhang, W. X. Relationship between Adolescents' Alienation and Pathological Internet Use: Testing the Moderating Effect of Family Functioning and Peer Acceptance(in Chinese). *Acta Psychologica Sinica*, 2011, 43(4): 410—419.

37. Yang, S. C., & Tung, C. J. Comparison of Internet addicts and non-addicts in Taiwanese high school. *Computers in Human Behavior*, 2007, 23(1): 79—96.

38. Young, K. S. "Internet addiction: symptoms, evaluation, and treatment," In L. Van de Creek and Jackson, T., Eds., *Innovations in Clinical Practice: A Source Book*, vol. 17, pp. 19—31, Professional Resource Press, Sarasota, FL, USA, 1999.

39. Zhang, G. H., & Lei, L. Relationship between peer attachment, self-identity and Internet Addiction of adolescents (in Chinese). *Chinese Journal of School Health*, 2008, 29(5): 454—455.

40. Zhang, J. T., Liu, Q. X., Deng, L. Y., Fang X. Y., Liu, C. Y., Lan, J. Parents-Adolescents relations and adolescent's Internet Addiction: the mediation effect of Loneliness(in Chinese). *Psychological development and education*, 2011, 27(6): 641—647.

41. 邓小平，张向葵．自尊与创造力相关的元分析[J]. 心理科学进展，2011，19(5)：645—651.

42. 徐夫真，张文新．青少年疏离感与病理性互联网使用的关系：家庭功能和同伴接纳的调节效应检验[J]. 心理学报，2011，43(4)：410—419.

43. 张国华，雷雳．青少年的同伴依恋、自我认同与网络成瘾的关系[J]. 中国学校卫生，2008，29(5)：454—455.

44. 高斌，陈祉妍．网络成瘾病理心理机制及综合心理干预研究[J]. 心理科学进展，2006，14(4)：596—603.

45. 江光荣．中小学班级环境：结构与测量[J]. 心理科学，2004，27(4)：839—843.

46. 雷雳，李宏利．青少年的时间透视、人际卷入与互联网使用的关系[J]. 心理学报，2004，36(3)：335—339.

47. 雷雳，杨洋．青少年病理性互联网使用量表的编制与验证[J]. 心理学报，2007，39(4)：169—177.

48. 任志洪，江光荣，叶一舵．班级环境与青少年抑郁的关系：核心自我评价的中介与调节作用[J]. 心理科学，2011，34(5)：1106—1112.

49. 张锦涛，刘勤学，邓林园等．青少年亲子关系与网络成瘾：孤独感的中介作用[J]. 心理发展与教育，2011，27(6)：641—647.

50. 张雷，雷雳，郭伯良．多层线性模型应用[M]. 北京：教育科学出版社，2003，90—126.

51. 中国互联网络信息中心(2013 年 1 月). 第 31 次中国互联网络发展状况统计报告．来自互联网：http：//www. cnnic. net. cn/.

52. 中国青少年网络协会，中国青少年网瘾报告，2010—02—02 取自 http：//www. youth. cn/wztt/201002/t20100202 _ 1146106. htm

第二十七章 大学生网络使用、网络特定自我效能与网络成瘾的关系①

罗喆慧 万晶晶 刘勤学 方晓义

对于大学生网络成瘾的成因探讨主要集中在网络自身的特点、网络使用者的个体因素，以及环境因素等三个方面。然而纵观这些研究，尚不能很好地回答这样一个现实的问题，即为什么很多大学生都在使用网络，但有的会发展成网络成瘾，而有的却没有？显然，在网络使用行为与网络成瘾之间还存在一些影响到两者关系的因素。目前，在行为研究领域，越来越多的研究者认识到自我效能对行为的重要性，故而本研究希望通过考察网络特定自我效能对网络使用与网络成瘾之间关系的影响来进一步解释为什么大学生都在使用网络，有些网络成瘾，有些没有网络成瘾。研究者选取武汉五所大学的1121名学生为被试开展研究，测量了问卷包括陈淑惠编制的中文网络成瘾量表、根据CNNIC报告改编的网络使用问卷、经修订的Eastin和LaRose的网络使用自我效能问卷和自编的网络控制自我效能问卷。结果发现：大学生的网络使用行为不但会直接影响网络成瘾，而且还通过网络使用自我效能和网络控制自我效能间接影响网络成瘾。结果对网络成瘾的预防和干预具有一定的指导意义。

焦点阅读：

网络成瘾的影响因素；

网络使用自我效能对网络成瘾的影响；

大学生网络使用自我效能在网络使用行为对网络成瘾的影响中起着部分中介的作用。

---

① 本文已发表于《心理发展与教育》2010年第6期。

关键词：

网络使用(internet use)，网络成瘾(internet addiction)，网络使用自我效能(internet use self-efficacy)，网络控制自我效能(internet control self-efficacy)，大学生(undergraduate students)

27.1　引言

目前，我国网络使用越来越普及，网民规模持续扩大，互联网普及率平稳上升。根据中国互联网络信息中心(CNNIC) 2010 年 7 月发布的第 26 次《中国互联网络发展状况统计报告》，截至 2010 年 6 月 30 日，中国网民规模达到 4.2 亿人，较 2009 年底增长 2.9%。网络是一把双刃剑，在带来很多益处的同时，也导致了很多问题。其中比较突出的就是网络成瘾。第 24 次《中国互联网络发展状况统计报告》(CNNIC，2009 年 7 月)中指出，目前中国有 16.4%的网民表示一天不上网就感觉难受，也有 17.4%的网民觉得与现实相比，更愿意待在网上，平均每 6 个网民里有 1 个有上网成瘾的倾向。在规模庞大的网民中，大学生已经成为各个人群中网络使用最多的一个群体(第 23 次《中国互联网络发展状况统计报告》，2009 年 1 月)。大学生不仅成为网络使用最多的一个人群，而且网络使用给大学生身心发展带来了很多负面影响(顾潍文，陈越，2008；姚玉红，郝清华，刘格林，2007；余一昊，杜亚松，2007)。大学生网络使用的这种现状，以及网络使用给大学生带来的危害，引起了研究者的广泛关注。众多研究者开始探讨影响大学生网络成瘾的原因，以期为预防干预大学生网络成瘾，进而减少网络成瘾对大学生的危害提供依据。现有的研究取得了丰富的研究成果，分别在网络自身的特点、网络使用者的个体因素，以及环境因素等三个方面发现了网络功能(Li & Chung，2006)、个体的自尊(Armstrong，Phillips，&Saling，2000)、孤独(Moody，2001)、人格特点(Young，1998；林绚晖，2001；雷雳，柳铭心，2005)、个体认知(LaRose，Mastro，& Eastin，2001)、父母教养方式(张兰君，2003)、家庭暴力(Park，

Kim，&Cho，2008）等因素在大学生网络成瘾中的作用。然而，纵观这些研究，尚不能很好地回答这样一个现实的问题，即为什么很多大学生都在使用网络，但有的会发展成网络成瘾，而有的却没有？显然，在网络使用行为与网络成瘾之间还存在一些影响到两者关系的因素。

目前，在行为研究领域，越来越多的研究者认识到自我效能对行为的重要性(Bonitz，Larson，& Arm-strong，2010；Luszczynska，Benight，& Cieslak，2009；张韫黎，陆昌勤，2009；孟慧，梁巧飞，时艳阳，2010)。自我效能(self-efficacy)的概念最早来源于Bandura，是指人们对组织和执行某一行为以达到某种成绩所需要的能力的判断(Bandura，1986)。当个体拥有高水平的自我效能时，他对于完成某一行为的信心也就越高，他也越可能会去执行这一行为。在网络使用行为研究领域，有研究者针对网络使用提出了网络自我效能(Internet self-efficacy，ISE)的概念，指的是相信一个人有能力组织和执行网络活动来达到指定目标的信念(Hsu & Chiu，2004)。目前，网络自我效能成为研究网络成瘾影响因素的一个新趋势(Whitty & McLaughlin，2007；魏岚，梁晓燕，高培霞，2007)。有些研究发现，网络使用的时间和网络自我效能之间存在一定的相关(Eastin & LaRose，2000；Tsai & Tsai，2003；Wu & Tsai，2006；Hong，2006；Whitty et. al.，2007)；网络使用和网络自我效能是相互促进的一个过程(梁晓燕，魏岚，章竞思，2007)。但也有研究者发现两者之间没有显著的相关(Yang，Lay，Tsao，Liou，& Lin，2007；Lee &Tamborini，2005)。不过，在很长一段时间研究者关注的都是网络使用自我效能，即个体认为自己能够使用网络功能的能力的信心。后来，有研究者在网络使用自我效能的基础上提出网络特定自我效能，并发现网络特定自我效能可以更好地预测网络的使用(Kevin & Stephen，2007)。有研究者进一步地从网络特定自我效能中又分出网络控制自我效能，指的是个人认为自己能够控制自己网络使用行为的能力的信心，并发现网络自我控制效能与网络使用有关(欧阳益，2009)，自我控制与网络游戏成瘾负相关(Kim, Namkoong, Ku, & Kim, 2008)。

纵观目前的研究，主要存在以下两方面的不足：其一，几乎没有研究者在一个研究中同时考察网络使用自我效能和网络控制自我效能的不同作用，也没有对两种网络特定自我效能的作用进行比较的。其二，先前的研究或者考察了网络使用行为和网络自我效能的关系，或者考察了网络成瘾和网络自我效能的关系，鲜有考察网络特定自我效能对网络使用行为和网络成瘾之间关系的影响。而本研究希望通过考察网络特定自我效能对上述两者关系的影响，来解释为什么大学生都在使用网络，有些网络成瘾，有些没有网络成瘾。我们将通过研究探讨以下问题：(1)大学生的网络使用行为的特点。(2)大学生网络特定自我效能的特点。(3)大学生网络使用行为与网络成瘾的关系。(4)网络使用自我效能和网络控制自我效能在网络使用行为与网络成瘾的关系中的作用。我们假设：(1)大学生的网络使用行为存在性别和年级差异。(2)不同性别和年级的大学生网络成瘾的比例不同。(3)不同性别和年级的大学生的网络特定自我效能存在显著差异。(4)大学生的网络使用行为对网络成瘾具有预测作用。(5)大学生的网络使用自我效能和网络控制自我效能对这种预测关系的作用不同：网络使用行为通过网络使用自我效能，对网络成瘾有正向的预测作用；而通过网络控制自我效能，对网络成瘾有负向的预测作用。

27.2　方法

27.2.1　被试

采用分层抽样的方式，在湖北省武汉市选取五所大学，同时在文科和理工科院系选取大一到大四的学生作为被试。发放问卷 1281 份，剔除不完整的数据后，得到有效问卷 1121 份，有效率为 87.51%。被试平均年龄为 20.07 岁（$SD = 1.39$），性别、年级、专业、学校类型的分布情况见表 27.1。

表 27.1 大学生的性别、年级、专业类型、学校类型的分布

年级	人数	性别		专业类型		学校类型	
		男	女	文科	理工科	重点	一般
大一	364	219	142	136	228	211	153
大二	273	146	124	134	139	123	150
大三	309	161	144	136	173	103	206
大四	175	111	64	34	141	50	125
总数	1121	637	474	440	681	487	634

27.2.2 研究工具

网络成瘾。采用陈淑惠编制的中文网络成瘾量表(Chinese Internet Addiction Scale，CIAS)。该量表有 26 题，分为网络成瘾核心症状和成瘾相关问题两个分量表。其中网络成瘾核心症状分量表包括网络成瘾耐受性、强迫性上网行为、网络成瘾戒断反应三个维度，成瘾相关问题分量表包括人际与健康问题、时间管理问题两个维度。问卷为 4 点计分，从“1=很不符合”到“4=非常符合”，总分在 26～104 分之间。得分越高，代表网络成瘾倾向越严重，总分高于 63 分即可判定为网络成瘾(Koet al.，2009)。在本研究中，该量表的内部一致性系数为 0.94。

网络使用。根据中国互联网络信息中心(CNNIC)2006 年 7 月发布的第 18 次《中国互联网络发展状况统计报告》中“用户经常使用的网络服务/功能”的内容，删除其中与大学生无关的选项，最后确定了 22 道题，分为 5 个维度：网络游戏、信息收集、在线娱乐、网络社交、网上交易。问卷为 5 点计分，从“1=不喜欢”到“5=很喜欢”，分数越高表示越喜欢使用这种网络功能。本研究中，该问卷的内部一致性系数为 0.83。本研究中采用网络功能的维度均分，以及上网年限、每周上网天数和每天上网小时数代表网络使用的情况。

网络特定自我效能。修订了 Eastin 和 LaRose 编制的网络使用自我效能问卷(Internet Use Self-efficacy Questionnaire)。该问卷测量了个体相信

自己能熟练操作计算机从事某一特定网络行为的信心。该问卷有9道题，4点计分，从"1＝完全不符合"到"4＝完全符合"。平均分越高，代表网络使用自我效能越高。本研究中，该问卷的内部一致性系数为0.86。网络控制自我效能采用自编问卷，有12道题，涉及时间控制、任务控制、目的明确等项目。4点计分，从"1＝完全不符合"到"4＝完全符合"。平均分越高，代表网络控制自我效能越高。对初测后的数据进行探索性因素分析，得到一个维度，因素载荷在0.61～0.79之间，问卷的内部一致性系数为0.95，题总相关在0.69～0.89之间。对正式施测数据进行验证性因素分析，得到$\chi^2/df=3.54$，$RMSEA=0.046$，$NFI=0.98$，$IFI=0.98$，$CFI=0.98$，模型拟合较好。本研究中，该问卷的内部一致性系数为0.91。

27.2.3　研究过程

主试由一位心理学博士和一位心理学教师担任，在大学课堂上集体施测，完成问卷大约需要40分钟。数据收集后，采用SPSS15.0中的相关分析、多元方差分析，AMOS7.0中的结构方程模型等方法进行分析。

27.3　结果

27.3.1　基本变量分析

对研究中基本变量的描述统计见表27.2。结果显示，大学生的上网年限、每周上网天数和每天上网小时数的跨度都较大。对五类网络使用功能进行重复测量方差分析，结果发现，大学生在五种网络使用功能上存在显著差异($F=1450.68$，$p<0.001$)。事后检验的结果显示，大学生除了在网络游戏和网络社交使用上没有显著差异以外，在其余各个网络使用功能上两两差异均显著。也就是说，大学生最经常使用的网络功能是在线娱乐，其次是信息收集，再次是网络游戏和网络社交，使用最少的是网上交易。

对网络使用自我效能和网络控制自我效能进行配对样本t检验，结果发现，网络控制自我效能得分显著高于网络使用自我效能的得分($t=-26.02$，

$p<0.001$)。

方差分析显示，男生的上网年限、每周上网天数明显高于女生。多元方差分析发现，男生比女生更多使用网络游戏、信息收集的功能，男生的网络使用自我效能显著好于女生。

方差分析发现，高年级学生的上网时间都显著多于低年级学生。多元方差分析发现，高年级学生的网络使用功能基本都显著多于低年级学生，高年级学生的网络使用自我效能显著好于低年级学生，而大一学生的网络控制自我效能显著好于其他年级的学生。

表 27.2 基本变量的描述统计

	总体	男	女		1 大一	2 大二	3 大三	4 大四		
	M(*SD*)	*M*(*SD*)	*M*(*SD*)	*F*	*M*(*SD*)	*M*(*SD*)	*M*(*SD*)	*M*(*SD*)	*F*	Post Hoc
上网年限	4.40 (2.14)	4.52 (2.17)	4.19 (2.06)	6.35*	3.85 (2.23)	4.25 (2.03)	4.68 (2.09)	5.27 (1.83)	20.68***	4>3>2>1
每周上网天数	2.71 (2.08)	3.05 (2.21)	2.24 (1.80)	41.53***	1.58 (0.97)	2.59 (2.01)	3.48 (2.35)	3.96 (2.15)	84.70***	4>3>2>1
每天上网小时数	2.72 (2.06)	2.72 (1.99)	2.71 (2.15)	0.02	2.52 (1.52)	2.58 (1.95	2.81 (2.33)	3.22 (2.58)	4.96**	4>1，2，3
网络游戏	2.26 (1.29)	2.53 (1.35)	1.89 (1.11)	69.55***	2.20 (1.31)	2.14 (1.27)	2.22 (1.22)	2.63 (1.36)	6.03***	4>1，2，3
信息收集	2.52 (0.69	2.58 (0.71)	2.45 (0.66)	9.57***	2.25 (0.62)	2.48 (0.63)	2.61 (0.64)	3.02 (0.73)	57.47***	4>3>2>1
在线娱乐	3.79 (0.74)	3.81 (0.70)	3.77 (0.79)	1.03	3.76 (0.78)	3.79 (0.72)	3.80 (0.73)	3.83 (0.68)	0.45	
网络社交	2.25 (0.75)	2.23 (0.75)	2.26 (0.75)	0.34	2.17 (0.75)	2.12 (0.70)	2.27 (0.69)	2.58 (0.84)	15.51***	3>2；4>1，2，3
网上交易	1.44 (0.71)	1.47 (0.74)	1.40 (0.67)	2.33	1.24 (0.44)	1.34 (0.58)	1.48 (0.69)	1.97 (1.04)	49.5***	3>1，2；4>1，2
网络使用自我效能	2.39 (0.61)	2.51 (0.60)	2.20 (0.57)	74.40***	2.29 (0.64)	2.34 (0.61)	2.42 (0.56)	2.59 (0.56)	10.95***	3>1；4 >1，2，3
网络控制自我效能	2.94 (0.60)	2.92 (0.59)	2.96 (0.61)	1.60	3.06 (0.59)	2.91 (0.63)	2.87 (0.59)	2.86 (0.56)	7.16***	1>2，3，4

注：$^{*}p<0.1$，$^{*}p<0.05$，$^{**}p<0.01$，$^{***}p<0.001$，下同。

27.3.2　大学生网络使用行为与网络成瘾的关系

根据 CIAS 的诊断标准，将被试分为网络成瘾个体与非网络成瘾个体。结果显示(见表 27.3)，在施测大学生中，有 12.2% 的大学生网络成瘾。比较男女生网络成瘾的比例，发现男生的网络成瘾率显著高于女生($\chi^2=8.13$，$p<0.01$)；比较不同年级学生中网络成瘾的比例，发现四个年级的网络成瘾率存在显著差异($\chi^2=64.08$，$p<0.001$)，即随着年级的升高，大学生中网络成瘾的比例依次提高。

表 27.3　网络成瘾与非网络成瘾的人数及百分比

		总体	男	女	大一	大二	大三	大四
网络成瘾	人数	137	94	43	22	28	35	52
	百分比	12.2	14.8	9.1	6.0	10.3	11.3	29.7
非网络成瘾	人数	984	543	431	342	245	274	123
	百分比	87.8	85.2	90.9	94.0	89.7	88.7	70.3

对网络使用时间和网络使用功能的相关分析发现，除了每天上网小时数与信息收集功能相关不显著外，网络使用时间与网络使用功能两两显著正相关。除了在线娱乐与网上交易的相关不显著以外，其他所有网络使用功能两两显著正相关，说明大学生并不是只使用一种网络功能，而是使用多种，只是使用的侧重点有所不同。

分别考察网络成瘾个体和非成瘾个体在网络使用时间和网络使用功能上的差别，结果见表 27.4。方差分析和多元方差分析发现，网络成瘾个体和非网络成瘾个体除了在在线娱乐功能上没有显著差异外，两类个体在上网时间、其他网络功能上都存在显著差异，说明网络成瘾个体的上网年限显著长于非成瘾个体；网络成瘾个体的每周上网天数、每天上网小时数均显著多于非网络成瘾个体；网络成瘾个体比非网络成瘾个体更多地使用网络游戏、信息收集、网络社交和网上交易的功能。

表 27.4　网络成瘾个体与非成瘾个体的网络使用行为及差异

	网络成瘾个体 $M(SD)$	非网络成瘾个体 $M(SD)$	F
上网年限	5.03(2.20)	4.31(2.12)	13.41*****
每周上网天数	3.88(2.09)	2.55(2.03)	50.62***
每天上网小时数	3.36(2.48)	2.63(1.98)	14.92**
网络游戏	3.20(1.33)	2.13(1.23)	89.09***
信息收集	2.82(0.82)	2.48(0.66)	29.58***
在线娱乐	3.80(0.69)	3.79(0.74)	0.001
网络社交	2.76(0.84)	2.18(0.71)	77.33****
网上交易	2.17(1.14)	1.34(0.56)	194.68***

通过 Logistic 回归分析，来进一步考察大学生的网络使用行为与网络成瘾的关系。因变量为是否网络成瘾，为了排除性别和年级的影响，性别和年级第一步进入 Logistic 回归方程；第二步进 Logistic 回归方程的自变量是大学生的上网年限、每周上网天数、每天上网小时数，以及网络使用功能，结果见表 27.5。

表 27.5　大学生的网络使用行为预测网络成瘾

	Wald	*OR*	95%置信区间	
			低	高
第一步				
性别	7.23**	0.58	0.39	0.86
年级	41.80***	1.82	1.52	2.18
第二步				
上网年限	0.001	1.00	0.90	1.12
每周上网天数	7.64**	1.16	1.04	1.29
每天上网小时数	0.01	1.01	0.92	1.10
网络游戏	27.47***	1.58	1.33	1.88
信息收集	3.24	0.69	0.45	1.03
在线娱乐	3.06	0.74	0.53	1.04
网络社交	5.60*	1.56	1.08	2.24
网上交易	25.79***	2.21	1.63	3.00

结果显示，在排除了性别和年级的影响后，每周上网天数、网络游戏、网络社交和网上交易对网络成瘾有直接的预测作用。且每周上网天数越多，越容易网络成瘾；越多使用网络游戏、网络社交和网上交易功能，则越容易网络成瘾。

27.3.3　网络特定自我效能在网络使用行为与网络成瘾之间的中介作用

对网络特定自我效能和网络使用行为、网络成瘾的相关分析发现(结果见表 27.6)，除了在线娱乐功能外，网络使用时间与其他网络使用功能都与网络成瘾显著正相关。上网年限、每周上网天数、网络使用各个功能都与网络使用自我效能显著正相关，这提示，网络使用行为与网络使用自我效能可能存在相互促进的作用。而网络使用行为与网络控制自我效能的关系并不一致：信息收集与网络控制自我效能边缘正相关，每周上网天数、每天上网小时数、网络游戏、网络社交、网上交易与网络控制自我效能显著负相关，上网年限、在线娱乐与网络控制自我效能的相关不显著。网络使用自我效能与网络成瘾显著正相关，而网络控制自我效能与网络成瘾显著负相关。

针对所有数据，建立网络使用行为通过网络特定自我效能影响网络成瘾的结构方程模型。采用 Amos 7.0 作结构方程模型的分析。模型是网络使用时间(包括上网年限、每周上网天数、每天上网小时数）和网络使用功能通过网络特定自我效能影响网络成瘾。模型的拟合指数见表 27.7。除了 χ^2/df 略大外，RMSEA 小于 0.08，NFI、CFI、IFI 均大于 0.9，说明模型拟合较好，可接受。

表 27.6　网络使用、网络特定自我效能、网络成瘾的相关

	1	2	3	4	5	6	7	8	9	10
1. 上网年限										
2. 天/周	0.27***									
3. 小时/天	0.17***	0.22***								

续表

	1	2	3	4	5	6	7	8	9	10
4. 网络游戏	0.24***	0.19***	0.19***							
5. 信息收集	0.18***	0.20***	0.01	0.11***						
6. 在线娱乐	0.31***	0.16***	0.19***	0.22***	0.28***					
7. 网络社交	0.21***	0.14***	0.09**	0.27***	0.51***	0.35***	0.23***			
8. 网上交易	0.19***	0.22***	0.07**	0.24***	0.49***	0.04	0.50***			
9. 网络使用自我效能	0.23***	0.22***	0.05	0.15***	0.34***	0.23***	0.27***			
10. 网络控制自我效能	−0.04	−0.23***	−0.17***	−0.23***	0.05+	−0.03	−0.06*	−0.13***	0.30***	
11. 网络成瘾	0.11***	0.21***	0.12***	0.27***	0.16***	0.02	0.26***	0.39***	0.13***	0.31***

表 27.7 模型的拟合指数

拟合指标	χ^2	*df*	χ^2/df	*RMSEA*	*NFI*	*CFI*	*IFI*
	627.53	79	7.94	0.079	0.91	0.92	0.92

模型分析结果如图 27.1 所示。结果表明，变量间各条路径的系数都达到显著水平($p<0.001$)。网络使用行为对网络成瘾的直接效应为 0.35，通过网络使用自我效能的间接效应为 0.055，通过网络控制自我效能的间接效应为 0.081，网络使用自我效能和网络控制自我效能的中介效应占整个模型总效应的 27.92%。也就是说，网络使用行为对网络成瘾有直接的影响作用；同时，网络使用自我效能在网络使用行为与网络成瘾之间的中介效应显著；网络控制自我效能在网络使用行为与网络成瘾之间的中介效应也显著。即网络使用自我效能、网络控制自我效能都部分中介了网络使用行为对网络成瘾的影响，但两者的作用不同。网络使用行为通过网络使用自我效能，对网络成瘾有正向的预测作用；而通过网络控制自我效能，对网络成瘾有负向的预测作用，并且网络控制自我效能的中介作用要大于网络使用自我效能的中介作用。

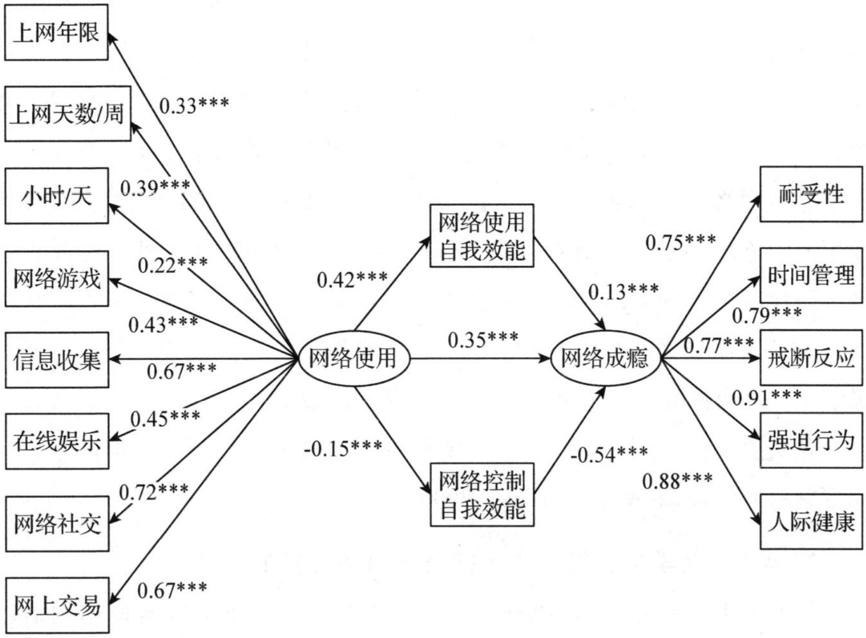

图 27.1 以网络特定自我效能为中介变量的结构方程模型

27.4 讨论

27.4.1 大学生网络使用行为和网络成瘾的特点

本研究的结果发现，大学生最经常使用的网络功能依次是在线娱乐，信息收集，网络游戏，网络社交和网上交易。这与先前一些研究和报告的结果比较一致。众多研究都发现，网络成瘾者会更多地使用网络的娱乐(Li et al.，2006)、信息收集(Yen，Ko，Yen，Wu，& Yang，2007；Yang et al.，2007)、网络游戏(Widyanto & McMurran，2004；Chang & Law，2008)等功能。第 23 次《中国互联网络发展状况统计报告》(CNNIC，2009 年 1 月)也指出，大学生使用的前三种网络应用是：网络音乐、即时通信、网络新闻。网络音乐属于在线娱乐功能，而网络新闻属于信息收集功能，这与本研究的结果也较为一致。

研究也发现了网络使用和网络成瘾的性别差异，即男生的上网年限、每周上网天数明显高于女生；男生比女生更多使用网络游戏、信息收集的功能；男生的网络成瘾比例高于女生。这与先前大部分的研究结果是一致的。先前的研究基本都发现，男生上网的时间会显著高于女生，男生比女生更容易网络成瘾(Yang & Tung，2007；Li et al.，2006)，男性会更多使用网络来玩游戏、下载信息等(Kim &Davis，2009)。此外，研究也发现，高年级学生的上网时间显著多于低年级学生；高年级学生的网络使用功能也基本都显著多于低年级学生；高年级学生的网络成瘾比例高于低年级学生。这可能是由于高年级学生拥有更多可以自由支配的时间，所以他们会花费更多的时间在网络上。此结果可以支持先前的研究，即高学历个体更容易网络成瘾(Mafé &Blas，2006)。

27.4.2 大学生的网络使用行为与网络成瘾的关系

研究结果发现，网络成瘾个体比非网络成瘾个体更多地使用网络游戏、信息收集、网络社交和网上交易的功能。在排除了性别和年级的影响后，每周上网天数、网络游戏、网络社交和网上交易对网络成瘾有直接的预测作用。这与先前的研究结果是一致的：对网络成瘾者和非网络成瘾者的差异研究发现，对网络依赖的个体更易被网络上的交互活动所吸引，如聊天、游戏、购物(Whang，Lee，&Chang，2003；Young，1998)。

网络游戏深受大学生的欢迎，一部分原因是与网络游戏自身的特点有关，如网络游戏的图像画质精美，操作简单；具有匿名性；提供在线的互动，需要团体协作；游戏角色升级能够带来成就感；提供玩家对游戏角色拥有自主权；定期派发礼品等(王兴东，陈江艳，徐京，刘钊，2010)。而且大学生对于时间安排也有更多的自主权，学校也难以监管大学生的网络使用，这使得他们更容易投入到网络游戏中去。除了上述提到的原因以外，大学生自身的特点也是导致他们成瘾的重要原因之一。如有些大学生缺乏一定的社会交往能力，难以和周围的同学正常交往；有些大学生远赴他乡求学，难以适应大学的学习和学校所在地的生活(王兴东等，2010)；

有些大学生自尊水平较低，通过网络游戏来逃避现实生活中的压力，在网络游戏中获得成就感、归属感和满足感(万晶晶，2007；余强，袁晓艳，赵永清，冯欣，2010)等。未来的干预可以针对大学生的这些特点，制定一些针对适应、社会交往、处理问题能力的培训和练习，通过提高他们的应对学习、生活中各种问题的能力，来减少他们通过网络游戏逃避现实的行为。

较多使用网络社交功能的大学生容易网络成瘾，这也是需要引起注意的。Kandell(1998) 认为大学生是一个比其他群体更容易网络依赖的群体，可能是因为大学生有更强的动机发展认同的感觉，发展有意义的亲密关系。由于网络上的资源极其丰富，与他人联系也非常便利，因此大学生很可能利用网络的资源和渠道来发展其认同感和亲密关系。而当这种方式逐渐替代了日常生活中的传统方式，也就逐渐损害了个体正常的社会功能，长此以往，就会表现为网络成瘾。这个结果对于今后的干预具有一定的指导意义。未来的干预可以开发现实生活中更加健康的发展认同和亲密关系的方式，来替代通过网络达到此目的。

研究结果也发现，较多使用网上交易功能能够预测网络成瘾。不少研究者都认为，网上交易包含于网络成瘾的子类型中(陶然，2007；Young，2009)。网上交易有其便利性和隐秘性，同时，随着网络普及性和安全性的提高，网上交易开始被越来越多的人所接受和使用。因此，需要对经常使用网上交易功能的大学生进行一定的指导和干预，以期减少其由此引发的网络成瘾的可能性。

27.4.3　大学生的网络使用行为、网络特定自我效能和网络成瘾的关系

本研究结果发现，两种网络特定自我效能都部分中介了网络使用行为对网络成瘾的影响，但是两者的作用是不同的。网络使用行为通过网络使用自我效能，对网络成瘾有正向的预测作用；而通过网络控制自我效能，对网络成瘾有负向的预测作用。

网络使用越多，个体的网络使用自我效能越高。这与先前的一些研究结果是一致的(梁晓燕等，2007)。因为从网络使用中可以得到自我效能的满足，因此个体更有可能花更多的时间上网，从而导致网络成瘾。也就是说，网络使用自我效能在网络使用到网络成瘾的发展过程中，起了促进的作用。这可以由自我效能感理论来解释。Bandura(1986) 认为自我效能感的功能包括：(1) 决定人们对活动的选择及对该活动的坚持性；(2) 影响人们在困难面前的态度；(3) 影响新行为的获得和习得行为的表现；(4) 影响活动时的情绪。根据这一理论，网络使用促进了网络使用自我效能的形成后，个体会对网络使用这种行为更加坚持，在网络使用中遇到困难也更愿意想办法克服，更愿意学习新的网络技术，在使用网络时的情绪也更积极，因此他们也更愿意花时间和精力投入在网络使用上，久而久之就更容易网络成瘾。如今网络已经在学习、工作和生活中成为一样重要的工具，完全离开网络几乎是不可能的，而且越来越多的工作和学习已经非常依赖网络的各种功能。因此，对于一些恰当的网络功能，很难通过降低网络使用自我效能来减少上网行为。

网络使用可能会导致网络控制自我效能的降低，但这种关系的作用很弱。其中可能的原因是，个体通过网络使用，能够得到更多的心理满足，网络对其有着巨大的吸引力，因此个体对于控制自己的上网行为没有太多的信心。同时，结果也显示，网络控制自我效能越低，大学生越可能网络成瘾。这可以由 Baumeister 的理论来解释。Baumeister 的自我调节的心理资源模型(Baumeister，Heatherton，& Tice)认为，任何需要使用自我控制的环境的要求都可能耗尽个体的自我控制的资源。我们每一个人都只有有限的自我控制的能力，当感受到过分要求的环境的压力时，我们所有的人都可能丧失自我控制。近来的一些研究发现降低的自我控制和降低的血糖水平有关，这给观察到的行为结果提供了部分生理学机制。而这种自我控制的降低可能与网络成瘾有关(Gaillot & Baumeister，2007)。因此研究结果提示，可以通过训练提高个体的网络控制自我效能，从而来减少个体网络成瘾的可能性。

此外，研究结果还发现，大学生网络控制自我效能得分显著高于网络使用自我效能的得分。这可能是使用网络的人很多而成瘾的人较少的原因之一。结构方程模型的结果也发现，网络控制自我效能的中介效应要高于网络使用自我效能的效应。也就是说，虽然由于使用网络，大学生的网络使用自我效能在逐渐提高，可能会提高个体网络成瘾的风险，但如果及时训练网络控制自我效能，仍然能够起到减少个体网络成瘾可能性的作用。

值得注意的是，虽然网络使用自我效能和网络控制自我效能都中介了网络使用行为对网络成瘾的影响，但这种中介效应只占了总效应的27.92％，而网络使用行为影响网络成瘾的直接效应占到72.08％。也就是说，网络成瘾更多还是受到大学生网络使用行为的影响。因此，综合考虑的启示是，预防和干预大学生网络成瘾的方法之一，是首先将大学生的网络使用行为控制在一定的水平，然后再通过训练，提高其网络控制自我效能，以达到预防和干预的目的。

27.4.4　研究不足和未来研究展望

本研究也存在一些不足。其一，本研究是一个横断研究。未来可以设计追踪研究，探讨网络特定自我效能在网络成瘾发生发展的动态过程中的作用。其二，本研究关心的中介变量只有网络特定自我效能。在未来的研究中，可以寻找更多的因素来探讨网络成瘾发生发展的机制。

27.5　结论

根据以上的分析和讨论，本研究得出以下结论：

(1)大学生最经常使用的网络功能是在线娱乐，其次是信息收集，再次是网络游戏和网络社交，使用最少的是网上交易。

(2)大学生的网络使用行为存在性别和年级的差异。

(3)在受测群体中，有12.2%的大学生网络成瘾，成瘾比例存在性别和年级差异。

(4)大学生的网络特定自我效能存在性别和年级的差异。

(5)大学生的每周上网天数、网络游戏、网络社交和网上交易行为对网络成瘾有直接的预测作用。

(6)大学生的网络使用行为不但会直接影响网络成瘾，而且还通过网络使用自我效能和网络控制自我效能间接影响网络成瘾。网络使用行为通过网络使用自我效能，对网络成瘾有正向的预测作用；而通过网络控制自我效能，对网络成瘾有负向的预测作用。

参考文献

1. Armstrong, L., Phillips, J., & Saling, L. Potential determinants of heavier internet usage. *International Journal of Human-ComputerStudies*, 2000, 53(4): 537－550.

2. Bandura, A. *Social foundations of thought and action: A social cognitive theory*. Prentice-Hall, Inc, 1986.

3. Baumeister, R. F., Heatherton, T., & Tice, D. Losing control: How and why people fail at self-regulation. *San Diego, CA: Academic Press*, 1994.

4. Bonitz, V. S., Larson, L. M., & Armstrong, P. I. Interests, self-efficacy, and choice goals: An experimental manipulation. *Journal of Vocational Behavior*, 2010, 76(2): 223－233.

5. Chang, M. K., & Law. S. P. M. Factor structure for Young's Internet Addiction Test: A confirmatory study. *Computers in Human Behavior*, 2008, 24(6): 2597－2619.

6. Eastin, M. S., & LaRose, R. Internet self-efficacy and the psychology

of the digital divide. *Journal of Computer Mediated Communication*, 2000, 6(1): from http: / / jcmc. indiana. edu / vol6 / issuel / eastin. html.

7. Gaillot, M. T. , & Baumeister, R. F. The physiology of will power: Linking blood glucose to self-control. *Personality and Social Psychology Review*, 2007, 11(4): 303—327.

8. Hong, T. The internet and tobacco cessation: The roles of internet self-efficacy and search task on the information-seeking process. *Journal of Computer-Mediated Communication*, 2006, 11(2): 536—556.

9. Hsu, M. H. , & Chiu, C. M. Internet self-efficacy and electronic service acceptance. *Decision support systems*, 2004, 38(3): 369—381.

10. Kandell, J. J. Internet Addiction on campus: The vulnerability of college students. *CyberPsychology and Behavior*, 1998, 1(1): 11—17.

11. Kevin, C. , & Stephen, G. Understanding small scale industrial user internet purchase and information management intention: A test of two attitude mode. *Industrial Marketing Management*, 2007, 36(1): 109—120.

12. Kim, H. , & Davis, K. E. Toward a comprehensive theory of problematic internet use: Evaluating the role of self-esteem, anxiety, flow, and the self-rated importance of internet activities. *Computers inHuman Behavior*, 2009, 25(2): 490—500.

13. Kim, E. J. , Namkoong, K. , Ku, T. , & Kim, S. J. The relationship between online game addiction and aggression, self-control and narcissistic personality traits. *European Psychiatry*, 2008, 23(3): 212—218.

14. Ko, C-H. , Yen, J-Y. , Chen, S-H. , Yang, M. J. , Lin, H. C. , & Yen, C. F. Proposed diagnostic criteria and the screening and diagnosing tool of Internet addiction in college students. *Comprehensive Psychiatry*, 2009, 50(4) 378—384.

15. LaRose, R. , Mastro, D. , & Eastin, M. S. Understanding internet usage: A social-cognitive approach to uses and gratifications. *Social*

Science Computer Review，2001，19(4)：395—413.

16. Lee，B.，& Tamborini，R. Third-person effect and internet pornography：The influence of collectivism and internet self-efficacy. *Journal of Communication*，2005，55(2)：292—310.

17. Li，S.，& Chung，T. Internet function and Internet addictive behavior. *Computers in Human Behavior*，2006，22(6)：1067—1071.

18. Luszczynska，A.，Benight，C. C.，& Cieslak，R. Self-efficacy and health-related outcomes of collective trauma：A systematic review. *European Psychologist*，2009，14(1)：51—62.

19. Mafé，C. R. & Blas，S. S. Explaining Internet dependency：An exploratory study of future purchase intention of Spanish Internetusers. *Internet Research*，2006，16(4)：380—397.

20. Moody，E. Internet use and its relationship to loneliness. *Cyber Psychology and Behavior*，4(3)：393—401. Park，S. K.，Kim，J. Y.，& Cho，C. B.

21. Park，S. K.，Kim，J. Y.，& Cho，C. B. Prevalence of Internet addiction and correlations with family factors among South Korean adolescents. *Adolescence*，2008，43(172)：895.

22. Tsai，M.，& Tsai，C. Information searching strategies in web based science learning：The role of internet self-efficacy. *Innovationsin Education and Teaching International*，2003，40(1)：43—50.

23. Widyanto，L.，& McMurran，M. The psychometric properties of the Internet Addiction Test. *Cyberpsychology and Behavior*，2004，7(4)：443—450.

24. Whang，L. S.，Lee，S.，& Chang，G. Internet over-user's psychological profiles：A behavior sampling analysis on internet addiction. *Cyber psychology and Behavior*，2003，6(2)：143—150.

25. Whitty，M. T.，& McLaughlin，D. Online recreation：The rela-

tionship between loneliness, Internet self-efficacy and the use of the Internet for entertainment purposes. *Computers in Human Behavior*, 2007, 23(3): 1435—1446.

26. Wu, Y., & Tsai, C. University students' internet attitudes and internet self-efficacy: A study at three universities in Taiwan. *Cyberpsychology and Behavior*, 2006, 9(4): 441—450.

27. Yang, H., Lay, Y., Tsao, W., Liou, Y., & Lin, C. Impact of language anxiety and self-efficacy on accessing internet sites. *Cyberpsychology and Behavior*, 2007, 10(2): 226—233.

28. Yang, S. C. & Tung, C., Comparison of Internet addicts and non-addicts in Taiwanese high school. *Computers in Human Behavior*, 2007, 23(1): 79—96.

29. Yen, J-Y., KO, C-H., Yen, C-F., Wu, H-Y., Yang, M-J. The Comorbid Psychiatric Symptoms of Internet Addiction: Attention Deficit and Hyperactivity Disorder (ADHD) Depression, Social Phobia, and Hostility. *Journal of Adolescent Health*, 2007, 41(1): 93—98.

30. Young, K. S. Internet addiction: The emergence of a new clinical disorder. *CyberPsychology and Behavior*, 1998, 1(3): 237—244.

31. Young, K. S. Internet Addiction: Diagnosis and treatment considerations. *Journal of Contemporary Psychotherapy*, 2009, 39(4): 241—246.

32. 顾潍文，陈越．关于青少年网络成瘾状况研究综述[J]. 科教文汇，2008，(8)：48.

33. 雷雳，柳铭心．青少年的人格特征与互联网社交服务使用偏好的关系[J]. 心理学报，2005，37(6)：797—802.

34. 梁晓燕，魏岚，章竞思．网络自我效能研究述评[J]. 教育研究与实验，2007，(2)：52—55.

35. 林绚辉，阎巩固．大学生上网行为及网络成瘾探讨[J]. 中国心理卫生杂志，2001，15(4)：281—283.

36. 孟慧，梁巧飞，时艳阳．目标定向、自我效能感与主观幸福感的关系[J]. 心理科学，2010，33(1)：96—99.

37. 欧阳益．大学生网络自我控制能力量表的编制及相关因素研究[D]. 西南大学硕士学位论文，2009.

38. 陶然．陶然：解密网络成瘾，from http：/ / community. wm360. cn / space / index. php /8 / viewspace—17. html，2007.

39. 万晶晶．心理需求补偿与大学生网络成瘾的关系研究[D]. 北京师范大学博士学位论文，2007.

40. 王兴东，陈江艳，徐京，刘钊．大学生网络游戏成瘾的原因及改善措施[J]. 中国冶金教育，2010，(2)：61—64.

41. 魏岚．梁晓燕，高培霞．大学生网络自我效能与网络交往动机关系研究[J]. 中国健康心理学杂志，2007，15(4)：318—320.

42. 姚玉红，郝清华，刘格林．青少年网络成瘾的危害性及防治对策[J]. 中国学校卫生，2007，28(5)：475—477.

43. 余一昊，杜亚松．上海中学生网络成瘾心理健康状况的调查[J]. 上海精神医学，2007，19(1)：1—3.

44. 余强，袁晓艳，赵永清等．大学生网络游戏成瘾的现状调查分析[J]. 攀枝花学院学报，2010，27(2)：112—115.

45. 张兰君．大学生网络成瘾倾向多因素研究[J]. 健康心理学杂志，2003，11(4)：279—280.

46. 张韫黎，陆昌勤．挑战性-阻断性压力(源)与员工心理和行为的关系：自我效能感的调节作用[J]. 心理学报，2009，41(6)：501—509.

47. 中国互联网络信息中心．中国互联网络发展状况统计报告[R]. 2009，(1).

48. 中国互联网络信息中心．中国互联网络发展状况统计报告[R]. 2009，(7).

49. 中国互联网络信息中心．中国互联网络发展状况统计报告[R]. 2010，(7).

第二十八章　父母控制与青少年网络成瘾的关系[①]

房超　方晓义　申子娇

父母控制是父母教养行为的核心维度，与青少年的问题行为密切相关。父母控制可以分为心理控制和行为控制。而现有的研究很少探讨父母控制与青少年网络成瘾的关系。本研究采用 Shek 等编制的父母心理控制、行为控制量表、陈淑惠等编制的青少年网络成瘾量表测查了 402 名中学生并探讨了父母心理控制、行为控制对青少年网络成瘾的影响。结果表明，心理控制显著正向预测男生 1 年后的网络成瘾倾向；行为控制显著负向预测女生 1 年后的网络成瘾倾向。研究结果对于家长选择合适的方式控制青少年网络成瘾有重要意义。

焦点阅读：

父母心理控制、行为控制能够显著预测青少年的网络成瘾。

心理控制与男生 1 年后的网络成瘾存在显著的正相关；

行为控制与女生 1 年后的网络成瘾存在显著的负相关。

关键词：

青少年(adolescents)，父母控制(parental control)，心理控制(psychological control)，行为控制(behavioral control)，网络成瘾(Internet addiction)

① 本文已发表于《中国特殊教育》2012 年第 12 期。

28.1 引言

我国青少年网络成瘾问题受到研究者和全社会的广泛关注。因网络成瘾而辍学、自杀、杀人，从而酿成家庭悲剧的事件时有发生，治疗网瘾而导致花季少年殒命事件震惊社会。2009年发布的权威调查显示，我国网络成瘾青少年人数已经达到2400万。网络成瘾(Internet addition disorder，简称 IAD)是指在无成瘾物质条件下的上网行为冲动失控，是个体用以缓解压力的应对方式方面的行为成瘾。家庭是青少年身心健康成长的重要环境，越来越多的研究者认为网瘾成因和家庭因素密切相关。现有研究(彭阳，周世杰，2007；王文星，2010)多比较笼统地探讨父母教养方式、家庭功能、家庭环境、亲子关系与青少年网络成瘾的关系，难以对父母具体的教养行为提出有针对性的建议，更难以对青少年网络成瘾的预防干预提供明确的依据。

父母控制是父母教养行为的核心维度，与青少年的问题行为密切相关(Barber，1996；Barber，Olsen，& Shagle，1994)更成为最近十几年来的研究热点(Barber & Harmon，2002；Barber，Maughan，& Olsen，2005)。有研究者(Barber，1996)提出，将父母控制区分为心理控制与行为控制非常重要，因为心理控制和行为控制的性质及其对青少年发展的影响是完全不同的。心理控制是指父母通过言语或非言语的方式侵犯性地管理青少年的感受和想法。高水平的父母心理控制主要与青少年的焦虑、抑郁、低自尊、攻击性、反社会行为、犯罪行为相联系(Barber & Harmon，2002；Barber et al.，2005；Barber et al.，1994)。而行为控制是指父母通过设定规则、规范、提出要求等来指导和监控青少年的外部行为和活动(Pettit，Laird，Dodge，Bates，& Criss，2001)。行为控制的增加可以减少青少年的问题行为，缺乏行为控制则带来青少年的犯罪行为、毒品使用和酒精滥用等问题行为的增多(Beck，Boyle，& Boekeloo，2004；Pettit et al.，2001；方晓义，1995)。总之，研究发现，父母高水平的心理控制、低水平的行为控制均与青少年消极的心理行为发展结果相联系。

进入青春期以后，青少年一方面渴望更多的自主空间，另一方面仍需要来自父母的管教和控制(林崇德，1995)。但是，现有研究很少探讨父母控制与青少年网络成瘾的关系，并且，对父母控制的研究(Barber et al.，1994；王文星，2010)还存在以下几个方面的局限。首先，早期研究较多关注行为控制与青少年问题行为的关系(Beck et al.，2004；Pettit et al.，2001)，而较少探讨心理控制与青少年问题行为的关系。但新近研究发现，心理控制同时与青少年的内隐和外显行为问题相联系。并且，还没有研究探讨心理控制、行为控制这两种不同性质的父母控制与青少年网络成瘾之间的关系究竟怎样。网络成瘾青少年一方面表现出抑郁、孤独等内隐问题(K. Young，1996)的特征，另一方面也表现出冲动控制等外显行为问题的特征(万晶晶，2007)，心理控制、行为控制可能对青少年网络成瘾倾向具有截然不同的影响。其次，关于心理控制、行为控制与青少年网络成瘾的关系，横向研究不多，纵向追踪研究没有。整个青春期，父母和青少年的行为都在发生变化，但父母控制行为的变化对男女青少年的网络成瘾具有怎样的影响，仍不清楚。并且，研究(万晶晶，2007)发现男女生的网络成瘾比率、特点及家庭影响因素存在差异，那么，父母控制对男女青少年的网络成瘾倾向是否存在不同的影响机制？基于以上几点考虑，本研究采用问卷调查的方法，考察如下问题：父母教养行为核心变量心理控制、行为控制对青少年网络成瘾是否存在不同的影响作用？父母心理控制、行为控制是否能够预测1年后的青少年网络成瘾？心理控制、行为控制对男、女生网络成瘾的影响作用是否存在差异？本研究的结果将为青少年的父母发展出适当、有效的控制行为提供依据。

28.2　方法

28.2.1　被试

选取济南市两所普通中学初一、初二、高一、高二四个年级的学生为被试，并在 12 个月后再次进行同样的问卷调查。前测发放问卷 542 份，有效问卷 447 份(男生为 51%，女生为 49%)，后测发放问卷 502 份，有效问卷 486 份。本研究以前后两次都参加过问卷调查的 402 名学生为样本，占前测有效样本的 90%。样本的年龄在 12～18 岁之间，平均年龄为 15.35 岁。

28.2.2 工具

父母控制量表。采用 Shek 等在前人研究基础上编制的父母控制问卷，包括心理控制与行为控制两个方面。该问卷被 Shek(Shek，2007)等人的研究证明，具有较好的结构效度。心理控制考察的是父母对青少年进行心理控制的水平，有 10 个项目。行为控制考察的是父母对青少年行为的了解、要求和监控情况，有 20 个项目。均为五点计分，1＝从不，2＝很少，3＝有时，4＝经常，5＝总是。得分越高，表明父母的控制越多。本研究中，前后测心理控制量表的 Cronbachα 系数介于 0.83 到 0.91 之间，前后测行为控制量表的 Cronbachα 系数介于 0.76 和 0.82 之间。

青少年网络成瘾量表。采用陈淑惠等(陈淑惠，翁俪祯，苏逸人，2003)编制的中文网络瘾量表(Chinese Internet Addiction Scale-Revision，CIAS-R)，共有 26 道题目，四点计分，1＝极不符合，2＝比较符合，3＝比较不符合，4＝极为符合。分数越高表明网络成瘾倾向越明显。前后测各维度的 Cronbach s 系数在 0.80— 0.91 之间，说明各维度内部一致性较高。

28.2.3 研究设计与数据处理

本研究两次测查父母心理控制、行为控制和青少年网络成瘾，间隔时间为一年。首先考察父母心理控制、行为控制的稳定性和可变性，其次探讨前测父母心理控制、行为控制对后测青少年网络成瘾的影响。

采用相关分析考察前后测父母心理控制、行为控制的稳定性，采用重复测量的方差分析考察前后测心理控制、行为控制的变化，采用相关分析考察前测心理控制、行为控制与后测网络成瘾之间的相关，采用 AMOS 结构方程模型考察前测心理控制、行为控制对后测青少年网络成瘾的预测作用。

28.3 结果

28.3.1 父母心理控制、行为控制的稳定性和变化分析

采用相关分析考察两次施测中父母控制和青少年网络成瘾倾向的稳定性和变化，结果发现，两次测查的心理控制、行为控制、网络成瘾倾向均存在显著正相关（$r_{心理控制}=0.38^{**}$，$r_{行为控制}=0.62^{**}$，$r_{网络成瘾}=0.46^{**}$）。进一步的单因素重复测量分析的结果表明，前后测父母心理控制存在显著差异（$F_{心控(1,393)}=13.98$，$p<0.001$），后测父母心理控制的平均水平有显著增加；前后测父母行为控制存在显著差异（$F_{行控}(1, 393)=5.85$，$p<0.05$），后测父母行为控制的平均水平有显著增加；前后测青少年网络成瘾倾向不存在显著差异（$F_{网络成瘾}(1, 393)=1.25$，$p>0.05$）。

28.3.2 前测父母控制与后测青少年网络成瘾倾向的相关分析

对前测父母控制与后测青少年网络成瘾倾向进行相关分析，结果发现，前测心理控制与后测青少年网络成瘾倾向显著正相关，前测行为控制与后测青少年网络成瘾倾向显著负相关。前测心理控制与男生后测网络成瘾倾向呈显著正相关，前测行为控制与女生后测网络成瘾倾向呈显著负相关。

表 28.1 前测父母控制与后测青少年网络成瘾倾向的相关分析

	心理控制	行为控制
成瘾倾向	0.19**	−0.11*
男生成瘾倾向	0.29**	−0.06
女生成瘾倾向	0.04	−0.15*

28.3.3 心理控制、行为控制对青少年网络成瘾倾向的预测作用模型

首先考察前测父母心理控制、行为控制对后测青少年网络成瘾倾向的预测关系，通过 AMOS4.0 进行模型拟合，结果发现该模型拟合很好，模型拟合指数见表 28.2。

表 28.2　心理控制、行为控制对青少年网络成瘾倾向预测作用模型的拟合指数

拟合指标	χ^2	df	χ^2/df	NFI	CFI	$NNFI$	$RMSEA$
	28.151	24	1.173	0.98	0.99	0.99	0.021

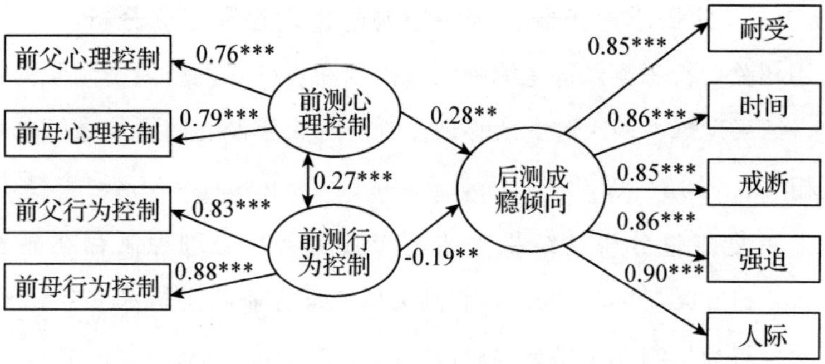

图 28.1　前测父母控制对后测青少年网络成瘾倾向的预测

从模型的拟合指数来看，所有指标都达到了理想的水平，说明模型与数据之间的拟合非常好。从图 28.1 的路径系数可以发现，前测父母心理控制对后测青少年网络成瘾倾向具有显著的正向预测作用，前测父母行为控制对后测青少年网络成瘾倾向具有显著负向预测作用。也就是说，前测父母对青少年的心理控制越多，青少年在后测中的网络成瘾倾向越明显，而前测父母对青少年的行为控制越多，青少年在后测中的网络成瘾倾向越不明显。

28.3.4　前测父母控制对后测男生、女生网络成瘾倾向的预测作用模型

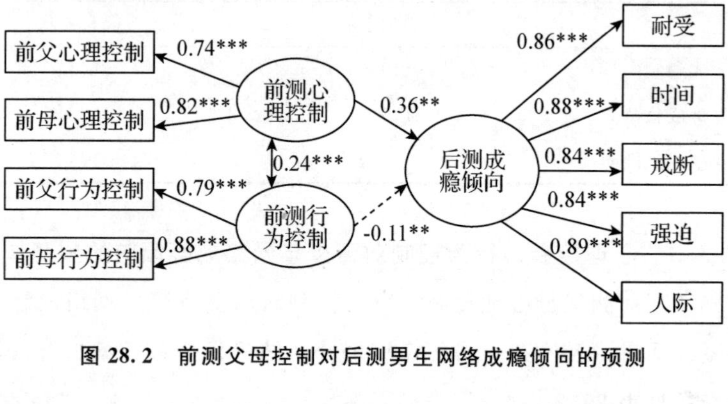

图 28.2　前测父母控制对后测男生网络成瘾倾向的预测

心理控制、行为控制对男女生群体网络成瘾倾向的影响可能存在不同的特点。因此，需要分别对男、女生群体构建心理控制、行为控制对后测网络成瘾倾向预测作用的结构方程，以检验预测效应是否存在性别差异。考察心理控制、行为控制对后测男生网络成瘾倾向的预测作用，通过AMOS4.0进行模型拟合，结果发现该模型拟合较好，模型拟合指数见表28.3。

从图28.2的路径系数可以发现，从模型的拟合指数来看，所有的指标都达到了理想的水平，说明模型与数据之间的拟合非常好。前测心理控制对后测男生网络成瘾倾向具有显著的正向预测作用，前测行为控制对后测男生网络成瘾倾向不具有显著的负向预测作用。也就是说，前测父母的心理控制越多，男生在后测中的网络成瘾倾向越明显，而前测父母的行为控制对后测男生网络成瘾倾向没有显著影响。

表28.3　父母控制对男生网络成瘾倾向预测作用模型的拟合指数

拟合指标	χ^2	df	χ^2/df	NFI	CFI	NNFI	RMSEA
	34.078	24	1.420	0.974	0.992	0.988	0.043

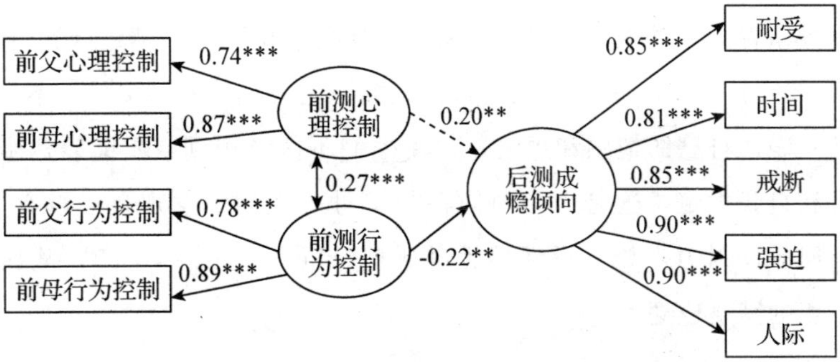

图28.3　前测父母控制对后测女生网络成瘾倾向的预测

考察心理控制、行为控制对后测女生网络成瘾倾向的预测作用，通过AMOS4.0进行模型拟合，结果发现该模型拟合较好，模型拟合指数见表28.4。

表 28.4　父母控制对女生网络成瘾倾向预测作用模型的拟合指数

拟合指标	χ^2	df	χ^2/df	NFI	CFI	$NNFI$	$RMSEA$
	34.219	24	1.426	0.962	0.988	0.982	0.049

从模型的拟合指数来看，所有的指标都达到了理想的水平，说明模型与数据之间的拟合非常好。与青少年总体和男生相比，前测父母心理控制对后测女生网络成瘾倾向不具有显著的预测作用，但前测行为控制对后测女生网络成瘾倾向具有显著的负向预测作用。也就是说，前测父母的行为控制越多，女生在后测中的网络成瘾倾向越不明显，而前测父母的心理控制对后测女生网络成瘾倾向没有显著影响。

28.4　讨论

本研究从亲子互动角度探讨了心理控制、行为控制对青少年网络成瘾的作用机制。首先，心理控制显著正向预测青少年一年后的网络成瘾。这与以往的研究结果(Barber et al.，1994)是一致的，即高心理控制带来更多的问题行为。高心理控制通过否定情感、引发内疚感、爱的收回等方式侵犯和操纵青少年的内心世界，带来青少年的自尊降低和情绪问题(Barber et al.，2005；Barber et al.，1994)。较多运用心理控制的父母，不允许青少年独立表达自己的情感和想法，也使他们不能意识到或不能表达个人的主动性和自我肯定，这是因为他们在与父母的互动中发现自己没有力量，没有任何的控制力，如习得性的无助感(Barber et al.，2005)，从而增加了青少年的网络成瘾。

其次，行为控制显著负向预测青少年一年后的网络成瘾。这与以往的研究(Barber et al.，2005；Beck et al.，2004)结果也是一致的。Beck (Beck et al.，2004)等对 406 名青少年的追踪研究发现，受到父母较多行为控制的青少年，在 12 个月后的追踪测查中报告的酗酒行为显著减少。这一结果提示我们，青少年网络成瘾像其他吸烟、饮酒(方晓义，1995)等物质依赖行为一样，能够在父母的行为控制下得到有效的控制。行为控制的效果一方面可能来自于父母对青少年情况的真正了解和知晓，另一方面也来自明确的要求和必要的督促，帮助青少年学会拒绝网络的诱惑，同时抵制同伴的压力。但如果父母对青少年的情况漠不关心或者置若罔闻，则会加大其网络成瘾的潜在危险。

本研究还发现，心理控制、行为控制对男、女生网络成瘾倾向的预测作用存在差异：对男生来说，只有心理控制能够显著预测其一年后的网络成瘾；而对于女生来说，只有行为控制能够显著预测其一年后的网络成瘾。也就是说，心理控制与男生网络成瘾的关系更紧密，行为控制与女生网络成瘾的关系更紧密。这可能是因为，一方面男生要求个人空间、独立自主的意识更为强烈；另一方面，我们的传统文化对于男生的逆反更为接纳和认同(Chao & Aque，2009；Dwairy & Achoui，2010)。因此，男生更难以忍受父母的心理控制，心理控制可能对男生的消极作用和累积影响更大。父母应更加注重减少甚至消除对男生的心理控制。而对于女生群体来说，对其网络成瘾倾向影响更大的是行为控制，也就是父母的知晓和监控更能起到降低女生网络成瘾的作用。这可能提示我们，女生对父母的保护和监控更为接纳和顺从，保护和监控也取得了好的效果。因此，父母对女生进行主动的、经常的行为控制和监控，对于保护女生远离网络成瘾倾向是非常有必要的，也是具有长期效果的。然而，关于心理控制、行为控制对男女青少年网络成瘾影响模式差异的内在作用机制，还有待于更多更深入的研究加以验证和探索。

参考文献

1. Barber，B. K. Parental psychological control：Revisiting a neglected construct. *Child development*，1996，67(6)：3296－3319.

2. Barber, B. K., & Harmon, E. L. Violating the self: Parental psychological control of children and adolescents, 2002.

3. Barber, B. K., Maughan, S. L., & Olsen, J. A. Patterns of parenting across adolescence. *New directions for child and adolescent development*, 2005, (108): 5.

4. Barber, B. K., Olsen, J. E., & Shagle, S. C. Associations between parental psychological and behavioral control and youth internalized and externalized behaviors. *Child development*, 1994, 65(4): 1120—1136.

5. Beck, K. H., Boyle, J. R., & Boekeloo, B. O. Parental monitoring and adolescent drinking: Results of a 12-month follow-up. *American journal of health behavior*, 2004, 28(3): 272—279.

6. Chao, R. K., & Aque, C. Interpretations of parental control by Asian immigrant and European American youth. *Journal of Family Psychology*, 2009, 23(3): 342.

7. Dwairy, M., & Achoui, M. Parental control: A second cross-cultural research on parenting and psychological adjustment of children. *Journal of Child and Family Studies*, 2010, 19(1): 16—22.

8. Goldberg. Internet addiction disorder(IAD)-Diagnostic criteria.

9. Pettit, G. S., Laird, R. D., Dodge, K. A., Bates, J. E., & Criss, M. M. Antecedents and behavior-problem outcomes of parental monitoring and psychological control in early adolescence. *Child development*, 2001, 72(2): 583—598.

10. Shek, D. T. A longitudinal study of perceived differences in parental control and parent-child relational qualities in Chinese adolescents in Hong Kong. *Journal of Adolescent Research*, 2007, 22(2): 156—188.

11. Young, K. Internet addiction: Symptoms, evaluation, and treatment. Retrieved January, 1996, (9): 2002.

12. 陈淑惠，翁俪祯，苏逸人．中文网络成瘾量表之编制与心理计量特性研究[J]. 中华心理学刊，2003，45(3)：279—294.

13. 方晓义．母亲依恋，父母监控与青少年的吸烟，饮酒行为[J]. 心理发展与教育，1995，(3)：54—58.

14. 林崇德．发展心理学．北京：人民教育出版社，1995，352—358.

15. 彭阳，周世杰．青少年网络成瘾与家庭环境，父母教养方式的关系[J]. 中国临床心理学杂志，2007，15(4)：418—419.

16. 万晶晶．心理需求补偿与大学生网络成瘾的关系研究[D]. 北京师范大学博士学位论文，2007.

17. 王文星．大学生网络成瘾与亲子关系研究[D]. 长沙理工大学，2010.

18. 中国青少年网络协会，中国传媒大学统计调查研究所．中国青少年网瘾报．http：//edu. qq. coma20100201000119. htm，2009.

第二十九章　对独生子女发展倾向的再检验——青少年网络生活调查启示

金盛华　于全磊　张林　孙荣芳　吴恭安

独生子女在个体心理发展与教育上的特性究竟如何，存在三种显著不同的观点：独生子女的优势说、均势说、劣势说。先前研究发现的中国计划生育政策背景下独生子女特征的结论上的分歧，可能是由于文化、经济发展水平、性别、时代等因素的干扰所致。只有通过全国范围内的大样本调查分析同时控制以上干扰变量，才能更为清晰、准确地辨明独生子女与非独生子女在发展上存在的优劣差异。本研究通过在全国12个省区取样获取了12051名青少年的网络生活调查数据，并对比分析了独生子女与非独生子女的心理状况差异以及网络成瘾倾向上的差异，结果表明独生子女在幸福感和社会性上均显著高于非独生子女；在网络的使用频率上，独生子女高于非独生子女；而在网络成瘾倾向上却低于非独生子女。结果对于独生子女特点的重新审视具有重要意义。

焦点阅读：

独生子女的优势说、均势说、劣势说；

影响独生子女研究结论的因素；

独生子女与非独生子女在幸福感上的差异；

独生子女与非独生子女在社会性上的差异；

独生子女与非独生子女在网络生活中的差异。

关键词：

独生子女(single-children)；幸福感(well-being)；社会性(sociality)；网络成瘾(internet addiction)

29.1　引言

为了控制中国人口的急遽增长，20 世纪 70 年代末中国实行了计划生育政策，从此中国家庭由传统的“五口之家”的模式转向“三口之家”的模式(包蕾萍，2010)。与此同时在社会上和学界都掀起了一股探讨“独生政策”的利弊之争。

独生子女在个体心理发展与教育上的特性究竟如何，存在三种显著不同的观点。第一种观点持独生子女劣势说，代表人物为美国著名心理学家霍尔，他认为独生子女天生就存在问题，孤僻、自私、溺爱、自恋、胆小等是他们的代名词。阿德勒从家庭动态学的角度分析了兄弟姐妹之间互动对个体发展的影响，发现独生子女在个性方面确实存在一定的不足。Wan，Fan，Lin 和 Jing(1994)以中国被试为研究对象也发现独生子女在集体活动中表现出缺乏合作、不尊敬长辈、自私等不良品质。

第二种观点持独生子女优势说，有学者研究发现独生子女在心理发展和成就获取上具有一定的优势。由于家庭中只有一个独生子女，父母的所有心理资源和经济资源可以集中到孩子一个人身上，进而更有利于促进个体的心理成长和成就的获得(Falbo & Polit，2010)。陈翠玲等人(2008)的研究发现无论是在自尊水平上还是幸福感水平上，成年独生子女得分均优于成年非独生子女。而且，在中国古代“多子多福”的社会背景下，父母往往倾向于采用权威主义教养方式，使孩子处于被动的环境中成长，而在独生子女的家庭中，孩子实际上有了更多的话语权，在培养独立性方面更具有优势(包蕾萍，2010)。

第三种观点持均势说，认为独生子女与非独生子女在人格和智力、社会适应以及心理健康等方面并不存在显著差异(风笑天，2002；风笑天，2010；苑春永，陈福美，王耘，边玉芳，2013；张樱樱，童辉杰，2006)。

关于独生子女心理和发展特性出现以上争议的原因是复杂的。一方面，不同社会的独生子女所处的社会文化环境差异显著。西方的独生子女更多来自于父母的自主选择的生育观念，属于主动选择只生一个孩子。而在中国，“多子多福”是我们根深蒂固的传统文化理念，选择一个孩子更多是被动地受计划生育政策制约，两种不同的文化背景和家庭选择意愿，可能会对独生子女的发展环境产生不同的影响。

另一方面，先前研究发现的中国计划生育政策背景下独生子女特征的结论上的分歧，可能是由于经济发展水平、性别、时代等因素的干扰导致的(苑春永，陈福美，王耘，边玉芳.2013)。首先，计划生育政策于20世纪80年代施行以来，主要在城市得到严格执行，真正实现了一对夫妇只生一个孩子的人口控制目标，而在农村地区，头胎若为女孩，则农村户口的夫妇则被允许生育二胎。城市的经济和教育发展水平本身就优于农村，加之地区间经济和教育发展的落差和对子女受教育的传统观念的差异，实际上造成了独生子女和非独生子女不同的社会成长环境，在这种背景下，形成独生子女心理和发展特性的一致观念显然是困难的。其次，在某些重男轻女传统思想特别强烈的地区，有些父母甚至借助胎儿性别鉴别技术，拣选未出生孩子的性别，最终造成新生代儿童性别比例失调，使独生子女心理发展环境受到种种干扰，使儿童成长环境复杂化，从而更难于清晰认识独生子女和非独生子女在心理发展特性上的异同。最后，随着经济的发展和社会的变迁，不同年代的父母对待孩子性别的态度也在发生转变，与上一代人相比，年轻父母更倾向于认为“生男生女都一样”，因而，年代效应也可能是造成不同研究者的结论产生分歧的一个原因。故而，只有通过全国范围内的大样本调查分析同时控制以上干扰变量，才能更为清晰、准确地辨明独生子女与非独生子女在发展上存在的优劣差异。

网络作为深刻影响人们信息来源、互动方式、交往范围的新生生活内容，直接起到重构人们生活态度、价值观和参照体系的作用，独生子女和非独生子女在这种新生生活中有着怎样的特点和倾向，对于认识当今青少年面对新的生长环境将发生怎样的变化，进而懂得如何引导青少年在新的现代化生活环境中朝积极的方向发展，具有十分重要的意义。本研究将从青少年网络使用的角度探讨独生与非独生子女在幸福感、社会性发展和网络使用等方面的差异，重新审视独生子女的发展特征。

29.2　方法

29.2.1　被试

本研究的数据资料主要来自于由国家社科重点资助的“青少年网络生活状况调查”项目的全国性调查。该调查由北京师范大学金盛华教授主持，调查对象的总体为全国31个省、自治区、直辖市(港澳台地区不在本次调查的范围之内)的12—29岁的青少年群体。依据中国人民大学公布的“2012年中国发展指数”，根据社会发展水平高低将全国31个省、市、自治区划分为四大类别。第一类地区包括：北京、上海；第二类地区包括：天津、江苏、浙江、山东、辽宁、广东；第三类地区包括：有吉林、福建、内蒙古、黑龙江、河北、山西、湖北、湖南、海南、重庆、陕西、河南、宁夏、广西、新疆、江西、安徽、四川；第四类地区包括：青海、云南、甘肃、贵州、西藏五个省区。由于第一类地区相对较少，并且其与第二类地区相差不大，因此在本研究中，将第一类地区和第二类地区合并，形成了全国三级分类结构：发达地区、中等发达地区、欠发达地区。其中在发达地区进行取样的省份包括江苏、山东、广东、辽宁；在中度发达地区进行取样的省份包括内蒙古、河北、山西、重庆、河南、广西、新疆；在欠发达地区取样的省份包括甘肃、贵州、西藏。

青少年问卷以班级为单位进行集体施测，完成施测后以学校为单位进行回收。最后共获取学生有效样本容量为12051人。其中男生4940人，女生6675人，436人未填写性别信息；非独生子女6461人，独生子女5503

人，87 人未填写是否独生信息；中小学生 4650 人，高中生、大学生 7384 人，1 人未填写学校信息。调查群体的年龄在 9～29 岁之间，平均年龄 15.06 岁(SD＝3.40 岁)。

29.2.2 测量工具

调查内容涉及到青少年的生活满意度、幸福感、自我满意度、与父母之间的亲子关系、师生关系、同伴关系、自信心、网络的使用频率、网络成瘾倾向等心理与行为变量，同时还包括青少年的性别、年龄、是否独生、感知到的家庭经济状况等人口学变量。其中，青少年的生活满意度、幸福感、自我满意度、与父母之间的亲子关系、师生关系、同伴关系、自信心、网络的使用频率等变量均采用单题项 10 点评分方式进行测量，网络成瘾的测量采用 Young(1998)的网络成瘾问卷，该量表共有 8 个题项，采用两点反向计分，1 表示“赞同”，2 表示“不赞同”，总分得分越高表明网络成瘾倾向越严重。

29.3 结果

29.3.1 数据的预处理和描述统计分析

第一步，对类别变量进行哑变量处理。非独生子女分赋值为“0”，独生子女赋值为“1”；男生赋值为“0”，女生赋值为“1”；对地域进行虚拟赋值，将经济发达地区赋值为(1，0)，中等发达地区赋值为(0，1)，欠发达地区赋值为(0，0)。

第二步，分析是否独生子女与性别、年龄上的相关，结果表明独生子女与年龄($r=-0.274$，$p<0.001$)、性别($r=-0.129$，$p<0.001$)存在显著的负相关。为了进一步探索不同年龄段间独生子女与性别的关联，将年龄作为控制变量，分析独生子女与性别之间的协相关，结果表明独生子女与性别之间的相关有所降低，但依然显著($r=-0.109$，$p<0.001$)。说明青少年年龄偏小的群体中独生子女的比例更大，独生子女在中国家庭中正

逐步常态化，并且是否独生与性别有紧密联系，男生群体中独生子女比例显著高于女生群体，而且这种关联并没有随着年代的变更而发生显著的转变。

第三步，进行独生子女和非独生子女在各变量上的描述和差异分析(见表1)。除了网络使用频率和网络对生活重要性的评定，独生子女与非独生子女在其他各个变量上均存在显著差异，在生活满意度、主观幸福感、自我满意度以及亲子关系、师生关系、同伴关系以及对自己的自信上，独生子女的分数均高于非独生子女，而在网络依赖和成瘾倾向上，独生子女的分数显著低于非独生子女。显示在本次全国性调查的样本中，与非独生子女青少年相比，独生子女青少年在综合心理状态及与环境的关联上都处于优势状态，网络成瘾倾向也更低。在如此大规模全国样本中，独生子女青少年全面处于成长的有利局面。

表 29.1　独生子女与非独生子女在各变量上的描述分析和差异检验

因变量	非独生子女($M\pm SD$)	独生子女($M\pm SD$)	t 值
生活满意度	7.12±1.98	7.64±2.02	−14.075***
主观幸福感	7.62±1.93	7.98±1.97	−10.09***
自我满意度	6.56±2.01	6.94±2.11	−10.17***
亲子关系	8.30±1.83	8.45±1.83	−4.41***
师生关系	7.20±1.93	7.65±1.92	−12.77***
同伴关系	7.85±1.68	8.19±1.73	−10.89***
自信心	7.11±1.87	7.51±1.96	−11.17***
网络的使用频率	5.36±2.22	5.39±2.34	−0.64
网络的重要性	5.81±2.17	5.85±2.37	−0.96
网络依赖程度	4.96±2.22	4.86±2.36	2.44*
网络成瘾倾向	1.19± 0.20.	1.17± 0.21	5.82***

注：*** 表示 $p<0.001$，** 表示 $p<0.01$，* 表示 $p<0.05$，表示 $p<0.1$。

29.3.2　独生子女对幸福感、社会性发展以及网络生活的影响

为了进一步排除性别、经济发展水平以及年龄(时代效应)的影响，采

用层级回归的方法，首先将性别、青少年的年龄、家庭经济收入、青少年所在地域等变量纳入到第一层回归分析中，然后将是否独生纳入第二层回归模型，分别对各因变量进行回归分析。

结果如表2-4所示，在生活满意度、主观幸福感和亲子关系上，男生的分数均低于女生，而在自信、自我满意度、网络使用以及网络成瘾倾向上男生均高于女生；随着年龄的增加，青少年的幸福感、与重要他人的关系、自我满意度以及自信心上均呈现下降趋势，而在网络使用和网络成瘾倾向上呈现上升趋势；感知到的家庭经济条件越好，青少年的幸福感得分越高，与重要他人的人际关系也越和谐，同时网络的使用频率也更高，网络对他们的生活也更重要，但网络成瘾倾向越低；在青少年的幸福感、社会适应上，经济中等发达地区的水平均最高，经济发达水平地区青少年的幸福感和社会适应性水平次之，经济欠发达省份最低。而在网络生活上呈现的模式恰好相反，经济欠发达省份青少年的网络使用频率、网络的依赖性以及网络成瘾倾向得分最高，经济发达省份次之，经济中等发达省份最低。

在控制了性别、年龄、家庭经济收入和所在地域等变量后，在生活体验上，独生子女依然比非独生子女对生活更满意、主观幸福感更高，而在自我满意度上，独生子女与非独生子女没有呈现出显著的差异；在社会适应上，独生子女比非独生子女与父母、教师以及同伴的关系更为和谐、亲密，自信心也更高；而在对网络的使用上，独生子女比非独生子女的网络的使用频率更高、网络对他们的生活具有更高的重要性，而且对网络的依赖也更强，但相比非独生子女，独生子女的成瘾倾向较低。从以上分析结果看，与非独生子女相比，独生子女不仅主体的心理状态和特征更加积极，而且能有效利用网络同时避免网络成瘾，达到了较为理想的网络生活状态。

表 29.2　独生子女对幸福感的分层回归

自变量		因变量：生活满意度		因变量：主观幸福感		因变量：自我满意度	
		标准回归系数		标准回归系数		标准回归系数	
		（第一步）	（第二步）	（第一步）	（第二步）	（第一步）	（第二步）
第一步	性别	0.024**	0.028**	0.064***	0.067***	−0.020*	−0.019*
	年龄	−0.165***	−0.156***	−0.147***	−0.141***	−0.142***	−0.140***
	家庭经济状况	0.252***	0.248***	0.224***	0.221***	0.208***	0.207***
	发达地区	0.033**	0.034**	0.021***	0.021***	0.058***	0.058***
	中等发达地区	0.052***	0.045***	0.063***	0.066***	0.056***	0.057***
	AdjustedR^2	0.120***		0.097**		0.088***	
第二步	是否独生		0.040***		0.024***		0.011
	AdjustedR^2		0.122***		0.098***		0.088***
	ΔR^2		0.001***		0.001*		0.000

表 29.3　独生子女对社会性发展的分层回归

自变量		亲子关系		师生关系		同伴关系		自信心	
		标准回归系数		标准回归系数		标准回归系数		标准回归系数	
		（第一步）	（第二步）	（第一步）	（第二步）	（第一步）	（第二步）	（第一步）	（第二步）
第一步	性别	0.035***	0.038***	−0.001	−0.004	0.006	0.010	−0.098***	−0.096***
	年龄	−0.034**	−0.028**	−0.182***	−0.173***	−0.132***	−0.123***	−0.157***	−0.153***
	家庭经济状况	0.138***	0.135***	0.150***	0.145***	0.175***	0.170***	0.181***	0.179***
	发达地区	0.027*	0.027*	0.043***	0.044***	0.038**	0.038**	0.066***	0.067***
	中等发达地区	0.080***	0.083***	0.059***	0.064***	0.069***	0.073***	0.099***	0.093***
	AdjustedR^2	0.028***		0.077***		0.066***		0.095***	
第二步	是否独生		0.024*		0.044***		0.040***		0.020*
	AdjustedR^2		0.028***		0.078***		0.067***		0.096***
	ΔR^2		0.001*		0.002***		0.001***		0.0001*

表 29.4　独生子女对网络生活的分层回归

自变量		使用频率		对生活的重要性		依赖程度		成瘾倾向	
		标准回归系数		标准回归系数		标准回归系数		标准回归系数	
		(第一步)	(第二步)	(第一步)	(第二步)	(第一步)	(第二步)	(第一步)	(第二步)
第一步	性别	−0.046*	−0.040	−.057***	−.051**	−.052**	−.048**	−.103*	−.106**
	年龄	0.324*	0.339*	0.294***	0.309***	0.315***	0.324***	0.178*	0.172***
	家庭经济状况	0.111*	0.104**	0.072***	0.065***	0.062***	0.062***	−0.029*	−0.026*
	发达地区	−0.005	−0.004	−0.012	−0.011	−0.012	−0.012	−0.022*	−0.022*
	中等发达地区	−0.084*	−0.077	−0.106***	−0.099**	−0.104	−0.104	−0.074*	−0.077*
	AdjustedR^2	0.102*		0.090***		0.101***		0.025***	
第二步	是否独生		0.062**		0.064***		0.039***		−0.029**
	AdjustedR^2		0.105**		0.094***		0.103***		0.048***
	ΔR^2		0.003**		0.004***		0.001***		0.001**

29.4　讨论

本研究对全国范围内12051名青少年网络生活状况抽样调查发现，与以往独生子女发展状况多有不利的种种研究结果不同，此次大规模调查发现与非独生子女相比，独生子女的特征性、状态性和关联性的状况都更积极，网络生活状态处于积极利用网络而又不陷于网瘾的有利状态。细致分析有关结果，有几个侧面特别值得注意。

29.4.1　独生子女结构特征值得关注

本次调查结果的分析显示，独生子女在年龄和性别上呈现一定的特征。一方面，随着年龄的降低，独生子女所占的比重越来越大。从本次研究取样的年龄分布上看，最大年龄为29岁，最小为9岁，研究所抽取的青少年群体恰好均是在计划生育的大背景下出生的。虽然政策依旧，但父母对独生子女的态度却已经发生转变，早期的计划生育政策是强制执行的，而由于养育成本的增加，近年年轻父母已经倾向于自觉地只养育一个孩子。本次研究反映的独生子女的发展优势，从一个侧面支持了选择独生子女家庭结构在儿童教育与发展意义上有可能是一个有利选择。

另一方面，与女生相比，男生为独生子女的比例更高，而且在控制了年龄因素后，结果依然如此。男生为独生子女的比例更高，意味着当第一个孩子是男孩子的时候，家庭对独生子女政策的接受性更高。中国素有重男轻女的传统观念，认为男儿可以传宗接代，因而家长对男孩有着特殊偏爱。在计划生育政策的具体操作上，农村夫妇第一胎为女孩时，允许其生育二胎，这在一定程度上导致了在男生中的独生子女相对较多；再者，由于医学胎儿性别鉴别技术的快速发展和对胎儿性别鉴定的监管的不到位，也在一定程度上使独生子女中的男性比例较高。这种趋势从另一个侧面佐证了我国青少年儿童性别比例失调的普遍性，有关情况应该被相关部门上升到国家人口战略的高度予以重视。

29.4.2　青少年幸福感、社会适应和网络生活状况受综合社会处境影响

社会处境泛指综合社会生存状态，主要受结构性社会人口变量影响。本次大规模调查研究发现，在性别上，女生比男生体验到更多生活幸福感和较高生活满意度，并且他们也与父母建立了更为和谐的亲子关系；而在自我满意度和自信心上，女生显著低于男生，前者可能是因为女生在宜人性、情绪性表达上优于男生，因而更容易获取社会支持(Gabriel & Gardner，1999)，导致她们有较高幸福感与生活满意度。但在能力方面，性别刻板印象导致的男性在雄心、能力、开拓创新等侧面优于女性，这种刻板印象内化，进而引起女性的低自我期望和自我评价，因而女生的自我满意度和自信心得分低于男生(Trouilloud，Sarrazin，Martinek，& Guillet，1999)。在网络的使用频率、网络对生活的重要性、对网络的依赖以及网络成瘾倾向上，男生的分数均显著高于女生。网络生活中的性别差异也许可以从不同性别的社会心理处境分化进行解释(李玲，于全磊，张林，金盛华，印刷中)。具体而言，由于在人类进化的过程中，男性和女性面临

不同的适应问题，相对而言，女性更容易获得生活中重要他人的信任与支持，而根据金盛华的自我价值定向理论，自我价值是自我行为的终极理由体系，每个人都在寻求生命的意义和自我价值(金盛华，2010；金盛华，单雯，2011)。重要他人的信任与支持是自我价值支撑的重要体系，当个体在现实生活中无法有效获取重要他人的信任与支持进而造成自我价值危机时，其更可能在虚拟的网络空间中寻找自我价值支撑，而网络一旦与自我价值建立关联时，青少年将会在虚拟的网络世界中难以自拔进而形成网络成瘾。

在年龄层面上，随着年龄的升高，青少年的幸福感、自我满意度和自信心均逐渐降低，这是一个特别值得关注的倾向——心态相对年龄是逆成长的。相关的现象解释，显然还需要有进一步深入研究，从本研究调查结果推测，由于本调查大学生占一定比例，随着年龄的增长和学业递进，学业压力、就业压力等逐渐成为直接的生活现实，从而增加了生活不确定性知觉强度，进而导致幸福感、自我满意度和自信心的降低。

在与重要他人的关系上，随着年龄的增长，青少年与父母的关系越来越好，这一点可能是由于随着年龄的增长，青少年需要外出到异地去求学，减少了与父母交流的机会，因而与父母的交流变得弥足珍贵，促进了亲子关系的发展。而与教师和同伴的交往模式没有发生转变，这可能与本研究中的样本群体一直生活在校园有关。

在网络生活倾向上，随着年龄的增长，青少年的上网频率、网络对其生活的重要性、对网络的依赖以及网络成瘾倾向均呈现上升的趋势。这可能是由于随着年龄的增长，学业负担越来越重，他们的心理压力越来越大。网络是开放性资讯的主要通道，因而青少年年龄越大越认识到网络的重要性，同时网络具有一定的匿名性，网络也是分享与缓解压力的有效通路。

毫无疑问，经济条件是满足青少年的物质需求和精神需求的资源前提(乔娜，张景焕，刘桂荣，林崇德，2013；Tucker-Drob & Harden,

2012)。本研究发现，家庭的经济状况对青少年幸福感、社会适应均有正向预测作用。同时网络的使用频率也更高，网络对他们的生活也更重要，但网络成瘾倾向随着家庭经济条件的升高而降低。家庭经济条件相对较好时，家庭能为青少年提供较为充足的物质条件，同时，优越的经济条件也使父母能为子女提供更多的心理关怀和心理支持进而使青少年具有较多的心理资源向外部进行扩展——与老师、同学以及同伴建立积极、和谐的人际关系，而这些均有助于提高青少年的自我价值感。当个体的自我价值感得到一定程度的满足时，个体就不太可能在网络中寻求自我价值。相反，当家庭经济条件较差，父母为其提供的物质和精神支撑有限时，个体的自我价值支撑相对较弱，个体更可能在网络中寻找自我价值而形成网络成瘾。因此就家庭经济状况而言，经济条件越好，个体的幸福感越高、社会适应越好、而网络成瘾倾向越低。

在地域上，经济中等发达水平省份青少年的幸福感、社会适应的水平均最高，经济发达省份次之，经济欠发达省份最低。而在网络生活上呈现的模式恰好相反，经济欠发达省份青少年的网络使用频率、网络的依赖性以及网络成瘾倾向得分最高，经济发达省份次之，经济中等发达省份最低。从整体上来看，地区的经济发展对个体的生活影响并非线性的，相比较而言，经济中等发达省份的发展模式较为健康。这同样是值得进一步探讨的一个社会经济和教育的问题。

29.4.3　独生子女的相对发展优势

从表 1 的结果可以看出，与非独生子女青少年相比较，独生子女在多方面均表现出了一定的优势，他们感知到更多的生活满意度、主观幸福感和自信心，社会适应也较好，同时网络生活中的问题也倾向于更少，结果支持独生子女发展优势论。当在统计分析上控制了性别、年龄、家庭经济情况以及地域的经济发展水平后，如表 29.2、表 29.3 和表 29.4 所示，独生子女的优势效应依然显著存在，这与陈翠玲等人(2008)强调独生子女发展优势的结果一致。

独生子女为何出现明显发展优势，是一个需要深入系统探讨的问题。首先，独生子女无疑拥有丰富的经济资源和情感资源(Falbo & Polit，2010)。在一个特定的家庭中，家庭资源是有限的，当家庭中只有一个孩子时，父母能为其提供相对充足的教育资源和情感支持，而当家中出现多子女时，每个孩子能分配到的教育资源和情感支持必定会相应地减少，从而改变青少年的社会发展处境，使其综合发展状态受到影响；其次，在独生子女的发展早期，由于家庭中缺少同龄玩伴而感到孤独，而这种状态可能成为推动独生子女更加重视社会交往的动力，产生阿德勒所说的“自卑与超越效应”(黄希庭，2002)，使他们在社交以及心理健康方面能够与非独生子女发展的一样好，甚至是更好。最后，多子女家庭往往受“多子多福”传统文化影响，这样的家庭很可能潜藏着一种传统文化惯性更强的倾向，父母与孩子的互动关系容易倾向于走向权威主义，使孩子天性受到压抑。而在独生子女的家庭背景下，父母倾向于放弃家长控制式的教养方式，让孩子有更多话语权与发展空间，在独立性养成方面显示出一定优势(包蕾萍，2010)。

29.4.4 本研究关于独生子女政策的启示

随着人口红利的逐渐消失，社会上对于“全面放开二胎”的政策呼声越来越高。从本研究全国性大规模调查结果看，人口问题仅仅从数量的视角看无疑是偏颇的。无论对家庭还是全社会，人口质量才是更为重要的问题。在这个意义上说，全面放开二胎政策应与保证儿童培育质量相适应，多子女家庭和全社会需要警惕因教育资源分散带来的儿童教养质量下降的风险。多子女政策是否应与父母抚养能力相对应，多子女家庭是否应该有相应的教育质量评估支持等问题需要进一步探讨，毕节四位留守少年儿童集体服毒自杀、五名留守儿童在垃圾箱生火取暖窒息死亡的伦理灾难，已经对全社会提出了强烈的警示，父母的生育权利与教养义务对应的问题在当今中国已经无可回避。

参考文献

1. Falbo，T. and D. F. Polit. Quantitative Review of the Only Child Literature-Research Evidence and Theory Development. *Psychological bulletin*. 1986，100(2)：176－189.

2. Gabriel，S. & W. L. Gardner. Are there "his" and "hers" types of interdependence? The implications of gender differences in collective versus relational interdependence for affect，behavior，and cognition. *Journal of Personality and Social Psychology*. 1999，77(3)：642.

3. Trouilloud，D. O.，P. G. Sarrazin，T. J. Martinek，& E. Guillet. The influence of teacher expectations on student achievement in physical education classes：Pygmalion revisited. *European Journal of Social Psychology*. 2002，32(5)：591－607.

4. Tucker-Drob，E. M. & K. P. Harden. Intellectual interest mediates Gene Socioeconomic Status interaction on adolescent academic achievement. *Child Development*. 2012，83(2)：743－757.

5. Wan，C. W.，C. R. Fan，G. B. Lin，& Q. C. Jing. Comparison of Personality-Traits of Only and Sibling School-Children in Beijing. *Journal of Genetic Psychology*. 1994，155(4)：377－388.

6. Young，K. S. Internet addiction：The emergence of a new clinical disorder. *CyberPsychology & Behavior*. 1998，(3)：237－244.

7. 包蕾萍．中国独生子女刻板印象：结构、来源和后果[D]. 华东师范大学博士学位论文，2010.

8. 陈翠玲，冯莉，王大华等．成年独生子女自尊水平和主观幸福感的特点及二者间的关系[J]. 心理发展与教育，2008，24(3)：71－76.

9. 风笑天．中国独生子女研究：回顾与前瞻[J]. 江海学刊，2002，(5)：90－99.

10. 风笑天．独生子女：媒介负面形象的建构与实证[J]. 社会学研究．2010，(3)：177－198.

11. 黄希庭．人格心理学[M]. 杭州：浙江教育出版社，2002.

12. 金盛华．社会心理学[M]. 北京：高等教育出版社，2010.

13. 金盛华，单雯．自我价值定向理论——社会心理学理论的新的综合[C]. 周仁来(编．)：心理学研究新进展(第 1 辑). 北京：北京师范大学出版社，2011.

14. 李玲，于全磊，张林等．(印刷中). 网络成瘾的性别差异：学校社会处境分化的中介作用[J]. 中国临床心理学杂志．

15. 乔娜，张景焕，刘桂荣等．家庭社会经济地位，父母参与对初中生学业成绩的影响：教师支持的调节作用[J]. 心理发展与教育，2013，29(5)：507－514.

16. 苑春永，陈福美，王耘等．独生子女和非独生子女情绪适应的差异——基于倾向分数配对模型的估计[J]. 中国临床心理学杂志，2013，21(2)：296－299.

17. 张樱樱，童辉杰．独生子女与非独生子女心理健康的元分析[J]. 苏州科技学院学报(社会科学版)，2006，23(4)：112－115.

第三十章　家庭经济地位对网络成瘾的影响机制①

邹红　金盛　华吴嵩

大量研究表明，家庭经济地位(household economic status)是导致青少年网络成瘾的重要影响因素之一，而与重要他人的关系也是影响网络成瘾的一个重要因素，积极和谐的人际关系能够降低网络成瘾的发生。本研究欲探索在中国青少年样本中家庭经济地位与网络成瘾的关系，并探索人际关系在其中的调节作用。以四省 1828 名青少年为研究对象，采用网络成瘾诊断量表(IAS)，获得 1787 份有效数据。家庭经济地位和人际关系由青少年进行自评。结果表明：在控制性别和年级之后，青少年家庭经济地位可以正向预测网络成瘾行为，并且人际关系在其中的调节作用显著。研究结果对于理解青少年网络成瘾机制，控制成瘾现象有重要意义。

焦点阅读：

网络成瘾的影响因素；

青少年家庭经济地位、人际关系对网络成瘾的影响；

青少年的人际关系越和谐，其家庭经济地位对网络成瘾的预测越弱；青少年的人际关系越差，其家庭经济地位对网络成瘾的预测越强。

关键词：

家庭经济地位(Household economic status)；人际关系(Interpersonal relationship)；网络成瘾(Internet addiction)；调节作用(Moderating role)

---

① 本文已发表于《教育研究与实验》2014 年第 2 期。

30.1 引言

随着我国社会经济的不断发展和互联网的普及，青少年上网现象已经变得极为普遍。中国互联网络中心发布的《2011 年中国青少年上网行为调查报告》中指出，截至 2011 年 12 月底，中国青少年网民规模已攀升至 2.32 亿，占整体网民的 45.1%(中国互联网络信息中心.2011)。与此同时，青少年网络成瘾问题也变得愈加凸显。报告显示，“每 6 个网民中就有 1 个具有成瘾倾向”，而青少年作为上网群体的主力军，网络成瘾现象已变得极为严峻。网络成瘾障碍(IAD)是一种过度使用网络而影响个体学习、工作、社会适应等功能性行为，这一概念最早由 Goldberg 提出(Goldberg，1995)。大量研究发现，网络成瘾对青少年生理指标和社会适应上造成了巨大影响(Ko，Yen，Liu，Huang，& Yen，2009；Robinson，2003；van den Eijnden，Meerkerk，Vermulst，Spijkerman，& Engels，2008)。

目前，很多研究者重点探究影响青少年网络成瘾的因素。研究者发现，家庭经济地位(household economic status)是导致青少年网络成瘾的重要影响因素之一。Mann 对 240 个韩国青少年的研究中发现，他们的社会经济背景是网络成瘾倾向的成因之一，父母较高的经济收入水平和青少年较高网络成瘾倾向相关(Hur，2006)。Batıgün 和 Kılıç 等人在研究中也发现高家庭经济地位学生的网瘾倾向得分显著高于低家庭经济地位的学生(Batigun & Kilic，2011)。在国内，研究者也发现了家庭经济地位与青少年网络成瘾的正相关关系(唐志红，2009；张新乔，黄悦勤，罗晓敏，刘肇瑞，2009)。家庭经济地位越高，青少年网络成瘾的可能性越大。

另一方面，研究者同时关注人际关系对于青少年网络成瘾的影响。Yen Cheng-Fang 等人在 2009 年发现和家庭、同伴以及教师的关系成为青少年网络成瘾的重要影响因素(Yen，Ko，Yen，Chang，& Cheng，

2009)。家庭冲突会增加青少年网络成瘾的风险，而和父母保持较好的关系则会降低这一风险发生概率(Tsitsika et al.，2011；J.-Y. Yen，Yen，Chen，Chen，& Ko，2007；彭阳，周世杰，2007)。Wright 和 Cullen 发现当青少年和父母关系较为亲近时，他们为了取悦父母而不倾向于表现出社会偏离行为(Wright & Cullen，2001)。对于同伴关系而言，Yen 等人也发现其与青少年网络成瘾的联系。雷雳和李宏利认为较好的同伴关系能够减少网络成瘾倾向(雷雳，李宏利，2004)，但这一结论在同伴表现出物质滥用行为下将不再适用(YEN，YANG，& CHONG，2006)。在和教师关系中，较好的师生关系能够有效减少青少年网络成瘾的发生率。如果青少年不能从老师口中得到精神支持，那么他们极有可能将精力投入到网络中，以期寻找支持和崇拜。另外，在人际关系对于青少年网络成瘾的影响中，Batıgün 和 Kılıç 等人在对 1198 名土耳其大学生进行调查研究后发现较差的人际关系和高频率的上网行为相关联(Batigun & Kilic，2011)。因此，青少年良好的人际关系是降低网络成瘾倾向的重要途径之一(易晓明，黄金贤，2008)。

此外，对于人际关系较好的青少年来说，与家长、老师和同伴的良好关系为青少年提供了全面丰富的社会支持系统，并成为其社会生活中的重要资源，因此，不论其家庭经济地位高低如何，在这一群体中网络成瘾现象发生概率并不常见；但对于人际关系处理较差的青少年而言，他们在日常生活和学习中缺乏社会支持和帮助，因此，家庭经济地位较高的青少年会通过上网寻找精神支持和心灵依靠，以试图补偿现实生活中的情感缺失，因此网络成瘾发生率相对较高；而家庭经济地位较低的青少年在面对这一情景后，受到金钱和资源的束缚，上网行为受到限制，这在一定程度上减低了青少年网络成瘾的比例。因此，本研究欲探索在中国青少年样本中家庭经济地位与网络成瘾的关系，并探索人际关系在其中的调节作用。

30.2 方法

30.2.1 被试

样本取自甘肃、内蒙古、广东、西藏，共发放问卷1828份，有效回收问卷1787份，有效回收率97.76%。其中男生854人(47.8%)，女生933人(52.2%)；初中生及以下为469人(26.2%)，高中生398人(22.2%)，专科生421人(23.6%)，本科生及以上499人(28.0%)。

30.2.2 测量工具

青少年人际关系。使用3个条目测量人际关系，询问被试“你如何评价自己和父母的关系”、“你如何评价自己和老师的关系”以及“你如何评价自己和同伴的关系”来获取(Cronbach's $\alpha=0.716$)。被试需要对三种人际关系进行7点评分(1代表“非常差”，7代表“非常好”)，计算3个题的总分，分数越高代表青少年自评的人际关系水平越高。

家庭经济地位。对于青少年家庭经济地位的测量采用询问被试“你觉得你家里的经济情况如何?”来测量，被试需要对自身家庭经济地位进行7点评分(1代表“非常差”，7代表“非常好”)，分数越高代表青少年自评的家庭经济地位越高。这种主观评定的方法在大规模调查中经常使用(Inglehart，Foa，Peterson，& Welzel，2008)。

网络成瘾问卷。采用Young编制的“网络成瘾诊断量表”，共由8个项目组成，要求被试用“是”或“否”作答，选择“是”记为1份，“否”记为0分，并将得分大于等于5分的被试诊断为网络成瘾患者。累计得分越大，网络成瘾倾向越高(K. Young，1996)。

30.2.3 数据处理与统计分析

使用SPSS19.0对数据进行统计分析。

30.3　结果

30.3.1　网络成瘾人数及其百分比

将网络成瘾诊断标准量表中得分大于等于5分的被试定义为“网络成瘾患者”，小于5分的被试定义为“非网瘾者”，不难发现，在调查的1787名有效被试中，有141名青少年被诊断为网络成瘾患者，占总人数的7.89%，见表30.1。

表30.1　网络成瘾人数统计指标

分类	人数	百分比(%)
网络成瘾	141	7.89
非网络成瘾	1646	92.11

30.3.2　不同性别、年级和网络成瘾程度比较

表30.2显示了青少年在不同性别和年级下对网络成瘾的影响。数据表明，网络成瘾的性别和年级差异均显著，男性网络成瘾得分显著高于女性，专科生的网络成瘾得分显著高于其他三个年级，而剩下三个年级的网络成瘾得分并无显著差异。

表30.2　性别、年级对青少年网络成瘾影响的差异

		人数		网瘾	
		n	%	$M \pm SD$	t值(F值)
性别	男	854	47.8	1.797±1.882	$t=4.038^{***}$
	女	933	52.2	1.439±1.583	
年级	初中生及以下	469	26.2	1.461±1.660	$F=7.093^{***}$
	高中生	398	22.2	1.590±1.662	
	专科生	421	23.6	1.966±2.036	
	本科生及以上	499	28.0	1.602±1.733	

注：$^{**}P<0.01$，$^{***}P<0.001$，下同。

30.3.3　青少年人际关系、家庭经济地位与网络成瘾的相关

人际关系三维度与家庭经济地位呈显著正相关，与网络成瘾倾向呈显

著负相关，而家庭经济地位与网络成瘾相关并不显著，见表 30.3。

表 30.3 人际关系、家庭经济地位和网络成瘾的描述统计与相关矩阵

变量(n=1787)	M	SD	1	2	3	4	5
1 家庭经济地位	3.938	1.117	—				
2 父母关系	7.877	1.989	0.075**	—			
3 老师关系	7.266	1.936	0.168**	0.415**	—		
4 同伴关系	7.474	1.793	0.149**	0.463**	0.502**	—	
5 网瘾倾向	1.613	1.737	0.037	−0.162**	−0.113**	−0.095**	—

30.3.4 人际关系在家庭经济地位与网络成瘾的关系的调节作用

虽然家庭经济地位与网络成瘾之间相关并不显著，但考虑到可能受到其他变量的影响，因此进行分层多元回归分析，以便更加细致地考察变量间的关系。以青少年网络成瘾得分为因变量，家庭经济地位与人际关系为预测变量进行分层多元回归分析，考察人际关系对家庭经济地位与网络成瘾关系的调节作用。在进行回归分析前，为避免多重共线性问题，首先将家庭经济地位与人际关系做中心化处理(各变量的原始值减掉平均数)，然后生成交互作用项“家庭经济地位*人际关系”。在此基础上，在 SPSS 中分三步，用 enter 法使个变量依次进入回归方程：第一步，将控制变量性别、年级纳入回归方程；第二步，将自变量和调节变量纳入回归方程，以考察其对因变量的主效应；第三步，将自变量和调节变量的乘积项纳入回归方程，以考察人际关系起到的调节效应(见表 30.4)。

参考袁立新等的调节效应分析方法(袁立新，张积家，陈曼，2008)，分别对高人际关系倾向(高于平均分一个标准差)和低人际关系倾向(低于平均分一个标准差)的青少年被试做家庭经济地位对网络成瘾倾向的简单回归。简单斜率检验结果表明，当青少年人际关系得分较低时，家庭经济地位对网络成瘾的影响达到统计显著水平($\beta=0.123$，$t=2.316$，$P<0.05$)；当青少年人际关系得分较高时，家庭经济地位对网络成瘾的影响水平不显著($\beta=-0.038$，$t=-0.795$，$P>0.05$)。见图 30.1。

表 30.4　人际关系、家庭经济地位对网络成瘾的分层回归分析

步骤	预测变量	B(未标准)	β	t	R2	F
第一步	性别	−0.361	−0.104	−4.084***	0.012	8.970***
	学历	0.052	0.035	1.367		
第二步	家庭经济地位	0.137	0.086	3.282***	0.040	15.381***
	人际关系	−0.185	−0.163	−6.316***		
第三步	家庭经济地位*人际关系	−0.080	−0.087	−3.379***	0.047	14.674***

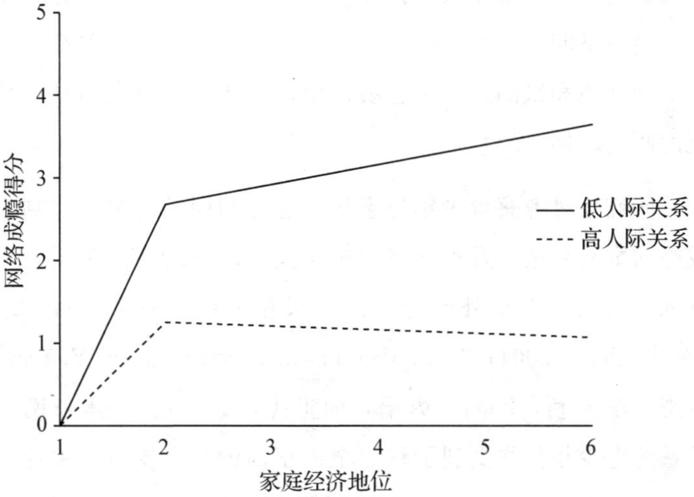

图 30.1　家庭经济地位与人际关系的交互作用

30.4　讨论

本研究发现，不同性别、不同年级下的青少年网瘾得分具有显著差异。就性别而言，男性青少年的网络成瘾得分显著高于女性青少年，这和前测网瘾调查结果相一致(刘纯姣，2009)；而在不同年级下，专科生的网瘾得分显著高于初中生、高中生和大学生这三类群体，这可能跟专科生本身较弱的自我控制能力有关。相比其他三类群体而言，专科生的学习成绩、人际交往和社会支持等方面更难以得到满足和他人的认可，因此，他们更容易将注意力转移到网络上以求得到精神上的慰藉和补偿。

另外，在考察青少年家庭经济地位与人际关系对青少年网络成瘾的影响中，可以发现家庭经济地位和人际关系对青少年网络成瘾的影响方向并不一致。首先，青少年家庭经济地位对网络成瘾具有正向影响作用。家庭经济地位越高，青少年网络成瘾倾向也越大。这和 Batıgün 与 Kılıç 在 2011 年对土耳其学生被试关于家庭经济地位对网络成瘾影响的结果相一致(Batigun & Kilic，2011)。当家庭经济地位较高时，青少年一方面能获取更多来自家庭的经济支持，易于其承担在网吧上网的费用；另一方面家里配备的电脑等上网设备同时为其提供宽松充分的上网情景，这些都为青少年提供了良好上网环境和氛围，并更容易诱使青少年进行网上活动，从而导致网络成瘾的倾向增加。

其次，研究通过考察青少年与家长、老师和同伴的关系评判人际关系对网络成瘾的影响。结果发现，当青少年具有较好的人际关系时，网络成瘾倾向越低。这与许多国外研究者的结果相一致(Tsitsika et al.，2011；Wright & Cullen，2001；C. F. Yen et al.，2009；J. — Y. Yen et al.，2007；雷雳，李宏利，2004；彭阳，周世杰，2007)。具体来说，拥有较好人际关系的青少年往往受到了较为全面正向的社会支持和关注，为了维系和他人良好的人际关系，他们不轻易做出网瘾等社会偏离行为；相反，当他们对人际关系失去信心并心灰意冷时，很可能会将上网视作一种补偿行为来替代面对面的人际交互(刘纯姣，2009)。因此，青少年良好的人际关系是减少网络成瘾的重要影响因素。

另外，研究还发现了人际关系可以调节家庭经济地位对网络成瘾的负向影响。良好的人际关系作为一种强大的心理力量，是青少年应对生活事件的弹性资源(Valle，Huebner，& Suldo，2006)。因此，当其具有较好的人际关系时，这一强大的社会支持能够消除家庭经济地位的不同对青少年网络成瘾造成的影响；而当个体对各种社会关系处理不力，人际关系较差时，家庭经济地位的提升会导致青少年网络成瘾倾向变得更为严重。家长、老师和朋友等支持源的缺失很容易导致个体内心失衡，并在资源可达到的情况下，通过各种途径，包括“泡网”等行为寻找精神依靠和自身价值感。对于家庭经济地位较高的青少年来说，上网是一种唾手可得的资源，因此，网瘾现象在这一群体中较为严重；相较之下，上网并不是家庭经济地位较低的青少年能够企及的资源，他们可能会选择其他可利用的资源进行自我心理补偿，比如打架、斗殴，甚至犯罪(蒋索，何姗姗，邹泓，2006)。综上所述，青少年较好的人际关系可以显著缓解家庭经济地位提高对网络成瘾的不良影响，而人际关系的建立和维系也必然离不开青少年、家长、教师和同伴的共同付出，因此只有多方努力才能减少青少年网络成瘾的发生。

30.5　结论

根据以上的分析和讨论，本研究得出以下结论：(1)不同性别青少年的网瘾得分具有显著差异，男性青少年的网瘾得分显著高于女性青少年；(2)不同年级青少年的网瘾得分差异显著，专科生的网瘾得分显著高于初中及以下学生、高中生和大学生及以上学生，而这三类学生在网瘾得分上并未存在显著差异；(3)在控制性别和年级之后，青少年家庭经济地位可以正向预测网络成瘾行为，并且人际关系在其中的调节作用显著。

参考文献

1. Batigun，A. D.，& Kilic，N. The relationships between internet addiction，social support，psychological symptoms and some socio-demographical variables. *turk psikoloji dergisi*，2011，26(67)：1—13.

2. GoldbergI. Intemetaddictiondisorder. http：//www. cog. brown. edu/brochure/people/duchon/humor/internet. addiction. html，1995—01—13.

3. Hur，M. H. Demographic，habitual，and socioeconomic determinants of Internet addiction disorder：an empirical study of Korean teenag-

ers. *Cyberpsychology & behavior*, 2006, 9(5): 514—525.

4. Inglehart, R., Foa, R., Peterson, C., & Welzel, C. Development, freedom, and rising happiness: A global perspective(1981—2007). *Perspectives on psychological science*, 2008, 3(4): 264—285.

5. Ko, C.-H., Yen, J.-Y., Liu, S.-C., Huang, C.-F., & Yen, C.-F. The associations between aggressive behaviors and Internet addiction and online activities in adolescents. *Journal of Adolescent Health*, 2009, 44(6): 598—605.

6. Robinson, T. E. & Berriage. KC. *Addiction*, *Annual Review of Psychology*, 2003, (54): 25—53.

7. Tsitsika, A., Critselis, E., Louizou, A., Janikian, M., Freskou, A., Marangou, E., Kafetzis, D. A. Determinants of Internet addiction among adolescents: a case-control study. *The Scientific World Journal*, 2011, (11): 866—874.

8. Valle, M. F., Huebner, E. S., & Suldo, S. M. An analysis of hope as a psychological strength. *Journal of School Psychology*, 2006, 44(5): 393—406.

9. Van den Eijnden, R. J., Meerkerk, G.-J., Vermulst, A. A., Spijkerman, R., & Engels, R. C. Online communication, compulsive Internet use, and psychosocial well-being among adolescents: a longitudinal study. *Developmental psychology*, 2008, 44(3): 655.

10. Wright, J. P., & Cullen, F. T. Parental efficacy and delinquent behavior: Do control and support matter. *Criminology*, 2001, (39): 677.

11. Yen, C. F., Ko, C. H., Yen, J. Y., Chang, Y. P., & Cheng, C. P. Multi-dimensional discriminative factors for Internet addiction among adolescents regarding gender and age. *Psychiatry and Clinical Neurosciences*, 2009, 63(3): 357—364.

12. YEN, C. F., YANG, Y. H., & CHONG, M. Y. Correlates of methamphetamine use for Taiwanese adolescents. *Psychiatry and Clinical Neurosciences*, 2006, 60(2): 160—167.

13. Yen, J.-Y., Yen, C.-F., Chen, C.-C., Chen, S.-H., & Ko, C.-H. Family factors of internet addiction and substance use experience in Taiwanese adolescents. *Cyberpsychology & behavior*, 2007, 10(3): 323—329.

14. Young, K. Internet addiction: Symptoms, evaluation, and treatment. Retrieved January 1996, (9): 2002.

15. 蒋索，何姗姗，邹泓．家庭因素与青少年犯罪的关系研究述评[J]. 心理科学进展，2006，14(3)：394—400.

16. 雷雳，李宏利．青少年的时间透视，人际卷入与互联网使用的关系[J]. 心理学报，2004，36(3)：335—339.

17. 刘纯姣．上海市大学城学生网瘾调查报告[J]. 心理科学，2009，(4)：1003—1005.

18. 彭阳，周世杰．青少年网络成瘾与家庭环境，父母教养方式的关系[J]. 中国临床心理学杂志，2007，15(4)：418—419.

19. 唐志红．网络成瘾青少年的网络行为特点研究[J]. 当代教育论坛：宏观教育研究，2009，(7)：58—60.

20. 易晓明，黄金贤．网络成瘾大学生的上网特征[J]. 中国临床心理学杂志，2008，16(1)：34—36.

21. 袁立新，张积家，陈曼．幽默感对压力事件与心理健康关系的调节作用[J]. 中国临床心理学杂志，2008，16(6)：576—578.

22. 张新乔，黄悦勤，罗晓敏等．北京市高中生网络成瘾现况调查[J]. 中国心理卫生杂志，2009，(10)：748—751.

23. 中国互联网络信息中心(2011)年中国青少年上网行为调查报告. http://www.cnnic.cn/hlwfzyj/hlwxzbg/qsnbg/201208/t20120816_33304.htm，2012—08—03.

24. 中国互联网络信息中心．第24次中国互联网络发展状况统计报告．http：//www.cnnic.net.cn，2009－07－16.

第三十一章　家长的网络关联度、网络监管对青少年网络成瘾的影响

金盛华　吴嵩

青少年由于特殊的年龄阶段特征，其网络成瘾程度除了受到其自身因素的影响之外，也极易受外界环境、尤其是家庭和同伴行为的影响。本研究考察家长的网络关联度与青少年网络成瘾程度之间的关系，并探讨家长网络监管在其中可能起到的调节作用。以六省1219名青少年及其主要抚养者为研究对象，以问卷调查的形式收集数据，共收回有效数据1152份。研究结果表明：当监管较弱时，家长网络关联会负向预测青少年网络成瘾程度；而当家长监管较强时，家长网络关联不能显著预测青少年网络成瘾的程度。

焦点阅读：

网络成瘾的影响因素；

家长的网络关联程度会影响青少年网络成瘾；

家长网络监管在家长网络关联与青少年网络成瘾之间起到了调节作用。

关键词：

网络成瘾(Internet addiction)，家长网络关联(parental internet related)，家长网络监管(parental internet supervision)

31.1　引言

随着现代科技和社会的发展，计算机网络逐渐成为人们日常工作和生

活中必不可缺的媒介，并且网络使用的年龄特征也越来越低龄化，越来越多的青少年开始使用网络来获取信息和开展人际交往。根据中国互联网络信息中心发布的第34次《中国互联网络发展状况统计报告》显示，我国网民共6.32亿人，其中10～19岁的网民占24%，约为1.52亿人。虽然网络给人们的工作和生活带来了极大的便利，但也伴随着一些消极的影响，其中之一就是网络成瘾。网络成瘾(Internet Addiction)又称病理性网络使用(Pathological Internet Use)，是指一种过度使用网络而影响个体学习、工作、社会适应等功能性行为的心理障碍(Eijnden，Meerkerk，Vermulst，Spijkerman，Engels，2008；Ko，Yen，Liu，Huang，& Yen，2009)。研究表明青少年网络成瘾对其成长、生活和学习都具有巨大的消极影响(Chou & Hsiao，2000；Lam & Peng，2010；Young & Rogers，1998)，因此探讨青少年网络成瘾的影响因素及干预方法是网络心理学领域的重要内容。

青少年由于特殊的年龄阶段特征，其网络成瘾程度除了受到其自身因素的影响之外，也极易受外界环境、尤其是家庭和同伴行为的影响。以往研究已经发现同伴关系、同伴网络使用及同伴压力对青少年的网络成瘾程度有正向的预测作用(雷雳，伍亚娜，2009；张锦涛，陈超，刘凤娥，邓林园，方晓义，2012；Kalkan，2012；Smahel，Brown，Blinka，2012)。而另一方面，家庭因素，包括了家庭关系和家长行为，也对青少年的网络成瘾发展产生着重要的作用。例如研究发现亲子关系能够显著地负向预测青少年的网络成瘾程度，并且孤独感在其中起到了部分中介作用(邓林园，方晓义，伍明明，张锦涛，刘勤学，2013；张锦涛，刘勤学，邓林园，方晓义，刘朝莹，兰菁，2011)。此外，还有研究发现不良的家长教养方式也是预测青少年网络成瘾程度的重要指标之一(马玉红，牛力华，杨建华，2010)，而父母冲突也在一定程度上正向预测青少年的网络成瘾程度(邓林园，张锦涛，方晓义，刘勤学，汤海艳，兰菁，2012)。

本研究主要从家长网络关联入手，来考察其对青少年网络成瘾程度的预测作用。在本研究中，家长网络关联是指家长自身与互联网之间联系的紧密程度，包括了网络对家长的重要性及家长对网络的依赖性两个部分，体现了家长和互联网两者之间相互作用的关系。一方面，根据社会学习理论，青少年会观察和模仿家长的相关行为，当家长网络关联较高时，青少年也可能会有较长时间的网络使用情况，因此其可能具有较高的网络成瘾程度。然而，另一方面，使用网络的时间并不是网络成瘾的必然原因，而合理、正确地使用网络以及戒断反应才是影响成瘾的最重要因素，如果家长网络关联较高，其对网络就会有更清楚的认识，能够更好地引导青少年合理地使用网络，给予青少年更多有效的建议，因此，家长网络关联也可能会负向预测青少年的网络成瘾程度。本研究更倾向于认为后面一种理论假设更为正确。

家长网络关联与青少年网络成瘾程度之间的关系还可能受到家长网络监管的调节。家长网络监管是指家长对青少年上网的时间、地点和内容进行监控和管理。尽管家长有可能由于对网络缺乏了解，而无法有效地引导青少年合理上网，但是可以利用强制力禁止青少年过度上网。因此，当对青少年的上网行为进行严格管控时，家长网络关联的预测作用将被弱化。综上所述，本研究假设家长网络监管在家长网络关键与青少年网络成瘾之间起到了调节作用，当监管较弱时，家长网络关联会负向预测青少年网络成瘾程度；而当价值监管较强时，家长网络关联不能显著预测青少年网络成瘾的程度。

31.2 方法

31.2.1 被试

被试为内蒙古、甘肃、江苏、山东、河南、河北六省的1219名青少年及一名其主要抚养者，其中问卷有效样本数为1152，有效率为94.5%。青少年样本中，平均年龄是14.03岁(SD=2.44)，其中男性467人(占总数40.5%)，女性633人(54.9%)，未填性别52人(4.6%)；小学生429人(37.2%)，初中生403人(35%)，高中生320人(27.8%)。在家长样本中，平均年龄是40.75岁(SD=4.75)，其中父亲408人(35.4%)，母亲691(60%)，其他53人(4.6%)。

31.2.2 测量

家长网络关联度。家长网络关联度是指网络与其工作或生活的关系的密切程度，既包括了重要性程度，也包括了使用的程度。家长网络关联度由4个10点评分的项目组成(Cronbach's alpha=0.909)，家长要分别评价网络对其工作的重要程度、网络对其生活的重要程度、其对网络的依赖程度、其使用网络的频率。总分为4个题的平均分，分数越高代表网络关联度越高。

家长网络监管。家长网络监管指家长对青少年使用网络的管理程度。家长网络监管由3个4点评分的项目组成(Cronbach's alpha=0.777)，家长分别评价其对青少年在使用网络的时间、地点和内容上的管理程度(1代表很少管理，7代表总是管理)。总分为3个题目的平均分，分数越高代表监管的程度越高。

青少年网络成瘾。采用Young(1996)编制的网络成瘾诊断量表，共由8个项目组成，要求被试用“是”或“否”作答，选择“是”记为1分，“否”记为0分，累计得分越高，说明网络成瘾倾向越高。

31.2.3 程序

本研究测量题目为一次网络心理大型调研的一部分，青少年的测量题目在课堂上统一施测，而家长的问卷由青少年带回家后由一名主要抚养者填写，随后由青少年上交。青少年问卷及其家长问卷采用统一编号，保证青少年数据和家长数据能够对应匹配。

31.3　结果

31.3.1　各变量的人口学差异分析

本研究使用 t 检验考察青少年网络成瘾程度的性别差异，而使用 F 检验考察青少年网络成瘾程度的学业阶段差异，如表 31.1 所示，性别差异显著，男性网络成瘾程度显著高于女性；而学业阶段差异也显著，事后检验表明高中生网络成瘾程度显著高于初中生（$p<0.001$）和小学生（$p<0.001$），而初中生的网络成瘾程度也显著高于小学生（$p=0.039$）。

表 31.1　青少年网络成瘾程度的人口学差异分析

		$M(SD)$	统计检验值		
青少年性别	男	1.07(1.39)			
	女	0.89(1.21)	$t=2.315$	$p=0.021$	$d=0.138$
青少年学业阶段	小学	0.73(1.10)			
	初中	0.92(1.24)			
	高中	1.45(1.55)	$F=28.888$	$p<0.001$	$\eta_p^2=0.049$

使用 t 检验考察家长网络关联和家长网络监管在青少年性别上的差异，而使用 F 检验考察两者在家长类型和青少年学业阶段上的差异。结果如表 31.2 所示，家长网络关联在青少年性别上差异不显著；家长网络关联在青少年学业阶段上差异显著，事后检验发现小学生的家长的网络关联程度显著多于初中生（$p=0.001$）和高中生（$p<0.001$）的家长，而初中生家长的网络关联程度也显著多于高中生家长（$p=0.009$）；而家长网络关联在家长类型上没有显著性差异。

如表 31.3 所示，男性青少年的家长对网络的监管显著地多于女性青少年的家长；家长网络监管在青少年学业阶段上差异显著，事后检验发现家长对小学生的监管显著多于初中生（$p=0.001$）和高中生（$p<0.001$），而家长对初中生的监管也显著多于高中生（$p<0.001$）；而家长网络监管在家长

类型上没有显著性差异。

表 31.2 家长网络关联的人口学差异分析

		M(SD)	统计检验值		
青少年性别	男	4.83(2.50)			
	女	4.58(2.40)	$t=1.681$	$p=0.093$	
青少年学业阶段	小学	5.27(2.37)			
	初中	4.54(2.42)			
	高中	4.07(2.43)	$F=24.303$	$p<0.001$	$\eta_p^2=0.041$
家长类型	母亲	4.64(2.45)			
	父亲	4.80(2.46)			
	其他	4.26(2.34)	$F=1.350$	$p=0.26$	

表 31.3 家长网络监管的人口学差异分析

		M(SD)	统计检验值		
青少年性别	男	2.48(0.96)			
	女	2.16(0.92)	$t=5.686$	$p<0.001$	$d=0.340$
青少年学业阶段	小学	2.52(0.95)			
	初中	2.30(0.93)			
	高中	1.99(0.88)	$F=29.382$	$p<0.001$	$\eta_p^2=0.049$
家长类型	母亲	2.27(0.96)			
	父亲	2.34(0.93)			
	其他	2.32(0.93)	$F=0.782$	$p=0.458$	

31.3.2 变量间的相关

如表 31.4 所示，家长网络关联和网络监管之间有显著的正相关，家长网络关联与青少年网络成瘾之间有显著的负相关，而家长网络监管与青少年网络成瘾之间相关不显著。

表 31.4　各变量间的相关系数

	M	SD	1	2
1 家长网络关联	4.68	2.45		
2 家长网络监管	2.30	0.95	0.188^{**}	
3 青少年网络成瘾	0.99	1.32	-0.089^{**}	-0.031

注 ** $p<0.01$，*** $p<0.001$。

31.3.3　家长监管的调节作用分析

首先将家长网络关联和家长网络监管进行中心化，然后相乘，形成交互作用项。然后以青少年网络成瘾的程度为因变量进行分层回归分析。在第一层回归中，将家长网络关联和家长网络监管作为预测变量纳入回归方程；在第二层回归中，将交互作用项作为预测变量纳入回归方程中。如表 31.5 所示，结果发现交互作用项显著，说明家长网络监管在家长网络关联与青少年网络成瘾的关系中起到了调节作用。

本研究使用简单斜率检验对家长网络监管的调节作用进一步进行分析。结果发现，当家长的网络监管较高时，家长网络关联不能显著预测青少年网络成瘾程度，$\beta=-0.001$，$t=-0.029$，$p=0.977$；而当家长的网络监管较低时，家长网络关联显著负向预测青少年网络成瘾程度，$\beta=-0.180$，$t=4.193$，$p<0.001$。

表 31.5　青少年网络成瘾程度的分层回归分析

	变量	B	β	t	R^2	F
第一步	家长网络关联	-0.046	-0.086	-2.832^{***}		
	家长网络监管	-0.021	-0.015	-0.505	15.713	4.557^{**}
第二步	家长网络关联	-0.049	-0.091	-2.986^{***}		
	家长网络监管	-0.027	-0.019	-0.635		
	家长网络关联 家长网络监管	0.051	0.092	3.087^{***}	32.011	6.237^{***}

31.4 讨论

首先，本研究发现男性青少年网络成瘾程度显著高于女性，且随着学业阶段的提高，网络成瘾的程度也随之调高，这些结果与前人的研究基本一致(邹红，金盛华，吴嵩，2014)。虽然以往总是发现网络成瘾的性别差异，但男性相比女性来说，其网络使用可能更多的是游戏，而女性则更多地参与到网络社交，因此，如果区分更细致的网络的成瘾类型，可能在不同的类型上，网络成瘾的性别差异也可能存在区别。此外，随着年龄的增长和学业阶段的提高，青少年接触网络的时间和金钱机会都更多，这可能是导致学业阶段正向预测网络成瘾程度的原因，而家长逐渐较少的行为控制也可能在其中起到了部分的作用。

其次，本研究的结果验证了假设，即家长网络监管在家长网络关键与青少年网络成瘾之间起到了调节作用，当监管较弱时，家长网络关联会负向预测青少年网络成瘾程度；而当价值监管较强时，家长网络关联不能显著预测青少年网络成瘾的程度。家长一直是青少年心理和行为发展的重要影响源，一方面，青少年会学习模仿家长的行为模式，而另一方面，家长又会根据自身的知识和经验对青少年各方面的行为进行教育和引导，这两方面有时可能会产生完全相反的结果。当家长网络关联度较高时，其使用网络的时间较长，因此青少年更可能模仿其行为也对上网表现出较强的动机，从而增加网络成瘾的可能性；然而，由于家长网络关联度较高，其对网络的了解能够帮助其更好地引导青少年正确认识和使用网络，真正促使青少年合理使用网络。本研究的结果表现，第二种作用机制更为重要，由此可见，正确引导青少年使用网络能够在一定程度避免其网络成瘾。

此外，本研究还发现，如果家长对青少年的上网进行严格监管时，家长网络关联对青少年网络成瘾的正向预测作用就消失了。这表明如果严格控制青少年的上网，使其很难接触到网络，或者很难自由地接触网络，会弱化教育引导的作用。虽然网络监管能够暂时控制青少年网络成瘾的程度，但这并不是一种积极合理的引导，很难使青少年自己培养起合理的网络使用习惯，其对青少年成年后的网络使用可能存在一定的危害，不过这些结论还需要更多的研究证据的支持。

近年来，有研究者将进化心理学理论引入网络心理与行为研究，其认为在血缘关系确定性较高时，父亲会对孩子有较多的网络监管行为，而当血缘关系确定性较低时，母亲对孩子有较多的网络监管行为(Piazza & Bering，2009)。本研究中并没有发现父母在网络监管上的差异，可能是由于样本较大，没有对被试进行细致划分而造成的。另外，Piazza 和 Bering (2009)还认为高社会阶层的家庭比低社会阶层的家庭对男孩有更多的网络监管，而低社会阶层家庭则对女孩有更多的网络监管。考虑到家长网络监管在青少年网络成瘾中的重要作用，该假设很值得在未来的研究中予以探讨。

参考文献

1. Chou，C.，& Hsiao，M. C. Internet addiction，usage，gratifications，and pleasure experience-The Taiwan College students' case. *Computers and Education*，2000，35(1)：65－80.

2. Eijnden，R. J.，Meerkerk，G. J.，Vermulst，A. A.，Spijkerman，R.，Engels，R. C. Online Communication，Compulsive Internet Use and Psychosocial Well-being among Adolescents：A Longitudinal Study. *Developmental Psychology*，2008，44(3)：655－665.

3. Kalkan，M. Predictiveness of interpersonal cognitive distortionson university students' problematic Internet use. *Children and Youth Services Review*，2012，34(7)：1305－1308.

4. Ko，C-H.，Yen，J-Y.，Liu S-C.，Huang，C-F.，Yen，C-F. The associations between aggressive behaviors and Internet addiction and online activities in adolescents. *Journal of Adolescent Health*，2009，44(6)：598－605.

5. Lam，L. T.，& Peng，Z. W. Effect of pathological use of the Internet on adolescent mental health. *Archives of Pediatrics & Adolescent Medicine*，2010，164(10)：901－906.

6. Piazza，J.，& Bering，J. M. Evolutionary cyber-psychology：Applying an evolutionary framework to Internet behavior. *Computers in Human Behavior*，2009，25(6)：1258－1269.

7. Smahel，D.，Brown，B. B.，& Blinka，L. Associations between Online Friendship and Internet Addiction among Adolescents and Emerging Adults. *Developmental Psychology*，2012，48(2)：381－288.

8. Young，K. S. Internet Addiction：The Emergence of a New Clinical Disorder. *Cyber Psychology and Behavior*，1996，1(3)：237－244.

9. Young，K. S.，& Rogers，R. C. The relationship between depression and Internet addiction. *CyberPsychology & Behavior*，1998，1(1)：25－28.

10. 邓林园，方晓义，伍明明等．家庭环境、亲子依恋与青少年网络成瘾[J]. 心理发展与教育，2013，(3)：305－311.

11. 邓林园，张锦涛，方晓义等．父母冲突与青少年网络成瘾的关系：冲突评价和情绪管理的中介作用[J]. 心理发展与教育，2012，(5)：539－544.

12. 雷雳，伍亚娜．青少年的同伴依恋与其互联网使用的关系[J]. 心理与行为研究，2009，(2)：81－86.

13. 马玉红，牛力华，杨建华．青少年父母教养方式及人格特征对网络成瘾行为的影响分析．中国健康心理学杂志，2010，(4)：463－464.

14. 张锦涛，陈超，刘凤娥等．同伴网络过度使用行为和态度、网络使用同伴压力与大学生网络成瘾的关系[J]. 心理发展与教育，2012，(6)：634－640.

15. 张锦涛，刘勤学，邓林园等．青少年亲子关系与网络成瘾：孤独感的中介作用[J]. 心理发展与教育，2011，(6)：641－647.

16. 中国互联网络信息中心．第 34 次中国互联网络发展状况统计报告[R]．http：//www. cnnic. net. cn/gywm/xwzx/rdxw/2014/201407/t20140721_47439. htm(2014).

17. 邹红，金盛华，吴嵩．青少年家庭经济地位与网络成瘾的关系：人际关系的调节作用[J]. 教育研究与实验，2014，(157)：90－94.

第三十二章　网络成瘾的电脑位置效应

金盛华　于全磊　张林

随着互联网在生活中的普及，越来越多人对其产生了依赖，甚至成瘾，而对于处在心理和生理快速发展期的青少年而言，互联网对他们产生了巨大的影响。以往的研究大多考察青少年心理因素对网络成瘾的影响，而忽略了物理环境因素的作用。本研究通过 Young 编制的《网络成瘾诊断量表》和自编问卷分别测量了 8649 名青少年的网络成瘾现状及其家庭电脑摆放位置情况，探讨了家庭电脑摆放位置(客厅 vs. 书房 vs. 父母卧室 vs. 自己卧室)、发展(青年 vs. 少年)对网络成瘾的影响。结果发现，家庭电脑的摆放位置对网络成瘾有显著影响，但是电脑的位置效应随着年龄增长而逐渐减弱。

焦点阅读：

网络成瘾的影响因素；

摆放在不同位置的电脑对青少年网络成瘾影响的机制；

书房的正向、积极启动。

关键词：

电脑摆放的位置(the placement of home computer)，网络成瘾(internet addictive)，青少年(adolescent)

32.1　引言

网络已经成为人们生活中的重要的一部分。而对于发展中的青少年个体而言，网络给他们带来了大量有价值的信息，如及时的新闻、网络学习资源、娱乐等，与此同时，他们也受到了一些不良的影响，有的个体沉迷于网络难以自拔，形成了网络成瘾。以往的研究表明，网络成瘾一方面与个体的心理素质有关，包括个体的人格特征(Hamburger & Ben-Artzi，2000；Ko et al.，2010；Ko，Ju-Yu，Cheng-Chung，& Chen，2006；雷雳，杨洋，柳铭心，2006)、情绪智力(王婧，2008)等；另一方面可能是由于环境所致，包括亲子关系(楼高行，王慧君，2009；罗辉萍，彭阳，2008)、家庭环境(邓林园 et al.，2012；李永占，2007；赵春梅，杨伯溆，2008)、社会环境(Ko，Yen，Liu，Huang，& Yen，2009；张锦涛，陈超，刘凤娥，邓林园，方晓义，2012)等，其中与电脑有关的家庭物理环境可能是影响青少年网络成瘾的一个重要因素。

Ha，Yoo，Cho，Shin 和 Kim 认为网络成瘾一般包含两个基本特征，一是无法控制自己对网络的使用行为，二是个体的日常功能会受到损害。后者更多地强调网络成瘾的后果，而前者更多地阐明了网络成瘾的机制(Ha et al.，2006)。那是什么造成了个体在网络或电脑面前不能自已呢？Gray 的强化敏感性理论(Reinforcement Sensitivity Theory)认为个体的动机系统中包含着两种动机系统，一种是行为趋近系统，其主要功能为主导奖赏；另一种为行为抑制系统，其主要功能主导着对避免惩罚(J. Gray，1982；J. A. Gray，1987)。也就说对于某一具体的行为，总有两种力量相互牵制，对电脑和网络的使用也是如此。青少年对电脑和网络的易得性(唤起)与对其的抑制共同影响着网络成瘾行为的习得。在家庭环境中，电脑摆放位置会影响个体使用网络和电脑的易得性与抑制性。电脑摆放位置大致可以分为以下几种情况：在客厅、孩子卧室、父母的卧室以及书房。一般而言，电脑摆放在自己卧室的个体对拥有最高网络的易得性，同时周围环境(尤其是缺乏父母的监督和管制)对其行为的抑制性最低，故而我们可以做出假设，电脑摆放在青少年自己卧室的网络成瘾率最高；而将电脑摆放在父母的卧室，一方面使青少年对网络的易得性较低，另一方面，父母易于对孩子使用电脑进行监管，在一定程度上起到一定的抑制作用，因而青少年表现出的网络成瘾率是较低的；对于电脑摆放在客厅，虽然网络的易得性很高，但是处于家庭公众的监督之下，在开始阶段，个体可能处于认知失调状态，也许个体需要及时扭转自己的思维，“网络其实也没有什么好的”，即在网络的引诱下，而不去接触它，从而改变个体的内部认知，减弱青少年对电脑的渴求，进而使个体表现出较低的网络成瘾率；与此同时，将电脑摆放在书房，青少年可能在书房中学习，对网络的易得性也较高，而在中国文化背景下，书或者读书有着特殊的寓意，如“万般皆下品，唯有读书高”“学而优则仕”等，在书房环境的启动下，个体可能产生更多正向的信念，包括成功、名望、成长等，这些正向的信念可能在一定程度上抑制个体的沉迷于网络行为，尤其是将电脑放置于书房中，这种抑制作用可能更为明显。因此，我们预测，在家庭电脑摆放位置上，将电脑摆放在青少年自己卧室的情况下，网络成瘾比例应该最高，摆放在父母卧室情况下的成瘾比例居中，而将电脑摆放在客厅或书房的比例应该是最低的。

而以上的预测可能在不同年龄群体上还存在一定的差异。首先，随着年龄的增长，个体的自主性逐渐增强，以及交际面的逐渐扩大，对家庭的依赖也逐渐减少。特别是高中生和大学生，他们对电脑和网络的易得性可能更高，而且相比于少年群体，青年初期的群体的学业压力和就业压力较大，他们更可能使用网络来宣泄自己。因而，我们可以推测，相较于青少年而言，青年群体对网络行为的渴求或对在网络上放纵的欲望会更强。其次，随着年龄的增长，个体获取电脑和网络对家庭电脑的依赖程度逐渐减弱，因而相较于青年群体，家庭电脑的摆放位置对青少年网络成瘾的影响更为凸显，网络成瘾的变异程度也更大。

故而综上所述，我们可以做出一个综合的假设：电脑的摆放位置会影响到个体的网络成瘾率，而这种影响会受到年龄群组的调节作用。本研究将通过大样本纸笔测验的方式探讨青年(高中生和大学生)和少年(小学生和初中生)两个群体中电脑摆放位置对青少年网络成瘾的影响的差异。

32.2　方法

32.2.1　被试

在全国12个省、市、自治区对不同构成的青少年被试群体进行调查，共收回12051份问卷，剔除无效问卷后，共获得有效问卷8649份，有效率为71.77%。其中男生3639人，女生5010人；少年被试3418名，青年被试5231名；汉族被试占总样本群体的75.14 %，少数民族(包括藏族、回族、维吾尔族、土家族、朝鲜族等22个民族)占总样本群体的24.86%；样本的平均年龄为15.96岁，*SD*=3.42(年龄范围为9岁到24岁)。

32.2.2　工具

网络成瘾的测量。采用Young根据修改后的DSM-IV中病态赌博诊断标准制定的《网络成瘾诊断量表》(K. S. Young，1998)，该量表共有8个题项，采用两点计分，1表示“赞同”，2表示“不赞同”。如果被试对其中的五个题项给出肯定的回答，就可将其诊断为网络成瘾。在本研究中，该量表的Cronbachα系数为0.71，分半信度为分半信度为0.70。

电脑摆放的位置的测量。主要通过自编题项获取数据信息，“如果家里有可上网的电脑，电脑的摆放位置是”，我们提供了五个选项(1)客厅；(2)书房；(3)父母卧室；(4)自己卧室；(5)其他地方。

32.2.3　统计分析

采用spss19.0对数据进行卡方检验和多因素方差分析。

32.3　结果

32.3.1　电脑摆放位置与青少年网络成瘾现状的描述分析

为了较为直观地了解当下青少年的网络成瘾现状，我们首先根据

Young 的诊断标准将网络成瘾看成是一个类别变量进行描述(K. S. Young, 1998)。在本研究样本群体中，青少年网络成瘾比例为 6.6%。如表 1 所示，在家庭中，电脑摆放最为普遍的位置是青少年自己的卧室，其次是父母卧室，电脑摆放在书房的比例居中，相比较而言，电脑摆放在客厅的比例较少。鉴于电脑摆放在"其他地方"的答案比较分散且该选项在样本中占有的比例较低，我们在后续的数据分析中将其忽略。从表 32.1 的成瘾的百分比来看，在电脑放置在书房中时，网络成瘾的比率最低，而将电脑放置在青少年自己的卧室时，网络成瘾比例最高。卡方检验分析发现，不同电脑摆放位置在青少年网络成瘾的比例上存在显著的差异。$\chi^2=13.68$，$df=3$，$p=0.003$。

表 32.1　电脑摆放位置的描述分析

	客厅	书房	父母卧室	自己卧室	其他地方
非成瘾(%)	1197(94)	2095(92.4)	2145(94)	2672(92)	570(94.5)
成瘾(%)	77(6)	129(5.8)	136(6)	234(8)	33(5.5)
合计	1274	2188	2281	2906	603

32.3.2　性别与发展在青少年网络成瘾上的差异的描述分析

如表 32.2 所示，其中男生成瘾的比例显著高于女生，$\chi^2=53.40$，$df=1$，$p<0.001$。如表 32.3 所示，少年组被试群体的成瘾比例显著低于青年组被试群体，$\chi^2=48.19$，$df=1$，$p<0.001$。

表 32.2　青少年网络成瘾在性别上差异的描述分析

	男生	女生
非成瘾(%)	3313(91)	4760(95)
成瘾(%)	326(6.4)	250(5)

为了便于精确分析，下面的数据分析我们将网络成瘾看作一个连续变量，即分值越高，表示网络成瘾的程度越高，反之，网络成瘾的程度越低，来进一步考察电脑摆放位置对网络成瘾的影响，以及性别变量在关系

中所起到的调节作用。

表 32.3　青少年网络成瘾在年龄群组上差异的描述分析

	少年组	青年组
非成瘾(%)	3269(95.6)	4804(91.8)
成瘾(%)	149(4.4)	427(8.2)

32.3.3　电脑摆放位置、性别对网络成瘾的影响

以网络成瘾为因变量，电脑摆放位置、性别、年龄群组为自变量，进行多因素协方差分析。结果表明，电脑摆放位置的主效应显著，$F_{(3,8632)}=15.32$，$p<0.001$；性别的主效应显著，$F_{(1,8632)}=86.95$，$p<0.001$；年龄群组的主效应显著，$F_{(1,8632)}=276.54$，$p<0.001$；电脑摆放位置与性别的交互作用不显著，$F_{(3,8632)}=2.16$，$p=0.09$；电脑摆放位置与年龄组别的交互作用显著，$F_{(3,8632)}=3.86$，$p<0.01$；年龄与性别的交互作用不显著，$F_{(1,8632)}=3.02$，$p=0.08$；电脑摆放位置、性别及年龄的三因素的交互作用不显著 $F_{(3,8632)}=0.15$，$p=0.93$。

进一步的简单效应分析发现，在少年组中，电脑摆放位置对网络成瘾的简单效应显著，$F_{(1,8632)}=20.58$，$p<0.001$，其影响大小依次是：自己卧室($M=9.33$，$SD=0.05$)、客厅($M=9.13$，$SD=0.08$)、父母卧室($M=9.05$，$SD=0.05$)和书房($M=8.84$，$SD=0.06$)，更进一步的事后检验分析发现，电脑摆放在书房比摆放在父母卧室、客厅、自己卧室的对个体网络成瘾的影响都要显著的小($p=0.003$；$p=0.002$；$p<0.001$)；电脑摆放在父母卧室比摆放在自己卧室的对个体网络成瘾的影响都要显著的小($p<0.001$)；摆放在父母卧室与摆放在客厅的差异不显著($p=0.367$)；电脑摆放在客厅比摆放在自己卧室的对个体网络成瘾的影响显著的小($p<0.001$)。在青年组中，电脑摆放位置对网络成瘾的简单效应显著，$F_{(1,8632)}=14.26$，$p<0.001$. 其影响大小依次是：自己卧室($M=9.82$，$SD=0.04$)、父母卧室($M=9.74$，$SD=0.05$)、客厅($M=9.63$，$SD=0.06$)和书房($M=9.63$，$SD=0.05$)，更进一步的事后检验分析发现，电脑摆放在

书房、客厅对网络成瘾的影响均小于摆放在自己卧室中($p=0.001$；$p=0.004$)，摆放在书房与摆放在客厅对网络成瘾的差异不显著($p=0.99$)，摆放在自己卧室与摆放在父母卧室对网络成瘾的影响不显著($p=0.143$)。

32.4 讨论

本研究结果证实了本研究的假设：家庭电脑的摆放位置在一定程度影响着个体的网路成瘾的可能性，而这种关系受到了青少年的年龄群组的调节作用，与此同时，我们还发现，年龄群组对网络成瘾也具有显著的影响。

从总体上来看，网络成瘾在我国的形式较为严峻，在本研究中，我们发现有6.6%的个体具有网络成瘾的症状。但这一数据与以往国内的研究结果(冯承芸，熊敏，黄列玉，2007；卢艳荣，齐卫东，2008；王立皓，童辉杰，2003)有一定程度的差异。王婧认为造成这种差异可能由以下原因造成的：(1)测量工具的影响，不同研究者使用了具有不同鉴定网络成瘾的标准的研究工具；(2)时代效应的影响，随着网络的普及，人们渐渐地对其丧失了好奇心，同时，家长、老师以及学校、社会对网络成瘾的认识也有所改变，如政府和社会对电子竞技的认可，这些因素都会影响着青少年的网络成瘾率；(3)研究对象的差异，以往的研究大多将被试聚焦在某一群体。(王婧，2008)而本研究采用大样本描绘了青少年的网络成瘾的总体状况。也正是由以上原因所致，各个研究之间的可比性较差。而本研究采用统一的研究工具通过大样本被试群体对当下青少年的网络成瘾现状进行描述，而且在地域层面上的取样也具有较大的跨度，故而本研究的结果对于了解当下中国青少年的网络成瘾现状具有一定的参考价值。

根据Gray的敏感性强化理论(J. Gray，1982；J. A. Gray，1987)，人们的行为总是受到趋近动机和回避动机相互牵制的。而家庭中的电脑摆放的位置在上述两种动机中的力量是不同的，就书房而言，虽然个体对电脑有较强的易得性，能够在一定程度上唤起个体的欲望，但与此同时，书房里的大环境可能会启动个体的"成就""功名""上进"等正向信念，因而会对网络成瘾行为起到一定的抑制作用。相反，将电脑放置在个体的卧室中，同书房一样，也能唤起个体的上网的渴求，但不同的是自我卧室中，缺少抑制力量，因而表现出将电脑摆放在青少年自己卧室的网络成瘾率最高，而摆放在书房中的网络成瘾率最低。而将电脑摆放在父母的卧室，一方面使青少年对网络的易得性较低，另一方面，父母易于对孩子使用电脑进行监管，在一定程度上起到一定的抑制作用。但是这种抑制与摆放在书房的抑制不同，前者为外部的抑制，而后者的阻力来自个体内部，因而电脑摆放在书房的个体网络成瘾率低于电脑摆放在父母房间的网络成瘾率。对于电脑摆放在客厅，虽然网络的易得性很高，但是处于家庭公众的监督之下，个体需要调整自己的认知再来适应认知失调状态，而由认知失调所带来的"阻力"也是来自于内部，对网络成瘾的影响也是较为显著的。对以家庭为主体生活环境的少年群体而言，这种位置效应是较为明显的，但随着个体的年龄的增长，其活动范围逐渐扩大，个体活动的环境逐渐脱离家庭的影响，因而这种位置效应在逐渐减弱。故而，对于少年群体而言，家庭电脑摆放的位置会对个体的网络成瘾产生较大的影响，但随着年龄的增长，家庭电脑摆放的位置效应会有所减弱。

除去年龄群组的调节效应，其本身对网络成瘾也具有一定的影响。从发展的角度上来看，青年群体的网络成瘾率远高于少年群体，进一步的分析发现年龄与网络成瘾倾向性上存在显著的正相关（$r=.172$，$df=8482$，$p<.001$），这一点与以往的研究（王婧，2008）结果一致。随着年龄的增长，个体的自主性逐渐增强，自我能力的提升，特别是高中生和大学生，他们对电脑和网络的易得性可能更高，而且相比于少年群体，青年初期的群体的学业压力、就业压力以及由于生理发育所产生的心理压力较大，他们可能需要一些途径来宣泄自己，而网络恰好能满足他们这一需求。但这里需要强调的是这里只是整体上描述了年龄与网络成瘾的关系，至于在某

些具体阶段，其影响速率或影响截距可能会有一些变化，这些有待后续研究进一步的拓展。

就性别变量而言，男性的网络成瘾倾向显著高于女性，而且在各个年龄段表现出较高的一致性，这一差异可能是由于群体的生理因素造成的。如前所述，网络成瘾的一个主要特征是个体不能自已地对网络行为的使用，即表现为较低水平的行为抑制。根据人格心理学的研究发现(Else-Quest，Hyde，Goldsmith，& Van Hulle，2006)，在行为抑制上男性的得分远远低于女性，$d=-0.41$。近期的研究(Mazhari，2012；邓林园，武永新，孔荣，方晓义，2014)表明冲动性人格特质对网络成瘾有显著的影响。故而就网络成瘾而言，男性青少年更应该引起家庭、学校以及社会的关注。

本研究尽管验证了假设，但仍存在一些问题尚未解决，如电脑摆放位置对网络成瘾的影响机制、性别因素影响网络成瘾的路径机制等，这些均需后续研究的进一步探索。

参考文献

1. Anderson，C. A.，& Bushman，B. J. Effects of violent video games on aggressive behavior，aggressive cognition，aggressive affect，physiological arousal，and prosocial behavior：A meta-analytic review of the scientific literature. *Psychological science*，2001，12(5)：353－359.

2. Anderson，C. A.，Carnagey，N. L.，& Eubanks，J. Exposure to violent media：the effects of songs with violent lyrics on aggressive thoughts and feelings. *Journal of Personality and Social Psychology*，2003，84(5)：960.

3. Anderson，C. A.，Shibuya，A.，Ihori，N.，Swing，E. L.，Bushman，B. J.，Sakamoto，A.，… Saleem，M. Violent video game

effects on aggression, empathy, and prosocial behavior in eastern and western countries: a meta-analytic review. *Psychological bulletin*, 2010, 136(2): 151.

4. Barber, B. K. Parental psychological control: Revisiting a neglected construct. *Child development*, 1996, 67(6): 3296—3319.

5. Barber, B. K., & Harmon, E. L. Violating the self: Parental psychological control of children and adolescents, 2002.

6. Barber, B. K., Maughan, S. L., & Olsen, J. A. Patterns of parenting across adolescence. *New directions for child and adolescent development*, 2005, (108): 5.

7. Barber, B. K., Olsen, J. E., & Shagle, S. C. Associations between parental psychological and behavioral control and youth internalized and externalized behaviors. *Child development*, 1994, 65(4): 1120—1136.

8. Batigun, A. D., & Kilic, N. The relationships between internet addiction, social support, psychological symptoms and some socio-demographical variables. *turk psikoloji dergisi*, 2011, 26(67): 1—13.

9. Beck, K. H., Boyle, J. R., & Boekeloo, B. O. Parental monitoring and adolescent drinking: Results of a 12-month follow-up. *American journal of health behavior*, 2004, 28(3): 272—279.

10. Berkowitz, L. On the formation and regulation of anger and aggression: A cognitive-neoassociationistic analysis. *American Psychologist*, 1990, 45(4): 494.

11. Bluemke1Ã, M., Friedrich, M., & Zumbach, J. The influence of violent and nonviolent computer games on implicit measures of aggressiveness. *Aggressive Behavior*, 2009, (35): 1—13.

12. Chao, R. K., & Aque, C. Interpretations of parental control by Asian immigrant and European American youth. *Journal of Family Psychology*, 2009, 23(3): 342.

13. Dwairy, M., & Achoui, M. Parental control: A second cross-cultural research on parenting and psychological adjustment of children. *Journal of Child and Family Studies*, 2010, 19(1): 16—22.

14. Else-Quest, N. M., Hyde, J. S., Goldsmith, H. H., & Van Hulle, C. A. Gender differences in temperament: a meta-analysis. *Psychological bulletin*, 2006, 132(1): 33.

15. Gray, J. The neuropsychology of anxiety; an enquíry of. the septo-hippocampal system Oxford University Press: Oxford, 1982.

16. Gray, J. A. Perspectives on anxiety and impulsivity: A commentary. *Journal of Research in Personality*, 1987, 21(4): 493—509.

17. Ha, J. H., Yoo, H. J., Cho, I. H., Chin, B., Shin, D., & Kim, J. H. Psychiatric comorbidity assessed in Korean children and adolescents who screen positive for Internet addiction. *Journal of Clinical Psychiatry*, 2006.

18. Hur, M. H. Demographic, habitual, and socioeconomic determinants of Internet addiction disorder: an empirical study of Korean teenagers. *Cyberpsychology & behavior*, 2006, 9(5): 514—525.

19. Inglehart, R., Foa, R., Peterson, C., & Welzel, C. Development, freedom, and rising happiness: A global perspective(1981—2007). *Perspectives on psychological science*, 2008, 3(4): 264—285.

20. Ko, C. H., Yen, J. Y., Liu, S. C., Huang, C. F., & Yen, C. F. The associations between aggressive behaviors and Internet addiction and online activities in adolescents. *Journal of Adolescent Health*, 2009, 44(6): 598—605.

21. Meyer, T. P. Effects of viewing justified and unjustified real film violence on aggressive behavior. *Journal of Personality and Social Psychology*, 1972, 23(1): 21.

22. Pettit, G. S. , Laird, R. D. , Dodge, K. A. , Bates, J. E. , & Criss, M. M. Antecedents and behavior-problem outcomes of parental monitoring and psychological control in early adolescence. *Child development*, 2001, 72(2): 583—598.

23. Robinson, T. E. & Berriage. KC. *Addiction, Annual Review of Psychology*, 2003, (54): 25—53.

24. Shek, D. T. A longitudinal study of perceived differences in parental control and parent-child relational qualities in Chinese adolescents in Hong Kong. *Journal of Adolescent Research*, 2007, 22(2): 156—188.

25. Valle, M. F. , Huebner, E. S. , & Suldo, S. M. An analysis of hope as a psychological strength. *Journal of School Psychology*, 2006, 44 (5): 393—406.

26. Van den Eijnden, R. J. , Meerkerk, G. -J. , Vermulst, A. A. , Spijkerman, R. , & Engels, R. C. Online communication, compulsive Internet use, and psychosocial well-being among adolescents: a longitudinal study. *Developmental psychology*, 2008, 44(3): 655.

27. Wright, J. P. , & Cullen, F. T. Parental efficacy and delinquent behavior: Do control and support matter. *Criminology*, 2001, (39): 677.

28. Yen, C. F. , Ko, C. H. , Yen, J. Y. , Chang, Y. P. , & Cheng, C. P. Multi-dimensional discriminative factors for Internet addiction among adolescents regarding gender and age. *Psychiatry and Clinical Neurosciences*, 2009, 63(3): 357—364.

29. YEN, C. F. , YANG, Y. H. , & CHONG, M. Y. Correlates of methamphetamine use for Taiwanese adolescents. *Psychiatry and Clinical Neurosciences*, 2006, 60(2): 160—167.

30. Young, K. Internet addiction: Symptoms, evaluation, and treatment. Retrieved January, 1996, (9): 2002.

31. Young，K. S. Internet addiction：The emergence of a new clinical disorder. *Cyberpsychology & behavior*，1998，1(3)：237－244.

32. 方晓义．母亲依恋，父母监控与青少年的吸烟，饮酒行为[J]. 心理发展与教育，1995，(3)：54－58.

33. 刘纯姣．上海市大学城学生网瘾调查报告[J]. 心理科学，2009，(4)：1003－1005.

34. 万晶晶．心理需求补偿与大学生网络成瘾的关系研究[D]. 北京师范大学博士学位论文，2007.

35. 王婧．大学生情绪智力，网络使用偏好与网络成瘾的关系研究[D]. 华中师范大学硕士论文，2008.

36. 王文星．大学生网络成瘾与亲子关系研究[D]. 长沙理工大学，2010.

37. 张东宁．攻击性的内隐社会认知实验研究-IAT 测验在攻击性研究中的应用 [J]. 陕西师范大学硕士学位论文，2004.

38. 王立皓，童辉杰．大学生网络成瘾与社会支持，交往焦虑，自我和谐的关系研究[J]. 健康心理学杂志，2003，11(2)：94－96.

39. 张锦涛，陈超，刘凤娥等．同伴网络过度使用行为和态度，网络使用同伴压力与大学生网络成瘾的关系[J]. 心理发展与教育，2012，28(6)：634－640.

第三十三章　网络游戏成瘾：沉浸的影响及其作用机制[①]

魏华　周宗奎　田媛　鲍娜

网络游戏已经成为当今青少年最喜爱的娱乐活动之一，网络游戏成瘾会给个体，尤其是青少年群体带来很多消极的影响。网络游戏成瘾会损害现实人际关系、阻碍学业发展、增加攻击性。虽然以往的研究都不同程度地揭示了网络游戏成瘾的形成机制，但很少有研究者从用户体验的角度来考察网络游戏成瘾。沉浸(flow)是网络游戏玩家经常会感受到的一种体验，本研究一方面考察了沉浸对网络成瘾的影响，另一方面建立了综合模型来描述沉浸对网络游戏成瘾的影响及其机制。

焦点阅读：

网络成瘾的影响因素及危害；

沉浸对网络成瘾的影响；

挑战对网络游戏成瘾的影响是完全通过沉浸来发生作用的；

控制能直接对网络游戏产生影响，也能通过沉浸发生间接作用。

关键词：

大学生(Undergraduate Students)；网络游戏成瘾(Online Game Addiction)；沉浸(Flow Experience)；控制(Control)；挑战(Challenge)

33.1　引言

网络游戏已经成为当今青少年最喜爱的娱乐活动之一。很多青少年花费

① 本文已发表于《心理发展与教育》2012年第6期。

大量的时间和精力去玩网络游戏。在美国，大约45%的多人在线角色扮演类网络游戏(MMORPG)玩家每周游戏时间超过20小时(Ng & Wiemer-Hastings，2005)。网络游戏在中国也非常流行，中国互联网络信息中心(2012)的数据表明，截至2011年12月底，国内网络游戏用户规模达到3.24亿。随着网络游戏的盛行，网络游戏成瘾的问题也日益受到研究者和社会公众的关注。

网络游戏成瘾会给个体，尤其是青少年群体带来很多消极的影响。网络游戏成瘾会损害现实人际关系、阻碍学业发展、增加攻击性(Chiu，Le，& Huang，2004；Chuang，2006；Kim，Namkoong，Ku，& Kim，2008)。因此，研究网络游戏成瘾问题对于青少年的健康发展有着重要的现实意义。

以往研究表明，个体特征和环境特征都会影响网络游戏成瘾。在个体特征方面，自我和人格特征都会影响网络游戏成瘾。国内外的研究都表明，低自尊、低自我控制者网络游戏成瘾程度更高(Jackson，VonEye，Fitzgerald，Zhao，& Witt，2010；何灿，夏勉，江光荣，魏华，2012)。一些人格特征，如感觉寻求、社交焦虑、宜人性、自恋等也与网络游戏成瘾有关(Kimetal.，2008；Kuss & Griffiths，2012)。在环境特征方面，家庭情况和人际环境都会影响网络游戏成瘾。成瘾者和非成瘾者在父亲学历，家庭经济状况上存在显著差别；而个体的人际环境特征，如家庭依恋和朋友依恋也与网络游戏成瘾有一定关联(楼高行，王慧君，2009；余祖伟，孙配贞，张仕华，黄健，郭晓溶，2010)。除个体特征和环境特征以外，其他因素，如角色依恋(character attachment)也会影响网络游戏成瘾(Lewis，Weber，& Brown，2008；魏华，周宗奎，田媛，罗青，吴姝欣，2012)。

虽然以往的研究都不同程度地揭示了网络游戏成瘾的形成机制，但很少有研究者从用户体验的角度来考察网络游戏成瘾。沉浸(flow)是网络游戏玩家经常会感受到的一种体验，本研究将主要考察沉浸对网络游戏成瘾的影响。根据以往研究和相关理论，沉浸还存在一些前因变量，本研究还将考察这些前因变量。最后，本研究将建立综合模型来描述沉浸对网络游戏成瘾的影响及其机制。

33.1.1　沉浸

“沉浸”是指一个人完全沉浸在某种活动当中而无视其他事物存在的状态(Csikszentmihalyi，1997)。沉浸的概念自提出之日起，便受到了研究者广泛而持久的关注。个体是否会体验到沉浸，取决于进入意识的外在活动和自我内在目标协调程度。当两者产生冲突之时，个体就会体验到恐惧、厌恶、冷漠、焦虑、妒忌、慌乱等；当两者协调时，个体就会体验到沉浸(任俊，施静，马甜语，2009)。根据Csikszentmihalyi(1997)和其他研究者的论述，沉浸具有以下特征：对当前活动的集中注意、意识和行为的融合、失去自我意识、时间知觉扭曲和内在兴趣等(Ghani & Deshpande，1994；Hoffman & Novak，1996；Novak，Hoffman，& Yung，2000；Sherry，2004)。

沉浸普遍存在于人类生活的各个领域之中，人们在体育运动(如攀岩、冲浪)、音乐活动(如钢琴演奏)、工作和人际沟通的过程中都会体验到沉浸(Jackson，1996；Manzano，Theorell，Harmat，& Ullen，2010；Salanova，Bakker，& Llorens，2006；李宏利，雷雳，2010)。随着互联网的兴起，研究者开始关注虚拟世界中的沉浸。近年来的研究发现，信息搜索、网络交往、网络游戏和网络购物等活动都会使个体体验到沉浸(Chou & Ting，2003；Hsu & Lu，2004；Novaketal.，2000；Pearce，Ainley，& Howard，2005；Skadberg & Kimmel，2004；李宏利，雷雳，2010)。

从该领域现有的成果来看，研究者主要关注两个方面的问题，即沉浸的影响因素及它对相关行为的影响。第一，沉浸的影响因素。沉浸是一种积极的体验，也被称为最佳体验(optimal experience)，会给个体带来强烈的幸福感，因此其影响因素受到了普遍的关注。研究者先后构建了三通道模型、四通道模型和八通道模型来描述沉浸是如何产生的(任俊等，

2009)。第二，沉浸对相关行为的影响。研究者认为，沉浸是个体行为的重要动力之一，且具有自我强化的功能，会促使个体反复进行相关活动(李宏利，雷雳，2010；任俊等，2009)。

沉浸广泛存在于现实和虚拟世界中，本研究主要关注网络游戏中的沉浸，同时探讨它对成瘾行为的影响及其作用机制。

33.1.2 沉浸与网络游戏成瘾的关系

人们通常认为成瘾行为是非理性的愚蠢行为，那些成瘾者为了短暂的快乐而忽视了潜在的、巨大的危害(Chesney & Hazari，1998)。Becker 和 Murphy(1988)却认为成瘾行为在某种程度上是理性的，是个体为了获得最大化的收益(utility)而形成的一种习惯行为。追求快乐、获得沉浸体验是成瘾行为所带来最为直接的收益，因此沉浸会导致成瘾。Csikszentmihalyi (1997)也指出任何能够带来沉浸的行为几乎都会上瘾，有的医生甚至会对外科手术成瘾，“像吸食海洛因一样”。以往的实证研究也发现，虚拟世界中体验到的沉浸的确与成瘾有关。Thatcher、Wretschko 和 Fridjhon (2008)的研究发现在线沉浸体验(online flow experience)和病理性互联网使用呈显著正相关，Kim 和 Davis(2009)的研究也得到了类似的结果。Chou 和 Ting(2003)的研究也发现，沉浸体验的各维度得分与网络游戏成瘾的各维度得分呈显著正相关，且结构方程模型的结果表明沉浸可以显著预测网络游戏成瘾。基于前人研究，本研究假设，网络游戏中的沉浸与成瘾呈正相关。

33.1.3 沉浸的影响因素：挑战和控制

Csikszentmihalyi(1997)认为，沉浸的产生需要一定的条件，如从事具有挑战性的活动和活动过程中的控制感。首先，挑战感会影响个体的沉浸。当个体面对有挑战性的任务时，更容易集中精神，而有挑战性的任务也让个体能够充分地发挥他们的技巧，因此有挑战性的任务更容易激发个体的沉浸体验。在早期的沉浸四通道模型中，也将挑战作为影响沉浸的重要因素之一，该模型认为高挑战更容易导致个体的沉浸体验(Pearceetal.，

2005)。实证研究也表明，在人机交互(Human-Computer Interaction)环境和网络环境中，挑战感可以显著预测沉浸(Ghani & Deshpande，1994；Novaketal.，2000；Zaman，Rajan，& Dai，2010)。其次，控制感也是影响沉浸的 ·个重要因素。在沉浸八通道模型中，控制感和沉浸有着密切的关系(任俊等，2009)。Csikszentmihalyi(1997)早期的研究发现，在滑翔翼、洞穴探险、攀岩、赛车和深海潜水等活动中，个体会体验到较高的沉浸，而且控制感会影响上述活动参与者的沉浸体验。除了现实环境中的控制感会影响沉浸体验，虚拟世界中的控制感也会影响沉浸体验。Ghani 和 Deshpande(1994)的研究发现人机交互环境中，技能(skill)会影响控制，而控制会影响沉浸。Novak 等人(2000)基于网络环境的研究也发现，控制感可以显著预测沉浸。Hsu、Wen 和 Wu(2009)的研究发现，在网络游戏中玩家也会体验到挑战和控制，并编制了相应的工具。他们将挑战感定义为有能力解决具有一定难度的游戏目标相关问题的感受，将控制感定义为影响、主导游戏和有效的完成游戏任务的感受。虽然具体的行为环境有所差别，但是网络游戏环境与人机交互环境、网页环境有着很大的相似性。例如，在这些环境中，个体都会面对一些虚拟的声光刺激，都要完成一些任务定向(task-oriented)的活动，且都需要通过相同的外接设备(如鼠标、键盘)来完成。因此，不论在人机交互环境、网页环境，还是网络游戏环境中，挑战和控制对于沉浸的影响可能是相同的。基于相关理论和以往研究结果，本研究假设网络游戏中的挑战和控制与沉浸呈正相关。

33.1.4　挑战和控制与网络游戏成瘾的关系

以往研究表明，现实需要满足的缺失是导致网络成瘾的重要原因，而虚拟世界中的需要满足与网络成瘾也存在一定的关联(Song，Larose，Eastin，& Lin，2004；万晶晶，张锦涛，刘勤学，邓林园，方晓义，2010；魏华，范翠英，平凡，郑璐璐，2011)。当个体在现实生活中无法满足挑战和控制的需要时，会转向虚拟世界来寻求这种满足，而网络游戏中的挑战和控制体验可以满足相关需要，但过度沉溺于虚拟世界的需要满足就容易导致成瘾。基于上述研究，本研究假设网络游戏中的挑战和控制与成瘾呈显著正相关。

除了考察变量之间的两两关系，本研究还将建立综合模型来探索网络游戏中的控制、挑战、沉浸和网络游戏成瘾的关系。基于前人研究和相关理论，我们建构了如图 33.1 所示的假设模型。一方面控制和挑战会直接影响到个体的网络游戏成瘾，另外一方面还会通过沉浸的作用间接影响网络成瘾。根据以往实证研究的结果和相关理论，本研究假设网络游戏中的控制和挑战通过沉浸的中介作用对网络成瘾产生影响。

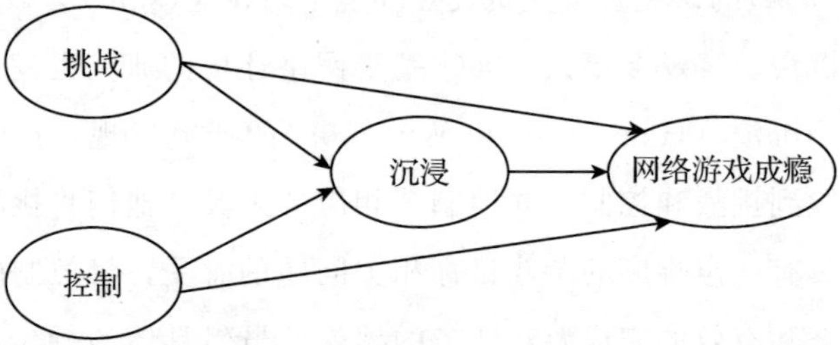

图 33.1 挑战、控制、沉浸和网络游戏成瘾关系的假设模型

33.2 研究方法

33.2.1 被试

大量研究发现接触网络游戏的人多为男性，例如 Griffiths、Davies 和 Chappell(2004)的研究中男性玩家占玩家总数的 81%，Smahel、Blinka 和 Ledabyl(2008)的研究中男性玩家占玩家总数的 84.6%。因此本研究只选择男性作为研究对象，抽取武汉市一所高校男大学生为被试，共发放问卷 543 份，回收有效问卷 491 份，有效回收率为 90.4%。所有被试均为网络游戏玩家，其中文科 113 人，理科 378 人，大一 95 人，大二 252 人，大三 144 人。采用方便取样的原则，在选修课课堂上询问男生是否玩网络游戏，并发放问卷，进行施测。

33.2.2　材料

挑战。本研究的部分测量工具来源于 Hsu 等人(2009)编制的网络游戏体验量表。该量表分为 11 个维度，共 44 个题目。问卷的 11 个维度分别是挑战(Challenge)、幻想(Fantasy)、好奇(Curiosity)、控制(Control)、角色扮演(Role-Play)、竞争(Competition)、合作(Cooperation)、认可(Recognition)、归属(Belonging)、责任(Obligation)和奖励(Rewards)。

挑战包括三个题目，例如"这款游戏完全展示了我的潜力"。问卷采用 5 点计分(1＝非常不同意，5＝非常同意)。得分越高，表示玩家在游戏中体验到的挑战感越强烈。原始问卷的内部一致性系数 α 为 0.86，本研究中内部一致性系数 α 为 0.73。

控制。控制也包括三个题目，例如"我可以在游戏中做任何我想要做的事情"，问卷采用 5 点计分(1＝非常不同意，5＝非常同意)。得分越高，表示玩家在游戏中体验到控制感越强烈。原始问卷的内部一致性系数 α 为 0.70，本研究中的内部一致性系数 α 为 0.68。

沉浸。采用 Chio 和 Kim(2004)编制的网络游戏沉浸问卷，该问卷经过国内研究者张红霞和谢毅(2008)的翻译和使用。该问卷包含 5 个题目，例如"我觉得玩网络游戏十分有趣"；"当我玩网络游戏时，我会忘记我周围的环境"，问卷采用 7 点计分(1＝非常不同意，7＝非常同意)。得分越高，表示玩家的沉浸越强烈。在国内外研究中，该问卷均表现出较好的结构效度和预测效度(Chio&Kim，2004；张红霞，谢毅，2008)。该问卷在张红霞和谢毅(2008)的研究中内部一致性系数 α 为 0.70，在本研究中内部一致性系数 α 为 0.83。

网络游戏成瘾问卷。采用周治金和杨文娇(2007)编制的大学生网络成瘾问卷中的游戏成瘾分量表，该问卷用来测量个体网络游戏成瘾的程度。该问卷包含 8 个项目，如"我玩游戏要比其他事情用心得多"，"我的课余时间基本上花在玩游戏上"等，采用 Likert5 点计分法，从"完全不符合"到

"完全符合"分别计 1~5 分。得分越高，表示玩家成瘾程度越高。原始问卷的内部一致性系数 α 为 0.88，本研究中内部一致性系数 α 为 0.84。

33.3 结果

33.3.1 大学生挑战、控制、沉浸和网络游戏成瘾的相关分析

使用挑战、控制、沉浸和网络游戏成瘾的总分进行相关分析，结果发现所有变量之间均呈显著正相关，如表 33.1 所示。

表 33.1 挑战、控制、沉浸和网络游戏成瘾的相关分析

	$M \pm SD$	1	2	3	4
1 挑战	8.91±2.37	1			
2 控制	8.29±2.59	0.54**	1		
3 沉浸	19.01±5.64	0.41**	0.36**	1	
4 网络游戏成瘾	22.04±5.99	0.47**	0.53**	0.45**	1

注：* $p<0.05$；** $p<0.01$，下同。

33.3.2 挑战、控制、沉浸和网络游戏成瘾的 SEM 分析

相关分析的结果表明本研究涉及的所有变量间均存在显著的相关，这就满足了中介效应检验的前提条件。依据文献综述及相关理论，构建了如图 33.2 所示的部分中介模型。此外，我们还建构了完全中介模型来与部分中介模型进行指数比较，以选择最优模型。

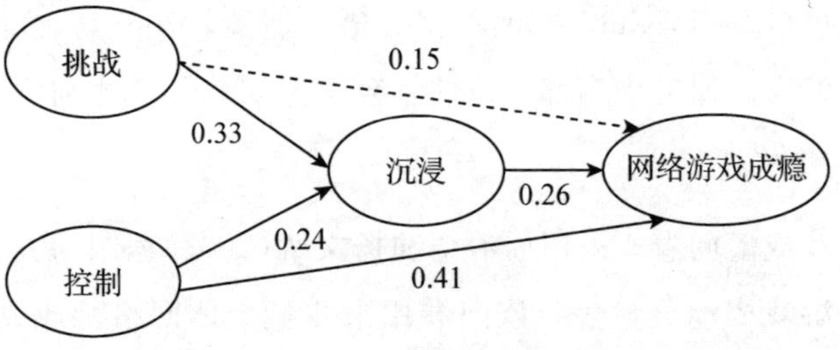

图 33.2 挑战、控制、沉浸和网络游戏成瘾关系的模型结果

模型比较结果如表33.2所示，部分中介模型的各项拟合指数更好。而且$\Delta\chi^2=79.81$，$\Delta df=2$，$\Delta\chi^2\Delta df=39.91>6.63$，因此选择部分中介模型为最终模型予以保留(侯杰泰，温忠麟，成子娟，2004)，部分中介模型各条路径系数如图33.2所示，除挑战到网络游戏成瘾以外，图33.2中所有路径系数均显著。挑战通过沉浸的完全中介作用对网络游戏成瘾产生影响，挑战对网络游戏成瘾没有直接效应；控制除了通过沉浸的部分中介作用对网络游戏成瘾产生影响，还对网络游戏成瘾有直接效应。

表33.2　完全中介模型和部分中介模型比较

	χ^2/df	*NFI*	*NNFI*	*CFI*	*RMSEA*
完全中介模型	4.41	0.93	0.94	0.95	0.08
部分中介模型	3.92	0.94	0.95	0.96	0.08

注：完全中介模型在部分中介模型的基础上减少了挑战→网络游戏成瘾、控制→网络游戏成瘾这两条路径.

33.4　讨论

33.4.1　网络游戏中的控制、挑战对网络游戏成瘾的影响

本研究发现，网络游戏中的控制和挑战体验与网络游戏成瘾呈显著正相关。网络游戏中的控制和挑战体验可以满足个体的一些心理需要，而以往的研究表明虚拟世界中需要的满足与网络成瘾有着正向的关联(才源源，崔丽娟，李昕，2007；万晶晶等，2010)。万晶晶等人(2010)的研究发现，与一般网络使用者相比，网络成瘾者通过互联网获得的心理满足程度更高；而才源源等人(2007)的研究也发现过度游戏者比一般游戏者更多的依赖互联网来满足现实情感补偿和发泄、人际交往和团队归属三方面的心理需要。在网络游戏行为过程中，个体体验到了控制和挑战，相关的心理需要会得到满足。但如果个体过度依赖虚拟世界中的体验来获得需要的满足，而对自己的游戏行为不加控制，疏远现实世界，则最终会导致网络成瘾。另外一方面，个体的行为体验通常会影响行为动机。当个体获得积极体验时，行为动机很

有可能会提升。那么，体验到更多挑战和控制的个体，游戏动机可能更强。而以往研究表明，网络游戏动机越强，成瘾倾向越高(魏华等，2011)。因此，挑战和控制体验还可能通过网络游戏动机来影响成瘾。

高文斌和陈祉妍(2006)所提出的网络成瘾的“失补偿”假说也可以用来解释本文研究结果。根据该理论，当大学生在现实生活中控制和挑战的需要无法获得满足时，会出现心理发育受阻，而网络游戏行为则具有补偿的功能。如形成“建设性补偿”则完成补偿、恢复常态发展，即正常网络游戏行为。如形成“病理性补偿”，则引起失补偿、导致发展偏差或中断，即网络游戏成瘾行为，本研究的结果就与“病理性补偿”这一发展过程一致。

33.4.2 网络游戏中的控制、挑战与网络游戏成瘾：沉浸的中介作用

本研究结果揭示了网络游戏中的控制、挑战、沉浸和网络游戏成瘾之间的关系，结果发现：挑战通过沉浸的完全中介作用对网络游戏成瘾产生影响，挑战对网络游戏成瘾没有直接效应；控制除了通过沉浸的部分中介作用对网络游戏成瘾产生影响，还对网络游戏成瘾有直接效应。这些结果与以往单独针对其中两个变量的研究取得了类似的结果。

首先，网络游戏中的控制和挑战会影响沉浸。本研究的结果与Csikszentmihalyi(1997)关于沉浸影响因素的论述是一致的，也吻合沉浸的四通道模型和八通道模型(Pearceetal.，2005；任俊等，2009)。同时，本研究也与以往基于人机交互环境和网络环境的研究相一致，他们的研究也发现沉浸受到挑战和控制这两种因素的影响，因此虚拟世界中沉浸的形成可能有着类似的机制(Ghani & Deshpande，1994；Novaketal.，2000；Zamanetal.，2010)。那么挑战和控制如何影响沉浸呢？其一，挑战和控制体验会导致个体产生积极的情绪体验，使人们在活动过程中感受到乐趣，而乐趣是沉浸的元素之一。刘双和张向葵(2010)对于儿童早期的研究发现，即使是1.5～4岁的婴幼儿，活动中的掌控感也能够为他们带来积极情绪。其二，当人们感受到挑战和控制时，会集中注意于活动之中，注意集中也是沉浸的组成部分。其三，积极情绪和注意都会影响到个体活动中的时间

知觉，因此挑战和控制也可能通过影响积极情绪和注意来影响时间知觉，导致时间知觉扭曲，而时间知觉扭曲也是沉浸的特征之一。

其次，沉浸会影响网络游戏成瘾，这一结果与以往研究结果也是一致的。Thatcher 等人(2008)的研究发现网络中的沉浸与网络成瘾呈显著正相关(r=0.46)，Kim 和 Davis(2009)的研究也发现了两者的正向关系；Chou 和 Ting(2003)的研究则发现沉浸各维度与网络游戏成瘾各维度呈显著正相关，相关系数范围为 0.47～0.73。学习理论认为，在正强化的作用下，通过操作性条件作用可以使得个体行为成瘾(Marlatt，Baer，Donovan，& Kivlahan，1988)。玩家在网络游戏的过程中，会体验到沉浸，而沉浸对于他们来说是一种正强化物，因此为了获得这种体验个体会反复地玩网络游戏，在这一过程中就容易导致成瘾。沉浸对网络游戏成瘾的影响也可以通过理性成瘾理论来解释(Becker & Murphy，1988)。沉浸是人类的一种高峰体验，处于青年期的大学生很渴望这种体验。高峰体验作为一种收益会影响个体的行为决策，网络游戏成瘾某种程度上可以看作是大学生为了获得收益最大化的一种理性抉择。

本研究还发现，控制和挑战对于网络游戏成瘾的影响机制是不一样的。控制通过沉浸的部分中介作用对网络游戏产生影响，而挑战通过沉浸的完全中介作用对网络游戏产生影响。以往研究表明，控制感对于职业倦怠、心理健康状况等方面都具有重要的影响(郝振，崔丽娟，2007；李祚山，2004；裴改改，李文东，张建新，雷榕，2009)。与挑战需要相比，控制需要可能是一种更为普遍和重要的心理需要，因此控制感对网络成瘾的直接影响要比挑战感大。此外，以往研究也表明，控制感与自尊有着紧密的联系，控制感越强，自尊也越高。可以推测游戏控制感可能会影响个体网络游戏中的虚拟自尊，而网络中的自我评价又会影响网络成瘾(Davis，2001；陈秋珠，2006)。因此，在控制感和成瘾之间可能还存在虚拟自尊这一中介变量。由于可能存在其他中介变量，所以本研究中沉浸的中介作用是部分中介作用，而非完全中介作用。

33.4.3 网络游戏体验对成瘾的影响及其现实意义

本研究发现，网络游戏中体验到的控制和挑战是影响网络成瘾的重要因素。自我决定理论认为，个体有三种基本的需要，分别是自主、能力和社会交往(Deci & Ryan，1985)。以往的研究表明，控制会影响到自主的感受，当个体所要完成的任务和完成任务的方式受到限制时，个体的自主感会降低。此外，Ryan、Rigby 和 Przybylski(2006)将能力需要定义为“一种挑战(challenge)和效能(effectance)感”的需要，万晶晶等人(2010)的研究也认为迎接挑战是大学生的基本的需要之一。因此，控制和挑战与个体基本心理需求的满足密切相关。当他们的挑战和控制在现实生活中无法满足时，就很有可能进入虚拟世界来寻求满足，而脱离现实世界和过度依赖虚拟世界就很有可能导致网络成瘾。因此，让大学生在现实生活中体验到控制和挑战，可能有利于大学生网络成瘾的干预和矫治。

Csikszentmihalyi(1997)认为追求沉浸体验是人类的基本需求之一，因此个体在主流社会的日常生活中感受不到沉浸时，就可能通过各种其他的行为获得。他认为社会上很多青少年越轨行为，如偷车、破坏公物、惹是生非的基本动机就是寻求沉浸。随着互联网的发展，网络游戏已经成为大学生的主要娱乐活动。而网络游戏的一些特征，如有一定的目标、及时反馈、提供具有挑战性的任务、强烈的声音和图像刺激使人注意集中，使得大学生在网络游戏中很容易体验到沉浸。因此，当他们在主流社会中体验不到沉浸时，就很有可能通过网络游戏来寻求这一人类的高峰体验(optical experience)。在这一过程中，可能导致网络游戏成瘾。因此，通过让大学生参与各种健康的活动(如体育、音乐)，让他们在这些活动中获得沉浸，有助于大学生网络成瘾的干预和矫治。

33.5 结论

根据以上的分析和讨论，本研究得出以下结论：

(1)网络游戏中的沉浸与网络游戏成瘾呈显著正相关，与控制、挑战呈显著正相关；挑战和控制与网络游戏成瘾呈显著正相关。

(2)挑战通过沉浸的完全中介作用对网络游戏成瘾产生影响，挑战对网络游戏成瘾没有直接效应；控制除了通过沉浸的部分中介作用对网络游戏成瘾产生影响，还对网络游戏成瘾有直接效应。

参考文献

1. Becker，G. S.，& Murphy，K. M. A theory of rational addiction. *The Journal of Political Economy*，1988，96(4)：675—700.

2. Chesney，M.，& Hazari，B. Irrational entry，rational exit. *Journal of Mathematical Economics*，1998，29(1)：1—13.

3. Chiu，S. I.，Lee，J. Z.，& Huang，D. H. Video game addiction in children and teenagers in Taiwan. *Cyberpsychology &Behavior*，2004，7(5)：571—581.

4. Choi，D.，& Kim，J. Why people continue to play online games：In search of critical design factors to increase customer loyalty to online contents. *Cyberpsychology & Behavior*，2004，7(1)：11—24.

5. Chou，T. J.，& Ting，C. C. The role of flow experience in cyber-game addiction. *Cyberpsychology & Behavior*，2003，6(6)：663—675.

6. Chuang，Y. C. Massively multiplayer online role-playing game-induced seizures：Aneglected health problem in internet addiction. *Cyberpsychology & Behavior*，2006，9(4)：451—456.

7. Csikszentmihalyi，M. *Finding flow：The psychology of engagement with everyday life*. Basic Books，1997.

8. Davis，R. A. A cognitive-behavioral model of pathological internet use. *Computers in Human Behavior*，2001，(17)：187—195.

9. Deci，E. L.，& Ryan，R. M. *Intrinsic motivation and self-deter-*

mination in human behavior. Springer Science & Business Media, 1985.

10. Ghani, J. A., & Deshpande, S. P. Task characteristics and the experience of optimal flow in human-computer interaction. *The Journal of psychology*, 1994, 128(4): 381—391.

11. Griffiths, M. D., Davies, M. N. O., & Chappell, D. Demographic factors and playing variables in online computer gaming. *Cyberpsychology & Behavior*, 2004, 7(4): 479—487.

12. Hoffman, D. L., & Novak, T. P. Marketing in hypermedia computer-mediated environments: conceptual foundations. *The Journal of Marketing*, 1996, 60(3): 50—68.

13. Hsu, C. L., & Lu, H. P. Why do people play on-line games? An extended TAM with social influences and flow experience. *Information & Management*, 2004, 41(7): 853—868.

14. Hsu, S. H., Wen, M. H., & Wu, M. C. Exploring userexperiences as predictors of MMORPG addiction. *Computers & Education*, 2009, 53(3): 990—999.

15. Jackson, L. A., Von Eye, A., Fitzgerald, H. E., Zhao, Y., & Witt, E. A. Self-concept, self-esteem, gender, race and information technology use. *Computers in Human Behavior*, 2010, 26(3): 323—328.

16. Jackson, S. A. Toward a conceptual understanding of the flow experience in elite athletes. *Research quarterly for exercise and sport*, 1996, 67(1): 76—90.

17. Kim, H. K., & Davis, K. E. Toward a comprehensive theory of problematic Internet use: Evaluating the role of self-esteem, anxiety, flow, and the self-rated importance of Internet activities. *Computers in Human Behavior*, 2009, 25(2): 490—500.

18. Kim, E. J., Namkoong, K., Ku, T., & Kim, S. J. The relationship between online game addiction and aggression, self-control and narcissistic

personality traits. *European Psychiatry*，2008，23(3)：212—218.

19. Kuss，D. J.，Griffiths，M. D. Internet gaming addiction：A systematic review of empirical research. *International Journal of Mental IIealth and Addiction*，2012，(10)：278—296.

20. Lewis，M. L.，Weber，R.，& Brown，N. D. "They may be pixels，but they're my pixels"：Developing a metric of character attachment in role-playing video games. *Cyberpsychology and Behavior*，2008，11(4)：515—518.

21. Manzano，O.，Theorell，T.，Harmat，L.，& Ullen，F. The psychophysiology of flow during piano playing. *Emotion*，2010，10(3)：301—311.

22. Marlatt，G. A.，Baer，J. S.，Donovan，D. M.，& Kivlahan，D. R. Addictive behaviors：Etiology and treatment. Annual Review of Psychology，1988，39(1)：223—252.

23. Ng，B. D.，& Wiemer-Hastings，P. Addiction to the internet and online gaming. *Cyberpsychology and Behavior*，2005，8(2)：110—113.

24. Novak，T. P.，Hoffman，D. L.，& Yung，Y. F. Measuring the customer experience in online environments：A structural modeling approach. Marketing Science，2000，19(1)：22—42.

25. Pearce，J. M.，Ainley，M.，& Howard，S. The ebb and flow of online learning. *Computers in Human Behavior*，2005，21(5)：745—771.

26. Ryan，R. M.，Rigby，C. S.，& Przybylski，A. The motivational pull of video games：A self-determination theory approach. *Motivation and Emotion*，2006，30(4)：344—360.

27. Salanova，M.，Bakker，A. B.，& Llorens，S. Flow at Work：Evidence for an Upward Spiral of Personal and Organizational Resources. Journal of Happiness Studies，2006，7(1)：1—22.

28. Sherry，J. L. Flow and media enjoyment. *Communication Theory*，2004，14(4)：328—347.

29. Smahel, D., Blinka, L., & Ledabyl, O. Playing MMORPGs: Connections between addiction and identifying with a character. *Cyberpsychology & Behavior*, 2008, 11(6): 715—718.

30. Song, I., Larose, R., Eastin, M. S., & Lin, C. A. Internet Gratifications and Internet Addiction: On the Uses and Abuses of New Media. *Cyberpsychology & Behavior*, 2004, 7(4): 384—394.

31. Skadberg, Y. X., & Kimmel, J. R. Visitors' Flow experience while browsing a web site: its measurement, contributing factors and consequences. *Computers in Human Behavior*, 2004, 20(3): 403—422.

32. Thatcher, A., Wretschko, G., & Fridjhon, P. Online flow experiences, problematic Internet use and Internet procrastination. *Computers in Human Behavior*, 2008, 24(5): 2236—2254.

33. Computers in Human Behavior, 24(5): 2236—2254. Zaman, M., Rajan, M. A., Dai, Q. (2010). Experiencing flow with instant messaging and its facilitating role on creative behaviors. *Computers in Human Behavior*, 26, 1009—1018.

34. 才源源，崔丽娟，李昕．青少年网络游戏行为的心理需求研究[J]. 心理科学，2007，30(1)：169—172.

35. 陈秋珠．病理性互联网使用的认知——行为模式述评[J]. 心理科学，2006，29(1)：137—139.

36. 高文斌，陈祉妍．网络成瘾病理心理机制及综合心理干预研究[J]. 心理科学进展，2006，14(4)：596—603.

37. 郝振，崔丽娟．自尊和心理控制源对留守儿童社会适应的影响研究[J]. 心理科学，2007，30(5)：1199—1201.

38. 何灿，夏勉，江光荣，魏华．自尊与网络游戏成瘾——自我控制的中介作用[J]. 中国临床心理学杂志，2012，20(1)：58—60.

39. 侯杰泰，温忠麟，成子娟．结构方程模型及其应用[M]. 北京：教育科学出版社，2004.

40. 李宏利，雷雳．沉醉感及其在现实世界以及虚拟空间的表现[J]. 心理研究，2010，3(3)：14－18.

41. 李祚山．大学生心理控制感对心理健康水平影响的研究[J]. 心理科学，2004，27(5)：1100－1102.

42. 刘双，张向葵．儿童早期自尊的行为观察研究[J]. 心理与行为研究，2010，8(2)：81－87.

43. 楼高行，王慧君．青少年家庭依恋，朋友依恋与网络游戏成瘾的关系[J]. 现代教育科学，2009，(1)：44－45.

44. 裴改改，李文东，张建新等．控制感、组织支持感及工作倦怠与武警警官心理健康的结构方程模型研究[J]. 中国临床心理学杂志 ，2009，17(1)：115－117.

45. 任俊，施静，马甜语．Flow 研究概述[J]. 心理科学进展 ，2009，17(1)：210－217.

46. 万晶晶，张锦涛，刘勤学等．大学生心理需求网络满足问卷的编制[J]. 心理与行为研究 ，2010，8(2)：118－125.

47. 魏华，范翠英，平凡，郑璐璐．网络游戏动机的种类，影响及其作用机制[J]. 心理科学进展 ，2011，19(10)：1527－1533.

48. 魏华，周宗奎，田媛等．游戏角色依恋问卷在中国大学生中的适用性研究[J]. 中国临床心理学杂志 ，2012，20(2)：165－167.

49. 余祖伟，孙配贞，张仕华，等．广州市中学生网络游戏成瘾及其与游戏行为的关系[J]. 中国学校卫生 ，2010，31(5)：570－571.

50. 张红霞，谢毅．动机过程对青少年网络游戏行为意向的影响模型[J]. 心理学报 ，2008，40(12)：1275－1286.

51. 中国互联网络信息中心．第 29 次中国互联网络发展状况统计报告[R]. 2012－05－25，取自 http：/ /www. cnnic. net. cn/index. htm.

52. 周治金，杨文娇．大学生网络成瘾类型问卷的初步编制[J]. 中国心理卫生杂志 ，2007，20(11)：754－757.

第三十四章 大学生的人际归因倾向与网络人际关系成瘾[①]

孙晓军 牛更枫 周宗奎 魏华 刘勤学

随着网络的日益普及，网络交往已成为一种新的人际交往方式，但与此同时网络人际关系成瘾的问题也日益凸显。本研究拟考察网络人际关系成瘾的影响因素及其作用机制，以期为培养大学生健康合理的网络交往行为提供实证性依据和支持。研究者通过使用问卷法对 447 名大学生的调查结果发现，人际归因倾向对网络人际关系成瘾具有显著的影响，网络交往动机在其中起部分中介作用。

焦点阅读：

网络人际关系成瘾的危害及影响因素；

人际归因倾向对网络人际关系成瘾的影响；

网络交往动机在人际归因倾向与网络人际关系成瘾关系中的中介作用。

关键词：

大学生(college students)，人际归因(personal attribution)，网络交往动机(online communication motives)，人际关系成瘾(cyber-relationship addiction)，中介作用(mediating effect)

34.1 引言

据中国互联网络信息中心(2014) 的统计报告显示，截至 2013 年 12 月底，

① 本文已发表于《心理科学》2014 年第 6 期。

中国网民规模达 6.18 亿，互联网普及率为 45.8%，学生群体依然是我国网民的主力军；同时，诸如即时通信、微博和社交网站等网络交往工具的普及率和使用人数也在持续增长。随着网络的普及，以互联网为媒介的网络交往打破了人际交往的时空限制，拓展了人际交往范围，已成为一种新型的人际交往方式。《2011 年中国青少年上网行为调查报告》也显示，我国 25 周岁以下的青少年网民在网络沟通使用上的表现非常活跃，他们在即时通信(86.0%)、微博(61.6%)、社交网站(57.7%)和博客/个人空间(71.9%)上的使用率均高于我国网民的平均水平。

网络提供了一个相对安全的人际交往环境，网络交往的非即时性使得人们对自我展示和表达拥有了最大限度的掌控权(Walther，2007)；网络交往也提供了与他人互动的必要链接，可以维系现实中的人际关系，累积社会资本，提升个体的社会适应和幸福感水平(Valenzuela，Park，& Kee，2009；Valkenburg & Peter，2007；Walther，2007)。

但过度依赖网络交往，即网络人际关系成瘾，则会损害个体现实中的人际关系，也会给个体的身心健康带来极大的危害(Chen & Peng，2008；Stepanikova，Nie，& He，2010)。网络人际关系成瘾是指过度使用聊天室、网络论坛等网络交际功能，沉迷于在网上建立、发展和维持亲密关系，而忽略了现实中人际关系的发展和维持，导致个体心理、社会功能的损害(钱铭怡，章晓云，黄峥，张智丰，聂晶，2007)。作为网络成瘾的一种亚型，影响网络成瘾的因素如环境(家庭教养方式、亲子关系、社会支持等)和个体(人格、自尊、自我控制等)因素，也会影响网络人际关系成瘾(高文斌，陈祉妍，2006；Flisher，2010；Weinstein & Lejoyeux，2010)；但是人际困扰如社交焦虑和孤独对网络人际关系成瘾有着更直接的影响(平凡，周宗奎，潘清泉，2011；Lee & Stapinski，2012；Odacı & Kalkan，2010；Sheeks & Birchmeier，2007)。本研究拟考察网络人际关系成瘾的影响因素及其作用机制，以期为培养大学生健康合理的网络交往行为提供实证性依据和支持。

34.1.1 人际归因对网络人际关系成瘾的影响

在对网络成瘾的研究中，Davis(2001) 提出了认知一行为模型来解释网络成瘾的产生和维持机制。该模型的中心因素是非适应性认知(maladaptivecognition)，它位于病理性互联网使用的病因链近端，是病理性互联网使用发生的充分条件。很多研究证实，在网络成瘾群体中存在各种非适应性认知或认知加工倾向(王智，江琦，张大均，2008；郑希付，2009；Mai et al.，2012)。Davis(2001) 还将个体的非适应性认知划分为两个亚类：关于自我的非适应性认知和关于外部世界的非适应性认知；他认为非适应性认知的范围很广，不仅包括对网络使用行为的不良认知，还包括自我否定、低自我效能感和负面的自我评价等。

人际关系归因倾向就是个体一种重要的认知加工倾向。归因是指个体对影响和决定自己行为和活动的原因的看法，人际关系归因是归因在人际关系领域的体现，是指个体对人际关系成功和失败原因的推测，是个体人际关系和社会适应的重要影响因素；研究证实人际外归因会导致人际敏感、社交回避和社交焦虑等各种人际适应问题(范晓玲，伍如昕，刘丽琼，陈健，2007；姜玉飞等，2005；Anderson，1999)；因此，外归因倾向可以看作是个体有关自我的一种非适应性认知。此外，由于网络媒介自身的特点，网络交往和现实交往存在较大差别(Walther，2007)，探究人际归因倾向对网络交往的影响，不仅有助于加深我们对网络交往及其影响因素的理解，还能加深我们对网络交往与现实交往关系(如两者之间的异同及其相互作用)的理解。虽然有关归因倾向的研究表明，持有外归因倾向的个体更有可能网络成瘾(卢志铭，王国强，2010；Chak & Leung，2004)；但对于人际关系领域的归因的考察能更直接地揭示归因倾向对个体网络人际关系成瘾的影响。因此，本研究的第一个目的在于考察人际关系归因与网络人际关系成瘾的关系。根据上述理论和实证研究，本研究假设人际外归因和网络人际关系成瘾显著正相关。

34.1.2　网络交往动机的中介作用

近年来，研究者越来越关注认知和行为变量间的内在作用机制，例如，有研究者引入媒介使用中的“使用－满足”理论（Morris & Ogan，1996）以及网络使用的“失补偿假说”来解释网络成瘾的形成和维持机制。“失补偿假说”认为，上网行为是个体心理发育受阻时的补偿表现（高文斌，陈祉妍，2006）；在现实中人际交往困难的个体更倾向于借助互联网来进行人际交往并在网上建立新的人际关系，国内外相关的研究都证实了这一点（平凡，周宗奎，潘清泉，2011；Lee & Stapinski，2012；Sheeks & Birchmeier，2007）。网络成瘾的“使用－满足”理论也认为，社会和心理需要会诱发人们使用网络的愿望（邓林园，方晓义，万晶晶，张锦涛，夏翠翠，2012；Morris & Ogan，1996），网络可以满足人类不同层次的心理需求，这正是网络使用的动机来源（Suler，2001）。

人际归因倾向会影响个体的人际交往状况，研究表明人际外归因与个体的社交效能、社交焦虑和人际敏感密切相关（范晓玲等，2007；姜玉飞等，2005；刘小利，卢国华，2009）；此外，外归因倾向的个体更可能采取消极逃避的应对方式（Iskender & Akin，2010）。实现心理需要的满足是个体行为的基本动力（Deci & Ryan，2000），而人们进行网络交往的动机之一就是补偿现实中的人际关系、建立新关系以及逃避现实（Pornsakulvanich，Haridakis，& Rubin，2008；Wang & Chang，2010）。因此，人际外归因倾向会诱发个体的网络交往动机。

网络使用动机对个体网络行为及网络成瘾倾向也有重要影响，个体的网络使用动机越强，其网络使用行为强度和成瘾倾向也会越高（魏华，范翠英，平凡，郑璐璐，2011；张锋，徐梅，朱海燕，周宁，2006）。张锋等人的研究也指出，基于人际情感性动机而使用互联网更容易导致病理性互联网使用行为的发生，并由此对使用者的社会－心理健康产生负面影响。因此，本研究假设网络交往动机和网络人际关系成瘾显著正相关。Weiser 将动机因素看作是互联网使用与使用者社会适应和心理健康的中介变量；网络成瘾的“使用一满足”理论和“失补偿假说”不仅认为社会和心理需要会诱发网络使用动机，而且网络使用带来的需要满足会使个体产生满足和快乐的体验；但如果个体过度沉溺于这种体验，对自己的网络使用行为不加控制则会导致网络成瘾(邓林园等，2012；Morris & Ogan，1996)。因此，本研究假设，人际外归因倾向会诱发个体的网络交往动机，还会通过网络交往动机的中介作用影响网络人际关系成瘾。

综上所述，本研究在 Davis 的认知行为模型的框架下，结合“使用—满足”理论以及“失补偿假说”，通过对大学生网络交往行为的调查，探讨大学生的人际关系归因、网络交往动机与网络人际关系成瘾之间的关系，重点检验网络交往动机的中介作用，为网络成瘾的预防和干预矫正提供理论依据和思路。

34.2 方法

34.2.1 被试

随机选取四川省某理工科高校 470 名在校大学生进行问卷调查，回收整理后得有效问卷 447 份，有效率为 95.11%。其中男生 281 人(62.86%)，女生 166 人(37.14%)。

34.2.2 研究工具

多维度一多归因因果量表中的人际关系分量表。多维度一多归因因果量表(MMCS)是 Lefcourt，Von Baeyer，Ware 和 Cox 在 1979 年编制的，由成就归因和人际关系归因两部分组成(于欣，汪向东，王希林，马弘，1993)。本研究选用人际关系部分的 24 道题目，4 个维度：能力、努力、情景和运气，该量表还提出了两类归因倾向：作为内控性的能力和努力归因以及作为外控性的运气和情景归因。量表采用 5 点计分法，在本研究中该问卷各维度的内部一致性系数 α 分别为 0.70、0.74、0.71 和 0.78。

大学生网络交往动机问卷。采用田媛(2012)修订 Wang 和 Chang(2010)编制的虚拟关系动机问卷(Cyber-Relationship Motives Scale)。该量表包含 15 个项目，4 个维度，分别为寻求友谊、寻求浪漫关系、社会补偿和逃离现实。该问卷采用 5 点计分，得分越高表明个体建立虚拟关系的动机就越强烈。在本研究中，各维度的内部一致性系数 α 分别为 0.82、0.85、0.88 和 0.81，总问卷的内部一致性系数 α 为 0.89。

网络人际关系成瘾问卷。采用周治金和杨文娇(2007)编制的网络成瘾类型问卷的人际关系成瘾维度。该问卷包括 6 个项目，采用 5 点计分法，得分越高，表明个体的网络人际关系成瘾的程度越高。在本研究中，该问卷的内部一致性系数 α 为 0.84。

34.2.3　共同方法偏差检验

由于本研究数据全部经由问卷收集，故进行共同方法偏差检验。我们根据周浩和龙立荣(2004)推荐的方法进行共同方法偏差的检验；采用验证性因素分析，设定公因子数为 1，结果发现拟合指数(x2/df＝15.34，RMSEA＝0.18，NFI＝0.74，CFI＝0.75，GFI＝0.86)不理想，表明本研究数据不存在严重的共同方法偏差。

34.3　结果

34.3.1　人际关系归因、网络交往动机和网络人际关系成瘾的相关分析

将人际关系归因各维度、网络交往动机和网络人际关系成瘾的平均分进行相关分析，结果表明：网络交往动机与网络人际关系成瘾以及人际关系的内外归因倾向均显著正相关；网络人际关系成瘾与人际归因外归因倾向显著正相关，而与内归因倾向的相关不显著(如表 34.1 所示)。

表 34.1 描述性统计结果和变量间的相关分析

	M	*SD*	1	2	3	4
1 人际外归因	2.80	0.48	—			
2 人际内归因	3.15	0.48	0.44***	—		
3 网络交往动机	2.05	0.64	0.26**	0.17**	—	
4 网络关系成瘾	1.69	0.68	0.22**	0.02	0.42**	—

注：$^{*}p<0.05$，$^{**}p<0.01$，下同。

为了进一步探讨归因倾向和网络交往动机的关系，我们分析了不同人际归因倾向个体(用个体内外归因倾向的得分相减来确定)在网络交往动机不同维度上的得分差异。结果发现：两者在网络交往动机的社会补偿维度上存在显著差异，外归因个体的得分显著高于内归因的个体(M 外=4.96；M 内=4.12)。

34.3.2 人际归因与网络人际关系成瘾：网络交往动机的中介作用

本研究的核心问题：基于认知一行为模型、“使用一满足”理论和“失补偿假说”，探究人际关系归因对网络人际关系成瘾的作用机制，即分析网络交往动机在两者关系中的中介作用。相关分析的结果表明，只有人际归因的外归因维度、网络交往动机和网络人际关系成瘾之间的关系满足了进行中介效应检验的条件，依据方杰、张敏强和邱皓政(2012)提出的中介效应检验的新程序——偏差校正的百分位 Bootstrap 法，该方法的基本思想是在原始数据内作有放回的再抽样，抽取等样本数据对中介效应进行检验，具有良好的统计功效。本研究使用 Hayes(2012) 编制的 SPSS 宏(PROCESS is written by Andrew F. Hayes，http：//www.afhayes.com)在控制性别、年龄的影响的条件下对中介效应进行检验。

中介效应分析的结果显示，在控制性别、年龄的条件下，人际关系归因的外归因维度能显著地正向预测网络交往动机，当人际关系外归因和网络交往动机都进入回归方程时，人际关系外归因和网络交往动机都能显著正向预测网络人际关系成瘾；且中介效应量的置信区间不包括 0，因此网络交往动机在人际归因外归因和网络人际关系成瘾关系中的中介效应显著

(如表 34.2、34.3 所示)，中介效应占总效应的比例为 52.38%。

表 34.2　模型中变量关系的回归分析

回归方程		整体拟合指数			回归系数显著性	
结果变量	预测变量	R	R^2	F	β	t
网络交往动机	性别 a	0.39	0.15	36.86**	0.54	6.04**
	年龄				0.01	0.15
	人际外归因				0.23	4.67**
网络交往成瘾	性别 a	0.45	0.21	24.12**	−0.14	−1/49
	年龄				−0.03	−0.39
	人际外归因				0.15	2.85**
	网络交往动机				0.43	7.01**

注：模型中各变量均经过标准化处理之后带入回归方程。

表 34.3　中介效应分析

简接效应值	Boot 标准误	Boot CI 下限	Boot CI 上限	相对中介效应
0.09	0.02	0.01	0.11	41.39%

34.4　讨论

34.4.1　人际关系归因、网络交往动机和网络人际关系成瘾的相关分析

相关分析的结果表明，只有人际归因的外归因维度和网络人际关系成瘾显著正相关，这表明外归因倾向作为一种不良的认知倾向，和个体的病理性网络使用密切相关。这是由于外归因倾向的个体往往采取消极、回避的应对方式，从而导致个体各种心理和社会适应问题，从而诱发其网络成瘾行为；而内控倾向的个体则会采取积极的应对措施以解决所面临的问题，从而促进良好的社会适应(卢志铭，王国强，2010；Chak & Leung，2004)。

本研究也得出了一个和研究假设不一致的结果：人际关系的内外向归因倾向都和网络交往动机呈显著正相关。这表明不管个体的人际关系归因倾向如何，个体都倾向于通过使用网络进行人际交往，即把网络交往当作一种新的人际交往方式。这和网络使用动机的研究相一致，人们使用网络的一个重要动机就是进行网上交往，排遣现实中的烦恼(Vas & Gombor，2009)；这是因为相对于现实交往，网络交往具有某些优势，匿名性、继时性、超越时空性、可存档性以及可弥补性等特点(Christopherson，2007；Lapidot-Lefler & Barak，2012)，为人们提供了一个相对安全的人际交往环境，使人们对自我展示和表达拥有了最大限度的掌控权(Walther，2007)，这对所有的个体都具有巨大的吸引力，但是归因倾向不同个体的网络交往动机还是存在差异，外归因个体的在社会补偿维度上的得分显著高于内归因的个体。虽然网络交往是对个体现实中的人际关系也有长期的积极效应，能够维系和强化现实中的人际交往，健康的网络人际关系能对线下人际关系进行有益的补充(Valkenburg & Peter，2009)，网络交往并不能完全替代现实交往，只有那些在现实中适应不良的个体才会在网络中寻求替代满足，沉溺于网络交往带来的满足感而产生网络人际关系成瘾。

此外，本研究探讨了线下人际关系归因倾向对网络交往的影响，而个体在现实中的归因方式是否会迁移到网络交往中也是一个值得探讨的问题，未来的研究可以从这一问题着手开展更为深入的研究，这也能进一步说明现实和网络的关系。

34.4.2 人际关系外归因对网络人际关系成瘾的影响：网络交往动机的中介作用

本研究在认知一行为模型的视角下分析大学生的人际关系归因、网络交往动机与网络人际关系成瘾之间的关系，探讨大学生网络成瘾形成的认知原因和机制。中介效应分析的结果表明，人际关系外归因倾向通过网络交往动机的部分中介作用对网络人际关系成瘾产生影响。

人际关系外归因倾向的个体通常将人际关系成功和失败的原因都归结为运气和情景这两个外部的不可控因素，这种不良的认知倾向会导致个体的焦虑、抑郁、孤独等负面情绪(Anderson，1999)，在现实的人际关系中会表现得消极被动，存在较高的人际敏感和社交焦虑(范晓玲等，2007；姜玉飞等，2005；刘小利，卢国华，2009)。张峰等人(2007)的研究表明，人际情感满足匮乏是导致人际情感型动机者的病理性互联网使用行为模式的重要心理基础。这些负面情绪和不适应会促使个体转向网络寻求替代满足和补偿(Pornsakulvanich et al.，2008)，因此他们具有较高的网络交往动机水平；而网络交往带来的满足感则会使个体沉溺于网络交往，产生网络人际关系成瘾。

同时，网络交往动机对个体的网络人际关系成瘾倾向有着更直接的预测作用(田媛，2012)，以往研究发现，网络使用动机对个体网络使用行为及其网络成瘾有重要影响(魏华等，2011；张锋等，2006)。这一结果也符合了网络成瘾的“使用—满足”理论以及网络使用的“失补偿假说”，即网络交往可以满足个体在现实中较少获得满足的人际交往需要，而这种心理满足感还会使个体难以控制自己的行为而产生网络依赖。人际外归因倾向的个体在现实生活中往往会面临着人际交往的困境，希望能够在网络中获得补偿，网络交往满足了其在现实中缺失的交往需要，可能使个体沉溺于网络交往而导致网络人际关系成瘾；而网络人际成瘾也会通过其所导致的心理和社会适应不良，使个体的网络交往动机进一步增强，从而使个体陷入网络使用的旋涡中，无法自拔。

人际关系外归因倾向通过网络交往动机的部分中介作用对网络人际关系成瘾产生影响，这和有关心理需要满足的研究相一致，网络能补偿个体在现实中由于各种原因没有得到满足的需求，并通过不断的满足强化导致网络成瘾(邓林园等，2012)；这一结果切合并进一步验证了网络成瘾的“使用—满足”理论以及“失补偿假说”。

34.4.3 本研究的意义

本研究结果发现，网络交往动机在人际外归因倾向对网络人际关系成瘾影响中起中介作用，这在理论上拓展了 Davis 的认知一行为模型，即网络成瘾的"使用一满足"理论和"失补偿假说"可以镶嵌在这一模型中，不仅解释了非适应性认知对网络成瘾的影响，还解释这一影响产生的作用机制；同时，这一发现对网络成瘾的预防和矫正工作提供了一个很好的启示：归因作为一种认知倾向是可以干预和矫正的(胡胜利，2004)，这提醒我们在网络成瘾的预防干预中，可以从人际关系归因倾向入手，纠正个体不良的归因倾向；还应重视在现实生活中更好地满足个体的心理需求，从而降低网络使用的动机水平和网络成瘾的可能性。

参考文献

1. Anderson，C. A. Attributional style，depression，and loneliness：A crosscultural comparison of American and Chinese students. *Personality and Social Psychology Bulletin*，1999，25(4)：482－499.

2. Armstrong，L. How to beat addiction to cyberspace. *Vibrant Life*，2001，17(4)：14－17.

3. Chak，K.，& Leung，L. Shyness and locus of control as predictors of internet addiction and internet use. *CyberPsychology and Behavior*，2004，7(5)：559－570.

4. Chen，Y. F.，& Peng，S. S. University students' Internet use and its relationships with academic performance，interpersonal relationships，psychosocial adjustment，and self-evaluation. *CyberPsychology and Behavior*，2008，11(4)：467－469.

5. Christopherson，K. M. The positive and negative implications of anonymity in Internet social interactions："On the Internet，nobody knows you're a

dog". *Computers in Human Behavior*, 2007, 23(6): 3038—3056.

6. Davis, Y. A congnitive—behavioral model of pathological Internet. *Computers in Human Behavior*, 2001, 17(12): 23—32.

7. Deci, E. L., & Ryan, R. M. The "what" and "why" of goal pursuits: Human needs and the self-determination of behavior. *Psychological Inquiry*, 2000, 11(4): 227—268.

8. Flisher, C. Getting plugged in: an overview of internet addiction. *Journal of Paediatrics and Child Health*, 2010, 46(10): 557—559.

9. Hayes, A. F. PROCESS: A versatile computational tool for observed variable mediation, moderation, and conditional process modeling [White paper]. Retrieved from http://www.afhayes.com/ public/process2012.pdf, 2012.

10. Ískender, M., & Akin, A. Social self-efficacy, academic locus of control, and internet addiction. *Computers and Education*, 2010, 54(4): 1101—1106.

11. Lapidot-Lefler, N., & Barak, A. Effects of anonymity, invisibility, and lack of eye-contact on toxic online disinhibition. *Computers in Human Behavior*, 2012, 28(2): 434—443.

12. Lee, B. W., & Stapinski, L. A. Seeking safety on the internet: Relationship between social anxiety and problematic internet use. Journal of Anxiety Disorders, 2012, 26(1): 197—205.

13. Mai, Y., Hu, J., Yan, Z., Zhen, S., Wang, S., & Zhang, W. Structure and function of maladaptive cognitions in pathological internet use among Chinese adolescents. *Computers in Human Behavior*, 2012, 28(6): 2376—2386.

14. Morris, M., & Ogan, C. The Internet as mass medium. *Journal of ComputerMediated Communication*, 1996, 1(4): 1083—1101.

15. Odacı, H. , & Kalkan, M. Problematic Internet use, loneliness and dating anxiety among young adult university students. *Computers and Education*, 2010, 55(3): 1091—1097.

16. Pornsakulvanich, V. , Haridakis, P. , & Rubin, A. M. The influence of dispositions and Internet motivation on online communication satisfaction and relationship closeness. *Computers in Human Behavior*, 2008, 24(5): 2292—2310.

17. Sheeks, M. S. , & Birchmeier, Z. P. Shyness, sociability, and the use of computer-mediated communication in relationship development. *CyberPsychology and Behavior*, 2007, 10(1): 64—70.

18. Stepanikova, I. , Nie, N. H. , & He, X. Time on the Internet at home, loneliness, and life satisfaction: Evidence from panel time-diary data. *Computers in Human Behavior*, 2010, 26(3): 329—338.

19. Valenzuela, S. , Park, N. , & Kee, K. F. Is there social vapital in a social network site? Facebook use and college students' life satisfaction, trust, and participation1. *Journal of Computer-Mediated Communication*, 2009, 14(4): 875—901.

20. Valkenburg, P. M. , & Peter, J. Internet communication and its relation to well-being: Identifying some underlying mechanisms. *Media Psychology*, 2007, 9(1): 43—58.

21. Valkenburg, P. M. , & Peter, J. The effects of instant messaging on the quality of adolescents' existing friendships: A longitudinal study. *Journal of Communication*, 2009, 59(1): 79—97.

22. Vas, L. , & Gombor, A. Exploring Internet motives and life satisfaction among Hungarian and Israeli medical students, living in Hungary. *Journal of Happiness Studies*, 2009, 10(6): 685—701.

23. Walther, J. B. Selective self-presentation in computer-mediated communication: Hyperpersonal dimensions of technology, language, and

cognition. *Computers in Human Behavior*, 2007, 23(5): 2538－2557.

24. Wang, C. C., & Chang, Y. T. Cyber relationship motives: Scale development and validation. Social Behavior and Personality: *An International Journal*, 2010, 38(3): 289－300.

25. Weinstein, A., & Lejoyeux, M. Internet addiction or excessive internet use. *The American Journal of Drug and Alcohol Abuse*, 2010, 36(5): 277－283.

26. 邓林园，方晓义，万晶晶等．大学生心理需求及其满足与网络成瘾的关系[J]. 心理科学，2012，35(1)：123－128.

27. 范晓玲，伍如昕，刘丽琼等．高中生人际归因，社交焦虑及其关系的研究[J]. 中国临床心理学杂志，2007，15(2)：196－197.

28. 方杰，张敏强，邱皓政．中介效应的检验方法和效果量测量：回顾与展望[J]．心理发展与教育，2012，28(1)：105－111.

29. 高文斌，陈祉妍．网络成瘾病例心理机制及综合心理干预研究[J]. 心理科学进展，2006，14(4)：596－603.

30. 胡胜利．归因方式对心理健康的影响及干预研究之概观[J]. 心理与行为研究，2004，2(2)：461－464.

31. 姜玉飞，黄恩，邵海燕等．大学生人际关系敏感与归因风格及相关因素的研究[J]. 中国行为医学科学，2005，14(2)：148－149.

32. 李淑媛，翟成蹊，范士青．大学生社交效能感与网络关系成瘾倾向的关系初探[J]. 中国临床心理学杂志，2008，16(1)：86－88.

33. 刘小利，卢国华．医学生社会支持、心理控制源与人际关系敏感的关系[J]. 中国健康心理学杂志，2009，17(8)：966－968.

34. 卢志铭，王国强．青少年网瘾倾向与一般自我效能感，归因方式的关系[J]. 皖南医学院学报，2010，29(6)：458－461.

35. 平凡，周宗奎，潘清泉．大学生网络关系成瘾，自我表露和孤独感的关系[J]. 中国临床心理学杂志，2011，19(1)：75－76.

36. 钱铭怡，章晓云，黄峥等．大学生网络关系依赖倾向量表(IRDI)

的初步编制[J]. 北京大学学报(自然科学版)，2007，42(6)：802－807.

37. 田媛．社交退缩大学生的网络交往[D]. 华中师范大学博士学位论文，2012.

38. 王智，江琦，张大均．网络成瘾者的编码和再认实验研究[J]. 心理发展与教育，2008，24(1)：106－112.

39. 魏华，范翠英，平凡等．网络游戏动机的种类，影响及其作用机制[J]．心理科学进展，2011，19(10)：1527－1533.

40. 徐大真，张日昇，木村裕．性别刻板印象之内隐与外显性别效应的中日跨文化研究[J]．心理科学，2008，31(5)：1226－1229.

41. 喻承甫，张卫，曾毅茵等．青少年感恩，基本心理需要与病理性网络使用的关系[J]. 心理发展与教育，2012，28(1)：83－90.

42. 于欣，汪向东，王希林，马弘．中国心理卫生杂志增刊(心理卫生评定量表手册)，1993.

43. 张锋，徐梅，朱海燕，周宁．互联网使用动机，行为与其社会—心理健康的模型[J]. 心理学报，2006，38(3)：407－413.

44. 郑希付．网络成瘾者不同情绪状态下的认知加工特征[J]. 心理学报，2009，41(7)：630－638.

45. 中国互联网络信息中心(CNNIC). 第 33 次中国互联网络发展状况统计报告[R]. 引自 http：//183.168.162.2/files/113100000020A0 E1/www.cnnic.net.cn/hlwfzyj/hlwxzbg/hlwtjbg/201403/P020140305346585959798.pdf.(2014).

46. 中国互联网络信息中心(CNNIC). 2011 年中国青少年上网行为调查报告[R]. 引自 http：//www.cnnic.cn/hlwfzyj/hlwxzbg/qsnbg/201208/P020120816403477216094.pdf.(2012).

47. 周浩，龙立荣．共同方法偏差的统计检验与控制方法[J]. 心理科学进展，2004，12(6)：942－950.

48. 周治金，杨文娇．大学生网络成瘾类型问卷的初步编制[J]. 中国心理卫生杂志，2007，20(11)：754－757.

第三十五章　大学生压力事件与网络游戏成瘾①

魏华　周宗奎　李雄　罗青　高洁

网络成瘾是近年来世界范围内最受关注的社会问题之一。人们在现实生活中会经历一系列的生活事件，这些生活事件会给个体带来压力。在面对巨大的压力时，有些个体会通过各种物质来缓解压力，在这个过程中就有可能会导致物质成瘾。由于互联网的普及性和便利性，很多人开始通过互联网来缓解自己的压力，但是由于互联网的匿名性和兴奋性等特点，使一部分人沉迷于网络而难以自拔。Murray(1938) 的压力需求理论认为，压力会引发动机的产生，Baumeister(1990) 的逃避自我理论也认为压力是导致个体逃避自我的重要原因之一；而我们在日常生活中也会发现，那些承受着巨大压力的人更想要逃避现实所以压力事件很可能与网络游戏中逃避动机有关。基于以上分析，我们以 472 名男大学生网络游戏玩家为被试，考察了压力事件、网络游戏逃避动机和网络游戏成瘾的关系，结果表明压力事件除了直接影响网络游戏成瘾之外，还通过网络游戏逃避动机的中介作用产生间接影响。

焦点阅读：

网络是缓解压力的一个有效途径；

压力需求理论与逃避自我理论；

逃避动机在大学生压力事件和网络游戏成瘾中起部分中介作用。

---

① 本文已发表于《心理与行为研究》2014 年第 3 期。

关键词：

男大学生(college students)，压力事件(stress life events)，网络游戏成瘾(online game addiction)，中介效应(mediating effects)

35.1 引言

网络成瘾是近年来世界范围内最受关注的社会问题之一。网络成瘾会给个体带来一系列消极的后果，包括孤独、抑郁、焦虑和社会适应不良(Kraut, et al., 1998; Mustafa, 2011)。由于网络成瘾的巨大危害，研究者非常关注网络成瘾的原因。个体现实生活的状况与他们对虚拟世界的病理性依赖有着密切的关联。大量研究发现，压力生活事件、社会支持、人际关系和现实生活中需要的满足都与网络成瘾存在较高相关(Leung, 2007; Li, Wang, & Wang, 2009; Li, Zhang, Li, Zhen, & Wang, 2010; 李满林, 2009; 万晶晶, 张锦涛, 刘勤学, 邓林园, 方晓义, 2010)。在中国的整体网民中，大学生占据很大的比例。因此，探讨大学生网络成瘾的相关问题具有重大理论和现实意义。

随着互联网的发展和相关研究的深入，研究者开始重点关注不同类型的病理性互联网使用情况，如网络交往成瘾、网络色情成瘾和网络游戏成瘾等。高文斌和陈祉妍(2006)发现，国外病理性互联网使用的内容包括信息下载、网络通信、网上聊天、网络购物、网络赌博、网上色情信息等多个领域，而我国病理性互联网使用问题主要集中在网络游戏上。由于网络游戏的易成瘾性和国内网络成瘾问题的特殊性，本研究的主要内容是网络游戏成瘾。

人们在现实生活中会经历一系列的生活事件，这些生活事件会给个体带来压力。在面对巨大的压力时，有些个体会通过各种物质来缓解压力，在这个过程中就有可能会导致物质成瘾(Ames & Roitzsch, 2000; Goeders, 2003; Hien, Cohen, & Campbell, 2005; Moore, Sikora, Grunberg, & Greenberg, 2007)。由于互联网的普及性和便利性，很多人开始通过互联网来缓解自己的压力；但是由于互联网的匿名性和兴奋性等特点，一部分人也会沉溺于互联网从而发展成网络成瘾(Young, 1996, 1997)。压力事件与网络成瘾的关系已经得到了很多研究的证实(Leung, 2007; Li, Wang, et al., 2009; Li, Zhang, et al., 2010; 吴文丽，伍翔，袁方，郑燕行，郑希付，2009; 赵鑫，2006; 周丽华，2009)。然而，已有的研究多探讨压力事件与一般网络成瘾的关系，鲜有研究探讨压力事件与网络游戏成瘾的关系。因此，本研究的目的之一是考察压力事件对网络游戏成瘾的影响。

为了反映人类行为背后的潜在动力和能量，心理学家建构了动机这一概念。动机驱动个体行为，是心理学最基本的假设之一。近年来，越来越多的国外研究者和少数国内研究者开始从动机的角度来探索网络游戏的相关问题(Przybylski, Rigby, & Ryan, 2010; Yee, 2006; Wan & Chiou, 2006; Koo, 2009; Koo, Lee, & Chang, 2007; 张红霞，谢毅，2008)。网络游戏动机的种类很多，包括享受乐趣、逃避现实、社会交际和角色扮演等。网络游戏动机与游戏意向及其游戏成瘾有密切关联。研究者发现网络游戏动机中的享受乐趣、逃避、社会交际和追求成就与游戏意向有正向的联系(Koo, 2009; Wu, Wang, & Tsai, 2010; 张红霞，谢毅，2008)。Yee(2006)的研究则发现动机中的逃避(escapism)和进步(advancement)等都能够显著预测网络游戏成瘾。虽然动机和网络游戏心理及行为的关系非常紧密，但国内只有少量的研究关注了动机对游戏意向和成瘾的影响(叶娜，佐斌，张陆，2009; 张红霞，谢毅，2008)。国外研究发现，网络游戏动机中的逃避对成瘾的预测作用最强(Yee, 2006; 魏华，范翠英，平凡，郑璐璐，2011)。因此，本研究也将检验这一效应是否也存在与适用于国内网络游戏使用者之中，这是本研究的第二个目的。

此外，Murray(1938)的压力需求理论认为，压力会引发动机的产生，Baumeister(1990)的逃避自我理论也认为压力是导致个体逃避自我的重要原因之一；而我们在日常生活中也会发现，那些承受着巨大压力的人更想要逃避现实所以压力事件很可能与网络游戏中逃避动机有关。基于以上分析，我们认为压力事件会影响网络游戏动机，而这一动机又会影响网络游戏成瘾，因此网络游戏动机可能是压力和成瘾之间的中介变量。检验这一中介效应，是本研究第三个目的。

35.2 方法

35.2.1 被试

大量研究发现接触网络游戏的人多为男性，例如 Griffiths 等人(2004)的研究中男性玩家占玩家总数的 81%，李仪凡和陆雄文(2007)的研究中男性玩家占玩家总数的 85.1%，因此本研究只选择男性作为研究对象。抽取武汉市某高校大一、大二、大三男大学生为被试，最终获得有效被试 472 人。

35.2.2 材料

大学生压力量表。采用李虹和梅锦荣 2002 年编制的大学生压力量表，该量表测量的是大学生对压力源的反应。该量表共 30 个题目，采用 4 点计分法，从“没有压力”到“严重压力”分别计 0～3 分，得分越高表示压力源对个体造成的压力越大。该问卷包含三个分量表，分别是学习烦扰分量表，个人烦扰分量表和消极生活事件分量表。本研究中三个分量表的内部一致性系数 α 分别为 0.94，0.90，0.82。

网络游戏逃避动机量表。选取 Yee(2006) 编制的网络游戏动机量表。该量表共 40 个题目，包含成就、关系、角色扮演、探索和逃避等 10 种动机，采用 7 点计分法，从“非常不同意”到“非常同意”分别计 1～7 分，得分越高，代表网络游戏动机越强烈。本研究仅选用逃避动机分量表，包含三个题目，原始问卷的内部一致性系数为 0.65，本研究的内部一致性系数为 0.62。

网络游戏成瘾问卷。采用周治金和杨文娇2006年编制的大学生网络成瘾问卷中的游戏成瘾分量表，该问卷用来测量个体网络游戏成瘾的程度，该问卷包含8个项目，如“我玩游戏要比其他事情用心得多”，“我的课余时间基本上花在玩游戏上”等，采用5点计分法，从“完全不符合”到“完全符合”分别计1～5分，得分越高网络游戏成瘾程度越高。原始问卷的内部一致性系数为0.88，重测系数为0.91；本研究中内部一致性系数为0.82。

35.2.3　统计工具

数据分析和处理均采用SPSS11.5进行。

35.3　结果

35.3.1　压力事件、逃避和网络游戏成瘾的相关分析

使用压力事件、逃避和网络游戏成瘾的总分进行相关分析，结果发现所有变量之间均呈显著正相关。所有变量之间相关显著，为中介效应的检验奠定了基础。

表35.1　变量间的相关矩阵

	压力事件	逃避	网络游戏成瘾
压力事件	1.00		
逃避	0.38**	1.00	
网络游戏成瘾	0.40**	0.41**	1.00

注：$^{*}p<0.05$，$^{**}p<0.01$，下同

35.3.2　压力事件和网络游戏成瘾：逃避动机的中介效应

相关分析的结果表明本研究涉及的所有变量间均存在显著的相关，这就满足了中介效应检验的前提条件。依据文献综述及相关理论，构建了如图35.1的中介模型。按照中介变量的检验程序对逃避动机在压力事件与网络游戏成瘾的中介作用进行检验。回归分析发现所有回归系数均显著，因

此逃避动机在压力事件和网络游戏成瘾之间起到部分中介作用。各项回归系数数值为：c=0.40，a=0.38，b=0.30，c' =0.28，所有回归系数均显著。逃避动机的中介效应在总效应中的比例为(0.38) ×(0.30) /(0.40) =0.30，占总效应的30%。

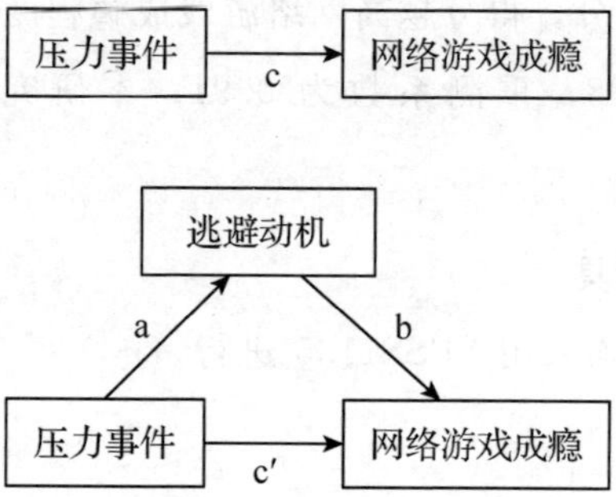

图 35.1 逃避动机对压力事件和网络成瘾的中介作用模式图

35.4 讨论

35.4.1 大学生压力事件对网络游戏成瘾的影响

本研究发现压力事件会对网络游戏产生影响，与以往网络成瘾方面的研究结果是一致的(Leung，2007；Li，et al.，2009；Li，et al.，2010；吴文丽，等.，2009；赵鑫，2006；周丽华，2009)。本研究的结果也和Davis在2001年所提出的病理性互联网使用的认知—行为模型是一致的；在该模型中，生活事件是网络成瘾的远端原因。

35.4.2 大学生压力事件与网络游戏成瘾：中介效应的检验

虽然压力事件对网络游戏成瘾的影响得到了较多研究的支持，但其影响机制并不清楚。本研究通过中介效应检验考察压力事件、逃避动机和网络游戏成瘾的关系，结果发现压力事件可以通过逃避动机的中介作用对网络游戏成瘾产生影响。本研究发现压力事件得分越高，个体网络游戏使用时的逃避动机越强烈。个体承受的压力越大，逃避动机可能会越强烈，

Murray(1938)的压力一需求理论和 Baumeister(1990)的逃避自我理论都描述了压力与逃避的这种关系。人们通过各种各样的方式来逃避现实，包括吸烟、酗酒、使用毒品甚至自杀(Chatard & Selimbegovic，2011)。我们每个人都会面对各种各样的压力，但选择逃避现实的方式却不一样，个体特征和环境决定了我们逃避现实的方式。对于男大学生来说，网络游戏具有方便性、易用性、可接近性和刺激性等特征，因此很容易成为他们逃避现实的首要选择。本研究的结果表明网络游戏玩家的压力可以正向预测逃避动机，说明压力一需求理论和逃避自我理论不仅可以解释现实世界的一些逃避行为(吸烟、酗酒等)，也可以用来解释虚拟世界中的逃避行为(网络游戏)，拓宽了理论的适用性，也为未来互联网相关研究提供了新的思路。

虽然以往国内的研究者认为逃避现实生活的困扰是导致网络成瘾的重要原因(胡岚，2005)，但鲜有研究通过数据来直接验证这种观点。本研究发现逃避动机越高，网络游戏成瘾程度越高，该结果与以往相关研究的结果是一致的。Li 等人(2009)的研究发现逃避型应对方式可以预测网络成瘾；Yee(2006)的研究和 Li 等人(2011)的研究也表明网络游戏中的逃避动机可以显著预测网络游戏成瘾；而 Kwon 等人(2011)的研究也发现真实一理想自我差异可以通过负性情绪和逃避自我的中介作用对网络游戏产生影响；更早一些的研究则发现逃避型的应对方式与电视和视频游戏的使用有关(Henning & Vorderer，2001)。

网络游戏中的逃避动机之所以会影响成瘾可能有两方面的原因。第一，网络游戏中的逃避动机也可能与个体的一般应对方式有关，那些逃避动机较高的玩家也可能更倾向于采用逃避型的应对方式来面对生活中的压力，以往研究发现逃避型应对方式会导致网络成瘾(Li，et al.，2009)，因此这一部分玩家成瘾的可能性也更高。第二，网络游戏逃避动机可能会增加自我认知失调，从而引起网络游戏成瘾。自我认知失调是 Davis(2001)在建构病理性互联网使用的认知—行为模型(cognitive-behavioralmodel of pathological Internet use)时提出的概念，是指个体倾向于思考与互联网使用有关的问题而非现实生活问题；他认为自我认知失调是导致网络游戏成瘾的重要原因。本研究中，个体的网络游戏逃避动机越强，就越有可能较多思考与网络游戏相关的问题，而逃避与现实生活相关的问题，则越有可能产生自我认知失调，从而导致网络游戏成瘾。

逃避动机在压力事件和网络游戏成瘾之间具有部分中介作用。一方面，压力事件可以直接导致网络游戏成瘾程度的提高；另一方面，压力事件会增强逃避动机，而逃避动机的增强又可以进一步加强网络游戏成瘾的程度。但值得注意的是，这里逃避动机只起到部分中介作用，而非完全中介作用。中介效应检验表面，逃避动机的中介效应占总效应的 30%，表明还有近三分之二的效应是通过直接路径或其他中介过程而实现的。例如，压力事件还有可能通过消极情绪的中介作用对网络游戏成瘾产生影响。未来的研究可以进一步探索其他变量在压力事件和网络游戏成瘾之间的中介效应。

35.4.3 本研究的局限性和现实意义

本研究还存在一些局限性。首先，本研究所有的样本均来自武汉这一个城市，考虑到各地网络使用的具体情况，将该结果推广到其他城市和农村地区时需要更加谨慎。其次，只采用男生作为研究的样本，虽然可以避免更多额外变量的影响，使研究问题更加集中，但是也降低了本研究的可推广性。虽然女性玩家只占网络游戏玩家总数的一小部分，但是本研究所得出的结论是否适用于女性玩家，还需要未来研究的检验。

本研究探讨了压力事件对网络游戏成瘾的影响以及它们之间存在的中介变量，不仅有理论上的意义，也有着重要的现实意义。首先，压力是导致网络游戏成瘾的主要原因，它不仅对网络游戏成瘾有直接影响，也通过逃避动机对网络成瘾产生影响；因此，舒缓大学生的压力可以从源头预防网络游戏成瘾。其次，网络游戏逃避动机也作为中介变量对网络游戏产生影响，因此学校可以通过一些活动和教育来改变网络游戏玩家应对压力的策略，以减少网络游戏成瘾的风险。

35.5　结论

本研究得出如下结论：(1)男大学生压力事件、网络游戏逃避动机和网络游戏成瘾之间存在显著正相关。(2)压力事件除了对网络游戏成瘾有直接影响，还通过网络游戏逃避动机的中介作用对成瘾产生间接影响。

参考文献

1. Ames，S. C.，& Roitzsch，J. C. The impact of minor stressful life events and social support on cravings：A study of inpatients receiving treatment for substance dependence. *Addictive Behaviors*，2000，25(4)：539—547.

2. Baumeister，R. F. Suicide as escape from self. *Psychological Review*，1990，97(1)：90—113.

3. Chatard，A.，& Selimbegovic，L. When self-destructive thoughts flash through the mind：Failure to meet standards affects the accessibility of suicide-related thoughts. *Journal of Personality and Social Psychology*，2011，100(4)：587—605.

4. Davis，R. A. A cognitive-behavioral model of pathological Internet use. *Computers in Human Behavior*，2001，17(2)：187—195.

5. Goeders，N. E. The impact of stress on addiction. *European Neuropsycharmacology*，2003，13(6)：435—441.

6. Griffiths，M. D.，Davies，M. N. O.，& Chappell，D. Demographic factors and playing variables in online computer gaming. *CyberPsychology and Behavior*，2004，7(4)：479—487.

7. Henning，B.，& Vorderer，P. Psychological escapism：Predicting the amount of television viewing by need for cognition. *Journal of Commu-*

nication, 2001, 51(1): 100—120.

8. Hien, D., Cohen, L., & Campbell, A. Is traumatic stress a vulnerability factor for women with substance use disorders? *Clinical Psychology Review*, 2005, 25(6): 813—823.

9. Koo, D. M. The moderating role of locus of control on the links between experiential motives and intention to play online games. *Computers in Human Behavior*, 2009, 25(2): 466—474.

10. Koo, D. M., Lee, S. H., & Chang, H. S. Experiential motives for playing online games. *Journal of Convergence Information Technology*, 2007, 2(2): 38—51.

11. Kraut, R., Patterson, M., Lundmark, V., Kiesler, S., Mukophadhyay, T., & Scherlis, W. Internet paradox: A social technology that reduces social and involvement and psychological well-being? *American Psychologist*, 1998, 53(9): 1017—1031.

12. Kwon, J. H., Chung, C. S., & Lee, J. The effects of escape from self and interpersonal relationship on the pathological use of internet games. *Community Mental Health journal*, 2011, 47(1): 113—121.

13. Leung, L. Stressful life events, motives for Internet use, and social support among digital kids. *CyberPsychology and Behavior*, 2007, 10(2): 204—214.

14. Lewis, M. L., Weber, R., & Brown, N. D. "They may be pixels, but they're my pixels": Developing a metric of character attachment in role-playing video games. *CyberPsychology and Behavior*, 2008, 11(4): 515—518.

15. Li, D. D., Liau, A., & Khoo, A. Examining the inuence of actual-ideal self-discrepancies, depression, and escapism, on pathological gaming among massively multiplayer online adolescent gamers. Cyberpsychology, *Behavior, and Social Networking*, 2011, 14(9): 535—539.

16. Li, D. P., Zhang, W., Li, X., Zhen, S. J., & Wang, Y. H. Stressful life events and problematic Internet use by adolescent females and males: A mediated moderation model. *Computers in Human Behavior*, 2010, 26(5): 1199—1207.

17. Li, H. H., Wang, J. Q., & Wang, L. A survey on the generalized problematic Internet use in Chinese college students and its relations to stressful life events and coping style. *International Journal of Mental Health and Addiction*, 2009, 7(2): 333—346.

18. Moore, S., Sikora, P., Grunberg, L., & Greenberg, E. Work stress and alcohol use: Examining the tension-reduction model as a function of worker's parent's alcohol use. *Addictive Behaviors*, 2007, 32(12): 3114—3121.

19. Murray, H. A. Explorations in personality. *New York: Oxford University Press*, 1938.

20. Mustafa, K. Internet addiction and psychopatology. *The Turkish Online Journal of Educational Technology*, 2011, 10(1): 143—148.

21. Przybylski, A. K., Rigby, C. S., & Ryan, R. M. A motivational model of video game engagement. *Review of General Psychology*, 2010, 14(2): 154—166.

22. Valkenburg, P. M., Schouten, A. P., & Peter, J. Adolescents' identity experiments on the Internet. *New Media and Society*, 2005, 7(3): 383—402.

23. Wan, C. S., & Chiou, W. B. Psychological motives and online games addiction: A test of flow theory and humanistic needs theory for Taiwanese adolescents. *CyberPsychology and Behavior*, 2006, 9(3): 317—324.

24. Wu, J. H., Wang, S. C., & Tsai, H. H. Falling in love with online games: The uses and gratications perspective. *Computers in Human Behavior*, 2010, 26(6): 1862—1871.

25. Yee, N. Motivations of play in online games. *CyberPsychology and Behavior*, 2006, 9(6): 772—775.

26. Young, K. S. Internet addiction: the emergence of a new clinical disorder. *CyberPsychology and Behavior*, 1998, 1(3): 237—244.

27. Young, K. S. Internet addiction: Symptoms, evaluation and treatment. In L. VandeCreek & T. Jackson(Eds.): Innovations in clinical practice: A source book, 17(pp. 19 — 31). Sarasota, *Florida*: *Professional Resource Press*, 1999.

28. 高文斌，陈祉妍．网络成瘾病理心理机制及综合心理干预研究[J]. 心理科学进展，2006，14(4)：596—603.

29. 胡岚．大学生网络成瘾倾向与生活事件、应对方式、社会支持的关系研究[D]. 浙江大学硕士学位论文，2005.

30. 李虹，梅锦荣．大学生压力量表的编制[J]. 应用心理学，2002，8(1)：27—32.

31. 李满林．大学生网络成瘾与社会支持研究[J]. 教育研究与实验，2009，(8)：40—41.

32. 李仪凡，陆雄文．虚拟社区成员参与动机的实证研究——以网络游戏为例[J]. 南开管理评论，2007，10(5)：55—60.

33. 万晶晶，张锦涛，刘勤学等．大学生心理需求网络满足问卷的编制[J]. 心理与行为研究，2010，8(2)：118—125.

34. 魏华，范翠英，平凡等．网络游戏动机的种类、影响及其作用机制[J]. 心理科学进展，2011，19(10)：1527—1533.

35. 吴文丽，伍翔，袁方等．青少年压力、应对方式与“网络成瘾”的关系[J]. 中国临床心理学杂志，2009，17(6)：721—722.

36. 叶娜，佐斌，张陆．大学生网络游戏动机与成瘾的关系研究[J]. 黑龙江高教研究，2009，(4)：97—99.

37. 张红霞，谢毅．动机过程对青少年网络游戏行为意向的影响模型[J]. 心理学报，2008，40(12)：1275—1286.

38. 周丽华．青少年网络成瘾与应对方式及生活事件关系[J]. 中国公共卫生，2009，25(11)：1372—1373.

39. 赵鑫．网络成瘾青少年生活事件的对比研究[J]. 中国学校卫生，2006，27(12)：1046—1047.

40. 周治金，杨文娇．大学生网络成瘾类型问卷的初步编制[J]. 中国心理卫生学杂志，2006，20(11)：754—757.

图书在版编目(CIP)数据

中国青少年网络生活状况调查研究 / 金盛华等著. —北京:北京师范大学出版社，2015.11
ISBN 978-7-303-19635-7

Ⅰ. ①中… Ⅱ. ①金… Ⅲ. ①互联网络—影响—青少年—研究
Ⅳ. ①C913.5

中国版本图书馆 CIP 数据核字(2015)第 256631 号

营销中心电话 010-58805072 58807651
北师大出版社学术著作与大众读物分社 http://xueda.bnup.com

ZHONGGUO QINGSHAONIAN WANGLUOSHENGHUO ZHUANGKUANG DIAOCHAYANJIU
出版发行:北京师范大学出版社 www.bnup.com
北京市海淀区新街口外大街 19 号
邮政编码:100875
印　　刷:三河市兴达印务有限公司
经　　销:全国新华书店
开　　本:730 mm×980 mm 1/16
印　　张:69.25
字　　数:980 千字
版　　次:2015 年 11 月第 1 版
印　　次:2015 年 11 月第 1 次印刷
定　　价:298.00 元(全二册)

策划编辑:关雪菁　　责任编辑:薛　萌
美术编辑:王齐云　　装帧设计:王齐云
责任校对:陈民　　责任印制:马　洁